K 1416

HISTOIRE
GÉNÉRALE
DE PROVENCE.

TOME TROISIEME.

On trouve aussi chez Moutard & chez Barrois l'aîné, Libraire, quai des Augustins, *le Voyage de Provence*, par le même Auteur.

HISTOIRE
GÉNÉRALE
DE PROVENCE.

TOME TROISIEME.

Par M. l'Abbé PAPON, de l'Académie de Marseille.

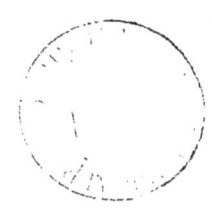

Per varios casus, per tot discrimina rerum
Tendimus in Latium, sedes ubi fata quietas
Nec sperare sinunt.   VIRG. Æn. L. I.

A PARIS,
DE L'IMPRIMERIE DE PH.-D. PIERRES,
Imprimeur Ordinaire du Roi, & des États de Provence.

Et se vend,
Chez MOUTARD, Libraire-Imprimeur de la Reine,
rue des Mathurins, hôtel de Cluni.

M. DCC. LXXXIV.
AVEC APPROBATION, ET PRIVILEGE DU ROI.

PRÉFACE.

Ce troisième volume contient l'Histoire de la première & de la seconde Maison d'Anjou, depuis le départ de Charles I pour la conquête de Naples, jusqu'à la réunion de la Provence à la Couronne en 1481. C'est la partie de notre Ouvrage la plus intéressante peut-être, par l'importance des événements qu'elle renferme. Cependant ce n'est pas en Provence que tous ces événements se sont passés : la plupart ont eu pour théâtre l'Italie, & sur-tout le Royaume de Naples ; mais ils appartiennent aux Provençaux, qui ayant été les principaux acteurs sur cette nouvelle scène, y paroissent revêtus moins encore des dépouilles de leurs ennemis, que de celles de leur patrie, qu'ils ruinoient pour placer leur Souverain sur un trône étranger. Cette scène est véritablement intéressante, par la qualité & la diversité des personnages qui l'occupent. On y voit paroître successivement de Grands Monarques & des Princes du second rang ; des Guerriers nés dans des Provinces toutes comprises aujourd'hui dans les limites du Royaume. La Flandre, l'Artois, la Lorraine, le Beauvoisis, l'Isle-de-France, le Périgord, le Maine, l'Anjou fournirent aux Princes Angevins des compagnons de leurs victoires. Mais le plus grand nombre sortit de la Provence, qui jouant dans cette guerre le principal rôle, vit s'engloutir en Italie ses richesses & ses

I.
Sujet de ce troisième volume.

habitants. Aussi cette Province se fera-t-elle remarquer au milieu des révolutions que nous allons décrire. On la verra tantôt servant l'ambition de ces Princes par son or & ses armes, tantôt gémissant dans les revers, lorsque chassés de leurs Etats, ils venoient retomber sur elle, & l'écrasoient sous le poids de leur chûte. Leurs triomphes & leurs défaites furent presque toujours des désastres pour elle.

II. Recherches qu'il a fallu faire pour le traiter.

Le point essentiel étoit de donner à ce tableau le mouvement dont il est susceptible : il a fallu dépouiller toute l'Histoire d'Italie ; parce que tous les Etats de cette riche contrée de l'Europe prirent successivement part aux projets, aux conquêtes & aux défaites des Comtes de Provence Rois de Naples. Pour remplir cet objet, ce n'étoit pas assez de parcourir le Recueil de Muratori en 25 vol. *in-folio*, & de lire les Histoires particulieres des Villes célèbres qui se signalèrent dans les différentes guerres dont nous aurons occasion de parler ; il nous a fallu encore faire le voyage d'Italie, pour tirer des archives & des manuscrits les matériaux que le temps & l'ignorance avoient ensevelis dans l'oubli.

Les archives de la réformation à Florence, où ont été transportées celles de Pise, ont d'abord attiré notre attention. Les personnes éclairées qui les dirigent, sous l'inspection d'un Ministre ami des lettres, nous ont prouvé combien elles sont jalouses de les faire servir à l'utilité publique. Mais ces archives qui renferment des choses

PRÉFACE.

très-intéressantes pour l'Histoire générale d'Italie, & pour celle de Naples en particulier, nous ont fourni peu de secours pour celle qui nous occupe. Elles en fourniroient davantage à un Ecrivain qui voudroit écrire les guerres que les Français ont faites au-delà des Alpes, depuis Charles VIII jusqu'à François I.

Les manuscrits de la bibliotheque du Vatican ont été en notre pouvoir; la seule chose que nous ayons eu à desirer, c'étoit un catalogue fait par ordre alphabétique ou par ordre des matieres, qui nous eût épargné beaucoup de temps & de travail. Au défaut de ce secours, il nous a fallu chercher avec une peine infinie, dans plusieurs inventaires, les pieces qui avoient quelque rapport à l'objet de notre voyage.

Les archives secrettes sont un asyle impénétrable à quiconque n'est pas marqué du sceau de la confiance; & ce sceau ne s'imprime jamais sur le front d'un étranger. Il faut qu'on désigne la piece que l'on demande; on vous en donne un extrait, si par son ancienneté ou son peu d'importance, il n'est point à craindre qu'elle soit dans vos mains un instrument dangereux. Mais si vous n'avez pas une note des titres qui vous sont nécessaires; si vous avez besoin de les lire, ou d'en parcourir le catalogue, pour discerner ceux qui entrent dans le plan de votre ouvrage, vous aurez fait un voyage inutile, parce que la porte de ce sanctuaire n'est ouverte qu'à un petit nombre de gens choisis. C'est à l'honnêteté des Dépositaires que nous sommes redevables de la découverte & de l'expédition de quelques chartes dont nous avons fait usage. Nous aurions sûrement fait une moisson plus abondante si nous avions pu pénétrer dans le dépôt des lettres respectives des Papes & des Comtes de Provence, touchant leurs intérêts politiques.

Les archives de Naples, objet principal de notre voyage, ont attiré particuliérement notre attention. Elles contiennent les Lettres, Édits & Déclarations des Comtes de Provence, Rois des deux Siciles. Parmi les Lettres, il y en a quelques-unes qui ont trait à l'histoire de Gênes; d'autres à celle du Piémont, du Montferrat, de la Lombardie, de la Toscane & des États du Pape. Quelques-unes, quoiqu'en petit nombre, regardent l'Anjou & le Maine, plusieurs la Provence, & la plupart font une mention honorable des services rendus à ces Princes, par les Gentils-hommes, qui des différentes parties de la France, suivirent Charles d'Anjou à la conquête de Naples, où y allèrent ensuite sous les Rois ses successeurs. Nous avons fait une liste de ces noms illustres : nous aurions même pu l'augmenter, si nous avions eu une connoissance plus grande de l'ancienne noblesse du Royaume; & si nous n'avions pas cru devoir nous attacher plus particuliérement à faire connoître les anciennes familles de notre Province; mais on verra qu'elles n'ont pas seules fixé notre attention.

Ces Lettres des Rois de Naples, & la plupart de leurs

Ordonnances, ont été rassemblées en un grand nombre de volumes qui forment tout autant de cartulaires. On en comptoit en 1677, quatre cent vingt-huit, depuis Charles I, jusqu'à Jeanne II; mais dans la révolution excitée le 23 Septembre 1701 par le Comte de Machia, on mit le feu aux archives, & il y eut 135 cartulaires qui devinrent la proie des flammes. On jugera mieux de la grandeur de la perte par le tableau suivant.

	Registres existans en 1677.	Ceux qui restent encore.
De Charles I	55	46
De Charles II	144	111
De Robert	117	56
De Charles, Duc de Calabre	62	37
De Jeanne I	32	26
De Charles III, dit de la Paix	3	3
De Ladislas	10	10
De Jeanne II	5	4
	428	293

Ces cartulaires ont été faits sans aucun soin. Quoiqu'on ait prétendu les ranger par ordre chronologique, on trouve souvent dans le même volume des pièces qui ne se rapportent point à l'année sous laquelle il est inscrit. La même confusion règne dans la distribution des actes. L'ordre des jours & quelquefois celui des mois n'y a pas été observé. On remarque la même négligence dans le peu de soin qu'on a pris pour les conserver. Il y a des registres qui ont été considérablement endommagés par les flammes, d'autres par la pluie; & presque tous par la poussière. Les révolutions qu'a subies la ville de Naples, avant que le Souverain y fixât sa résidence, le peu de cas qu'on faisoit de ces anciens documents, dont on ignoroit l'utilité, les occupations importantes du Gouvernement, tout cela a été cause que ces vieux cartulaires de la Maison d'Anjou, ont été relégués dans un triste réduit, où malgré l'honnêteté du dépositaire, nous avons eu besoin pendant quatre mois, de toute notre patience, pour résister aux incommodités de la chaleur, de la poussière, du bruit & du local. Ces incommodités jointes à d'autres raisons que nous ignorons, ont sans doute été cause que les Historiens de Naples ont négligé cette source de leur histoire. Angelo di Constanzo, le plus exact de tous, a pourtant eu connoissance de quelques titres, & nous paroît avoir travaillé sur des Mémoires fidèles. Gianone n'a jamais pénétré dans ces archives. Réduit à travailler d'après les ouvrages imprimés, il a moins prétendu faire une histoire qu'un long *factum* contre la Cour de Rome, dans lequel il a inséré le tableau de la Jurisprudence de son pays, & celui de la discipline Ecclésiastique ; & encore sur ces deux points ne montre-t-il pas autant de critique & de philosophie qu'on en désireroit. Son style d'ailleurs manque de précision ; & en admirant l'érudition de l'auteur, on voudroit qu'il n'eût pas trop oublié le ton d'Historien pour prendre celui de Jurisconsulte. La partie de l'histoire civile est extrêmement négligée chez lui, & fait désirer que quelqu'homme de Lettres s'en occupe sérieusement. Nous n'avons rien de mieux sur cette matière que l'histoire des Rois de Naples par M. Dégli. C'est un bon ouvrage pour l'exactitude & les recherches. L'érudition de M. de Burigni nous auroit beaucoup servi, si dans son histoire des Rois de Sicile, il avoit pu se permettre, sur celle de Naples, des détails que son plan ne comportoit pas.

La chronologie dans les Auteurs Napolitains est quelquefois négligée. Ils ne se sont pas assez attachés à connoître les différentes manières de commencer l'année. C'est un point de diplomatique que nous avons été bien aise d'éclaircir, & nous avons trouvé qu'à cet égard, dans le Royaume de Naples, on a beaucoup moins varié qu'en France. L'indiction commençoit toujours le 1 Septembre, & l'année le 25 Décembre ou le 1 Janvier. Nous pouvons assurer n'avoir pas trouvé un exemple du contraire, dans plus de mille chartes qui nous ont passé par les mains, soit à Naples, soit à l'Abbaye de la Cava, près de la Principauté de Salerne; soit à l'Abbaye du Mont-Cassin. Cette méthode nous a paru constamment observée depuis le commencement du XI siècle, jusqu'au XV qui sont les deux termes que nous avons donné à nos recherches. Nous pourrions en apporter des preuves convaincantes; car nous avons des exemples pour tous les dix ans; mais nous craindrions d'abuser de la patience du Lecteur, si nous surchargions notre Préface de ces citations.

Il est plus intéressant de savoir si la Provence soumise au même Souverain que les États de Naples, a suivi le

III.
MANIERE DE COMMENCER L'ANNÉE SOUS LES DEUX MAISONS D'ANJOU.

même usage. Nous avons remarqué qu'à cet égard nos Villes & les Particuliers commencèrent assez souvent l'année le 25 Mars, ou le jour de Pâques. Il n'en fut pas de même des Souverains de la première Maison d'Anjou: accoutumés aux usages reçus à la Chancellerie de Naples, ils les firent presque toujours passer dans les Édits qu'ils expédioient pour la Provence, soit que ces Édits fussent datés de Naples, soit qu'ils le fussent de quelque ville de notre Province. Nous pourrions en citer une infinité d'exemples, mais les suivants suffiront, pour fixer les idées sur ce point de diplomatique. Le premier prouve qu'en 1308, l'année commençoit le 1 Janvier.

Datum Massiliæ anno Domini MCCCVIII, die tertio Febr. VI indict. regn. nostr. ann. XXIV.

Datum Aquis anno Domini MCCXCIII, die primâ Jan. VII indict. regn. nostr. ann. IX.

Datum Aquis anno Domini MCCCIII, die XXVII Febr. I indict. regn. nostr. ann. XIX.

Datum Neapoli anno Domini MCCCIV, die XIII Febr. II indict. regni nostr. ann. XX.

Datum ibid. anno Domini MCCCV, die IV Jan. III indict. regni nostr. ann. XX.

Dans aucun de ces exemples, l'année ne commence après le premier Janvier; ils nous font sentir la nécessité qu'il y a, en lisant les chartes de la première Maison d'Anjou, de faire attention aux dates, si l'on ne veut pas tomber dans quelque anachronisme.

PRÉFACE.

Sous le règne de Louis & de ses Successeurs ce ne fut plus la même chose : ces Princes ayant été élevés en France, dans les usages de la Nation Française, & ayant donné à des Français les premiers emplois de la Chancellerie, commencèrent presque toujours l'année le jour de la Nativité ou le 25 Mars, lorsqu'ils étoient en Provence : mais dans le Royaume de Naples, ils la commençoient à Noël ou le 1 Janvier, même dans les Lettres qu'ils expédioient pour notre Province. On en a une preuve dans la permission accordée par Louis III à la ville d'Aix, de prendre d'autres armes. *Datum in civitate nostre Cusentie, &c. die X. mensis Martii. IX indict. anno Domini MCCCCXXXI. regnorum vero nostrorum anno XIV.* Les exemples n'en sont pas rares : ainsi l'on ne sauroit lire avec trop d'attention les chartes de cette Province, pour fixer le commencement de l'année.

Quelque soin que nous ayons donné à la chronologie, nous n'avons pas négligé les autres objets importants qui entrent dans le plan de notre ouvrage. Les mœurs, les usages, les loix, le gouvernement municipal, la population, le commerce, les monnoies, l'état des personnes, les prérogatives de la Province & ses priviléges ont également fixé notre attention, à travers les faits militaires, qui ont décidé du sort de la Provence & d'une partie de l'Italie. Nous avons tâché de mêler ces objets aux événements, de manière que les Provençaux paruffent sur le théâtre de l'Histoire, moins comme soldats que comme un Peuple qui s'y montre sous tous ses rapports.

Il est vrai que notre travail en est devenu beaucoup plus difficile. Privés de manuscrits, parce que le seul que nous ayons pour les siècles que nous parcourons dans ce troisième volume, ne traite que de la guerre de Raymond de Turenne, il a fallu tirer tous nos matériaux des chartes.

IV. ARCHIVES VISITÉES EN PROVENCE.

Outre les archives d'Italie dont nous venons de parler, nous avons encore parcouru celles qu'il nous restoit à visiter en Provence, & dans lesquelles nous avions lieu de croire que nous trouverions de nouveaux matériaux. Celles de Toulon qui pourroient fournir des détails à l'histoire particulière de cette ville, ne nous ont point été inutiles. Elles sont en très-bon ordre, & confiées à des personnes éclairées qui se font un plaisir de les communiquer. Les archives d'Hyeres ne contiennent rien dont nous ayons pu faire usage : nous en disons autant de celles de l'Abbaye. Madame l'Abbesse, sachant que les chartes n'ont d'autre mérite, après celui d'assurer les possessions, que de pouvoir servir à l'histoire de la patrie, auroit cru les rendre suspectes, si elle ne s'étoit pas empressée de nous les communiquer. Nous avons trouvé le même zèle à l'Abbaye du Toronet : mais les anciens titres ont disparu. Les archives de la Chartreuse de Montrieux ont été beaucoup moins négligées : la politesse & la confiance des Religieux ne nous ont laissé à desirer que l'occasion de leur témoigner notre reconnoissance. Cotignac, Fréjus, Antibes & Lambesc n'ont rien qui ait mérité notre attention. Nous avons été plus heureux à Forcal-

PRÉFACE.

quier & à Tarafcon, où nos recherches n'ont point été inutiles. Beaucoup de titres intéreffants ont été tranfportés aux archives de S. A. S. Monfeigneur le Prince de Condé. Nous avons éprouvé qu'ils ne pouvoient être dépofés dans un lieu, où il fut poffible de trouver plus d'accès & de politeffe. L'Evêché de Sifteron ne nous a rien fourni, fi ce n'eft l'occafion de recevoir une marque de plus de l'intérêt que M. l'Évêque prend à fa patrie, intérêt bien naturel à un Prélat citoyen, & fur-tout dans un temps où fon frere (1) en témoignoit un fi vif pour la France, dont il a foutenu la gloire aux Indes avec tant de fuccès.

M. l'Évêque d'Apt, qui fatisfait fon goût pour les lettres en favorifant celui des autres, s'eft fait un plaifir de nous ouvrir auffi fes archives, & le Chapitre auroit defiré que fes titres les plus intéreffants n'euffent pas déja été connus pour nous donner une preuve de fon zèle. Nous n'avons point profité de la bonne volonté de Meffieurs les Confuls, parce que nous avons jugé par un extrait des chartes de la Communauté, que celles qui auroient pu nous fervir, nous les avions déja lues à la Chambre des Comptes. Les archives de S. Remi font peu riches, mais en bon ordre, avantage que n'ont point celles de la plupart des Communautés. Deux cartulaires renferment tous les anciens titres de la ville d'Aix. La

---

(1) M. le Bailli de Suffren, Lieutenant Général des armées navales. L'affemblée des Communautés de Provence voulant lui témoigner par un monument durable les fentiments qu'infpirent à fa patrie fes fuccès & fa gloire, a délibéré, par acclamation, de lui décerner une médaille le 12 Décembre 1783.

politesse des personnes qui président aux archives, nous auroit rendu ce dépôt infiniment utile, s'il eût été plus considérable. La Cour des Comptes de Provence, la bibliotheque de Carpentras, celle du Roi & de Saint-Germain-des-Prés, quelques cabinets particuliers, à Arles sur-tout, contiennent des richesses dont nous avons déja profité, mais que nous n'avons point encore épuisées : voilà pourquoi nous n'en parlerons que dans le volume suivant. La reconnoissance sera moins suspecte de flatterie, quand nous aurons plus de motifs de la faire éclater.

V. L'HISTOIRE DES DEUX MAISONS D'ANJOU EST FORT DÉFECTUEUSE DANS NOS HISTORIENS, ET POURQUOI?

Ces recherches étoient nécessaires pour tirer de l'oubli l'histoire des deux Maisons d'Anjou, qu'on ne connoissoit point encore. Tout ce qu'en dit Bouche, dépouillé des erreurs & des inutilités qu'il y a mêlées, se réduiroit à 50 pages *in*-12. On croit pouvoir assurer que cet Auteur n'a pas même connu les archives de la Cour des Comptes, & qu'il a consulté tout au plus quelques registres, d'après des indications qu'on lui avoit données. S'il les avoit lus de suite, s'il avoit eu les tiroirs des chartes en sa disposition, laborieux comme il étoit, il en auroit extrait de plus intéressantes que celles qu'il rapporte. Souvent à côté de la piece qu'il cite, il s'en trouve une autre qui lui auroit fait éviter l'erreur dans laquelle il est tombé. César Nostradamus lui est de beaucoup supérieur dans cette partie de notre histoire. Nous avons été surpris qu'il ait poussé si loin ses recherches. Il connoissoit mieux que Bouche les Historiens d'Italie &

sur-tout ceux de Naples. Les matériaux que son oncle lui laissa, ceux qu'il amassa lui-même, supposent qu'ils travaillèrent long-temps l'un & l'autre à la Cour des Comptes. S'ils avoient été exacts dans la chronologie, s'ils n'avoient pas quelquefois altéré les faits par des circonstances controuvées, adopté des traditions populaires & des généalogies, ils nous auroient été infiniment utiles. Mais César Nostradamus, rédacteur de cette histoire, transpose souvent les faits, y en mêle de faux, interrompt la narration par des généalogies suspectes, ou par la vie romanesque des Troubadours. Dans cet amas confus de choses, on démêle avec beaucoup de peine ce qui porte le caractere de la vérité.

Pour éviter ces défauts, nous n'avons travaillé que d'après les Auteurs contemporains, & les pièces originales. Nous avons poussé la délicatesse jusqu'à ne faire usage d'aucun mémoire de famille, & à nous défier des chartes imprimées ou manuscrites, lorsque nous n'en connoissions point l'original, ou qu'elles répugnoient à des notions que nous avions puisées dans des sources plus pures. Il arrivera peut-être de-là que nous omettrons quelques petits détails particuliers; mais l'Histoire en sera plus sûre; plusieurs noms illustres n'y brilleront pas moins, & n'y brilleront que de leur propre éclat. Les autres, parmi lesquels il y en a qui figureroient avec honneur dans un nobiliaire, ne paroîtront point dans cet ouvrage, quelque anciens qu'ils soient : comme ils ne sont point attachés aux événements, ils ne peuvent avoir place dans l'Histoire.

Les villes, les bourgs, les villages, dont la destinée a toujours été obscure, ne seront pas même nommés.

Cette conduite pourroit déplaire dans un pays où la raison auroit fait moins de progrès que dans le nôtre; car en général il y a peu de Provinces qui ne fourmillent de gens, enthousiastes du lieu de leur naissance, ou trop prévenus en faveur de leurs aïeux. Un petit fait arrivé sur le petit théâtre qu'ils habitent, une anecdote peu intéressante & souvent apocryphe, acquièrent dans leur imagination une importance que la crédulité grossit, mais que la philosophie dédaigne. L'Histoire toujours ferme dans sa marche, doit aller à son but, sans écouter les prétentions de l'amour-propre ni les sugestions de la flatterie. Destinée à instruire les générations futures & les pays éloignés, elle doit s'élever à une hauteur, où les petits objets disparoissent, où l'illusion s'évanouit, & où les clameurs ne peuvent atteindre.

Quand on a acquis cette liberté d'écrire, on peut se flatter de faire un ouvrage du moins estimable par l'exactitude. Notre ambition seroit de donner à celui-ci tout le mérite dont il est susceptible, & de le rendre digne de l'Administration, qui le favorise & l'encourage. Nous avons été touchés du zèle que nous a témoigné M. le Marquis de Castellane-Mazaugues, pendant les deux années qu'il a été premier Procureur du pays. Quoiqu'il ait à cette Histoite un intérêt de famille qui remonte à l'origine de la noblesse, il ne nous a laissé voir dans les dispositions favorables qu'il nous a montrées, que son

PRÉFACE.

amour pour le bien public, une façon de penser & des sentiments avec lesquels on est assuré d'honorer sa place. Messieurs ses Collègues (1), animés du même esprit patriotique, & guidés par leur honnêteté, ont témoigné le même empressement pour la continuation d'un ouvrage que des difficultés imprévues nous avoient obligé de suspendre.

Nous l'avons repris, animés par le Prélat (2) qui est à la tête de la Province, & qui fait tourner au profit de l'Administration, la confiance qu'il inspire par ses talents, & par l'utilité de ses vues. Indépendamment des autres motifs qu'il a d'encourager les Lettres qu'il aime, il étoit tout naturel que tenant par l'ancienneté de sa noblesse aux beaux siècles de la Chevalerie, il favorisât une Histoire dans laquelle tant de Chevaliers de différentes Provinces paroissent avec une gloire nouvelle.

On doit en partie la publication de ce troisième volume à la munificence de Monsieur le Maréchal Prince de Beauvau, bien moins recommandable encore par ses titres & son amour éclairé pour les connoissances utiles, que par cette élévation de sentiments & cette noblesse de caractère, qui donnent de l'éclat à la naissance, & la font remarquer. Nous avons éprouvé de la part de Messieurs les Procureurs du (3) pays, l'intérêt qu'on doit attendre de l'accord des lumières & du patriotisme. M. le

---

(1) M. François-Nicolas-Boniface Alpheran, Avocat; M. Jacques de Ballon la Penne; M. Michel-François de Lieutaud.

(2) M. de Boisgelin.

(3) M. Raymond-Pierre de Glandevès, Baron de Glandevès, Seigneur du Castelet, de Vergons & d'Amirat; M. Joseph-Jerôme Simeon, Avocat, M. Jean-Louis de Joannis de la Brillane; M. Pierre-Joseph-Marc de Benoist.

PRÉFACE.

Baron de Glandevès, issu d'une maison, pour laquelle se rendre utile est, pour ainsi dire, un besoin du cœur, a saisi en Administrateur citoyen cette occasion de servir la Patrie. En entrant dans les vues de M. le Gouverneur pour la perfection d'un ouvrage, qui doit nous faire connoître le lustre & les prérogatives de la Provence, il nous rappelle ces temps anciens, où leurs aïeux décorés des mêmes honneurs militaires, servoient cette Province par leur sagesse & leur valeur (1).

A la fin de ce troisième volume, on trouvera la suite du Mémoire de M. le Président de Saint-Vincent sur les Monnoies. On jugera par les choses intéressantes qu'il contient, combien il falloit de connoissances & de zèle pour traiter, comme a fait ce Magistrat, cette importante matière. L'article des Hommes illustres nous a coûté peu de travail. M. l'Abbé de Capris de Beauvezet, s'étant proposé de donner leurs vies, a ramassé, pendant dix ans, avec autant de soin que d'intelligence, des matériaux qui composeroient plusieurs volumes *in*-12. Nous en avons extrait presque tous les faits que nous rapportons, & nous lui devons la plus vive reconnoissance pour la peine qu'il nous a épargnée, & pour l'honnêteté infinie avec laquelle il nous a fait part du fruit de ses recherches.

---

(1) Les ancêtres de M. le Maréchal de Beauvau & de M. le Baron de Glandevès, après avoir servi avec honneur sous Louis I & leurs descendants, furent les premiers Chevaliers de l'Ordre du Croissant.

HISTOIRE

HISTOIRE GÉNÉRALE DE PROVENCE.

LIVRE CINQUIEME.

Charles d'Anjou, Comte de Provence, voyoit enfin son autorité reconnue & respectée dans cette province, lorsque la Cour de Rome ouvrit à son courage & à son ambition une nouvelle carriere en Italie. Le but de cette Cour, d'accord avec les desseins de Charles, étoit de détruire l'autorité impériale dans cette vaste contrée de l'Europe; d'arracher à un Prince, aussi courageux que l'étoit Mainfroi, le sceptre de Naples; & d'établir sur le trône de cette Capitale une branche de la Maison Royale de France, pour la faire régner sous l'autorité

Tome III.   A

I.
Conquete des Normans dans le Royaume de Naples. Origine des Droits du S. Siège sur cette partie de l'Italie.

LIVRE V.

du S. Siége, sur un Royaume qui avoit excité l'ambition de plusieurs Souverains. Cette expédition si fameuse par son objet, l'est encore par les circonstances qui l'accompagnerent; & afin de mettre le Lecteur au fait des événemens qui la préparerent, nous remonterons à leur origine, sans insister sur les détails.

Des Puissances rivales se disputoient depuis près de deux siécles ce beau pays qui forme le Royaume des deux Siciles, lorsque Charles passa les Alpes à la tête d'une armée formidable : les Empereurs d'Orient, les Sarrazins, les Ducs de Bénévent, de Salerne & de Capoue, enfin une troupe d'avanturiers Normans, avoient tour à tour occupé la scène avec un succès différent.

Les premiers Normans qui se firent connoître en Italie par leur bravoure, sont les quarante Pélerins qui se trouvant par hazard à Salerne vers l'an 1000, dans le tems que cette ville étoit assiégée par une armée d'Africains, demanderent des armes & des chevaux, & forcerent ces Barbares à s'embarquer précipitamment: mais ils ne formerent aucun établissement dans le pays; & leur victoire ne servit qu'à faire éclater leur courage, & à donner une haute idée de leur Nation : nous parlons ici des dix enfans de Tancrede d'Hauteville, si fameux dans l'histoire de Naples. Ces braves guerriers, conduits successivement au-delà des Alpes par l'amour de la gloire, & suivis d'une jeunesse nombreuse de leur province ou des provinces voisines, résolurent de s'y faire un sort digne de leur naissance. Ils se mirent d'abord au service des différents Princes Lombards, qui s'étoient partagés le Royaume de Naples; ensuite voyant qu'ils pouvoient détrôner les uns après les autres tous ces petits Monarques, dont ils avoient été tantôt la terreur & tantôt l'appui, ils conçurent le projet hardi de former une Monarchie; & telle fut la rapidité de leurs succès, qu'avec le secours des François & des Italiens qui vinrent se ranger sous leurs drapeaux, ils attaquerent les Grecs maîtres de la Pouille; & dès l'an 1047, ils se trouverent si puisfants dans cette province, qu'ils en demanderent l'inveſtiture à l'Empereur Henri III. Henri la leur accorda ; il étoit bien aiſe de faire revivre les droits de Suzeraineté qu'il prétendoit avoir ſur toute l'Italie, & de ſuſciter aux Grecs, maîtres de la Calabre & de la Sicile, des ennemis redoutables qui tôt ou tard les chaſſeroient de ces contrées.

CONQUÊTE DES NORMANS.

Depuis cette époque, les Normans ne ceſſerent de faire des conquêtes ſur leurs voiſins : ils s'approcherent même des terres de l'Egliſe, & s'attirerent le courroux du Pape Léon IX ; ce Pontife alarmé de leurs conquêtes, & prévoyant que la crainte des excommunications ne ſuffiroit pas pour les déſarmer, réſolut de les attaquer en perſonne, à la tête d'une armée compoſée d'Allemans & d'Italiens. Le ſuccès ne répondit point à ſon attente ; il fut battu, & pris aux environs de Civitella, dans la Capitanate le 18 Juin 1053 : mais tel étoit l'empire des préjugés, que cette défaite qui auroit dû livrer la Cour de Rome à la diſcrétion des Normans, les mit eux-mêmes dans les entraves de cette Cour. Ces Conquérants, ſi redoutables dans le combat, ſe jettent aux pieds du Pape, les baiſent, & lui demandent humblement l'abſolution de leurs péchés. Le Pape ſçut profiter en habile politique de l'aſcendant que l'opinion lui donnoit ſur des guerriers ou aſſez ſuperſtitieux pour ſe laiſſer ſubjuguer par l'eſprit du ſiécle, ou aſſez adroits pour mettre le Pontife dans leurs intérêts, en flattant ſes déſirs. Ils ſe reconnurent Vaſſaux de l'Egliſe, & à cette condition le Pape leur accorda en fief toutes les conquêtes qu'ils avoient faites, & celles qu'ils feroient ſur les Grecs.

Ces inveſtitures, qu'on regardoit alors comme un titre ſuffiſant pour légitimer des uſurpations, furent enſuite renouvellées par les ſucceſſeurs de Léon IX avec plus ou moins de reſtrictions. La Cour de Rome s'en prévalut pour établir ſon droit de ſuzeraineté ſur le Royaume des deux Siciles, & les Normans pour faire de nouvelles entreprises sur les terres des Grecs. Ainsi cette riche contrée de l'Italie fut le théâtre des guerres que l'ambition peut allumer, quand elle est animée par la superstition. Les Normans s'emparerent de tout ce qu'il leur restoit à conquérir dans la Pouille ; ensuite ils envahirent la Sicile, où ils firent sous la conduite de Robert Guiscard & de Roger I son frere, des prodiges de valeur, qui rendent croyable tout ce que la fable raconte des anciens héros. Ce n'est pas ici le lieu de parler de leurs belles actions ; ces détails quoiqu'intéressants nous écarteroient trop de notre sujet ; il suffira de remarquer que les descendants de Robert ayant fini en 1127, Roger II, fils de Roger I, réunit sur sa tête les Etats de son pere & ceux de son oncle, sous l'obligation d'en faire hommage à la Cour de Rome, qui ne cessoit de reclamer un droit de suzeraineté, dont elle étoit originairement redevable à la soumission volontaire des Princes Normans.

Roger II, dont nous parlons, & qui est si fameux dans l'Histoire par ses grandes actions, mourut le 26 Février 1154, laissant cinq fils & une fille nommée Constance, qui épousa l'Empereur Henri VI. Elle étoit appellée à la succession de son pere, dans le cas où ses freres mourroient sans enfants. La mort moissonna successivement tous ces Princes ; & dès l'an 1189, la postérité masculine des Rois Normans se trouva entiérement éteinte en Italie.

Il ne restoit qu'un bâtard nommé Tancrede, fils naturel de Roger III Duc de la Pouille. Il fut mis sur le trône par les intrigues de Mathieu, Chancelier de Sicile. L'Empereur Henri VI, à qui la vaste succession des Princes Normans appartenoit par son mariage avec Constance, ne voulut point s'en laisser dépouiller par ce phantôme de Roi : il passa les Alpes en 1191, pour l'aller attaquer dans le cœur de ses Etats. Tancrede ne vit pas finir cette guerre : sa femme, nommée Sibille, son fils

Guillaume encore en bas âge & ses deux filles tomberent entre les mains d'Henri, & furent emmenés prisonniers en Allemagne, où le Prince Guillaume mourut. La Reine Sibille & ses deux filles, s'étant ensuite échappées des prisons, passerent en France, asyle toujours ouvert aux Princes détrônés. L'aînée des deux, nommée Albinie, épousa Gauthier Comte de Brienne, frere de Jean, Roi de Jérusalem, & auteur d'une branche de sa Maison, qui devint puissante dans le Royaume de Naples.

L'Empereur Henri se vit donc maître de la Calabre, de la Pouille & de la Sicile par la mort de Tancrede & par l'emprisonnement de sa famille. Mais il n'en fut pas plus tranquille dans ses Etats. Il fut toujours occupé à contenir les rebelles que lui suscitoit la dureté de son Gouvernement, & finit sa vie à Messine le 27 Septembre 1197, anathématisé par le S. Siége, & abhorré de ses sujets qui lui avoient donné le surnom de *Cyclope*. Cependant soit qu'il voulût emporter la réputation d'être mort dans le sein de l'Eglise, soit qu'il voulût mettre le Pape dans les intérêts de son fils, ce qui paroît plus vraisemblable, il fit un testament très-favorable à la Cour de Rome. Par le premier article il ordonna que Fréderic son fils, qui se rendit ensuite si fameux par ses démêlés avec le Pape, reconnoîtroit tenir en fief de l'Eglise, le Royaume de Sicile, & qu'au défaut d'héritiers légitimes, le Royaume retourneroit au S. Siége.

Fréderic, second du nom, n'avoit alors que trois ans; sa mere Constance prit la Régence des Etats, & termina sa carriere quatorze mois après: la derniere action de cette Princesse fut un hommage rendu aux préjugés du siécle, qui alors, plus que jamais, influoient sur les destinées des Souverains. Elle laissa au Pape Innocent III la tutelle de son fils & la Régence du Royaume. Cette disposition paroissoit très-imprudente; il étoit à craindre que le Pape ne profitât de la minorité de son pupille, pour affermir les droits qu'il croyoit avoir sur les deux Siciles & pour

Le Royaume des deux Siciles passe a la Maison de Suabe.

s'en arroger de nouveaux. Mais dans la position où se trouvoit la Reine, on devoit regarder son testament comme un coup de politique. Elle voyoit dans le Royaume de Naples les esprits aigris par les cruautés de son époux, disposés à la révolte; Gauthier Comte de Brienne tout prêt à former des prétentions sur la Sicile, en vertu de son mariage avec la fille de Tancrede: en Allemagne deux partis assez puissants pour enlever l'Empire au jeune Fréderic, l'un sous la conduite de Philippe de Suabe, & l'autre sous celle d'Othon IV. Dans des circonstances aussi délicates, la prudence ne sembloit-elle pas exiger qu'on mît un Prince encore enfant, sous la protection du Pape, arbitre alors des querelles des Souverains? En effet la Cour de Rome croyant que Fréderic, s'il lui devoit son élévation, deviendroit un jour l'appui du S. Siége, le porta sur le trône impérial l'an 1210.

Avant cet événement il avoit eu de Constance, fille d'Alphonse II, Roi d'Arragon, un fils nommé Henri. Le Pape Innocent III lui fit promettre, que du moment qu'il auroit obtenu la Couronne impériale, il céderoit la Pouille & la Sicile à ce jeune Prince, qui se reconnoîtroit Vassal du S. Siége, & ne dépendroit que du Souverain Pontife. Cette précaution parut nécessaire au Pape. Il ne sentoit que trop combien sous un Empereur, tel que Fréderic, dont la dextérité, la politique, l'activité & la bravoure pouvoient mettre en jeu avec succès, tous les ressorts de la Puissance Souveraine; il étoit à craindre que l'union de la Pouille, de l'Allemagne & de la Lombardie ne devint fatale à la Cour de Rome. Fréderic promit tout ce qu'on voulut: mais quand il eut obtenu la dignité impériale; quand il se vit affermi sur le trône, il ne prouva que trop avec quelle facilité un Prince ambitieux se croit permis de violer, par raison d'Etat, des promesses que la même raison d'Etat lui avoit arrachées dans d'autres circonstances. Au lieu de se dépouiller du Royaume de Sicile en faveur de fon fils, il mit tout en œuvre pour en cimenter l'union avec l'Empire & la Lombardie, afin d'affurer à fon héritier cette vafte fucceffion, & de brifer, s'il étoit poffible, le fceptre de fer que la Cour de Rome tenoit levé fur la tête des Rois.

Ce feroit un tableau bien intéreffant que celui où l'on verroit tous les refforts que l'intrigue & l'animofité des Papes firent mouvoir, pour renverfer un Prince que fes grandes qualités faifoient refpecter, & que l'amour de la vengeance, foutenu d'un grand pouvoir, rendoit redoutable! Mais ce récit eft étranger à notre Hiftoire. Il nous fuffira d'obferver que la mort de Fréderic arrivée en 1250, ne mit point fin à ces guerres, qui étoient le fléau de l'Italie, & le fcandale de la chrétienté : on verra bientôt quels torrents de fang, elles firent couler dans le Royaume de Naples.

Fréderic II laiffa deux fils légitimes, Henri & Conrad, & un bâtard appellé Mainfroi, fameux par fon courage & fa politique, & encore plus par fes malheurs. Conrad fuccéda à fon pere dans tous fes Etats. Henri fon frere lui fut fubftitué, & dans le cas où l'un & l'autre mourroient fans enfants mâles, Mainfroi & fes defcendants étoient appellés à la fubftitution. Celui-ci fut nommé Régent des Etats de Fréderic en Italie & fpécialement dans le Royaume de Sicile, avec un pouvoir illimité, pendant l'abfence de Conrad. La fageffe de fa conduite le rendit toutpuiffant; mais qu'étoit-ce qu'une puiffance fondée fur l'opinion, & toujours en butte aux entreprifes de la Cour de Rome, qui régloit elle-même l'opinion ?

On fçait que Fréderic & fes defcendants avoient été déclarés au Concile de Lyon, déchus de la dignité royale; le Pape prétendit qu'en vertu de cette Sentence, la Pouille & la Sicile comme fiefs de l'Eglife, lui étoient dévolues de plein droit. Imbu de ce préjugé il n'oublia rien pour faire foulever les peuples de ces deux Royaumes, & fes tentatives n'eurent que trop de fuccès :

Le Royaume des deux Siciles paffe a la Maifon de Suabe.

III. *La Cour de Rome veut dépouiller la Maifon de Suabe du Royaume des deux Siciles.*

quelques Provinces arborerent l'étendart de la révolte ; la révolution eût été prompte & générale, si Mainfroi employant tour à tour & suivant les circonstances, le courage, la prudence & la modération, ne fut venu à bout de les faire rentrer dans le devoir : il n'y eut que Naples qui refusa de se soumettre.

Conrad avoit passé les Alpes au bruit du soulévement. Il arriva devant la place, l'emporta, & aliéna tous les esprits par les rigueurs qu'il y commit, & par la dureté de son gouvernement. Son frere Henri, étoit alors à Melfi, où il mourut, non sans quelque soupçon d'avoir été empoisonné par son frere, à qui l'on ne suppose d'autre raison d'avoir commis ce crime, qu'une jalousie sans motif.

Il restoit Mainfroi, rival d'autant plus redoutable, si Conrad craignoit le mérite, que sa réputation & son autorité étoient fondées sur des qualités perfectionnées par l'étude de la philosophie & par la culture des lettres. Conrad le combla d'abord de caresses, ensuite il le traita avec hauteur ; enfin il lui ôta tous ses emplois, & le dépouilla même de la plûpart des terres que son pere lui avoit léguées.

Mainfroi dissimula avec une profondeur étonnante à son âge, cachant son ressentiment, redoublant de zèle pour le service de son frere, & s'établissant ainsi dans les esprits, un empire qui ne tendoit à rien moins qu'à détruire l'autorité qui cherchoit à l'accabler. Sur ces entrefaites Conrad mourut dans la Basilicate le 21 Mai 1254, laissant un fils nommé Conradin, à peine âgé de deux ans, dont nous verrons bientôt la fin tragique.

Mainfroi par cette mort reprit toute l'autorité qu'il avoit eue auparavant dans les Royaumes de Naples & de Sicile : il en fut de nouveau nommé Régent. Instruit par le passé, conseillé par son ambition, il employa pour affermir son pouvoir, les ressources d'une politique peu commune. Innocent IV, tout éclairé qu'il étoit, en fit une triste expérience, lorsqu'il voulut faire

valoir

valoir les droits qu'il prétendoit avoir sur les Etats de Conradin, tant en vertu de la déposition de Fréderic, qu'en vertu de la suzeraineté que le S. Siége s'arrogeoit. Il s'avança vers Naples & Capoue, avec une armée formidable, ramassée dans toutes les villes Guelfes de la Romagne, de la Toscane & de la Lombardie. Cette invasion subite, qui sembloit devoir renverser la fortune de Mainfroi, fut pour lui une occasion d'en assurer l'indépendance; ce Prince avoit envie de délivrer le pays des soldats Allemans, qui avoient servi dans les guerres précédentes, & qui n'étoient plus pour lui que des surveillants incommodes; pour y réussir, il fit la paix avec le Pape; reconnut tenir du S. Siége, non-seulement ses propres terres, mais encore tous les Etats qu'il gouvernoit au nom de son neveu Conradin; & finit par introduire l'armée du souverain Pontife dans le Royaume. Les Milices Allemandes se crurent livrées à la haine des Guelfes; & repasserent les Alpes, s'estimant heureuses d'échapper à la poursuite d'un ennemi supérieur en nombre, qui bientôt les auroit investies de toutes parts.

La Cour de Rome veut dépouiller la Maison de Suabe.

Mainfroi fut à peine délivré du joug de ces étrangers, qu'il leva le masque. Il arma les Sarrazins de Lucera, & battit à Foggia le 2 Décembre 1254, les troupes du Pape commandées par un Légat, trop foibles pour résister à des Africains animés par la haine qu'ils portoient à la Religion, & par le mépris qu'ils avoient pour ses Ministres. Cette défaite eut des suites fâcheuses pour la Cour de Rome : la mort d'Innocent, arrivée sur ces entrefaites, la mit hors d'état de les réparer. Il y avoit même longtems que cette Cour sentoit son impuissance pour lutter seule avec ses armées & ses censures, contre un Prince tel que Mainfroi : Innocent IV l'avoit éprouvé; & pour abattre cet ennemi redoutable, il n'avoit pas trouvé de moyen plus sûr que d'offrir le Royaume de Sicile à quelque Prince étranger.

Charles d'Anjou, Comte de Provence; Richard, Comte de

Cornouailles, frere d'Henri III, Roi d'Angleterre; Edmond, fils de ce Monarque, avoient mérité tour à tour le choix de ce souverain Pontife. Mais des difficultés imprévues avoient fait échouer la négociation. Alexandre IV, successeur d'Innocent, la reprit avec le Roi d'Angleterre: elle ne servit qu'à prouver combien il devoit peu compter sur une Nation, trop agitée par des troubles domestiques, pour songer à dépouiller un Prince, que ses talens & ses alliances rendoient tous les jours plus puissant, & qui s'étoit déja fait couronner Roi de Sicile à Palerme.

Barthelemi Pignatelli, Archevêque de Cousance, fut envoyé en France pour mettre de nouveau Charles d'Anjou sur les rangs. Peut-être n'y avoit-il aucun Prince plus capable que lui de seconder les vues de la Cour de Rome. Né avec un courage bouillant; animé par le souvenir de ses exploits dans la Terre-Sainte; dominé par une ambition démésurée, il étoit encore aiguillonné par les sollicitations de sa femme, qui, étant sœur de trois Reines, vouloit avoir comme elles une couronne à porter. Avec tous ces motifs d'entreprendre la conquête, Charles n'auroit été qu'un téméraire, s'il n'avoit eu les talens & les qualités nécessaires pour la terminer avec succès. Il étoit expérimenté dans l'art de la guerre, & trouvoit dans son génie des ressources toujours prêtes pour profiter des faveurs de la fortune ou pour corriger ses rigueurs. L'essentiel pour lui c'étoit d'avoir le consentement de son frere Louis IX, des secours duquel il avoit besoin pour l'exécution de son projet. Le Saint Roi avoit refusé le Royaume de Sicile, quand on le lui offrit pour un de ses fils, sous prétexte qu'il appartenoit de droit ou à Conradin, comme héritier légitime des Princes Normans par Constance sa bisaïeule; ou à Edmond, second fils du Roi d'Angleterre, à qui Innocent IV & son successeur en avoient donné l'investiture: cependant il promit au Pape de secourir son frere Charles dans l'expédition

---

LIVRE V.

IV.
LE PAPE APPELLE CHARLES D'ANJOU AU TRÔNE DE NAPLES. CONDITIONS DU TRAITÉ.

Lun. cod. dipl. Ital. t. II. p. 914 & suiv.
Rym. act. publ. t. I. p. 769.

Od. Rayn. ann. eccl. & Murat. ann. d'It. an. 1264.
J. vill. l. 6. c. 90.

d'Italie ; comme si les mêmes raisons qui l'empêchoient de porter son fils sur un trône étranger, n'avoient pas dû l'arrêter, lorsqu'il s'agissoit d'y placer son frere : mais il y avoit alors des opinions si généralement reçues, que tout ce que pouvoit faire un Prince religieux, c'étoit de douter, & de céder ensuite à des lumieres qu'il se croyoit obligé de respecter (1).

<small>Le Pape appelle Charles d'Anjou au trône de Naples.
Lun. ibid. p. 934.</small>

Un événement préparé par les intrigues du Pape, dans le tems de la négociation, acheva de déterminer Louis IX. Le Comte de Provence fut élu Sénateur de Rome : cette place donnoit à celui qui l'occupoit un pouvoir presque souverain dans cette grande ville : les Romains jusqu'alors s'étoient contentés d'y élever d'illustres particuliers choisis parmi eux, ou dans d'autres villes d'Italie ; ils voulurent cette année là avoir à leur tête un Prince puissant & célebre. Les uns portoient Mainfroi, les autres Dom Pedre d'Arragon, fils aîné de Jacques ; le plus grand nombre vouloit avoir le Comte de Provence : le Pape Urbain IV, appuya sous main ces derniers : puisque dans une place qui lui étoit odieuse, par l'autorité qu'elle donnoit, on vouloit mettre un Prince étranger, il étoit bien aise de la faire tomber sur celui qu'il avoit choisi pour l'exécution de ses projets.

<small>Rayn. ibid. Sab. Malasp. l. 2. c. 10.</small>

Cette élection fut à peine faite qu'Urbain IV mourut : la gloire de mettre la couronne de Naples sur la tête de Charles étoit réservée à Clément IV, natif de S. Gilles. Son nom étoit Gui Fulcodi. Il avoit d'abord été marié. Etant ensuite entré dans

---

(1) Quatre vers d'Adam d'Arras, dit le Bossu, rendent au mieux les préjugés du siécle sur la puissance du Pape.

Li Pape qui tôt puet	Assaure e condamner,
E cangier & muer,	Pensa comment porroit
Loiier & desloiier,	Cette honte amender *

* C'est-à-dire, comment il pourroit punir Mainfroi de sa désobéissance ; puisque malgré les excommunications il continuoit de régner.

l'état ecclésiastique, il fut successivement Evêque du Puy, Archevêque de Narbonne, Cardinal Evêque de Sainte Sabine; enfin il étoit envoyé en Angleterre en qualité de Légat à *Latere*, & se trouvoit à Boulogne-sur-Mer, quand il apprit son élection. Il reprit aussitôt la route d'Italie, déguisé en frere mendiant, pour échapper aux recherches de Mainfroi, qui avoit aposté des gens sur son passage pour le faire enlever. Henri III & le Prince Edmond son fils avoient renoncé dans toutes les régles au Royaume de Sicile. Ainsi le nouveau Pape se croyant délivré des engagemens que la Cour de Rome avoit pris avec l'Angleterre, confirma le 26 Février 1265, tout ce que ses prédécesseurs avoient fait en faveur du Comte de Provence qui étoit alors à Paris, vraisemblablement occupé à faire entrer la Cour dans les vues du Saint Pere, & à terminer les différens qu'il avoit avec la Reine sa belle-sœur. Cette Princesse demandoit à être payée de sa dot, ainsi que nous le dirons plus bas, & vouloit peut-être faire valoir la cession que Jacques Roi d'Arragon lui avoit faite le 19 Juillet 1258, des droits qu'il avoit sur la Provence. Quelle que fut cette affaire on y mettoit de part & d'autre plus de chaleur peut-être que les bienséances du rang ne le permettoient. La nouvelle de l'investiture du Royaume de Sicile assoupit la querelle, & détourna l'attention des esprits sur un objet plus important: nous avons encore la Bulle; c'est un monument curieux de tout ce que l'ambition pouvoit inspirer de fierté au Pape qui donnoit un Royaume; & de modération, pour ne rien dire de plus, au Prince qui le recevoit.

1°. Il fut arrêté que le Comte, sous peine d'être excommunié, & pour jamais exclus du Trône, renonceroit à acquérir aucun droit, aucune charge & autorité dans les domaines & fiefs de l'Eglise, quelque part qu'ils fussent situés.

2°. Que les Ecclésiastiques du Royaume seroient rétablis dans tous leurs biens; que leurs droits seroient inviolablement conservés;

leur indépendance abſolue tant du Roi que de ſes Officiers ſolemnellement reconnue ; la liberté de leurs élections pleinement aſſurée ; leur juriſdiction & leurs immunités maintenues dans toute leur étendue ; que le Comte révoqueroit & annulleroit toutes les Loix, contraires à ces diſpoſitions, données par Frédéric, par Conrad & Mainfroi.

LE PAPE APPELLE CHARLES D'ANJOU AU TRÔNE DE NAPLES.
Lun. cod. dipl. Ital. t. II. p. 946.

3°. Que le Roi & ſes ſucceſſeurs ne pourroient jamais poſſéder avec le Royaume de Sicile, la couronne impériale, ni aucune ſouveraineté en Italie : que s'ils étoient appellés à quelque trône étranger par élection ou par droit de ſucceſſion, ils y renonceroient, ou bien qu'ils renonceroient au Royaume de Sicile : que l'héritiere, ſi cette Monarchie tomboit en quenouille, ne pourroit ſe marier que du conſentement du Pape, ſous peine de perdre ſon droit, & ne pourroit y ſuccéder, ſi au moment de la vacance, elle ſe trouvoit mariée à l'Empereur ou à quelque Souverain de la Toſcane ou de la Lombardie, à moins que ſon mari ne ſe contentât du ſeul Royaume de Sicile.

4°. Que le Roi paieroit tous les ans au Pape le jour de Saint Pierre, huit mille onces d'or du poids de Sicile ; que s'il différoit ce paiement de ſix mois, il ſeroit d'abord excommunié ; puis frappé d'un interdit général ſur tout le Royaume, & enfin déclaré déchu de tout droit à la couronne, qui par-là ſeroit dévolue au Saint Siége ; que tous les trois ans après la conquête, il ſeroit préſenté au Saint Pere d'une belle haquenée, en reconnoiſſance des domaines qu'il tenoit de ſa Sainteté ; & qu'au premier beſoin du Souverain Pontife, il ſeroit obligé d'envoyer à ſes frais trois cents Chevaliers bien équippés, accompagnés chacun de quatre ou au moins de trois cavaliers, pour ſervir l'Egliſe pendant trois mois ; qu'enfin le Roi & ſes ſucceſſeurs ſeroient hommes-liges du Pape, & lui feroient ſerment de fidélité.

5°. Quant à la ſucceſſion, il fut réglé que les enfans de Charles & leurs deſcendans en droite ligne ſuccéderoient au Royaume ;

qu'à leur défaut il passeroit à la ligne collatérale, jusqu'au quatrieme degré, les aînés devant, en cas de concurrence, être préférés aux puinés, & les mâles aux filles; que s'il ne restoit plus personne capable d'hériter, aux termes du traité, la Cour de Rome rentreroit dans ses droits, & pourroit disposer du Royaume comme elle jugeroit à propos.

Enfin, on lui prescrivoit le nombre de troupes qu'il devoit conduire en Italie, & on lui fixoit jusqu'au tems de son départ & de son arrivée.

Il passera les Alpes, est-il dit dans le traité, avant l'année expirée; & trois mois après qu'il aura reçu l'investiture, il se rendra sur les frontieres de Sicile, à moins qu'il n'en soit empêché par les ennemis; auquel cas on consent à ne pas comprendre dans ce terme le tems qu'il aura mis à agir contr'eux : mais si dans l'année il n'est pas sorti de Provence pour quelque raison que ce soit, la couronne sera dévolue au S. Siége : lorsque le traité sera conclu & l'investiture accordée, le Comte reconnoîtra en termes exprès, qu'il ne tient la Sicile que de la seule grace & de la pure libéralité de l'Eglise Romaine. Quant à la charge de Sénateur, il ne la gardera que trois ans, & y renoncera même avant ce terme, s'il a fait la conquête du Royaume qu'on veut bien lui donner; & ne la reprendra qu'avec la permission du Saint Pere, promettant de faire tout son possible pour engager les Romains à la remettre à la disposition du Saint Siége.

V. CHARLES D'ANJOU PART POUR LA CONQUETE DE NAPLES.

Tels sont les principaux articles de ce fameux Traité, par lequel on diroit que le Pape ne prétendoit mettre sur le trône de Sicile, qu'un esclave couronné. Heureusement Charles effaça par des qualités brillantes l'espèce de tache que des conditions si peu honorables imprimoient à son élection. Il partit de Paris, où il se trouvoit alors, le 25 Avril 1265, laissant ordre à Gui de Monfort de l'aller joindre à Rome par la Lombardie, avec 1500 cavaliers, qui s'étoient croisés pour le suivre : la fureur des

Croisades continuoit de deshonorer le genre humain en le détruisant. Dans ce même-tems on en publioit dans presque toutes les parties de l'Europe, en Angleterre contre les Barons, en Espagne contre les Maures, en Hongrie contre les Tartares, en France contre Mainfroi & les Sarrasins; car il falloit bien faire entendre au peuple que le Royaume de Sicile gémissoit sous la domination de ces Barbares. Le Clergé lui-même séduit par une utilité apparente de religion, accorda une décime pour cette conquête, qui devoit être un jour une source de guerres aussi fatales à la France qu'à l'Espagne & à l'Empire. Charles d'Anjou part pour la conquête de Naples.

Arrivé à Marseille, Charles s'embarqua le 15 Mai avec Louis de Savoie, mille hommes de cavalerie & beaucoup de Noblesse de ses Etats de Provence sur une flotte de trente galères; il n'ignoroit pas que la flotte ennemie, forte de 80 voiles, la plupart fournies par les Pisans & les Génois, couvroit la partie des côtes où il devoit aborder. Mais comptant sur la fortune & son courage, comme il le disoit lui-même, il s'exposa aux périls de la navigation, & dût son salut à une violente tempête, qui en le mettant en danger de perdre la vie, jetta les vaisseaux ennemis loin de l'embouchure du Tibre, où il arriva le cinquieme jour. Son entrée dans Rome fut d'une magnificence égale à celle des anciens Empereurs. Elle se fit le 24 Mai aux acclamations d'un peuple nombreux, & au milieu de la Noblesse & des Magistrats, qui étoient sortis au-devant de lui pour le recevoir. Sab. Malasp. L. 2. c. 17. Ricord. Malasp. c. 178 & 179.

V.
Il arrive à Rome.

Vit. Clem. IV. Nicol. de Jamf. & Bern. Guid.

On fit frapper à l'occasion de cet événement, & pour en conserver la mémoire, une monnoie, dont nous avons parlé dans le tome second. On y voit d'un côté la ville de Rome représentée sous l'emblême d'une figure assise. Elle tient de la main droite un globe, & de la gauche une palme, symbole de la victoire, avec ces mots *Roma caput mundi*. Au revers est un Lion passant, surmonté de l'écu de Provence, avec cette légende *Carolus Senator Populusque Romanus*. Charles, quand il eut été mis en possession Tom. II. p. 175.

du Sénatoriat, & qu'il eut reçu l'onction Royale, prit le titre de Sénateur & de Roi, *Rex Senator urbis*. Mais n'ayant exercé que trois ans cette dignité, qui lui donnoit dans Rome une autorité presque souveraine, il n'eut plus sur les monnoies que le titre de Roi de Sicile ; & encore ne lui fut-il déféré que sept mois après son arrivée en Italie. Pendant tout ce tems-là ce génie inquiet fut dans l'impuissance d'agir. Il avoit peu de troupes, encore moins d'argent, & n'osoit se fier aux soldats Romains, qui s'offroient pour le suivre s'il vouloit se mettre en campagne.

Mainfroi fut instruit de son embarras, & parut revenir de la frayeur où l'avoit jetté son arrivée précipitée. Le regardant comme un aventurier, que l'appas d'une Couronne faisoit courir à sa perte, il résolut de l'attaquer dans Rome, à la faveur des places dont il s'étoit saisi, & s'avança jusqu'aux environs de Tivoli. Charles se mit sur la défensive, & quoiqu'il eut beaucoup de peine à modérer son courage, la certitude du danger auquel il s'exposoit, les représentations du Pape & des Cardinaux le décidèrent à ne point accepter le combat, jusqu'à ce qu'il eut reçu de France les secours qu'il attendoit.

Il employa ce loisir à se faire des alliés. Le Duc de Bourgogne, Boniface Comte de Savoie, les Marquis d'Est & de Monserrat, s'attachèrent à sa fortune, ainsi que les Milanois, qui se flattoient d'assurer leur indépendance, à la faveur de son appui.

Il étoit tout naturel que ces Princes se réunissent pour chasser de l'Italie la Maison de Suabe, qui tôt ou tard les auroit accablés sous le joug, si elle avoit possédé tout à la fois l'Empire & le Royaume de Sicile. On conçoit plus difficilement que des Républiques puissantes aient pris le parti de Mainfroi : peut-être craignoient-elles plus le despotisme de Rome que le joug des Empereurs : dès qu'il leur falloit avoir un Maître, elles préféroient celui qui parloit d'un ton moins absolu.

L'armée de Charles partit de France, sur la fin de l'été, avec la Comtesse Béatrix, sous les ordres de Philippe & Gui de Monfort : elle traversa le Piémont, le Monferrat & le Milanois, sans trouver aucun obstacle. Mais dans la Lombardie, elle fut incommodée par le Marquis Palavicini, un des plus zélés partisans de Mainfroi. Ce Seigneur, à la tête des Crémonois, des Plaisantins, des Pavesans, & d'un nombre considérable d'autres Gibelins, la harceloit quelquefois, & peut-être l'auroit-il forcée de reprendre le chemin des Alpes, s'il n'eut été trahi par Buozo de Doara, que le Dante, pour cette raison, a mis en enfer, *pleurant dans l'étang glacé l'argent de la France.* Enfin après une marche fort habile, l'armée arriva à Rome où Charles l'attendoit. Elle étoit composée de trente mille hommes, tant cavaliers & arbalêtriers que fantassins.

Parmi les personnes les plus considérables, on peut citer Robert III, dit de Béthune, fils de Gui de Dampierre Comte de Flandres, encore fort jeune ; Bochard Comte de Vendôme, & Jean son frere ; Jean de Néelle, fils aîné de Jean II Comte de Soissons ; Gilles de Trasegnies, dit le Brun, Connétable de France ; Pierre de Nemours, grand Chambellan de France ; le Maréchal de Mirepoix ; Courtenai, qui forma une branche dans le Royaume de Naples ; Bertrand de Narbonne, & Gui de Mello Evêque d'Auxerre, plus connu dans le siécle par son talent pour la guerre, que dans l'Eglise par ses vertus. Plusieurs autres Gentilshommes voulurent avoir part à la conquête, & presque toutes les anciennes Maisons de Provence, se firent gloire d'aller combattre pour leur Souverain (1).

Peu de tems après l'arrivée des troupes Françoises à Rome, le Pape, qui se tenoit à Viterbe, députa cinq Cardinaux, pour conférer l'onction royale au Comte de Provence & à la Comtesse son épouse. La cérémonie se fit dans l'Eglise de Saint Pierre, le

VI.
Départ de l'Armée Françoise pour l'Italie.
Duch. t. V. p. 854.
Chron. Bono. ann. vet. mutin.

Dant. infern. chant. 32.

An. 1265.

VII.
Charles et la Comtesse son épouse sont sacrés à Rome. Leur embarras.

(1) Voyez leurs noms à la tête des Preuves.

6 Janvier 1266, au milieu d'un concours nombreux de peuple, qui faifoit éclater la plus vive allégreffe. Charles étoit peut-être le feul qui ne fe livrât point à la joie que devoit lui infpirer fon couronnement. Partout il voyoit des obftacles à vaincre pour l'exécution de fon projet. Les fecours que le Pape lui avoit fournis ; ceux qu'il avoit retirés du Clergé de France ; les fommes que lui avoient prêtées les Marchands Romains, tant fur fes bijoux, que fur la parole expreffe de leur accorder des exemptions s'il réuffiffoit dans fon entreprife, tout étoit épuifé, finon en entier, du moins pour la plus grande partie.

L'hiftoire ne fournit peut-être pas d'exemple d'expédition militaire entreprife avec autant de témérité. Charles, emporté par fon courage & par l'ambition de régner, avoit fait défiler fon armée en Italie, fans avoir l'argent néceffaire pour la faire fubfifter : la Cour de Rome qui n'écoutoit que fon reffentiment contre Mainfroi, n'avoit pas mieux concerté le plan de cette guerre : contente d'avoir attiré fur les frontieres du Royaume de Naples l'élite de la nation Françoife, elle n'avoit fait aucun des préparatifs convenables pour en affurer la conquête ; & tous ces braves guerriers que l'amour de la gloire raffembloit fous les étendarts du Prince Angevin, s'étoient précipités en foule au-delà des Monts, fans inquiétude pour l'avenir, & triomphants déja en idée dans ces belles contrées, qu'ils avoient projetté de conquérir. Ainfi ne prévoyant point d'obftacle capable de les arrêter, ils s'étoient livrés à leur prodigalité ordinaire, & étoient arrivés en Italie dans un fi grand délabrement, qu'on auroit dit à les voir, qu'ils n'avoient paffé les Alpes que pour être les victimes de la faim & du glaive. Mais d'un autre côté il n'y avoit point d'efforts dont ils ne fuffent capables. Enivrés de l'efprit de Chevalerie, & mefurant leur gloire fur la grandeur du péril, ils fentoient qu'étant à Rome, il ne leur falloit que deux jours de marche & une victoire pour s'emparer d'un pays, où l'abondance les attendoit : car s'il y en avoit parmi eux qui fussent animés de l'amour de la gloire & du désir de gagner les indulgences attachées à cette expédition, le plus grand nombre n'étoit guidé que par l'espoir de jetter dans le Royaume de Naples les fondements d'une brillante fortune.

An. 1265.

Tel étoit l'état de l'armée françoise, lorsque le fils de Fréderic envoya une députation à Charles, pour lui laisser entrevoir quelque desir de faire la paix. Il crut que dans la position avantageuse où il se trouvoit, il pouvoit faire cette démarche sans compromettre l'honneur de sa Couronne, & qu'on ne la regarderoit pas comme une aveu de foiblesse de sa part. Cependant malgré la force apparente de ses places & de son armée, il ne se dissimuloit pas qu'il devoit peu compter sur la fidélité de ses sujets. Les uns ennemis secrets de la Maison de Suabe, n'attendoient que l'occasion de se venger des persécutions de Fréderic & des cruautés de son fils Conrad ; les autres, gagnés par les promesses de la Cour de Rome, travailloient sous-main à le trahir ; le plus grand nombre séduit par l'amour de la nouveauté désiroit de changer de maître, dans l'espérance d'avoir plus de fortune & de liberté. Charles, instruit sans doute de cette disposition des esprits, fit aux Députés une réponse qui annonce plus de fanatisme, que de véritable fierté. « Retournez, leur dit-il, vers le Sultan de Lu- » cera, votre maître ; & dites lui que dans peu de jours je l'aurai » mis en enfer, ou qu'il m'aura mis en paradis ». Il appelloit Mainfroi *Sultan de Lucera,* parce que tous les Sarrazins du Royaume avoient été réunis dans cette ville par Fréderic, pour la posséder sous sa dépendance. Cette réponse de Charles fut comme le signal de la guerre, & il se prépara pour la commencer.

VIII.
Députation de Mainfroi a Charles.

Gio. Vill. l. 7. c. 5.

Il prit la route de Ceperano, accompagné du Cardinal Saint Ange, Légat du Pape qui avoit ordre d'exciter les peuples à se croiser. Ceperano étoit avantageusement situé sur le Garigliano. Mainfroi au lieu de s'y retrancher avec une partie de son armée

IX.
Charles entre en campagne et bat l'ennemi.

<small>LIVRE V.

Angel. di.
Coint. ibid.</small>

pour le défendre, comme un des postes les plus importans de ses Etats, en laissa la garde à Raynaud d'Aquin son beau-frere, Comte de Caserte, avec la femme duquel on assure qu'il vivoit familièrement, quoiqu'elle fût comme lui fille naturelle de Frederic. Le Comte avoit profondément dissimulé cet affront; mais il ne le pardonnoit pas, & n'attendoit que l'occasion de s'en venger avec éclat : on prétend même que pour imprimer à sa vengeance le caractere respectable de la chevalerie, il fit proposer secrétement à l'élite des Chevaliers François qui suivoient Charles, si dans le cas où il se trouvoit, on pouvoit manquer à la fidélité qu'on doit à son Roi. Les Chevaliers répondirent qu'un vassal étoit obligé de répandre son sang pour le service du Prince; mais que le Prince de son côté étoit tenu à toute loyauté envers son vassal, & que s'il l'outrageoit d'une maniere aussi sensible qu'on le proposoit dans le cas présent, le vassal pouvoit manquer à sa fidélité, parce qu'alors le Roi perdoit ce titre pour prendre celui de Tyran.

Quoi qu'il en soit de cette anecdote, que les ennemis de Mainfroi peuvent avoir imaginée, Ceperano ne fit aucune résistance; & l'armée françoise arriva devant San Germano, ville importante par sa situation, & défendue par mille hommes de cavalerie, & cinq mille d'infanterie, presque tous Allemans & Sarrazins. Une aventure imprévue décida du sort de cette place, qu'on ne se flattoit pas d'emporter brusquement. Quelques soldats de la garnison insultérent du haut des remparts les assiégeans campés à une très-petite distance, & leur demanderent, d'un ton de mépris, où étoit leur Roi Charlot, *d'Ove e il vostro Carlotto ?* Les François, piqués de ces injures, lancerent sur eux une grêle de traits; & dans un instant toute l'armée fut sous les armes, la ville prise aussitôt qu'attaquée, livrée au pillage, & la garnison passée au fil de l'épée. La ville d'Aquino, Rocca d'Arci & plus de trente châteaux se soumirent à la domination Françoise.

<small>Dix Février
1266.
Monach. Patav.
Chron. Parm.
Ric. Malasp.</small>

Mainfroi étoit alors devant Capoue avec le gros de l'armée, où il attendoit les secours considérables qui lui venoient de l'Allemagne, de la Grece & de la Turquie. Sa surprise fut égale à sa douleur, quand il apprit que le vainqueur, après avoir évité, par une marche habile, tous les postes qui pouvoient le retarder, alloit paroître devant cette place pour l'assiéger. Déconcerté par tant de malheurs, il abandonne Capoue, & fuit avec précipitation sous les murs de Bénevent, abandonnant à son ennemi presque toutes les villes de la Terre de Labour. Naples & Capoue furent les plus considérables. Charles mit garnison dans les places les plus importantes, & sans perdre de tems, il suivit les ennemis qu'il joignit peu de jours après leur arrivée à Bénevent. Dès qu'ils le virent paroître sur les montagnes voisines, ils se rangerent en bataille pour tenter le sort du combat ; ils se flattoient de vaincre une armée qui ayant manqué de tout sur la route, arrivoit épuisée de faim & de fatigue. Les Historiens ont cru que ce fut une imprudence de la part de Mainfroi d'avoir accepté la bataille ce jour-là ; que s'il se fut renfermé dans son camp pour attendre les secours qu'on lui annonçoit, la famine auroit fait périr une partie de l'armée françoise, & le découragement auroit dispersé le reste ; que Conrad d'Antioche, le Comte Fréderic, & le Comte de Vintimille qui commandoient, le premier dans l'Abruzze, l'autre en Calabre & le dernier en Sicile, auroient d'ailleurs pu venir le joindre, & que ce renfort, quand même l'armée françoise se seroit maintenue dans le pays, l'auroit mis en état de l'attaquer avec avantage : mais les raisons qu'il avoit de fixer irrévocablement son sort par celui d'une bataille, étoient encore plus pressantes. Les intrigues de la Cour de Rome & la terreur du nom François détachoient tous les jours beaucoup de personnes de son parti : d'un autre côté le nombre de ses ennemis augmentoit par le rappel des exilés, que le Roi Conrad avoit chassés du Royaume, & que Charles y faisoit rentrer. Dans cette position

CHARLES ENTRE EN CAMPAGNE ET BAT L'ENNEMI.

An. 1266.

LIVRE V.

X.
BATAILLE DE
BÉNEVENT.

critique n'étoit-il pas encore plus dangereux de différer la bataille que de la risquer?

Il divisa en trois corps son armée forte d'environ cinq mille Napolitains, de dix mille Sarrazins armés d'arcs & de fléches, & d'une infanterie Allemande assez nombreuse. Le premier, composé d'Allemans & de soldats de différentes nations avoit à sa tête le Comte Jourdain de Lance, Piémontois : le second formé de Sarrazins & de troupes levées dans la Pouille, étoit commandé par Galvan, de Lance (1) tous deux oncles de Mainfroi, & par Barthélemi Gesualdo, Comte d'Agnane. Ce Prince s'étoit réservé le commandement du troisieme, plus considérable que les deux autres par le nombre des combattans & la capacité des Chefs, presque tous gens de marque ; on nomme parmi eux le Comte de Vintimille, Bernard Ruffo, Pandolfe d'Aquin, Guillaume d'Avella, Gentil de Sangro, Conrad d'Aquaviva, Jacques & Raymond Capecce, & Philippe Caraffa. Tout étoit prêt pour le combat, lorsque Mainfroi s'approchant des premiers rangs, à la tête des principaux Officiers, parla en ces termes.

Sab. Malasp. l.
3. c. 8.

« Vous voyez enfin ces ennemis que la renommée vous annonçoit depuis long-tems : graces au ciel vous pouvez juger par vous-mêmes, combien ils sont au-dessous de tout ce qu'elle en publioit. Leurs chevaux sont en général maigres & petits ; s'il s'en trouve quelques-uns d'une taille avantageuse, ils ne sont point à craindre ; la fatigue les a épuisés : jettons nous au milieu de leurs escadrons avant que le repos leur ait rendu les forces ; mourons plutôt que de laisser échapper une victoire

---

(1) Summonte l. 2. assure d'après Villani, c. 47 & 81, que Jourdain de Lance, à qui le Roi donna le comté de Giovenazzo, étoit Piémontois, & frere ou proche parent de la Demoiselle, qui ayant eu commerce avec l'Empereur Frederic II mit au monde Mainfroi. Le Comte Jourdain paroît avoir été frere de Galvan.

» que leur foibleſſe ſemble nous aſſurer. Les François terribles au
» premier choc, perdent facilement tout leur feu, & ſont d'une
» lâcheté qu'on a de la peine à croire lorſqu'on leur réſiſte.
» N'oublions pas que nos ancêtres, anciens habitans de l'Italie,
» domptèrent ces mêmes peuples que nous avons à combattre, &
» qu'ils en mirent ſous le joug de plus redoutables encore. Nous
» n'avons point dégénéré pour le courage; & dans l'art de la
» guerre, peut-être leur ſommes nous ſupérieurs : ainſi bravons
» ces ennemis que leur témérité nous livre, & arroſons de leur
» ſang cette terre qu'ils vouloient nous ravir ».

Charles fit ſes diſpoſitions d'après l'ordre de bataille qu'il vit obſerver à l'ennemi; il partagea de même ſon armée en trois corps; le premier, compoſé des troupes de Provence, étoit commandé par les Seigneurs de Mirepoix, de Montfort, de Prunelé, de Meun & de Jean de Mareuïls. Le Roi ſe mit à la tête du ſecond, formé de l'élite des François; il avoit auprès de lui l'Evêque d'Auxerre; Henri de Sully, Hugues ſon frere dit l'Archevêque, & toute la maiſon de Beaumont. Le troiſieme où étoient les Picards, les Flamans & la Milice du Soiſſonnois, du Beauvoiſis & du Vermandois, devoit marcher ſous les ordres du jeune Comte de Flandres, du Connétable Gilles le Brun, & du fils aîné de Jean de Néelle Comte de Soiſſons. Outre ces trois corps il y en avoit un autre deſtiné à porter du ſecours partout où le danger l'appelleroit. Il étoit compoſé de Périgordins mêlés avec les troupes venues de Rome, de la Campanie, de la Lombardie & de la Toſcane.

Quand ces diſpoſitions eurent été faites, l'Evêque d'Auxerre, muni des pouvoirs du Pape, monta ſur un lieu éminent & donna l'abſolution aux troupes, leur enjoignant pour pénitence de frapper à coups redoublés, & regrettant peut-être que les bienſéances de ſon état ne lui permiſſent pas de leur donner l'exemple; car nous avons remarqué ci-deſſus qu'il avoit plutôt l'ardeur martiale

---

Bataille de Bénevent.

An. 1266.

Duch. t. V. p. 843. & ſuiv.

d'un Général, que les sentimens pacifiques d'un Evêque. Charles de son côté n'oublioit rien pour inspirer aux soldats tout le feu dont il étoit animé.

LIVRE V.

« Vous savez, leur dit-il, que nous sommes venus pour com-
» battre, & que le vaste pays qui nous sépare de la France, ne
» laisse pas même aux lâches l'espoir de la fuite. Les Italiens
» conservent contre la Nation Françoise une haine que rien ne
» peut déraciner ; & ces mêmes peuples qui nous ont reçu avec
» des démonstrations de joie, quand ils nous ont cru supérieurs
» en forces, seroient les premiers à nous poursuivre, s'ils nous
» voyoient fuir : ainsi déployons tout ce que nous avons de valeur;
» songeons qu'aujourd'hui nous sommes destinés à vaincre ou à
» mourir. Eh ! pourquoi n'aurions-nous pas plus de confiance dans
» nos forces, que nos ennemis dans les leurs ? Pourquoi n'affron-
» terions-nous pas le danger avec plus courage ? Frappés des
» anathêmes de l'Eglise, dévoués par elle aux puissances inferna-
» les, ils sont déja vaincus par le désespoir que leur inspire la vue
» d'une éternité de supplices : nous au contraire qui marchons
» sous les auspices de celui qui a bien voulu souffrir pour nous
» jusqu'à la mort, nous affronterons le danger avec l'espérance ou
» pour mieux dire avec la certitude de la miséricorde de Dieu
» puisque son vicaire sur la terre, nous a déja accordé la rémis-
» sion de nos péchés.

Sab. Malasp. ibid.

» Je vous conjure surtout, quand la mêlée aura commencé
» de frapper les chevaux plutôt que les hommes, & de les frapper
» d'estoc & non de taille : ils tomberont : les cavaliers écrasés par
» la chûte & accablés sous le poids de leurs armes, expireront
» sans pouvoir se défendre sous les coups de nos fantassins. Voilà
» pourquoi je veux que chaque cavalier ait auprès de lui un ou
» deux fantassins ; l'expérience nous apprend qu'ils sont infiniment
» utiles, & j'ose même dire nécessaires dans le combat, pour
» égorge

» égorger les hommes & les chevaux, lorsque les chevaux blessés
» tombent & culbutent les cavaliers ».

L'action commença sur le midi le 26 Février 1266, & fut engagée par les Sarrazins. Ces barbares poussant de grands cris fondirent avec impétuosité sur un corps de François, le mirent en désordre & le forcerent de plier. Charles envoya au secours un détachement de mille hommes de cavalerie qui rétablit le combat. La fureur alors redoubla de part & d'autre, les rangs se confondirent, on se battit corps à corps, & l'on vit couler des ruisseaux de sang. Dans le même-tems, la division que Charles commandoit, étoit aux prises avec les Allemans : le choc étoit terrible de ce côté là, tant par l'animosité des combattans, que par l'ardeur & la fougue des chevaux. Les Allemans avec leurs longues & lourdes épées, leurs haches & leurs massues faisoient un horrible carnage, au lieu que les épées des François plus légeres & plus courtes glissoient sur l'armure des ennemis : le Roi qui s'en apperçut, leur cria de frapper de la pointe : ce qui fut exécuté. Ses soldats plus alertes, s'élançant tête baissée au milieu des escadrons, observoient l'ennemi lorsqu'il levoit le bras pour frapper, & le perçoient au défaut de la cuirasse avant qu'ils eussent reçu le coup. Les Fantassins, mêlés avec la cavalerie, accéléroient la défaite en tirant leurs flèches & se servant de leurs épées contre les chevaux qui, tués ou blessés, culbutoient les cavaliers & les livroient à l'épée des vainqueurs. Dans un instant le désordre fut général. En vain Mainfroi qui soutenoit ailleurs l'honneur de ses armes contre Robert Comte de Flandres, voulut venir avec la noblesse qui le suivoit, au secours des Allemans & des Sarrazins ; ses Barons l'abandonnerent. Alors n'attendant plus rien que de son courage & de son désespoir, il baisse la visiere de son casque ; mais l'aigle d'argent qui lui servoit de cimier se détache & tombe. Quoique cet accident n'eût rien que de naturel, ce Prince qui avec beaucoup d'esprit & des connoissances

---

BATAILLE DE BÉNÉVENT.

Idem ibid. & Giov. Villan. l. 7. c. 9. & alii.

An. 1266.

peu communes, donnoit dans les petitesses de la superstition & de l'astrologie judiciaire, crut que c'étoit un présage certain de sa défaite, & se tournant vers les Seigneurs qui lui étoient demeurés fideles; c'est la volonté de Dieu qui se déclare, dit-il, *hoc est signum Dei ;* en disant ces mots il se jette dans la mêlée comme un simple soldat, sans avoir sur lui aucune marque distinctive, fait des prodiges de valeur, & meurt criblé de coups. Les vainqueurs, ayant poursuivi les fuyards, entrerent pêle-mêle avec eux dans Bénevent, livrerent la ville au pillage, firent main-basse sur les habitans sans distinction d'âge ni de sexe, & y commirent tous les crimes & les excès qu'on doit attendre du soldat insolent dans la victoire. Charles trouva dans la ville des richesses immenses, que les trois derniers Rois de la maison de Suabe avoient amassées. Il fit choisir parmi le butin, pour les envoyer au Pape, deux chandeliers d'or soutenus de deux figures de même métal, & le fauteuil aussi d'or, enrichi de pierreries, sur lequel l'Empereur Fréderic avoit coutume de s'asseoir, lorsqu'il donnoit quelque audience de cérémonie. Parmi les prisonniers dont le nombre fut considérable, se trouvoient le Comte Jourdain, Barthélemi Gesualdo Comte d'Agnani, & Pierre Azini de Florence, Chef de la faction Gibeline : ils furent envoyés dans un château de Provence, d'où l'on prétend qu'ils se sauverent après avoir égorgé les gardes ; mais ayant été arrêtés, le Roi ordonna qu'on leur coupât une main & un pied, & qu'on leur arrachât les yeux, supplice cruel auquel ils ne survécurent que peu de jours, s'étant laissés mourir de faim.

Cependant on étoit encore incertain sur le sort de Mainfroi. On ne savoit s'il étoit mort ou s'il avoit pris la fuite. Quelques jours après la bataille, un Gentilhomme Picard passa décoré de l'écharpe & monté sur le cheval de ce malheureux Prince, devant l'endroit où étoient les prisonniers dont nous venons de parler Ces Seigneurs en le voyant ne purent retenir leurs larmes, &

d'une voix entrecoupée de fanglots, ils lui demanderent, où étoit le cavalier à qui ce cheval appartenoit; a-t-il été tué ou bien vit-il encore? Le Gentilhomme Picard répondit qu'ayant vu, pendant le fort du combat, un inconnu fe précipiter au milieu des efcadrons françois, avec un courage qui les auroit obligés de fuir, s'il avoit été fecondé, il courut à lui, & que voulant le percer, il avoit donné de fa lance contre la tête du cheval; que le courfier s'étant cabré avoit renverfé fon cavalier; qu'alors les fantaffins s'étoient jettés fur lui, & l'avoient affommé à coups de maffues.

Les cris & les gémiffemens des prifonniers redoublerent à ce récit; & leurs triftes regrets furent l'éloge le moins équivoque de ce Prince, que fes talens & fes qualités auroient mis à côté des plus grands Rois, fi fon ambition ne l'eût placé fur un trône, qui, de droit, appartenoit à fon neveu. Né avec une grandeur d'ame peu commune, il fut généreux & bienfaifant; (1) aima les fciences & les cultiva même avec fuccès: il fit régner la juftice; & la feule occafion où il fe permit de la violer, ce fut dans la circonftance trop délicate où il vit une couronne à ufurper. Pour la bravoure, il pouvoit le difputer aux plus vaillans de l'Italie; comme elle étoit foutenue d'une politique adroite, il auroit peut-être triomphé des efforts de fes ennemis, s'il n'eût eu que des guerriers à combattre & des politiques à déconcerter. Mais la fuperftition armoit les fanatiques, l'intrigue corrompoit fes vaffaux, l'amour de la nouveauté féduifoit fes fujets, & la plupart des grands, ennemis irréconciliables de fa maifon, n'attendoient que

BATAILLE DE BÉNÉVENT.

An. 1166.

---

(1) Voici comment Adam d'Arras, dit le Boffu, parle de Mainfroi.

Biaus chevalier & preus,	En lui ne falloit riens,
Et fage fu Mainfrois,	Forfque feulement fois;
De toutes bonnes teches,	Mais cette faute eft laide,
Entechiés & courtois,	En contes & en Rois.

Mff. de M. le Duc de la Valliere.

le moment de fe venger. Dans une pofition auffi délicate, il étoit bien difficile de tout prévoir. Il fit dans la conduite de cette guerre, quelques fautes, dont des Généraux auffi habiles que le nouveau Roi & fes principaux Officiers fçurent profiter.

Quand on fut affuré que cet inconnu, dont avoit parlé le Gentilhomme Picard, étoit Mainfroi, Charles fit conduire fur les lieux, où l'action s'étoit paffée, quelques Seigneurs d'entre les prifonniers qui avoient eu le plus de liaifons avec ce Prince : on chercha le corps ; on le trouva tout défiguré par les bleffures ; & ces Seigneurs le reconnurent, non fans donner des marques fenfibles de leur douleur. Les François témoins de ce fpectacle, en furent attendris ; ils demanderent au Roi qu'on rendît au cadavre les honneurs de la fépulture. Charles par politique, plus encore que par religion, le refufa fous prétexte que Mainfroi étant mort excommunié, il ne pouvoit être enterré avec les cérémonies de l'Eglife. Son corps fut donc jetté près du pont de Bénévent dans une foffe creufée à la hâte, fur laquelle les foldats François plus généreux que leur Roi, jetterent chacun une pierre par pitié, & en mémoire de la valeur d'un Prince, qui avoit mérité leurs éloges, & les regrets de fes fujets.

Cette victoire fit une révolution en Italie. La faction Gibeline en fut abattue : Florence, Pife & la Marche d'Ancone députerent à Charles d'Anjou pour demander à traiter. Le Royaume de Naples, ainfi que celui de Sicile, fe foumirent à fes loix, & Milan reçut de fa main Barral de Baux pour Podeftat. Enfin dans moins de trois mois cet heureux Prince fe vit maître d'un des plus beaux Etats de l'Europe, dont il fut redevable encore plus à la fuperftition du fiécle, qu'à fa valeur & à fes talens.

Lorfque la terreur de fon nom faifoit tout plier fous fes loix, les Sarrazins de Lucera, ennemis jurés de la Cour de Rome & de fes partifans, fujets toujours fideles de Mainfroi, eurent le courage de lui réfifter. Le fils du Comte de Leiceftre, Philippe de Monfort, que les malheurs de fa maifon réduifoit avec Gui fon frere à la trifte condition d'aventuriers, eut ordre d'aller mettre le fiége devant leur place : les Sarrazins le foutinrent avec tant de vigueur, qu'on fut obligé de le convertir en blocus, & enfuite de fe retirer (1). La cité de Manfredonia fit moins de réfiftance : on pardonna aux habitans à condition que la Reine Sibille, qui s'y étoit réfugiée avec fon fils Manfredino, & une fille qu'elle avoit, feroit remife au vainqueur, ainfi que les riches bijoux & tout l'argent qu'elle avoit emportés avec elle. Il n'y eut donc plus aucune ville dans la Pouille, excepté Lucera, qui ne reconnût la loi du vainqueur.

LE ROYAUME DE NAPLES SE SOUMET AU VAINQUEUR.

An. 1266.

Cependant Charles & la Reine Béatrix fon époufe, avoient déja fait leur entrée dans Naples avec le fafte que le goût des plaifirs, l'ufage des Tournois, l'amour des arts & de la gloire avoient introduits à la Cour de Provence, depuis que Raymond-Béranger IV y avoit appellé les Seigneurs de la province & les Poëtes les plus fameux, tous animés du défir de briller & de plaire. La Reine fit fon entrée dans un char fuperbe, doublé de velours bleu, parfemé de fleurs-de-lys d'or ; elle étoit fuivie d'un grand nombre de Chevaliers François, qui fe firent particulierement remarquer par l'élégance & la richeffe de leurs habits, par les colliers d'or & les plumets dont ils étoient parés. Ce fpectacle frappa d'autant plus, que l'habillement des François & le char de la Reine étoient des objets tout-à-fait nouveaux pour les

XII.
CHARLES FAIT SON ENTRÉE DANS NAPLES.

Math. Spinell. antiq. Ital. Med. Œv. t. II. p. 314.

---

(1) Les Hiftoriens François difent que les Sarrazins furent reçus à compofition, à condition qu'ils changeroient de Religion, quand ils feroient inftruits de nos myfteres, & qu'on les obligea d'abattre les murailles de leur ville, d'en combler les foffés & de rafer toutes les fortereffes ; qu'ils remirent entre les mains du Roi un tréfor que Fréderic & fon fils leur avoient confié, &c. C'eft une erreur : fi les murailles de Lucera avoient été détruites, les Sarrazins n'auroient pas foutenu un autre fiége plus opiniâtre deux ans après, comme nous le dirons en fon lieu.

Hift. de France. t. V. p. 399.

Napolitains : auffi les Italiens regardent-ils la conquête de Naples, comme l'époque où il fe fit parmi eux une révolution dans les mœurs, le luxe & les ufages.

Le Roi alla loger au château Capouan, aujourd'hui Caftelnuovo, que l'Empereur Frédéric II. avoit fait bâtir. Il y trouva une grande partie du tréfor de Mainfroi, prefque tout en efpeces d'or monnoyées. Comme c'étoit l'ufage alors de partager le butin, il le fit étendre à terre fur des tapis, demanda des balances, & donna ordre à Hugues de Baux d'en faire trois parts. *Qu'eft-il befoin de balance ?* repliqua Hugues, qui fentit peut-être que cette trop grande exactitude de la part du Roi provenoit de fon exceffive cupidité : il fépara avec le pied le monceau d'efpeces en trois lots, & puis fe tournant vers ce Prince : *voilà, Sire, votre part, lui dit-il ; voilà celle de la Reine, & voici celle de vos Chevaliers.* Le Roi parut charmé de cette générofité, à laquelle il auroit dû oppofer un noble défintéreffement.

Ce fut un des points effentiels de fa politique, d'accorder aux Chevaliers François & Provençaux qui l'avoient fuivi dans cette guerre, la plûpart des fiefs du Royaume dont les poffeffeurs avoient été tués ou exilés (1). C'étoit un moyen fûr de fe les attacher & de les intéreffer à la défenfe de fes états : mais auffi ce

LIVRE V.

XIII.
SA CONDUITE
DANS LE
ROYAUME.

---

(1) Ermengaud de Sabran, par exemple, fut un des favorifés par le Roi. Sa femme Alifette de Baux n'avoit eu en dot que 600 onces d'or, qui vaudroient aujourd'hui 27 mille fix cent livres. Il fut affez riche pour laiffer à fon héritier, outre les fiefs qu'il avoit en Provence, des terres confidérables dans le Royaume de Naples, & à fes autres fils fix mille quatre cent onces d'or, à diftribuer en légitimes, fans compter 350 onces d'or en legs pieux ; toutes ces fommes réunies reviendroient aujourd'hui à 296500 livres : à quoi il faut ajouter 100 florins & 84 onces d'or de penfion annuelle, qui reviennent à 4864 livres, outre les terres dont Charles I lui fit préfent. Je trouve que Charles II lui donna le 17 Juin 1290, deux cent petites livres tournois de penfion, qui vaudroient environ mille francs ; & une autre fois il lui affigna une autre penfion de 150 onces d'or, qui reviendroient à environ 6900 liv. à prendre fur la ville de Nocera, dans la Principauté de Salerne. Regift. de Charles II à Naples.

fut une des causes qui lui firent perdre l'amour de ses sujets : ces Seigneurs en général traiterent leurs vassaux avec une rigueur excessive. Le Roi lui-même aveuglé par l'avarice, ou séduit par de mauvais conseils, augmenta considérablement les impôts. Il y fut aussi contraint par la nécessité de fournir à l'entretien de son armée, & à la cupidité des troupes auxiliaires, que l'espoir de s'enrichir avoit fait enrôler sous ses étendars. Mais la principale source de ses besoins provenoit du vice de son administration. Transplanté chez un peuple dont il ne connoissoit ni le génie ni les ressources ; obsédé par des gens ou prévenus ou mal intentionnés, il ne put mettre aucun ordre ni dans le domestique ni dans l'état : il ne fut pas plus heureux dans la partie des finances : il changea & multiplia les Officiers préposés à la perception des impôts ; fit rechercher rigoureusement tous les droits du Domaine, & fut même secondé par le zele perfide d'un Napolitain, qui lui donna une note fort circonstanciée des taxes levées dans le pays. Cependant malgré tant de précautions pour augmenter ses revenus, il eut de la peine à subsister dans un Royaume où ses prédécesseurs avoient fait des épargnes considérables. Et si quelques-uns des Seigneurs Provençaux, qui l'avoient suivi dans cette expédition, furent généreusement récompensés, d'autres languirent dans la misere, n'ayant pas même leurs appointements.

Son amour pour la guerre & son ambition ne lui laissoient point le tems de se livrer aux soins pacifiques du Gouvernement.

Depuis que par sa victoire il étoit devenu le soutien des Guelphes, il voyoit sa protection recherchée de toutes les villes où cette faction dominoit, & il ne visoit à rien moins qu'à la Monarchie universelle de l'Italie. Ce projet n'étoit point aussi chimérique qu'on pourroit le croire. Toutes les Républiques de la Lombardie, excepté Vérone & Pavie, lui étoient dévouées : Gênes lui envoia Bonarel Grimaldi, Thadée de Fiesque & Henri Spinola pour le féliciter de ses succès : Florence &

SA CONDUITE DANS LE ROYAUME.

Sab. Malasp. l. 3. c. 16.

An. 1266.

Thes. Anecd. t. V. p. 426. 524.

XIII.
SA PROTECTION EST RECHERCHÉE DANS TOUTE L'ITALIE, ET IL SE FAIT DES ENNEMIS.

An. 1267.
Ricord. Malasp. c. 183.

Lucques lui demanderent des fecours contre leurs ennemis ; & la premiere de ces deux Républiques lui déféra le Podeftariat pour dix ans. Le Pape qui craignoit peut-être cette trop grande puiffance, mais qui vouloit avoir l'air d'en être le mobile ou l'appui, le nomma vicaire de l'Empire en Tofcane, pour tout le tems que le trône impérial feroit vacant. Cet acte d'autorité de la part du Pape révolta les Gibelins; ils fe demandoient à quel titre, il s'arrogeoit l'Empire de l'Italie, & s'ils devoient fouffrir patiemment que deux Souverains redoutables, l'un par l'opinion des peuples, & l'autre par la force des armes, fe réuniffent pour les accabler. Parmi les mécontens fe trouvoit Henri de Caftille, alors Sénateur de Rome & frere d'Alphonfe X, furnommé le Sage. Forcé d'abandonner l'Efpagne avec un autre de fes freres nommé Fréderic, parce qu'ils ameutoient les efprits, ils pafferent à Tunis à la tête d'une troupe d'aventuriers Efpagnols attachés à leur fortune. Henri, génie plus factieux que fon frere, plus hardi pour le crime & la cabale, s'étoit rendu auffi fameux par fa méchanceté, que par fon talent fingulier pour la guerre. Il paffa de Tunis à Naples avec 800 cavaliers Efpagnols, quand il fçut que Charles, dont il étoit proche parent, avoit détrôné Mainfroi. Il en fut reçu avec les honneurs dûs à un homme de fon rang, déja connu par fa réputation dans l'art de la guerre. On affure même qu'il prêta au Roi une fomme en or de foixante mille doubles; fecours utile, vu l'épuifement où fe trouvoient les finances, & qui fut fans doute une des caufe du zèle avec lequel le Monarque Sicilien follicita les Romains à lui donner le Prince Caftillan pour fucceffeur au Sénatoriat. Mais cette fomme, que Charles ne fut pas en état de lui rendre, devint la caufe ou le prétexte de la haine implacable qu'Henri lui voua.

Henri, quand il crut avoir à fe plaindre de Charles, ne fut occupé qu'à femer l'efprit de révolte dans Rome, tandis que d'autres factieux le fomentoient parmi les peuples de la Lombardie,

bardie, de la Pouille & de la Sicile. Dans le même tems les freres Capecce de Naples étoient en Allemagne pour inviter Conradin fils de Conrad à monter fur le trône de fes peres. Conradin âgé de 15 ou 16 ans, vivoit à la cour d'Othon, Duc de Baviere fon oncle maternel, des fecours que lui donnoit Elifabeth de Baviere fa mere, alors mariée avec le Comte de Tirol. En vain elle s'efforça de le détourner d'une expédition où fa tendreffe ne prévoyoit que des malheurs. Le jeune Prince féduit par l'appas d'une couronne, emporté par fon courage, & par l'indignation peut-être de fe voir réduit à mener une vie obfcure, tandis qu'il étoit fait pour régner, prend la route de Trente avec dix mille cavaliers & un corps affez nombreux d'infanterie, & gagne Vérone.

_{CONRADIN VEUT DÉTRÔNER CHARLES.}

Anonym. Barthel de Neocaftr. c. 8.

J. Vill. l. 7. c. 23.
Ricord. Malafp. c. 190.
Monach. Patav.

Il y eft à peine arrivé que l'argent lui manque; & une partie de fes foldats vendant les armes & les chevaux, repaffe en Allemagne. Dans le même tems le Pape le frappe d'anathêmes, parce qu'il avoit pris le titre de Roi de Sicile, tandis qu'il n'appartenoit qu'aux Souverains Pontifes de le conférer. Mais ces événemens qui auroient pu décourager des hommes ordinaires, ne fervirent qu'à donner plus d'opiniâtreté au zèle de ceux qui étoient l'ame de cette expédition. Conrad Capecce après avoir mis tout en œuvre pour foulever contre Charles les villes de Lombardie, paffe à Tunis pour animer de fa haine & de fes efpérances Fréderic de Caftille frere de Henri; & le Roi de Tunis lui-même. Ces deux Princes n'eurent pas de peine à fe laiffer échauffer de tout le feu que le Napolitain mettoit dans fa négociation. Fréderic crut que cette guerre alloit lui mettre dans les mains le fceptre de la Sicile; le Tunifien fe flatta qu'elle l'affranchiroit du tribut qu'il payoit aux Souverains de cette Ifle depuis le regne de Roger le jeune, le premier des Princes Normans qui régna au-delà du Phare. Fréderic & Capecce arriverent donc en Sicile au mois de Septembre avec deux vaiffeaux chargés de foldats, la plûpart Sarrazins. Toutes les villes ouvrirent leurs portes, à l'exception

An. 1267.

LIVRE V.

XV.
SES PROGRÉS.
Thef. anecd.
t. II. p. 540.

An. 1268.

de Palerme, de Syracufe & de Meffine; mais la conquête ne fut que paffagere.

Ces premiers fuccès releverent le courage des partifans de Conradin. Dès le mois de Novembre Galvan la Lance, à la tête de quelques troupes, fit briller dans Rome les enfeignes de ce Prince, tandis que la plûpart des villes de la Tofcane fe déclaroient pour lui. Charles avoit alors quitté les environs de Florence, pour aller affoupir les révoltes qui fe formoient dans fes Etats : la plus dangereufe étoit celle des Sarrazins de Lucera. Ces infideles, ennemis fecrets du Pape & du Roi, & toujours attachés à la Maifon du Suabe, furent les premiers à prendre les armes en faveur de Conradin : leur foulevement pouvoit avoir des fuites d'autant plus fâcheufes, qu'on n'avoit que peu de troupes à leur oppofer. Une partie de l'armée avoit été congédiée, & s'en étoit retournée en France après la bataille de Bénevent : une autre fervoit en Tofcane fous les ordres du Maréchal de Breffelve & de Guillaume Létendard, Gentilhomme Provençal; ce qui reftoit de foldats dans le Royaume, en état de fervir, étoit à peine fuffifant pour contenir les peuples. Cependant on mit le fiége devant Lucera, parce qu'il falloit enlever aux rebelles le boulevard de la révolte : la réfiftance fut longue & opiniâtre. Sur ces entrefaites Conradin, dont les efpérances & le parti fe fortifioient de jour en jour, battoit le Maréchal de Breffelve aux environs de Florence, voyoit les villes ou fe ranger fous fes drapeaux, ou lui laiffer le paffage libre, en attendant que la victoire leur montrât celui des deux concurrens à qui elles devoient s'attacher; en un mot il s'avançoit vers les Etats de fes peres, avec un fuccès & une facilité dont il étoit lui-même étonné. On dit que le Pape le voyant paffer du haut des remparts de Viterbe, ne put s'empêcher de verfer des larmes fur ce jeune Prince, dont il prévoyoit la malheureufe deftinée. Les Romains, à qui de fi heureux commencements donnoient les plus grandes espérances, en jugeoient bien autrement. Ils le reçurent avec toutes les démonstrations de joie qu'inspire la présence d'un Héros assûré de la victoire, & lui offrirent toutes sortes de secours d'hommes & d'argent. Conradin par politique autant que par reconnoissance les institua ses héritiers, s'il mouroit dans son entreprise. Il partit de Rome à la tête de ses troupes, au commencement d'Août, accompagné de presque toute la noblesse de cette grande ville, de Fréderic d'Autriche & de Henri de Castille qui menoit huit cent chevaux castillans.

Les deux armées se trouverent en présence le 23 Août 1268, dans la plaine de S. Valentin ou de Tailliacozzo près du lac de Célano. Le petit fils de Fréderic divisa en trois corps son armée forte d'environ trente mille hommes : il commandoit le premier qui étoit composé d'Allemans : le second, formé de Siciliens & d'Espagnols, étoit sous les ordres d'Henri de Castille & de Fréderic d'Autriche : le troisieme, où combattoient aussi des Allemans avec les Italiens, avoit à sa tête Galvan la Lance.

Charles beaucoup plus foible n'avoit qu'environ dix mille hommes, dont trois mille de cavalerie : avec cette inégalité de forces il eut besoin de toute l'habileté d'Erard de Vallery que le hasard lui amena. Erard étoit un Chevalier François, *courtois* & *sage* que sa bravoure & vingt ans d'expérience avoient rendu célebre dans la Terre Sainte. Comme son grand âge ne lui permettoit plus de soutenir les fatigues de la guerre, il étoit parti de la Palestine dans le dessein de retourner en France : il aborda à Naples, lorsque Charles étoit en marche pour aller attaquer son rival. Charles, ravi de son arrivée, le pria de le suivre, & de l'aider de ses conseils : le Chevalier s'excusa d'abord sur son grand âge ; mais cédant enfin aux instances du Roi, il le suivit dans cette expédition. Arrivé près du camp de Conradin, il l'alla reconnoître ; & au retour, Charles lui demanda ce qu'il pensoit de la bataille qu'il alloit donner. « Sire, répondit Erard, les ennemis nous sont de

SES PROGRÈS.

An. 1268.

XVI.
IL LIVRE BATAILLE ET EST FAIT PRISONNIER.
Ricord. Malasp. c. 192.
Sab. Malasp. l. 4. c. 9. &c.
Duchêne t. V. p. 378 & seqq.
J. Vill. l. 7. c. 26 & seq.
Ang. Const. Barthol. neoc. c. 9.
Th. anecd. t. II. p. 627, & alii.

» beaucoup supérieurs en nombre : il y a parmi eux d'habil[es]
» Capitaines, soit Allemans soit Italiens, & les soldats son[t] br[a]-
» ves. Mais si votre Majesté me veut laisser la conduite de cet[te]
» journée, j'espere, avec l'aide de Dieu, que la victoire sera [à]
» nous. » Le Roi, charmé de l'air de confiance avec lequel c[e]
Guerrier respectable lui parloit, lui donna le commandeme[nt]
général des troupes avec une autorité absolue. Erard alors n[e]
songeant plus qu'à régler l'ordre de bataille, divisa l'armée e[n]
trois corps, de la maniere que voici :

Le premier où étoient les Provençaux & les Italiens, avo[it]
pour chef Henri de Cousances (1), qui prit les armes du Ro[i]
pour donner le change à l'ennemi. Le second, tout composé d[e]
François, combattoit sous les ordres de Guillaume Létendard
& de Jean de Clery. Le Roi se réserva le commandement d[u]
troisieme, qui ne montoit qu'à 800 chevaux ; mais c'étoit l'élit[e]
de la Noblesse : il se plaça derriere une colline, où il ne pouvo[it]
être apperçu des ennemis, pour se porter par-tout où le beso[in]
l'appelleroit : ce fut à ce stratagême, imaginé par Erard de Val[-]
lery, qu'on fut redevable de la victoire.

Henri de Castille à la tête des Espagnols engagea l'action. I[l]
chargea les Provençaux avec une vigueur égale à la résistanc[e]
qu'il éprouva. L'action fut des plus vives. Le Maréchal de Cou[-]
sances, qu'on prit pour le Roi, périt avec plusieurs Gentilshom[-]
mes de marque, & le reste dépourvu de chef se débanda : dan[s]
le même instant Conradin, qui s'étoit avancé suivi des Allemans[,]
pour achever la défaite, tomba sur le second corps qui s'ébranlo[it]
à dessein de rétablir l'ordre du combat : la victoire fut long-tem[s]
disputée par les François : mais enfin accablés par le nombre[,]

---

(1) Il est mention de cet Henri de Cousances dans une quittance que sa mere & sa femme donnerent au mois de Mai 1271, à l'Abbaye de Jouy, diocèse d[e] Sens. Il est dit qu'il étoit fils d'Eustache de Cousances, & Maréchal de France.

ils prirent la fuite dans un désordre affreux, laissant un grand nombre de leurs plus braves soldats sur la place. Charles, témoin du carnage & de la déroute des siens, frémissoit de colere & de rage : mais Vallery plus expert dans l'art de la guerre, calma son impatience, jusqu'à ce que les Allemans qui se crurent sans ennemis, se débanderent pour aller au pillage. Alors le sage vieillard se tournant vers le Roi, lui dit d'un ton d'assurance, *partez, Sire, il est tems.* A ces mots, Charles fond sur l'ennemi avec la vivacité de l'éclair ; les fuyards se rassemblent sous sa banniere ; ce n'est plus un combat en regle ; les Allemans dispersés par l'amour du butin, tombent presque sans résistance sous l'épée des François : il n'en fut pas de même des Espagnols qu'Henri de Castille ramenoit de la poursuite des Provençaux. Comme ils étoient supérieurs en nombre aux François, qu'ils marchoient avec une contenance à faire craindre une action où la victoire seroit long-tems disputée, le sage Vallery crut devoir user d'un nouveau stratagême ; & après avoir communiqué son dessein au Roi, il part avec trente ou quarante Chevaliers des plus braves pour aller faire le coup de lance : ensuite feignant d'avoir peur, il quitte précipitamment le champ de bataille. Les Espagnols trompés par cette fuite apparente, se mettent à les poursuivre avec si peu de précaution, que leur corps de bataille s'affoiblit. Alors Charles fond sur eux comme un lion sur sa proie : dans le même instant Vallery tourne bride & vient les prendre en flanc : L'action fut vive & opiniâtre, telle qu'on devoit l'attendre des deux nations alors les plus braves de l'univers.

Les François voyant que l'armure des Espagnols étoit impénétrable à leurs coups, jettent la lance & l'épée, saisissent les Castillans par le milieu du corps comme dans un tournois, en renversent un grand nombre aux pieds de leurs chevaux, répandent l'épouvante parmi les autres ; & dans peu de tems la campagne est toute couverte de blessés, de morts & de fuyards. Parmi les

Il livre bataille et est fait prisonnier.

An. 1265.

Idem. Duch. t. V. p. 381.

braves Chevaliers qui se distinguerent dans cette journée, on cite le quatrieme fils du Comte de Leycestre, Gui de Monfort, qui se fit deux fois jour à travers les escadrons ennemis. On dit que dans la chaleur du combat, son casque tourna de façon que la visiere se trouva derriere la tête, & lui ôta l'usage des yeux; mais il ne cessoit point de frapper autour de lui d'estoc & de taille: la privation de la vûe sembloit redoubler sa fureur. Peu s'en fallut que le brave Vallery qui s'approchoit pour le tirer d'embarras, ne fut une de ses victimes. Il reçut un coup si terrible, qu'il ne dut la vie, qu'à la bonté de son armure. Monfort alloit redoubler, lorsque les cris du Chevalier François lui firent reconnoître sa méprise & son défenseur.

Telle fut cette sanglante bataille, qu'un Troubadour semble avoir décrite lors qu'il ne pensoit qu'à la prédire.

« Dans l'armée, dit-il, retentiront tantôt des cris de joie, » tantôt des cris de douleur. On verra trompettes & tambours: » Chevaliers empressés de combatre, répandus dans la campagne » avec leurs pennons & banderolles; des rangs bien serrés de » Gendarmes rompus; maints dards décochés. On entendra » par les plaines & vallons des cris, des pleurs, des gémissements, » des hurlements: où seront les bannieres royales, on verra fendre » à coups de massue des écus & des casques, trancher des cui- » rasses, porter des coups mortels, les tronçons de lance enfoncés » & brisés; & si l'on pénetre au fort de la bataille pour y faire des » prisonniers, c'est-là qu'on verra maints braves, renversés de » leurs chevaux, étendus par terre, & qu'on en verra un grand » nombre se faire égorger, plutôt que de se rendre ».

Les vainqueurs, maîtres du champ de bataille, se trouverent hors d'état de poursuivre les fuyards; ils avoient perdu beaucoup de monde, & les chevaux accablés de lassitude refusoient de servir. Quel eût été dans ce moment le sort de Charles, si les Allemans encore supérieurs en nombre de plus de moitié, montés fur des chevaux plus forts & plus vigoureux, euffent été ralliés par un Général habile, & fuffent revenus à la charge! L'inexpérience des chefs ennemis fit tout le fuccès du Roi de Sicile. Le Prince Caftillan, plus emporté que brave ; Conradin & Fréderic d'Autriche trop jeunes pour commander, furent vaincus par le fage Vallery, dont l'expérience confommée régloit la valeur de Charles, tandis qu'elle tendoit des pieges à l'impétuofité aveugle de fes rivaux. Il ne manquoit au triomphe des François, que de s'affurer de la perfonne des trois Princes dont nous venons de parler. Henri de Caftille prit la route du Moncaffin, afyle peu fûr, puifque pour y faire refpecter fa liberté, il fut réduit à la trifte néceffité de feindre, & de dire que les Allemans étoient vainqueurs. Malheureufement pour lui fon équipage & fon abandon le trahirent. L'Abbé fe douta de la feinte, & le fit arrêter. Mais comme il craignoit de tomber dans l'irrégularité, fi de fon vivant on ôtoit la vie à ce Prince, il l'envoya, fous bonne garde, au véritable vainqueur, à condition qu'on différeroit le fupplice ; comme fi fa perfidie ne fuffifoit pas pour le rendre infâme & criminel.

Conradin, Fréderic d'Autriche, & plufieurs Seigneurs ne furent pas traités plus favorablement de la fortune. Après avoir erré trois jours dans les montagnes, déguifés en payfans, ils gagnerent Aftura, bourg fitué fur la côte de la campagne de Rome, & fretterent une barque pour paffer en Sicile, où Conrad Prince d'Antioche, fils d'un bâtard de Fréderic II, & Fréderic de Caftille avoient un parti puiffant. Il y avoit deux jours que ces malheureux fugitifs n'avoient pris ni repos ni nourriture, & il ne leur reftoit pour acheter quelques provifions, qu'un diamant fort riche, feul effet que Conradin eût fauvé des débris de fa fortune. Il le donna au patron de la barque, pour l'aller vendre dans le bourg d'Aftura, n'ofant pas y paroître avec fes compagnons de peur d'être reconnus & arrêtés. Ce bijou fit du

IL LIVRE BATAILLE ET EST FAIT PRISONNIER.

An. 1268.

Villan. Collen. Summ. & alii.

bruit ; l'envie de voir les jeunes étrangers, qui le faisoient vendre, attira sur le rivage plusieurs personnes, qui, frappées de leur bonne mine, firent sur leur naissance & sur leur sort, mille conjectures que la renommée eut bientôt portées aux oreilles de Jacques Frangipani, Seigneur de l'endroit. Ce noble Romain étoit instruit de la victoire que Charles venoit de remporter sur les Allemans, & savoit que Conradin avoit pris la fuite, & qu'on avoit détaché des cavaliers pour le chercher. Il s'imagina qu'il pourroit bien être du nombre de ces fugitifs, qu'un vent favorable éloignoit déja des côtes ; & aussi-tôt il forme le dessein barbare de faire courir après eux, se flattant, si on les prenoit, que le nouveau Roi ne mettroit point de bornes aux récompenses dûes à un service de cette importance. Le brigantin destiné à les poursuivre fut bientôt prêt, & peu de tems après on vit entrer dans le port ces malheureux jouets de la fortune, chargés de fers comme de vils esclaves. Frangipani, non content de les avoir fait arrêter, eut encore la lâcheté de les conduire lui-même au Roi, qui, transporté de joie de se voir enfin le maître du seul compétiteur qu'il eut à craindre, ne rougit pas de partager, en quelque maniere, la honte du traître, en le récompensant par le don de plusieurs terres dans la vallée de Bénévent.

XVII. Condamnation et supplice de Conradin et des autres prisonniers.

Ricob. hist. ferr.

Les prisonniers furent jugés à Naples le premier Octobre suivant, dans un Parlement nombreux composé de Barons, de Jurisconsultes & des Syndics de plusieurs villes. Ricobald, Historien de Ferrare, assure avoir appris de Joachin de Régio, qui avoit assisté au jugement, que les principaux Barons & Jurisconsultes soutinrent qu'on ne pouvoit, sans injustice, condamner à la mort Conradin, attendu qu'il ne manquoit pas de bonnes raisons pour chercher à recouvrer un Royaume conquis sur les Grecs & les Sarrazins par ses ancêtres, & qu'il n'étoit coupable d'aucun crime qui dût le faire priver de la vie. On leur objecta le pillage & l'incendie de quelques Eglises & Monasteres : mais on répondit qu'il n'y avoit aucune preuve que Conradin en eût donné l'ordre, & que les troupes de Charles avoient fait pis encore. Un Docteur ès loix, & vraisemblablement plusieurs Barons qui croyoient leur propre sûreté, ainsi que celle de Charles, & encore plus leur fortune intéressée à l'anéantissement de la Maison du Suabe, opinerent à la mort. Ce cruel avis entraîna le reste des suffrages, parce qu'il flattoit la passion du Souverain : le Prince Castillan fut seul exempt de la peine capitale, à cause de la promesse faite à l'Abbé du Montcassin : on le condamna à une prison perpétuelle, d'où il sortit 25 ans après, à la priere de Sanche, Roi de Castille.

Quand la sentence de mort eut été prononcée, on fit venir Conradin & ses compagnons : Robert de Barri, grand Protonotaire, fut chargé de leur en faire la lecture. Le Comte de Flandres, gendre & neveu du Roi, étoit présent ; il s'étoit fortement opposé, dans le Conseil, à ce que l'on commît une cruauté qui devoit rendre odieux son beaupere & le deshonorer dans la postérité ; la lecture de la sentence alluma son courroux : il tira son épée, & la plongeant dans le corps du Protonotaire : *insolent*, *lui dit-il, il te sied bien de prononcer un arrêt de mort contre un si noble & si grand personnage* (1). Ce trait de générosité barbare put exciter une sorte d'admiration ; mais il ne fit pas revenir les juges.

Il y a des Historiens qui prétendent qu'après qu'on eût lu à Conradin, au Duc d'Autriche & à leurs complices, leur sentence de mort, on les mena dans une chapelle tendue de noir, où ils entendirent la messe pour le repos de leur ame : heureusement pour l'honneur de l'humanité, ce rafinement de barbarie n'a pas toute la certitude que la critique demande. On est plus

CONDAMNATION ET SUPPLICE DE CONRADIN ET DES AUTRES PRISONNIERS.

An. 1268.

_____

(1) Robert ne mourut point de sa blessure, puisqu'on trouve plusieurs actes postérieurs, signés de lui en qualité de Protonotaire.

d'accord sur la vérité des circonstances suivantes. Quand on eut fait confesser ces illustres prisonniers, on les conduisit sur la place du marché de Naples, où on avoit dressé un échaffaud couvert de velours cramoisi. Conradin & Fréderic y monterent les premiers : Conradin protesta hautement contre toutes les accusations dont on l'avoit noirci ; il déclara qu'il regardoit la Couronne de Sicile, comme un bien qui lui appartenoit à titre d'héritage, & nommant, pour son héritier, Pierre Roi d'Arragon, époux de Constance de Suabe, fille de Mainfroi, il jetta son gand sur la place en signe d'investiture, & comme un gage de bataille. On assure qu'un Chevalier le ramassa & le porta au Prince Arragonois.

Fréderic fut exécuté le premier. Conradin voyant tomber à ses pieds le corps de son généreux ami, laissa voir un mélange de force & de foiblesse, tel qu'on devoit l'attendre d'un enfant sensible, & né pour les grandes choses. Il ramassa la tête, & la baisa avec un excès de tendresse & de douleur qui fit verser des larmes aux assistants. Ensuite s'étant mis à genoux, il fit une courte priere, & reçut le coup mortel avec un généreux mépris pour la vie ; mais toujours en baisant la tête de son ami. Un autre Historien assure que par un retour de tendresse sur sa mere, il s'écria : *ô ma mere, quelle sera votre douleur, quand vous apprendrez la mort de votre malheureux fils ?* Ainsi finit le dernier Prince de la maison des Stouffens, Ducs de Suabe, qui avoient possédé l'empire 115 ans, & le Royaume de Sicile pendant près d'un siecle. Fréderic d'Autriche étoit par sa mere Gertrude, le dernier rejetton de l'ancienne maison de ce nom.

Ces sanglantes exécutions ne furent que le prélude de celles qui devoient suivre. Le Comte Galvan eut la tête tranchée sur le cadavre de son fils. Gerard de Pise chef de Toscans qui avoient combattu pour la maison de Suabe, les Comtes Jourdain de Lance & Barthélemi Gésualdo, prisonniers depuis la bataille de Bénevent, & deux fils de Barthélemi, périrent sur le même échaffaud. Neuf Barons du Royaume furent pendus: la veuve de Mainfroi & son fils mis à mort secrettement dans le château de l'Œuf, où ils étoient enfermés. La Princesse Béatrix, encore enfant, n'eut point le sort de sa mere : son sang fut le seul dont Charles ne souilla point une couronne qu'il devoit avoir horreur de porter, après se l'être assurée par tant de meurtres. Cette jeune Princesse demeura dans la prison & ne dût sa liberté qu'à une révolution.

La renommée eut bientôt appris à Elisabeth de Baviere, la captivité de ce fils, sur le sort duquel de noirs pressentiments l'avoient rendue si inquiete. Elle partit sur le champ d'Allemagne avec une grosse somme d'argent pour racheter sa liberté. Déja elle s'avançoit vers les contrées, dont le jeune Prince avoit résolu la conquête, quand elle apprit la triste nouvelle de sa mort. Dans l'accablement où cet événement la jetta, elle crut que ce seroit une consolation pour son cœur, si elle pouvoit arroser de ses larmes les restes de son malheureux fils, & lui rendre les derniers devoirs que la nature impose. Soutenue par cet espoir, dans lequel sa douleur & sa tendresse trouvoient encore un aliment, elle continua sa route, & fit son entrée à Naples avec l'appareil le plus lugubre & le plus conforme à sa situation. Le Roi & les Seigneurs de sa Cour, n'étoient pour elle que des objets dont trop de motifs lui faisoient un devoir d'éviter la présence. Elle fit donc demander par l'entremise de l'Archevêque, la liberté d'ériger à son fils un sépulchre de marbre au lieu même de son supplice. Le Roi le refusa, parce qu'il ne pouvoit se dissimuler que ce monument, en éternisant sa honte, entretiendroit l'amour de la vengeance dans le cœur des Allemans, & de tous les partisans de la maison de Suabe. Il se contenta donc de permettre à cette mere infortunée de faire transporter le corps de

CONDAMNA-
TION ET SUPPLI-
CE DE CONRA-
DIN ET DES AU-
TRES PRISON-
NIERS.

An. 1268.

Summonte.
d'Egly t. I. p.
157.

Conradin de la place où on l'avoit enterré, comme excommunié, dans l'Eglife des Carmes (1).

On conçoit aifément l'horreur que tant de crimes dûrent infpirer; ce qu'on a de la peine à croire, c'eft que Charles fe foit déterminé à les commettre. Il eft vrai que par la mort de Conradin & du fils de Mainfroi, il s'affuroit le Royaume de Naples : mais en les faifant périr fur l'échaffaud, ne donnoit-il pas l'exemple du fort qu'on devoit lui faire fubir à lui-même, s'il étoit pris dans un combat ? D'un autre côté ne prévoyoit-il point que l'infamie dont il fe couvroit, en répandant le fang d'un jeune Prince qui n'avoit d'autre crime que celui de vouloir remonter fur le trône de fes peres, le deshonoreroit aux yeux de toutes les nations; qu'il alloit perdre la confiance de fes alliés, & le cœur de fes fujets ? Cette conduite a paru fi contraire aux loix de la politique, qu'il s'eft trouvé des Hiftoriens qui, pour le juftifier, ont prétendu qu'il confulta le Pape, & que le Pontife pour toute réponfe, lui envoya une médaille fur laquelle on lifoit d'un côté : *la mort de Conradin eft le falut de Charles*, & de l'autre : *la vie de Conradin eft la perte de Charles*. Ce trait ne fe trouve point dans les Auteurs contemporains; il ne ferviroit d'ailleurs qu'à nous faire trouver un coupable de plus.

Quand même le Souverain Pontife auroit eu l'inhumanité de lui ordonner ces atrocités, Charles n'auroit jamais obéi, s'il n'eût trouvé dans fon cœur des motifs de les commettre. Ce qu'il y a de plus vraifemblable, c'eft que le Pape féduit

---

(1) Cette place eft le grand marché de Naples, où l'on voit encore, comme le remarque M. d'Egly, une chapelle quarrée qui fut bâtie, fuivant la tradition, dans le lieu même où Conradin eut la tête tranchée, & l'on tient pour certain qu'il y a été inhumé. Les gens du pays prétendent, je parle des gens du peuple, que la terre imbibée de fon fang en conferve les traces, & qu'on y remarque un endroit humide qui eft comme une tache qu'on ne voit point ailleurs. Cette chapelle eft devant l'Eglife des Carmes, où la Cour, quand elle eft à Naples, va tous les famedis au foir faire fa priere.

par ces politiques barbares qui lui faisoient envisager la mort de Conradin comme le terme des guerres scandaleuses du Sacerdoce de l'Empire, & sur-tout de ces discordes civiles qui armoient une partie de l'Italie contre l'autre, livra Charles aux conseils de la vengeance & de l'ambition; & qu'ensuite révolté de l'atrocité du crime, quand il le considéra de sang froid, ému par les plaintes de tous les cœurs sensibles, il le désavoua: les sentiments d'indignation & de pitié qu'il fit éclater alors, sont bien plus conformes à cette douceur de caractère qui contribua autant que la pureté de ses mœurs & son austere vertu à le rendre recommandable: en effet, étant mort peu de tems après, il emporta les regrets du monde chrétien.

Par l'extinction de la maison de Suabe, le droit de suzeraineté que les Empereurs avoient sur la Provence, s'éteignit; puisque ce droit étoit attaché aux descendants de Rodolphe II, & non pas à l'Empire.

Le bonheur avec lequel Charles avoit terminé cette guerre, & sur-tout la sévérité qu'il déploya sur ses ennemis & sur les rébelles, imprimerent la plus vive terreur. Tous les habitants de la Pouille, excepté les Sarrazins de Lucera, plierent sous ses loix. La Sicile fit plus de résistance. Conrad Prince d'Antioche, depuis la détention de Conradin, prétendoit à la Couronne par droit de succession, comme descendant de Frédéric II. Il voyoit son autorité reconnue à Palerme, Messine & Syracuse, & croyoit la conquête de l'île d'autant plus assurée, qu'il avoit pour lui Frédéric de Castille, & un grand nombre de rébelles & de Gibellins, qui venoient tous les jours se ranger sous ses drapeaux. Ses espérances s'évanouirent en peu de tems : l'armée de Charles, composée de François & de Provençaux, commandée par Philippe & Gui de Montfort, par Guillaume de Beaumont & Guillaume Létendart, n'eut qu'à se montrer; toute l'île rentra dans le devoir. Frédéric de Castille, s'étant embarqué sur quelques galeres

CONDAMNATION ET SUPPLICE DE CONRADIN ET DES AUTRES PRISONNIERS.

Ricord. Malasp. c. 193.

An. 1268.

XVIII.
LES RÉBELLES DU ROYAUME SE SOUMETTENT. MORT DE LA REINE BÉATRIX. SES ENFANTS.

Sab. Malasp.

Pifanes, fit voile pour Tunis. Conrad n'eut pas le tems de fe fauver : il fe retira dans le château de Centoripe, où il fut forcé de fe rendre à difcrétion : il fut puni par la perte de la vue & enfuite pendu avec plufieurs de fes partifans. Les autres, privés de chefs, fe foumirent & prêterent ferment entre les mains du vainqueur. Les uns furent bannis, les autres condamnés à de fortes contributions ; tout le peuple fut chargé de nouveaux impôts : mais quelqu'infupportables qu'ils paruffent, ils l'étoient encore moins que la hauteur & la dureté avec laquelle on les exigeoit. On dépouilloit les plus riches particuliers de leurs biens, pour en revêtir les Seigneurs, qui avoient eu part à la conquête.

Au milieu de ces événements, Charles perdit la Reine Béatrix, fon époufe (1) que la mort lui enleva en 1267. Cette Princeffe avoit fait fon teftament le 30 Juin 1266 après avoir mis au monde trois garçons & trois filles, favoir, Louis mort en 1248 dans l'île de Chypre, peu de jours après fa naiffance ; Charles qui fuccéda aux Etats de fon pere ; Philippe, Prince d'Achaïe mort empoifonné, à ce qu'on croit, à Nocera en 1277 ; Robert mort auffi à Nocera en 1266 ; Blanche femme de Robert de Béthune Comte de Flandre, morte avant le dix Janvier de la treizieme indiction, c'eft-à-dire en 1270 ; Béatrix qui époufa, le 15 Octobre 1273, Philippe de Courtenay, fils de Baudouin II Empereur de Conftantinople ; & Ifabelle mariée en 1269 à Ladiflas le Cumain Roi de Hongrie, & morte au mois d'Octobre 1303. Quelques Auteurs donnent, fans fondement à Béatrix une autre fille nommée Marie.

Quoiqu'il eut ce grand nombre d'enfants, & qu'il fût âgé

---

(1) Nous ignorons l'année précife de la mort de Béatrix de Savoie, mere de cette Princeffe. Nous favons feulement qu'elle s'étoit retirée aux Echelles dans les Etats de fon Neveu, & qu'elle fonda une Commanderie en cet endroit au mois de Novembre 1260, Arch. du gr. Prieur d'Auvergn. arm. Echell.

d'environ cinquante ans, le Roi songea encore à se marier. Il épousa à la fin de Septembre 1268 Marguerite de Nevers, fille de Mahaut & d'Eudes fils aîné de Hugues IV, Duc de Bourgogne (1).

Marguerite fut reçue dans toutes les villes où elle passa avec une magnificence qui annonçoit la crainte & le respect que les armes du Roi son époux avoient imprimés à toute l'Italie, dont il étoit pour ainsi-dire le maître. Peu content de l'autorité presque souveraine qu'il exerçoit dans Rome, en qualité de Sénateur, & sur la Toscane comme vicaire impérial, il se fit donner pour dix ans la Seigneurie de Florence : plusieurs terres du Piémont lui étoient soumises au même titre ; & l'un des chefs de la faction Gibelline étant mort, & l'autre sans appui, il n'y avoit plus de puissance en Lombardie capable de lui résister.

Les Sarrazins de Lucera étoient les seuls qui refusassent de le reconnoître. Ils soutinrent un nouveau siege avec tant d'opiniâtreté, qu'ils furent réduits à se nourrir d'herbes & de racines. Mais la faim, les maladies, & les traits que les ennemis lançoient, firent dans la ville des ravages qui les obligerent enfin à se rendre à discrétion. On abattit les murailles, on combla les fossés, & on rasa les forteresses du voisinage qui leur appartenoient. Ensuite, pour mettre ces malheureux habitans hors d'état de lever encore l'étendard de la révolte, on les dispersa en différents endroits du Royaume. Plusieurs embrasserent en apparence la Religion chrétienne : & l'on passa au fil de l'épée tous les déserteurs chrétiens qui s'étoient réfugiés parmi eux ; car il falloit qu'il y eût toujours quelque victime immolée à la superstition du siecle, & à la cruauté.

XX.
LES SARRAZINS DE LUCERA SONT FORCÉS DE SE RENDRE.
An. 1269.
Sab. Malasp. l. 4. c. 10.
Monach. Patav. in chron.

---

(1) Marguerite avoit deux sœurs, & elle étoit la cadette. L'aînée nommée Yolande, épousa en secondes noces Robert III, Comte de Flandres, qui la fit étrangler. La troisieme nommée Alix, fut mariée à Jean de Chalon, fils d'Hugues & d'Alix de Meranie. C'est donc par erreur que les Historiens prétendent que Jean de Chalon avoit épousé Marguerite Comtesse de Ferret, à moins qu'il n'eût été marié deux fois. Voyez les Preuves.

HISTOIRE GÉNÉRALE

LIVRE V.

XXI. RÉGLEMENTS CONTRE LE LUXE A MARSEILLE.

Arch. de Marſ.

Après la reddition de cette place, tout parut tranquille dans le Royaume. On y jouit d'un calme apparent, tel qu'on pouvoit ſe le promettre après tant de crimes commis & de ſang répandu.

La Provence ne fut pas témoin de ces horreurs; mais elle fut écraſée ſous le poids de cette guerre. La fleur de ſa nobleſſe, la plus grande partie de ſes habitans & preſque tout l'argent du pays paſſerent au-delà des Alpes : Marſeille fit des loix ſomptuaires pour réparer par l'économie, les dépenſes que la guerre entraînoit. On défendit aux femmes, ſous peine d'une amende de 25 livres royales couronnées, c'eſt-à-dire d'environ 383 livres de notre monnoie, de porter des guirlandes d'or & de ſoie du prix de cinq ſols royaux couronnés, c'eſt-à-dire de quatre livres cinq ſols de notre monnoie. Elles pouvoient avoir des colliers du même prix, mais ſans aucun ornement, ſoit en or, ſoit en pierreries; des capotes ſimples & ſans frange; une boucle d'argent du prix de 9 livres pour attacher le collet de leur robe & de leur corps. Ces petits détails qu'il n'eſt pas permis à l'Hiſtoire de négliger, prouvent combien les fortunes étoient bornées; puiſqu'on étoit obligé, pour en prévenir la ruine, de reſtraindre la dépenſe des femmes du premier rang, à des ajuſtemens dont celles de la campagne ne voudroient pas ſe contenter aujourd'hui.

Hiſt. des Ev. de Marſ. t. II. p. 281.

La conduite des Eccléſiaſtiques mérita auſſi l'attention des premiers paſteurs; mais on eſſaya de les ramener à la regle avec cette foibleſſe qu'on a preſque toujours lorſque la corruption a gagné tous les états. On exigea ſeulement des Chanoines, qu'ils aſſiſtaſſent à Matines & à Laudes les Dimanches & Fêtes; & encore pouvoient-ils s'en diſpenſer, lorſqu'ils avoient fait la veille un voyage de cinq lieues à cheval, ou qu'ils étoient rentrés un peu tard dans la ville, prétextes faciles à trouver pour quiconque vouloit ſe diſpenſer de ſes devoirs. La réforme qu'on fit dans leurs habits & dans les équipages de leurs chevaux, nous apprend juſqu'à quel point le luxe avoit gagné dans l'ordre Eccléſiaſtique

Parm

Parmi les Chevaliers qui passerent en Italie, il y en eut plusieurs qui périrent dans les combats; d'autres s'établirent dans le Royaume de Naples ou en Sicile; mais il y en eut aussi plusieurs qui préférant les avantages de leur patrie aux possessions dont ils avoient dépouillé les habitans, aimerent mieux retourner dans leur pays. Tels furent presque tous les Gentilshommes qui avoient suivi les Comtes de Flandre, de Vendôme & de Soissons, ou qui avoient pris naissance dans l'apanage de Charles d'Anjou. Les Chartes nous ont fourni plusieurs exemples de ces retraites volontaires. Il n'en fut pas de même des Gentilshommes Provençaux; ils demeurerent presque tous au service de leur Souverain, auquel ils furent attachés par des fiefs ou des emplois considérables.

XXII.
Sort de la Noblesse Françoise qui avoit suivi Charles d'Anjou.

An. 1269.

Mais si l'on excepte les Baux, les Vintimille, (1) les Gri-

---

(1) Le premier Vintimille qui passa en Sicile s'appelloit Simon; il étoit de l'Etat de Gênes, & s'établit à Palerme; car il est mention de lui dans les registres de la maison d'Anjou à Naples, sous l'année 1273. *Simon de Vingtimiliis, origine Januensis, habitator Panormi.* On trouve aussi un Obert de Vintimille sous Charles premier, Commandant d'une ville dans le Royaume de Naples, & le Comte Henri de Vintimille en 1299. Simon étoit peut-être le fils de celui qui avoit combattu pour Mainfroi.

Reforciat de Castellane, Commandant de la Basilicate & de l'Abruzze, fut fait prisonnier en 1300 devant Catanzaro, où il commandoit un corps de troupes, & perdit à cette journée un fils qui laissoit un enfant encore en bas-âge, nommé Reforciat, comme son grand-pere. Charles II donna pour tuteur à ce pupille, Hugues de Baux, qui étoit en même-tems allié de la Couronne & de la maison de Castellane.

Regist. de Charles I, à Naples.

La maison de Sabran subsista avec distinction jusqu'au commencement du quinzieme siécle, dans le Royaume de Naples, où elle avoit possédé les premieres charges & de grands fiefs. Ermengaud de Sabran grand Justicier du Royaume sous Charles I, avoit en cette qualité vingt-cinq chevaux à sa suite & cinquante hommes de pied entretenus par l'Etat. Le Roi dans tous les titres l'appelle son cousin. La Maison de Sabran a aussi possédé la charge de grand Sénéchal & de Maréchal du Royaume.

Ibid.

Je trouve un Maian de Montmorenci, *Maianus de Montmorenciaco*, Seigneur de plusieurs Fiefs dans le Royaume de Naples; car la charte dit en parlant de

maldi, les Villeneuve, nous n'en connoissons point parmi la Noblesse, dont la postérité subsiste dans le Royaume de Naples,

lui : *habet horiam, heritonum, ogenuum, gravinam, aliamuram*, &c. & ensuite je trouve sous Charles II. Bochard, Seigneur de Gravine, aujourd'hui duché de la Basilicate. Il laissa un fils nommé Bochard comme lui, qui fut sous la tutelle de Jean de Montfort, Maison illustre, fameuse dans l'Histoire d'Angleterre par Simon de Montfort, Comte de Leycestre ; & dans les guerres des Albigeois. Jean de Montfort & Bochard de Montmorenci étoient déja parents au moins au troisieme degré, supposé qu'il n'y eut pas d'alliance encore postérieure. Les Monfort du Languedoc étoient alors éteints. Ils avoient pris alliance avec la maison d'Adhemar vers l'an 1228, par le mariage de Gui de Monfort avec Briande, sœur de Lambert de Monteil-Adhemar, lequel devint ensuite Seigneur de Lombers. Hist. de Lang. t. II, p. 367, 479 & 603.

La branche de Porcellet finit vers le milieu du quatorzieme siécle, dans la personne d'Antoinette de Porcellet, qui entra dans la maison Gesualdo.

Richard de Clermont fut le premier, suivant Angelo dit Constanzo, qui alla à Naples avec Charles d'Anjou. Je trouve ensuite Pierre de Clermont dans une charte de l'an 1274. Cette Maison se rendit illustre & très-puissante en Sicile, où elle fut sur le point, ainsi que celle de Vintimille, de s'emparer de la Souveraineté. Je dois pourtant observer que j'ai trouvé aux archives de la Trinité de la *Cava* du côté de Salerne, Hugues de Clermont en 1088, c'est-à-dire, près de deux cents ans avant l'arrivée de Charles I. *Dominus Hugo Clarimontis*. On retrouve ensuite ses descendans, & peut être est-ce d'eux qu'il est aussi fait mention dans les chartes de Charles I. Hugues étoit-il allé à Naples du tems des Normans ? c'est ce que j'ignore.

L'Abbaye de la *Cava* est une de celles où l'on trouve le plus de titres concernant ces conquérans ; j'ai fait tout ce que j'ai pu pour en découvrir quelques familles : mais je n'ai pu réussir. Les noms patronimiques n'étant point encore établis, quand les Normans passerent en Italie, ils ne prenoient dans les chartes que les noms propres : ainsi l'on trouve *Adelalmus Normanus, cognatus Landulfi; filii Romoaldi comitis, qui dicitur grassus* en 1108. *Giilbertus Normanus, filius Osmundi* en 1081. *W. filius quondam Angerii, Normani* en 1105. On suit la généalogie de ce Guillaume, que l'on croit être la tige de la maison Filangieri, de même qu'on prétend que celle de Sanseverino descend d'un gentilhomme Norman, nommé *Torgisius*. Au reste quand même on suivroit à Naples la généalogie de toutes ces familles Normandes, nous n'en serions pas plus avancés pour faire connoître celles de Normandie dont elles tirent leur origine. J'ai trouvé aussi Tristan de Clermont, François, *Gallicus*. En 1419, il avoit suivi Louis III à la conquête de Naples, où il épousa Catherine des Ursins-de-Baux, sœur de Jean Antoine, Prince de Tarente. Reg. de Ladislas, an. 1419. fol. 158 & 251.

ou en Sicile. Celle de Sabran suivit le sort de la maison d'Anjou. Les Montmorenci, les Castellane, les Porcellet ne virent pas leur troisieme génération; les guerres & les révolutions qui ont si souvent bouleversé cette partie de l'Italie, ont fait disparoître les autres familles que la profession des armes & l'ambition y avoient transportées.

<small>Sort de la Noblesse Françoise qui avoit suivi Charles d'Anjou.
Arch. de Napl. Reg. Car. I. 1268. fol. 60.
Tuttini dell. orig. dei seggi. c. 4. p. 157.</small>

Peut-être en subsiste-t-il encore qui doivent leur origine à des François, à des Provençaux ou à des Toscans ennoblis par Charles, après son entrée à Naples. Car l'histoire nous apprend que ce Prince décora de l'ordre de Chevalerie, outre quelques nobles Napolitains, tel que Philippe de Brancas, des roturiers qui l'avoient suivi dans sa conquête, & avoient mérité cette distinction par leurs services. Mais les descendants de ces étrangers furent bientôt confondus avec les naturels du pays.

L'influence du climat, l'éducation & d'autres causes effacerent peu à peu ces traits caractéristiques, auxquels on distinguoit leurs ancêtres; & malgré ce mélange de Grecs, de Sarrazins, de Normans, de Provençaux & d'autres François que les guerres introduisirent dans le Royaume de Naples, la nation Napolitaine tranche parmi les autres nations par un caractere & un génie qui lui sont propres. Tout ce qu'on remarque encore, ce sont beaucoup de mots, Grecs, Arabes, François, Provençaux, introduits dans son idiome, & que la langue Italienne n'a pu faire oublier.

Cependant, il ne tint point à Charles que ce Royaume ne prit une face nouvelle. Non-seulement il fit revivre la féodalité Françoise & l'ordre de Chevalerie introduits par les Normans deux cents ans auparavant, affoiblis ensuite par la Maison de Suabe : il voulut aussi effacer jusques aux moindres traces des établissements faits par cette puissante Maison. Il révoqua les concessions données par Fréderic & ses successeurs à leurs Officiers, sous prétexte que ce Prince ayant été déposé au Concile

<small>XXIII. Changemens que Charles fait dans le Royaume.
An. 1270.
Pr. ch. VIII.</small>

LIVRE V.

XXIV.
SES TRAITÉS AVEC LE ROI DE TUNIS ET PHILIPPE LE HARDI.

Reg. de Charl. I. an. 1269. fol. 139.

Ibid.

An. 1272.
Ibid. eod. anno.

de Lyon, ni lui ni ſes Agens ne pouvoient imprimer aucun caractere à leurs actes d'autorité. Ainſi l'excommunication d'un Souverain alloit, chez tout un peuple, renverſer les fortunes des particuliers juſques dans la quatrieme génération. Le Pape avoit exigé de Charles cette injuſtice, en lui déférant la couronne de Naples : ce Prince accomplit les volontés de la Cour de Rome avec tout le zele d'un Souverain, plus avide encore que Religieux.

La conquête de Naples étoit à peine achevée qu'il entreprit avec ſon frere Louis IX, celle du Royaume de Tunis en 1270 : il y déploya les talens militaires qu'on avoit admirés dans ſes autres entrepriſes : mais ſon avidité enchaîna ſa valeur, lorſque le Monarque Affricain, preſſé par les armes des Croiſés, offrit de lui payer un tribut annuel, double de celui que ſes prédéceſſeurs payoient au Roi de Sicile, ſi l'on vouloit évacuer ſes Etats. Séduit par cette offre avantageuſe, qui rempliſſoit les vues de ſon ambition, Charles fit conclure une trêve pour dix ans : il mit pour condition qu'on lui céderoit le tiers des ſubſides, que le Prince Affricain s'obligeoit à donner annuellement à la France, & qui montoient à vingt mille onces d'or, ou à neuf cents vingt mille livres. Il lui en revenoit donc trois cents ſix mille ſept cents, ſomme modique pour laquelle un Prince riche & généreux n'auroit point fait de ſacrifice. Ses beſoins urgents le forcerent avant de quitter Tunis, d'emprunter de ſon neveu Philippe le Hardi, treize mille onces d'or, ou cinq cents quatre-vingt dix-huit mille livres ; & il fut obligé de lui remettre ſes bijoux en gage pour ſûreté de cette ſomme.

Deux ans après il reçut le Royaume d'Albanie que les trois Ordres de l'Etat lui déférerent. Il le dût autant à ſes intrigues, qu'à la réputation qu'il avoit d'être un grand homme de guerre & un Roi puiſſant, ſous la protection duquel on n'avoit point d'ennemis à craindre. Ses négociations eurent moins de ſuccès en France, où il disputoit à son neveu Philippe le Hardi la succession d'Alphonse de Poitiers, mort le 21 Août 1271. Il prétendoit qu'étant son frere, il devoit lui succéder dans les Comtés de Poitou & d'Auvergne, & dans ses autres biens. Le Roi de France appréciant, comme il devoit, une demande aussi peu fondée, s'empara de l'héritage d'Alphonse, que le Parlement de Paris lui confirma ensuite par Arrêt du 2 Novembre 1283. Il s'empara aussi, après la mort de Jeanne de Toulouse des Etats de cette Princesse, parmi lesquels se trouvoit le Comtat Venaissin.

Cependant Jeanne étant le dernier rejetton de la maison de Toulouse, & ne laissant point d'enfants, le Comtat devoit être réuni à la Provence, en vertu de la substitution insérée dans le traité de partage fait en 1125. D'ailleurs Jeanne venoit tout récemment de le donner par son testament à Charles son beau-frere, & à ses enfans nés de Béatrix. Mais ces considérations ne furent pas capables d'arrêter Philippe; parce que les loix n'ont point de force, lorsque les Princes sont ou peu éclairés ou trop ambitieux.

Le pays Venaissin ne fut pas long-tems au pouvoir du Roi de France. La Cour Romaine, qui l'avoit eu en dépôt durant plusieurs années, sous Raymond VII Comte de Toulouse, avoit senti combien ce pays seroit important pour elle, dans le cas où les séditions si fréquentes à Rome, forceroient le Souverain Pontife à venir chercher un asyle en France. Grégoire X venoit d'être élevé à la Chaire de S. Pierre: il demanda au Roi la restitution du Comtat; quoique les raisons qu'il alléguoit ne soient pas venues jusqu'à nous, il est à présumer que jettant à dessein un voile sur les moyens qui avoient mis ce pays entre les mains des Papes, & qui l'en avoient ensuite arraché, il se fondoit sur un article du traité conclu à Paris en 1229, entre S. Louis & Raymond VII. Par cet article le Comte cédoit au Légat, acceptant au nom de l'Eglise, *les pays & domaines qu'il*

Ses traités avec le Roi de Tunis et Philippe le Hardi.
Pr. ch. XI.

Reg. du Parl.

Hist. de Lang. t. II. Pr. p. 591.

An. 1272.

LIVRE V.

possédoit sur la rive gauche du Rhône. Peut-être aussi le Pontife faisoit-il valoir les dépenses que le S. Siege avoit faites pour soutenir avec la Cour de France, la guerre contre les Albigeois : & dans ce cas il demandoit la cession du Comtat comme un foible dédommagement de ces grandes dépenses. Quoi qu'il en soit des motifs, sur lesquels il fondoit sa demande, Philippe le Hardi différa près d'un an de la lui accorder ; parce qu'on prétend qu'il vouloit donner à son frere le Duc d'Alençon, cette partie de la Provence. On croyoit que Charles d'Anjou, dont les droits sur ce pays étoient incontestables, ne manqueroit pas de les faire valoir. Mais le besoin qu'il avoit de la protection du Pape pour affermir & pour accroître sa puissance en Italie, peut-être aussi un sentiment de reconnoissance envers la Cour de Rome, à laquelle il étoit redevable d'une Couronne, enchaînerent son ambition toujours prête à éclater, quand il se présentoit quelque occasion de reculer les limites de ses Etats. Le Roi de France céda donc à Grégoire X le Comtat Venaissin en 1274. Mais il se réserva la moitié de la ville d'Avignon, que nous verrons bientôt passer toute entiere sous la domination des Comtes de Provence.

XXVI. Charles rompt avec les Génois, et envoie contre eux une armée provençale.

Il peut se faire encore que la guerre que Charles avoit avec les Génois l'obligea de dissimuler. La flotte de ces Républicains, qui avoit conduit des troupes & porté des provisions au siege de Tunis, fit naufrage en Sicile devant le port de Trapani, lorsqu'elle eut mis à la voile pour reprendre la route de Gênes. Charles, quoique leur allié, fit saisir tout ce qui échoua sur les côtes sous prétexte qu'une loi de Guillaume, Prince Norman, lui attribuoit les effets naufragés. Les Génois ayant fourni un plus grand nombre de vaisseaux que les autres peuples, ou comme alliés, ou comme stipendiaires, étoient ceux aussi, qui avoient été le plus maltraités par la tempête. Ils alléguerent en leur faveur la foi des traités, par lesquels ils étoient exemts de cette loi barbare ; le sujet de leur navigation, qui étoit le succès de la Croisade, dont il étoit lui-même un des chefs ; enfin l'inhumanité qu'il y avoit à ôter à des hommes leur liberté & leurs effets, quand ils ont eu le bonheur de se sauver parmi les débris d'un naufrage. Malgré ces raisons, ils ne purent jamais intéresser son cœur. Car ce Prince, qui à la tête d'un Royaume puissant, capable de satisfaire son ambition, auroit été un grand Roi, fut souvent forcé de se conduire en tyran, n'ayant que de petits Etats avec la passion des conquêtes.

<small>CHARLES ROMPT AVEC LES GÉNOIS.
Caffar. ann. Genuenf. l. 9.</small>

Il méditoit alors de s'emparer de Gènes, & dans cette vue il cherchoit à l'affoiblir par tous les moyens que la fortune lui présentoit. Cette République étant par sa situation son ennemie naturelle, avoit un intérêt particulier à se liguer avec les autres Républiques d'Italie, pour s'opposer à l'accroissement d'une puissance qui les menaçoit toutes. Charles en la subjuguant, ôtoit à Pise & à Venise, un appui respectable, lorsque le danger commun les réuniroit, & en unissant les forces qu'il trouveroit dans cette ville avec celles que la Provence, Naples & la Sicile lui fournissoient déja, il pouvoit se flatter d'abattre successivement toutes les Puissances maritimes. Dans le tems qu'il méditoit cette conquête, quelques Patriciens, tels que les Grimaldi & les Fiesques erroient en Italie mécontents du Gouvernement de leur patrie ; il les fit venir à Rome, sous prétexte de les réconcilier avec leurs concitoyens par le moyen des Ambassadeurs Génois : mais quand ils furent arrivés, il prit avec eux des mesures pour se rendre maître de la République : & en attendant qu'il levât une armée pour consommer son projet, il fit arrêter, le même jour, dans les différens ports de ses Etats, tous les vaisseaux Génois que le commerce y avoit attirés. Les Génois plus généreux firent signifier aux sujets de Charles, tant Provençaux que Siciliens, qu'ils eussent à se retirer dans l'espace de quarante jours, sous peine de confiscation de leurs biens.

<small>An. d'Ital. ann. 1272 & 1273.</small>

<small>An. 1273.</small>

LIVRE V.
Regiſtr. 1274.
B. fol. 74 & ſ.

La ville de Marſeille, fut des premieres à donner des preuves de ſon zèle; elle fit ſortir ſes galeres, dont quatre furent deſtinées à croiſer pour intercepter les convois; & l'on vit ce que la cupidité renouvelle aujourd'hui à chaque guerre, la mer couverte de corſaires, lorſque Charles eut déclaré que les priſes appartiendroient aux armateurs, ne ſe réſervant que le droit d'acheter autant de priſonniers qu'il voudroit pour le prix de vingt-deux ſols tournois chacun, ou de vingt livres cinq ſols. Ce Prince s'étant mis à la tête des troupes Italiennes, entra dans les Etats de Gènes du côté d'Alexandrie, tandis que l'armée Provençale s'avançoit du côté de Vintimille. Pierre Balbs, Comte de ce petit Etat, & Guillaume-Pierre, ſon frere avoient pris les armes contre lui : (1) dans ces montagnes, où l'adreſſe rend ſouvent inutile la ſupériorité des forces ennemies, ces Seigneurs ſe défendirent pendant quelque tems avec ſuccès, & firent le 27 Mars 1278 une treve que leurs fils rompirent enſuite, pour recommencer des hoſtilités, auxquelles on ne mit fin que le 21 Janvier 1286. Guillaume de Vento, noble Génois, fut moins heureux : il étoit du nombre de ces Patriciens, qui mécontens du Gouvernement, méditoient d'y faire une révolution. S'étant

Reg. Pergamen. fol. 50. 64. 65.

Caffar. ibid.

Arch. de Naples reg. 274. B. fol. 78. v. 5.

---

(1) Cependant nous liſons aux Arch. d'Aix regiſt. Pergam. fol. 64, que le ſamedi, lendemain de la fête de la chaire de S. Pierre, 1257, Guillaume, fils de feu Guillaume Comte de Vintimille, étant à Aix, donna pour lui, ſes freres & ſes fils, tout ce qu'il poſſedoit dans ce Comté à Charles Comte de Provence, à condition que celui-ci lui donneroit une terre du revenu de cinq mille ſols tournois, ou d'environ quatre mille ſix cents livres ; à condition qu'elle ſeroit exempte de tous droits royaux ; & qu'il y auroit pleine & entiere Juriſdiction. Il demandoit nommément la Terre de Jean de Glandevez. Il faut que cette donation n'eut pas lieu, ou qu'elle ne fut exécutée que pour la partie des droits que Guillaume poſſédoit. C'eſt avec ces reſtrictions, qu'il faut corriger ce que nous avons dit t. II. p. 338, d'après Bouche, qui ne connoiſſant pas tous ces titres, a ſuppoſé l'échange conſommé. Nous en connoiſſons un autre fait entre Boniface & George fils de Manuel Comte de Vintimille d'une part, & Charles premier de l'autre, en 1258, le jeudi d'après Pâques. Regiſt. Valdoule. fol. 175.

rendu

rendu maître de la ville de Menthon, il y introduisit les Provençaux qui s'emparerent de toutes les places jufqu'à Savone, & qui, obligés enfuite de retourner fur leurs pas, fe virent enlever cinq châteaux qu'ils avoient pris aux Comtes de Vintimille. Celui de Menthon fut même affiégé & détruit, & Guillaume de Vento forcé de fe réfugier à Nice, où le Roi lui affigna un logement & des revenus. Cette guerre eut le fort de beaucoup d'autres ; elle ne fervit qu'à ruiner quelques villages, & à faire périr beaucoup de monde, fans étendre les limites d'aucune des Puiffances belligérantes.

On diroit à voir les différentes expéditions militaires où ce Prince entraîna les Provençaux, que la population de la Provence étoit beaucoup plus nombreufe qu'elle n'eft aujourd'hui. C'eft une erreur qu'il n'eft pas difficile de démontrer. On a vu plus haut que l'armée de Charles, quand il partit de Rome pour aller combattre Mainfroi, n'étoit forte que de trente mille hommes, dont les Provençaux ne faifoient pas la moitié, fi l'on en juge par la bataille de Bénevent où ils ne formoient que le troifieme corps. Quand même on fuppoferoit qu'il en paffa d'autres quelques années après ; quand même on en feroit monter le nombre à trente mille, en comptant ceux qui fervoient fur les galeres, on n'en pourroit rien conclure en faveur de la population.

Dans un tems où les Vaffaux étoient obligés de fuivre leurs Seigneurs ; où les villes libres, fujettes à des cavalcades, fourniffoient un affez grand nombre de combattans ; où enfin le défir de gagner des indulgences & l'efpoir de s'enrichir, faifoient courir à une conquête ordonnée par le Pape, tous ceux qui n'étoient point aftreints au fervice militaire ; ce n'eft pas faire une fuppofition hazardée que de dire que le dixieme des habitans avoit pris les armes. Ainfi d'après les témoignages de l'Hiftoire, & d'après la grande quantité de terrein qui étoit alors en friche, com-

XXVII.
Secours qu'il put tirer de Provence.

LIVRE V.

XXVIII.
IL ÉTABLIT DES COLONIES PROVENÇALES DANS LE ROYAUME DE NAPLES.
V. Pr. ch. 12.

me on le voit par les chartes, on peut assurer que la population de la Provence n'alloit pas à trois cent mille ames, & qu'elle n'étoit pas tout à fait la moitié de ce qu'elle est aujourd'hui.

Elle avoit été diminuée par le grand nombre de personnes que le fer, les maladies & la fatigue du voyage enléverent durant l'expédition de Naples : les émigrations volontaires diminuerent aussi le nombre des habitans ; sans compter que le Roi lui-même fit passer beaucoup de familles dans ses nouveaux états. Il en mit cent quarante, tirées des différentes Vigueries, dans la seule ville de Lucera (1), dont il avoit chassé les Sarrazins : parmi ces Colons, il exigeoit surtout qu'il y eut des Forgerons, des Charpentiers, des Tailleurs de pierre, & de bons Laboureurs. Il donnoit à chaque famille une certaine quantité de terre proportionnée au nombre de personnes ; leur assignant ce qu'il falloit mettre en champ, en vigne & en jardin. Il leur donna en outre une paire de bœufs, & de quoi se procurer les instrumens du labourage. Les chartes nous apprennent que le 4 Juin 1275, il fit venir encore trente familles ; enfin on en vit paroître d'autres, trois ans après. Guillaume de Porcellet avoit déja attiré un grand nombre de ses vassaux avec leurs femmes dans le Royaume de Naples, le 9 Juin 1274, & vraisemblablement plusieurs Seigneurs Provençaux imiterent son exemple, pour faire cultiver les terres qu'on leur avoit données. Charles exempta ces Colons de toute sorte d'impositions pendant dix ans ; encouragement nécessaire, mais onéreux pour un Prince qui étoit souvent aux expé-

Arch. de Napl. reg. 1274. B. fol. 274. v°.
Arc. liaf. 79. n° 9.

Reg. 1273. A. fol. 21.

---

(1) Je n'ai pu aller à Lucera quelqu'envie que j'en aie eu, car j'aurois été curieux de voir jusqu'à quel point cette ville, toute composée de Provençaux, il y a cinq cent ans, a dégénéré pour les mœurs, les usages & le langage. Quant aux mœurs, elles doivent être à-peu-près les mêmes que celles des naturels du pays ; mais je suis persuadé qu'on trouveroit encore beaucoup d'usages & surtout beaucoup de mots & de façons de parler, qui ont une origine Provençale. J'ai tâché envain de me procurer une chanson du pays, un peu ancienne pour juger du langage.

diens: les archives de Naples font plus d'une fois mention de ses emprunts : en 1276, il fut obligé de mettre en gage sa couronne d'or & ses joyaux pour payer le cens qu'il devoit à l'Eglise Romaine (1).

Quoiqu'il tirât des Provinces qu'il avoit en France, tout ce que les facultés des habitans permettoient d'en retirer, ses revenus étoient fort modiques : la Gabelle du Mans & d'Angers ne lui rendoit en 1273, que 1520 livres tournois ; ce qui revient à 27972 livres. Elle étoit affermée pour douze ans à des Marchands d'Albe, & après eux à des Marchands Florentins, qui devoient l'avoir au même prix & pour le même nombre d'années. Ces Marchands étrangers, qui commencerent dès-lors sous la protection de Charles à se répandre dans tout le pays de sa domination, & même dans le Royaume de France, achetoient du Souverain le droit de s'engraisser de la substance du peuple. Charles fit un autre faute bien plus dangereuse en politique. Il ne donna point au commerce ces encouragemens qui auroient pu faire fleurir, & réparer les malheurs de la guerre. Cependant ayant sous sa domination la Sicile, Naples & la Provence, il semble que ses sujets auroient pu faire seuls le commerce d'une partie de la France, du Levant & de l'Italie ; mais par une imprudence difficile à concevoir, il laissa subsister entre ses nouveaux Etats

XXIX.
IL GENE LE COMMERCE.
Regist. 1273. fol. 25.

An. 1273.

___

(1) Il faut donc regarder comme une générosité le don qu'il fit à Pierre d'Alamanon, Religieux de l'Ordre de S. Dominique, de quarante livres tournois, c'est-à-dire, de 720 livres, ou tout au plus de soixante, c'est-à-dire, de 1080 de nos livres, pour acheter la Somme Theologique du frere Thomas d'Aquin, que ses vertus firent ensuite mettre au rang des Saints ; son Commentaire sur l'Ecriture Sainte, & un Recueil de la Vie des Saints ; ouvrages qu'on se procureroit aujourd'hui pour le prix de douze livres, depuis que l'Art de l'Imprimerie peut multiplier, dans peu de tems, à l'infini, ce que la main d'un copiste pouvoit à peine reproduire une seule fois dans un an. On a attribué à S. Thomas un Traité des Concordances, & ce passage sembleroit le justifier. Je ne crois pas que l'Auteur de la Vie du Saint ait connu cet Ouvrage.

Reg. de Charl. I. à Napl.

LIVRE V.

& la Provence ces loix & ces usages qui rendoient un des deux peuples étranger à l'autre. Les Provençaux n'avoient à Naples & en Sicile que les mêmes priviléges qu'avoient les Génois (1), de-là vient que ceux-ci faisoient presque tout le commerce des deux Etats.

XXX.
IL FAIT RE-
CHERCHER LES
DROITS DU DO-
MAINE.

An. 1274.

Hist. de Prov.
t. II. p. 419.

C'étoit le tems où les Commissaires du Roi recherchoient en Provence avec une rigueur extrême les biens domaniaux, par la nécessité où l'on se trouvoit d'augmenter les revenus de l'Etat. Ce fut vraisemblablement alors que Boniface de Castellane se plaignit des poursuites des gens de justice, des chaînes que les François donnoient aux Provençaux, & de la perte que les Génois avoient faite du Comté de Vintimille, ce qui semble avoir rapport à la guerre dont nous avons parlé ci-dessus. Les Ecclésiastiques se crurent les plus maltraités, parce qu'on ne les avoit encore accoutumés qu'à recevoir des libéralités : la plupart de leurs droits n'étant alors fondés que sur l'opinion, ils devoient en perdre nécessairement beaucoup, lorsque les lumieres auroient fait quelques progrès. Comment convenir en effet avec l'Archevêque

---

(1) *Ut eisdem beneficiis & libertatibus (utantur Provinciales) quibus in regno ipsi Januenses utuntur vel utentur ex concessione nostrá in posterum, in mercimoniis, habendis logiis & omnibus aliis pertinentibus ad navigationem, & mercimonia facienda, sicut i privilegiis ipsis mercatoribus Massilie & Provincie à Majestate nostrá indultis plenius distinguntur.* Regist. 1269. D. fol. 155. v°.

J'ai souvent trouvé aux archives de Naples, des permissions accordées par les Rois de la Maison d'Anjou, à des Marchands, soit de Rome, soit de Florence, soit de Gênes pour faire le commerce dans leurs Etats, soit en Italie, soit en France ; je ne puis croire qu'il fût alors defendu de trafiquer dans un pays étranger, je pense plutôt que ces permissions étoient accordées pour exempter du droit d'aubaine en cas de mort. On sait que dans les Républiques d'Italie, la Noblesse ne dérogeoit point par le commerce : aussi parmi plusieurs noms illustres que je pourrois citer, je trouve des Cibo à qui Charles donna cette permission en 1283. *Masso, Manuel Ciboni, & Antonio Cibo Civibus Januæ concedit rex securitatem, quod per regnum Sicilie, Andegave, Provincie & Forcalquerii Comitatus necnon per Tusciam, urbem, ejusque districtûs,* Rome & ses dépendances, *& alias terras subjectas Regio dominio praticari possint.* Regist. 1283. B. fol. 109. v°.

d'Aix & ses Suffragans, que les personnes mariées qui avoient été auparavant engagées dans l'état ecclésiastique, devoient jouir des immunités des Clercs! Les plaintes de l'Archevêque d'Arles & de son Clergé parurent mériter plus d'attention : on enlevoit à l'un des biens fonds & les droits qu'il avoit obtenus de l'Empereur (1) en qualité de son Lieutenant dans la ville d'Arles; à l'autre beaucoup de prérogatives & quelques droits utiles : le Roi parut touché de leurs plaintes ; il nomma le 28 Janvier 1277, Isnard de Pontevès & Jacques de Graulieres pour les examiner; mais l'histoire nous laisse ignorer la suite de cette affaire : dans des tems malheureux, il est rare de voir réparer une injustice quand elle est au profit du Souverain.

<small>Arch. de Naples reg. 1274. B. fol. 98.
Pontif. Arel. p. 282.

Reg. ibid.</small>

Les Juifs lui parurent aussi mériter son attention. Depuis long-tems ils étoient en butte au fanatisme du peuple ; & tout récemment ils venoient d'être injustement traités par les Inquisiteurs de la foi, qui après s'être fait donner beaucoup d'argent, en avoient mis quelques-uns en prison, & les avoient obligés tous en général à porter, pour se faire connoître, une marque inusitée jusqu'alors, qui tendoit à les rendre ridicules ou méprisables. Le Roi fit cesser cette persécution ; on ne sçauroit trop l'en louer, si la raison & l'humanité lui avoient inspiré une modération, qui dans la plupart des Souverains, n'étoit que trop souvent intéressée quand il s'agissoit des Juifs : mais nous pouvons assurer que dans les circonstances où se trouvoit ce Prince, il mit cette grace à un haut prix.

<small>XXXI. Réglemens utiles.
Pr. ch. 15.</small>

---

(1) On lit aux archives de l'Archevêché d'Arles, livr. d'or, tit. 161, un Mémoire présenté au Prince par l'Archevêque & son Chapitre, dans lequel on voit que parmi les droits que Charles premier avoit ôtés à ce Prélat, il y avoit la creation des Notaires, la jurisdiction sur les Juifs, l'appel des causes criminelles, la jurisdiction dans la Ville, la possession de la Ville par indivis, & le serment que le Viguier & les autres Officiers lui prétoient pour s'obliger à défendre sa personne & ses droits.

LIVRE V.

Pr. ch. 14.

Enfin il régla cette partie de la Juſtice criminelle, qui regarde la police des grands chemins. Dans les endroits dépendants d'un Seigneur, il ordonna que les Juges des Seigneurs ſoit Eccléſiaſtiques, ſoit Laïques, prendroient connoiſſance des crimes commis dans leur diſtrict, ſi les coupables étoient leurs vaſſaux, pourvu néanmoins qu'il ne s'agît ni de vol, ni d'aſſaſſinat prémédité. Les étrangers étoient juſticiables de la Cour du Comte: & les Eccléſiaſtiques avoient le choix du tribunal: les Juges Royaux ne pouvoient écouter leurs plaintes que par appel, ou lorſque l'offenſe avoit été commiſe dans leur reſſort.

XXXII.
Ses mouvemens en Cour de Rome. Il indispose le Pape.

Arch. de Napl. reg. 1274. B. fol. 59. v°.

Charles étoit à Rome quand ces réglements parurent. La Cour Pontificale faiſant alors mouvoir à ſon gré toutes les Puiſſances de l'Europe, il étoit fort jaloux d'avoir quelqu'influence ſur ſes opérations: maître de Rome & de la Toſcane par le double titre de Sénateur & de Vicaire de l'Empire, il vouloit que le Pape empêchât le nouveau Roi des Romains, Rodolphe de Hapſbourg, de paſſer en Italie, où ſa préſence auroit pu faire une révolution. Il étoit très-important pour lui que la Cour de Rome ſecondât ſes vues, parce qu'il ne viſoit à rien moins qu'à détrôner l'Empereur de Conſtantinople. Ce fut vraiſemblablement pour avoir les ſecours de la France, qu'il députa Henri de Vaudemont aux Etats de Paris. Souverain d'une grande Monarchie, poſſeſſeur des Comtés de Provence, du Maine & d'Anjou, maître de l'Ile de Malthe, tout puiſſant à Rome, en Toſcane & en Albanie, que ne pouvoit-il point ſe promettre avec l'alliance de ſon neveu Philippe le Hardi? Enfin pour ſurcroît de bonheur, Marie Princeſſe d'Antioche, petite-fille d'Iſabelle & du Roi Jean de Brienne, ennuyée de ſolliciter, à la ſuite des Papes, la Couronne de Jéruſalem, qu'un rival ambitieux lui avoit enlevée, la vendit à Charles moyennant une penſion viagere de 4000 livres tournois, c'eſt-à-dire, de 73600 livres. Cette ceſſion ſe fit au mois de Décembre 1276. Le Roi dès ce moment ne mit plus de bornes à ses projets ; & dans l'impatience d'en commencer l'exécution, il fit ordonner par son Sénéchal le 28 Janvier 1277, à tous ses Barons & vassaux de Provence de se tenir prêts à marcher au premier signal.

SES MOUVEMENS EN COUR DE ROME.
An. 1276 & 1277.
Reg. 1274. B, fol. 97.

Il ne se doutoit pas qu'il touchoit au moment où son bonheur alloit faire place à des adversités sans nombre. Son ambition & ses intrigues en donnant des entraves à toute l'Italie & à la Cour de Rome en particulier, lui avoient fait beaucoup d'ennemis, sur-tout dans le sacré College. Jean Gaëtan des Ursins, élu Pape le 25 Novembre 1276, paroissoit un des plus animés : cependant comme ses affections étoient subordonnées au désir immodéré qu'il avoit d'élever sa famille, il tenta de faire donner en mariage à son neveu Bertold des Ursins, une des filles du Prince de Salerne, bien disposé à tout sacrifier pour la Maison d'Anjou, si la proposition étoit acceptée : mais le Roi de Sicile, n'écoutant que sa fierté naturelle, répondit avec hauteur, que quoique le Pape eut les pieds rouges, *sa famille ne devoit point aspirer à l'honneur de s'allier à la Maison de France*. Le Souverain Pontife ne lui pardonna jamais ce refus.

Giov. Vill. l. 7. c. 53.
Ricord. Malasp. c. 204.
Rayn. an. 1279. n. 10 & 11.

Le Prince de Salerne, avec qui le Pape désiroit que son neveu s'alliât, étoit Gouverneur de Provence, & se trouvoit alors dans cette province avec la Princesse son épouse. Son administration fut sans éclat, parce que c'étoit à Naples qu'on donnoit le mouvement aux affaires importantes ; dans les provinces éloignées, on ne faisoit que céder à l'impulsion. Nous ignorerions même que Charles eût été en Provence dans le tems dont nous parlons, sans la prétendue découverte du corps de Sainte Magdeleine, découverte qui par sa nature devoit faire beaucoup de bruit dans le monde.

XXXIII.
SON FILS DÉCOUVRE LE CORPS DE STE MAGDELEINE.

Il y avoit douze ans que les Religieux de Vezelai, au Diocèse d'Autun, croyoient avoir trouvé ce précieux dépôt ; ils en avoient fait la translation avec une pompe à laquelle la présence de

S. Louis, celle de fes trois fils, du Comte de Poitiers fon frere, & du Roi de Navarre, avoient ajouté le plus grand éclat. Le bruit de cette cérémonie réveilla l'attention des Provençaux fur la tradition du pays, fuivant laquelle Sainte Magdeleine après avoir vecu long-tems fur une montagne connue aujourd'hui fous le nom de Sainte-Baume, y étoit morte dans la pratique de toutes les vertus, & y avoit été enterrée par S. Maximin, Evêque d'Aix, dans un tombeau d'albâtre.

On chercha le corps, & l'on trouva effectivement un tombeau dans lequel il y avoit des offements & un écriteau contenant ces paroles :

L'an fept cents de la Nativité de notre Seigneur, au mois de Décembre, regnant Odoin Roi de France, du tems des ravages des perfides Sarrazins, le corps de Sainte Magdeleine a été transféré très-fecretement pendant la nuit de fon fépulchre d'albâtre en celui-ci de marbre, pour le dérober aux Sarrazins, car il est plus en fûreté dans le tombeau où nous l'avons mis, & dans lequel repofoit le corps de Sidoine que nous en avons ôté.

Cependant nous obferverons qu'il n'y a point eu d'Evêque en Provence avant le milieu du fecond fiecle de l'Eglife ; que fuivant le témoignage d'un Moine Grec du onzieme fiecle, l'Empereur Léon en 898, avoit fait tranfporter d'Ephèfe à Conftantinople le corps de Sainte Magdeleine, & que dans le tems où l'infcription fut faite, on ne connoiffoit point encore en France, ou du moins en Provence, l'ufage de dater les actes publics de la Nativité de notre Seigneur. Ces obfervations & quelques autres auroient rendu les Evêques plus circonfpects dans le jugement qu'ils porterent de ces reliques, fi la critique eut été moins ignorante & moins timide. Il y a toute apparence qu'on prit pour le corps de Sainte Magdeleine, la dépouille mortelle de quelque célebre pénitente qui portoit le même nom. Les Religieufes Caffianites avoient anciennement au-deffous de

la

la Sainte Baume un Monastere dont on voit encore quelques vestiges ; une d'entre elles nommée Magdeleine fit peut-être pénitence dans la grotte devenue depuis si célebre, y mourut, & l'identité de noms fit donner naissance à une fable que la piété des fideles accrédita.

On ne sait point la sensation que cet événement fit à la Cour de Rome. Le Pape tout occupé d'intérêts politiques, ne cherchoit qu'à se venger du Roi de Sicile, & à préparer sa ruine. Pour y réussir plus sûrement, il exigea que ce Prince fît avec l'Empereur Rodolphe de Hapsbourg, un accommodement dont les conditions étoient 1°, qu'il posséderoit les Comtés de Provence & de Forcalquier à titre de fief tant pour lui que pour ses héritiers, sous la redevance & à la charge des services ordinaires. 2°. Qu'il renonceroit au Vicariat de l'Empire en Toscane & au Sénatoriat de Rome. C'étoit lui ôter toute la prépondérance qu'il avoit en Italie. Cependant quoiqu'il lui en coutât infiniment de se dépouiller de ses deux dignités, Charles en fit le sacrifice assez noblement en apparence, s'expliquant sur cet article avec une modération qui fit dire au Pape, que le Roi tenoit son bonheur de la Maison de France ; la subtilité de son génie du Royaume d'Espagne, dont il étoit originaire par Blanche de Castille sa mere ; & la modestie de ses discours de sa fréquentation à la Cour de Rome.

Les tems étoient donc bien changés pour ce Prince qu'on avoit vu si redoutable ! Arbitre quelques mois auparavant de cette même Cour, & de toute l'Italie, il étoit alors forcé de plier sous la fierté d'un Pontife, auquel il demandoit à genoux, sans pouvoir l'obtenir, la permission d'aller attaquer l'Empereur Paléologue à Constantinople. On assure que dans sa colere il s'emportoit jusqu'à mordre le sceptre ; car c'étoit l'usage parmi les Princes ultramontains, d'avoir toujours avec eux cette marque de la royauté. Que sait-on même si la douleur n'étoit pas

XXXIV.
CHARLES SE BROUILLE AVEC LE PAPE QUI CHERCHE A L'HUMILIER, ET AVEC LA REINE MARGUERITE DE FRANCE.

Lun. cod. dipl. Ital. t. II. p. 986. Cod. Leibn. t. I. p. 20. od. Rayn. 1280.

An. 1280-81.

LIVRE V.

Thef. anecd.
t. II.
Duch. hift. Fr.
t. V.
Rym. act. publ.
t. I.
Trait. de paix.
édit. d'Amft. t. I.
Od. Rayn. &
alii.

aigrie par les menaces que faifoit fa belle-fœur, veuve de S. Louis, d'envahir la Provence, s'il ne lui payoit pas le reftant de fa dot?

Cette affaire dénuée aujourd'hui d'intérêt pour le lecteur, occupa alors, pendant près de trente ans, les principales Cours de l'Europe, & nous n'en parlerons que parce qu'elle servira à faire connoître le caractere des Princes, qui y jouerent le principal rôle. Raymond Beranger IV, dernier Comte de Provence, de la Maifon de Barcelone, avoit eu, comme nous l'avons dit ailleurs, quatre filles. La derniere, nommée Béatrix avoit époufé Charles de France, Comte d'Anjou, & l'avoit rendu Souverain des Comtés de Provence & de Forcalquier, dont elle étoit héritiere. Ses trois fœurs étoient Marguerite, mariée à Louis IX; Eléonore, femme de Henri III, Roi d'Angleterre; & Sancie que Richard Duc de Cornouaille avoit époufée en 1244 : leur dot devoit être en argent; & leur pere réduit à de petits revenus, étoit mort avant d'avoir entiérement acquitté cette dette. Marguerite en pourfuivoit le paiement avec opiniâtreté, foit qu'elle eut à fe plaindre de Béatrix fa fœur, ou de Charles d'Anjou fon beau-frere; foit qu'elle fût piquée de ce qu'étant l'aînée des quatre fœurs, elle n'avoit point été nommée héritiere des états de fon pere. Si on ne lui fuppofe pas un de ces deux motifs, & vraifemblablement le dernier, il eft difficile d'excufer l'acharnement avec lequel cette Princeffe, Reine de France, & femme d'un Roi qui n'étoit, ni avide, ni avare, faifoit retentir de fes plaintes les Cours de Rome, d'Allemagne & d'Angleterre, fur ce que fon beaufrere, maître d'abord d'un petit Etat, tel que la Provence, poffeffeur enfuite d'un Royaume, dont les revenus ne pouvoient fuffire à fes dépenfes, ne lui payoit pas un refte de dot, qui montoit tout au plus à quatre cents mille livres de notre monnoie. Cette ardeur, pour ne pas dire ce reffentiment de la Reine, devint bien plus vive après la mort de la Comteffe Béatrix, lorsque Charles reçut l'hommage des Evêques & des Barons de Provence.

Marguerite crut qu'elle & ses sœurs n'ayant point encore touché leur dot, avoient un droit sur cette province; & que Charles n'avoit pu y recevoir seul l'hommage des habitans, avant de l'avoir libérée des hypothéques dont elle étoit chargée. Peut-être s'imagina-t-elle que ce Prince avoit fait cet acte de souveraineté, sans la prévenir, parce qu'il ne tenoit aucun compte, ni de ses demandes, ni de ses prétentions. D'après cette idée, il n'y eut rien qu'elle ne tentât pour le réduire à la raison; elle anima de son esprit sa sœur, la Reine d'Angleterre, Edouard I son neveu, plusieurs Princes ses parens ou ses alliés; fit intervenir le Pape & même Rodolphe de Hapsbourg, à qui ces deux Princesses demanderent l'investiture du Comté de Provence en 1279. Rodolphe la leur accorda; il accorda ensuite la même chose au mois d'Avril 1280, à Charles d'Anjou, ainsi que nous l'avons dit ci-dessus : car pourvu qu'il conservât sur cette province les droits de suzeraineté que la Maison de Suabe avoit exercés, il lui importoit peu de mettre fin à un différend dont la discussion tournoit à son avantage. Il étoit réservé au Pape de terminer cette affaire en 1284, à des conditions que l'histoire nous laisse ignorer, & que l'importance du sujet & l'animosité des contendans durent rendre fort difficiles.

Ces contradictions, & celles qu'il éprouvoit de la part de la Cour de Rome, obligerent Charles à mettre un frein à son ambition & à son courage. Quand on vit ce lion, autrefois si fier & si terrible, devenir docile sous la main qui le frappoit, on ne désespéra plus de le perdre. Ses rivaux ou plutôt ses ennemis se liguerent secrétement contre lui. Le plus ardent fut Pierre III, Roi d'Arragon. Il étoit mari de Constance fille & héritiere de Mainfroi, dernier Prince regnant de la Maison de Suabe.

CHARLES SE BROUILLE AVEC LA REINE MARGUERITE.

An. 1281.

XXXV. LIGUE SECRETTE CONTRE CE PRINCE.

Nous avons dit ailleurs que Mainfroi étoit bâtard de Fréderic II ; & que dans le cas où les fils de cet Empereur mourroient sans postérité, il étoit appellé à la succession des Royaumes de Naples & de Sicile : son ambition démesurée fut cause qu'il s'empara du trône dans le tems que le jeune Conradin vivoit encore : ayant marié sur ces entrefaites sa fille Constance avec le Roi d'Arragon, il ne pouvoit lui transmettre des droits qu'il n'avoit pas lui-même, n'étant qu'un usurpateur. Mais Conradin ayant ensuite péri sur l'échaffaut avant d'avoir été engagé dans les liens du mariage, la succession fut ouverte en faveur de Constance, supposé que les filles n'en fussent pas exclues, & que la perfidie de Mainfroi ne l'eut pas fait déchoir lui & sa postérité des droits auxquels il étoit appellé par le testament de Fréderic II. Quoi qu'il en soit, les prétentions de Constance ont été le fondement de celles que la Maison d'Arragon eut sur Naples & la Sicile, & ont été la source des guerres qui ont défolé pendant plusieurs siécles l'Italie.

Un autre rival non moins à craindre pour Charles, du moins par la haine qui l'animoit, étoit l'Empereur de Constantinople, Michel Paléologue, qu'il projettoit de détrôner. Enfin le Pape entra aussi dans le complot, & releva d'autant plus le courage de ses alliés qu'on le croyoit maître de disposer du Royaume de Sicile, & que l'opinion lui donnoit la plus grande influence sur la destinée des Rois. Mais le ressort caché qui faisoit agir ces trois Souverains, & sans lequel ils n'auroient peut-être jamais osé conspirer la perte de leur ennemi commun, étoit un Gentilhomme de Salerne nommé Jean de Procida, qui, sous un extérieur négligé cachoit un jugement profond & une expérience consommée dans les affaires. Il n'y avoit point de circonstance critique où il ne trouvât quelqu'expédient heureux pour s'en tirer : actif dans les occasions qui demandoient un coup de main ; patient, quand il falloit attendre, impénétrable dans ses projets, insinuant

& d'une éloquence artificieuse, d'autant plus persuasive, qu'elle partoit d'un grand fond de prudence, & d'un savoir peu commun, il étoit né pour faire une révolution dans un Royaume, & dans un siécle où les imaginations étoient exaltées & les lumieres rares. Il avoit eu la confiance de Fréderic II, & de Mainfroi : soit, que depuis la conquête de Naples, il eut été enveloppé dans les disgraces communes aux partisans de la Maison de Suabe ; soit, comme quelques Auteurs le prétendent, qu'un François eut déshonoré sa femme ; soit enfin, ce qui est plus vraisemblable, qu'il eut tout à la fois à satisfaire sa vengeance & sa jalousie ; on le voyoit à la Cour d'Arragon, à celle de Constantinople, à Rome, en Sicile, tantôt sous un habit, tantôt sous un autre, le plus souvent sous celui de Religieux, agiter les esprits par la haine & l'espérance.

<small>LIGUE SECRETTE CONTRE CE PRINCE.

An. 1681.</small>

Toute cette intrigue se trama sans que Charles en eut le moindre vent. Il étoit alors à Rome où il se tenoit constamment, comme au centre d'où partoient & où venoient aboutir les mouvemens de l'Europe. Si au lieu de mandier, comme il faisoit, l'agrément du Pape pour conduire une armée en Grece, il eut cherché à l'intimider par sa fermeté ; s'il eut brusqué l'expédition ; il auroit détrôné Michel Paléologue déja vaincu par la crainte : le Roi d'Arragon qui manquoit d'hommes & d'argent, & qui s'étoit fait une haute idée de la puissance & de l'habileté de Charles, se seroit tenu tranquille dans ses Etats ; le Pape contenu par les Gibelins d'Italie, n'auroit éclaté qu'en menaces impuissantes, & l'Empereur Rodolphe encore mal affermi sur le trône n'auroit pas osé se déclarer contre l'oncle & l'allié du Roi de France. Mais le Monarque Sicilien perdit dans des négociations inutiles un tems précieux que ses ennemis sçurent mettre habilement à profit.

La mort du Pape Nicolas III, qui le délivroit d'un ennemi dangereux ne fut même pour lui qu'un événement indifférent.

Il ne fut pas profiter des difpofitions favorables de fon fucceffeur, & l'orage éclata, quoiqu'il eût pu le prévoir & le détourner. Ce fut le 30 Mars 1282, qu'arriva la fameufe révolution qui fit perdre irrévocablement la Sicile à la Maifon d'Anjou.

Les François avoient commis des excès inouis, s'il faut en croire les Hiftoriens de cette île, qui pour excufer la cruauté barbare de leurs concitoyens, peuvent bien avoir exagéré les crimes des vainqueurs. Ils prétendent que les immunités du Clergé étoient violées, les priviléges des villes prefqu'anéantis, les impôts multipliés à l'excès, & les droits de la nature fi peu refpectés, que les peres ne pouvoient pas même marier leurs filles fans la permiffion du Gouvernement, lorfqu'elles avoient une dot confidérable. Mais ce qui révolta particuliérement les efprits, ce fut le libertinage pétulant des François, qui ne ménageoient point affez la jaloufie inquiéte des Siciliens toujours prête à s'enflammer. On prétend que les Gouverneurs des villes fe faifoient amener les nouvelles mariées avant qu'elles euffent donné à leurs époux les gages de la foi, qu'elles venoient de leur jurer; & que des foldats infolens alloient dans l'intérieur des maifons troubler la paix qu'un amour réciproque entretenoit entre des cœurs nouvellement unis. Il n'en falloit pas tant pour inviter les peuples à fe révolter contre des maîtres auffi durs & auffi injuftes.

Les chefs du complot fe rendirent à Palerme le jour de Pâques fous prétexte de célébrer la fête; mais dans le fond c'étoit pour convenir du tems & des moyens de délivrer le pays d'une nation devenue foible du moment qu'elle s'étoit fait haïr. Le lendemain, qui étoit un lundi, il y avoit à trois milles de la ville, dans un endroit nommé Monréal, une folemnité à laquelle tous les habitans de Palerme alloient en foule, les uns à pied, les autres à cheval. Les François & le Commandant de la place étoient auffi dans l'ufage de s'y rendre, pour prendre part à la joie publique. L'un d'eux infulta, cette année là, une femme

---

Livre V.
An. 1282.

XXXVI.
Vepres Siciliennes.

Sab. Malafp.
Ricord. Malafp.
Gio. Villani, l. 7.
Rayn. ann. eccl.
Fazel. l. 8.
Nic. Special. l. 1.
Ragg. hiftor. p. 80, &c.

DE PROVENCE. Liv. V. 71

VÊPRES SICI-
LIENNES.

An. 1282.

sous prétexte qu'elle avoit des armes cachées sous ses habits : la femme se défendit : le peuple ému par les cris & excité par la haine, s'assemble en tumulte autour d'elle, pour la secourir ; les François de leur côté accourent pour défendre leur compatriote ; les esprits s'échauffent ; on en vient aux mains, & de part & d'autre il reste beaucoup de monde sur la place : ce combat imprévu fut le signal de la révolte. La populace étant rentrée précipitamment à Palerme, courut aux armes, en criant *meurent les François* : alors commença ce fameux massacre, si connu dans l'histoire sous le nom de *Vêpres Siciliennes* ; parce qu'on a cru que les conjurés prirent pour signal le premier coup de Vêpres.

Après cette sanglante tragédie, les chefs de l'émeute se répandirent dans les villes voisines ; soufflant par-tout l'esprit de révolte : c'étoit un feu, qui dans l'espace de trois jours, gagna toute l'île (1), & dévora la Nation Françoise : les Siciliens massacrerent environ huit mille hommes de cette nation, sans distinction d'âge ni de sexe ; & pousserent la fureur jusqu'à ouvrir le ventre aux femmes Siciliennes, qui, étant mariées à des François, ou convaincues d'avoir eu commerce avec eux, portoient encore dans leur sein le fruit de l'union conjugale ou d'un commerce illégitime.

Dans les transports de la vengeance, lorsqu'échauffés au carnage ils outrageoient ainsi l'humanité ; la vertu remporta sur les

---

(1) La ville de Messine n'entra dans la révolte qu'environ trois semaines après. On peut voir à ce sujet dans l'unig. Cod. dipl. Ital. t. II. p. 978, une lettre des habitans de Palerme à ceux de Messine ; elle est datée du 13 Avril 1282. remplie de métaphores & d'allusions tirées de l'Ecriture, & si froides qu'on seroit porté à croire que cette lettre n'a jamais été écrite ; & que c'est une declamation de quelque Rhéteur qui prit ce sujet comme très-propre à exercer son talent pour l'éloquence. Je n'ai trouvé dans les archives de Naples sur cette sanglante révolution, que l'indication d'une lettre où Charles se plaignoit des crimes & des vexations qui l'avoient occasionnée. Mais cette lettre étoit dans un des registres qui ont été brûlés.

cœurs un triomphe bien mémorable, qui prouve que si les François n'avoient pas aigri les esprits par leurs crimes, ils auroient dominé paisiblement dans le pays. Ces furieux altérés de sang, coururent à la maison de Guillaume Porcellet, Chevalier Provençal qui commandoit à Galafatimi, & qui, depuis quatorze ans qu'il étoit en Sicile, donnoit le spectacle singulier d'une probité & d'une intégrité qui ne s'étoient jamais démenties. Ils s'assurerent de sa personne de peur que quelqu'un ne l'assassinât sans le connoître, & le firent conduire sous bonne garde en-deçà du Phare.

Charles étoit à Orviete auprès du Pape, lorsqu'il apprit la nouvelle de cette horrible boucherie. Sa colere fut extrême: il la fit éclater moins par des paroles, que par des mouvemens violens, dont il n'étoit pas le maître; ensuite ayant reconnu le châtiment de ses crimes dans ce revers de fortune, il s'écria: *mon Dieu! Si c'est votre volonté que je tombe du faîte des grandeurs où vous m'aviez élevé, faites-moi la grace de ne pas m'en renverser tout-à-coup:* après s'être concerté avec le Pape sur les moyens de faire rentrer la Sicile dans l'obéissance, il se rendit à Naples, & fit équipper la flotte nombreuse qu'il destinoit depuis long-tems contre l'Empereur de Constantinople. Il en détacha quarante galeres & mille soldats qu'il envoya sous les ordres du Comte Hugues de Brienne, & du Comte de Catanzaro pour assiéger Messine, qui venoit de se révolter. En même-tems il écrivit en Provence à son fils le Prince de Salerne d'aller à la Cour de France solliciter du secours. Lorsque ce Prince arriva à Paris, le Roi lui dit: « *Je crains bien que cette révolte ne soit l'ouvrage*
» *du Roi d'Arragon; car lorsqu'il faisoit travailler à un arme-*
» *ment, je lui fis demander en quel pays il comptoit aller, & je*
» *ne pus jamais savoir son secret. Mais que je ne porte plus la*
» *Couronne, si je ne tire une vengeance éclatante de l'insulte qu'il*
» *vient de faire à la Maison de France* ».

Charles

Charles arriva lui-même bientôt après devant Meſſine avec le reſte de la flotte, cinq mille chevaux & une nombreuſe infanterie, & s'empara de Milazzo. Les Meſſinois effrayés à l'approche d'une armée formidable, offrirent de ſe rendre, s'il vouloit ſe contenter du tribut que leurs ancêtres payoient au Roi Guillaume, & leur donner à l'avenir pour Gouverneurs des Italiens & non des Provençaux & des François. Charles, en acceptant ces conditions, rentroit dans Meſſine, & toute l'île ſe ſoumettoit : mais il mit ſon orgueil à ne point compoſer avec des ſujets rébelles, & pour ne pas compromettre ſa dignité, il vit ruiner ſa puiſſance. Les Meſſinois ſe défendirent avec toute l'opiniâtreté qu'inſpire le déſeſpoir. Dom Pedre Roi d'Arragon eut le tems de venir à leur ſecours avec une flotte, dont il donna le commandement à Roger de Lauria (1) Calabrois, le plus grand homme de mer de ſon ſiécle, la terreur des Napolitains, des Provençaux & des François.

CHARLES VEUT PUNIR LES RÉBELLES.
Giov. Vill. l. 7. c. 64 & 65.
Special. c. 5.
Od. Rayn. n. 20.

An. 1282.

En arrivant en Sicile, ce Prince fit dire au Roi de Naples, qu'il eut à ſortir de l'île dans peu de tems. Celui-ci n'étoit point accoutumé à recevoir des ordres : il répondit avec toute la fierté de ſon caractère : mais pour l'honneur du ſiécle & des deux Monarques, on doit regarder comme l'ouvrage de quelque déclamateur les lettres dans leſquelles on les fait parler avec la groſſiéreté de deux rivaux nés parmi le peuple, & élevés chez des Rhéteurs peu verſés dans l'art de raiſonner, & dans l'art non moins difficile des bienſéances.

Rym. t. I. part. 2. p. 213. nov. edit.

XXXVIII. COMMENCEMENT DE LA GUERRE ENTRE LUI ET LE ROI D'ARRAGON.
Cod. dipl. Ital. t. II. p. 974.

La haine réciproque de ces deux Princes fut égale au ſujet qui

---

(1) Il nous paroît que l'Abbé Vély l'appelle ſans fondement Roger Doria. Il eſt vrai que cette illuſtre maiſon eſt connue ſous le nom de *Auria*, dans les Auteurs Latins du treizieme ſiécle, & *Dell'oria* ou *Dell'auria* dans les Auteurs Italiens du même tems; mais Lauria étant né en Calabre, ne nous paroît avoir eu aucune affinité avec la Maiſon Doria, à moins que celle-ci n'eut formé une branche dans cette province; ce que nous ignorons.

LIVRE V.

la fit naître. Dans le Roi d'Arragon, elle étoit moins impétueuse, & jamais elle ne l'aveugla fur les moyens de parvenir à fes fins. Il étoit heureufement fecondé par les confeils de Procida, & par la valeur & l'expérience de Lauria, nés l'un & l'autre pour exécuter les plus grandes révolutions, tant qu'ils agiroient de concert. Charles fe trouvoit dans une pofition embarraffante : il n'y avoit point de ville dans la Sicile qui lui fût foumife : il étoit forcé de tirer les provifions de la Calabre ; & il n'étoit point maître de la mer. Sa flotte de 30 voiles en partie compofée de vaiffeaux de tranfport, n'étoit point capable de tenir tête

Gio. Vill. l. 7. c. 73 & 74.

à celle des Arragonois, beaucoup fupérieure à la fienne par le nombre de vaiffeaux de guerre, & par l'expérience des troupes qui la montoient. Il fçut que les ennemis cherchoient à profiter du défavantage de fa pofition : & il tâcha de les prévenir en fe retirant dans fes Etats de terre ferme, avec la plus grande partie de fon armée. Il ne laiffa au camp devant Meffine, que deux mille chevaux pour bloquer la place : mais l'Amiral Arragonois le furprit dans la courte traverfée de Meffine à Regio, & lui enleva 29 galeres, parmi lefquelles il y en avoit cinq de Pife ; les autres étoient Napolitaines ou Provençales. Ces revers donnerent occafion à quelques-uns d'entre les Seigneurs de fe déclarer, & de fuivre celui des deux rivaux pour lequel ils avoient plus d'affection. Parmi ces Seigneurs on nomme Henri de Clermont, gentilhomme François, qui avoit fuivi en Italie la fortune de Charles. Mais ayant eu à fe plaindre de ce Prince, il l'abandonna, & paffa avec fa femme & fes fils en Sicile, où fa poftérité devint fi puiffante, que peu s'en eft fallu qu'elle n'ait ufurpé la

Fazel. l. 9. p. 456.

Caffar. ann. Gen. l. 10.

fouveraineté. Sur ces entrefaites le Prince de Salerne arriva à Naples avec trois galeres de Marfeille & fix cent Provençaux. Il fut fuivi de près par l'armée Françoife, qui venoit par terre, fous le commandement de Pierre d'Alençon, frere de Philippe le Hardi : parmi les Seigneurs qui accompagnoient ce Prince, on trouve Robert Comte d'Artois surnommé le Bon, le Duc de Bourgogne, le Comte de Boulogne, Jean Comte de Dammartin & plusieurs autres Seigneurs du Royaume.

Le Roi d'Arragon, que les foudres de Rome ne pouvoient intimider, fut allarmé à l'arrivée de ces nouvelles troupes, & craignit de ne pouvoir se maintenir dans sa conquête. Alors substituant la ruse à la force, il fit proposer à Charles de vuider leurs différens par un combat de cent Chevaliers de part & d'autre, les deux Rois à la tête. Son but étoit d'éloigner son rival, & de fatiguer par des lenteurs la vivacité Françoise. Cet artifice eut été grossier dans un siécle où l'esprit de Chevalerie n'auroit pas exalté l'imagination des Nobles, comme il l'exaltoit alors : il n'auroit pas même réussi dans la circonstance présente, si Charles plus délicat sur le point d'honneur, qu'éclairé sur le devoir que le véritable honneur impose aux Souverains, n'eût cru que l'intérêt de sa gloire exigeoit qu'il acceptât ce ridicule défi. On nomma six Commissaires pour dresser les articles, fixer le jour & l'heure du combat; & quarante Chevaliers pour jurer l'observance de ces articles. Parmi ces Chevaliers étoient Jean Comte de Montfort, le Comte de Vaudemont, Amiel Dagout Seigneur de Curbans, Reforciat de Castellane (1) & Guillaume de Saulx (2). Le jour du combat fut assigné au premier Juin 1283,

XXXIX.
Duel proposé par le Roi d'Arragon et accepté par Charles.

An. 1282.

_____

(1) Le nom de Reforciat est effacé : mais c'est incontestablement celui qu'il faut donner à ce Castellane, parce qu'il est le seul qui se trouve à la suite de Charles premier, avec les autres Seigneurs que je nomme ci-dessous.

(2) Les Chevaliers choisis par Charles étoient... Jordanus de Insulâ. Joannes Vicecomes de Tremblay. Jacobus de Borsonâ, ou plutôt de Bursonâ. Eustachius de Ardicour, plutôt d'Ardicours. Joann. de Denisi, peut-être de Nisiaco. Guillelmus de Salsis. Joann. Comes de Monteforti. Comes de Fallaciis. — Et de Monte Scagiofo. Erigus Henricus Comes de Vadimonte. Odo de Cusiaco. Ricardus de Montemores, vraisemblablement Bochard de Montmorenci. Joannes de Barres. Odo de Solats, je trouve de Solliaco, c'est-à-dire de Sulli. Ancelmus de Capresia regni Siciliæ Marescallus. Rotbertus de Altitiâ. Ludovicus de Rothesiâ. Rainaldus

*Cod. dipl. Ital. t. II. p. 987.
Rym. act. publ. t. I. part. 2. p. 216. nov. éd. & p. 218.*

& l'on choisit pour champ de bataille la ville de Bordeaux, pays neutre à l'égard des deux Rois, parce qu'elle dépendoit du Roi d'Angleterre, qui fut prié d'assister au combat pour en être le juge, ou de nommer des Commissaires pour tenir sa place. Le Monarque Anglois sentit que ce duel étoit également indécent, & pour le Roi d'Arragon qui ne s'en servoit que comme d'un prétexte pour tromper son rival; & pour Charles qui se trouvoit dupe de sa franchise. Il déclara donc qu'il ne vouloit être, ni témoin, ni complice du duel, & qu'il feroit tout son possible pour mettre la paix entre les deux champions. Cependant les articles étoient dressés: la peine de celui qui manqueroit au rendez-vous, fut d'être réputé vaincu, parjure, faux, infidéle, traître, indigne du nom & des honneurs de Roi, dépouillé du trône, & dévoué à l'infâmie: ces qualifications n'ôtoient rien à la puissance réelle du rusé Monarque Arragonois qui savoit bien que dans les affaires politiques, le plus heureux est souvent réputé le plus grand homme.

Rayn. an. 1282. & L'un ibid. p. 1014.

Le Pape sensiblement affligé que Charles eut donné dans le piége, lui en fit des reproches amers; il lui représenta que l'intention du Roi d'Arragon étoit de lui ôter l'avantage que lui donnoit une armée florissante, en lui proposant un combat où il alloit devenir son égal: que la trêve accordée ralentiroit l'ardeur des troupes; que dans un climat si différent de celui de la France, elles périroient peut-être par les maladies, & qu'enfin, en s'éloi-

---

Galardus. Amelius Carbono, je trouve de Curbano d'Agout. - de Castellano. Il faut lire Reforciatus de Castellanâ. Conradus de Tornay. Hugutionus de Pernâ. Joann. de Laganessa, lisez de Lagonessâ. Simon de Belvedere. Gaufridus de Milli. Gerardus de Nipri. Guillelmus de Barsi, je trouve Guill. de Barres. Albertus de Durbano. Joann. de Vaseralle. Thomasius de Basius. Tibaldus Alamannius, *Guillelmus* Estandardus. Maine de Ubere. Simon de Caprosiâ. Amioctus de Suis. Je trouve Aimeric de Sus. Theonisius de Bononem. Adam de crivis. Joann. Villanus. Stephanus de Sanjorn. *Rymer. act. publ. t. I. p. 216. nov. edit.*

gnant de ses états, il les livroit aux entreprises de ses ennemis.

Charles fut insensible à toutes ces représentations : le point d'honneur l'emporta sur les conseils de la sagesse. Ce Prince se rendit à Bordeaux avec le Roi de France son neveu, qui eut la complaisance de l'accompagner ; & le jour marqué pour le combat, il entra dans la lice à la tête de cent chevaliers, armé suivant les conventions. Le bruit de ce combat singulier avoit attiré des spectateurs de presque tous les états de l'Europe ; mais le Roi d'Arragon n'y parut pas : Charles attendit inutilement depuis le lever jusqu'au coucher du soleil ; il comprit quoique trop tard, qu'il avoit été dupe de sa franchise, & combien étoit fondée la sage prévoyance du Roi d'Angleterre & du Pape. Pénétré de douleur d'avoir été joué d'une maniere si honteuse, il demanda au Sénéchal de Guyenne acte de son apparition & se retira ; mais il n'avoit pas besoin d'un acte de cette nature, pour constater un fait dont toute l'Europe étoit témoin, & dont elle seule pouvoit être juge. Par cet acte, il ne faisoit que donner de l'éclat à une imprudence, qui devoit lui coûter la plus belle partie de ses états. Ayant tant fait que de s'engager à ce combat, les loix de l'honneur & de la chevalerie lui imposoient la nécessité de se présenter dans la lice ; & si son rival eût paru, peut-être ne verroit-on dans leur conduite que cet esprit de chevalerie, qui fit des chevaliers François, des Héros ordinairement plus dignes de figurer dans un Roman, où l'on aime les aventures extraordinaires, que dans l'Histoire où l'on veut des actions d'une valeur réglée par la prudence. Mais Charles pour remplir un engagement imprudemment contracté, ayant perdu l'occasion de reconquérir la Sicile ; ayant abandonné ses états à l'administration de son fils jeune Prince sans expérience ; laissé rallentir l'ardeur des troupes, qui étoient venues à son secours ; exposé même son Royaume aux séditions que ses ennemis cherchoient à y exciter, a plutôt joué

An. 1283.
Gio. Vill. l. 7.
c. 85 & 86.
Giach. Malasp.
c. 217.

XI.
LE ROI D'AR-
RAGON REFUSE
DE SE TROUVER
AU RENDEZ-
VOUS. SA CON-
DUITE EN CETTE
AFFAIRE.

LIVRE V.

aux yeux de la postérité, le rôle d'un aventurier, que le personnage d'un grand Roi. Dom Pedre à la verité se couvrit de déshonneur, aux yeux de ses comtemporains sur-tout, juges délicats en matiere de chevalerie : mais son artifice lui réussit ; il conserva la Sicile, fit échouer les projets de son ennemi, & le mit hors d'état de lui nuire. Dans un tems où les principes de l'honneur sont affoiblis, les succès annoblissent en quelque maniere les moyens qui les ont produits : ce qui dans un siécle fut regardé comme une lâcheté, passe ensuite pour un trait de prudence ; & comme il n'est que trop ordinaire qu'en matiere de politique on soumet toutes les loix à celle de l'utilité, l'on s'accoutume à ne plus regarder comme coupable le Monarque qui fut le plus heureux ou le plus rusé. Cependant tant qu'il restera des principes dans le cœur de l'homme, tant que le sentiment d'honneur ne sera point étouffé, on regardera comme une tache ineffaçable dans la vie de Dom Pedre d'avoir manqué à sa parole : & s'il est vrai, comme quelques Historiens le prétendent, que la nuit avant le jour fixé pour le combat, il vint à Bordeaux déguisé, pour ne point manquer à son serment ; qu'il protesta contre le Roi de France, dont la suite trop nombreuse lui faisoit craindre quelques embûches ; & qu'il laissa entre les mains du Sénéchal son casque, sa lance & son épée comme une preuve qu'il avoit comparu, & qu'ensuite il regagna précipitamment ses états d'Arragon ; il ne fit qu'ajouter la petitesse à la mauvaise foi, & décrier en même tems son esprit & son cœur.

Barthol. neoc. c. 68.
Gest. com. barc. p. 563.
Spec. l. 1. c. 25.
Gest. Philip. III. p. 542.

Cependant les deux Princes remplirent toute l'Europe de leurs manifestes. Mais l'Europe ne les jugea point sur ces pieces d'appareil, composées pour en imposer aux simples. Leur conduite avoit eu des témoins incorruptibles, en état de les juger. Le Roi de France fut fort maltraité dans le manifeste du Roi d'Arragon : sensible à des injures auxquelles il n'avoit pas donné lieu, il envoya une armée en Arragon sous les ordres de Jean de Nuguez de Lara, tandis que Charles reprit le chemin de Provence, pour aller recommencer les hostilités en Sicile.

Arrivé à Marseille il fit partir Guillaume Cornuti avec vingt-neuf galeres chargées de munitions & de vivres pour aller au secours du château de Malte, que les Siciliens assiégeoient. Elles entrerent dans le port au mois de Juin 1283, & y furent attaquées peu de jours après par l'Amiral Sicilien Roger de Lauria. Le combat fut sanglant, & dura depuis le lever du soleil jusqu'à midi. Six galeres Provençales qui avoient épuisé leurs munitions de guerre, reprirent alors à force de rames la route de Provence. Guillaume Cornuti, désespéré de voir que la victoire lui échappoit, s'élance sur la galere amirale des ennemis, la lance d'une main & la hache de l'autre ; frappe & renverse à ses pieds ou dans la mer tout ce qui lui résiste, & pénètre jusqu'à Roger de Lauria, qui de son côté le cherchoit dans la mêlée. Cornuti d'un coup de lance lui perce le pied, qui reste cloué au vaisseau, le fer s'étant détaché du bois : Dans le même tems il leve la hache pour le frapper ; mais un coup de pierre qu'il reçoit à la main, fait tomber l'arme meurtriere : il se baisse pour la ramasser ; Lauria dans l'instant, arrachant du pied le fer de la lance, en perce le brave Provençal, & le tue. La mort de ce Commandant décida de la bataille : la flotte fut mise en déroute, & le château de Malte se rendit. Les Arragonois prirent dix galeres : ils firent couper les cheveux aux prisonniers, pour les immoler à la risée du peuple ; car alors faire couper les cheveux c'étoit comme aujourd'hui en certains cas, une marque d'infamie.

Les galeres qui avoient fui du combat, porterent à Marseille la nouvelle de la défaite. Charles y étoit encore : il dépêcha un brigantin pour défendre au Prince de Salerne d'engager aucune action sur mer, avant qu'il fut venu le joindre, étant au moment de mettre à la voile avec de nouvelles forces. Malheureusement

An. 1283.

XLI.
Charles se rend a Marseille, et envoie en Sicile une flotte qui est battue.

Spec. ibid. c. 26.
Giov. Vill. l. 7. p. 92.
Jach. Malesp. c. 222.

XLII.
Defaite de Charles II, Prince de Salerne.

An. 1284.

Barth. de Neocastr. & Nicol. Special.

le brigantin fut pris par la flotte ennemie : Lauria résolu de profiter de l'avis, fit le dégât aux environs de Naples, entra ensuite dans le port de cette ville, défiant les François en termes injurieux pour le Monarque Sicilien, afin d'irriter le Prince de Salerne, & de l'attirer au combat. Le stratagême réussit : le jeune Prince qui avoit plus de courage que d'expérience, ne put retenir sa colere, & malgré les sages représentations du Légat, il se mit en mer le 5 Juin avec trente-cinq galeres. Le Général Sicilien feignant de le craindre, prit le large, jusqu'à ce que la flotte Napolitaine qui le poursuivoit à pleine voiles, fût trop éloignée de Naples pour en être secourue : alors revirant de bord il présenta le combat. Les galeres des deux partis se tenoient réciproquement accrochées, & les soldats se battoient comme en terre ferme, n'y ayant point de coup qui ne portât. Les Siciliens étonnés de cette bravoure, commençoient à se mettre en désordre : mais ayant ensuite repris la supériorité, ils combattent avec une nouvelle vigueur. Plusieurs galeres accrochent celle du Prince : les plus braves officiers Provençaux & François s'y étoient jettés; aussi fut-elle défendue avec tant de vigueur, que Lauria désespérant de l'emporter de force, fit plonger un nommé Pagan pour la percer. Le stratagême réussit; l'eau entra de toutes parts; le Prince voyant qu'il alloit être englouti dans la mer avec tous ceux qui l'accompagnoient, se rendit. Lauria lui demanda la délivrance de Béatrix sœur de la Reine Constance, fille de Mainfroi, & captive à Naples depuis la prise de Lucera ; elle fut remise entre ses mains. On nomme parmi les prisonniers Hugues de Brienne, Reynaud de Gallard, François, & Thomas d'Aquin.

Une avanture plaisante vint encore ajouter au triomphe des Siciliens transportés de joie d'avoir remporté en si peu de tems deux victoires si considérables. Les habitans de Sorriento envoyerent complimenter le vainqueur. Les Députés ne connoissant pas le Prince de Salerne, le prirent à la richesse de ses habits,

pour

pour l'Amiral Arragonois, & le prierent d'accepter quatre paniers de figues & deux cent Auguſtaves d'or (1), c'eſt-à-dire 2300 livres, que leur ville lui envoyoit. *Plût-à-Dieu*, ajouterent-ils, *que vous euſſiez pris le pere comme vous avez pris le fils : nous vous prions de vous ſouvenir que dans le combat ; nos galeres ont été les premieres à fuir.* Le jeune Prince, au milieu de ſes malheurs, ne put s'empêcher de ſourire : *voilà*, dit-il, *des gens bien fidéles à leur Souverain* : mais il ſentit en même-tems que la véritable force des Rois eſt dans l'amour de leurs ſujets.

Deux jours après le combat, Charles entra dans le port de Gayette avec 55 galeres & trois gros vaiſſeaux. C'eſt-là qu'il apprit la défaite & la captivité de ſon fils. *Plût-à-Dieu ! fut-il mort*, s'écria-t-il, dans le premier mouvement de colere, *puiſqu'il a tranſgreſſé mes ordres*. D'autres lui font dire avec moins

XLIII.
CHARLES ARRIVE DANS LES ÉTATS DE NAPLES, ET Y MEURT.

---

(1) J'ai lu à Naples, dans les regiſtres de Charles premier, une évaluation des monnoies faite en 1278, par laquelle on voit que quatre Auguſtaves d'or valoient une once d'or. L'once, ainſi que je l'ai lu dans des Chartes de l'an 1273, valoit 50 gros tournois d'argent, c'eſt-à-dire, 46 livres 1 ſols 6 deniers de notre monnoie ; d'où il s'enſuit que l'Auguſtave vaudroit 11 l. 10 ſ. ; & que le préſent des Surrentins, comme nous le diſons, n'étoit que de deux mille trois cents livres. L'once d'or, en 1308, valoit 3 livres 7 ſols reforciats, ce qui revient, à très-peu de choſe près, à la même valeur que ci-deſſus.

V. pr. ch. 17.

Tutini *des amir. du Roi*, p. 64, & Gianone t. III. p. 16, citent une Charte, par laquelle on voit que 34333 beſants valoient deux mille huit cents trente-trois onces d'or ; d'où il réſulte qu'il entreroit 12 beſants & ⅕ dans l'once, & que chaque beſant équivaloit à la ſomme de trois livres dix-ſept ſols de notre monnoie. *Tributum tuneſi debitum regi Sicilie, anno quolibet, eſt biſantinorum triginta quatuor millia, trecentum triginta tribus, quorum biſantinorum quodlibet valet tarenos auri duos & dimidium : & ſic reductis ipſis biſantinis ad tarenum aureum, ſunt tarenorum, triginta tria millia viginti tribus ; quibus tarenis reductis in uncias auri, ſunt unciæ duo millia octingenta triginta tribus.* Il s'enſuit encore delà que le tribut annuel que le Roi de Tunis payoit au Roi de Sicile, n'alloit pas tout-à-fait à cent trente-trois mille livres. Je crois qu'il y a une faute dans le texte, & qu'au lieu de lire *ſunt tarenorum* 33023, — il faut *ſunt tarenorum* 85832.

L'once d'or eſt une monnoie qui a cours à Naples encore aujourd'hui ; mais elle ne vaut que 12 livres 12 ſols de France.

Tome III. L

de vraisemblance, réjouissons-nous : *ce Prêtre-là nous empêchoit de gouverner & de faire la guerre* : ce qui supposeroit que le Roi ne voyoit dans son fils qu'une dévotion minutieuse, & des vues bornées : mais les talens & les vertus que ce jeune Prince déploya, quand il fut sur le trône, ne permettent pas de croire que son mérite naissant eût échappé aux regards d'un juge aussi éclairé que l'étoit son pere.

Ce Prince partit de Gayette, résolu de réduire la ville de Naples en cendres, pour châtier les habitans qui paroissoient vouloir se révolter ; car les Napolitains, mécontens de la dureté de son gouvernement, étoient toujours prêts à se soulever ; & le Roi emporté par la violence de son caractere, ne savoit que punir. Il épargna la ville sur les prieres du Légat, & fit pendre 150 citoyens des plus mutins ; spectacle affreux, plus propre à contenir des esclaves, qu'à ramener à l'obéissance des hommes nés dans une Monarchie. Mais telle étoit la triste situation de ce Prince, que les malheurs, au lieu de l'instruire, ne servoient qu'à l'aigrir. Il lui restoit encore dix mille hommes de cavalerie, quarante mille d'infanterie, & cent-dix galeres, sans compter un grand nombre de bâtimens de transport : avec cette armée formidable, il pouvoit mettre ses ennemis à la raison ; mais il perdit en négociations inutiles, avec le Roi d'Arragon, le tems qu'il devoit employer à combattre ; laissa consumer par la faim & les maladies son armée au siége de Reggio qu'il fut obligé de lever, & alla mourir dévoré de chagrins à Foggia dans la Pouille, le 7 de Janvier 1285, laissant un fils unique prisonnier en Arragon, & un trône mal affermi, sous la garde de son neveu, Robert Comte d'Artois. Il confia par ses lettres du 6 Janvier 1285, au Roi de France, l'administration des Comtés de Provence, du Maine & d'Anjou, pendant la captivité de son fils unique : Charles étoit âgé de 66 ans & en avoit regné dix-neuf, à compter depuis son sacre. Il fut marié deux fois ; la premiere avec Béatrix de Provence, dont il eut quatre fils & trois filles (1), & la seconde avec Marguerite de Bourgogne qui ne paroît pas avoir laissé de postérité.

On enterra les entrailles de Charles dans la Cathédrale de Foggia ; le corps fut transporté dans celle de Naples, à la droite du Maître-Autel, dans un riche tombeau de marbre sur lequel on éleva ensuite la statue de ce Prince ; son cœur repose dans l'église des Jacobins de la rue S. Jacques à Paris, où l'on voit sa statue d'un travail fort grossier, autour de laquelle on lit cette épitaphe si noble & si simple, *li cœur du grand Roi Charles qui conquit la Sicile.* Cette conquête fut la source de sa célébrité, de ses crimes & de ses malheurs.

An. 1287.

Charles étoit grand, robuste, bien-fait : il avoit le teint brun, le nez un peu long, le regard imposant, la contenance fiere. Son ambition démesurée, & sur-tout le desir ardent qu'il avoit d'acquérir une Couronne, déveloperent en lui des vices qui firent presque oublier ses vertus : il se montra colere, avare, vindicatif, & sévère jusques à la cruauté. Plus habile dans l'art de conquérir, que dans l'art de régner, il accorda tout pour s'attacher ses Généraux & ses soldats, bienfaits, licence, impunité, & ne fit rien pour gagner le cœur de ses peuples. Sa présomption étoit égale à son courage. Il avoit senti que rien ne lui résistoit dans un combat, & il crut, jusques dans ses disgraces, qu'il seroit toujours invincible. *Si tu veux*, écrivoit-il à Pierre Roi d'Arra-

XLIV. Portrait de ce Prince.

MS. de Dom Ericnnot, tom. XXVI. p. 558.

---

(1) L'Abbé Velly parle d'Isabelle, *dont l'histoire*, ajoute-t-il, *ne dit rien*, & de *Marie qui fut femme de Ladislas IV, Roi de Hongrie* ; c'est tout le contraire : l'histoire ne parle point de Marie, qui est vraisemblablement un personnage imaginaire ; mais elle nous apprend que ce fut Isabelle qui épousa Ladislas IV. Le même Historien & tous les autres ajoutent que Charles ne laissa point d'enfants de Marguerite de Bourgogne, Comtesse de Tonnerre, sa seconde femme, cela se peut ; mais il est certain qu'elle étoit grosse le 4 Janvier 1272, comme on peut le voir par la permission que le Roi lui donna ce jour-là de faire ses dernieres dispositions.

T. VI. p. 403.

Pr. ch. 10.

gon, *conserver le titre de Roi de Sicile, que tu viens d'acquérir, hors de l'asile où tu vis caché ; tu verras alors quelle est la bravoure de mes soldats ; ou si tu crains d'entrer dans la lice, ils iront te relancer jusques dans ta retraite.*

Le peu de discernement que ce Prince mit dans le choix des Généraux & des Ministres, fut la principale source de ses malheurs. Il avoit, parmi ses nouveaux sujets, des hommes d'un mérite rare, & il ne sut ni les connoître, ni les employer. Il donna sa confiance à des François, la plûpart vains, présomptueux, avides ; ceux qui auroient été capables de bien gouverner, ne connoissant ni le pays, ni le caractere des habitans, ne pouvoient que faire beaucoup de fautes. Ainsi dépourvû en général de bons conseils, aveuglé par la bonne idée qu'il avoit de lui-même, trop délicat sur le faux point d'honneur, & se piquant de franchise lorsqu'il falloit user de politique & de circonspection, il se vit le jouet du Pape Nicolas III, & de Pierre Roi d'Arragon, dans des circonstances où il en auroit triomphé, s'il eût pû régler par la sagesse d'autrui, & par sa propre expérience, son pouvoir & les qualités brillantes dont le ciel l'avoit doué : car il étoit actif, intrépide, infatigable, ferme dans l'adversité, fidele dans ses promesses, respecté des soldats, adoré des Officiers, & craint de ses ennemis. Telle étoit l'idée qu'on avoit de son courage & de son habileté dans l'art de la guerre, que pendant long-tems on le regarda comme l'arbitre de la victoire dans les combats. Il eut aussi des vertus ; car il fut continent & sobre, pendant que les François ne mettoient point de modération dans leurs plaisirs : sa piété étoit sincere ; mais elle ne fut point éclairée : *Sire Dieu*, dit-il en recevant le Viatique à l'heure de la mort, *Sire Dieu, je crois vraiment que vous êtes mon Sauveur : ainsi vous prie que vous ayez merci de mon ame ; ainsi comme je fis la proie du Royaume de Sicile plus pour servir Sainte Eglise que pour mon profit ou autre convoitise, ainsi vous me pardonniez mes péchés,*

Jamais la religion n'a ordonné de ravir une couronne au Souverain légitime, & encore moins de le faire mourir sur un échaffaut : mais alors il se mêloit tant de superstition à la piété, que la plupart des crimes étoient plutôt des erreurs du siécle, que des vices du cœur (1).

PORTRAIT DE CE PRINCE.

An. 1285.

Il aimoit le faste & la magnificence : Naples lui doit sa premiere splendeur : c'est sous son regne & par ses soins qu'on vit s'élever plusieurs belles Eglises, le Château-neuf, & d'autres édifices. Comme il aimoit les lettres, il augmenta les priviléges de l'Université, déja devenue célèbre sous l'Empereur Frédéric II, & y attira plusieurs Savants illustres, entr'autres Saint Thomas d'Aquin, à qui il donnoit une once d'or par mois, environ 46 livres. Pourquoi faut-il que l'éclat de tant de belles actions se trouve terni par la mort tragique de Conradin ? C'est presque le seul trait que la postérité ait retenu de la vie de ce Prince célèbre : tant il importe à la réputation des Souverains, de ceux même dont le regne est le plus brillant, de ne point se souiller de crimes.

A peine Charles fut-il mort, que son fils courut risque de

XLV. CHARLES II EST EN DANGER DE PERDRE LA VIE DANS SA PRISON.

---

(1) Adam d'Arras en fait le plus grand éloge : mais ce n'est pas lui qui doit régler le jugement qu'on doit porter de ce Prince. Voici ce qu'il en dit :

Li matere est de Dieu	D'autre part fut valours
Et d'armes & d'amours,	En certui bien assisse,
Et du plus noble Prinche	Car nature y fut toute
En proueche & en mours,	A son pooir esquise,
Qui onques endossat	En biauté, en forche
Chevaleureux atours.	En gentil taille a life....
C'est du bon Roi Charlot,	Car la vertu du cors
Le Seigneur des Seignours.	Ot toute en arme mise
Par cui li drois étas	Et le cuer en largueche
De la foi est ressours....	En Dieu e en franquise, &c.

Je voulois faire imprimer cette pièce ; mais j'ai vû qu'elle ne pouvoit intéresser, ni pour le fonds des choses, ni par la maniere dont elles sont dites, & qu'elle auroit été inutile.

perdre la vie en Sicile. On avoit envoyé deux Légats pour traiter de sa rançon : voyant leurs propositions rejettées avec hauteur, ils eurent recours à leurs armes ordinaires ; c'est-à-dire, aux excommunications ; mais elles firent une impression si contraire à leur attente, que les Messinois, outrés de cet abus des censures, coururent comme des furieux à la prison pour massacrer tous les prisonniers François, & en égorgerent environ deux cents, tous gentilshommes. En même-tems les différentes villes de Sicile s'accorderent à demander la mort du nouveau Roi de Naples, pour venger celle de Mainfroi & de Conradin. Heureusement la Reine Constance & son fils Dom Jacques furent assez sages pour éviter le deshonneur éternel que cette mort auroit imprimé à leur mémoire ; pour ne pas irriter par un refus imprudent la fureur du peuple, ils dirent qu'avant de se déterminer à cet acte de sévérité, ils vouloient écrire en Arragon pour avoir l'avis du Roi. Ce Prince ordonna qu'on lui renvoyât son prisonnier ; c'étoit un moyen de s'assurer de sa personne, que de le dérober à l'inconstance des Siciliens, dont la modération & la fidélité devoient être suspectes à quiconque les connoissoit.

Cependant le Pape Martin IV, résolu non-seulement d'enlever la Sicile à Dom Pedre, mais encore de le renverser du trône, avoit donné le Royaume d'Arragon & le Comté de Barcelonne à Charles de Valois, fils de Philippe le Hardi. Philippe entreprit la conquête de ces Etats, mais il mourut dans cette guerre, où après quelques succès il se vit abandonné de la victoire ; Martin IV, l'avoit précédé au tombeau ; Dom Pedre l'y suivit bientôt après : Charles avoit terminé sa carriere la même année ; ainsi la mort dans l'espace de onze mois enleva quatre Souverains, qui troubloient la plus grande partie de l'Europe, & avoient fait périr un nombre prodigieux d'hommes, sans avoir combattu, ni pour la justice, ni pour la religion, dont trois au moins se disoient les défenseurs.

La mort de ces Souverains rendit à leurs Etats la tranquillité que leur ambition avoit troublée. On crut que le moment étoit favorable pour traiter de la délivrance du Prince de Salerne. Ses trois fils, Robert, Louis & Raymond Berenger, en écrivirent au Roi d'Angleterre, leur parent, & l'ami particulier de leur pere: les Etats de Provence (1) assemblés à Sisteron le 14 Mai 1286, lui députerent Isnard d'Agout & Gautier, ou peut-être Gaucher de Sabran-Forcalquier, Seigneur de la Roche; car cette Province avoit témoigné la plus vive douleur à la prise de ce Prince, & il étoit juste qu'elle fît tous ses efforts pour le tirer des fers. Le Monarque Anglois se chargea de la négociation: elle étoit difficile à terminer d'une maniere satisfaisante. Il falloit régler les différens qu'il y avoit entre la France & la Castille, réconcilier la France avec l'Arragon sans blesser les intérêts du Roi de Maïorque & du Comte de Valois, à qui la Cour de Rome avoit donné les Etats de Dom Pedre: il falloit enfin obtenir la liberté du Roi de Naples à des conditions que les parties intéressées & la Cour de Rome sur-tout pussent approuver. Edouard ne se laissa

An. 1286.
XLVI.
ON TRAITE DE SA RANÇON.

Rym. act. publ. t. I. part. 3. p. 7.

---

(1) Le droit qu'a la Provence de tenir des Etats, est le même que celui des autres Provinces du Royaume. Il remonte au tems des Gaulois. Cet usage se conserva sous les Romains, & nous avons vû qu'en 418, on tint à Arles une assemblée générale des Provinces Méridionales des Gaules. Le defaut de monumens ne nous permet pas de savoir quand cet usage, qui fut continué sous les Goths & les Francs, fut interrompu. Nous retrouvons une assemblée générale des Prélats & des Nobles tenue en 878, à Mantaille, pour placer Bozon sur le trône: une assemblée pareille, tenue à Vienne en 890, mit le sceptre dans les mains de son fils Louis; & l'auteur de la vie de Berenger nous apprend que ce Prince, avant de passer en Italie, assembla les Grands de son Royaume pour leur faire part de son projet, & les exhorter à le seconder. L'indépendance, qui s'introduisit ensuite parmi les Seigneurs & les Evêques, fut un obstacle à ces convocations; après l'année 890, les premiers Etats dont nous ayons connoissance, sont ceux qui se tinrent à Tarascon au mois de Février 1146. L'histoire ensuite ne parle plus de ceux qui précéderent l'assemblée générale de Sisteron du 14 Mai 1286. — On peut encore regarder comme fait au nom des Etats, le serment prêté par le Bailli d'Aix à la Comtesse Beatrix, le 7 Septembre 1245.

Hist. de Prov. t. I. p. 594. t. II. p. 115 & 119.

Ibid. p. 143.

Ibid. p. 230.

Ibid. preuch. 63.

point rebuter par les difficultés. Il fit confentir Alphonfe Roi d'Aragon, à fe rendre à Oléron en Béarn, le premier Mai 1287, & là ils arrêterent des préliminaires, où l'on ne fent que trop la dureté d'un maître qui donne des loix.

Il fut reglé 1° que Charles II obtiendroit une trêve de trois ans, & procureroit enfuite une paix folide entre lui & fes alliés d'une part; & Alphonfe & Jacques fon frere, Roi de Sicile, de l'autre. Les alliés du Roi de Naples étoient le Pape, le Roi de France & le Comte de Valois: 2° qu'avant de fortir de prifon, il donneroit en ôtage fes trois fils puînés, avec les aînés de foixante Barons & principaux habitans des villes de Provence, au choix d'Alphonfe, & au défaut de leurs fils, les Barons eux-mêmes ou leurs plus proches parens: trente devoient être remis avant la délivrance de Charles, & les trente autres, trois mois après: 3° qu'il configneroit en outre à Alphonfe cinquante mille marcs d'argent; trente mille comptant, & le refte en affurances de la part du Roi d'Angleterre.

4° Qu'il promettroit avec ferment au nom des Gouverneurs des villes de Provence, que fi la paix ne fe faifoit pas, & qu'il refufât alors de retourner en prifon, ces Gouverneurs reconnoîtroient Alphonfe pour leur Souverain, & que la Provence lui demeureroit dévolue à perpétuité; que les Confuls des villes s'engageroient pour leurs Communautés, & les Barons en leur nom, à lui prêter obéiffance, & que Charles, par acte public, les difpenferoit du ferment de fidélité.

5° Que dans dix mois, à compter du jour qu'il feroit en liberté, il livreroit fon fils aîné en échange de fon quatrieme fils; faute de quoi Alphonfe deviendroit maître de la perfonne de trois puînés, fauf la vie & les membres, & garderoit les cinquante mille marcs d'argent.

Tels font les principaux articles de ce fameux traité. Le Pape Nicolas IV le défapprouva, comme contraire à l'honneur & aux intérêts

intérêts du S. Siége & de la Maison d'Anjou. Cependant il ne fut pas possible de le faire changer. Tout ce que put obtenir Edouard après bien des peines & des soins, fut qu'Alphonse consentiroit à ce qu'il remplît lui-même les conditions préliminaires.

Il fut donc arrêté que, pour faciliter à Charles l'accomplissement des cinq articles, & pour en garantir l'exécution, le Roi d'Angleterre livreroit à celui d'Arragon trente-six Barons, & quarante bons bourgeois de ses Etats, ou personnes équivalentes, en attendant qu'on lui remît les fils du Prince & les ôtages de Provence, &c. Ce traité qui n'eut pour but que de confirmer celui d'Oleron, fut passé à Champfranc dans les Pyrénées, le 4 Octobre 1288.

Edouard remplit les conditions le même jour : & Charles se vit enfin libre après quatre ans de prison (1). Il vint en Provence pour tenir la main aux articles dont l'exécution dépendoit de lui. Il fit partir quatre-vingt ôtages, parmi lesquels on trouve Hugues de Baux, fils du Comte d'Avelin ; Fouques d'Agoût à la place de Fouques de Pontevès, son oncle ; Blacasset, fils de Blaccas d'Aups ; trois Seigneurs de la Maison de Sabran ; Bertrand de Monteil, de la Maison d'Ademar ; Raibaudet, fils de Bertrand de Barras, Raynaud de Porcellet, Bertrand, fils de Pierre de Montolieu, Pierre Candole (2), & Pierre fils de Raymon Maliverni. La seule ville de Marseille en fournit vingt.

XLVII.
LE ROI D'ANGLETERRE ET LA VILLE DE MARSEILLE DONNENT DES OTAGES.

Rym. ibid. p. 27.

An. 1289.

Ruff. Hist. de Mars. p. 152.
Rym. ibid. p. 44.

---

(1) Parmi les ôtages que donna le Roi d'Angleterre, & qui devoient être pris parmi ses sujets, on est un peu surpris de voir Guillaume de Mevoillon, Sabran de Forcalquier, Richard d'Alamanon, Pierre de Tarascon, Arnaud de Raymond de Solanis, peut-être de Souliers, &c. tous Provençaux.

(2) Ce Candole étoit fils de Raymond, qui avoit suivi à Naples Charles premier. Charles II, sensible à ce qu'il s'étoit volontairement offert pour aller en ôtage en Catalogne, lui fit donner le 27 Avril 1296 cent livres tournois, c'est-à-dire environ 1840 livres pour la dot d'une de ses filles. Les noms sont presque toujours estropiés dans Rymer ; je vais rétablir ceux-ci d'après une charte de la Cour des Comptes de Provence, arm. Q. 2. quarré. l. 1. piece 1. je ne rétablirai que les noms des gentilshommes.

Rym. ibid. p. 29

Arch. de la Zecca. de Napl.

Tome III.   M

LIVRE V.

XLVIII.
LE ROI DE FRANCE ET LE PAPE S'OPPOSENT AU TRAITÉ.

Le Roi de Naples prit ensuite la route de Paris; mais il ne put faire consentir le Roi Philippe le Bel à la trêve de trois ans, ni le Comte de Valois à renoncer à ses prétentions sur les Royaumes d'Arragon & de Valence. Il ne fut pas plus heureux en Cour de Rome: le Pontife le combla de graces & de bienfaits; mais comment lui faire agréer que tout autre que lui disposât de la Sicile, dont il se croyoit non-seulement Suzerain, mais encore le Maître? Il cassa le traité, releva Charles, Edouard, & les Provençaux de leurs sermens, qu'il déclara illicites, contraires aux bonnes mœurs, & arrachés par la crainte. Il fit plus encore; il accorda au nouveau Roi des décimes pendant trois ans, pour l'aider à recouvrer la Sicile.

XLIX.
CHARLES II. VEUT SE REMETTRE EN PRISON, ET CONCLUT ENFIN LA PAIX.

V. pr. ch. 20.

Charles II fut plus scrupuleux que le Pontife. Il ne crut pas qu'on pût facilement le relever d'une promesse qu'il avoit solemnellement jurée, & dont la religion & l'honneur lui faisoient une loi. N'ayant pû remplir ses engagemens par l'obstacle qu'y mirent les parties intéressées, il se rendit sans armes le premier Novembre 1289, aux Pyrénées, entre Jonquieres & le col de Panisas, accompagné de l'Archevêque d'Arles, de Guillaume de Villaret, grand Prieur de Saint Gilles, & d'un grand nombre de Chevaliers de distinction. Personne ne se présenta pour le re-

---

Dño Raymundo de Baucio, Dño Podii Ricardi; Dño Elzeario de Sabrano; Dño Ansoizii; Dño Raynaudo Porcelleti, Dño Senacii; Dño Joanne de Bullacio Seniore; Dño Guillermo Ferandi; Dño Philippo de Laveno, Dño Corene; Dño Burgundiono de Podio Oliverii; Dño Bertrando de Montiliis; Dño Isnardo de Ponteves juniore; Dño Raymundo d'Urgi; Dño Guileberto de Barbarono; Dño Pontis de Fenoilleto; Dño Arnaudo de Saga; Dño Arnaudo Bajuli, jurisperito; Dne Raym. Burbono; fratre Bernardo de Ripis altis ordinis militiæ templi; fratre Barthol. Monacho de Populeto; Dño Aymerico de Narbonà, Seniore; Dño Berengario de Podiosorguerio (Puyfegur); Dño Bereng. de Ulonis; Dño Guill. de Sonâ; Dño Guill. de Alamanno; Dño Raym. de Vivario; Dño Arnaudo de Petrâ Pertusâ; Giraudo Amici, Dño Tori; Guiranno de Simiana, Dño Casenove; Giraudo Ademari Dño de Montiliis; Girardo Bacusiis, cive & mercatore Lucano, & pluribus aliis, &c.

cevoir. Ce Prince ne se crut pas pour cela dispensé de ses engagemens : il y tenoit par ses principes, par amour pour ses enfans, & par reconnoissance pour les citoyens qu'ils avoit donnés en ôtage. Il passa donc à Paris ; & pour décider le Comte de Valois à se désister de ses prétentions sur les Royaumes de Valence & d'Arragon, & sur le Comté de Barcelone, il lui proposa sa fille Marguerite en mariage à laquelle il donneroit les Comtés du Maine & d'Anjou. Le Roi Philippe le Bel céda de son côté la partie d'Avignon qui lui appartenoit, à Charles de Naples : c'étoit un dédommagement de ce qu'il y avoit de trop dans la dot de Marguerite. Il s'étoit élevé quelques nuages dans l'esprit d'Alphonse ; mais ce procédé généreux de Charles les dissipa ; & le traité de Brignole où l'on rédigea les préliminaires passés à Tarascon le 19 Février 1291, acheva de faire renaitre la bonne intelligence entre les Princes. Il fut reglé, 1° qu'Alphonse enverroit en Cour de Rome des Députés, qui jureroient en son nom, d'observer les ordres du Pape & de l'Eglise ; & que, moyenant cette soumission, le S. Pere par une Bulle expresse léveroit les censures prononcées contre ce Prince & ses Etats.

2° Que le Roi de France, le Comte de Valois, les Rois de Naples & d'Arragon vivroient désormais en bonne intelligence.

3° Qu'Alphonse délivreroit à Charles, ses fils, & ses ôtages ; & qu'il casseroit tous les actes par lesquels le Roi d'Angleterre & ses Vassaux s'étoient engagés au nom de Charles :

4° Qu'enfin à l'égard de la Sicile, Dom Jacques d'Arragon qui en étoit Roi, se soumettroit aux ordres du Pontife, & qu'en cas de refus de la part de ce Prince, Alphonse ne lui donneroit, ni aux Siciliens, aucun aide ni conseil (1).

---

(1) Malgré ces négociations, il paroît qu'on faisoit toujours des préparatifs pour se remettre en campagne ; car je trouve que le 14 Août 1292, lorsque Charles étoit à Brignole, Elzéar de Sabran & son fils Ermengaud lui offrirent quatre Gens-d'Armes pour le suivre à la guerre.

Mais ce qui faillit à renverser ces négociations, ce fut la mort d'Alphonse, qui ne laissant point d'enfans, donnoit ses Etats à son frere Jacques, à condition que celui-ci céderoit le Royaume de Sicile à Fréderic frere puîné de l'un & de l'autre. Le Pape fulmina contre le Roi Jacques: Philippe le Bel & le Comte de Valois firent renaître leurs prétentions sur l'Arragon; & l'on fut au moment d'éprouver combien la destinée des hommes est triste, quand la mort d'un seul peut mettre l'Europe en combustion. Ce qu'il y avoit encore d'affligeant, c'étoit de voir le Roi Charles, tantôt à Paris, tantôt à Rome, défendre les droits de la justice & de l'humanité, pour ramener les esprits à une paix, de laquelle dépendoit la délivrance de ses trois fils & d'un grand nombre de gentilshommes.

Cette paix, l'objet de tant de soins & de négociations, fut enfin conclue sur la fin de l'année 1294, & rendit au Roi ses enfans & ses ôtages: l'une des conditions fut que Jacques d'Arragon céderoit à Charles les droits qu'il avoit sur la Sicile, & qu'il épouseroit sa fille Blanche d'Anjou, quoiqu'il eût déja promis sa main à la fille du Roi de Castille. Ce traité fut le signal d'une nouvelle guerre. Les Siciliens qui craignoient de retourner sous la domination angevine, se donnerent pour Roi Fréderic, frere puîné de Jacques, à qui la Sicile étoit dévolue par le testament de son frere Alphonse: nous aurons occasion de parler des guerres qui s'en suivirent.

Pendant tout le tems que durerent ces négociations, Charles II vint plusieurs fois en Provence. Il fut frappé des changements que les guerres précédentes avoient apportés dans les fortunes. La plupart des fiefs étoient passés dans les mains des roturiers. Les Gentilshommes animés du désir d'aller se signaler dans le Royaume de Naples, avoient été forcés de les vendre pour fournir aux frais de la guerre, ou pour payer les dettes qu'ils avoient contractées dans cette expédition. Le service du Prince souffroit de cette révolution : les nouveaux possesseurs étant incapables par leur naissance de remplir les charges militaires, auxquelles les fiefs assujettissoient, ne pouvoient conduire leurs vassaux à la guerre : d'un autre côté se voyant revêtus des dépouilles de la noblesse, ils prétendoient en partager les honneurs & les prérogatives.

RÉGLEMENTS IMPORTANS DE CHARLES II POUR LA PROVENCE.

La manie de la noblesse (1) commençoit dès-lors à gagner les esprits. Les bourgeois & les marchands n'oublioient rien pour sortir de la roture. Tantôt c'étoit en achetant des terres nobles, tantôt en se faisant armer Chevaliers (2). Charles II voulant remédier à ces abus, ordonna aux Gentilshommes de racheter les terres que des circonstances malheureuses les avoient forcés d'aliéner, & défendit de donner la ceinture militaire à des rotu-

Pr. ch. 21.

Ch. 21.

___

(1) Les Religieux mêmes étoient déclarés main-mortables, & ne pouvoient acquérir des fiefs. L'Abbé de Cruys eut besoin, le 6 Mai 1299, d'une permission pour acheter de Bertrand de Baux quelques terres dans le diocèse de Sisteron, à la charge d'en renouveller l'hommage tous les trente ans, & d'en payer les lods. En effet, 31 ans après, c'est-à-dire, le premier Juin 1330, l'Abbé, successeur du précédent, renouvella l'hommage en présence de deux Evêques & de Pierre de Raymond, Chevalier, Juge-Mage de la Province, d'Ardouin & de Paul Fabre, Jurisconsultes. Ces terres qui consistoient en celles de Saint Vincent, de Genciac, de Malcor & d'Aigremont coûtèrent trente-un mille sols Provençaux couronnés, c'est-à-dire, dix huit mille six cents livres de notre monnoie.

Arch. d'Aix. Reg. pergam. & Bouch. t. 2. p. 339.

(2) On trouve en effet, sous le Roi Robert, des exemples de Marchands & Roturiers, qui reçurent la ceinture militaire; c'est-à-dire, qui furent armés Chevaliers, & qui en cette qualité prétendoient avoir les mêmes exemptions que les Nobles. Il faut sans doute attribuer à cette cérémonie la nombreuse Noblesse qui se trouvoit dans les petites villes. A Brignole on comptoit vers l'an 1320 environ trente familles nobles. Comme tous ces nouveaux annoblis prétendoient être exempts des charges, Charles II, par Lettres patentes du 17 Mai 1292, ordonna qu'ils les payeroient comme les Roturiers, n'exemptant que ceux qui étoient nobles de sang & d'origine, ou qui descendoient de quelque roturier armé Chevalier par Charles I, son père ou par Raymond Berenger son grand pere, ou qui l'avoient été avec leur permission, &c. le même abus régnoit dans toute la France, comme nous le dirons ailleurs.

Arch. de Brign.

Hot. de vill. d'Aix reg. cat. f. 19. v°.

riers ; défense qui ne fut pas exécutée, comme elle méritoit de l'être, sous le regne de ses successeurs.

L'ordonnance sur le rachat des terres produisit un mal réel. Les nobles ruinés, n'étoient point en état de rembourser les sommes qu'ils avoient reçues ; il leur fallut emprunter à gros intérêt des Marchands Lombards & Toscans établis en Provence, depuis que le Roi de Naples avoit le Gouvernement de Florence & de la plus grande partie de la Lombardie ; les roturiers, accablés sous le poids des impôts, avoient eu recours aux mêmes emprunts ; les intérêts auxquels les uns & les autres s'étoient soumis, les avoient écrasés ; & la misere étoit si grande, que Charles, le 2 Janvier de l'an 1294, fut obligé d'accorder à ces débiteurs un délai pour les soustraire aux poursuites des créanciers. Les réglemens qu'il fit à Digne, au mois de Septembre de la même année, pour réprimer la licence des mœurs, l'impiété des blasphêmes, & d'autres scandales, font beaucoup d'honneur à sa piété. Mais il faut que le relâchement fut bien grand, puisque ce Prince, tout Religieux qu'il étoit, exigea seulement qu'il y eût au moins une personne de chaque famille, qui les Dimanches & Fêtes assistât à la Messe & aux Instructions ; peut-être aussi cette condescendance venoit-elle de ce que les Eglises étoient peu nombreuses, & éloignées de la plupart des habitations.

Pendant son séjour en Provence, il fut tout occupé à récompenser le zele que les villes & les particuliers avoient témoigné pour son service. On trouve encore dans les archives des communautés & des anciennes maisons, des concessions ou des confirmations de privileges, monumens d'équité autant que de bienfaisance, qui honorent également le Souverain & les Sujets. Son attention s'étendoit sur-tout. Lorsqu'il vint accompagner avec une partie de sa Cour sa fille Blanche, qui alloit épouser Jacques d'Arragon, il ordonna des préparatifs convenables aux circonstances ; mais ces préparatifs ne pouvoient paroître considérables ue dans un siecle où il y avoit très-peu de luxe. Le Trésorier général de la province eut ordre de faire fabriquer à cette occasion de la vaisselle d'argent, consistant en vingt-quatre écuelles du poids d'un marc & demi chacune ; douze gobelets du poids d'un marc chacun ; quatre pots, pesant en tout environ dix-huit marcs & vingt-quatre cuilliers : c'étoit une dépense de quatre mille livres. Ce Prince étoit économe ; & quoiqu'il ne fut point ennemi du faste dans les occasions d'éclat, il n'accordoit jamais rien au luxe lorsqu'il falloit déroger à une sage économie. Il ne passoit chaque année à son fils Louis, pour l'entretien de sa maison, que quatre mille livres couronnées, c'est-à-dire, environ 61333 livres de notre monnoie.

Toutes les parties de l'administration trop négligées sous le règne précédent, subirent une réforme. Il corrigea quelques abus introduits dans l'ordre de la procédure, & donna des règles à la comptabilité. Il ordonna qu'on fît un état exact de tous les biens & revenus qu'il avoit en Provence, de quelque nature qu'ils fussent, qu'on y ajoutât toutes les dépenses avec une note circonstanciée des augmentations & des diminutions annuelles, & que ce tableau, fait avec soin, fût porté sur trois registres, dont l'un seroit déposé à la Chambre, l'autre remis au Sénéchal, & le troisieme aux Officiers préposés à la révision des comptes (1). Dans chaque viguerie, le Viguier avoit un livre contenant le tableau exact de la recette & de la dépense faites pour le compte du Souverain. Le Clavaire ou Trésorier en avoit un double : & les particuliers étoient obligés de faire porter le

RÉGLEMENTS IMPORTANS DE CHARLES II POUR LA PROVENCE.
Pr. ch. 27.

Arch. de Napl. Reg. de Charles II.

V. pr ch. 28.

―――――――――

(1) Je ne connois point de titre plus ancien auquel on puisse rapporter l'origine de ces Cours connues aujourd'hui sous le nom de Chambre des Comptes. Le passage de la charte paroît assez remarquable. *Quorum* (quaternorum) *unum sit semper in camera, aliud penes Senescallum provincie, tertium penes procuratorem & officiales nostros super computos ordinatos.* Ces Officiers s'appelloient Rationnaux ; mais je ne crois pas qu'il y en ait d'exemple en Provence avant l'établissement de Charles I, à Naples.

paiement des deniers royaux fur ces deux regiftres par un Notaire, chargé de prêter fon Miniftere *gratis* : les perfonnes, prépofées au recouvrement des impôts, étoient tenues de donner une caution.

Les Notaires eurent auffi leurs réglements à obferver : perfonne ne pouvoit être reçu qu'il n'eût un certificat de probité de capacité, de religion ; & des preuves qu'il étoit né en légitime mariage, & qu'il n'étoit point engagé dans l'état Eccléfiaftique condition d'autant plus extraordinaire, qu'un fiecle auparavant les actes n'étoient prefque reçus que par des Ecclefiaftiques ; & qu'avant l'ordonnance de Charles II, l'ufage n'en étoit point encore aboli. Sa vigilance s'étendit auffi fur la profeffion de Médecins & des Chirurgiens, trop livrée jufqu'alors à l'impudence de quiconque poffédoit l'art d'abufer de la crédulité des malades. Il fut ftatué qu'on ne pourroit exercer la Médecine & la Chirurgie qu'après avoir donné des preuves de capacité & de probité reconnues.

Arch. de Naples an. 1297.

LI.
CHARLES II REGLE LA SUCCESSION A LA COURONNE.

Charles fut enfuite occupé à faire régler la fucceffion à la Couronne. La mort lui avoit enlevé à Naples fon fils aîné Charles Martel, Roi de Hongrie ; & la religion avoit retiré du monde fon fils cadet nommé Louis. Ce jeune Prince qui étoit né à Brignole, en 1274, s'étant dégoûté des grandeurs du fiecle, pendant fa prifon à Barcelone, avoit fait vœu de fe confacrer à la vie Monaftique dans l'ordre de S. François (1) : mais le Pape

---

(1) Lorfque Louis fe préfenta à Montpellier pour accomplir fon vœu, les Religieux refuferent de lui donner l'habit dans la crainte de déplaire au Roi fon pere. Louis alors renouvella folemnellement fon vœu. Le Pape voyant qu'il s'obftinoit à renoncer au monde, le nomma à l'Evêché de Touloufe le 29 Décembre 1295, quoiqu'il n'eût pas encore l'âge prefcrit par les loix ; mais le jeune Prince perfifta à dire qu'il avoit un vœu à accomplir. On lui permit donc de prendre l'habit de Saint-François, & tout de fuite il paffa à l'Evêché de Touloufe qu'il gouverna environ vingt mois ; car il mourut à Brignole le 19 Août 1297, lorfqu'il alloit à Rome pour donner fa demiffion. Parmi fes vertus, on loue beaucoup

Rayn. ann. 1296. n° 16.
V. la nouv. vie de S. Louis ev. p. 149. & fuiv. 250 & fuiv.

Bonifac

Boniface VIII ne voulant pas laisser dans l'obscurité du cloître, des vertus qu'il pouvoit rendre plus utiles à l'Eglise, le plaça sur le siege épiscopal de Toulouse, que Louis occupoit encore quand il mourut en odeur de sainteté le 19 Août 1297, dans la même ville où il étoit né. La couronne de Naples devoit donc appartenir à Robert Duc de Calabre, troisieme fils de Charles. Cependant il étoit à craindre que Carobert, fils de Charles Martel, ne la disputât un jour : le Roi pour prévenir des guerres, qu'il n'eut pourtant pas le bonheur d'empêcher, fit décider au mois de Février 1297, que la Couronne appartiendroit à l'aîné des fils ou des filles qu'il laisseroit en mourant. Par cette loi, Robert se trouvoit appellé au trône. Il épousa quelques mois après Yolande d'Arragon. Le mariage fut conclu à Rome, où la politique rassembla les personnes le moins faites pour se trouver ensemble ; la Reine Constance, qui avoit vu son pere, sa mere, & son frere détrônés & mis à mort par Charles I; Charles II qui avoit langui avec ses trois fils dans les prisons de cette même Constance; Jacques d'Arragon l'ennemi de Charles en Sicile, & son oppresseur en Catalogne; Procida & Lauria,

CHARLES II.
REGLE LA SUC-
CESSION A LA
COURONNE.

---

chasteté; sa retenue étoit si grande, qu'étant allé voir un jour sa mere au Château de Naples, la Reine transportée de joie en le voyant, courut à lui pour l'embrasser : le jeune Prince refusa ses caresses par pudeur. Eh! quoi, lui dit sa mere étonnée, ne suis-je point votre mere? Oui, lui répondit le jeune homme : mais vous êtes femme, & un serviteur de Dieu ne doit point les toucher. C'est ce que rapporte l'Auteur de sa vie, qui ne devroit pas lui faire légerement un mérite d'une action dans laquelle il pouvoit y avoir plus de scrupule, que de véritable vertu; mais qui annonce dans ce Prince une grande pureté de sentimens. L'Auteur ajoute que la Reine voulut *baiser son fils au visage* à la maniere des François. C'est que l'usage en Italie vouloit que les femmes & les personnes à qui l'on doit du respect, ne donnassent que leur main à baiser. Cet usage n'est pas tout-à-fait aboli. Le S. Prélat fut canonisé par Jean XXII, & il est honoré sous le nom de S. Louis de Marseille. Son corps fut porté peu de tems après sa mort, dans l'Eglise des Freres Mineurs de cette ville. Son pere laissa par son testament deux mille livres petits tournois, c'est-à-dire environ 18000 livres, pour lui faire une châsse & un tombeau.

Ibid. an. 1297.
n° 68.

Tome III.　　　　　　　　　　　　　　　N

LIVRE V.

An. 1298.
An. 1300.

LII.
NOUVELLE
GUERRE AU SU-
JET DE LA SICI-
LE.

les auteurs de ses malheurs & de ceux de son pere : toutes c
personnes, oubliant leurs sujets de haine & de vengeance, n
parurent occupées dans ce moment qu'à cimenter l'union d
deux maisons, que leurs crimes, leurs malheurs & l'ambitio
devoient rendre éternellement ennemies & malheureuses.

Cependant on ne jouit pas de la tranquilité qu'on s'éto
promise. Fréderic d'Arragon, Roi de Sicile & frere du R
Jacques, ne fut pas compris dans le traité de paix. Jacques
qui avoit étouffé son ressentiment pour s'allier & se réconcili
avec Charles II, étouffa la voix de la nature & de l'amitié po
forcer Fréderic son frere à céder la Sicile. Les deux frere
prirent donc les armes, & s'engagerent dans une guerre au
longue que malheureuse dans laquelle Philippe, Prince de T
rente, fils de Charles, fut fait prisonnier. Les Génois épuis
par leurs divisions intestines, où les Doria, les Grimaldi, l
Fiesque & les Spinola s'étoient signalés comme chefs de parti,
déclarerent pour Fréderic & lui envoyerent plusieurs vaisseaux com
mandés par Conrad Doria (1). Nous ne parlerons pas des di
férens combats que les deux armées se livrerent ; ils sont étran
gers à notre sujet, quoique les troupes de terre fussent presqu
entierement composées de François & de Provençaux. Le
Historiens nomment parmi eux Geofroi de Mili, & Reforci

Spec. l. 4. c. 1.

de Castellane commandant un corps d'armée devant Catanzar
pour Charles II, & Jean de Clermont combattant pour Fréderic

LIII.
NOUVELLE
ARMÉE DE
FRANÇOIS EN
ITALIE SOUS LE
COMTE DE VA-
LOIS.

Le Pape crut que pour arracher le sceptre des mains du Mo
narque Sicilien, il falloit appeller une puissance étrangere.
Charles Comte de Valois lui parut très-propre à seconder se
desseins. Ce Prince semblable aux anciens Paladins, qui co
roient le monde pour chercher des avantures dignes de leur

---

(1) On n'a aucuns détails sur cette guerre, on sait seulement que les Provença
en vinrent aux prises avec les Génois, puisque l'Archevêque d'Arles fut charg
de traiter de l'échange des prisonniers. Arch. de Napl. reg. de Charles II.

courage, ambitionnoit de faire la conquête d'un royaume : n'ayant pu s'emparer de celui d'Arragon, il porta ses vues sur l'Empire de Constantinople, sur lequel il croyoit avoir des droits du chef de Catherine de Courtenai, dont il étoit devenu l'époux après la mort de Marguerite d'Anjou sa premiere femme. Le Pape profita de son ambition pour l'attirer en Italie. Il lui proposa, s'il vouloit s'employer à la pacification des troubles de Florence, & à la conquête de la Sicile, de l'aider ensuite à monter sur le trône de Constantinople. Le Comte de Valois accepta une proposition qui flattoit ses espérances, & prit la route de Rome : il fut nommé pacificateur de la Toscane ; mais il ne put justifier par la sagesse de sa conduite, un titre si pompeux. Il parut à Florence, & au lieu de mettre sa gloire à réconcilier les factions qui déchiroient cette ville, il chassa celle des blancs parmi lesquels se trouvoit la famille de Pétrarque & le Dante lui-même, qui a immortalisé dans ses écrits sa haine contre le Prince François. Le Comte de Valois ne réussit pas mieux dans son expédition contre la Sicile : la faim & les maladies ayant consumé des forces qu'il destinoit a conquérir l'Empire d'Orient, il consentit à ce qu'on renouvellât les propositions de paix que la Duchesse de Calabre avoit déja mises en avant. On convint le 19 Août 1302 que Fréderic posséderoit sa vie durant, avec la qualité de Roi, la Sicile & ses dépendances, sans être obligé à aucune redevance, ni à aucun service personnel ; qu'après sa mort, cette île retourneroit au Roi Charles II ou à ses héritiers : que Fréderic épouseroit la Princesse Eléonore l'une des filles de Charles ; qu'il évacueroit toutes les Places de la Calabre, dont il étoit maître, & qu'il mettroit en liberté le Prince de Tarente & les autres prisonniers de guerre.

L'amitié la plus sincere parut succéder aux actes d'hostilité : le Comte de Valois reprit la route de France, ayant laissé en Italie la réputation d'avoir dans la guerre plus d'ardeur que de

NOUVELLE AR-MÉE DE FRAN-ÇOIS EN ITALIE SOUS LE COMTE DE VALOIS.
Chron. de Cesene, & d'Est.
J. Vill. l. 8. c. 49, & Nic. Spec. l. 7. c. 161.

An. 1302.

vrai courage; plus d'amour de la gloire, que de talens pour l'acquérir. Aussi fit-on courir une satyre où l'on disoit qu'il étoit allé *à Florence* pour y *mettre la paix, & qu'il y avoit laissé la guerre;* en Sicile *pour y faire la guerre, & qu'il n'en avoit rapporté qu'une honteuse paix.*

LIVRE V.

LIV.
ÉTAT DÉPLO-
RABLE DE LA
PROVENCE.
An. 1302.
Pontif. Arelat.
p. 298.

Charles II, que son âge & vingt ans de malheurs ou de traverses dégoûtoient de la guerre, se livra tout entier à son zele pour la religion, & à son amour pour ses peuples. Il falloit une longue paix & beaucoup de sagesse pour les soulager du poids de la misere sous lequel ils gémissoient. Les armements considérables que la Provence avoit faits; les guerres qu'elle avoit soutenues contre les Génois, avoient détruit son commerce; des saisons rigoureuses avoient emporté les espérances des moissonneurs, & des épidémies cruelles avoient frappé les hommes & les bestiaux.

LV.
ÉLECTION DE
CLÉMENT V.
QUI TRANSFERE
LE S. SIÈGE A
AVIGNON.

Cependant on touchoit au moment où la Cour de Rome devoit donner dans Avignon l'exemple d'un luxe que les Provençaux ne tarderent pas d'imiter. Les fameux démêlés de Boniface VIII avec Philippe le Bel, firent désirer à la France d'avoir un Pape qui connût & respectât les prérogatives des Rois & du Clergé. Quoique Benoît XI, pendant le peu de tems qu'il occupa le trône pontifical, après la mort de Boniface VIII, eut montré une modération & des vertus que la conduite fiere & mondaine de son prédécesseur rendoient infiniment précieuses, on n'en craignoit pas moins cet esprit de domination, ces préjugés ultramontains, que les Prélats élevés en Italie puisoient dans les écoles & dans la fréquentation de la Cour de Rome. La France n'oublia donc rien après la mort de Benoît XI, pour faire tomber la thiare sur un Pontife qui lui fût favorable. Bertrand de Got, Archevêque de Bordeaux, parut très-propre à seconder ses vues. S'étant toujours montré partisan zélé de Boniface VIII, & ennemi de la nation Françoise, on

J. Villan. l.
8. c. 80.
S. Anton. p.
3. t. XXI.

voit tout lieu d'espérer qu'il fixeroit le choix des Cardinaux Italiens : d'un autre côté, comme il avoit une ambition démesurée, les François pouvoient se flatter qu'il sacrifieroit son ressentiment à sa fortune, & qu'il deviendroit leur partisan, s'il leur étoit redevable de son élévation. En effet par les arrangements qu'ils prirent, ils se trouverent maîtres de le nommer. On étoit convenu pour faire cesser les divisions qui partageoient le sacré collége, que les partisans de Boniface VIII proposeroient trois Prélats François, & que celui qui seroit nommé dans quarante jours par les Cardinaux du parti opposé, seroit unanimement proclamé. Bertrand de Got fut mis sur les rangs, comme on l'avoit prévu : le Roi Philippe le Bel qui en fut instruit par ses émissaires, lui dit dans une entrevue secrette, qu'il étoit le maître de le placer sur la chaire de S. Pierre, s'il vouloit accepter les conditions desquelles il faisoit dépendre la premiere dignité de l'Eglise. Le Prélat ne balança point à se rendre ; il acheta par une déférence aveugle un rang qu'on redoute, lorsqu'on est digne de l'occuper.

Le couronnement du nouveau Pape se fit à Lyon le 12 Novembre 1305, en présence de Philippe le Bel, de Charles de Valois son frere, du Duc de Bretagne & d'un grand nombre de Seigneurs du Royaume : il prit le nom de Clément V & fit une promotion de dix Cardinaux, dont neuf étoient François. Ayant à détruire l'ouvrage de Boniface VIII ; il avoit besoin de coopérateurs dociles pour révoquer les bulles que ce Pontife avoit fulminées contre Philippe le Bel, les Colonne & leurs adhérens. Ce n'étoit point à Rome non plus qu'il pouvoit déclarer que tant de foudres lancées contre ces têtes illustres, étoient désavouées par l'Eglise. Les Cardinaux & les Prélats Italiens (1)

ÉLECTION DE CLÉMENT V. QUI TRANSFERE LE S. SIÉGE A AVIGNON.

An. 1305.

J. vill. c. 81.

Baluſ. t. I. p. 580.

---

(1) Parmi les Cardinaux Italiens, étoit Rodolfe Brancas qui fut un des Commissaires nommés dans l'affaire des Templiers.

Baluſ. t. I. p. 63.

accoutumés alors à subjuguer les Papes, l'en auroient empêché; ils sentoient trop combien il étoit important d'accoutumer les Peuples & les Souverains à regarder les décisions des Pontifes comme des loix irréfragables. Clément prit donc la résolution de fixer sa Cour en-deça des Alpes, & passa l'hiver à Lyon. Le froid fut si excessif cette année-là, que non-seulement le Rhône, mais encore toutes les rivieres de France gelerent; la mer sur les côtes de Flandre & de Hollande fut prise dans une largeur de trois lieues.

Mss. de la Bibliot. du Roi, n° 6811. par Godefroi de Paris.

Le Pape partit de Lyon avant la fin de l'hiver; & après avoir traîné pendant quelque tems un nombreux Clergé à sa suite dans la Gascogne, & dans le Poitou, dévorant à tort & à travers, dit un ancien manuscrit, tout ce qui se trouva sur sa route, Ville, Cité, Abbaye, Prieuré, il arriva à Avignon à la fin d'Avril 1309.

Le Cardinal Napoleon des Ursins se trouvant dans l'antichambre du Pape avec Nicolas de Prato qui avoit le plus contribué à son élévation, lui dit: *Vous êtes venu à bout de vos desseins: nous voilà transportés en-deçà des monts; ou je connois mal le caractere des Gascons, ou de longtems on ne reverra le S. Siege à Rome.*

LVI.
CHARLES II SE DISPOSE A RETOURNER EN PROVENCE, ET UNIT CETTE PROVINCE AU PIÉMONT.

Lun. cod. dipl. Ital. tom. II. p. 1058.
Arch. d'Aix. arm. 2. arm. l. 1. qu. L. B.
An. 1306.
Bouch. t. II. p. 328.

Charles II ne prit aucune part à ce grand événement. C'étoit depuis le commencement de son regne, le seul tems où il goûtât les douceurs de la paix. Les démêlés qu'il avoit eus en Piémont avec le Marquis de Saluces, n'avoient été que passagers: presque toutes les villes de cette Province reconnoissoient son autorité; & quoique dans l'origine, elles se fussent mises volontairement non sous la domination, mais sous la protection de la Maison d'Anjou, elles furent ensuite traitées comme sujetes lorsque la force eut établi des droits qu'on ne devoit qu'à une obéissance volontaire. Charles unit en 1306 cette Province au Comté de Provence; mais elle en étoit indépendante quant au Gouvernement civil: elle eut son Sénéchal & ses Magistrats particuliers, ainsi que le Monferrat dont le Marquis de Saluces fit cession à Charles, le 5 Mai 1307.

Pr. ch. 32.

Dans le Royaume de Naples tout étoit tranquille : Charles nomma pour le gouverner en son absence, en qualité de Vicaire-Général, l'Archevêque d'Arles qui en étoit déja Chancelier ; & bientôt après il prit la route de Provence, avec tous ses enfans. La vie qu'il y mena n'offre aucune de ces actions d'éclat que l'Histoire aime à recueillir. Tout occupé de la Religion & du Gouvernement, il rendit homage à l'une, par de pieuses fondations, & fit respecter l'autre par l'attention qu'il eut de le régler sur des principes de sagesse & d'équité : mais ce qui lui gagna particulièrement les cœurs, ce fut le soin qu'il eut de confirmer les anciens privileges des Villes & des Seigneurs, & d'en accorder de nouveaux à ceux qui avoient bien mérité de la Patrie.

An. 1307.
LVII.
IL CORRIGE
DIVERS ABUS.

Les Juifs se ressentirent aussi de sa modération. Chassés depuis peu de France avec une dureté que leurs exactions & leurs usures ne pouvoient justifier, ils trouverent en Provence un asyle plus sûr. Charles crut qu'il suffisoit de réprimer leurs injustices & de mettre un frein à leur cupidité ; mais il respecta ce que tout citoyen ne peut perdre que par des crimes, la propriété & la liberté. Content des subsides qu'ils lui donnerent volontairement, il leur accorda la liberté de commerce dans toute la Provence.

Napl. Reg.
1307. B. fol. 37.

Le commerce étoit presque détruit depuis la conquête de Naples. Les armemens considérables qu'on avoit faits ; les guerres qu'on avoit eu à soutenir contre les Siciliens & les Génois, avoient hâté sa décadence. Aussi l'argent étoit-il extrêmement rare : l'Edit contre les Usuriers en avoit arrêté la circulation. Les Ecoliers de l'Université d'Avignon auroient été forcés, pour cette raison, d'abandonner les études, si le Roi ne leur eût permis de choisir un Banquier de concert avec les Professeurs,

Pr. ch. 30.

qui eût seul le droit de leur prêter à un intérêt usuraire. Ces Banquiers sangsues du peuple étoient presque tous Lombards ou Florentins (1); ils exigeoient ordinairement vingt pour cent.

Le Roi eut recours à eux lorsqu'il fut question du mariage de son fils Raymond Berenger, avec Marguerite, fille de Robert, Comte de Clermont, sixième fils de S. Louis (2). Ils lui prêterent vingt mille livres tournois, qui en vaudroient aujourd'hui trois cent soixante-huit mille. D'autres emprunts déposent encore de l'épuisement de ses finances: il devoit au Pape pour les arrérages de ses redevances en 1307, trois cent soixante-six mille onces d'or, qui vaudroient seize millions huit cent trente-six mille livres; somme immense qu'il se trouvoit dans l'impossibilité de payer, & pour laquelle il étoit frappé des anathêmes de l'Eglise, malgré son attachement à la Religion, & son dévouement au S. Siège. Mais des anathêmes lancés pour des objets de cette nature, ne pouvoient produire aucun effet.

Clément V lui remit le tiers de sa dette: la difficulté étoit de payer les deux autres tiers: ses revenus étoient extrêmement modiques. On voit par les registres de la Chambre des Comptes qu'un habitant qui avoit une paire de bœufs, payoit sept sols par an; c'est-à-dire quatre livres trois sols de notre monnoie, & un septier d'avoine; celui qui n'avoit qu'un bœuf en payoit la moitié moins; le pauvre qui n'en avoit point, payoit une livre

---

(1) Ces Usuriers s'appelloient Corsiniens, *Corsini*, soit qu'ils tirassent leur nom des Corsini de Florence, comme quelques Auteurs le prétendent, soit, comme le veut Muratori, qu'ils le tirassent de la ville de Cahors, qui s'étoit rendue célèbre par ses trafics usuraires; quoi qu'il en soit on sévit contre eux dans tout le Royaume; on les enlevoit de force pour les mettre en prison; & de là vint le proverbe, *on l'a enlevé comme un corsin*.

(2) On ne sait pas si le mariage se fit. Mais Marguerite épousa ensuite Jean de Dampierre Comte de Namur, des Comtes de Flandre. Ces vingt mille livres que le Roi emprunta, étoient pour acheter en France une terre sur laquelle il devoit assigner le douaire de Marguerite.

trois fols, & un feptier d'avoine. La nobleffe (1) étoit exempte; elle ne devoit que le fervice militaire; les mains-mortables ou ferfs ne payoient qu'au Seigneur; ainfi en fuppofant qu'il y eût alors en Provence quarante mille familles taillables, & qu'elles donnaffent au Roi, y compris la valeur du feptier d'avoine, fix livres l'une dans l'autre, il n'entroit annuellement dans les coffres, pour cet objet feul, que deux cent quarante mille livres de notre monnoie. Les domaines, les droits du fifc, les douanes, les gabelles, les préfents, &c. pouvoient rendre une fois autant : c'étoit beaucoup encore; ainfi la Provence ne rapportoit au Roi qu'environ cinq cent mille livres.

SES DETTES ; REVENUS QU'IL TIROIT DE LA PROVENCE.

An. 1307.

Les revenus du Royaume de Naples ne montoient pas à trois millions; car fous Charles III en 1381, ils n'étoient, tout compris, que de foixante mille onces d'or, ou de deux millions fept cent foixante mille livres.

Napl. reg. 1381. fol. 189.

Un impôt de cinq cent mille livres fur la Provence, étoit exceffif dans un temps où la Cour & la guerre attiroient tout l'argent à Naples. Le commerce n'avoit point encore multiplié, comme aujourd'hui, ces canaux de circulation qui réparent fans ceffe l'épuifement occafionné par les malheurs publics. Languiffant fous le poids des impôts, ou dans les entraves du gouvernement, il laiffoit deffécher toutes les fources de l'induftrie : la richeffe territoriale confiftoit prefque toute en bled, & l'exportation en étoit défendue; elle l'étoit du moins en 1306 (2). Le vin n'étoit

LVIII. COMMERCE ET INDUSTRIE.

---

(1) Dans le Royaume de Naples, fous le regne du Roi Robert, on impofoit une taxe de vingt-un pour cent fur les revenus des fiefs. Comme Charles premier étoit entré dans ce Royaume par droit de conquête, il crut fans doute qu'il étoit maître de toutes les terres, & qu'il pouvoit impofer cette taxe fur celles qu'il laiffoit à la Nobleffe du pays, & fur celles qu'il donnoit aux Seigneurs de fa fuite. Il n'en fut pas de même en Provence, où ce Prince n'acquit aucun droit qui renverfât les loix anciennes de la propriété.

Hift. du Dauph. t. II. p. 153.

(2) En effet Hugues de Baux, Chambellan du Roi René, eut befoin d'une permiffion du Roi pour faire fortir de Salerne de 1306, & des autres terres de

Arch. d'Aix arm. C. reg. 3. fol. 55. v°.

point encore devenu une branche confidérable de commerce. Nos vaiffeaux bornés à parcourir les côtes d'Afrique, celles de la Grece & de l'Italie, n'avoient pas befoin de ces approvifionnements, que des voyages de plus long cours exigent, quand on va dans des climats où la vigne ne croît point. On ne connoiffoit pas encore l'art de diftiller le vin; ou du moins fi on le connoiffoit, il ne paroît pas qu'on en fît ufage; & c'eft depuis cette invention utile que les vignes fe font prodigieufement multipliées. D'ailleurs prefque toutes les Villes avoient obtenu le privilege exclufif de ne laiffer vendre que le vin de leur territoire; c'étoit un genre de vexation imaginé par les citoyens riches, pour tenir dans leur dépendance l'utile laboureur, ou l'artifan qui ne vit que du fruit de fon travail. L'olive, à laquelle la Provence doit une partie de fa richeffe territoriale, n'étoit point encore mife au rang des productions les plus avantageufes; la liqueur extraite fans foin, peu faite par cette raifon pour fervir à la délicateffe de la table, & pour être recherchée hors du pays où elle croît naturellement, l'olive étoit abandonnée à l'ufage des arts & des fabriques; les autres parties de l'agriculture étoient infuffifantes pour élever les fortunes des habitans, & fournir aux dépenfes du Souverain.

LIX. Charles II abolit les Templiers.

Nous ignorons fi le defir d'augmenter fes revenus entra dans les motifs qui déterminerent Charles II à fupprimer les Templiers. Son zele pour la religion, fon amour pour la juftice, &

Reforciat de Caftellane, fon gendre, quatre mille feptiers de bled. La même année il fallut auffi une permiffion particuliere à un Marchand de Montpellier pour exporter mille feptiers de bled qu'il avoit achetés à Draguignan. C'eft le même Reforciat de Caftellane à qui Charles II, donna en récompenfe de fes fervices en 1308, une penfion annuelle de 80 onces d'or, c'eft-à-dire de 1680 livres, en attendant qu'il lui affignât une terre dans le Royaume de Naples : par la même charte, il accorde à fa femme Ameline de Belin, fille d'Abel de Belin, Chevalier Seigneur d'Avefune, une terre dans la Bafilicate, du revenu de cent onces d'or, c'eft-à-dire de 4600 livres.

on respect pour tous les Ordres de l'Eglise, dont il fut toute sa vie le protecteur & le bienfaiteur, ne nous permettent pas de croire qu'il ait fait cet acte de rigueur pour satisfaire une avidité dont il ne donna jamais aucune preuve. Philippe-le-Bel ayant sévi le premier contre ces Religieux militaires, publia un manifeste très-propre à les rendre l'objet de l'exécration publique, & à leur attirer la vengeance des Souverains. Charles II fut révolté des crimes dont on accusoit ces malheureux, & ne soupçonnant pas qu'ils fussent l'ouvrage de la calomnie, il se livra sans défiance à l'impression qu'ils firent sur son esprit. Cependant quelques-uns de ces crimes, quand on les examine de près, paroissent invraisemblables. On a de la peine à croire qu'un corps dévoué par état à la défense de la religion, ait exigé du récipiendaire, pour premiere marque de vocation, qu'il reniât J. C., & qu'il crachât trois fois sur un crucifix ; qu'il baisât le Supérieur à la bouche, au nombril, & à la partie du corps destinée par la nature au soulagement des besoins les plus abjects. On prétend que dans leurs assemblées nocturnes, les Chevaliers adoroient une idole : que pour ménager leur réputation, ils s'interdisoient tout commerce avec les femmes ; mais qu'ils se permettoient le crime abominable qui attira le feu du ciel sur deux villes célébres: que si par hasard il naissoit un garçon d'une fille & d'un Templier, ils se rangeoient en cercle, se jettoient cet enfant de main en main jusqu'à ce qu'il fût mort, qu'ils le faisoient ensuite rôtir, & que de la graisse ils en frottoient les moustaches de leur idole : que quand un Templier étoit mort, ils le brûloient & mêloient ses cendres dans leur breuvage : que les Prêtres, lorsqu'ils célébroient la Messe, omettoient les paroles de la consécration, ce qui semble contradictoire avec l'impiété dont on les accuse ; car s'ils ne croyoient point en J. C., quelle efficacité pouvoient-ils attribuer aux paroles par lesquelles le Prêtre opere le mystere de la transsubstantiation ?

CHARLES II ABOLIT LES TEMPLIERS.

An. 1307.

Dup. Hist. des Templ.
Papyr. Masson.
Veli, Histoire de France, &c.

Si ces crimes ne se trouvoient consignés dans des actes authentiques, & confirmés par les dépositions d'un grand nombre de Templiers dans tous les pays, nous serions tentés de croire que, supposé qu'ils soient réels, ils étoient propres à quelques couvens obscurs & isolés, où de jeunes Chevaliers, emportés par le feu de la jeunesse, corrompus par la licence des armes dont ils faisoient profession, soustraits à la vigilance de leurs supérieurs généraux, amolis par les richesses & l'oisiveté, se livroient aux excès d'un libertinage irréligieux, & que dans une procédure où il s'agissoit de justifier la proscription prononcée contre ces malheureux, les crimes de quelques particuliers devinrent ceux de tout le corps. Par-là on rendroit raison des contradictions étonnantes qui se trouvent dans cette étrange procédure. Cependant tous les Historiens du temps conviennent que cet Ordre, devenu dangereux par ses richesses, son ambition & ses vices, ne montroit aucune des vertus propres à rassurer les peuples & les Souverains sur les dangers qu'ils faisoient craindre. Comment croire en effet que les mœurs de ces Religieux fussent conformes à l'esprit de leur institution, quand on les voit, après la destruction de l'Ordre, lorsqu'ils auroient dû être contenus par cet exemple récent de la sévérité des loix, se livrer dans le monde au déréglement de leur cœur? Il y en eut même un grand nombre qui sans respect pour le vœu de chasteté qu'ils avoient fait au pied des autels, s'engagerent dans les liens du mariage. Jean XXII, frappé de ce scandale, voulut y remédier en leur ordonnant par une bulle de l'an 1319, d'entrer dans quelque Ordre religieux pour y vivre d'une maniere conforme à leurs premiers engagements. Il est donc certain que ce fut leur conduite qui arma contr'eux les deux puissances, & qui fut cause de leur destruction. Les Templiers du Royaume de France furent tous arrêtés le 13 Octobre 1307. Charles, résolu de s'assurer de ceux qui vivoient dans ses Etats, écrivit de Marseille le 13 Janvier 1308, à tous les Juges &

Viguiers de Provence, une lettre circulaire dans laquelle il leur disoit : « Nous vous envoyons avec la présente une autre lettre cachetée, qui contient un secret de la plus grande importance : nous vous défendons sous les peines les plus sévères de parler à qui que ce soit de ce que nous vous mandons. Vous garderez la lettre cachetée jusqu'au 24; ce jour-là vous l'ouvrirez avant la pointe du jour, & vous exécuterez dans la journée les ordres que je vous y donne. Vous me répondrez de l'exécution au péril de vos biens & de votre vie. Vous m'accuserez la réception du paquet par le retour du porteur ».

Charles II
abolit les
Templiers.
An. 1308.

Le jour arrivé, les Officiers ouvrent la seconde lettre, & ils y trouvent l'ordre suivant.

« En exécution d'une bulle que nous avons reçue depuis peu de notre S. Pere le Pape, nous vous ordonnons, sous peine de punition exemplaire, de prendre vos mesures avec tant de prudence & de secret, que le 24 du présent mois vous fassiez arrêter & mettre en lieu de sûreté, sous bonne garde, tous les Templiers qui se trouveront dans votre ressort, empêchant qu'on ne leur fasse aucun mal. Quant à leurs biens, nous vous enjoignons pareillement de vous en mettre en possession, & d'en donner ensuite la garde à des personnes sûres, jusqu'à ce qu'il en soit autrement ordonné par le S. Pere & par nous. Vous en ferez dresser un inventaire bien exact, ainsi que des meubles, en présence des Templiers de chaque maison, & des personnes du voisinage qui sont le plus au fait de leurs biens ; vous en ferez trois copies ; vous nous en enverrez une, vous garderez l'autre, & la troisieme, vous la laisserez entre les mains des sequestres : vous insérerez dans cet inventaire le nom de tous les Templiers. Faites ensorte qu'aucun d'eux ne vous échappe ».

Arch. d'Aix
reg. Templier.

Ces ordres furent exécutés le même jour dans toute la Provence ; mais il n'y a aucune preuve que ces Religieux aient été condamnés aux mêmes supplices qu'en France. Rien ne prouve [que] leurs crimes & leurs vexations aient provoqué la sévérité [des] loix. Charles II n'en parle point dans ses lettres ; il ne don[ne] d'autre raison de leur suppression que sa déférence aux ordres [du] Pape. Lorsqu'on procede à la destruction d'un corps par cet uniq[ue] motif, & que d'ailleurs on est porté à la douceur par caracte[re] on ne se détermine pas facilement à faire expirer ses sujets [au] milieu des bûchers ou sur des échaffauds. Le procès des Te[m]pliers, supposé qu'il ait été fait en Provence, a été enlevé ; n[ous] n'avons trouvé que les noms de ceux qui furent enfermés d[ans] les châteaux de Meyrargues & de Pertuis, & nous avons rem[ar]qué qu'ils étoient tous roturiers, à l'exception de trois ou qua[tre] auxquels on donne le titre de Chevaliers *Milites*, dont l'un é[toit] Albert de Blaccas, Commandeur du Temple à Aix (1). C[et] exemple prouve que la roture n'excluoit pas, comme on l'a cr[u,] de l'ordre des Templiers.

Leur mobilier n'annonce point qu'ils eussent en Provence [de] grandes richesses qu'on leur envioit ailleurs. Tout annonce [au] contraire un état de médiocrité, plus voisin de la misere que [de] l'opulence. A la sacristie d'Aix, on ne trouva qu'un calice d'arge[nt,] une patène, deux corporaux, trois napes, deux aubes, de[ux] amicts. Dans la maison, il n'y avoit ni argenterie, ni livres ; to[us] les meubles étoient de bois sans aucun ornement. Ces Religie[ux] étoient riches en bétail ; cette circonstance prouve qu'ils l'étoie[nt] en biens fonds. Ils avoient dans la seule maison d'Aix tren[te] jumens & seize vaches. L'inventaire fait aussi mention de bea[u]coup de chevres, circonstance peu intéressante en elle-même, [si] elle ne servoit à constater l'état de l'agriculture dans ce temps-l[à.]

---

(1) Bouche rapporte les noms des Templiers qui furent détenus prisonni[ers] au château de Pertuis : mais il ne parle pas des Religieux qui étoient dans ce[tte] ville lorsqu'on les saisit. Il y en avoit vingt-deux : leurs noms ne méritent p[as] d'être cités.

elle concourt avec d'autres faits à prouver que la Province étoit en partie couverte de bois & de prairies. L'ordre de la société l'exigeoit ainsi. La noblesse étoit beaucoup plus nombreuse qu'elle ne l'est aujourd'hui ; elle ne servoit qu'à cheval, & chaque Gentilhomme menoit avec lui plusieurs Ecuyers ; dans certaines villes, les bourgeois avoient aussi la prérogative de ne servir que de la même maniere. Il falloit donc un grand nombre de chevaux pour être en état de marcher au premier signal : ainsi le sol abandonné, pour ainsi dire, aux seuls efforts de la nature, n'étoit point encore couvert de ces arbres fruitiers, & de ces vignes que le commerce bien plus que le luxe, a fait multiplier parmi nous, sur-tout depuis que le service militaire n'est plus réglé par les loix de la féodalité.

La grande affaire des Templiers n'étoit point encore terminée, quand Charles fit son testament à Marseille le 16 Mars de la même année. Il institua héritier de tous ses Etats Robert, son second fils ; mais voulant conserver la Provence à sa postérité masculine, il la substitua à ses descendants mâles, appellant à la succession ceux qui se trouveroient dans le degré de parenté le plus proche, suivant l'ordre prescrit par la loi. A défaut d'enfants mâles, les filles étoient appellées à la substitution. Il laissa à Jean de Duras, à Pierre de Gravine & à ses autres fils, quatre-vingt-douze mille livres de rente à chacun (1), cent quatre-vingt-quatre mille à sa veuve (2), & un supplément de dot à ses enfants ou petits-fils d'environ quatre mille six cent livres (3). Les personnes attachées au service de sa maison ne furent point oubliées : il légua aux Chevaliers deux mille cent vingt livres de rente perpétuelle, aux Ecuyers issus de parens nobles, mille soixante livres, aux Ecuyers

LXI.
TESTAMENT DE CHARLES II.
An. 1308.

Arch. d'Aix reg. n° 12.
Parv. reg. fol. 65. arm. C.
Cod. Dipl. Ital. t. II. p. 1066.

___

(1) Deux mille onces d'or.
(2) Quatre mille onces d'or.
(3) Cent onces d'or.

LXII.
Vertus et défauts de ce Prince.

roturiers, six cent trente six livres (1), & aux-valets-de pied trois cent dix-huit livres une fois payées.

Les legs pieux étoient confidérables : quand on pense que ce Prince étoit accablé de dettes, & ses peuples ruinés, on ne peut que blâmer sa pieuse prodigalité. Le seul Couvent de S. Maximin dût lui coûter des sommes immenses. Il fit aussi bâtir celui des Religieuses de S. Barthélemi à Aix. L'article de son testament qui lui fait le plus d'honneur, est celui par lequel il ordonne à son successeur de payer ses dettes, de supprimer les impôts qui ne paroîtroient pas justes ; & de restituer toutes les confiscations qui avoient été faites injustement sous son regne au profit du fisc. Si ce ne fut point la crainte de la mort qui lui arracha cet ordre; s'il ne le donna que parce que toute sa vie il eut l'injustice en horreur, c'étoit un Prince fait pour servir de modele à ceux qui veulent régner sur le cœur de leurs sujets : aussi les Historiens lui ont-ils donné le sur-nom de *Sage* ; titre glorieux qu'il auroit pleinement justifié, s'il n'eût jamais été forcé de faire la guerre: il avoit toutes les vertus d'un bon Prince ; bienfaisance, affabilité, amour de la justice & de la religion, & sur-tout une probité rare qui ne connoissoit point les détours d'une fausse politique, pour se dispenser de ses engagemens ; moins ébloui de l'éclat du trône, que jaloux d'en remplir les devoirs, il recherchoit les talens & les récompensoit même dans ses ennemis.

---

(1) *Scutifero verùm qui de genere militari non effet.* A la Cour c'étoit l'usage qu'après avoir été Page, on passoit au grade d'Ecuyer; ensuite à celui de Bachelier, & puis on devenoit Chevalier. C'étoit l'ordre que suivoient les personnes nobles. Mais il paroît par ce passage qu'on donnoit aussi le titre d'Ecuyer à des Officiers qui en faisoient les fonctions, sans pourtant être nobles ; à moins qu'on ne veuille dire, ce qui est très-vraisemblable, que ces Ecuyers étoient des enfans de bourgeois annoblis par les fiefs ou par leur admission dans l'ordre de Chevalerie ; & qu'on les distinguoit des autres qui étant nobles de sang, d'armes, d'origine, étoient dévoués par leur naissance à la profession des armes. Nous dirons ailleurs ce qu'on pensoit de la noblesse acquise par la Chevalerie.

Arch. de Brign.

personne ne sçut pardonner plus à propos, ni n'oublia moins les services qu'on lui rendoit; il eut le mérite rare de concilier la reconnoissance avec la Royauté : peut-être fut-il trop libéral, même envers les Eglises. Un Prince doit plus honorer la religion par ses vertus, que par ses dons : c'est manquer au plus sacré de ses devoirs que d'enrichir l'Eglise, lorsqu'il faudroit diminuer les impôts de ses sujets. Sa déférence extrême pour la Cour de Rome, fut en partie la cause de ses malheurs. Mais comment s'élever au-dessus des préjugés de son siecle; comment lutter contre une puissance qui tenoit dans ses mains les destinées de la Maison d'Anjou en Italie ? Il fut l'instrument d'une Cour, dont l'ambition faisoit sentir depuis trois siecles, le besoin qu'elle avoit d'être réprimée, & le danger de la servir.

Parmi les Exécuteurs testamentaires, on trouve Ermengaud de Sabran, Comte d'Arian, grand Justicier du Royaume de Naples; & Hugues de Baux, grand Sénéchal du même Royaume.

La branche aînée de la Maison de Baux, régnoit à Orange depuis 150 ans. Le dernier Prince, nommé Raymond, avoit cédé à Charles I d'Anjou le titre de Roi d'Arles & de Vienne que son pere avoit obtenu de l'Empereur Fréderic. Les Chevaliers de S. Jean de Jérusalem avoient une partie de la Seigneurie d'Orange. Charles II l'ayant acquise en 1307, en fit cession le 22 Mars 1308 à Bertrand de Baux, qui régnoit alors dans cette ville. Celui-ci content de ne partager avec personne sa Souveraineté, renouvella l'hommage que ses ancêtres avoient toujours rendu aux Comtes de Provence, comme vassaux, reconnut que les affaires civiles & criminelles devoient être portées en dernier ressort à la Cour du Comte, & s'avoua sujet à la convocation du ban & de l'arriere-ban pour le service militaire. Mais du reste ce n'étoit pas un de ces vassaux que la médiocrité de leur fortune, fit confondre dans la foule des Seigneurs; sa monnoie avoit

LXIII.
Il reçoit l'hommage pour la principauté d'Orange.
V. pr. ch. 4.
Dupui. Droits du Roi, p. 419.

Tome III. P

cours dans toute la Provence; & aux droits de la féodalité près, c'étoit un Souverain à qui il ne manquoit pour avoir le même éclat que tant d'autres qui jouent un grand rôle dans l'histoire, que d'avoir des états plus étendus.

Charles quitta la Provence environ un mois après pour se rendre à Naples, où il mourut le 5 Mai 1309 âgé de 63 ans, après en avoir regné 24. Les Napolitains regardent son regne comme l'âge d'or de la Monarchie. Il avoit eu de sa femme Marie, fille d'Etienne V Roi de Hongrie, neuf garçons & cinq filles; savoir 1° Charles Martel Roi de Hongrie, mort à Naples en 1295. 2° Louis Evêque de Toulouse, mort en odeur de sainteté à Brignole le 19 Août 1297. 3° Robert qui suit. 4° Philippe Prince de Tarente & d'Achaïe, & Despote de Romanie, qui par son second mariage avec Catherine de Valois cinquieme fille de Charles Comte de Valois, & de Catherine de Courtenai, acquit des droits sur l'Empire de Constantinople. 5° Raymond Berenger, mort le 3 Octobre 1305 étant Gouverneur du Piémont. 6° Jean, destiné à l'état Ecclésiastique, mort jeune; 7° Tristan, Prince de Salerne, mort jeune. 8° Jean Duc de Duras, mari d'Agnès, Chef de la branche de Duras, ainsi nommée de Durazzo, ville maritime d'Albanie, qui appartenoit à la Maison d'Anjou. 9° Pierre Comte de Gravine, mort sans postérité. Les filles sont Marguerite, première femme de Charles Comte de Valois; Blanche, mariée à Jacques II Roi d'Arragon; Eléonore, femme de Frédéric Roi de Sicile; Marie, épouse de Sanche, Roi de Majorque; & Béatrix: celle-ci avoit été élevée dans le couvent de Nazareth à Aix, connu aujourd'hui sous le nom de S. Barthélemi: ayant déclaré en 1302, en présence des Evêques de Fréjus & de Marseille, qu'elle ne vouloit point prendre le voile, elle épousa en 1305 Azzon VIII Marquis d'Est, mort au mois de Janvier 1308, & se remaria quelques mois après à Ber-

-trand de Baux, Comte d'Andria & de Montes-Cagliofo, Capitaine général des Troupes de terre, & grand Amiral du Royaume de Naples (1). Charles tout religieux qu'il étoit, fut sur la fin de ses jours esclave d'une passion qu'il avoit domptée dans sa jeunesse, & eut un fils naturel nommé Galeas, dont il ne fit point mention dans son testament : peut-être qu'il n'étoit pas encore né. Ce Prince avoit une cuisse plus courte que l'autre, d'où lui vint le surnom de Charles le Boiteux. Son corps fut porté à Aix dans l'Eglise de Sainte-Marie de Nazareth ou de S. Barthélemi, qu'il avoit fondée.

SON RETOUR A NAPLES, SA MORT, SES ENFANS.

(1) Ce qui prouve que Béatrix avoit déja épousé Bertrand de Baux le 25 Février 1309, c'est que Charles II, dans une charte datée de Naples ce jour-là, appelle Bertrand de Baux, son fils. Par cette charte le Roi donne à Féraud de Torames de la Maison de Glandevès, Gentilhomme de sa Chambre, & à ses héritiers en récompense des services qu'il en avoit reçus, les biens Seigneuriaux que Guillaume d'Hyeres & Raymond son fils, de la Maison de Marseille avoient à Roquebrune, à Hyeres, & en plusieurs autres endroits de la Provence, à la charge de les tenir aux mêmes conditions que ces Gentilshommes. Féraud de Torames étoit alors à Naples ; le Roi l'investit de ces fiefs en lui mettant l'anneau au doigt suivant l'usage, lorsque l'investiture ne regardoit qu'un simple fief : s'il s'agissoit d'une principauté, le Suzerain en investissoit le Vassal en lui mettant un collier d'or ; d'un Comté, il lui mettoit l'étendard dans la main. Ces trois sortes d'investitures sont marquées dans l'acte par lequel Charles premier investit Charles II son fils, Prince de Salerne, des terres qu'il lui donna, lorsqu'il le fit Chevalier. *Invest'entes prædictum Carolum nostrum primogenitum per circulum aureum de predicto principatu, & per vexillum nostrum de comitatu, ac per annulum nostrum de honore & reliquis terris predictis.*

La Zecca, reg. 1309. fol. 2.

Arch. de la Zecca, reg. 1271.

Ce Féraud dont nous parlons avoit obtenu de Charles II, le 9 Avril 1308, la permission d'épouser Inglese de Lalande, veuve de Raymbaud de Mevoillon, laquelle avoit des fiefs en Provence & dans le Royaume de Naples. Féraud étoit un nom de baptême, comme Pierre & Guillaume, ainsi qu'on peut le voir dans l'hist. de Prov. t. II. parmi les Preuv. p. 53.

LIVRE SIXIEME.

I.
Prétentions du Roi de Hongrie a la Couronne de Naples.

La mort de Charles II occasionna un deuil général dans ses états, & peu s'en fallut qu'elle ne fît naître une guerre civile. Pour entendre ce que nous avons à dire à ce sujet, il est nécessaire de remonter à quelques événements arrivés sous le regne précédent. Charles II avoit épousé Marie de Hongrie fille d'Etienne V & sœur de Ladiflas surnommé le Cumain. Celui-ci étant mort sans enfans, le trône appartenoit de droit à la Reine de Naples, puisque par les loix du pays, les filles n'en étoient point exclues. Cependant elle eut des concurrents, qui le lui disputerent, & son fils Charles Martel, l'aîné de ses enfans, qu'elle destinoit à régner en Hongrie, mourut avant d'avoir recueilli cette vaste succession. Il laissa un fils nommé Carobert, auquel les Etats déférerent la Couronne. Mais Charles II, son grand pere, & Boniface VIII, prévoyant les inconvéniens qu'il y auroit à réunir sur la même tête les Couronnes de Hongrie & de Naples, l'avoient exclu de celle-ci, le premier par son testament, & l'autre par une bulle de l'an 1297. Carobert n'en fut pas moins ardent à poursuivre ses prétentions : il crut que Charles Martel son pere, en qualité de fils aîné de Charles II, étant appellé par les droits de la naissance, à régner sur le Royaume de Naples, n'avoit pu en être exclu par aucune loi : il concluoit de là qu'étant lui-même son héritier, & son représentant, il devoit posséder cette partie de l'Italie, préférablement au Prince Robert, qui n'étoit que le troisieme fils de Charles II. Cette grande question fut agitée au tribunal du Pape à Avignon : & d'après les regles d'une saine politique, il étoit aisé de prévoir quel en seroit le jugement. Carobert étant un Prince encore jeune, sans expérience, mal affermi dans ses états, auroit fait

Angel. Const.
J. Villani. l. 8. c. 112.
Math. affl. de succ. feud. decis. 119. n° 3.

gouverner ceux de Naples par des Miniſtres auſſi peu verſés que lui dans la connoiſſance des mœurs & des uſages des Italiens : le peuple auroit ſupporté impatiemment leur domination ; les Princes du ſang nés pour commander, n'auroient pas voulu plier ſous le joug de ces étrangers; ainſi Naples qui avoit été ſi ſouvent le théâtre des révolutions, en auroit vu naître de plus ſanglantes peut être.

L'élection de Robert, Duc de Calabre, n'avoit pas les mêmes inconvéniens. Dépoſitaire, pendant pluſieurs années, de l'autorité ſouveraine ſous le regne de ſon pere, il avoit tenu les rênes du gouvernement avec beaucoup de ſageſſe. Les peuples le chériſſoient à cauſe de ſes vertus ; les ennemis qui connoiſſoient ſa valeur, le reſpectoient ; & s'il arrivoit dans le Royaume, ou dans les Etats du Pape de ces mouvements que l'ambition ou l'intrigue ſont toujours prêtes d'exciter, perſonne n'étoit plus en état, que ce Prince de les calmer. D'ailleurs il avoit pour lui le teſtament de ſon pere, qui lui déféroit la Couronne, & les loix qui la déclaroient héréditaire & dévolue au plus proche héritier, ſans égard à la repréſentation. Les deux concurrents avoient envoyé leurs Ambaſſadeurs à Avignon auprès du Pape pour plaider leur cauſe : celui de Robert, Barthélemi de Capoue, qui joignoit à une connoiſſance profonde de la Juriſprudence, une expérience conſommée dans la politique, fit valoir les raiſons de ſon maître avec tant de ſuccès, que ce Prince fut déclaré Roi de Naples. Mais dans la ſuite nous verrons les deſcendans de Charles Martel élever les mêmes prétentions, & exciter en Italie des guerres ſanglantes.

Robert qui étoit venu en Provence pour appuyer les raiſons de ſon Ambaſſadeur, fut couronné à Avignon le premier Dimanche d'Août de l'année 1309. Le Pape lui donna l'inveſtiture du Royaume aux conditions portées dans l'acte d'inféodation de Charles I, & lui remit les ſommes conſidérables que ſon

PRÉTENTIONS DU ROI DE HONGRIE A LA COURONNE DE NAPLES.

An. 1309.

Bern. Guid. vit Clem. V.

II.
ROBERT FILS DE CHARLES II EST COURONNÉ ROI DE NAPLES A AVIGNON.

LIVRE VI.
Villan. ibid.
An. 1309.

pere devoit au S. Siege : elles montoient à trois cent mille onces d'or, ou treize millions huit cent mille livres de notre monnoie. Clément V avoit la réputation d'être fort intéressé : une libéralité si grande suppose, ou que les Historiens ont calomnié sa mémoire, ou qu'il y eut entre les deux Souverains des conventions secretes par lesquelles le Roi dédommageoit la Cour de Rome du sacrifice apparent qu'elle faisoit.

Peut-être Robert se chargea-t-il de lever des troupes pour soutenir le parti des Guelfes en Italie, parmi lesquels l'arrivée prochaine de l'Empereur Henri VII jetta la consternation. La présence de Henri en relevant le courage des Gibelins, faisoit perdre au Pape la prépondérance qu'il avoit au de-là des Monts & au Roi, cet empire que ses prédécesseurs s'étoient acquis dans Rome, en Toscane, & dans la plupart des villes de la Lombardie : car rien n'est plus flottant que l'autorité, lorsqu'elle est fondée sur l'esprit de faction. Enfin Clément V craignoit aussi que l'Empereur ne voulût fixer le siege de l'Empire à Rome, & qu'il ne profitât de son absence pour s'emparer du patrimoine de l'Eglise.

III.
IL REÇOIT LE SERMENT DES ÉTATS, ET FAIT QUELQUES RÉGLEMENS.

Ces intérêts étoient trop puissants pour ne pas occuper le Pape & le Roi de Naples. Ce Prince résolu d'aller disputer à Henri VII l'Empire de l'Italie, voulut, avant de reprendre la route des Alpes, recevoir l'hommage des trois ordres de la province, & faire quelques réglements utiles pour le pays. Ces hommages étoient divisés par Vigueries : il en est plusieurs qui ne sont point venus jusqu'à nous : parmi la noblesse les Barons sont distingués des simples nobles. Les réglements de ce Prince portoient tous en général un caractere de sagesse, qui les rend précieux : mais il en est peu qui ayent échappé à l'injure du tems. Les Juifs sangsues des peuples & victimes de leur fureur, furent l'objet de sa protection : il mit un frein à leurs usures, & donnant des règles à l'ordre de la procédure qu'on devoit suivre contre eux; il leur défendit de prêter sur gages aux domestiques, sans avoir prévenu leurs maîtres. A Aix il permit le retrait lignager, & voulut qu'on choisît tous les ans dix personnes pour veiller à la vente du comestible. A Marseille, il confirma les privileges de la ville, & plusieurs autres Communautés obtinrent la même faveur.

<small>Lib. privil. Aquenf. Napl. reg. du Roi Rob. An. 1310.</small>

Robert passa en Italie au commencement de Juin 1310. Il eut occasion de faire éclater sa sagesse par la réforme des abus qui régnoient dans le Royaume de Naples; sa prudence & sa valeur par les précautions qu'il fallut prendre pour maintenir son autorité parmi les villes Guelfes qui s'étoient mises sous la protection de sa Maison. L'arrivée de l'Empereur Henri VII dans cette contrée alloit d'ailleurs ouvrir une nouvelle carriere à ses talents pour la guerre & pour la politique. Philippe Comte de Savoie & Amédée son oncle qui l'y avoient attiré, servirent beaucoup à le faire reconnoître dans la plûpart des villes. Jaloux d'étendre leur domination dans le Monferrat & le Piémont, ils voyoient avec peine la Maison d'Anjou dominer avec tant d'autorité sur cette partie de l'Italie, où elle n'avoit d'abord été reconnue que comme protectrice. En y établissant l'autorité de l'Empereur, ils contrebalançoient celle du Roi Robert; mettoient aux prises ces deux Puissances rivales; faisoient eux-mêmes rechercher leur alliance, & se flattoient de trouver tôt ou tard l'occasion de profiter de ces rivalités, pour élever la grandeur de leur Maison à l'ombre de celle dont ils deviendroient les alliés.

<small>IV. Il passe en Italie, est délivré de l'Empereur, et échoue en Sicile.</small>

<small>Chron. Ast. 8.</small>

<small>An. 1312.</small>

Le Roi Robert ne se déclara pas d'abord ouvertement contre Henri VII; il crut qu'en l'amusant par des négociations, il entretiendroit son armée dans une inaction, où elle se consumeroit par la désertion & les maladies; que ses alliés, fatigués de ses irrésolutions, se détacheroient peu à peu de ses intérêts; & que l'Empereur lui-même rebuté par les dégoûts qu'il éprouveroit, prendroit enfin le parti de repasser les Alpes sans avoir

<small>Muffit. Od. Rayn. Laluz. v. Pap. & alii.</small>

LIVRE VI.

An. 1313.

rien fait pour sa gloire ni pour son autorité. En effet, ce Prince eut la foiblesse de se laisser amuser pendant plusieurs mois, mais enfin les lenteurs affectées qu'on lui faisoit essuyer, lui ouvrirent les yeux sur la politique insidieuse du Roi Robert, & il écouta les propositions que lui fit Fréderic, Roi de Sicile, de s'allier avec lui, pour attaquer le prince Napolitain, que sa position rendoit leur ennemi naturel. Dès-lors il se forma un orage que Robert ne craignoit peut-être pas, mais qui parut au Pape & au Roi de France, assez sérieux pour mériter toute leur attention. Heureusement il fut dissipé par la mort de l'Empereur, arrivée le 24 Aout 1313 à Euonconvento près de Sienne (1).

Alber. Mussat. chron. Adens.

An. 1314.

Cet événement fit changer la face des affaires. Nommé Vicaire général en Toscane, soutenu par le parti Guelphe qui reprit une nouvelle confiance, le Roi Robert entreprit la conquête de la Sicile avec une armée de quarante-deux mille hommes au moins, tant infanterie que cavalerie; & une flotte de soixante & quinze galeres, trois gallions, trente vaisseaux de transport, trente autres appellés sagittaires, & cent soixante barques couvertes: armée considérable qui prouve que tout citoyen étoit soldat, lorsqu'il pouvoit porter les armes; autrement comment concevroit-on que le royaume de Naples, la Provence & une partie du Piémont eussent pu fournir tant de troupes & un si nombreux armement: cette expédition, où le Roi perdit une partie de son armée & presque tout son bagage, ne servit, comme les expéditions précédentes, qu'à faire de l'Italie un gouffre qui engloutit les hommes & l'argent que les villes de Provence & de Piémont

---

(1) Cet Empereur étant à Rome donna le VII des Ides de Juillet 1312, à la réquisition de l'Archevêque d'Arles, des lettres par lesquelles il dispensoit ce Prelat de porter, à la Cour impériale, les affaires qui le regardoient, & lui donnoit pour juges l'Archevêque d'Embrun & l'Evêque de Digne. Archevêch. d'Arles. Liv. d'or, tit. 80.

s'efforçoient

s'efforçoient d'envoyer pour soutenir les justes prétentions de leur Souverain, soit en Sicile, où Fréderic triomphoit, soit en Piémont où Hugues de Baux & le Sénéchal de Provence avoient à combattre ou contre les villes rebelles, ou contre le Marquis de Saluces & Philippe de Savoie. Ces pertes furent d'autant plus sensibles, que la famine fit cette année là des ravages affreux dans presque toute l'Europe, & particulierement en France & en Italie. Une mesure de bled pesant 25 livres (*) valoit dans le Monferrat 15 sols tournois ou 13 livres seize sols ; un demi pot de vin 2 livres 16 sols. Cette famine fut occasionnée par les pluies abondantes & continuelles qui emporterent les espérances du Laboureur. Les maladies épidémiques se joignirent à ce fléau ; la mortalité dut être extrême si elle fut aussi grande en Provence que dans le Monferrat, où l'homme réduit à la nourriture des animaux, ne vivoit que d'herbes & de racines : aussi mourut-il le tiers des habitans.

Chron. Ast. cap. 82, 83, 84.

(*) Une émine.

Guill. Ventura. cap. 56.

Clément V ne fut pas témoin de ce fléau : étant tombé malade à Carpentras où il tenoit sa Cour, il s'étoit fait transporter à Roquemaure dans le Diocese d'Avignon, & y finit ses jours le 20 Avril 1314, après avoir tenu le siege Pontifical huit ans, dix mois & demi : sa conduite a mérité la censure de S. Antonin, & des Historiens Italiens : peut-être ces Auteurs se sont-ils laissé aveugler par leurs préjugés contre un Pape qui n'étoit pas de leur nation, & qui priva Rome de la prérogative singuliere d'avoir chez elle la premiere dignité de l'Eglise : il faut dire aussi que la vie de Clément V n'est point un modele à proposer à un Pontife qui auroit autant de respect pour les mœurs, que d'éloignement pour les grandeurs & les richesses.

V.
Mort de Clément V. Ses défauts et ceux de sa Cour.
An. 1414.

La Cour d'Avignon sous son Pontificat, donna peu d'exemples de décence ; & l'on prétend que la conduite des Cardinaux fut une des principales causes de cette dépravation de mœurs dont Pétrarque a fait un portrait si affreux. Cette ville, s'il faut l'en

Tome III. Q

croire, étoit la fentine des vices & l'égout de la terre : on n'y
trouvoit ni foi, ni charité, ni religion, ni aucune des vertus que la
préfence du Vicaire de J. C. devroit exciter.

> LIVRE VI.
> Edit. de Bâl.
> fol. 1069.

Quoiqu'en général on foit prévenu contre les mœurs de ce
fiécle, les fujets de fcandale qui allumoient le zele de Pétrarque
prouvent que la licence n'étoit point encore auffi hardie qu'elle
l'eft de nos jours ; il veut faire regarder comme le comble du
débordement, qu'il y eût dans cette ville onze perfonnes qui
faifoient publiquement un trafic infâme des plaifirs de l'amour,
dans le tems qu'on n'en comptoit que deux à Rome, qui
étoit une ville infiniment plus grande. Ce qu'il y avoit de plus
fcandaleux, c'eft que ces femmes habitoient près du Palais
du Pape, & des maifons des Cardinaux, & que le S. Père
fembloit autorifer leur commerce, puifque fon Maréchal en
retiroit une retribution.

> Ibid. fol. 1184.
> Mem. pr. la vie
> de Petr. t. I. p.
> 69.

Ce Pape qu'on nous peint fi avide, eut le fort ordinaire de
ces riches avares, dont le cœur infenfible à tout, excepté à la foif
de l'or, ne s'eft jamais ouvert à la voix de la pitié. Ses parens
& fes valets peu touchés de fa mort, pillerent avidement fes
tréfors, & laifferent à peine quelques haillons pour couvrir
fon cadavre, qui n'étant veillé par perfonne, fut à moitié brûlé
par un cierge allumé, qui tomba deffus.

> Francifc. Pipin.
> chron.

> VI.
> ELECTION DE
> JEAN XXII.

Les Cardinaux au nombre de 23, parmi lefquels il n'y avoit
que fix Italiens s'affemblerent à Carpentras pour lui donner un
fucceffeur. Les Italiens vouloient un Pape qui transférât le S.
Siege à Rome : les François, fûrs de dominer, tant qu'il demeureroit en France, en vouloient un de leur faction. Les cabales fermenterent ; l'efprit de parti gagna même les perfonnes
qui étoient hors du Conclave : on diminua les vivres des Cardinaux pour les forcer de procéder à l'élection : enfin les efprits
s'échaufferent au point, que l'on en vint jufqu'à mettre le feu au
Palais, où le facré College étoit affemblé. Une partie de la ville

> Baluz. Vit. Pap.
> t. I. p. 114.

fut consumée : les Cardinaux effrayés se dispersèrent, & ce ne fut que vingt-huit mois après qu'ils élurent à Lyon le 7 Août 1316, Jacques d'Euse, natif de Cahors, Cardinal Evêque de Porto : il prit le nom de Jean XXII.

Il avoit été précepteur de Louis d'Anjou, fils de Charles II, le même qui fut Evêque de Toulouse, & qu'il mit ensuite au rang des saints. Sa reconnoissance pour la Maison d'Anjou, à laquelle il devoit son élévation, fut cause qu'à peine élevé à la chaire de S. Pierre, il voulut faire la paix entre le Roi de Naples & Fréderic Roi de Sicile. Ses premieres tentatives ne réussirent pas ; la guerre fut poussée de la part de Robert avec une vigueur qui étonna Fréderic ; alors celui-ci devenu plus docile aux remontrances du Pape, consentit à une treve, & envoya à Avignon l'Archevêque de Palerme & François, Comte de Vintimille, pour traiter de la paix.

Robert devoit s'y rendre en personne ou par députés ; mais les affaires qui survinrent en Italie, l'empêcherent de venir en-deçà des Alpes : les villes de Lombardie soumises à son obéissance cherchoient à remuer : heureusement le Pape releva l'autorité de ce Prince en le faisant Sénateur de Rome, Général des troupes de l'Eglise, & en lui confirmant le Vicariat de la Toscane & du Milanois, que Clément V lui avoit conféré avant sa mort. Cependant on peut dire qu'il ne dut qu'à ses talens, à sa politique & à ses forces la supériorité qu'il a acquit en Italie. Sa puissance n'y eut bientôt plus de rivale. Il contenoit, avec les troupes que la Provence lui fournissoit, les villes de la riviere de Gènes qui s'étoient rendues aux Gibelins, & celles de Piémont que la maison de Savoie n'avoit point encore asujetties : il dominoit dans Rome & dans la Romagne par l'appui du Pape; dans la Toscane par la soumission volontaire des Florentins; & dans presque toute la Lombardie par ses intrigues ; enfin il fut sur le point d'avoir la Monarchie universelle de l'Italie, lorsque le

ÉLECTION DE JEAN XXII.
An. 1316.

An. 1317.
VII.
LE ROI ROBERT SOUTENU PAR CE PAPE, SE REND FORT PUISSANT EN ITALIE, ET VIENT EN PROVENCE.

parti Guelfe, qui depuis long-tems luttoit dans Gênes contre les Gibelins, lui déféra pour dix ans la Seigneurie de cette République. Ce Prince entra dans le port avec une flotte de 26 galères & plus de 40 vaisseaux de transport, sur lesquels il avoit embarqué 1200 hommes de cavalerie & 6000 d'infanterie. Bientôt après il s'y vit assiégé par les Gibelins commandés par Matthieu Visconti, Seigneur de Milan, & par Fréderic Roi de Sicile. Le siége fut long & meurtrier : il dura près de cinq ans. Les environs de cette ville furent comme un théâtre où tout ce qu'il y avoit de Guelfes & de Gibelins en Italie déployerent leur courage & leur habileté. Le Roi Robert n'attendit pas que le siége fût levé, pour aller faire jouer à la Cour Pontificale les ressorts de la politique. Il arriva en Provence, lorsqu'on instruisoit le procès de Robert, Archevêque d'Aix (1).

Ce Prélat, natif de Cahors, avoit fait ses études à l'Université de Bologne en Italie, & s'étoit rendu savant dans les Belles-Lettres, les Mathématiques & la Théologie. Son mérite le fit remarquer de bonne heure. Pourvu d'abord de l'office de Trésorier à la Cour d'Avignon, ensuite de l'Archevêché de Salerne le 14 Octobre 1309, il fut placé sur le siége d'Aix le 6 Août 1312 par Clément V, qui paroît lui avoir accordé une protection constante. Jean XXII lui fut moins favorable. Robert

---

(1) Un des soins du Roi Robert, pendant le séjour qu'il fit en Provence, fut de se faire prêter hommage par les Seigneurs, & notamment par les Dauphins de Viennois pour les diocèses de Gap & d'Embrun qui avoient été démembrés de la Provence. Il eut la même attention pour la principauté d'Orange, dont ses prédécesseurs avoient toujours été jaloux de faire réconnoître la mouvance. Raymond de Baux, qui en étoit Seigneur en 1322, vint prêter hommage à Avignon le 2 Février de cette année là, *presentibus domino Gilaberto de Sentiliis; domino Hugone Azemarii, domino Garde; domino Nicolas Carazulo, de Capuâ magno Senescallo domini Regis; Eduardo Spinulâ, admirato regni Siciliæ; domino Guillelmo Raymundi, de Maliana.* Arch. d'Aix. Parv. regist. fol. 142.

avoit donné, quand il étoit à Bologne, dans les illusions de l'Astrologie judiciaire ; il croyoit à la vertu des Talismans & des caractères magiques, & joignoit à ce délire de la raison les égaremens d'un cœur corrompu. On l'accusoit d'entretenir publiquement des concubines, de vendre les bénéfices & les sacremens ; de trafiquer des interdits, qu'il lançoit contre les Eglises sur de légers motifs, & de mépriser les censures qu'il avoit encourues pour avoir frappé l'Archidiacre de son Chapitre, & quelques Chanoines. On lui reprochoit aussi d'avoir traversé la ville d'Aix, le Jeudi saint, au son des instrumens, & précédé de danseurs ; d'aimer passionnément la chasse ; de mener avec lui, lorsqu'il faisoit la visite de son Diocèse, des chasseurs, des chiens, des oiseaux, au grand préjudice des habitans, dont il dévastoit les campagnes ; de donner le sacrement de Confirmation après dîné, ou le soir à la lumiere hors de l'Eglise, lorsqu'il revenoit de la poursuite des bêtes fauves : enfin on l'accusoit d'avoir foulé le peuple dans ses visites pastorales, & vomi des blasphêmes contre Dieu, la Vierge & les Saints. Le Pape nomma des Commissaires pour examiner ces griefs : le Prélat diminua l'horreur de quelques-uns par les interprétations qu'il donna, & nia les autres. Mais accablé par les dépositions des témoins, il prévint sa condamnation en abdiquant volontairement au mois d'Août 1318.

On ne sait pas quelle est l'influence que le Roi Robert eut dans cette affaire. Le Pape entroit dans toutes ses vues. Jaloux d'abattre les ennemis de ce Monarque, il ordonna aux Gibelins, qui servoient sous les drapeaux de Matthieu Visconti, de lever le siége de Gênes, sous peine d'encourir des censures, auxquelles ils ne croyoient pas. Mais il savoit qu'elles allumeroient davantage la haine de leurs ennemis, partisans de la Cour Romaine ; & il enjoignit aux Inquisiteurs de procéder contre eux comme hérétiques. Ensuite il nomma le Roi de

Procès de Robert Archevêque d'Aix.

An. 1318.

IX. Intrigues du Roi Robert a la Cour du Pape. Il célèbre la fête de son frere S. Louis.

Naples Vicaire de l'Empire en Italie : & afin d'intéreffer le Ro
de France à fervir fes deffeins ambitieux, il lui affocia Philippe
fils de Charles Comte de Valois.

Robert montra par un autre coup de politique combien, dan
les grandes affaires, il avoit de reffources dans l'efprit. Le Pape
gagné par fes infinuations, non-feulement ne décida point leque
des deux concurrens à l'Empire avoit été légitimement élu; mai
encore il s'oppofa à ce que Louis de Baviere vint fe faire cou
ronner en Italie. Par ce moyen l'Empire étoit cenfé vacant, &
le Vicariat de ce Prince n'avoit rien qui choquât les ufages alor
reçus. Mais jufques là on ne mettoit en jeu que la force d
l'opinion, & il falloit employer celle des armes. On fit don
paffer au-delà des Alpes Philippe de Valois avec une armée flo
riffante : la légereté ordinaire des François, & leur avidité firen
échouer ces mefures fi propres à mettre toute l'Italie dans le
mains du Roi Robert. Les Vifconti employant à propos les ca
reffes, la rufe & l'argent, obligerent le Prince François a repaf
fer les Alpes fans avoir tiré l'épée. Cette retraite précipité
étonna le Pape & le Monarque Napolitain : mais ils n'en furen
que plus obftinés à foutenir les Guelfes de Gènes, pour mettre
s'il étoit poffible, les Gibelins hors d'état de primer en Lom
bardie. Le Pape fournit 10 galères & le Roi en envoya enviro
25 des ports de Provence; elles fe joignirent à celles de Naples
& formerent une flotte de foixante voiles, qui, après un
alternative de fuccès & de défaites, fit enfin lever le 17 Fé
vrier 1323 le fiége de Gènes & mit fin à une guerre qui coût
beaucoup de monde à la Provence : en 1319, lorfque le Séné
chal de cette Province affembla les milices pour aller faire l
fiége de Dolce-Aqua, la ville de Toulon, n'avoit plus d'hom
mes en état de porter les armes.

Le Roi de Naples profita de fon féjour en Provence pou
célébrer avec pompe la fête de S. Louis, Evêque de Touloufe

son frere, que le Pape Jean XXII avoit mis au rang des Saints au mois d'Avril 1317, & qui n'avoit point encore été exposé solemnellement à la vénération des fideles. Le Roi fit son entrée à Marseille avec la Reine son épouse, Sanche Roi d'Arragon, & Marie sa sœur, femme du Prince Arragonnois. Ils marcherent sous le dais, ayant chacun à leur côté quatre Gentilshommes de la ville, & devant eux un nombre prodigieux d'habitans, les uns à pied, les autres à cheval, & tous les Corps de métier avec leurs bannieres : on nomma cinquante Demoiselles pour complimenter la Reine & l'accompagner ; & cinquante Gentilshommes pour remplir les mêmes devoirs auprès du Roi. Ils devoient, ainsi que les Demoiselles être servis à la table des Princes. La Reine Marie, mere du S. Evêque, vivoit encore : le Pape crut avec raison que c'étoit une occasion bien favorable pour la féliciter d'avoir mis au monde un fils qui mérita par ses vertus la vénération des fideles : le Roi éprouva aussi, comme il devoit, tous les sentimens que la nature & la religion concouroient à lui inspirer ; ce fut autant pour remplir un devoir de tendresse, que pour faire éclater sa piété, qu'il voulut assister à la premiere fête célébrée en son honneur (1).

C'étoit le tems où l'on travailloit sérieusement à étouffer la secte des *Fratricelles* autrement appellés les Spirituels & les Béguins. Cette secte n'étoit composée dans l'origine que d'un certain nombre de Religieux de l'Ordre des Freres mineurs, plus

INTRIGUES DU ROI ROBERT A LA COUR DU PAPE.

Hist. de Mars. p. 160.

An. 1319.

XI.
SECTE ET ERREURS DES FRATRICELLES.

(1) Quoique S. Louis eut été canonisé par le Pape en 1317, on n'avoit point encore célébré sa fête ; ce fut au mois de Mai de l'année 1319, qu'elle fut célébrée avec pompe : on a cru qu'on avoit fait ce jour-là la translation de ses Reliques de Brignolle à Marseille : on s'est trompé ; il est certain que le corps de S. Louis avoit été porté dans cette ville peu de tems après sa mort, & qu'il y étoit en 1306, ainsi que celui d'Yolande femme de Robert qui, cette année-là, fonda dans l'Eglise des Freres Mineurs à Marseille, un anniversaire pour l'un & l'autre : d'ailleurs dans la vie de Jean XXII, Baluz. vit. papar. t. I. p. 124. il est parlé, non de la translation des Reliques, mais de l'exaltation du S. Evêque.

Napl. regist. an. 1309. D. fol. 287.

attachés à la regle, qu'éclairés sur la maniere de l'observer. Ils avoient pour Chef un de leurs confreres, nommé Jean Pierre d'Olive, mort le 16 Mars 1297. C'étoit un homme d'esprit, assez versé dans les matières théologiques ; mais un de ces génies naturellement austeres, qui se passionnent d'autant plus aisément pour la regle, que leur austérité prend une nouvelle énergie dans l'éloignement du monde & dans les petitesses du cloître. Cependant ses opinions sur les devoirs des Religieux, n'avoient rien qui blessât la piété ou les bonnes mœurs. Il prétendoit qu'il n'étoit point permis aux disciples de S. François de plaider pour des frais funéraires ou des legs pieux ; de rechercher les enterrements & les annuels de messes ; de travailler avec trop de soin à se procurer des revenus & des provisions assurées ; enfin il soutenoit que les freres ne devoient être ni bien vêtus, ni bien chauffés, ni aller à cheval ; & encore moins vivre aussi commodément que des Chanoines réguliers.

Si ces maximes avoient quelque chose de dangereux, c'étoit en ce qu'elles mettoient trop à découvert la vie peu édifiante des Religieux ; elles causerent une espece de soulevement dans l'Ordre, qui condamna les écrits & la mémoire de frere Jean Pierre d'Olive. D'un autre côté ses opinions sur la regle paroissoient trop édifiantes pour ne pas avoir des apologistes, quand même l'esprit de parti ne lui auroit pas suscité des défenseurs : il se trouva en Provence cent vingt Religieux, qui entraînés par un zèle auquel la chaleur naturelle du climat donnoit une nouvelle impétuosité, prirent un habit fort étroit, différent de celui des autres, se choisirent des supérieurs particuliers, s'emparerent de quelques maisons, dont ils chasserent ceux qui ne pensoient pas comme eux, & remplirent la Provence & le Languedoc du bruit de la réforme. Ce feu dont ils étoient embrasés, sembloit ne devoir être que passager, & se consumer par sa propre activité dans cette pauvreté excessive dont ils faisoient profession ;

profeſſion : mais leur extérieur pénitent leur fit des Proſélites parmi les Laïcs de l'un & de l'autre ſexe : la vanité de s'ériger en Réformateurs & en Cenſeurs du Clergé, les ſoutint pendant long-tems ſous le poids de la miſere : enfin comme en matiere de Religion un égarement conduit ſouvent à un autre : comme le fanatiſme, quand il échauffe des perſonnes d'un ſexe différent, s'accorde rarement avec la pureté des mœurs ; la ſecte des Béguins, aſſemblage informe de toutes ſortes de perſonnes, ne tarda pas d'allier une conduite ſcandaleuſe avec des erreurs groſſieres, propres à l'autoriſer. Ces Fanatiques prétendoient que l'homme peut acquérir en cette vie une telle perfection, qu'il devienne entierement impeccable, & ne puiſſe plus avancer dans la grace. Quand on eſt arrivé à ce degré de mérite, ajoutoient-ils, il ne faut plus jeûner ni prier ; car alors la ſenſualité eſt tellement ſoumiſe à l'eſprit & à la raiſon, qu'on peut librement accorder à ſon corps tout ce qu'on veut. Ces hommes parfaits ont l'eſprit de liberté, & ne ſont point ſoumis à l'obéiſſance des hommes, ni obligés aux commandemens de l'Egliſe, parce que là où eſt l'eſprit du Seigneur, eſt la liberté. C'eſt être imparfait que de s'exercer à la pratique des vertus ; l'ame parfaite leur donne congé. Il n'y en avoit aucun parmi eux, à voir leur maniere de vivre, qui ne crut avoir atteint la perfection.

Dans le même tems on voyoit à Avignon des fanatiques dans un genre tout différent. Ceux-ci étoient perſuadés qu'il exiſtoit un art par lequel on pouvoit faire ſouffrir des tourmens à une perſonne quelqu'éloignée qu'elle fût du lieu où l'on étoit. On faiſoit une figure de cire qui repréſentoit celui qu'on avoit en vue ; on gravoit deſſus des caracteres magiques en invoquant les démons ; enſuite on la piquoit avec une épingle ou avec un fer chaud, & l'on s'imaginoit que l'impreſſion du fer ou du feu paſſoit à la perſonne. Geraud Evêque de Cahors accuſé d'avoir ôté par ce moyen la vie au Cardinal Jacques de la

SECTE ET ER-
REURS DES FRA-
TRICELLES.

Concil. t. XI. part. 2. p. 1569. Fleur. Hiſt. Ec cleſ. t. XIX. p. 217.

XII.
SORTILEGES.

LIVRE VI.
Mém. pour la
vie de Petrar. t.
I. p. 61.

Voye neveu du Pape, & d'avoir préparé des breuvages pour empoisonner le Pape lui-même, fut livré au Maréchal de la Cour qui le fit écorcher vif, tirer à quatre chevaux & brûler.

Le genre de sortilege, dont on abusa le plus, fut celui par lequel on croyoit forcer les esprits malins à prendre une forme humaine, & à se prêter à tous les plaisirs des sens. Il n'y avoit point d'asyle sacré où la vertu fût à l'abri de la séduction. Des Vierges consacrées à Dieu, persuadées de l'existence & du pouvoir irrésistible de ces esprits, furent les victimes de l'imposture, & de leur propre délire.

XIII.
MARIAGE DU
DUC DE CALA-
BRE FILS DU
ROI.

Le fils aîné du Roi, Charles Duc de Calabre, étoit alors en Toscane : il perdit en 1321 Catherine d'Autriche son épouse, enlevée à la fleur de l'âge, après cinq ans & quelques mois de mariage, sans avoir eu d'enfans. Robert, déja lié avec le Comte de Valois par des intérêts politiques, voulut resserrer par une nouvelle alliance les nœuds qui unissoient les deux maisons. Il envoya en France Elzéar de Sabran (1), Baron d'Ansouis, Comte d'Arian, & Richard Gambateza, pour traiter du second mariage du Duc son fils, dont Sabran avoit été Gouverneur, avec Marie de Valois fille de Charles & de Mahaud de Chatillon, sa troisieme femme. Le mariage se fit au commencement

An. 1323.

Arch. d'Apt.

(1) C'est le même qui fut ensuite canonisé. Il mourut à Paris le 27 Sptembre 1323 : son corps fut transporté à Apt dans l'Église des Freres Mineurs, où le Pape Urbain V alla le visiter par dévotion, le 22 Octobre 1365. Les Etats accorderent une somme en 1415 pour lui faire une châsse, où ses reliques reposent. V. ci-après parmi les hommes illustres.

Sa femme Delphine, qui est également regardée comme une sainte, étoit Dame de Puymichel, dans le bailliage de Digne. Elle donna cette terre, ainsi que celle de S. Etienne, même bailliage, à Sibille sa sœur, femme de Lambert de Leyncel, le 5 Juin 1331. Elzear & Gambateza ne dépenserent dans leur Ambassade, pour eux & les personnes de leur suite, que mille sept cents onces d'or, qui vaudroient aujourd'hui soixante & dix-huit mille deux cent livres. — Arch. de Napl. regist. du Roi Rob. 1324 c. fol. 124.

d'Octobre 1323. Mais la Princesse n'arriva en Provence que six mois après. Elle y trouva son époux qui l'attendoit avec le Roi & la Reine de Naples. Ils s'embarquerent le 22 du même mois sur une flotte de quarante-cinq galeres, & aborderent à Gênes dont les habitans prorogerent au Roi la souveraineté de leur ville pour six années, au-delà des dix premieres. Après avoir mis ordre aux affaires du Gouvernement, il partit pour la Capitale de ses états, où les nôces de son fils furent célébrées avec la plus grande magnificence.

<small>Stell. ann. Genuen.</small>

Les allarmes succéderent bientôt à cette joie. Quelques Toscans & Catalans, gagnés par le Roi de Sicile, & par Castruccio, Chef des Gibelins de la Toscane, formerent le détestable projet de tuer le Roi & le Duc de Calabre, & de mettre ensuite le feu dans les arsenaux, & aux vaisseaux qu'on armoit pour une expédition en Sicile. Les coupables furent arrêtés, & punis; on voulut même que le Roi de Sicile portât la peine de sa noire perfidie; mais l'expédition n'eut pas le succès qu'on devoit s'en promettre. Le Duc de Calabre après avoir ravagé par le fer & le feu toute la côte de Sicile, revint à Naples où les Florentins qui avoient repris le Gouvernement républicain, vinrent lui offrir pour dix ans, la Seigneurie de leur ville, afin de faire cesser les divisions qui l'agitoient. Le Duc s'y rendit accompagné d'un grand nombre de Seigneurs Italiens, François & Provençaux. Il y en avoit deux cents, dit l'Historien, qui portoient des éperons d'or, circonstance qu'il remarque, pour faire voir qu'ils étoient tous qualifiés. Il nomme parmi les Napolitains, Thomas de Marzan, le Comte de Saint-Severin, le Comte de Fondi, de la maison Gaetan; Henri Ruffo, Comte de Catanzaro, & Berard d'Aquin; parmi les François ou Provençaux, le Comte de Clermont; le Comte de Brienne, Duc d'Athènes; Amiel de Baux; Ermengaud de Sabran, Comte d'Arian; Guillaume Estendard; Jacques Gantelmi; & Geoffroi de Joinville.

<small>An. 1324.
XIV.
CONSPIRATION CONTRE LE ROI ET SON FILS. CELUI-CI PASSE EN TOSCANE AVEC DES TROUPES FRANÇOISES.
Nicol. Spec. l. 7. c. 17. J. Vill. l. 9. c. 280.
An. 1325.

An. 1326.

Ibid. l. 10. c. 1. Angel. Cont. p. 124. Vill. l. 12. c. 4.</small>

LIVRE VI.

Ann. Mediol.

An. 1327.

Les François se firent remarquer par leur costume : ils laissoient croître leurs moustaches, dit Villani, pour avoir un air de bravoure & de fierté, & portoient une espece de just-au-corps fort court, & si étroit qu'il falloit quelqu'un pour aider à le mettre ; ils avoient par-dessus cet habit une ceinture de cuir semblable à la sangle d'un cheval attachée avec une grosse boucle, à laquelle pendoit une énorme poche à l'Allemande. Le capuchon garni de franges & de découpures, comme celui des bateleurs, tenoit au manteau ; il étoit si long que la pointe touchoit à terre. Ils le portoient ainsi à dessein, afin de le rouler autour de la tête, quand il faisoit froid. Au-dessus de cet habillement, les Chevaliers mettoient un surtout, dont les manches, doublées de vair & d'hermine, touchoient également à terre. Cette étrange façon de s'habiller, qui n'étoit ni noble, ni honnête, ajoute-t-il, fut d'abord adoptée par les jeunes gens, & à certains égards par les femmes, qui se firent faire des manches d'une longueur extraordinaire.

XV.
LE ROI EST MENACÉ DE PERDRE SES ETATS D'ITALIE.

Le zele de ces Chevaliers n'eut jamais une plus belle occasion de paroître, que dans les circonstances dont nous parlons. Louis de Baviere se voyant affermi sur le trône impérial, depuis la bataille de Muldorf, donnée le 28 Septembre 1322, pensoit sérieusement à passer en Italie pour y rétablir l'autorité impériale, que le Pape & le Roi Robert s'étoient en quelque façon attribuée. Les Gibelins, toujours près de succomber & jamais abattus, le pressoient de venir à leur secours, & lui montroient Rome & la Toscane, comme disposées à subir la loi, & les Etats de Naples faciles à conquérir. Louis arrive à Milan au mois de Mai 1327, & y reçoit la couronne de fer (1) avec l'Impératrice, son épouse. Sa présence mit toute l'Italie en mouvement. Les Gibelins prirent le dessus : les Guelfes de la

___

(1) C'est, à ce qu'on prétend, la même qui avoit servi au couronnement des Rois Lombards.

Toscane & des villes de Lombardie commencerent à trembler, malgré les efforts des Légats, du Pape & du Roi pour relever leurs espérances. Enfin Rome elle-même pour se venger de ce que le Souverain Pontife avoit fixé sa résidence en Provence, chassa les troupes Napolitaines, & ouvrit ses portes à l'Empereur, qui après avoir été couronné solemnellement dans l'Eglise de S. Pierre, fit faire le procès au Pape Jean XXII, & en fit élire un autre à sa place, comme s'il avoit eu le droit de le déposer: dans ce moment d'effervescence, où le courage des Gibelins étoit exalté par le succès, Frédéric, Roi de Sicile, avoit fait un armement considérable pour attaquer le Royaume de Naples. Si l'Empereur, au lieu de s'amuser à assouvir sa haine particuliere contre le Pape, en lui faisant ridiculement son procès, eût profité de la disposition des esprits, & marché droit à Naples, tandis que les Siciliens auroient fait une descente en Calabre, la maison d'Anjou risquoit de perdre une couronne, qui lui avoit coûté tant de sang & de travaux.

Rayn. ann. Eccles. Spec. Ang. Const. Villani, &c.

Le Roi sut profiter, en Général habile, de l'indolente oisiveté de l'Empereur, pour se fortifier dans la Campanie. Il en fit garder les passages par les Provençaux qui étoient passés depuis peu en Italie au nombre de mille, pour servir sous ses ordres, ayant à leur tête Bertrand de Baux & Fouques de Pontevès. On trouve dans le nombre Raimond de Barras, Hugues de Castellane, Roger de Baux, avec leurs Ecuyers; Hugues Porcellet, Imbert de Vintimille (1), Montolieu de Montolieu, Pierre Romée de Villeneuve, Isnard Féraud, Guillaume de Raymond, Raymbaud de Grasse, & Blaccas d'Aups. La terre de Labour ne fut pas moins bien gardée: les Impériaux furent battus par-tout; la famine même se mit dans Rome, & l'on

XV.
Il profite habilement des fautes de ses ennemis.

An. 1228.
Pr. ch. 39.

---

(1) Je trouve dans une charte du 4 Sptembre 1322 que Bertrand de Vintimille Seigneur d'Ollioules, étoit aussi allé faire la guerre à Naples. *Reg. obed. fol.* 84—vº.

commença de se lasser d'un Empereur qui sembloit n'être venu en Italie que pour y donner le spectacle d'une haine ridicule contre la Cour Romaine. Enfin ce Prince, qui peu de temps auparavant, avoit eu presque les honneurs du triomphe dans cette capitale, fut obligé d'en sortir le 4 Août au milieu des huées de la populace, qui poursuivit ses gens à coups de pierres, en criant : *meurent les hérétiques, & vive la Sainte Eglise.*

La puissance de Robert, soutenue de tout le crédit du Pape, ne parut jamais plus formidable qu'après cette épreuve ; mais dans le même temps elle perdit un de ses appuis. Charles, Duc de Calabre, fils unique du Roi, tomba malade à Naples d'une fièvre qu'il avoit gagnée en chassant dans des endroits marécageux. Son père, qui au milieu des soins pénibles du gouvernement & de la guerre, avoit sû trouver des momens pour s'instruire dans les différentes sciences, & sur-tout pour étudier les secrets de la médecine, essaya inutilement de joindre les secours de cet art à ceux de sa tendresse ; la mort lui enleva ce jeune Prince le 14 Novembre 1328, à l'âge de 31 ans. La consternation fut générale dans le Royaume ; le Roi seul ne versa point de larmes, il supporta ce coup terrible avec une fermeté vraiment héroïque, proférant seulement ces paroles du Prophète : *la couronne est tombée de ma tête, malheur à vous, malheur à moi.* Il ne prévoyoit que trop les guerres & les divisions sanglantes qui déchireroient ses Etats sous la minorité de la Princesse destinée à régner après lui ; car le Duc de Calabre ne laissoit qu'une fille nommée Jeanne, devenue depuis si célèbre ; & la Duchesse enceinte, qui mit ensuite au monde une autre fille nommée Marie. Il avoit eu un fils, Charles Martel, qui ne vécut que huit jours.

Charles s'étoit fait une réputation de sagesse & de justice qui a rendu sa mémoire chere à la postérité. Ayant gouverné le Royaume pendant l'absence de son pere, il publia des loix qu'on admire encore ; il alloit siéger tous les jours au Tribunal de la

Vicairie, & pour empêcher qu'on n'écartât les pauvres, il fit mettre à la porte du palais une clochete qui l'avertissoit quand on vouloit leur faire violence ; précaution salutaire pour contenir les riches oppresseurs, mais dont une populace ignorante & indiscrete pouvoit abuser facilement. On rapporte à ce sujet un fait qui, tout minutieux qu'il est, peint assez bien la bienfaisance & l'équité de ce Prince. Un vieux cheval abandonné, vint un jour se frotter contre le mur où pendoit le cordon de la sonnette, & la fit sonner. *Qu'on ouvre,* dit le Prince, *& faites entrer, quelque soit celui qui sonne.* C'est le cheval du seigneur Capecce, dit le garde en rentrant ; & toute l'assemblée d'éclater de rire. *Vous riez,* dit le Prince, *vous ne savez donc pas que l'exacte justice étend ses soins jusques sur les animaux ? Qu'on appelle Capecce.* Ce seigneur arrive, & le Prince lui adressant la parole, lui dit, *qu'est-ce que c'est qu'un cheval que vous laissez errer ?* Prince, répond Capecce, c'étoit de son temps un excellent animal, il a fait vingt campagnes sous moi ; mais enfin il est hors de service, & je ne suis pas d'humeur de le nourrir à pure perte. *Le Roi mon pere vous a cependant bien récompensé,* repartit le Prince. Il est vrai, dit Capecce, j'en suis comblé. *Et vous ne daignez pas,* ajouta Charles, *nourrir ce généreux animal qui eut tant de part à vos services ? Allez de ce pas lui donner une place dans vos écuries, qu'il soit tenu à l'égal de vos autres animaux domestiques, sans quoi je ne vous tiens plus vous-même pour loyal Chevalier, & je retire mes bonnes graces.*

Il étoit dans l'usage d'aller visiter tous les ans les différentes provinces du Royaume, pour voir si les Ministres, les Gouverneurs & les grands vassaux ne fouloient point le peuple. Passant un jour dans un village, on lui dit que le Seigneur avoit forcé un paysan à lui céder son domaine, par la raison qu'il le trouvoit à sa bienséance : le Prince fit venir le Seigneur, & après avoir donné de grands éloges à sa terre, dont il vanta les agréments

Mort du Duc de Calabre.

Angel. Constanz.

& la situation, il le pria de la lui vendre; le Comte s'en défendit sous prétexte que c'étoit l'héritage de ses peres, & qu'il ne pourroit se résoudre à la voir passer en d'autres mains; ajoutant cependant que le Prince étoit le maître d'avoir par autorité ce qu'il ne pourroit posséder sans injustice. *Eh quoi!* repartit le Duc, *il y a donc de l'injustice à forcer un propriétaire à se défaire de son patrimoine? Beaucoup*, reprit le Comte. *Eh bien! c'est vous-même*, lui dit le Duc de Calabre, *qui prononcez votre Arrêt. Vous avez forcé un pauvre laboureur à vous vendre son héritage au prix que vous avez voulu; rendez-le lui, ou vous payerez de la perte de votre liberté le tort que vous avez fait à sa famille.*

Ce Prince honora la religion par plusieurs monuments de piété; & l'humanité par des marques non équivoques de sa bienfaisance. Jean Villani, en rendant hommage à ses vertus, lui reproche des défauts, presqu'inséparables d'un caractere naturellement doux. Il dit qu'il étoit sensuel, enclin à l'amour, peu porté au métier de la guerre, pour lequel il n'avoit pas de grands talens; aussi parmi les monuments de son tombeau, remarque-t-on encore aujourd'hui un loup & un agneau qui boivent dans le même vase. Ces symboles de la paix honorent plus sa mémoire, que les victoires les plus signalées.

La mort du Duc de Calabre détacha le Roi Robert de cette ambition que la vieillesse avoit commencé de modérer. Il ne songea plus qu'à mener une vie paisible, à chercher dans l'étude qu'il avoit toujours aimée, un bonheur qu'il n'avoit pu trouver ni dans les agitations de la guerre, ni dans les soins moins tumultueux des négociations. Il termina les différends qu'il eut avec le Comte de Savoie, & le Marquis de Montferrat au sujet du Piémont (1), pacifia les troubles de Gênes, en réunissant les

---

LIVRE VI.

XVII.
LE ROI ROBERT DÉGOUTÉ DE LA GUERRE, REGLE LA SUCCESSION A LA COURONNE.

Giustin.
Angcl. Conft.
Summonte.

---

(1) Le Piémont, par ses divisions intestines avoit pendant long-tems attiré l'attention des Rois de Naples, qui envoyerent souvent dans cette province,

faction

factions des Guelfes & des Gibelins, & laissa vivre en paix Frédéric, Roi de Sicile, qui fort âgé lui-même, ne songeoit plus à l'attaquer.

Le Roi Robert dégouté de la Guerre, &c.

Un objet plus important attira toute son attention. On a vu ci-dessus que Charles II avoit substitué la Provence aux enfans mâles qui descendroient de lui. Cette Province appartenoit donc aux Princes de Tarente, & à leur défaut, aux Ducs de Duras, puisque le Duc de Calabre ne laissoit que deux filles. Robert dérogea au fidéicommis, & nomma les deux Princesses héritieres tant au Royaume des Deux-Siciles, qu'aux Comtés de Provence, de Forcalquier & de Piémont, qu'il déclara inséparablement unis à la couronne ; Jeanne l'aînée fut instituée héritiere de tous les Etats, quoiqu'elle n'eût alors que sept ans, & Marie la cadette lui fut substituée dans le cas où Jeanne mourroit sans postérité. Ainsi la destinée de la Provence continua d'être liée à celle du Royaume de Naples, dont elle partagea les vicissitudes ; destinée funeste ! qui la conduisit à faire des efforts presque continuels, pour maintenir sur un trône chancelant des Princes, qui venoient ensuite, lorsqu'ils en étoient chassés, retomber sur elle, & l'écrasoient sous le poids de leur grandeur.

An. 1331.

Les vassaux & les communautés de Provence prêterent hommage à la Princesse Jeanne & à Marie, sa sœur, en qualité d'héritiere substituée. Ils ne prévoyoient pas que Robert, en dérogeant ainsi au testament solemnel de son pere, sans le consentement des Princes à qui la Provence étoit substituée, leur préparoit des malheurs dont nous aurons bientôt occasion de

XVIII.
Jeanne première nommée héritiere reçoit l'hommage des États de Provence. Son éducation, et son mérite.

---

des troupes pour contenir les habitans. Ruf Forton Lupera, Napolitain, eut ordre en 1310 d'aller rétablir le calme dans la vallée de Gezz, où le Roi Robert lui donna des terres en récompense de ses services. *Chron. de Coni.* Et en 1336 le même Prince envoia en Piémont Jacques de Felix, *Jacobus de Felice*, & Ligorius Caraccioli de Naples, avec 72 cavaliers tirés des troupes Napolitaines & Provençales répandues en Toscane. *Arch. de Napl. regist. du Roi Rob. ann. 1336.*

LIVRE VI.
Tristan. Caraccioli.

parler. Cependant il n'oublioit rien pour rendre la jeune Princesse digne du trône auquel elle étoit destinée. Outre les maîtres ordinaires pour lui apprendre la religion & le peu de connoissances qui entroient alors dans l'éducation des grands, le Roi vouloit que les Seigneurs de la Cour, les plus distingués par leur mérite, entretinssent souvent la jeune Princesse des belles actions dont ils avoient été témoins, ou des choses remarquables qu'ils avoient ouï dire dans leur enfance aux Chevaliers les plus renommés : il faisoit même venir de temps en temps auprès d'elle des Religieuses de mérite, dont la conversation pût à la fois l'édifier & l'instruire ; & ne permettoit pas que des personnes fardées ou qui portoient des ajustemens trop recherchés parussent devant elle. Il y avoit dans la journée des heures réglées où elle apprenoit à broder, à coudre, & même à filer, & le Roi se faisoit un plaisir de porter des habits travaillés de la main de sa petite fille, faisant ainsi revivre dans sa Cour avec la sagesse d'Ulysse, les mœurs chastes & simples de Pénélope. Souvent après avoir donné audience aux Amb. ssadeurs des Cours Etrangeres, il les envoyoit saluer la jeune Princesse, pour être eux-mêmes témoins de son mérite naissant, & pour répandre au loin sa réputation.

XIX.
ELLE EST FIANCÉE AVEC ANDRÉ DE HONGRIE SON COUSIN.

An. 1333.
Giov. Vill. Ang. Const. odRayn. Bonfin. &c.

Tant de soins ne furent pas inutiles : Jeanne y répondit de maniere à soutenir pendant quelque temps la haute idée qu'on en avoit conçue. Le Roi Robert, charmé de ses talens prématurés, n'avoit pas d'autre ambition que de mettre cette Princesse dans le cas de les employer utilement pour sa gloire & pour le bonheur de la nation. Dans cette vue il fit proposer à son neveu Carobert, Roi de Hongrie, le mariage de Jeanne avec André, son second fils, & celui de Louis, son fils aîné, héritier présomptif de la couronne, avec Marie, sœur puînée de Jeanne. Par cette alliance il avoit le double avantage de réparer le tort qu'il avoit fait à la branche d'Anjou-Hongrie, en la privant, par son testament, du Royaume de Naples, sur lequel elle avoit des droits, & de prévenir les guerres que la succession rendroit inévitables. Le Monarque Hongrois reçut avec joie la proposition pour son second fils André, alors âgé de six ans, & voulut le conduire lui-même à Naples. L'entrevue des deux Monarques se fit avec cette joie vive & cette tendre amitié, que la nature & l'intérêt, souvent plus puissant qu'elle, devoient inspirer dans ces circonstances.

Elle est fiancée avec André de Hongrie son cousin.

An. 1333.

Les fiançailles furent célébrées le 26 Septembre 1333. La Cour de Naples n'avoit jamais été si brillante. Robert, Louis & Philippe, fils de Philippe Prince de Tarente, mort l'année précédente ; Charles, Louis & Robert, fils du Prince de Morée ; Galeas, frere naturel du Roi, & Humbert II, Dauphin de Viennois, qui avoit épousé Marie de Baux, tous habillés superbement y assisterent avec une suite nombreuse de Gentilshommes richement vêtus ; les Ambassadeurs des Puissances d'Italie, qui étoient venus à Naples pour féliciter le Roi, augmenterent encore l'éclat de cette fête.

Hist. du Dauph. t. I. p. 301.

Carobert reprit la route de Hongrie au mois d'Octobre, infiniment satisfait de voir le Prince son fils, assuré de la couronne de Naples. Il laissa auprès de lui quelques Seigneurs Hongrois, & un Religieux Dominicain, nommé Robert, pour l'instruire dans les lettres, & lui servir d'homme de confiance. La Princesse Jeanne continua de développer sous les yeux du Roi Robert, son grand-pere, ces talens & ces qualités brillantes sur lesquelles les peuples fondoient l'espérance de leur bonheur. Elle fut en effet dans sa premiere jeunesse non-seulement la Princesse qui annonçoit le plus de mérite ; mais encore celle qui réunissoit le plus d'agrémens ; & soit que les Historiens aient pris plaisir à relever par des traits imaginés cette amabilité singuliere, dont elle étoit douée ; soit qu'ils aient seulement recueilli quelques-uns des traits de valeur, que ses graces naturelles inspiroient aux Chevaliers dans ces siecles de galanterie, ils nous la représentent comme destinée par la nature à régner sur le cœur de ses sujets.

On rapporte que donnant un bal quand elle fut Reine, dans la ville de Gayette, elle dansa avec Galéas de Mantoue, un des Gentilshommes les plus accomplis de l'Italie : que ce Seigneur, moins flatté de l'honneur qu'il venoit de recevoir, que frappé de l'heureux assemblage des qualités qui brilloient dans cette Souveraine, fit vœu d'aller courir le monde, jusqu'à ce qu'il eût vaincu deux braves Chevaliers pour les lui amener ; car lorsqu'on vouloit témoigner à sa dame le cas qu'on faisoit de son mérite, c'étoit l'usage qu'on allât dans les différents pays, combattre les champions qui osoient nier qu'elle fût la personne du sexe la plus accomplie. Les vaincus se laissoient conduire à ses pieds, & suivant les loix des combats, ils en devenoient en quelque façon les esclaves.

Galéas, pour accomplir son vœu, partit d'Italie, & parcourut la France, l'Espagne, l'Angleterre & l'Allemagne, qui ouvrirent tour à tour un champ à sa valeur. Souvent il entra dans la lice avec des Chevaliers qui lui disputerent la victoire ; mais enfin il s'en trouva deux qui s'avouerent vaincus, & le suivirent jusqu'à Naples, où Galéas les présenta à la Reine. Cette Princesse les reçut avec cet air de satisfaction que les motifs & l'objet de la victoire devoient naturellement lui faire prendre ; mais aussi avec cette bonté qui convenoit à son caractere & aux circonstances. Elle garda pendant quelque temps les deux Chevaliers à sa Cour, après leur avoir déclaré qu'ils étoient libres ; leur procura tous les divertissements que les loix de la chevalerie autorisoient ; leur donna permission, avant de les renvoyer chez eux, de parcourir ses Etats, & ensuite leur faisant compter tout l'argent nécessaire pour leur retour dans leur patrie, elle leur fit présent de chaînes d'or, monuments de sa munificence & de leur captivité. Quoi qu'il en soit de ce trait que Bran-

---

LIVRE VI.

Brant. Dames ill. p. 375.
Sum. t. II. p. 470.
Paris de put. l. 9. cap. 8.

tome rapporte d'après un Auteur Italien, & qui peint assez bien les mœurs de ce temps-là, il est certain que Jeanne, dans son bas âge, fit concevoir, comme nous l'avons déja dit, les plus belles espérances. Mais cette aurore qui annonçoit des temps si heureux, s'éclipsa dans sa naissance, & ne fut suivi d'aucuns beaux jours. On verra plus bas que cette Princesse, devenue le jouet d'une malheureuse destinée, eut besoin de toute la protection de la Cour d'Avignon pour se maintenir sur un trône chancelant, dont elle fut enfin renversée.

Cette Cour étoit alors le centre où venoient aboutir les opérations politiques de l'Europe ; il n'étoit pas rare d'y voir non-seulement des Souverains, mais encore d'autres personnes que l'amour des plaisirs, l'espoir de faire fortune, ou leurs talens attiroient. Parmi ces derniers on doit distinguer Pétrarque, si connu par une passion qui fut la source de sa célébrité & de ses malheurs. Son pere, nommé Petracho, étoit Secrétaire des Réformations à Florence, sa patrie, lorsqu'il fut chassé de cette ville au commencement de l'année 1302, avec le fameux Dante & le parti des blancs, par Charles de Valois. Petracho se retira à Arezzo, où sa femme Elette Canigiani, mit au monde Pétrarque, vers la fin de Juillet 1304 Il vint ensuite habiter Avignon avec sa famille ; mais après quelques années de séjour, la cherté des vivres & des logements l'obligerent d'aller faire sa résidence à Carpentras.

XX.
PÉTRARQUE
EN PROVENCE.
An. 1334.

Pétrarque, dépouvu des biens de la fortune, embrassa l'état ecclésiastique ; il y porta un cœur sensible qui ne put résister aux charmes de Laure de Noves, femme d'Hugues de Sade. On a voulu faire regarder les feux dont il brûla comme un hommage rendu à cette galanterie, si vantée alors parmi les Chevaliers, & qui savoit allier les sollicitudes de l'amour avec le respect dû à la vertu ; mais la honte qu'il en eut ensuite & les remords qu'il éprouva, rendent suspecte une passion que les bienséances de son état auroient dû lui faire réprimer.

Accablé sous le poids des chaînes qu'il détestoit, mais qu'il n'avoit pas la force de rompre, il se retira à Vaucluse, où il se flattoit que la solitude & les lettres pourroient apporter quelque calme à son esprit. « Je suis venu, dit-il, dans ces lieux écartés » chercher un abri contre les tempêtes, & y vivre un peu pour » moi avant de mourir..... Mais voyez quelle est la force de » l'habitude & de la passion, je retourne souvent sans affaires à » Avignon; je me jette moi-même dans les filets où j'ai été pris; » je ne sais quel vent me pousse loin du port dans cette mer » orageuse, où j'ai souvent fait naufrage: la mort se présente à » mes yeux; mais ce qui est pire que la mort, la vie présente » m'ennuie, & je crains la future. ».

Il comparoit sa maison de Vaucluse à celle de Fabrice ou de Caton: « elle est située dans un lieu où l'air est sain, disoit-il, » & le vent doux; l'on y trouve des bois épais, des antres humides, » des lits de gazon, des prairies émaillées, & des collines » consacrées à Bacchus & à Minerve. ». Quelqu'exagérée que soit cette description, il est certain que Vaucluse est un des endroits où la nature réunit le plus d'objets propres à faire impression sur l'ame: la fontaine elle-même qui porte bateau presqu'en sortant de sa source, est remarquable par l'abondance & la limpidité de ses eaux; elles s'échappent d'une grotte profonde au pied d'un rocher aride, se précipitent à travers des blocs énormes de pierres, les blanchissent de leur écume avec un bruit grossi par l'écho, & prennent ensuite un cours tranquille sur un terrein bordé de prairies & de jardins. Le Roi Robert, lorsqu'il étoit à Avignon, eut la curiosité d'aller voir cet endroit pittoresque avec la Reine son épouse, & Clemence, sa niece, veuve de Louis le Hutin, Roi de France.

La mort enleva bientôt après le Pape Jean XXII. Ce Pontife âgé d'environ 90 ans, termina sa carriere le 4 Décembre 1334 (1). Il laissa un trésor immense, monument de honte pour un Vicaire de J. C. Jean Villani le fait monter à dix-huit millions de florins d'or (2) en especes, ce qui reviendroit aujourd'hui à 180 millions de notre monnoie ; sans compter ensuite sept millions de florins, c'est-à-dire, soixante & dix millions de France en vaisselle & en bijoux. Villani Historien exact, & Muratori ne révoquent point le fait en doute : cependant on aura dabord de la peine à croire, que pendant un regne de dix-huit ans & quatre mois, ce Pontife éloigné de ses états, privé des subsides que les sujets paient aux Puissances séculiéres, ait pu amasser tant de richesses : mais d'un autre côté, si l'on fait attention qu'il fut le premier à introduire les Annates ; qu'il érigea beaucoup d'Eglises & de Monasteres en Commande ; que quand il vaquoit un bénefice considérable, il ne se hâtoit pas d'y nommer ; que pour remplir un siége vacant, lorsque ce siége étoit du premier ordre, il y élevoit un Evêque d'un revenu inférieur, auquel il donnoit un successeur dont l'Evêché étoit un peu moins riche ; & que successivement il faisoit vaquer par ce manége six ou sept Eglises, pour avoir l'Annate de chacune ; si l'on ajoute à ces considérations,

XXI.
Mort du Pape Jean XXII a Avign. ses richesses.

An. 1334.
J. Vill. l. 11. c. 19.
Murat. ann. d'Ital. ann. 1334.

---

(1) Plusieurs Ecrivains soutiennent que ce fut Jean XXII qui ajouta la troisieme Couronne à la thiare des Papes. Cependant lorsqu'on demolit le mausolée de ce Pape en 1759 dans l'Eglise métropolitaine d'Avignon, M. l'Abbé de Sade observa que la thiare qui étoit encore assez bien conservée n'avoit que deux couronnes ; sa statue n'en a également que deux, au lieu que celle de Benoît XII, dans la même eglise, porte un bonnet avec les trois Couronnes, d'où l'on peut conclure que ce fut ce Pape qui ajouta la troisieme.

(2) Quand les Auteurs Italiens parlent de florins, je crois qu'il faut y attacher la même valeur qu'ils y attachoient eux-mêmes, qui est, suivant quelques Auteurs Ultramontains, de dix livres. Peut-être seroit-il encore plus exact de la porter à onze.

que ce n'étoit pas seulement sur les Eglises d'un seul Royaume qu'il levoit cet injuste tribut, mais que toutes les Eglises du monde étoient tributaires de son avidité ; qu'il n'avoit ni troupes à entretenir, ni villes à fortifier ; qu'enfin les Officiers de sa Cour, réduits à de modiques appointements, s'engraissoient des subsides que leur avarice, à la faveur des préjugés du siecle, mettoit sur la crédulité des peuples ; on trouvera peut-être que le témoignage de Villani, Auteur contemporain, n'a rien qui blesse la vraisemblance. Mais en amoncelant dans le Palais Pontifical cent quatre-vingt millions en especes, le Pape tarissoit les sources du commerce & de l'industrie, arrêtoit ce mouvement que la circulation de l'or imprime à la société, & rendoit en quelque sorte l'usure nécessaire, puisque l'argent étant rare, ceux qui en avoient, pouvoient y mettre un intérêt exorbitant. Ce Pape eut pour successeur Benoît XII, le vingt Décembre de la même année.

XXII.
AFFAIRES DU ROI EN ITALIE ; RÈGLEMENT QU'IL FAIT EN PROVENCE.

Le Roi perdit par la mort de Jean, l'instrument le plus puissant de sa politique. Il lui fut enlevé au moment où il auroit pu se flatter de rentrer par son secours en possession de la Sicile. Il en entreprit de nouveau la conquête, qu'il auroit achevée, si les tentatives du Marquis de Montferrat sur la ville d'Asti, les divisions des nobles Napolitains, & d'autres événements qu'il seroit trop long de rapporter, ne l'eussent empêché de suivre son entreprise. Les abus qui régnoient en Provence, ne laissoient pas aussi de l'occuper. Il réprima par plusieurs Edits, la persécution violente qu'on exerçoit contre les Juifs, à Avignon sur-tout où des préjugés religieux, autant que l'envie de s'enrichir de leurs dépouilles, entretenoient la haine des habitans : enfin il n'oublia rien pour arrêter dans les Comtés de Provence, de Forcalquier & de Vintimille les vexations des Officiers de Justice, qui, devenus les sangsues du Peuple dont ils devoient être les juges & les soutiens, encourageoient

le

le crime en vendant l'impunité : aussi la population déja considérablement diminuée par les guerres précédentes, faisoit-elle tous les jours des pertes sensibles même dans la ville de Marseille, où l'on trouvoit, plus que par tout ailleurs, des moyens de subsister.

Cependant lorsque Philippe de Valois, Jean son fils Duc de Normandie, & le Roi d'Arragon vinrent dans cette ville en 1336, pour visiter les reliques de S. Louis de Toulouse, & voir la flotte qu'on préparoit pour une Croisade ; ils furent reçus avec une magnificence telle qu'on pouvoit l'attendre d'un peuple enrichi par le commerce ; les habitans inventoient tous les jours de nouvelles fêtes ; ils leur donnerent même à la vue du port le spectacle d'un combat naval, dans lequel au lieu de fléches, de pierres & de javelots, ils se lançoient des oranges avec une adresse surprenante.

Le Roi Robert au milieu des soins du Gouvernement, éprouvoit des chagrins domestiques d'autant plus cuisans, qu'ils venoient des précautions mêmes qu'il avoit prises pour les prévenir. La Princesse Jeanne & son époux avoient l'un pour l'autre une indifférence dont les suites étoient à craindre. On avoit cru que leur éducation commune & leur fréquentation continuelle feroient éclorre en eux des sentiments de tendresse ; elles ne servirent au contraire qu'à mieux faire éclater l'opposition de leur caractere, dans un âge où la raison est incapable de corriger ou de réprimer la nature. Le jeune Prince avoit peu d'esprit, & conservoit cette rudesse de mœurs qu'il avoit contractée en Hongrie : il n'aimoit que les Hongrois, leur conversation & leurs manieres. Jeanne au contraire donnoit déja des preuves d'un génie supérieur ; elle avoit une politesse exquise, une délicatesse de sentiments peu commune ; & recherchoit la société des personnes formées par l'étude & l'usage du monde : avec des inclinations si opposées & une mesure de talents si

Arch. de Nap. reg. du Roi Robert. Hist. de Marf. p. 168.

Spht. c. III. p. 99.

XXIII.
SES CHAGRINS DOMESTIQUES ET SES INFIRMITÉS.

Bocca. de caf. vir. illust. cap. ult.

inégale, il étoit difficile que l'harmonie régnât parmi les deux époux.

Leur antipathie secrette donnoit d'autant plus d'inquiétude au Roi, qu'il ne laissoit après lui personne pour la modérer : la Reine son épouse montroit plus de goût pour le cloître, que pour le trône ; les Princes ses freres, Philippe de Tarente & Jean Duc de Duras, étoient morts : leurs enfans trop jeunes encore pour s'occuper du bien de l'Etat, ne paroissoient pas d'humeur à vivre tranquilles sous le gouvernement des Hongrois, qui ne manqueroient pas de prendre les rênes du Gouvernement ; ainsi tout sembloit pronostiquer des malheurs : la perspective étoit cruelle pour un Prince déja vieux & accablé d'infirmités. Cependant il la soutint avec cette philosophie chrétienne, dont il avoit toujours fait son étude. Il ne laissa jamais échapper aucune plainte ; il consoloit au contraire les courtisans, qui, témoins de ses chagrins, & connoissant les sujets de ses craintes, témoignoient quelquefois une sensibilité trop grande : *Je suis homme*, disoit-il, *pourquoi vous plaignez-vous, si je subis la destinée commune à tous les hommes ?*

Lorsqu'il se sentit près de sa fin, il assembla le 16 Janvier 1343 les Seigneurs de sa Cour, & dicta son testament conformément aux dispositions qu'il avoit déja faites quand il déclara la Princesse Jeanne son héritiere. Il ajouta seulement que si la Princesse Marie, héritiere substituée à la Princesse Jeanne, ne pouvoit épouser, par quelque empêchement imprévu, Louis fils aîné du Roi de Hongrie, elle donneroit sa main au plus âgé des enfans mâles du Duc de Normandie, héritier présomptif du Roi de France ; ou bien au second fils du même Roi. Il ordonna que le mariage de Jeanne & d'André fût accompli, & les mit sous la tutelle de la Reine Sancie & des exécuteurs testamentaires dont l'un étoit Philippe de Caballolles Evêque de Cavaillon, cassant & annulant tout ce que l'un ou l'autre des deux époux feroit sans leur participation ou leur consentement avant l'âge de 25 ans. Le Roi passa les derniers jours de sa vie à donner des avis à ses héritiers sur la maniere dont ils devoient se conduire envers leurs sujets, leurs alliés & leurs ennemis, & mourut entre leurs bras le 19 Janvier 1343, âgé de 64 ans, après en avoir régné 33 & quelques mois.

Il avoit été marié deux fois : la premiere avec Yolande fille de Jacques II Roi d'Arragon, morte & enterrée à Marseille en 1302 ; & la seconde avec Sancie, fille de Jacques I Roi de Maïorque, morte en 1345. Il eut du premier lit Charles Duc de Calabre, pere de Jeanne & de Marie, & Louis mort le 12 Août 1310 ; & du second, un autre fils nommé Robert qui ne vivoit plus en 1342. Il eut outre ces enfans, une fille naturelle nommée Marie de Sicile, dont Boccace se rendit amoureux, lorsqu'il étoit à la Cour de ce Prince, & un fils naturel, Charles Artus, qui fut, suivant la chronique d'Est, un des Auteurs de la mort tragique d'André.

Nap. reg. 1309. o. fol. 287.

Robert est un des Princes à qui l'histoire donne le plus d'éloges, & il en est peu qui les aient autant mérités. Il sçut rendre à la Royauté par ses vertus l'éclat qu'elle avoit dans son origine, lorsque les peuples choisissoient pour les gouverner le plus honnête homme d'entre-eux. Son affabilité n'étoit ni forcée, ni trop populaire ; elle tempéroit l'éclat de la grandeur, sans la faire oublier ; il eût pour la justice ce zèle qui craint toujours de la blesser : il employoit volontiers à donner audience une partie des loisirs que lui laissoient les occupations importantes du Gouvernement : on étoit sûr de le voir lorsqu'on étoit malheureux, ou opprimé : aussi l'appelloit-on le Salomon de son siecle, titre glorieux qu'il justifia par la sagesse de ses loix, & par ce caractere d'équité qu'il imprima à son administration. On lui reproche d'avoir été lent à punir le crime, & d'avoir montré de l'indulgence dans des occasions où il falloit de la

XXV.
ELOGE DE CE PRINCE.

LIVRE VI.

rigueur. C'est un défaut que la politique condamne ; mais que l'humanité aime à trouver dans un Roi qui juge lui-même ses sujets. Une autre occasion encore où il aimoit à se livrer à son penchant naturel, c'étoit lorsqu'il s'agissoit de récompenser les services ou les talents ; alors il étoit généreux & libéral. La Religion trouva en lui un protecteur éclairé ; il l'aimoit, parce qu'il l'avoit étudiée dans ses sources, & il s'étoit si bien pénétré de son esprit, qu'en apprenant d'elle à connoître le néant du monde & la grandeur de Dieu, il ne voyoit dans les revers & les malheurs que les ravages du tems & la foiblesse de la nature. Delà, cette fermeté qu'il montra dans les maladies & dans l'adversité : sa vie étoit aussi réglée à la Cour, qu'elle auroit pu l'être dans un cloître : il récitoit tous les jours les heures canoniales, assistoit au service divin, & consacroit quelques momens à la méditation. Il vaquoit ensuite aux affaires ; le reste du tems il l'employoit à donner audience, ou à l'étude des belles lettres : le goût qu'il avoit pour elles étoit si vif que de son aveu il auroit plutôt renoncé à la Couronne qu'à l'étude. Aussi Boccace disoit-il de lui que depuis Salomon, il n'y avoit pas eu d'homme aussi sçavant sur le trône : non-seulement il savoit la Théologie & la Jurisprudence, mais encore il étoit versé dans la Philosophie, l'Histoire, les Mathématiques, la Physique & la Médecine qui en est la partie la plus essentielle : ses connoissances devoient être superficielles : il est dans les sciences un terme au-delà duquel un Roi ne peut aller sans être soupçonné d'avoir négligé les devoirs importans du trône ; il est vrai que Robert aima toujours à s'instruire même dans la vieillesse : un de ses mots favoris étoit qu'on n'acquiert *la sagesse qu'à force d'apprendre & d'enseigner*. Il se plaisoit dans la conversation des gens de lettres ; se faisoit lire leurs ouvrages, & quand ils étoient bons, il encourageoit les Auteurs par des éloges & des récompenses. Il n'y avoit que la Poésie dont il ne fit pas grand cas : Virgile même n'étoit à ses yeux qu'un faiseur de Fables, dont tout le mérite consistoit dans la diction ; cependant quand Pétrarque lui eut fait sentir la noblesse & l'utilité de cet art, ce Prince lui dit : *si j'avois sçu dans ma jeunesse tout ce que vous venez de me dire, j'aurois consacré à la Poésie une bonne partie du tems que je donne à l'étude.* C'étoit sans doute une louange indirecte qu'il vouloit donner à cet Ecrivain ; car comment un Prince qui n'avoit jamais senti les beautés de Virgile, pouvoit-il le juger & connoître la sublimité de son art sur le témoignage d'autrui ?

Robert étoit né avec beaucoup de valeur : il en donna des preuves dans plus d'une occasion, lors même qu'il n'étoit encore que Duc de Calabre : mais on doit lui reprocher d'avoir négligé d'acquérir les talens militaires, par inclination pour la vie paisible. Il n'étoit pas même fort jaloux de les chercher dans ses Généraux : aussi vit-il échouer toutes ses expéditions en Sicile.

Son talent pour la politique étoit plus marqué, il la poussa quelquefois jusqu'à la ruse. Ce fut à ce talent qu'il fut redevable de l'ascendant qu'il prit sur la Cour de Rome & en Italie. Ce fut par là qu'il fit échouer les projets de l'Empereur Henri VII sous Clément V ; & ceux de Louis de Baviere sous Jean XXII & Benoît XII. Quelques Auteurs lui reprochent d'être devenu avare sur la fin de ses jours, parce qu'il laissa beaucoup d'argent ; l'avarice des Souverains n'est qu'une sage économie, lorsqu'ils ne la portent pas jusqu'à mettre des impôts : & si leurs épargnes nuisent aux fortunes rapides de quelques particuliers, elles font la richesse du peuple.

La mort du Roi ne dérangea point l'harmonie que ses loix sages avoient établie dans l'état. Tous les ordres de citoyens, accoutumés à l'obéissance, plierent sous l'autorité des nouveaux Ministres. Les Provençaux préterent hommage entre les mains

ELOGE DE CE PRINCE.
An. 1343.

XXVI.
JEANNE IRE-
ÇOIT L'HOMMA-
GE DES PROVEN-
ÇAUX : TROU-
BLES A LA COUR
DE NAPLES.

LIVRE VI.
Hist. de Marf.
p. 172.

d'Hugues de Baux, Comte d'Avelin, de Guillaume de Sabran, Comte d'Arian, de Roger de S. Severin, & de Pierre de Cadenet : les Marseillois toujours jaloux de leurs privileges députerent Montolieu, la Cepede, Dieudé, Vivaud &c, pour aller prêter serment de fidélité entre les mains de la Reine, & lui demander la confirmation de leurs franchises ; ce qu'elle fit en promettant de venir en jurer l'observation à Marseille, comme ses ancêtres avoient fait, lorsque l'état des affaires lui permettroit de passer en Provence.

Les intrigues du frere Robert, chargé de l'éducation du jeune Prince, & l'ambition des Hongrois dégagés des entraves où les tenoit l'autorité du feu Roi, prirent un libre essor. Ces étrangers jaloux de mettre le Royaume de Naples sous l'entiere dépendance du Roi de Hongrie, afin de gouverner plus despotiquement en son nom, éloignerent peu à peu les Seigneurs Napolitains, qui formoient la Maison de la Reine Jeanne, & donnerent les premieres places de la Cour & de la Magistrature à des Hongrois aussi impérieux & aussi avides qu'eux-mêmes. La jalousie des Napolitains ne tarda pas d'éclater : il étoit tout naturel qu'ils rejettassent un joug que des mains étrangeres vouloient pesantir sur eux dans leur propre pays. Parmi les courtisans qui se signalerent, il en est deux qui méritent par la singularité de leur destinée, que nous les fassions connoître, Raymond de Cabanes, & sa femme Philippine.

XXVII.
FORTUNE ET INTRIGUES DE RAYMOND DE CABANES, ET DE PHILIPPINE LA CATANOISE SA FEMME.
Angel. const. fument. Fazell. de Cad. 2. l. 9. c. 3.

Philippine née à Catane, d'où elle fut surnommée la Catanoise, exerçoit dans sa patrie le vil métier de lavandiere, & son mari celui de pêcheur, lorsque Robert, qui n'étoit encore que Duc de Calabre, faisoit le siege de Trapani en Sicile. La Duchesse Yoland d'Arragon sa femme, qui l'avoit suivi dans cette expédition, accoucha d'un Prince nommé Louis, mort à l'âge de neuf ans. Philippine qui blanchissoit pour la Cour, fut chargée de le nourrir : elle étoit jeune encore, avoit de la beauté, & cet esprit souple, insinuant, adroit, fait pour seconder heureusement l'ambition dans la carriere de la fortune : avec des qualités si rares, elle sut profiter habilement de l'occasion que le hazard lui présentoit pour sortir de la misere. Elle gagna les bonnes graces de la Duchesse Yoland, ensuite celles de Sancie de Maïorque, seconde femme de Robert, de façon qu'après la mort du jeune Prince, elle demeura au service de la Reine. Il y avoit dans le même tems à la Cour un autre exemple des caprices de la fortune. Un Sarrazin nommé Raymond de Cabanes y occupoit une place importante : il avoit été pris dans son enfance par un corsaire qui le vendit à Raymond de Cabanes Gentilhomme Provençal, Majordôme de la Cuisine, sous Charles II. Le jeune esclave s'étoit fait aimer par son exactitude, & par la réunion de plusieurs qualités estimables. Son maître touché de son mérite, voulut avoir la gloire de le protéger ; il lui donna la liberté, le fit baptiser, & lui permit de prendre son surnom, suivant l'usage des affranchissements pratiqué chez les Romains. Le nouveau Raymond de Cabanes, à la faveur de la protection de son ancien maître, devint Intendant de la Cuisine, s'enrichit dans cet emploi, & ce qui étoit beaucoup plus difficile, il sçût, malgré sa fortune rapide, se faire aimer des Courtisans. Enfin la Duchesse de Calabre, Sancie d'Arragon, lui fit épouser la Catanoise devenue veuve ; mais avant les nôces, elle lui fit la faveur singuliere de le faire armer Chevalier. Le mariage se fit avant l'an 1311. (1) Raimond devint ensuite Sénéchal & grand maître d'Hôtel du Roi Robert.

Il n'y a peut-être point d'exemple de femme qui n'ayant ni

FORTUNE ET INTRIGUES DE RAYMOND DE CABANES.

Bocca. de casib. vir. illust. l. 9. c. 26. & alii.

An. 1343.

---

(1) On lit dans une charte de cette année là, *Raymundus de Cabanis coquinæ nostræ præpositus, & jam maritus Philippæ de Caniniá, domicellæ Reginæ, & nutricis quondam Ludovici filii nostri*. Regist. du Roi Robert à Naples. Le même est qualifié en 1331. *Seneschallus & magni hospitii magister.*

naissance, ni parens à la Cour, ait su se maintenir en faveur avec autant d'habileté que la Catanoise. Il est vrai que la souplesse de son caractere prenoit toutes les formes qui pouvoient la mettre en crédit : dévote sous la Reine Sancie, aimant le luxe avec Catherine d'Autriche, occupée d'ajustemens jusqu'à la frivolité avec Marie de Valois, femme de Charles, Duc de Calabre ; c'étoit un vrai Prothée, tel qu'il faut être auprès des Grands, lorsqu'on n'est occupé que de sa fortune. Tant d'adresse, soutenue d'ailleurs par des talens & par l'expérience qu'elle avoit de la Cour, la fit choisir pour avoir soin de Jeanne ; & après la mort de Charles, Duc de Calabre, & de la Duchesse sa veuve, elle fut moins regardée comme la gouvernante que comme la mere de la jeune Princesse. Il ne lui fut pas difficile d'entrer dans les inclinations de son éleve, ou pour mieux dire de lui donner des goûts qui la missent dans sa dépendance. Elle favorisa de bonne heure ceux qui tenoient essentiellement au caractere vif & sensible de la jeune Princesse, tels que l'amour de la magnificence & des plaisirs. Par ce moyen elle acquit sur son esprit un ascendant qu'elle ne perdit jamais, & dont elle voulut profiter lorsque le Prince André & les Hongrois essayerent de s'emparer de toute l'autorité.

Epist. famil. l. 5. ep. 3.

Le frere Robert étoit un des plus ardents : Petrarque (1) le peint sans doute avec des couleurs trop noires, quand il le représente comme un homme qui fouloit aux pieds les loix divines & humaines, & qui cachoit sous l'humilité du froc & sous un extérieur austere tous les vices d'un tyran : mais il est certain par toute l'histoire que c'étoit un de ces caracteres que la raison ni la vertu ne peuvent modérer. Les Princes du sang,

---

(1) Je ne connois point d'Auteur dont le témoignage me soit plus suspect que celui de Pétrarque : son imagination vive, poétique & souvent fougueuse peint tout avec exagération.

par

peu faits pour supporter ses hauteurs & ses duretés, se retirerent dans leurs terres, & lui firent craindre quelque révolution qui renverseroit ses projets ambitieux. Quoique né avec peu de talens, il sentoit combien il étoit incapable par lui-même d'affermir une autorité qui n'étoit pas encore bien établie. Il ne voyoit dans le Prince André qu'un homme foible & borné, sur qui l'on ne pouvoit asseoir aucune espérance, & dans les Seigneurs Hongrois attachés à la Cour ou à la magistrature, que des caracteres peu propres à gagner les esprits ou à les contenir par une fermeté éclairée.

<small>XXVIII. Du Moine Robert, du Roi André & de la Reine Jeanne.
An. 1343.</small>

La Reine Jeanne au contraire avoit des talens supérieurs : les personnes qui l'entouroient joignoient la prudence à l'adresse, & avoient gagné l'affection du peuple déja prévenu contre la domination Hongroise. Le frere Robert n'imagina qu'un moyen de vaincre tous ces obstacles : ce fut d'engager Louis, frere d'André, qui venoit de monter sur le trône de Hongrie par la mort de son pere Carobert, à venir épouser Marie, sœur de Jeanne. Par ce moyen il assuroit irrévocablement la couronne de Naples à la branche d'Anjou-Hongrie, & abattoit la faction contraire. Ce mariage, ordonné par le Roi Robert, auroit donné un nouveau poids aux prétentions que Louis, en qualité de fils aîné de Carobert, croyoit avoir sur le Royaume qu'on lui offroit.

<small>Turocz. chron. c. 98. Angel. cont. & alii.</small>

L'intrigue ayant été découverte, il étoit difficile qu'elle réussît. Philippe de Tarente & Jean de Duras, Prince de Morée, freres du Roi Robert, avoient laissé chacun trois enfans. Les fils de Philippe de Tarente étoient Robert, Louis & Philippe. Charles, Louis & Robert étoient fils de Jean. Ces Princes étant nés dans le pays voyoient avec une peine extrême le Royaume passer à la branche d'Anjou-Hongrie. Pour peu que le peuple de Naples témoignât d'éloignement pour cette domination étrangere, on devoit s'attendre à les voir à la tête des mécontens. Charles, Duc de Duras, se montra un des plus ardens. Il aimoit Marie, sœur de Jeanne, & son amour se trouvant d'accord avec son ambition, il prit le parti d'enlever cette Princesse, qu'il épousa moyennant une dispense que le Cardinal de Taleyrand (1) son oncle maternel, obtint du Pape Clément VI, élevé au souverain Pontificat depuis environ un an. Ce coup hardi fut la source d'une infinité de malheurs dont nous aurons occasion de parler dans la suite de cette histoire.

LIVRE VI.
J. Vill. l. 12. c. 9.

XXIX.
INTRIGUES DE LA CATANOISE.

La Catanoise de son côté, irritée par les efforts que les Hongrois & le frere Robert sur-tout faisoient pour élever leur parti, résolut d'arrêter leur crédit en ôtant au Roi même toute autorité. La chose ne fut pas difficile : elle insinua adroitement à Jeanne, qu'appellée au trône de ses peres par droit de naissance, elle ne devoit point souffrir qu'un étranger qu'elle s'étoit librement associée, eût d'autre pouvoir que celui qu'elle voudroit bien lui céder. Jeanne étoit fiere, jalouse de commander, dégoûtée de son mari ; elle n'eut pas de peine à se laisser persuader qu'en laissant à ce Prince l'exercice de la puissance, & sur-tout la distribution des graces qui en est la plus noble prérogative, elle ne seroit bientôt aux yeux du public & à la Cour même qu'une idole impuissante à laquelle on se lasseroit de recourir. Elle ne voulut pas qu'André prît la qualité de Roi, ni qu'il se mêlât du gouvernement. Tous les actes furent expédiés en son nom seul ; les projets arrêtés en son conseil, les emplois distribués suivant ses ordres ; en un mot,

Boccac. ibid.

---

(1) Le Cardinal de Taleyrand étoit fils d'Archambaud Comte de Périgord, & de Brunissinde de Foix: sa sœur Agnès avoit épousé en 1321 Jean de Duras Prince d'Achaïe, fils de Charles II, & pere du Duc de Duras, dont il est ici question. Agnès fut empoisonnée dans un lavement, à ce que prétend Dominique de Gravina.

il n'y eut plus dans le Royaume d'autre volonté que la sienne. La faveur de la Catanoise fut alors portée à son dernier période. Elle obtint de la Reine, pour Robert son fils, la charge de Grand Sénéchal que son mari avoit possédée; maria Sancie, sa fille aînée, avec Charles de Gambateza (1), Comte de Morcon, & la cadette avec Gaston de Dinisiac, à qui elle procura le Comté de Terlice.

La sensation que produisirent ces animosités devint bientôt générale. Elisabeth, Reine douairiere de Hongrie, ayant résolu d'aller à Rome visiter le tombeau des Saints Apôtres, se rendit à Naples, rétablit l'harmonie, & proposa à Jeanne de se faire couronner avec André, son époux: Jeanne y consentit en apparence, & nomma des Ambassadeurs pour aller demander au Pape son agrément. Le Roi de Hongrie en nomma de son côté, ainsi que le Conseil de Régence & les Barons Napolitains, qui désiroient sincérement de rétablir la tranquillité dans le Royaume. Mais tous ces envoyés, du moins ceux de Jeanne & de Louis, Roi de Hongrie, avoient des instructions trop peu conformes pour tendre au même but. Ceux de Louis étoient chargés de demander au Pape que le Prince André fût couronné non comme époux de Jeanne, mais comme héritier du trône, en vertu des droits qu'il avoit reçus de son pere Carobert, appellé suivant eux à la succession par les loix du Royaume. Ceux de Jeanne au contraire avoient ordre de faire échouer la négociation par leurs lenteurs; & ils ne manquerent pas de se prévaloir des prétentions nouvelles des Hongrois, pour faire avorter le projet du couronnement.

Le Pape se mit aussi sur les rangs, non comme médiateur,

XXX.
Oppositions au Couronnement d'André.

Od. Rayn 1344, n° 16.
Summon. Bonfin, dec. 2 l. 10.

───────────────

(1) Ce Charles de Gambateza étoit fils de Richard de Gambateza, grand Sénéchal de Provence, qui le 29 Decembre 1303 obtint du Roi Charles II la permission d'épouser Catherine fille de Gilbert Féraud de Torame. *Arch. de la Zecca à Naples. Regiftr. an. 1303.*

mais comme partie intéreffée. Il prétendoit que la régence d[u] Royaume de Naples lui appartenoit en qualité de fuzerain pen[]dant la minorité de la Reine; & fur ce fondement il dreffa un[e] longue bulle par laquelle il caffoit tout ce qui avoit été fa[it] depuis la mort du Roi Robert, & défendoit à la Reine Jeanne ainfi qu'à fes Officiers, de fe mêler des affaires du gouvernemen[t]. Il n'appartenoit qu'à des fiècles malheureux & à des caracte[res] d'une audace que rien ne peut arrêter, de donner des exemple[s] de cette nature. La pofition critique où fe trouvoit le Royaum[e] de Naples, ne permit point au Confeil de Régence de réfifte[r] aux volontés impérieufes du Souverain Pontife. On eut recou[rs] à l'artifice, & la Reine fit tant par fes promeffes flatteufes que le Légat Aimeric de Chaftelus, originaire du Diocèfe d[e] Limoges, envoyé à Naples pour faire exécuter la bulle, n'e[ut] prefque point de part au gouvernement.

D. Rayn. an. 1344.
Bocc. de cas. vir. illuft. l. 9. c. 26.
Baluz. t. I. p. 246. &c.
Degl. hift. de Sic. t. 2, p. 15 & fuiv.

Cependant le Pape imagina, pour concilier ce qu'il devoit fes intérêts & à la follicitation des Hongrois, d'accorder au Princ[e] André le titre de Roi, avec promeffe de le faire couronner à [la] Cour de Naples, s'il déféroit aux ordres du Légat. C'étoit vou[]loir mettre un nouveau fujet de divifion entre les partifans d[u] Prince & ceux de la Reine Jeanne, en leur propofant un[e] chofe que les uns avoient intérêt de faire réuffir, & les autre[s] d'éloigner. Auffi la méfintelligence ne fit-elle qu'augmente[r] entre les deux partis. La Catanoife fur-tout, Robert fon fils & Sancie fa fille, qui compofoient le Confeil fecret de l[a] Reine, & qui la fubjuguoient entierement, montroient un[e] animofité que malgré leur politique ils ne pouvoient diffimuler[;] ils n'oublioient rien pour s'oppofer à tout ce qui pouvoit donne[r] au Roi quelque crédit, foit à la Cour, foit parmi le peuple[.] Cependant la Reine devint groffe dans le tems où elle paroiffo[it] avoir le plus d'averfion pour fon époux. Cet événement allo[it] changer la face des affaires. Le Roi, aiguillonné par les vive[s] sollicitations du frere Robert, qui cherchoit à le tirer de sa léthargie ; animé d'ailleurs par l'espérance d'avoir un successeur qui lui assureroit la couronne, parut prendre de la hardiesse, & montra par quelques actions & par des menaces qui lui échapperent, qu'il étoit capable d'un coup d'autorité.

Alors le Pape mécontent de la Reine, gagné même, à ce qu'on croit, par l'argent de la Hongrie, résolut sérieusement de faire couronner le Roi, & détermina le jour de la cérémonie, si longtems différé : il y mettoit pour condition que ce Prince, par le couronnement, n'acquerroit aucun droit sur le Royaume ; que si Jeanne mourroit avant lui sans laisser d'enfans, la couronne passeroit à Marie sa sœur, Duchesse de Duras, & à sa postérité, &c.

An. 1344. Od. Rayn. eod. an. n° 25. Bonfin. decad. 2, l. 10.

Ces arrangemens déconcerterent les partisans de Jeanne : les uns crurent déja voir renverser leurs projets d'ambition ; les autres alloient perdre leur crédit, & l'influence qu'ils avoient dans le gouvernement ; quelques-uns enfin craignoient le châtiment dû à leurs liaisons trop intimes avec la Reine ; car on prétend que cette Princesse ne se défia point assez du penchant qu'elle avoit à se rendre familiere. Tous ces personnages animés par ces motifs différens, mais également propres à les aigrir, résolurent de se défaire du Roi lorsque la Cour se trouvoit à Averse. Les conjurés choisirent pour l'exécution de leur infâme complot, la nuit du 18 Septembre 1345. Ils firent prier le Roi qui étoit dans son lit, de se lever & de sortir un instant de l'appartement de la Reine, parce qu'ils avoient à lui communiquer des dépêches de la derniere importance au sujet d'un tumulte arrivé à Naples. Le Roi pressé de savoir ce qu'on avoit à lui dire, sort précipitamment à demi deshabillé : aussi-tôt une femme du palais, qu'on avoit gagnée, ferme la porte, & les assassins se jettent sur lui ; les uns lui mettent la main sur la bouche, pour l'empêcher de crier, les autres lui passent une corde au col, le

XXVI. Mort tragique du Roi André.

J. Vill. l. 12. 50. Chron. Estense. Math. Vill. &c alii.

suspendent à un balcon au-dessous duquel se trouvoient d'autres conjurés qui le tirerent par les pieds, & ensuite ils le laisserent tomber dans le jardin, où ils se disposoient à l'enterrer, lorsqu'une femme Hongroise, nourrice du Prince, étant accourue au bruit, ils prirent la fuite.

La fin tragique d'André de Hongrie est un exemple frappant de la malheureuse destinée des Princes. Ils se trouvent souvent les victimes d'une haine qu'ils n'ont ni méritée, ni inspirée. Ce n'étoit pas uniquement pour se venger d'André que les conjurés lui ôterent la vie. Pétrarque, qui devoit le connoître, fait l'éloge de la bonté de son caractere ; Villani avoue qu'il avoit la simplicité d'un enfant. Son peu d'éducation & de capacité, son humeur brusque, ses manieres sauvages étoient bien capables d'empêcher la Reine & la plupart des courtisans de s'attacher à lui ; mais ces défauts ne pouvoient jamais leur inspirer le dessein atroce de l'assassiner.

Il n'y avoit que la Catanoise & ses enfants qui eussent intérêt de s'en défaire. L'ascendant qu'ils avoient sur l'esprit de la Reine, l'abus qu'ils en faisoient pour éloigner le Roi des affaires, & pour tenir les Ministres Hongrois dans la dépendance, & quelques Seigneurs Napolitains dans l'humiliation, tout en un mot leur faisoit craindre avec raison, si ce Prince étoit couronné, qu'il ne prît, en vertu du pouvoir que le Pape lui communiqueroit par cette cérémonie, une trop grande autorité dans le gouvernement. Alors c'en étoit fait de cette fortune étonnante qu'ils avoient élevée avec tant de rapidité : elle s'éclipsoit, & ils expioient par la perte de la liberté ou de la vie, leurs injustices & leur orgueil.

Cependant il étoit dangereux de conspirer seuls contre les jours d'un Prince, mari de la Reine, frere du Roi de Hongrie, & qui, s'il ne s'étoit pas fait respecter par un mérite supérieur, ne s'étoit point fait haïr par des vices grossiers : exposés déja à la jalousie par leur élévation, ils devoient craindre de soulever les

LIVRE VI.

An. 1345.

XXXII. Conjectures sur les Auteurs de l'Assassinat.

esprits par un attentat horrible : voilà pourquoi, afin de s'assurer en quelque maniere l'impunité du crime, ils chercherent à gagner les Princes de Tarente. Ces Princes étoient brouillés avec le Roi qu'ils voyoient avec peine sur un trône, auquel ils croyoient avoir plus de droit que lui. Catherine de Valois leur mere, femme ambitieuse & intriguante, montroit sur-tout la plus grande envie de les voir régner ; & Jean Villani, le meilleur Historien de son siecle, assure que ce fut elle qui trama la conspiration avec la Catanoise. Catherine fut heureusement secondée par l'ardeur imprudente de son fils Louis, qui aimoit la Reine, & vivoit avec elle, à ce qu'on prétend, dans un commerce criminel. L'ambition de ce jeune Prince, d'accord avec l'amour, le fit entrer dans un complot qui lui offroit à la fois plus d'une passion à satisfaire ; car il avoit tout lieu de croire que la Reine ne donneroit point à d'autres sa couronne & sa main, si par la mort de son époux elle avoit la liberté d'en disposer de nouveau.

Ainsi l'on peut assurer, d'après le témoignage des meilleurs Historiens du tems, que les auteurs de cet infâme complot furent Philippine la Catanoise, Robert son fils Grand Sénéchal du Royaume, ses deux filles & leurs maris Charles de Gambateza & Dinisiac, Catherine de Valois, & le Prince Louis son fils. Nous pouvons encore ajouter Charles de Duras, époux de la Princesse Marie ; Charles Artus (1) Grand Chambellan, & Bertrand son fils : ces deux derniers se réfugierent dans les terres du Prince de Tarente, où ils furent pris. On nomme encore les fils du Seigneur Pazzi de Bologne, Mabile sa sœur, Bertrand de Catanzaro de la maison Ruffo ; Nicolas Acciaioli, un des

---

(1) Dans la chronique d'Est il est nommé fils naturel du Roi Robert. *Carolus Artuxius filius naturalis quondam Regis Roberti.*

LIVRE VI.

conseillers & des favoris de la Reine ; le fils de Grégoire Caraccioli, & un Caraffa. Beaucoup d'Auteurs assurent que la Reine Jeanne entra dans le complot. Jean Villani, qui a été suivi par le plus grand nombre des Historiens Italiens, l'affirme positivement : il s'appuie du témoignage d'un Gentilhomme de Hongrie, attaché au service du Prince André ; mais quelle confiance peut-on avoir dans le récit d'un Hongrois, imbu des préjugés de sa nation contre la Reine Jeanne ? Les autres raisons sur lesquelles ces Historiens fondent leurs accusations, ne sont pas plus solides. Ils prétendent que cette Princesse avoit des liaisons criminelles non-seulement avec le Prince Louis de Tarente, mais encore avec plusieurs courtisans ; & qu'elle se défit de son époux afin de se livrer sans contrainte à ses penchans criminels ; mais est-il vraisemblable qu'une Princesse qui, jusqu'au moment de son mariage, & du vivant du Roi Robert, avoit donné de si belles espérances, se dépouillât en moins de deux ans de tous les sentimens d'honneur, pour prendre le caractere d'une infâme Messaline ? D'ailleurs est-il si facile à une Reine de passer de l'amour à un assassinat ? On trouve bien de ces femmes hardies qui pour goûter sans crainte les douceurs de l'amour, livrent à un amant passionné la tête d'un époux ; mais qu'une Princesse d'un caractere doux, comme étoit la Reine Jeanne, abandonnée à plusieurs amants, comme ils le prétendent, conspire contre les jours d'un Prince qui n'avoit montré jusqu'alors ni le courage, ni la volonté de contrarier ses passions, c'est ce qu'on aura de la peine à persuader. On ne s'expose pas à perdre un trône & la vie pour s'abandonner avec éclat à des penchans criminels, tandis qu'on peut s'y livrer sans danger & sous le voile du mystere. Si pour satisfaire son extrême sensibilité, il falloit à Jeanne plus d'un objet, le Prince André étoit peut-être l'homme qui lui convenoit davantage, parce qu'il étoit incapable de mettre un frein à l'inconstance & à la légéreté de ses desirs.

Ces

Ces Historiens ajoutent qu'elle craignoit de perdre son autorité; mais croient-ils que la fille d'un Roi, l'idole de ses sujets, qui étoit devenue elle-même l'objet de leur amour par la réunion des qualités les plus propres à la faire aimer; bienfaisante, amie des lettres & des arts, protectrice des loix, maîtresse des esprits par la supériorité du sien, des cœurs par ses grâces & sa beauté, n'auroit pas su conserver sur ce Prince qu'elle avoit tiré du second rang pour le placer à côté d'elle sur le trône, l'ascendant que les talens donnent à une femme aimable sur un caractere foible.

<small>Conjectures sur les Auteurs de l'Assassinat.</small>

D'ailleurs observons qu'on n'a aucune preuve que la Reine Jeanne ait trempé dans l'assassinat; qu'aucun témoin ne déposa contre elle; aucun coupable ne la chargea dans les tourmens de la question. Le Roi de Hongrie si obstiné à la poursuivre, ne put alléguer que des soupçons. Un Auteur contemporain, Jean de Banzano, non-seulement n'accuse point la Reine; mais encore il fait entendre qu'elle n'y eut aucune part. Le Roi, suivant cet Auteur, étant sorti de sa chambre, malgré la Reine, un des traîtres nommé Geoffroi, qui avoit appellé le Roi, & qui étoit subtilement entré dans la chambre, en avoit fermé la porte, & présentoit la pointe de l'épée à la Reine, qui ayant entendu du bruit, lorsque le Roi se débattoit, vouloit aller à son secours, & crioit *ouvre-moi, ouvre-moi; avre me, avre me*. Il ajoute que les témoins avouerent qu'elle étoit innocente.

<small>Chron. mutin.</small>

Enfin le Pape lui-même, comme on le verra plus bas, ayant examiné dans un Consistoire les accusations intentées contre Jeanne, ne trouva que des soupçons & des indices vagues, sur lesquels il ne crut pas devoir la condamner. Disons donc avec Pétrarque & Boccace, qui étoient alors à Naples, que cette Princesse ne fut point coupable de ce noir attentat.

Ses favoris, qui savoient qu'elle n'auroit jamais la force de les punir, soit à cause de l'ascendant qu'ils avoient sur son esprit, soit parce qu'elle ne pouvoit souffrir son mari, crurent

favoriser ses desirs & satisfaire leur ambition en faisant mourir ce malheureux Prince sans qu'elle fut instruite du complot ; & l'on peut regarder comme leur ouvrage la lettre suivante, où toutes les circonstances de ce tragique événement sont déguisées. C'est la Reine qui écrit aux Florentins ses alliés. « C'est avec la
» plus vive douleur & les yeux baignés de larmes, dit-elle, que
» je vous apprends l'assassinat horrible commis dans la personne
» du Roi mon époux, le 18 Septembre, lorsque nous étions à
» Averse. Il étoit descendu fort tard, au moment où nous allions
» nous mettre au lit, dans un parc attenant à la galerie du châ-
» teau, où il alloit fort souvent; il y étoit seul suivant son
» usage, ne voulant écouter aucun conseil par imprudence de
» jeune homme, ni prendre personne pour l'accompagner : en
» sortant il avoit fermé la porte de la chambre où j'étois, &
» où lasse de l'attendre, je m'étois endormie, lorsqu'une dame
» Hongroise, qui avoit été sa nourrice, inquiète de ne le point
» voir arriver, prend de la lumiere & se met à le chercher;
» elle le trouve sans vie au pied d'un mur. Je ne puis vous dire,
» & vous ne pouvez vous imaginer quelle fut mon affliction.
» Quoique l'auteur de cet horrible attentat en ait été cruellement
» puni, autant qu'on a pu le savoir ; cependant eu égard à l'atro-
» cité du crime, la sévérité des peines peut encore passer pour
» indulgence. L'auteur de ce parricide, effrayé des supplices qui
» l'attendoient, a voulu, nouveau Judas, les prévenir en se
» donnant volontairement la mort : il a fait servir à l'exécution
» de son projet le ministere d'un valet qu'on n'a point encore
» découvert ».

Cependant la Reine Jeanne fut violemment soupçonnée d'avoir trempé dans cette affreuse conspiration : son antipathie pour son mari, son amour pour Louis, Prince de Tarente, ses liaisons avec les coupables, qui étoient ses amis ou ses valets ; le lieu, le tems, les acteurs, en un mot toutes les circonstances du meurtre, le peu d'affliction même qu'elle témoigna, sembloient déposer contre elle & autoriser les soupçons : ce fut autant pour les détruire que pour se ménager la protection de Clément VI, qu'elle pria ce Pape de tenir sur les fonts de baptême l'enfant dont elle étoit enceinte : le Pape y consentit, & lui laissa le choix de la personne qui devoit le représenter dans cette cérémonie. La Reine accoucha d'un Prince le 24 Décembre 1345 (1). Philippe de Cabassole, Evêque de Cavaillon, Chancelier du Royaume, le tint sur les fonts au nom du S. Pere, & le nomma Charles, comme son aïeul.

La Reine soupçonnée d'avoir trempé dans la mort de son mari est déférée au Pape.

La naissance d'un héritier du trône n'appaisa point la haine des ennemis de la Reine. Louis, sur-tout, Roi de Hongrie, irrité, comme il devoit l'être, de la mort de son frere André, lui chercha partout des vengeurs. Il remplit de ses plaintes la Cour d'Avignon, où celles des Marseillois l'avoient précédé. Le Pape indigné de ce cruel assassinat, donna le 1 Janvier 1346 une bulle fulminante contre les coupables qu'il retrancha de la société, ordonnant que leurs maisons fussent rasées, leurs biens confisqués, & leurs vassaux absous du serment de fidélité. Cependant la punition étoit trop lente au gré du Roi de Hongrie, qui auroit voulu venger avec éclat & sur le champ la mort tragique de son frere. Il la rejettoit sur les lenteurs que la Cour Pontificale avoit apportées à la cérémonie du couronnement; mais ceux qu'il accusoit d'être véritablement les auteurs de cet assassinat, étoient la Reine Jeanne, les Princes du sang, le Cardinal de Périgord, que son attachement pour Charles de Duras son neveu, rendoit suspect

Oder. Rayn. 1345. n° 29. J. Vill. l. 12. c. 51.

An. 1346. Od. Rayn. an. 1346. n° 45 & suiv. Baluz. vit. Pap. t. II. p. 693.

T. II. p. 22.

---

(1) Presque tous les Historiens mettent l'accouchement de la Reine au 24 Décembre 1345. M. d'Egly suit le même sentiment ; cependant il a mis la mort d'André au 18 Septembre 1344; il n'a pas fait attention que si son récit étoit exact, le jeune Prince seroit né 15 mois après la mort de son pere, évenement singulier que les ennemis de la Reine n'auroient pas manqué de relever. Il devoit donc mettre la mort d'André au 18 Septembre 1345.

de connivence. Louis, dans la lettre qu'il écrivit au Pape à ce sujet, demandoit l'administration du Royaume, la tutelle de son neveu, qu'il vouloit faire élever à la Cour de Hongrie, pour le tirer, disoit-il, des mains des traîtres dont il étoit environné : il vouloit sur-tout que le procès fut fait aux coupables hors du Royaume, où personne n'auroit intérêt à s'opposer à la sévérité des loix : il finissoit en priant le S. Pere de ne pas permettre à la Reine d'épouser Robert de Tarente ou quelqu'autre Prince du sang, dont la valeur soutenue par les droits que cette alliance lui donneroit à la Couronne, pourroit l'enlever pour toujours à la maison d'Anjou-Hongrie.

Le Pape sur tous ces chefs entreprit de justifier la Cour d'Avignon & les personnes qui lui étoient attachées. Il s'excusa des lenteurs apportées au sacre d'André, sur les difficultés d'en régler les conditions : il fit l'apologie de la personne & de la conduite du Cardinal de Périgord ; passant ensuite à ce qui regardoit le châtiment des coupables & l'éducation du jeune Prince, il répondit de maniere à satisfaire le Roi de Hongrie. Il n'en fut pas de même touchant l'administration des Etats de Naples : trop de raisons exigeoient que les choses restassent dans le même état. Quelle apparence qu'il ôtât le Royaume à une Princesse qui en jouissoit par droit de succession, qui en avoit reçu l'investiture, & qui n'étant point convaincue du crime dont on l'accusoit, ne pouvoit en être privée sans renverser toutes les loix ? Il est vrai, ajoutoit le S. Pere, que Robert de Tarente se flattoit d'épouser la Reine ; que des personnes de la plus haute considération lui avoient demandé des dispenses, mais qu'il les avoit toujours refusées, & que dans une affaire de cette importance il ne se détermineroit que sur les plus justes motifs.

Cependant il envoya l'Archevêque d'Embrun, Cardinal du titre de S. Marcel, pour informer sur l'assassinat d'André ; mais ce Prélat éprouva tant de difficultés de la part de la Reine & de ses Ministres, qu'il fut obligé de sortir du Royaume de Naples, & de se retirer à Bénevent. Le Pape offensé de cette résistance, sollicité d'ailleurs par le Roi de Hongrie, qui poursuivoit avec chaleur la punition des meurtriers de son frere, commit le 23 Juin 1346 Bertrand de Baux, Comte de Montescaglioso, Grand Justicier du Royaume, pour instruire leur procès, avec deux notables Napolitains choisis par la Ville. Il lui ordonna par des lettres particulieres de tenir les informations secrettes dans le cas où la Reine & les Princes du sang se trouveroient coupables, & d'en instruire le S. Siege, qui s'en réservoit le jugement : précaution sage pour éviter les troubles que ces accusations ne manqueroient pas de causer dans le Royaume.

Turin.de Magn. Ju tit. p. 62. Od. Rayn. ibid. n° 51.

Les ennemis de la Reine profitoient de sa triste position pour démembrer ses Etats. Les Génois reclamoient à main armée Vintimille, qu'ils prétendoient leur avoir été enlevée par le Roi Robert en 1335. Luquin Visconti faisoit des conquêtes dans le Piémont ; le Marquis de Monferrat & le Comte de Savoie démembroient la même Province pour accroître leurs Etats. Du côté de Naples le danger n'étoit pas moins imminent. Nicolas Gaëtan, Comte de Fondi, neveu de Boniface VIII, fit une invasion dans le Royaume à la sollicitation du Roi de Hongrie ; & s'empara de Terracine & d'Itry ; enfin Jean d'Arragon, Régent du Royaume de Sicile, prit aussi les armes, & le Roi de Hongrie proposa au Ministre Sicilien de faire avec lui une ligue, qui ne tendoit à rien moins qu'à donner aux Napolitains un nouveau Monarque.

XXXIV.
Dangers où elle se trouva.
Stell. ann. Gen. chron. Est.

Les Princes du sang, Robert, Despote de Romanie, Prince d'Achaïe & de Tarente ; Charles Duc de Duras, Louis & Robert ses freres, comprirent que l'orage alloit d'abord fondre sur eux, s'ils ne travailloient à manifester leur innocence en vengeant la mort d'André. Ils se saisirent donc contre toutes les regles de Raymond de Catane, Chevalier, Sénéchal du Palais, soupçonné

VIII. l. 12.

LIVRE VI.

Arch. de Napl.
reg.1345.B.ind.
XIV. p. 89.
Ang. Conft. &c.
Fr. ch. 42.

d'avoir trempé dans l'affaffinat du Roi. Raymond ayant été mis à la queftion, déclara qu'il avoit eu connoiffance du complot; qu'il avoit même contribué à le faire réuffir : il nomma parmi les complices Robert de Cabanes, Comte d'Evoli, Grand Sénéchal, & Gafton de Dinifiac, Comte de Terlitz (1), Maréchal du Royaume, Jean & Roftang d. Leoneffa, Philippine la Catanoife, Sancie fa fille, Comteffe de Morcon (2), & Nicolas de Milazzano. Tous ces complices étoient enfermés avec la Reine dans le château neuf. Le peuple & les nobles ameutés par les Princes, jaloux peut-être auffi d'appaifer le Roi de Hongrie, prirent les armes & s'en allerent en tumulte au château, jettant des pierres, brûlant la premiere porte du pont, & demandant à

---

(1) Gafton de Dinifiac ou de Niziac étoit vraifemblablement fils de Guillaume Bolard de Dinifiac Maréchal du Royaume en 1305, & de Cecile de Sabran fille d'Ermengaud de Sabran, Grand Jufticier, & veuve d'Hugues de Baux, laquelle avoit eu en dot mille onces d'or. Ce Dinifiac étoit François ; car le Roi Charles II dit en parlant de lui & de fa femme Cecile, dans un acte du 11 Novembre 1305, qu'ils *s'étoient mariés*, & qu'ils *vivoient fous les loix & les ufages de la Nobleffe Françoife*.

(2) On croit communément que Sancie étoit petite fille de la Catanoife : cependant celle-ci n'ayant été mariée que vers l'an 1305, & peut-être plus tard, il me paroît bien difficile qu'elle eût en 1346, une petite fille que les Auteurs contemporains nous repréfentent, comme une intrigante confommée ; quoiqu'à la rigueur cela ne feroit pas impoffible. Je remarque d'ailleurs que la chronique d'Eft, en parlant des Auteurs de la mort d'André, nomme les deux filles de la Catanoife, & leurs maris, favoir Charles de Gambateza, & Gafton de Dinifiac. Or tous les Auteurs conviennent que Charles de Gambateza avoit époufé Sancie ; donc celle-ci étoit fille de la Catanoife.

Robert, fils de cette célebre favorite, & qui mourut comme elle dans les tourmens, étoit marié à Siligaïda Filomarini, de laquelle il eut Catherine, femme de Nicolas d'Aquin, Seigneur de la Grotte-Menards & François, que la mort enleva en 1386, après qu'il eut perdu quatre fils morts de la pefte deux ans avant lui, c'eft-à-dire au mois de Septembre 1384, avant d'avoir été mariés. Ainfi les enfans d'une Lavandiere & d'une efclave Africain, portés par la faveur aux premieres charges de l'Etat s'allierent aux plus grandes Maifons de Naples, parce que fouvent dans la fociété les rangs font plutôt affignés par la fortune, que par la naiffance & les talens.

grands cris qu'on leur livrât les perſonnes que nous venons de nommer. L'émeute auroit pu devenir dangereuſe, ſi la Reine ſentant que pour ſa propre gloire, elle ne pouvoit prendre plus longtems ſous ſa protection ces perſonnes, quoiqu'elle les aimât, & qu'elles fuſſent l'ame de ſes plaiſirs & de ſes intrigues, n'eût cédé aux circonſtances, & ne les eût livrées à la rigueur des loix.

Le Grand Juſticier les fit mettre à la queſtion dans une place entourée de paliſſades, afin que le peuple qui accourut en foule à ce ſpectacle, n'entendît pas leurs dépoſitions. La Catanoiſe déja vieille termina dans les douleurs de la torture une vie qu'elle avoit commencée dans l'obſcurité, & qu'elle avoit paſſée dans tout ce que les plaiſirs & la faveur ont de plus ſéduiſant à la Cour : exemple bien ſingulier des viciſſitudes humaines, & des dangers des proſpérités. Robert ſon fils & ſa fille Sancie (1)

XXXV.
Supplice des
Conjurés.

---

(1) Le même ſiècle fournit en Italie plus d'un exemple de pareils jeux de la fortune. Un garçon meunier, nommé Pierre Tremacoldo, étant entré en qualité de domeſtique au ſervice des Veſtarini, Seigneurs de Lodi, devint Capitaine de leurs gardes, & dépoſitaire de la principale porte de la ville. Il avoit une fille très-jolie, qui fut deshonorée par Sozzino, heritier préſomptif des Veſtarini : Tremacoldo s'en plaignit au pere du jeune homme ; mais peu ſatisfait de la réponſe qu'il en reçut, il gagna ſa compagnie, recruta autant de Gens d'armes qu'il en put ramaſſer, aſſiegea le Palais, qu'il emporta, & jetta ſes anciens maîtres dans des cachots, où il les laiſſa mourir de faim. Tremacoldo, proclamé Seigneur de Lodi, & reconnu comme tel par le Vicaire de l'Empire en Italie, ſe vit au rang des Potentats pendant ſix ans. Après ce terme, c'eſt-à-dire, vers l'an 1339, les habitans de Lodi honteux ou laſſés peut-être d'obéir à un homme qui n'avoit que de la rudeſſe & de la férocité, appellerent à leur ſecours Azzon Viſconti, Seigneur de Milan, & lui livrerent Tremacoldo, qui fut pris les armes à la main. Azzon, qui n'avoit jamais oublié un ſervice que cet aventurier avoit rendu à ſon pere Galeas, eût la généroſité de ne pas le livrer au reſſentiment des Lodigiens : il lui donna la ville de Milan pour priſon.

Un autre exemple plus frappant peut-être eſt celui de Nicolas Gabrini, plus connu ſous le nom de Rienzi. Cet homme étoit fils d'un Cabaretier. Se ſentant doué d'une éloquence naturelle & d'une imagination forte, il conçut le projet

LIVRE VI.

furent tenaillés, écorchés avec des rasoirs, & jettés dans le feu ayant un baillon à la bouche : mais le peuple furieux n'attendit pas qu'ils fussent consumés par les flammes ; il les arracha au bûcher à demi-brûlés, les mit en pieces, & traîna dans les rues les lambeaux de chair encore saignans & noircis par le feu. Ainsi dans moins de quarante ans on vit une famille sortie de la lie du peuple, & portée au faîte des grandeurs, tomber avec éclat, ne laissant après elle qu'une foible postérité qui s'éteignit dans le chagrin & le mépris. Car après l'an 1386 l'histoire ne parle plus des descendans de Philippine & de Raymond de Cabanes. Les autres complices que nous avons nommés ci-dessus furent punis avec moins de rigueur, parce qu'ils étoient moins coupables. Charles Artus & son fils Bertrand qui s'étoient réfugiés au Château de Sainte Agathe dépendant des Princes de Tarente, furent assiégés, pris & conduits aux prisons de Naples, où ils moururent empoisonnés. On préféra ce genre de mort à une punition éclatante, par respect pour la mémoire du Roi Robert, dont Charles Artus étoit bâtard.

Chron. Estens.

Ces actes de sévérité n'appaiserent pas le Roi de Hongrie. Il entroit dans sa conduite moins de haine contre Jeanne, que d'ambition. Il cherchoit moins à venger la mort de son frere,

XXXVI.
LA REINE MENACÉE DE PERDRE LA COURONNE SE MARIE AVEC LOUIS DE TARENTE.

---

d'abattre dans Rome le pouvoir des grands & de rétablir le gouvernement populaire. Il opéra la revolution en grand homme, & fut nommé Tribun du peuple avec un pouvoir égal à celui des anciens Empereurs. Il vit son amitié recherchée par les plus grands Monarques de l'Europe : il fut choisi par le Roi de Hongrie & la Reine Jeanne pour être l'arbitre de leurs différens. Cependant après avoir fait revivre avec tant d'éclat la Puissance du Tribunat dans Rome, il eut le sort de ces aventuriers que l'imagination domine, & qui n'étant point nés pour les grandeurs s'en laissent facilement enivrer ; il fit des extravagances, commit des cruautés, & fut obligé de sortir de Rome sous l'habit de Portefaix; mais ayant été reconnu sous ce déguisement, il fut assassiné à coups de poignards en 1354.

qu'à

qu'à s'assurer le trône de Naples. Aussi non content de soudoyer des troupes en Allemagne, il se fortifia de l'alliance de l'Empereur Louis de Baviere, malgré la défense du Pape, tandis que par ses émissaires, & par l'argent qu'il répandit, il se fit dans le Royaume de Naples & dans le reste de l'Italie des partisans, qui préparerent la révolution dont il s'occupoit.

LA REINE MENACÉE DE PERDRE LA COURONNE; MARIE AVEC LOUIS DE TARENTE.

Jeanne vit l'orage se former, & prévit bien qu'elle en seroit écrasée, si elle ne cherchoit à le détourner. Ses confidens lui conseillerent de se remarier, & de choisir un époux qui par son courage & son habileté pût intimider ses ennemis, & dissiper les troubles du Royaume. Elle jetta les yeux sur Louis de Tarente. Cette préférence prouve que l'amour seul décida du choix ; car ce Prince n'avoit aucune des qualités que les besoins de l'Etat exigeoient dans ces circonstances fâcheuses : aussi la Reine fut-elle accusée de n'avoir cherché qu'à légitimer les liaisons criminelles qu'elle avoit depuis longtems avec Louis. Le mariage se fit le 20 Août 1346 dans l'année du veuvage, & avant qu'on eût reçu les dispenses d'Avignon.

Vill. cap. 101. Costanz.

Jeanne écrivit ensuite au Roi de Hongrie une lettre pleine de témoignages de confiance & d'attachement ; sentimens simulés & peu propres à lui en imposer. Ce Prince lui répondit : « Jeanne, le déréglement de votre conduite, l'ambition de » régner seule, votre négligence à punir les coupables, un » mariage précipité, vos excuses mêmes, tout prouve que vous » êtes complice de la mort de votre époux. »

Trist. Caraccioli. in vit. Joan. & autres hist. de Naples. Chron. Estens.

Ce froid laconisme où la haine & le mépris se peignoient avec tant d'énergie, jetta la consternation dans le Conseil de la Reine : les Princes du sang eux-mêmes en furent effrayés : ils comprirent que le Roi de Hongrie les soupçonnant tous d'avoir eu part à la mort de son frere, les envelopperoit dans sa vengeance. Ainsi ne séparant point leur sort de celui de la Reine, ils ne songerent qu'aux moyens de repousser l'ennemi commun.

An. 1347.

Tome III. Y

LIVRE VI.

XXXVIII.
Elle est forcée de quitter Naples. Discours qu'elle fait aux Seigneurs de sa Cour.

Angel. Conft.
l. 6.

Le Monarque Hongrois, de fon côté, n'oublioit rien pour groffir le nombre de fes partifans. Il parut avec une puiffante armée fur les frontieres du Royaume de Naples, faifant porter devant lui, pour imprimer la terreur, un drapeau noir fur lequel on avoit peint la figure d'André fon frere, étranglé. Un grand nombre de Villes s'étoient foumifes aux troupes qui l'avoient devancé; les autres ébranlées par la crainte, l'attendoient pour le recevoir. La Reine craignant une défection générale, réfolut de s'embarquer avec Marin Caraccioli, fon Camerlingue & quelques autres perfonnes de confidération, & de paffer en Provence. Avant fon départ elle affembla les Barons & les Députés des Villes qui lui étoient demeurés fideles, & leur parla en ces termes :

« J'aurois cru qu'abandonnée dans ma plus tendre jeuneffe
» aux caprices de la fortune, expofée fans l'avoir mérité aux plus
» grands malheurs, j'intérefferois le cœur de tous mes fujets.
» Cependant il en eft parmi eux qui ofent m'accufer de la mort
» tragique de mon époux. Jaloufe de détruire cette horrible
» calomnie, je pars pour faire connoître mon innocence au
» Vicaire de Dieu fur la terre, comme Dieu lui-même la connoît
» dans le Ciel.

» Je regrette de n'avoir été jufqu'à préfent votre Reine que
» de nom, & de n'avoir pu juftifier ce titre par des bienfaits; mais
» j'efpere que le fouvenir de ceux que vous avez reçus de mon
» pere & de mon aïeul ranimera votre zele, & que vous ferez
» vos derniers efforts pour foutenir l'honneur de leur fang &
» la juftice de ma caufe. Ne croyez pas qu'en m'éloignant de
» vous je ceffe de m'occuper un inftant de votre bonheur. Pour
» vous prouver combien votre fort m'intéreffe, je vous permets
» de vous donner au Roi de Hongrie, afin de défarmer fa
» fureur par une obéiffance volontaire. Ainfi je délie tous mes
» Barons, mes Peuples & les Gouverneurs des places du ferment

» de fidélité ; je leur ordonne de porter les clefs des Villes au
» vainqueur, sans attendre qu'ils en soient sommés par un
» Hérault ».

 Ce discours si touchant & si noble, prononcé par une Reine de vingt-deux ans, redoubla l'émotion que sa présence & le danger avoient déja fait naître dans tous les cœurs : il partit de l'assemblée un cri général de douleur. Jeanne rassura ses Barons, en leur disant qu'elle avoit cette confiance en la justice de Dieu, qu'il feroit connoître son innocence, & lui rendroit le trône & l'honneur qu'on vouloit lui ravir. Ils la prierent de rester, & lui jurerent, si elle se rendoit à leurs desirs, de la défendre au prix de leur vie & de celle de leurs enfans ; mais comme elle sentit que le parti le plus prudent étoit d'aller mettre la Cour d'Avignon dans ses intérêts, elle sortit de Naples, & eut la douce consolation de trouver sur son passage depuis le château jusqu'au port, tous les habitans de la ville qui étoient accourus pour la voir, sans distinction d'âge ni de sexe, & qui lui témoignerent par des larmes, leur amour & leurs regrets.

J. Vill. l. 12.
c. 110 & 114.
Domin. Gravin.
Chron.

An. 1348.

 Elle s'embarqua le 15 Janvier 1348, & fit voile vers la Provence. Elle arriva à Nice le 20 du même mois, & de-là, dit Jean Villani, elle se rendit à Aix (1) où de Baux, Comte d'Avelin, le Seigneur de Saulx, & plusieurs autres Barons de Provence firent arrêter Marin Caraccioli, avec six personnes de sa suite, qu'ils envoyerent prisonniers à Nice. Ils mirent la Reine à Château-Arnaud, la traitant avec beaucoup de respect ; mais la gardant à vue, & ne lui permettant de parler à personne qu'en présence des Barons qui veilloient sur elle : le motif de cette conduite

XXXIX.
ELLE EST ARRÊTÉE PRISONNIERE A AIX PAR SES SUJETS.

---

(1) Villani dit *in Anchist.* ce qui est sûrement une faute. Il y avoit peut-être dans le texte *in Aquis sextiis* par abréviation ; car Château-Arnaud étoit un forteresse d'Aix.

LIVRE VI.

XL.
LE ROI DE
HONGRIE EN-
TRE A MAIN
ARMÉE DANS LE
ROYAUME ET
FAIT MOURIR
CHARLES DE
DURAS.

Vi li. Giorn. di
Nap trift. Carac.
chron. Zantfl.
ang. Conft. &c.

extraordinaire étoit preſſant. Ils craignoient un échange du Comté de Provence, contre quelque Province de France, avec Jean Duc de Normandie, fils de Philippe de Valois, qui s'étoit rendu à Avignon, accompagné du Comte d'Armagnac, pour engager le Pape à ménager cette affaire. Les Provençaux ennemis de la domination Françoiſe, & gagnés ſous main par les Emiſſaires du Roi de Hongrie, ne penſoient à rien moins qu'à ſe liguer avec le Dauphin de Viennois, & à ſecouer le joug. Le Pape fut inſtruit de cette diſpoſition des eſprits, & engagea le Duc de Normandie, moyennant un don qu'il lui fit de vingt mille florins, à renoncer à ſon projet.

Cependant Louis de Tarente, époux de la Reine, erroit en Italie avec Nicolas Acciaioli, depuis que l'entrée du Monarque Hongrois dans le Royaume de Naples, l'avoit forcé d'en ſortir: il vint s'embarquer à Gênes le 11 Février de la même année, & n'oſant aborder à Nice dans la crainte que les Provençaux ne lui fiſſent le même traitement qu'à la Reine; il alla prendre terre à Aigues-Mortes, d'où il ſe rendit à Beaucaire, & delà à Villeneuve-lès-Avignon.

Tandis que Louis de Tarente traînoit dans des pays étrangers une vie toujours menacée, & que la Reine ſon épouſe étoit retenue priſonniere dans ſes propres Etats, Louis de Hongrie exerçoit ſa vengeance à Naples. Avant d'arriver dans cette Ville, il s'arrêta quelques jours à Averſe où les Princes du ſang, Robert de Tarente, Philippe ſon troiſieme frere, Charles Duc de Duras, Louis & Robert ſes freres, accompagnés de Jean Gantelmi Provençal, de Geoffroi de Marzan, Comte de Squillace, Grand Amiral du Royaume, & d'un très-grand nombre de Gentilshommes, allerent le joindre, amenant avec eux le jeune Charles fils de Jeanne & d'André. On leur avoit d'abord conſeillé de ne point aller voir le Monarque Hongrois: c'étoit ſans doute le parti le plus ſûr: s'ils s'étoient partagés dans les différentes Provinces du Royaume, ils auroient pu faire une diversion puissante; ou si accablés pas la supériorité du nombre, ils avoient été forcés d'en sortir, ils auroient trouvé en Italie des secours pour tenter de nouveau la fortune, en attendant que la Reine leur envoyât des troupes de Provence. Charles de Duras fut celui auprès de qui l'on insista davantage pour l'empêcher d'aller se mettre entre les mains de son ennemi, dont on connoissoit déja les soupçons & les projets de vengeance. Sa confiance aveugle fut cause de sa mort. Le Roi de Hongrie qui lui avoit donné sa parole d'honneur, ainsi qu'aux autres Princes, qu'il n'attenteroit point à leur liberté, les reçut tous avec les plus grandes démonstrations d'amitié; & les admit au baiser de paix & à sa table. Après le repas, lorsque les troupes étoient sous les armes & prêtes à marcher pour aller à Naples, le Roi monte à cheval, & dit au Duc de Duras: *menez moi à l'endroit où l'on a fait étrangler mon frere. Hélas*, répondit le Duc, *je n'y étois pas.* Le Monarque étant arrivé au Château, mit pied à terre, accompagné des Princes, monta à la galerie où le meurtre avoit été commis, & se tournant brusquement vers le Duc: *Traître, c'est toi qui as fait mourir ton Seigneur & mon frere: tu empêchas son couronnement par tes menées sourdes avec le Cardinal de Périgord ton oncle; tu as épousé la sœur de Jeanne pour t'assurer un droit à la couronne; après la consommation de ton crime, tu as pris les armes pour t'opposer avec le perfide Louis de Tarente ton cousin à mon entrée dans le Royaume: meurs donc au même endroit où tu as assassiné ton Souverain.* Le Duc voulut se justifier; mais le Roi l'interrompit, & lui montrant une lettre écrite de sa main à Charles Artus (1), dans laquelle il lui faisoit part de la conspiration: *Comment oses-tu nier le crime*, lui dit-il ? Aussitôt

LE ROI DE HONGRIE ENTRE A MAIN ARMES &c.
Domin. de Grav. chron.

Vill. c. 3.

Ibid.

___
(1) M. D'Egly l'appelle Charles Comte d'Artois: c'est une méprise, t. II, pag. 51.

un Hongrois nommé Philippe, porte au Duc un coup d'épée dans la poitrine, & un autre le faifit par les cheveux ; Philippe effaya de lui trancher la tête, fans pouvoir l'exécuter entierement. Le Prince, après s'être longtems débattu fous les coups des affaffins tomba mort nageant dans fon fang. D'autres Hongrois le prirent & le jetterent dans le jardin, au même lieu où l'on avoit jetté le corps d'André. Le Roi défendit qu'on lui rendît les honneurs de la fépulture fans fa permiffion. Il fit enfermer les autres Princes du fang dans le château d'Averfe, & abandonna leurs équipages à l'avidité des foldats. La Ducheffe de Duras fe réfugia dans le Monaftere de Sainte-Croix avec deux de fes filles encore en bas âge : elle en fortit peu de tems après déguifée en Religieux & s'enfuit en Provence.

Telle fut la fin tragique du Duc de Duras : elle eut plutôt l'air d'un affaffinat que d'une punition : il eft dans les Rois une maniere de punir le crime qui les honore, c'eft lorfque leur févérité eft comme celle de la loi, fans paffion & fans préjugé. Mais cacher des projets de vengeance fous les dehors de l'amitié ; ôter la liberté aux hommes, lorfqu'on leur promet fon appui ; les faire mourir avant de les avoir jugés ; c'eft une de ces perfidies qui déshonorent la majefté du trône, & affligent l'humanité. D'ailleurs il n'eft point de cas où il foit permis à un Souverain de faire répandre fous fes yeux le fang de fes fujets, & encore moins celui de fes proches : on dépofe alors le caractere augufte de Roi, pour faire le rôle infâme de tiran.

Louis qui fentit combien cette barbarie étoit propre à le déshonorer, envoya des Ambaffadeurs au Pape pour fe juftifier & pour demander que Jeanne convaincue d'être complice de la mort d'André, par les dépofitions des coupables, demeurât prifonniere en Provence, & fût jugée fuivant les loix.

Dans le même tems Louis de Tarente follicitoit la délivrance de fon époufe. Il fit tant par fes négociations qu'elle fut mife en liberté. Les Provençaux rassurés par le désistement du Duc de Normandie, n'y mirent aucune opposition: mais avant de lui rendre la liberté, les Barons de Provence (1) & les Syndics de la ville d'Aix lui firent promettre avec serment, le 17 Février 1348, qu'elle ne nommeroit aux emplois tant civils que militaires que des personnes du pays; & deux jours après elle s'obligea entre leurs mains à ne jamais aliéner en tout ni en partie le Comté de Provence, de quelque état & condition que fût l'acquéreur. Rassurés par ces promesses & par le désistement du Duc de Normandie, ils la mirent en liberté.

XLI.
LA REINE EST REMISE EN LIBERTÉ.
An. 1348.
V. pr. ch. 43.
Rech. hist. sur la ville d'Avign. p. 92.

La Reine prit aussitôt la route d'Avignon, où elle fit son entrée le 15 Mars sous un dais, au milieu de plusieurs Cardinaux qui vinrent la recevoir. Louis de Tarente, qui étoit resté à Villeneuve de l'autre côté du Rhône, s'y rendit en même tems, & le Pontife confirma leur mariage, peut-être à cause de la grossesse de la Reine. Il fit présent à Louis de la rose d'or, faveur singuliere qu'on ne faisoit ordinairement qu'aux Princes d'un mérite & d'une vertu moins équivoques, que n'étoient le mérite & la vertu du Prince de Tarente.

Le Pape quelques jours après nomma des Cardinaux pour prendre connoissance des faits allégués contre Jeanne, & envoya au Cardinal Bertrand, son Légat à Naples, des instructions pour répondre au Roi de Hongrie sur tous les chefs d'accusation que ce Prince avoit allégués: mais ces instructions étoient tournées de maniere que le Pape en paroissant laisser le Roi juge de ses prétentions, lui en faisoit sentir l'injustice.

XLII.
PROCÉDURE FAITE A AVIGNON CONTRE LA REINE.
Oder. Rayn.
An. 1348. n° 2.

Il disoit par rapport à Jeanne, qu'étant héritiere du Royaume de Naples, tant par les droits du sang, qu'en vertu du testament du Roi son aïeul, il ne pouvoit sur un soupçon dénué de preuves

---

(1) Les quatre premiers Gentils-hommes nommés dans la Charte sont, Raymond d'Agout, Seigneur de Sault; Boniface de Castellane, Seigneur de Foz; Isnard de Pontevez; & Raymond de Vintimille, Seigneur de la Verdiere.

la priver de la Couronne sans violer toutes les loix; & quand même elle auroit mérité d'être déposée, il n'étoit pas décidé si dans ce cas le Royaume ne seroit point dévolu au S. Siege. Quant au Duc de Duras, il essaya de le justifier par des raisons plausibles; & en le supposant coupable, il se plaignoit qu'on l'eût fait mourir sans observer les formalités prescrites par la loi. Il désapprouva également le pouvoir arbitraire qu'on exerçoit contre les Princes du sang, & les injustices qui se commettoient dans le Royaume.

Ces injustices indisposoient les esprits contre le Roi de Hongrie; tandis que la fermeté du S. Pere à son égard relevoit le courage des partisants secrets de Jeanne, qui n'oublioient rien pour opérer une révolution en sa faveur. Peu contente d'avoir prouvé son innocence devant les trois Cardinaux commis pour examiner sa conduite touchant l'assassinat d'André, elle voulut plaider elle-même sa cause en plein consistoire. Le sujet étoit grand & propre à animer son éloquence naturelle: il s'agissoit d'une Couronne & de son honneur: aussi eut-elle tout le succès qu'elle pouvoit se promettre. Le sacré College fut frappé de ses raisons sans oser encore prononcer le jugement. On dira peut-être que Jeanne dut beaucoup à l'art avec lequel elle fit parler ses malheurs, & à ses grâces touchantes pour lesquelles la justice aime à trouver des raisons d'oublier sa sévérité; que le S. Pere qui vouloit acheter Avignon, fut bien aise de se ménager des droits sur la reconnoissance de Jeanne, en maintenant cette Princesse sur le trône, tandis qu'il étoit maître de l'en renverser; qu'enfin voyant que sa condamnation eût été un scandale de plus & un affront pour la Majesté Royale, il jugea prudemment qu'il falloit ensevelir son crime dans l'oubli: mais si les raisons que cette Reine apporta pour se justifier, n'avoient pas été convaincantes, pourquoi les Ambassadeurs Hongrois si prévenus contre elle, & si intéressés à la faire condamner;

condamner, n'auroient-ils pas allégué les preuves de son crime? Tout ce qu'on lui reprocha, ce fut d'avoir manifesté contre son époux une haine que les assassins crurent servir en ôtant la vie à ce malheureux Prince.

La ville d'Avignon où Jeanne donnoit ce spectacle intéressant, étoit alors cruellement affligée de la peste. Un Auteur contemporain assure que dans trois jours elle emporta quatorze cent personnes. Ainsi l'on dut voir dans cette Ville & dans les autres Villes de la Province la même confusion qu'à Florence, où le nombre excessif des morts empêchoit qu'on leur rendît les honneurs de la sépulture. On exposoit les cadavres à la porte des maisons ; quelquefois on les jettoit par les fenêtres. Ceux qui étoient chargés de les enterrer, les entassoient sans distinction dans des bierres ou sur des tables, & les portoient à l'Eglise ou au Cimetiere le plus voisin. Il y en avoit même qui mouroient dans leurs maisons sans qu'on s'en doutât : les voisins n'étoient avertis de leur mort que par l'infection des cadavres qu'ils faisoient enlever par la crainte du danger. Enfin l'épouvante & la consternation étoient si grandes qu'on ne se donnoit aucun secours les uns aux autres : tout commerce étoit interrompu ; les parens & les amis ne se voyoient plus ; le pere, la mere, les enfants, le frere & la sœur, l'oncle & le neveu s'évitoient avec soin ; les dames du premier rang, celles mêmes qui étoient distinguées par leur vertu ou leur beauté, étoient forcées lorsqu'elles se trouvoient attaquées du mal, de se reposer sur les soins du premier homme qui se présentoit, n'y ayant point de femme qui osât les servir dans ces derniers moments.

La peste commença à Avignon au mois de Janvier 1348, & dura sept mois. Il y a des jours où le nombre des victimes auroit été plus fort que dans les trois jours dont nous venons de parler, si l'on pouvoit s'en rapporter au témoignage d'un autre Auteur

XLIII.
RAVAGES AFFREUX DE LA PESTE.

Math. Vill. l. 14 c. 12 & 13.

Hist. pistol. in fine.

contemporain, mais qui écrivoit en Italie : il prétend qu'en trois mois il mourut cent vingt mille ames dans cette Ville ; expreſſion hyperbolique à laquelle on ne doit ajouter aucune foi : car ſi ce fléau emporta ce grand nombre de perſonnes dans trois mois, il dut encore faire des ravages dans les quatre autres puiſqu'il en dura ſept, & l'on ne pourroit porter à guères moins de cent cinquante mille le nombre des morts : choſe incroyable quand on connoît l'enceinte d'Avignon, même telle qu'elle étoit dans les plus beaux tems de cette Ville.

Celle d'Arles ſe vit auſſi enlever le plus grand nombre de ſes habitans. Depuis le 6 Avril juſqu'au 6 Août, on trouve dans le protocole d'un ſeul Notaire 120 teſtamens. Dans ces tems de calamité les malades ſaiſis de frayeur à la vue de ce nombre infini de victimes que la mort frappoit ſous leurs yeux, croyoient que pour appaiſer la colere de Dieu, ou racheter leurs péchés, il falloit faire beaucoup d'aumônes & de legs pieux. Il y eut un très-grand nombre d'héritages qui allerent ſe fondre dans le ſein des pauvres ou du ſanctuaire. Les poſſeſſions de l'Egliſe étant exemptes d'impoſitions, les revenus du fiſc ſe trouverent par-là conſidérablement diminués ; & la Reine Jeanne fut obligée le 19 Août de la même année d'enjoindre aux Eccléſiaſtiques & autres gens de main-morte, de vendre les immeubles qu'on leur avoit légués, à des perſonnes faites pour contribuer aux charges de l'Etat. Dans l'eſpace de cinq mois que contient le protocole dont nous parlons, on ne trouve ni acte de vente ni contrat de mariage. Dans cette eſpece d'aveuglement dont on étoit frappé, par un excès de terreur religieuſe, on enterroit les morts, les uns dans les Egliſes, les autres dans les cimetieres ; & les Prêtres les accompagnoient ſoit par religion, ſoit pour jouir des rétributions, qui, dans ces circonſtances, étoient plus fortes qu'à l'ordinaire.

La peſte, alimentée par ces cauſes, fit des ravages affreux ;

non-seulement à Arles, mais encore dans le reste de la Province. On trouvoit rarement des Notaires, même dans les Villes bien peuplées, & les Curés étoient souvent obligés de recevoir les actes. A Monrieux, de trente-cinq Religieux qu'ils étoient, il ne resta que Gerard frere de Pétrarque. Il prit soin de ses confreres durant leur maladie, & après leur dernier soupir, il lavoit leur corps & les portoit sur ses épaules au lieu de leur sépulture, lorsque la contagion eut enlevé ceux qui étoient préposés à ces fonctions.

<small>RAVAGES AFFREUX DE LA PESTE.
An. 1348.
M. pr. la V. de Petr. t. III. p. 99.</small>

Cette peste, une des plus terribles & des plus universelles qui aient dévasté le monde, dit un autre Auteur, fut si effrayante, qu'on lui chercha une origine extraordinaire. On prétendoit que c'étoit un feu sorti de la terre ou tombé du Ciel, qui s'étendant vers le couchant, consuma plus de cent lieues de pays, dévorant hommes, animaux, arbres & pierres ; il en résulta, ajoute-t-il, une corruption qui infecta la masse de l'air, & tomboit du Ciel comme la neige, brûlant les hommes, la terre & les montagnes. D'autres enfin disoient que c'étoit une pluie de vers & de serpents. Car on étoit bien éloigné de soupçonner que ces ravages affreux provenoient de ce qu'on ignoroit les moyens d'arrêter la contagion, & les remedes pour s'en délivrer. Ainsi l'on avoit à redouter tout à la fois & la violence du mal, & l'impéritie des Médecins, qui étoit un plus grand mal peut-être.

<small>Cort. l. 9. c. 14. Math. Vill. l. 1. c. 1 & 2.
J. Vill. l. 12. c. 83.</small>

Le College de Médecine de Paris ne donna pas une explication plus satisfaisante de ce phénomene. Il en chercha la cause dans un combat des étoiles & du soleil contre la mer ; combat funeste où l'eau & le feu eurent tour à tour l'avantage, & occasionnerent dans l'air une altération qui fit mourir la plus grande partie des êtres vivans. Des pluies abondantes & contagieuses en furent les suites nécessaires : suivant ces Docteurs, il falloit, trois jours après cette pluie, se tenir renfermé dans sa maison, faire brûler dans les appartements & dans les places publiques des farmens, du laurier, des herbes odoriférantes. Les herbages, les poiffons, excepté ceux qu'on pêchoit dans les rivieres, les mêts liquides, les oifeaux, le porc frais, la chair de bœuf, celle de mouton, toute viande graffe, l'huile d'olive, tout cela devoit être banni de la table de quiconque avoit foin de fa fanté.

Ils permettoient les affaifonnemens au poivre, au gingembre, au clou de gérofle : dormir pendant le jour ; boire plus à dîner qu'à fouper ; faire ce fecond repas plus tard que le coucher du foleil ; manger du fruit & ne pas boire ; fe faire faigner ; fe mettre à une trop forte diete, c'étoit s'expofer à une mort certaine : mais boire du vin vieux, clair & plein de feu, en boire fouvent & à petits coups, n'y mettre qu'un cinquieme ou un fixieme d'eau ; manger des herbes odoriférantes telles que la fauge & le romarin ; prendre de la thériaque après les repas, quand il avoit plu ; ne rien manger de ce qui étoit cuit à l'eau de pluie ; c'étoit fuivant les mêmes Médecins, un moyen fûr de fe garantir de la maladie. Les jeunes gens fur-tout devoient obferver fcrupuleufement ces pratiques pendant l'automne, s'ils ne vouloient pas mourir de la dyffenterie.

La pefte pénétra en Provence & dans toute la France par Marfeille, où des vaiffeaux Italiens l'apporterent. Les Provençaux accuferent les Juifs d'avoir occafionné & d'entretenir la mortalité par leurs fortileges. Ils firent main-baffe fur eux fans diftinction d'âge ni de fexe, & livrerent leurs maifons au pillage. A Toulon on en égorgea quarante dans une nuit. On ne fentoit pas que des hommes qui, par un charme fecret, auroient répandu la mort dans la Provence, n'auroient pas épargné leurs affaffins. Le Pape publia deux bulles pour les juftifier du crime énorme dont on les accufoit, & la Reine Jeanne donna des ordres pour arrêter la perfécution. Le dérèglement des mœurs qu'on avoit porté fi loin dans la ville d'Avignon, fixa ensuite son attention. Soit qu'elle voulût s'annoncer dans le public comme ennemie d'un vice auquel on l'accusoit de s'être livrée sans ménagement, soit que le Pape lui fit sentir la nécessité de réprimer des abus dont il étoit témoin, elle ordonna qu'on enfermeroit dans le même asyle, sous la direction d'une Abbesse annuelle, toutes les femmes qui se livroient publiquement à la débauche : cet asyle étoit ouvert tous les jours de l'année, excepté le Vendredi & le Samedi Saints, & le jour de Pâques ; il étoit interdit aux Juifs dans tous les tems. La Reine crut sans doute que la honte de paroître dans un lieu destiné à la prostitution, seroit capable de réprimer le libertinage. Peut-être aussi voulut-elle arrêter les progrès d'un mal, qui dès-lors commençoit d'empoisonner des plaisirs criminels ; car il y a un article de ce réglement par lequel on commet à la vigilance d'une Abbesse & d'un Chirurgien le soin d'en prévenir les dangers. C'étoit à Grasse sur-tout que la licence étoit hardie : les Officiers de Justice faisoient mettre en prison sous de faux prétextes, des femmes, même honnêtes, pour les faire servir à leurs plaisirs. La Reine défendit avec toute la sévérité que le crime exigeoit, d'emprisonner les personnes du sexe, excepté pour des cas notoirement graves.

Les ravages de la peste n'avoient pas été moins terribles dans le Royaume de Naples qu'en France & dans le reste de l'Italie. Le Monarque Hongrois, soit qu'il craignit d'en être attaqué, soit que ses affaires l'appellassent dans ses Etats, repassa secrétement en Hongrie à la fin du mois de Mai 1348. Son départ précipité donna occasion aux partisans de Jeanne de commencer la révolution qu'ils méditoient. Ils envoyerent des Députés à cette Princesse pour la prier de repasser à Naples, & l'assurerent qu'elle seroit bientôt rétablie sur le trône par le secours de ses fideles sujets, d'autant mieux que les troupes Allemandes, n'étant point payées, commençoient à murmurer.

Lieu de débauche a Avignon.

Écrits de Tamar. not.

Arch. de Grass. Cartul. fol. 16. v°.

An. 1348.

LIVRE VI.

XLV.
VENTE DE LA VILLE D'AVIGNON AU PAPE.

Leibnitz. cod. Gent. t. I. p. 93.
Bouch. t. II. p. 374.
Rech. hist. sur la ville d'Avignon p. 100.
Arch. d'Aix reg. virid. fol. 59. arm. A.

La Reine & son époux n'oserent se livrer à toute la joie que cette nouvelle leur inspiroit. Ils craignoient que leurs partisans n'eussent conçu trop légérement des espérances trompeuses, & d'ailleurs ils manquoient d'argent pour mettre une armée sur pied. Ils s'adresserent au Pape, le Souverain le plus riche de l'Europe. Clément VI profita habilement du besoin de Jeanne pour unir au S. Siege la ville d'Avignon. Cette Princesse déjà disposée à lui donner des preuves de sa reconnoissance, lui céda les droits qu'elle avoit sur cette Ville le 12 Juin 1348, pour le prix de quatre-vingt mille florins d'or. Les Provençaux en murmurerent; Jeanne étant encore mineure, ayant promis avec serment de ne faire aucune aliénation, & le Comté de Provence étant grevé d'une substitution en faveur de Marie sa sœur cadette, ils ne croyoient pas sans doute qu'elle pût aliéner une partie de cette Province sans avoir le consentement du Conseil de Régence. Les Historiens prétendent que les quatre-vingt mille florins ne furent jamais comptés: cependant la Reine dans le contrat de vente assure les avoir réellement reçus: & en effet on trouve une quittance en faveur de Nicolas Acciaioli qui rend compte de l'emploi qu'il avoit fait de cette somme pour les besoins de l'Etat (1).

V. les pr. ch. 44.
Rech. hist. sur la ville d'Avignon p. 119.

Le Pape voulant assurer sa possession & la rendre entierement indépendante, se fit céder par Charles IV Comte de Luxembourg, les droits du Royaume d'Arles sur Avignon, le premier

---

(1) Parmi les personnes qui fournirent du secours à la Reine Jeanne, on nomme MM. de Grimaldi de Gênes: la Reine voulant reconnoître les services que leur maison lui avoit rendus en plusieurs occasions, donna en 1348, à Antoine de Grimaldi les terres de Pratz, de Blegier, d'Estoublon & de Chanoules. Regist. Scal. rect. fol. 13. v°.
Le Registre où se trouvoit l'emploi des quatre-vingt mille florins, a été brûlé à moitié, & l'acte que je cite a été la proie des flammes: mais j'en ai trouvé une copie à Naples dans un ancien Recueil, où l'on avoit transcrit plusieurs pieces des registres de la Zecca. V. les Pr.

Novembre de la même année. Mais Charles avoit-il des titres suffisants à la suzeraineté de la Provence ? Sans vouloir examiner de nouveau l'origine des droits que les Empereurs s'arrogeoient sur le Royaume d'Arles, il suffira de remarquer ici que l'Empire appartenoit à Louis de Baviere, lorsque Charles de Luxembourg fut élu Empereur par cinq Electeurs seulement à la sollicitation du Pape : les autres Electeurs occupés à chercher quelqu'un qui voulût accepter la Couronne, refuserent constamment de le reconnoître jusqu'au 2 Février 1349. Ainsi son élection n'étant point légitime, quelle sanction pouvoit-il donner à l'acte que le Pape obtint de lui, & dans lequel il n'est point fait mention de la vente d'Avignon, que l'on a cru faussement avoir été confirmée par ce Monarque.

VENTE DE LA VILLE D'AVIGNON AU PAPE.

Il s'en falloit bien que la somme de quatre-vingt mille florins suffit pour l'expédition que la Reine Jeanne méditoit : elle obtint du Pape les décimes sur les Eglises de ses Etats, fit des emprunts, mit ses bijoux en gage, & trouva dans les Provençaux plus de ressources qu'elle ne devoit s'en promettre, vu l'état d'épuisement où le pays étoit réduit. Elle soudoya pour quatre mois dix galères Génoises qui vinrent l'attendre à Marseille où elle se rendit au mois d'Août, & confirma les chapitres de paix ; acte important, toujours respecté par les Comtes de Provence, malgré les privileges considérables qu'il renferme, parce qu'ils le regardoient comme le prix de l'obéissance que cette Ville avoit rendue à Charles I.

Matth. VIII. I. t. XVIII & XIX. Aug. Conft. &c.

Ruff. hift. de Marf. p. 173.

La Reine, son mari Louis & plusieurs Barons Provençaux s'embarquerent peu de jours après avec des troupes qu'ils avoient rassemblées à la hâte, & arriverent à Naples où Nicolas Acciaioli qui les y avoit précédés, avoit disposé les esprits en leur faveur. Aussi cette Princesse fut-elle reçue avec les plus grandes marques de joie. Les rues retentissoient de cris d'allégresse, témoignage fort équivoque de la fidélité d'un peuple qui se faisoit un jeu de son inconstance.

XLVI. DÉPART DE LA REINE POUR NAPLES. PERFIDIES QU'ELLE ÉPROUVE.

LIVRE VI.

Od. Rayn. ibid
An. 1349.

Matth. Vill. l.
1. c. 89.
An. 1350.

Le Roi de Hongrie surpris de cette invasion subite en porte ses plaintes au Pape qu'il soupçonnoit de l'avoir favorisée. Ce fut entre les deux Cours un combat de politique autant que de récrimination. Enfin le Monarque Hongrois fatigué de la lenteur des négociations, retourne dans le Royaume de Naples où ses troupes conservoient encore quelques châteaux, se rend maître de plusieurs places, & met le siege devant Averse qui étoit regardée comme un des boulevards du Royaume. Les Génois profitant de l'embarras où ces conquêtes rapides jettoient la Cour, entrerent dans la rade de Naples, & proposerent à la Reine de lui donner du secours, si elle vouloit leur céder Vintimille, menaçant en cas de refus de passer au service du Roi de Hongrie. La Reine qui n'avoit pas une galère dans ses ports, & qui ne pouvoit tirer des provisions que par mer, parce que l'ennemi maître de la terre de Labour, étoit déja aux portes de Naples, n'hésita point sur le parti qu'elle devoit prendre, elle accepta les offres des Génois, & fit partir des Commissaires pour aller mettre la République en possession de Vintimille. Les Génois refuserent d'agir jusqu'à ce qu'ils fussent assurés que la place avoit été remise, & quand ils en eurent la certitude, ils déclarerent qu'ils avoient des raisons pour ne pas faire la guerre au Roi de Hongrie, & s'en retournerent lâchement à Gênes.

Cependant la garnison d'Averse étoit prête à se rendre ; de-là l'ennemi victorieux marchoit droit à Naples, & la Reine & son mari tomboient entre les mains du vainqueur, n'ayant ni troupes pour se défendre ni vaisseaux pour s'embarquer. Reynaud de Baux, Grand Amiral qu'on avoit envoyé en Provence pour en tirer des secours, entra sur ces entrefaites dans le golfe avec une flotte de dix voiles. C'étoit un nouveau fléau que la fortune réservoit à Jeanne & à son époux ; car les Rois, quand ils sont abandonnés de leurs sujets, rentrent dans un état de foiblesse

blesse qui les met à la merci de quiconque ose entreprendre sur leurs droits. Cet Amiral fier de la grandeur de sa maison, & du pouvoir que lui donnoient son rang & sa naissance, crut qu'il pourroit, à la faveur des troubles, se frayer le chemin au trône ; ou du moins s'emparer de la Provence, où il possédoit des terres considérables. Dans cette vue il forma le projet de faire épouser la Duchesse de Duras à son fils Robert de Baux. Il voyoit sans doute de grandes difficultés dans l'exécution : mais la position où se trouvoient le Roi de Hongrie, le Roi & la Reine de Naples, lui laissoit entrevoir qu'il pouvoit tout oser. Le premier avoit besoin de lui pour achever la conquête du Royaume ; les deux autres pour sortir de Naples, où il leur étoit impossible de résister aux armes du vainqueur : ainsi comptant déja sur le succès de son entreprise, il jette l'ancre à l'entrée du port, afin de s'assurer de tous les vaisseaux qui y entroient ou qui en sortoient : de-là il offroit au Roi de Hongrie de le rendre maître de Naples, s'il vouloit consentir au mariage de la Duchesse de Duras avec son fils Robert, & en même temps il intimidoit Jeanne & Louis en leur montrant des fers ou la mort. Il fit tant par cette détestable politique qu'il obtint de tous les trois des graces & des promesses.

La Duchesse de Duras dont il recherchoit l'alliance, étoit cette malheureuse Princesse dont le Roi de Hongrie avoit fait égorger le mari. Elle étoit, ainsi que nous l'avons dit ailleurs, sœur de la Reine Jeanne, & son héritiere dans le cas où Jeanne mourroit sans enfans ; ainsi en devenant l'épouse de Robert de Baux, elle lui portoit des droits au Royaume de Naples & au Comté de Provence ; il ne restoit plus ensuite à l'Amiral qu'à prendre des mesures pour rendre ces droits utiles. Plein de ce projet & des espérances qu'il réalisoit peut-être déja dans son imagination, il fit partir deux galeres pour conduire à Gayette Louis & la Reine Jeanne, sous prétexte de les soustraire à la

PERFIDIES QU'ELLE ÉPROUVE.
Mat. Vill. c. 92 & 94.
Ang. Conf.
Summont. &c.

An. 1350.

vengeance du Roi de Hongrie, qui après le siége d'Averse dont il étoit sur le point de se rendre maître, viendroit tomber sur la Capitale : mais dans le fond son dessein étoit de les éloigner pour exécuter plus facilement son projet. En effet ayant continué de bloquer le port de Naples avec huit galères, il entre dans le Château de l'Œuf, où il savoit que la Duchesse de Duras étoit restée, l'oblige d'épouser son fils Robert de Baux qu'il avoit amené avec lui, fait consommer le mariage; ensuite ayant fait embarquer sur son escadre les deux nouveaux époux, il fait voile vers la Provence, où il se flattoit peut-être de les faire reconnoître pour Souverains, si Jeanne & son mari tomboient entre les mains du Roi de Hongrie, comme il y avoit tout lieu de le croire.

Arrivé à la hauteur de Gayette, il y trouva les deux galeres sur lesquelles il les avoit fait embarquer : au lieu de continuer sa route, par une imprudence dont on ne l'auroit pas cru capable, il laissa entrer sept galeres de sa flotte dans le port, où presque tout l'équipage descendit à terre. Pour lui qui sentoit qu'il payeroit cher la perfidie dont il venoit de se rendre coupable, s'il approchoit de la Ville, il se tint en rade avec la galere sur laquelle il avoit embarqué ses deux fils & la Duchesse de Duras.

Le Roi de Naples avoit déja appris sa noire trahison, il fit arrêter les Officiers & les Matelots qui avoient pris terre, leur fit promettre de lui remettre le perfide Reynaud, & retenant dans la Ville les principaux d'entr'eux pour répondre sur leur tête de l'exécution des promesses, il laissa partir les autres qui presserent l'Amiral d'entrer dans le port. Celui-ci s'excusa de descendre sous prétexte d'une douleur de goutte. Louis outré de colere, se jette dans une chaloupe, accompagné de quelques braves Chevaliers, aborde la Capitane, reproche à Reynaud ses attentats & l'affront qu'il venoit de faire au sang royal, le poignarde de sa main, s'assure de ses deux fils, & conduit la Duchesse sa belle-sœur dans le Château de Gayette, ayant imprimé tous les caracteres de l'assassinat à une punition qu'on auroit applaudie, s'il eût laissé aux loix le soin de l'infliger. Robert fils de Reynaud fut mis en prison. La Princesse son épouse qui ne pouvoit ni habiter avec lui à cause de la haine qu'elle lui portoit, ni en épouser un autre, parce que le mariage passoit alors pour être valide, vint un jour le voir dans sa prison, suivie de quatre soldats armés, & après de vifs reproches sur l'injure qu'il avoit faite en sa personne à la Maison royale, elle le fit tuer sous ses yeux, & fit jetter son corps par une fenêtre sur le bord de la mer; car dans ces tems malheureux, il semble qu'on ne savoit venger les crimes que par des crimes. Ce qu'il y a de remarquable, c'est que cette Princesse doublement malheureuse, & pour avoir vu poignarder son premier mari, Charles de Duras, & pour avoir fait assassiner elle-même le second, eut le courage d'en épouser un troisieme, Philippe de Tarente, frere du Roi Louis.

Vill. l. 3. c. 72.

La garnison d'Averse ayant enfin capitulé, le Roi de Hongrie entra dans Naples, bien résolu de punir les habitans de leur inconstance. Ses menaces lui firent perdre le fruit de sa conquête : le peuple s'étant apperçu que les Hongrois étoient fatigués, en mauvais ordre, & leurs chevaux à peine en état de les porter, court aux armes, résolu de périr plutôt que de payer les fortes contributions qu'on demandoit. Le Roi effrayé sort brusquement de la Ville, & passe avec son armée dans la Pouille. Ce changement de scène fit croire au Pape qu'il étoit temps de mettre en avant quelques propositions de paix. Le Roi de Hongrie dégoûté d'une guerre remplie de tant de vicissitudes, nomma des Plénipotentiaires pour entrer en négociation avec les Légats. Ils conclurent un traité dont les principaux articles étoient ; qu'il y auroit une trève entre les deux Couronnes jusqu'au premier

XLVII.
ELLE FAIT UN ACCORD AVEC LE ROI DE HON-GRIE QUI RETI-RE SES TROUPES DU ROYAUME.

Constanz.

Avril 1351, que chacun demeureroit maître des places dont il se trouvoit en possession; que les Cardinaux délégués acheveroient l'instruction du procès de Jeanne; que si elle étoit trouvée coupable, le Royaume qu'on prétendoit en ce cas dévolu au S. Siege, seroit remis par le Pape au Roi de Hongrie; & que si au contraire Jeanne étoit déclarée innocente, le Monarque Hongrois restitueroit toutes les places moyennant trois cent mille florins ou trois millions de notre monnoie, que Jeanne lui donneroit pour l'indemniser des frais de la guerre. Il fut encore statué que cette Princesse, Louis son mari, & le Roi de Hongrie, sortiroient du Royaume, jusqu'à ce qu'on eût décidé à qui il appartiendroit.

Le Roi de Hongrie ne tarda pas à satisfaire au dernier article du traité. Il distribua ses troupes dans les places de sa dépendance, & retourna dans ses Etats. Jeanne & Louis au contraire craignant que l'éloignement ne nuisît à leurs intérêts, resterent dans le Royaume, tâchant de se faire des partisans pour conserver par la force, une Couronne que les circonstances les avoient obligés de remettre au jugement du S. Siege.

XLVIII.
TROUBLES EN PROVENCE.

Cependant leur présence ne put faire cesser l'anarchie qui se faisoit sentir même en Provence, où le Roi de Hongrie n'avoit aucun parti. La Cour avoit envoyé dans cette Province, en qualité de Sénéchal, Aimeric Rollandi, Gentilhomme Italien. C'étoit attaquer les privileges suivant lesquels le Sénéchal devoit être pris dans le pays. Les Provençaux refuserent de le reconnoître, mais les Marseillois obéirent aux ordres de la Cour. De-là naquit entr'eux & le reste de la Province une division dont on eut tout à craindre. De part & d'autre on commença à se préparer à la guerre: les Marseillois qui cherchoient des alliés, s'adresserent à Charles de Grimaldi, Seigneur de Monaco, à la maison de Baux, à la Communauté du Martigues, & à la Ville d'Arles. Par-tout leurs propositions furent rejettées: enfin au

Hist. de Marf. p. 178 & suiv.

milieu de cette effervescence, l'esprit de modération que quelques ames privilégiées conservent dans les plus grands troubles, reprit ses droits; les Etats s'assemblerent à Aix: on envoya des Députés à Marseille, & il fut décidé dans un Conseil de Ville qu'on enverroit une députation à la Reine pour la supplier de s'expliquer sur le privilege de la Province; & une autre au Pape (1) pour demander sa médiation. La Reine écrivit de son côté au Pontife pour soutenir son Sénéchal, prétendant que le privilege qu'on alléguoit avoit été extorqué dans des conjonctures où elle n'étoit pas maîtresse de le refuser; mais des circonstances plus critiques la forcerent alors de le respecter. Elle révoqua donc (2) Rollandi, & confirma Raymond d'Agout dans la charge de Sénéchal; aimant mieux céder que d'exciter par une fermeté déplacée un soulevement dangereux. Le trône

TROUBLES EN PROVENCE.

An. 1350.

Pr. ch. 45.

(1) La charte nomme parmi les Barons Raymond d'Agout, Raymond de Baux, Albert de Blaccas, Guirand de Simiane, George & Pons de Leüncel, & Bertrand de Marseille, Seigneur d'Ollioule & d'Evenos. Ce Bertrand étoit de la Maison de Vintimille, & fils de Boniface, comme il est dit dans l'hommage qu'il prêta au Roi Robert le 3 Avril 1324. *Nobilis domicellus Bertrandus de Massilia, Dominus Evene & de Olivolis, filius egregii viri dni Bonifacii de Vintimilio, hereseque universalis magnifici viri quondam domini Bertrandi de Massilia militis, præstat homagium Roberto,* &c. Arch. du Roi à Aix.

Regist. ped. f. 125. v°.

Les Députés de la ville à la Cour d'Avignon furent Guillaume de Montolieu, Chevalier, & Ricaut; ceux qui furent députés vers la Reine Jeanne étoient Pierre Boniface, J. de S. Jacques, & Antoine Lurdi Notaire. Ruffi appelle le Sénéchal, Jean Barrilis; je le trouve nommé Aimeric Rollandi dans la lettre que la Reine Jeanne écrivit au Pape à cette occasion le 23 Octobre 1350. Angel. Costanzo fait mention, p. 153, de Jean Barrile, courtisan & favori du Roi Robert. Il étoit savant, & c'est par son mérite qu'il avoit gagné l'estime de ce Prince, il étoit aussi ami de Pétrarque.

(2) Ceci se passoit aux mois d'Avril & de Mai 1350, car Boniface de Castellane, Seigneur de Foz, fut grand Sénéchal, jusqu'au 4 Octobre, que la Reine Jeanne le revoqua, & lui donna pour successeur Raymond d'Agout, qui paroît s'être toujours conformé aux vues de cette Princesse. Ces deux Seigneurs s'étoient trouvés à la tête de plusieurs Barons & de quelques Députés du tiers lorsqu'ils exigerent de cette Princesse le 17 Février 1349, qu'elle ne donnât les emplois de la Province, qu'à des personnes du pays. V. pr. ch. 37.

Arch. de Toulon fac. A.

n'avoit jamais été plus chancelant : les diffentions déchiroient la Cour, & elle n'avoit pas le crédit de les réprimer : les Hongrois menaçoient de recommencer la guerre, & elle étoit fans troupes & fans argent. Clément VI qui vouloit prévenir de nouveaux malheurs, envoya l'Archevêque de Brindes à Gayette pour tâcher de réunir les efprits des courtifans : il écrivit en même tems à Elifabeth, Reine douairiére de Hongrie, afin qu'elle donnât tous fes foins au maintien d'une paix, que les malheurs paffés rendoient fi néceffaire.

LIVRE SEPTIEME.

I.
JEANNE EST RECONNUE INNOCENTE PAR LE SACRÉ COLLÉGE.

Le zèle actif du Souverain Pontife ne fuffifoit pas pour conjurer l'orage : il falloit que la Reine Jeanne fût jugée. Les Ambaffadeurs Hongrois à la Cour d'Avignon le demandoient avec inftance : le Pape lui-même n'étoit point éloigné de l'accorder; mais il étoit embarraffé fur la manière dont il termineroit cette grande affaire. On imagina d'engager la Reine à prouver que contre fa volonté, & par la vertu de quelque maléfice auquel la foibleffe de fon fexe avoit fuccombé, elle n'avoit jamais eu pour fon époux un amour fincere. Cette Princeffe trouva des témoins qui dépoferent qu'un fortilege avoit étouffé dans fon cœur la tendreffe qu'elle devoit à fon époux, & qu'on avoit profité de cette antipathie, pour confpirer contre lui, croyant délivrer l'état d'un Souverain, défagréable à la fois à fon peuple & à fon époufe.

Mat. Vill. l. 2. c. 24.
Spond an. 1350.
Rayn. an. 1351.

Les Juges drefferent leur plan de juftification fur cette invention adaptée à l'efprit du fiécle, & déclarerent la Reine innocente. L'artifice nous paroît groffier : c'étoit pourtant un des meilleurs qu'on pût imaginer alors. Mais obfervons que la justification ne tombe que sur la haine de Jeanne contre le Roi ; que les Ambassadeurs Hongrois n'alléguerent aucun fait qui prouve qu'elle fût complice de l'assassinat : si cette complicité avoit été constatée, on ne se seroit pas borné à justifier la haine, on auroit également excusé le crime, en le rejettant sur le pouvoir irrésistible des enchantements.

La décision de cette grande affaire ramena la paix. Elle fut conclue au commencement de Mai 1352, à condition que Jeanne payeroit au Roi de Hongrie trois cent mille florins d'or, ou trois millions de notre monnoie ; que ce Prince rappelleroit ses troupes des états de Naples ; qu'il restitueroit toutes les places & délivreroit les Princes détenus dans les prisons de Hongrie. Quant aux trois cent mille florins, les Ministres Hongrois en firent remise à la Reine, déclarant que leur maître n'avoit point entrepris cette guerre par un motif d'intérêt, mais pour venger la mort de son frere. Les Princes ne furent mis en liberté qu'au mois de Septembre suivant. Jeanne & Louis furent ensuite couronnés à Naples le 22 Mai, jour de la Pentecôte, avec la plus grande magnificence : mais pour empêcher que le titre de Roi, dont Louis alloit être décoré, ne devint une source de démêlés entre lui & les héritiers de Jeanne, si elle le dévançoit au tombeau ; le Pape, avant qu'on procédât à la cérémonie du couronnement, statua que ce Prince en recevant la Couronne, n'aquerroit aucun droit, & que l'ordre de succession, réglé dans la concession faite par le Saint-Siége à Charles premier, n'en seroit point interrompu.

An. 1352.
II.
LA PAIX EST RÉTABLIE ; JEANNE ET LOUIS SON MARI SONT COURONNÉS.
Rayn. an. 1352, n° 5. Vill. 16. c. 65.

Les deux époux au comble de leur joie voulurent laisser chacun un monument de leur reconnoissance en mémoire de cet heureux événement. Jeanne fonda une église à l'honneur de la Vierge ; & Louis institua l'Ordre de Chevalerie du Saint-Esprit, au droit désir, nommé par les Historiens de Naples l'*Ordre du Nœud*.

III.
INSTITUTION DE L'ORDRE DU S. ESPRIT A NAPLES.

Les Chevaliers devoient être au nombre de trois cents : il jeûnoient tous les jeudi ; s'engageoient à une fidélité constante envers le Roi ; à faire la guerre aux ennemis de la religion lorsqu'ils en seroient requis par le Pape, & à visiter le Saint Sépulchre. Ils portoient sur leur habit un rayon de lumiere en broderie, & au-dessus un nœud de ruban lié en forme d'un double las-d'amour, avec cette devise *se Dieu plaît* : lorsqu'un Chevalier s'étoit distingué par quelque action de bravoure dans une bataille ; s'il avoit tué, par exemple, ou pris le général ennemi, enlevé ou renversé la banniere, il délioit le ruban jusqu'à ce qu'il eût fait le voyage de Palestine ; alors il le renouoit & prenoit pour devise, *il a plu à Dieu*.

Le jour de la Pentecôte le Roi donnoit au château situé entre la ville de Naples, & *Notre-Dame du Pré de l'obscure grotte des enchantements de Virgile*, un repas où les Chevaliers qui avoient délié le nœud, c'est-à-dire qui avoient donné quelque preuve éclatante de valeur, occupoient la place la plus honorable. Ceux qui l'avoient renoué, c'est-à-dire qui avoient fait le voyage de Jérusalem, y assistoient couronnés de laurier. Ainsi l'institution de cet Ordre sembloit n'avoir pour objet principal que d'exciter les Chevaliers à la bravoure, à combattre les Infideles, & à visiter les lieux saints. Sous ce point de vue il a peu de rapport avec celui du Saint-Esprit, institué en France par Henri III, plus de deux cents ans après ; parce que du tems de ce Prince, on étoit revenu de la fureur des croisades & des pélerinages de la terre sainte : mais il est vraisemblable que l'Ordre du Saint-Esprit, établi par le Roi de Naples, a servi de modele à l'autre (1).

---

(1) Nous avons lu dans un Mss. de Dupui, que Marguerite de Valois, premiere femme de Henri IV. dit un jour confidemment à l'Evêque de Grasse, son Aumônier, que l'institution de l'Ordre du S. Esprit avoit été faite pour l'amour d'elle ; que les couleurs de l'Ordre étoient les siennes propres, savoir le vert

Le Roi & la Reine voyant le calme succéder à tant de troubles, se livrerent sans défiance aux douceurs d'une tranquillité qu'ils n'avoient jamais goûtée, & autoriserent les désordres par leur indolence ou par l'impuissance de les réprimer. Ce ne fut qu'à force de prodigalités, qu'ils acquirent des partisans dans le Royaume, ou qu'ils ramenerent à leur devoir ceux qui avoient secoué le joug. Guillaume-Pierre Lascaris, des Comtes de Vintimille, Seigneur de Tende & de plusieurs autres lieux, faisoit à leurs sujets du Comté de Provence, une guerre cruelle, dans laquelle on éprouva toutes les horreurs d'un brigandage. Les milices de plusieurs Vigueries eurent ordre de marcher contre lui pour le combattre; mais Gui de Flotte, Lieutenant général du grand Sénéchal, qui fut chargé de le réduire, aima mieux mettre fin à la campagne par une paix solide le 14 Décembre 1352, que de courir après des succès que les circonstances rendoient fort douteux.

Il étoit plus difficile de réparer les finances épuisées par des libéralités désordonnées, ou par les dépenses énormes que les guerres précédentes avoient entraînées: on imagina d'aliéner les domaines de la Couronne, moyen odieux souvent employé, & toujours insuffisant.

Les Etats de Provence s'y opposerent en vertu des Déclarations du Roi Robert & de celles que la Reine elle-même avoit données le 15 Septembre 1350; car cette Princesse, en confirmant à plusieurs villes leurs anciens priviléges, ou en leur en accordant de nouveaux, avoit déclaré expressément qu'elles ne pourroient jamais être aliénées. Ainsi soit zèle de leur part,

IV.
GUERRE AVEC LASCARIS, ÉPUISEMENT DES FINANCES.

Reg. Rub. fol. 19.
Evech. de Marf. l. verd. fol. 66.

Saxi p. 317 & alii.

---

naissant, le jaune doré, & le bleu ou violet; que les chifres des doubles *M*, étoient pour elle, comme aussi les chifres π ou *fedelta* & les *H* pour le Roi Henri III: qu'en effet ce Prince l'avoit grandement aimée, sans qu'elle y eut aucune inclination; au lieu qu'elle aimoit grandement ses deux autres freres, le Roi Charles & M. Duc d'Anjou.

soit crainte de passer sous la jurisdiction d'un Despote subalterne, elles contribuerent par leurs réclamations à maintenir, dans toute son étendue, l'autorité souveraine en Provence, & cette liberté que quelques-unes d'entr'elles faisoient remonter au tems des Romains. Les unes reçurent pour prix de leur fidélité le privilége de ne pouvoir sortir des mains du Souverain; les autres l'acheterent : peut-être y en eut-il à qui la Reine l'accorda par politique, pour les empêcher de remuer. Car le calme dont on jouit fut passager, y ayant toujours quelque Grand tout prêt à le troubler.

V. Mort de Clément VI. Innocent VI lui succéde.

Louis de Duras jaloux des faveurs dont Robert & Philippe de Tarente, freres du Roi, furent comblés à leur retour de Hongrie, se crut négligé, & résolut secretement de s'en venger. Cet événement pouvoit être d'autant plus dangereux, que Clément VI, l'appui & quelquefois le protecteur de Jeanne, venoit d'être enlevé à l'Eglise le 6 Décembre 1352, laissant après lui la réputation d'avoir été un des hommes les plus éloquents & les plus instruits de son siécle. Il entendoit assez bien les intérêts des Princes : plusieurs Etats de l'Europe furent redevables à son zèle de la paix dont ils jouirent. Mais il aima beaucoup le faste, & ne se défia point assez du penchant qu'il avoit pour les personnes du sexe. La Vicomtesse de Turenne, Cécile de Cominges (1) l'avoit entierement subjugué. Elle exerça sur

An. 1352.

---

(1) Cécile avoit épousé en 1336 Jacques d'Arragon, Comte d'Urgel, fils d'Alphonse IV Roi d'Arragon. Ayant hérité de la Vicomté de Turenne par la mort de son frere, elle la vendit au Pape en 1350.

Clément VI étoit Limousin, & fils de Guillaume Rogier Seigneur de Rosieres, lequel eut pour enfans outre Clément VI, Guillaume Rogier II, Comte de Beaufort en Anjou; Hugues, Cardinal; Almodie, femme de Jacques de Besses; & Guillemette, femme de Jacques de la Jugie. Hist. général des gr. Off. t. 6. p. 315.

Pr. ch. 46. Guillaume Rogier II épousa 1° Marie de Chambon vers l'an 1334; 2° Guerine de Canillac en 1345; 3° Catherine d'Adhemar, sœur d'Hugues, Seigneur de la Garde, de Monteil & de Valence, le 9 Novembre 1363, ainsi qu'il conste par

lui un empire, qui fut la source de beaucoup de déprédations, & le motif ou le prétexte pour plusieurs jeunes Prélats de donner un libre essor à la sensibilité de leur cœur. Aussi tout respiroit dans la Cour de ce Pape, un air de mondanité, qui desséchoit le germe des vertus dans les personnes qui la fréquentoient.

MORT DE CLÉMENT VI. INNOCENT VI. LUI SUCCÈDE.

Clément eut pour successeur Innocent VI, élu le 18 du même mois. Jeanne lui fit part de la triste situation de ses affaires: elle n'en reçut que des exhortations à la patience. L'Empereur Charles IV de la Maison de Luxembourg, étoit alors en

---

le contrat de mariage que j'ai entre les mains, & que j'ai copié à la Cour des Comptes de Provence. Il eut six garçons & trois filles légitimes; un bâtard, & une fille naturelle. Les garçons furent 1° Guillaume Rogier III de Beaufort, Vicomte de Turenne, qui eut un fils nommé Raymond de Turenne & quatre filles. 2° Pierre devenu Pape sous le nom de Grégoire XI en 1371, & mort à Rome au mois de Mars 1378. 3° Nicolas, qui après avoir embrassé l'etat Ecclésiastique entra dans le monde. 4° Rogier de Beaufort qu'il fit son heritier universel, & qu'il avoit émancipé le 26 Mars 1360, ayant alors 18 ans: ces quatre freres étoient du premier lit. 5° Marquis, Seigneur de Canillac & Vicomte de la Motte. 6° Raymond, Vicomte de Turenne, fils de Catherine Adhémar. Le P. Anselme & Baluze nomment Jean, Archevêque d'Auch & de Narbonne: il n'en est point parlé dans le testament de Guillaume II, que nous avons mss., & d'après lequel nous faisons cette note. Les mêmes auteurs font mention de six filles, qui sont Élis, Dauphine, Marthe, Marguerite, Jeanne & Marie; ils prétendent que cette derniere fut mariée en secondes noces vers l'an 1375, à Raymond de Nogaret. Dans le testament de Guillaume fait le 27 Août 1379, il n'est parlé que d'Élis mariée à Aimar de Poitiers Comte de Die & de Valentinois; 2° de Marguerite, femme de Gerard de Ventadour, Seigneur de Donzenac, *de Dusenaco*; 3° de Marthe, mariée à Gui de la Tour d'Auvergne. Son fils batard, à qui il donne le titre de Chevalier, *Miles*, s'appelloit Tristan. Il lui legue deux mille florins d'or & plusieurs terres; il legue la même somme à sa fille naturelle, nommée Claire de Beaufort.

Guillaume III fils de Guillaume II, épousa vers l'an 1350 Éléonor de Cominge sœur cadette de Cécile, de laquelle il eut un fils nommé Raymond, Comte de Beaufort, & Vicomte de Turenne; Éléonore & Marguerite dont le sort m'est inconnu; Jeanne mariée à Raymond de Baux; & Cécile femme de Louis II de Poitiers Comte de Valentinois. Bal. vit. Pap. t. 1. p. 833; hist. général t. 6. p. 318. Ce Raymond de Turenne, fils de Guillaume III, est le même qui se rendit fameux en Provence par les ravages qu'il y fit, & dont nous parlerons.

Provence ranimant autant qu'il étoit en lui, cette fuzeraineté que fes derniers prédéceffeurs avoient prefque laiffé expirer. Il avoit déja déclaré l'Archevêque d'Embrun Prince du Saint-Empire, & le Comte de Valentinois Vicaire du Royaume d'Arles. Durant fon féjour en Provence il accorda quelques droits régaliens aux Archevêques de cette derniere ville, & reçut l'hommage du grand Sénéchal, comme Seigneur Suzerain d'une province, fur laquelle pourtant les Empereurs n'avoient plus aucun droit depuis l'extinction de la Maifon de Suabe.

La Reine Jeanne deftinée à éprouver tous les caprices de la fortune, étoit alors à la veille de fe voir encore renverfer du trône. Louis de Duras, à la tête des mécontens, dont le nombre groffiffoit chaque jour, ravageoit les plus belles Provinces du Royaume de Naples. Robert fon frere qui partageoit fon mécontentement, voulut s'affocier à fa vengeance. Il vint en Provence, & s'étant ligué avec le Seigneur de la Garde, de la Maifon d'Adhémar, ils furprirent pendant la nuit du 5 Février 1355 le Châteaux des Baux, célebre dans ce tems-là par l'avantage de fa fituation, & par le rang confidérable que fes Seigneurs tenoient à la Cour de Naples : peut-être Robert cherchoit-il à fe venger de quelqu'injure particuliere qu'il avoit reçue d'eux.

La prife de cette place eut des fuites fâcheufes. Ceux qui croyoient avoir à fe plaindre de la Reine, coururent fe ranger fous les drapeaux du rebelle. Dans peu de jours, il fe vit à la tête de 300 hommes de cavalerie, & de 500 fantaffins tous bien armés, avec lefquels il portoit le ravage & l'allarme dans tout le voifinage. Les Barons de Provence armerent leurs Vaffaux ; & foit qu'ils vouluffent venger la maifon de Baux, à laquelle la plûpart d'entr'eux tenoient par les liens du fang ; foit qu'ils craigniffent de fe voir affaillis dans leurs terres, ils parurent devant la place au nombre de 800 cavaliers (1) & d'une infanterie nombreuse. L'histoire n'entre dans aucun détail au sujet de ce siége : elle semble même nous faire entendre que Robert de Duras ne rendit la ville, que parce que le Pape lui donna une somme considérable en argent. Il capitula au mois d'Août de la même année, & étant passé au service du Roi de France, il fut tué en 1356 à la bataille de Poitiers, sans avoir été marié.

Cette guerre civile, quelque courte qu'elle fût, laissa dans les esprits des semences de divisions ; elles auroient pu devenir fâcheuses, si Philippe de Tarente, envoyé pour gouverner la Provence, n'eût tâché de les étouffer par ses bienfaits. Il abolit les crimes commis pendant la guerre, excepté ceux de lese Majesté, l'homicide volontaire, le viol, l'altération des monnoies, des poids & des mesures ; remit les dettes contractées envers la Cour ; exempta de tout impôt pendant un an, & révoqua la défense d'exporter hors du pays le bled & les autres denrées.

Malgré ces actes de modération, il ne put réprimer l'esprit de révolte ; & lorsqu'Arnaud de Servole, surnommé l'Archiprêtre, se montra sur les bords du Rhône, à la tête de ses brigands, on vit les Provençaux se ranger sous ses bannieres & faire le dégât par-tout. Parmi eux on comptoit Amiel de Baux & Raymond

VII.
L'ARCHIPRÊ-
TRE RAVAGE
CETTE PRO-
VINCE.
18 Mars 1356.
Reg. rub f. 51.
Arch. de Toulon sac. A.

(1) Voilà tant du côté de Robert que du côté des assiégeans onze cent Cavaliers. En général il n'y avoit que les Nobles & les Bourgeois des grandes Villes qui eussent droit de servir à cheval. On peut conclure, soit du grand nombre des Gendarmes que nous voyons dans les guerres, soit des chartes, que la Noblesse de Provence étoit extrêmement nombreuse anciennement. Nous en avons dit la raison ailleurs. Nostradamus rapporte, p. 403, qu'il a lu une charte où il étoit fait mention de plus de 80 Nobles, habitans au village de Mallemort en 1350, il faut donc que les guerres d'Italie & la peste, qui a été autrefois si fréquente dans notre Province, aient détruit beaucoup de Maisons Nobles. Peut-être en existe-t-il encore dans la roture, auxquelles il ne manque que des titres que la négligence de leurs aïeux & la misére ont fait disparoître.

de Baux Comte d'Avelin, qui cherchoient peut-être à venger la mort de Reynaud & de Robert leurs parents. Ils ravagerent une partie de la Provence, forcerent & pillerent Draguignan, Saint-Maximin & plusieurs autres Villes, & firent capituler Brignolle, feignant de recevoir le serment de fidélité au nom de la Reine.

Arnaud de Servole étoit un Gentilhomme de Périgord, qui ayant embrassé le parti des armes au service de la France, fut blessé & pris à la célebre journée de Poitiers, en combattant pour le Roi Jean. Quand il eut recouvré sa liberté, il se mit à la tête de quelques compagnies, & courut ravager plusieurs Provinces. Arrivé sur les terres du Pape, il fit assurer sa Sainteté, que ce n'étoit ni à lui ni à son Domaine qu'il en vouloit, mais aux Etats de la Reine Jeanne. On prétend qu'il étoit attiré par le Cardinal de Périgord, qui étant oncle des Princes de Duras, avoit épousé la haine qu'ils portoient à la Maison régnante.

La Reine se débarrassa dans ce tems-là d'un ennemi plus redoutable. Les Princes de la Maison de Savoie lui enlevoient tous les jours en Piémont cette supériorité que ses ancêtres y avoient conservée. Amé VI auroit peut-être renversé la puissance de la Maison d'Anjou dans cette Province, si Philippe de Tarente n'eut conclu avec lui au nom du Roi & de la Reine, le dernier Septembre 1356, une ligue offensive & défensive, qui arrêta les progrès de ses armes. L'Archiprêtre quoique moins puissant, pouvoit être plus dangereux : les troupes du Prince de Tarente se rendirent sur les bords de la Durance pour lui en disputer le passage. A l'approche de l'ennemi elles se débanderent, & la Provence fut ouverte à la dévastation. Les brigands y commirent toutes sortes de ravages, arrachant les arbres & les vignes, maltraitant les habitans, massacrant les uns, & emmenant les autres prisonniers

On essaya de s'en défaire par la famine ; on renferma dans les Villes les bestiaux, les fourrages, les provisions de toute espece, & l'on brûla tout ce qu'on ne put emporter. Les ennemis manquant de tout, se replierent sur Avignon, & reçurent du Pape une somme, à condition qu'ils sortiroient du pays. Ce fut alors que le Saint Pere, pour se mettre à l'abri d'une nouvelle insulte, fit entourer la ville de ces belles murailles qui subsistent encore, & dont Ferdinand Hérédia, Grand-Maître de Rhodes fit presque toute la dépense. Le Pape fit faire en même-tems la revue des personnes attachées à son service, & en état de porter les armes ; il se trouva quatre mille Italiens, sans compter les Gendarmes des autres nations : avec ces forces il semble qu'il n'auroit pas dû craindre les bandes de l'Archiprêtre ; cependant elles reparurent peu de tems après au nombre de quatre mille, & répandirent de nouveau la consternation dans le pays.

*Hist. de Malt. t. II. p. 87. in 4°
Vill. c. 96.*

Les Villes attachées au parti de la Reine Jeanne, telles qu'Arles, Nice, Aix, Toulon, Grasse, Tarascon, Fréjus, &c, firent leurs derniers efforts pour défendre le pays. Raymond d'Agout, Isnard & Guillaume de Glandevès, Seigneurs de Cuers & de Pourrieres, montrerent le même zèle : mais des milices ramassées à la hâte, composées de Bourgeois & d'Artisans élevés loin des camps, étoient impuissantes pour arrêter quatre mille hommes aguerris & nourris dans les combats. On eut recours au Roi de Naples, Prince foible & mal affermi sur un trône chancellant : Louis ordonna à ses Vassaux de prendre les armes pour venir servir en Provence, & demanda des secours aux Florentins & à plusieurs villes de la Toscane. Les Florentins promirent 300 cavaliers : les autres villes offrirent des secours proportionnés à leur population : ainsi l'on fut à la veille de voir les mêmes contrées d'Italie que les Provençaux avoient conquises ou défendues, venir secourir à leur tour cette terre épuisée d'où étoient sortis leurs conquérans ou leurs défenseurs.

VIII.
Moyens qu'on prend pour s'en débarrasser.
*Hist. de Mars. p. 181.
Vill. l. 8. c. 8. 10. & 96.*

Ces secours n'arriverent pas. Le Pape plutôt que d'abandonner la ville d'Avignon au pillage, prit sagement le parti de composer avec Arnaud de Servole, & de l'inviter à venir le voir. *L'Archiprêtre*, dit Froissart, *fut aussi révéremment reçu comme s'il eût été fils au Roi de France*, & dîna plusieurs fois devers le Pape & les Cardinaux ; & lui furent pardonnés tous ses péchés, & au départir on lui livra quarante mille écus ou 522400 livres. Il avoit déja retiré de la Provence une contribution de vingt mille florins d'or, c'est-à-dire d'environ 192300 livres. Il abandonna donc le pays chargé d'or & de butin, après l'avoir ravagé pendant trois mois.

Sa retraite ne fit point cesser les hostilités. La Noblesse & les Villes, aigries par leurs malheurs, indignées contre les Seigneurs de Baux qui avoient attiré les brigands, conspirerent leur ruine, & elles auroient consommé leur vengeance, si le Pape & les Cardinaux n'avoient par leurs soins étouffé cette guerre civile. Des pluies abondantes mirent ensuite le comble à la dévastation. Le Rhône & la Durance sortirent de leur lit au mois de Novembre, & répandirent leurs eaux fort loin dans les campagnes. L'hyver qui survint ensuite fut extrêmement rigoureux, à cause de la quantité de neige qui tomba, & qui dut être prodigieuse en Provence, si elle y fut à proportion aussi abondante qu'en Italie : on prétend qu'à Bologne elle avoit dix brasses de hauteur. Les jeunes gens y pratiquerent une voute sous laquelle ils se plaisoient à donner des fêtes en mémoire d'un événement aussi extraordinaire. La famine, suite nécessaire d'un si grand froid, déploya ses rigueurs. A Avignon la saumée de bled se vendoit huit florins, c'est-à-dire environ 69 livres de notre monnoie. Pour comble de malheur la peste, ou plutôt une maladie épidémique se joignit à tant de fléaux, qui se succédant coup sur coup, rendirent la génération alors existante, une des plus malheureuses dont il soit parlé dans l'Histoire. La mortalité

mortalité fut très-grande à Avignon & dans le reste de la Provence, où l'on manquoit de ces secours que la vigilance du Gouvernement fait procurer, lorsque le Prince est témoin des maux qui affligent le peuple.

Louis & Jeanne, distraits par les affaires que l'esprit de révolte leur suscitoit à Naples, ne pensoient qu'à les terminer. Après avoir eu en Sicile des succès qui sembloient devoir faire rentrer cette Isle sous leur obéissance, ils avoient été obligés de l'abandonner pour conserver quelques Provinces du Royaume, que Louis de Duras & Jean Pipin, Comte de Minervino, avoient fait soulever. Ils n'étoient occupés de la Provence que pour en recevoir des subsides & des hommages. Cependant les Compagnies de l'Archiprêtre continuoient de la ravager. Amiel de Baux en étoit l'ame & le chef; elles entrerent dans les terres de la Reine, & l'on vit renouveller toutes les horreurs d'une guerre civile. Les Milices du pays (1) étant trop foibles pour lutter contre des troupes familiarisées avec le crime & le danger, on appella Jean Comte d'Armagnac, auquel on promit 35000 florins d'or, c'est-à-dire 338100 livres, pour le dédommager de ses dépenses. Jean vint en Provence avec deux mille cinq cents hommes très-bien armés, & montés sur des chevaux Barbes. La guerre fut alors poussée avec plus de vigueur: les Baux & quelques autres terres du Seigneur de ce nom furent assiégées; & les deux partis firent des dégâts horribles par-tout où ils purent pénétrer: la mort du Comte d'Avelin, arrivée au commencement de l'année 1360, fut seule capable d'éteindre le feu que sa vengeance avoit allumé.

Le calme ne dura pas longtemps: les Anglois ayant été obli-

IX.
LES COMPAGNIES ET LA MAISON DE BAUX RECOMMENCENT LES HOSTILITÉS.

Hist. de Marf. p. 182 & suiv.

Hist. de Marf. p. 182 & suiv.

An. 1360.

---

(1) On voit par une lettre écrite alors par le Sénéchal à Nobles *Domicelli* Arnavesi, Rostang Gassoli & Rostang de Valbelle, Consuls de Toulon, que tous les habitans depuis l'age de 15 ans jusqu'à celui de 35, avoient ordre de prendre les armes. Archiv. de Toul. sac A.

LIVRE VII.

X.
INVASION DES TARD-VENUS.

gés par le traité de Bretigni, conclu le 8 Mai de cette année, d'évacuer les places dont ils avoient la garde ; les Officiers & les Soldats mal payés, congédiés & accoutumés au pillage, formerent sous différents Chefs de nouvelles compagnies appellées les *Tard-Venus*, parce qu'ils ne faisoient que glaner en France, où leurs prédécesseurs avoient moissonné. Ils se répandirent dans les Provinces méridionales, où ils laisserent par-tout des traces de leur fureur. Le Chef de l'une de ces troupes de voleurs, qui se faisoit appeller *l'ami de Dieu & l'ennemi de tout le monde*, séduit par l'accueil que le Pape & les Cardinaux avoient fait à l'Archiprêtre, & dans l'espérance de rançonner cette riche Cour, fut tenté de voir Avignon. Les richesses scandaleuses de la plupart des Cardinaux allumoient la cupidité de ces brigands. Le Cardinal Hugues Rogier, frere de Clément VI, laissa après sa mort plus de quinze cent mille livres presque tout en or. Les especes différentes étoient dans des bourses séparées, & lorsque la même fournissoit une trop grosse somme, il la divisoit en plusieurs sommes égales, qu'il enfermoit dans des sacs cachetés. On lui trouva vingt-trois sacs, contenant chacun cinq mille florins d'or ; le tout étoit arrangé avec tant de soin dans un coffre-fort, qu'on jugeoit en le voyant que le Cardinal avoit oublié le précepte de l'Evangile qui défend de mettre son cœur dans les trésors de la terre. *Les Tard-venus avoient juré entr'eux*, dit Froissard, *qu'ils auroient de l'argent ou qu'ils seroient hariez* ; c'est-à-dire, secoués de la belle maniere. Ils surprirent le Pont-Saint-Esprit, *dont ce fut pitié*, dit le même Auteur, *car ils occirent maint prudhomme, & violerent mainte demoiselle*. Maîtres de cette ville ils firent des courses jusqu'aux portes d'Avignon qu'ils affamerent, & porterent la désolation en Provence, où la famine joignoit ses fureurs à celles de la peste. Cette maladie emporta dans la seule ville d'Avignon depuis le 29 Mars 1361 jusqu'au 25 Juillet, dix-sept mille

Baluz. t. II. p. 762.

Froiss. v. 1. C. 215.

An. 1361.
Villan. l. 10. c. 46.

perfonnes parmi lefquelles étoient neuf Cardinaux, cent Evêques, un grand nombre d'Eccléfiaftiques, & huit Officiers de la Cour du Pape. Malgré ce danger, capable d'arrêter des hommes moins avides que ces brigands, leur troupe groffiffoit tous les jours par l'arrivée des Anglois, Allemands, Brabançons, Gafcons & autres que l'amour du pillage attiroit ; ils paffoient au fil de l'épée les hommes faits, les vieillards, les enfants ; brûloient les maifons & les Eglifes ; & ce qu'ils ne pouvoient ravir ils le livroient aux flammes. Le Pape les menaça des armes fpirituelles & temporelles : ils répondirent qu'ils mettroient toute la Chrétienneté en combuftion.

Baluz. Bulle. n° 177.

Heureufement le Marquis de Monferrat vint délivrer la Provence de ce fléau ; ayant befoin de troupes pour faire la guerre aux Vifconti, il propofa au Pape, s'il vouloit donner une fomme confidérable, de les emmener en Italie. Le S. Pere y confentit, & ils s'engagerent à fuivre le Marquis moyennant foixante mille florins, ou 579600 livres que Sa Sainteté leur donna outre l'abfolution des péchés, grace qu'il eût été dangereux de leur refufer, & qu'ils demanderent avec une inftance qui prouve combien ils étoient de fang froid dans leur fcélérateffe, puifqu'ils croyoient fe la faire pardonner auffi facilement devant Dieu. C'étoit le fiecle des événemens extraordinaires. Ces brigands eurent à peine difparu, qu'un avanturier natif de Sienne, nommé Jean Guccio, fe montra fur la fcène ; il fe difoit Roi de France : ce qui furprendra, fi quelque chofe pouvoit furprendre en fait d'opinion, c'eft qu'il eut des partifans, parmi lefquels on diftinguoit Duvernai, Gentilhomme Anglois, qui s'étoit affocié à cette efpece de folie, croyant en partager le fruit. Ces avanturiers les armes à la main, parcoururent la Provence, détruifant tout fur leur paffage par le fer & le feu ; mais ils furent pris & envoyés à Naples où ils trouverent la peine dûe à leur coupable extravagance. On croyoit enfin refpirer après tant de

XI.
AUTRES BRIGANDS.
An. 1361.
M. vill. l. 10.
l. 34 & 43.

Int. epift. Innoc. VI.

malheurs, lorsqu'on vit venir du côté de l'Espagne de nouvelles compagnies sous la conduite du Comte de Transtamare. Les Etats assemblés à Draguignan au commencement de Janvier 1362, sentant qu'ils ne pouvoient réprimer leur fureur, résolurent d'assouvir leur cupidité ; ils s'obligerent à leur donner dans l'espace de vingt jours, dix mille florins, dix mille septiers de bled, & deux mille brebis : à ces conditions ils se délivrerent de cette soldatesque effrénée, qui promit de ne plus retourner dans le pays ; mais deux ans après on vit encore arriver une troupe de ces brigands, dont on ne put se débarrasser qu'en leur donnant vingt mille florins qui font la somme de 175,000 livres.

XII. Portrait et mort du Roi Louis.

La Reine Jeanne & Louis vivoient loin de ces orages. Louis étoit beau, bien fait ; mais du reste il n'avoit aucune élévation dans l'ame, aucune fermeté dans le caractere ; il étoit inconstant dans ses goûts, pusillanime dans l'adversité, vain & haut quand la fortune se montroit favorable : il craignoit les hommes recommandables par leurs talents ou leurs vertus ; aussi avoit-il soin de les éloigner pour se livrer sans réserve aux jeunes Seigneurs les plus débauchés : il aimoit l'argent, négligeoit la justice, & se faisoit un jeu de manquer à sa parole, se glorifiant de ce défaut comme d'une qualité estimable. Quoiqu'il dût son élévation à la Reine, soit caprice, soit mépris, il eut peu d'égards pour elle ; il la maltraitoit même, & la majesté du trône n'empêchoit pas qu'il ne se mêlât à leurs disputes ces vifs débats qu'on ne devroit pas même trouver dans la populace. Louis ne manquoit pas de courage, mais il se vantoit si fréquemment & si hors de propos des belles actions qu'il prétendoit avoir faites dans la guerre & dans la paix, que quand même elles auroient été aussi glorieuses qu'il le disoit, il en diminuoit l'éclat par la vanité qu'il y attachoit : il mourut le 16 Mai veille de l'Ascension 1362, âgé de quarante-deux ans, après en avoir régné quinze & neuf mois, à compter du jour de son mariage,

& dix depuis son couronnement. Il ne fit point de testament, parce qu'il n'avoit rien en propre ; tout appartenoit à la Reine son épouse. Les deux Princesses, Françoise & Catherine, qu'il avoit eues de son mariage, étoient mortes en bas âge. Il laissa deux filles naturelles, Esclabonde qui épousa Louis de Capoue de la maison de Hauteville, très-ancienne dans le Royaume, & Clémence, mariée à Antoine de la Mendolée.

Innocent VI ne tarda pas de le suivre au tombeau : il termina sa carriere le 12 Septembre, après neuf ans & neuf mois de Pontificat, pendant lesquels il fit des efforts inutiles pour ramener les Bénéficiers & les Prélats à l'austérité des regles qu'il avoit soin de pratiquer, & dont il ne s'éloignoit que dans les occasions où l'intérêt de ses parents plus fort que l'amour de ses devoirs, étouffoit le cri de sa conscience : il ne pouvoit donc jamais répondre de sa vertu. Aussi l'accuse-t-on d'avoir vendu les Bénéfices pour enrichir sa famille, & d'avoir autorisé par son exemple cette simonie scandaleuse qui corrompoit la Religion dans ses Ministres : il eut pour successeur Guillaume de Grimoard, Abbé de S. Victor de Marseille (1), homme respectable, dont le caractere ferme ne connoissoit point cette politique mondaine qui veut allier les intérêts du Ciel avec

An. 1362.
XIII.
Mort d'Innocent VI. Urbain V lui succede et se rend a Avignon.

---

(1) Les Auteurs de sa vie l'appellent Guillaume Grimoard, né au Château de Grisac dans le Gévaudan diocèse de Mende. Il étoit fils de Guillaume de Grimoard, Chevalier, Seigneur de Grisac & de la Garde, & d'Anphelisse de Monferrand. La maison de Grimoard a fondu dans celle de Beauvoir du Roure vers la fin du quinzieme siecle. Ce Pape fit un de ses freres, nommé Anglic, Evêque d'Avignon en 1362 & Cardinal en 1366. Matt. Villani l'appelle Guillaume Grimoardi, ainsi que Baluze, qui apporte plusieurs preuves que c'étoit son véritable nom. *Vit. Pont. t. I.* p. 974. Ce Pape dans une Bulle conservée aux Archives secretes du Vatican, se dit aussi fils de Guillaume de Grimoard, Chevalier, &c. Il conserva toute sa vie l'habit monastique, & l'Abbaye de Saint Victor, à laquelle il avoit été élu en 1358. Le jour de son anniversaire on chante à Saint Victor au lieu d'une Messe de Morts une Messe de Saint-Esprit, comme s'il avoit été canonisé.

ceux de la terre. Cet Abbé qu'Innocent VI avoit envoyé à Naples pour faire un compliment de condoléance à la Reine Jeanne sur la mort du Roi Louis, & pour veiller sur ses actions, se trouvoit à Florence lorsqu'il apprit la mort du Pontife. Il dit en recevant cette nouvelle : *si je voyois un Pape qui rétablît le S. Siege où il doit être, & qui abattît les tyrans, je mourrois content le lendemain.* Il ne se doutoit sûrement pas que le choix tomberoit sur lui. Elevé dans un Cloître, ennemi de la cabale & de l'intrigue, éloigné alors de sa patrie, comment auroit-il pu se flatter de réunir les suffrages des Cardinaux, intéressés par politique autant que par vanité à ne choisir le Pape que dans le sacré College? Aussi Pétrarque écrivoit-il à ce Pontife après son élection:

« Ne croyez pas qu'aucun des Cardinaux ait jamais pensé à
» vous faire Pape ; s'il y en a qui vous le disent, ils vous
» trompent. C'est Dieu qui vous a élu ; il leur a fait prononcer
» votre nom sans qu'ils le voulussent. Si vous en voulez la
» preuve, examinez leur caractere & leur façon de penser.
» Pleins d'orgueil ils n'estiment qu'eux-mêmes, & méprisent
» tout le reste. Accoutumés à un rang élevé, ils aspirent à la
» dignité suprême dont chacun croit être seul digne : mais ne
» pouvant pas se nommer lui-même, il en nomme un autre
» de qui il attend la même faveur. Comment leur seroit-il venu
» à l'esprit de donner à un étranger ce qu'ils ambitionnent si
» vivement? D'élever si haut le chef d'un simple Monastere,
» quoiqu'ils eussent des preuves de sa sainteté & de sa doctrine?
» Comment auroient-ils pu se déterminer à placer au-dessus d'eux
» un homme qu'ils voyoient dans un rang si inférieur, & se
» donner pour maître celui à qui ils avoient coutume de com-
» mander ? C'est Dieu qui a placé votre nom dans leur scrutin
» sans qu'ils le voulussent. Quelle a été leur surprise & celle
» de tout le monde, lorsqu'on a vu sortir le nom d'un Abbé de

» Marseille, pendant qu'il y avoit tant de Cardinaux qui
» pouvoient prétendre à la thiare ? »

Le nouveau Pontife ayant reçu sur la route de Florence à Naples le Courier qui lui portoit la nouvelle de son élection, se rendit à Marseille où il arriva le 28 Octobre, & envoya sur le champ son consentement aux Cardinaux. Il fit son entrée à Avignon le 30, & le lendemain il fut intrônisé sous le nom d'Urbain V. Trois Monarques vinrent l'y voir, Jean Roi de France, Pierre de Luzignan, Roi de Chypre, & Valdemar, Roi de Dannemarck. Ce n'étoit pas alors une chose rare que des Souverains renouvellassent à la Cour Pontificale, le spectacle que leurs pareils avoient autrefois donné au Sénat de Rome? Les Papes les subjuguoient encore plus par l'opinion, que le Sénat Romain ne les avoit subjugués par la force.

An. 1362.

Vill. t. II. c. 32.

XIV.
LA REINE JEANNE EPOUSE JACQUES D'ARRAGON.

Zurit. l. 8. c. 34. l. 9. c. 39.
Baluz. vit. Pont. t. I. p. 257, 274, 308.

Le Roi Jean pria le nouveau Pontife de s'intéresser à ce que Jeanne Reine de Naples, épousât Philippe son quatrieme fils, alors Duc de Tourraine, & depuis Duc de Bourgogne, surnommé le Hardi. Urbain V approuva cette demande ; mais la Reine qui vouloit gouverner, & qui craignoit de se donner un maître en épousant un fils de France, jetta les yeux sur Jacques d'Arragon, Roi titulaire de Majorque, Comte de Roussillon & de Cerdagne. Ce Prince n'étoit en possession d'aucun de ces Etats. Son pere en avoit été dépouillé par Pierre IV, Roi d'Arragon, dont il ne vouloit pas reconnoître la suzeraineté, & fut tué en 1348, lorsqu'il combattoit pour reconquérir l'Isle de Majorque. L'Infant son fils dont nous parlons, combattant à ses côtés, tomba au pouvoir du Roi d'Arragon, & fut envoyé prisonnier à Barcelonne ; mais ayant eu le bonheur de s'échapper des prisons le 26 Mai 1362, après une captivité de quatorze ans ; il étoit sans patrie & sans fortune lorsque la Reine lui proposa de l'épouser le 14 Décembre de la même année. Il est aisé de voir par les conditions qu'elle lui imposa, qu'elle se repentoit d'avoir partagé l'autorité royale avec son dernier époux. Elle exigea que Jacques, content du titre de Roi de Majorque, ne prendroit point celui de Roi de Sicile; qu'il ne recevroit point l'hommage-lige des Barons & le serment de fidélité des autres sujets; qu'il n'auroit aucune place forte, & ne se mêleroit en aucune maniere de l'administration du Royaume ni du Comté de Provence; enfin par une derniere clause, elle l'excluoit de la succession au Royaume dans le cas où elle & les enfants qui pourroient naître de leur mariage, le précéderoient au tombeau. Quelques dures que fussent ces conditions, ce Prince fugitif les accepta, s'estimant heureux de monter à ce prix sur le trône, quoiqu'il n'en dût partager ni les soins ni les honneurs.

XV.
AVANTURES ET MORT DE CE PRINCE.
An. 1363.

Le mariage se fit avec la pompe & les cérémonies ordinaires, environ un an après la mort de Louis de Tarente. Jacques fut bientôt humilié de n'être que le premier sujet de son épouse; il prit en différents actes la qualité de Roi de Naples: les Princes du sang & le Pape s'en plaignirent. Jacques irrité de ces oppositions qui lui rappelloient la triste condition d'où la Reine l'avoit tiré, quitte Naples résolu d'aller servir contre le Roi d'Arragon son ennemi, sous les étendards de Pierre le Cruel, Roi de Castille. Mais Pierre ayant été détrôné par Henri, Comte de Transtamare, son frere naturel, Jacques tombe au pouvoir du vainqueur, sort de sa prison par le zele de la Reine son épouse, qui donne quarante mille ducats pour sa rançon, revient à Naples, & n'y trouvant pas de quoi satisfaire l'inquiétude & l'activité de son génie, il en part de nouveau, vient former en deçà des Alpes, sous la protection de la France & du Roi de Castille, un corps d'armée avec lequel il entreprend la conquête du Roussillon & de la Cerdagne, pénetre même jusqu'en Arragon, où il éprouve des revers qui lui font perdre le fruit

DE PROVENCE. LIV. VII. 209

fruit de ses premiers succès, & y meurt en 1375, accablé de chagrin d'avoir été toute sa vie le jouet de la fortune.

Le Royaume de Naples fut assez tranquille durant les premieres années que Jeanne eut seule en main toute l'autorité. Il n'en fut pas de même de la Provence. Les compagnies continuoient leurs ravages dans le Languedoc, & faisoient de temps en temps des incursions en deçà du Rhône. Les Etats de Provence instruits par les malheurs passés, ordonnerent le 18 Juillet 1363, qu'on réparât les fortifications des places, & qu'on en fît de nouvelles dans tous les endroits qui en étoient susceptibles. Ces précautions étoient sages; mais elles ne servirent qu'à mettre les Villes & les Châteaux à l'abri du danger, la campagne resta ouverte à la dévastation. Le Pape employa tout ce que le pouvoir ecclésiastique lui donnoit d'autorité sur les esprits pour armer les peuples contre les brigands. Il fut heureusement secondé par la haine & le désespoir qu'ils avoient inspirés. De tous côtés on courut aux armes ; on fit main-basse sur tous ceux qu'on rencontra. Trente d'entr'eux étant entrés dans Avignon à la faveur des intelligences qu'ils s'y étoient ménagées, furent pris & périrent du dernier supplice. Les compagnies n'en furent que plus ardentes à ravager le pays ; on les y voyoit encore deux ans après : la terreur chassoit devant elle les habitans de la campagne qui se réfugioient dans les lieux fortifiés, emportant avec eux leur bled, leur vin, leur fourrage, & livrant aux flammes ce que la présence du danger ne leur permettoit pas d'enlever : ce fléau, quelque destructeur qu'il fût, étoit moins affligeant & moins extraordinaire qu'un autre qu'on éprouva dans le même temps.

Au mois de Juillet 1364 un vent de midi apporta en Italie & en Provence une si grande quantité de sauterelles que l'air en fut obscurci : elles déroberent tous les objets à la vue dans les endroits où elles s'abattirent ; l'herbe, les légumes, les

XVI.
NOUVEAUX
RAVAGES ET
NOUVEAUX
FLEAUX.

Arch. d'Antibes.
An. 1363.

Baluz. c. 368.
Vill. l. 10. c. 28.

Hist. des Evêques de Marf. t. II p. 508.
Baluz. t. I. p. 402.
Vill. l. 11 c. 60.
Murat. ann. d'Italie.

feuilles d'arbre, tout ce qui put leur servir de nourriture fu dévoré dans un instant; on eût dit que le feu y avoit passé: l'hyver fut ensuite des plus rigoureux. Le Rhône & les rivieres gelerent; la glace en certains endroits, avoit à ce qu'on prétend, quinze pieds d'épaisseur. Les chariots chargés y passoient dessus, & il y eut une infinité de personnes qui furent les victimes de ce froid, dont la rigueur fit périr les vignes, les oliviers, les amandiers & la plupart des arbres fruitiers. Comme ces sortes de phénomenes sont assez intéressans pour être consignés dans l'Histoire, nous remarquerons qu'en France on avoit déja éprouvé en 1302 un froid excessif. On vient de voir les ravages que fit l'hyver en 1364: ceux qu'on eut à supporter en 1460, en 1506, en 1564, en 1601, mériterent que les Villes en conservassent le souvenir dans leurs archives, & les Historiens dans leurs écrits. Ils nous rappellent les saisons rigoureuses de 1709 & 1768; & l'on seroit presque tenté de croire qu'il y a dans la nature des retours périodiques, qui ramenent les mêmes phénomenes à des époques à peu près semblables.

Aux ravages qu'occasionna le froid de l'année 1364, se joignirent les désordres qui naissent des divisions intestines. Il y avoit dans les esprits un reste de cette agitation que les troubles passés avoient imprimée, & que la foiblesse du gouvernement ne pouvoit arrêter (1). Les plus petits intérêts allumoient la discorde entre les Villes. Marseille (2) & Arles toujours jalouses

---

(1) Bouch. t. II. p. 381, parle d'après Nostradamus d'une guerre faite en Piémont en 1362 & 1363, lorsque Raynier de Grimaldi en étoit Sénéchal. Je ne trouve, ni dans l'histoire de Savoie, ni dans les Historiens d'Italie aucune preuve de ce fait; j'ai lu seulement dans le registre rubei fol. 153, que Luc de Grimaldi étoit Amiral de Provence le 12 Novembre 1361, à la place de Gaspard Laccarri de Gênes.

(2) On avoit assujetti les Marseillois à payer hors de leur territoire les droits de péage, & autres que les Provençaux payoient; ils pretendoient en être exempts, & tinrent ferme contre le Sénéchal jusqu'à refuser de le reconnoître

de leurs privileges, les défendoient avec plus de roideur que de zele ; & quand la loi ou l'autorité ne terminoit pas leurs différents, elles les vuidoient par la voie des représailles. Les Seigneurs également délicats sur le point d'honneur & sur l'article de l'ambition, couroient facilement aux armes.

<small>DIVISIONS, ET ARRIVÉE DE L'EMPEREUR EN PROVENCE.</small>

Le couronnement de l'Empereur Charles IV dans l'Eglise d'Arles, dut nécessairement altérer l'attachement des Provençaux pour leur légitime Souverain. La Reine Jeanne leur parut moins grande lorsqu'ils virent ce Monarque venir faire dans ses Etats des actes de souveraineté. Il fut couronné au mois de Juin 1365, en présence d'Amédée VI de Savoie, surnommé le Comte Verd, du Duc de Bourbon son beau-frere, & d'une noblesse nombreuse que le spectacle & la nouveauté de la cérémonie avoient attirée. L'Empereur reçut en qualité de suzerain l'hommage des Evêques & des Seigneurs de Provence, & confirma les privileges honorables que les Archevêques d'Arles tenoient de la munificence de ses prédécesseurs ; enfin comme s'il eût voulu donner plus d'éclat à la chûte de cette autorité chancelante, qu'il exerçoit sur les bords du Rhône, & qui n'ayant jamais été bien affermie, s'écrouloit de toutes parts, il conféra le 16 Mars 1365 (1) le Vicariat de l'Empire dans tout le Royaume d'Arles à Aimar de Poitiers, Comte de Valentinois, & attribua au Chambellan

<small>An. 1365.

Saxit. p. 320. Baluz. t. I. p. 485.</small>

---

lorsqu'il fut confirmé dans sa charge. Cet Officier fut obligé d'entrer en négociation avec eux. Il nomma deux Gentilshommes Commissaires, savoir Rostang Vincent, & George de Montemale, qui s'aboucherent avec Guillaume de Saint Jacques & Pierre de Lingris, Deputés de Marseille pour examiner les prétentions de cette ville, dont on reconnut la justice. Ruff. p. 203.

(1) Le diplôme de Charles est daté ainsi : *Regnorum nostrorum anno Tertio*. Les Auteurs qui ont écrit sur la Diplomatique remarquent que Charles datoit ses diplômes des années de son règne en Bohême commencé à la fin d'Août 1346, & de celle de son Empire dont il fixoit l'époque au 5 Avril 1355. Le diplôme dont nous parlons, prouve qu'il datoit aussi de son couronnement fait à Arles au mois de Juin 1365.

du Pape le jugement des causes réservées par appel au Tribunal souverain de Spire.

Ce fut dans ce voyage qu'on lui donna le spectacle indécent de la Fête des Foux. L'origine de cette scène scandaleuse paroît remonter aux Saturnales, si fameuses chez les Romains. Les Ecclésiastiques ignorans & grossiers crurent corriger tout ce qu'il y avoit de criminel dans ces restes du paganisme, en les faisant servir, les jours de Noel & de l'Epiphanie sur-tout, à manifester la joie dont les Chrétiens doivent être pénétrés pendant ces saintes solemnités. On élisoit ces jours-là dans les Eglises Cathédrales un Evêque ou un Archevêque des Foux, dont on confirmoit l'élection par beaucoup de bouffonneries ridicules, qui lui servoient de sacre. Ensuite il officioit pontificalement & donnoit la bénédiction au peuple, tandis que des personnes destinées à le servir pendant cette indécente cérémonie, portoient devant lui la mître, la crosse & la croix épiscopale. Les Clercs & les Prêtres se distinguoient ordinairement par un mêlange affreux de bouffonneries & d'impiétés. Ils assistoient à l'Office Divin en masque, ou le visage barbouillé de différentes manieres, selon qu'ils se proposoient de faire rire ou de faire peur. Les uns s'habilloient en femmes, les autres en comédiens, & célébroient des danses auxquelles se mêloient des personnes du sexe & des séculiers en habit mondain, ou déguisés la plupart en Religieuses & plusieurs en Religieux. Les chansons obscènes relevoient l'indécence de ces jeux, dans lesquels les Diacres & les Soudiacres faisoient ordinairement le premier rôle. Ils poussoient quelquefois l'impudence jusqu'à manger des boudins & des saucisses sur l'autel, sous les yeux du Prêtre célébrant, devant lequel ils jouoient aux cartes & aux dés, & souvent même ils mettoient dans l'encensoir des morceaux de vieux souliers, pour lui faire respirer une mauvaise odeur. L'imagination, échauffée par ces scènes de scandale, emportoit presque toujours les acteurs à des excès qu'on auroit honte de décrire, & qui prouvent combien peu l'homme doit s'enorgueillir de la foible raison, quand on pense aux crimes & aux extravagances dont elle a été l'auteur ou le complice. A Arles la fête des Foux se célébroit aux dépens du Chapitre. L'Empereur fut si scandalisé de celle qu'on lui donna dans l'Eglise de S. Trophime, le jour sans doute de son couronnement, qu'il fut obligé de la faire cesser.

DIVISIONS, ET ARRIVÉE DE L'EMPEREUR EN PROVENCE.
Archiv. de l'Arch. d'Arl. Hist. de Nim. t. 3. pr. p. 135.

La Reine Jeanne allarmée, porta des plaintes à Charles IV sur cet acte de suzeraineté qu'il venoit de faire en Provence: mais quelle force pouvoient avoir ses réclamations contre un Monarque puissant qui avoit mis le Pape dans ses intérêts? Le danger où se trouvoit alors le Royaume de Naples par l'invasion d'Ambroise Visconti, fils naturel du fameux Barnabo, Seigneur de Milan, détourna son attention de ce qui venoit de se passer à Arles. Ambroise étoit entré dans l'Abruzze avec douze mille hommes tant infanterie que cavalerie. La terreur que répandoit le bruit de sa marche faisoit tomber à ses pieds les habitans des Villes situées sur son passage. Jeanne réduite aux seules ressources de son courage, fit marcher les vieilles troupes qui avoient servi sous le Roi Louis, assembla les Barons Napolitains qu'elle exhorta à la défense de la patrie, anima les uns par son éloquence, s'attacha les autres par ses libéralités, & forma en peu de tems une armée qui ne respirant que la vengeance, attaqua ces bandes d'avanturiers & les battit. Des douze mille hommes, il s'en sauva à peine deux mille sept cents; le reste fut pris ou tué; il y en eut un certain nombre qui se dispersa dans le Royaume, & que la misere força ensuite de prendre parti dans les troupes de Caldora, dont nous aurons bientôt occasion de parler. Comme les milices du Pape avoient eu part à la victoire, on envoya six cents prisonniers à Rome qui furent tous pendus.

An. 1365.

Cor. ann. Mediol. Gior. di Napoli & angel. Const. p. 185.

XVIII.
ABUS REFORMÉS, ET GUERRE DOMESTIQUE.

Après cet orage qu'elle eut le bonheur de dissiper presqu'aussitôt qu'il se forma, Jeanne s'occupa toute entiere de l'administration

LIVRE VII.

de ſes Etats. La Provence lui parut mériter une attention particuliere. A la faveur des troubles qui l'avoient agitée, il s'y étoit gliſſé beaucoup d'abus ; un des plus funeſtes à l'autorité royale, étoit l'aliénation des biens domaniaux ; la Reine y avoit été réduite, parce qu'elle n'avoit pas eu d'autre moyen pour réparer l'épuiſement de ſes finances, ou pour récompenſer les ſervices militaires ; mais en ſe procurant ces avantages momentanés, elle avoit tari une des ſources de ſes revenus. Pour la rétablir il fallut porter la déſolation dans pluſieurs familles, & révoquer toutes les aliénations faites depuis la mort du Roi Robert. Cependant on ſentit que les beſoins de l'Etat & la confiance aveugle des particuliers pourroient encore ramener les mêmes abus ; la ville d'Aix voulant les prévenir députa à Naples Roſtang de Vincent pour faire à ce ſujet de juſtes repréſentations. La Reine en parut touchée, & promit de n'aliéner dorénavant ni droits ni terres appartenants au Domaine ; & dans le cas où il lui arriveroit de détacher de ſa juriſdiction quelques communautés, pour les ſoumettre à un Seigneur particulier, elle leur permettoit de déſobéir, & d'employer même s'il le falloit, la force des armes pour ſe maintenir dans ſa dépendance : c'étoit avouer que par beſoin ou par foibleſſe, elle pourroit être encore réduite à manquer à ſa promeſſe. Mais après ces révocations, preſque toujours injuſtes quand elles ſont exécutées à la rigueur, perſonne ne devoit être tenté d'acquérir des terres du domaine. Pluſieurs avoient été données à titre de récompenſe ; ainſi les ſervices dont elles étoient le prix, les réparations & les améliorations qu'on y avoit faites, tout fut perdu pour le poſſeſſeur ; il n'en réſulta que des plaintes inutiles, mais propres à diminuer la confiance du peuple & le crédit du Souverain.

An. 1366.
Bouch. t. II. p. 585.

Elle régla dans le même tems les droits & les fonctions du Grand Sénéchal, des Maîtres Rationnaux, du Tréſorier général, & des Tréſoriers particuliers ; elle attribua à la Cour Royale l'appel des causes jugées en premiere instance par les Officiers des Seigneurs, au lieu d'en laisser le jugement en dernier ressort, comme on le pratiquoit, aux Seigneurs mêmes, ou à leurs siéges d'apeaux, toujours enclins à confirmer la Sentence des Juges inférieurs, quand elle étoit favorable au Seigneur ; enfin elle révoqua le privilege qu'elle avoit accordé aux habitans de Nice d'appeller des Sentences du Magistrat au Viguier, plus versé par état dans la profession des armes, que dans l'étude du droit (1). Cet esprit de réforme gagna le Clergé, trop négligent sur les devoirs de son état. Les Evêques assemblés dans la ville d'Apt en 1365, penserent à mettre dans leur conduite une régularité dont quelques-uns d'entr'eux ne faisoient que trop sentir la nécessité. Il fut décidé qu'ils n'entretiendroient plus ni farceurs, ni comédiens, ni chiens, ni oiseaux de chasse : *nous devons au peuple*, disoient-ils, *le temps que ces amusements emportent, & aux pauvres les dépenses qu'ils entraînent*. Ils firent aussi des réglements pour réprimer le luxe de ce grand nombre de Gentilshommes ou Ecuyers, que plusieurs d'entr'eux avoient à leur service, & qui étoient aussi recherchés dans leurs ajustements que les femmes mondaines.

<small>ABUS RÉFORMÉS, ET GUERRE DOMESTIQUE.</small>

<small>Thes. anecd. t. IV. p. 334.</small>

Le calme ne fut point assez long pour qu'on pût recueillir le fruit de tous ces réglemens utiles : les Etats assemblés à Sisteron en 1367 ordonnerent aux habitans de la campagne de se retirer dans les lieux fortifiés, & de détruire les Villages qui n'étoient pas défendus par des murailles ou par quelque fort. La guerre avec Raymond IV, Prince d'Orange, inspira sans doute ces précautions. Raymond avoit attaqué Catherine de Baux sa parente, dame de Courteson, l'avoit mise en prison, & avoit

<small>Arch. de Toulon. fac. A.</small>

---

(1) Ces Réglements furent principalement faits sur les représentations des Etats de Provence, qui, suivant ce qu'on lit dans les Archives d'Apt, députerent à Naples Rostang Gantelmi de Tarascon ; Jacques Riquerii de Nice ; Lantelme de Jarente, de Sisteron ; Geoffroi Augier, de Grasse ; & Bertrand Baile, d'Apt. Hist. manusf. de la ville d'Apt.

commis dans ſes terres les plus grandes violences. La Reine Jeanne avoit demandé la délivrance de cette illuſtre priſonniere elle lui fut refuſée, & il fallut armer les milices de Provence pour réduire ce vaſſal rebelle : elles entrerent à main armée dans les Etats du Prince, & confiſquerent les biens de ſes partiſans (1) & la Ville d'Orange, le 12 Juin 1367; car dans ce ſiecle ou les démêlés de quelques particuliers puiſſants occaſionnoient preſque toujours des guerres, la victoire étoit un fléau qui ne laiſſoit aucune reſſource au vaincu. La Reine Jeanne ne puniſſoit qu'à regret : elle rendit au Prince ſes Etats trois ans après, & lui confirma le droit qu'il avoit de battre monnoie d'or, d'argent & de cuivre.

Les abus qui régnoient parmi le Clergé auroient mérité une réforme entiere; mais ſi le Pape, pendant ſon ſéjour en Provence, n'avoit pu rappeller, par ſes exemples, les Eccléſiaſtiques à la ſainteté de leur miniſtere, comment pouvoit-on ſe flatter de les voir revenir à une vie plus réguliere, lorsqu'il eut réſolu d'aller rétablir le S. Siege à Rome? Il partit d'Avignon le dernier Avril 1367, & ſe rendit à Marſeille d'où il fit voile pour l'Italie ſur une flotte nombreuſe, compoſée des galeres que la Reine Jeanne, les Vénitiens, les Génois, & les Piſans avoient fournies.

Arrivé à Rome, il ſeconda heureuſement la politique avec laquelle cette Princeſſe diſſipa deux orages qui ſe formerent coup ſur coup ſur la Provence. Deux Princes en méditerent preſque en même temps la conquête, alléguant chacun de ſon côté des prétextes qui tiennent lieu de raiſons

---

(1) Voici les noms des perſonnes dont les biens furent confiſqués. Raymundum de Baucio principem Auraicæ; Bertrandum de Baucio fratrem ejus; Joannem Fulleti; Oliverium Caritatis; Ludovicum de Verdello; Petrum Guillelmum, Milites, Roſtagnum de Mercudolio; Raymundum Gilii; Elziarum de Alanſone, & Joannem Scuderi. Arch. d'Aix, arm. A. Regiſt. rub. fol. 30.

quand

quand on est dominé par l'ambition. L'un de ces Princes étoit Jean de Gand, Duc de Lancastre, second fils d'Edouard III, Roi d'Angleterre. Il prétendoit à une partie du Comté de Provence, à cause d'Eléonor sa trisaïeule, femme d'Henri III, & se disposoit à venir sur les bords du Rhône faire valoir des droits auxquels il n'auroit point songé, s'il avoit fallu les disputer à un Monarque puissant. La Reine qui se trouvoit dans une position à trembler au moindre événement, fut allarmée en apprenant cette nouvelle. Elle obtint du Pape qu'il envoyât un Député au Roi d'Angleterre ; & ce Prince engagea le Duc son fils à mettre bas les armes, en lui déclarant que Jeanne étoit prête à soumettre à la décision de la Justice les demandes qu'on formeroit contre elle au sujet de la Provence. L'autre ennemi beaucoup plus redoutable, étoit Louis, Duc d'Anjou, Gouverneur du Languedoc pour le Roi Charles V son frere. Ce Prince fit des tentatives sur la Provence dont il méditoit depuis longtemps la conquête, par la seule raison que cette Province étoit à sa bienséance. Comme il falloit avoir un prétexte pour l'attaquer, il se fit céder le Royaume d'Arles par l'Empereur Charles IV, auquel il donna, dit-on, un festin qui fut le prix de cette cession. Ce fait n'a pas toute l'authenticité que l'histoire demande ; mais il devient vraisemblable, quand on fait attention que ce Royaume, réduit à n'être plus qu'un vain titre, pouvoit entrer dans la classe de ces objets que les Souverains se donnent les uns aux autres en témoignage d'estime & d'amitié. Quoi qu'il en soit, il paroît que Louis d'Anjou s'autorisa de cette cession pour entrer en Provence. Bertrand Duguesclin qui commandoit l'armée, composée de François, d'Espagnols, & des troupes du Comte d'Armagnac, alla mettre le siége devant Tarascon le 4 Mars 1368. Il y entra par la trahison de quelques habitans ; mais arrivé sur la place, il lui fallut essuyer un combat fort vif, où Beranger de Raymond, Gentilhomme

Epist. urb. 5. Rym. t. VI. p. 569.

Theod. de Niem. t. I de schism. c. 25. Baluz. vit. pap. t. I. p. 985.

XX. Le Duc d'Anjou veut s'en emparer.

An. 1368.

Arch. de Salon. h. u. de Marl. p. 204. Sax. p. 522.

LIVRE VII.
Bouch. t. 1. p. 385.
Rayn. an. 1368. n° 10.
Bouus. t. II. p. 772.

Avignonois, perdit la vie. Duguesclin vainqueur fit prisonniers le Vicomte de Talard, Bernard d'Anduze, Seigneur de la Voute, & Fouques d'Agout. Après la prise de Tarascon, il alla camper devant Arles le 11 Avril: les habitans animés à la défense de leur patrie, & soutenus de Raynier de Grimaldi (1), opposerent une vigoureuse résistance ; mais le Sénéchal de Provence, qui étoit venu à leur secours, fut battu. Guirand de Simiane, Arnaud de Villeneuve, & Glandevés, Seigneur de Cuers, furent faits prisonniers. Les ennemis désespérant d'emporter la place, se retirerent après un siége de dix-neuf jours, & repasserent le Rhône.

XXI.
POLITIQUE DE LA REINE POUR CONSERVER CETTE PROVINCE.

Arch. de Toulon ch. du 30. janvier 1368.

La Reine Jeanne étoit alors à Rome, où elle avoit pris beaucoup d'empire sur l'esprit du Pontife : elle mettoit tout en mouvement pour arrêter les progrès des ennemis. Secondée par le Sénéchal de Provence, que Rostang de Valbelle, Député de Toulon, avoit accompagné à Rome, elle animoit dans cette Province, par ses lettres & ses émissaires, le zele des Villes & des Vassaux. On prétend même qu'elle mit le Roi Charles V, frere du Duc d'Anjou, dans ses intérêts, en lui faisant entendre qu'étant sans enfants, elle pensoit à se donner pour successeur un Prince de la maison de France. Soit que le Roi se laissât séduire par ses promesses, soit qu'il fût touché des prieres du Pape, il écrivit fortement au Duc d'Anjou, qui, flatté peut-être des espérances qu'on lui faisoit entrevoir, évacua Tarascon au mois d'Octobre de la même année.

Les villes d'Aix & de Marseille, attentives aux suites que pourroit avoir cette guerre, formerent une ligue pour résister aux ennemis, à peu près comme auroient pu faire deux Républiques indépendantes. La foiblesse du gouvernement les auto-

___

(1) Raynier étoit le 24 Avril 1372 Commandant de huit galeres & des troupes entretenues pour la défense de la riviere de Gênes. Arch. de M. le Prince de Condé, liass. corr. Grimaldi.

rifoit à se regarder comme telles. Dépourvues de son appui, elles n'en pouvoient trouver que dans leur courage. Elles promirent, sous le bon plaisir de la Reine, de se soutenir mutuellement contre quiconque attaqueroit leurs privileges ou leur liberté. La Reine approuva cette ligue que la présence du danger rendoit nécessaire ; mais quand il fut passé, elle l'annulla comme un monument de sa foiblesse, & comme un acte dangereux pour son autorité. Les Alpes étoient l'endroit où sa domination paroissoit la moins assurée. Les Comtes de Vintimille, jaloux de rétablir dans son premier état un pouvoir que les Comtes de Provence avoient considérablement affoibli depuis plus d'un siecle, essayerent d'élever leur indépendance sur les débris de leur grandeur passée, & résisterent pendant quelque temps aux troupes de la Reine Jeanne. Cette guerre, dont les détails nous sont inconnus, fut terminée par un traité du 23 Février 1369, entre les Députés de la Reine & les trois fils de Guillaume-Pierre Lascaris, Comte de Vintimille.

Pith. hist. d'Aix, p. 192, c. 9. p. 9.

Pr. ch. 48.

An. 1369.

Arch. de M. le Pr. de Condé, l. cott. *Lascaris*.

Pendant le séjour que Jeanne fit à Rome, le Souverain Pontife la traita avec distinction. Il lui donna le quatrieme Dimanche de Carême la rose d'or, préférablement à Pierre, Roi de Chypre, & à son fils, qui se trouvoient alors dans cette Ville. Les Cardinaux en murmurerent, disant qu'il n'y avoit point d'exemple d'une distinction si marquée, accordée à une femme en présence d'un Roi. *C'est*, répondit le Pape, *qu'on n'avoit jamais vu un Abbé de S. Victor sur la Chaire de S. Pierre.* S'il avoit voulu justifier cette préférence, il auroit pu dire sans crainte d'être désavoué, que Jeanne, malgré ses défauts, étoit encore de beaucoup supérieure à la plupart des Rois, par des talents & des qualités rares. Il falloit avoir en effet un mérite peu commun pour désarmer, malgré sa foiblesse, deux ennemis puissants & dévorés d'ambition. Le Pape ne fit pas un long séjour en Italie. Il reprit la route d'Avignon le 26 Août 1369,

XXII.
LE PAPE LUI DONNE LA ROSE D'OR, ET MEURT.

An. 1370.

& mourut dans cette Ville le 19 Décembre 1370, après avoir gouverné l'Eglife huit ans & quatorze jours avec beaucoup de fageſſe & d'édification. Son corps fut transféré dans l'Abbaye de S. Victor de Marſeille, où on lui éleva dans le Chœur un Mauſolée qui ſubſiſte encore.

Ce Pape, avant de mourir, avoit ſuſpendu par une treve d'un an, conclue à Avignon le 2 Janvier 1370, la guerre qui s'étoit allumée entre la Reine & Louis d'Anjou; mais il étoit réſervé à Grégoire XI de cimenter la paix entre les deux puiſſances, ſans rien décider néanmoins ſur les prétentions du Prince François. Peut-être fut-il réglé ſecrétement dès-lors qu'il ſeroit un jour l'héritier de cette Princeſſe (1), ſi Charles de Duras n'avoit point d'enfants de ſon mariage. Ce Charles joue un ſi grand rôle dans l'hiſtoire de Naples & de Provence, qu'il eſt néceſſaire de faire connoître les droits en vertu deſquels il excita tant de troubles.

Il étoit fils de Louis de Duras, le même qui, après avoir fait la guerre à Jeanne, finit par être enfermé dans le Château de l'Œuf, où l'on ſoupçonne qu'il fut empoiſonné le 22 Juillet 1362. Aux motifs que ſon fils unique avoit de venger ſa mort, pouvoit ſe joindre l'ambition de régner. Ce ſentiment n'étoit que trop ordinaire aux Princes de ſon ſang, qui voyoient d'un

___

(1) La treve du 2 Janvier 1370 fut conclue d'un côté par Raymon d'Agout, Sénéchal de Provence, agiſſant au nom de la Reine, & de l'autre par Amiede de Baux, Sénéchal de Beaucaire, Jean de Saint Saturnin, Profeſſeur en Droit, & Bernard d'Hyeres, Députés du Duc d'Anjou.

Le traité de Paix eſt du 11 Avril 1371. Les Députés du Duc d'Anjou étoient Guillaume, Evêque de Mende, ſon Chancelier, & Pierre Flandrin, Referendaire du Pape. Ceux de la Reine, Nicolas Spinelli de Juvenazio, Chancelier de Sicile, & Sénéchal de Provence; & Louis Marquiſan, *Marquiſanus* de Salerne, Maître rationnal de la grande Cour Royale, & Juge des premieres & ſecondes appellations. Ce traité fut conclu en préſence du Pape Grégoire XI; mais il n'eut pour objet que d'engager les parties à ſe promettre une amitié perpetuelle, on ne pouvoit rien décider ſur les prétentions frivoles du Duc. Arch. du Roi Aix.

œil jaloux le sceptre dans les mains d'une femme. Charles faisoit alors ses premieres armes sous les yeux & dans le camp du Roi de Hongrie, l'ennemi de Jeanne, & le Monarque le plus intéressé à nourrir dans le cœur du jeune Prince des sentiments de haine & de vengeance. La Reine prévit tout ce qu'elle en avoit à craindre. Résolue de se l'attacher par le lien le plus puissant de tous, celui de l'intérêt, elle lui fit épouser Marguerite, troisieme fille de Marie de Sicile sa sœur, & de Charles de Duras, tué à Averse par ordre du Roi de Hongrie. En les mariant, elle les déclara ses héritiers, soit pour détacher le jeune Prince du Roi de Hongrie, avec lequel elle craignoit qu'il ne s'alliât, soit qu'elle voulût réellement le placer sur le trône, afin que le sceptre ne sortît point de sa maison; ce qui devoit arriver sans ces sages dispositions, parce que Marguerite n'étoit que la troisieme fille de Marie de Sicile, à qui le trône étoit substitué. L'aînée, nommée Jeanne, avoit d'abord été mariée à Louis d'Evreux, après la mort duquel elle épousa Robert d'Artois, Comte d'Eu, petit-fils de Robert d'Artois, troisieme du nom, Comte de Beaumont-le-Roger, & de Jeanne de Valois. Agnès la cadette étoit épouse de Can de l'Escale, Seigneur de Vérone.

Jeanne, en même-temps qu'elle prenoit de justes mesures pour empêcher qu'il ne se formât en Hongrie une tempête qui viendroit ensuite fondre sur Naples, vit éclater des troubles domestiques, dont les suites auroient pu être funestes. Philippe de Tarente, dernier Prince de sa maison, venoit de mourir, après avoir institué son héritier Jacques de Baux, son neveu, fils du Duc d'Andria, & de Marguerite de Tarente. Jacques encore mineur, prit sous la tutelle de son pere la qualité de Prince de Tarente, & le titre d'Empereur de Constantinople, attaché à la maison de ses aïeux maternels.

L'ambition s'accrut avec les titres. Le pere du jeune Prince enleva à un Seigneur de la maison de Saint-Severin la Ville

XXIV.
Revolte du Duc d'Andria assoupie. Nouvelle peste.
Giorn. di Napol. Constanzo. summ. Costo &c.
An. 1372.

An. 1373.

LIVRE VII.

Giorn. di Nap. Constanz. Summonte, &c.

An. 1374.

de Mathera qu'il prétendoit lui appartenir. Dans un siecle plus éclairé, sous une Monarchie dégagée des entraves de la féodalité, cette affaire n'auroit été qu'un objet de discussion devant les Tribunaux. Mais dans un temps & dans un pays où les grands vassaux étoient des hommes puissans, avec quelles précautions le Prince qui occupoit le trône n'étoit-il pas obligé de les ramener sous l'empire de la loi? La Reine Jeanne, par ménagement pour la maison de Baux dont elle étoit parente, employa les négociations pour engager le Duc d'Andria à rendre la ville de Mathera. Ce Seigneur regarda ces propositions d'accommodement comme la preuve d'une foiblesse dont il triompheroit : résolu de se maintenir dans son usurpation par la force des armes, il arriva devant Capoue à la tête de treize mille hommes, tant infanterie que cavalerie, avant que la Reine eût eu le temps de pourvoir à la défense de cette place. Cependant elle montra dans cette occasion un courage inébranlable, & prit de justes mesures pour punir le vassal rebelle. Heureusement Raymond de Baux, son grand Chambellan, étouffa cette guerre naissante qui auroit pu embrâser tout le Royaume. Raymond étoit dans une de ses terres aux environs d'Averse, où le Duc d'Andria son neveu alla le voir. Le Chambellan lui dit avec cet air d'autorité que donne l'âge joint à la prudence : « Vous voulez donc couvrir de honte » la maison de Baux, & entraîner sa ruine? Indépendamment » des raisons que vous avez de respecter votre Souveraine, » & d'aimer la patrie, croyez-vous qu'avec des troupes » mauvaises & de peu de valeur, vous tiendrez contre celles » de la Reine & contre la fleur de la noblesse Napolitaine, » à qui votre orgueil vous rend insupportable ? » Le Duc étonné s'excusa sur ce qu'il n'avoit point d'autre intention que de recouvrer ses terres. « Ce n'est point, répliqua le grand » Chambellan, par la voie des armes que vous en viendrez

» à bout; cédez à l'autorité, retournez à Avignon, & engagez
» le Pape à vous faire rentrer dans les bonnes graces de la
» Reine ». Le Duc, vaincu par le poids de ces raisons, tourna
du côté de la Pouille, sous prétexte de quelque intrigue qu'il
y ménageoit ; & arrivé presque seul sur les côtes, il s'assura
d'un vaisseau, & s'embarqua pour la Provence. Les Etats de cette
Province qui craignoient sans doute les suites de cette guerre,
donnerent des ordres pour mettre les Villes hors d'insulte, &
pour assembler les milices des Vigueries. Cependant les troupes
que le Duc d'Andria avoit emmenées en Italie, parmi lesquelles
il y avoit beaucoup de Provençaux, se trouvant sans Chef,
firent le dégât dans la Pouille : la Reine fut obligée de leur
donner soixante mille florins, ou six cent mille livres pour les
faire sortir du Royaume, & confisqua les terres immenses que
le Duc rébelle y possédoit.

RÉVOLTE DU DUC D'ANDRIA ASSOUPIE.

La peste & la famine faisoient des ravages affreux en Provence, quand ce Seigneur y arriva. Si les Historiens n'ont pas
quelquefois donné le nom de peste à des maladies épidémiques,
occasionnées par le dérangement des saisons, ou par la mauvaise
qualité des aliments, il faut que les vaisseaux partis d'Italie
& de Provence touchassent souvent aux régions où ce fléau est
permanent : il faut aussi qu'on n'apportât aucune précaution
pour s'en garantir, puisque nous l'avons vu régner plus de
dix fois en Provence dans moins de cinquante ans. Si l'on
considere qu'à chaque fois la peste emportoit beaucoup de
monde, que dans l'intervalle la population n'avoit pas le temps
de réparer ses pertes, on se persuadera facilement que les Villes
& les Campagnes devoient être presque désertes.

Regist. rub. f. 107.
Vit. Pap. t. I. p. 431.

Dans le même temps le Roi de Hongrie, mécontent de ce
que Jeanne avoit conclu avec Frédéric, Roi de Sicile, un
traité qui démembroit cette Isle du Royaume de Naples ; jaloux
aussi du choix qu'elle avoit fait de Charles de Duras pour son

XXV.
PROJETS DU ROI DE HONGRIE POUR DÉTRÔNER JEANNE.

héritier, cherchoit à lui susciter de nouvelles affaires. Pour agir plus puissamment, il fit entrer dans ses vues Charles V, Roi de France, à qui il proposa le mariage de Catherine de Hongrie, sa fille aînée, avec Louis, Comte de Valois, second fils de Charles, à condition que la Princesse auroit en dot le Royaume des Deux-Siciles & le Comté de Provence. La négociation fut conduite auprès du Pape & du Roi avec tant d'adresse & de vivacité, que le succès en auroit été infaillible, si la mort de Catherine n'avoit renversé les projets des deux Monarques.

Les secousses continuelles qu'on donnoit au trône, firent prendre à la Reine Jeanne un parti que les circonstances sembloient rendre nécessaire. Elle résolut de se remarier en quatriemes nôces (1) pour donner non pas un Chef à la nation, mais un Général à ses troupes. Othon de Brunsvic, Prince Allemand, qui tiroit son origine de la maison d'Est, par la branche des Guelphes, fixa le choix de cette Princesse. Il étoit fils aîné d'Henri, Duc de Brunsvic, surnommé de Grece, à cause de ses fréquens voyages en Orient, & d'Helene de Brandebourg. Il avoit été engagé dans l'Ordre Teutonique malgré lui, & pour obéir aux ordres de son pere; mais ayant ensuite renoncé à ses vœux, il quitta l'Allemagne pour venir en France à la Cour du Roi Jean, où il donna en plusieurs occasions des preuves de valeur. De-là il passa en Italie avec Balthazar de Brunsvic, son frere consanguin. C'étoit un de ces preux Chevaliers, dont le courage impatient ne cherchoit qu'à briller. Ayant commandé les troupes de l'Eglise & celles de Jean d'Est, Marquis de Monferrat, son

---

(1) On rapporte qu'un Astrologue Provençal ayant été questionné sur la destinée de Jeanne, répondit qu'elle se marieroit avec *alio*; *maritabitur cum alio*. Cette plate réponse, qui ne signifioit rien de sensé, même dans le sens de l'Astrologue, quand il la fit, surprit tout le monde, après ce quatrieme mariage, parce qu'alors on trouva un sens mystérieux dans les quatre lettres, dont chacune etoit la premiere du nom des quatre Princes que Jeanne épousa; savoir, André, Louis, Jacques & Othon.

parent;

parent, il fixa plus d'une fois la victoire dans son parti. A beaucoup de valeur il joignoit une grande expérience dans l'art de la guerre, & des talents particuliers pour les négociations ; mais il nuisit souvent à sa gloire par une hauteur déplacée envers ses égaux, & par une ambition qu'il n'eut pas la force de modérer. On remarque encore qu'il étoit fort délicat sur ce qu'on appelle le point d'honneur. Cependant ce sentiment si prompt à se réveiller sur une parole inconsidérément échappée, se tut quand on proposa à ce Prince si fier, d'accepter la main de la Reine, à condition qu'il ne partageroit point avec elle les honneurs de la Royauté ; il sentit qu'il y avoit des cas où un homme de sa naissance pouvoit sans compromettre sa gloire, sacrifier son amour-propre à son ambition. La Reine exigea ces conditions, moins encore pour régner seule, comme elle avoit déja fait pendant son dernier mariage, que dans le dessein de transmettre sans aucun partage à Charles de Duras les droits & les prérogatives de la Couronne. Elle se contenta de donner à son nouvel époux, la Principauté de Tarente, & les autres dont le Duc d'Andria avoit été dépouillé.

Collenuc. Angel. Conft. Summont. &c.

Jeanne, qui étoit alors dans la cinquantieme année de son âge, ne se flattoit pas de devenir mere. Aussi eut-elle soin de déclarer que son intention étoit d'assurer le trône à la postérité masculine de Charles I (1). Mais Charles de Duras ne fut point rassuré par ces précautions. Son ambition inquiete lui faisoit entrevoir, dans l'air de fraîcheur & de santé dont la Reine jouissoit, des faveurs particulieres de la nature, qui

XXVII. Charles de Duras mécontent de la Reine.

---

(1) De la nombreuse postérité de Charles premier, il ne restoit plus d'autre Prince que Louis de Hongrie, & Charles de Duras. Louis étoit vieux, & n'avoit que deux filles, Marie femme de Sigismond Marquis de Brandebourg, & Hedervige mariée à Jagellon, dit Ladislas, Duc de Lithuanie, & ensuite Roi de Pologne. Louis étoit alors à la tête de ce Royaume. Ainsi le trône de Naples, celui Hongrie & de Pologne, étoient en même tems occupés par des Princes de la Maison de France : Louis mourut en 1382.

sembloient la mettre au-deſſus des loix ordinaires des autres femmes. Il craignit qu'elle ne mît au monde un héritier qui perpétueroit la Couronne dans la branche d'Anjou-Sicile. Suppoſé même que Jeanne mourût ſans enfants, Charles devoit redouter le mérite d'Othon & la cabale des Allemands, qui pour ſoutenir un Prince de leur nation, s'empareroient du Gouvernement, des places fortes, & des premieres charges de l'Etat. Voilà qu'elle fut la vraie cauſe des troubles que nous aurons bientôt occaſion de décrire, & que le ſchiſme d'Occident accélera.

Grégoire XI preſſé par les ſollicitations des Romains, par Sainte Catherine de Sienne, & par Sainte Brigite, avoit rendu à Rome le Siege Pontifical dont cette Ville n'a pas été privée depuis. Tout le ſacré College, à la réſerve de ſix Cardinaux, le ſuivit en Italie. Le Pontife ne vécut pas long-tems; il mourut le 27 Mars 1378 dans le tems qu'il méditoit ſon retour en France. Il ne ſe trouvoit alors à Rome que ſeize Cardinaux, dont onze étoient François, un Eſpagnol, & les quatre autres Italiens. Avant d'entrer au Conclave, ils reçurent une députation du peuple Romain, qui les prioit de leur donner un Pape Italien, de peur que ſi le choix tomboit ſur un François, il ne tranſportât encore le S. Siege en France. La réponſe qu'ils firent ne ſatisfit point les Députés. Le peuple allarmé chaſſa de la Ville ceux d'entre les nobles qu'il croyoit mal intentionnés, appella les Montagnards auxquels il confia la garde des portes & des autres avenues, & s'attroupant en tumulte autour du Conclave, il crioit *Romano lo volemo*, nous voulons un Romain. Il menaçoit même les Cardinaux, s'ils s'aviſoient d'élire un ultramontain, *de leur faire la tête plus rouge que ne l'etoient leurs chapeaux*. Les Cardinaux qui ne pouvoient s'accorder entr'eux, parce que chacun vouloit un Pape de ſa Nation, craignant pour leur vie s'ils ne ſe rendoient pas aux vœux du peuple,

LIVRE VII.

XXVIII.
URBAIN VI. EST A PEINE ÉLU QU'IL SE DÉCLARE CONTRE ELLE.
An. 1378.

Theod. de Niem. de Schiſ. l. 1. c. 6.

Fleur. Hiſt. Eccleſ.

Baluz. Vit. Pap. t. I.
Froiſſ. t. II. c. 12.

convinrent de nommer un Italien. Ils donnerent donc leur voix le 7 Avril 1378 à Barthélemi Prignano, Napolitain, Archevêque de Barri ; mais on prétend qu'avant l'élection ils protesterent qu'ils ne la faisoient que par force & pour éviter la mort. Le nouveau Pape fut couronné le 18 du même mois, & prit le nom d'Urbain VI. La Reine apprit cette élection avec plaisir. Persuadée qu'un Pontife né son sujet, auroit pour elle tous les égards qui pourroient se concilier avec la sainteté de son Ministere, elle fit éclater sa joie par des fêtes, & sa magnificence par les présents considérables qu'elle envoya au nouveau Pontife. Elle lui députa Hugues de Saint-Severin, Nicolas Spinelli son Chancelier, le même qui avoit été grand Sénéchal de Provence, & plusieurs autres personnes de marque. Le Pape les reçut avec une hauteur qui les surprit : mais ce qui les étonna ce fut de voir que dans une cérémonie ordinairement consacrée à se donner des témoignages réciproques de satisfaction, le Pape eut la hardiesse de se plaindre hautement de la conduite de la Reine, de dire qu'il l'enverroit filer dans un cloître, & qu'il mettroit sur le trône un homme capable de bien gouverner ; on prétend qu'il vouloit parler de Charles de Duras. Les Députés répondirent qu'il n'y avoit rien à réformer dans le gouvernement du Royaume, que les peuples étoient contents, & que la Reine n'étoit pas faite pour aller finir ses jours dans un monastere. Nicolas Spinelli fut celui qui parla avec le plus de chaleur & de fermeté. Le lendemain se trouvant à la table d'Urbain, placé par le Maître des cérémonies avant quelques Prélats, le Pontife lui en témoigna son mécontentement : « J'occupois cette place, lui dit Spinelli, du temps d'Urbain V. & de Grégoire XI vos prédécesseurs : aujourd'hui elle m'a été encore assignée : vous le désapprouvez ; je me retire ; j'occuperai chez moi celle qu'il me plaira ». Les autres Députés le suivirent fort mécontents de la réception qu'on leur

URBAIN VI. EST A PEINE ÉLU QU'IL SE DECLARE CONTRE ELLE.

Murat. annal. Gazata Chron. Baluz. ibid.

avoit faite. La Reine comprit alors qu'elle ne devoit plus compter sur le Pape, & qu'il falloit chercher ailleurs un appui à son trône. Cependant il paroît qu'Othon fit ensuite le voyage de Rome pour tâcher d'obtenir l'investiture du Royaume de Naples. Théodore de Niem rapporte même que ce Prince étant à la table du Souverain Pontife, mit un genou à terre, suivant l'usage, pour lui présenter à boire; que le Pape fit semblant de ne pas le voir, afin de le laisser quelque tems dans cette posture humiliante; mais qu'un Cardinal, qui rougissoit de cette affectation, & qui lui parloit assez familierement, lui dit, *S. Pere, il est tems que vous buviez*. Si le fait est vrai, il n'y eut d'égal à la patience d'Othon, que la fierté ridicule d'Urbain.

Théod. de Niem. t. I. c. 7 & 8.

XXIX.
INTRIGUE POUR LA DÉTRÔNER. COMMENCEMENT DU SCHISME.

Le même Historien nous apprend d'autres circonstances qui répandent un grand jour sur les ressorts qu'on fit jouer pour arracher le sceptre des mains de Jeanne. Le Pape avoit deux neveux, Butille & François Prignano, tous deux condamnés par leur conduite & la bassesse de leurs sentiments, à rester dans l'état obscur où ils étoient nés. Cependant il avoit l'ambition de les voir au faîte des grandeurs : mais la Reine ne paroissoit pas disposée à satisfaire leur insatiable cupidité. Il fallut donc perdre cette Princesse, & mettre la Couronne sur la tête d'un Prince qui voulût la payer : Charles de Duras parut très-propre à seconder les desseins du Pontife. Assez brave pour faire valoir les droits qu'il avoit reçus de ses ancêtres sur le Royaume de Naples & sur la Provence, il étoit d'ailleurs assez généreux pour récompenser les services de ses Alliés.

Gian. l. 23. c. 4. & alii.

Le Duc d'Andria dont nous avons parlé ci-dessus, étoit alors à Rome : sa révolte l'avoit fait priver de ses biens; il vouloit qu'une autre révolte les lui fît rendre. Quand il eut pénétré les vues du Pape, il offrit de les remplir. Ce fut par son conseil qu'on députa secretement à Charles de Duras : mais ce Prince ne put se résoudre à détrôner sa parente & sa bienfaitrice. S'il eut toujours conservé ces sentimens il auroit épargné bien des malheurs à l'Italie, & n'auroit pas secondé les desseins pernicieux d'un Pontife qui croyoit pouvoir disposer du sort des Souverains ; maxime dangéreuse que la religion mieux connue a fait évanouir. Toute cette intrigue ne fut pas conduite si secretement que la Reine Jeanne n'en fut instruite. Son Conseil fit éclater l'indignation & la haine la plus vive contre le Pape, & décida de favoriser le schisme que les Cardinaux assemblés dans la ville d'Agnani fomentoient secretement. Ces Prélats, au nombre de treize, avoient beaucoup à se plaindre de l'orgueil insupportable du Pape, & de la dureté avec laquelle il censuroit leur conduite. Ce n'étoit pas une raison pour diviser la chrétienté : mais il est des temps où les Ministres mêmes de la religion, quand ils ont substitué les prétentions orgueilleuses de l'amour-propre aux devoirs modestes de leur état, ne sont que trop ardens à satisfaire leur vengeance : ils élurent à Fondi le 20 Novembre 1378 le Cardinal Robert de Genève, frere du Comte de Genève, & beau frere de Raymond IV Prince d'Orange. Il prit le nom de Clément VII, & fut reconnu par la Cour de Naples qui pouvoit dire comme un de ses envoyés à Fondi, à qui son gendre représentoit combien ce qu'il venoit de faire pour procurer cette élection, blessoit la religion & sa conscience : *Eh ! je l'ai fait, répondit-il, afin que les deux Papes soient tellement occupés de leurs propres affaires, qu'ils ne se mêlent plus des nôtres.* Maxime politique souvent employée dans les matieres d'Etat, & qui a presque toujours des suites funestes. Les Cours de France & de Savoye se déclarerent aussi pour la communion de Clément VII.

Urbain VI ne pensa plus qu'à détourner l'orage sur ceux qui l'excitoient. Il fit une nombreuse promotion de Cardinaux,

INTRIGUE POUR LA DÉTRÔNER, COMMENCEMENT DU SCHISME.

An. 1378.
Murat. ann. d'Ital.

Giàn. ibid. c. 5.

LIVRE VII.

XXX.
JEANNE PRÈS D'ÊTRE DÉTRÔNÉE ADOPTE LOUIS D'ANJOU.

parmi lesquels il y en avoient six de la Ville ou du Royaume de Naples; sçavoir, Nicolas Caraccioli, Dominicain; Philippe Caraffa, Guillaume de Capoue, Gentil de Sangro, Etienne de S. Severin, & Marin del Giodice. Il leur donna & à leurs créatures, les bénéfices & les dignités ecclésiastiques les plus considérables du pays, & fulmina contre la Reine une bulle, par laquelle il la déclara schismatique, excommuniée & déchue de la Royauté. Enfin pour rendre ces foudres plus efficaces, il envoya le Duc d'Andria offrir de nouveau la Couronne à Charles de Duras, qui se trouvoit alors dans le Frioul. Charles parut moins délicat que la premiere fois. Il sçavoit que sa fidélité commençoit à devenir suspecte à la Reine, à cause de son séjour en Hongrie, & que le crédit de son beau-frere Robert d'Artois, qui étoit à Naples, augmentoit de jour en jour. Cédant à ces considérations, il demande du secours à Louis de Hongrie pour l'exécution de son entreprise.

An. 1379.

Le Pape dans le même tems vendoit les biens des Eglises & des Monasteres, les calices d'or & d'argent, les croix, les images mêmes, pour fournir aux frais de la guerre, qu'il avoit déja allumée en semant la discorde dans la ville de Naples. Dès ce moment la perte de la Reine fut inévitable. Il lui restoit encore un moyen de la retarder, ou du moins d'empêcher qu'elle ne lui devint aussi funeste qu'elle le fut, c'étoit de faire arrêter la femme & les enfans de Charles qui étoient auprès d'elle; mais soit grandeur d'ame, soit qu'elle ne fût pas encore bien assurée des dispositions de ce Prince, ou qu'elle crut le désarmer en lui renvoyant ce qu'il avoit de plus cher

Rayn.ann.Eccl. 1380.
Lun. Cod. dipl. Ital.t.II.p.1143.
Thes. anecd. t. I. p. 1384.
Hist. de Ch. 6. t. I. p. 50.

au monde, elle les laissa partir. Dès ce moment la France lui parut devoir être son unique ressource: elle la mit dans ses intérêts en adoptant pour son fils, Louis Duc d'Anjou, frere de Charles V, qu'elle déclara son héritier universel par son testament du 23 Juin 1380. Ayant ensuite confirmé cette adop-

tion par Lettres-Patentes du même mois, elle fit une subſti- Leibn. Cod
tution en faveur du fils aîné, & en cas de mort en faveur de t. I. p. 237.
celui des enfans de Louis, qui ſeroit appellé à la ſucceſſion Mſſ. de Brien.
par ordre de naiſſance. Clément VII ratifia les lettres d'adop- n° 14. fol. 35.
tion le 23 Juillet, & dérogea à la clauſe de l'inféodation de
Clément IV, qui portoit qu'aucun Prince ne pourroit ſuccéder
au Royaume, s'il ne deſcendoit de Charles I.

 Ce trait de politique, qui ſembloit devoir ſauver la Reine,
accéléra ſa chûte. Les Napolitains ne vouloient pas voir dominer XXXI.
au milieu d'eux une nation, dont les mœurs & les uſages CHARLES DE
étoient ſi différens des leurs. Ils craignoient auſſi que leurs DURAS EN EST
richeſſes ne paſſaſſent dans les mains de cette foule de Seigneurs PLUS ARDENT A
que le Prince améneroit à ſa ſuite : le ſouvenir de ce qui étoit LA PERSECU-
arrivé ſous Charles I redoubloit leurs allarmes. TER, ET LA FAIT
 Ce motif de jalouſie animoit particulierement la nobleſſe, PRISONNIERE.
dont l'ambition eſt trop ſouvent l'ame des grands événements. An. 1381.
Elle ſe déclara preſque toute pour Charles de Duras, que les
droits du ſang & ceux de ſa femme Marguerite appelloient à Gior. di Nap.
la couronne. Etant né dans le pays, on ſe flattoit qu'il auroit Murat. ann. d'It.
plus d'égards pour ſes concitoyens, qu'un étranger. Il entra Payn. 1381. n°
dans Naples le 16 Juillet 1381, après avoir été couronné à 2.
Rome par le Pape; & mit le ſiege devant le Château Neuf,
où la Reine s'étoit enfermée avec toute ſa Cour, & avec
beaucoup de perſonnes de condition des deux ſexes, qui craignoient le reſſentiment des ennemis. Dans le commencement
de la révolution, elle avoit envoyé en Provence, Louis-Antoine
de la Ratta, Comte de Caſerte, pour lui amener les galeres
de Marſeille : ſon deſſein étoit de paſſer en France afin de
s'aboucher avec Clément VII, & de preſſer le départ des
troupes que le Duc d'Anjou promettoit de conduire en Italie.
Les Marſeillois & les Etats de Provence, inſtruits de l'état
déplorable de ſes affaires, faiſoient leurs efforts pour venir à ſon

secours. Le Comte de Savoie Amédée VI, leur offrit d'appuyer leur zele de tout le poids de sa puissance : mais l'activité des ennemis prévint l'exécution de tous ces projets. Le Château Neuf étoit pressé de toutes parts ; la famine y régnoit, & le Prince Othon, cantonné dans Averse avec son armée, ne pouvoit rien entreprendre ; ses efforts avoient été rendus plusieurs fois inutiles, ou par la trahison de ses Officiers, ou par l'habileté de ses ennemis. Dans cette cruelle extrêmité, Jeanne envoya faire des propositions de paix à Charles de Duras. Celui-ci n'ignoroit pas qu'elle seroit bientôt forcée de se rendre à discrétion : il ne lui accorda qu'une treve de cinq jours, à condition qu'après ce terme elle se mettroit en son pouvoir, si le Prince son époux ne venoit faire lever le siege. En attendant il lui faisoit passer des provisions de toute espece pour sa table, envoyoit savoir fréquemment de ses nouvelles, & témoignoit le regret le plus vif d'avoir été forcé de prendre les armes contre elle. Il l'assuroit que son intention avoit toujours été de recevoir de sa main la couronne, à laquelle il étoit appellé par droit de succession ; mais que voyant le Prince Othon faire fortifier avec soin les villes de sa Principauté de Tarente, & entretenir une armée nombreuse, il avoit cru appercevoir dans cette conduite le dessein formé de s'emparer d'un Royaume qui appartenoit au dernier rejetton de Charles d'Anjou ; que ce n'étoit point pour la détrôner qu'il étoit venu à Naples ; mais pour la délivrer d'un ambitieux, qui tôt ou tard se seroit emparé de la puissance souveraine.

La Reine parut sensible à ces témoignages d'amitié. Cependant elle fit dire à Othon de ne pas manquer de venir à son secours avant l'expiration de la treve. Ce Prince parut devant Naples, le cinquieme jour au matin, & engagea une action dans laquelle les deux armées déployerent une valeur égale. Entraîné par son courage, furieux de voir qu'il s'agissoit de vaincre,

vaincre, ou de perdre une épouse chérie & une couronne, il se précipite seul comme un lion dans la mêlée pour se faire jour vers le drapeau de Charles, frappe & renverse tout ce qui lui résiste. Mais après avoir immolé beaucoup de victimes à sa vengeance, il tomba, épuisé de fatigue, au milieu d'un escadron de cavalerie, qui l'ayant reconnu, l'avoit investi pour se saisir de sa personne. Le reste de l'armée, découragé par la perte du chef, s'enfuit précipitamment au château Saint-Erme, entraînant dans sa fuite Balthazar de Brunsvic, frere de ce malheureux Prince, Robert d'Artois Duc de Duras, & Sabran Comte d'Arian, qui firent des efforts inutiles pour rallier les troupes & les ramener au combat. La Reine qui des fenêtres de son appartement voyoit la déroute de son armée, se livra à une douleur qu'il seroit difficile de peindre. Elle envoya le lendemain Hugues de Saint-Severin au vainqueur pour lui dire qu'elle se mettoit en son pouvoir, & pour le prier d'épargner tous ceux que la crainte ou l'attachement pour sa personne avoit rassemblés autour d'elle. Charles accompagné de sa garde alla voir son illustre prisonniere. Son air n'étoit point celui d'un vainqueur que le succès enorgueillit : il parla à la Reine avec beaucoup de respect, & après lui avoir renouvellé les assurances de son attachement, il lui dit que son intention étoit qu'elle fût traitée d'une maniere convenable à son rang, & servie par les mêmes personnes qui la servoient auparavant. Trois jours s'écoulerent dans des marques réciproques d'une amitié dont vraisemblablement on n'avoit que les apparences. Au quatrieme, les galeres de Provence arriverent. Charles alors redoublant de soins & d'attentions pour gagner les bonnes graces de cette Princesse, alla la voir à son ordinaire, & lui témoigna d'une maniere très-pathétique, combien il seroit flatté d'être nommé son héritier, tant au Royaume de Naples qu'à ses Etats de Provence. Quand il crut l'avoir persuadée, il lui permit de

CHARLES DE DURAS EN EST PLUS ARDENT A LA PERSÉCUTER, ET LA FAIT PRISONNIERE.

An. 1381.

voir, comme elle l'avoit défiré, les Commandans des galeres Provençales, se flattant qu'elle leur ordonneroit de le reconnoître pour Souverain : mais Jeanne trop éclairée pour se laisser prendre à ses feintes caresses, & humiliée de se voir sa prisonniere, dit aux Provençaux, quand elle fut seule avec eux : « Les » bienfaits dont mes ancêtres & moi avons comblé votre nation, » le serment de fidélité que vous m'avez prêté, méritoient que » vous fussiez plus diligens à me secourir. Livrée aux rigueurs » de la faim, réduite aux dernieres extrêmités, j'ai souffert tout » ce que les soldats les plus aguerris seroient à peine capables » de souffrir. Si le retard de la flotte n'a été occasionné que » par un contre-temps, comme je veux le croire, s'il vous » reste quelque souvenir de mes bontés, si vous respectez le » serment qui vous lie, s'il est encore dans vos cœurs quelque » étincelle de cet amour dont vous m'avez donné tant de » preuves, je vous conjure de ne jamais obéir à l'ingrat, au » tyran qui me retient prisonniere & qui m'a fait tomber du » trône dans l'esclavage ; je vous préviens même que si l'on » vous présente quelque écrit, par lequel il paroisse que je l'ai » fait mon héritier, vous devez le regarder comme faux, ou » comme arraché par violence & contre mon intention. Ma » volonté sera toujours que vous reconnoissiez pour Souverain » dans mes Etats au-delà des Monts le Duc d'Anjou, que j'ai » nommé mon héritier universel, & chargé de me venger » des outrages qu'on me fait. Partez, allez vivre sous ses loix ; » que ceux d'entre vous qui sont le plus touchés de mes » bontés, & de l'état déplorable où je me trouve, se disposent » à défendre mes droits par la force des armes, & à prier Dieu » pour le salut de mon ame. Ce ne sont pas de simples exhorta- » tions que je vous fais : vous êtes mes sujets, je me sers » des droits que le Ciel m'a donnés sur vous, je vous le » commande ».

Les Provençaux ne purent soutenir la présence de leur Reine prisonniere. Ils fondoient en larmes en l'entendant parler. Ils sortirent de son appartement, bien résolus de faire un dernier effort pour la venger ; mais que pouvoient-ils contre les forces réunies de tout un Royaume ? Nous verrons bientôt que les villes de Provence n'étoient pas toutes animées des mêmes sentimens.

Charles vint voir la Reine quelques momens après que les Provençaux furent sortis. S'étant apperçu qu'elle persistoit dans sa premiere résolution à l'égard du Duc d'Anjou, il ne garda plus de ménagements ; il ordonna qu'on la conduisît au château de Muro dans la Basilicate, & le Prince Othon fut enfermé dans celui d'Althamura.

XXXIII. Jeanne est étroitement gardée. Lenteur de Louis d'Anjou a la secourir.

Tandis que la ville de Naples étoit témoin de cette étonnante catastrophe, & que la plupart des Barons du Royaume se rangeoient sous la loi du vainqueur, le Duc d'Anjou dépourvu de troupes & d'argent, ne témoignoit pas même un regret bien vif de ne pouvoir aller au secours de sa bienfaitrice : il paroissoit plus jaloux de s'assurer de la Provence que de porter ses armes dans un pays dont la conquête seroit difficile. Ce n'est pas là ce que vouloient Clément VII & les Provençaux. Clément lui envoya George de Marles & d'autres Députés, avec ordre de lui dire que la Provence se dévoueroit à son service, si on le voyoit disposé à venger la Reine Jeanne ; qu'il trouveroit dans le Royaume de Naples & dans le reste de l'Italie des gens tout prêts à marcher sous ses ordres ; que si pourtant il aimoit mieux renoncer à l'adoption, que d'en remplir les engagements, on le prioit de s'expliquer en termes précis, afin qu'on prît des moyens efficaces pour remédier aux maux sous le poids desquels on gémissoit.

Journ. de J. le Févr.

Louis d'Anjou, avant de faire une réponse décisive, mit l'affaire en délibération. Les peines & les soins qu'il en avoit

XXXIV. Louis se détermine a aller en Provence.

LIVRE VII.
An. 1382.

coûté aux succeffeurs de Charles I pour fe maintenir fur le trône ; les dépenfes énormes qu'il avoit fallu faire pour l'acquérir ; l'inconftance & quelquefois la perfidie des Seigneurs Napolitains, tout cela effrayoit un Prince qui ne pouvoit conquérir, qu'avec le fecours d'autrui, les Etats qu'on venoit de lui donner. Le rival qu'il avoit à combattre ne laiffoit pas auffi de lui donner des inquiétudes. Charles de Duras étoit un des plus braves & des plus habiles Généraux de l'Italie : d'ailleurs il étoit né dans le pays même : cet avantage joint à des qualités brillantes lui avoit gagné le cœur d'une partie des habitans, & il contenoit l'autre par la terreur de fon nom, & par la préfence d'une armée aguerrie. Telles étoient les difficultés qu'une prudence éclairée faifoit entrevoir à Louis dans l'expédition de Naples. D'un autre côté il ne s'agiffoit de rien moins que d'un Royaume; & fon honneur exigeoit qu'il entreprît la délivrance d'une Reine qui l'avoit choifi parmi tant de Souverains pour lui céder une couronne. Agité de ces différentes réflexions, il les propofa au Confeil du Roi Charles VI fon frere, le 5 Janvier 1382. Le Confeil après avoir mûrement délibéré fur cette grande affaire, convint que le Duc en acceptant l'adoption, avoit pris l'engagement folemnel de voler au fecours de la Reine Jeanne, & de délivrer fes Etats de l'oppreffion où les tenoit le vainqueur. En conféquence on lui confeilla de fe rendre à Avignon, pour s'affurer des Italiens, des Provençaux & de Clément VII, dont la protection influoit beaucoup fur les moyens qu'il falloit avoir pour agir. D'après cette décifion, Louis jura entre les mains de George de Marles d'entreprendre l'expédition. Le lendemain il alla trouver le Roi au Bois de Vincennes ; là en préfence de cinq Députés d'Avignon, du Duc de Bourgogne fon frere, & d'un grand nombre de Seigneurs, il déclara que fenfible à l'amour que la Reine Jeanne lui avoit témoigné, & touché de fa trifte fituation, il fe déterminoit à tenter fa délivrance, & la conquête de son Royaume. Il fit partir pour Avignon Jean le Fevre, Evêque de Chartres, son Chancelier, & y arriva lui-même le 22 Février, au grand contentement de Clément VII & des Cardinaux, qui le reçurent avec des honneurs proportionnés aux services qu'ils attendoient de son courage. Cependant il ne trouva point dans les Provençaux le zèle sur lequel il avoit trop légèrement compté. Le Sénéchal de Provence Fouques d'Agout, Raimond son frere, Seigneur de Sault, les Députés d'Arles & de Marseille vinrent lui prêter hommage : on peut encore ajouter d'après le journal de Jean le Fevre, l'Archevêque d'Aix, l'Evêque de Grasse, le Prince d'Orange, Giraud d'Adhemar, Guyon Flotte, Raymbaud de Simiane, Barras de Barras, Louis le Roux, Seigneur de la Breoule, de Salignac & de Chanolle, Guigonet Jarente Conseiller en la Cour, Louis d'Anduze Seigneur de la Voute, Guillaume de Montolieu de Marseille, Isnard de Glandevès, nommé par la Reine Marie le 16 Juillet 1381 Capitaine général de plusieurs Bailliages, & son frere Louis, Seigneur de Faucon.

<small>Arch. de M. de Glandev.</small>

La ville d'Aix & la plus grande partie de la Province refuserent de reconnoître ce Prince. Les Etats assemblés répondirent à ses Députés que n'étant assurés ni de l'emprisonnement ni de la mort de la Reine, ils ne vouloient point obéir à d'autre Souverain. Du reste ils firent assez comprendre qu'ils ne se soumettroient que forcément à l'obéissance de Louis. Ce Prince leur étoit odieux à cause des vexations qu'il avoit exercées douze ans auparavant dans le terroir d'Arles & de Tarascon. On savoit qu'il étoit courageux, spirituel, affable, & même libéral jusqu'à la profusion ; mais son insatiable cupidité faisoit oublier son mérite. Ayant ruiné le Languedoc & une partie du Royaume par ses extorsions, on craignoit qu'il ne fît de même en Provence.

<small>XXXV. UNE PARTIE DES HABITANS REFUSE DE LE RECONNOITRE ; IL LEUR FAIT LA GUERRE.</small>

Le Duc piqué de cette résistance à laquelle il ne s'attendoit

LIVRE VII.
Hist. & Arch.
de ces deux
Villes.

pas, alla mettre le siége devant la ville d'Aix sans pouvoir la réduire ni par les armes ni par les négociations. Pressé de passer en Italie, il ne crut pas devoir s'arrêter plus long-temps devant cette place, qui tomberoit d'elle-même après la conquête de Naples. Cependant elle persista dans sa désobéissance; & quand il fut devant Tarente, il la priva de ses privileges, & ordonna le 26 Mars 1383 qu'on transportât à Marseille la Cour Souveraine, & les archives de la Chambre des Comptes. Cette guerre intestine, où les villes combattoient contre les villes, & les Seigneurs contre les Seigneurs (1), dura même après le départ de Louis pour l'Italie. Une foule de guerriers attirés par ses promesses & par l'espérance d'une conquête assurée, venoient se ranger sous ses drapeaux. Parmi les Seigneurs on distinguoit Amédée VI, Comte de Savoie, l'ame & le héros de cette armée. Louis qui connoissoit sa bravoure & son habileté dans l'art de la guerre, & les services qu'il avoit rendus à la

---

(1) J'ai la copie d'une chaire conçue de manière à ne laisser aucun doute sur l'existence de l'original que je n'ai pas vu, & sur le fond des choses qu'elle contient, mais qui sûrement a été mal copiée à bien des égards. Elle est datée du 20 Juillet 1383. L'on y parle de la réduction du village de Meounes qui fût forcé de se soumettre à la Reine Jeanne par Bertrand de Marseille, des Comtes de Vintimille, Seigneur d'Ollioulles, & d'Evenos. Bertrand alloit avec ses vassaux & les habitants de plusieurs villages au secours d'Isnard de Glandevès, qui tenant le parti de la Reine, étoit assiégé dans son Château de Cuers. Le traité fut conclu entre Bertrand de Marseille & les habitans de Meounes, par la médiation d'Hugues Reinaud, Pons Isnard dit de Cancelade, & Jean Reboul. *Per discretos viros nobiles Hugonem Renaudi, Domicellum & Dominum Pontium Isnardi, alias de Cancelada, & Joannem Reboli, dicti Castri de Olliolis.* Cependant le 20 Juillet 1383, il y avoit 14 mois que la Reine étoit morte, c'est une preuve qu'on fut long-tems à le savoir, comme le remarque Ruffi.

Jean Juvenal des Ursins fait entendre dans la vie de Charles VI, p. 22, que Louis fit la guerre en Provence, pendant près de huit mois; ce qui est visiblement detruit par le témoignage de Jean Lefevre témoin oculaire de ce qu'il raconte, qui dit que Louis arriva à Avignon le 22 Février, & qu'il en partit le 13 Juin de la même année. D'ailleurs il se passa environ deux mois en négociations avant qu'on commençât la guerre.

France, l'avoit mis dans ses intérêts, quand il passa à Lyon le 19 Février de cette année-là, en lui cédant tous les droits qu'il avoit sur le Piémont & l'Astesan, en qualité de fils adoptif & d'héritier de la Reine Jeanne. Ils convinrent le même jour du nombre d'hommes qu'Amédée fourniroit & de la paie que le Duc d'Anjou s'obligeroit de leur donner. Celle d'un Ecuyer devoit être de 15 livres francs pour trois mois, c'est-à-dire, d'environ 487 livres, & c'elle d'un Chevalier de 30, c'est-à-dire, de 974 livres de notre monnoie. Un Capitaine qui commandoit cent hommes d'armes avoit 100 francs. Suivant ce traité, le Comte devoit avoir sous ses ordres quatre cents arbalêtriers & deux mille deux cents lances.

Les Seigneurs François qui se faisoient remarquer dans cette armée, quand elle arriva en Provence, étoient Jean II, fils de Jean I, Comte d'Auvergne & de Boulogne ; Philipe le Hardi, Comte de Bourgogne & d'Artois, qui n'alla peut-être pas jusqu'au Royaume de Naples, puisqu'il étoit en Flandre au mois d'Octobre suivant ; le Seigneur de Bretagne, vraisemblablement Henri, fils de Jean III dit le Bon, Comte de Bretagne : Henri étoit frere de Marie de Blois, & par conséquent beau-frere de Louis : on y voyoit encore le Comte de Geneve, frere de Clément VII ; Jean de Beuil ; le Maréchal de Bellecour ; Rodolphe de Luxembourg, neveu de Jean, Roi de Bohême ; le Comte de Saint-Pol ; Pierre de la Couronne ; le Seigneur de Marles ; Jean de Beauvau, Chambellan du Roi, qui devint Commandant de la ville & du fort de Tarente ; Jeanet son frere ; Robert de Dreux, Chambellan du Roi, & successeur de Jean de Beauvau au gouvernement de Tarente ; & Jean de Luxembourg, qui fut fait Comte de Conversano.

L'armée de Charles, rassemblée dans le Royaume de Naples, n'étoit que d'environ quinze mille hommes : on distinguoit parmi les chefs Jean Aucud, & Alberic de Barbiano. Aucud étoit

UNE PARTIE DES HABITANS REFUSE DE LE RECONNOÎTRE, &c.
An. 1382.

Guichenon Hist. de Savoie, p. 214.

Ann. Mediol.

Ch. & pap. orig.

XXXVI.
MOUVEMENTS DANS LE ROYAUME DE NAPLES.

Anglois, & commandoit une de ces compagnies d'avanturiers, qui après avoir ravagé les provinces méridionales du Royaume, étoient allés en Italie à la suite du Duc de Monferrat en 1361, & passoient tour à tour d'une ville à l'autre, pour les défendre ou pour les ravager, suivant les intérêts du Prince auquel ils vendoient leur service. Ces brigands, lorsqu'ils trouvoient un appât à leur cupidité, ne distinguoient ni amis ni ennemis, & quand il n'y avoit personne qui les prît à sa solde, ils alloient ravager les territoires dont la richesse leur promettoit un plus grand butin (1). Ce fut le Pape qui attira ce fameux Anglois dans le parti de Charles, avec deux mille deux cents chevaux qu'il commandoit.

L'autre Capitaine étoit Albéric de Barbiano : ce guerrier voyant les bandes Angloises ravager l'Italie, avoit aussi formé des compagnies pour s'opposer à leurs excès, & s'étoit fait la réputation d'être un des plus grands hommes de guerre de son tems : il mena douze cents hommes au service du Roi de Naples, qui dans les circonstances les plus délicates ne faisoit rien sans le consulter.

Louis, enflé des succès imaginaires que sembloit lui promettre

---

(1) On peut juger du caractere de ces brigands par le trait suivant, qui tiendra lieu de plusieurs autres que nous pourrions citer en ce genre. L'Evêque d'Ostie Comte ou Gouverneur de la Romagne, craignant une révolte dans la Ville de Faënza, où il faisoit son séjour, appella Jean Aucud avec ses Anglois pour contenir les habitans dans le devoir. Aucud étoit à peine arrivé qu'il demanda que ses troupes fussent payées : l'Evêque se trouvoit sans argent. L'Anglois qui ne vouloit point perdre la solde, imagina un moyen de se payer, qu'on assure lui avoir été suggéré par le Prélat, qui étoit le plus infâme des hommes, comme le dit Muratori, si cette accusation est fondée : ce moyen fut que l'Anglois sous prétexte que les habitans vouloient se révolter, fit mettre en prison trois cents des premiers d'entr'eux ; chassa les autres au nombre d'environ onze mille ; ne garda que les femmes dont la beauté le frappa davantage, & livra la ville au pillage après avoir massacré trois cents personnes, parmi lesquelles il n'y avoit presque que des enfants. Murat. ann. d'It. an. 1376.

l'armée

le courage des troupes qu'il conduifoit, croyoit voir à fes pieds le Royaume de Naples, & celui de l'Adriatique; Clément VII l'avoit généreufement gratifié de ce dernier, quoiqu'il n'en fût pas le maître. Ce Royaume étoit puiffant, puifqu'il devoit comprendre la marche d'Ancone, la Romagne, le Duché de Spolete, Bologne, Ferrare, Ravenne, Péroufe, & prefque tous les Etats de l'Eglife, à la réferve d'une petite partie. D'un autre côté tout fembloit devoir prendre à Naples une face nouvelle. Les nobles toujours inconftants dans leur fidélité, orgueilleux dans l'anarchie, tremblans & timides à l'approche d'un Prince capable de fe faire refpecter, commencerent à laiffer entrevoir leur inquiétude naturelle, quand ils entendirent parler des préparatifs immenfes de Louis d'Anjou. Les uns fe déclarerent ouvertement contre Charles de Duras; les autres, plus politiques, attendirent que la fortune fe décidât. Parmi les premiers on peut citer Jacques de Baux, Duc d'Andria, dont l'ambition n'étoit jamais fatisfaite. Il s'empara de la Principauté de Tarente, qu'il avoit perdue pour crime de rébellion : c'étoit un de ces fujets factieux, toujours prêts à fe révolter quand leur intérêt l'exige. Il voulut avoir fa faction dans le Royaume, pour s'en emparer s'il étoit poffible; & afin de colorer fes projets de quelque prétexte, s'il étoit dans le cas de les exécuter, il époufa Agnès fœur aînée de la Reine Marguerite : mais Charles prit des mefures pour le faire arrêter, & s'il n'en vint pas à bout, il fut affez heureux pour déconcerter fes intrigues.

Ces mouvements firent prendre à ce Prince la réfolution d'en arrêter la caufe. On prétend qu'il confulta Louis Roi de Hongrie, fur le parti qu'il devoit prendre; que Louis répondit qu'il falloit fe défaire de Jeanne, & la faire mourir du même genre de mort, qu'elle avoit fait fubir au malheureux André fon premier époux. C'en fut affez pour décider Charles qui n'avoit rien à refufer au Monarque Hongrois, & qui craignoit

MOUVEMENTS DANS LE ROYAUME DE NAPLES.
Leib. cod. Jur. Gent. t. I. n° 239.
Lunig. t. II. p. 1167.

Theod. de Niem. Giann. Conftanz. Summ. Celano. Gior. di Nap. & alii.

XXXVII. MORT DE JEANNE, SON PORTRAIT.

d'ailleurs que si Jeanne vivoit encore quand l'armée Françoise arriveroit en Italie, il ne se fît une révolution en sa faveur. Ainsi oubliant ce qu'il se devoit à lui-même, & ce qu'il devoit à la Majesté du trône, il eut l'inhumanité de faire étouffer, suivant quelques Auteurs, sa prisonniere entre deux matelas, & suivant d'autres de la faire étrangler, le 22 Mai 1382, dans la cinquante-septieme année de son âge, & la trente-neuvieme de son regne : comme si une Reine dépouillée de son rang, privée de sa liberté, séparée de son époux, abandonnée à la dureté de ceux qui la servoient, n'étoit pas assez punie de ses fautes, sans qu'il fût besoin de lui arracher un reste de vie qu'elle consumoit dans les larmes ; exemple terrible de la sévérité des jugements de Dieu, qui éleve les Rois, ou les abaisse, suivant qu'il lui plaît de les faire servir à notre instruction. Telle fut la fin tragique de Jeanne premiere, qui par des qualités brillantes, & une conduite plus qu'imprudente mérita les éloges & les censures des Historiens, & fut tour à tour un objet d'indignation, d'amour & de pitié pour son peuple. Lorsque la tranquillité de l'Etat lui permit de s'occuper du Gouvernement, elle montra une modération, une sagesse, & un amour pour la justice, qui la firent regarder comme une des plus grandes Reines de son siecle. Née avec un esprit vif & pénétrant, avec une éloquence touchante, à laquelle les grâces de sa personne prêtoient un nouvel attrait, elle gagna l'amour de ses peuples, tandis que par une politique éclairée & une fermeté rare, elle déconcerta souvent les projets de ses ennemis. Tant qu'elle gouverna paisiblement, la religion fut protégée, les loix respectées, les talens encouragés, & l'indigence secourue par-tout où sa libéralité put s'étendre. Mais cet éclat que tant de qualités répandirent sur son regne, fut terni par cette grande sensibilité qui devient trop souvent funeste aux personnes de son sexe. Elle éprouva dans sa jeunesse les foiblesses de l'amour,

& les emportements de la haine, deux passions qui furent la source de tous ses malheurs. On peut encore lui reprocher d'avoir été prodigue ; & quoique sa liberalité ne tombât que sur l'indigence, sur les talens, sur les travaux utiles, sur les services rendus à l'Etat, c'est-à-dire sur des objets faits pour la justifier, & l'ennoblir ; cependant comme elle n'étoit pas toujours réglée par cette prudence qui sçait mettre une juste proportion entre les revenus & les dépenses, elle dégénéra en défaut dangereux, comme presque toutes les vertus des Souverains quand elles sont outrées. Robert d'Artois, sa femme Jeanne de Duras, Comtesse d'Eu, moururent aussi en prison, ainsi que Marie de Sicile, fille naturelle du Roi Robert, à qui Charles fit ôter la vie, parce qu'elle étoit soupçonnée d'avoir trempé dans la conspiration contre le Roi André.

LIVRE HUITIEME.

La mort de la Reine fut tenue si secrette, que Louis l'ignoroit quand il partit d'Avignon le 13 Juin 1382 à la tête de quinze mille chevaux & de trois mille cinq cents Arbalétriers, tout brillants par la beauté des équipages. Il étoit suivi d'un grand nombre de mulets chargés d'or & d'argent, & de toute sorte de meubles précieux. Après avoir traversé la Savoye, & les plaines de la Lombardie, avec beaucoup de fatigue & de dépense, il arriva sur les terres de l'Eglise avec cette armée, qui déja nombreuse quand il partit de Provence, étoit devenue forte d'environ quarante mille hommes par la jonction de ses alliés : on voyoit parmi eux deux Gentilshommes de la Maison Spinola ; Gui de Polenta, Seigneur de Ravenne ; Buffile de Brancas, que Louis fit son Chambellan, & à qui il promit le comman-

I.
Départ de Louis d'Anjou pour l'Italie.
Ann. Medionnal.
Chroniq. Estense.
An. 1382.

Cron. de Rimini

dement de Barri & de Lucera, quant il auroit conquis le Royaume; Guichard de Baschi Chevalier d'honneur de ce Prince; Jacques d'Arcussia grand Chambellan de la Reine; Raynaud des Ursins; plusieurs Chevaliers de la Maison de Saint-Severin; deux de la Maison Caraccioli; Louis de Sabran, l'un des principaux Barons; Elzéar son fils que la Reine Marie de Blois fit grand Sénéchal du Royaume le 22 Juillet 1387; Gurelle & Thomas de Brancas, dont cette Princesse récompensa les services au mois de Septembre de la même année; & Luc de Castillon qui s'établit ensuite en Provence (1).

Les Romains qui croyoient que Louis venoit pour combattre le parti d'Urbain, furent effrayés au bruit de sa marche, & prirent secrettement la résolution de livrer le Pontife & ses Cardinaux, s'il venoit mettre le siege devant Rome. Mais le Prince tout occupé de sa conquête, entra dans l'Abruzze à l'aide de Raimond Caldora, l'un de ses plus zèlés partisans. Le Pape crut qu'il étoit tems de déployer son autorité. Il lança ses foudres contre Louis, contre les Comtes de Savoye & de Genève, & contre le Sénéchal Fouques d'Agout, les traitant de schismatiques, d'apostats, de sacrileges, de criminels de leze-Majesté, & les déclarant privés de leurs biens, avec promesse d'indulgence à quiconque prendroit les armes, & serviroit seulement quatre mois. Ces anathêmes n'effrayerent personne: un grand nombre de Seigneurs Napolitains vinrent se ranger avec leurs vassaux sous les enseignes du Duc d'Anjou; l'armée alors se trouva forte, à ce qu'on prétend, de soixante-cinq mille chevaux. C'étoit

---

(1) Il y a des auteurs Provençaux qui mettent parmi les Seigneurs Napolitains, Jean de Raymond, qui fut ensuite Seigneur d'Eoux. Nous n'osons assurer que ce Jean fû Italien & qu'il eût porté les armes à Naples. Tout ce que nous pouvons dire c'est que dans la Donation que la Reine Jeanne lui fit le 2 Mai 1381 de la terre d'Eoux, en recompense de ses services, & de 900 ducats qu'il avoit dépensés pour la solde des troupes, il est surnommé *de Guayzo*. Regist. f° liv. 61.

plus qu'il n'en falloit pour conquérir le Royaume dans quinze jours, si l'on n'avoit eu à combatre que des hommes rangés en bataille. Mais on étoit arrêté par des défilés qu'il falloit forcer, par des places qu'il falloit afliéger, & fouvent par les dévaftations que l'ennemi avoit faites afin d'affoiblir cette grande armée en l'obligeant de fe divifer pour fubfifter. En effet elle forma plufieurs corps; les uns allerent dans la Terre de Labour; les autres dans le Duché de Barri, ou dans les différentes parties du Royaume, dont les François avoient plus d'intérêt à s'emparer; Louis refta avec huit mille hommes feulement dans une terre de la Capitanate, où il pouvoit à peine fubfifter. Le Roi Charles qui l'y fuivit avec une armée beaucoup plus nombreufe, arriva au moment qu'on s'y attendoit le moins, & fe pofta fi avantageufement & fi près des ennemis, qu'ils fe virent dans le plus grand danger, & à la veille d'être forcés de fe rendre. Dans cette cruelle extrémité, Louis affembla fon Confeil pour délibérer fur le parti qu'il avoit à prendre. Pierre de la Couronne fut d'avis d'aller attaquer les Napolitains dans leur camp, & de donner au Duc un habit de foldat & le meilleur cheval de l'armée, afin qu'il pût fe fauver à la faveur de ce déguifement, fi l'on étoit battu, comme il y avoit toute apparence; il demanda pour lui-même le commandement de l'avantgarde, voulant être le premier à tenter la fortune du combat. L'avis ayant paffé, on fe difpofe à l'attaque: le choc fut fi terrible de la part des François, qu'ils s'ouvrirent un paffage l'épée à la main, & pénétrerent dans la Pouille où une divifion de l'armée les attendoit.

DÉPART DE LOUIS D'ANJOU POUR L'ITALIE.

Angel. di Conft. l. 8.

Charles après avoir manqué une fi belle occafion de terminer la guerre, évita toujours d'en venir à une action décifive: il fe contenta de harceler les poftes avancés, & fur-tout d'amufer fon compétiteur par des défis qu'il ne rempliffoit pas, & qui font un monument remarquable des mœurs du siecle, & de l'animosité des deux Princes. Ce qui ne l'est pas moins, c'est la raison pour laquelle on prétend que Louis fit trancher la tête à un Chevalier nommé Mathieu Sauvage, qui étoit venu le défier de la part de son compétiteur en combat singulier. On l'accusoit d'avoir voulu empoisonner le Monarque Angevin par le moyen d'un fer de lance trempé dans un poison si subtil, que quiconque le regardoit fixement, tomboit mort dans l'instant même. Charles releva ce crime dans un cartel qu'il envoya, dit-on, à Louis, dans lequel, à travers les plus basses invectives, on discute assez bien les droits que ce Prince avoit à la Couronne. Le voici tel qu'on le trouve dans Lunigaglia.

Charles III, Roi de Jérusalem & de Sicile, Comte de Provence, &c. à Louis fils du feu Roi de France.

« Nous t'avons autrefois écrit par nos Ambassadeurs que lorsque
» Mathieu de Sauvage devoit être de retour avec assuré sauf
» conduit, il a été tellement quellement meurtri & supplicié,
» contre toute loi, & contre tout usage de guerre. Pour cette
» occasion nous t'envoyons la copie d'une lettre par toi envoyée
» à quelqu'un de nos amis. Si te disons de présent, comme
» nous avons toujours dit & soutenu, que s'il est ainsi que tu
» ayes écrit cette lettre (par le discours de laquelle tu dis que
» nous sommes lâches & insolents), tu en as menti par la
» gorge, parole que je suis prêt & appareillé à soutenir, maintenir & défendre par voie d'armes de ma personne contre la
» tienne, & jaçoit que tu sois dans notre Royaume, si pourras-tu néanmoins connoître & savoir auquel de nous deux
» le champ demeurera; car tes gens & les miens ne desirent
» rien tant que de combattre, & voir l'issue de notre différent
» & de cette guerre; mais il faut que le combat se fasse d'une
» façon singuliere de toi à moi & seul à seul, afin que la gloire

---

LIVRE VIII.
Hist. de Ch.
6. p. 23.

II.
IL EST APPELLÉ
EN DUEL PAR
CHARLES DE
DURAS QUI
CHERCHE A
L'AMUSER.

Cod. dipl. t II.
p. 1132.

» & la victoire en demeurent perpétuellement à celui qui
» gagnera le dessus & le prix de ce combat.

» Quant au droit prétendu par toi sous ta subornée adoption
» par la Reine Jeanne, elle n'a pu ni disposer d'une chose où
» elle n'avoit aucun droit, puisqu'il appartenoit plutôt aux
» enfants de Charles Martel, Roi de Hongrie, fils de Charles II
» Roi de Sicile; le droit qu'elle y prétendoit venant plus par
» très-juste & légitime succession; & posé le cas, que son titre
» eût été bon & valable, encore ne pouvoit-elle frustrer les
» plus proches du sang de Charles, qui légitimement succé-
» doient à la couronne & au trône de Naples, outre qu'elle
» avoit été déclarée meurtriere infâme de son mari, pour avoir
» méchamment & cautuleusement fait étrangler d'un lacs, &
» pendre aux fenêtres de son château, André de Hongrie son
» légitime époux.

» Qu'il soit ainsi on sçait fort bien qu'elle n'a jamais fait mine ni
» semblant d'en faire aucunes poursuites ni recherches, se ren-
» dant par telles négligences de plus en plus notoirement
» suspecte.

» Pour le regard du droit qui nous appartient, attendu que
» Jeanne est décédée sans hoirs de son corps, nous tenons pour
» nulle & pour vaine ta prétendue adoption, aussi bien que la
» donation à toi & à ta faveur par elle faite, comme de chose
» qu'elle n'a pu donner ni distribuer à sa volonté, pouvant aussi
» peu disposer de l'héritage d'autrui, que Clément qui se dit
» Pape souverain, & ne l'est point, en peut donner l'investi-
» ture, parce que si telle donation a été bonne, & le don du
» Pape bon & utile, Jeanne ne l'a dûment faite, Urbain étant
» tenu pour vrai & légitime Evêque de Rome; Clément pour
» Antipape réprouvé: somme, pour le faire court, quant à ce
» qui regarde le combat, nous sommes plus prêt & disposé d'en
» venir promptement aux effets, qu'aux vaines & inutiles paroles.

Il est appellé en duel par Charles de Duras qui cherche à l'amuser.

» Donné à Naples l'an 1382 & de notre regne le deuxieme (1) ».

Louis trop senfible pour écouter de fang froid des reproches auffi peu mefurés, répondit avec toute la vivacité qu'on pouvoit attendre d'un Chevalier plus délicat fur le point d'honneur, qu'inftruit dans l'art trop négligé des bienféances.

« Louis, fils du Roi de France, adopté de Madame Jeanne,
» par la grace de Dieu, Reine de Jérufalem & de Sicile, Du-
» cheffe de Pouille, Princeffe de Capoue, Comteffe de Pro-
» vence, Forcalquier & Piémont, fon héritier univerfel & futur
» fucceffeur en fes Royaumes, Duc de Calabre, d'Anjou &
» de Touraine, & Comte du Maine, à Charles de Duras.

» Nous avons à ce préfent jour reçu la lettre que tu nous as
» fait tenir, pour y répondre. Quant au premier chef où tu
» dis que le Chevalier Sauvage, ton homme à nous envoyé de
» ta part, a été tué & fuplicié, contre toute bonne coutume
» de guerre, nous te faifons favoir & te difons que tu as menti
» par la gorge, ayant été fa propre confeffion qui l'a condamné
» & conduit à cette mort ; fur quoi nous fommes prêts en lieu
» condécent & raifonnable de nous expofer défenfeurs contre
» toi feul à feul & corps à corps. Au fecond chef, où tu nous
» charge d'un démenti, fur ce que nous avançons par notre
» écrit ; nous répondons que c'eft toi-même qui ments par la
» gorge, foutenant que tout ce que par nous a été couché
» eft véritable & fans contredit. Si que pour venger l'injure que

---

(1) Lunig ne dit point d'où il a tiré ces lettres qui nous paroiffent fort au deffus du quatorzieme fiecle pour le ftyle. Elles fe trouvent auffi dans Noftradamus, p. 470 & fuiv. Ce qui les rend encore fufpectes, c'eft qu'on ne les voit point dans les Regiftres de Charles de Duras qui font aux archives de la Zecca à Naples, quoiqu'il y ait plufieurs chartes qui ont rapport à ce cartel. Au refte fi ces lettres ont été fabriquées, comme il eft probable, elles l'ont été fûrement par quelqu'un qui connoiffoit très-bien l'humeur & les intérêts des deux Princes; & c'eft parce qu'elles nous en donnent une idée affez jufte, que nous les rapportons.

» tu as méchamment commise contre la personne de notre très-
» honorée mere, qui se trouve faite à nous, nous sommes prêts
» en lieu raisonnable & non suspect de la combattre & main-
» tenir selon droit & justice, tout ainsi que notre honneur &
» notre état le requierent. Pour l'autre où tu dis qu'en ton
» Royaume se trouvera lieu sûr & non suspect, où tout ce débat
» se pourra terminer & vuider de toi à moi, nous soutenons
» que nous sommes au Royaume de notre très-chere mere &
» non au tien. Néanmoins afin que cette affaire ne se consume
» en cartels, & ne tire en longueur, tu pourras venir en com-
» pagnie de dix Chevaliers des tiens ; comme aussi j'aurai de
» ma part même nombre des miens, que toi & moi choisirons
» & députerons à ce qu'ils avisent & accordent entr'eux d'un
» lieu sûr & raisonnable au Royaume, où ce combat se puisse
» achever & parfaire, t'assurant que nous l'accepterons, tout
» ainsi que par eux se trouvera accordé & choisi ; & combien
» que ceci ne mérite réponse, nous nous désisterons néan-
» moins héroïquement du recouvrement de notre couronne jus-
» qu'à l'accomplissement & résolution du combat, &c. »

Les deux Princes s'écrivirent encore avec aussi peu de ménagement, avant de donner des lettres de sauf-conduit. Celles que Louis fit expédier sont du 13 Décembre 1382.

Le Comte de Savoie créé depuis peu Marquis d'Italie, & Simon Caraccioli, furent nommés le 29 Janvier 1383, pour choisir le lieu du combat qui devoit se donner dans l'Isle de Caprée. Les conditions n'étoient point encore réglées le 8 Février. Charles faisoit toujours naître de nouvelles difficultés, bien persuadé que Louis qui se piquoit plus de franchise que de politique, donneroit dans le piége où étoit tombé cent ans auparavant Charles d'Anjou, lorsque le Roi d'Arragon lui arracha la victoire par un semblable stratagême. Cependant l'armée françoise, découragée par l'inaction, s'affoiblissoit de

IL EST APPELLÉ EN DUEL PAR CHARLES DE DURAS QUI CHERCHE A L'AMUSER.

Archiv. de la Zecca reg. de Charles de la paix.

An. 1383.
III.
LOUIS LAISSE CONSUMER SON ARMÉE PAR LA FAIM ET LES MALADIES, ET MEURT. SON TESTAMENT.

jour en jour par la défertion & la famine. La flotte partie de Provence n'avoit fait que quelques dégâts fur la côte, & fe trouvoit dans une pofition à ne pouvoir rien entreprendre de confidérable. Alors Charles ne garda plus de ménagements; il fortit de Naples où il s'étoit rendu pour donner plus de vraifemblance au rôle de champion, qu'il vouloit jouer, alla fe mettre à la tête de fes troupes, s'empara de tous les paffages par où les ennemis pouvoient pénétrer plus avant dans le Royaume, & fit des difpofitions fi habiles qu'ils fe trouverent étroitement refferrés dans leur camp, où ils manquerent bientôt de fourrages, de vivres & d'argent. Enfin les maladies acheverent de détruire ce qui échappoit à la famine. Plufieurs Capitaines de marque & le Comte de Savoie y perdirent la vie. Ce Prince qui mourut le premier Mars 1383 étoit réduit à fervir à fes dépens. Les tréfors immenfes qu'on avoit apportés de France étoient épuifés, ou par les libéralités qu'il falloit faire aux troupes pour les contenir, ou par les pertes que l'armée avoit faites dans fa marche, lorfque l'ennemi la harceloit. Le Comte de Savoie avoit donné à la priere de Louis une partie de fa vaiffelle à fes gens d'armes, en paiement de leur folde; & le Duc lui-même fut enfuite forcé de vendre la fienne avec fes équipages & fa couronne, n'ayant confervé qu'une cotte-d'armes de toile peinte.

Tant de malheurs aigriffoient fon caractere. Quand il apprit que Jean Aucud, Anglois, fi fameux en Italie par fes exploits & fes brigandages, & foudoyé par Urbain VI, s'étoit joint à Charles de Duras, avec deux mille deux cents cavaliers, il s'imagina qu'ils étoient Florentins, parce que ce Capitaine avoit fervi la République de Florence. Sur ce léger foupçon, il ordonna qu'on faifit en Provence toutes les marchandifes qui appartenoient à cette nation. Cette injuftice ne fervit qu'à indifpofer les efprits fans réparer fes pertes. Pour faire ceffer l'état déplorable où il fe trouvoit, il falloit combattre & vaincre;

mais Charles plus rufé ne lui laiſſoit attaquer que quelques détachemens, qui l'épuiſoient lors même qu'il les battoit : enfin après beaucoup d'obſtacles & d'alternatives de ſuccès & de revers, les François pénétrerent juſqu'à la plaine de Foggia, où Louis qui n'avoit pris juſqu'alors que le titre de Duc de Calabre, prit le 30 du mois d'Août 1383, celui de Roi de Sicile & de Jéruſalem : ce fut le ſeul fruit de ſes conquêtes : il en perdit les avantages par la faute d'Engueran de Couci, brave Capitaine, mais plus fait pour figurer à la tête d'une troupe d'avanturiers, que pour faire le ſalut d'une armée qui mettoit en lui toute ſon eſpérance. Engueran partit de France avec douze mille chevaux ; au lieu de précipiter ſa marche pour arriver promptement dans la Pouille, il perdit ſon temps à ſatisfaire ſes caprices & ſon avidité dans la Lombardie & la Toſcane : une choſe qui mérite d'être particulierement remarquée, c'eſt que les François ne furent point ſecourus, & qu'il ne paya point de ſa tête ſa coupable négligence (1).

Tandis qu'il ravageoit les terres des Florentins, Louis propoſa juſqu'à dix fois la bataille à ſon compétiteur ; celui-ci refuſoit toujours ; mais craignant peut-être que ſes refus ne fuſſent une tache à ſa réputation, ou que ſon armée ne les regardât comme un aveu de ſa foibleſſe & ne ſe décourageât, il prit le parti d'envoyer le gage de bataille. Louis le reçut avec joie, & lui fit dire qu'étant venu juſqu'à Barlette, il devoit être fatigué du voyage, & qu'il le prioit de ne pas aller plus avant ; que dans cinq jours il ſe préſenteroit pour

LOUIS LAISSE CONSUMER SON ARMÉE PAR LA FAIM ET LES MALADIES, ET MEURT.

Journ de J. Lefev.
Chron. Edens.
Chron. di Siena.

Hiſt. de Charl. VI.

___

(1) Le Laboureur dans la vie de Charles VI. l. 4. ch. 7. attribue les malheurs de l'armée françoiſe à la négligence de Pierre de Craon, que Louis traitoit de couſin. Il prétend que ce Seigneur lui portoit de l'argent, & qu'au lieu de ſe rendre en droiture au camp, il s'amuſa à étaler à Véniſe un faſte indécent.

combattre; c'étoit le 12 du mois d'Avril, & le 17 il parut sous les murs de la ville, à la tête de ses troupes, *petitement habillées*, dit Juvenal des Ursins, mais pleines d'ardeur, & assez bien armées. Louis n'avoit qu'une cotte-d'armes de toile peinte, semée de fleurs-de-lys, seul effet qui lui restât de ses nombreux équipages.

Charles qui avoit eu le temps de réfléchir sur les suites de sa démarche, avoit fait venir dans cet intervalle le Prince Othon, qui, depuis la mort de la Reine Jeanne son épouse, étoit détenu prisonnier. Il le consulta sur la conduite qu'il devoit tenir; s'il devoit livrer bataille, ainsi qu'il s'y étoit engagé, ou se tenir seulement sur la défensive. « Les François », répondit Othon, avec une franchise que les circonstances seules pouvoient faire pardonner, « les François sont supérieurs en
» nombre, & l'emportent sur vos troupes en courage: leur
» cavalerie, la meilleure qu'il y ait en Europe, est grossie de tout
» ce qu'il y a de plus vaillant parmi la noblesse de votre
» Royaume; ainsi je suis d'avis que vous ne commettiez point
» au sort d'une bataille une couronne dont vous êtes assuré, si
» vous faites durer la guerre, si vous vous bornez à harceler
» les ennemis dans leur marche, & à leur couper les vivres &
» les fourrages. Car je suis sûr que par-là vous les réduirez à
» sortir du Royaume ou à périr faute de subsistance ».

Cet avis fut approuvé, & Charles pour témoigner sa reconnoissance au Prince, le renvoya sur sa parole, à condition qu'il ne serviroit plus contre lui. Réglant ensuite sa conduite sur un plan tout différent de celui qu'il s'étoit proposé, il rentra dans Barlette, & frustra ses ennemis du seul espoir qui les flattât, qui étoit celui de combattre. Louis outré de dépit de se voir trompé si indignement, se retira à Barri où il finit sa carrière la nuit du 20 au 21 Septembre 1384. Quelques Auteurs prétendent qu'il mourut de la peste (1), d'autres d'une pleuresie dont il fut attaqué en voulant empêcher ses soldats de livrer la ville de Biseglia au pillage : quelle que fut sa maladie, on peut assurer que le chagrin la rendit incurable. Il laissa de Marie sa femme, fille puînée de Charles de Blois Duc de Bretagne, Louis qui lui succéda, Charles Duc de Calabre, mort le 19 Mai 1414 sans avoir été marié, & une fille nommée Marie d'Anjou.

LOUIS LAISSE CONSUMER SON ARMÉE PAR LA FAIM ET LES MALADIES, ET MEURT.
An. 1384.

Louis, par son testament fait à Tarente le 20 Septembre 1383, confia à la Reine Marie sa veuve l'administration de ses Etats, & la tutelle de son fils aîné, jusqu'à sa majorité fixée à vingt-un ans accomplis ; & lui nomma un Conseil composé de trois Evêques, & de Pierre d'Avoir, Seigneur de Château-Fromont, son grand Chambelan ; de Jean & de Pierre de Beuil ; de Pierre de Chevreuse ; de Guillaume de Matefelon ; du Sire de Montalais ; de Jean Pellerin ; de Maître Jean Haucepié ; de Maître Jean le Begue, & de Denys de Breuil. Le reste du testament contient des fondations sans nombre, & des ordres d'indemniser les peuples du Languedoc & de la Provence des maux qu'il leur avoit faits par ses vexations & ses hostilités : son cœur & ses entrailles furent portés à Tours, & reçus par J. le Fevre, Evêque de Chartres ; par Hardouin de Beuil ; le Comte de Beaufort ; Robert de Dreux ; Guillaume de Craon ; l'Evêque d'Angers, & Leonel de Coësmes, &c. Le cœur fut ensuite porté à l'Eglise de S. Maurice d'Angers, & les entrailles furent enterrées à S. Martin de Tours, suivant les dernieres dispositions de ce Prince. Son corps, mis dans un cercueil de plomb, resta longtems en dépôt à Barri, d'où il devoit être porté à Paris, & enterré dans la Chapelle basse du Palais, derriere le Maître

Lunig, t. II, Cod. dipl. p. 1191.

---

(1) Le Continuateur de Velly qui dans cette partie de son histoire, a confondu les faits & les dates, fait mourir Louis d'une blessure. J'ai préféré le sentiment de Muratori, & des autres Auteurs Italiens, qui ont parlé de cette guerre avec plus de clarté, de méthode & de vérité.

autel; mais on le transféra dans la suite à S. Maurice d'Angers. On trouve parmi les exécuteurs testamentaires, Fouques d'Agout, Sénéchal de Provence; Raimond d'Agout, Seigneur de Sault, & Louis d'Anduze: & parmi les témoins Henri de Bretagne; Robert de Dreux, frere de Louis; Jean de Beauvau, Chevalier; & Maître Guillaume de Gautier, Secrétaire du Prince.

Après la mort de Louis, Hugues de Saint-Severin n'oublia rien pour ranimer le courage de l'armée. Les Chefs firent à ce Prince de magnifiques funérailles, & les rendirent mémorables par un acte de religion que les usages de la Chevalerie autorisoient. Ils communierent tous, & dans le tems que le Prêtre tenoit dans les mains l'hostie, ils proclamerent Louis II fils du précédent, Roi de Naples, & jurerent qu'ils n'en reconnoîtroient point d'autre, qu'ils n'épargneroient ni leur vie, ni celle de leurs femmes & de leurs enfants pour le mettre sur le trône. Tous les Officiers de l'armée prêterent ensuite le même serment; & après la cérémonie, lorsqu'ils éprouvoient encore tout le feu de ce zèle religieux, dont ils venoient de donner une preuve si éclatante, ils conduisirent l'armée rangée en bataille devant Barlette, où Charles s'étoit enfermé, lui annoncerent la mort de Louis, & lui présenterent le combat, en faisant retentir l'air des cris redoublés de *vive le Roi Louis, & meure le traître Charles*. Celui-ci, en qui l'âge & l'expérience avoient modéré cette sensibilité inconsidérée, à laquelle plus d'un Général a sacrifié le salut de l'armée & de l'État, ne s'écarta point du plan qu'il avoit formé de laisser les ennemis se consumer dans l'inaction; il ne sortit point de Barlette; les troupes Angevines en furent déconcertées au point que n'ayant aucun espoir de combattre, & voyant que les vivres commençoient à leur manquer, elles se retirerent dans les places qui leur étoient soumises. Les unes allerent dans l'Abruzze, les autres dans la terre de Barri, & dans la Principauté de Tarente;

mais presque tous les François revinrent en-deçà des Alpes, *tant nobles que non nobles*, dit Juvenal des Ursins, *& retournerent à grande partie à pied, ayant chacun un bâton en leur main, & étoit grande pitié de les voir.*

La Provence déchirée par les guerres civiles, & ravagée par les Tuchins (1) offroit un spectacle encore plus touchant. On appelloit Tuchins ou coquins, un amas de gens de la campagne, qui réduits au désespoir par les subsides, s'étoient armés contre les Officiers du Roi, contre les riches & les gens aisés, & leur faisoient une guerre implacable, pillant leurs maisons, & commettant une infinité de désordres par les intelligences qu'ils entretenoient dans la plupart des Villes. Ils s'emparerent d'Arles la nuit du 24 Juillet 1384, & y firent main-basse sur plusieurs habitans, dont l'un étoit le Viguier Emmanuel du Puget (2). Ils y auroient laissé des traces plus profondes de leur fureur & de leur avidité, si les habitans du Bourg, qui prirent les armes, quand ils furent instruits du danger, ne fussent

V.
LES TUCHINS
EN PROVENCE.

Vit. Pap. t. I.
p. 506 & 1300.
Moine de S.
Denis. Vie de
Ch. VI. l. 4 c. 1.

An. 1384.

---

(1) Ces brigands sont les premiers à qui l'on a donné le nom le de Tuchins, quoique les Historiens de Provence le donnent aux Compagnies qui parurent en 1361. Leur nom en Provence se donne aux Valets de cartes, que le peuple appelle encore *Tuchins* en certains endroits. Les cartes paroissent avoir été inventées en Espagne, vers l'an 1330. L'usage en fut introduit bientôt après en Provence, où la fureur du jeu fut portée fort loin dans ce siècle, & dans le siècle suivant sur-tout. Je trouve que le 22 Octobre 1444, un Juif nommé Moïse de Nevers, s'obligea pardevant Michel Grimaud, Notaire d'Arles, sous peine d'avoir le poing coupé, de ne jouer à aucun jeu, excepté le jour de son mariage, ou du mariage de son frere, & les trois jours de Pâques. Il faut que le jeu eût un grand attrait pour lui, puisqu'il se le reservoit pour les jours consacrés à la joie.

(2) Il étoit Coseigneur du Puget, Diocèse de Glandeves. Je trouve dans le Journal de Jean Lefevre, que le 15 Novembre 1385, Glandevés Seigneur de Cuers comme Procureur de Guillaume du Puget, fit hommage-lige à la Reine, & au Roi son fils, de tout ce que Guillaume avoit en Provence. Ce Guillaume étoit probablement fils d'Emmanuel : je trouve aussi dans un titre de la Maison de Sabran, *Egregia Domina de Pugeto, Domina de Podio Luperio reverenda Socrus Joannis de Sabrano, die 26 Septembris* 1385.

LIVRE VIII.
Mem. de Bert.
Boisset, & Not.
Olivar. d'Arles

VI.
COMMENCE-
MENTS DE RAY-
MOND DE TU-
RENNE.

tombés sur eux à la pointe du jour, & ne les eussent chassés de la Ville. Les Tuchins avoient été introduits par quelques traîtres, parmi lesquels on comptoit des Ecclésiastiques, & plusieurs personnes de condition. On en arrêta la plus grande partie. Les nobles eurent la tête tranchée, les autres furent pendus ou noyés, ou punis d'une autre maniere.

C'étoit le tems où la Provence devoit éprouver des malheurs, dont les siecles passés fournissoient peu d'exemples. Louis y avoit aliéné les esprits par sa hauteur, & encore plus par la réunion qu'il avoit faite au Domaine des terres que ses prédécesseurs en avoient détachées pour récompenser la noblesse, ou pour avoir de quoi fournir aux dépenses de la guerre. Ainsi quand on apprit sa mort, les Villes que la crainte retenoit dans son obéissance, se soumirent à Charles de Duras, & formerent une ligue sous le titre d'union d'Aix. Il n'y eut qu'Arles, Marseille, Pertuis, & un petit nombre d'autres moins considérables, qui resterent fideles à Marie de Blois. Plusieurs Seigneurs entrerent dans cette ligue. On distinguoit parmi eux Raymond de Turenne, fils de Guillaume Rogier, deuxieme du nom, Comte de Beaufort, & d'Eléonor de Cominge. Il cherchoit à venger par la flamme & le fer le tort que la Maison d'Anjou lui avoit fait, en le privant des terres considérables que ses aïeux avoit reçues de la libéralité du Souverain (1).

Quoiqu'il dût au souverain Pontificat le lustre & la grandeur de sa Maison, ce fut particulierement contre Clément VII qu'il fit éclater sa vengeance : il se plaignoit que la Chambre Apostolique lui retenoit des sommes considérables que son pere lui avoit prêtées, & quelques effets provenans de la succession de son oncle Gregoire XI. Cependant on voit par l'inventaire fait après la mort de son aïeul, que s'il s'étoit perdu quelqu'un

(1) Voyez la Charte où il est parlé des terres qu'il possédoit.

des

des effets appartenans à ce Pontife & à Clément VI, le plus grand nombre avoit passé aux héritiers. On trouve dans cet inventaire fait le 4 Mars 1380, quatorze mille cinq cents trois florins d'or, dont trois mille florins de la Reine, faisant en tout cent trente-neuf mille sept cents soixante-dix livres. Quinze cents oboles d'or d'Arragon. En argent doré, six plats pour donner à laver ; onze pots, seize aiguieres, dix-sept tasses, trois coupes, dont l'une travaillée en Angleterre, vingt-un gobelets avec leur couvercle, & un vase pour les épices : en argent uni, onze plats pour donner à laver ; soixante pour la table ; soixante-seize écuelles, dix-neuf pots & plusieurs autres émaillés ; six aiguieres & quelques autres émaillées ; vingt-neuf tasses, trente-six cuillers, trois plats à barbe, & un coquemar. Nous supprimons ce qui regarde les reliquaires, les ornemens sacerdotaux, les vases sacrés, & tout ce qui sert aux offices d'Eglise. Cet article est assez long : nous remarquerons en passant qu'il n'est parlé dans cet inventaire, qui est fait avec beaucoup de détail, d'aucun livre, excepté de missels & d'autres livres de prieres ; il n'y est fait mention que d'une seule chaise ; mais il est parlé de plusieurs tabourets qui paroissent avoir été les seuls siéges alors en usage ; point de gobelets de verre, point d'autre jeu que les dames & les échecs.

COMMENCE-
MENS DE RAY-
MOND DE TU-
RENNE.

V. les pr. ch.
L.

Raymond se plaignoit aussi qu'on lui retenoit le prix des services qu'il avoit lui-même rendus au Pape, lorsqu'à la tête de ses vassaux il avoit repoussé des brigands qui vouloient s'emparer d'Avignon.

Nous ignorons jusqu'à quel point ces plaintes étoient fondées ; elles lui servirent de prétexte pour commencer les hostilités sur les terres du Pape. Ce caractere altier ne respiroit que la guerre : aidé du Sénéchal de Beaucaire, il avoit fait le dégât dans le terroir d'Arles, & s'étoit emparé de quelques places : on auroit dit que cette Province dépourvue de chef, & retombée

Journ. de J.
Lefevre.

dans l'anarchie, étoit un théâtre ouvert à l'avidité de quiconque vouloit la déchirer. Les divisions intestines favorisoient l'audace des Seigneurs. Le parti de Louis II, Duc d'Anjou, trop foible pour dominer, avoit député à ce Prince, qui se trouvoit alors à Paris, le Comte de Saint-Severin, Raymond d'Agout, & Guigonet Jarente. Les Députés de Marseille y arriverent aussi; tout ce qu'ils purent faire, ce fut de hâter le départ de la Reine & de son fils pour la Provence. Ceux d'Aix refuserent de la voir; ils s'adresserent directement à Charles VI, sous l'obéissance duquel ils desiroient de se ranger.

C'étoit peut-être le parti le plus avantageux qu'il y eût à prendre dans ces circonstances critiques. La Reine, mere du jeune Louis, ayant peu de revenus, & beaucoup d'ambition, alloit ruiner la Provence pour conquérir un Royaume que Charles étoit en état de lui disputer. Au lieu qu'en devenant sujet d'un grand Empire comme la France, les Provençaux auroient eu plus de ressources pour réparer les maux qu'ils avoient soufferts dans les guerres précédentes, & moins de charges à supporter.

Mais cette raison de politique fut moins forte que la religion sacrée du serment. L'assemblée des trois Etats avoit consulté des Evêques, des Théologiens, des Jurisconsultes, qui avoient répondu que la Reine Jeanne n'avoit pu disposer d'une succession que les loix & les dernieres dispositions de Charles II & de Robert, attribuoient à Charles de Duras: ainsi malgré l'horreur qu'inspiroit le sort cruel qu'il avoit fait subir à sa Souveraine: malgré les maux qu'on se préparoit en refusant de reconnoître Louis d'Anjou, la crainte de devenir parjures, retenoit encore la plus grande partie des Provençaux sous les loix du dernier descendant de Charles I, & s'il falloit rompre les liens du serment, ils aimoient mieux que ce fût pour se choisir eux-mêmes leur Souverain.

La Reine Marie étoit alors à Paris, & avoit été reçue par le Roi Charles VI avec une magnificence vraiment royale : elle résolut de faire armer Chevaliers par ce Prince le jeune Louis & Charles du Maine ses fils, soit pour se conformer à l'usage, soit pour faire entendre aux confédérés que le Roi de France étoit dans ses intérêts. Louis, quoiqu'encore dans l'enfance, avoit attiré l'attention de la Cour par ses graces & ses saillies. « *Vous seriez enchantés*, écrivoit à ses concitoyens un » Député de Marseille, qui se trouvoit à Paris ; *vous seriez* » *enchantés de la contenance, de la bonne mine & des réparties* » *de notre jeune Roi. C'est bien le plus joli enfant & le plus gra-* » *cieux que onques on ait jamais vu. Prions Dieu qu'il le conserve* » *& qu'il l'aide, car nous en avons bien besoin* ».

VIII. Louis II. est armé Chevalier.

Arch. de Marſ. regiſt. 1384.

La cérémonie fut annoncée longtemps à l'avance, & le bruit, dit l'Auteur de qui nous empruntons cette relation, en fut porté de toutes parts en Allemagne, en Angleterre & en Espagne, afin de convier tous les courages généreux à se rendre au premier jour de Mars (1) à l'Abbaye de S. Germain-des-Prés.

« Ce jour qui étoit un Samedi, continue cet Auteur, le » soleil étant sur le déclin de la journée, le Roi se rendit en » ladite Abbaye, & peu après la Reine de Sicile sortant de » Paris, accompagnée d'une grande suite de Princes, Seigneurs » & Barons, y vint avec ses enfants, Louis Roi de Sicile,

(1) MM. de Sainte-Marthe des MSS. desquels j'ai tiré cette note, *N° intit. Comes Andagav. Bibl. de S. Magloire*, disent l'avoir copiée d'après une vieille pancarte de l'an 1330. C'est une erreur dans laquelle on est surpris de voir tomber des Savants, tels que les MM. de Sainte-Marthe. Les deux jeunes Princes dont il s'agit ici étoient Louis II & Charles Duc de Calabre son frere. Ils vinrent à Paris avec leur mere, & y demeurerent depuis le 8 Février 1385 jusques au 22 Mars de la même année, qu'ils prirent la route d'Avignon. Le Roi d'Arménie étoit alors à Paris, ainsi qu'on le voit dans le Journal de Jean Lefevre. Cependant cet Evêque qui rend un compte si exact de tout ce qui regarde la Reine de Sicile, ne dit pas un mot de cette cérémonie, dont il est parlé dans la vie de Charles VI, donnée par le Laboureur, l. 9. c. 1.

» & Charles son frere, jeunes Princes & de très-grande espé-
» rance, qui ne paroissoient pas toutefois en leur état ordinaire,
» parce qu'ils devoient garder l'ordre au milieu des Chevaliers,
» & y monter par les marches du noviciat.

» Ils étoient vêtus d'une longue cotte battant sur les talons,
» qui étoit de grizette brune, n'ayant sur eux ni sur leurs
» chevaux aucune chose d'or ; mais sur la croupe de leurs che-
» vaux l'on avoit mis une piece de pareil drap, plié & attaché
» à leur selle, afin de représenter l'usage des Chevaliers errans.
» En cet état arrivés à S. Denis, ils se retirerent au secret,
» préparé pour s'y baigner, puis sur l'entrée de la nuit ils allerent
» se présenter au Roi qui leur fit accueil, & de-là dans l'Eglise
» en l'état qui suit ; car ayant quitté l'habit ci-dessus, ils furent
» revêtus de ceux qui appartenoient à leur chevalerie nouvelle.
» Ils se couvrirent d'une double robe de velours cramoisi, doublé
» de menu vair, l'une ronde & battant jusqu'aux pieds ; l'autre
» en forme d'une chape impériale, traînant sur la terre ; en cet
» habit & sans avoir de chaperon, ils furent conduits à l'Eglise
» avec grande compagnie, qui marchoit devant, ou les suivoit.
» Les Ducs de Bourgogne & de Tours accostoient le Roi Louis,
» & après avoir fait leur priere au tombeau des martyrs, s'en
» retournerent en même ordre pour souper à la table du Roi ;
» la Reine mere, les Ducs de Bourgogne & de Tours avec
» le Roi d'Arménie tenant la droite du Roi ; le Roi Louis de
» Sicile & son frere tenant la gauche.

» Les tables étant levées, le Roi se retirant, les Chevaliers
» nouveaux retournerent au même état que dessus dans l'Eglise
» pour y passer la nuit en Oraison, suivant la coutume : mais
» parce que leur âge ne pouvoit porter cette fatigue, après y
» avoir prié quelque peu, furent conduits à la chambre afin
» d'y reposer.

» Le jour paroissant, les Directeurs des Princes les rendirent

» de rechef & au même état dans l'Eglise, y entendre la Messe
» qui fut célébrée par l'Evêque d'Auxerre, assisté de Religieux.
» Le Roi de sa part s'y rendit n'ayant pas une suite si grande ;
» mais deux de ses gardes du corps tenoient devant lui chacun
» une épée par la pointe & sans fourreau, sur le haut, & des
» gardes desquelles pendoient des éperons d'or.

» Le Roi couvert de son épitoge marchoit ensuite, suivi des
» jeunes Princes, & après avoir attendu les Princesses & Dames
» quelque tems & la Messe solemnellement chantée, l'Evêque
» officiant présenta les Chevaliers futurs au Roi, & eux de genoux
» lui demanderent la grace de chevalerie, prêtant à cette fin le
» serment entre ses mains. Ils furent donc reçus à même tems,
» & accolés d'un baudrier militaire, & leurs éperons d'or atta-
» chés par M. de Chauvigni commandé de ce faire ; puis rece-
» vant du Prélat sa bénédiction, reconduits au dîner du Roi ».
Le surplus de la cérémonie, qui dura longtems, se passa en
festins, tournois & ballets que nous omettons.

La Reine Marie, pendant le séjour qu'elle fit à Paris, agit
avec tant de succès auprès du Roi de France, que non-seulement elle rendit inutiles les efforts de la confédération ; mais
encore qu'elle obtint des secours pour passer ensuite en Italie.
Elle arriva à Avignon le 24 Avril 1385. Louis fut reçu en
plein consistoire le 20 Mai, & le lendemain il fit hommage à
Clément VII sous le bon plaisir de sa mere, à qui ce Pape avoit
confirmé la régence. Il reçut l'investiture du Royaume de Naples
aux mêmes conditions que ses prédécesseurs, & avec promesse
de renouveller le serment de fidélité, lorsqu'il auroit atteint sa
dix-huitieme année. C'est tout ce que le Pape put faire alors.
Le peu d'autorité qu'il avoit dans les Etats Catholiques, à cause
du schisme, & des circonstances de son élection ; la modicité
de ses revenus, son caractere même, tout concouroit à rendre
son zèle impuissant. Cependant rien n'étoit égal à l'ardeur qu'il

IX.
IL ARRIVE A
AVIGNON.
GUERRE CIVILE
EN PROVENCE.
An. 1385.

témoignoit pour l'élévation du jeune Roi. Il fentoit qu'en étendant fon empire, il étendroit les bornes de fa propre autorité ; que s'il venoit à bout de le placer fur le trône de Naples, une partie de l'Italie rentreroit fous fon obédience, & que l'autre trop foible pour réfifter aux armes de ce Prince, réunies à celles de la France, abandonneroit Urbain VI, & porteroit fon hommage aux pieds de celui que les Cardinaux d'Avignon s'étoient donnés pour chef. Prévenu de ces idées, Clément VII n'avoit rien oublié pour gagner en Provence des partifans à Louis I, lorfque ce Prince étoit à la conquête de Naples: il fit les mêmes efforts pour Louis fon fils. Les Marfeillois étoient les plus zèlés : ils fe joignirent aux troupes du Roi, prirent quelques places fur le parti de Charles de Duras, & ayant à leur folde non-feulement des arbalêtriers, mais encore des gens uniquement deftinés à dévafter les campagnes, ils firent le dégât aux environs d'Aix. Cette guerre femblable à celle qu'on fe faifoit dans le temps où la féodalité étoit dans toute fa force, fe bornoit à brûler les villages, à couper les arbres, enlever les femmes, les vieillards, les beftiaux, à mettre le feu aux maifons de campagne, & démolir les murailles des villes. On obferve feulement qu'au fiége de Quolongue ils avoient une arme à feu nommée bombarde. Dès l'an 1357 la ville d'Apt avoit vingt canons qui défendoient fes murailles. Ce qui feroit croire qu'ils furent connus en Provence avant qu'on s'en fervît dans le refte du Royaume.

Balthazar Spinola, Sénéchal de Provence pour le Roi Charles, ne le cédoit point à fes ennemis en courage, & l'emportoit en animofité. Les ravages qu'il fit ne font connus que par les traces profondes qu'ils laifferent. Les habitans des villes & des villages, expofés à des attaques continuelles, & fouvent furpris dans leur fauffe fécurité, imaginerent de bâtir fur les hauteurs voifines des tours dont la plupart fubfiftent encore, du haut desquelles on pouvoit découvrir l'ennemi de loin, & donner le signal du ralliement. La Reine employa les négociations & la douceur pour ramener les esprits à l'obéissance. Quelques Seigneurs, quoiqu'en petit nombre, vinrent lui prêter hommage; les autres n'oserent se déclarer, ou persisterent dans le parti de Charles de Duras. On crut que s'ils pouvoient s'aboucher avec leurs adversaires, la raison & l'autorité reprendroient facilement leurs droits. On assembla donc les Etats Généraux dans la ville d'Apt, au mois de Mai 1385; mais pour donner plus de poids aux négociations, la Reine leva des troupes, outre celles que les villes lui fournissoient déja, & en donna le commandement à Rochefort, en attendant que le Sire de Vinai vint se mettre à leur tête.

Cependant elle avoit en différens endroits de la Province des personnes de confiance qui travailloient à ramener les esprits. François de Baux & Reforciat de Castellane, Chevalier de l'Ordre de Saint Jean de Jérusalem, furent chargés de cette importante commission. C'étoit aux Etats Généraux que l'intrigue étoit plus active: les trois Ordres résolurent d'envoyer des Députés à la Reine pour traiter d'un accommodement. Ces Députés étoient l'Evêque de Sisteron, & Audibert de Sade, Prévôt de Pignans; Raimond d'Agout, Grand Chambellan du Royaume de Sicile; Louis d'Anduze; François de Baux, & Barras de Barras: ils promirent de reconnoître la Reine & Louis son fils, à condition qu'elle ne feroit jamais ni paix ni alliance avec Charles de Duras, meurtrier de la Reine Jeanne, ni avec ses adhérans; que les Comtés de Provence & de Forcalquier, & les terres adjacentes demeureroient inséparablement unis sous la domination de Louis d'Anjou & de ses descendans; qu'en cas de mort sans héritiers, ils passeroient aux descendans de Charles son frere; que les Provençaux seroient déliés du serment de fidélité, & maîtres de se donner un Souverain, si le

Arch. du Roi à Aix.
An. 1385.

Journ. de J. Lefevre.

X.
ACCORD FAIT ENTRE LA REINE MARIE ET LES ETATS.

Comte de Provence ou ſes ſucceſſeurs manquoient à cet article du traité; qu'il n'aliéneroit aucune partie du domaine; qu'il confirmeroit les libertés, franchiſes, coutumes & ſtatuts accordés par les Comtes ſes prédéceſſeurs; ne mettroit aucun nouveau ſubſide; qu'il confirmeroit toutes les donations faites par la Reine Jeanne & le Roi Robert à leurs ſujets de Provence, tant Eccléſiaſtiques que Laïques; qu'enfin les cauſes civiles & criminelles qui ſurviendroient dans cette Province, ne pourroient être évoquées à aucun tribunal étranger. La Reine fut ſurpriſe du ton de hauteur & de fermeté avec lequel on lui parloit; mais ſentant que les têtes étoient échauffées par un patriotiſme exhalté, elle accepta ces conditions & quelques autres moins importantes, & la plupart des Députés lui prêterent hommage ainſi qu'au Roi ſon fils.

Jean le Fevre, Chancelier de Louis, nomme parmi ceux qui allerent reconnoître le nouveau Roi à Avignon au mois de Juin, Fouques d'Agout, Sénéchal de Provence; Raymond d'Agout, Seigneur de Foz; le Vicomte de Talard qui poſſédoit des terres en Provence; le Seigneur d'Oraiſon; le Seigneur de Sabran, vraiſemblablement Jean Seigneur d'Anſouïs; Raymond de Beaufort, Vicomte de Valerne, parent de Raymond de Turenne, & Meſſire Guyard de la Garde: on y trouve auſſi Pontevès, Seigneur de Château-Renard; Louis de Glandevés, Seigneur de Faucon; Bertrand de Marſeille des Comtes de Vintimille, Seigneur en partie d'Ollioules; Guibert Cornut; Guyon Lyoncer, ou peut-être Leyncel; François de Baux pour le Seigneur de Sault, & pour George de Caſtellane, Seigneur de Salernes; Huguette de Foz, Dame de Tretz; la dame de Sault, femme de Raymond d'Agout; Raynes de Sabran, Seigneur de Lourmarin; Charles Albe & Guigonet Jarente: peu de temps après ſe ſoumirent encore Adhemar, Seigneur de la Garde; Anduze, Seigneur de la Voute; Glandevés, Seigneur de de Cuers, & son frere ; un Ecuyer nommé le Seigneur de Bourbon ; François de Boulliers, Seigneur de Demont & de Cental. Jean le Fevre dit que ce Seigneur prêta hommage à la maniere de Provence ; c'est-à-dire, qu'il se mit à genoux devant le Roi & la Reine qui étoient assis ; qu'il baisa la Reine à la bouche, qu'il baisa ensuite le pied du Roi, & que le Roi le baisa à la bouche. Cet Auteur nomme encore Florent de Castellane Seigneur d'Andaon ; Reforciat de Castellane, Seigneur de Laval & de Foz ; François de Baux, Seigneur de Marignane ; Philippote de Vintimille dame de la Verdiere ; Fouques de Pontevès Seigneur de Cotignac ; Etienne Laugier de Beauvillar, Coseigneur de Lauzet ; Barras de Barras, à qui la Reine donna les terres de quelques rebelles de Barjols, & Pierre Balbs, qui reçut de cette Princesse un semblable don dans le Diocese de Glandeves ; car les Princes, chefs des deux partis, se portoient aisément à punir par la perte de leurs biens les habitans des terres de leur dépendance, qui abandonnoient leurs intérêts.

Journ. de J. Lefevre.

Les autres Gentilshommes du pays attendirent que de nouveaux événemens leur montrassent le Souverain qu'ils devoient reconnoître : ils persisterent dans la confédération connue sous le titre d'union d'Aix, & firent de nouveaux efforts auprès du Roi de France pour l'engager à les prendre sous sa protection. Il y a toute apparence qu'ils agissoient à l'instigation de Charles de Duras qui cherchoit à allumer la discorde entre Louis II & le Monarque François, afin de s'assurer, à la faveur de leurs divisions, la conquête du Royaume de Naples. Le Roi croyoit avoir des droits sur la Provence, comme descendant de Marguerite fille aînée de Raymond-Berenger & femme de S. Louis. L'envie de réunir cette Province à la couronne, la seule des Provinces méridionales qui lui restât à posséder depuis qu'il étoit maître du Dauphiné, le séduisit sans doute, & il écrivit à Marie de Blois qu'il prenoit sous sa protection les Provençaux attachés à Charles

XI.
PLUSIEURS VILLES SE METTENT SOUS LA PROTECTION DU ROI DE FRANCE.

Arch. de Marf, regist. 1384.

de Duras, en attendant que les droits de Louis fur cette Province fuffent fuffifamment conftatés : il déclara dans la même lettre qu'il leur accordoit une treve de fix femaines, pendant laquelle il n'y auroit point d'acte d'hoftilité de part ni d'autre.

Cette déclaration n'arrêta pas entierement les entreprifes de la Reine, mais la guerre fut pouffée avec moins de vigueur. Marie toujours occupée de la conquête du pays, & toujours incertaine du fuccès, fe rendit à Marfeille à la fin d'Août : elle comptoit y trouver des reffources d'autant plus fûres que les habitans lui étoient dévoués ; mais épuifés par la guerre & par la ceffation du commerce, ils ne pouvoient faire que des efforts impuiffans. Cependant malgré l'état de foibleffe où ils fe trouvoient, ils impoferent à la Reine, en reconnoiffant fon fils pour leur Souverain, des conditions dans lefquelles on démêle cet efprit dominant qui dirigeoit alors les villes & la province en général. Ils exigerent qu'avant que le Roi & fa mere fiffent leur entrée à Marfeille, le Pape prît des informations fur la mort de la Reine Jeanne, & que dans le cas où elle feroit certaine, il l'annonçât par une bulle dans laquelle il déclareroit qu'en vertu des dernieres difpofitions de cette Princeffe, le Royaume de Naples & la Provence appartenoient à Louis I, & après fa mort à Louis II fon fils. Ce n'étoit pas encore affez pour calmer leurs fcrupuleufes inquiétudes. Il fallut que le S. Pere, en vertu de fa pleine puiffance, fuppléât à ce qui manquoit à l'âge du jeune Roi ; qu'en qualité de repréfentant de l'Empereur, lorfque l'Empire étoit vaquant, ou ce Monarque trop éloigné, il validât les engagemens refpectifs qu'ils alloient prendre avec leur Souverain, parce que la Provence étoit terre de l'Empire ; & qu'enfin il confirmât à la Reine la tutelle de fon fils, afin qu'elle eût toute l'autorité néceffaire pour agir dans cette affaire importante. En un mot, il n'y eut point de précautions qu'ils ne priffent pour mettre hors d'atteinte leurs

---

LIVRE VIII.

XII.
CONDUITE DE LA REINE POUR GAGNER LES ESPRITS. ELLE FAIT UNE TREVE.

Arch. de Marf. regift.1385. in fine.

privileges, leur honneur & la fidélité qu'ils avoient promife à la Reine Jeanne.

Ainfi lorfque la Régente & Louis fon fils vinrent à Marfeille, ils jurerent, comme avoient fait leurs prédéceffeurs, de maintenir dans toute leur force les droits de cette ville, & les chapitres de paix qui en font la bafe. Les Confuls, dont le premier étoit Gilles Boniface, prêterent ferment de fidélité (1) en préfence de Raymond & de Fouques d'Agout, de François de Baux, de Florent de Caftellane, & de Guigues Flotte; & protefterent contre ce même ferment dans le cas où la Reine Jeanne feroit encore en vie, quoique le bruit de fa mort fût généralement répandu: la Reine Marie ne fe contenta pas de confirmer les privileges des Marfeillois; elle leur en accorda de nouveaux & fit les mêmes libéralités aux villes & aux Seigneurs qui fe mirent fous fon obéiffance; car jamais les Souverains n'ouvrent plus libéralement le tréfor des graces & ne refpectent davantage les prérogatives de leurs fujets, que dans le temps où ils font chancellans fur le trône.

Les partifans de Charles furent d'abord traités avec rigueur. On a vu que Louis I, qui regardoit la ville d'Aix comme le foyer de la rébellion, avoit ordonné pour la punir, le 8 Mars 1383, lorfqu'il étoit au camp devant Tarente, qu'on transférât à Marfeille les Cours Souveraines de Juftice, & les fiéges des principaux Officiers tant civils que militaires. Cette ordonnance n'ayant point été exécutée, la Reine Marie la renouvella avec auffi peu de fuccès le 25 Juillet 1385, tandis que Toulon perdit pour la même caufe, pendant trois ans, le fiége du Bailliage & de la Viguerie qui fut réuni à celui de Marfeille.

CONDUITE DE LA REINE POUR GAGNER LES ESPRITS. ELLE FAIT UNE TREVE.

An. 1385.

Arch. de Marf. & hift. p. 227.

Mff. de la Bibl. S. Germain.

Arch. de Toulon, fac A. liaff. 1.

---

(1) Ruffi dit que Guillaume de Cavaillon & Geoffroi de Valbelle étoient Capitaines de la Ville. Ce Geoffroi de Valbelle eft fans doute le même qui fut nommé Bailli de Brignolle, de S. Maximin & de Toulon le 2 Septembre 1385, comme on le lit dans le Journal de Jean Lefevre.

Le 7 Septembre cette Princesse prit la route du pont de Sorgues où le Pape se rendit aussi le 27 du même mois. Le jeune Roi alla au-devant de lui, & quand ils furent à l'entrée de la ville, il mit pied à terre pour mener le cheval du Pape par la bride : comme ce Prince encore enfant étoit incapable de marcher, le Sire de Vinai le prit entre ses bras afin qu'avec sa main tremblante il pût tenir la bride du coursier sur lequel le Pape étoit monté, ne craignant pas de donner un spectacle dont les préjugés du siecle ne pouvoient diminuer le ridicule. On ne sait point si dans les conférences particulieres qu'il eut avec la Reine, il fut question des affaires de la Province : cette Princesse fatiguée de la guerre, ou plutôt intimidée par la conduite politique du Roi de France, céda aux conseils de son beau-frere le Duc de Berri ; & après deux mois de négociations, ses Plénipotentiaires qui étoient Elzear d'Oraison, Charles Albe, & Guigonet Jarente, homme d'un mérite rare, conclurent avec Balthazar Spinola, Sénéchal de Provence pour Charles de Duras, une treve de vingt mois, le 18 Octobre 1385. La Reine & son fils prirent ensuite la route d'Arles & confirmerent le 10 Décembre les privileges & franchises, qui étoient le prix de la soumission que les habitans avoient jurée à Charles d'Anjou cent trente-quatre ans auparavant. Ces privileges avoient été rédigés dans le même esprit que ceux dont jouissoit le Corps de la Province : on y avoit pris les mêmes précautions pour mettre les biens & la personne des citoyens à l'abri des entreprises injustes de l'autorité. Les Députés de la ville (1), en prêtant serment au Comte, protesterent

---

(1) Ces Deputés étoient Jean Rostagni, damoiseau, Rostang Amalric, Jurisconsulte; Pierre Isnardy, damoiseau ; Pons de Cays, *Dominus Ponssius Cayssa*, Licentié; Jean Raynaud, Bourgeois; Guillaume Raynaud, damoiseau ; Bernard Teyssier, Jurisconsulte, &c. Ce serment fut prêté en présence de Raymond d'Agout, de Fouques d'Agout, Sénéchal, de Robert de Dreux, de Léonel de Coësmes, l'un & l'autre Chevaliers François (*Militibus Galliciis*) & Chambellans

contre cet acte d'obéissance, dans le cas où la Reine Jeanne ne feroit point décédée. Ils doutoient encore de fa mort, quoiqu'un an auparavant ils euffent célébré un Service pour elle.

Les chofes auroient bien changé de face fi le Roi de France avoit voulu prendre les intérêts de Louis II. Les Seigneurs du parti Angevin maîtres de quelques places importantes dans le Royaume de Naples, n'attendoient que des fecours pour fe rallier & pour agir. Le Pape Urbain, qui avoit placé Charles de Duras fur le trône, faifoit tous fes efforts pour l'en renverfer. L'ambition les avoit unis, l'ambition les divifa. Ils jurerent réciproquement leur perte, & pourfuivirent leur projet, Charles avec une haine réfléchie qui l'éclairoit fur les moyens de réuffir; Urbain VI avec une vengeance aveugle qui lui cachoit le précipice où fa conduite l'entraînoit. Cependant quelque décrié qu'il fût par fes imprudences, & par la dureté de fon caractere, ce Pontife avoit une faction dans le pays. Les Romains n'attendoient qu'un chef pour marcher à fon fecours. Barnabé Vifconti & d'autres Seigneurs Italiens brûloient d'envie d'unir leurs armes à celles de la France. Mais Marie de Blois dénuée

CONDUITE DE LA REINE POUR GAGNER LES ESPRITS. ELLE FAIT UNE TREVE.

du Roi; de François de Baux; de Fouques de Pontevés, de Blaccas de Pontevés; de Gui, Notaire de Simiane, de Raymond Bernard Flameng, Chevalier Docteur en Droit, Maître Rationnal & Juge Mage; de Guigonet Jarente, Seigneur de Gemenos, & de Raymond Audibert de Marfeille, Maîtres Rationnaux; de Pierre & de Roftang de Sault, damoifeaux; de Raymond Garnier, de Cavaillon, Jurifconfulre & Juge d'Arles, &c. Arch. de l'hôt. de Vil. d'Arles.

La ville du Martigues envoya auffi des Députés à la Reine, parmi lefquels étoit Jean Tenque, Conful. Ce Tenque étoit peut-être de la même famille que le Fondateur de l'Ordre de Malthe, puifqu'il portoit le même nom. Il exifte encore au Martigues, dans la claffe des Matelots, des perfonnes de ce nom qui pourroient bien tirer leur origine du frere de cet illuftre Fondateur. Si cela eft, la famille des deux freres puifqu'un ordre peut être regardé comme la famille de celui qui l'a fondé, a eu une deftinée bien différente. Quand nous avons dit que Gerard Tenque étoit du Martigues, c'eft par anticipation que nous avons ainfi nommé cette ville, qui telle qu'elle eft n'a été bâtie qu'après la fondation de l'Ordre de Malthe; on appelloit l'île où elle eft bâtie, l'île de S. Geniez.

d'argent & de troupes, abandonnée du Monarque François, fut dans l'impoffibilité de profiter de ces circonftances favorables; heureufe encore de pouvoir conferver un refte d'autorité qu'on lui difputoit en Provence.

Charles de Duras qui connoiffoit le peu de reffources de cette Princeffe, qui peut-être par fes négociations fecretes avoit rallenti le zèle du Monarque François, ne craignoit point d'être inquiété dans fes Etats. Content de s'être affuré la plus grande partie de la Provence par une treve; d'avoir forcé Urbain à fortir du Royaume, & d'avoir mis fes autres ennemis dans l'impoffibilité de lui nuire, il conçut le projet d'acquérir une autre couronne. Louis Roi de Hongrie, furnommé le Grand, étoit mort le 11 Septembre 1382, ne laiffant que deux filles, ainfi que nous l'avons dit plus haut. Les peuples pleins d'eftime & de vénération pour les vertus de l'ainée nommée Marie, la déclarerent héritiere du fceptre, & l'appellerent le Roi Marie; & afin que Sigifmond de Luxembourg qu'elle avoit époufé, ne prétendit point avoir part à l'autorité fouveraine, ils la mirent fous la tutelle d'Elifabeth de Bofnie fa mere, veuve du feu Roi, enforte que ces deux Princeffes gouvernerent enfemble.

Elifabeth livrée aux confeils du Palatin Jean de Gaza, fit tant de mécontens, que la nobleffe qui avoit été plus d'une fois témoin des exploits de Charles de Duras, lui offrit la fouveraineté. Charles fut flatté de l'offre, & après avoir délibéré quelque temps s'il l'accepteroit, il fe rendit enfin à leurs defirs: ayant deux enfants Ladiflas & Jeanne, il pouvoit placer le premier fur le trône de Naples, qu'il venoit d'acquérir, & laiffer à la Princeffe Jeanne la couronne de Hongrie qu'on lui déféroit librement, & qu'il avoit affermie fur la tête du feu Roi Louis par fa bravoure & par le fuccès de fes négociations. Il fortit donc du Royaume de Naples, où, vu l'état des chofes, beaucoup de raifons auroient dû le retenir.

LIVRE VIII.

XIII.
CHARLES DE DURAS PASSE EN HONGRIE POUR S'ASSURER DU TRÔNE: IL EST ASSASSINE.

Arrivé à Zagrab, il employa les intrigues & les menées sourdes les plus propres à opérer une révolution, & prit ensuite le chemin de Bude sans rien laisser transpirer de ses projets. Les deux Reines aussi dissimulées que lui, vinrent l'y voir. Ce furent de part & d'autre des démonstrations de joie & d'amitié : jamais l'ambition & le desir de la vengeance ne se cacherent sous des dehors plus imposans. Mais enfin la haine artificieuse de la Reine Elisabeth l'emporta sur la politique adroite de Charles. Cette Princesse l'ayant invité le 5 Février 1386, à venir dans son appartement sous prétexte qu'elle avoit des affaires importantes à lui communiquer, un Gentilhomme aposté exprès, asséna à ce malheureux Prince un si furieux coup de sabre, qu'il lui fendit la tête jusqu'aux yeux. Charles poussa un grand cri, se leva chancelant sur ses jambes, retomba presqu'aussitôt, & mourut trois jours après à l'âge de quarante ans, dont il en avoit régné près de quatre, depuis la mort de la Reine Jeanne. C'est le quatrieme assassinat commis dans la personne des Princes du sang, dans l'espace de quarante ans. Ils furent tous les quatre ordonnés, excepté celui d'André, par les Princes de la même maison, que la soif de la vengeance ou l'ambition de régner rendit dénaturés. Quand on fait attention aux suites de la conquête de Naples, on voit qu'elle causa des maux sans nombre à l'Italie, qu'elle coûta à la France beaucoup de sang, ruina la Provence, & couvrit la premiere maison d'Anjou d'un opprobre que les vertus éclatantes de Charles II & du Roi Robert n'ont pu effacer.

CHARLES DE DURAS PASSE EN HONGRIE POUR S'ASSURER DU TRÔNE : IL EST ASSASSINÉ.

An. 1386.

Charles de Duras ou Charles III fut surnommé de la Paix, parce qu'il fut assez habile pour réconcilier Louis de Hongrie avec les Vénitiens dans le temps où les prétentions de ces deux Puissances paroissoient mettre le plus d'obstacle à la paix. Il acquit aussi le surnom d'*Illustre* par des qualités brillantes qui l'auroient mis au rang des plus grands Princes de son temps,

XIV.
SES QUALITÉS ET SES DEFAUTS.

LIVRE VIII.

s'il n'en eût terni l'éclat par des actions qu'aucun siecle ne pardonne : la passion de régner les lui fit commettre ; passion funeste qui dégrade l'homme, puisqu'avec tous les talens pour être un grand Roi sur le trône, on est rarement vertueux quand on veut le conquérir. Charles à la Cour de Hongrie ne laissa voir que le Héros & le négociateur habile : dans la vie privée, lors même qu'il fut Roi, il étoit affable, libéral, ami des lettres, aimant dans ses repas à s'entretenir de la Poésie & de l'Histoire ; parlant de l'une avec ce discernement qui saisit le bon, & de l'autre avec cette justesse de réflexion qui juge les événemens & les causes : si l'on veut suivre ses démarches pendant toute la guerre qu'il fit dans le Royaume de Naples, on trouve une vigilance active qui ne laissoit échapper aucune occasion de fixer la victoire ; une prudence qui savoit prévenir ou prévoir les événemens ; une politique artificieuse, mais tranquille, qui ruinoit l'ennemi en l'amusant & sans combattre. Cette politique servit utilement son ambition, lorsque délivré de Louis d'Anjou il prit les armes contre Urbain VI, son bienfaiteur & sa victime. Son ingratitude envers Urbain pourroit être justifiée par les prétentions déraisonnables de ce Pontife, devenu cruel par foiblesse & orgueilleux sans motif. Il n'en est pas de même de la barbarie que Charles exerça contre la Reine Jeanne. Si la raison d'état exigeoit qu'il la fît mourir, les Princes sont bien malheureux, puisqu'ils peuvent être forcés par les circonstances à fouler aux pieds les loix du sang & de l'humanité.

XV.
SA FEMME ET SES ENFANTS.

Charles ne laissa que deux enfants, comme nous l'avons dit ci-dessus ; Ladiflas trop jeune encore pour prendre les rênes du gouvernement, car il n'avoit que onze ans, & Jeanne qui devint ensuite Reine de Naples. Cependant Ladiflas fut déclaré Roi sous la régence de la Reine Marguerite sa mere, tandis que Louis second, son concurrent, régnoit sous la tutelle de la sienne. Ainsi l'on vit alors ce qu'on n'avoit point encore vu

dans

dans l'histoire ; deux Rois enfants destinés à se haïr avant de se connoître, protégés par deux Papes peu faits pour les conseiller & les secourir, gouvernés par deux Reines incapables de les conduire, n'être pas tranquilles dans la partie de leurs Etats où ils s'étoient renfermés ; car Louis en Provence se trouvoit contenu par les partisans de Ladislas, & Ladislas à Naples se voyoit menacé par les partisans de Louis. Son autorité affoiblie par la mort du Roi son pere, perdoit de jour en jour tout ce qu'elle avoit de poids & de force par la conduite imprudente de la Reine Marguerite, femme courageuse à la vérité & féconde en ressources, mais hautaine dans ses procédés, inflexible dans ses résolutions, & préférant d'emporter par la force & la fraude ce qu'elle auroit pu se procurer par l'adresse & la douceur. Aussi seconda-t-elle sans le vouloir les efforts des Angevins qui cherchoient à soulever les esprits contre elle. Le nombre des mécontents étoit infini, & le trône de Naples auroit été irrévocablement assuré à la maison d'Anjou, si Clément VII & Marie de Blois avoient sçu profiter des circonstances ; mais Clément indécis & foible lorsqu'il falloit répandre de l'argent, Marie défiante & timide lorsqu'il falloit agir, perdirent un temps précieux à délibérer.

Othon de Brunsvic, dernier mari de la Reine Jeanne, étoit alors à Avignon. Ce Prince fait prisonnier de guerre au mois d'Août 1381 par Charles de Duras, avoit été renvoyé sur sa parole après trois ans de prison dans le château de Minervino. Un jour qu'il prenoit le divertissement de la chasse, vers la fin de l'année 1384, il fut pris par des bandes Angloises du parti de Clément VII qui l'envoyerent en Provence (1). Il montra sur

SA FEMME ET SES ENFANTS.

Théod. de Niem. l. 1. c. 60.

XVI.
LE PARTI ANGEVIN REPREND LE DESSUS DANS LE ROYAUME DE NAPLES.

___
(1) La Reine Marie pour le dédommager des terres que sa retraite en Provence lui avoit fait perdre dans le Royaume de Naples, lui donna la ville de Martigues & ses dépendances. Les habitans ayant pris le parti de Charles de Duras, les Marseillois s'emparerent de la ville, qu'Othon leur redemanda & qu'ils lui rendirent au mois de Mars 1385. Il étoit alors à Avignon.

cette évasion forcée, des regrets qui prouvent combien le point d'honneur conduit peu sûrement à la gloire, lorsqu'il dirige seul les procédés. Ce Prince qui n'avoit point montré de scrupule quand il fallut conseiller à Charles de Duras, meurtrier de la Rêine Jeanne, comment il devoit s'y prendre pour ruiner entierement le parti de Louis d'Anjou en Italie; ce Prince que nous verrons bientôt abandonner pour un mécontentement les intérêts de Louis second, & embrasser ceux de Ladiflas, consulta quand il étoit à Avignon les Barons Napolitains pour savoir si ayant été pris lorsqu'il étoit hors de la Ville sur sa parole, il pouvoit se regarder comme libre. Ils répondirent que les loix de la seconde captivité le dispensoient des engagements de la premiere. Il crut donc pouvoir accepter le gouvernement du Royaume de Naples, & la conduite des armées que la Reine Marie de Blois lui confia pendant onze ans avec un pouvoir absolu.

Othon, à la faveur des troubles qui agitoient le Royaume, s'empara sans coup férir de quelques Provinces & de la ville de Naples; les Provençaux animés du desir de venger les droits de leurs Souverains & la mort de la Reine Jeanne, brûloient tous les jours des maisons, & ajoutoient à ces ravages tout ce que l'adultere & le viol ont de plus affreux pour un peuple libre. Un nombre infini d'habitans de l'un & de l'autre sexe abandonna la capitale; les uns se retirerent en Sicile, les autres à Capoue, à Gayette ou dans d'autres villes. Dans celle d'Averse seule, il y avoit environ cinq cents dames Napolitaines que le Prince Othon rappella ensuite à Naples avec tous les égards dûs à leur sexe & à leur rang.

La Reine Marguerite, à l'approche de l'ennemi, s'étoit retirée précipitamment à Gayette, où elle demeura dans l'affliction & la misere pendant plusieurs années avec ses deux enfants. Les succès des armes Françoises dans le Royaume, intimiderent

---

LIVRE VIII.

An. 1386.
Journal de J. Lefevre.

An. 1387.

Teodo. de Niem. c. 62 & 65.
Journ. de Nap.

XVII.
LES VILLES DE PROVENCE OPPOSÉES A LA REINE MARIE SE SOUMETTENT.

presque toutes les villes de Provence, qui jusqu'alors avoient refusé de reconnoître Louis II pour leur Souverain. Celle d'Aix pour défendre les intérêts de Charles de Duras, voyoit depuis deux ans la fleur de ses habitans périr par le fer & par la faim, & la campagne abandonnée & livrée au pillage. Elle envoya successivement à Naples Guillaume de Verdoin, Hugues de Clapiers d'Hyeres, & quelques autres Députés, pour demander du secours à Charles de Duras & ensuite à la Reine Marguerite, après la mort de ce Prince. Mais n'ayant apporté de leur ambassade que l'aveu de la foiblesse de cette Cour, les Villes opposées à la Maison d'Anjou se soumirent, & ce fut en leur nom que les Consuls d'Aix Antoine Vaureille, Jean Tressemanes, & Guillaume Verdoin traiterent avec la Reine Régente tutrice du jeune Prince. La Reine sensible à des marques de soumission dont les circonstances présentes lui faisoient connoître toute l'importance, reconnut que les habitans d'Aix & leurs alliés, en prenant les armes pour résister à Louis, ne s'étoient point rendus coupables du crime de rebellion, attendu qu'ils ne lui étoient liés par aucun serment. Après cet aveu elle n'eut pas de peine à les rétablir dans leurs droits, à rendre à la ville d'Aix ses anciennes prérogatives, & à maintenir le corps de la Province dans des privileges qu'on auroit obtenus alors pour prix de la soumission, quand même ils n'auroient pas été fondés sur une possession immémoriale.

LES VILLES DE PROVENCE OP-POSÉES A LA REINE MARIE SE SOUMET-TENT.
Arch. d'Aix regist. rub. f° 2 & suiv.

Hist. d'Aix, p. 204 & 206.

La Ville de Nice & les Vigueries du Puget & de Barcelonette refuserent d'être comprises dans ce traité. Toujours attachées au sang de Charles I, elles demanderent des secours à la Reine Marguerite pour se maintenir par la force dans sa dépendance. Jean de Grimaldi, Baron de Beuil, & Louis son frere, alors si puissants dans le pays, furent chargés de la négociation. Marguerite qui n'avoit presque pas d'asyle assuré dans ses Etats, répondit qu'étant dans l'impossibilité de les secourir, elle leur

XVIII.
LA VILLE ET COMTÉ DE NICE SE DONNENT A LA MAISON DE SAVOIE.
An. 1388.

permettoit de se donner pour Souverain le Prince qu'il leur plairoit de choisir, pourvu que ce fût pas Louis d'Anjou (1). De toutes les Maisons souveraines ils n'en trouverent point dont la protection leur fût plus avantageuse que celle de Savoie. Ses Etats étoient limitrophes, sa puissance capable d'en imposer à la Régente, & la réputation d'Amédée VII connu par les talens & la valeur qu'il avoit montrés à la bataille de Rosbecq en combattant pour la France, leur faisoit espérer de trouver en lui tout ce qui pouvoit assurer leur bonheur & leur tranquillité. Amédée étoit Vicaire-général de l'Empire, & ce titre faisoit illusion aux Niçois, accoutumés depuis longtemps à respecter l'autorité impériale. Louis de Grimaldi fut encore choisi pour aller traiter avec la Cour de Savoie, qui se tenoit alors à Chamberi. Le traité fut signé le 6 Août par Bonne de Bourbon & Bonne de Berri, l'une mere & l'autre femme du Comte, qui travailloit alors à Paris à ramener le Duc de Bretage à l'obéissance du Roi. On mit pour conditions, 1° que tant que le schisme dureroit, les habitans de Nice ne seroient point obligés de prendre parti entre les deux contendants à la thiare. 2°. Qu'ils ne pourroient être forcés à porter les armes contre Ladislas. 3°. Que le Baron de Beuil & ceux qui voudroient le suivre auroient la liberté de lui donner du secours, pourvu

(1) Guichenon prétend, t. I. p. 436, que les députés furent envoyés à la Cour de Naples au mois Février 1383 & que Ladislas consentit par Lettres-Patentes du 30 Mars de la même année, à ce que le Baron de Beuil, & les habitans de Nice se soumissent au Prince qu'ils voudroient avoir pour Souverain. Il est mention de ce fait dans une charte que nous avons, & dont l'original est aux archives de Turin; mais il n'est pas de l'année 1383, puisque Charles de Duras ne mourut qu'au mois de Février 1386, & que son fils encore enfant ne pouvoit pas lui avoir succédé trois ans auparavant. Cette députation ne fut faite qu'en 1387, lorsque la Reine Marguerite étoit à Gayette avec son fils Ladislas. Avant Jean & Louis de Grimaldi, Guillaume Rostang, & Barnabé de Grimaldi avoient obtenu le 22 Juillet 1355 de la Reine Jeanne & de Louis son mari des Priviléges, & des Exemptions peu ordinaires dans le pays.

que ce fût hors de la Provence. 4°. Que ses sujets, s'ils venoient dans le pays, seroient traités humainement. 5°. Que le Comte ne pourroit ni se déclarer contre lui, ni favoriser ses ennemis. 6°. Qu'il ne reconnoîtroit jamais les descendants de Louis d'Anjou pour héritiers de la Reine Jeanne. 7°. Qu'il n'aliéneroit aucun des lieux qui se mettroient sous sa dépendance, soit villes, soit châteaux. 8°. Que Louis de Grimaldi & le Baron de Beuil son frere seroient tenus de prêter hommage au Comte & à ses successeurs dès qu'ils en seroient requis, & de lui remettre les places dont ils avoient le commandement.

Le Baron de Beuil, Jean de Grimaldi, étoit Sénéchal de cette partie de la Provence qui reconnoissoit encore le Roi de Naples. Le pouvoir que lui donnoit sa place, le grand nombre de terres qu'il possédoit, & la considération dont jouissoit sa Maison le rendant tout puissant dans le pays, le mirent en état de conduire cette négociation avec la Cour de Savoie. Le Comte Amédée qui étoit de retour dans ses Etats, parut devant Nice vers la fin du mois de Septembre de la même année, & força les troupes du Duc d'Anjou qui faisoient le siége de cette ville, à repasser le Var: il fit ensuite avec eux un nouveau traité qui confirmoit les articles qu'on vient de lire, & s'obligea à défendre ses nouveaux sujets contre leurs ennemis, & notamment contre les Comtes de Vintimille, Seigneurs autrefois puissants, puisqu'ils possédoient presque tout le diocèse de ce nom, & quelques terres dans celui de Nice. Réduits à la seigneurie de Tende & de la Brigue, ils pouvoient encore faire rechercher leur alliance, parce qu'ils se trouvoient maîtres du passage des Alpes pour aller en Piémont. Pierre Lascaris à qui ces terres appartenoient prit les armes & réduisit sous l'obéissance de la Maison d'Anjou les châteaux de Saorge, de Breïl & de Pigne, que la Reine Marie de Blois lui donna ensuite en récompense de ses services.

XIX. LE COMTE DE SAVOIE PAROIT DEVANT NICE, ET TRAITE AVEC LES HABITANS.

An. 1388.

Arch. de Condé l. cott. Lascaris. Guich. Preuv. p. 224. Lunig. t. I. p. 663.

Le Comte de Savoie, par le même traité, promit de ne céder le pays qui se mettroit sous sa dépendance ni au Duc d'Anjou ni à la France, mais de le rendre à Ladiflas dans l'espace de trois ans, si ce Prince étoit alors en état de se faire respecter de ses ennemis. En attendant les habitans se réserverent la liberté de prêter ou de refuser l'hommage au Comte, promettant de lui payer le même tribut qu'ils payoient aux Rois de Naples, de lui obéir & à ses Officiers avec la même fidélité, & de le reconnoître comme leur véritable successeur, dans tous les droits qu'ils avoient sur cette partie de leurs Etats.

Quant aux prérogatives que les habitans de Nice avoient obtenus de leurs anciens Souverains, ou dont ils jouissoient comme d'un avantage attaché à leur constitution municipale, ils en obtinrent la confirmation. Ils se réserverent le droit de supprimer ou de laisser subsister suivant qu'ils le jugeroient à propos, les impositions qu'ils auroient mises pour fournir aux frais de la guerre, s'obligeant seulement de payer au Comte les droits qu'il pouvoit avoir comme Souverain. Enfin comme cette expédition & l'entretien des troupes nécessaires pour garder le pays, engageoient ce Prince à beaucoup de dépenses, il fut stipulé que Ladiflas les lui rembourseroit dans le cas où il rentreroit en possession de la Provence, & que le Comte ne rendroit la ville de Nice & ses dépendances qu'après l'entier paiement. Les vigueries du Puget, de Barcelonnette, & une partie du Comté de Vintimille suivirent l'exemple de la viguerie de Nice.

En soutenant le parti de Ladiflas, elles se conformoient aux volontés de Charles II & de Robert son fils, dont la mémoire leur étoit chere. Charles, par son testament de l'an 1308, avoit institué pour héritier de ses Etats de Naples & de Provence, Robert son second fils, aïeul de Jeanne; & en cas de mort sans enfants de l'un & de l'autre sexe, il lui avoit substitué celui de ses propres enfants mâles, que la loi de Naples appelleroit à la succession. Si son héritier ne laissoit que des filles, qui étoient habiles à succéder à la couronne, il réduisoit le fidéi-commis masculin au Comté de Provence, qui par ces dispositions appartenoit de droit à Ladislas, seul Prince alors existant de la premiere Maison d'Anjou. Le Roi Robert dérogea à cette substitution, lorsqu'après la mort de son fils qui n'avoit laissé que deux filles, il déclara Jeanne l'aînée son héritiere au Royaume des Deux-Siciles, aux Comtés de Provence & de Forcalquier, lui substituant en même temps Marie sa cadette dans le cas où Jeanne mourroit sans postérité. Celle-ci, quand les Provençaux lui prêterent hommage, jura sur les saints Evangiles qu'elle rendroit aux substitués le fidéi-commis dans toute son intégrité. Comme elle ne laissa point d'enfants, Marguerite de Duras sa niece, fille de Marie & son héritiere, recueillit sa succession, & la transmit à Ladislas son fils, qui réunit ainsi les droits que son pere & sa mere avoient sur la Provence: telles sont les raisons sur lesquelles la Reine Marguerite étoit fondée, quand elle permit aux habitans de la Ville & Comté de Nice de se donner à la Maison de Savoie (1).

Amédée fit goûter à ses nouveaux sujets cette tranquillité que la guerre de Provence avoit troublée. Voulant ensuite reconnoître le zèle du Baron de Beuil & de son frere, il leur donna en tout ou en partie la seigneurie de plus de vingt-cinq villages dans les diocèses de Nice & de Glandeves, à condition

---

(1) Les Historiens de Provence en parlant de la possession du Comté de Nice par la Maison de Savoie, la traitent d'usurpation. Gaufridi ne craint pas de dire, t. I. p. 255, que les Ducs de Savoie n'ont pas de titre plus légitime que le silence de nos Rois. Cette maniere de discuter les droits des Souverains ne convient point aux Historiens: elle decele trop la prévention. Leur devoir consiste à exposer la vérité sans déguisement, & à laisser au lecteur le soin de juger de ces sortes de matieres, toujours délicates par elles-mêmes.

qu'ils les tiendroient en fief, & qu'ils lui prêteroient hommage comme vassaux.

XX.
TRAITÉ DE LA REINE MARIE AVEC LE COMTE DE SAVOIE.

An. 1389.

Arch. Roy. de Turin.
Hist. de Savoie t. I. p. 437.
Lunig. Cod. Dipl. t. II. p. 1186.

La Reine Marie voulut faire quelques efforts pour rentrer dans le pays qui venoit de se souftraire à sa domination; mais ses tentatives furent inutiles; le Comte de Savoie lui fit craindre qu'il n'étendît ses conquêtes en-deçà du Var, tandis qu'elle employeroit la plus grande partie de ses troupes à combattre Raymond de Turenne. La crainte d'avoir en même temps sur les bras deux ennemis redoutables, fut cause que cette Princesse suivit les avis de Clément VII, qui lui conseilla d'enchaîner la valeur du Comte par une trève de douze ans, dont il fut lui-même le médiateur. Le traité fut conclu au mois d'Octobre 1389, & ensuite ratifié par la Reine & son fils au mois de Novembre de la même année.

XXI.
GUERRE CIVILE.

An. 1389.

Louis avoit été couronné à Avignon Roi de Sicile & de Jérusalem le jour de la Toussaints, par Clément VII, en présence de Charles VI, Roi de France; de Louis son frere, Duc de Touraine; de Philippe-le-Hardi, Duc de Bourgogne; de Messire Henri, fils de Robert, Duc de Bar; & de Messire Pierre de Navarre. Le jeune Roi n'avoit alors que douze ans: à cet âge il recevoit l'investiture d'un Royaume qu'il falloit conquérir, & se voyoit déclaré Souverain d'une Province dont une partie venoit d'être démembrée, & l'autre étoit ravagée par le Comte Raymond de Turenne: toujours irrité contre Clément VII, & devenu l'ennemi de Marie de Blois, parce que cette Princesse s'étoit déclarée pour le Pontife, ou plutôt parce qu'elle vouloit que son autorité fût respectée de tous ses vassaux, Raymond avoit repris les armes pour la cinquieme fois au moins depuis six ans, & renouvelloit les scènes atroces que les Sarrasins & les Hongrois avoit données plusieurs siecles auparavant. Les troupes qu'il commandoit avoient la férocité de ces Barbares: c'étoit un amas de voleurs, d'assassins & de gens sans aveu.

Les

les uns étoient Provençaux, les autres étoient venus des Provinces voisines se ranger sous ses étendarts. Ils ne savoient ni pardonner aux vaincus, ni respecter l'âge & le sexe : incapables de faire le siége d'une grande ville, ils se bornoient à ravager la campagne. Quelquefois ils emportoient par surprise un Bourg & y mettoient garnison ; mais plus souvent ils tomboient à l'improviste sur les villages sans défense & les livroient au pillage & aux flammes. La terreur étoit par-tout si grande, qu'on envoyoit des troupes dans les campagnes pour veiller à la sûreté du paysan qui cultivoit la terre. Aussi la dépopulation occasionnée par la désertion ou par le fer de l'ennemi, se fit tellement sentir dans certaines villes, que celle d'Apt arrêta dans une assemblée publique d'affranchir de la taille, pendant dix ans, les familles qui viendroient s'y établir.

Le Pape effrayé de ces horreurs dont le Comtat Venaissin fut quelquefois le théâtre, n'oublia rien pour armer la vengeance du Comte de Provence ; il défendit à tous les fideles de donner aucun secours à Raymond de Turenne & à ses partisans ; & après avoir lancé contre eux les foudres de l'excommunication, il promit à ceux qui prendroient les armes pour les combattre, les mêmes indulgences qui étoient attachées aux croisades contre les ennemis du nom chrétien. Raymond n'en fut point effrayé : *ils comptent*, disoit-il en parlant du Pape & des Cardinaux, *ils comptent me lasser par leurs excommunications ; ils se trompent ; ils ne réussiront pas mieux à lever des troupes en promettant des indulgences : j'aurai beaucoup plus de Gendarmes pour mille florins, qu'ils n'auroient pour toutes absolutions qu'ils pourroient faire ne donner en sept ans ; car les Gendarmes*, ajoute Froissard, *ne vivent pas de pardons, ni n'en font point trop grand compte, fors au détroit de la mort.* La Reine & son fils Louis agirent plus efficacement : ils défendirent à tous leurs sujets, sous peine de punition corporelle & de confiscation de leurs biens, de fournir aucune

GUERRE CIVILE.

Disc. Dasftroubl. Mss.

Hist. Arch. & Miss. de la ville d'Apt.

Froiss. v. 4. c. 25.

V. 2. c. 132.

Livre VIII.

Regist. Pot. fol. 103.

forte de provisions à l'ennemi. Ensuite sur ce que les Etats supplierent cette Princesse de nommer deux hommes de mérite pour commander en l'absence du Sénéchal, elle choisit Reforciat d'Agout & Glandevès, Seigneur de Cuers.

Cette guerre fut presque le seul objet dont les trois Ordres de la Province s'occuperent pendant plus de dix ans. L'assemblée générale tenue à Aix le 22 Juillet 1391, ordonna la levée des milices. Il étoit difficile de se procurer des sommes assez considérables pour fournir aux frais de la guerre : on supplia la Reine de permettre l'exportation des denrées, de ne plus accorder des lettres de surcis pour dettes, parce que c'étoit ôter la confiance & le crédit, & d'ordonner aux Seigneurs tant Ecclésiastiques que Laïques de ne point exiger de péages pendant la guerre ; cette demande paroît d'autant plus surprenante, que c'étoit inviter l'autorité royale à attaquer le droit de propriété. Cependant comme on sentit qu'une paix, quelque désavantageuse qu'elle fût, seroit encore moins onéreuse à la Province, que la guerre cruelle dont on étoit menacé, on proposa d'offrir à Raymond de Turenne 20,000 florins pour le dédommager des pertes & des frais qu'il avoit faits, s'il vouloit quitter les armes. L'accommodement n'eut pas lieu : la guerre se ralluma avec plus de fureur qu'auparavant ; on appella des étrangers au secours du pays ; mais soit qu'on ne fût pas exact à leur payer la solde, soit qu'ils profitassent de leur supériorité pour rançonner la Province, ils s'emparerent de plusieurs châteaux qu'ils refuserent de rendre, jusqu'à ce qu'on leur eût donné 80,000 francs, c'est-à-dire 869,400 livres : nous ignorons à quelles conditions Helion de Villeneuve termina cette affaire, qu'il fut chargé de traiter avec les Commandans.

Ibid. f. 14.

An. 1390.

Dans le même temps la mer étoit infestée de corsaires, d'autant plus dangereux que le commerce encore fort borné n'offrant qu'un foible appât à leur cupidité, ils enlevoient les fruits de la terre, & livroient au pillage les lieux maritimes qui n'étoient point fortifiés : quelquefois même ils s'emparoient des villages avantageusement situés, dont ils faisoient un repaire formidable à tous les lieux circonvoisins. Il n'y avoit que les Marseillois qui pussent entretenir des forces maritimes considérables pour ce temps-là, & maintenir la sûreté sur les côtes de Provence : aussi la Reine Marie, qui dans plus d'une occasion avoit éprouvé leur zèle avec succès, leur accorda-t-elle le privilege de faire la guerre à ceux qu'ils jugeroient être ennemis de l'Etat, sans attendre les ordres du Prince lorsqu'il seroit absent. Les compagnies d'avanturiers étoient si multipliées, les surprises si fréquentes, qu'alors le droit de faire la guerre, du moins en Provence, étoit aussi naturel que le droit de se défendre dans un bois, lorsqu'on est attaqué par des brigands ; des sujets du Roi de France même combattoient sous les drapeaux de Raymond, & le Gouverneur du Dauphiné lui fournissoit des troupes, quoique ce Monarque eût épousé les intérêts du Comte de Provence ; mais il y avoit encore si peu de subordination dans l'Etat, que le Prince étoit souvent obligé de tolérer, ce que dans d'autres circonstances il auroit puni comme rébellion.

Le S. Pere, objet principal de la haine du Vicomte, avoit de son côté une armée aux ordres d'Odon de Villars, du Sire de Monfort, & de Gerard de Termes. Giraud Adhémar, Seigneur de Grignan, Guy & Yves Adhémar ses freres, servoient aussi sous les drapeaux de l'Eglise à la tête de vingt-cinq hommes à cheval, tous bien armés, moyennant la somme de 500 florins d'or par mois, ou d'environ 5000 francs que le Pape leur donnoit. On peut juger de la grandeur du péril, par les moyens qu'on étoit forcé de mettre en usage pour l'éloigner.

Cependant la peste qui sembloit être devenue permanente en Europe, réunit ses fureurs à celles de la guerre, & rallentit l'ardeur avec laquelle on se proposoit de poursuivre l'ennemi:

GUERRE CIVILE.

Hist. de Marf. p. 238.

Chart. origin.

Stell. ann. Gen.

le peuple tout occupé de ſes maux, ne penſoit qu'à fléchir la colere du ciel par ſes prieres. On vit par tout de nombreuſes proceſſions, dans leſquelles marchoient alternativement deux hommes & deux femmes; les hommes couverts d'un ſac de pénitent, les femmes portant ſur la tête une croix d'étoffe rouge, menant avec elles à chaque ſixieme rang, deux petits enfants, & chantant tous enſemble d'une voix lamentable le *Stabat Mater*(1) un peu différent de celui qu'on chante aujourd'hui. Souvent ils ſe proſternoient, & le front appuyé contre terre ils crioient par trois fois *miſéricorde & paix*.

Quand on fut revenu de l'accablement où les malheurs publics avoient jetté les eſprits, les Etats aſſemblés à Aix réſolurent de faire le ſiége des places occupées par les troupes de Raymond. Parmi les machines de guerre qu'on employoit, l'Hiſtoire parle de trabucs & de bombardes qui peſoient quatre-vingt quintaux, & lançoient des pierres du poids de trois cents livres. Ces bombardes inventées depuis peu, étoient des eſpeces de canons ou plutôt des mortiers encore informes, dans leſquels on mettoit des pierres au lieu de boulets. Helion de Villeneuve, Seigneur de Trans, fut élu Maréchal de l'armée avec le Seigneur de Marle : ils n'eurent pas occaſion de ſe ſignaler : les deux partis effrayés de l'acharnement avec lequel cette guerre alloit

---

(1) Il y avoit ſix verſets de plus; les voici.

In me ſiſtat dolor tui,
Crucifixo fac me frui
Dum ſum in exilio.

Quis tam fortis deguſtaret.
Pœnas matris cum clamaret
In tanto judicio?

Nunc Dolorem fac communem,
Ne me facias immunem
Ab hoc deſiderio.

Alma ſalus, advocata,
Morte Chriſti deſolata
Miſerere populi.

Illum corde, illum ore
ſemper feram cum dolore
Et mentis martirio.

Virgo Dulcis, Virgo Pia
Virgo Clemens, ô Maria
Audi preces ſervuli.

être poussée, consentirent à une treve de deux ans. Le Pape dans cet intervalle, fit un traité particulier avec Raymond de Turenne, dont il désarma la vengeance moyennant la somme de trente mille francs, monnoie ancienne, oubliant qu'il y avoit peu de générosité à détacher ses intérêts de ceux de la Province, qui n'avoit d'abord pris les armes que pour le défendre. Les Etats lui en porterent leurs plaintes, & lui représenterent que l'ennemi n'ayant plus rien à craindre de la Cour d'Avignon, tomberoit sur eux avec toutes ses forces & deviendroit plus redoutable. Le Pape ne fut touché ni de ces représentations, ni de la priere que les Députés lui firent de prêter de l'argent aux Etats pour fournir aux frais de la guerre : il se contenta de contraindre par une bulle du 30 Août 1393 les Ecclésiastiques à payer leur part des impositions auxquelles il eût été plus glorieux pour lui de contribuer. Ensuite il employa sa médiation pour procurer une paix générale. Ses Députés & ceux de la Reine Marie s'étant rendus à S. Remy, l'on convint que la treve qui devoit finir à Noël seroit prolongée, afin qu'on eût le temps d'informer le Roi de France des conditions du traité, & de lui en demander la ratification : s'il les approuvoit on s'obligeoit à donner à Raymond dix mille francs, & vingt mille au Gouverneur du Dauphiné qui l'avoit secouru dans cette guerre ; ce qui faisoit en tout environ trois cents soixante mille livres. Par les autres articles, le Roi de France devoit lui accorder & à ceux de ses complices qui étoient nés ses sujets, des lettres de pardon pour tous les actes d'hostilité qu'ils avoient faits dans le Royaume : & dans le cas où ces lettres ne seroient pas conçues dans les termes qu'on desiroit, le Pape & la Reine mere en procureroient de plus conformes aux intentions du Vicomte & de ses partisans.

Le Monarque François devoit ordonner à son Parlement de Paris de rendre prompte justice à la dame de Valentinois, sœur de Raymond, laquelle étoit depuis cinq ans à Paris à la suite

GUERRE CIVILE.

Arch. de Marl.

Nostrad. hist. de Prov. 514.

d'un procès, le premier peut-être dont le jugement ait été sollicité comme condition d'un traité de paix ; condition honteuse pour les Magistrats qui refusoient de rendre la justice, & pour le Souverain qui le souffroit !

Enfin il étoit dit que le Pape se réconcilieroit avec la jeune Comtesse de Valentinois, & que le Roi de France rendroit à la Comtesse Douairiere les terres qu'elle possédoit dans ses Etats, & dont il l'avoit privée pour des raisons qui nous sont inconnues. Ces deux Comtesses, l'une tante & l'autre sœur du Vicomte de Turenne, enflées de leurs richesses & de leur naissance, ne plioient qu'à regret sous le joug de l'autorité, & contribuoient à entretenir le Vicomte dans sa révolte, autant par leurs manœuvres que par les secours qu'elles lui faisoient passer. La Comtesse promettoit de son côté qu'aucun de ses vassaux ne porteroit les armes ni contre le Pape, ni contre le Roi, ni contre l'Evêque de Valence : les Seigneurs de Beaujeu, de Canillac, de Monboissier (1) se rendirent garants de cet article du traité, qui ne fut point ratifié, soit que ces conditions & plusieurs autres qu'il est inutile de rapporter, parussent trop dures, soit qu'il y eût des esprits séditieux qui se plaisoient à souffler la

―――――――――

(1) Il y a eu deux Maisons de Beaujeu : la premiere qui finit en 1265, fondit dans celle de Forès, par le mariage d'Isabelle de Beaujeu, sœur & héritiere de Guichard, dernier de sa Maison, avec Reynaud Comte de Forès. Louis, second fils de celui-ci eut en partage le Beaujolois, & la Principauté de Dombes; il prit le nom & les armes de Beaujeu, & fut la tige de la deuxieme Maison de ce nom ; il épousa Eléonore de Savoie, fille de Thomas Comte de Maurienne & de Piémont.

Le Seigneur de Canillac dont il est ici question, devoit être Marquis, fils de Guillaume Rogier II, & de Guerine de Canillac, héritiere de sa Maison. Marquis prit le nom & les armes de Canillac, & fut la tige de la deuxieme Maison de ce nom qui s'éteignit dans celle de Monboissier en 1511, par la donation que Jacques de Beaufort-Canillac fit à Jacques son neveu, fils de Jean Seigneur de Monboissier, & de Demoiselle de Beaufort-Canillac sa sœur; l'institua son héritier universel, à la charge de porter son nom, & ses armes

discorde, pour perpétuer une guerre que toutes les circonstances concouroient à leur rendre avantageuse.

Les meilleures troupes de Provence avoient suivi Louis II à la conquête de Naples. Ce Prince voulant mériter le titre qu'on lui avoit conféré par l'onction Royale, s'étoit embarqué à Marseille le 20 Juillet 1390 sur une flotte de 21 galères, sans compter plusieurs bâtiments de transport, qui le suivoient. Sa présence étoit absolument nécessaire dans son Royaume: les préparatifs de Ladislas que Boniface IX venoit de faire couronner; le courage de ce Prince, & l'ambition qu'il avoit d'occuper le trône de ses aïeux, faisoient craindre aux partisans de la Maison d'Anjou, une révolution d'autant plus prochaine, qu'ils venoient de perdre leurs deux principaux chefs, Thomas de Saint-Severin, & Othon de Brunsvic. Montjoie, que Louis II avoit envoyé à Naples, en qualité de Viceroi, les avoit indisposés par sa hauteur. Thomas s'étoit retiré dans ses terres, & le Prince Othon étoit allé se ranger sous les drapeaux de Marguerite de Duras. Quelques-uns prétendent qu'il fut choqué de se voir obligé de servir sous les ordres de Montjoie, au-dessus duquel il se croyoit par son rang & sa naissance; d'autres assurent avec plus de vraisemblance que ce ne fut là qu'un prétexte; mais qu'au fond il s'étoit laissé séduire par les promesses de la Reine Marguerite. Cette Princesse qui connoissoit son ambition lui fit dire qu'elle l'épouseroit s'il vouloit l'aider à conquerir les Etats de ses peres. Othon flatté d'une promesse qui mettoit le comble à ses desirs, ne voyant d'ailleurs que de la gloire à partager une couronne qu'il auroit lui-même placée sur la tête de son épouse, accepta l'offre, sans balancer; & passa dans le camp de Marguerite. Cette femme artificieuse, quand elle le vit dans son parti, ne se dissimula pas, qu'après avoir lâchement abandonné les étendarts de Louis, il n'oseroit plus y retourner; ainsi elle différa d'abord d'accomplir ses promesses sous divers prétextes; ensuite elle s'excusa sur ce que le Pape s'op-

XXII.
Conquête de Naples entreprise et manquée par Louis II.

Giorn. di Nap.
Baluz. vit. Pap.
t. I. p. 1351.

Angel. di Const.
Summont.
Od. Rayn.
An. 1392 &
1393.

LIVRE VIII.

posoit à ce qu'elle donnât sa main au mari de la Reine Jeanne tante. Othon sentit toute la noirceur du procédé ; mais comme négociation avoit été secrete, & qu'il craignoit le ressentimer de la Reine s'il témoignoit tout haut son mécontentement, dévora son chagrin en silence, & servit dans l'armée en vaillar Capitaine, ne voulant pas ajouter à la honte d'avoir été joué, l deshonneur éternel de passer pour un traître.

Tel étoit l'état des affaires à Naples quand Louis y arriva : profita si bien des conseils de quelques personnes sages, qu'il gagn le cœur de la Noblesse, détacha plusieurs Seigneurs du parti d Ladislas, & ranima le courage de ceux qui depuis la mort d Louis I s'étoient maintenus dans le pays par la force de armes Thomas de S. Severin revint rejoindre ses drapeaux, & battit prè

An. 1392. d'Ascoli l'armée de Ladislas en 1392 : le Prince Othon & Albéric de Barbiano y furent faits prisonniers. La victoire fut si complette que Louis, s'il avoit sçu profiter de la consternation des enne- mis, auroit pu s'assurer le Trône ; mais ce jeune Prince né sans talens & avec un caractére foible, ne retira d'un si heureux événement, que cette ivresse de joie qu'il devoit naturellement éprouver.

Il n'en étoit pas de même de son compétiteur. Il sentoit vivement l'aiguillon de la gloire & de l'ambition ; la Reine Marguerite sa mere, femme d'un génie actif & fécond en ressour- ces, agissoit puissamment en Cour de Rome, & par-tout où elle pouvoit se flatter d'obtenir quelques secours. Boniface IX lui envoya des troupes & de l'argent : avec ce renfort Ladislas mit toute l'Abruzze sous ses loix, dompta les Maisons de Gantelmi & de Caldora, fit plier sous sa puissance Thomas de Marzan, Duc de Sessa, Etienne de S. Severin, & assiéga Louis dans Naples, sans pouvoir l'y forcer. Enfin après une guerre de neuf ans, pendant laquelle il n'y eut point d'action générale, mais une alternative de succès & de revers, Louis affoibli par la défection de ses

vasseaux

vassaux, plus encore que par ses défaites, se laissa persuader d'aller s'enfermer dans Tarente : c'étoit là que la fortune lui réservoit ses dernieres rigueurs. Raymond de Baux des Ursins, sur la fidélité duquel il avoit compté jusqu'alors, vint l'y assiéger. Naples se mit ensuite sous l'obéissance de Ladislas, au mois de Juillet 1399, & lui enleva le seul espoir qu'il lui restât de réparer ses pertes. Découragé par tant de revers, il résolut enfin d'abandonner un Royaume qu'il auroit sûrement conquis, s'il avoit été secouru par les François & les Provençaux. Mais les guerres intestines qui régnoient parmi ces deux peuples le privèrent de tout l'appui de leur zéle. Son plus grand malheur fut de n'avoir pu se faire pardonner les défauts de son âge par un caractere & des talens propres à lui gagner l'amour & le respect de la nation : il eut donc le sort qu'ont les ames foibles & timides, quand elles luttent contre des génies actifs & entreprenants, dans des pays éloignés, dont les habitans ont besoin d'être contenus par la crainte, ou retenus par l'espérance.

Murat. ann. d'Ital.

Louis conduisit en Provence les malheureux restes de son armée au commencement d'Août 1399. Il étoit accompagné de Charles du Maine, son frere, Prince de Tarente, qui lui avoit amené un foible secours, lorsque les affaires de Naples étoient désespérées. Clément VII étoit mort dans ces entrefaites, le 14 Septembre 1394, déchiré de remords causés par le schisme qu'il avoit allumé dans l'Église. Lorsqu'il sentit approcher sa derniere heure, il dit avec une simplicité qui prouve qu'il avoit toujours plus compté sur la miséricorde de Dieu, qu'il n'avoit craint sa justice : *Ah ! beau Sire Dieu, je te prie que tu aies merci de mon ame, & me veuilles pardonner mes péchés : & toi très-douce mere de Dieu, je te prie que tu me veuilles aider envers ton benoit fils, notre Seigneur : & vous tous les benoits Saints du paradis, je vous supplie que vous veuilliez aider à mon ame aujourd'hui ; ah ! ah ! Luxembourg je te prie que tu me veuilles aider.* Ce Luxembourg

XXIII.
MORT DE CLÉMENT VII, BENOIT XIII LUI SUCCEDE.

M.T. du tems.

V. de Char. VI. par le Moin. de S. Den. l. 18, c. 6. & 10.

An. 1394.

étoit le Cardinal Pierre, mort à Avignon en odeur de fainteté.

Charles VI qui vouloit éteindre le fchifme, écrivit aux Cardinaux réfidans en cette ville, pour les engager à ne point faire d'élection; parce qu'il prévoyoit qu'ils rendroient fon zéle inutile, s'ils fe donnoient encore un chef. Les Cardinaux foit que la lettre arrivât trop tard, foit qu'ils ne cruffent point devoir s'y conformer, élurent le 28 Septembre Pierre de Lune, Arragonois, qui prit le nom de Benoît XIII. Le Roi offenfé de ce manque de déférence, & encore plus de la conduite du nouveau Pape, le punit de la maniere qu'on verra ci-après, en le faifant affiéger dans Avignon par le Maréchal de Boucicaut.

Ce Maréchal avoit époufé le 23 Décembre 1393 la fille unique de Raymond de Turenne, nommée Antoinette. C'étoit une des plus belles femmes du Royaume. Boucicaut, avant fon mariage, l'avoit célébrée en vers de plus d'une maniere; & dans les tournois il avoit rompu plus d'une lance pour foutenir qu'elle n'avoit point d'égale. Témoin, pendant fon féjour en Provence, des maux dont les habitans étoient accablés, à caufe de la guerre inteftine que fon beau-pere y avoit allumée, il effaya inutilement de la faire ceffer par une paix folide. Depuis plus de dix ans que cette guerre duroit, elle avoit été fouvent interrompue & fouvent reprife avec un fuccès fort inégal, mais à la fin de l'année 1394, quand la treve fut expirée, Raymond recommença fes hoftilités avec une nouvelle fureur, & l'on vit commettre tous les crimes; vols, incendies, homicides, adultères, viols, profanations d'Eglifes & de Monaftères. Il fit même précipiter du haut du Château des Baux plufieurs Gentilshommes qu'il avoit faits prifonniers.

Les États affemblés au mois de Décembre 1394 firent leurs derniers efforts pour arrêter ces excès. Ils levèrent des gendarmes aux gages de 15 flor. par mois pour chaque lance, c'eft-à-dire, de 142 livres de notre monnoie, & firent marcher les milices des vigueries. Pour fournir aux dépenfes, on mit un impôt de 70,000 florins, c'est-à-dire de 676,200 livres. Les Prélats & les Seigneurs, sans exception, les Cardinaux mêmes, qui avoient des bénéfices en Provence, furent soumis à la taxe, qui fut tantôt de deux, tantôt de trois pour cent du revenu. On divisa les troupes en quatre corps, sous les ordres de quatre commandans qui eurent chacun leur département particulier. Fouques de Pontevès, Seigneur de Cotignac, eut la viguerie d'Aix; Antoine de Villeneuve, le comté de Forcalquier; Guillaume de Glandevés, Seigneur de Cuers, la partie des montagnes qui confine avec les états de la Maison de Savoie; & Agoût d'Agoût les bords du Rhône. Les prisonniers devoient être remis au Capitaine de la Viguerie; & à la paix leur rançon appartenoit à celui qui les avoit pris : ces efforts étoient trop foibles pour abattre un ennemi que les succès avoient rendu puissant. La Reine Marie étant à Tarascon au mois de Mars 1395, le fit déclarer criminel de lèze-Majesté par une Sentence où ses crimes sont rappellés. Mais envain elle prononça la confiscation de ses biens & promit environ cent mille francs de notre monnoie à celui qui apporteroit la tête du rebelle; Raymond n'en fut que plus ardent à poursuivre sa vengeance. Tarascon & quelques villages voisins éprouvèrent souvent ses fureurs; ce fut sur-tout dans le terroir de la ville d'Arles, qu'il les déploya. Les habitans entretenoient à leur solde cent hommes d'armes pour garder le pays, mais cette foible barriere céda à l'impétuosité de l'ennemi : les dévastations augmentèrent, la famine survint, & la ville se dépeupla par la désertion. Les consuls prirent alors la résolution de faire, sous le bon plaisir de la Reine, un traité de paix avec Raymond, dont une des conditions étoit qu'ils lui payeroient un tribut de 15 saumées de froment, & de cinquante écus d'or par mois, c'est-à-dire, de 653 livres. Cependant le Sénéchal de Provence & celui de Beaucaire s'étoient réunis pour arrêter ces brigandages : enfin les états, honteux de n'avoir pû jusqu'alors réprimer l'audace

CONTINUATION DES TROUBLES.

Arch. du Roi à Aix. Arm. Q.

Arch. d'Arl. t. de la pol. t. I. c. 19.

de cet ennemi domestique, résolurent de le chasser des forteresses qu'il occupoit : mais la guerre qui duroit depuis plusieurs années, la peste qu'on venoit d'essuyer, la misère & les émigrations, qui en étoient la suite, avoient tellement épuisé le pays d'hommes & d'argent, qu l'entreprise devenoit très-difficile, pour ne pas dire impossible (1).

On continua l'impôt de 70,000 francs, c'est-à-dire, de 676,200 livres, qu'on avoit mis deux ans auparavant. On supplia le Pape & les Cardinaux de vouloir bien y contribuer pour

---

(1) Les Députés de la Noblesse, qui assistèrent à cette assemblée, tant en leur nom, qu'au nom de plusieurs autres Gentilshommes, dont ils avoient la procuration, étoient George de Marle, Sénéchal; Reforsat d'Agout, Commandeur de Puimoisson; Isnard de Glandevès, Seigneur de Quers; Elion de Villeneuve, Seigneur de Trans; Bertrand d'Agout; Guigues Flotte; Jean de Ventayrol; Charles d'Albe; Fouques de Pontevès, Seigneur de Lauris; Florens de Castellane, Seigneur d'Andaon; Louis de Glandevès, Seigneur de Faucon; François d'Arcussia, Seigneur de Tourvez; Reforsat de Castellane, Seigneur de Foz; Rostang de Soleillas; Arnaud de Prohane; le Seigneur de Marignane; Bertrand Bayle, pour Charles de Simiane, Seigneur de Caseneuve; Arnaud de Prohane, Seigneur de Beynes, pour Marc & Luc de Grimaldi, Seigneur de Cagne; Guillaume de Robergues; Antoine de Botaric; Elzear Gras, pour Agout d'Agoût; Ponset Roux, Seigneur en partie d'Allamanon; Rostang Henri, Seigneur de Rognonas; Pierre de Tournafort; Guichard de Villeneuve, Seigneur de Tourrêtes; Raymond Brunel pour les nobles de Quelongue; François de Barras; Pierre Girard, Seigneur en partie de Droc; Louis de Sabran, Seigneur de la Tour-d'Aigues; Louis de Forcalquier, Seigneur de Ceireste; Guillaume de Forcalquier, Seigneur de Viens, tous deux de la Maison de Sabran; Bertrand de Grasse, Seigneur du Bar; George de Castellane, Seigneur de Salernes; & Phanete de Baux, femme de Bérenger de Pontevès.

Les Historiens de Provence mettent ces États sous l'année 1390. S'ils avoient lu le regître *Potentia*, ils auroient vu qu'ils sont de l'année 1396. Ils n'ont connu des archives de la Cour des Comptes que quelques actes qu'on leur avoit communiqués; il seroit aisé de démontrer qu'ils n'y ont jamais fouillé. Ils n'ont parlé de la guerre de Raymond de Turenne, que d'après un manuscrit Provençal fait sous le règne du Roi René, comme on peut en juger par le langage; & dans lequel il y a des erreurs. Le défaut de chronologie y répand d'ailleurs beaucoup de confusion. Il faut le corriger par les chartes, & même, dans certains endroits, par le témoignage des auteurs Italiens, contemporains de Louis II.

les bénéfices qu'ils possédoient en Provence, & en cas de refus, le Sénéchal étoit prié de les soumettre à la taxe, de sa propre autorité. Il étoit plus difficile de tirer des subsides des Communautés déja ruinées par les dépenses précédentes ; on statua qu'elles mettroient des droits sur les denrées, sans la permission du Seigneur direct, & *nonobstant lettres à ce contraires*. Il fallut ensuite former une armée capable d'exécuter le projet qu'on méditoit. On leva trois cents lances de trois chevaux chacune, savoir lance, page & gros valet ; & treize cents hommes d'infanterie, parmi lesquels il devoit y avoir quatre cents arbalêtriers, sans compter les troupes que Marseille, Arles & Tarascon étoient obligées de fournir : Elion de Villeneuve fut élu Maréchal aux gages de cinquante florins par mois. Mais ces forces ne paroissant pas suffisantes pour résister à celles de l'ennemi, on députa l'Evêque de Sisteron ; Jean-Louis de Sabran Forcalquier, Seigneur de Ceireste ; Guigonet de Jarente, Seigneur de Monclar, & Mre Louis Botaric, Licencié en Droit, pour aller demander du secours au Roi de France & à la Reine Marie, qui étoit alors à Paris. Guigues Flotte & Mre Jean Gras, furent chargés en même temps d'aller à Marseille, afin de concerter avec les habitans le plan de la campagne.

CONTINUATION DES TROUBLES.

Les lances formerent dix détachemens sous la conduite d'autant de Gentilshommes qualifiés. Le Sénéchal George de Marle en avoit cent ; Gonet d'Agout, Seigneur de Sault, en avoit cinquante ; Simiane, Seigneur de Caseneuve, cinquante ; Elion & Antoine de Villeneuve, Seigneur de Gordon, trente ; Sabran, Seigneur de Ceireste, vingt ; Isnard de Glandevés, Seigneur de Cuers ; Pontevès, Seigneur de Cotignac ; Messire Charles d'Albe, de Tarascon ; & Bertrand de Grasse, Seigneur du Bar, dix chacun.

Disc. sur les troubl. & les hist. de Prov.

Les Etats ordonnèrent que tous les châteaux qu'on prendroit sur l'ennemi, seroient détruits si l'on n'étoit pas en état de les garder. Comme ils prévoyoient d'avance tous les malheurs qu[e] cette guerre alloit causer, ils envoyèrent à Mayrargues Reforsa[t] d'Agout, qui connoissoit la Vicomtesse de Turenne, pour voi[r] si elle voudroit entendre à quelque accommodement : cett[e] femme altiere ne voulut point se relâcher de ses prétentions & l'on alla mettre le siège devant Pertuis & devant Mayrargue[s] même, deux places importantes, sur-tout la derniere, où Eléono[re] avoit enfermé tout ce qu'elle avoit de plus précieux. L'anné[e] suivante le Château des Baux, Roquemartine & Vitroles furen[t] assiégés par les troupes réunies des Vigueries & des terres adjacentes. L'ignorance où l'on étoit de l'art des siéges, & l'indiscipline des troupes qui étant levées à la hâte & pour un temp[s] assez court, se débandoient facilement, rendirent ces préparatif[s] inutiles. De toutes les places attaquées, il n'y eut que Pertui[s] qui capitula après dix-huit jours de siége.

Cependant plusieurs Seigneurs du Rouergue se mettoient e[n] mouvement pour venir au secours du Vicomte de Turenne. Il y avoit déja trois mille hommes tout prêts à passer le Rhône, lorsque le Sénéchal de Beaucaire, qui avoit ordre du Roi d[e] France de leur disputer le passage du fleuve, les força de retourne[r] sur leurs pas.

Cet événement sauva la Provence. Quelques places ennemie[s] qui avoient compté sur ces secours, se rendirent ; d'autre[s] commencèrent à manquer de vivres ; enfin le Vicomte lui-même découragé par les obstacles qu'il rencontroit, conseillé sans dout[e] par son gendre le Maréchal de Boucicaut, consentit à faire la paix. Le Maréchal, chargé par le Roi d'en être le médiateur[,] promit de faire mettre sous l'obéissance de la Reine, à quelqu[e] prix que ce fût, les Baux, Roquemartine & les autres place[s] occupées par le Vicomte ; de faire évacuer la Provence au[x] troupes étrangeres, & de les embarquer sur sa flotte pour le[s] conduire en Afrique, si elles vouloient aller servir contre les

Infideles ; il promit aussi d'empêcher les Compagnies que le Vicomte avoit levées dans le Languedoc, de passer le Rhône ; de confier la garde des châteaux de Boulbon, d'Aramonet & de Valbregues à des personnes agréables au Roi Louis II, & enfin d'aller à Naples, si on le jugeoit nécessaire, avec les troupes qu'il menoit contre les Turcs, pour aider ce Prince à la conquête du Royaume ; car on ignoroit encore en Provence que les affaires de Louis fussent dans un état de décadence qui le força bientôt après de repasser les monts. Ce traité fut conclu à Marseille le 7 Juillet 1399. Les témoins étoient Isnard de Glandevés, Louis de Sabran Forcalquier, Bertrand d'Agout, François d'Arcussia, Reforciat de Castellanne, Bertrand de Grasse, Guigonet Jarente, Jean de Pontevès, Luc de Grimaut ou Grimaldi, Pons de Cays & plusieurs autres Gentilshommes (1). Boucicaut fut récompensé de son zèle par la Reine Marie. Nous ignorons si le Vicomte son beau-pere, en l'absence duquel le traité fut conclu, en accepta les conditions, ou si les ayant acceptées forcément, il reprit ensuite les armes contre Louis II ; la détention de sa mere dans la ville d'Aix, au mois d'Avril 1401, & les dégâts qu'il fit lui-même vers ce temps-là dans le terroir d'Arles & de Tarascon, sont une preuve que ce génie inquiet avoit repris les armes, supposé qu'il les eût quittées. Ce furent

PAIX AVEC LE VICOMTE DE TURENNE. SA MORT.
Arch. du Roi à Aix arm. Q.

---

(1) La Reine Marie donna à Jean le Maingre de Boucicaut les lieux de Pertuis, Pelissanne, S. Remi, Mairargues & les Pennes : ces lieux appartenoient au Vicomte de Turenne ; & nous croyons que la Reine ne prétendit que les assurer à Boucicaut après la mort de son beau-pere, & non pas l'en mettre actuellement en possession, puisqu'il est certain que la Vicomtesse de Turenne étoit encore maîtresse du château de Mairargues en 1406, quoiqu'elle y eut été assiégée plusieurs fois depuis l'année 1388 : car je trouve que cette année là Elzéar d'Autric commandoit les troupes d'Apt à ce siège. Hardouin Seigneur de Fontaine-Guerin, se trouvoit prisonnier d'Eléonor à Mairargues en 1406. Il faut donc que cette Dame fût sortie de prison, & qu'elle n'eût point cedé ce château à Boucicaut, quoique cette cession fût une des conditions de sa liberté, comme il conste par une charte que nous rapportons.

Hist. & arch. d'Apt.
Pr. ch. LI.

là les derniers efforts de son courage : un jour qu'il étoit sur les bords du Rhône avec quelques soldats, se voyant poursuivi par Charles du Maine, frere du Roi, il voulut se jetter précipitamment dans un bateau ; mais étant tombé dans le Rhône, il se noya. On ne sait point s'il fut retiré mort du fleuve & enterré dans l'Eglise de S. Martial d'Avignon (1), ou si le tombeau qu'on y voit n'est qu'un simple cénotaphe élevé en son honneur en 1420.

Cet esprit de vertige qui faisoit couler tant de sang en Provence, pénétra malheureusement dans le Comté de Nice, où les Grimaldi, déja fort riches avant la révolution, étoient devenus puissants par les bienfaits du Comte de Savoie. Une branche de cette maison avoit hérité dans le douzieme siecle de la Baronnie de Beuil, par le mariage de l'unique héritiere de la Maison de Balbs ou Balbes. Jean qui possédoit cette Baronnie, & qui avoit reçu d'Amédée VII la Seigneurie de plus de vingt-cinq villages, comme nous l'avons dit ci-dessus, fit voir qu'un trop grand pouvoir dans les mains d'un particulier, est un écueil bien dangereux pour sa fidélité. Il se brouilla vers l'an 1394 avec Odon de Villars, Gouverneur de la Ville & Comté de Nice. Ces animosités pouvoient devenir

LIVRE VIII.

XXVI.
SOULEVEMENT DANS LE COMTÉ DE NICE.

Arch. de Nic. & Alp. marit. Mss. de la Bib. du R. à Turin.

---

(1) Nous ne sçavons point en quelle année Raymond de Turenne mourut. Il y a toute apparence que ce fut en 1400 ou 1401, & que l'épitaphe gravée sur son tombeau dans laquelle il est dit qu'il mourut en 1420, fut faite long-tems après & qu'on ne prétendit point marquer exactement l'année de sa mort : peut-être aussi cette épitaphe fut-elle effectivement faite en 1420; & l'on mit qu'il étoit mort cette année, parce que l'usage vouloit que ces sortes d'honneurs parussent avoir été rendus tout de suite.

La fille unique de Raymond, nommée Antoinette, femme du Maréchal de Boucicaut, étant morte sans enfans en 1416, son mari eut pendant sa vie la jouissance de tous ses domaines, qui passerent en partie à la branche de Beaufort Canillac. Parmi ses domaines il y avoit le lieu de Valernes, où l'on voit encore une tour appellée la tour *de Canillac*, parce qu'elle fut bâtie par un Seigneur de cette maison.

d'autant

d'autant plus dangereuses, que la Cour de Savoie étant alors partagée entre deux factions au sujet de la Régence, il étoit plus difficile de réprimer par l'autorité l'humeur inquiete des grands. Soit que les Grimaldi témoignassent quelque envie de remuer, soit que Villars fût jaloux de leur crédit, ou piqué de leur fierté, il les humilia dans plus d'une occasion.

SOULÈVEMENT DANS LE COMTÉ DE NICE.

Ces Seigneurs en portèrent leurs plaintes à la Cour : elles étoient contenues en vingt-cinq articles, & présentées d'une maniere assez spécieuse. Les mauvais traitemens que la dame de Beuil & les personnes attachées à son service prétendoient avoir reçus du Gouverneur & de son Lieutenant ; les actes de violence qu'il avoit faits en confisquant de sa propre autorité plusieurs de leurs terres, étoient peints avec des couleurs fort noires. Ces rigueurs leur paroissoient d'autant plus injustes, qu'ils avoient donné des preuves non équivoques de leur fidélité. Les esprits s'échaufferent, & l'on courut aux armes. Les troupes du Baron de Beuil s'emparerent de plusieurs châteaux, & brûlèrent quelques villages, dont elles massacrèrent les habitans ; car dans ces temps malheureux on ne respectoit pas plus les loix de l'humanité que le droit des gens. Les terres dépendantes de Louis ne furent pas même à l'abri de leurs fureurs : ces ravages qui, durant plusieurs années, se renouvellèrent de temps en temps, excitèrent des plaintes de toutes parts. Les habitans de Nice députèrent à Chamberi pour faire un tableau touchant des maux & des cruautés, dont tant de fideles sujets avoient été les victimes, & supplièrent le Comte de Savoie en 1398 de ne pas permettre aux Grimaldi d'entrer dans la ville, qu'ils avoient remplie de deuil, & d'employer son autorité pour les punir.

Amédée VIII pouvoit alors se faire respecter ; en prenant les rênes du gouvernement, il avoit dissipé les factions qui rendoient la Régence orageuse, & il fut en état d'envoyer des troupes contre les rebelles, qu'il força de recourir à sa clémence. Le Baron de Beuil perdit les places qui dans une autre occasion auroient pu favoriser la révolte, & reçut en échange des terres qui le dédommageoient du côté du revenu.

Pendant ces troubles les sujets du Comte de Savoie avoient plusieurs fois commis, ainsi qu'on vient de le dire, des hostilités en Provence. A peine avoit-on assoupi les divisions intestines que la guerre étoit prête à s'allumer entre les deux Souverains, ennemis secrets l'un de l'autre, à cause des prétentions qu'ils avoient sur le Comté de Nice. Louis II, forcé de sortir du Royaume de Naples où son frere Charles avoit été le joindre quelques mois auparavant, étoit de retour à Paris avant la fin de l'année 1399. La prudence ne permettoit pas qu'il rompit avec le Comte de Savoie. Le Duc de Bourgogne qui étoit grand-pere de ce Prince, & proche parent du Monarque Sicilien, leur fit renouveller à Paris le 12 Juillet 1400 la trève de douze ans qu'ils avoient conclue en 1389, & qui touchoit à son terme. Artaud, Evêque de Sisteron; Flamenc, Docteur ès Loix; & Caille, Prevôt d'Aix, étoient députés de la Reine.

Il étoit temps que la Provence commençât à respirer; mais son calme ne pouvoit être durable: le voisinage de la mer l'exposoit continuellement à la fureur des pirates Africains, ou à l'avidité des corsaires d'Italie. Les Moines de Lerins, seuls dans une île, où ils n'ont d'autre garant de leur liberté que le droit des gens, lorsque les Souverains le respectent, ou que le Monarque sous lequel ils vivent est assez puissant pour le faire respecter, se voyoient souvent attaqués, maltraités, volés dans leur solitude. Ils ne dûrent leur salut cette année-là qu'à la bravoure de quelques Gentilshommes (1). Les autres lieux

---

(1) Ces Gentilshommes étoient, outre le Sénéchal George de Marle, Jean Gonsalve, Seigneur de Souliers; Antoine de Villeneuve, Seigneur de Barrême; Luc de Grimaldi, Seigneur de Cagne; Bertrand de Grasse, Seigneur du Bar; Jean

maritimes n'étoient pas plus en sûreté; mais Louis II, plus jaloux de monter sur le trône de Naples, que d'assurer le bonheur des Provençaux par un gouvernement sage & modéré, négligeoit de mettre ce pays à l'abri de toute insulte. Ses vues se portoient toutes sur l'Italie; c'est peut-être ce qui le détermina à épouser le 2 Décembre 1400 Yolande d'Arragon (1), fille puînée de Jean, mort le 19 Mai 1395. Il se flattoit qu'à la faveur de cette alliance, qui avoit été arrêtée dix ans auparavant, il pourroit engager la Maison d'Arragon, maîtresse alors de la Sicile, & l'ennemie naturelle de Ladislas, à lui prêter le secours de ses armes pour s'emparer du Royaume de Naples. Considérée sous ce point de vue, cette alliance ne promettoit dans ce moment que des avantages au jeune Roi. Cependant il eût été plus utile pour lui & pour ses sujets qu'il eût épousé Jeanne, sœur de Ladislas, comme le lui avoit proposé en 1386 Adorno, Doge de Gênes. Content des droits qu'il eût acquis par là sur le Royaume de Naples, il se fût tenu tranquille dans ses Etats de Provence, & la mort de Ladislas sans enfans l'eût ensuite mis en possession du trône; mais la politique des Rois, quand elle veut porter ses regards sur l'avenir, est aussi aveugle que celle du reste des hommes. Le mariage de Jeanne avec Louis, désapprouvé par les sages de la Cour, auroit par l'événement donné un sceptre & prévenu beaucoup de malheurs; celui d'Yolande avec ce Prince, applaudi par les mêmes sages, n'occasionna que des guerres funestes.

XXVIII. MARIAGE DE LOUIS II AVEC YOLANDE D'ARRAGON. Zur. l. 10. c. 45. Mss. de la Bib. du Roi. V. de Ch. VI. p. 144. Journ. de J. Lefèvre.

Drogoul, (Droguli) Conseiller du Roi & Maître rational. Antoine Isnardi, Secrétaire du Roi & Maître rational; Gui de Vintimille, Seigneur du Castellar; Bertrand de Villeneuve, Seigneur de Tourrettes; Guichard.... de Vence, Seigneur d'autres Tourrettes; Philippe Balbs; Gui de la Palu; Jacques Renaud, de Draguignan; Jacques Gilli, Viguier & Capitaine de Grasse; Honoré Boniface, Châtelain du Palais de cette ville; & un grand nombre d'habitans des Villes voisines.

(1) Raymond d'Agout & Louis Meyronis avoient été nommés Ambassadeurs de Louis pour aller conclure ce mariage.

La cérémonie fut faite à Arles le 2 Décembre 1400, par le Cardinal de Brancas, Camérier du Pape. Ce Prélat & les Barons de la Province s'étoient rendus dans cette Ville, où l'on auroit dit, à voir les habitans faire éclater leur joie par les danses & les festins, que le feu des guerres passées n'étoit pas venu jusqu'à eux. Les villes de Marseille, d'Aix, d'Avignon & de Tarascon envoyèrent des présents magnifiques, & le reste de la Province se piqua d'une noble émulation, pour témoigner son attachement à sa nouvelle Souveraine. *C'étoit*, dit Juvenal des Ursins, *une des belles créatures qu'on pût voir*. Les deux époux partirent le 15 de Février suivant, avec la Reine Marie & Charles du Maine, Prince de Tarente, pour aller à Paris, qui commençoit à redevenir le centre des mouvemens politiques de l'Europe.

L'affaire du schisme occupoit alors Charles VI. Ce Prince vouloit l'éteindre, & n'ayant pu engager par force ni par caresses Benoît XIII à donner sa démission, il venoit de soustraire son Royaume à son obéissance. Le Comte de Provence & sa mere, soumis alors à l'impulsion de la Cour de France, avoient suivi son exemple; mais Louis II, à la requisition des trois Ordres assemblés à Aix, se remit peu de temps après sous l'empire de ce Pape, révoquant dans la ville d'Arles, lorsque les Etats y étoient assemblés, le 31 Août 1402, tout ce qu'il avoit fait à ce sujet. La Reine Marie étoit présente : elle fit ensuite un dernier voyage à la Cour de France avec ses enfans, & de-là elle passa à Angers, où elle mourut le 2 Juin 1404, seize jours après le décès de Charles du Maine son fils puîné. Elle laissa en espèces deux cent mille écus, c'est-à-dire deux millions six cent douze mille livres, somme exorbitante, qu'on ne pouvoit amasser dans de petits Etats sans injustice, & enlever à la circulation sans inhumanité. Les peuples étoient chargés d'impôts, le commerce, déja languissant par les difficultés de la navigation, tomboit de jour en jour par le défaut d'especes : les services, dans les guerres précédentes, avoient été mal récompensés; les places étoient sans fortifications & sans défense, les troupes de Naples sans secours & obligées de rendre ou d'évacuer le Royaume, & tous ces maux étoient provenus d'une prévoyance pusillanime, défaut ordinaire des Souverains peu faits pour gouverner. La Reine, à qui son fils demanda pourquoi elle ne l'avoit pas aidé dans ses besoins pressants, répondit qu'appréhendant de le voir prisonnier de guerre, elle avoit cru devoir réserver ce dépôt pour sa rançon. Ainsi elle l'avoit exposé à être pris durant l'expédition de Naples, afin d'avoir de quoi le racheter ; prouvant par son exemple qu'avec une ame avare & des talens bornés, on n'est pas fait pour occuper le trône.

Louis revint bientôt après en Provence, où il gagna le cœur de ses sujets en confirmant aux Villes les privileges accordés par ses prédécesseurs. Il y trouva Benoît XIII qui s'étoit évadé secretement d'Avignon, après cinq ans de prison, le 10 Mars 1403. Nous avons dit plus haut que ce Pontife avoit été élu par les Cardinaux de son parti contre le vœu de Charles VI, qui voulant étouffer le schisme, auroit désiré qu'on ne donnât point de successeur à Clément VII. Après l'élection, il n'avoit cessé d'exhorter le nouveau Pape à se démettre du pontificat : il le trouva si opiniâtrement attaché à sa dignité, il eut même tellement à se plaindre de sa conduite, que ce Prince, tout modéré qu'il étoit, l'envoya assiéger dans Avignon en 1398, par Jean le Maingre de Boucicaut, Maréchal de France. Les habitans éprouvèrent bientôt toutes les horreurs de la famine : comme ils étoient fort mécontens de Benoît XIII, ils ne crurent pas devoir sacrifier leur vie pour soutenir ses folles prétentions. Ils ouvrirent donc les portes à l'armée françoise, qui alla mettre aussitôt le siége devant le palais pontifical : *c'étoit*, dit Froissard, *la plus belle & la plus forte maison du monde*. Benoît s'y étoit

XXX.
DE BENOÎT XIII
ET DU SCHISME.

Froiss. l. 4, c. 98.

enfermé avec deux Cardinaux, ayant des vivres pour plus de deux ans, & une garnison composée d'Arragonois & de toutes sortes de brigands.

Les François résolus de pousser le siége avec la derniere vigueur dresserent plusieurs batteries, qui jetterent au hasard des pierres d'une grosseur extraordinaire. Les offices, les appartemens des Officiers, les endroits les plus forts s'écroulerent sous ces masses énormes ; on sappa les murailles, on y attacha de grosses pieces de bois pour y mettre le feu, on y jetta même des matieres enflammées, qui ayant pénétré dans l'endroit où se trouvoit une provision de bois pour deux ans, la réduisirent en cendres, & laisserent dans le palais ces traces d'incendie qu'on y voit encore. Les deux Cardinaux qui avoient suivi le Pape furent si effrayés de ces horreurs, qu'ils s'évadèrent ; mais étant tombés entre les mains des assiégeans, ils furent conduits dans un château voisin de Tarascon, où on leur coupa la robe jusqu'aux genoux, en signe de mépris. Sur ces entrefaites un corps d'Arragonois, parti de Catalogne pour venir au secours de Benoît XIII, arriva à l'embouchure du Rhône, & fit le dégât sur l'un & l'autre bord ; mais ne pouvant pénétrer jusqu'à Avignon, il reprit la route d'Espagne.

Le Maréchal de Boucicaut qui sentit que la place étoit trop forte par les ouvrages de l'art & par sa situation, pour être emportée d'assaut, changea le siege en blocus, afin de la prendre par famine. En effet on y manqua bientôt absolument de bois, & l'on se vit exposé à mourir de faim au milieu de provisions immenses de bouche, par l'impossibilité d'en faire usage faute de feu. Benoît XIII forcé de capituler, *vint alors à merci*, dit Froissard, & s'engagea envers le Roi de France à ne point sortir du palais, *jusques à tant qu'union seroit à Sainte Eglise*. Les Cardinaux & les habitans d'Avignon se rendirent garants de cet article du traité.

Ce fut pendant la trève qu'il se sauva sous un déguisement

qui le rendoit absolument méconnoissable, & se réfugia à Château-Renard, où les Avignonois ne tardèrent pas d'aller le reconnoître pour leur Seigneur. Louis II alla aussi l'y voir. Ce Pontife, quand il s'étoit enfermé dans le palais d'Avignon, avoit juré de laisser croître sa barbe jusqu'à son entiere délivrance. Arrivé à Château-Renard, il voulut ôter cette marque de sa disgrace, & comme il savoit que Robert de Braquemont, Gentilhomme Normand, s'étoit vanté qu'il serviroit lui-même de barbier, voulant faire entendre qu'il se rendroit maître de sa personne, Benoît demanda à l'homme qui le rasoit de quel pays il étoit : *de Picardie*, répondit celui-ci ; *tant mieux*, répartit le Pape, *les Normands sont donc des menteurs d'avoir juré de me faire la barbe.*

De Benoît XIII et du Schisme.

Bertr. Boiss. M. de St. Den. t. I. p. 461.

Rien ne pouvoit vaincre l'entêtement de ce Pontife. On le vit pendant longtemps en Provence traîner de ville en ville sa coupable opiniâtreté, pesant sur les peuples par ses besoins, manquant souvent d'argent & de crédit, & réduit à recourir à la caution d'Antoine de Villeneuve, Seigneur de Barreme, pour trouver un emprunt de quatre mille livres qui en vaudroient trente-deux mille aujourd'hui. Ce qu'il y a de plus étonnant, c'est d'un côté l'obstination de cet Antipape à garder un titre dont il avoit promis de se dépouiller, lorsque le bien de l'Eglise le demanderoit ; & de l'autre l'aveuglement de quelques nations, qui lui ayant promis l'obédience, croyoient devoir la lui garder par motif de religion, quoique la religion, qui souffroit beaucoup du schisme, condamnât leur conduite & celle de leur chef. Ce caractere altier & inflexible abusant de l'opinion qui mettoit plusieurs nations à ses pieds, promettoit ou refusoit, au gré de ses caprices, de donner sa démission, & se jouoit de la crédulité des Rois, comme de celle du reste des hommes, sans que les uns ni les autres eussent la force de secouer le joug des préjugés. Les trois Papes qui, dans cet

Bouch. t. II. p. 433.

Od. Rayn. Dup. hist. du Sch. Theod. de Niem. l. 3. An. 1405.

intervalle, occupèrent successivement le Siege de Rome, Boniface IX, Innocent VII & Grégoire XII ne mirent gueres plus de sincérité dans les sentimens pacifiques qu'ils témoignèrent; ils usoient d'artifice & de ruse pour se tromper réciproquement & se surprendre, tandis que le monde chrétien prosterné devant eux, attendoit inutilement l'effet de leurs promesses. Benoît XIII partit de Marseille au commencement de l'année 1406, & fit voile vers l'Italie, comme s'il avoit voulu aller s'aboucher avec Grégoire XII. Il s'arrêta quelque tems à Savone, d'où il repartit bientôt après pour Marseille, parce que la peste faisoit sur cette côte d'Italie ainsi qu'à Nice des ravages affreux.

L'année d'après on reprit les négociations pour procurer la paix à l'Eglise. Grégoire XII & Benoît XIII parurent sur la scène avec de nouveaux stratagêmes pour tromper la chrétienté; c'étoient des paroles données, ensuite des subtilités pour éluder les promesses; des propositions captieuses, des réponses ambiguës : enfin le Roi de France ennuyé d'être si longtemps spectateur trop patient de cette indécente comédie, retira de nouveau l'obédience à Benoît XIII, & les Cardinaux des deux partis sortant de leur long assoupissement, appellèrent des prétentions des deux concurrens au futur Concile, qu'ils indiquèrent à Pise. C'étoit la voie la plus sage pour rendre aux loix ecclésiastiques leur autorité, à la religion son éclat, aux peuples leur tranquillité. Ils auroient épargné bien des maux à l'Eglise, s'ils eussent employé vingt ans plutôt ce frein qu'elle met dans les mains des fideles pour contenir les Papes, quand l'ambition ou l'ignorance les écarte de leurs devoirs. Le Concile déposa les deux concurrens à la thiare, comme hérétiques & schismatiques; & mit à leur place le Cardinal Pierre, surnommé Philarge, natif de Candie, qui prit le nom d'Alexandre V.

Tandis que toute l'Europe avoit les yeux fixés sur cette auguste assemblée, Louis II songeoit à tenter encore le sort des

des armes dans le Royaume de Naples. Ladiflas, par la rufe ou par la force, avoit enfin mis tous les Seigneurs fous le joug, & s'étoit élevé à un degré de puiffance, où il paroiffoit n'avoir plus rien à redouter. Rome & prefque toute la Romagne avoient fubi fa loi; la rapidité de fes fuccès avoit été fi grande, qu'il n'afpiroit à rien moins qu'à dominer fur toute l'Italie, & à ceindre le diadême impérial, comme il l'annonçoit affez par cette devife qu'il portoit dans fes armes & fur fes enfeignes, *aut Cefar, aut nihil* (1).

XXXI. LOUIS ENTREPREND DE NOUVEAU LA CONQUÊTE DE NAPLES; SES NÉGOCIATIONS.

Tant de grandeur & d'ambition réveillerent la jaloufie & les craintes des puiffances d'Italie les plus expofées aux armes de ce Prince : Sienne, Florence, & Balthazar Coffa, Légat ou plutôt defpote de Bologne, témoignerent les plus vives inquiétudes. Coffa, qui fut enfuite Pape fous le nom de Jean XXIII, avoit embraffé l'état eccléfiaftique par ambition, & le deshonora par fes vices. Ayant été envoyé en qualité de Légat à Bologne, dont les Ducs de Milan s'étoient emparés ; il mit cette ville fous la domination du S. Siege, rangea Forli & Faënza fous fes loix, & affermit fi bien fon pouvoir, à la faveur du fchifme, qu'il gouverna ces trois Villes avec un defpotifme difficile à détruire, parce qu'il étoit foutenu par une politique artificieufe, & par des talens militaires : il fe ligua avec les Siennois & les Florentins pour s'oppofer aux armes de Ladiflas. Ce fut alors que Louis II médita de reconquérir le Royaume de Naples :

Rayn. ann. Ecclef. Theod. de Niem. S. Anton. Chron. Scip. amm. hif. Flor. & alii.

---

(1) On lit dans les Mémoires de Bertrand Boiffet, citoyen d'Arles, que le 3 de Mai 1409, il y eut indulgence pleniere au Monaftère de Mont-Majour, que le Roi Louis & la Reine Yolande, fa femme, allerent la gagner, & qu'il s'y trouva jufqu'à cent cinquante mille pélerins : l'Auteur étoit préfent. Ce concours prodigieux n'avoit rien d'extraordinaire alors ; nous lifons dans les Annales de Forli (Script. rer. Ital. t. XXII. p. 197) qu'en l'année 1350, qui étoit l'année du grand Jubilé, pendant je ne fais combien de tems, il paffoit tous les jours par Ferrare & Ravenne plus de quatre mille pélerins, venus de France ou d'Efpagne.

il envoya des Ambaffadeurs à ces confédérés, qui firent ave[c] lui un traité d'alliance, par lequel ils s'obligeoient à mettre fu[r] pied mille lances, & lui de fon côté promettoit d'en fourni[r] cinq cents & cinq galeres, & avec ces forces réunies ils devoien[t] agir contre l'ennemi commun.

Les cinq galeres furent armées en diligence, & ce Prince partit du port de Marfeille au commencement d'Avril 1409. I[l] aborda à Livourne, de-là il paffa à Pife où le nouveau Pontife Alexandre V, qui voyoit avec douleur la ville de Rome & plufieurs places dépendantes du S. Siege entre les mains de Ladiflas, le reçut avec beaucoup d'affection, lui donna l'inveftiture du Royaume de Naples comme dévolu au S. Siege, aux conditions portées dans les premieres inveftitures, & le créa Gonfalonier de l'Eglife, lui donnant des titres, lorfqu'il avoit befoin de troupes & d'argent.

Affuré du zèle du Pontife, Louis va joindre dans le Siennois l'armée des alliés, commandée par Malatefta & par le Légat de Bologne. Soutenu des talens & du courage de ces deux hommes plus verfés que lui dans l'art de la guerre & de la politique, il traverfe rapidement la Tofcane, reprend les places ufurpées par Ladiflas fur les Florentins & fur le patrimoine de S. Pierre, s'avance jufqu'aux portes de Rome, & s'empare d'une partie de cette ville à la faveur de Paul des Urfins, toujours prêt à changer de parti lorfque fes intérêts l'exigeoient ; enfuite laiffant aux environs de cette capitale du monde chrétien Taneguy du Chatel, Chevalier Breton, pour continuer le fiége, il va conférer avec le Pontife fur les opérations de la campagne, & retourne en Provence pour lever des troupes & de l'argent, car il étoit de la deftinée de cette Province d'aller s'engloutir fans fruit en Italie.

Dans moins de neuf mois il fut en état d'aller continuer la guerre ; mais à peine s'éloignoit-il des côtes de Provence avec

sept galeres, plusieurs bâtimens de transport & huit mille hommes
de troupes, qu'il fut attaqué le 16 Mai 1410 par une escadre
de quinze bâtimens tant Génois que Napolitains : il perdit six
galeres, dont une coulée à fond ; la septieme sur laquelle il
étoit, se sauva comme par miracle, dans un port d'Italie. Arrivé
presque sans troupes, sans argent, sans équipages à Bologne,
il y trouva comme il l'avoit desiré Balthazar Cossa, couronné
Pape sous le nom de Jean XXIII ; & après avoir conféré avec
lui & les Députés des Florentins ses alliés, sur les moyens
d'abattre leur ennemi commun, il retourna en Provence pour
réparer ses pertes & se préparer à une nouvelle guerre, dont
ses revers & la connoissance qu'il avoit du caractere des Italiens
auroient dû le désabuser : il se remit en mer avec treize galeres
au mois d'Août de la même année, & s'étant rendu à Bologne
pour voir le Pape, qu'il regardoit avec raison comme l'ame
de son parti, ils retournerent ensemble à Rome où ils firent
leur entrée dans le courant de la Semaine Sainte, au milieu
des acclamations du peuple toujours avide de nouveautés.
Louis reçut du S. Pere la charge de grand Gonfalonier, l'étendard de l'Eglise, la bénédiction & l'ordre de marcher sans délai
contre Ladislas : l'histoire ne dit point s'il en reçut des secours
en hommes & en argent ; nous savons seulement qu'il partit de
Rome le 28 Avril de l'année suivante à la tête de douze mille
chevaux, d'une nombreuse infanterie, & accompagné de plusieurs personnes de considération qui partageoient avec lui le
commandement de cette armée vraisemblablement composée de
François, de Provençaux & de Toscans. Parmi ces personnes de
marque on distinguoit Louis de Loigny, depuis Maréchal de
France ; le Sénéchal d'Eu ; Tristan de la Jaille ; Guy de Laval ;
Henri de Pinequeton ; Pierre de Beauvau ; le Sire du Bouchage ;
d'Acigné, frere du Sénéchal de Provence ; Antoine, Marquis

de Cottrone (1); Buffile de Brancas, dont Louis II récompensa les services en Provence; Jean Capecce, tous trois Napolitains, & tous les Seigneurs de la Maison S. Severin. Les troupes des alliés avoient pour Officiers Généraux Sforze de Cotignola; Braccio de Montone; Paul des Ursins, les trois plus grands Capitaines de leur temps; Pierre des Ursins, Comte de Nole; le Comte de Tagliacozzo; quelques autres Seigneurs de la Maison des Ursins; Ermengaud de Sabran (2), & le Cardinal Pierre Annibaldi de Stephanesfchi, qui joignoit à la qualité de Légat celle de Commandant général. L'armée rassemblée aux environs d'Arezzo, traversa à grandes journées l'Etat Ecclésiastique, & vint camper à Ceperano, en deçà du Gariglian, sur les confins des terres de l'Eglise, au commencement de Mai 1411. Ladislas étoit de l'autre côté du fleuve, dans le territoire du Moncassin, avec une armée forte de treize mille hommes de cavalerie, & de quatre mille d'infanterie, sans compter quelques corps de troupes conduits par des Seigneurs de son parti, dont les plus distingués étoient le Duc d'Atri, de la Maison Aquaviva; Nicolas Gambateza; Raymond Gantelmi; Jean de Trezzo; Jacques de Burgenza, & quelques autres des Maisons de Celano, Carrara, Origlia, Costanzo & Carracioli.

Ladislas envoya défier son compétiteur par un Hérault: le

---

(1) Cet Antoine devoit être de la Maison Ruffo; car Louis donna le 25 Juillet 1408, la Baronie de Berre, qui comprenoit Rognac, Alanson, Istres, l'Isle de S. Genez à Nicolas Ruffo, Marquis de Cottrone, ou peut-être de Cortone, grand Chambellan du Royaume de Sicile. Regist. Livid. fol. 238. v°.

(2) Les Historiens ne parlent pas de lui; mais il est certain qu'il abandonna le parti de Ladislas ou du moins celui de Jeanne sa sœur, puisque cette Princesse, pour le punir de sa défection, le dépouilla 23 Février 1417 de la ville d'Arian, des terres de Montecalvi, Monteleone, Castro-Franco, Casaltori, & de plusieurs autres, & les donna à François Sforze d'Attendolo, fils aîné de Jacques Sforze d'Attendolo, grand Connétable du Royaume. Regist. de la Maison d'Anjou à Naples, ann. 1417.

Prince Angevin avant d'engager la bataille, détacha Braccio avec quinze cents hommes, pour aller reconnoître la contenance de l'ennemi, ses forces, la situation du camp. Braccio rencontre un corps de deux mille hommes commandé par un fameux Capitaine nommé Tartaille, lui livre un long & sanglant combat dans lequel il est victorieux, & rentre dans le camp où ce premier succès fut regardé comme un présage heureux de la victoire. Louis se livra aux plus flatteuses espérances : après avoir exhorté ses Capitaines & ses soldats à marcher avec confiance contre un ennemi déja battu & abandonné du ciel, parce qu'il étoit sous l'anathême, il rangea son armée en bataille. Ladislas de son côté enhardi par la nouvelle d'une victoire que sa flotte venoit de remporter sur celle des François, près de l'Isle de Sponza, ne desiroit pas moins de combattre : prêt à marcher, il arma Chevalier Jean Caraccioli, & six autres jeunes Seigneurs auxquels il fit prendre des armes & des cottes d'armes pareilles aux siennes, afin de faire croire aux différens corps à la tête desquels il les mit, qu'ils combattoient sous les yeux de leur Souverain. L'action commença vers midi avec des cris que les échos rendoient encore plus affreux : dans l'instant le ciel fut couvert d'un nuage de traits, & les deux armées s'ébranlerent : leur choc fut horrible ; le soldat écumant de colere & de rage, manioit l'épée, le coutelas & la hache avec la rapidité de l'éclair, & portoit des coups d'autant plus sûrs qu'il combattoit corps-à-corps. Là tous les stratagêmes devinrent inutiles ; la force & le courage déciderent seuls de la victoire. Les François plus forts, plus adroits, plus intrépides, pousserent les Siciliens, les enfoncerent & *les menerent battans d'une telle vigueur*, dit un Auteur contemporain, *qu'on eût dit qu'ils avoient à dos les feux & les foudres du ciel.*

Ladislas entraîné par les siens, s'enfuit à pied & presque seul à Rocca-Secca, ayant laissé sur le champ de bataille l'élite de

XXXIII.
Il bat Ladislas.

Collen. L. 5.
& Ang. Cont.

Le Moine de
S. Denys.

ses soldats, & au pouvoir du vainqueur un grand nombre de prisonniers, parmi lesquels on trouva dix Comtes & plusieurs Seigneurs de marque. Les François demeurés maîtres de presque tous les chevaux, firent un butin immense & prirent un grand nombre d'étendards & de drapeaux, qu'ils envoyerent au Pape Jean XXIII avec la nouvelle de cette victoire, gagnée le 19 de Mai 1411.

Si Louis avoit su profiter de la consternation générale où cette défaite avoit jetté le parti de Ladislas, il pouvoit le détruire entierement, se rendre maître de la personne de ce Prince, ou le forcer à sortir du Royaume, & le mettre hors d'état d'y rentrer. Mais la perfidie des Généraux Italiens, intéressés à perpétuer la guerre, lui fit perdre le fruit de cette journée; ils mirent tant de lenteur dans leurs opérations, que Ladislas eut le temps de revenir de sa premiere frayeur : ce qui le servit encore plus efficacement, ce fut l'indigence de Louis, qui ne pouvant nourrir ses prisonniers de guerre, renvoya ceux qui n'étoient point en état de se racheter, vendit la liberté aux autres, & promit de rendre à chacun son cheval & son bagage pour le prix de huit ducats. Ladislas ne manqua pas de profiter d'une si belle occasion de rallier ses troupes sous ses drapeaux; il fit fournir aux prisonniers l'argent dont ils avoient besoin pour racheter leur équipage, & par ce moyen, il se vit dans peu de jours à la tête de la plus grande partie de son armée, & dans une position à ne pouvoir être forcé; car dans l'intervalle il se fortifia dans San-Germano, se saisit du pas de Cancello & des autres passages par où les François pouvoient pénétrer dans le Royaume. Etonné lui-même d'une si prompte révolution, il aimoit à s'en rappeller les circonstances. Il disoit que *poursuivi chaudement le jour de sa déroute, il avoit risqué de perdre la couronne & la liberté ; que le lendemain il n'avoit craint que pour son Royaume ; mais que le troisieme jour, ayant eu le temps de se rassurer, l'Angevin étoit vaincu.*

En effet Louis trouva tous les passages fermés ; la désertion se mit dans son armée, parce qu'elle manquoit de vivres & d'argent, & il fut contraint de revenir à Rome implorer le secours de Jean XXIII, qui voyant la conquête de Naples manquée par l'indolence de ce Prince & par la perfidie de ses Généraux, ne lui donna que des espérances vagues. Louis s'apperçut qu'on le jouoit : convaincu par sa propre expérience qu'un Prince ne peut compter sur ses alliés qu'autant qu'il est en état de les contenir par la crainte, ou de se les attacher par l'intérêt, il repartit pour la Provence le 3 Août 1411, & abandonna les Seigneurs qui s'étoient déclarés pour lui à toute la vengeance de son compétiteur ; les uns furent punis du dernier supplice, les autres dépouillés de leurs biens & obligés de se réfugier en Provence ; tels furent Ermengaud de Sabran, établi dans le Royaume de Naples, & Nicolas Ruffo, Comte de Catanzaro, l'un des plus puissants Seigneurs de Calabre, qui ayant suivi la fortune de Louis en 1400, l'avoit encore accompagné dans cette expédition. Cette campagne fut d'autant plus malheureuse, qu'elle fit perdre à ce Prince l'occasion de faire valoir ses droits sur l'Arragon, dont le dernier Roi étoit mort le 31 Mai 1410 sans laisser d'enfants. Sa succession immense qui comprenoit les Royaumes d'Arragon & de Valence, les Comtés de Barcelone, de Roussillon & de Cerdagne, les Isles de Sicile, de Maiorque, de Minorque, de Sardaigne & de Corse, réveilla les prétentions de plusieurs Princes dont nous allons faire connoître les droits.

Pierre IV, Roi d'Arragon, dit le Cérémonieux, étant mort le 5 Janvier 1387, avoit eu onze enfants, dont quelques-uns morts en bas âge : ceux qu'il importe de faire connoître sont Éléonore, femme de Jean Roi de Castille ; Isabelle qui avoit épousé Jacques II Comte d'Urgel ; Jean & Martin qui régnerent successivement. Jean qui étoit l'aîné, n'ayant laissé que deux

Il perd le fruit de la victoire et revient en Provence.

Giorn. di Nap. Boninc. annales.

XXXV.
Louis II veut faire valoir les droits de sa femme sur l'Arragon.

filles, savoir Jeanne mariée en 1391 à Mathieu Comte de Foix, & Yolande épouse de Louis II Duc d'Anjou & Comte de Provence; Martin son frere monta sur le trône, & mourut sans postérité & sans avoir voulu nommer d'héritier.

Dom Ferdinand, Infant de Castille, prétendit à la Couronne du chef de sa mere Eléonore; le Comte d'Urgel, son cousin-germain, puisqu'il étoit fils d'Isabelle sœur d'Eléonore, prétendoit aux mêmes titres; d'un autre côté, Matthieu de Foix, veuf alors de Jeanne d'Arragon, & Yolande de Provence sa belle-sœur, éleverent des prétentions d'autant plus fondées, que si les femmes n'étoient point exclues du Royaume d'Arragon, il semble que les deux filles du dernier Roi devoient être préférées à leurs tantes.

Un quatrieme concurrent étoit Dom Alphonse, Duc de Candie, petit-fils par son pere de Jacques II Roi d'Arragon, duquel descendoient les quatre Princesses que nous venons de nommer. Nous ne parlerions pas de Frédéric, Comte de Lune, fils naturel de Martin le jeune, Roi de Sicile, si ce bâtard, qui fut légitimé ensuite par Martin, Roi d'Arragon, pere du Monarque Sicilien, & puissamment protégé par Benoît XIII, n'avoit eu dans le pays un parti considérable.

Ces divers concurrens entrerent dans la lice avec tout ce que le manege & la politique ont de plus puissant. Les Etats assemblés pour décider cette grande affaire, furent divisés. Chaque prétendant y envoya des Ambassadeurs, & fit avancer des troupes afin de les soutenir. Les cabales en devinrent plus vives: on ne put les arrêter qu'en nommant une Junte, qui fut composée de neuf Commissaires, parmi lesquels étoit le célebre Vincent Ferrier.

Parmi les ennemis qu'avoit la Reine Yolande, on doit compter Benoît XIII, qui s'étoit réfugié en Catalogne, & qui n'oublioit rien pour faire exclure cette Princesse de la Couronne, parce qu'elle qu'elle s'étoit retirée de son obédience. Les Arragonois de son parti servirent son ressentiment avec la plus grande chaleur; car ayant armé vingt-neuf barques sur lesquelles ils mirent de la cavalerie & de l'infanterie, ils tentèrent au mois de Juin une descente en divers endroits de la Provence; mais repoussés de toutes parts, & sur-tout dans le Diocèse d'Arles, par où ils comptoient pénétrer jusqu'à Avignon; attaqués & battus du côté de la Durance, par Pierre d'Acigné, Grand Sénéchal, ils furent forcés de se rembarquer, après avoir perdu cent cinquante cavaliers.

Hist. de Mars. & Mss. de Boisset, Hist. de Lang. t. IV. p. 428.

Cependant le Roi de France appuyoit de tout son crédit le parti de la Reine Yolande. Malheureusement les intérêts des Arragonois luttoient puissamment contre elle; il n'y avoit personne qui ne sentît qu'en la reconnoissant pour Souveraine, ils s'attiroient sur les bras toutes les forces des Castillans, sans pouvoir attendre d'elle aucun secours, parce que l'expédition de Naples avoit épuisé ses Etats de Provence; d'ailleurs dès qu'ils devenoient sujets de Louis II son mari, ils s'obligeoient à le suivre toutes les fois qu'il voudroit porter la guerre en Italie: il n'en étoit pas de même s'ils se donnoient un maître assez puissant pour se faire respecter de ses ennemis, & qui content de régner sur l'Arragon ne l'épuisât point par des conquêtes ruineuses. Ces considérations l'emportèrent sur tout autre motif. Des neuf Commissaires de la Junte il y en eut six qui se déclarèrent pour Ferdinand, Infant de Castille, le 24 Juin 1412. Ils lui déférèrent outre les Etats dépendants de la couronne d'Arragon, l'Isle de Sicile qui venoit d'être réunie à cette couronne par la mort de Martin le jeune. Ainsi Louis dans moins d'un an se vit frustré de deux sceptres, que son ambition lui faisoit peut-être regarder comme prêts à passer dans ses mains. Déchu de ses espérances les plus flatteuses, dépourvu d'argent, accablé de dettes, obligé même de laisser des ôtages

An. 1412.

XXXV.
IL ÉCHOUE ET VA SERVIR EN FRANCE.

à Rome, pour répondre de quelques sommes qu'il devoit à des Marchands, il alla combattre pour le Roi de France, à la tête des arbalêtriers & des gendarmes qu'il amena de Provence, & dont une partie étoit soudoyée par la ville de Marseille.

Sur ces entrefaites Ladiflas contenoit tellement l'Italie par la terreur de son nom, que les Florentins lui demandèrent la paix. Jean XXIII tremblant dans Rome pour la perte de ses Etats, crut aussi qu'à mesure que la fortune changeoit de face, il pouvoit changer de maximes dans sa façon d'agir. Ami de Louis II pendant tout le temps qu'il put compter sur son appui, il l'abandonna quand ce Prince par son retour précipité en France, eut trompé les espérances de ses alliés, & il ne songea plus qu'à se réconcilier avec Ladiflas. C'étoient deux hommes artificieux, peu faits pour s'inspirer une confiance mutuelle, parce qu'ils étoient toujours prêts à se tromper. Ladiflas débarrassé de ses ennemis domestiques, réconcilié avec les Florentins, avoit une supériorité de forces qui en imposoit au Pape; il s'en prévalut pour lui faire payer son alliance cent mille florins d'or. A ce prix ils conclurent le 15 Juin 1412 un traité de paix à des conditions qui prouvent combien on devoit peu compter sur leurs promesses réciproques & sur leur bonne foi; car le premier sacrifice que fit le Pape fut celui des intérêts de Louis II auquel il devoit son élévation à la Chaire de S. Pierre. Non-seulement il confirma la possession du Royaume à Ladiflas; mais il le créa Gonfalonier de l'Eglise, & lui fit donation de l'Isle de Sicile, parce que Dom Ferdinand de Castille, nouveau Roi d'Arragon, à qui cette île appartenoit, étoit attaché à Benoît XIII.

Ladiflas de son côté promit de renoncer au schisme, & d'engager Benoît XIII à donner son abdication, moyennant quelques avantages qu'on lui feroit; dans le cas où il refuseroit d'abdiquer, le Roi de Naples s'obligeoit à le chasser du Royaume

& à le reléguer en Provence ou en Dalmatie, payant ainsi de la plus noire ingratitude le zele de Benoît qui lui avoit fourni pendant la guerre des secours d'hommes & d'argent, & s'étoit obligé à ne consentir à l'union des deux obédiences que sous la clause expresse que le Royaume de Naples appartiendroit à la branche de Duras. Ce traité qui avoit pour base l'anéantissement d'autres traités plus sacrés, n'étoit pas fait pour cimenter la bonne intelligence entre les deux Souverains, que l'intérêt du moment unissoit. L'ambition leur mit les armes à la main six mois après; Ladislas s'empara de la campagne de Rome, chassa le Pontife de sa capitale, & menaça de mettre l'Italie dans les fers : heureusement pour la République de Florence il fut arrêté au milieu de ses conquêtes par une maladie cruelle qu'il prit à Pérouse, en se livrant à son incontinence avec une personne du sexe qu'il avoit séduite : elle étoit fille d'un Médecin : on prétend que son pere, gagné par les Florentins, lui conseilla de faire usage d'une composition qu'il lui donna comme un filtre puissant pour irriter les désirs du Roi, & fixer son cœur, & que ces deux coupables amans trouverent la mort dans la source de la vie. Si le fait est vrai, c'est un nouveau genre de crime d'un exemple peu dangereux, parce qu'il est rare que la nature produise des peres assez dénaturés pour mettre tant de rafinement dans leur scélératesse ; mais ce prétendu filtre pourroit bien n'être autre chose que ce venin qui punit les crimes du libertinage en empoisonnant ses plaisirs, & que l'incontinence avoit apporté de l'Asie avant la découverte de l'Amérique.

SUCCÈS DE LADISLAS ET SA MORT.

Degly. t. II. p. 525.

Ladislas se fit transporter à Naples, où il mourut dans les douleurs les plus vives, à l'âge de trente neuf ans, le 6 Août 1414. On trouve sur le théâtre de l'Histoire peu de Princes dont la politique ait été plus dégagée de ces principes d'honneur, de religion & de probité, qui la font ranger parmi les vertus des grands Rois.

Ann. 1414.

La sienne étoit profonde; mais toujours attentive à son but, elle regardoit comme légitimes tous les moyens qui l'y conduisoient. Aussi réussit-il, sans avoir presque jamais remporté de victoire, à dompter ses sujets rebelles, à triompher de ses ennemis, à se faire respecter de ses voisins, & à contenir toute l'Italie par la crainte. Il étoit brave, actif, vigilant; s'il fut vaincu à la bataille du Gariglian, s'il échoua à plusieurs siéges, c'est qu'il fut mal secondé: convaincu par son expérience qu'il falloit se servir de troupes Italiennes pour harceler, & non pour combattre; pour couper les vivres, garder les défilés, & non pour aller disputer le prix de la victoire sur un champ de bataille; il substitua la ruse aux combats, & préféra l'avantage de ruiner l'ennemi à la gloire de le vaincre.

Giorn. de Nap.

Le plus grand de ses vices fut l'incontinence: mais comme il voyoit les idoles de sa passion sans s'y attacher, il ne perdit point, dans le sein des plaisirs, cette cruauté que l'Histoire lui reproche, ni cet amour de la vengeance, dont plusieurs de ses sujets furent les tristes victimes. Il mourut sans enfans légitimes, quoiqu'il eût été marié trois fois.

XXXVII.
JEANNE II LUI SUCCÉDE A NAPLES.

Jeanne sa sœur, âgée pour lors de quarante-quatre ans, veuve de Guillaume, Duc d'Autriche, lui succéda; & les premiers mois de son règne, elle fut sur le point de se voir enlever le sceptre. Jean XXIII qui regardoit la Maison de Duras comme l'ennemie naturelle du S. Siege, vouloit la renverser du trône pour y placer Louis d'Anjou, qu'il comptoit s'attacher par les liens de l'intérêt & de la reconnoissance. Il lui écrivit en effet pour l'inviter à passer en Italie, lui promettant que plusieurs Barons se rangeroient sous ses étendarts. Louis accepta l'offre; ses malheurs passés

Moine de S. Denys, p. 964. Murat. ann. 1415.

ne l'avoient point dégoûté d'une conquête que trop de raisons devoient lui faire regarder comme impossible; mais une maladie dangereuse dont il fut attaqué, lui fit suspendre l'exécution de ses desseins: ayant d'ailleurs appris que ce même Pape, qui croyoit disposer d'une couronne, venoit de perdre la thiare & la liberté au Concile de Constance, il crut devoir attendre des circonstances plus favorables pour repasser les Monts.

An. 1415.

Cependant la Provence lui offroit beaucoup d'abus à corriger; ils s'étoient introduits dans toutes les parties du gouvernement, à la faveur des guerres intestines dont elle avoit été le théâtre. L'administration de la Justice, sur laquelle repose la sûreté des citoyens, demandoit un remede prompt & efficace. On ne connoissoit point encore ces Corps de magistrature que leur zèle & leurs lumieres ont rendu si chers à l'Etat: des Juges subalternes, répandus dans tous les districts de la Province, sous des noms différens, jugeoient en premiere instance, & les affaires étoient ensuite portées par appel au tribunal du Juge des secondes ou dernieres appellations, qui prononçoit en dernier ressort, assisté de quelques Officiers, dont on ne connoît précisément ni le nombre ni les fonctions (1).

XXXVIII. Louis II RÉFORME LA JUSTICE ET MEURT.

---

(1) Nous ne pouvons pas dire positivement, si ces Officiers étoient auprès de lui à titre de Conseillers ayant seulement voix consultative, comme nous le croyons, ou si c'étoient des espéces de Greffiers: car si ces Officiers avoient été Juges comme lui, avec la seule différence que la loi met entre les Conseillers, & le Président, Louis II n'auroit pas eu besoin d'établir un nouveau Tribunal composé de six Conseillers pour rendre la justice. On trouve parmi eux Jean de Sade, à qui le Prince inféoda la terre d'Aiguieres le 9 de Novembre 1416; & qui dans l'acte d'inféodation a le titre de *Consiliarius & legum Doctor*; Louis Seguiran & Jean Renaud: il y avoit de plus un Avocat, un Procureur Fiscal, outre les Secrétaires ou Greffiers, & les Notaires attachés à la Cour. Ces six Conseillers avoient voix délibérative, comme le Président. Voilà pourquoi ils sont appellés *Présidentes*, parce qu'ils étoient les seuls qui eussent droit de juger: on peut donc conclure de là qu'avant l'établissement du tribunal composé de six Conseillers, & qu'on appelloit Conseil Royal, le Juge Mage ou Juge des secondes Appellations étoit à la rigueur, le seul Juge, & que les autres Officiers attachés à la Cour, n'étoient que des Officiers consultans, & Rapporteurs. Au-dessous de ce Magistrat, il y avoit les Juges ordinaires, ceux qui connoissoient des affaires en premiere instance; tel étoit en 1395 noble Pons Caïs, Licencié en droit; car on lit dans le registre *Lividi* fol. 98, que Louis II lui conféra cet Office le 6 Juin de cette année là: *concedit*

Il étoit trop dangéreux qu'un seul homme fût l'arbitre de la fortune des citoyens. Le Prince, sur les représentations des Etats, ordonna le 15 Août 1415 qu'il y auroit dorénavant un tribunal composé de six Conseillers, d'un Avocat & d'un Procureur Fiscal. Ce tribunal fut érigé & connu dans les actes sous le nom de Parlement. Par la même Ordonnance, il limitoit la jurisdiction des Maîtres rationaux aux affaires du domaine.

Pendant dix-huit mois qu'il vécut encore, il ne fit rien en Provence qui ait mérité d'être transmis à la postérité. La peste fournit une époque mémorable aux annales de cette Province; elle fut si générale en l'année 1416, que les villes dépeuplées & désertes *devinrent spelongues de brutes*, suivant les annales manuscrites d'Arles; les champs demeurèrent en friche; & il mourut les deux tiers des habitans. Cependant on n'en fut pas moins occupé des intérêts du Prince & de ceux de la Religion. Les Etats demandèrent au Concile de Constance la cessation du schisme, & des

---

judicatûs officium primarum Apellationum & nullitatum in comitatibus provincie & Forcalquerii.

Si le Juge Mage jugeoit en derniere instance, comment le Grand-Sénéchal pouvoit-il être chef de la Justice ? Il l'étoit parce que c'étoit lui qui publioit les Ordonnances du Souverain & les faisoit observer ; qui dans le besoin donnoit des réglements sur l'ordre judiciaire ; rendoit la justice, quand il vouloit, à la place du Juge des secondes Appellations, dont il pouvoit reformer les Sentences; avoit la haute Police; connoissoit des Affaires Majeures, de celles qui intéressoient l'État, ou qui avoient rapport aux droits du Roi en matière féodale. C'est ainsi que Raymond d'Agout Grand-Sénéchal confisqua le 12 Juin 1367 les biens de Raymond de Baux, Prince d'Orange, & de quelques autres Seigneurs, qui avoient pris les armes contre la Dame de Courteson, parce qu'étant Vassaux du Roi, cette guerre fut punie comme crime de felonie. *Raymundus de Agouto Miles Senescallus &c. Viso processu inquisitionis factè contra Raymundum de Baucio principem Auraice, Bertrandum de Baucio ejus fratrem, &c. de guerra, conspiratione, & felonia reos, &c. omnia bona mobilia & immobilia dictorum delatorum ad manus curie reginalis annotavit reg. rub. fol. 30.*

Je dois observer au sujet des Notaires, dont il est parlé au commencement de la note, que le Notariat quoiqu'il ne fût point une preuve de Noblesse, ne l'excluoit pourtant pas : je me dispense d'en apporter des preuves; quoique j'en eusse plusieurs à citer.

secours pour mettre Louis sur le trône de Naples. La députation fut sans succès : Louis, qui fit alors un voyage en France, fut tantôt entraîné vers les camps par son goût pour la guerre, tantôt retenu à la Cour pour les affaires de Naples. Le Maine & l'Anjou que les Anglois menaçoient d'envahir, fixerent particulierement son attention.

LOUIS II RÉFORME LA JUSTICE ET MEURT.

Il étoit à Angers (1) quand il fut attaqué de la maladie dont il mourut, le 29 Avril 1417, laissant trois fils qui sont Louis, René dit le Bon, Charles, Comte du Maine ; & trois filles, savoir Marie, qui épousa Charles VII, Roi de France ; Yolande, mariée à François de Montfort, fils & successeur de Jean VI, Duc de Bretagne, & une autre qui épousa le Comte de Genève, ainsi qu'on le voit par une charte de Louis III, mais dont le nom nous est inconnu. Quelques manuscrits lui donnent un fils naturel, nommé Louis, bâtard du Maine, Seigneur de Mezieres. Il eut aussi une fille naturelle nommée Charlotte, que le Roi René fit épouser en 1461 au fils de Pierre de Brezé, Chevalier, du moins le mariage fut traité par Louis & Jean de Beauvau, l'un Sénéchal de Provence & l'autre Sénéchal d'Anjou.

An. 1417.

Louis II institua pour héritier Louis III, auquel il substitua ses deux autres fils & ses deux filles, dans le cas où ils mourroient sans enfans, les aînés devant être préférés aux cadets. La Reine Yolande fut déclarée régente & tutrice de Louis III, ce Prince étant trop jeune pour régner, puisqu'il n'avoit que quatorze ans.

---

(1) Il y étoit aussi le 30 Avril 1416, puisqu'il assigna ce jour-là des appointemens à noble Gilles Guedon, Capitaine de Monacho. Mss. de M. de Nicolaï.

Ses exécuteurs testamentaires furent, outre l'Evêque d'Angers, Guy de Laval, Seigneur de Montjean ; Pierre de Beauvau, & Jean de la Chaperoniere, Chambellans; Pierre de Bournan, Jean Crere, Maître-d'Hôtel, Bertrand de Beauvau, Ecuyer du Roi; Étienne-Fillastre, Juge ordinaire d'Angers, &c. Barthelemi Valori, Maître-d'Hôtel du Roi; Gabriel son frere, Pannetier; Bernard Gourmand, Écuyer de la Reine, &c. Barthelemi obtint de la Reine Yolande en récompense de ses services les terres de Marignane & de Rognes, le 2 Février 1428. Arch. d'Aix. Regist. Lilii. fol. 81. v°.

Livre VIII.

XXXIX.
Demandes des
États a la
Reine Mere.
Conduite de
cette Princesse.

Arch. de Toulon, liv. roug.
fol. 39.

Cette Princesse ressentoit encore vivement la perte qu'elle venoit de faire, quand elle reçut le 23 Août de la même année les Députés des trois Etats de Provence, savoir, pour la noblesse Fouques d'Agout ; Antoine de Villeneuve ; Bertrand de Grasse, Seigneur du Bar ; Reforciat de Castellane, Seigneur de Foz ; & Jacques de Pontevez : pour le Tiers-Etat, noble Bermond de Pingon, d'Aix ; & Elzear Bernardi de Forcalquier, &c. Ils supplièrent cette Princesse de remettre l'administration du pays dans le même état où elle étoit sous la Reine Jeanne ; de révoquer les Commissaires établis pour rendre la Justice, & de créer à leur place un Juge Mage, qui tint son siége à Aix, où les Officiers rationaux & le Juge des premieres appellations faisoient leur résidence ; de supprimer la vénalité des charges ; de ne mettre dans les Offices de judicature que des Provençaux, & d'ordonner que les loix & coutumes établies sous la Reine Jeanne, fussent exactement observées ; ils la prierent encore de révoquer les sauve-gardes & exemptions accordées aux Juifs, comme étant contraires aux libertés des citoyens, lorsque ceux-ci vouloient les attaquer en Justice ; de défendre aux Officiers Royaux de faire des descentes dans les villes & villages, sans en être requis par les gens des trois Etats, ou sans en avoir reçu un ordre exprès du Souverain, attendu que ces descentes étoient ordinairement pour eux une occasion de vexer les habitans ; enfin d'accorder une diminution de feux, parce que la mortalité qui régnoit en Provence depuis plusieurs années, faisoit abandonner les terres, & mettoit le pays dans l'impossibilité de payer les charges. Toutes ces demandes furent accordées : George de Castellane, Seigneur de Salerne ;

19 Avr. 1418.
Arch. de Toulon, sac A.

Elzear de Sabran, Seigneur d'Ansouis ; François de Villeneuve, Seigneur de Vence ; Arnaud de Villeneuve, Seigneur de Trans ; & Balthazar Jarente, Seigneur de Monclar, parmi la Noblesse : Jacques Fabri, d'Aix ; Bermond Drogoul, de Brignole ; Olivier Durandi, d'Apt, Jurisconsulte ; & George Raynaud, de Seyne,

Députés

Députés du tiers, furent nommés Commissaires pour répartir également sur toute la Province, cette diminution de feux que la Reine venoit d'accorder.

Les plus importans de ces articles furent renouvellés le 14 Septembre 1419 sur la demande des Etats, qui supplièrent la Reine de révoquer tous les impôts mis sur le sel, les denrées & les marchandises, depuis le regne de Jeanne premiere, & notamment de supprimer le droit qu'on avoit mis sur les monnoies étrangeres. La monnoie du Comte avoit beaucoup d'alliage ; on supplia la Reine de la mettre au même titre qu'elle avoit sous la Reine Jeanne ; rien n'étant plus propre à faire tomber le crédit d'une nation & arrêter le mouvement du commerce & de l'industrie que l'altération de la monnoie. Tous ces articles furent encore accordés, & par le même acte la Reine révoqua tous les édits & déclarations par lesquels ses prédécesseurs avoient dérogé aux loix, coutumes & privileges dont la Province étoit depuis longtemps en possession.

La Provence, quoique plongée dans une misere, qu'une longue suite de maux avoit portée à son comble, jouissoit alors d'une paix qu'elle n'avoit pas goutée depuis plusieurs années. Il n'y avoit des hostilités que sur les bords du Var, devenus le théatre de la guerre depuis que le comté de Nice s'étoit donné à la Maison de Savoie. La Reine Yolande voulant étouffer des semences de divisions qui tôt ou tard pouvoient faire naître une guerre cruelle, céda au Duc le 5 Octobre 1419 tous les droits qu'elle, son fils, & leurs descendans avoient sur le Comté de Nice, & la Vallée de Barcelonette. Le Duc de son côté lui fit cession de cent soixante-quatre mille francs d'or, ou de deux millions cinquante mille livres, qui lui étoient dûs, pour les dépenses que son aïeul Amé VI avoit faites, lorsqu'il conduisit des troupes au secours de Louis premier dans le Royaume de

Demandes des États à la Reine Mere.
Ibid. l. roug.

An. 1419.
Arch. du Roi.
Reg. *crucis sive novi* fol. 46.

Naples. Ce traité rétablit l'harmonie entre les sujets des deux Souverains, & leur rendit cette liberté de commerce, sans laquelle la paix est un présent presque stérile pour les peuples.

Cependant il venoit à peine d'être conclu, que tout respira de nouveau la guerre; il y eut ordre le seize du même mois de fortifier toutes les places depuis le Var jusqu'à Marseille, & d'y mettre des provisions pour trois mois. On fit prendre les armes aux habitans de la Province, sans distinction d'état, depuis l'âge de vingt ans jusqu'à soixante; & on les obligea de se pourvoir au moins d'une lance, d'un bouclier, d'une épée & d'un casque; les plus riches devoient avoir une cuirasse; d'autres une baliste & des crocs; quelques-uns un pierrier, espéce d'arquebuse alors en usage. Les signaux étoient, pendant le jour, une épaisse fumée, excitée sur les hauteurs; & pendant la nuit, la clarté d'un grand feu.

Ces préparatifs sembloient annoncer de nouveaux projets sur Naples, où la maison d'Anjou se flattoit d'autant plus de pouvoir rentrer, que Jeanne II n'avoit point d'enfans. Il n'étoit pas facile de soumettre un Royaume où la noblesse & le peuple ne savoient plus obéir. Depuis que cette Princesse étoit sur le Trône, rien n'avoit été moins respecté que l'autorité royale. Un favori, nommé Alope, avoit été le premier à l'avilir: maître du cœur de la Reine, arbitre de toutes les graces, il en fit un abus, qui le conduisit à l'échaffaut. Jacques de Bourbon, Comte de la Marche, que Jeanne avoit épousé en secondes nôces, & associé à la Souveraineté, acheva d'énerver l'autorité. Au lieu d'affermir cette Princesse sur le Trône par sa prudence & sa valeur, il la perdit dans l'esprit du peuple en accréditant imprudemment les soupçons que sa conduite passée avoit répandus sur sa vertu; ensuite il lui ôta la liberté, & prodiguant les graces & les emplois aux François

---

LIVRE VIII.

Arch. de Toulon, sac A.

XL.
JEANNE II MENACÉE DE PERDRE LA COURONNE, ADOPTE ALPHONSE D'ARRAGON, ET LE PAPE DONNE LE ROYAUME A LOUIS III.
Mss. de Dup. vol. 28.

qui l'avoient suivi & qui, contens de les ravir, se mettoient peu en peine de les mériter (1) ; il excita contre lui un orage, auquel il ne put se dérober que par une fuite honteuse. Au milieu de ces agitations, Jeanne voyoit continuellement sa tranquillité troublée & le sceptre toujours prêt à lui échapper. Elle crut que, pour le fixer irrévocablement dans ses mains, il falloit adopter Jean Duc de Betfort, Comte de Richemont, frere d'Henri V, Roi d'Angleterre, dont la Monarchie, à la faveur des guerres civiles qui déchiroient la France, s'étoit élevée à un point de grandeur capable de faire respecter ses amis & ses alliés. L'adoption fut acceptée; mais les événemens politiques qui mirent pendant quelque tems la France au pouvoir de l'Angleterre, ne permirent point au Comte de Richemont d'aller chercher un Trône en Italie.

Jeanne II menacée de perdre la Couronne &c.

Tandis qu'on traitoit cette affaire importante, les intrigues secretes de quelques Courtisans mécontens, détacherent le nouveau Pape, Martin V, des intérêts de Jeanne seconde. Ce Pontife lui avoit fait donner l'onction royale au mois d'Octobre 1419, par le Cardinal Morosino, Evêque d'Arezzo ; cependant il se déclara peu de tems après contr'elle, & fit proposer au mois de Décembre suivant, la Couronne de Naples à Louis III, Duc d'Anjou, fils de Louis II & d'Yolande. Les conditions que le Pontife lui imposa, ressemblent beaucoup à celles que Charles I avoit subies cent cinquante ans auparavant. Les circonstances où ces deux Princes se trouvoient, étant à-peu-près les mêmes, il falloit nécessairement qu'ils se soumissent à

An. 1420.

Rayn. ann. ecclés.

Bibliot. du Roi mss. de Colbert.

---

(1) Parmi ces Seigneurs étoit sans doute Jacques de Mailli, Grand-Sénéchal, qui avoit épousé en Italie Polixene Ruffo, Comtesse de Montalto, & qui avoit été Commandant de Salerne : il étoit mort en 1417 : il est parlé de lui dans un acte de cette année-là, conservé aux archives de la Zecca à Naples, dans le registre de Jeanne seconde, fol. 169. Cependant il pourroit bien se faire qu'au lieu de Mailli, ce fut Maillé, Maison connue dans l'appanage des Ducs d'Anjou, Rois de Naples.

la même loi. Le Pontife exigea donc, entr'autres conditions que les Princes Angevins n'entreroient dans aucune ligue contr la Cour de Rome; qu'ils se retireroient de l'obédience d Benoît XIII; que les Princesses, héritieres du Trône, épouseroien des Princes catholiques, affectionnés au Saint Siége; qu'elle n'épouseroient, ni l'Empereur, ni le Roi des Romains, n aucun Souverain de la Lombardie & de la Toscane; que l Roi de Naples ne pourroit être élu Empereur, ni Roi de Romains, ni succéder à aucun des Etats d'Italie; qu'à l'âge d 18 ans, les Princes seroient capables de gouverner; mais qu'a dessous de cette âge, ils régneroient sous la tutelle du Saint Siége qu'enfin ils ne mettroient aucun impôt sur les Eglises & le Monasteres. Ils étoient obligés de se conformer à ces articles & à quelques autres moins importans, sous peine d'être privé de la Couronne, qui, dans ce cas-là, seroit dévolue au Sain Siége.

XLI. LOUIS SE DISPOSE A PASSER EN ITALIE.

Plusieurs Barons Napolitains écrivirent dans le même-tems à Louis, pour l'inviter à passer les Monts, lui offrant de se ranger sous ses enseignes avec leurs vassaux. Ce Prince accepta leurs offres & celles du Pape avec reconnoissance, aveuglé par l'ambition qui lui faisoit oublier la légéreté des Napolitains, & les dangers d'une entreprise où son pere & son grand-pere avoient échoué.

Parmi ses partisans, on distinguoit Sforze, natif de Cotignola dans la Romagne, guerrier non moins fameux par ses talens militaires, que pour avoir été la tige des Seigneurs de son nom qui regnerent à Milan pendant l'espace de 50 ans. Il s'appelloit Jacques Attendolo; il étoit fils d'un paysan, & devint par son mérite un des Capitaines les plus célébres de son siécle. Il fut surnommé Sforze à cause de ses violences. On trouve dans l'histoire de sa vie une anecdote, qui, par sa singularité, peut figurer à côté d'une infinité d'autres, qu'on lit dans la vie

Murat. ann. t. IX. in-4°. p. 2.

de beaucoup d'hommes illustres. On dit qu'un jour qu'il travailloit à la terre, des soldats qui passoient l'inviterent à les suivre; qu'indécis sur le parti qu'il devoit prendre, & n'ayant aucune raison de se décider pour un état plutôt que pour un autre, il jetta sa bêche sur un arbre, en disant que, si elle restoit, il prendroit le parti des armes; & que si elle tomboit, il continueroit de faire le métier de paysan; persuadé que la Providence se serviroit de ce moyen étrange pour lui faire connoître les desseins qu'elle avoit sur lui. La bêche resta: il partit; & comme dans les tems de trouble les hommes se placent, non pas suivant les préjugés de la naissance, mais suivant les talens que la nature leur a donnés, il s'éleva aux premiers grades militaires. Ainsi l'Italie dut à une espéce de superstition un héros de plus dans son histoire. Sforze eut un fils naturel nommé François, qui se rendit maître de Milan en 1450, fut proclamé Duc de cette ville, & la transmit, avec ses dépendances, à ses descendans qui l'occuperent jusqu'en 1499.

Louis se dispose a passer en Italie.

Louis III nomma cet homme singulier son Vice-roi, le fit Grand-Connétable, & lui envoya cinquante mille ducats, en attendant qu'il pût l'aller joindre lui-même avec les vaisseaux qu'il faisoit armer, soit à Gênes, soit à Marseille (1). Sforze avoit des troupes prêtes à marcher; il entra dans la terre de Labour, & s'avança jusqu'à un mille de Naples. Sa présence réveilla dans les partisans de la maison d'Anjou, ce zèle que les révolutions précédentes avoient presqu'éteint. Mais d'un autre côté tout ce qu'il y avoit de sujets attachés à la Reine Jeanne, fit ses derniers efforts pour s'opposer à leurs desseins.

Stell. ann. Gen.

Cribell. vit. Sforz. Giorn. di Nap. Constanz. d'Egli &c.

---

(1) Parmi les Seigneurs qui suivirent Louis III à Naples, on trouve Pierre de Champagne, Ecuyer & Pannetier du Roi; Guidon de la Boussaye qui fut Commandant de Cousance; Guillaume de Villeneuve, Barras de Barras & Albert de Sabran, à qui ce Prince donna le 24 Janvier 1432 un passeport pour retourner en Provence.

On essaya d'armer contre eux la Cour de Rome, & les autres Cours d'Italie. Antoine Caraffa, Négociateur adroit, conduisoit ces intrigues : n'ayant pu réussir auprès du Pape, il offrit à Alphonse Roi d'Arragon & de Sicile, qui se trouvoit alors en Sardaigne avec une flotte nombreuse, d'engager la Reine à lui assurer le Trône de Naples, s'il vouloit prendre sa défense. Alphonse, étoit en guerre avec les Génois auxquels il vouloit enlever l'île de Corse. Il se fit en apparence une délicatesse d'accepter les offres avantageuses des Napolitains ; mais comme tant de générosité se trouve rarement dans un ambitieux, il montra bientôt après que sa modération n'étoit qu'apparente. Lorsqu'il vit que le Duc d'Anjou, par tous les préparatifs qu'il avoit faits, soumettroit infailliblement le Royaume de Naples, il consentit à être adopté par la Reine Jeanne, pour son fils & son héritier. Ce n'est pas, disoit-il, qu'il fut séduit par l'appas d'une nouvelle Couronne ; mais c'est que, touché du sort qui menaçoit cette Reine infortunée, il y avoit de la barbarie à souffrir qu'elle fût chassée du Trône de ses peres. Il lui envoya donc un secours de quatorze galères, en attendant qu'il pût lever en Italie des forces suffisantes pour s'opposer à celles des Angevins.

XLII.
Il dispute la Couronne a Alphonse. Ses embarras.
An. 1420.

Louis entra le 15 du mois d'Août 1420, dans le golfe de Naples, avec une flotte de treize bâtimens, dont six Génois commandés par Jean Baptiste de Campofregoso. Il sembloit que cette ville, où la division regnoit, où les partisans de la maison d'Anjou étoient en grand nombre, n'auroit pas dû tenir contre les forces réunies de Louis & de Sforze. Mais la vigilance du Gouvernement qui prévint la trahison de quelques particuliers; le peu de progrès que l'art des siéges avoit faits, & sur-tout l'arrivée de la flotte Arragonoise, qui entra dans le port le six de Septembre, rendirent inutiles les efforts de assiégeans. Louis trop foible pour tenir la mer, renvoya ses galères ; & ne pouvant réduire Naples par la force, il se cantonna dans Averse, qui ne fit aucune réſiſtance. Dès lors il ne dut plus compter ſur le ſuccès de ſon expédition : la mer étant libre, ſon rival pouvoit introduire dans la ville & dans le royaume des troupes & des vivres ; tandis que par ſa politique, & la réputation de ſa valeur, il ſe faiſoit des alliés, ou contenoit dans leur devoir les Cours qui avoient envie de remuer. Alphonſe attira dans ſon parti Braccio de Montone, natif de Pérouſe, l'émule & quelquefois le vainqueur de Sforze. Ces deux guerriers, nés ſans fortune, avoient ſubjugué par l'aſcendant de leur génie, & la ſupériorité de leur courage, une troupe de volontaires qui s'étoient attachés à leur ſort, & avec leſquels ils voloient aux ſecours des différentes Puiſſances qui payoient mieux leurs ſervices. Ces Avanturiers ou Gendarmes déſolerent l'Italie pendant plus d'un ſiécle : ils ravageoient les campagnes & les cités ſans diſtinction d'amis & d'ennemis : c'étoit peu pour eux de rançonner ſans diſcrétion les Princes qu'ils ſervoient, comme ceux à qui ils faiſoient la guerre ; il falloit encore leur fournir des chevaux, des chariots, des armes, des bagages, &, ce qu'on a honte de dire, des femmes, qu'on choiſiſſoit parmi les plus jeunes & les plus belles, pour être diſtribuées aux Capitaines, ainſi qu'aux ſoldats ; en un mot, le deſpotiſme des Bachas eſt peut-être moins rigoureux & moins affreux que celui qu'exerçoient quelques Chefs de ces bandes.

Ils eurent dans cette campagne une alternative de ſuccès & de revers à-peu-près égale ; c'étoit beaucoup pour la Reine Jeanne d'empêcher ſes ennemis de faire des progrès : les difficultés qu'il y avoit à recevoir par mer les renforts dont ils avoient beſoin, devoient mettre tôt ou tard le découragement parmi eux, & occaſionner une défection totale. Louis le prévit ; & pour parer à ce malheur, le plus grand qu'il eut à craindre, il courut à Rome demander au Pape des ſecours ; le Pontife lui donna quelques troupes & de l'argent ; & par un bref du 29 Juin 1421,

IL DISPUTE LA COURONNE A ALPHONSE, &c.

An. 1421.
Giorn. di Nap.
Rayn. ann.
eccleſ.

il défendit aux Seigneurs ecclésiastiques & séculiers du Royaume d'obéir aux Ministres de la Reine, & de payer les subsides ordinaires.

Ces efforts du Pape ne décidèrent point la victoire en faveur des Angevins; il y eut à la vérité quelques Villes & quelques Seigneurs qui se rangèrent de leur parti : mais la lenteur de leurs conquêtes les fit bientôt après retomber dans les mêmes besoins qu'auparavant : la mésintelligence se mit parmi les Chefs : Sforze soupçonnant de trahison Tartaille, qui commandoit les troupes envoyées par le Pape, lui fit trancher la tête : les troupes Romaines indignées de cet acte de rigueur exercé contre leur Chef, se débandèrent peu-à-peu, & allèrent fortifier l'armée ennemie.

Dès ce moment les affaires de Louis allèrent en décadence; le Pape allarmé des suites qu'elles pouvoient avoir, entama des négociations pour faire consentir les deux Princes à un accommodement : Alphonse s'y prêta, bien persuadé qu'il obtiendroit des conditions avantageuses; étant maître de la personne de Benoît XIII, il menaçoit de le remettre sur la scène, & de le faire reconnoître en Arragon, en Sardaigne, en Sicile, & même dans le Royaume de Naples, si le Pape persistoit à soutenir les Angevins. Ces considérations firent pencher la balance en sa faveur : il obtint qu'on retirât des mains des ennemis deux places importantes qu'ils occupoient, Averse & Castellamare : elles furent mises entre les mains des Légats, qui bientôt après les cédèrent à la Reine contre la foi du traité.

Louis, outré de dépit, sans argent, sans crédit, sans provisions d'aucune espèce, courut à Rome demander encore des secours au Souverain Pontife. Il ignoroit sans doute qu'on en obtient rarement de ses Alliés, lorsqu'on n'est plus en état de servir leur ambition : il auroit été obligé de sortir d'Italie, avec les tristes débris de son armée, si un de ces évènemens assez ordinaires dans l'ordre des passions, n'eût relevé ses espérances. Alphonse honteu honteux de n'avoir dans le pays, qu'une autorité empruntée, voulut y agir en Souverain. La Reine fut offensée qu'un Prince qu'elle avoit appellé pour être son conseil & son appui, s'érigeât en maître ; elle fit part de ses craintes au Grand-Sénéchal Carraccioli son favori, plus intéressé qu'elle à la maintenir sur le trône, parce qu'il sentoit qu'il seroit le premier sacrifié à la jalousie & à l'ambition du nouveau Roi. Il fut donc résolu de se défaire de ce despote incommode. Alphonse en eut quelques soupçons : il crut s'appercevoir des manœuvres sourdes qu'on employoit pour l'abbatre, & afin de les rendre inutiles, il demanda au Pape l'investiture du Royaume de Naples, auquel il étoit appellé par l'adoption de la Reine. Le Pape la refusa sous prétexte que c'étoit porter atteinte aux droits de la Maison d'Anjou. Alphonse, irrité de trouver des oppositions de toutes parts, résolut enfin de substituer la force à l'artifice, de se rendre maître de la Reine & du Sénéchal Carraccioli ; & de donner ensuite la loi au Pape lui-même, quand il seroit affermi sur le trône. Le Sénéchal fut pris, & mis en prison le 22 Mai 1423. La Reine instruite secrettement du complot formé contr'elle, eut le tems de se fortifier dans le Château Capouan, où elle s'étoit réfugiée, & d'appeller Sforze à son secours. Ce brave Général à la tête de ses vieux soldats, s'avance du côté de Naples, où les troupes Arragonoises divisées en quatre détachemens, l'attendoient pour lui couper les passages. Le premier ne pouvant soutenir l'effort de ce guerrier, se replie sur le second ; le troisieme céde avec eux à l'impétuosité du vainqueur, & dans leur déroute ils entraînent le quatrieme ; le désordre alors devient général : les soldats, qui avoient échappé au fer du vainqueur, ne cherchent leur salut que dans la fuite ; les uns se sauvent du côté de Capoue, les autres au Château-Neuf, le reste, parmi lesquels étoient 120 Gentilshommes de marque,

ALPHONSE SE BROUILLE AVEC LA REINE JEANNE, QU'IL VEUT DÉTRÔNER.

An. 1423.

tombe au pouvoir de Sforze, qui pêle-mêle avec les fuyar[ds] entre dans la Ville & dans le Château Capouan.

Cette victoire fit perdre à Alphonse le fruit des avantag[es] qu'il avoit eus sur son concurrent. La Reine outrée de cole[re] qu'il eût tenté de la faire tomber du trône dans l'esclavage, résolut, de l'avis de son Conseil, de révoquer l'adoption, d'appeller à la succession du Royaume Louis III que ses affair[es] retenoient encore à Rome. Louis ne pouvant se transporter s[ur] les lieux, autorisa Sforze à terminer cette affaire importante p[ar] un traité qui maintint en leur entier les droits que les Maiso[ns] d'Anjou & de Duras avoient à la Couronne.

La Reine déclara qu'Alphonse ayant fait arrêter Carraccio[l] contre la foi d'un sauf-conduit, & fait des tentatives pour l'enleve[r] elle-même du Château-Capouan, la forçoit par cet excès d'ingratitude & de perfidie à revoquer & annuller l'adoption, ainsi que les donations & les concessions qu'elle avoit faites en sa faveur : qu'en conséquence, elle adoptoit à sa place Louis III & l'instituoit son héritier, sans néanmoins que cette adoption ni institution pût, en aucune manière, préjudicier à l'ancien droit de ce Prince à la Couronne, en faisant croire qu'il tiroit toute sa validité du présent acte. Elle lui donnoit en outre le Duché de Calabre, & promettoit d'employer toutes ses forces pour chasser les Arragonois des places de ce Duché.

Louis de son côté s'obligea à sortir d'Italie, & a retourner en France avec ses freres, dans le tems convenu entre le Pape & les Ambassadeurs, & lorsque les Arragonois seroient hors du Royaume, où il promettoit que ni lui, ni ses freres ne rentreroient point du vivant de la Reine, sans son consentement. Il se réservoit seulement le droit d'envoyer ses Officiers pour gouverner en son nom le Duché de Calabre. Il consentit e[n] second lieu à délier du serment de fidelité, ceux qui le lui avoien[t] prêté, excepté les habitans de ce Duché, à condition qu'il y auroit une amniftie générale pour fes partifans, qu'ils rentreroient dans leurs biens, & qu'après la mort de Jeanne, il feroit reconnu pour fouverain dans tout le Royaume. Il s'engagea par un autre article à réduire à l'obéiffance de Jeanne, tous ceux qui fe révolteroient contr'elle fous prétexte de favorifer la Maifon d'Anjou : & afin d'affurer l'exécution de cet article, il déclara qu'il ne recevroit au nombre de fes Officiers & de fes domeftiques, aucun régnicole, fur-tout aucun habitant de Naples, fans le confentement de la Reine, qui promit d'employer fa puiffance pour faire reconnoître l'autorité de Louis dans tout le Duché de Calabre.

LA REINE JEANNE ADOPTE LOUIS III POUR SON FILS.

Par les autres articles, Jeanne & Louis s'affuroient un fecours mutuel & une fidelité à toute épreuve. Si Louis manquoit à quelques-uns de fes engagemens, il perdoit les droits qu'il acquéroit par cette adoption, à laquelle on prieroit le S. Siege de mettre le fceau par une bulle expreffe. Le Pape, les Cardinaux, le Duc de Milan, le Doge de Gênes devoient être garants du traité, qui fut paffé au Château Capouan le 2 de Juin 1423.

An. 1423.

Alphonfe, après la défaite qu'il venoit d'effuyer, fe trouvoit fans armée, fans argent, & dans une fituation à faire croire que bientôt il feroit forcé d'abandonner le Royaume ; heureufement il fut tiré d'embarras par une flotte de huit gros vaiffeaux & de vingt-deux galeres qu'il avoit fait équiper à Barcelone, & fur laquelle il s'étoit flatté d'envoyer la Reine Jeanne prifonniere en Catalogne, comptant déja la tenir dans fes fers. Cette flotte entra dans le port de Naples le 11 de Juin. Les Angevins firent tous leurs efforts pour empêcher les troupes de débarquer ; mais accablés par le nombre, ils fe replierent fous le Château Capouan, & après avoir fait encore quelque réfiftance, ils prirent la route d'Averfe, emmenant la Reine avec eux.

Chron. de Sicile. Murat. ann. d'Ital.

C'eft là que Louis d'Anjou vint la voir : cette Princeffe ratifia l'adoption par Lettres-patentes du premier Septembre, aux conditions portées dans le traité. Leur entrevue se passa en témoignages de joie & de bienveillance mutuelle, ou en projets inutiles pour éloigner un ennemi qui les auroit écrasés, si d'un côté la République de Gênes & le Duc de Milan, & de l'autre le Roi de Castille, n'avoient menacé de tomber sur ses Etats héréditaires. La crainte seule d'un si pressant danger arracha Alphonse au Royaume de Naples; il y laissa pour Lieutenant général, l'Infant Dom Pierre son frere, & mit à la voile avec dix-huit galeres le 15 Octobre, pour passer en Catalogne.

La ville de Marseille éprouva toutes les fureurs de sa vengeance. Dépourvue de ses plus braves citoyens, qui avoient suivi Louis en Italie, elle fut surprise le 9 Novembre, au moment qu'on s'y attendoit le moins. Cette ville étoit alors deux fois moins grande qu'elle ne l'est à présent, & n'avoit guère plus d'étendue du levant au couchant, que la longueur du port qui la baigne au midi. Entourée de fortes murailles du côté de terre, on ne pouvoit l'emporter d'emblée qu'en faisant une descente sur les quais: mais pour cela il falloit se rendre maître du port, entreprise difficile à exécuter. L'entrée qui en est fort étroite, étoit fermée par une chaîne, & par un gros vaisseau qu'on y avoit attaché. Elle étoit d'ailleurs défendue par deux tours correspondantes, bâties sur l'un & l'autre bord. Les Arragonois attaquèrent celle qui étoit du côté de la ville. Le combat fut très-vif: les Marseillois qui avoient eu le temps d'accourir pour la défendre, opposèrent une résistance égale à la vivacité de l'attaque. Deux fois les assiégeans mirent le feu à la porte, deux fois il fut éteint par les assiégés, dont l'activité fut heureusement secondée par une pluie abondante: à la troisieme fois les flammes triomphèrent des obstacles; alors ceux qui la défendoient se voyant vivement pressés, offrirent à l'ennemi de suspendre les hostilités, & de se rendre s'il prenoit la ville. L'offre fut acceptée: les Arragonois n'ayant plus rien à craindre de ce côté-là, essaient de rompre la chaîne qui tenoit au mur sous la tour opposée : dans l'instant ils se voient attaqués par une multitude de bateaux, tandis que du haut de la tour & des murailles on fait pleuvoir sur eux une grêle de pierres : leurs efforts n'en sont point rallentis : ils ont le courage de repousser les bateaux qui les attaquent, & de déloger les Marseillois qui tirent sur eux du haut des remparts. Mais ce qui les servit encore mieux que leur valeur, ce fut la négligence de ces mêmes Marseillois, qui aveuglés par le péril, laissèrent dans le port du côté de S. Victor un gros brigantin abandonné, dont les soldats d'Alphonse vinrent s'emparer par terre, en passant au-dessous de cette Abbaye. Dès ce moment la victoire fut entre leurs mains. Ils tombent à l'improviste sur deux galeres négligemment gardées, s'en emparent, ainsi que de plusieurs navires, viennent au secours de leurs compagnons qui combattoient près de la chaîne, & mettent les Marseillois en fuite. Aussitôt la chaîne tombe, & l'entrée du port est libre à toute la flotte, qui entre dans l'instant à pleines voiles & porte sur les quais les troupes que l'amour du pillage rendoit impatientes de s'élancer à terre. Les Marseillois étoient accourus pour s'opposer au débarquement. On se battit de part & d'autre avec plus de fureur que de courage ; l'obscurité de la nuit augmentant l'horreur de la mêlée, on ne se reconnoissoit ni à la voix, ni à l'habillement, & les coups tomboient indistinctement sur les amis & sur les ennemis ; les seuls objets dont on fût frappé, étoient le bruit des armes & les cris confus des combattans : au milieu de ce désordre, les Marseillois soutinrent pendant quelque temps le choc avec assez d'intrépidité ; mais ayant ensuite pris l'épouvante, ils s'enfuirent précipitamment dans la ville, poursuivis par les Arragonois qui entrant pêle-mêle avec eux, les passoient au fil de l'épée, tandis que les pierres & les pieces de bois que les habitans restés dans les maisons, faisoient voler du haut des fenêtres, écrasoient dans leur chûte les vainqueurs & les vaincus. Telle étoit

MARSEILLE LIVRÉE AU PILLAGE.

l'affreuse situation de cette ville, lorsque les Arragonois mirent le feu aux maisons voisines du port. La flamme poussée par le vent fit des progrès si rapides, que plus de quatre mille en furent entièrement consumées en peu de temps.

A ces horreurs se mêla tout ce que le pillage & la brutalité du soldat ont de plus affreux : un spectacle véritablement touchant fut celui qu'offroient les femmes, qui au commencement de l'attaque s'étoient réfugiées dans les Eglises, emportant avec elles leurs bijoux, & tout ce qu'elles avoient de plus précieux. Saisies de frayeur & d'épouvante au tumulte qui régnoit de toutes parts, & à la vue de cette lueur sombre que les toîts embrâsés des maisons répandoient au loin ; menacées de la perte de leur honneur & même de leur vie, elles firent offrir au Roi d'Arragon de lui donner tout ce qu'elles avoient de richesses, s'il vouloit les garantir de l'insolence du soldat. Alphonse étoit généreux, & dans cette occasion il suffisoit pour se rendre aux prières de ces infortunées, de n'être point barbare ; il leur permit de se retirer & d'emporter tout ce qu'elles avoient sauvé de l'embrâsement & du pillage : tout le reste de la ville fut abandonné pendant trois jours à l'avidité des vainqueurs ; il n'y eut que le Monastere de S. Victor qui ne tomba point en leur pouvoir, par la vigoureuse résistance des Moines. Au milieu de ces horreurs, Alphonse fit enlever le corps de S. Louis de Toulouse, qu'il fit porter à Valence par vénération pour ces précieuses reliques ; associant ainsi tous les crimes du brigandage avec la religion, qui n'est jamais plus utile que quand elle est tournée en sentiment.

Les habitans d'Aix, au moment qu'ils furent instruits du danger de Marseille, avoient pris les armes pour venir à son secours (1)

---

(1) La Ville d'Aix, avoit alors pour Armes celles d'Arragon, qui sont *d'or à quatre pals de gueule*. Elles avoient été données par Raymond Berenger, descendant des Rois d'Arragon. Ces Armes étant peintes sur les Drapeaux de la Ville d'Aix & sur ceux des Arragonois, furent cause que les soldats des deux partis ne furent plus distinguer leurs enseignes dans la mêlée. Louis III pour empêcher une sem-

Ils arrivèrent lorsque les Arragonois, chargés de butin, étoient prêts à s'embarquer; ils mirent en effet à la voile le quatrieme jour, laissant cette grande ville en partie consumée par les flammes, & le reste entièrement ruiné: ce qu'il y eut de plus affreux, c'est qu'après leur départ, les habitans des villages voisins se répandirent dans cette ville infortunée pour enlever ce qui avoit échappé à l'avidité des Arragonois: on prétend que quelques habitans de Marseille même s'étant déguisés pour n'être pas connus, se mêlerent avec les pillards, qui pendant huit jours mirent le comble à la désolation.

MARSEILLE LIVRÉE AU PILLAGE.

V. les pr. ch. 53.

La foiblesse de la Régente, celle de son fils Charles du Maine, qui lui succéda dans le gouvernement de la Province, ne permirent pas de punir l'énormité de ce crime; on accorda un pardon général dans la crainte d'un soulevement qu'auroit pu faire naître le trop grand nombre de coupables: comme la plupart des Marseillois, après la retraite des Arragonois, étoient allez s'établir en d'autres villes pour être à l'abri de quelque événement semblable, le Roi leur enjoignit de retourner dans leur patrie; défendit à leurs créanciers d'exiger leurs dettes pendant trois ans, fit lui-même des remises sur ses droits, & n'oublia rien pour rendre à cette ville son commerce, son lustre & sa population.

Arch. de l'Hot. de Vil.

Le premier soin des Marseillois, quand ils furent revenus de leur abattement, fut de se mettre en état de défense; ils rétablirent les murailles de leur ville, se procurant toutes les machines de guerre alors usitées dans les combats & dans les siéges, achetèrent des canons, invention toute récente, dont les effets

---

able méprise dans une autre occasion, par Lettres patentes adressées à Pierre de auvau Gouverneur & Grand-Sénéchal, permit à la Ville d'Aix le 10 Mars 1431, mettre en chef à son écu les armes du Royaume de Jerusalem, qui sont argent à une grande Croix d'or potencée, accompagnée de quatre croizettes même; celles de Sicile, savoir d'azur semé de fleurs-de-lys d'or, à un lambel quatre pandans de gueule; & enfin d'Anjou, ou d'azur semé de fleurs-de-lys r, bordé de gueules. Bouch. t. I. p. 204; & 2 p. 447.

Arch. d'Aix reg. *rubei* f. 89.

LIVRE VIII.

étoient d'autant plus funestes que l'art des fortifications étoit encore dans l'enfance. Au lieu de boulets, on y mettoit des pierres. L'Historien de Marseille prétend qu'au siége dont nous venons de parler, on ne fit aucun usage du canon; cependant l'Auteur contemporain de la vie d'Alphonse assure que ce Prince en avoit un sur sa flotte, appelé le Général, qui lançoit des pierres du château d'If à Marseille (1), chose incroyable pour quiconque connoît le local; car cette distance est d'environ deux lieues marines.

XLVI.
CONQUÊTE DE LA CALABRE.
INTRIGUE CONTRE LOUIS III.
An. 1424. & suiv. regist. de Louis III. chez M. le Présid. de S. Vinc. fol. 143.

Louis III étoit dans la ville d'Averse lorsqu'il apprit le désastre des Marseillois: il n'en devint que plus ardent à faire rentrer dans le devoir les Provinces du Royaume qui tenoient encore le parti d'Alphonse. La Calabre attira d'abord son attention: Pierre de Beauvau que son mérite faisoit distinguer parmi les Chevaliers François, y fut envoyé avec la commission de Gouverneur, & les pouvoirs d'un Vice-Roi pour la réduire: il eut la gloire de la soumettre au Prince Angevin, à qui la Reine l'avoit donnée en appanage, en attendant qu'il pût lui succéder dans tous ses Etats (2).

Ce Prince venoit de tirer de la Provence vingt-cinq mille flo-

---

(1) Hoc (tormenti genus) ad duo millia passuum, aut amplius Saxa projicit. Sed omnia jactu vicit unum illud Alphonsi, quod *generale* appellabant. Nam ab insula, quæ est contra Massiliam sita, in ipsam urbem *ingentia* Saxa jaciebat. Fact. vit. Alph. l. 6.

(2) Pierre fut fait ensuite Gouverneur titulaire de cette Province à la place de George d'Allemagne Comte de Pulcini: *hinc est*, dit le Roi Louis III, *quod eidem ducatui* nostro de rectore idoneo providere volentes, te, de cujus prudentiâ fide, strenuitate, industriâ, artifque militaris disciplinâ, nec non virtutibus aliis quibus profonam tuam altissimus inter ceteros insignivit, quasve plurimus magnis ambiguifque in rebus magistrâ rerum omnium experientia in particuli demonstravit, plenam fiduciam obtinemus; quique publica & non privati commoda semper amasti, nec non amator justitiæ, cultor boni, & impiorum semper fuisti acerrimus persecutor; in generalem locum tenentem nostrum, & gubernatorem in toto ducatu nostro Calabriæ &c. Duximus ordinandum cum plena meri & mixi imperii, gladii potestate & jurisdictione plenaria &c. Datum Averse die XVI febr. V indict. ann. Domini. 1426.

rins d'or ou deux cents quarante mille livres pour équiper une flotte : avec ce secours il auroit sûrement triomphé de l'ennemi, s'il n'eût désapprouvé trop hautement les liaisons suspectes de la Reine Jeanne avec son Grand Sénéchal Carraccioli, qu'on avoit retiré des prisons d'Alphonse, en l'échangeant contre quelques Seigneurs Arragonois pris à la bataille de Naples : Carraccioli n'étoit pas homme à souffrir qu'on essayât de lui faire perdre les bonnes grâces de la Reine. Il jura la ruine du Prince Angevin. Ce ne fut point en employant la force ouverte qu'il exécuta son projet ; il eût été trop dangereux pour lui-même de faire reprendre le dessus aux Arragonois, avant de s'être assuré de la bienveillance d'Alphonse. Sous main il empêchoit qu'on ne les écrasât, tâchant de maintenir les deux partis dans cet état de foiblesse & d'égalité qui mettoit l'autorité royale à l'abri de leurs entreprises ; ensuite il s'attacha par des alliances le Grand Connétable Jacques Caldora, l'homme du pays qui jouissoit de plus de considération, & la Maison des Ursins, la plus puissante par son crédit & ses richesses. Soutenu par ces appuis, il abattit ses ennemis, la plupart enrichis par les bienfaits des deux derniers Rois, & s'éleva à un tel degré de puissance, qu'il fit tout plier sous ses volontés. Ce fut dans ces momens de la plus haute faveur qu'il traita secrettement avec Alphonse, pour l'engager à terminer la guerre de Castille, & à retourner dans le Royaume de Naples. Louis III étoit alors à la Cour du Roi Charles VII son beau-frere : l'Histoire nous laisse ignorer les raisons qui l'obligèrent à s'éloigner de l'Italie ; ce n'étoit point sans doute pour se procurer l'appui de la France, déchirée par les factions, ou gémissante sous la domination Angloise ; mais vraisemblablement pour tirer de ses Etats du Maine & d'Anjou, & sur-tout de la Provence, des secours avec lesquels il pût viser les entraves où le Grand Sénéchal le tenoit : il repassa donc en Italie en 1430, mais avec peu de troupes. La Provence étoit trop épuisée pour faire des efforts dignes de son zèle ; d'ailleurs elle

CONQUETE DE LA CALABRE. &c.

Les hist. de Napl. & Giorn. di Nap.

An. 1429.

avoit besoin de secours pour se défendre contre les incursions de ses voisins. Les Arragonois depuis plusieurs années portoient l'allarme & le ravage sur ses côtes. Etant débarqués vers l'embouchure du Rhône en 1431, au lieu d'aller faire quelques tentatives sur Arles, ils se contentèrent de ravager la campagne, d'enlever les troupeaux & de mettre le feu aux maisons ; ensuite ils se rembarquèrent & allèrent faire de nouveau le siége de Marseille ; mais ils trouverent la ville si bien défendue, qu'ils furent obligés de se retirer avec perte. Il y eut au mois de Mai 1431 une treve qui suspendit pendant quatre ans les hostilités, & fut conclue de l'avis & sous les auspices du Grand Conseil du Roi, établi depuis quelques années pour exercer en l'absence du Souverain, l'autorité qu'il auroit exercée lui-même, s'il eût résidé dans le pays (1).

Louis se trouvoit alors de retour dans le Royaume de Naples, où le Grand Sénéchal Carraccioli, son ennemi, étoit à la veille de terminer par une fin tragique le grand rôle qu'il avoit joué. Ce Seigneur aussi ardent à s'enrichir qu'à faire tout plier sous ses volontés, demanda à la Reine la Principauté de Salerne & le Duché d'Amalphi, quand elle en eut dépouillé la Maison Colonne. Jeanne infirme & dans un âge où les passions commencent à s'éteindre, dégoûtée du Sénéchal qui commençoit à vieillir aussi, rebutée peut-être de son insatiable avidité, lui refusa ces deux grands fiefs, en lui disant qu'il devoit être content de ceux qu'il tenoit de sa générosité, sans porter ses vues sur tout ce qui trouvoit à sa bienséance. Le Sénéchal en fut piqué & s'échappa

Livre VIII.

Hist. de la ville d'Arles.

An. 1431.
Nostrad. & Bouch.

XLVII.
Fin tragique du Sénéchal Carraccioli, favori de la Reine.

Constanz.
Summont.
Giorn. di Nap.
Discorso della marra.

An. 1432.

---

(1) Ce grand Conseil, étoit une espece de Conseil de régence qui prend connoissance des affaires militaires & politiques, & des affaires civiles qui par leur nature auroient été soumises au jugement du Souverain. R[on] nomme parmi ceux qui le composoient en 1431, Louis de Boulliers, Vicomte de Reillane ; le fameux Tanegui du Châtel, Raymond d'Agour, Bertrand Simiane ; Boniface de Castellane ; Baltazar de Jarente, Seigneur de Senas, J[ean] Quiqueran, & Jean d'Arlatan, &c. Ce grand Conseil ne subsista que peu d['an]mées ; Louis III le supprima par lettres patentes du mois de Fév. 1434.

en discours insolens ; on prétend même que dans sa colere il eut l'audace de porter ses mains sur le visage de sa bienfaitrice, & d'y laisser des traces de sa fureur. Covella Ruffo, Duchesse de Sessa, qui joignoit à la méchanceté la plus noire tout l'orgueil d'une naissance illustre, & qui s'irritoit de voir la Reine, l'Etat, & toute la Noblesse à la merci du superbe Carraccioli, se tenoit cachée à ce qu'on prétend, dans un lieu voisin de l'appartement où se passoit cette scène scandaleuse, qu'elle entendit sans être apperçue. Carraccioli fut à peine sorti, qu'elle entra chez la Reine & la trouva fondant en larmes. Elle profita de ce moment de douleur pour lui peindre avec les couleurs les plus vives l'ingratitude du favori, & appuya principalement sur le despotisme qu'il exerçoit dans l'Etat. Jeanne n'étoit pas de ces caracteres ardens qui savent allier avec les foiblesses de l'amour, les emportemens de la vengeance & les noirceurs de la perfidie : elle éprouvoit plus de regrets que de colere ; & quand la Duchesse, secondée par Ottin Carraccioli, voulut lui arracher la permission d'assassiner le Sénéchal, attendu qu'il n'étoit pas possible de s'en défaire autrement. *Moi le faire mourir*, s'écria-t-elle avec vivacité, *moi commander ou permettre un assassinat ! le Ciel m'en préserve : que l'on m'aide seulement à retirer mon autorité d'entre ses mains & c'est assez.* Tout ce qu'elle osa se permettre, ce fut de consentir à ce qu'on arrêtât le Sénéchal ; mais la Duchesse & ses partisans qui connoissoient l'inconstance de cette Princesse, résolurent d'assassiner le favori, dans la crainte qu'elle ne le reçut encore en grace. Leur projet fut exécuté la nuit du 7 Août 1432, lorsque ce courtisan venoit de rentrer dans sa chambre, après avoir passé la journée au milieu des fêtes qu'il avoit données pour le mariage de son fils : le lendemain on trouva son cadavre nud, couvert de blessures, & baigné dans son sang, exposé dans le même lieu où la veille tout retentissoit de cris de joie. La barbare Duchesse de Sessa dit en le voyant : *le voilà le fils d'Isabelle Sarda, qui avoit eu l'audace de se déclarer contre moi.*

_{FIN TRAGIQUE DU SÉNÉCHAL CARRACCIOLI, FAVORI DE LA REINE.}

LIVRE VIII.

XLVIII.
AFFAIRES DE
LOUIS III DANS
LE ROYAUME
DE NAPLES. SA
MORT. SON
TESTAMENT.

Louis d'Anjou étoit alors dans son Duché de Calabre avec des forces si foibles, qu'il lui fut impossible de profiter de cet événement. D'ailleurs la Duchesse de Sessa s'étant emparée de tout le crédit du Sénéchal, favorisoit le Roi d'Arragon, qui s'étoit approché de Naples avec une flotte capable de relever les espérances de ses partisans. On prétend que la Reine intimidée par les menaces du Prince Arragonois, ou séduite par les espérances qu'il lui donnoit de la faire jouir, sur la fin de ses jours, d'un calme que ses chagrins & ses infirmités lui rendoient nécessaire, renouvella le 4 Avril 1433 l'adoption faite en sa faveur, & la donation du Duché de Calabre, & qu'elle le déclara son seul & légitime héritier, après avoir annullé tous les actes par lesquels elle appelloit Louis III à la succession du Royaume. Cependant la critique peut encore trouver dans cet acte des raisons d'en révoquer en doute l'authenticité (1).

Bibl. du Roi
MS. de Brienne.
n° 16. p. 87.
Zur. l. 14. c. 12.

---

(1) En effet Muratori dans ses annales d'Italie, n'en parle point, & il paroît même, fondé sur l'autorité du Journal de Naples, ne pas y ajouter foi. Vol. 9. in-4°. p. 153 & 156. L'auteur de ce Journal qui vivoit en 1450, raportant tout ce qui s'étoit passé à Naples, jour par jour, paroît avoir été bien instruit, & mérite la confiance des Historiens. Or il dit positivement (Script. rer. Ital. t. 21. p. 1095 & 1096) qu'Alphonse ayant appris la mort du Grand-Sénéchal, & comptant beaucoup sur la Duchesse de Sessa qui étoit toute puissante, passa de Sicile dans l'île d'Ischia le 20 Décembre 1432, dans l'espérance que la Reine révoqueroit l'adoption de Louis III ; qu'en effet cette Princesse en avoit quelqu'envie, mais qu'Urbain Eimino, qui ne la quittoit pas, l'en empêcha. Il ajoute que peu de tems après Alphonse se brouilla avec la Duchesse, & qu'il fut obligé de se retirer en Sicile, après avoir fait avec la Reine une treve de dix ans. Ces raisons ne suffiroient-elles pas pour faire douter de la seconde adoption de ce Prince ? Si l'on ajoute que Jeanne chargea ensuite Louis III de faire la guerre au Prince de Tarente, qu'elle lui donna à sa mort les plus justes regrets ; que conformément à ses dernieres volontés, elle lui donna par son testament, pour successeur au Royaume de Naples, son frere René d'Anjou, se figurera-t-on qu'elle eût révoqué son adoption ? ne croira-t-on pas plutôt que cette révocation, qui contient une seconde adoption en faveur d'Alphonse, & dont nous ne connoissons point l'original, est un acte controuvé ? Giannone n'en parle point, & son silence est encore un préjugé favorable à notre opinion.

Soit que cette révocation n'ait pas été faite, soit que Louis voulût toujours soutenir ses prétentions à la Couronne, il députa en qualité de Roi de Naples, au Concile de Bâle, Pierre, Evêque de Digne avec trois Chevaliers, pour les Comtés de Provence, de Forcalquier & de Piémont. Le Prélat y harangua de la part de son maître, l'Empereur Sigismond, & en reçut une réponse aussi favorable qu'il pouvoit l'attendre. Ce Monarque ne pensoit à rien moins qu'à chasser Alphonse d'Italie. Le Duc de Milan, les Républiques de Venise & de Florence entrèrent dans ses vues, & firent un traité avec lui : le Pape y accéda, & dès-lors il commença de se déclarer contre Alphonse, & de favoriser les intérêts de Louis, de la protection duquel il avoit besoin pour conserver Avignon ; les habitans refusant de recevoir le Gouverneur envoyé par le S. Siege, & faisant craindre une révolte.

Alphonse s'attira ces ennemis par son trop d'ambition, & par le désir impatient qu'il avoit de régner. Il prévint les suites funestes de cette confédération, par une treve de dix ans & par sa retraite en Sicile. Louis reparut alors sur la scène, car la Cour de Naples étoit une mer orageuse où les flots élevoient & précipitoient tour à tour les mêmes personnages. Il fut chargé par la Reine d'aller faire la guerre au Prince de Tarente qui s'étoit déclaré pour Alphonse. Une maladie occasionnée par la fatigue & les chaleurs excessives, l'arrêta au milieu de son expédition ; il mourut au Château de Cousance en Calabre le 24 Novembre 1434, dans la vingt-huitieme année de son âge & la seizieme de son regne, à compter depuis la mort de son pere Louis II. Il ne laissa point d'enfants de Marguerite de Savoie, fille d'Amédée VIII, que Bertrand de Beauvau chargé de sa procuration, avoit épousée à Tonon le dernier d'Août 1431 (1).

---

(1) Cette Princesse après la mort de son mari, épousa Ulric Comte de Virtemberg, & eut pour ses droits dotaux à elle accordés par Louis III, qui montoient à 33 mille écus, les revenus du Duché de Bar que le Roi René lui céda par une

---

AFFAIRES DE Louis III, &c.

An. 1433.

Od. Rayn. An. 1433, n° 12 & 28. ann. 1432. n°. 25.

Facc. vit. Alph. l. 4.
Giorn. di Nap.

An. 1434.
Guich. hist. de Sav. t. i. p. 350.
Registr. de Louis III, chez M. le Prés. de S. Vinc. part. 1. fol. 60.

Louis étoit brave, actif, bienfaisant; il joignoit à ces qualités une constance dont les héros de son âge & de sa nation sont rarement capables. On ne peut s'empêcher de l'admirer, lorsqu'après avoir lutté envain contre ses ennemis & les événemens qui sembloient conspirer pour détruire son armée, on le voit à Rome auprès du Pape s'assurer par sa patience & sa politique, l'appui d'une Cour toujours timide quand il falloit soutenir les espérances d'un parti foible, contre les efforts d'un Roi puissant. A la Cour de Naples, il ne parut pas moins digne d'éloges par sa douceur & par l'habileté avec laquelle il sut ménager les esprits; le seul reproche qu'on pourroit peut-être lui faire, c'est d'avoir eu le courage de blâmer les criminelles complaisances de la Reine pour son favori, sachant qu'il s'exposoit à perdre la Couronne; mais convenoit-il à un Prince magnanime d'être le témoin indifférent d'une foiblesse sur laquelle tous les citoyens vertueux gémissoient? Et n'y avoit-il pas de la grandeur d'ame à ne vouloir être redevable du trône qu'à sa valeur & à ses vertus, plutôt que d'avoir à rougir des moyens de l'acquérir? Parmi les Seigneurs Napolitains qui se déclarèrent contre lui, on compte le Duc d'Andria, & Jean-Antoine des Ursins, Prince de Tarente, l'un & l'autre de la maison de Baux; il leur en coûta la Baronie de ce nom & ses dépendances. Alix de Baux, Comtesse d'Avelin (1), les leur

---

transaction passée à Angers le 11 Octobre 1466 en présence de Jean Duc de Calabre & de Lorraine, de Ferri Comte de Vaudemont, de Jean Comte d'Heberstant, de Jean de Beauvau, Sénéchal d'Anjou; des Seigneurs de Lone, & de Fenestranges, Chevaliers; du Seigneur de Clairmont, & de Palamedes de Forbin, Président de la Cour des Comptes. Arch. d'Aix 4. quar. liaf. 5. p. 18.

(1) Les Historiens de Provence appellent Alix, Vicomtesse de Turenne. Ce titre ne lui est donné dans aucun des actes que nous connoissons: elle avoit épousé Odon de Villars d'une ancienne Maison du Genevois, qu'Humbert Comte de ce pays là & Seigneur d'une partie de Genève, mort sans enfans, nomma son héritier. Odon vendit en 1401 à Amédée VIII, Duc de Savoie, tous les droits qu'il avoit reçus d'Humbert; mais il porta toujours le titre de Comte de Genève. Voilà

avoit laissées par son testament en 1426. Depuis cette époque elles furent réunies au domaine, malgré les réclamations de Louis de Châlon, Prince d'Orange, à qui ces terres étoient substituées.

Louis, par son testament, déclara son héritier au Royaume de Naples & à ses autres Etats, René son frere, alors Duc de Bar & de Lorraine, & légua à Charles son frere puîné, le Comté du Maine & toutes les terres assignées pour douaire à Yolande d'Arragon leur mere. Ses exécuteurs testamentaires furent, outre la Reine Yolande & le Comte du Maine, Jeanne II sa mere adoptive, & Marguerite de Savoie sa femme (1).

Cette confiance de Louis dans la Reine Jeanne, les regrets de cette Princesse quand elle apprit sa mort, les éloges qu'elle fit de son mérite, le commandement des armées qu'elle venoit de lui donner pour la venger du Prince de Tarente, l'ami & l'allié des Arragonois, tout cela nous porteroit à croire qu'elle avoit confirmé par quelqu'acte secret l'adoption de ce Prince, après le départ d'Alphonse. Louis fut enseveli dans l'Eglise de Cousance, & son cœur transporté en France dans l'Eglise de S. Maurice d'Angers.

Les soins inséparables d'une conquête l'empêchèrent de laisser à la Provence aucun monument de son amour pour le peuple. La seule ordonnance utile donnée sous son regne, est celle que fit Pierre de Beauvau, Grand Sénéchal, le 7 Avril 1434. Il soumit les biens acquis par le Chapitre d'Aix aux mêmes charges que les

Affaires de Louis III, &c. Nostrad. & Bouch. hist. de Prov.

D'Egli. t. III. p. 148.

Constanz. Summ. & alii.

Arch. d'Aix. regist. turtui. L 143.

---

pourquoi dans un acte de 27 Févr. 1402, on lit *Odo de Villariis, & Helis de Baucio, Avellini & Gebenne comites, domini Baucii, aculee & podii ricardi &c.*

Cette Alix de Baux mourut sans enfans, & fut la derniere de sa Maison en Provence.

(1) Ce testament, daté du jour de sa mort, fut fait en présence de Louis de Beauvau, de Louis Galéoti, & de Gui la Boussaie, Chevaliers, & de Charles de Castillon, Conseiller & Secrétaire du Roi. Par un codicile daté du même jour, & en présence des mêmes témoins, Louis donna à Gabriel de Valori le lieu d'Eguille, sa vie durant; à Louis de Beauvau le commandement d'Angers après la mort de son pere Pierre, commandant de ladite Ville, & à Charles de Castillon le lieu d'Airargues. MSS. de S. Germain-des-Prés, n° 403.

biens des Laïques, & enjoignit aux Chanoines d'affranchir les services & cens que lui devoient les particuliers, pour le prix qu'il en avoit coûté dans l'origine, ou bien suivant l'estimation qui en seroit faite par des arbitres. Le Grand Sénéchal en accordant des soulagemens aux Laïques, & sur-tout au Tiers-Etat, entroit dans les vues politiques de Charles II, de Jeanne I & de Louis II, qui dans de semblables occasions avoient fait de sages ordonnances pour mettre des bornes aux acquisitions du Clergé, & pour conserver à chaque famille le patrimoine de ses aïeux. Les propriétaires laïques écrasés par les impôts, s'ils en avoient porté seuls tout le poids, auroient été forcés d'abandonner des terres, dont le fisc recueilloit presque tout le produit : les Ecclésiastiques au contraire ne partageant avec personne les fruits qu'ils tiroient de ces mêmes terres, auroient eu un intérêt particulier à accroître leurs domaines, & bientôt ils auroient envahi l'héritage du laboureur intéressé à se défaire d'un bien, qui dans l'état des choses ne pouvoit le nourrir, & le livroit aux vexations tyranniques du publicain.

Jeanne ne survécut pas longtemps à Louis III ; une fievre lente jointe aux chagrins domestiques, la jetta dans un accablement qui fit craindre pour ses jours : sentant approcher sa fin, elle dicta le 2 Février 1435 un testament par lequel conformément aux Bulles de Martin V, & aux dernieres dispositions de Louis III, elle institua René d'Anjou, Duc de Lorraine & de Bar, son héritier & successeur tant au Royaume de Naples qu'en ses autres Etats, & nomma seize administrateurs pour gouverner en son absence. Elle mourut le 11 du même mois, au commencement de sa soixante-cinquieme année, après un regne de vingt ans & six mois. Le goût qu'elle montra pour les plaisirs, joint à l'inconstance naturelle de son caractere, la rendit esclave de tous les hommes à qui la nature avoit donné assez de graces & de force d'esprit pour la subjuguer. De-là dans son gouvernement toutes ces variations dont on ne peut trouver la cause que dans les foiblesses blessées de son cœur & dans l'ambition de ses favoris. Cette Reine fut la derniere de la premiere Maison d'Anjou qui régnoit à Naples depuis l'an 1265, & qui durant l'espace de cent soixante-dix ans excita souvent l'admiration de l'Europe par des talens & des vertus, l'étonna par des crimes, & l'indigna quelquefois par des foiblesses que la Majesté du Trône ne peut comporter. Jeanne avoit été mariée deux fois, comme nous l'avons dit ; mais elle ne laissa point d'enfans de ces deux mariages.

MORT DE JEANNE II.

L'adoption qu'elle fit de Louis III & du Roi René est le fondement le plus solide des droits que les Rois de France héritiers de ce Prince, aient eus sur le Royaume de Naples. On pouvoit contester à Jeanne I le droit de transmettre à un étranger un Royaume substitué aux héritiers de Marie sa sœur, & aux descendans de Charles I ; mais Jeanne II se trouvant le dernier rejetton de sa Maison, n'étoit-elle pas la maîtresse d'appeller à sa succession le Prince qui lui paroissoit le plus propre à remplir les devoirs du trône ? Le choix qu'elle fit du Roi René étoit d'autant plus équitable qu'il remplissoit les vues que l'illustre petite-fille du Roi Robert avoit eues sur la Maison d'Anjou. Cependant à considérer cette adoption par les maux qu'elle a occasionnés, elle a été infiniment funeste à la France, à l'Italie & à toute l'Europe, puisqu'elle a été la source des guerres que Louis XI, Charles VIII, Louis XII & François I firent d'abord aux Arragonois, & ensuite aux Autrichiens.

LIVRE NEUVIEME.

I.
RENÉ D'ANJOU EST APPELÉ AU TRÔNE DE NAPLES, LORSQU'IL ÉTOIT PRISONNIER.

RENÉ d'Anjou, étoit comme nous l'avons dit, Duc de Lorraine & de Bar. Il avoit eu le dernier de ces Duchés par la cession que lui en fit le 13 Août 1419, son oncle le Cardinal Louis (1), qui en avoit hérité après la mort de son frere Edouard III, tué à la bataille d'Azincourt, avant d'être marié. La Lorraine lui fut acquise par les droits que lui porta sa femme Isabelle, fille aînée de Charles II, mort sans enfans mâles en 1431. Antoine, Comte de Vaudemont, neveu de Charles, prétendant que cette Province devoit lui appartenir comme fief masculin, prit les armes, fit alliance avec Philippe-le-Bon, Duc de Bourgogne, & attaqua son concurrent à Bullegneville le 2 Juillet 1431. René fut battu, fait prisonnier & enfermé d'abord au château de Bracon sur Salins, ensuite à celui de Dijon, d'où il sortit un an après sur sa parole. L'Empereur Sigismond s'étoit offert pour médiateur entre les deux contendans; mais les négociations ayant été sans effet, René se constitua de nouveau prisonnier, & il gémissoit dans cette seconde captivité, plus dure que la premiere, lorsque les Députés des Seize Administrateurs de Naples arrivèrent pour lui porter la nouvelle de son adoption. Ne pouvant aller se mettre en possession des Etats qu'on venoit de lui déférer, il envoya à la Duchesse, sa femme, le brevet de Vice-gérente du Royaume, en la priant d'y passer.

Ce Royaume étoit alors agité par trois factions; celle d'Alphonse, dans laquelle on comptoit plusieurs grands Seigneurs; celle de

---

(1) Louis étoit frere d'Yolande, mariée à Jean d'Arragon. De ce mariage naquit Yolande d'Arragon, femme de Louis II d'Anjou, Roi de Naples, & mere du Roi René; ainsi le Cardinal Louis de Bar étoit grand oncle de ce Prince.

René d'Anjou, puissante parce qu'elle avoit à sa tête la ville de Naples, & parce que presque tout le dernier ordre des citoyens affectionné à la mémoire de Louis III, se déclaroit hautement pour son successeur: la troisieme étoit celle du Pape Eugene IV, qui prétendoit qu'au défaut de la postérité de Charles I, le Royaume appartenoit à l'Eglise.

La plus hardie de ces factions étoit celle des Arragonois. Alphonse sortit à la tête de quelques troupes pour la soutenir, & vint mettre le siége devant Gayette, tandis que ses partisans remuoient en d'autres endroits du Royaume. Cette place tomboit en son pouvoir si la Duchesse Isabelle, Princesse d'un courage au-dessus de son sexe, & d'une prudence secondée par une éloquence mâle & persuasive, n'avoit eu l'adresse par ses négociations de mettre dans ses intérêts Philippe-Marie Visconti, Duc de Milan & Seigneur de Gênes. Visconti envoya huit cents hommes sous le commandement de François Spinola, pour secourir Gayette. Peu de temps après on vit paroître une flotte Génoise forte de vingt-deux navires. Alphonse s'avança pour la combattre avec quatorze vaisseaux & onze galeres: il avoit avec lui l'élite de ses troupes, ses freres Jean, Roi de Navarre, Henri, Grand-Maître de l'Ordre de S. Jacques de Galice; l'Infant Dom Pedre, & un grand nombre de Seigneurs de marque qui voulurent partager ses périls. Les deux flottes se trouverent en présence le 4 Août 1435; le combat s'engagea le 5 au point du jour, dura jusqu'au soir, & finit au désavantage de la flotte d'Alphonse qui fut entiérement défaite. Ce Prince resta prisonnier avec ses deux freres, plus de trois cents Chevaliers & cinq mille hommes de troupes: tous ses vaisseaux furent pris à l'exception de deux sur l'un desquels l'Infant Dom Pedre échappa heureusement à la faveur de la nuit. Ainsi par un de ces événemens singuliers dont l'Histoire ne fournit point d'autre exemple, les deux Rois prétendans à la même couronne, se trouverent en même temps prisonniers chez les alliés de leurs ennemis:

II.
Efforts de sa Femme pour lui assurer la succession et lui procurer la liberté.

Constanz.
Summ. Gianon.
Strell. an. Gen.
facc. vit. Alph.
Simonet vit.
François. Sforz.
&c.

An. 1435.

mais ce qui mérite d'être particulièrement remarqué, c'est qu'Alphonse ayant été conduit à Milan, eut le secret de détacher le Duc de l'alliance du Roi René, & d'obtenir sa liberté au commencement d'Octobre; il obtint aussi celle de ses freres & des Seigneurs de sa suite sans payer aucune rançon; ainsi sa captivité ne fut qu'un sujet de triomphe pour sa politique.

Cependant la Duchesse Isabelle étoit en Provence, en attendant que les quatre galeres qu'on équipoit à Marseille fussent prêtes à mettre à la voile. Le séjour qu'elle y fit n'est connu que par son zèle pour le maintien des privileges dont les Villes avoient joui sous ses prédécesseurs, & par les secours qu'elle tira d'une Province épuisée par les guerres précédentes, & qui n'avoit encore pu se relever des ravages affreux que la peste avoit faits six mois auparavant. Cette Princesse partit au commencement de Septembre, avec Louis son second fils, Prince de Piémont, & se rendit dans le Royaume de Naples où elle fit tous ses efforts pour chasser les Arragonois des places dont ils s'étoient rendus maîtres. Le Pape ennemi du Duc de Milan & du Roi Alphonse, sur-tout depuis que ces deux Princes par leur alliance pouvoient faire trembler les autres Puissances d'Italie, se déclara hautement pour la Maison d'Anjou, envoya des troupes au secours de la Reine, & demanda au Duc de Bourgogne la liberté du Roi René. Les Peres du Concile de Bâle & la Cour de France appuyèrent sa demande: le Duc vaincu par ces sollicitations, élargit son prisonnier; mais sa liberté ne fut véritablement assurée que par le traité du 28 Janvier 1437. René consentit à céder au Duc la propriété de quelques places qu'il possédoit en Flandres, & à lui payer deux cent mille florins d'or pour sa rançon, c'est-à-dire, environ un million neuf cent trente-deux mille livres, somme exorbitante qui le mettoit hors d'état d'entreprendre la conquête du Royaume de Naples. Le Prince d'Orange, Louis de Chalon, lui prêta quinze mille francs monnoie blanche, qui vaudroient aujourd'hui environ deux cent mille livres, à condition qu'il feroit exempt de l'hommage pour fa principauté, & pour les autres fiefs qui relevoient du Comté de Provence, jufqu'à l'entier paiement de cette fomme.

La délivrance du Roi répandit la joie dans le pays; on ne fentit point qu'un Prince accablé de dettes, obligé de conquérir un Royaume, & de lutter contre un rival puiffant, feroit tomber fur cette Province le poids énorme de fes dépenfes. Le zèle aveugla le peuple fur les maux que tant de raifons devoient lui faire craindre. De tous côtés on fit des réjouiffances : la ville d'Arles ordonna le 7 Février 1438 que pendant trois jours on s'abftiendroit de toute forte de travail ; que tout concourroit, danfes, comédies, cloches, trompettes, inftrumens de mufique à faire éclater la joie que caufoit cet heureux événement; & comme fi l'on avoit voulu relever par la pompe de la religion les temoignages d'un fentiment fi naturel, on pria l'Archevêque d'ordonner une proceffion générale à laquelle on porteroit les reliques de S. Trophime & de S. Etienne.

Telle étoit l'yvreffe du peuple lorfque le Roi René arriva en Provence : les Etats pendant fon féjour firent comme en 1432, des réglemens utiles pour remédier à quelques abus qui s'étoient introduits dans l'adminiftration & dans l'ordre judiciaire ; ils lui accordèrent un don graduit de cent mille florins, c'eft-à-dire, d'environ neuf cent mille livres de notre monnoie : l'extrême pauvreté de la Province devoit faire regarder ce don comme le dernier effort du patriotifme. Tous les ordres de citoyens, fans diftinction, furent foumis à la taxe ; on établit des droits de rêves, & l'on fupplia le Prince de recevoir en paiement les monnoies étrangeres, même les fols & le patas, la monnoie d'or & celle du pays ne fuffifant pas pour completter la fomme.

Ce fut vers ce temps-là qu'il fit transférer à Marfeille la grande Cour de Juftice, le fiége du Gouverneur, de fon Lieutenant & du Juge des fecondes appellations, dépouillant ainfi la ville d'Aix

Dup. droit du Roi p. 423.

III.
IL ARRIVE EN PROVENCE ET PASSE A NAPLES.

Conf. d'Arles

Reg. potent, fol. 247.

pour la punir d'un foulevement qu'il y avoit eu contre les Juifs, des feules prérogatives qui l'élevent au-deffus des autres villes de Provence; mais cette ordonnance fut révoquée le 27 Juillet 1438.

> LIVRE IX.
> Hôt. de Ville d'Aix, reg. rub.

Le parti d'Alphonfe déja fortifié de l'alliance des Ducs de Savoie & de Milan, devenoit de jour en jour plus puiffant dans le Royaume de Naples. Le Roi René n'oublia rien pour le contrebalancer par fes négociations : il envoya d'abord Nicolas de Saulcy, fon Grand Chambellan, enfuite Balthazar de Jarente, fon Confeiller, pour traiter avec les partifans de fa maifon parmi lefquels les Saint-Severin fe diftinguèrent par leur zèle (1) : le Pape Eugene IV, alors en butte aux cenfures du Concile de Bâle, & la République de Gènes entrèrent auffi dans fes intérêts ; mais il n'avoit point d'argent, & la Provence n'étoit pas en état de lui en fournir. Deux riches habitans d'Hieres, Fabri & Clapiers, Seigneur de Pierre-Feu, lui prêtèrent quelques fommes qui ne fervirent qu'à prouver combien il avoit peu de moyens pour devenir conquérant.

> Généal. de Jaren.

> Bouch. t. II p. 56.

René quitta la Provence & arriva à Naples fur une flotte de douze galeres, dont fept lui avoient été fournies par les Génois. Les Napolitains le reçurent avec les démonftrations de la joie la plus vive ; mais leur zèle fe refroidit bientôt quand ils s'apperçurent que ce Prince au lieu d'or n'apportoit que des talens militaires. Cependant Jacques Caldora & Michel Attendolo, fameux l'un & l'autre par leur expérience dans l'art de la guerre, fe rangèrent fous fes drapeaux ; ils ouvrirent la campagne par l'Abruzze ; de-là le théâtre de la guerre fut porté dans la terre de Labour ; mais ni dans l'une ni dans l'autre de ces deux Provinces, il ne fe paffa aucune action entre les deux armées.

> Giorn. di Nap. Facc. vit. Alph. Angel. conft.

> IV.
> IL SE FAIT ADORER DE SES SUJETS. TRAITS REMARQUABLES DE SA CONDUITE.

---

(1) Quoique ce fut un des privilèges de la Ville d'Arles que les Comtes y allaffent recevoir le ferment de fidelité, en même tems qu'ils confirmoient les privilèges, ils envoyerent en cette occafion leurs Députés à Aix, parmi lefquels etoient Arlatan, Quiqueran, Porcellet, Varadier, Cays, Boches, & Brunet. *Suiv. l'ortif*, p. 348.

Tandis que René étoit dans l'Abruzze, Alphonse alla mettre le siége devant Naples. Il se flattoit que cette ville, dépourvue de la fleur de la jeunesse, qui avoit suivi le Prince Angevin, ne seroit pas une longue résistance. Cependant quoique l'attaque des places fut devenue infiniment plus avantageuse & plus facile pour les assiégeans depuis l'invention du canon, quoique l'art des fortifications fut resté dans le même état qu'auparavant, le siége dura environ un mois. Alphonse y perdit son frere Dom Pedre, & fut obligé de se retirer à cause des grandes pluies qui tombèrent pendant deux jours. Cette retraite inopinée fit le salut de la ville : les murailles ébranlées par l'artillerie & détrempées par les eaux, s'écroulèrent d'elles-mêmes & ouvrirent une brèche assez grande pour laisser une entrée libre aux assiégeans, s'ils étoient revenus sur leurs pas : mais le Roi René, qui étoit accouru au secours de sa capitale la mit hors d'insulte : il assiégea le Château neuf, dont Alphonse étoit maître depuis plusieurs années, & força la garnison à capituler le 24 Août 1439.

IL SE FAIT ADORER DE SES SUJETS.

Ce fut alors qu'il reçut de Thomas de Campofregose, Doge de Gênes, avec lequel des intérêts politiques & l'amour des arts l'avoient lié d'une étroite amitié, une lettre qui mérite d'être rapportée, parce qu'elle répand un nouveau jour sur ce qu'on vient de lire, & qu'elle sert à faire connoître le caractere de ces deux illustres amis.

An. 1439.

Biblioth. du Vatican. Cod. 5221. p. 103.

« Si les hommes, dit le Doge, prenoient la justice pour regle
» de leurs actions, tous les peuples du Royaume se seroient soumis
» avec respect à votre empire ; mais comme on est presque tou-
» jours aveuglé sur ses propres intérêts, comme on se laisse trop
» souvent emporter par les passions, on préfere quelquefois le
» joug d'un usurpateur injuste, à l'autorité légitime du Souve-
» rain. Vous n'avez éprouvé de la part de vos sujets ni un soule-
» vement général, ni une soumission entière. Dans le feu des
» discordes civiles il se trouve des méchans qui osent s'élever

» contre vous ; mais ce qui doit vous confoler, c'est qu'aveuglés
» par la prévention, ils croient combattre un tyran dans celui
» qu'ils adoreroient comme leur Roi s'ils le connoiffoient.

» Voyez au contraire avec quelle joie & quel empreffement
» vous avez été reçu par tout ce qu'il y a de gens vertueux. Ils
» fe difputent à l'envi à qui vous portera fur le trône ; il n'eft rien
» qu'ils ne fouffrent pour l'amour de vous, ravages, incendies,
» fiége, famine, bleffures, ils bravent tout, & la mort même.
» Quand je penfe à ces efforts généreux, je trouve que rien n'eft
» plus propre à foutenir ce courage dont vous avez donné tant
» de preuves dans la bonne & dans la mauvaife fortune, que le
» zèle avec lequel, lors même que vous étiez abfent, vos fidèles
» fujets ont maintenu fous votre obéiffance Naples & plufieurs au-
» tres villes du Royaume. Je les félicite de ce qu'ils ne vont rece-
» voir de vous que des traitemens proportionnés à leur zèle, &
» dignes d'un auffi grand Prince que vous l'êtes. L'amour de la
» gloire, ce fentiment fi naturel aux grandes ames, vous y invite.
» Sur le trône où vous êtes élevé, où vous foulez aux pieds les
» amufements frivoles & les plaifirs, la gloire eft la feule paffion
» que vous ne vous foyiez point interdite ; mais vous le favez, elle
» ne s'acquiert que par cette fermeté inébranlable qu'on montre
» dans les grandes entreprifes & les périls.

» La fortune vous a donné des richeffes, un grand pouvoir, des
» Etats confidérables. Elle vous a mis de pair par la naiffance avec
» tout ce qu'il y a de plus grand fur la terre ; & fi nous voulons
» calculer tous les avantages dont elle vous a comblé, nous ver-
» rons qu'il ne lui refte que très-peu de chofe à ajouter à l'éclat qui
» vous environne ; que c'eft de votre propre fonds que vous devez
» tirer un nouveau luftre. Ainfi ne vous affligez pas fi elle change
» de face ; regardez fes rigueurs comme des occafions qu'elle vous
» prépare pour faire briller votre vertu. C'eft à travers les obftacles
» & les hazards, qu'Hercule, Annibal, Fabius Maximus, Mar-
cellus,

» cellus & plusieurs de vos ancêtres sont allés à l'immortalité. Si
» jamais vous avez comme eux des revers à souffrir, des périls à
» braver, bénissez votre sort ; estimez-vous heureux de ce que
» avec de la naissance, un grand pouvoir, des Etats vastes, vous
» aurez occasion d'ajouter à ces avantages le lustre qui vient de la
» vertu. Tant que vous combattrez pour la justice, vous pourrez
» compter sur l'assistance de celui qui se fait appeller le Dieu des
» combats ; sur la constance & la fidélité de vos sujets ; sur mon
» zèle, & sur celui de la République, dont le gouvernement m'est
» confié ».

IL SE FAIT ADORER DE SES SUJETS.

René eut bientôt occasion de faire usage des leçons de sagesse & de constance que le Doge lui donnoit. La mort lui enleva Jacques Caldora le 27 Octobre à l'âge de soixante ans. Son fils Antoine, à qui ce Prince envoya l'épée de Connétable & le titre de Viceroi, ne montra ni le même zèle, ni la même fidélité. Lorsqu'il reçut ordre de venir avec toutes ses forces du côté de Naples pour s'opposer aux progrès de l'ennemi, il répondit que sans argent il ne pouvoit faire marcher l'armée ; qu'il lui paroissoit important que le Roi allât se montrer dans toutes les Provinces qui lui étoient soumises, tant pour les affermir dans la fidélité que pour en tirer des fonds qui le missent en état de faire tête à son concurrent. René pour ne lui fournir aucun prétexte de désobéissance, après s'être assuré du zèle des Napolitains, fit convoquer un soir les principaux d'entr'eux, & se tenant à cheval dans la cour du château avec quarante Cavaliers François, il leur tint ce discours (1).

---

(1) Parmi les Seigneurs qui étoient à sa suite, il faut compter Charles du Maine, son frere ; & comme nous n'aurons plus occasion de parler de ce Prince, nous en dirons ici deux mots. Quoique Charles dût avoir le Comté du Maine en vertu du testament de son pere, il paroît qu'il éprouva quelques difficultés ; car nous connoissons un acte du 2 Août 1437, passé à Gyen sur Loire, en vertu duquel il fut convenu que le Roi René lui donneroit le Comté du Maine pour lui & ses descendans mâles, lequel seroit réversible aux mâles des Ducs d'Anjou, dans le cas où il mourroit sans postérité masculine. Cet acte fut passé en présence

Livre IX.
Ang. Conſtanzo,
p. 381.

An. 1440.

« Ne croyez pas, mes amis, que j'aie dégénéré de la vertu de
» mes ancêtres ; il n'y a point de péril que je ne brave pour con-
» ſerver un Royaume ſi floriſſant & tant de braves ſujets. Vous
» ſavez qu'Antoine Caldora eſt maître de toutes nos forces : je lui
» avois ordonné de venir à notre ſecours : il a répondu que ſans
» argent l'armée ne pouvoit ſe mettre en marche ; qu'il étoit de
» mon intérêt que j'allaſſe le joindre moi-même, & qu'avec les
» fonds que je retirerai des Provinces qui m'obéiſſent, je pourrai
» lever les difficultés qui l'arrêtent. Je pars : j'eſpere être bientôt
» de retour, & faire enſorte que cette ville continue d'être comme
» elle l'a toujours été, la capitale du Royaume. Je vous la recom-
» mande pendant mon abſence ; je vous recommande auſſi la
» Reine & mes Fils, que je laiſſe entre vos mains ».

Angel. Conſt. Ibid.

Giorn. di. Nap.

A ces mots il ſe dérobe aux cris des Napolitains qui font des
vœux pour le ſuccès de ſes armes, & l'aſſurent qu'ils mourront
plutôt que de ſouffrir qu'on arbore à Naples d'autre banniere que
la ſienne. Quelques jeunes Seigneurs qui n'eurent pas le temps

---

de la Reine de France, de St. Vallier, Gouverneur de Provence ; de Pierre de
Brezé, Seigneur de la Varenne ; & de Bertrand de Beauvau, Seigneur de Preſſigny.

Cette convention ne ſemble avoir eu ſon entier effet qu'en 1440 ; car le Roi
René étant alors à Naples, donna en appanage à Charles le Comté du Maine,
la Ferté-Bernard, Mayenne, le Château-du-Loir, &c. le 4 Août de la même
année, en préſence de Guillaume de Monferrat ; de Colin de Taſache, Chancelier de Sicile ; de Louis de Beauvau & de Philibert d'Agoût, Chevaliers,
ſes Chambellans, & de Jean de Coſſa. Arch. de la Maiſon de Condé, Liaſſe
cottée Anjou.

Charles avoit épouſé en premier lieu à Naples, Covella Ruffo, Ducheſſe de
Seſſa & Comteſſe de Montalto, de laquelle il eut un fils nommé Jean-François
Marin, dans un acte de Louis III du 2 Septembre 1433, qui mourut probablement en bas âge : il ſe maria enſuite avec Iſabelle de Luxembourg Saint-Pol :
de ce ſecond mariage nâquit Charles qui hérita du Comté de Provence à la
mort du Roi René ; & une fille, nommée Louiſe, qui épouſa Jacques d'Armagnac, Duc de Nemours, Comte de la Marche, Pardiac, Caſtres, &c. Le
Contrat fut paſſé à Poitiers le 12 Juin 1462, en préſence d'Antoine, Seigneur
de Prie, & de Bertrand de Beauvau, Seigneur de Preſſigni. *Ibid.* Il eut de plus
un fils naturel nommé Jean, ſurnommé le bâtard du Maine. *Ibid.*

d'aller prendre leurs chevaux, le suivirent à pied avec environ quatre-vingt fantassins, conduits par Raymond de Barlette : ils traversent, non sans danger d'être pris ou de perdre la vie, tantôt les terres d'Alphonse, tantôt des montagnes couvertes de neige à travers lesquelles ils se frayent des routes nouvelles. Le Roi marchoit à pied, & se tournant de temps en temps vers eux, il leur représentoit avec un visage gai & serein que s'ils partageoient ses peines & ses dangers, ils partageroient aussi les fruits de sa victoire. Dans ce voyage il se fit adorer par sa bienfaisance & son affabilité. Quelques paysans d'un village près duquel il passoit, l'ayant attaqué dans sa marche, on en prit cinq que l'on conduisit devant lui : ils se jetterent à ses pieds pour lui demander miséricorde ; il les rassura par ses bontés, & leur fit rendre la liberté en disant qu'étant Roi, il vouloit en remplir tous les devoirs, dont un des premiers étoit la clémence, & que loin de faire périr aucun de ses sujets, il ne vouloit s'occuper que de leur bonheur.

IL SE FAIT ADORER DE SES SUJETS.

Arrivé à S. Angelo de Scalá, tout mouillé, sans avoir de quoi changer de linge & d'habits, parce qu'à la descente de la montagne lui & les personnes de sa suite avoient perdu leur valise, il va loger chez le Gouverneur, prend les habits qu'on lui présente, en attendant qu'on ait fait sécher les siens & sa chemise, & fait cuire lui-même quelques œufs pour son souper. C'étoit l'usage qu'on bût dans des tasses de terre : le Gouverneur fit chercher par-tout un verre pour le Roi ; l'ayant trouvé, il le lui apporta ; mais René refusa de s'en servir, disant qu'il ne vouloit pas déroger aux usages.

Après le souper il se remet en marche, & va encore coucher à Bénévent chez l'Evêque : le lendemain après la Messe il trouve le frere Antonello, qui pressoit quelques courtisans de lui faire l'honneur d'aller dîner chez lui. Ce frere Antonello étoit un Religieux qui avoit servi de guide au Roi depuis Naples, & qui plus d'une fois avoit exposé sa vie pour son service, tant il lui étoit affectionné. Le Roi charmé du bon cœur avec lequel il preſſoit les courtiſans d'accepter ſes offres, lui dit qu'il veut aller dîner chez lui. Le bon Religieux ne ſe ſent pas d'aiſe, court à ſa maiſon ſe préparer de ſon mieux à recevoir ſon Souverain, qui arrive à l'heure du dîner, & trouve pluſieurs broches chargées de différentes ſortes de viandes. La table étoit auprès du feu : il s'y met avec quelques Seigneurs de ſa ſuite, & quand il eut fait honneur par ſon appétit & ſa gaieté au repas ruſtique du frere Antonello, il lui demande s'il eſt content. *Vive Dieu !* répondit le frere, *ſi content que ſi je mourois à préſent, je crois que j'irois en Paradis ; car je regarde le bonheur que j'ai eu de recevoir votre Majeſté dans ma pauvre demeure, comme un gage & un avant-goût des plaiſirs de l'autre vie. Vivez, frere Antonello,* répliqua le Prince, *& je vous donnerai des preuves de mes bontés.* C'eſt par des traits pareils d'affabilité, de bienfaiſance & d'intrépidité dans les périls, que ce Prince gagna les cœurs dans tous les pays où il paſſa, & particulierement dans l'Abruzze.

Les habitans faiſoient leurs derniers efforts pour lui payer des ſubſides qu'il envoyoit à Caldora, avec ordre de le venir joindre au plutôt avec ſon armée. Caldora, dont la fidélité chancelante étoit au moment d'expirer, différoit ſous divers prétextes de ſe rendre à ſes ordres ; il obéit enfin ſur les ſollicitations réitérées de Troyen Carraccioli ſon beau-frere. René alors entraîné par ſa valeur & par l'amour de la gloire plus encore que par l'ambition, reprend le chemin de la terre de Labour, attaque les Arragonois dans leurs retranchemens à la tête d'un eſcadron de ſes propres troupes, anime du feu de ſon courage pluſieurs Capitaines de Caldora, qui charmés de ſon intrépidité, le ſuivent avec leurs compagnies & l'aident à mettre l'ennemi en déroute.

Alphonſe étoit dans ce corps d'armée, malade & prêt à tomber entre les mains du vainqueur, lorſque Caldora s'avance l'épée à la main, & ordonne à ſes gens de ſe retirer. René accourt & lui crie:

Que faites-vous Duc de Barri ? ne voyez-vous pas que la victoire est à nous ? Sire, répondit le traître, *je connois l'art de la guerre ; les ennemis sont supérieurs en nombre, ils ne tournent le dos que pour tomber ensuite sur nous avec plus d'avantage. J'ai besoin de conserver mon armée : si vous perdez votre Royaume, vous avez en France des Etats qui vous dédommageront de cette perte ; mais moi si je perds mes troupes, je suis réduit à la mendicité.* Ces considérations personnelles, qui dans plus d'une occasion ont décidé du sort des Etats, l'emporterent sur les représentations du Roi, dont le sort étoit à plaindre, puisqu'il ne fut pas en état de punir sur le champ une si lâche trahison.

Il est trahi.

Cependant cette bravoure qu'il venoit de montrer lui gagna l'affection des plus braves soldats de Caldora ; ils promirent de le suivre par-tout où il lui plairoit de les mener, & ils entraînerent leur Commandant avec eux. Arrivés à Padula, le Roi admit à sa table quelques Seigneurs parmi lesquels étoit le Connétable. Après le repas ce Prince lui dit :

« Duc de Barri, vous m'avez fait venir dans l'Abruzze en un
» temps où peu de personnes de votre suite auroient osé se mettre
» en chemin. J'ai fait ce voyage non pas en Roi, mais en ministre
» de vos volontés. Je vous ai remis tout l'argent que j'avois : vous
» m'avez demandé Sulmone, je vous l'ai donné. Il n'est rien que
» je n'aie fait pour satisfaire vos desirs ; cependant vous avez abusé
» de mes bontés jusqu'à ne pas venir au-devant de moi. Vous
» avez souffert que je sois venu vous chercher ; vous avez même
» donné des ordres contraires aux miens, & si je ne me suis pas
» rendu maitre de la personne du Roi d'Arragon, si je n'ai pas
» remporté sur lui une victoire complette, c'est vous qui en êtes
» cause en empêchant vos troupes de combattre, quoiqu'elles
» soient à ma solde. Je suis venu de France pour être Roi, & non
» pas pour être l'exécuteur de vos ordres. Je devrois vous punir
» comme vous le méritez, mais par considération pour les ser-

Giorn. di Nap.

» vices de votre pere, je me contente de vous retirer le comman-
» dement de l'armée, fans vous priver des biens que vous tenez
» de lui ou de mes libéralités ».

Cet excès de bonté, ou pour mieux dire, cette foibleffe qu'un Souverain ne doit jamais fe permettre quand il faut punir la trahifon, fut la perte de René. Son grand défaut étoit de croire facilement à la probité, en quoi il étoit bien différent de la plupart des Rois, qui finiffent prefque toujours par ne pas y croire. René malgré la trifte expérience que lui & fes prédéceffeurs avoient faite de la perfidie des Italiens, ofa fe fier encore aux troupes de Caldora : il fe contenta d'exiger d'elles le ferment de fidélité, lien trop foible fans doute pour attacher des brigands & des mercenaires, & d'exiler leur chef dans l'Abruzze, en lui donnant la qualité de Viceroi.

Le traître ne tarda pas à reprendre fes manœuvres artificieufes. Il eut le fecret de débaucher une partie de l'armée, & favorifa fous main Alphonfe avec tant de fuccès, que le Roi René étant hors d'état de lui tenir tête, confentit à lui abandonner le Royaume à condition que le Monarque Arragonois, à défaut d'enfans légitimes, adopteroit fon fils aîné Jean d'Anjou.

VI.
IL NE PUT TIRER AUCUN SECOURS DE SES ALLIÉS.
Rayn. ann. Eccl.

Les Napolitains s'y oppoferent par attachement pour le fucceffeur de Louis III. D'ailleurs ils apprirent en même-temps que le Pape & les Gênois étoient entrés dans leur alliance. Par ce traité qui eft du 26 Avril 1441, le S. Pere s'obligeoit à faire la guerre aux Arragonois avec quatre mille hommes de cavalerie & trois mille d'infanterie, jufqu'à ce qu'on les eût chaffés du Royaume, tandis que douze galeres Génoifes & quatre gros vaiffeaux chargés chacun de deux cents hommes de guerre, agiroient le long des côtes, conformément aux mouvemens de l'armée de terre.

Le Pape envoya fon Légat à Naples pour tonner par les cenfures contre le Roi d'Arragon. Mais un de ces événemens que les paſſions rendent ſi fréquens lorſque les loix n'ont plus d'empire, fit évanouir cette ligue. Les Génois deſtinèrent le commandement de la flotte à Jean Fregoſe, le plus jeune des freres du Doge. Les nobles qui par leurs ſervices aſpiroient à cet honneur, firent éclater aſſez hautement leur jalouſie. Le plus ardent de tous fut Jean-Antoine de Fieſque, qui s'exila de Gênes, réſolu de tout entreprendre pour perdre le Doge. Il fit alliance avec le Duc de Milan, ſouleva les peuples & mit la République dans un ſi grand danger, que le gouvernement occupé de ſes diviſions domeſtiques, ne ſongea plus aux affaires de Naples.

La Provence, malgré ſon zèle, n'étoit pas en état d'envoyer des ſecours capables de relever les eſpérances de ſon Souverain. Les villes s'étoient vu enlever par la guerre ou par la peſte une partie de leur population. Parmi les Seigneurs les uns portoient les armes en Italie, les autres étoient ruinés. Jean & Honoré Laſcaris des Comtes de Vintimille, tranquilles dans leurs terres, régnoient paiſiblement ſur leurs vaſſaux. Ils donnetent des preuves de leur zèle à la ville de Marſeille, dont ils déclarèrent les habitans exempts de tous droits dans leur Comté, & ordonnèrent que dans une bataille leurs vaſſaux combattroient ſous les étendards de cette ville. Mais il ne paroît pas que l'envie de ſe ſignaler les ait attirés en Italie, où les armes d'Alphonſe avoient repris la ſupériorité.

L'inconſtance de quelques Seigneurs Napolitains rallentit pour un temps la rapidité de ſes conquêtes; mais il n'en fut pas moins en état de former le ſiége de Naples, & de ſerrer la ville de ſi près que la famine s'y fit bientôt ſentir. Les habitans en ſupportèrent les rigueurs avec une conſtance admirable par amour pour le Roi René. On voyoit continuellement ce Prince dans les rues & dans les maiſons, ranimant par ſon exemple & ſes bontés les forces défaillantes de ces malheureux. Cependant la famine croiſſoit de jour

IL NE PUT TIRER AUCUN SECOURS DE SES ALLIÉS.
Stell. ann. Gen.

Arch. & Hiſt. de Marſ. p. 270.

VII.
IL EST ASSIÉGÉ DANS NAPLES ET OBLIGÉ DE S'ENFUIR EN PROVENCE.
Giorn. di Napl. Sanut. Stor. di Venez.
Hiſt. de Napl. an. 1442.

en jour, & l'on avoit tout à craindre de ſes ſuites, lorſqu'un événement imprévu mit la ville au pouvoir d'Alphonſe.

Le canal par lequel Beliſaire, neuf ſiecles auparavant, s'étoit introduit dans Naples pour en chaſſer les Goths, ſubſiſtoit encore. Deux Maçons, priſonniers dans le camp d'Alphonſe, offrirent à ce Prince d'introduire des ſoldats dans la place par la même voie. L'intrigue ne fut pas tenue ſi ſecrette que quelques Seigneurs Napolitains, qui ſervoient dans l'armée Arragonoiſe, n'en fuſſent inſtruits : effrayés du pillage dont leur patrie étoit menacée, ils firent avertir ſecretement le Roi René, qui mit une garde nombreuſe & des barreaux de fer à l'iſſue de l'aquéduc, poſta des ſoldats à preſque tous les puits auxquels il fourniſſoit de l'eau, & redoubla de vigilance pour prévenir une ſurpriſe. Cependant la nuit du 2 au 3 de Juin 1442, environ trois cents ſoldats ennemis s'introduiſent dans l'aquéduc par un regard éloigné de la ville d'environ un mille, marchent armés ſeulement d'arbalêtres & de pertuiſanes, à la ſuite des deux Mâçons, arrivent juſqu'à la maiſon d'un Tailleur près de la porte de Sainte Sophie, ſortent par le puits au nombre de quarante, ſe ſaiſiſſent de la femme & de la fille du Tailleur pour les empêcher de crier, & ſe tiennent cachés en attendant que leurs compagnons arrivent.

A l'heure dont on étoit convenu, Alphonſe ordonne un aſſaut à l'endroit oppoſé à celui où il ſavoit que les ſoldats s'étoient rendus. La garniſon porte tous ſes efforts de ce côté là; dans l'inſtant les Arragonois ſortent précipitamment de la maiſon où ils étoient cachés, attaquent la porte de Sainte Sophie & s'en rendent maîtres, tandis que la partie de l'armée qui étoit reſtée en dehors, eſcalade les murs & répand la frayeur dans la ville. Le Roi René à la tête de quelques ſoldats accourt pour s'oppoſer au torrent; mais il eſt entraîné lui-même, obligé de ſe réfugier dans le Château neuf, & d'abandonner la ville à l'avidité des Arragonois

gonois, qui pendant quatre heures la livrent au pillage. Deux jours après on vit entrer dans le port deux vaisseaux Génois chargés de vivres. Le Roi René qui avoit déja envoyé en France la Reine & ses enfants, s'embarqua sur un de ces vaisseaux avec Artaluche d'Alagonia, Ottin Carraccioli, & Jean de Cossa, Seigneurs Napolitains, & fit voile du côté de Pise, d'où il alla voir Eugene IV à Florence, comme si la fortune s'étoit plu à rassembler dans la même ville un Pape chassé de sa capitale & un Roi détrôné. Eugene lui donna l'investiture du Royaume de Naples lorsqu'il n'étoit plus temps de l'enlever au vainqueur ; ainsi René ne rapporta de son expédition qu'un vain titre, fait pour nourrir ses regrets & lui rappeller ses défaites.

Ce Prince de retour en Provence se montra aussi libéral qu'il auroit pu l'être dans la bonne fortune. Il récompensa généreusement ceux qui avoient eu part à ses disgraces. Ses trésors étant épuisés, il fallut aliéner le domaine, & par-là il se mit dans l'impossibilité de payer ensuite les quatre-vingt mille six cents écus d'or ou 898,114 livres qu'il devoit encore au Duc de Bourgogne pour sa rançon. La mort de la Reine Yolande sa mere, décédée à Tucé près de Saumur le 14 Novembre 1442, les troubles qui régnoient en Lorraine, & les progrès que les Anglois avoient faits dans le Maine, furent cause qu'il quitta la Provence en 1443 pour se rendre à la Cour de Charles VII. Il ne s'y fit pas moins connoître par son talent pour les négociations, qu'il s'étoit fait estimer à Naples par son courage. Devenu médiateur avec le Pape Eugene IV, entre le Monarque François & le Monarque Anglois, il les fit consentir à une trève pendant laquelle il travailla à terminer, par une paix durable, la guerre qui divisoit ces deux grands Royaumes. Ce fut pendant ces négociations qu'il traita du mariage de Marguerite sa fille, avec le Roi d'Angleterre (Henri VI), & à la faveur de cette alliance, il rentra en posses-

VIII.
Ses actions après son retour de Naples.
An. 1443.

Hist. de Lorr. t. 2. c. 828.

En 1444.

sion de la ville du Mans & des autres places dont les Anglois s'étoient emparés.

Nous ne suivrons point ce Prince dans ses opérations politiques & militaires, qui s'étant passées dans les Provinces septentrionales du Royaume, nous écarteroient trop de notre sujet. La Provence jouissoit alors d'une tranquillité dont elle n'étoit redevable qu'à l'impuissance où elle se trouvoit de seconder les efforts du Souverain. Louis XI, qui n'étoit encore que Dauphin, y fit un voyage pour visiter les reliques de Sainte Marthe & de Sainte Magdeleine: car ce Prince eut toujours pour cet objet de notre culte, une vénération qu'il poussa jusqu'à l'excès. L'esprit du siecle favorisa son goût, & lui-même à son tour accrédita par son exemple la pieuse crédulité du siecle; peut-être aussi méditoit-il déja le projet de réunir un jour la Provence à la Couronne, & sous le voile de la religion cherchoit-il à gagner le cœur des Provençaux, pour préparer de loin l'exécution de ses desseins. Quoi qu'il en soit de ses motifs, il est à présumer que son voyage fut en partie cause du zèle avec lequel on rechercha les prétendus ossemens des Marie Jacobé & Salomé, & de Sarra leur servante, lesquels, suivant une tradition qu'on n'osoit alors révoquer en doute, reposoient dans l'Eglise des trois Maries, à l'île de la Camargue.

Ces ossements furent découverts, & l'on en fit la translation au mois de Décembre 1448, avec une pompe qui fait regretter que nos peres, si ardens pour la gloire de la religion, n'aient pas été plus éclairés sur les motifs & les objets de leur zèle. Le Roi René, la Reine son épouse, Ferri de Lorraine, Tannegui du Châtel, Jean d'Arlatan, Jean de Quiqueran, un Archevêque, douze Evêques, quatre Abbés & un grand nombre de Docteurs en Théologie furent présens à cette cérémonie. Ce fut cette année-là que ce Prince établit à Angers, le 11 du mois d'Août, l'Ordre Religieux & Militaire connu sous le nom de *Croissant*,

Cet Ordre fut ainsi appellé, parce que les Chevaliers & les Ecuyers devoient porter sur l'habit, au-dessous du bras droit, un *croissant d'armes camaillé*, sur lequel étoit écrit en lettres bleues *loz en croissant*, c'est-à-dire qu'on n'est digne de louange qu'en croissant en mérite & en vertu. S. Maurice fut déclaré protecteur de ce nouvel institut, dont nous allons rapporter les réglemens en ne changeant que peu de chose au langage dans lequel nous les avons trouvés écrits.

IX.
Etablissement de l'Ordre du Croissant.

An. 1448.

Premièrement, nul ne pourra être reçu ni porter ledit Ordre, sinon qu'il soit Duc, Prince, Marquis, Comte, Vicomte ou issu d'ancienne Chevalerie & Gentilhomme de ses quatre lignes, & que sa personne soit sans vilain cas de reproche. *Item.* Et fera un chacun à la réception dudit Ordre sermens solemnels sur les Saints Evangiles de Dieu, tantôt après qu'on aura chanté la Messe: lesquels sermens se feront par la forme & maniere ci-après déclarée, dont la copie sera baillée incontinent par le Greffier dudit Ordre à celui qui aura fait iceux sermens, si avoir la veut à ses dépens.

C'est à savoir, que lesdits Chevaliers & Ecuyers sont tenus d'ouïr chacun jour la Messe, s'ils sont en lieu où il ne tienne à eux qu'ils le puissent faire ; & au cas qu'ils y défaudroient, ils donneront autant pour l'amour de Dieu, comme on donneroit à un Chapelain pour dire & célébrer la Messe ; ou ne boiront point de vin pour tout ce jour là ; ainsi le jurent & promettent.

Item. S'ils savent leurs heures de Notre-Dame, ils promettent & jurent de les dire chacun jour ; & si ainsi ne le font, ils jurent de ne s'asseoir à table de tout le jour ensuivant au dîner & au souper ; & au cas qu'ils ne sauroient leursdites heures, ils sont tenus de dire chacune journée à genoux quinze *pate-nôtres* & autant de fois *Ave Maria* devant l'image de Notre-Dame ; & si ils étoient si agravés de maladie qu'ils ne pussent dire leursdites heures ou *pate-nôtres* & *Ave Maria*, ils promettent de les faire dire ce même jour par aucun autre.

Zz 2

Item. Promettent & jurent d'avoir & tenir en tout amour & dilection fraternelle les Chevaliers & Ecuyers, le Chancelier & autres Officiers jurés & incorporés dudit Ordre, comme ils voudroient faire leurs propres freres germains de pere & de mere.

Item. Promettent & jurent de garder & défendre leur honneur en l'absence d'eux, comme le leur propre, & en leur préfence, leur en donner confeil confort & aide, au plus loyaument qu'ils fauront ne pourront.

Item. Leur honte, faute, vergogne ou deshonneur, réfervé en cinq cas & défauts ci-après déclarés & exprimés, céleront & aideront à céler au mieux qu'ils fauront & pourront comme les leurs propres : toutefois ils font tenus de les en reprendre fecrettement au plutôt que faire fe pourra, fans que nul autre qui foit vivant le fache, fors eux feulement, en les blamant & reprenant au plus fagement que poffible leur fera ; & à leur pouvoir les en détournant par façon & maniere qu'ils n'y rechéent plus, & ainfi le promettent & jurent.

Item. Si pour cas d'adventure ceux qui ainfi font reçus en l'Ordre, faifoient quelque faute ou erreur, comme deffus eft dit, & que aucun de leurfdits freres les en blamât ou reprit fecrettement par charité, ils jurent & promettent de ne lui en fçavoir nul mal talent ; mais le prendre en bonne part, & s'en abftenir deflors en avant à leur pouvoir.

Item. Promettent & jurent de ne porter armes pour nulle quelconque querelle de homme qui vive, excepté feulement pour leur Souverain Seigneur, & auffi pour leur Maitre, qu'ils ont lors ou pourroient avoir pour l'avenir, s'ils ne cuident en leur confcience que la partie pour qui ils s'armeront ait meilleur droit que celle de fon adverfaire.

Item. Auffi promettent & jurent que jamais ils ne feront contre leur Seigneur en quelconque façon que ce foit, ne pour chofe qui puiffe ou doive avenir ; ainçois font tenus de le fervir toujours loyaument & de tout leur pouvoir.

Item. Jurent & promettent de porter tous les Dimanches de l'an & autres Fêtes commandées en Sainte Eglise, le Croissant sous le bras dextre, tant en armes que dehors, sur peine de donner une piece d'or pour chacun jour de Fête qu'ils ne le porteront, sinon qu'ils fussent en lieu où ils ne voulussent être connus, ou réduits en chambre pour occasion de maladie de leur personne.

Item. Promettent & jurent d'être obéissans au Sénateur, Chef dudit Ordre, en toutes & chacunes les choses qui par lui & autres personnes de l'Ordre, sont & seront avisées, conclues & passées au bien & honneur de l'Ordre, sans jamais aller à l'encontre.

Toutes lesquelles choses dessus dites ils promettent & jurent par leur part de paradis, par le S. Sacrement de Baptême qu'ils apporterent de dessus les fonts, & sur leur honneur de les bien & loyaument tenir à toujours & les garder & observer à bien loyal pouvoir, sans aucunement les vouloir enfreindre pour cas quelconque, ne pour chose qui puisse ou doive avenir.

Outre ce leur est notifié & advisé par celui qui reçoit d'eux les sermens, que par les statuts dudit Ordre, ils ne le pourront jamais laisser ni s'en départir, sinon que par dévotion ils fussent mûs à laisser le monde & devenir gens d'Eglise ou de religion, auquel cas ils le pourront laisser.

Item. Pareillement jamais ne leur pourra être ôté ne levé ledit Ordre, fors pour l'un des cinq cas, dont devant est faite réservation, ci-après déclarés.

Le premier est qu'ils fussent convaincus & atteints d'hérésie, & fussent trouvés non pas fermement croyans en la créance de notre foi catholique.

Le second est qu'ils fussent convaincus & atteints véritablement de cas de trahison, prouvée à l'encontre d'eux suffisamment.

Le troisieme est que par faute & lâcheté de courage, & par récréantise & couardise, ils eussent honteusement fui de bataille arrangée à jour nommé, là où seroit la personne de leur Souverain Seigneur, & ses bannieres déployées.

Le quatrieme est qu'ils fussent déconfits & outrés par armes en champ de bataille, fait par cas d'honneur.

Le cinquieme est qu'il fût prouvé duëment & à l'encontre d'eux, qu'ils eussent été trouvés portans armes par voie aucune directe ou indirecte quelle qu'elle fût ou pût être contre leur Souverain Seigneur, ou qu'ils fussent en compagnie d'autres adhérants, consentant, confortant ou conseillant de faire machinations, conspirations ou ligues contre sa personne ou son état; en l'un desquels cinq cas seulement seroit l'Ordre ôté & levé à celui qui auroit fait ou commis l'un d'iceux comme infâme & non habile, & fait défenses de jamais plus ne le porter à certaines & grosses peines, en le privant, bannissant très-honteusement de ladite fraternité & compagnie.

Item. Sont faites certaines exhortations charitables par le Sénateur ou autre son commis à recevoir lesdits sermens, aux Chevaliers & Ecuyers, telles que ci-après s'ensuivent.

C'est à savoir, que dorésnavant ils aient singulierement égard, plus que chose qui soit, à l'état de leur conscience, afin qu'envers Dieu ils puissent être agréables, & qu'en ce monde il leur aide à faire chose qui soit à l'honneur & profit de leur corps & ame.

Au surplus, de révérer & honorer Sainte Eglise & les Ministres d'icelle, de soutenir le droit des pauvres femmes veuves & des orphelins, d'avoir toujours pitié & compassion du pauvre peuple commun; d'être en faits, en dits & en paroles, doux, courtois & aimables envers chacun.

De ne médire des femmes pour quelques états qu'elles soient, pour chose qui doive avenir.

D'autre part quand ils voudront dire quelque chose, de penser premier avant que de le dire, afin qu'ils ne soient trouvés en mensonge.

De fuir toutes les compagnies deshonnêtes, questions & débats le plus qu'ils pourront.

De pardonner volontiers & ne retenir point longuement mal talent sur le cœur contre nuls, si ce n'est pour chose qui touche grandement l'honneur.

D'entendre à se faire valoir, si que leur los & fame puisse être en croissant toujours du bien en mieux; les avisant que tous les bienfaits & prouesses qui par la prudomie & vaillance de leur corps, ont été & seront faits jusqu'à leur trépas, écrits & enregistrés seront ès livres des chroniques de l'Ordre pour perpétuelle mémoire.

Par les autres articles, les Chevaliers étoient exhortés à tenir une fois l'an une assemblée générale de l'Ordre, & à s'y trouver en personne ou par procureurs; à subir sans se plaindre les punitions que le Sénateur leur imposeroit en cas de faute; à racheter de leurs propres deniers un de leurs confreres qui ayant été pris par les ennemis de l'Etat ou de la foi, ne seroit pas assez riche pour payer sa rançon; à fournir à l'entretien & aux frais de l'éducation de ses enfans, s'il étoit mort avant qu'ils eussent atteint l'âge de majorité, & à les défendre contre l'injustice de l'oppression; à se détourner de dix lieues pour aller secourir un Chevalier, si dans ses voyages on apprenoit qu'il y en eût quelqu'un à cette distance qui fût en prison ou malade.

Le Chef de l'Ordre s'appelloit Sénateur; il étoit annuel & avoit sous lui un Chapelain, qui étoit en même temps Confesseur des Chevaliers: il devoit être Evêque ou Archevêque; un Chancelier qui n'avoit pas droit de porter l'Ordre du Croissant; un Vice-Chancelier; un Trésorier, un Greffier, un Héraut d'Armes, chargé de rendre compte au Greffier des belles actions des Chevaliers pour les consigner dans ses registres, & un Poursuivant d'armes.

Quant à leur habillement, voici ce qu'on en trouve dans le manuscrit.

A chacune fête de Monseigneur S. Maurice, est-il dit, les Chevaliers & Ecuyers dudit Ordre, porteront tous manteaux longs jusques aux pieds; c'est à savoir, les Princes de velours plein

ETABLISSEMENT DE L'ORDRE DU CROISSANT.

cramoisi fourrés d'hermine; les autres Chevaliers auront manteaux de velours fourrés de menu vair, & les Ecuyers porteront manteaux de satin cramoisi jusques aux pieds, lesquels seront fourrés de menu vair, & dessous lesdits manteaux auront tous robes longues de damas gris; celles des Chevaliers fourrées de gris, & les autres des Ecuyers fourrées de menu vair; & sur leurs têtes tous porteront chapeaux doubles & couverts de velours noir; mais ceux desdits Chevaliers seront bordés d'une vecte (galon) d'or, & ceux des Ecuyers d'une vecte d'argent, & est à entendre qu'iceux Chevaliers & Ecuyers devront porter lesdits manteaux la vigile aux Vêpres de ladite fête de S. Maurice, & le lendemain à la Messe & aux Vêpres.

Le Roi René refusa d'être élu Chef de l'Ordre la premiere année, *ne voulant attribuer à soi gloire & louange; mais icelle donner au benoit & glorieux Archimartyr Monseigneur S. Maurice, Chef & Patron dudit Ordre, & voulant être comme les autres sans aucunement y avoir ni demander autre prééminence.*

On élut donc cette année-là pour Sénateur Messire Gui de LAVAL, Seigneur de Loué, &c. Grand Veneur & Grand Chambellan du Roi, & Grand Sénéchal d'Anjou.

L'année d'après, c'est-à-dire en 1449, ce fut le Roi RENÉ.

Jean COSSA, Comte de Troye, Grand Sénéchal de Provence & Seigneur de Grimault, en 1450.

Messire Louis de BEAUVAU, Grand Sénéchal d'Anjou & de Provence, Seigneur de Champigni & Premier Chambellan du Roi, en 1451.

Messire Bertrand de BEAUVAU, Seigneur de Pressigni & Grand Conservateur du Domaine, en 1452.

JEAN, Duc de Calabre & de Lorraine, fils aîné du Roi René, en 1453.

FERRI, Monseigneur de Lorraine, fils aîné du Comte de Vaudemont, en 1454.

La suite des Sénateurs nous manque ; le manuscrit ne met qu'un certain nombre de Chevaliers, dont voici les noms.

CHEVALIERS.

Pierre de MEVOILLON, Seigneur de Ribiés, Grand Ecuyer des écuries du Roi de Sicile.

Messire HELION de GLANDEVÉS, Seigneur de Faucon : il avoit servi avec beaucoup de zèle & à ses propres dépens sous Louis III durant l'expédition de Naples.

Messire Louis de CLERMONT Galerande, Seigneur de Saint Georges, Vicomte en partie de Montereau, Chambellan du Roi.

Messire TANNEGUI du CHASTEL, Sénéchal de Provence.

Antoine de LORRAINE, Comte de Vaudemont.

Charles d'ANJOU, Comte du Maine, frere du Roi René.

Gaspard COSSA, Comte de Troye, fils de Jean.

Messire Louis de BOURNAN, Seigneur de Couldrai, &c. Capitaine des Gardes du Roi.

Messire Pierre de GLANDEVÉS, Seigneur de Châteauneuf.

Messire Fouques D'AGOUT, Seigneur de Mison.

Messire Raymond D'AGOUT, Seigneur de Sault.

Messire Gilles de MAILLÉ, Seigneur de Brezé, Grand-Maître de la Venerie du Roi.

Messire Guillaume de LA JUMELIERE, Seigneur de Martigné, de Briant & de la Guerche.

Messire François SFORZE, Duc de Milan.

Messire Jacques-Antoine MARCEL, de Venise, Procurateur de S. Marc.

Messire Bertrand de la HAYE, Seigneur de Passavant & de Maulevrier.

Messire Jean de la HAYE, Seigneur de Passavant.

Messire Louis de la HAYE son fils.

Messire Pierre de CHAMPAGNE, Seigneur de Champagne & de la Suze, le même qui avoit été Viceroi de Naples.

Tome III. Aaa

Messire Girard de HARAUCOURT, Sénéchal de Bar & de Lorraine.

Messire Simon D'ANGLURE, Vicomte d'Estauges & Seigneur de Nogent.

Messire Saladin D'ANGLURE son fils.

Messire Thierry de LENONCOURT, Bailli de Vitry, Seigneur de Lenoncourt.

Messire Philippe de LENONCOURT, Ecuyer des Ecuries du Roi, Seigneur de Gondrecour.

Messire Jean de BELLAY, Seigneur de Bellay.

Messire Jean AMENARD, Seigneur de Chanzé.

Messire Antoine de CLERAMBAULT, Seigneur de Plessis-Clerembault.

Messire Jean FENESTRANGES, Sénéchal de Bar & de Lorraine.

Messire JEAN COMTE DE NASSAU & de Sarbruch.

Messire Jean, Sire de BALLEVILLE & de Montagu.

Messire Jean de BEAUVAU, Sénéchal d'Anjou, Baron de Manouville, Gouverneur d'Angers & Capitaine du Château, Chambellan de Louis XI & de René d'Anjou.

Messire Jean DUPLESSIS, Seigneur de Parnay.

Messire Guichard de MONTBERON, Seigneur de Mortagne.

Jean, Comte de SALME.

Bermond de LEVIS, Baron de la Voute, de Rochemaure, &c.

Jacques de BREZÉ, Comte de Maulevrier, &c. Grand Sénéchal de Normandie.

Jacques de PAZZI, de Florence : il fut un des conjurés contre les Médicis pour la liberté de sa patrie.

Gui D'AVAUGOUR, Seigneur des Loges.

Robert de SAINT-SEVERIN, Comte de Marsico, originaire de Naples: il envoya l'Ordre du Croissant à Jean, Duc de Calabre, lorsqu'il abandonna le parti de ce Prince pour se jetter dans celui de Ferdinand.

Hardouin DE LA JAILLE, Seigneur de la Rochetalbot, Grand-Sénéchal de Provence.

René DU MAS, Seigneur de Duretal & de Matefelon.

Pierre DE LA POULCHRE, Seigneur de la Benestaye & de la Motte-Messenic en Loudunois.

Assé RIBOULE, Seigneur d'Assé.

N. VALORY (vraisemblablement Gabriel de)

C'est dans cette même Ville où fut institué l'Ordre du Croissant que la Reine Isabelle finit ses jours le 27 Février 1453. Le Roi René, quand il fut revenu de la douleur où cette mort l'avoit jetté, se prépara à profiter des dispositions favorables des Florentins & de François Sforze, qui promettoient de le remettre sur le trône de Naples. Il céda le Duché de Lorraine à Jean son fils, Duc de Calabre, son héritier présomptif, regardant peut-être la conquête du Royaume comme assurée. Cependant les circonstances où il étoit appellé en Italie, auroient dû lui faire sentir l'illusion de ses espérances.

Les divisions intestines qui régnoient dans Milan avoient mis depuis peu cette grande ville sous le joug de François Sforze. Les Vénitiens qui aspiroient à l'empire de la Lombardie ; le Duc de Savoie & le Marquis de Monferrat qui formoient des prétentions sur le Milanois, ne virent qu'avec regret un voisin que ses talens militaires & sa puissance rendoient trop dangereux, & résolurent de le chasser de sa nouvelle conquête, dans laquelle il n'avoit pas eu le temps de s'affermir. Alphonse, Roi de Naples, entra dans l'alliance : ce n'est pas qu'il eût aucun intérêt à prendre les armes contre un Prince que tant d'Etats séparoient des siens ; mais il vouloit humilier les Florentins avec lesquels le nouveau Duc de Milan étoit allié. Ce motif le fit entrer dans une ligue à laquelle il donnoit par ses talens & ses forces militaires, une prépondérance marquée sur ses ennemis.

An. 1453.

X.
RETOUR DU ROI RENÉ EN ITALIE.

LIVRE IX.
Ammir. Hift.
de Flor. t. 22.
Sim. vit. Sforz.

Ceux-ci, pour prévenir leur ruine, prierent le Roi de France de leur envoyer René d'Anjou avec le plus de troupes qu'il feroit poffible, promettant d'employer leurs forces à le rétablir fur le trône de fon pere, & de lui payer tous les ans cent vingt mille florins d'or, jufqu'à ce que la conquête du Royaume fût achevée.

Séduit par ces promeffes, le Roi René s'avance vers les Alpes à la tête de trois mille cinq cents hommes de cavalerie, & pénetre jufqu'en Lombardie. En arrivant dans le Monferrat au mois de Septembre 1453, il fit la paix entre le Marquis & le Duc Sforze, qui retira quatre mille hommes qu'il avoit de ce côté là, & les conduifit dans le Breffan où étoit le gros de l'armée : René y arriva en même temps avec fes troupes, & le 19 d'Octobre ils prirent d'affaut Pontevico, où les François fe livrerent à toutes fortes d'excès : la gendarmerie Françoife, difent les Italiens, nourrie dans les combats depuis plus de cinquante ans, familiarifée avec les horreurs de la guerre, devenue prefque infenfible par l'habitude du carnage, répandoit alors la terreur dans tous les lieux ; & quoiqu'elle s'adonnât à tous les plaifirs des fens quand elle trouvoit à fe fatisfaire dans une ville riche, elle n'étoit pas moins fans pitié dans un combat ou dans le pillage. Les villes où le bruit de ce pillage fe répandit, furent faifies d'une telle frayeur qu'elles ouvrirent leurs portes au vainqueur, & prefque tout l'Etat Vénitien auroit fubi la loi, fi la méfintelligence ne fe fût mife entre René & fes alliés.

An. 1454

IL EST OBLIGÉ
DE REPASSER EN
FRANCE AVEC
SON FILS.

Ce Prince leur devint vraifemblablement fufpect par la fupériorité que la valeur & l'expérience donnoient à fes troupes fur celles des Italiens : ce qu'il y a de certain, c'eft qu'ils ne montrèrent plus la même ardeur pour fes intérêts, ni le même zèle à tenir leurs engagements. Il prit donc le parti de retourner en France ; mais ils le fupplièrent avant fon départ de leur envoyer Jean fon fils, Duc de Calabre, pour commander l'armée en qualité de Généraliffime. Ils s'engagèrent de lui donner à lui-même trente-six mille florins ou 360,000 livres, payables en trois ans, & de fournir au Duc son fils tout ce qui étoit nécessaire pour ajouter de l'éclat à son nouveau grade, soit hommes, soit argent. Ils vouloient sans doute par ce traité passé le 20 Février 1455, couvrir les apparences d'une rupture entr'eux & le Roi, & nourrir les inquiétudes d'Alphonse, en mettant à la tête de leurs armées l'héritier présomptif de son compétiteur à la couronne (1).

An. 1455.
Hist. de Lorr.
t. 2. p. 856.
Vie manuscr.
de René.

Mais les affaires avoient changé de face quand le Duc arriva en Italie avec deux cents Gentilshommes. Les Florentins, les Vénitiens & le Duc de Milan avoient fait la paix; Alphonse y adhéra peu de temps après: le Duc de Calabre voyant qu'il ne falloit plus compter sur la conquête de Naples, reprit le chemin des Alpes après avoir reçu de la République de Florence un présent de soixante mille florins d'or ou sept cent mille livres.

Ammir. Hist.
de Flor.
Chron. de Bolog.

D'autres guerres civiles le rappellèrent trois ans après en Italie.

Ann. 1458.

---

(1) Quoique le fait suivant n'ait aucun rapport à notre Histoire, nous avons cru devoir le conserver. On lit dans les écritures de Nicolas Rohardi, Notaire d'Arles, du 30 Mars 1455, que Jacques Cueur ayant été reconnu à Beaucaire, lorsqu'il cherchoit à sortir du Royaume pour échapper à la rigueur des loix, se réfugia dans une Eglise des Freres Mineurs, où il étoit gardé par des sentinelles qu'on avoit posées tout autour; que plusieurs de ses Commis qui sont nommés dans la Charte ayant rassemblé du monde, s'embarquèrent à Arles sur des batteaux, & qu'avec le secours des habitans de cette Ville & de Marseille, ils firent une brèche pendant la nuit aux murailles de Beaucaire, pénétrèrent jusqu'à l'Eglise, firent main-basse sur la garde, & enlevèrent Jacques Cueur. Le Roi de France, dont Beaucaire dépendoit, irrité de cet attentat fait à son autorité, envoya à Arles Henri de Liwe, Philippe de Gervais, ses Conseillers, & Pierre de Dinteville, son Écuyer & Pannetier, pour se plaindre au Viguier & aux Consuls de cette violence de la part de leurs concitoyens, & pour leur demander Jacques Cueur & ses complices, sous peine d'encourir son indignation. Les Magistrats répondirent que quand ils apprirent l'enlèvement de Jacques Cueur, ils envoyèrent tout de suite du monde tant par eau que par terre, afin de l'arrêter lui & ses partisans, & de les remettre aux Officiers du Roi de France; mais qu'ils se dérobèrent à leurs recherches: qu'au reste, il ignoroient qu'aucun de leurs concitoyens eût donné du secours. Cette déclaration fit cesser les plaintes des Commissaires du Roi.

LIVRE IX.

XI.
GÊNES SOUMI-
SE AUX FRAN-
ÇOIS. MORT
D'ALPHONSE V.

Gineftin.
Sim. vit.
Sforz. Hift. de
Lorr. Ibid.
Gior. di Nap.

L. Anton. op.
part. 3. tit. 22.

Gian. t. 3. p.
542. &c.

Pierre de Campofregofe, Doge de Gènes, étoit en butte à une faction qui avoit appellé à fon fecours le Roi Alphonfe. Le Doge trop foible pour lui réfifter, mit la République fous la protection de Charles VII, qui envoya le Duc de Calabre pour la gouverner. Alphonfe outré de voir rentrer en Italie un Prince que fes qualités perfonnelles devoient lui faire craindre; & qui en vertu des droits de fon pere pouvoit, avec le fecours des Génois & du Roi de France, lui difputer le trône de Naples, fe préparoit à le chaffer de Gènes & d'Italie, quand la mort le furprit le 27 Juin 1458. Ferdinand fon fils naturel, qui lui fuccéda, hérita de fon ambition; & quoiqu'il n'eût point fes talents militaires, il avoit cette foupleffe de caractère qui est fi propre à gagner les efprits : fon pere qu'une longue expérience avoit inftruit dans l'art de gouverner, lui dit, quand il fut au lit de la mort: « Je vous confeille, mon fils, de vivre en paix avec
» les Princes & les Républiques d'Italie, & fur-tout de vous con-
» cilier l'amitié des Papes, puifque c'eft d'eux que dépend votre
» fort dans le Royaume. Souffrez patiemment leur fupériorité;
» n'allez pas attaquer ouvertement leurs prétentions; témoignez-
» leur au contraire beaucoup de refpect & de déférence ; c'eft le
» feul moyen que j'aie trouvé pour éviter leur reffentiment & fes
» fuites : je vous exhorte fur-tout à fupprimer les impôts que j'ai
» mis, & à témoigner plus de confiance aux Italiens qu'aux Arra-
» gonois & aux Catalans, qui, étant étrangers, ne doivent point
» partager les avantages réfervés aux naturels du pays, & encore
» moins avoir la préférence dans la diftribution des places & des
» emplois ».

XII.
NÉGOCIATIONS
DE SON FILS FER-
DINAND ET DU
ROI RENÉ POUR
LE ROYAUME
DE NAPLES.

Ferdinand avoit befoin de fuivre exactement ces confeils pour diffiper l'orage qui fe forma fur lui. Le Pape Calixte III, prétendoit qu'Alphonfe étant mort fans enfants légitimes, le Royaume étoit dévolu au Saint Siége; en conféquence il défendit à Ferdinand de prendre le titre de Roi, & n'oublia rien pour foulever contre lui fes propres fujets, & lui fufciter des ennemis parmi les Princes d'Italie. Le nouveau Roi, sentant qu'il n'étoit pas temps d'opposer la force à l'intrigue, essaya d'appaiser le Pontife par des lettres remplies de témoignages de respect & d'attachement.

Calixte, qui sous les rides de l'âge, conservoit encore tout le feu de la jeunesse, ne se laissa point fléchir par ces marques de soumission. Il avoit coutume de dire, *que la crainte est le partage des ames foibles, & que c'est dans le champ des hazards qu'on moissonne la gloire*: imbu de cette maxime, il ne respiroit que la guerre, & en l'allumant il ouvroit de nouveau le Royaume de Naples aux armes du Roi René; mais la mort qui l'enleva le 8 Août 1458, fit évanouir ses desseins & ses espérances.

An. 1458.
Murat. ann.

Æneas Sylvius, que le choix des Cardinaux mit sur la Chaire de S. Pierre, sous le nom de Pie II, se montra plus favorable à Ferdinand. Flatté de la déférence respectueuse que ce Prince lui marqua dans toutes les occasions; irrité d'ailleurs contre la France, depuis que par la Pragmatique Sanction, elle avoit mis des bornes au pouvoir illimité des Papes, Pie II se déclara pour le nouveau Roi, & lui donna l'investiture du Royaume de Naples, l'excitant secretement à se liguer avec les autres Puissances d'Italie pour en chasser les François.

An. 1459.
Lun. cod dipl.
t. 2. p. 1257.

Le soin de mettre cette riche contrée de l'Europe à l'abri des Turcs, maîtres depuis six ans de Constantinople, occupoit le Pontife. Ce fut dans cette intention qu'il assembla à Mantoue un Concile, où tous les Ambassadeurs des Princes chrétiens furent invités. Ceux de Charles VII & du Roi René, s'y rendirent & prièrent le Pape de donner au Roi René l'investiture du Royaume de Naples, auquel il étoit appellé par le testament de Louis III & de Jeanne II. Pie II demanda à l'Evêque de Marseille, l'un des Ambassadeurs, si ce Prince étoit en état de chasser le Comte Piccinino des terres de l'Eglise. L'Evêque convint qu'il pouvoit seulement répondre de la bonne volonté de son Maître. « Que » devons-nous donc attendre de lui, repliqua le Pontife, si

Pegli. t. 3. p.
248. et suiv.
Od. Rayn.
An. 1459.

» lorsque nous sommes dans le plus grand danger, il ne peut
» nous prêter aucun secours ? Nous avons besoin à Naples d'un
» Souverain qui puisse défendre ses biens & les nôtres. Vous
» avez perdu la Couronne ; vous en serez privés jusqu'à ce qu'il
» vienne des forces suffisantes pour nous aider à chasser l'ennemi
» qui nous opprime ».

<small>Bibli. Vat. cod. 5667. f° 49. seq.</small>

René, piqué de cette réponse, défendit qu'on eût égard en Provence aux Décrets de la Cour de Rome, & fit signifier aux Officiers du Pape, dans Avignon, un appel au futur Concile ; voulant ensuite faire valoir ses droits par la force, il envoya une flotte pour faire le dégât sur les côtes de Naples, & des troupes & de l'argent pour soutenir le Comte Piccinino, & les partisans qu'il avoit encore dans le Royaume. Cependant il n'en fit pas moins de nouvelles instances auprès du Pape, afin d'en obtenir l'investiture du Royaume, & des secours pour le conquérir.

Pie II ne se laissoit pas facilement intimider ni fléchir : il donna de grands éloges aux talents & aux vertus de ce Prince, à sa haute naissance, qu'il faisoit remonter à Charlemagne, & aux services que ses ancêtres avoient rendus à l'Eglise ; mais il répondit qu'il ne pouvoit sans injustice accorder ce qu'on lui demandoit. » Lorsqu'il a plu à Dieu, dit-il, de nous élever à la Chaire de
» S. Pierre, le Trône de Naples n'étoit point vacant. Ferdinand
» régnoit ; & avant lui son père Alphonse avoit été reconnu
» légitime possesseur du Royaume par les Souverains Pontifes,
» par ses Sujets, & par tous les Princes d'Italie : il avoit le droit
» de le transmettre à son fils : ou du moins c'est un droit qu'on
» lui avoit conféré, & il en a usé. Quand même le sceptre auroit
» été dévolu au S. Siége par la Bulle de Calixte III, notre
» Prédécesseur, tous les Princes d'Italie ayant desiré qu'il fût
» mis dans les mains de Ferdinand, nous avons déféré à leurs
» desirs, afin de rétablir entr'eux, par cette condescendance,
» la paix & l'harmonie que la puissance des Turcs rend de jour
» en

» en jour plus néceffaires. Ainfi ne croyez pas que pour complaire
» à votre Maître, nous allions détruire ce que le confentement
» des Peuples, le concours des Puiffances intéreffées, & l'auto-
» rité du S. Siége ont rendu irrévocable & facré. S'il a des droits
» au Trône de Naples, qu'il produife fes Titres : le Tribunal de
» la Juftice lui eft ouvert ; nous ferons nous-mêmes un de fes
» Juges, & fi la Couronne lui appartient, nous en priverons
» Ferdinand pour la placer fur la tête du Prince qui vous gou-
» verne. Soyez perfuadés, que malgré les hoftilités que fes par-
» tifans commettent fur les terres de l'Eglife ; malgré les paroles
» peu mefurées dont il s'eft fervi lorfqu'il nous a cités au futur
» Concile, il fera toujours cher à notre cœur. Nous le prions
» feulement de prendre des voies plus conformes à fon amour
» pour la paix, & de ne pas défapprouver que nous ne faffions
» rien qui foit contraire aux bienféances de notre rang & à la
» juftice ».

René fut donc obligé de s'engager dans les lenteurs des négociations, pendant lefquelles la Cour de Rome accommodant fa conduite aux événements, tantôt menaçoit avec hauteur, tantôt donnoit des efpérances vagues, & fe ménageoit des prétextes pour foutenir enfuite le parti le plus puiffant.

Sur ces entrefaites, les Génois fe révoltèrent contre le Duc de Calabre leur Seigneur, dont le joug commençoit à péfer, même à ceux qui l'avoient appelé ; c'étoit Ferdinand & le Duc de Milan fon Allié, qui excitoient fous main la révolte : Ferdinand envoya une flotte à leur fecours ; mais elle fut battue, & la Ville de Gênes rentra dans la foumiffion. Le Duc de Calabre raffermi par cette victoire, qui d'ailleurs augmentoit l'éclat de fa réputation, réfolut d'aller faire la guerre au Monarque Napolitain, contre lequel la plupart des Barons s'étoient déja révoltés. Comme Ferdinand étoit né d'une concubine, ils ne vouloient pas dépendre d'un Souverain, à qui l'on avoit à reprocher la

XIII.
Expedition de Jean d'Anjou, Duc de Calabre, dans le Royaume de Naples.

tache de fa naiffance: d'ailleurs lorfque fon père Alphonfe reçut l'inveftiture du Royaume, il avoit déclaré qu'il ne pourroit le tranfmettre qu'à un fils légitime.

Le Duc de Calabre partit de Gênes le 4 Octobre 1459, avec trois vaiffeaux & dix galères Gênoifes, auxquelles il s'en joignit douze, que le Roi René avoit envoyées de Provence, fous la conduite de Jean de Coffa, Seigneur de Grimaud, l'un des plus grands Capitaines de fon fiécle.

Le Duc débarqua fes troupes à Caftelmare ou Volturne. Plufieurs Seigneurs des plus puiffants du Pays, tels que Jean-Antoine des Urfins, Prince de Tarente; Marin de Marzan, Duc de Seffa; Jean-Paul Gantelmi, Duc de Sora; Antoine de Santiglia, Marquis de Cottrone, & plufieurs autres, fe rangèrent fous fes drapeaux.

Ferdinand étoit alors occupé à châtier les rebelles de la Calabre. La Reine Ifabelle fon époufe, qui étoit reftée à Naples, voyant l'ennemi fi près de la Capitale, monte à cheval accompagnée d'une grande partie de la Nobleffe, & met des corps-de-garde dans tous les endroits par où la Ville pouvoit être furprife. Le courage & l'affabilité qu'elle montra, étouffèrent l'efprit de révolte dans les mécontents, qui auroient eu envie de remuer: mais ceux d'entre la Nobleffe & la Bourgeoifie qui avoient été dépouillés de leurs biens pour avoir fuivi le parti de René d'Anjou, fortirent fecrettement de Naples, & allèrent groffir l'armée de fon fils. La renommée ne tarda pas à publier les vertus & la bonté du jeune Prince. Les vieillards racontoient les exploits & les bienfaits de fes Prédéceffeurs: on difoit ouvertement que Dieu l'avoit envoyé pour délivrer le Royaume de l'avarice & de la tyrannie des Catalans. Les efprits s'échauffèrent, & dans peu de temps la bannière d'Anjou fut arborée dans plus d'une Province. Ferdinand ne voulant point être renverfé du Trône fans avoir du moins fait les derniers efforts pour s'y maintenir, résolut de risquer une bataille : en la perdant il ne faisoit que hâter sa perte, devenue presque inévitable par la défection de ses sujets ; & s'il la gagnoit, il affermissoit la Couronne sur sa tête. La bataille fut donnée le 7 Juillet 1460, sur les bords du Sarno, & la victoire long-temps disputée. Mais enfin les troupes de l'Arragonois furent entiérement anéanties. Il se sauva lui vingtième dans Naples, où le Duc de Calabre seroit entré triomphant, & auroit vu tout le Royaume à ses pieds, si au lieu de faire prendre à ses troupes leurs quartiers, sur l'avis du Prince de Tarente, qui cherchoit à fatiguer les deux Compétiteurs, il eût poursuivi son ennemi. Ferdinand sut profiter de cette faute pour relever les espérances de ses partisans : il n'avoit plus d'argent dans ses coffres ; mais la sage, la magnanime Isabelle de Clermont son épouse, parcouroit les rues de Naples, une bourse à la main, sans craindre de compromettre la Majesté royale, & mandioit des subsides aux portes de ses sujets. Les sommes qu'elle ramassa, celles que lui fournirent les autres Villes qui n'étoient point encore sous la domination Angevine, mirent Ferdinand en état de lever une armée, qui fut bientôt grossie de quelques troupes étrangères. Pie II sur-tout le seconda avec un zèle infatigable. Ses manœuvres contribuèrent, autant que celles des autres Alliés, à détacher plusieurs Seigneurs du parti Angevin. De ce nombre étoit Robert de Saint-Severin, Comte de Marsico : il étoit Chevalier du Croissant ; le Pape l'absout, lui & tous les autres Chevaliers, du serment qu'ils avoient prêté en cette qualité à Louis d'Anjou ; & par la même Bulle, qui est du 5 Janvier 1460, il supprima l'Ordre, qui ne dura pas tout-à-fait douze ans, n'ayant été institué, comme nous l'avons dit ci-dessus, que le 11 du mois d'Août 1448.

Le Duc de Milan, qui craignoit pour ses Etats & pour toute l'Italie, si les François, déja maîtres de Gênes, le devenoient encore du Royaume de Naples, souffloit en même-temps l'esprit

EXPÉDITION DE JEAN D'ANJOU, &c.

Murat. ann. d'It.

Chiocc. t. 1. & Gian. t. 3. p. 557.

XIV.
LA REVOLTE DE GÊNES FAIT MANQUER SON EXPÉDITION.

LIVRE IX.

An. 1461.

de révolte contre ces voisins incommodes. Le peuple de Gênes se souleva pour la seconde fois au commencement de l'année 1461. Charles VII fit marcher pour le réduire six mille hommes, qui arrivèrent par terre du côté de Savone, tandis que le Roi René s'avançoit avec mille gendarmes qu'il avoit embarqués à Marseille: ils se laissèrent enlever cette ville, par la même négligence qui leur avoit déja fait perdre plusieurs fois le Royaume de Naples; c'est-à-dire, par leur peu de soin à profiter de la consternation où leur arrivée avoit jetté les Génois. Ces Républicains, revenus

Les mêmes & Christof. Dasoldo.

de leur première frayeur, & puissamment secourus par le Duc de Milan, se soutinrent d'abord avec avantage dans un fort bâti sur les hauteurs hors de la ville; ensuite ils attaquèrent les François avec tant de valeur le 17 Juillet 1461 (1), qu'ils en tuèrent environ trois mille, parmi lesquels on comptoit cent Chevaliers aux éperons d'or. Le Roi René, suivant le nouvel Historien de France,

Hist. de Fr. t. 16. p. 243.

se tenoit sur ses galères pendant le combat; la déroute de son armée, dit cet Auteur, le transporta d'une fureur indigne d'un Prince; & afin de punir les troupes de n'avoir pas remporté une victoire, qu'il n'avoit pas eu le courage de disputer à leur tête, il ordonna à ses vaisseaux de s'éloigner de la côte, abandonnant les malheureux François à la discrétion du vainqueur. Cette action, aussi lâche que barbare, ajoute le même Auteur, couvre la mémoire du Roi René d'un opprobre ineffaçable: rien en effet ne seroit capable d'en effacer la honte, si ce trait d'histoire avoit quelque fondement. Jean Simonetta est le seul Historien contemporain qui en parle dans la vie de Ludovic Sforze, l'ennemi du Prince Angevin; & encore le rapporte-t-il comme un bruit populaire auquel il n'ose ajouter foi. Christophe da Soldo, qui vivoit dans le même temps, raconte le fait dans son histoire de

---

(1) M. Villaret rapporte cet événement sous les années 1459 & 1460; il est du mois de Juillet 1461. Les Historiens ont fort négligé la partie de notre Histoire qui a raport à celle d'Italie.

Brescia, mais il ajoute une circonstance, qui en le rendant plus vraisemblable, lui ôte tout ce qu'il pourroit avoir d'odieux : il dit que les galères Françoises, après avoir reçu autant de fuyards qu'elles pouvoient en sauver, s'éloignèrent de la côte pour éviter la foule qui auroit rendu leur perte assurée. Aussi les Historiens d'Italie, les plus accrédités parmi les modernes, n'ont-ils eu garde d'adopter une fable qu'ils ne pouvoient concilier avec le caractère connu du Roi René, dont la vie a été illustrée par tant d'actions de bravoure & d'humanité.

LA RÉVOLTE DE GÊNES FAIT MANQUER SON EXPÉDITION.

Cette victoire, en remettant les Génois en possession du Gouvernement républicain, affoiblit l'ascendant que le Duc de Calabre avoit pris dans les Etats de Naples, & diminua considérablement la réputation des armes Françoises. La plupart des Seigneurs rentrèrent sous les Loix de Ferdinand ; le fameux Scanderberg (1) quitta l'Orient pour venir à son secours, & Jean-Antoine des Ursins, Prince de Tarente, se jetta dans son parti : il étoit oncle de la Reine Isabelle, dont on peut dire que le courage soutint l'Etat sur le penchant de sa ruine. On prétend que cette Princesse s'étant déguisée en Franciscain, pénétra un jour jusqu'à la tente de ce Seigneur, & qu'elle lui dit : *Mon oncle, vous m'avez mis sur le Trône, faites que j'y meure.*

Pontan.

Malgré cette défection, le Duc de Calabre se maintint encore dans quelques Provinces pendant trois ans. Mais comme il ne recevoit point de secours de la France ; comme il voyoit de temps en temps des Villes & des Seigneurs se détacher de son parti, qu'il avoit contre lui presque tous les Princes d'Italie, & particuliérement Pie II, tous intéressés à ne pas souffrir que les François s'établissent dans le Royaume de Naples, il fut

An. 1464.
Const. p. 472.
& Pontan.

---

(1) C'étoit un puissant Prince d'Albanie, nommé George Castriot. Il se rendit fameux par ses victoires contre les Turcs ; il est connu dans l'histoire sous le nom de Scanderberg, c'est-à-dire *Seigneur Alexandre*, qu'Amurat II lui donna dans un transport d'admiration.

obligé de repasser en Provence, laissant après lui, comme presque tous ses prédécesseurs, la réputation d'être un Prince aussi distingué par son courage & ses talents militaires, que par sa vertu.

Le Roi son père pensoit alors à faire rentrer le Comté de Nice sous sa domination: il prétendoit que cette partie du Domaine de ses ancêtres étoit inaliénable; & que son frère Louis III ni sa mère Yoland n'avoient pu le céder à un Prince étranger. Le Duc de Savoye allégua en sa faveur une possession de quatre-vingt ans, & des transactions; titres bien souvent impuissants, quand on n'est pas en état de les appuyer par la force des armes. Le Roi René n'étoit pas ambitieux; ses goûts & son âge s'opposoient d'ailleurs à ce qu'il entreprît de nouvelles expéditions militaires. Il se contenta de reclamer en faveur de ses droits pour empêcher la prescription.

Les Catalans auroient ouvert une carrière plus sûre à sa valeur, s'il eût voulu rentrer dans les camps; ces peuples soulevés contre leur Roi Jean II, offrirent à René de se mettre sous sa domination, en vertu des droits qu'il avoit sur leur Pays par la Reine Yoland sa mère. Le Duc de Calabre, plus ambitieux & plus actif que le Roi son père, accepta leurs offres, & passa en Catalogne en 1467, à la tête d'une armée composée de Lorrains, de Provençaux & de François: quelquefois battu, mais plus souvent vainqueur, il voyoit la Catalogne soumise à ses loix, & l'Arragon tout prêt à l'être, lorsqu'il fut arrêté au milieu de ses conquêtes par une trève de deux ans, conclue le 19 Janvier 1469 (1). La

---

(1) Jean avoit pris la qualité de Prince né du Royaume d'Arragon, qui est comme celle de Dauphin en France. Nous connoissons une monnoie qu'il fit battre en Catalogne sous le nom de son pere René. Catal. Franc. de Casen. f. 175.

Les Ambassadeurs qui terminèrent enfin tous les différens entre Dom Jean, Roi d'Arragon & le Roi René, étoient de la part du premier, Jacques Ximenés de Muriel, & Antoine Rouira Croutade, de Barcelone; ceux du Roi René, François des Comtes de Vintimille, Seigneur de Turries, & Louis Duranti, Maître Rational de la Grand-Cour, Seigneur du Castellet de Sausses. Les articles du traité ne contiennent rien de remarquable. Il est en Catalan & du 19 Janv. 1469. Arch. du Roi à Aix. arm. Q. 2. quar. liass. M. 4. p.

mort qui le furprit enfuite à Barcelonne le 16 Décembre 1470, mit fin à une guerre dans laquelle il avoit montré un courage & des talents fupérieurs. Il avoit époufé le 2 Avril 1437, Marie fille de Charles I. Duc de Bourbon, décédée en 1448, après avoir mis au monde René, mort jeune; Jean II, Duc de Calabre, qui le fuivit au tombeau environ dix-huit mois après; Marie que la mort enleva en bas âge, & Nicolas II, qui fut Duc de Calabre, & enfuite Duc de Lorraine & de Bar.

An. 1469 & 1470.

Les Catalans privés de tout appui par la mort du Duc de Calabre, firent préfenter par Thomas de Jarente, un mémoire au Roi René, pour le fupplier d'aller fe mettre à leur tête, ou de leur envoyer Jean, fils aîné du Héros qu'ils venoient de perdre, & qui ayant combattu avec fon père en Catalogne, avoit mérité l'eftime & l'affection des habitants. Le Roi ne fe rendit point à leurs vœux : il n'avoit ni affez de troupes, ni affez d'argent pour continuer la guerre : d'ailleurs une mort prématurée lui enleva fur ces entrefaites le jeune Prince qu'ils vouloient avoir pour Chef.

Généal. de Jarent. p. 183.
An. 1471.

L'ambition d'aggrandir fes Etats n'avoit plus d'empire fur le cœur du Roi René. Long-temps éprouvé par l'inconftance & la perfidie des hommes, il avoit conçu une forte de mépris pour tout ce qui flatte l'orgueil des Souverains. Il peignoit une perdrix quand on lui apprit la perte du Royaume de Naples : on prétend qu'il ne difcontinua point fon travail, perfuadé que pour être heureux il devoit oublier qu'il étoit Roi. Quoiqu'il fût né avec des talents pour la guerre & la politique, il ne fe livroit plus qu'à des occupations douces ; fe délaffant dans le calme de la vie privée, des foins tumultueux qui avoient fi long-temps agité fon ame : les arts d'agrément occupoient fes loifirs ; il aimoit beaucoup la peinture, & l'on montre encore des miniatures de fa façon, des tableaux, des figures peintes fur le verre. Dans fes voyages ce n'étoit pas toujours chez un Seigneur, ni

XVI.
ACTIONS PRIVÉES ET CARACTÈRE DU ROI RENÉ.

chez un Evêque qu'il alloit loger ; il préféroit quelquefois l'humble toit d'un particulier qu'il affectionnoit ; & quand il vouloit mettre le comble à la faveur, il crayonnoit son portrait, comme un monument honorable, sur la porte, ou sur la muraille de la chambre, avec ce vers au bas :

Sicelidum Regis effigies est ista Renati.

Quand il trouvoit des tableaux, qui avoient quelque mérite du côté de l'art, ou qui étoient remarquables par la singularité du sujet, il en faisoit volontiers l'acquisition. Passant à Lyon le 5 Mai 1476, il en acheta trois, en l'un desquels, est-il dit, dans un Mémoire du temps ; *il y a une femme qui étrille un homme, & en l'autre un homme qui étrille une femme, & pour les trois il a donné trois florins*, qui vaudroient aujourd'hui environ 30 liv.

Il anima l'industrie, autant qu'on pouvoit l'animer, dans un temps où l'on ne connoissoit point encore l'art de l'encourager & de l'étendre. Il fit un traité avec le Roi de Bône, en Afrique, pour établir la sûreté de la navigation entre leurs sujets respectifs. Ensuite sentant que la liberté seule pouvoit donner de l'activité au commerce, il accorda des franchises à tous les vaisseaux qui entreroient dans le port de Marseille, de quelque nation qu'ils fussent : mais par une ignorance qui tient à l'esprit du siécle, il les borna à une année. Si on ne lui est pas redevable de la première verrerie qu'il y ait en Provence (1), il est du moins

---

(1) L'Auteur de l'Histoire manuscrite de la ville d'Apt prétend que ce fut ce Prince qui l'établit le premier, & qu'il la fit régir par la famille Ferri. Cependant il est parlé dans un réglement fait par les Etats en 1348 de Verriers; il est vrai qu'on ne les distingue pas des Marchands de verre, *Vitrarii seu Venditores vitrorum* : mais le prix de chaque pièce, nommée dans le réglement, & qui revient à peu près à la même chose qu'aujourd'hui, me feroit croire qu'on les fabriquoit en Provence. Il y est parlé de verres simples pour boire, de tasses, de coupes, de bouteilles de differente forme & grosseur ; de plats, de carafes, & même d'un vase de nuit *urinale*, dont le prix est fixé à trois deniers ou trois sols de notre monnoie.

certain

certain qu'il encouragea ce genre d'induftrie. Il eft auffi le premier qui ait réprimé la cupidité des Orfévres, en ordonnant que la vaiffelle d'or & d'argent, nouvellement fabriquée, feroit marquée aux Armes de la Ville d'Aix, par des perfonnes prépofées pour examiner fi le titre n'étoit point altéré.

<small>Actions privées et caractère du Roi René.

Hift. d'Aix, p. 232.</small>

L'Agriculture entra auffi parmi les objets de fes occupations: mais il fe bornoit à la culture des fleurs & des arbres, & à l'Art encore informe d'embellir les jardins. Il favorifa les plantations de mûriers devenues importantes, depuis que le luxe avoit rendu l'ufage de la foie plus général. Les Provinces feptentrionales du Royaume lui doivent les œillets de Provence, les rofes de Provins, & les raifins mufcats.

<small>V. mff. de René.</small>

Les oifeaux rares & de différentes efpèces, partagèrent auffi fes foins & fes affections. Il eft parlé d'*autruches* & de *fivres* dans le Mémoire déja cité. On lit dans fa vie manufcrite, qu'il fut le premier qui fit apporter en France des paons blancs, noirs & roux. Il défendit la chaffe du lièvre & de la perdrix, dans les Vigueries d'Arles, de Tarafcon & de Marfeille, peut être pour fe la réferver à lui feul; car on ne voit pas la raifon qu'il auroit eue de laiffer trop multiplier ces deux efpèces de gibier, aujourd'hui fort rares dans la Baffe-Provence.

<small>Arch. d'Aix, reg. Léon. f° 70.</small>

René étoit verfé dans les Mathématiques, & fur-tout dans l'Ecriture-Sainte & la Théologie. Son amour pour les Lettres le lioit avec les Savans les plus diftingués de France & d'Italie: nous avons déja cité parmi ces derniers le Doge de Gènes, Thomas de Campofregofe, homme non moins diftingué par fa place que par fes connoiffances. Dans le même-temps il étoit lié avec Antoine Marcel de Venife, qui avoit rempli avec diftinction les premières charges de la République. Ce célèbre Patricien, qui lui étoit tendrement attaché, qui lui écrivoit fouvent, & qui aimoit à parler de lui à tous les grands Hommes, & à tous les Princes avec lefquels il étoit en relation, s'étant procuré la copie d'une Homélie de S. Jean-Chryfoftôme, nouvellement découverte, n'eut rien de plus preffé que de l'envoyer à fon illuftre ami, comme un préfent digne de fa piété, & de fon amour pour les Lettres ; la manière dont il s'exprime, en lui annonçant ce don littéraire, prouve que la réputation de ce Prince n'étoit point bornée aux talents militaires.

Mff. du Vatic. n° 5145. f° 5.

« Sire, dit-il, votre rang & la célébrité que vos vertus &
» vos belles actions vous ont acquife, donnent tant de prix à
» l'amitié dont vous m'honorez, que je ferois le plus ingrat des
» hommes, fi je ne travaillois continuellement à la mériter. Un
» Savant de ma connoiffance a trouvé depuis peu, parmi des
» manufcrits grecs, un ouvrage également propre à nous inf-
» truire fur les devoirs de la Religion, & à nous confoler dans
» les miferes de la vie. Je l'ai prié de me le traduire en latin,
» afin de vous l'envoyer après l'avoir lu, s'il me paroiffoit digne
» de vous être communiqué. Je vous l'envoie, Sire, en grec &
» en latin ; vous le lirez sûrement avec plaifir, & même avec
» fruit. Quoique vous foyez le Prince le plus Religieux qu'il y
» ait au monde ; quoique vous fupportiez avec une fageffe &
» une conftance admirable les viciffitudes de la fortune, je fuis
» perfuadé qu'après cette lecture vous vous fentirez animé d'un
» efprit nouveau & d'une force nouvelle ».

Ce Prince, qui avoit du goût pour tous les Arts, favoit fe dérober à fes occupations férieufes, pour donner quelques moments aux loifirs de la Poéfie : il fit des vers, que les meilleurs Poëtes de fon fiécle n'auroient pas défavoués. Nous avons auffi des preuves de fon talent pour la Mufique : on joue encore des airs de fa compofition, à la Proceffion de la Fête-Dieu à Aix ; Proceffion remarquable en ce qu'elle eft un monument fingulier des mœurs étranges de nos bons aïeux. Avides de fpectacles, mais trop fuperftitieux pour mettre fur la fcène les actions des héros de la Fable, ou des grands hommes de l'Antiquité, qui n'auroient point fourni d'aliment à leur dévotion ; ils prenoient leurs sujets dans l'Ecriture-Sainte. De-là ces farces pieuses, qui occupoient tout Paris sous le règne de Charles VII. Le Roi René, voulant en quelque manière annoblir celle qu'on donnoit au peuple d'Aix le jour de la Fête-Dieu, en fit un spectacle allégorique, où il représentoit la destruction de l'idolâtrie & le triomphe de la Religion chrétienne (1).

La veille de la Fête, vers les dix heures du soir, les Divinités les plus célèbres du paganisme paroissent à cheval, décorées de leurs attributs, & précédées de la Renommée qui sonne de la trompette : la marche est terminée par un char tout brillant, sur lequel on voit Jupiter, Junon, Vénus, Cupidon, les Ris, les Jeux & les Plaisirs ; & derrière le char les trois Parques à cheval, comme pour nous avertir que les grandeurs, les jeux & les plaisirs ont un terme. Ce cortége est relevé par les Chevaliers du Guet, le Porte-drapeau, les Danseurs, & un grand nombre de Fifres & de Tambourins, distribués de distance en distance à la suite des principales Divinités.

Le lendemain, à la Procession, la scène change. Ce ne sont plus des Dieux imaginaires qu'on présente aux yeux du peuple ; ce sont les principaux événements de l'ancien & du nouveau Testament : la chûte de l'homme, représentée sous la forme d'un Roi, que des diables obsèdent ; la publication de la Loi par Moïse ; l'adoration du Veau d'or ; la Reine de Saba, qui va voir Salomon ; les Mages que l'étoile conduit à la crèche du Messie ; la cérémonie de la Purification ; la Prédication de S. Jean ; la trahison de Judas, & la mort du Sauveur. La

---

(1) Avant lui c'étoit l'usage, dans la Ville d'Apt, que le même jour des jeunes gens habillés aux dépens du public représentassent les Saints Mystères. On lit aussi dans un titre de la Ville d'Arles, que les Consuls retinrent pendant un an des Mimes ou Ménétriers, que Pierre Quiqueran, Viguier de Marseille en 1433, leur envoya pour relever la pompe des processions & des fêtes que la Ville devoit donner.

majesté de ces objets est dégradée par l'indécence des Acteurs. Ce sont des gens de la lie du peuple, qui jouent leur personnage avec toute la bassesse de leur état: le rôle qu'ils ont quelquefois à faire ne favorise que trop leur penchant. Tantôt ce sont des diables armés de longues fourches, qui harcèlent un Roi, ou qui donnent des coups de massue sur les épaules d'un Ange; tantôt des teigneux, sales & dégoûtants; ceux même d'entre les Acteurs qui ont un personnage grave à faire, comme celui de Roi, de Prophète, ou d'Apôtre, l'avilissent par l'impudence de leurs gestes, autant que par la grossièreté de leur ton & de leurs manières. Le Roi René y mêla des danses, dont il régla, à ce qu'on prétend, la cadence & les mouvements, par des airs vifs & animés qu'on joue encore, ainsi que nous venons de le remarquer: enfin, comme il falloit que toutes les institutions de ce siécle portassent quelque empreinte de Chevalerie, il y introduisit le Prince d'Amour, supprimé depuis, à cause des dépenses qu'il entraînoit. On n'a laissé subsister que son Lieutenant & ses Officiers: le Roi de la Bazoche & l'Abbé de la Ville, anciennement nommé l'Abbé de la Jeunesse, y paroissent aussi.

Le bon Roi aimoit les farces pieuses, qui étoient le spectacle de ce temps-là. On lit dans un Mémoire concernant l'état de ses dépenses, qu'il fit jouer au mois d'Août 1476, une pièce intitulée *la Moralité de l'Homme mondain*, & qu'il lui en coûta deux florins ou dix-sept livres dix sols pour les habillements des Acteurs. Quiconque pouvoit l'amuser avoit des droits à sa reconnoissance. *Au fol qui a dansé la Maurisque devant le Roi à Orange*, est-il dit dans le Mémoire, *un florin*. Il avoit un nain nommé Phelippeaux ou Philippe, qu'il faisoit vraisemblablement servir à dissiper ses ennuis. Animé, comme presque tous les hommes, du desir de connoître l'avenir, & plein de confiance dans l'Astrologie judiciaire; il entretenoit un Astrologue, auquel il donnoit quinze écus par mois, qui vaudroient soixante & dix-neuf livres

Il l'envoya à Lambesc, pour faire, dit le Mémoire, *le jugement de cette année*, c'est-à-dire, pour faire ce que nous appellons un almanach, & lui fit compter vingt écus.

<small>ACTIONS PRI-VÉES ET CARAC-TÈRE DU ROI RENÉ.</small>

Ce Prince étoit fort libéral ; les talents, les connoissances utiles, les Arts agréables, les services rendus à l'Etat ne furent jamais sans récompense sous son règne ; & quand il récompensoit, il consultoit moins ses facultés, que sa générosité naturelle. Aussi ses revenus ne suffisoient-ils point à ses dépenses : il demandoit souvent des dons gratuits aux Villes les plus riches ; mais il exemptoit les autres de la taille, ou il la diminuoit quand la récolte avoit été mauvaise. Il fut plus d'une fois obligé d'acheter à crédit & à terme, les choses dont il avoit besoin. S'étant trouvé dans ce cas-là vis-à-vis de quelques Marchands de Lyon, lorsque le jour de l'échéance approchoit, il écrivit à Guillaume de Remerville, son Trésorier-Général, pour lui enjoindre d'être exact à payer, & d'emprunter s'il le falloit, *car je ne voudrois pas*, ajoutoit-il, *pour quoi que ce soit au monde, avoir deshonneur à la parole que j'ai donnée.*

<small>Hist. mss. de la ville d'Apt.</small>

Un jour qu'il vouloit partir de Tarascon où il avoit fait un assez long séjour, son Maître-d'Hôtel lui représenta qu'il n'avoit pas de quoi payer sa dépense, ni fournir aux frais du voyage. Il écrivit aussitôt au même Guillaume de Remerville pour avoir de l'argent, parce qu'il étoit pressé de partir ; *je ne veux pas quitter la ville*, disoit-il, *que tout le monde ne soit content.*

Jamais la cupidité ne lui fit oublier ce qu'il devoit à sa gloire. Un Juif pour avoir méchamment proféré des blasphêmes contre la Vierge, fut condamné à être écorché vif. Ses confreres touchés de pitié, frappés aussi de la honte qui en rejailliroit sur la nation Juive, offrirent au Roi vingt mille florins ou cent quatre vingt-quinze mille livres s'il vouloit accorder la grace au coupable. La proposition en fut faite en plein Conseil. Les Ministres furent d'avis de l'accepter, vu l'épuisement des finances ; mais René animé d'une sainte colère ; *vous voulez, leur dit-il, que j'oublie les injures faites à la mere de Dieu & que j'en vende la punition ? A Dieu ne plaise que j'imprime cette tache à notre maison, & qu'il soit dit que sous mon regne un pareil attentat est demeuré impuni.* Mais cet hommage qu'il rendoit à la religion auroit été bien plus auguste & vraiment digne d'elle, s'il avoit eu la force de lutter contre l'esprit du siecle & de modérer le supplice barbare de ce malheureux, à qui l'on eut la cruauté de faire subir la Sentence des Juges dans toute sa rigueur.

Les Historiens de Provence & de Lorraine disent que malgré le refus du Roi, un de ses courtisans plus zèlé pour ses finances que pour sa gloire, alla trouver les parents du criminel, & leur dit que ce Prince outré de colere de ce qu'ils l'avoient cru capable d'abandonner pour de l'argent les intérêts du ciel, avoit non-seulement ordonné l'exécution de l'arrêt de mort, mais encore qu'il vouloit qu'ils fussent eux mêmes les bourreaux. Ces malheureux, ajoute-t-on, saisis d'horreur, donnèrent les vingt mille florins pour ne pas être condamnés à tremper leurs mains dans le sang de leur frere, & il se trouva quatre Gentilshommes qui pour l'amour de la Vierge, voulurent être les exécuteurs du jugement. Ces Auteurs rapportent le fait d'après la vie manuscrite du Roi René. Nous le croyons faux ; mais ce qui est véritablement affligeant, c'est qu'en le supposant vrai, aucun d'eux ne fasse éclater l'indignation qu'inspirent la basse supercherie du courtisan, & le fanatisme barbare des quatre Gentilshommes.

René vivoit sans faste. Dans sa maison de campagne (1) où il passoit l'été, tout respiroit les mœurs antiques : en lisant l'inventaire des meubles qui ornoient cette demeure champêtre, on pense à la maison de Fabrice ou de Socrate. La même simplicité

---

(1) Il paroît par une charte que nous avons entre les mains, que cette maison de campagne étoit à Gardane. *Datum in villâ nostrâ Gardane prope civitatem nostram Aquensem.*

l'accompagnoit à Marseille où il se retiroit d'ordinaire pendant l'hiver. On le voyoit souvent se promener sans cortège sur le port, quand le soleil, presque toujours beau dans ce climat, répandoit cette chaleur douce qui, dans la Basse-Provence, ranime la nature, lorsqu'elle est engourdie par-tout ailleurs. De-là vient qu'en Provence on appelle encore tout endroit où l'on se chauffe au soleil, *la cheminée du Roi René*.

<small>ACTIONS PRIVÉES ET CARACTÈRE DU ROI RENÉ.</small>

Dans l'intérieur de son palais, il n'étoit ni somptueux ni magnifique. La dépense annuelle de sa maison ne montoit qu'à quinze mille florins ou cent quarante-quatre mille livres de notre monnoie. Les comptes paroissent avoir été rendus avec la plus grande exactitude ; car on trouve dans le Mémoire déja cité, *en potirons & escargots*, un gros quatre patas, c'est-à-dire environ 19 sols ; *un sac de cuir pour mettre le sucre en poudre*, environ 10 sols. Item. *Quatre pieces de toile bleue pour les rideaux du lit du Roi, à raison d'un florin deux gros la piece, quatre florins huit gros*, ce qui feroit aujourd'hui 43 livres 16 sols ; *aux quatre Pages pour se confesser, quatre florins ; au Maure pour faire ses Pâques, un florin ; à un Mercier qui a vendu trois Maures au Roi, un écu par tête*, ou 5 liv. 15 sols ; *pour faire un pourpoint au Maure, un florin six gros*. Le prix modique de ces objets prouve combien l'argent étoit rare en Provence : il n'est donc pas surprenant que les étoffes, la main d'œuvre & les denrées y fussent à bon marché. Les Consuls d'Apt ne donnèrent aux Députés qu'ils envoyèrent à Tarascon en 1434, & qui furent treize jours absens, que quatre florins par tête, c'est-à-dire 38 liv. 12 sols, ce qui ne revient qu'à 3 livres par jour, & encore est-il dit que ce fut à cause de *leurs dépenses extraordinaires*. La ville d'Arles ne dépensa pour la réception du Roi en 1473, que 39 florins 5 gros 6 deniers, c'est-à-dire 379 liv. 10 sols, & pour celle de la Reine de Navarre, qui vint à Arles la même année, 38 florins 2 gros & 10 deniers.

<small>Arch. d'Apt.</small>

<small>Arch. d'Arles.</small>

René étoit gai, vif, fécond en saillies : *certes vous verrez qu'il* me demandera à la parfin mon *Comté de Provence*, difoit-il, en parlant d'un Gentilhomme qui, ne croyant point fes fervices affez récompenfés, l'importunoit par fes demandes; & en difant ces mots il regardoit un autre Gentilhomme qui étoit dans le même cas. Ce Prince étoit fort fobre; on affure qu'il ne buvoit point de vin. Un jour quelques Seigneurs Napolitains lui en demandant la raifon, *c'eft*, répondit-il, *pour faire mentir Tite-Live, qui a prétendu que les Gaulois n'avoient paffé les Alpes que pour boire du vin.*

On vante beaucoup fon amour pour la juftice; & en effet, on le vit quelquefois revenant du combat, écouter les plaintes des particuliers ou figner des expéditions, avant de quitter fa cotte-d'armes: les lettres qu'il fignoit avec le plus de plaifir, étoient les lettres de grace, ou celles par lefquelles il récompenfoit les fervices. C'étoit dans ce fens qu'il difoit que *la plume des Princes ne devoit pas être pareffeufe.* Il difoit auffi, en parlant de l'attention avec laquelle ils doivent rendre une prompte juftice, que *les longues expéditions font perdre la bienveillance & l'affection des peuples.* Cette manière de penfer devint la règle de fa conduite.

Les malheurs de fon regne & ceux des regnes précédents avoient fait perdre l'ufage, où étoient les Grands Sénéchaux, de parcourir la Province, pour veiller à l'adminiftration de la juftice: il remit en vigueur le 12 Janvier 1443 cette fonction importante de leur miniftère, & leur ordonna de punir févérement ceux qui auroient opprimé le peuple par leurs injuftices & leurs vexations. Par d'autres lettres du 12 Novembre 1448, il abrégea la procédure criminelle, prefcrivit une forme plus fimple pour l'inftruction des procès, régla les falaires des Procureurs, & mit les plaideurs à l'abri des détours & des rufes de la chicane. Il prévint auffi par une loi fage les malverfations des tuteurs & des curateurs; mit un frein à la cupidité artificieufe des donataires, & réprima l'impiété des blafphèmes & la fureur du jeu. Lorfqu'il déchargeoit un particulier de la taille, c'étoit à fon tréfor & non pas à la communauté

munauté qu'il faifoit fupporter cette grace. Les Eccléfiaftiques d'Arles refufoient de payer les charges pour les biens nouvellement acquis ; il reftreignit l'exemption aux anciens biens de l'Eglife, & fit rentrer les autres dans la fociété. Il ordonna par fon teftament qu'on payât fes dettes & qu'on réparât fes injuftices. Mais un Souverain qui fe borne à refpecter les loix, manque fouvent à l'équité (1) ; c'eft le reproche que mérita le Roi René, lorfqu'il révoqua, moyennant quatre mille florins que les Juifs lui donnèrent, une commiffion qu'il avoit établie pour réprimer l'excès de leurs ufures. Il fouffrit auffi que les criminels fe rachetaffent à prix d'argent de la peine de mort ou de la perte de la liberté. Cette condefcendance étoit alors une efpece de loi dans toute l'Europe ; mais c'étoit trafiquer avec les Juifs des biens de fes fujets, & vendre aux fcélérats la tranquillité publique.

ACTIONS PRIVÉES ET CARACTÈRE DU ROI RENÉ.

Perfonne ne remplit mieux que ce Prince les devoirs extérieurs de la religion ; mais fa piété fe reffentoit de l'efprit du fiecle. Il combla les Eglifes de bienfaits lorfqu'il n'étoit pas en état de payer fes dettes. Il eut pour le fexe une foibleffe dont il fut l'ef-

---

(1) Noftradamus prétend p. 647, qu'on trouva parmi fes livres un manufcrit relié où il étoit parlé des droits des Rois de France fur le Royaume de Naples ; qu'on *lifoit fur la couverture, les fobriquets des plus nobles familles de Provence, écrites d'une telle & tant déguifée lettre, qu'on n'en fut jamais reconnoître la main, ni l'auteur qui les avoit tant ingénieufement & vivement rangés.*

Cette circonftance femble prouver que ce n'étoit pas le Roi lui-même qui avoit donné ces epithetes ou fobriquets ; car quel intérêt auroit-il eu à déguifer fon écriture, & fur-tout fur un manufcrit qui lui appartenoit, & qui étant vraifemblablement unique auroit décelé l'auteur des epithetes ? S'il avoit voulu garder *l'incognito* il les auroit écrites fur quelque morceau de papier ou de parchemin, qui étant une chofe fort commune, n'auroit pas fait foupçonner l'auteur. Je crois donc que ces fobriquets font l'ouvrage de quelque Gentilhomme, qui s'amufa à peindre d'après fes affections particulières le caractère de fes egaux ; car il eft évident pour peu qu'on life ces fobriquets avec attention, que l'auteur ne prétendoit pas les appliquer aux familles. Il y en a de peu honorables pour certaines maifons, auxquelles il eft aifé de voir qu'elles ne pouvoient convenir : ils étoient dementis par l'Hiftoire. Nous ne parlerons pas des autres raifons fur lefquelles nous pourrions fonder notre opinion, & qui font fans réplique.

LIVRE IX.

clave, même dans ses vieux jours. Il avoit fait vœu d'aller visiter le S. Sépulchre : c'étoit alors l'héroïsme de la dévotion ; mais les événemens qui agitèrent sa vie ne lui ayant pas permis d'entreprendre ce long voyage, il chargea ses héritiers d'envoyer quelqu'un à sa place, & légua trois mille ducats pour cet effet. Ainsi ce Prince jusques dans ses actions privées, montra une simplicité qui est bien près de la véritable grandeur, lorsqu'elle est accompagnée, comme elle l'étoit en lui, d'un courage intrépide, d'une bienfaisance éclairée, & de talens rares pour la guerre & la politique. Ses défauts tiennent presque tous à l'esprit de son siecle ; ses vertus ne sont qu'à lui.

Les dernieres années de sa vie, il ne conserva de la royauté que l'habitude de penser & de sentir en Roi, dans tout ce qui intéressoit la religion & le gouvernement : dans tout le reste il ne laissa voir que le philosophe. Il n'a manqué à sa gloire que des Ecrivains dignes de lui ; & si dans les différentes Provinces qui lui ont été soumises, on avoit soin de recueillir les anecdotes & les actions qui le concernent, on verroit paroître dans cet empire, que l'opinion a créé, pour y faire vivre éternellement les grands Rois, un Prince de plus qui iroit se placer de lui-même à côté d'Henri IV. Le Monarque François qui fut toujours si loyal, si passionné pour tout ce qui portoit un caractère de grandeur, seroit aussi charmé qu'étonné de son émule.

Pr. Ch. LIV.

René se livroit en Provence à son goût pour les arts, lorsque la mort lui enleva le 24 Mai 1473 Nicolas, Duc de Calabre, de Lorraine & de Bar, dernier rejetton de sa postérité masculine. Le mariage de ce jeune Prince avec Anne de France, fille de Louis XI, avoit été arrêté le 27 Novembre 1461 par Charles d'Anjou, Comte du Maine ; Ferri de Lorraine, Comte de Vaudemont ; Louis & Bertrand de Beauvau, & l'Evêque de Marseille : le Roi de France donna même le 12 Janvier 1462, soixante mille livres tournois à compte de la dot ; cependant ce mariage n'eut pas lieu, & Nicolas mourut fans avoir fubi les loix de l'hyménée (1).

A cette époque le Roi René n'avoit donc plus pour héritiers naturels que René II (2), Duc de Lorraine fon petit-fils, & Charles d'Anjou, Comte du Maine (3), deuxieme du nom, fon neveu. Jaloux de prévenir les guerres que la fucceffion à fes Etats pouvoit faire naître après fa mort, il réfolut de nommer celui qu'il deftinoit à lui fuccéder.

Ayant donc fait fon teftament à Marfeille le 22 Juillet 1474, il nomma Charles fon héritier univerfel, donna le Duché de Bar à

XVI. SON TESTAMENT.
An. 1474.

---

(1) Nicolas étoit fils de Jean, Duc de Calabre, mort à Barcelonne, & par conféquent petit-fils du Roi Rene. Il laiffa une fille naturelle nommée Marguerite de Calabre, qui époufa Jacques de Chabanes, Comte de Damartin.

(2) Rene II étoit fils d'Yolande d'Anjou & de Ferri II, Comte de Vaudemont, Prince de la branche cadette de la Maifon de Lorraine. Yolande étoit fille du Roi Rene : on pretend que ce Prince ne vouloit pas confentir au mariage de fa fille avec Ferri ; mais que celui-ci l'y força par les liaifons qu'il eut avec la jeune Princeffe. C'eft ce qui fe trouve mentionné dans cette phrafe Provençale que Noftradamus affure avoir tirée d'un ancien manufcrit.

Ferri de Vaudemont, fils d'Antoni, avent per forfa pres per rapt Madame Yoland, fille de Monfur lou Rey Reynie, e tengudá longtems à fon poder, per cobrir tal rapt, fon convengut e accordat malament, que Monfur lou Rey la baillaria en mariagi audit Monfur Ferry, e que la principal caufa de l'odi qu'era entre aqueftos dous Signours procedifiia del tal rapt, loqual rapt anticipet lous jours al paure Rey plus que touta autra caufa, e engendrat nous proun de mal en Provença.

Hift. de Prov. p. 601.

(3) Charles II, Comte du Maine, étoit fils de Charles d'Anjou, premier du nom, frere du Roi René. Il y a des chofes bien bizarres dans la deftinée des hommes, même après leur mort : ce bon Roi ayant eu le malheur de vivre dans un fiecle ignorant & groffier, n'eft prefque connu que par quelques traits qui, depouilles de leurs circonftances, le reprefentent, qu'on nous permette le terme, comme un bon homme. Ainfi les Rois après leur mort, & même durant leur vie, font pour la gloire dans le même cas où fe trouvent leurs fimples fujets pour la fortune : ce n'eft pas affez de la meriter, ils ont befoin d'un homme puiffant qui les y porte. Les hommes puiffants qui portent les Rois dans la carrière de la gloire font les Ecrivains célèbres ; mais ils fe laiffent quelquefois prevenir ou furprendre comme les grands du fiecle, & ils prodiguent leurs eloges à l'effronterie, tandis qu'ils laiffent dans l'obfcurité le merite modefte ; d'où l'on peut dire que la renommée ne peche que trop fouvent par excès ou par defaut.

Ddd 2

René son petit-fils, Duc de Lorraine, & le Marquisat de Pontamousson à Jean d'Anjou, avec les villes de S. Remy & de S. Cannat. Sa fille aînée Yolande, Duchesse de Lorraine, femme de Ferri II, Comte de Vaudemont, & Marguerite sa cadette, Reine douairière d'Angleterre, eurent chacune la somme de mille écus d'or ou de 13060 livres. Dans le cas où Marguerite viendroit demeurer en-deçà de la mer, il lui assignoit une pension de deux mille livres tournois ou de 10500 livres, à prendre sur le revenu du Duché de Bar. Jeanne de Laval, son épouse, hérita de plusieurs terres dans le même Duché, en Anjou & en Provence. De plus, le Roi lui laissa tous les joyaux, parmi lesquels étoit le grand rubis balais qu'il avoit acheté à Naples de Guillaume Commette, Châtelain du Château de l'Œuf, & qui lui avoit couté dix-huit mille florins ou cent soixante six mille livres. Il nomma pour ses exécuteurs testamentaires Jeanne de Laval son épouse; Charles, Comte du Maine; René, Duc de Lorraine; Guillaume d'Harcourt, Comte de Tancarville; Gui de Laval, Sénéchal d'Anjou, & Jean de Vignolles, Doyen d'Angers, &c. (1)

Charles du Maine étoit alors en Provence: les Etats & les Députés des villes lui prêtèrent hommage. Louis XI ne vit pas avec indifférence cette succession passer en d'autres mains que les siennes. Neveu du Roi René, Souverain d'une monarchie de laquelle il ne croyoit pas qu'on pût démembrer la Provence, il se flattoit à ce double titre de succéder aux Etats de son oncle. Se voyant frustré de ses espérances, il forma plusieurs demandes qui pouvoient fournir des prétextes plausibles à son ambition. Marguerite d'Anjou, fille du Roi René & femme d'Henri VI,

---

(1) Parmi les témoins on compte Jean d'Alardeau, Evêque de Marseille; Jean de Cossa, Sénéchal de Provence; Fouques d'Agout, Seigneur de Sault; Saladin d'Anglure; Jean Duplessis, Seigneur de Pernay; Maître Jean, & Maître Pierre Robin, Docteurs en Médecine. Jean Alardeau étoit Prevôt du Chapitre de Marseille lorsqu'il fut nommé à l'Evêché; ainsi qu'il conste par les ecritures de Raymond Gantelmi, Notaire de cette Ville. Extens. AA. fol. 326.

Roi d'Angleterre, avoit obtenu de Louis XI des secours généreux, pour maintenir son mari sur le trône contre les efforts d'Edouard IV, qui finit néanmoins par l'en renverser : ensuite lorsqu'elle gémissoit en prison avec son fils, le Monarque François avoit donné cinquante mille écus d'or pour briser ses fers. De retour en France, Marguerite voulant s'acquitter envers son bienfaiteur, lui fit cession en 1475 des droits qu'elle avoit sur les Duchés d'Anjou, de Lorraine & de Bar, & sur le Comté de Provence. Cette cession fut un des titres dont Louis se prévalut après le testament du Roi René. Il demandoit de plus à ce Prince la moitié de ses revenus, sous prétexte que Marie d'Anjou sa mere avoit dû partager également les Etats de Louis II, dont elle étoit fille ; enfin il reclamoit deux cent mille écus qu'il disoit avoir donnés au jeune Nicolas, Duc de Lorraine, dans l'espérance qu'il épouseroit Anne de France : Louis prétendoit que René, grand-pere de ce jeune Prince, étoit obligé de les restituer (1), parce que ce mariage n'avoit pas eu lieu. Quelles que fussent ses raisons, elles lui servirent de prétexte pour s'emparer des Duchés de Bar & d'Anjou : voulant ensuite couvrir son usurpation du voile de la justice, il consulta le Parlement sur la conduite qu'il devoit tenir en cette occasion : le Parlement, ministre aveugle des volontés de ce Despote, répondit *qu'on pouvoit sans blesser les loix, procéder contre le Roi de Sicile par prise de corps ; mais qu'ayant égard à sa parenté avec le Monarque François, à son grand âge, & à d'autres considérations, & le Roi ne voulant point qu'on procédat par prise de corps, René devoit être ajourné à comparoître en personne devant le Roi, ou envoyer des Deputés, sous peine de bannissement du Royaume, de confiscation*

Chron. de Louis XI; Mss. de Dupui, n° 204. Hist. de France. tom. 18. p. 210.
Commin. p. 493.

(1) Cependant il conste par un acte conservé dans le t. V. des extraits de la Chambre des Comptes, qu'on trouve à la Bibliotheque de S. Germain, que la dot d'Anne ne devoit être que de cent mille ecus, & que Louis XI ne donna en avancement que soixante mille livres tournois.

Fol. 251.

LIVRE IX.
Bibl. du Roi,
Mss. de Brienn.

de corps & de biens; & que pou garder la forme ordinaire, le Roi devoit donner ses Lettres-patentes adressées au Roi de Sicile, afin qu'il eût à comparoître; & autres Lettres à quelques nobles personnages pour les lui signifier.

Le Duc de Bourgogne venoit d'être entierement défait par les Suisses à la journée de Grandson. Le Roi René, privé par cette défaite, d'un appui dans lequel il mettoit toutes ses espérances, ne pensa plus qu'à désarmer la colere du Roi de France. Il lui envoya son neveu Charles du Maine, appellé Duc de Calabre, qui par ses raisons autant que par ses soumissions arrêta l'effet des menaces. Louis XI n'étoit pas dans le dessein de traiter le Roi de Sicile avec une rigueur qu'il ne méritoit pas. Content de l'attacher à ses intérêts, il lui envoya des Ambassadeurs pour terminer leurs différents à l'amiable. On convint que Louis rendroit au Roi de Sicile les Duchés de Bar & d'Anjou, & qu'il lui feroit une pension annuelle de soixante mille francs. René de son côté promit sur son honneur & jura sur les saints Evangiles qu'il n'auroit désormais aucune intelligence, ligue, ni confédération avec le Duc de Bourgogne, & qu'il ne remettroit jamais entre ses mains le Comté de Provence, en tout ni en partie. L'acte du serment fut signé par J. de Cossa, Sénéchal de Provence; Saladin d'Anglure; Honorat de Vegne; le Chancelier Jean Martin; Vincent Boniface, Juge-Mage; Palamede de Forbin, Président; Jean de Jarente & Benjamin, Conseillers; Fouques d'Agout; Renaud de Villeneuve; Jean-Baptiste de Pontevez, & par les Procureurs, Consuls & Syndics des villes d'Aix, de Marseille & d'Arles.

Louis XI étoit alors à Lyon, où il s'étoit rendu pour être plus à portée d'observer les démarches de ses ennemis. René alla l'y voir, accompagné de Jean de Cossa, Grand Sénéchal de Provence, & de plusieurs Seigneurs & Dames de sa Cour. Comme le Roi de France, dans la première entrevue, renou-

velloit ses plaintes sur les liaisons que son oncle avoit eues avec le Duc de Bourgogne ; Cossa dit au Roi, « Sire, ne vous émer-
» veillez pas, si le Roi mon Maître, votre oncle, a offert au
» Duc de Bourgogne de le faire son héritier : car il en a été
» conseillé par ses serviteurs, & par spécial par moi ; vu que
» vous qui êtes fils de sa sœur, & son propre neveu, lui avez
» fait les torts si grands, que de lui avoir surpris les Châteaux
» de Bar & d'Angers, & si mal traité en tous ses autres affaires ;
» nous avons bien voulu mettre en avant ce marché avec ledit
» Duc, afin que vous en ouyssiez les nouvelles, pour vous
» donner envie de nous faire la raison, & connoître que le
» Roi mon Maître est votre oncle : mais nous n'eûmes jamais
» envie de mener ce marché jusqu'au bout ».

Louis XI ne désapprouva pas la manière libre & franche avec laquelle le Sénéchal lui parla, croyant ou feignant de croire, qu'il n'avoit jamais été sérieusement question de mettre la Provence sous la domination du Duc de Bourgogne. Il rendit à son oncle les Duchés de Bar & d'Anjou, & le combla de présens & de marques d'amitié, ainsi que toutes les personnes de sa suite. Tout porte à croire, & un Auteur contemporain l'atteste, que René promit au Roi qu'après sa mort le Comté de Provence seroit réuni à la Couronne. Assuré de jouir enfin d'un calme, que son grand âge lui rendoit nécessaire ; il alla reprendre dans ses Etats les occupations tranquilles qui remplissoient ses loisirs.

Chron. de Louis XI.

Elles furent troublées par la douleur qu'il eut, de voir la peste moissonner sous ses yeux une partie de ses sujets en 1479. Ce malheur public, ses réflexions sur ses disgraces passées, la frayeur de la mort, que la vieillesse lui faisoit envisager comme prochaine, ranimèrent ses sentimens de religion ; & il étoit tout occupé à remettre en vigueur les Loix, qu'il avoit déja données pour réprimer les jeux de hazard, la licence des mœurs & l'im-

XVIII.
SA MORT; SES
ENFANS.
An. 1479-80.
Les Hist. de Prov.

piété des blasphêmes, quand il mourut à Aix, singuliérement regretté de son peuple, le 10 Juillet 1480, âgé de soixante douze ans, cinq mois, vingt-quatre jours, & dans la quarante-septième année de son règne, si l'on peut appeller ainsi quelques années de possession du Royaume de Naples. Son corps fut d'abord mis en dépôt dans l'Eglise Cathédrale d'Aix. On lit dans sa vie manuscrite, que les Chanoines ne voulant pas qu'il fût transporté ailleurs, le firent inhumer; que gagnés ensuite par une somme d'argent, ils permirent qu'on l'exhumât pour le transporter à Angers, où il arriva onze mois après, pour y être enseveli dans le tombeau de ses ancêtres.

René avoit été marié 1°. le 24 Octobre 1420, avec Isabelle, fille aînée & héritière de Charles I, Duc de Lorraine, morte le 28 Février 1452. 2°. Le 3 Septembre 1454 (1), avec Jeanne de Laval, fille de Gui XIII, Comte de Laval, & d'Isabeau de Bretagne; laquelle Jeanne mourut sans enfants l'an 1498. René eut du premier lit quatre fils, qui le précédèrent au tombeau; savoir, Jean, Duc de Lorraine, dont nous avons déja parlé; Nicolas, Duc de Bar; Charles, Comte de Guise, & René. Il eut de plus trois filles: Elizabeth morte en bas-âge; Yolande, mariée en 1444, à Ferri II de Lorraine (2), Comte de Vaudemont, à qui elle porta les droits de sa Maison sur le Royaume

---

(1) Les articles du contrat de mariage furent passés le 3 Septembre 1454, de la part du Roi René par ses Ambassadeurs & Procureurs députés à cet effet; savoir nobles & puissants Seigneurs Louis, Sire de Beauvau, Seigneur de Pressigni & Gui de Laval, Seigneur de Loué, Chevaliers & Chambellans dudit Roi de Sicile; en présence d'Anne, Comtesse de Laval, des Comtes de Vendôme & de Tancarville, du sieur de Loheac, Chevalier François; de Raoul du Boscher, & d'Olivier de Feschal, Chevaliers. Jeanne eut en dot 40,000 écus d'or qui vaudroient 368,000 livres. Biblioth. du Roi, mss. de Brienne, n° 306.

(2) Le Roi René donna le 10 Juin 1443 à Ferri & à Yolande, & à leurs descendans, la ville de Lambesc, la Barben, la Roquette, Ville-Laure, la Tour de Genson, &c. avec les droits de régale, mere, mixte, impere, se réservant seulement la suzeraineté.

de Naples & sur la Provence; & Marguerite, femme de Henri VI, Roi d'Angleterre. Il eut de plus un fils naturel & deux filles. Le fils nommé Jean, fut Marquis du Pont, Seigneur de Saint-Remi & de Saint-Cannat; il épousa Marguerite de Glandevés-Faucon, fille de Raymond de Glandevés, Lieutenant-Général pour le Roi à Gênes, & Ambassadeur à Rome, & de Baptistine de Forbin, fille de Palamedes (1). Les deux filles naturelles étoient Magdeleine & Blanche (2); celle-ci fut mariée à Bertrand de Beauvau, Chevalier de l'Ordre du Croissant, Baron de Pressigni en Touraine, & Grand-Maître d'Hôtel du Roi René, &c. Elle mourut à Aix le 16 Avril 1470. René étoit beau, grand, bienfait; il avoit reçu au visage, à la journée de Burgneville une blessure, dont la cicatrice ne lui messioit pas. Il composa quelques ouvrages, parmi lesquels il y en a trois, dont on conserve des copies manuscrites à la Bibliothèque du Roi. L'un mêlé de prose & de vers a été imprimé, & a pour titre *l'Abusé en Cour*. Ce sont des Dialogues entre un Courtisan réduit à l'indigence par sa mauvaise conduite, & l'Auteur qui parle sous le nom de Maître. René fit cet ouvrage pour servir d'instruction aux jeunes Gentilshommes qui entrent à la Cour.

SA MORT; SES ENFANTS.
An. 1480.

B. Nostrad. Ruffi, &c.

---

(1) De ce mariage de Jean avec Marguerite de Glandevés il ne vint qu'une fille qui fut mariée à François de Forbin, Seigneur de Soliers. Les fils de François & leurs descendants ont demandé inutilement aux Ducs de Lorraine & aux Rois leurs successeurs, les droits qu'ils pretendoient avoir sur le Marquisat de Pontamousson.

(2) On nomme souvent dans le Mémoire manuscrit, que j'ai déja cité plusieurs fois, une Helene, pour laquelle il y a plusieurs articles de dépense. Je ne sais si c'étoit une fille naturelle du Roi ou sa maîtresse : je serois porté à croire qu'elle étoit sa fille ; car par la manière dont on en parle, elle devoit avoir de douze à quinze ans.

Je dois remarquer en finissant que le 19 Juillet 1479, Jean Allardeau, Evêque de Marseille, & Honoré de Berre, cédèrent à Louis XI, de la part du Roi René, pour six ans, moyennant la rente annuelle de 6000 livres tournois, tous les revenus du Duché de Bar, à condition que le Roi de Sicile en conserveroit la souveraineté, & que tout s'y feroit en son nom. Reg. *Aquila.* fol. 183.

Tome III.   E e e

Le second est un Traité des Tournois, qu'il adresse à son frere Charles, Comte du Maine, & dans lequel il prescrit une nouvelle forme à ces jeux militaires.

Le troisième adressé à l'Archevêque de Tours, est intitulé *Traité d'entre l'Ame dévote & le Cœur, ou le Mortifiement de vaine Plaisance*.

On lui attribue encore des Rondeaux, Balades, Satyres, Comédies & autres Pièces semblables; différents Poëmes sur la Passion de Notre-Seigneur; une Description des Pays & Comté de Provence. Une Carte topographique de l'Anjou, & un Livre de Blason qu'il présenta à Louis XI.

Après sa mort, Charles, Comte du Maine, son neveu & son héritier, prit possession du Comté de Provence, & confirma le 19 Juillet à la Reine Jeanne, veuve du feu Roi, les donations que ce Prince lui avoit faites.

Ayant ensuite assemblé les Etats le 8 Novembre 1480, il confirma les statuts, priviléges, franchises & immunités, que ses Prédécesseurs avoient accordés à la Province; révoqua les droits que le Roi René avoit mis sur le bled, les laines, les peaux, le corail, & sur les autres marchandises, & promit de ne conférer les Offices de Justice qu'à des personnes qui en seroient dignes par leurs talents & leur probité, & de les rendre annuels. Cette annualité des Offices, que les Etats avoient si souvent demandée à ses Prédécesseurs, étoit d'autant plus contraire au bien public, qu'en ne laissant en place les Officiers de Justice qu'un an, on les privoit, eux & le peuple, du fruit de l'expérience : le Roi refusa de révoquer le Juge Criminel, que ses Prédécesseurs avoient établi, le Directeur-Général & le Prévôt des Maréchaussées; mais il restreignit la Jurisdiction de celui-ci aux personnes attachées à la Cour. Il promit en outre de ne mettre aucune imposition sans le consentement des trois Etats; voulut que le Droit Romain fût généralement suivi dans le pays, excepté sur les points auxquels on auroit dérogé par quelque loi particulière ; réprima la cupidité des Juifs ; accorda un amnistie pour tous les crimes, non compris celui de lèze-Majesté divine & humaine, l'homicide volontaire, & la fausse monnoie ; consentit à ce qu'on nommât des Commissaires pour veiller à la conservation des priviléges, libertés & franchises de la Province ; & à ce que, pour la collation des Bénéfices vacans dans le Pays, les Provençaux fussent préférés aux étrangers, après toutefois que les Chapelains du Prince auroient été pourvus ; enfin il permit l'usage des monnoies d'or & d'argent étrangères qui avoient cours en Languedoc, dans le Comté Vénaissin, le Piémont, la Savoie & le Dauphiné. Les Etats lui accordèrent cent mille florins de subsides, c'est-à-dire, près d'un million.

CHARLES DU MAINE, COMTE DE PROVENCE.

Arles & Marseille obtinrent aussi la confirmation de leurs priviléges. L'intention de Charles étoit de gagner le cœur de ses nouveaux sujets, pour les mener ensuite à la conquête de Naples, dont les malheurs de ses Prédécesseurs ne l'avoient point détaché. Il fit demander l'investiture de ce Royaume à Sixte IV, par François de Luxembourg, Antoine de Guiramand, Evêque de Digne, & Jean de Jarente, ses Députés à Rome. Louis XI appuya les demandes de Charles: mais le Pape qui ne vouloit point s'attirer la colère de Ferdinand, quoiqu'il eût à s'en plaindre ; qui craignoit d'ailleurs que les Turcs, déja maîtres de la ville d'Otrante, ne fissent une invasion dans les terres de l'Eglise, si Ferdinand occupé à se fortifier dans ses Etats contre les attaques d'un Compétiteur, négligeoit d'employer ses armes contre les Infideles, refusa de recevoir les Députés du Comte du Maine, avec les honneurs dûs aux Ambassadeurs des Rois. Il leur permit seulement de prendre acte de leur requisition, afin que leur Maître pût ensuite, quand l'occasion seroit plus favorable, faire valoir ses droits sur les Etats qu'il reclamoit.

Dans le temps que Charles sollicitoit à Rome l'investiture du

An. 1481.

Royaume de Naples, Yolande d'Anjou, Duchesse douairière de Lorraine, se croyant lézée par le testament de son père, prit le titre de Reine de Jérusalem & de Sicile, & n'oublia rien pour se mettre en possession de la Provence. Elle envoya dans cette Province au mois d'Août 1481, Jean de Pontevés, Seigneur de Cotignac, Sénéchal de Lorraine, & le chargea de traiter secrettement avec Robert de Saint-Severin & Obieto de Fiesque, des moyens de s'en emparer. Robert offrit de fournir cent ou deux cents hommes d'armes, à trois chevaux par homme, y compris le Page, qui combattroient sous les ordres de son fils : René II. alla lui-même en Provence se mettre à la tête de ses partisants, parmi lesquels on nomme Raymond d'Agout, Seigneur de Cypieres ; Boniface de Castellane, Seigneur de Foz ; Philibert son fils, & Honoré, Seigneur de la Vallée de Chanan. Ces Gentilshommes, à la tête d'une troupe de mécontents qui s'étoient rangés sous leurs drapeaux, firent soulever en faveur de la Maison de Lorraine les villes de Forcalquier, Grasse, Draguignan & leurs Vigueries ; il n'y eut qu'Antibes qui résista à leurs sollicitations & à leurs attaques, avec une fermeté qui mérita la reconnoissance du Souverain. Villeneuve, Seigneur de Serenon, se distingua aussi à la défense du Château de Trans, qu'il maintint sous l'obéissance du Comte. Cette guerre intestine ne dura pas deux mois. Louis XI fut à peine instruit du soulèvement, qu'il envoya des secours au Comte du Maine, & mit des gardes sur toutes les routes qui conduisoient en Provence, pour se saisir du Duc de Lorraine, lorsqu'il seroit forcé d'en sortir. Heureusement René en fut averti ; & il alla s'embarquer à Marseille sur un vaisseau qui le conduisit à Venise, d'où il se rendit dans ses Etats de Lorraine.

Charles délivré de cet ennemi, faisoit des préparatifs de guerre pour une expédition dans le Royaume de Naples, lorsque l'excessive douleur que lui avoit causé la mort de Jeanne de Lorraine sa femme, qu'il aimoit éperdument, le jetta dans une maladie de langueur qui le fit renoncer à ses projets. Cette Princesse, fille aînée de Ferri, Comte de Vaudemont & d'Yolande d'Anjou, étoit morte à Aix, à la fin de Janvier, après sept ans de mariage, ayant été mariée le 21 Janvier 1474. Charles se voyant le dernier rejetton de la Branche Royale d'Anjou, crut que Louis XI, qui descendoit par sa mère de cette Maison, devoit hériter de la Provence (1); ce n'est pas que René II, Duc de Lorraine, & petit-fils du Roi René, n'y eût des droits plus apparents : mais Charles venoit d'être puissamment secouru par Louis XI, lorsqu'une partie de la Provence se souleva, & il est vraisemblable qu'il avoit été convenu entre ce Monarque & le feu Roi, que la Provence, après l'extinction de la Maison d'Anjou, seroit réunie à la Couronne. Peut-être aussi que Charles n'avoit été préféré au Duc de Lorraine, quand il fut question de la succession, que parce qu'il étoit à présumer qu'il mourroit sans postérité. Quoi qu'il en soit, des motifs secrets qui le déterminèrent dans ses dernières dispositions, il institua pour son héritier universel, Louis, Roi de France, & après lui Charles, son fils aîné, Dauphin de Viennois, & tous ses Descendans & Successeurs à la Couronne; il le supplioit instamment, & au nom du grand amour qu'il lui portoit,

XX.
Son Testament, et sa Mort.
An. 1481.

Testam. des Comtes de Prov. & preuve de Conin.
10 Décembre.

___

(1) Le Député de Marseille vers Charles VIII en 1484, écrivant aux Consuls de cette ville, leur disoit : *on prétend ici que la Provence appartient au Roi de France, tant par le testament du Roi Charles II, que par la succession de la Reine de France, qui étoit fille du Comte Raymond Beranger.* Arch. de Marf. reg. 1484 Fevr.

Il y a toute apparence que Louis XI allégua les mêmes raisons, pour appuyer ses prétentions sur la Provence; & que Charles III voulant sagement prévenir les guerres que cette succession occasionneroit, le fit son héritier. Il crut, & vraisemblablement cela avoit été ainsi convenu avec le Roi René, il crut que si les femmes pouvoient donner des droits sur la Provence, Marguerite, femme de S. Louis en avoit transmis à ses descendans; qui étoient bien antérieurs à ceux que reclamoit la seconde Maison d'Anjou, représentée dans cette affaire par le Duc de Lorraine : ceux de ce Prince ne rapportoient leur origine qu'à l'adoption de Louis I pour la Reine Jeanne; & ceux de Louis XI remontant à la Reine Marguerite, étoient fondés sur les droits du sang.

de traiter avec bonté ses sujets de Provence & des terres adjacentes, de leur conserver leurs privileges, leurs franchises & leurs libertés, & de les maintenir dans leurs usages, leurs coutumes & leurs loix, comme il avoit fait lui-même, conformément au serment qu'il avoit prêté dans l'assemblée des trois Etats, après la mort du Roi René. Il légua à l'Eglise métropolitaine de la ville d'Aix, dans laquelle il voulut être enterré, deux mille livres d'or, cent écus de rente aux Dominicains de la même ville; sa bibliotheque au Couvent de S. Maximin; ses livres de Médecine à Pierre Maurel, son Médecin; mille écus à Jean, bâtard du Maine, son frere naturel, & la Vicomté de Martigues à François de Luxembourg, son cousin-germain. On trouve parmi ses autres légataires, les Chambellans & généreux Ecuyers Guillaume de Montmorency, Pierre & Roux de l'Etrange, Yvon d'Allegre, Jean de Benault, Gaspard Cossa, Hector de Monbrun, George & Antoine de Valori, Pierre d'Aubigny, Simon d'Anglure, Boniface de Castellane, & Jean de Glandevés (1).

Le lendemain 11 Décembre, Charles confirma son testament par deux codiciles, & mourut le même jour à Marseille, d'où son corps fut transporté à Aix, ainsi qu'il l'avoit ordonné.

---

(1) Acta fuerunt hæc, &c. Presentibus Reverendissimis Patribus, magnificisque egregiis, nobilibus & honorabilibus viris, Fratribus Elzeario Garneri, Priori Sancti Maximini; Francisco Bernardi, ordinis Predicatorum, Sacrarum Scripturarum Magistris, Confessoribus; Magistro Petro Robin, Physico, Domino de Gravesone; J. Bapt. de Morano, Domino de Carcairana, cive Arelatensi; Matelino de Saint-Mas, Domino de Mossa; &c. Consiliariis Scutiferis; Joanne de Rieux, Apoticario; & Joanne Salonis loci insule Martici, domesticis & familiaribus, &c. Item. Fulcone de Senasio, Carolo Gassini, Consulibus; Domino Bertrando Duranti, jurium Doctore; Guillelmo Paulo, Gregorio de Langueto, & Ludovico Boquini, tam Burgensibus quàm Mercatoribus, &c. & me Gaufrido Tallamer, Regis Secretario; ac me Jacobo Gaufridi, Regis Secretario, &c. *Arc. d'Aix, arm. C. regist. n° 12. parv. reg. fol. 30.*

La ville d'Arles députa pour assister à ses obsèques les nobles René de Castillon, Seigneur de Beynes; Bermont Bochon, & Fouquet de la Tour, Seigneur de Romoles. *Arch. de l'Hôt. de Ville.*

Il paroît que Palamedes de Forbin, politique adroit, mais homme de mérite, avoit réglé ces articles, & qu'il n'avoit pas peu contribué à entretenir Charles dans des sentimens favorables à Louis XI. Le séjour qu'il fit à la Cour de France pendant l'automne de 1481, donne lieu de le présumer ; & l'on est encore bien plus porté à le croire, lorsqu'on fait attention aux graces dont le Roi le combla par ses Lettres-patentes du 19 du même mois. Il l'établit son Gouverneur & Lieutenant Général en ses Comtés de Provence & de Forcalquier, aux Seigneuries de Marseille & d'Arles, & terres adjacentes, avec pouvoir de recevoir l'hommage & serment de fidélité des Prélats, Barons, Seigneurs & Communautés du pays ; de pourvoir à tous les états & offices tant de la robe que de l'épée ; de maintenir ou de déposer à son gré ceux qui les exerçoient ; d'assigner les gages & les pensions ; de conférer les bénéfices dont la nomination appartenoit au Roi ; de disposer à titre de récompense, pour un temps ou à perpétuité, des terres, places & seigneuries en faveur des personnes qui lui paroîtroient les mériter ; de contraindre même par la voie des armes, les villes & les particuliers qui refuseroient de rendre hommage ; d'assembler les Etats, de mettre des impositions ; de confirmer les privileges, d'en accorder de nouveaux ; de pardonner les crimes, même celui de rebellion ; en un mot d'exercer en Provence l'autorité royale dans toute son étendue. C'étoit une faveur jusqu'alors inouie ; mais elle étoit justifiée par les services que Forbin avoit rendus à Louis, & par la capacité qu'il montroit pour les grandes affaires.

Son Testament et sa Mort.

Les Hist. de Prov.

Dans la personne de Charles III finit la seconde Maison d'Anjou, qui, moins heureuse que la premiere, ne put, pendant le cours d'un siecle, s'établir sur le trône de Naples. A la mort de ce Prince, la Provence démembrée de la Monarchie Françoise depuis l'an 879, fut réunie à la Couronne pour participer à ce mouvement général d'autant plus puissant dans un grand Etat,

LIVRE IX.

XXI.
DU COMMERCE.

que toutes les parties obéissant à la même impulsion, s'animent & se vivifient par la communication réciproque des lumieres, du commerce & de l'industrie.

Le commerce & l'industrie avoient perdu en Provence toute leur activité, depuis que les Comtes étoient devenus maîtres de Naples : on en voit facilement les causes à travers les révolutions que nous venons de décrire. Une Province obligée d'entretenir des armées & des flottes nombreuses pour soutenir ses Souverains dans leurs conquêtes, n'étoit point en état de faire fleurir le commerce, qui pour être véritablement animé a besoin d'un riche numéraire, de beaucoup d'hommes & de loisir. Rien de tout cela ne se trouvoit en Provence sous la premiere & la seconde Maison d'Anjou. Le peu de vaisseaux qui partoient de loin en loin des ports de Marseille, en nous apportant des marchandises & des denrées d'Italie, du Levant & d'Afrique, ne pouvoient presque donner aucune de nos productions en échange, & achevoient de faire sortir du pays l'argent que la guerre n'avoit pas épuisé (1); aussi l'intérêt étoit-il exorbitant. Dans le treizieme siecle il étoit de vingt pour cent en Italie. Peut-être étoit-il plus fort en Provence, où le numéraire étoit plus rare & presque tout entre les mains des Lombards & des Toscans. Ces Banquiers avides, établis principalement à Avignon & à Marseille, vexoient le peuple, & plus d'une fois ils armerent contre eux la juste sévérité de Charles II, de Robert & de leurs successeurs, qui cependant

Ant. Med. Æv.
t. 1. p. 893.

_____

(1) Le Tréforier de la ville de Marseille ayant rendu ses comptes en 1382, sa recette ne monta qu'à 5651 florins d'or 5 gros, ce qui fait 52437 livres. Nous croyons que c'étoit là tout le revenu de la Ville. La recette du Tréforier qui servit de charge la même année, fut de 25784 livres 16 sols 8 deniers royaux, qui vaudroient environ 193,400 livres; mais nous avons lieu de croire que c'étoit la recette de plusieurs années. Arch. de Marf. ann. 1382.

La recette de la ville d'Apt fut en l'année 1374 de 2288 flor. 13 s. qui vaudroient 19798 liv., & celle de l'année 1375 fut de 2073 flor. 10 sols, c'est-à-dire 17937 liv. Arch. d'Apt, aux comptes du trésor.

pressés

preſſés comme leurs ſujets par le beſoin, furent auſſi obligés d'avoir recours aux mêmes emprunts.

Un zèle peu éclairé pour la religion contribua encore à faire paſſer chez l'étranger le peu d'argent qui reſtoit en Provence. Jean, Roi de Jéruſalem & de Chypre, ayant demandé au Pape des ſecours pour ſoutenir la guerre contre les infideles, le S. Pere ordonna une quête à laquelle il attacha des indulgences qui la rendirent très-abondante. Les Marſeillois donnèrent juſques à leurs bijoux, cependant ils ne firent que la ſomme de 534 florins ou d'environ cinq mille livres. Hon. Scrail-
lier, Not. à
Marſeil.

Ordinairement on ne prêtoit que ſur gages, & nous avons vu que Charles I ne fut point exempt de cette loi. Lorſque les débiteurs n'avoient point donné de gages, & qu'ils devenoient inſolvables, le créancier faiſoit ſaiſir leurs effets, excepté leurs vêtemens, leur lit, la porte de leur maiſon, & les inſtruments du labourage. Si le débiteur étoit Gentilhomme, on ne pouvoit prendre ni ſon cheval, ni ſes armes. C'eût été en quelque maniere le dégrader que de lui ôter ces marques diſtinctives de la chevalerie. Dach. t. 9. p.
18, 184. & t. 11.
p. 377.

XXII.
Des Arts.

Les arts, enfans du luxe qu'ils nourriſſent & qu'ils augmentent, ne prennent aucun eſſor dans un pays où les guerres étrangères & les diviſions inteſtines agitent les eſprits, tandis que la pauvreté leur ôte le nerf & la vigueur. Ainſi quoiqu'une grande partie de l'Italie fut ſoumiſe aux Provençaux, quoiqu'ils fuſſent répandus dans tout le reſte, il ne paroît pas qu'ils aient tranſporté chez eux les fabriques qu'ils trouvèrent dans cette contrée. Nous n'en exceptons que l'art de travailler la ſoie, dont nous avons découvert des traces dans la ville de Marſeille vers la fin du treizieme ſiècle. On y connoiſſoit le taffetas, ainſi nommé dans une charte de Charles II. La muſique auroit dû plaire davantage à leur imagination, dont la ſenſibilité approche ſi fort de celle des Italiens: mais la paſſion des armes ne leur permit pas ſans doute de s'y livrer; & ſi l'on en excepte quelques Troubadours qui l'allioient avec la poésie, nous n'avons aucune preuve qu'elle fut plus cultivée en Provence que dans les autres provinces du Royaume, excepté peut-être sous le Roi René. Ce Prince étant un des plus grands musiciens de son siècle, comme on peut en juger par quelques airs de sa composition, inspira vraisemblablement son goût à la nation, par ce penchant naturel qu'ont les sujets d'adopter les goûts de leur Souverain, sur-tout lorsque ces goûts ont quelqu'analogie avec le caractere national.

Le Roi René étoit grand Peintre. Parmi ses portraits nous en connoissons un qu'on prétend être son ouvrage; si cela est, on peut dire que dans la peinture il avoit fait des progrès qui lui assignoient un rang distingué parmi les Artistes. Cependant quelques tableaux qui nous restent encore du siecle où il vivoit, & les figures peintes sur les vitraux des Eglises, annoncent qu'en général cet art, parmi nous, ne formoit encore que des traits grossiers.

L'architecture n'étoit pas loin de sa perfection, à juger de ses progrès par l'Eglise de S. Maximin, qui fut bâtie à la fin du treizieme siècle. Elle est d'une élégance, d'une noblesse, & en même-temps d'une simplicité dans l'exécution, dont peu d'Eglises de France approchent, même parmi celles qui ont été bâties dans ces derniers temps. Nous en avons quelques autres qui sont à peu-près du même siècle, telles que celle de Tarascon, & qui, malgré leurs défauts, ne sont pas sans mérite. Mais nous n'avons point de preuve qu'elles aient été bâties par des Architectes Provençaux. On les doit peut-être à des Artistes Italiens, qui avoient étudié avec fruit les règles de l'architecture sur les Temples dont la Lombardie & la Toscane s'enorgueillissoient déja.

Ce que les Provençaux paroissent avoir plus particuliérement imité des Italiens, c'est leur goût pour la Jurisprudence, & l'estime singuliere qu'ils avoient pour les personnes qui s'y adonnoient. Le titre de Professeur en Droit & de Docteur étoit en si grande considération, que nous le voyons associé à des noms distingués dans la noblesse. Cette considération se répandit même sur toutes les professions qui avoient quelque rapport à la Jurisprudence. Non-seulement les places de Viguier, de Sous-Viguier & de Bailli étoient occupées par des Gentilshommes, sous la premiere Maison d'Anjou; mais encore on en voyoit souvent qui étoient Notaires & Clavaires, c'est-à-dire, Trésoriers des Vigueries: ils ne dédaignoient pas des fonctions dans lesquelles ils ne voyoient que l'honneur de remplir une charge municipale. On trouve encore des exemples de Clavaires nobles dans le quinzieme siècle.

Les Maîtres-Rationaux étoient nobles, ou du moins il paroît qu'ils le devenoient en possédant cette charge. Le plus ancien titre qui soit venu à notre connoissance, & dans lequel il soit fait mention d'une Cour à Aix, est du mois de Juin 1257. Charles I, en 1278, parle aussi de cette Cour comme étant destinée à prendre connoissance des affaires du Domaine, des matieres féodales, & à veiller sur les revenus du Prince. Sous la premiere Maison d'Anjou elle ne paroît pas avoir eu d'autre destination. Les affaires contentieuses tant civiles que criminelles étoient portées par appel du Juge ordinaire au Juge des premieres appellations, qui avoit toute la province dans son district, & de celui-ci elles alloient en dernier ressort au Juge-Mage ou Juge des secondes appellations, qui résidoit à Aix, & quelquefois on les portoit au Conseil du Sénéchal.

Cet Officier étoit obligé de tenir de trois en trois mois pendant quinze jours des assises dans les quatre parties de la Provence: ces parties étoient, suivant le réglement qui fut fait en 1279, & renouvellé en 1290, celle du Rhône; le Bailliage d'Aix, les Vigueries d'Hyeres & de Forcalquier; les Bailliages de Sisteron & de Digne, avec la Vallée de Manosque & de Seyne; les Vigueries de Draguignan, de Grasse & de Nice, avec les Bailliages de Castellane & du Puget de Theniers. Du reste, le Prince

XXIII.
DE L'ORDRE
JUDICIAIRE.

T. 2 Pr. p. 95.

Arm. C. n° 7.
parv. reg.

Reg. Pergam.
f. 84.

laisse au Sénéchal & à son Conseil le choix des lieux les plus convenables pour y tenir les assises.

Cet ordre judiciaire ne fut pas si constamment observé, qu'il n'y eût des variations sous la seconde Maison d'Anjou. Nous avons dit ailleurs que Louis II avoit établi en 1415 une Cour qui fut d'abord connue sous le nom de Parlement. Elle subsista sous celui de Conseil éminent, & connoissoit des affaires civiles & criminelles; mais avant que la connoissance lui en parvînt, il falloit passer par tant de Jurisdictions subalternes, qu'on n'osoit s'engager dans des procès, dont on ne pouvoit obtenir un jugement définitif, sans des peines & des dépenses infinies.

Le pouvoir du Grand Sénéchal étoit supérieur à celui de ces Tribunaux. Cet Officier de la Couronne avoit la haute police, une espece de pouvoir législatif, & le droit de réformer les sentences des Tribunaux. Chargé du militaire, lorsqu'il n'y avoit point de Gouverneur ni de Régent en Provence; c'étoit une espece de Vice-Roi, qui réunissoit en quelque sorte les pouvoirs d'un Grand Chancelier & d'un Lieutenant Général, & qui avoit le droit de convoquer les Etats.

La Reine Jeanne voulant mettre des bornes à son excessive autorité, lui défendit de rien vendre, donner ou aliéner de ce qui appartenoit au Domaine; de destituer de leur charge, sans sa permission, les Officiers majeurs, & d'accorder des lettres de grace aux criminels condamnés à mort; de remettre les peines pécuniaires, excepté dans le cas de pauvreté, ou de services rendus à l'Etat; & encore dans ces occasions, ne pouvoit-il rien faire que de l'aveu de son Conseil. La Reine lui ôta aussi la faculté de donner à bail, de son propre mouvement, les droits domaniaux: elle ordonna qu'ils fussent mis à l'encan. On peut juger par ces privileges de l'autorité sans bornes du Grand Sénéchal.

Lorsqu'il y avoit un Gouverneur, ce n'étoit plus la même chose. Ce Gouverneur, Prince du Sang pour l'ordinaire, exerçoit pour la partie militaire, qui lui donnoit des droits infinis dans la province, l'autorité du Souverain dont il étoit le représentant. Tel fut Charles d'Anjou en 1276; Robert d'Anjou, en 1303; Philippe, Prince de Tarente, en 1357; Charles d'Anjou, Comte du Maine, en 1423, &c. Hors ces occasions extraordinaires, le Sénéchal rentroit dans la double fonction de Chef de la Justice & de la Guerre. Une charge de cette importance ne pouvoit manquer d'être remplie par des gens de la plus haute considération : voici les noms de ceux qui sont venus à notre connoissance. Il paroit qu'ils étoient élus à Pâques.

Du Grand Sénéchal et Gouverneur.

Guillaume de RAYMOND, *Raymundi* : il en est fait mention dans une charte rapportée par Bouche, t. 2. p. 139. Il est vraisemblablement le même que j'ai trouvé nommé dans une charte de Montrieux, datée du 20 Juillet 1150; il étoit à la suite de Raymond Berenger II, Comte de Barcelone, Marquis de Provence, avec plusieurs autres Gentilshommes. Il prend dans l'acte la qualité de citoyen d'Avignon.

Sept. 1150.

Cartul. de Montr. fol. 1.

Guillaume de SAINT-ALBAN, Sénéchal & Gouverneur. An. 1168.
Guillaume de BEAULIEU, également Sénéchal & Gouverneur. An. 1173.
Le Comte de FOIX. An. 1185.
Barral de BAUX, des Vicomtes de Marseille, Sénéchal & Gouverneur. An. 1190.
Romée de VILLENEUVE remplit les mêmes charges. An. 1241.
Amalric de TUREXO. Le 3 Mars 1248.
Pierre de SANTELIS ou *de Santilio*. An. 1249.
Hugues de ARSICIS : nous ne savons de ces trois Sénéchaux rien de plus que leur nom. 31 Avr. 1251.
Hugues d'HIERES, des Vicomtes de Marseille. 31 Avr. 1252.
Hugues de ARIMO. An. 1253.
Giraud de SACIAC. 18 Janv. 1255.
Odon de FONTAINES. 21 Juill. 1256-57.
Giraud de SACIAC. 18 Janv. 1258.

Livre IX.	
An. 1259.	Gautier d'ALNET, d'une maison qui remplit ensuite les premieres charges dans le Royaume de Naples.
An. 1261.	Guillaume L'ETENDARD, de Berre, un des plus vaillants Capitaines qui suivirent Charles I en Italie.
An. 1263.	Pierre de VINS ou de Viens, *de Vicinis*, probablement de la Maison de Simiane.
An. 1266.	Guillaume L'ETENDARD. On le trouve au mois de Juillet de cette année-là, & en Mai 1267.
8 Oct. 1269.	Guillaume de LAGONESSA ou de Leonesse, d'une maison qui se rendit puissante dans le Royaume de Naples.
Juin 1270.	Guillaume L'ETENDARD. On le trouve encore au mois de Janvier de l'année suivante.
An. 1271.	Guillaume de LEONESSE, depuis Pâques de cette année jusqu'en 1276. Le Duc de Calabre, fils de Charles I, fut Gouverneur jusqu'en 1281.
An. 1276.	Gautier d'ALNET, depuis Pâques 1276, jusqu'à pareil jour de l'année suivante.
An. 1277.	Pierre de VINS, *de Vicinis*, le même dont nous avons déja parlé.
17 Août 1278.	Jean de BURLATS, *de Burlatio*.
Mai 1280.	Jean de BARRAS, *de Barratio*.
Nov. 1281.	Philippe de LAVENE, de la Maison de Fiesque, jusqu'au 20 Mai 1282.
Août 1282.	Jean de BURLATS.
An. 1283.	Isnard d'ENTREVENES, Seigneur d'Agout, jusqu'au mois de Mars 1284.
	Philibert Campanile, dans la généalogie qu'il a faite des principales Maisons du Royaume de Naples, dit que Raymond de Baux fut Grand Sénéchal de Provence & de Forcalquier sous le regne de Charles II. Si cela est, ce ne peut être que vers l'an 1285. Nous mettrons donc sur la foi de cet Auteur,
An. 1285.	Raymond de BAUX, Comte d'Avelin, &c. L'Auteur déja cité prétend que Raymond étoit alors marié avec Jeanne, fille de Jean II, Duc de Bretagne.

Philippe de LAVENE. Il faut que cette branche de la Maison An. 1286 & 1287.
de Fiefque, fut établie en Provence ou dans le Royaume de
Naples, puifqu'elle fourniffoit des Grands Sénéchaux.

Jean SCOT. Un de fes defcendants, nommé Jean comme lui, 19 Avr. 1288.
fut fait Grand Sénéchal du Royaume des Deux-Siciles par
Louis II, & mourut à Naples en 1393.

Berenger de GANTELMI, d'une Maifon illuftre de Tarafcon, 21 Avr. 1290.
qui fe rendit puiffante dans le Royaume de Naples, où elle laiffa
poftérité.

Alphonfe de SOULIERS, jufqu'au 22 Juillet 1293. 13 Févr. 1291.

Hugues de VINS, *de Vicinis*. Il étoit en même-temps Maréchal 14 Févr. 1294
du Royaume de Sicile. & 1296.

Raynaud de LECTO. Le Prince Robert qui fuccéda à Charles An. 1297.
fon pere, étant à Marfeille le 23 Juin 1298, lui enjoignit de
remettre à Gautier de Pont ou de Ponte, *Gualterio de Ponte*,
Chevalier, Sénéchal de l'Hôtel, quelques prifonniers que les
Marfeillois avoient fait. Raynaud de Lecto étoit encore Grand
Sénéchal le 6 Mai 1299. Bouche prétend qu'il continua de l'être
en 1300 avec Jean d'Aigueblanche, *de Aquablanca*; mais nous
n'avons aucune preuve de l'exiftence de ce dernier.

Richard de GAMBATEZA, originaire de Pife; il fut Grand An. 1302.
Sénéchal jufqu'à Pâques 1306.

François de LECTO. Arnaud de Lecto étoit dans le même-temps 23 Août 1306.
Sénéchal de Piémont. Il y eut cette année-là deux grands Séné- 16 Juin 1307.
chaux, l'un pour le Comté de Provence, l'autre pour le Comté
de Forcalquier. C'étoient François de LECTO & Gerard de
SAINT-ELPIDE, *de Sancto Elpidio*.

Richard de GAMBATEZA. 26 Sept. 1308.

Raynaud de LECTO. Il avoit été Sénéchal de Piémont en 1307. An. 1309 & 1310.

Richard de GAMBATEZA. 24 Juill. 1311.

Thomas de MARZAN, Comte de Squillace, Maréchal du 5 Juin 1313.
Royaume de Sicile. Il étoit encore Sénéchal le 19 Avril 1314.

& avoit pour son Lieutenant BERTRAND de Marseille, Seigneur d'Evenos.

Richard de GAMBATEZA : il étoit encore Grand Sénéchal le 20 Avril 1316, quatorzieme indiction.

Jean BAUD, suivant Bouche.

Leon de RIEZ, de *Regio*.

Raynaud de SCALETLA.

Jean d'AIGUEBLANCHE, *de Aquablanca*.

Philippe de SANGUINET, *de Sanguineto*, paroît avoir été Grand Sénéchal de Provence depuis cette année-là jusqu'en 1342: il avoit pour Lieutenant Raymond de GANTELMI, Seigneur de Graveson. Philippe étoit probablement de la même Maison qui fut connue dans cette Province sous le nom de Sagnet dans le quinzième siècle, & qui est éteinte. Il devoit être fils de Roger de Sanguinet, qui commandoit à Belvedere en Calabre en 1287, lorsque Jacques d'Arragon, Roi de Sicile, assiégeoit cette place. Jacques avoit parmi ses prisonniers deux fils de Roger : il les fit attacher à l'endroit où les machines des assiégés faisoient le plus de ravages, & en fit avertir Roger, croyant par ce stratagême rendre sa défense moins vigoureuse : celui-ci répondit qu'il préféroit le service du Prince à la vie de ses enfants, & continua de faire tirer comme auparavant. Un de ses fils fut tué. Jacques lui renvoya l'autre, ainsi que le corps du défunt.

Hugues de BAUX, Comte d'Avelin, &c, en 1343, 1344, & 12 Juillet 1345 ; il étoit Chambellan de la Reine Jeanne, & fut vraisemblablement pere du fameux Raynaud de Baux, Grand Amiral de Sicile, le même qui força la Duchesse de Duras d'épouser Robert de Baux son fils, ainsi que nous l'avons dit dans l'histoire.

Philippe de SANGUINET.

Raymond d'AGOUT paroît avoir été Grand Sénéchal & Gouverneur de Provence depuis cette année jusqu'à Pâques 1350. A cette

cette époque la Reine lui donna pour succeſſeur Aimeric ROL-
LANDI ; mais les Provençaux n'en ayant pas voulu à cauſe de ſa
qualité d'étranger, Boniface de CASTELLANE, Seigneur de Foz,
fut nommé Grand Sénéchal & Gouverneur, & perdit peu de
tems après ces deux places pour avoir déplu à la Reine Jeanne.
Il eut pour ſucceſſeur Roger de Saint-Severin, Comte de
Milet, nommé dans un titre du 20 Décembre de la même
année ; il n'exerça pas non plus, & Raymond d'AGOUT fut
nommé de nouveau juſqu'à Pâques 1352 ou peut-être 1353.

Du Grand Sénéchal et Gouverneur.

Fouques d'AGOUT.   9 Mai 1353.

Aimeric ROLLANDI, Seigneur de Vallone. C'eſt le même qui   23 Oct. 1354.
avoit été refuſé quatre ans auparavant. Il eſt vraiſemblable que
les Provençaux l'acceptèrent cette année-là pour donner quelque
ſatisfaction à leur Reine. Il paroît qu'il n'exerça pas long-tems,
puiſque nous avons lu dans un titre des archives d'Apt, que
Fouques d'AGOUT étoit Sénéchal le premier Février 1355.

Jean GANTELMI, Gentilhomme de Taraſcon, depuis le 25   An. 1355.
Novembre de cette année juſqu'au 26 Mars 1357.

Mathieu de GESUALDO, de Naples, ſuivant Bouche.   An. 1357.
Fouques d'AGOUT.   10 Févr. 1358.
Mathieu de GESUALDO.   Avr. 1360.
Roger de SAINT-SEVERIN, Comte de Milet. L'exercice de   Du 29 Août
la charge de grand Sénéchal poſſédée par ces deux étrangers,   1361 à Pâques
prouve que la promeſſe que la Reine avoit faite de ne donner   1363.
les places qu'aux naturels du pays, fut révoquée bientôt après.
Cependant les États ne ceſſèrent de la reclamer comme eſſentiel-
lement inhérente aux libertés de la province.

Fouques d'AGOUT étoit Grand Sénéchal, &c. le 18 Avril   Ann. 1363.
1363, il l'étoit encore le 25 Juillet 1365. Galéas Duc de Milan,   Arch. de For-
ayant marié ſa fille avec Lionel troiſieme fils d'Édouard III,   calq.
Roi d'Angleterre, lui donna en dot les villes d'Albe, de Mon-
dovi, de Coni & de Chieraſq : la Reine Jeanne qui croyoit

Tome III.   Ggg

avoir des droits fur ces places, envoya le 13 Août 1368 Fouques d'Agout au Prince Anglois pour lui faire des répréfentations dont nous ignorons le fuccès.

Raymond d'AGOUT, au mois de Novembre de cette année, 21 Mars 1368, & 2 Janvier 1370. Le Vicomte de TALARD étoit Vice Sénéchal en 1367.

Nicolas SPINELLI, de Naples. Il eft fait mention de lui dans différents titres jufqu'au mois de Septembre 1376. Il avoit pour Lieutenant Léonard de Afflicto *DE SCALIS*. Il paroît que le Roi ne nommoit de Lieutenant que pendant l'abfence du grand Sénéchal, & qu'alors cet Officier inférieur jouiffoit des mêmes pouvoirs (1). Spinelli avoit pour fucceffeur le 30 Octobre 1376,

Fouques d'AGOUT qui mourut à Arles le 29 Décembre 1385, étant encore Sénéchal. Le Roi & la Reine mere affifterent à fes funérailles. Guirand de SIMIANE, Seigneur de Cafeneuve, étoit Lieutenant du Grand Sénéchal en 1380 & 1381.

George de MARLE paroît dans les chartes avec la qualité de grand Sénéchal depuis le 11 Janvier 1386 jufqu'en 1400.

Jean PELLERIN étoit Commandant fous les ordres de CHARLES, Prince de Tarente, Viceroi en Provence.

Balthazar SPINOLA étoit en même-temps Grand Sénéchal de la partie de cette province qui reconnoiffoit Charles de Duras. Il eut pour fucceffeur Jean de GRIMALDI, le même qui contribua tant à faire paffer le Comte de Nice & la vallée de Barcelonette fous la domination de la Maifon de Savoie.

Bouche met en 1404, parmi les Grands Sénéchaux, Jean de TUSSEY qui n'étoit que Lieutenant de Roi pour le Comté de Provence proprement dit; car on lit dans un acte du 23

---

(1) Omnimodam, plenam, liberamque, generalem, & fpecialem poteftatem, & facultatem ad juftitiam & guerram quam habere foliti funt Senefcalli Communium ipforum, &c. Regiftr. lilii. fol. 38.

Juin 1405, que magnifique Seigneur Girard de BOURBON, Seigneur de Montpéroux de *Montepetrosio*, étoit Capitaine général dans le Comté de Forcalquier, & Vice-Sénéchal pour le Roi. Nous tirons ce fait d'une quittance donnée en faveur de ce Seigneur & d'Elzéar d'Autric. Jean de Tuffey se qualifioit Seigneur de la Guerche, terre située en Anjou.

Du Grand Sénéchal et Gouverneur.

Pierre d'ACIGNÉ, originaire d'Anjou, étoit Grand Sénéchal & Gouverneur de Provence à la fin d'Avril 1404. Nous ignorons s'il ne l'étoit pas auparavant. Le Roi l'appelloit son cousin, *consanguineus*; il lui donna pour successeur vers l'an 1423,

An. 1404.

Tristan de la JAILLE. Celui-ci ayant été appellé en Italie pour les affaires du Roi, fut remplacé, mais sans révocation de pouvoirs, par Pierre de BEAUVAU qui remplit par commission les fonctions de Gouverneur & de Grand Sénéchal. Ils furent révoqués l'un & l'autre le 10 Juin 1427 (1) probablement à cause de quelque conflit de jurisdiction qu'il y eut entr'eux & CHARLES du Maine, frere de Louis III, qui étoit alors Vice-Roi en Provence. Tristan de la Jaille mourut à Naples en 1429 étant Commandant de Regio.

An. 1423.

Depuis le regne de Charles I, quand il y avoit quelque Prince du sang en Provence, la charge de Gouverneur lui étoit affectée; & il laissoit celle de Sénéchal à un Gentilhomme de considération. Ce cas-là fut assez rare sous la premiere Maison d'Anjou. Il fut plus commun sous la seconde; & il arriva de-là, quand la charge de

---

(1) Ludovicus &c. illustri Germano nostro precarissimo Carolo in dictis comitatibus &c. Generali locum tenenti &c. Licet jampridem virum magnificum Petrum Dominum de Bellavalle, militem, primum Cambellanum nostrum, &c. Ad dictorum comitatuum, &c. Certis considerationibus moti, revocato ab inde viro magnifico Tristano de la Jaille, milite, Cambellano, cujus præsentiâ, ut nostris serviciis personaliter inhæreret, plurimum egebamus, ad gubernationem deputassemus, &c. Nihilhominus... predictos Petrum & Tristanum, & quemlibet ipsorum, suspendimus per præsentes... Et onus predictæ gubernationis vobis totaliter duximus delinquendum. Datum Aversæ, die 10 Jun. an. 1427. Arch. d'Aix, 4ᵉ quar. li. V. 8ᵉ pi.

Sénéchal cessa d'être annuelle, que le même homme exerça souvent les deux ; souvent aussi elles furent séparées. Il est difficile de marquer toutes les occasions où cette division eut lieu. Nous allons continuer la liste des Gouverneurs & des Sénéchaux, en les distinguant autant qu'il sera possible, lorsqu'ils avoient leurs fonctions séparées.

Livre IX.

An. 1429.

Arch. d'Aix, 7. quir. liass. QQ. 13ᵉ piec.

Titr. de Louis III, ch. M. le Préf. de S. Vinc. fol. 81. & 34. vº.

Pierre de BEAUVAU premier Chambellan de Louis III, reprit ses fonctions pour le plus tard en 1429, & les remplit jusqu'en 1443. Le Roi par ses Lettres-patentes du 2 Avril 1431, lui donna une ampliation des pouvoirs, déclarant que personne, de quelque rang & condition qu'elle fût, ne pourroit l'empêcher de les exercer dans toute leur étendue, & qu'ils ne cesseroient que dans le cas où le Roi lui-même viendroit en Provence. Ce Pierre de Beauvau est le même qui avoit été Gouverneur de Calabre en 1425 & 1426. Il étoit encore en Italie en 1427, puisqu'il tint alors sur les fonts baptismaux au nom du Roi Louis III, le fils du Comte d'Urbin. Il y étoit aussi au mois de Mars 1431, qui est l'époque où il fut envoyé Ambassadeur Extraordinaire auprès de la Reine Jeanne seconde, accompagné de Nicolas Perrigant, Doyen d'Angers. Il avoit pour son Lieutenant en Provence depuis le 20 Juin 1430 Louis de BOULIERS, Vicomte de Reillane, &c. Le Roi par les mêmes lettres du 2 Avril 1431, donna au Gouverneur un Conseil composé de Guillaume Sagnet, Chevalier, Président ; de Jourdan Bricii, Chevalier, Juge des secondes appellations ; de Louis Guirand, d'Antoine Botaric, & d'Antoine Suavis, Maîtres Rationnaux ; de Jean Martin, Avocat & Procureur du Fisc, & de Jean Isnard, Docteur ès Loix.

Pierre de Beauvau paroît avoir été presque toujours en Italie auprès du Roi en 1432 & 1433, laissant le Gouvernement de la Province entre les mains de Bertrand de BEAUVAU, son frere, que le Prince lui avoit donné pour Lieutenant, à la place de Louis de Bouliers.

Le 5 Février 1443, Tanegui du CHATEL succéda à Pierre de Beauvau, dans la charge de Grand Sénéchal. Nous n'avons aucune preuve qu'il ait fait les fonctions de Gouverneur. Il avoit déja pour successeur.

<small>Du Grand Sénéchal et Gouverneur.</small>

Louis de BEAUVAU au mois de Janvier 1458. Bouche prétend que dans l'acte où l'on rend compte de la translation des reliques de Sainte Marthe faite le 8 Août de la même année, Ferri de Lorraine, Comte de Vaudemont a le titre de Sénéchal; c'est au contraire à Louis de Beauvau qu'on le donne. Il y a quelques actes où il prend la qualité de Gouverneur; d'autres actes prouvent que cette charge fut possédée pendant quelques années par Jean d'Anjou Duc de Calabre. Louis de Beauvau possédoit en Provence les terres de Beynes, Château-Renard, Graveson & Eyrargues en 1456; & le 24 Septembre 1460, il acheta de Jean d'Arlatan, la quatrieme partie du lieu de Maillane, le reste lui appartenant déja.

<small>Arch. d'Aix, 9ᵉ quar. pi. 23.</small>

Ferri de LORRAINE, Comte de Vaudemont, étoit Grand Sénéchal en 1470.

<small>An. 1470.</small>

Et Jean de COSSA, Comte de Troye, Baron de Grimaud, Gouverneur: cependant il réunit les deux charges pendant quelques années. Jean étoit Napolitain & originaire de l'île d'Ischia située vis-à-vis de Naples. Il étoit neveu de Balthazar Cossa, élu Pape au mois de Mai 1410, sous le titre de Jean XXIII. Né avec des talens rares pour la guerre & la politique, ce Seigneur avoit fait le sacrifice de ses biens pour s'attacher à la Maison d'Anjou, qu'il suivit en Provence, ainsi que nous l'avons dit ailleurs. Dans un Mémoire qu'il envoya à Ferri de Lorraine pour lui rappeller les services qu'il avoit rendus au Roi René, il dit en parlant de ses alliances, *n'y a gueres de Seigneur d'état ni de réputation, au Royaume de Naples, qui ne me soit cousin & conjoint à moi, ou à mes cousins & parens.*

<small>Bibl. de Carp.</small>

Ayant eu une attaque de paralysie à Tarascon, il fit son testament le 15 Septembre 1476 : mais comme il avoit perdu l'ufage de la parole, le frere Bernard de Capoue, de l'Ordre des Freres Mineurs, dictoit fes volontés, prétendant les avoir fues lorfque le teftateur étoit en fanté : celui-ci répondoit à chaque article par un figne de tête & par ce monofyllabe *oy* (1). Il mourut le 3 Octobre de la même année, & fut enterré dans l'églife fouterraine de Sainte Marthe, où l'on voit encore fon épitaphe & fon tombeau.

Pierre de la JAILLE que nous trouvons Sénéchal au mois de Mai 1480, paroît lui avoir fuccédé immédiatement.

On voit par cette lifte que la place de Sénéchal étoit toujours occupée, comme nous l'avons dit, par des perfonnes d'une naiffance illuftre.

On diftinguoit plufieurs fortes de nobles : les uns poffeffeurs de fiefs, de tems immémorial, voyoient l'origine de leur nobleffe cachée dans l'obfcurité des tems. Ceux-là compofoient le premier ordre de citoyens, & tenoient le premier rang à la Cour des Princes : après eux venoient ceux dont la Nobleffe avoit une époque connue ; mais qui s'étant rendus dignes des bontés du Souverain par leurs fervices, avoient reçu de fes mains la ceinture militaire, & quelque fief à poffeder. Dans la troifieme claffe on pouvoit mettre les citoyens qui avoient été armés Chevaliers par des Gentilshommes ; car les Barons avoient le droit de faire des Chevaliers. En élevant un fimple roturier à ce grade, ils lui communiquoient une forte de nobleffe. Mais cette nobleffe, pour faire oublier fon origine peu honorable, avoit befoin que le tems, la profeffion des armes & les richeffes mêmes lui donnaffent un certain luftre.

C'eft à ce droit qu'avoient les Gentilshommes de donner la

---

(1) Ce Teftament fe trouve parmi les écritures de M. Mourret, Notaire à Tarafcon, chez lequel il y a beaucoup d'actes qui regardent les anciennes familles de Provence.

ceinture militaire, qu'il faut attribuer cette quantité de nobles & de Chevaliers dont la Province fourmilloit avant le XVe siécle. Ceux d'Aix ayant refusé en 1290, de contribuer aux charges, Charles II les y contraignit, déclarant qu'il n'y auroit dorénavant d'exemption, que pour les Nobles d'ancienne race, ou pour les citoyens qui avoient obtenu l'Ordre de Chevalerie avec la permission, ou de la main de Raymond Bérenger, ou de Charles I, ce qui en effet devenoit un titre très-honorable.

De la Noblesse.

Hôt. de Vill. d'Aix, reg. cat. f. 19. v°.

Tant que la féodalité fut dans toute sa force, la plupart des grands Seigneurs s'attribuerent le droit d'annoblir leurs sujets, en les armant Chevaliers. Le tems, secondé par les préjugés du siécle, mettoit le sceau à ces sortes d'annoblissemens. Mais quand la Puissance Souveraine eut commencé de s'élever sur les débris de ces pouvoirs subalternes qui la pressoient de toutes parts, les Souverains sentirent qu'ils n'auroient sur leurs sujets qu'une ombre d'autorité, si d'autres qu'eux s'attribuoient le droit de leur accorder des exemptions & des privileges. Ils déclarerent donc que le droit d'annoblissement étoit un droit de la Souveraineté, & comme la réception dans l'ordre de Chevalerie communiquoit les prérogatives de la Noblesse, il ne voulurent point qu'un roturier y fut admis, sans leur permission, sous peine d'être privé des avantages qu'il comptoit se procurer par cette cérémonie. C'est ainsi que Philippe V, dit le Long, permit à Jacques de Non en 1317, de recevoir la ceinture militaire des mains du Seigneur de Joinville, Sénéchal de Champagne, pour participer, en vertu de sa réception, à tous les privileges accordés aux Gentilshommes de son Royaume. Ce fut dans cet esprit que Charles II, Roi de Naples & Comte de Provence, donna en 1294 une Déclaration par laquelle en s'attribuant à lui seul & à ses successeurs le droit de conférer la Noblesse, défendoit de donner aux roturiers l'ordre de Chevalerie sans sa permission ; il vouloit arrêter une manie qui auroit

V. Les pr. ch.

Pr. ch.

en quelque forte avili l'ancienne Nobleſſe, & diminué le nombre des contribuables.

Durant les guerres étrangeres & les guerres inteſtines que les Provençaux eurent à foutenir fous la feconde Maiſon d'Anjou ; il y eut beaucoup de familles (1) nobles qui s'éteignirent ; & nos Comtes en tirerent d'autres de la roture, pour leur imprimer le fceau de la Nobleſſe, qui n'eſt véritablement honorable, que lorſque pendant une longue fuite de générations elle prend le caractère reſpectable de l'honneur & de la vertu. Les ſucceſſeurs de la Reine Jeanne communiquerent la Nobleſſe avec trop de facilité. Le Roi René ſur-tout ſembloit s'en faire un jeu. Ce reproche ne leur eſt pas ſi particulier qu'on ne puiſſe le faire à preſque tous les Princes de l'Europe, qui régnoient dans ce tems-là. Ils ne voyoient pas qu'en aſſociant, autant qu'il étoit en eux, les roturiers aux deſcendans des anciens Chevaliers, ils humilioient les uns fans illuſtrer les autres, & qu'ils auroient nui à la ſociété, s'ils avoient pu effacer cette ligne de démarcation, qui, dans l'ordre même de la Nobleſſe forme deux claſſes fort différentes, ſur-tout quand les familles nouvelles ne ſavent pas racheter le défaut d'ancienneté par des ſervices éclatans & un mérite héréditaire.

La réception d'un Chevalier, lorſque c'étoit le Roi qui donnoit la ceinture militaire, ſe faiſoit avec beaucoup d'appareil, dans une aſſemblée nombreuſe de perſonnes les plus qualifiées de l'un & de l'autre ſexe. Nous ne décrirons pas ici les cérémonies qu'on y obſervoit ; elles ſont très-bien détaillées dans l'intéreſſant ouvrage que nous avons ſur la Chevalerie. Il nous ſuffira de rappeller le ferment, que les Comtes de Provence Rois de Naples,

---

(1) Nous avons entre les mains l'hommage rendu au Roi Robert par les Seigneurs & les Communautés de Provence en 1309 ; & nous remarquons que parmi les familles nobles qui exiſtoient alors dans les Vigueries d'Aix, de Taraſcon, de S. Maximin, & de Siſteron, il y en a cent vingt qui n'exiſtent plus.

exigeoient

exigeoient en cette occasion du récipiendaire. L'Evêque, qui étoit présent, ou tout autre Ministre de l'Eglise le remplaçant, tenoit les saints Evangiles ouverts, & disoit au Néophite : « Puisque » vous avez desiré de recevoir la ceinture militaire, & d'être » admis Chevalier, vous jurerez présentement sur ces saints Evan- » giles, que sous quelque prétexte que ce soit, vous n'entre- » prendrez jamais rien de préjudiciable à la Majesté de votre Roi » ici présent & de ses successeurs : & dans le cas où vous pren- » driez la résolution (dont Dieu vous préserve) de manquer à » la fidélité que vous devez au Roi, qui est prêt à vous créer » Chevalier, vous promettez de lui rendre la ceinture militaire, » de laquelle dès-à-présent & dorénavant vous allez être décoré ; » & vous pourrez en ce cas porter les armes contre lui, sans » être coupable de félonie : autrement vous serez tenu pour » infâme & digne de mort. Vous promettez encore d'être fidele » à l'Eglise Catholique, respectueux envers les Prêtres ; de dé- » fendre votre patrie ; l'honneur des demoiselles, des veuves, » des orphelins & de toutes les autres personnes opprimées » : à quoi le récipiendaire répondoit en jurant sur les saints Evangiles qu'il l'observeroit de point en point.

Les Barons qui armoient un de leurs Vassaux Chevalier, exigeoient sans doute le même serment, avec les modifications & les changemens que la différence de rang devoit y faire mettre.

On a vu ci-dessus que l'exercice de la Jurisprudence pouvoit s'allier avec les distinctions de la Noblesse. Le commerce même ne dérogeoit pas dans notre Province, ou pour les mœurs & les usages on étoit presque Italien, & nous pourrions citer plus d'une famille Noble qui ne dédaigna pas de partager les occupations paisibles des Commerçans. Mais il faut l'avouer, ces familles sont rares, & si l'on vouloit donner raison de leur goût pour le commerce, on trouveroit qu'elles l'avoient apporté des Républi- ques d'Italie, où elles faisoient remonter leur origine.

La profession des armes paroît avoir été plus particuliérement affectée à la Noblesse, & nos anciennes maisons n'en connoissoient point d'autre. Delà vint que les Gentilshommes, qui vouloient se consacrer à la Religion, faisoient ordinairement le sacrifice des espérances du siecle dans quelque Ordre militaire, tel que celui des Templiers ou celui des Hopitaliers de S. Jean de Jérusalem. Nous avons trouvé dans l'histoire manuscrite du grand Prieuré de S. Gilles, faite sur les titres originaux, quelques noms qu'on nous saura gré d'avoir conservés.

Rostain de Sabran en 1252.

Giraud Amic de la Maison de Sabran, fils de Giraud II du nom, Seigneur de Château-neuf, du Tor & de Caumons, Commandeur d'Orange en 1257, il étoit en même temps Châtelain d'Emposte.

Raymond de Grasse, Commandeur de S. Christol, en 1262. Le même se trouve nommé dans un acte d'hommage rendu au Dauphin de Viennois par Geoffroi de Castellane, Seigneur de Montauban & de plusieurs autres lieux en 1273.

Guillaume de Barras, Commandeur de Puymoisson en 1282.

Pons de Raymond, Commandeur de Gap François.

Pierre de Raymond, Commandeur du Querci.

Raymond de Grasse, Commandeur d'Orange.

Boniface de Blaccas, Commandeur de Roussillon.

Rostaing de Sabran, Commandeur d'Orange en 1271.

Les mêmes se trouverent au Chapitre tenu en 1284, à Trinquetaille comme le précédent.

Raymond de Sabran en 1293.

Aime de Torame (Glandevés).

Geoffroi de Raymond, Commandeur de Manosque en 1300.

Raymond Cays, en 1351.

Raymond de Requiston, Commandeur du Puget de Theniers.

Isnard de Grasse du Bar, Commandeur d'Aix.

Manuel de Vintimille, Commandeur de Comps.

Pierre de Sabran, Commandeur de.... en 1355.
Guillaume de Montolieu.
Elzear de Glandevés, fils d'Isnard, Commandeur de Manosque en 1433.

Voici les Commandeurs & Chevaliers Provençaux venus à notre connoissance, qui vivoient en 1444, lorsque le Grand-Maître écrivit aux Grands-Prieurs de S. Gilles & de Toulouse de lui envoyer du secours contre les Turcs, qui menaçoient de faire une descente dans l'Ile de Rhodes.

Guillaume de Ricard, Commandeur; Jean de Castellane; Raymond de Puget; George Flotte; Cellion de Demandols.

Outre ces Chevaliers, l'Auteur de l'Histoire manuscrite, en cite beaucoup d'autres, dont le nom est éteint avec les familles qui le portoient.

Nous ne parlerons pas de la Bourgeoisie : elle étoit encore dans le même état où nous l'avons vue dans le volume précédent; avec cette différence qu'elle acquit plus de considération & de crédit, après l'établissement des communes, & sur-tout lorsque les Etats eurent pris, sous la Maison d'Anjou, une forme & une consistance qu'ils n'avoient point auparavant.

XXVI. De la Bourgeoisie et de la Servitude.

Quant à la servitude elle étoit presque entièrement abolie sous le Roi René. Les exemples qu'on en trouve dans le quinzieme siecle sont si rares, qu'on peut les citer en preuve des progrès qu'avoit fait la liberté. La dépopulation, occasionnée par les guerres d'Italie, & par la peste, qui étoit devenue si fréquente, fut une des principales causes qui firent cesser la servitude; les esclaves étant exclus de la profession des armes, il falloit multiplier les personnes libres, pour avoir des soldats; d'un autre côté les Seigneurs qui se ruinoient dans ces expéditions ultramontaines, trouvoient dans l'affranchissement de leurs serfs, qu'ils vendoient à prix d'argent, un moyen de fournir à leurs dépenses.

Cette dépopulation après la peste de l'an 1348, fut si grande, que l'on manqua d'ouvriers pour cultiver la terre. Ceux qui res- toient demandoient une paie exorbitante ; ce qui fut fans doute cause que les denrées & les marchandises renchérirent à proportion. Les Etats assemblés à Aix, au mois de Septembre de la même année, voulant remédier à ces abus, fixerent un prix aux travaux, & à tout ce qui, dans la société, est d'un usage indispensable. Peut-être aussi firent-ils ce réglement, parce que les guerres & les malheurs qu'on venoit d'essuyer, avoient plongé la Provence dans une telle misere, qu'il étoit impossible de payer les choses nécessaires à la vie, au même prix qu'auparavant. Il fut donc réglé (1)

Que le salaire des Avocats, des Procureurs & des Notaires seroit payé suivant l'ancienne taxe.

Que les Marchands Drapiers ne pourroient avoir que trois sols pour livre de profit sur les draps achetés en France.

Les Merciers, Epiciers, Droguistes, Apoticaires, Pelletiers & autres Marchands d'un genre de commerce à-peu-près semblable, 2 sols par livre.

Les Changeurs ou Banquiers, 2 deniers, c'est-à-dire, pas tout-à-fait deux sols de notre monnoie par florin, par écu, ou par royal d'or.

Valeur actuelle.

Les souliers d'hommes faits de cuir de chevre & proprement, 2 sols 6 den. ou . . . . 1 liv. 5 sols.
En cuir de mouton, 2 s. 3 den. ou . . . . 1 l. 2 s. 6 d.
Ceux de femmes, 20 den. ou . . . . 1 liv.
Ceux des paysans faits pour l'usage de la campagne, 5 sols les plus chers, ou . . . . 2 l. 10 s.
Aux Tailleurs d'habits, pour la façon d'un épitoge & tunique, avec le capuchon & le manteau doublés de drap, 8 s. ou . . . . 4 liv.

(1) L'original de cet acte est aux archives de Brignolle. M. Minuti, Avocat en a tiré une copie qu'il m'a communiquée.

DE PROVENCE. LIV. IX.   429

| | Valeur actuelle. | DU PRIX DES DENRÉES. |

Pour la façon d'un furcot à deux pointes avec le capuchon, 4 f. ou . . . . 2 liv.
A quatre pointes & boutonné jufqu'aux pieds, 5 f. ou 2 l. 10 f.
D'un épitoge, tunique & manteau fans boutons, pour les Religieux, 5 f. ou . . . . 2 l. 10 f.
D'un épitoge, tunique & manteau à la Françoife pour les femmes, 14 f. ou . . . . 7 liv.
D'un épitoge feul, 3 f. ou . . . . 1 l. 10 f.
D'une tunique doublée, 8 f. ou . . . . . 4 liv.
D'une capote de femme, 2 f. 6 den. ou . . 1 l. 5 f.
D'un furcot de femme boutonné pardevant jufqu'aux pieds, 5 f. ou . . . . 2 l. 10 f.
D'une paire de bas tant pour hommes que pour femmes, 4 den. ou . . . . 3 f. 4 den.
On ne connoiffoit gueres alors que des bas d'étoffe. ou de toile.
La livre de bœuf gras, 2 den. ou . . . . 1 f. 8 den.
      maigre, 1 den. ou . . . 10 den.
Un quartier de veau gras, 2 f. ou . . . 1 liv.
      maigre, 12 den. ou . . 10 fols.
La livre de menon, de chevre ou de bouc . . 3 oboles.
Un quartier de chevreau gras, 15 den. ou . . 12 f. 6 den.
      maigre, 9 den. ou . . 7 f. 8 den.
Un quartier d'agneau gras, 12 den. ou . . 10 fols.
      maigre, 6 den. ou . . 5 fols.
La livre de cochon frais, 2 den. 1 obole, c'eft-à-dire pas tout-à-fait . . . . 2 fols.
La journée d'un ouvrier pour tailler la vigne, depuis la S. Michel jufqu'à Noel, 16 den. ou . 13 f. 4 den.
Depuis Noel jufqu'au commencement de Mars, 20 den. ou . . . . 16 f. 8 d.

Valeur actuelle.

Pour bêcher la vigne dans le premier intervalle marqué, 15 den. ou . . . . 12 f. 6 den.
Depuis Noel jufqu'à la S. Jean, 18 den. ou . 15 fols.
Le Confeil de Ville de Brignolle, en enregiftrant ces réglemens, défendit aux propriétaires de faire cultiver leurs vignes deux fois l'an, leur laiffant le choix de les faire bêcher, ou feulement reclorre, à caufe du petit nombre d'ouvriers.
La journée d'un faucheur, 4 f. ou . . . . . 2 liv.
Celle d'un moiffonneur, 3 f. ou . . . . . 1 l. 10 f.
D'une femme qui moiffonnoit ou qui lioit autant de bled que quatre hommes en coupoient, 2 f. 6 d. ou 1 l. 5 f.
Qui farcloit, lioit la vigne ou vendangeoit, 10 den. ou . . . . 8 f. 9 d.
Pour fouler les raifins, vendanger ou conduire une bête de fomme pendant les vendanges, 18 den. ou 15 fols.
La journée d'une bête de fomme portant quatre paniers ou huit couffins de raifins, 6 f. ou . . . 3 liv.
De celle qui ne portoit que trois paniers ou fix couffins, 4 f. 6 d. ou . . . . 2 l. 5 f.
La journée d'une charrette pour charrier les raifins, 12 f. ou . . . . 6 liv.
Une journée de bœufs depuis le 15 Août jufques à la Touffaints, 8 f. ou . . . . 4 liv.
Depuis la Touffaints jufqu'au 15 Août, 6 f. ou . 3 liv.
Par le même réglement, les Fourniers étoient fixés à un pain fur vingt, & obligés de fournir le bois.
On donnoit aux Ménétriers & Jongleurs, de quelque condition qu'ils fuffent, 4 f. par tête ou 2 liv. de notre monnoie, pour chaque fête qu'on célébroit à l'occafion d'une nôce, d'un nouveau Prêtre, ou à la réception d'un Chevalier.

DE PROVENCE. LIV. IX.

Valeur actuelle. — DU PRIX DES DENRÉES.

Les gages annuels des Servantes étoient de 40 f. ou 20 liv.
Ceux des Bouviers, Fourniers, Muletiers, & autres personnes employées aux moulins & au travail de la terre, 100 f. ou . . . . 50 liv.
Les poissardes étoient obligées de donner six ou dix sardines, suivant leur grosseur, pour un denier, ce qui fait un peu moins d'un sou, & vingt melettes pour le même prix.
La livre de maquereau, 3 den. c'est-à-dire . . 2 f. 6 d.
L'*albus* (1) ou maquereau blanc, pour le distinguer de l'autre qu'on appelle en Provence *maquereau bea* ou bleu, 4 den. ou . . . . 3 f. 6 d.
La meilleure poularde se vendoit 3 f. ou . . . 1 l. 10 f.
La moindre, 18 den. ou . . . . 15 sols.
Un chapon, depuis 3 f. 6 den. jusqu'à 5 f., suivant sa qualité; c'est-à-dire depuis 1 l. 15 f. jusqu'à 2 l. 10.
Une oye, 4 f. ou 2 l.; un canard, 20 den. ou 16 f. 8 d.
Un poulet, depuis 10 den. jusqu'à 15; c'est-à-dire depuis 8 f. 9 d. jusqu'à 12 f. 6 d.
Deux œufs, 1 den. ou . . . . 1 f.
Un lapin avec la peau, 18 den. ou 15 f.; sans peau, 14 den. ou . . . . 11 f. 8 d.
Un lievre avec la peau, 2 f. ou . . . . . 1 liv.
Une jeune haze avec la peau, 15 d. ou 12 f. 6 d.; sans peau, 12 den. ou . . . . 10 sols.
Une perdrix, 12 den. ou . . . . 10 sols.
Un perdreau, 8 den. ou . . . . 6 f. 8 d.
Un pigeon, 5 den. ou . . . . 4 f. 2 d.
Une grive, 2 den. ou . . . . 1 f. 8 d.

(1) Du Cange s'est trompé au mot *albus* qu'il a interprété *pain blanc*.

Les gages des Chasseurs au faucon étoient fixés à
4 liv. par an ou . . . . : . . . . . 66 l. 15 f. *Valeur actuelle.*
sans compter l'habillement, la chauffure & la nourriture.

Défense aux domestiques de quitter leurs maîtres avant le temps convenu.

Ordre aux ouvriers de continuer à travailler, & à se louer comme auparavant, & défense au maître de leur payer au-delà de ce qui est porté par ce réglement.

Défense à tout possesseur de vignes de louer ou faire louer pour les cultiver, plus de deux hommes par jour pour chaque dixaine de quarterées de terre.

Le même réglement fixoit aussi le salaire des Couturiers, Couturieres & des Teinturiers; de ceux qui faisoient métier d'écorcher les bœufs & les brebis, & de saler les cochons.

Les gages des Tailleurs de pierre, des Plâtriers, des Menuisiers, des Tisserands, des Vitriers, des Charbonniers, des Gardemalades, des Nourrices, des Bergers, des Huissiers, des Geoliers, &c. étoient aussi réglés, ainsi que les profits des Aubergistes, des Taverniers, des Marchands de Toile, des Fabricans de Chandelle & de Bougie & des Maréchaux-ferrant: il n'y avoit pas jusqu'au salaire des Lavandiers & des Bateliers de la Durance, qui n'eût attiré l'attention des Etats.

La peine infligée aux réfractaires étoit de 100 sols ou 50 liv.; & à défaut de paiement, ils étoient condamnés au fouet jusqu'à effusion de sang.

Ceux qui étoient convaincus de travailler sourdement à soulever les esprits contre ces statuts, étoient condamnés à une amende de 50 liv. ou de 900 francs, & à avoir la main coupée s'ils n'étoient pas en état de payer. C'est une chose à laquelle on a de la peine à s'accoutumer, de voir qu'avec de l'argent on se rachetât des punitions corporelles, & même de la peine de mort, & qu'on

payât

payât de la perte d'un membre ou de celle de la vie, l'impuissance où l'on étoit de satisfaire à une amende ; c'étoit animer les vices de l'homme opulent, & exciter la cupidité du pauvre.

Il est vrai que la raison étoit encore enveloppée de beaucoup de nuages, & que n'étant point éclairée par l'expérience des siècles passés, ou pour mieux dire par les leçons des Philosophes & des grands Jurisconsultes, elle se peignoit avec tous ses écarts dans les loix qu'elle dictoit : comme ce sont les loix & la raison qui commencent par donner le ton aux mœurs ; il n'est pas surprenant que ces siècles grossiers nous offrent des bizarreries dont on ne trouve l'explication que dans la constitution encore informe de la société. L'acte suivant en est une preuve : & pour lui donner plus d'authenticité, nous ne ferons que le traduire en notre langue, sans rien changer à la forme qu'il a dans l'original.

XXVIII.
Des Mœurs.

« En 1477 & le 11 Juin, honnête femme Françoise Enfantine,
» du diocèse de Grenoble, habitante du Thor, diocèse de Ca-
» vaillon, considérant qu'elle est enceinte, & que dans peu
» elle mettra au monde un fils ou une fille, n'ayant point de
» mari ni même aucun parent, & n'ayant pas non plus de quoi
» fournir à sa subsistance, dans le temps de ses couches ; voulant
» y pourvoir, comme mieux elle pourra, a donné & donne à
» Louis R... Laboureur du Thor, présent & acceptant, par
» donation d'entre vifs, ledit enfant dont elle est enceinte, fils
» ou fille, s'il vient en lumiere, & qu'il soit présenté aux saints
» fonts de Baptême, sous les pactes suivants.

Reg. de Bertr. Magni, Not. au Thor.

» 1°. Que ledit Louis sera tenu de faire les frais des cou-
» ches de ladite Françoise, & de lui fournir les alimens néces-
» saires pendant le mois de ses couches.

» 2°. Que pendant ledit mois ladite Françoise sera tenue d'a-
» laiter ledit enfant, & de le soigner bien & décemment comme
» son propre & cher fils.

» 3°. Que passé ledit mois, si les parties ne peuvent convenir

» entr'elles du falaire de ladite Françoife, pour le lait qu'elle
» donnera à l'enfant, & les foins qu'elle en prendra, pendant un
» an ou partie de l'année, ledit Louis fera tenu de prendre l'en-
» fant, & de lui donner une autre nourrice, & de le faire alimen-
» ter là où il voudra, fans que ladite Françoife puiffe rien de-
» mander, ni qu'elle puiffe vendre fon lait & alaiter ailleurs, &c. ».

Ce fait, que nos mœurs rendent fi peu vraifemblable, feroit attendriffant, fi la pitié qu'infpire la mifère affreufe de la mere, n'étoit étouffée par l'indignation qu'on éprouve, en voyant cette marâtre dénaturée mettre un prix au lait qu'on lui demande pour fon enfant. Que feroient devenus la femme & fon fruit, fi l'efpoir de fe donner un Cultivateur, n'avoit intéreffé le Laboureur à leur fort? Le trait fuivant fert encore à prouver combien font fages & utiles ces établiffements qui offrent un afyle affuré aux enfants nouveaux nés, que leurs peres ne font pas en état de nourrir. « Le 6 Juin 1448, Pierre Palayffi,
» attendu fa pauvreté & la mort de fon époufe, fit donation
» de fon fils Rigon, encore enfant, à Catherine de Laude,
» à condition que celle-ci l'adopteroit, & promettroit de le
» nourrir & garder toute fa vie; le chauffer, le vêtir & l'inf-
» truire dans les bonnes mœurs, autant qu'elle en étoit capa-
» ble » : en quoi ce pere infortuné donnoit à fon fils une marque de tendreffe, au moment même où il étoit forcé de s'en féparer.

Cependant les Communautés fe chargeoient des enfants trouvés. Un Laboureur de Sénas & fon époufe ayant perdu leur fille, nommée Agnès, demanderent aux Syndics du Thor le 6 Novembre 1478, une fille auffi nommée Agnès, qu'on avoit trouvée dans la Chapelle de Notre-Dame de Pitié, hors des murs de ce bourg, & qui pour cette raifon, étoit nourrie aux dépens de la Communauté : ce qui leur fut accordé; on leur donna de plus 18 gros, qui vaudroient 8 livres 8 fols.

On connoît les adoptions ; on fait aussi que c'étoit l'usage, parmi les Gentilshommes, d'avoir des frères d'armes qui partageoient leurs travaux & leurs périls : mais nous ne savions pas encore que parmi les roturiers, ces fraternités donnassent des droits réciproques sur les biens les uns des autres. C'est un point de Jurisprudence que nous apprenons du fait suivant.

Des Mœurs.

L'an 1464 le 10 du mois d'Août, Claude Trothe, de la Paroisse de S. Julien, diocèse de Lyon, & Pierre Maygietti, d'Hauteville, diocèse de Genève, de leur propre mouvement & pure volonté, pour la gloire de Dieu & de sa Sainte Mere, & pour leur utilité commune, déclarent qu'à compter de ce jour, ils veulent se regarder comme frères, issus des mêmes pere & mere, aux conditions suivantes :

Savoir, qu'ils s'aimeront & se chériront comme véritables frères ; qu'ils auront toujours même habitation, même table, même foyer ; que leurs biens meubles & immeubles, tant ceux de la campagne que ceux de la ville, les instrumens du labourage, tonneaux, ustensiles, or, argent, en un mot tout ce qu'ils possédent à présent ou qu'ils pourront avoir à l'avenir, soit par droit d'héritage ou autrement, sera désormais en commun.

Pr. Ch. LV.

2°. Que leurs dépenses tant celles qu'ils feront en santé que pour cause de maladie ou autrement, seront également supportées par la Communauté, ainsi que les frais de nôces, s'ils viennent à se marier.

3°. Qu'en cas de séparation, ils se partageront par égales parts tout ce qu'ils se trouveront avoir ce jour-là ; promettant d'observer lesdits pactes, sous peine, de la part du contrevenant, de la perte de ses biens présens & à venir. Ces traits quoiqu'isolés & rares, tiennent à l'esprit du siècle, & nous peignent des mœurs bien singulières.

Nous ne parlerons pas de la prétention injuste de la Noblesse, qui croyoit avoir droit de succéder à ceux de ses vassaux,

Arch. d'Aix, reg. cruc. & pot. f. 58.

qui étoient morts sans enfans légitimes, quoiqu'ils eussent des parens collatéraux. La Reine Jeanne, par Lettres-Patentes du 23 Juin 1345, arrêta cette injustice dans les Bailliages de Sisteron & de Barjols, où elle s'exerçoit apparemment avec plus de dureté. Cette Princesse, le 3 Octobre 1352, réprima dans la viguerie de Grasse une autre vexation non moins criante. Les Seigneurs & les Evêques exigeoient que chacun de leurs vassaux foulât son bled dans leur aire : il s'en gâtoit ordinairement beaucoup par le retard, soit parce que chaque propriétaire ne pouvoit user de son droit qu'à son tour, soit parce que le Seigneur faisoit naître des difficultés qu'on ne levoit qu'à force d'argent. La Reine ordonna sagement que nonobstant les réclamations des Seigneurs, chaque particulier seroit maître de faire fouler ses gerbes par-tout où il voudroit.

Arch. de Grasse, Cartul. fol. 12.

XXIX. DES LETTRES.

Il nous resteroit à parler des Lettres ; mais les mêmes causes, qui empêchèrent les arts de fleurir en Provence, durent hâter la décadence de celles-ci, qui sous le règne de Raymond Berenger IV avoient jetté un certain éclat. Il est contraire aux règles de la critique de juger de l'ignorance où l'on étoit tombé par un fait particulier : mais peut-on s'empêcher de croire qu'elle étoit devenue extrême dans le quatorzieme siècle, quand on voit qu'en 1320, sur 18 Religieux qu'il y avoit à l'Abbaye de Saint Pons près de Nice, il y en eut seize qui ne sachant pas écrire, & étant requis de signer, furent obligés de faire une croix à l'endroit où ils devoient mettre leur nom.

Gall. Christ. t. 3. instr.

Cependant la galanterie produisit encore sous le règne de Charles I quelques poésies intéressantes. Les Troubadours qui étoient nés dans le temps que Raymond Berenger & sa femme Beatrix encourageoient les talens poétiques, ne sachant plus quitter le luth qu'ils avoient pris dans leur jeunesse, chantoient encore par habitude, dans leurs vieux jours, l'amour & ses rigueurs. Quelquefois ils faisoient un autre usage de leur facilité dans l'art de rimer. Ils déclamoient contre Charles, ses vexations & ses exploits. Mais tout changea de face, lorsque les Comtes eurent transporté leur Cour à Naples. Les talens qu'ils animoient par leur présence ne prirent plus d'essor. La Noblesse d'ailleurs ayant suivi le Souverain dans cette expédition ; s'étant même ruinée pour se mettre en équipage, & pour fournir aux frais de la guerre ; les Tournois, les Cours Plénières, les Assemblées furent abandonnées : & les dames reléguées dans leurs Châteaux loin de leurs maris & de leurs amans, ne parurent plus dans la société, ou n'y portèrent plus cette joie & cette galanterie, qui alimentoient la verve des Troubadours ; ainsi la science du *Gaï Saber* disparut de la Province, avec les Chevaliers les plus faits pour l'entretenir par leur opulence & leurs talens. Voilà pourquoi les Troubadours dont nous allons parler, étoient tous nés avant la fin du treizieme siècle.

Fin du neuvieme Livre.

TROUBADOURS.

LE premier qui se présente est Bertrand d'Allamanon, Seigneur de la terre d'Allamanon, dans le diocèse d'Avignon.

Bertrand aima une femme qui n'est point nommée dans ses poésies. Nostradamus l'appelle Phanette de Gantelmi. Il y avoit à Tarascon une famille noble de ce nom, dont une branche alla s'établir dans le Royaume de Naples sous le règne de Charles I, & s'y rendit puissante par son crédit & ses richesses. Phanette étoit vertueuse ; la vanité d'avoir un amant qui célébrât ses charmes, paroît avoir eu plus de part que tout autre motif à former les liaisons qu'elle eut avec notre Troubadour. Celui-ci peut-être ne faisoit des sentimens qu'il affectoit pour elle qu'une affaire

Bertr. d'Allamanon.

An. 1235.

TROUBADOURS.

de mode : on eſt porté à le croire d'après la gaieté avec laquelle il ſe plaignoit de ſes rigueurs. « Je ne ſais, diſoit-il, qu'une demi-
» chanſon : ſi l'on veut ſavoir pourquoi ; c'eſt que je n'ai qu'un
» demi-ſujet de chanter : il n'y a d'amour que de ma part : la Dame
» que j'aime n'en a point : elle me refuſe tout ; mais je prendrai
» pour des *oui*, les *non* qu'elle me prodigue. Eſpérer avec elle
» vaut mieux que poſſéder ailleurs ; ſi je ne puis réſiſter à l'amour,
» je ſoulagerai mes peines en penſant qu'un jour peut-être elle
» m'aimera ».

Cette paſſion dura pluſieurs années, ſans que Phanette oubliât pour lui ces bienſéances, dont elle s'étoit fait une loi.

« Si j'avois abandonné, dit-il ailleurs, celle qui me traite avec
» tant de rigueur, j'aurois été plus heureux auprès d'une autre :
» elle m'auroit pris du moins pour ſon ſerviteur. Mais le fou ne
» quitte point ſa folie, & je ne puis me repentir de la mienne.
» Cependant lorſque je tombai dans les chaînes de ma Dame, il
» eut mieux valu pour moi que je fuſſe tombé dans celles des
» Mammelus : j'en ſerois ſorti par amis ou par argent ; au lieu que
» dans ma priſon, je n'ai aucune de ces reſſources : je vous aime,
» Madame ; & je vous aimerois deux fois autant, ſi vous n'y
» étiez pas inſenſible : mais vous ſavez que je ne puis vaincre
» mon amour, & vous m'accablez par votre indifférence ».

A ces ſentimens il en joignit d'autres plus dignes d'un Chevalier. Il allia, ſuivant l'uſage, la galanterie avec la profeſſion des armes, à laquelle il étoit appellé par ſa naiſſance. Ce fut alors que Sordel compoſa une tenſon, dans laquelle il s'entretient avec Bertrand (1), ſur l'amour & la chevalerie. Il fait parler celui-ci de manière à juſtifier le parti qu'il venoit de prendre. Sordel lui demande qu'eſt-ce qu'il aimeroit mieux perdre ? ou les plaiſirs de

---

(1) C'eſt peut-être auſſi ce Bertrand qui eſt interlocuteur dans une tenſon de *Siffre* ou de *Siffren*. Comme elle eſt fort licencieuſe, & qu'elle eſt la ſeule que nous ayions de ce Poëte Provençal, nous n'en parlerons point.

l'amour, ou les honneurs de la chevalerie? Bertrand ne balance point à se décider pour le parti des armes, dans lequel il y a toujours de nouvelles conquêtes à faire, & une nouvelle gloire à acquérir. Sordel étant d'un avis contraire, notre Troubadour lui répond;

« Et comment oserez-vous paroître devant votre amie, si
» vous n'osez prendre les armes pour combattre. Il n'y a point
» de vrai plaisir sans la vaillance ; c'est elle qui éléve aux plus
» grands honneurs : mais les folles joies d'amour entraînent
» l'avilissement & la chûte de ceux qu'elles séduisent. Pourvu
» que je sois brave aux yeux de celle que j'aime, réplique Sordel,
» que m'importe d'être méprisé des autres. Je vivrai joyeux avec
» elle, & ne veux point d'autre félicité.

» Ami Sordel, reprend Bertrand, votre amour est fondé sur
» la tromperie. Je ne voudrois pas avoir conquis celle que j'aime
» d'un amour sincère, par une opinion que je ne mériterois
» point. Un bien si mal acquis feroit mon malheur. Je vous
» laisse les tromperies d'amour : je ne veux que l'honneur des
» armes. Vous faites une grande sottise de mettre en balance
» un bonheur faux avec une joie légitimement acquise ».

Il est difficile de peindre avec plus de vérité les sentimens d'un loyal Chevalier. Dans ce même temps Raymond Berenger IV, faisoit rentrer dans le devoir les Seigneurs & les Villes qui, pendant sa minorité, avoient essayé d'établir leur indépendance. Parmi ces Seigneurs étoit celui de Baux. Il fut battu, obligé de recevoir la loi, & de céder quelques Villes sur lesquelles il croyoit avoir des droits. Ce fut alors qu'il prit la croix pour aller cacher son dépit dans la Terre-Sainte. Bertrand d'Allamanon qui voyoit peut-être avec peine l'ascendant que prenoit le Comte de Provence, chercha à piquer l'amour-propre du Seigneur de Baux, pour l'engager à former une nouvelle ligue contre le Souverain.

TROUBADOURS.

Le bruit court, difoit-il, que ce Seigneur a pris la croix de chagrin, & qu'il veut paffer en Syrie. « Voyez la belle conduite, » d'aller demander aux Turcs ce qu'on lui a honteufement en- » levé ici ! Il eft près d'Arles, bien fâché de ne pas fe fervir de fon » écu ; mais s'il attend le Comte, il fera bien trompé ; car ce Comte » s'humilie à mefure qu'on l'abaiffe ». Il veut parler du Comte de Touloufe que la Cour de Rome dépouilloit d'une partie de fes Etats, lorfqu'il cherchoit à la fléchir par fes foumiffions.

Ce qui peut encore intéreffer dans les Poéfies des Troubadours, c'eft de voir combien ils fe mêloient des affaires politiques, & avec quelle liberté ils en parloient. Aujourd'hui on écriroit avec plus d'éloquence fur les événemens ; on défapprouveroit la conduite d'un Prince ou d'un homme en place ; mais ce feroit avec ces ménagemens dont nos mœurs nous font une loi. Dans le treizieme fiècle ce n'étoit pas la même chofe ; la langue étoit moins polie ; le caractère de la nation plus libre, plus franc; on parloit dans la fociété, comme on agiffoit dans un combat, brufquement & fans aucune réferve. L'Archevêque d'Arles, qui fiégea depuis l'an 1232 jufqu'en 1259 étoit d'un caractère dominant, peu fait pour être à la tête d'une Ville, où les conceffions des Empereurs lui donnoient beaucoup d'autorité ; mais dont les habitans vouloient être indépendans & libres. Ces prétentions refpectives occafionnèrent des débats très-vifs, dont nous avons déja parlé dans le volume précédent, & fur lefquels nous reviendrons encore en traitant des municipes. Ce fut dans ces circonftances que la bile de notre Troubadour s'échauffa.

« L'Archevêque, dit-il, fait continuellement la guerre, op- » prime les citoyens, les met en prifon, & pour comble de » fauffeté il les excommunie, les abfout, les enterre, le tout » pour de l'argent : pour de l'argent il fit mourir Jonquiére » en prifon, fans qu'on ait pu en favoir d'autre caufe ». Si le portrait n'eft point chargé, il faut plaindre le fiècle, où un

Prélat

Prélat croyoit pouvoir se livrer impunément à ces sortes d'excès.

Le Pape instruit de ces scènes scandaleuses envoya un Légat pour les faire cesser. Voilà pourquoi Allamanon ajoute : « On sera
» trop malheureux si le Légat ne vient le faire brûler ou du moins
» enfermer. Les habitans d'Arles vivoient tranquilles avant d'être
» en proie à ce perfide Pasteur, qui ose prendre leurs biens,
» & prononcer lui-même des indulgences pour les maux dont
» il les accable. Ils n'auront point de repos qu'ils ne l'aient
» mis tout vivant dans la tombe ».

On ne laisse pas d'éprouver une sorte de plaisir à voir avec quelle énergie, & quelquefois avec quelle noblesse, ces preux Chevaliers, si soumis d'ailleurs dans leurs chansons amoureuses, parloient des événemens politiques, qui avoient quelque rapport aux prérogatives & à l'indépendance de la souveraineté & de la Noblesse. C'est ce qu'on remarque dans la pièce suivante où Allamanon parle de la déposition de l'Empereur Frédéric, faite par Innocent IV au Concile de Lyon en 1245.

« C'est le Pape qui règne, qui posséde l'Empire ; car lui &
» ses gens en tirent plus de revenu par les trésors qu'on leur dis-
» tribue, que n'en pourroit tirer l'Empereur. Il ne cherche qu'à
» fomenter les troubles : ce procès ne sera point jugé ; mais puis-
» que les Rois le veulent terminer avec les armes, qu'ils se mettent
» chacun en campagne ; que l'un des partis remporte la victoire ;
» alors les décrétales n'arrêteront plus, & l'on fera bien parler
» le Pape. Le vainqueur sera appellé fils de Dieu, sera couronné
» par le Clergé. Tel est l'usage des gens d'Eglise, quand ils trou-
» vent un Empereur puissant, de se soumettre humblement à ses
» ordres, & de l'accabler, quand ils le voient déchoir ».

Combien est grande la force des préjugés ; ils enchaînent la raison, lors même que les loix de la nature & le cri de la vérité

TROUBADOURS. l'invitent à reprendre ses droits : on sentoit le poids du joug; on n'osoit pas le secouer.

Rien ne prouve mieux combien les Troubadours Gentilshommes attachoient peu d'importance à leur mérite poétique, que la facilité avec laquelle ils versifioient sur tous les sujets, sans examiner si le genre avoit quelqu'analogie avec leur caractère. Un caprice, un dépit amoureux, un ressentiment, une conversation, un événement, tout étoit bon pour exciter leur verve. On vient de voir Allamanon invectiver contre l'Archevêque d'Arles & contre le Pape ; dans un autre endroit il prend un plus noble essor : il veut connoître le caractère des nations, les talens, les qualités qui les rendoient propres à la guerre, aux lettres, à la société : il demande à un Troubadour lesquels valent mieux des Catalans ou des François, des Limousins, des Auvergnats, des Viennois ou des sujets des Rois de France & d'Angleterre. *Vous connoissez*, dit-il, *le caractère de ces nations; je veux que vous me disiez celle qu'on doit estimer davantage.* Mais comme il étoit naïf; comme il écrivoit sans prétention & sans gêne, & qu'en traitant un sujet il parloit souvent d'un autre qui l'affectoit davantage, il abandonne ses réflexions politiques, pour se plaindre de ce que le sel de Provence ne passe plus sur un pont qui lui appartenoit : au début on ne s'attendoit pas à cette chûte. Le changement dont Allamanon se plaint, avoit été fait depuis que Charles d'Anjou étoit maître de la Provence. Son règne fut funeste aux Provençaux : ce Prince établit des impôts, fit rechercher les droits du fisc, les biens aliénés des Domaines ; & fut servi dans ses recherches par des Officiers rigides & intéressés, qui vexoient la Noblesse & le peuple. A ce malheur il s'en joignit un autre qui lui étoit plus personnel ; Allamanon étoit dépensier, peu rangé dans ses affaires ; il eut des créanciers, des procès, & tous les embarras peu faits pour un Poëte. Voici comment il s'en plaint dans la pièce suivante.

« Autrefois, dit-il, je m'adonnois au chant, à la joie, à la
» chevalerie, à la courtoisie, à la galanterie auprès des beautés qui
» me plaisoient. Amour est témoin du bonheur que j'y trouvois.
» Mais ce qui me faisoit honneur au temps passé, je crains
» qu'on ne me le reproche au temps présent. Tout est changé;
» il faut changer moi-même : il faut m'occuper sans cesse de
» Procès, d'Avocats, de Mémoires; sans cesse il faut être à
» observer s'il n'arrivera point quelque Huissier essouflé, dé-
» hanché, que la Cour de Justice m'envoie, pour me sommer
» de comparoir, à peine de perdre ma cause. Tel est mon mal-
» heureux état pire que la mort, & qui me force de prendre
» congé des assemblées des Seigneurs ».

Cette pièce intéresse par la naïveté avec laquelle le Troubadour met en opposition ses plaisirs & les chagrins dont il étoit affecté. On apperçoit, à travers ses plaintes, un fond de gaieté qui formoit le caractère de tous ces preux Chevaliers, devenus Poëtes, & sans laquelle ils n'auroient jamais pensé à mettre en rime leurs débats ni leurs chagrins domestiques. Pour ce qui regarde Allamanon, nous en avons une preuve bien convaincante dans une autre pièce, où il se plaint de sa triste situation. *On ne doit pas être surpris, dit-il, que je ne chante plus en joie ; car Dieu & la Croisade, à qui je me suis dévoué, me font réfléchir sur moi-même, & me mettent au désespoir. Mais Dieu qui recommande tant de faire restitution, devroit bien me rendre la joie qu'il m'a prise ; autrement il se contrediroit.*

Par cette Croisade il faut entendre l'expédition de Naples, à laquelle presque tous les Seigneurs Provençaux suivirent Charles d'Anjou.

Guillaume Montagnagout, fut un Chevalier de Provence, dit le manuscrit, bon Trouveur & fort amoureux. Nostradamus assure qu'il étoit de la Maison d'Agout. Nous l'avons dit d'après lui, T. 2. p. 215 : cependant nous avons plusieurs fois trouvé dans

Montagnagout.

An. 1240.

TROUBADOURS.

les chartes le nom d'une famille *de Podio acuto*, que nous croyons être la même que Montagnagout, & différente de celle avec laquelle nous l'avons confondue. Cette famille habitoit le diocèse de Sisteron; & nous connoissons un François de Puiagut, Commandeur de Manosque le 27 Septembre 1330, qui étoit peut-être de la famille de notre Troubadour. Celui-ci, suivant Nostradamus, se distingua par un caractère sage & honnête: il étoit doux & modeste: on l'appelloit l'heureux, parce qu'il joignoit une grande fortune à une grande vertu. Il avoit l'air gracieux & vénérable, & de jour en jour on découvroit en lui des qualités plus singulières & plus dignes d'estime. Jausserande de Lunel fut la Dame qu'il choisit pour être l'objet de ses vœux. Il n'y en eut jamais de plus dégagés de tout ce que le vice a de grossier. On peut en voir la preuve dans quelques morceaux de ses poésies, que nous avons déja rapportés dans le Tome 2. p. 216. Les suivants déposent encore en faveur de l'honnêteté de ses sentimens.

« On ne doit être estimé qu'autant qu'on s'efforce d'être aussi
» bon qu'il est possible: on ne vaut qu'à porportion de sa richesse.
» Vous qui desirez acquérir du mérite, mettez en amour votre
» cœur & votre espoir.

» L'amant loyal aime raisonnablement sans trop se passionner.
» La raison s'éloigne également du trop & du trop peu. Telle
» est la loi que nous suivons nous autres vrais amans. Celui qui
» ne tient pas d'autre route, Dieu à la fin le comblera de bien-
» faits: mais quiconque s'en écarte est trompeur.

» Jamais il ne me prit envie de rien faire, dont la belle à qui
» j'ai donné mon cœur pût être fâchée. Nul plaisir ne peut me
» plaire si son honneur en recevoit la moindre tache. Le sincère
» amant desire cent fois plus le bonheur de sa maîtresse que le
» sien.

» Cette leçon m'attirera les reproches d'une foule de méchans

» amoureux & de fausses Dames. Mais les ménager seroit parti-
» ciper à leurs désordres. Le devoir du sage est de retirer le fou
» de ses égaremens. Si je déplais par-là, j'en suis bien-aise ».

Comme il reconnoît que du mérite de la Dame dépend beaucoup celui du Chevalier, il a grand soin de recommander qu'on en choisisse une qui soit distinguée par son esprit, sa noblesse & sa vertu. Il bénit l'amour de lui avoir fait faire un choix de cette espèce : aussi se vante-t-il dans son enthousiasme d'aller dire des choses qui n'ont pas encore été entendues : voici comment il débute :

« Quoique les premiers Troubadours aient dit beaucoup de
» choses sur l'amour, on peut encore en ajouter de nouvelles :
» car on n'est pas bon Troubadour si l'on ne met de la nouveauté
» & de l'invention dans ses ouvrages.

» Un des premiers a dit qu'on avoit tant parlé de l'amour qu'il
» seroit difficile d'en rien dire de plus : mais il n'en est rien. Je dis
» ce que je n'ai jamais entendu dire : & amour m'a donné tant
» de pouvoir, que si jamais on n'eût fait de vers, j'en aurois été
» l'inventeur ».

Cependant il se jette dans des détails dont la trivialité n'est rachetée que par l'honnêteté des sentimens qu'il y manifeste. Il est fâché de l'avarice des Seigneurs ; & entre en fureur quand il les voit avec un sentiment si bas se mêler d'amour. Il n'est pas moins indigné contre les Dames qui dégradent son empire par leur fausseté ; au lieu que si elles y faisoient régner la franchise, elles rendroient la joie à l'univers en rétablissant la Chevalerie dans son ancien lustre ; on n'est estimable suivant lui qu'en faisant de ses talents le meilleur usage possible. Le moyen d'y réussir est de se livrer à l'amour, source de mille vertus & de tous les plaisirs.

A côté de cette pièce nous en mettrons une autre qui y a quelque rapport, & qui n'a jamais été imprimée. Elle fut composée par une Dame, dont le nom est inconnu, mais qui paroît être née en Provence : les sentimens dont elle est animée achevent le tableau de

TROUBADOURS.

cette galanterie, dont Guillaume vient de nous donner une idée. « J'aime la joie, dit-elle, & la valeur; car mon ami eft plein » de joie; & puifqu'il en eft rempli, j'en fuis auffi comblée : il » doit m'aimer bien fincèrement, puifque jamais je ne ceffai de » l'aimer ni ne veux ceffer de ma vie. Celui que j'aime plus que » moi-même, me plaît plus que perfonne : il n'a point fon égal: » Dieu rempliffe de joie celui qui m'en a tant donné en me pro- » curant cet ami : celui qui m'en dira du mal, je ne l'en croirai » pas, quand il paroîtrait plus clair que le jour.

» Dame qui veut acquérir de l'eftime doit mettre fon amour à » un brave Chevalier. Mais quand elle l'a reconnu pour tel, elle » doit l'aimer à la face de tout le monde; car cet amour ne peut » que faire honneur dans l'efprit des honnêtes gens; j'en ai » choifi un, qui eft brave, charmant, & qui toujours accroît en » vertu. Il eft généreux, hardi, fage, & il ne fe contentera pas » d'avoir commencé à bien faire : je prie Dieu qu'il aille tou- » jours en augmentant, & qu'il ne croie pas que je lui manque » jamais, tant que je ne trouverai en lui rien à redire ».

La paffion des armes dans les anciens Chevaliers étoit rivale de l'amour; ou pour mieux dire l'amour & la gloire étoient l'ame & le mobile de leur courage & de leurs exploits. Montagnagout né pour la guerre, encore plus que pour la galanterie, aimoit, comme il le difoit lui-même, le fon des trompettes; des nuages de traits un jour de bataille; & des lances hériffées. Il s'expri- moit ainfi, au fujet de la guerre que Raymond VII, Comte de Touloufe, fit à S. Louis en 1241, pour recouvrer les Domaines qu'il avoit été contraint de céder en 1229. Guillaume, dans le poëme qu'il compofa à ce fujet, montre pour le Comte Raymond un intérêt que les malheurs & les qualités de ce Prince devoient infpirer à toute ame fenfible. Il compare à la trahifon de Caïn, la conduite des Seigneurs qui l'avoient abandonné après s'être dé- clarés pour lui. Le Roi d'Arragon, avoit promis de fecourir le

Comte; ce qui fait dire à notre Troubadour: *Si le Roi Jacques à qui nous fûmes fideles, nous tient parole, les François s'en trouveront mal.*

La haine des Provençaux contre les François, venoit des cruautés que ceux-ci avoient commises contre les Albigeois dans le Languedoc: les Montfort qui étoient à la tête des troupes, auroient suffi par leur fanatisme pour déshonorer une nation: tant il importe à un Souverain de ne confier son autorité qu'à des hommes vertueux, qui ne le représentent aux yeux du peuple que comme un Roi juste & non comme un tyran. Ces préventions furent cause des regrets qu'eurent les Provençaux quand ils passerent sous la domination de Charles d'Anjou; & son administration ne contribua que trop à les entretenir. Aussi notre Troubadour dit-il dans une de ses pièces, que la Provence, depuis qu'elle appartient à Charles d'Anjou, a perdu son nom, qu'on l'appellera déformais *Faillenza*, c'est-à-dire, pays de *lâcheté*; au lieu de *Proenza* ou pays de bravoure. Il souhaite que Jacques I Roi d'Arragon qui a défait les Sarrasins d'Espagne, vienne combattre les François: il ne doute pas qu'ayant vaincu leurs vainqueurs, c'est-à-dire, ces Africains qui avoient défait & pris S. Louis, il ne triomphe aisément des armées Françoises. C'étoit bien hardi de parler ainsi sous un Prince aussi sensible & aussi peu patient que l'étoit Charles d'Anjou; mais il paroît que notre Troubadour avoit cette vertu franche & naïve, qui ne connoît point de déguisement. Après s'être plaint dans un sirvente, que son siècle est ennemi de tout bien, que l'argent seul y est compté pour quelque chose, il fait des reproches fort vifs aux Prédicateurs, qui osoient s'élever contre l'amour de la gloire: il étoit en effet bien imprudent d'oser toucher à une passion qui fut toujours l'idole des Chevaliers, & que notre Troubadour cherche à justifier dans le même sirvente, avec une simplicité qu'on ne peut s'empêcher d'aimer.

« Quiconque, dit-il, fait de peu de cas de la gloire, est mal
» inspiré ; Dieu veut la gloire & la louange ; l'homme qu'il
» fit à son image, doit avoir le même desir ; les gens d'Eglise
» ont mauvaise grace de se rendre inquisiteurs, pour juger des
» choses à leur fantaisie. Qu'ils le soient, j'y consens, pour
» ramener doucement à la foi ceux qui s'en sont égarés, &
» pour les admettre charitablement à la pénitence. Ils disent que
» l'orfroi (étoffe d'or) ne convient point aux femmes : ah !
» qu'elles ne fassent pas de plus grand mal ; avec la richesse des
» habits elles conserveront les bonnes graces de Dieu ; ce n'est
» point avec des robes noires ou des frocs blancs qu'on les
» obtient, si l'on n'a que ce mérite. Que les gens d'Eglise re-
» noncent au monde, & songent uniquement à leur salut ; qu'ils
» dépouillent la vanité & la convoitise ; qu'ils n'usurpent pas le
» bien d'autrui, & on les croira. A les entendre, ils ne veulent
» rien ; mais à les voir, ils prennent tout sans égard pour per-
» sonne ».

Le sirvente est adressé au Comte de Toulouse, pour le faire souvenir du mal que lui ont fait les gens d'Eglise, & pour qu'il se mette en garde contr'eux à l'avenir.

Il paroît que Guillaume étoit naturellement porté à la morale ; s'il s'élevoit contre les vices & les abus, ce n'étoit pas par envie de médire ; mais par le desir de rendre les hommes meilleurs. On croit voir dans son Château un vieux Gentilhomme vertueux, qui étant incapable de faire le mal, s'afflige sur celui dont il est témoin, & est encore bien loin de cette philosophie qui rend insensible à tout, excepté à ce qui blesse notre orgueil ou nos intérêts. Ecoutons-le lui-même dans la pièce suivante ; il s'y peint bien mieux que nous ne pourrions le peindre nous-même.

« Les Clercs & le Laïques vont par le monde, se plaignant les
» uns des autres. Les peuples se plaignent de l'injustice de leurs
» Seigneurs ; & ceux-ci sont mécontens de leurs sujets. Ainsi le
» monde

» monde est rempli de haines : mais il vient de vers l'Orient des
» Tartarins qui, si Dieu ne les arrête, les réduiront tous au
» même état.

» Ce malheur arrivera aux chrétiens, pour tant de forfaits
» dont les clercs & les laïques se sont rendus également coupa-
» bles ; il arrivera infailliblement, si Dieu ne prend pitié d'eux
» & ne fait terminer leurs différents par le Pape : car si le Pape
» les concilie, ils sont à l'abri de l'infortune.

» Pourquoi le Clergé veut-il de si beaux habits, & vivre
» dans l'opulence ? pourquoi veut-il de si belles montures, puis-
» qu'il sait que Dieu vécut pauvre ; pourquoi veut-il s'emparer
» du bien d'autrui, puisqu'il sait que tout ce qu'il dépense au-
» delà du manger & du vêtement le plus simple, est un vol
» qu'il fait aux nécessiteux, si l'Ecriture ne ment.

» Pourquoi les grands Seigneurs ne sont-ils pas attentifs à ne
» faire ni tort ni violence à leurs sujets ? faire violence aux
» siens est aussi criminel qu'usurper les droits d'autrui. C'est
» même un double crime de les maltraiter, étant obligé de les
» défendre : ainsi on perd sur eux tous ses droits.

» Les Sujets, de leur côté, sont bien coupables lorsqu'ils
» manquent à leurs Seigneurs. Car chacun doit aimer d'amour
» son bon Seigneur, & le servir loyalement ; comme le Seigneur
» doit aimer de bonne foi ses sujets. Loyauté oblige les uns &
» les autres à s'aimer si cordialement, qu'il n'y ait entr'eux au-
» cune fausseté.

» Roi de Castille, l'Empire vous attend. Mais on dit ici que
» cette attente est celle des Bretons ; quand un grand Roi fait une
» grande entreprise, il faut qu'il mette sa tête à l'aventure ».

Il n'est pas surprenant, après ce qu'on vient de voir, que Pons
Saurel de Toulouse ait fait sur la mort du Montagnagout une
complainte dans laquelle il le loue comme un modele de sainteté, comme le chef & le père des Troubadours ; le chef par

son mérite & peut-être par son âge ; le père par ses bienfaits, se faisant sans doute un plaisir d'attirer les Troubadours dans son Château, suivant l'usage des Seigneurs.

TROUBADOURS.

La pièce suivante est remarquable par le sujet, & par la manière dont il est traité. C'est un dialogue entre Guillaume & un Troubadour. Celui-ci lui demande lequel il aimeroit mieux, d'être riche en terres & en argent, ou d'avoir toute la science qui est divisée dans les Arts. « J'aimerois mieux ré- » pond Guillaume, toute la science qui me resteroit toujours, » que la richesse qui se dissipe ou qui est bien éloignée d'a- » voir cette stabilité : car le riche peut ne pas être homme » de mérite, & peut aisément déchoir du haut en bas : au lieu » que la science ne peut jamais déchoir du lieu où elle est, » & celui qui la possede est riche ».

Chacun des interlocuteurs tâche de prouver son sentiment par des exemples tirés de l'Histoire. L'adversaire de Guillaume lui dit que tel est l'avantage des richesses, qu'on peut les laisser à ses héritiers, au lieu qu'un savant emporte avec lui son mérite en mourant. Guillaume combat cette assertion par l'exemple d'Aristote, dont l'art & le savoir vivent après sa mort : *maint excellent Clerc*, dit-il, *lui en rendent témoignage*. C'est une chose assez curieuse de voir un Troubadour disputer du prix de la science, & citer en preuve Aristote, dans un temps où on n'entendoit guères parler de ce philosophe que dans les écoles. On devoit sans doute aux croisades cette érudition naissante dont notre Troubadour affecte de se parer.

Raymond des Tours, ou de Latour.

An. 1260.

La conquête de Naples occupoit alors les esprits. Les Papes depuis la déposition, & encore plus depuis la mort de l'Empereur Frédéric II, avoient fait tous leurs efforts pour s'emparer de ce Royaume : mais obligés de céder aux armes de Mainfroi, qui s'en étoit rendu maître, ils imaginèrent de le donner à quelque Prince assez puissant pour le conquérir : Charles d'Anjou, Richard

Duc de Cornouaille frère d'Henri III, & Alphonse X, Roi de Castille, furent tour-à-tour invités par le Pape à accepter la Couronne de Naples : cette grande affaire devint le sujet de deux sirventes composés par un Poëte Marseillois, nommé Raymond des Tours ou de Latour, car il falloit bien que nos Troubadours s'exerçassent sur tous les sujets, & la facilité avec laquelle ils les mettoient en vers, prouve jusqu'à quel point ils cultivoient la poésie.

« Mes chansons & mes ingénieuses inventions doivent augmen-
» ter de valeur, dès que le Comte d'Anjou entreprend de de-
» mander l'Empire, pour lequel il y aura des guerres, des trou-
» bles, des négociations & des traités. Je serois affligé qu'on le
» trompât, & si j'en étois cru, les Ecclésiastiques en porteroient
» la peine : maudite soit l'oisiveté où ils croupissent : je n'ai pour
» eux aucune estime. Ils traversent le bon Roi Mainfroi, par qui
» la Pouille, l'Autriche, la Sicile, la Calabre & beaucoup
» d'autres Principautés sont gouvernées. Le Clergé plein de trom-
» perie est acharné contre lui. Mais les Lombards & les Alle-
» mands, qui ont sa confiance, frapperont avec lui de rudes
» coups. Si le Seigneur de Provence a le même crédit que le
» Comte Richard & le loyal Roi de Castille, il y aura bien du
» trouble ».

La haine qu'il portoit aux Ecclésiastiques lui fit oublier que ce Mainfroi, pour lequel il s'intéressoit, étoit pourtant le même que Charles d'Anjou Comte de Provence devoit attaquer, comme rebelle, & dépouiller de ses Etats. Mais il importoit peu aux Troubadours d'être conséquens, pourvu qu'ils se mon-trassent sincères.

Au reste comme Charles d'Anjou n'étoit point aimé en Pro-vence, nos Poëtes n'étoient pas fâchés qu'il lui arrivât quelque disgrace. Le plaisir de voir changer la scène les affectoit quel-quefois plus que la crainte de nouveaux malheurs. Voilà pour-

TROUBADOURS.

quoi notre Troubadour fembloit fe réjouir de ce que Richard Duc de Cornouaille devenu Roi des Romains, alloit être en même temps Roi de Vienne & d'Arles, quoiqu'il fût ennemi de la Maifon de France.

« Il eft bien jufte que je chante, puifque Richard veut être
» Roi de Vienne & d'Arles; dont le Roi Charles a beaucoup
» de chagrin, & le Roi Edouard (ou plutôt Henri) bien de la
» joie. Je ferai des chanfons plus éclatantes, puifque Richard
» prétend avoir l'Empire & fubjuger les Lombards, puifque le
» Roi de Caftille veut auffi l'Empire. Ce Roi eft Empereur
» de mérite; fine joie eft fon fils, fin amour fa mère, les gais
» plaifirs fon armée, & le chagrin fon ennemi. Comme je
» fais que celui des deux qu'on couronnera, fera long-temps
» en guerre avec notre Comte de Provence, je ne compterai
» point les coups qui fe donneront dans les attaques & les
» pourfuites. Quand l'Anglois & l'Efpagnol viendront demander
» la Couronne de fer, quel que foit celui qui fuccombe, les
» gens d'Eglife en rendront graces à Dieu, & prendront des
» habits bleus & rouges ».

Ce qui intéreffoit particuliérement nos Troubadours, c'étoit d'avoir des protecteurs affables, gais, prodigues. Comme Alphonfe X Roi de Caftille les combla de bienfaits, il a dans cette pièce un éloge plus digne d'un jeune Chevalier occupé d'amufements & de plaifirs, que d'un Roi à qui l'on donna le furnom de Sage &, qui ne l'auroit jamais mérité s'il avoit eu *fine joie pour fils, fin amour pour mère, les gais plaifirs pour armée, & le chagrin pour ennemi.*

Son frère Henri eut auffi fa part des louanges, & affurément, il n'y en eût jamais de moins méritées.

« Henri, dit notre Poëte, eft riche en mérite & en gloire;
» mais il ne peut le devenir en argent : car il ne fonge qu'à
» fervir la valeur & la courtoifie, à donner & à fe faire aimer;

» aimant mieux renoncer aux biens de la fortune, que de s'attirer
» des reproches. . . . Comme il est de la haute & antique souche
» dont furent les Guerriers, il ne peut arriver à sa Chevalerie
» qu'une bonne fin. . . . Quoique plusieurs publient de plus
» en plus les louanges du franc Empereur, son frère est bien
» en droit d'être loué de tout le monde. . . . J'exhorte le
» Roi de Tunis à conserver pour ami le glorieux Dom Henri ».

TROUBADOURS.

C'est ce même Henri que son caractère séditieux fit chasser d'Espagne, & qui se retira à Tunis, d'où il alla joindre l'armée de Charles d'Anjou dans le Royaume de Naples, ainsi que nous l'avons dit dans l'histoire.

On ne voit point sans un intérêt mêlé de satisfaction, combien dans ce temps-là même, l'amour des lettres contribuoit à étendre la gloire des hommes ou des villes qui les cultivoient. On les connoissoit dans les pays éloignés, on s'entretenoit de leur munificence ; souvent les Poëtes quittoient leur pays pour les aller visiter.

La Provence & la Lombardie étoient les deux Contrées de l'Europe, où les lettres étoient le plus cultivées, le plus favorisées par la Cour & les Grands, & où les Troubadours étoient reçus avec le plus de distinction. L'un d'entr'eux nommé Gaucelm ayant passé les Alpes, Raymond de Latour lui parle de Florence comme d'une ville qui commençoit à devenir célèbre par son amour pour la poésie, & d'un Seigneur nommé Bernabo qui se distinguoit par les mêmes goûts. Les lettres, ainsi qu'on vient de le dire, donnoient alors tant de lustre, que l'on ne doit plus être surpris que les Princes & les Seigneurs fussent jaloux d'ajouter le laurier d'Apollon à celui de Mars.

« Ami Gaucelm, si vous allez en Toscane ; arrêtez vous à
» Florence ; car on y protége la valeur & le mérite ; on y fait
» grand cas des chansons & de l'amour. Gagnez l'amitié du
» Seigneur Bernabo, qui n'a pas son pareil en bravoure &

TROUBADOURS.

» en honneur. Il brilleroit en Provence même, & en France.
» La raison, la justice & la magnificence règlent toutes ses
» démarches, il n'y a pas un seul homme de si loin qu'il vienne,
» s'il est spirituel & galant, à qui il ne donne des preuves de
» son affabilité. Je vous exhorte à vous présenter devant lui
» avec un air enjoué, & en chantant l'amour. Par ce moyen
» on est sûr, je crois, d'en être bien accueilli : outre un blanc
» roussin pour vous porter, vous aurez du brave Seigneur
» Bernabo, un cheval bai, & un équipage tel qu'il vous le
» faudra. Quand vous aurez gagné ses bonnes graces, dites
» lui de nous un peu de bien ».

Malheureusement pour les Troubadours ils n'étoient pas délicats sur le choix des sujets ; tout leur étoit bon, lorsqu'ils avoient quelque offense à venger, ou quelque dépit à satisfaire. Raymond n'aimoit point les belles-meres : soit qu'il en eût une dont il avoit à se plaindre ; soit qu'il voulût justifier une Dame qui avoit chassé la sienne, il invectiva contre ces femmes souvent incommodes pour les brus.

La pièce qu'il fit à ce sujet, n'étoit pas vraisemblablement destinée à courir le monde : mais comme toutes sortes de poésies avoient alors droit d'intéresser, la chanson fut conservée, quoique dans un autre siècle elle n'eût pas mérité d'être lue.

Bertrand du Puget.
An. 1265.

Bertrand du Puget, fut, suivant la vie manuscrite, un noble Chatelain de Provence, brave Chevalier, généreux & bon guerrier, qui fit de bonnes chansons & de bons sirventes. La Maison du Puget possédoit une partie de la Seigneurie du Puget de Theniers, diocèse de Glandeves, d'où elle prit son nom. Elle étoit une branche de l'ancienne Maison de Balbs, qui paroît avoir été la tige commune de la Maison de Beuil, fondue dans celle de Grimaldy sur la fin du quatorzième siècle ; de la Maison de Balbs établie en Provence, où elle avoit formé plusieurs branches toutes éteintes dans le quinzième ; & de celle des Comtes de Vintimille. Notre Troubadour, à juger de son mérite par le témoignage de son biographe, devoit avoir fait plus d'une chanson : nous n'en connoissons que deux & un sirvente, l'une rouloit sur la galanterie, sujet ordinaire dans ce temps-là des chants & des conversations. Bertrand s'y peint en amant soumis & fidele ; sa Dame au contraire y est représentée avec cette vertu austere qui ne sait point fléchir. Delà il prend la résolution de servir l'amour aussi mal qu'il l'avoit bien servi par le passé ; comptant en être bien traité, par la raison qu'il l'avoit été fort mal lorsqu'il lui avoit été fidele. Mais alors comme n'être pas loyal serviteur de sa Dame, lors même qu'on avoit à se plaindre de ses rigueurs, ce n'étoit pas être loyal Chevalier, Bertrand finit par demander pardon à l'amour, & par se mettre à sa merci.

A lire les poésies Erotiques & les Romans de ces siècles, on croiroit qu'il n'y avoit rien de plus efféminé, rien de plus amolli par les plaisirs que ces preux Chevaliers, dont on nous vante le courage? Mais voyez-les dans le champ de Mars, le casque en tête, la lance en arrêt, tout couverts de fer, disputant de force avec l'indomptable coursier qui les portoit ; vous jugerez que ce n'étoit point dans l'oisiveté des Sibarites que se formoient ces corps robustes & ces caractères mâles : s'ils s'amusoient à composer des chansons galantes quand ils rentroient dans la société, c'est que l'esprit est toujours forcé de prendre le ton du siècle : ils avoient l'ame d'Hector, & le luth qu'ils touchoient étoit celui d'Anacréon, qui ne savoit rendre que des sons amoureux.

Dans le Sirvente, Bertrand déclame contre l'avarice des mauvais riches. « A quoi sert, dit-il, un trésor enfoui à celui » qui le posséde ? j'y ai autant de part que lui, dès qu'il n'en » tire rien. J'ai même un avantage de plus ; c'est que je ne » serai pas tourmenté du même désespoir quand il l'aura perdu ». Ces réflexions sont fort sages. Il faut observer que la plus grande

TROUBADOURS.

Arnaud de Cotignac.
An. 1265.

tache pour un Gentilhomme, c'étoit d'être avare ; le faste & la libéralité étoient les caractères de la Chevalerie.

Nous ajouterons à ces articles celui d'Arnaud de Cotignac, dont la vie ne se trouve dans aucun manuscrit. Nostradamus ne mérite point assez de confiance, pour qu'on le suive dans ce qu'il rapporte de ce Troubadour. Il prétend que la Reine Jeanne & son mari Louis l'ayant nommé avec Guigues Flotte pour soumettre les rebelles du Col de Tende, lui donnèrent, en récompense de son zèle, le fief de Cotignac dans le diocèse de Fréjus. Nostradamus ignoroit qu'il existoit anciennement une famille de ce nom, & qu'à la fin du treizième siècle il n'en restoit qu'une fille qui épousa Raymbaud de Simiane, Seigneur d'Apt, & lui porta en dot les terres de Carcés & de Cotignac, qui passerent ensuite dans la Maison de Pontevez. Cet Arnaud étoit peut-être frère ou fils de Guillaume de Cotignac, nommé administrateur du Comté de Provence avec Romée de Villeneuve, après la mort de Raymond Berenger. Ainsi ce Troubadour étoit un des plus illustres par sa naissance ; c'est presque le seul mérite qui le distingue : car ses chansons, au nombre de trois, ne contiennent rien de remarquable. Il dit que « ce qui le soutient dans son amour, c'est le doux espoir » que sa Dame lui a donné : qu'au reste, on a tort de se dé- » courager ; parce que le bien vient en peu d'heures, à qui » sait l'attendre ».

Il affecte dans une autre pièce, une soumission & un respect, tels qu'un Page pouvoit l'avoir pour sa Dame ; il n'ose déclarer son amour, & cependant il ne sauroit prendre sur lui-même d'en changer. Est-il loin de sa Dame ? il lui semble qu'il sera plein de hardiesse, quand il la verra : la revoit-il ? la crainte de lui déplaire lui ferme la bouche. Il charge son messager d'aller parler pour lui ; & lui recommande, s'il est bien reçu, de venir tout courant lui en apprendre la nouvelle :
si

si le contraire arrive, il lui défend de revenir; car jamais il ne veut ni entendre ni savoir des nouvelles si affligeantes.

TROUBADOURS.

Ces idées communes, revêtues des graces de la versification, embellies des tours tantôt vifs & tantôt naïfs dont la langue Provençale abonde, avoient leur mérite dans un temps où l'on connoissoit les personnages ordinairement distingués par leur rang & leur naissance; où l'on parloit beaucoup de galanterie, où enfin l'esprit peu cultivé n'avoit pas encore rendu les Lecteurs délicats par les productions ingénieuses, que les siècles postérieurs ont vu naître. Nous croyons que ce Troubadour vivoit en 1260.

Paulet est encore un de ces Poëtes dont les vies manuscrites ne parlent point. On sait seulement qu'il étoit de Marseille. C'est un de ceux qui ont le moins consacré de vers à l'amour. Si c'est parce qu'il sentit que ce n'étoit pas là son genre, il agit plus prudemment que la plupart de ses pareils : car à juger de son talent pour la poésie Erotique, par une chanson qu'il fit pour sa Dame, il n'étoit pas possible d'en avoir moins. Elle ne contient pas un trait que nous puissions rapporter.

Paulet, de Marseille. An. 1270.

La conquête de Naples par Charles d'Anjou, les vexations que ses Officiers commettoient en Provence, la prison d'Henri de Castille, & d'autres événemens de cette nature, animèrent la verve de notre Troubadour; il paroît avoir choisi de préférence ces sujets pour faire éclater son aversion pour la domination françoise. Afin de donner plus d'intérêt à la Satyre, il la met en action; il introduit sur la scène une jeune Bergere avec laquelle il s'entretient d'abord de choses galantes; ensuite il la fait parler sur la conduite de Charles d'Anjou en femme plus versée dans les affaires politiques de l'Europe qu'il ne convient à son état & à son âge; elle demande à Paulet :
« Pourquoi le Comte qui tient la Provence, tue & détruit les
» Provençaux qui ne lui ont point forfait; pourquoi il pré-

» tend dépouiller le Roi Mainfroi, qui n'a aucun tort avec
» lui ; qui ne tient de lui aucune terre ; qui n'eſt point com-
» plice de la mort du preux Comte d'Artois, & qui ne doit
» pas porter la peine du ferment que fit Arnaud de venger
» cette mort ; en un mot, qui n'a de lui ni maiſon, ni jar-
» din, ni rente, ni cens ».

PAULET.

« L'orgueil du Comte d'Anjou lui ôte tout ſentiment de
» miſéricorde pour les Provençaux. Les gens d'Egliſe ſont
» pour lui des pierres à aiguiſer : ils l'animent, ils lui per-
» ſuadent qu'il pourra aiſément dépouiller le Roi Mainfroi,
» plein de mérite & de la plus fine valeur. Mais ce qui me con-
» ſole, c'eſt que je ne crois pas que l'orgueil puiſſe jamais
» procurer de gloire à perſonne : les François échoueront ſans
» doute, pourvu que Mainfroi ſe tienne fortement uni avec
» les ſiens ».

Il eſt à préſumer que l'averſion des Provençaux pour Charles d'Anjou venoit en partie de ce qu'il s'étoit rendu l'inſtrument de l'ambition & des deſſeins injuſtes de la Cour de Rome ; devenue elle-même ſi odieuſe en Provence depuis les perſécutions qu'elle avoit exercées contre le Comte de Touloufe.

LA BERGÉRE.

« Dites-moi, Seigneur, ſi le noble Infant d'Arragon deman-
» dera ce qui appartient à ſa famille ? Puiſqu'il eſt bon & brave,
» je voudrois qu'il en donnât des preuves, en chaſſant de
» notre pays les uſurpateurs de ſon bien ».

PAULET.

« Nous devons beaucoup eſpérer de l'attachement des Pro-
» vençaux pour l'Infant dont ils revendiqueront les droits. Il
» ſeroit à ſouhaiter que le Pape fût pour lui ».

LA BERGÉRE.

« Je voudrois voir ce noble Infant & Edouard bien unis

» entr'eux. Avec leurs grandes qualités, fortis de la même tige,
» chers à leurs amis, redoutés de leurs ennemis, ils acquer-
» roient beaucoup plus de gloire en fe foutenant l'un l'autre,
» & feroient de grandes conquêtes ».

PAULET.

« Je fouhaite que le Roi d'Arragon, lui qui a tant de fens,
» prenne garde au plutôt à fa réputation & à fa gloire. Car
» s'il différe, ni Roi ni Empereur ne daignera plus le re-
» garder. Les deux jeunes Princes, l'Infant & Edouard, font
» généreux, habiles, bien armés. Il ne convient pas qu'ils
» reftent dépouillés de leur héritage; que ne dreffe-t-on vîte
» le jeu & le tablier, ou maint heaume foit fendu & maint
» haubert démaillé ? ».

La Bergère fait fon envoi à l'Infant, accompli en mérite,
en lui difant : « Seigneur Pierre, que par vous les malheu-
» reux Provençaux foient protégés & honorés. Paulet répond :
» Bergère, vous m'avez comblé de joie par les louanges que
» vous avez données à l'Infant, car je ne fais point de Prince
» qui aime autant la vertu ».

C'eft une chofe affez curieufe de voir l'adreffe & la har-
dieffe avec laquelle ce Troubadour excitoit à la révolte des
efprits déja aigris : il faut que ces pièces ne fuffent pas rendues publiques, ou que le Gouvernement ne fût pas auffi dur
qu'on le difoit, puifqu'on s'en plaignoit avec fi peu de ménagement dans des ouvrages féditieux.

C'étoit encore par une fuite de fes préventions contre la domination françoife, que notre Troubadour fit une complainte
fur l'emprifonnement d'Henri de Caftille, mauvais Prince, qui
ne pouvoit avoir d'autres droits à fes éloges que fon inimitié
contre Charles.

Les louanges qu'il donne à Barral de Baux, Vicomte de Marfeille, étoient plus méritées : il dit que les Provençaux ont perdu

TROUBADOURS.

en lui toute leur gloire, que les Chevaliers, Damoiseaux & Jongleurs ne viendront plus en Provence où il les accueilloit si bien. Ce Barral étoit Seigneur d'Aubagne & mari de Sibille; nous ignorons de quelle famille étoit celle-ci. Barral mourut vers l'an 1270.

Granet.
An. 1270.

Granet, Poëte Provençal, contemporain du précédent, partagea ses préventions contre la nation Françoise; il disoit que le Comte Charles étoit du plus haut lignage qui fut jamais, & gracieux en tout point, pourvu qu'on ne lui demandât rien. C'étoit bien connoître ce Prince, qui fut toute sa vie occupé à se procurer de l'argent pour fournir aux frais d'une guerre funeste aux vainqueurs & aux vaincus. Les Provençaux en portèrent presque seuls tout le poids. Granet exhorte ce Prince à les délivrer des concussions de ses Officiers, contre lesquels on ne peut avoir justice auprès de lui. Il se plaint qu'ils écrasent les Barons en extorquant, à force ouverte, ce que l'on avoit coutume de donner par forme de contribution volontaire.

Cependant ces Barons s'étoient tous disputés à l'envi l'honneur de servir Charles de leurs biens & de leur personne dans la conquête de Naples, & la plupart même s'étoient ruinés pour signaler leur zèle dans cette expédition, qui fut la premiere époque de leur décadence: mais un Roi est rarement juste envers ses sujets quand ses dépenses excèdent de beaucoup ses revenus. La réputation d'avarice, que Charles s'étoit faite, étoit au point que le Troubadour lui reproche de ne pas reprendre sur le Dauphin les Comtés de Gap & d'Embrun, parce que la guerre lui coûteroit de l'argent. Si ces reproches ne choquoient pas les lecteurs de ce temps-là, il faut qu'il y ait bien loin de nos mœurs à celles de ce siècle.

Au reste nous ne connoissons pas de Troubadour plus ardent & moins délicat dans la satyre, que Granet. Il paroît qu'il en vouloit particulièrement à Bertrand d'Allamanon: il eut la malice de lui prêter dans un Sirvente des fentimens d'une impiété extravagante ; ou fi ces fentimens étoient véritablement ceux de Bertrand, Granet en les divulgant avoit fans doute envie de le faire paffer pour un fou. Il l'exhorte avec un ton d'hypocrite à renoncer aux follicitudes d'un amour malheureux, & à travailler au falut de fon ame, en allant outremer, où l'Antechrift eft fur le point de détruire ceux qui s'efforcent de convertir les infideles.

Bertrand répond qu'il eft fort aife du fuccès de l'Antechrift; qu'il eft prêt à croire en lui, tant il lui trouve de pouvoir, dans l'efpérance qu'il fléchira en fa faveur le cœur de fa Maîtreffe : Granet lui reproche l'indigne voie, par laquelle il veut parvenir à fon but; & obferve que ce bien feroit payé trop cher par fa damnation. « Tout eft légitime, fait-il dire » à Bertrand, pour fauver ma vie : je meurs pour la plus aima-» ble des femmes; & ayant perdu l'efprit, fi je péche en me » jettant entre les bras de l'Antechrift, Dieu me le doit » pardonner ».

Ces idées ne fe préfentent à l'efprit que dans les fiècles où la fuperftition domine.

Réforfat de Forcalquier étoit encore un de ces Satyriques fans mérite, dont on conferve les ouvrages dans les fiècles d'ignorance, où les talents médiocres fuffifent pour illuftrer. Il fit un Sirvente remarquable feulement par le fiel le plus amer. Il repréfente Guillem, l'objet de la fatyre, comme un homme qui ne mettoit aucun prix ni à la vertu ni à la réputation : il *veut fe faire Moine*, dit-il; *mais Dieu n'en veut point, ni le monde non plus.*

Durand de Carpentras fe fit auffi connoître par un Sirvente contre deux Chevaliers du nom de Raymond, & fur-tout contre le vieux Prince de Tor, qu'il choifit parmi les mauvais Barons comme le pire. Il fe reproche de l'avoir loué au-

TROUBADOURS.

trefois. Il est bien aise de lui dire en face, qu'il rétracte ses louanges. Combien n'y en auroit-il pas de rétractées si tous les auteurs prenoient la même licence ? Pour n'être pas dans le cas, il ne faut louer que des actions évidemment bonnes, ou des talens éprouvés; nos Troubadours n'y regardoient pas de si près, c'étoit au gré de leurs affections qu'ils distribuoient la louange & le blâme.

Giraud, du Luc.

Tel fut vraisemblablement Giraud, natif du Luc en Provence, auteur de deux Sirventés remplis d'allusions à des faits inconnus, qui les rendent inintelligibles. *L'Ecuyer* de l'Ile suivit la route battue : il fit deux pièces où il se plaint d'une maîtresse infidelle, qu'il est résolu de quitter : chansons triviales qui n'offrent rien de remarquable.

On trouve encore moins dans une pièce dévote de Guillaume d'Hyeres, pour demander la rémission de ses péchés.

Le fragment où Rambaud son compatriote fait l'éloge de Madame Sancie d'Arragon, femme de Raymond VI Comte de Toulouse, ne contient rien de plus intéressant que ce que nous en avons rapporté dans le tome 2, p. 327.

Raymond d'Arles.

Raymond d'Arles fit cinq chansons à la louange de Madame Constance d'Est. Il craint que cette beauté ne le détruise, comme une beauté détruisit la ville de Troye. La pièce est remplie de jeux de mots & de petits vers, qui expriment la violence, la timidité, la patience, la soumission & la persévérance de son amour : faisant allusion au nom de cette Dame, il dit qu'elle seroit sa *Constance*, si elle vouloit l'aimer.

Dans une autre pièce, qui commence par ces mots. *Qui veut voir*, il fait le dénombrement de toutes les perfections d'une Dame, & finit par dire, que pour les trouver toutes, on n'a qu'à venir voir Madame Constance d'Est. *Dame Constance*, dit-il dans l'envoi, *vous êtes si pourvue de mérite & de beauté, que vous pourriez en tenir Foire en France. Qui vous voit ne voudroit jamais vous quitter.*

Pierre de Cols, natif de la même ville, est cité comme auteur d'une chanson amoureuse dans laquelle il se compare à la salamandre, qui se nourrit du feu : « ensuite il ajoute, de même » que le soleil envoie plus de chaleur dans les lieux bas que » dans les lieux hauts, où son ardeur est tempérée par la fraî- » cheur de l'air ; de même le haut amour me darde plus for- » tement, moi qu'il trouve humble & soumis à toutes ses » volontés, qu'il ne feroit un riche orgueilleux ». Cette comparaison est remarquable par sa nouveauté, & parce qu'elle porte sur une observation de physique, dont on ne croiroit pas un Troubadour capable. Elle nous en rappelle une autre plus singulière, que nous avons tirée d'un Poëte contemporain, dont nous avons négligé de parler : la tournure en est assez ingénieuse. Il avoit loué sa Dame sous le nom de la lune. Il avoue qu'il a eu tort, parce que celle-ci n'a qu'une beauté & une lumiere d'emprunt, au lieu que sa Dame brille d'un éclat qui n'est qu'à elle. Il ajoute ensuite dans l'envoi, que quand la lune a pris tout son croissant, elle décroît ; mais que la Dame, à qui il donne ce nom, n'est pas de même ; puisque son mérite s'accroît de plus en plus. On ne s'imagineroit pas que dans le treizième siècle on fût aussi avancé dans la théorie de la lune ; & qu'on la regardât comme un corps opaque, dont la lumiere n'est que le reflet de celle du soleil.

Ebles de Signe, ainsi nommé parce qu'il étoit Seigneur du village de ce nom, dont la Seigneurie appartenoit à une branche cadette de la Maison de Marseille, est interlocuteur dans une Tenson, avec Guillaume Gasmar, qui en est l'auteur. Crescimbeni conjecture que ce Guillaume est le même que Guillaume d'Adhémar ; il s'agit dans cette tenson de savoir, lequel a plus de souci & de chagrin, ou le débiteur, qui ayant une grosse somme à payer n'a ni or, ni argent, ni espérance d'en avoir ; ou l'amant qui chérit tendrement une maîtresse sans en pouvoir rien obtenir ?

TROUBADOURS.

« Ebles répond : Jamais homme n'a été plus maltraité par
» l'amour ni plus obéré de dettes que moi. Ainsi je puis parler
» comme ayant expérimenté l'un & l'autre. Le tourment des
» créanciers est incomparablement plus cruel que tous les maux
» de l'amour, & il n'y a rien de pire que de s'entendre dire
» de tous côtés, *vîte qu'on me paye* ».

On l'en croira facilement. On n'en croira pas de même Guillaume, qui dit qu'on peut aisément appaiser un créancier par de belles paroles : au lieu, dit-il, qu'il n'y a point de remede contre les maux d'amour : il y a tout lieu de présumer que Gasmar étoit amoureux, & Ebles de Signe chargé de dettes. C'est peut-être ce qui lui fit dire dans une pièce que nous avons de lui, qu'il n'ose se montrer nulle part, ni porter des habits de couleur ; parce qu'il n'y a personne qui en le voyant *ne lui tire la langue*. On ne peut faire un aveu plus ingénu de sa triste situation.

Boyer.
An. 1290.

Nous terminerons l'article des Troubadours par celui de Guillaume Boyer de Nice. Sa vie ne se trouve pas dans le manuscrit Provençal ; mais Nostradamus parle de lui assez au long, & ne laisseroit rien à desirer si l'on pouvoit compter sur son témoignage. Il prétend que Boyer aima la fille du Seigneur de Berre de la Maison de Baux, & qu'il fit son horoscope, d'où il conclut qu'il étoit grand Mathématicien, confondant ainsi la science des Mathématiques avec les combinaisons extravagantes de l'Astrologie judiciaire. Il ajoute que notre Troubadour fut attaché au service de Charles II, & après la mort de ce Prince à celui de Robert son fils, & que l'un & l'autre l'établirent *Podestat* de Nice. Cette Magistrature ne donnoit plus alors ces prérogatives dont nous parlerons à l'article des Municipes. Nous avions d'abord cru que le nom même avoit été supprimé lorsque Charles d'Anjou eut fait plier toutes les Villes de Provence sous son autorité ; mais nous

avons

avons trouvé dans une charte du quatorzième siècle qu'il y avoit encore alors un Podeſtat à Nice, & nous en avons conclu que ce Magiſtrat y rempliſſoit les mêmes fonctions, qu'il remplit encore aujourd'hui dans pluſieurs Villes de l'Etat Vénitien.

TROUBADOURS.

Boyer fut chargé par le Roi, ſuivant Noſtradamus, de réduire les rebelles de Vintimille: quoique nous n'ayons lu ce fait dans aucun Auteur du temps, il n'a rien qui choque la vraiſemblance; nous voudrions pouvoir trouver la même probabilité dans ce qu'il ajoute, ſavoir qu'un Troubadour de ſes amis l'empêcha d'accepter cette commiſſion honorable, par la raiſon qu'elle étoit pénible & même odieuſe. Boyer perſuadé par ſes raiſons, préféra la gloire de faire des vers à celle de commander les troupes, & ſe fit une ſi grande réputation par ſes poéſies, que pluſieurs Troubadours s'étudierent à l'imiter. Il faut convenir qu'elles méritoient de ſervir de modèle, ſi elles reſſembloient à la ſuivante, qui eſt d'un tour auſſi naïf qu'ingénieux.

Traduction en vers.

Drech e razon es qu'iou canti d'amour ?	Eſt-il raiſon que je chante d'amour,
Vezent qu'iou ai ja conſumat mon agi,	Ayant paſſé le plus beau de mon age
Ali complaire & ſervir nuech e jour,	A le ſervir & la nuit & le jour
Sens aver de proficch ni avantagi ;	Sans en avoir profité davantage ?
Encar el ſi fai cregner,	Il ſe fait encor craindre :
E doulent iou non ſai fegner ;	Helas je ne ſaurois plus feindre.
Mi pougne la courada	D'un trait vainqueur
De ſa flecho baurada,	Il me perce le cœur,
Enbe ſon arc qu'à gran pene el pos tendre,	Avec ſon arc qu'à grand peine il peut tendre,
Perſo qu'es un enfan jouve & tendre.	Parce qu'il eſt un enfant jeune & tendre.

Noſtradamus lui attribue pluſieurs autres pieces qui nous ſont inconnues. Il prétend auſſi que Boyer fit un traité ſur la connoiſſance des métaux, ſur la fontaine de Vaucluſe, ſur les bains d'Aix & de Digne, ſur les ſimples qui croiſſent dans les montagnes de Provence, ſur le vermillon, la manne, & ſur pluſieurs autres

TROUBADOURS.

sujets, ouvrages qu'il dédia au Roi Robert, & de l'existence desquels nous voudrions avoir d'autres garans que le témoignage de Nostradamus.

Ici finit la liste des Troubadours que la Provence vit naître. Leurs ouvrages & ceux que nous devons aux Poëtes des Provinces situées au Midi de la Loire, forment le morceau de littérature qui tranche le plus dans l'histoire de l'esprit humain, par un air tout-à-fait étranger. Les Poëtes modernes ayant imité les Grecs & les Romains, ont des traits de ressemblance qui annoncent leur filiation littéraire. Les Troubadours, au contraire, étant créateurs dans leur genre, n'ayant eu ni modeles ni imitateurs, forment parmi les auteurs une classe à part, de laquelle on peut dire qu'elle est sans ancêtres & sans postérité. Tout est à eux, & le genre & la maniere de le traiter.

En général il ne faut pas chercher dans leurs ouvrages la richesse de l'invention, le choix & l'heureux enchaînement des pensées, l'art délicat des bienséances, ni enfin ce discernement qui présente les choses avec les différentes nuances que le goût & la nature assignent à chaque objet. Quoiqu'on y trouve quelquefois de ces morceaux que les siecles brillans de la littérature ne désavoueroient point, on ne doit considérer les Troubadours que comme peintres des mœurs d'une nation qui, sans être encore civilisée, cessoit pourtant d'être barbare (1). Acteurs ou témoins sur cette scène,

Voyage de Prov. p. 433.

(1) Dans une lettre sur le mérite des Troubadours, & sur l'utilité de leurs productions, nous avons déja dit ce que nous pensions de leurs poésies. On ne doit les regarder, ainsi que toutes celles que le même siecle vit naître en Occident, que comme des monumens propres à constater combien l'esprit humain s'egare dans les recherches du bon & du beau, lorsqu'il n'est pas éclairé par l'expérience des siecles passés. Le seul but que nous ayons eu en publiant les cinq lettres sur les *Trouveres* & les *Troubadours*, a été de chercher quel étoit de leur temps l'état de la littérature en Occident, & quelle fut l'influence réciproque que les peuples qui cultivoient les lettres eurent les uns sur les autres. Nous croyions que M. le Gr., dans ses observations sur les Troubadours, répandroit quelques lumieres sur cette partie de l'ancienne littérature Françoise; car il s'agissoit de savoir 1°, si les François ont fourni les premiers modeles des contes en Occident. 2°. S'ils sont les auteurs de tous ceux qu'il a publiés. 3°. Si les regles de critique que nous avons

où se passoient les événemens qu'ils décrivent, ils rendent les choses comme ils les voient; leurs impressions, comme ils les sentent; les mouvemens de leur ame, comme ils les éprouvent. Princes, Gentilshommes, roturiers, femmes mêmes, tous dessinent d'après nature, & leurs ouvrages offrent un tableau des mœurs de chaque état, beaucoup plus ressemblant que n'auroit pu le faire l'Histoire, qui ne décrit ordinairement que des faits.

Outre ce mérite, ils en ont un infiniment précieux pour l'Histoire de la Littérature : ils ont été les inventeurs de la poésie moderne, & ce n'est qu'après eux que les Espagnols, les Italiens & les François se sont exercés dans ce genre (1). On a beau

établies pour discerner ceux que nous croyons appartenir aux Provençaux, aux Italiens & aux Arabes, sont fausses. 4°. Dans quel temps ces ouvrages ont été composés. En fixant ce dernier point de critique, il éclaircissoit tous les autres, & nous faisoit connoître au juste l'etat des lettres en France dans les douzieme & treizieme siecles. Au lieu de ces discussions veritablement utiles, il dispute sur la préference des *Trouveres* & des *Troubadours*, & sur la différence de merite qui se trouve au Nord & au Midi de la Loire: questions fort peu intéressantes qu'on peut se passer de traiter. Si nous donnons une nouvelle édition des cinq lettres, nous y ajouterons des notes critiques qui pourront répandre un nouveau jour sur les sujets que nous y discutons, & servir de supplement à l'Histoire de la Poésie Françoise.

(1) Le premier Troubadour connu est Guillaume IX, Comte de Poitou, né en 1071. (Hist. de Prov. t. 2. p. 422.) La langue avoit alors du nombre, de la douceur, de l'elégance & de l'harmonie; l'art de la versification avoit des regles fixes: on avoit donc fait des vers avant ce Troubadour; car personne ne croira qu'il ait inventé & perfectionné son art. On peut donc conclurre de la lenteur avec laquelle les langues & les beaux arts se perfectionnent, dans les siecles d'ignorance, que plus de cent ans auparavant on avoit commencé à faire des vers. Ceci rend plus que vraisemblable ce que quelques Auteurs assurent, savoir qu'en 998, lorsque Constance, fille d'un Comte d'Arles, alla épouser le Roi Robert, il y eut des Troubadours qui la suivirent à Paris. M. le Gr., bien loin d'apporter des preuves aussi plausibles de l'ancienneté de la poésie françoise, convient dans ses Observations p. 37, que *les Fabliaux sont du treizieme siecle, c'est-à-dire antérieurs d'un siecle environ au temps où Bocace écrivit des Contes en Italie*. Or ce Poëte étant né en 1313, a écrit vers l'an 1340; d'où il s'ensuit que les Contes furent composés vers le milieu du treizieme siecle: ce sont les plus anciens; car il résulte des vers que nous avons cités dans le *Voyage Littéraire*, & de l'âge de J. de Condé, P. 381. 382, & 411.

TROUBADOURS.

déprécier leur mérite : le succès prodigieux qu'eurent leurs poésies chez toutes les Nations de l'Europe qui s'occupèrent de littérature ; la prééminence à laquelle ils élevèrent leur langue, prouvent qu'ils étoient de beaucoup supérieurs aux Poëtes François, imitateurs ou copistes de tout ce que les Arabes, les Provençaux & les Italiens avoient de mieux en poésie. Ce n'étoit pas sur des chansons amoureuses ni sur des sirventes qu'étoit fondée leur réputation. Les Romans & les Contes, dont quelques-uns nous sont connus par les titres seulement, leur avoient fait des admirateurs chez tous les peuples civilisés. Ces peuples, pauvres de leur propre fond, & n'ayant aucune idée de l'ancienne littérature, appplaudissoient à des ouvrages, que les progrès de l'esprit humain ont justement fait reléguer parmi les objets de pure curiosité.

Le regne des Troubadours fut court. Il finit, comme nous l'avons dit, avec celui des Comtes de la Maison de Barcelone. Les successeurs de ces Princes ayant fixé leur séjour à Naples, perdirent la Provence de vue, ou du moins ils ne s'en occupèrent que pour en tirer des secours d'hommes & d'argent, qui l'épuisèrent. Ainsi les talents y demeurèrent sans protecteurs ; tandis

---

Ibid. p. 424.

qui écrivit pour le plutôt en 1300, & qui suivant M. le Gr., étoit contemporain de la plupart des Fabliers ; il résulte, dis-je, de ces faits, que le plus grand nombre des *Fabliaux* est du quatorzieme siecle. Nous avons en Provençal des Contes beaucoup plus anciens ; car Pierre Vidal, Troubadour, en avoit déja fait en 1180 ; Arnaud d'Entrevenes, son contemporain, en cite plusieurs, comme étant connus depuis long-temps ; enfin Pierre d'Auvergne, qui écrivoit vers l'an 1200, dit que de son temps il se tenoit des *assemblées où l'on récitoit des nouvelles aux flambeaux*. Il est donc démontré que les Troubadours ont donné les premiers modeles des Contes, & que la poésie moderne, qui prit vraisemblablement naissance dans les Provinces meridionales du Royaume, étoit cultivée au Midi de la Loire, avec un succès qu'elle n'eut point au Nord de ce fleuve, avant la fin du treizieme siecle. Nous croyons avoir donné d'assez bonnes raisons pour prouver que plusieurs Fabliaux que nous avons cités ont une origine Italienne : nous en ajouterons une autre qui merite quelqu'attention, c'est qu'aucun de ces Fabliaux ne se trouve dans le Recueil de la Bibliotheque de S. Germain qui est le plus ancien, & qui cependant est postérieur à la conquête de Naples par Charles d'Anjou.

que de nouvelles circonstances les porterent dans une carriere bien différente de celle de la poésie. Les Universités d'Italie, occupées à débrouiller les élémens des sciences, attachèrent beaucoup de gloire au mérite qui s'y distinguoit, & sur-tout à la Jurisprudence, à la Théologie & à la Médecine, dont on fit trois Facultés, qui eurent chacune leurs Docteurs & leurs prérogatives. Ces sciences furent même les seules qui conduisirent aux honneurs & aux récompenses. C'en fut assez pour diriger vers ces connoissances l'attention de quiconque desiroit de se consacrer à l'étude : voilà ce qui concourut avec les causes que nous avons assignées ci-devant, à faire tomber dans l'oubli la poésie Provençale. Aussi aurons-nous rarement occasion de parler de Poëtes avant la renaissance des lettres.

TROUBADOURS.

HOMMES ILLUSTRES.

Le premier Savant de Provence qui se distingua après les Troubadours, est Arnaud de Villeneuve.

Arnaud naquit vers le milieu du treizieme siecle, dans le Diocèse de Vence, & dans le lieu même dont il porta le nom. Il avoit reçu de la nature des talens rares, propres aux sciences les plus relevées. La nécessité de réparer par son travail les disgraces de la fortune, car il étoit né de parens pauvres, anima le goût naturel qu'il avoit pour l'étude. La chimie & la physique occupèrent dans la ville d'Aix les premieres années de sa jeunesse ; & à l'âge de vingt ans il se rendit à Paris, comptant trouver dans cette capitale de l'empire François des connoissances solides, faites pour alimenter l'activité de son esprit. Il y demeura dix ans pendant lesquels il fit des efforts auxquels il ne manqua, pour être véritablement utiles, que d'être dirigés par des lumieres qu'on

Villeneuve.
An. 1313.

HOMMES ILLUSTRES.

ne pouvoit avoir dans un siecle grossier. Villeneuve alla ensuite étudier la Médecine à Montpellier; de-là il fit un voyage en Espagne, pour consulter les Philosophes Arabes qui passoient pour les plus grands Naturalistes du siecle. Enfin le désir de s'instruire lui fit entreprendre le voyage d'Italie, & par-tout il se fit admirer par ses talens & ses connoissances. Plusieurs Souverains le recherchèrent par estime pour son mérite; & Jacques II, Roi d'Arragon, le chargea d'une ambassade auprès de Robert, Roi de Naples, le Prince de son siecle qui aima & qui cultiva le plus les lettres. Aussi voulut-il à son tour s'attacher Villeneuve, sur lequel il avoit plus de droits que tout autre, puisque ce savant étoit né son sujet; & l'on sait qu'il n'y avoit point d'homme de lettres qui par choix n'eût voulu être le sujet du Roi Robert; mais les honneurs ne pouvoient longtemps attacher un homme que les sciences appelloient sans cesse dans le silence de la retraite; aussi Villeneuve cédant à son goût pour la Médecine, quitta Naples & alla donner des leçons à Paris, où sa grande réputation attira des pays étrangers tous ceux qui avoient envie de s'instruire.

Cod. Vat. 3824. fol. 80.

Imbu de toutes les illusions de l'Astrologie judiciaire, il s'imagina de lire dans l'avenir, & s'avisa de prédire que la fin du monde arriveroit en 1335 ou pour le plus tard en 1364. Ces sortes de prédictions ont toujours un effet réel, qui est d'allarmer le peuple, & de couvrir de ridicule leur auteur, quand l'événement les a détruites. Cependant comment concilier cette imputation qu'on fait à notre Savant, avec ce que nous avons lu dans des manuscrits du Vatican, savoir qu'il dénonça en 1304 à l'Évêque de Marseille, & combattit avec force un écrit dans lequel on prétendoit prouver qu'on touchoit à la fin du monde ? Seroit-ce là une de ces contradictions de l'esprit humain, qui lorsqu'il n'est point dirigé par des principes certains, réalise dans un temps des idées, que dans un autre il relegue parmi les chimères ? D'autres erreurs qu'il avança, & qui attaquoient la religion & ſes miniſtres eurent pour lui des ſuites plus fâcheuſes ; elles lui ſuſcitèrent un orage auquel il fut obligé de ſe ſouſtraire par la fuite. Il mourut vers l'an 1313 ſur la côte de Gènes, en venant par mer de Sicile en Provence. Les ouvrages de Villeneuve ont été imprimés pluſieurs fois ; la premiere en 1504 à Lyon. Ils contiennent ſoixante-deux traités, dont on peut voir la liſte dans le trente-quatrieme tome des Hommes Illuſtres du P. Niceron. On trouve du même Auteur cinq autres ouvrages imprimés ſéparément. Nous en avons vu pluſieurs manuſcrits à la Bibliot. du Vatican, cod. 3824. f. 80.

Elzear de Sabran vint au monde en 1286, dans un village qui n'exiſte plus, nommé Robians près d'Anſouis. Il étoit fils d'Ermengaud, Grand Juſticier du Royaume de Naples, & d'Aube de Roquemartine. Deſtiné par le Roi Charles II à épouſer Delphine de Signe, de la Maiſon de Marſeille, il s'engagea dans les liens du mariage en 1298 ; mais il n'y eut entre les deux époux que cette union ſpirituelle qui regne entre des ames dont Dieu ſeul remplit les affections. Le Roi Robert qui connoiſſoit ſes talents & ſes vertus, le nomma pour remplir la place de Gouverneur auprès de ſon fils Charles, Duc de Calabre, & l'envoya enſuite en France en 1323, pour traiter du mariage du jeune Prince avec Marie de Valois. Elzéar mourut à Paris le 27 Septembre de cette année-là, après voir terminé ſa négociation à la ſatisfaction des deux Cours, dont il mérita l'eſtime & les regrets. Il rendit le dernier ſoupir ſous l'habit de Religieux de S. François, parce qu'il s'étoit fait recevoir du Tiers-Ordre, & voulut être enterré dans leur Egliſe d'Apt, où l'on conſerve encore ſes reliques. Urbain V le mit au rang des Saints le 16 Avril 1369 ; mais la Bulle de canoniſation ne fut publiée que le 5 Janvier 1371. Le teſtament d'Elzéar, fait à Toulon le 18 Juillet 1317, eſt un monument de piété, de juſtice & de charité. Il légua à toutes les communautés dont il étoit Seigneur, une ſomme en répara-

S. Elzéar de Sabran.
An. 1323.

tion des dommages que lui ou ses Officiers pouvoient avoir faits; assigna des aumônes aux pauvres, des dons à l'Eglise, & des récompenses à toutes les personnes attachées à son service. L'article seul des legs pieux montoit à trois mille livres reforciats, ou quarante mille livres de notre monnoie. Tutini parlant de Louis & d'Elzéar de Sabran, Cardinal, neveux de celui-ci, leur donne pour sœur Laudune, femme de J. D. Arcucia; elle n'étoit que leur niece.

<small>Hommes Illustres.</small>

<small>Dell. varieta. dell. fort. p. 20.</small>

<small>Sainte Delphine.</small>

Sa femme Delphine, fille de Guillaume de Signe, Seigneur de Puymichel & de Delphine de Barras, fut un modele des vertus les plus difficiles à pratiquer pour les personnes que leur rang & leur naissance attachent à la Cour. Elle fut humble, charitable, & si ennemie des plaisirs, que dans les engagements même du mariage, elle conserva la pureté des Vierges consacrées à Dieu. Après avoir passé plusieurs années dans un parfait détachement de soi-même & des créatures, elle mourut le 26 Novembre 1360, & fut enterrée dans l'Eglise où reposoit le corps de son époux. Delphine n'a point été mise solemnellement au rang des Saintes. Le Pape Urbain V mourut lorsqu'il procédoit à sa canonisation, & après sa mort, les troubles de la Province & de l'Eglise ne permirent pas de reprendre la procédure, pour exposer au culte des fideles cette illustre pénitente, canonisée par la voix du peuple, & regardée par l'Eglise comme digne de sa vénération.

<small>Meyronnis.
An. 1327.</small>

Meyronnis (François de) Religieux de l'Ordre de S. François, naquit à Meyronne dans la vallée de Barcelonette vers la fin du treizieme siecle. La sagacité de son esprit le fit surnommer le Docteur éclairé. Il fut Disciple de Scot, Bachelier de Sorbonne, & mérita par ses talens & ses connoissances les bonnes graces du Roi Robert. Ce fut lui qui introduisit vers l'an 1315 cet acte célebre qu'on nomme Sorbonique, qui oblige le soutenant à répondre aux objections qu'on lui fait depuis six heures du matin jusqu'à six heures du soir. Si au lieu de cette espece de lutte, où où pendant longtemps on a fait aſſaut de ſophiſmes & de ſubtilités plus propres à gâter l'eſprit qu'à l'éclairer, il eût exigé du ſoutenant qu'il rendroit compte de ſes traités & en déduiroit les preuves, il auroit introduit dans l'enſeignement cette méthode & cet eſprit d'analyſe, qui dégage les ſciences des entraves de l'ignorance & des ſubtilités d'une mauvaiſe métaphyſique; mais pour établir cet uſage, il falloit avoir plus de philoſophie qu'il n'y en avoit dans ce ſiecle, & moins de préſomption & de vanité qu'on n'en portoit dans les écoles. Meyronnis, quoique ſon mérite ſupérieur lui marquât un rang parmi les Docteurs, eut l'honneur de s'y voir encore porté par la protection de Jean XXII, auquel il fut recommandé par le Roi Robert. Il profeſſa la théologie avec les plus grands applaudiſſements dans l'Univerſité de Paris; s'étant enſuite retiré à Plaiſance, il y mourut le 26 Juillet 1327, après avoir donné au public des ouvrages qui comprennent tout ce que la théologie & la philoſophie paroiſſoient avoir alors de plus intéreſſant. S'ils ſont devenus inutiles à cauſe des progrès qu'on a faits dans ces deux ſciences, ils ſervent à prouver, à certains égards, ainſi que ceux d'Arnaud de Villeneuve, combien il y avoit d'eſprit dans ces ſiecles que nous appellons barbares; & s'il étoit poſſible de rapprocher les Auteurs célebres de ces temps-là, des grands hommes qui ont illuſtré les deux derniers regnes, & qu'on les vit lutter les uns contre les autres avec les mêmes ſecours, ou réduits à leurs ſeules forces naturelles; nous trouverions que nous faiſons trop peu de cas de ces hommes qui nous auroient peut-être été ſupérieurs, ſi nous avions été leurs contemporains. Meyronnis publia auſſi des commentaires ſur la Geneſe, des panégyriques & des ſermons. On a de lui un commentaire manuſcrit ſur le premier livre du Maître des ſentences. On lui doit auſſi la requête que l'Evêque & le peuple d'Apt préſenterent au Pape Jean XXII, pour la canoniſation de S. Elzéar de Sabran, dont il avoit été Confeſſeur.

HOMMES
ILLUSTRES.
Sainte-Rosso-
line.
An. 1329.

Nous avons parlé dans le tome I. p. 198 & dans l'errata, de Sainte-Rossoline de Villeneuve, fille d'Arnaud & de Sibille de Sabran. Le sacrifice qu'elle fit des espérances du siècle, en se consacrant à la vie la plus austère dans le Monastère des Chartreuses de la Celle-Roubaud, & son ardente charité pour les pauvres, qu'elle soignoit elle-même, sont les deux principaux moyens dont Dieu se servit pour la conduire à la sainteté. Elle mourut le 17 Janvier 1329.

Bellevue.
An. 1330.

Bellevue (Jacques de) passa Docteur en droit à Aix sa patrie, & fut un des plus fameux Jurisconsultes de son temps. Il florissoit au commencement du quatorzième siècle. Mais nous ne savons aucuns détails sur sa vie, parce que celle des savans est presque toujours cachée aux yeux du monde. Ils ne vont à la gloire que par la méditation & la retraite. Leurs actions ne sont ordinairement comptées que par leurs ouvrages. Bellevue laissa plusieurs traités dont quelques-uns furent long-temps estimés. En voici le titre.

1°. *De usu feudorum.* 2°. *In novellas Justiniani const. aliasque legum partes comment.* 3°. *De excommunicatione.* 4°. *Disputationes variæ.* 5°. *Practica juris in sext. decret.* 6°. *De foro competenti cur. Rom. & contrahent.* 7°. *Praxis judiciaria in criminalibus*, imprimé à Cologne en 1580.

Ce seroit ici le lieu de parler de Jean de Gantés, dont il est fait mention dans les Historiens de Provence, & dans les Dictionnaires des grands hommes. Les Auteurs, qui parlent de lui, disent qu'il naquit à Cuers en 1330, & qu'il se signala en qualité de Chevalier sous le Roi Robert. Mais ce Prince étant mort au mois de Janvier 1343, il n'est pas vraisemblable que Gantés, qui n'avoit pas treize ans accomplis, ait servi sous ses drapeaux, & qu'il se soit distingué par des actions de bravoure. On peut également douter de ce qu'ils ajoutent, savoir qu'il accompagna, au mois d'Août 1346, la Reine

Jeanne à Naples, qu'il appaisa une sédition populaire, n'ayant alors que 19 ans, & étant étranger dans le pays; enfin qu'il foutint avec honneur la cause & les intérêts de cette Princesse à la Cour d'Avignon, où dès l'an 1352 elle avoit fini ses négociations les plus importantes. Quoique ces derniers faits, & quelques autres qu'on attribue à Gantés, ne soient pas impossibles, nous voudrions en avoir pour garans les chartes & les Auteurs contemporains : à défaut de ces preuves, notre scrupuleuse exactitude ne nous permet pas de les admettre sur des témoignages modernes.

Bellevue (Armand de) ainsi nommé du lieu de sa naissance en Provence, étoit Religieux de l'ordre de S. Dominique, & fut reçu Docteur en Théologie vers l'an 1320 par le Pape Jean XXII, qui le fit lecteur du sacré Palais. Le premier ouvrage qu'il composa étoit une espece de Dictionnaire des mots les plus difficiles de la Philosophie & de la Théologie ; ils devoient être en grand nombre, dans un temps où l'on avoit embrouillé ces deux sciences par toutes les distinctions sophistiques dont on ne les a pas entièrement dépouillées ; le second ouvrage du même Auteur est un recueil de 98 conférences sur les Pseaumes : elles ont été imprimées trois fois ; à Paris en 1519, à Lyon en 1525, & à Dresde en 1610, sous le titre pompeux de *Sermons divins*, *Sermones plane divini*, quoiqu'ils ne soient pas même passables. Jean de Ver, qui en est l'Editeur, a mis en françois les proverbes, qui dans l'original étoient en provençal, comme ils le sont encore dans un manuscrit de la Bibliothéque de M. le Marquis de Seignelai. C'est gâter les proverbes que de les traduire ; il faut les rendre par d'autres qui leur soient équivalens. Le troisieme ouvrage de Bellevue, imprimé à Mayence en 1503, est un recueil de prieres & de méditations sur la vie & les bienfaits de N. S. J. C. Le reste de ses compositions n'a pas vû le jour, & n'est pas considérable, à l'exception de sa réponse à dix-neuf articles qui lui avoient été adreſſés par le Pape Jean XXII ſur la viſion béatifique. Bellevue mourut vers l'an 1333.

HOMMES ILLUSTRES.
Villeneuve.
An. 1345.

Villeneuve (Helion de) frère de Sainte-Roſſoline, & Chevalier de l'ordre de S. Jean de Jéruſalem, fut élu Grand-Maître en 1323, après avoir été Grand-Prieur de S. Gilles en Provence. La diſcipline remiſe en vigueur par des réglements ſages; la Ville de Rhodes fortifiée; l'Iſle du même nom & quelques autres Iſles voiſines, miſes hors d'inſulte par ſa vigilance; l'audace des Turcs reprimée; la navigation dans les mers du levant rendue plus ſûre, & la marine de l'ordre plus formidable; l'abondance entretenue dans les lieux de ſa dépendance, les finances rétablies par ſon économie; tels ſont les principaux traits qui ont illuſtré ſa mémoire; il mourut en 1346, regretté des pauvres dont il étoit le pere, & de ſon ordre dont il avoit été le bienfaiteur.

Sade.
An. 1348.

Sade (Laure de) ſurnommée la belle Laure, étoit fille d'Audiffret de Noves, d'une Maiſon ancienne, & fut mariée à Hugues de Sade le 26 Janvier 1325, ayant alors 17 ou 18 ans; car elle étoit née à Avignon en 1307 ou 1308; ſa vertu & ſa beauté lui acquirent une réputation que les vers de Petrarque ont immortaliſée. Je dis ſa vertu, parce qu'en liſant les œuvres de ce Poëte, on ne peut s'empêcher de croire qu'au milieu d'une ville corrompue, Laure ne fut exempte de foibleſſe. Ses liaiſons avec Pétrarque peuvent avoir eu pour principe cet amour de la célébrité, qui, dans les ſiècles de la Chevalerie, animoit la plupart des femmes. Laure fut flattée de retenir dans ſes liens le plus bel eſprit du ſiècle; mais ſa vanité tendoit un piége bien adroit à ſa vertu. Quant à Pétrarque, les égaremens de ſa jeuneſſe ne nous permettent pas de lui ſuppoſer les ſentimens d'un preux & loyal Chevalier : quoi qu'il en ſoit de cette paſſion, qui dura vingt ans, jamais Poëte n'a célébré comme lui le mérite de ſon amante. Son imagination, riche de ſon propre fonds, le devint encore davantage par le sentiment vif dont il étoit animé. Il fit en l'honneur de cette illustre Provençale jusqu'à 318 sonnets & 88 chansons, qui prouvent combien la célébrité de ces deux amans étoit attachée au sort qui les unissoit ; s'ils ne se fussent jamais connus, Pétrarque eût été moins ingénieux, & Laure moins célèbre par sa beauté ? car, comme l'a dit un Poëte, ce qu'on aime est toujours d'une beauté divine. Cette Dame mourut à Avignon le 6 Avril 1348, & fut inhumée dans l'Eglise des Cordeliers de cette ville, où l'on voit encore son tombeau, qui est aussi celui d'Hugues de Sade son mari, en l'honneur duquel on fit l'épitaphe qui est gravée sur le mur voisin.

En 1533, c'est-à-dire, près de 200 ans après la mort de cette Dame, des curieux obtinrent la permission de faire ouvrir le tombeau où elle avoit été inhumée. On y trouva une petite boëte, qui contenoit des vers Italiens, écrits de la main de Pétrarque, s'il faut en croire quelques Auteurs, & une médaille de plomb sur un côté de laquelle on voyoit la figure d'une femme, qui découvre son sein avec ses deux mains ; & sur l'autre ces quatre lettres, M. L. M. J. qu'on a ainsi interprétées, *Madona Laura, morta jacet*, ici repose Madame Laure.

Les Historiens de Provence assurent que François I passant à Avignon, alla visiter le tombeau de Laure, & qu'il composa l'épitaphe suivante, que M. l'Abbé Goujet attribue à Clément Marot, & qui n'est digne ni de l'un ni de l'autre : la voici.

> En petit lieu comprins vous pouvez voir
> Ce qui comprend beaucoup par renommée,
> Plume, labeur, la langue & le savoir
> Furent vaincus par l'aimant & l'aimée.
> O gentille âme ! étant tant estimée,
> Qui te pourra louer qu'en se taisant ?
> Car la parole est toujours réprimée,
> Quand le sujet surmonte le disant.

Cabassole (Philippe) dont nous avons déja parlé à l'article des Evêques de Marseille, naquit à Cavaillon, & se fit connoître par des talents qui le rendirent également propre au gouvernement de l'Eglise & de l'Etat. Aussi fut-il Chancelier de la Reine Jeanne & Cardinal, & montra par son mérite qu'il étoit digne de l'une & de l'autre dignité. Il mourut à Perouse, où il remplissoit la charge de Légat du S. Siége, le 27 Août 1372. On lui attribue, 1°. un traité de *nugis curialium*; 2°. des sermons; 3°. deux livres de la vie & des miracles de Sainte-Magdeleine, manuscrits dans la bibliothéque de S. Victor à Paris. Le corps de ce Cardinal fut transporté en Provence, & enseveli dans l'Eglise des Chartreux de Bompar, où on lit encore son épitaphe.

On peut fixer à l'année 1389 la mort de Pierre Antiboul Jurisconsulte natif du Cannet, connu par un traité sur les droits municipaux & seigneuriaux, intitulé *de muneribus*; il fut imprimé en 1513, par Jacques Mallet, & réimprimé ensuite dans le recueil intitulé *Tractatus Tractatuum*; la premiere édition étant devenue fort rare.

Hermentaire, Religieux de Lerins, se distingua dans un genre tout différent. Sa passion pour la Botanique lui fit parcourir les montagnes de la basse Provence, & les Isles d'Hyeres dont il fit une discription enrichie de remarques sur les plantes, les herbes & les animaux qu'on y trouve. Il composa aussi la vie des Poëtes Provençaux; mais ces deux ouvrages, qui n'ont jamais été imprimés, sont perdus. Le dernier a peut-être fourni des matériaux à Nostradamus, pour composer les vies des Troubadours; & cet Auteur par une vanité, commune à tous les Plagiaires, aura fait disparoître la source où il avoit puisé. Hermentaire mourut à Lerins en 1408.

Le même siècle nous fournit deux autres Auteurs que nous laisserions dans l'oubli où ils sont tombés, si, dans une histoire de Province, on n'aimoit à trouver tous ceux qui ont donné quelques preuves de talent, ou d'amour pour les connoissances utiles. Le premier de ces deux Auteurs est :

Jean Raphaël, qui fit la vie de S. Elzear de Sabran, dont on conferve un exemplaire à la Bibliothéque du Roi : cet Auteur ne devoit pas être fans mérite, puifqu'il fut employé pendant plufieurs années, on ne fait à quoi, par le Roi René. Il eut auffi le bonheur de plaire à Louis XII, comme il nous l'apprend lui-même. Ces particularités, du genre de celles qu'un Auteur n'oublie pas, quand il parle de lui-même, font les feules que nous fachions de la vie de Raphaël, & c'eft lui qui nous les apprend. Il étoit de l'ordre de S. Dominique, & mourut à la fin du quinzième fiècle. L'autre Auteur dont il nous refte à parler, & qui étoit comtemporain de Raphaël, eft :

Bonnor, Prêtre, & natif de Salon : il fe fit connoître par un ouvrage divifé en 165 chapitres, intitulé l'Arbre des Batailles, qu'il dédia au Roi Charles VIII. Du Verdier dans fa Bibliothéque, & Savaron dans fa réponfe à l'examen de fon traité de la fouveraineté, parlent de cet Auteur avec éloge, fans nous apprendre aucun détail fur fa vie & fes écrits.

MÉMOIRE

Sur les Municipes, les Communes & les Bourgeoisies en Provence.

I. Importance du sujet.

Il se présente dans l'Histoire peu de questions aussi intéressantes à traiter, que celle qui fait le sujet de ce Mémoire. Il s'agit de savoir quel étoit en Provence l'état des Villes dans le douzième siècle, & d'examiner par quelles causes & par quels degrés elles parvinrent à former leur administration municipale. Cette question importante est difficile sans doute; mais on peut écarter les nuages que l'ignorance & la barbarie ont répandu sur le droit public du moyen âge. Le point essentiel est d'avoir une idée juste de la municipalité du temps des Romains, d'examiner ensuite quelles sont les altérations qu'elle éprouva jusqu'au douzième siècle, & de voir s'il n'en subsista pas quelques traces, à la faveur desquelles plusieurs de nos villes reprirent cette administration, qui paroît leur avoir été particulière. Cette méthode est simple, & n'a pas l'inconvénient de celles où l'on procéde, en remontant à l'origine des choses, à l'aide des autorités, qui ne sont propres qu'à grossir les volumes, & à repandre souvent l'incertitude & l'obscurité.

II. État de la Municipalité sous les différents peuples qui gouvernèrent la Provence jusqu'au douzième siècle.

Nous ne répéterons pas ce que nous avons dit sur l'état de nos grandes Villes du temps des Romains, dans la premiere partie de la chorographie, & à la fin du premier livre, p. 5 2 & suiv. On doit se rappeller que les Colonies & les Municipes avoient des Magistrats chargés de la Police & de l'administration des affaires de la Communauté, & que même ils avoient la jurisdiction contentieuse dans les affaires de peu d'importance.

Ce Gouvernement municipal ne fut point détruit sous les Ostrogots, qui, pour gagner l'amour & la confiance des peuples, respectèrent les établissemens Romains. Théodoric fut à cet égard le Prince de sa nation qui témoigna le plus de ménagement; on peut s'en convaincre en lisant la lettre qu'il écrivit à Gemellus, Vicaire du Préfêt du Prétoire en-deça des Alpes. Celle qu'il adressa aux habitans d'Arles, prouve que cette ville n'avoit point encore perdu son administration municipale: Marseille (1) conservoit la sienne en 418, & ce Prince se fit un devoir de la laisser subsister. (2). Quant aux autres villes, nous ne voyons aucune cause qui ait pu la leur faire perdre. Les Rois de la premiere race ne paroissent pas y avoir fait de changement considérable, puisque l'histoire parle encore des Sénateurs d'Avignon & de Vaison à la fin du septieme siècle.

Comment en effet ces Princes toujours en guerre les uns avec les autres, ou occupés à conquérir, auroient-ils formé le projet de détruire l'Administration municipale, puisque dans le Gouvernement militaire, ils laissèrent subsister la dignité de Patrice, établie en Provence sous les Bourguignons, la seule qui au-

Municipes.

Cassiod. var. l. 3. cp. 44.

Greg. Turon. l. 5. c. 9.

---

(1) Le Pape Zozime écrivant en 418 aux habitans de Marseille, adressa sa lettre au Clergé, aux Magistrats Municipaux, & au peuple. *Clero, ordini, & plebi consistenti Massiliæ.* Je dis aux Magistrats, parce que, du temps du Pape Zozime, le mot *Ordo* n'avoit point d'autre signification. Concil. Labb. t. 3. p. 1573.

(2) C'est un fait que je crois pouvoir assurer, d'après une lettre qu'il écrivit aux Marseillois vers l'an 510, dans laquelle il leur marquoit expressément qu'il confirmoit leurs privileges, & qu'il ne vouloit rien innover. *Proinde immunitatem, vobis, quam, regionem vestram constat principum privilegio consecutam, hac autoritate largimur. Nec vobis aliquid novæ præsumptionis patiemur imponi, quos ab omni volumus gravamine vindicari.* Un passage de Grégoire de Tours vient encore à l'appui de notre sentiment. Cet Historien dit que l'Evêque Gundulphe étant aux portes de Marseille avec l'Evêque Théodore en 581, assembla ceux qui étoient à la tête des affaires de la Ville, pour entrer avec eux. *Seniores civium ad se duxit una cum Episcopo collegit, ut civitatem ingrederetur.* Car je crois que *seniores* en cet endroit signifie les chefs ou les membres du Conseil public. Toute autre explication seroit moins plausible.

L. 6. c. 11.

MUNICIPES.

roit pu leur faire ombrage ? N'ayant point eu cette Province, par droit de conquête, ils étoient intéressés à ménager les habitans à cause du voisinage des Lombards, qui dans un soulèvement auroient pu venir à leur secours. D'un autre côté, ils devoient craindre le pouvoir des Evêques, d'autant plus imposant, qu'il étoit fondé sur l'opinion des peuples, & sur les prérogatives que leur accordoient les loix impériales, insérées dans le Code Théodosien, le seul qu'on eût toujours suivi en Provence. Il étoit donc impossible que les Prédécesseurs de Charlemagne arrêtés par ces considérations, ne respectassent pas les droits des villes, au moins ceux qui regardoient l'administration municipale.

Hist. de Prov. t. 2. p. 115.

Qu'ils aient reglé les impôts, & la maniere de les percevoir; qu'ils aient fixé le nombre des troupes, que chaque canton devoit fournir ; qu'ils aient établi les Gouverneurs, & les Officiers chargés de la haute Police & de la Justice; en un mot, qu'ils aient fait usage des droits régaliens, on n'a pas de peine à le croire. Mais puisqu'ils laisserent aux habitans la liberté de suivre la loi Romaine ; puisque tous les monumens de ces temps-là nous portent à croire qu'il y avoit dans notre Province beaucoup plus de personnes libres que d'esclaves, il faut que ces personnes réunies, par un intérêt commun, le fussent aussi par des loix particulières, pour maintenir & défendre leurs droits. Or cette société d'hommes libres a subsisté sous Charlemagne, celui de tous les Princes François qui a été le plus jaloux d'étendre sa domination, & de faire plier ses sujets sous le poids d'une autorité unique & uniforme dans toutes les Gaules : Pourquoi auroit-il rendu la servitude générale en Provence, où il n'y eût point de révolte, qui méritât qu'on punît les habitans par la perte de la liberté ?

Louis le Débonnaire & Charles le Chauve étoient trop foibles pour entreprendre ce que leur Prédécesseur n'avoit pas fait :

ce n'étoit pas fous le règne de Bozon, ni fous celui de fes fuccefseurs, que l'efclavage devoit faire des progrès; Bozon étant redevable de fon élévation aux Prélats & aux Seigneurs, n'étoit point affez puifsant pour opprimer. D'ailleurs les guerres qu'il eut à foutenir contre les enfans de Louis le Begue, ne lui laifsèrent pas le loifir de le tenter. Louis fon fils & Hugues avoient les mêmes raifons de ne rien changer à la conftitution politique du peuple. On ne dira pas fans doute que ce changement fut l'ouvrage des Comtes établis pour gouverner la Provence : ces Comtes furent longtemps bénéficiaires, ainfi que nous l'avons prouvé ailleurs : & s'ils avoient quelque projet, ce n'étoit pas fans doute d'opérer une révolution qui étoit au-deffus de leurs forces.

MUNICIPES.

V. la differt. fur les Comtes, t. 2. p. 478. & fuiv.

Nous ferions auffi peu fondés à attribuer l'abolition de l'ancienne municipalité aux Seigneurs particuliers. Ces Seigneurs n'étant Maîtres que de quelques bourgs & de quelques villages, ne pouvoient pas faire hors de leur Seigneurie, des actes d'une autorité abfolue. Ainfi les grandes Villes qui ne font jamais forties des mains du Souverain, doivent avoir confervé dans tous les temps une efpèce d'adminiftration municipale, dont il eft difficile de faire connoître la forme & les ftatuts. On demandera, fans doute, fi elles avoient des Magiftrats, & une Jurifdiction ? Mais fi elles avoient eu des Magiftrats après le huitieme fiècle, pourquoi n'en trouveroit-on pas quelques traces dans les Auteurs ou dans les chartes ? puifqu'il n'en eft pas fait mention, ne doit-on pas conclure qu'il n'en exiftoit point, fi, par Magiftrats, on entend des Officiers municipaux annuels, exerçant une certaine jurifdiction fur le refte des habitans ? L'ufage d'avoir de ces Magiftrats difparut en Provence, dans les défordres de l'anarchie & de la barbarie, depuis le huitieme fiècle jufqu'au douzieme : l'Officier du Prince fut chargé feul (1) de ce qui regarde la Juftice, le Militaire & la Police.

(1) Voyez ce que nous difons à ce fujet dans le t. II de l'Hiftoire de Provence,

MUNICIPES.

III.
COMMENT CES VILLES ADMINISTROIENT LEURS INTÉRÊTS COMMUNS AVANT D'AVOIR REPRIS LA MUNICIPALITÉ.

Cela n'empêchoit pas les villes libres, celles qui n'étoient point dans les entraves de la féodalité, de tenir des assemblées générales avec l'agrément de l'Officier royal, toutes les fois que les intérêts communs des habitans l'exigeoient. C'est un fait qui se présume, quand on connoît l'histoire ; & nous pouvons le prouver par l'exemple suivant, qui est assez frappant, pour nous dispenser d'en rapporter d'autres.

La Ville de Toulon, quand Charles I eut acquis les différentes parties de la Seigneurie, jouissoit, au moins quant aux biens & aux personnes, de la même liberté, qu'avoient les villes *municipes* dans le dixieme & onzieme siecles ; les citoyens y étoient distingués en nobles, en bourgeois & en roturiers : cependant elle n'avoit point encore de conseil permanent ; point de droit de *commune* ; elle ne l'obtint qu'au mois de Juillet 1314. A cet égard elle ressembloit encore aux villes *municipes*, avant qu'elles eussent repris la municipalité avec tous ses droits, ou, pour mieux dire, avant qu'elles eussent établi un Conseil de Ville & des Officiers municipaux : ainsi nous pouvons présumer avec fondement, puisque nous trouvons entre ces villes & Toulon tant d'autres caractères de ressemblance, qu'on y faisoit, pour le maintien, & la défense des intérêts communs, tout ce qu'on faisoit dans celle-ci, avant qu'elle eût obtenu le droit de commune. Or à Toulon on tenoit des assemblées générales, *parlamenta publica*, avec l'agrément de l'Officier du Prince, toutes les fois que l'utilité publique l'exigeoit : on faisoit des réglemens de Police, & l'on mettoit à l'amende quiconque négligeoit de s'y conformer, mais ces réglements pour avoir force de loi, devoient être revêtus de l'approbation de l'Officier royal : au

Gall. christ. p. 116 & 118 : il nous semble que c'est des Officiers Municipaux que l'Empereur instr. t. 1. p. 107. Lothaire vouloit parler, dans un privilege accordé à l'Evêque de Marseille, lorsqu'il dit, *cunctis Ministerialibus Rempublicam administrantibus*. Il nous paroît encore qu'un peu plus bas il a voulu les désigner, en les distinguant des Juges par ces mots : *Jussimus ut nullus Reipublicæ aut Judiciariæ potestatis*.

lieu que dans les municipes, il suffisoit qu'ils eussent la sanction des habitans : voilà quel étoit le véritable état de nos villes, avant qu'elles eussent rétabli d'elles-mêmes ou par concession du Souverain l'administration municipale. Si nous trouvons peu de lumieres sur leur ancien état, c'est parce que nous avons très-peu de chartes antérieures au douzieme siècle, & encore ne contiennent-elles que des donations ou des transactions passées entre les Evêques, les Seigneurs & les Religieux, sans que les villes interviennent. La puissance ecclésiastique en Provence avoit pris un tel ascendant, qu'elle marchoit à son but, en laissant loin derriere elle la puissance séculiere, qui, par respect, n'osoit franchir les bornes dans lesquelles elle s'étoit laissé circonscrire.

MUNICIPES.

Il est vraisemblable que la municipalité tomba en désuétude par les malheurs & les ravages qu'on éprouva du temps des Sarrazins, & que de-là est venu le silence de tous les monumens littéraires sur un objet aussi important. Mais il est certain que presque toutes nos grandes villes en reprirent d'elles-mêmes l'exercice dans des circonstances plus heureuses. Les villes d'Italie leur en donnèrent l'exemple. Plusieurs d'entr'elles enrichies par le commerce & enhardies par le souvenir de leur grandeur passée, se formèrent en corps politique, & se gouvernèrent par des loix établies du consentement général des habitans. Les liaisons intimes que les Provençaux avoient avec ces villes par le commerce, les mirent à portée de profiter de leurs vues politiques, sinon avant que Louis le Gros accordât le droit de commune aux villes situées dans ses Etats (1), du moins avant que les grands vassaux accor-

IV.
NOS PRINCIPALES VILLES REPRENNENT D'ELLES-MÊMES LEUR ADMINISTRATION MUNICIPALE.

Hist. de Prov. t. 2. p. 294, &c.

(1) Les plus anciennes Communes qui aient été établies en France par la concession du Souverain, sont celles de Noyon & de S. Quentin, vers l'an 1110, & ensuite celles de Laon & d'Amiens, qui sont à-peu-près de la même date. Ce fut Louis le Gros, comme nous le disons, qui établit ces Communes & quelques autres, pour affoiblir l'autorité des Seigneurs, dont les caprices & l'avidité n'avoient point de bornes.

daſſent de pareilles immunités aux villes de leur territoire. L[e]
Comte de Ponthieu eſt le premier qui ait fait une pareil[le]
conceſſion ; ce fut en faveur des habitans d'Abbeville, & enco[re]
n'eſt-elle que de l'an 1140.

Il eſt à préſumer, à moins qu'on n'ait des preuves du contraire[,]
que les Comtes de Barcelone & de Touloufe, qui dominoie[nt]
ſur la Provence, ne furent pas les premiers à imiter l'exempl[e]
du Roi de France, dont ils n'étoient pas vaſſaux. Les guerre[s]
qu'ils firent les uns en Eſpagne, les autres dans la Terre-Sainte[,]
l'état même de leurs affaires dans leur propre pays, ne leur pe[r]mirent pas de s'occuper d'un projet dont l'exécution demandoit d[u]
temps & du loiſir.

Cependant nous trouvons en Provence des villes gouvernée[s]
par leurs Magiſtrats, & qui jouiſſoient de plus de privilege[s]
que les communes de France au commencement du douzièm[e]
ſiècle : nous n'avons néanmoins aucune preuve qu'elles aien[t]
été accordées par les Comtes. Par quelle fatalité notre Provinc[e]
ſeroit-elle la ſeule du Royaume, où l'on ne trouveroit aucune[s]
traces de ces ſortes de conceſſions ? On connoît toutes les Ville[s]
des autres Provinces qui ont obtenu le droit de communes : plu[ſ]ſieurs Auteurs nous en ont donné des liſtes très-détaillées. Si le[s]
premieres chartes n'ont pas été conſervées, du moins ſont-elle[s]
rappellées dans des titres poſtérieurs. C'eſt une époque ſi célèbr[e]
pour les droits de l'humanité, que tout le monde la connoît ; tou[s]
les Hiſtoriens l'ont célébrée ; d'ailleurs mille événemens arrivés [à]
cette occaſion, l'ont rendue mémorable. Par quel accident c[es]
chartes qui regardent nos grandes Villes ſe ſeroient-elles perdues[,]
tandis que nous en avons qui concernent des bourgs & des vi[l]lages ? C'eſt qu'elles n'ont jamais exiſté ; c'eſt que ces villes, e[n]
vertu des droits inſéparables de la liberté civile, reprirent d'elle[s-]mêmes leur adminiſtration municipale, comme nous l'appren[d]
l'Empereur Frédéric II, & qu'à l'exemple des Municipes d[e]

temps des Romains, elles se donnèrent des Magistrats, & firent des statuts : de-là vient que nous appellerons *Municipes* celles qui eurent cette administration libre, pour les distinguer des communes & des bourgeoisies, deux autres sortes d'administrations qui méritent que nous les fassions connoître, parce qu'on en trouve aussi des exemples dans notre Province.

Municipes.

L'état des Villes considéré séparément sous ces trois rapports, offre une matière intéressante à traiter, & il est surprenant qu'on l'ait négligée dans l'histoire des différentes Provinces du Royaume. Ce sujet étoit bien plus important qu'une infinité de questions oiseuses, sur lesquelles on s'est appésanti, & qui ne servent qu'à repaître une vaine curiosité.

V.
Plan de la dissertation.

Nous distinguons les Municipes d'avec les Communes, parce que, suivant un Moderne qui a traité avec beaucoup d'érudition & de sagacité ce qui regarde les Communes & les Bourgeoisies, dans les Communes les citoyens étoient unis en corps par une confédération jurée, & soutenue d'une concession authentique du Souverain : dans les Municipes au contraire, ils se réunissoient en société, sous certaines loix, en vertu des droits inséparables de la liberté, dont ils n'avoient jamais cessé de jouir. Dans les Communes, ils tenoient de la libéralité du Souverain leurs franchises, leur jurisdiction, le droit d'élire des Magistrats : dans les Municipes, ces franchises, cette jurisdiction, ce droit de magistrature étoit un reste de la Municipalité Romaine, quoique ces prérogatives eussent été modifiées suivant le besoin & les circonstances. Enfin les Communes pouvoient faire, en vertu de la concession du Souverain, des réglemens de police seulement : les Municipes, par leur constitution, en faisoient qui avoient pour objet la guerre, les affaires civiles & criminelles ; mais ce droit de faire des statuts n'étoit point une preuve d'indépendance, ni une prérogative de République (1) : la plupart des statuts de

M. de Brequigni dans la Préface du XI.ᵉ T. du Recueil des Ordonn.

Sigon. de antiq. Jur. Ital. l. 2. cap. 8.

___

(1) En Provence & dans les autres Provinces du Royaume, les Seigneurs, dans

MUNICIPES.

Marseille & d'Avignon ont été faits après que ces Villes eurent passé sous la domination de la Maison d'Anjou.

Les Bourgeoisies ne ressembloient en rien à ces deux sortes d'administrations : nous appellons Bourgeoisies les Bourgs & les Villages qui obtinrent du Roi ou du Seigneur direct des privileges & des exemptions, en vertu desquels leur condition devint meilleure : mais ils n'avoient pas le droit de se nommer des Magistrats ; ils étoient régis par l'Officier du Prince, ou du Seigneur direct, suivant les loix & les coutumes qu'il leur prescrivoit. Les Bourgeoisies prises dans ce sens ont été rares en Provence. La servitude de la glebe n'y a été générale tout au plus que dans certains Villages, qui, après avoir été asservis par les Sarrasins, passèrent sans presque changer de condition, sous l'autorité des Seigneurs qui les délivrèrent de ces barbares. Dans d'autres les habitans s'étant mis sous la protection d'un Seigneur puissant, capable de les défendre, conservèrent leur

---

le temps qu'ils n'étoient rien moins qu'indépendans, c'est-à-dire au milieu & vers la fin du treizieme siècle, donnoient à leurs vassaux des réglemens sur la police, sur la justice civile & criminelle, & sur des objets de féodalité ; ils pouvoient même faire la guerre à leurs voisins. Pourquoi le Comte de Provence n'auroit-il pas laissé les mêmes prérogatives aux habitans de certaines Villes, qui n'étant point serfs, ne devoient point porter les chaînes de la féodalité, & pouvoient se donner, pour le maintien du bon ordre, les mêmes réglemens qu'ils auroient reçus de leur Seigneur immediat, s'ils avoient gémi dans la servitude. Les loix de la féodalité autorisoient ces sortes de privileges, qui n'attaquant point les droits de la souveraineté, telle qu'elle existoit alors, étoient tolérés par le Souverain. Il n'en auroit pas été de même d'une Ville qui se seroit érigée en République, c'est-à-dire, d'une Ville où la puissance souveraine auroit eté dans les mains du peuple, ou d'un petit nombre de citoyens. Un tel gouvernement n'a jamais existé en Provence : c'est par abus qu'on a appellé & qu'on appelle encore *Républiques* des Villes qui, dans le treizieme siècle, eurent une administration libre à certains égards, mais non indépendante. Cet abus vient des Italiens, qui écrivant l'histoire de quelques Républiques, leur ont donné ce nom par anticipation, dans des siècles où il ne leur convenoit pas. Mais quand on discute cette matiere en publiciste, il faut avoir des idées claires, précises, & définir les choses, ou du moins dire dans quel sens on les prend.

vie

vie & leurs biens par la perte de la liberté civile. Je ne connois point d'autres causes de la servitude de la glebe : car je ne parle pas ici de cette race d'esclaves dont l'origine remontoit à l'Empire Romain ; ceux-là se transmirent la servitude de peré en fils, & je les regarde comme faisant une classe à part, différente des serfs Provençaux, qui ne perdirent la liberté que par les deux causes dont je viens de parler.

Au reste, ces causes n'agirent puissamment que dans la partie de la Provence la plus éloignée de la mer & des grandes villes. C'est un fait dont on se convaincra de plus en plus en parcourant notre Histoire, & ce que nous dirons dans cette dissertation. Nous commencerons par la ville d'Arles : si elle n'a pas eu tous les caracteres d'un *Municipe*, elle a réuni dans une administration mixte, les prérogatives inséparables de la liberté avec celles qu'on obtient du Souverain.

MUNICIPES.

Avant d'entrer en matière, nous croyons devoir rendre compte d'un ouvrage dans lequel on nous attaque avec une vivacité, pour ne rien dire de plus, que le sujet ne comportoit pas. L'Auteur animé d'un zèle fort vif pour la ville d'Arles, sa patrie, a prétendu qu'elle avoit été République dans le moyen âge, durant l'espace de cent soixante-dix ans. Il dit page 30 de la première partie, « qu'il s'attendoit à trouver plus de lumières dans notre
» second volume ; mais que la rapidité dont nous nous sommes
» fait une loi, laisse à peine entrevoir, dans le fil de la narra-
» tion, quelques rayons de vérité sur les Municipalités en général ;
» qu'en attendant que nous nous soyions plus amplement expliqués
» sur l'indépendance de la ville d'Arles, dans notre dissertation
» sur les Municipes, il conclut en quelque sorte, par pressenti-
» ment, que nous nous proposons d'adopter en grande partie ce
» qu'ont dit sur cette matière nos devanciers (qui n'ont rien
» dit de ce que nous allons dire) & qu'il craint de n'être obligé
» de nous combattre sous leur nom ».

VI.
EXAMEN D'UN
OUVRAGE SUR
LA RÉPUBLIQUE
D'ARLES.

MUNICIPES.

C'est en effet ce qu'il paroît s'être proposé ; & s'il est venu à bout de réfuter les idées que nous avons répandues dans l'Histoire, touchant l'espèce de liberté dont jouissoient nos principales Villes dans les douzième & treizième siècles, il a détruit d'avance tout ce que nous disons dans cette dissertation, qui ne contient que le développement de ces *quelques rayons de vérité*; parce que le *ton* du sujet ne nous permettoit pas de disserter dans l'Histoire.

Au reste il est très-peu intéressant que la ville d'Arles ait été pendant cent soixante-dix ans République, ou qu'elle n'ait pris le gouvernement Républicain que pendant trente. Nous négligerions de répondre à l'Auteur à cause de la chaleur qu'il met dans la discussion & même de parler de son ouvrage, si cette question ne tenoit à une autre véritablement importante, qui est celle des Municipes, des Communes & des Bourgeoisies. Il n'y a que cette considération qui puisse nous faire pardonner la réfutation dans laquelle nous allons entrer. Elle sera courte, parce que l'Auteur est fort diffus, & qu'on peut réduire toutes ses preuves à quatre ou cinq. Comme il prétend que sa République a subsisté depuis l'an 1080 ou environ, jusqu'en 1251, il divise cet espace de temps en trois époques ; la première finit en 1131 ; la seconde en 1220 ; la troisième embrasse le reste du temps, jusqu'en 1251.

Après avoir répété ce que nous avons dit dans le second volume de l'Histoire de Provence sur l'origine & la nature des fiefs ; sur l'époque de leur hérédité ; sur l'autorité des Comtes & leur succession (1) ; sur les causes qui rendirent la servitude moins générale dans cette province que dans le reste du Royaume (2) ; sur l'état des personnes, & particulièrement sur les prérogatives de la Noblesse & de la Bourgeoisie (3) : l'Auteur

---

(1) P. 176, 182, 190, 195, & 475 jusqu'à 516.
(2) P. 116, 121, & 208.
(3) P. 341 & suiv.
Nous ne prétendons pas reprocher à l'Auteur ces sortes de plagiats. Qu'importe

prétend 1°. que vers l'an 1080, « lorsque le Comte de Provence
» soumit ses Etats au S. Siége, on vit s'acheminer comme par
» degrés, l'anéantissement total de l'autorité du Comte dans
» Arles ; que les citoyens recoururent à la puissance supérieure,
» & se soumirent immédiatement à l'empire.

» 2°. Qu'il y eut en 1070, ou environ, un traité entre l'Arche-
» vêque d'Arles & Raymond de Saint-Gilles, Comte de Toulouse,
» que leur projet étoit d'arracher au Comte de Provence tout ce
» qu'il possédoit dans la ville d'Arles ; ce qui fut exécuté, dit-il,
» & le Comte Raymond s'empara avant la Croisade des droits
» qui appartenoient dans Arles au Comte de Provence ».

Il ne manque à tout ceci que des preuves, & l'Auteur ne peut
en apporter aucune. Mais en supposant que tout ce qu'il avance
soit vrai, que s'ensuit-il ? Que la ville d'Arles ne fit que changer
de maître ; que la prétendue République n'exista pas plus après
cette époque, qu'elle n'avoit existé auparavant ; car il avoue
p. 24 *qu'elle n'exista pas* tant que le Comte de Provence ne fut

MUNICIPES.

Mém. part. 1.
p. 60 & 61.

Ibid. p. 55 &
64.

au Public d'où lui vient la lumiere, pourvu qu'il en profite ? Mais on nous permettra de faire une réflexion qui se présente d'elle-même, & que les Auteurs qui
entreprennent de grands ouvrages ont souvent occasion de faire, sur-tout un
Historiographe de Province. Il y a toujours des gens qui le suivant à la piste,
rassemblent minutieusement les détails qu'il néglige à dessein, en les indiquant,
pour ne pas surcharger l'Histoire d'inutilités, profitent de ses lumieres & de ses
découvertes, s'approprient ses vues, sans jamais laisser échapper un signe
d'approbation, & de tout cela ils composent leurs ouvrages. Nous connoissions
avant l'Auteur toutes les chartes qu'il cite : les unes nous avoient été commu-
niquées par les personnes qui les lui ont fournies ; les autres, celles qui ont été
copiées sur les Cartulaires de l'Archevêché, nous les avions lues dans les originaux ;
malgré cela il nous est échappé quelques fautes que l'Auteur a eu soin de relever.
Nous allons les corriger ici.

T. 1. p. 30. Aycard mourut en 1080, *lisez* en 1090. T. 2. Preuv. p. 58. à la
marge, 18 Févr. 1231, *lisez* 1232, comme nous l'avons mis dans l'Histoire. Ibid.
MCCXXX, *lisez* MCCXXXI. P. 57. à la marge, 25 Déc. 1230. *lisez* 18 Déc. 1237.
Ibid. dans l'acte, MCCXXX VII. Kal. Jan., *lisez* MCCXXXVII. XV. Cal. Jan.
P. 60. MCCXXXII, *lisez* MCCXXXVII. P. 82. L. I. MCCXLVIII, *lisez*
MCCXLVIIII.

point dépouillé par le Comte de Touloufe. *Les habitans d'Arles*, dit-il, *étoient fujets, vaffaux ou emphithéotes du Comte & de l'Archevêque*. Ils continuèrent donc d'être *fujets & vaffaux*, 1°. du Comte de Toulouse, parce que, fuivant l'Auteur, il fuccéda aux droits du Comte de Provence ; 2°. *fujets & vaffaux* de l'Archevêque, parce que les droits de ce Prélat, au lieu de diminuer, allèrent toujours en augmentant par les privilèges fans nombre qu'il obtint de l'Empereur : ces notions font fimples & claires ; on chercheroit en vain à les embrouiller.

<small>Municipes.</small>

<small>T. 2. p. 514.</small>

Nous ne répéterons pas ici ce que nous avons dit ailleurs touchant les droits que le Comte de Toulouse avoit fur une partie de notre Province : il nous fuffira d'obferver que le Comte de Provence ne perdit jamais fur aucune ville de fes Etats l'autorité qu'il y avoit avant le douzième fiècle ; car lorfqu'il céda en 1125 une partie de cette province au Comte de Toulouse, ils traitèrent l'un & l'autre en Souverains du pays : l'Empereur n'intervint point dans cet acte, ni ne s'en plaignit : la ville d'Arles ne fut point exceptée du partage : elle fut confondue dans la foule des villes que les deux Princes fe cédèrent réciproquement, comme en étant entiérement les maîtres : elle fut même expreffément défignée par ces mots, *cum Archiepifcopatibus* ; c'eft-à-dire, que le Comte de Toulouse céda au Comte de Provence les Archevêchés & les Villes comprifes, d'un côté entre la Durance & la mer ; & de l'autre entre le Rhône & les Alpes. Or dans cette partie de la Provence, il n'y a pas d'autres Archevêchés que ceux d'Arles & d'Aix ; le Comte de Provence en fut donc feul Souverain après le partage de 1125 qui les mit fous fon obéiffance. Ce qui le prouve démonftrativement, c'eft qu'en 1145, lorfqu'il faifoit la guerre aux Seigneurs de Baux, il étoit fecouru par les habitans d'Arles fes fujets, *cum hominibus fuis Arelatenfibus*. Enfin ces Seigneurs en 1150 le reconnurent Souverain de tout le pays qui avoit été cédé à fon père par le traité de 1123, & notamment de la ville

<small>T. 2. Pr. p. 11.</small>

<small>Bouch. t. 2. p. 127.
Regift. Pergam. fol. 39. v°.</small>

d'Arles où ce traité fut paſſé. *Juramus tibi de omni honore tuo, de civitate Arelatenſi ac de omni comitatu Provincie, ſicut pater tuus diviſit cum Aldefonſo comite.*

Il n'y a que notre Auteur qui, malgré tant de titres, lui diſpute le domaine de cette Ville. Il fait pourtant un aveu qui eſt bien contraire à ſon ſyſtême, car il convient 3°. que depuis l'établiſſement de la République, c'eſt-à-dire depuis l'an 1080, juſqu'à l'établiſſement du Conſulat en 1131, « on n'a aucun » renſeignement ſur la forme primitive de ſon adminiſtration ; » qu'on n'y voit *ni Magiſtrats ſupérieurs, ni aucune eſpece » d'Officiers Municipaux.* On n'y voit non plus aucunes loix » municipales ». Comment a-t-il pu avancer d'après cela que cette Ville étoit République? Il nous ſemble, ſi les Publiciſtes ne nous trompent, qu'une République ſans Statuts, ſans Magiſtrats ſupérieurs, ſans aucune eſpèce d'Officiers Municipaux, eſt un phénomène qu'on chercheroit inutilement dans l'Hiſtoire, même après l'ouvrage que nous réfutons.

« 4°. L'Empereur Frédéric, continue notre Auteur, ayant » donné en 1162 l'inféodation des Comtés de Provence & de » Forcalquier à Raymond Bérenger, il lui inféoda, par une » clauſe particulière, la ville d'Arles ; donc elle formoit un » corps abſolument diſtinct, une République ; mais cette Répu- » blique, ajoute-t-il, dès ce moment *reſta éteinte.* p. 40. »

C'eſt une plaiſante République que celle qu'un Souverain peut céder, comme un bien propre, par un ſeul acte de Notaire, & ſans employer la force pour la réduire. On auroit pu demander à l'Auteur comment cette Ville, qui dépendoit du Comte en 1145, étoit devenue République en 1162 ; la réponſe l'eût à coup ſûr fort embarraſſé.

De ce qu'elle fut inféodée expreſſément au Comte de Provence, en conclure qu'elle étoit République, il nous ſemble que c'eſt bien peu connoître la nature de l'inféodation, qui ſuppoſe que la

MUNICIPES.

Mém. p. 133.

P. 37, 38 & 48.

MUNICIPES.

terre inféodée dépend d'un Seigneur, & non pas qu'elle est libre. Le Comté de Provence fut inféodé par le même acte au Comte, & il ne formoit pas un Etat Républicain; le Comté de Forcalquier le fut aussi au même Prince, & cependant il avoit ses Seigneurs particuliers. L'Empereur ne prétendit pas les dépouiller de la propriété; mais seulement les assujettir à l'hommage envers Raymond Bérenger: il en fut de même de la ville d'Arles; elle étoit sous la dépendance du Comte, ainsi que le reste de la Province : mais comme Frédéric s'en attribuoit le haut domaine, quoiqu'il n'y eût pas plus de droits que sur les autres villes de la Provence; comme il en avoit accordé la jurisdiction & les droits régaliens (1) à l'Archevêque en 1154; le Comte s'en plaignit comme d'une injustice, & en demanda la révocation expresse: elle lui fut accordée, & les choses rentrèrent dans leur état naturel. Ces notions sont encore simples & claires, & n'ont pas besoin d'explication.

P. 34, 35 & alibi.

Au reste, que la ville d'Arles fût immédiatement soumise à l'Empereur, qui, suivant l'Auteur, faisoit exercer son autorité par l'Archevêque, dont il avoit fait son Lieutenant, son représentant, son Viceroi, ou qu'elle dépendît du Comte de Provence; il n'en est pas moins vrai que cette dépendance ne peut se concilier avec l'idée d'une République : le Roi de Naples est-il moins maître de la Sicile, parce qu'il la fait gouverner par un Viceroi?

P. 165. & part. 3. p. v.

Ce que cet Auteur a dit de plus raisonnable, c'est qu'il n'y avoit pas une grande différence entre la ville d'Arles (2) & les *Com-*

(1) Voici ce qu'on lit dans cette concession faite par l'Empereur à l'Archevêque. In archiviis imperii nostri continetur Arelatem ita ad nos pertinere, quod secundum possessorem habere non valeat. Sed quia diu ab eâdem civitate absumus per Archiepiscopum ejusdem civitatis custodiri debeat.... Quem tenoris modum tibi, venerabilis Raymunde Archiepiscope, & Arelatem tibi committimus, & totius tui Archiepiscopatûs regalia, justitias, & cætera que Lodoicus predecessor noster antecessori tuo Manassæ, pictatis studio concessit. Archevêch. d'Arles, l. verd. f. 3. v.

(2) L'Auteur étend sa proposition sur les villes de Provence, qui pendant un

munes du nord de la France. Mais il n'a pas fait attention que le caractère essentiel des *Communes*, étoit de dépendre entiérement du Roi ou d'un Seigneur particulier, puisque ce n'étoit que par la concession expresse de l'un ou de l'autre qu'elles étoient *Communes*, & que par conséquent cet état étoit alors incompatible avec l'état Republicain : cet aveu implique, à la vérité, contradiction ; car il est contradictoire qu'une ville ait été en même temps *Commune* & République ; cependant il n'est pas moins vrai que dans l'origine, il n'y eut pas une grande différence entre la maniere dont la ville d'Arles se gouvernoit & les Communes du nord de la France. Le défaut de notre Auteur est de n'avoir pas assez longtemps réfléchi sur la matiere qu'il traitoit : on sent par le style, par le peu d'ordre qu'il a mis dans son ouvrage, par les contradictions & les répétitions qui y règnent, qu'il s'est trop pressé d'écrire, & que s'il avoit voulu, il auroit pu faire un usage plus utile des matériaux qu'on lui a fournis. Ces matériaux nous avoient passé par les mains avant qu'ils lui fussent communiqués : ils contiennent des détails dont on pourroit faire usage pour une Histoire particuliere de la ville d'Arles ; & que

---

temps se gouvernèrent en *Républiques*, & à plus forte raison sur les autres Villes que nous appellons *Municipes*. *Il n'y avoit pas tant de distance* (il veut dire de différence, car la distance est toujours la même) *il n'y avoit pas tant de distance qu'on l'imagine*, dit-il part. 1. p. 165, *des Communes du nord de la France, à celles d'Italie, ou de nos Provinces méridionales, que nous honorons aujourd'hui du nom pompeux de Républiques* : & dans l'Avertissement de la troisième partie, p. 5, *la Municipalité, quoiqu'établie à peu près sur les mêmes principes dans les terres de France & dans celles de l'Empire, acquit dans les dernières bien plus de poids & de force que dans les autres, &c.* Il nous permettra d'observer que les Communes du nord de la France & nos Républiques, excepté celle d'Arles, à certains égards, ne se ressembloient point du tout ; qu'elles n'étoient point établies sur les mêmes principes, & qu'il n'est pas permis de confondre des choses si différentes entr'elles, & si faciles à distinguer quand on a étudié la matière. L'Auteur ne s'est point assez défié de son zèle patriotique, quand il a entrepris de renouveller les idées de Saxi sur la République d'Arles, & de réduire en système les simples conjectures de cet Historien Ecclésiastique. Pontif. Arel. p. 220.

nous avons été forcés de négliger dans l'Hiſtoire générale de Provence : mais avec quelque art qu'on les emploie, il ſera difficile de les rendre intéreſſans pour tout autre que pour les habitans de cette ville : il n'y auroit qu'un moyen d'en tirer quelque parti : ce ſeroit de les fondre dans l'Hiſtoire Eccléſiaſtique, qui par elle-même ne laiſſeroit pas d'avoir de l'intérêt. Nous finirons notre réfutation par la remarque ſuivante.

5°. L'Auteur dit qu'après l'inféodation de 1162, la *République reſta éteinte*; & il aſſure p. 71 « qu'il reſtoit au moins » une portion de la juriſdiction & des droits régaliens, en la » diſpoſition de l'Empereur ; que ces droits, cette juriſdiction, » les citoyens en étoient nantis ſous l'autorité de l'Empire & » la Surintendance des Prélats ».

C'eſt-à-dire, qu'il ſubſiſta une petite République différente de celle qui venoit de s'éteindre. Cela eſt difficile à croire, & l'on ſeroit tenté de demander dans quel quartier de la ville elle étoit cachée.

Heureuſement pour les habitans d'Arles, cette inféodation qui venoit d'opérer cette révolution ſinguliere, ne ſubſiſta pas : elle fut révoquée, dit l'Auteur, lorſque l'Empereur vint ſe faire couronner à Arles au mois de Juillet 1178, parce que ce Prince, ajoute-t-il, avoit déclaré dans l'acte d'inféodation, que ſi jamais il lui prenoit envie de retourner en Provence ou à Arles (1), cette ville, le Comte & le Comté de Provence ſeroient ſoumis à ſon obéiſſance, obligés de le ſervir & d'exécuter ſes ordres. *Or y étant venu en 1178*, continue l'Auteur, *l'inféodation ſe trouva revoquée par le ſeul fait*. On ſeroit tenté de croire que celle du Comté de Provence le fut auſſi par la même raiſon ;

---

(1) *Si autem placuerit nobis aliquo tempore intrare Provinciam, ſeu civitatem Arelatem, tam comes, quàm comitatus, & civitas & tota terra erant ad noſtram fidelitatem & ſervitium, & mandatum.* Ce n'eſt là qu'une clauſe de ſtyle uſitée dans les inveſtitures.

mais

mais on peut douter de l'une & de l'autre révocation, jufqu'à ce qu'on ait trouvé quelque Auteur contemporain, ou quelque charte qui nous le dife clairement.

MUNICIPES.

En attendant qu'on ait fait cette heureufe découverte, on nous permettra de croire que la ville d'Arles continua d'être fous la domination du Comte de Provence : car Alphonfe II, ayant fait un traité avec Hugues de Baux au mois de Juillet 1207, traita comme Souverain de la ville d'Arles, puifqu'il y avoit le haut domaine, *la Juftice, les Cavalcades,* & que les habitans foit nobles, foit roturiers, lui devoient l'hommage (1). Nous défions qu'on trouve de plus grandes preuves de la fouveraineté d'un Prince & de la dépendance d'une Cité. Il eft donc certain par tous les

---

(1) III. Preterea (nos Ildefonfus) donamus tibi (Hugoni de Baucio) & tuis, & laudamus quartam partem tocius dominationis, & jurifdictionis, & tocius adquifitionis quam faciemus intrà muros civitatis Arelatenfis, videlicet in falneriis, pedaticis, cavalcatis, jufticiis firmanciis, & omnibus omninò proventibus, retento nobis & noftris in perpetuum homagio tui & tuorum, & fidelitate, & tu, & tui nobis & noftris femper homines eritis & fideles.

IV. Infuper in domo curie communis nobis & noftris & tibi & tuis, nos Bajulum noftrum pro tribus partibus juftitiarum, & aliorum proventuum, & tu & tui Bajulum veftrum pro quarta parte conftituemus, quem fibi unufquifque dignum elegerit; & uterque illorum Bajulorum integrè firmantias accipiat, pro indivifo & communiter; & lites exerceat & finiat; & omnium juftitiarum & proventuum nobis & noftris reddat tres partes; tibi vero & tuis quartam partem, omni paritate, & communione, inter nos pro partibus prefcriptis fervatâ, excepto eo folo, quod tu & tui predicta omnia vobis donata, de vobis & veftris ad fidelitatem & homagium tenebitis.

V. Item. Si *cavalcate* civitatis ad redemptionem pecuniarum deducerentur, quartam partem habebitis tu & tui, in redemptione, & nos tres partes.

VI. Preterea fi quis de Trenquatalliis, aut de Burgo novo, & incremento cunei predicti, aut aliàs de dominatione tuâ conveniatur ab aliquo Arelatenfi; vel qualibet alia perfona, in curiâ tuâ propriâ litiget; & fi de civitate quis à tuis conveniatur, in curia communi civitatis lis finiatur.

XI. Hominia vero militum, & hominum civitatis, nos & noftri foli accipiemus, & nullus noftrum aliquod novum ufaticum, aut pedaticum, aut exactionem intra muros civitatis inftituet, nifi communi confilio noftro, & fi quid novum à nobis fuerit inftitutum, nos in eo tres partes, & tu & tui quartam accipiemus. Arch. du Roi à Aix, fac coté les Baux, n°. 1.

MUNICIPES.

faits que nous venons de rapporter, qu'on ne voit aucun temps où la ville d'Arles ait ceſſé d'être ſous la dépendance des Comtes avant le treizième ſiècle. La mort d'Alphonſe II, arrivée au mois de Février 1209 ; & la minorité de ſon fils Raymond Bérenger qu'on emmena à Barcelone, laiſſerent enſuite prendre à nos villes un plus libre eſſor. Elles en profiterent pour jetter les fondements de cette indépendance plus ou moins grande, à laquelle quelques-unes d'entr'elles s'élevèrent. Mais quand on les verra faire des traités de commerce & d'alliance avec les principales Républiques d'Italie, on ne doit pas ſe hâter d'en conclure qu'elles ſe fuſſent alors érigées en Republiques. Nice & Graſſe s'allièrent dans le douzieme ſiècle, avec Gênes & Piſe; Avignon avec Saint Gilles en 1208 ; d'autres villes firent auſſi des alliances entr'elles, & cependant on n'a jamais dit qu'elles fuſſent Républiques. Il eſt aiſé de voir, d'après ce que nous venons de dire, que la ville d'Arles ne le fut point, au moins avant la mort d'Alphonſe II. Voyons ſi elle le devint enſuite; voyons qu'elle fut l'origine & la forme de ſon adminiſtration municipale, & quelles révolutions elle éprouva.

ARLES.

VII.
ORIGINE DE L'ADMINISTRATION MUNICIPALE D'ARLES.

Le Conſulat n'eſt point un caractère eſſentiel de la liberté des citoyens. Nous connoiſſons en Italie des villes, qui avant le milieu du onzieme ſiècle avoient tous les droits des villes libres, tels que de faire des traités d'alliance, & de déclarer la guerre, quoiqu'elles n'euſſent point de Conſuls. Ces Magiſtrats n'y ont été connus qu'après que ces villes eurent conſidérablement accru leurs droits & leurs privilèges. Ainſi nous aurions tort de croire que la liberté des citoyens d'Arles eſt de la même date que le Conſulat qui remonte à l'an 1131 : on convient qu'avant cette époque, ils étoient libres; ſinon tous, du moins la plus grande partie, quoique leurs biens en général fussent dans la mouvance du Comte, de l'Archevêque & de quelques autres Seigneurs, qui avoient chacun leur part de la Seigneurie, soit de la ville, soit des bourgs; mais la servitude des biens ne suppose pas celle des personnes; on sait aussi qu'il y avoit des aleux, des fonds qui n'étoient assujettis à aucune servitude féodale, & ces sortes d'immeubles supposent des personnes libres.

MUNICIPES.

D'ailleurs observons que les statuts de 1150 annoncent une société, qui ne sortoit pas récemment de la servitude; elle avoit des coutumes, peut-être antérieures à l'établissement du Consulat, quoique rien ne l'annonce. Les habitans des villes qui dépendoient d'un Souverain ou d'un Seigneur immédiat, pourvu qu'ils ne fussent pas serfs, avoient droit de tenir des assemblées, & de faire sous le bon plaisir du Juge royal, des réglemens pour le maintien du bon ordre & la sûreté de leurs biens. Les habitans de Toulon l'avoient en 1289, c'est-à-dire, dans un temps où tout portoit chez eux le caractere de la soumission la plus marquée. Cependant ils n'avoient point encore alors de Magistrats Municipaux ni le droit d'en élire. Mais on ne peut pas conclure delà, qu'ils fussent serfs, puisque tout prouve le contraire. Ainsi une ville pouvoit avoir des coutumes sans être pour cela République; elle pouvoit n'avoir ni Syndics ni Consuls, sans qu'on puisse en inférer qu'elle fût dans la servitude; telle étoit la ville d'Arles avant l'établissement du Consulat.

Voy. ci-après art. *Toulon*.

Sous l'administration consulaire, elle fit plusieurs fois des statuts avec l'agrément de l'Archevêque, qui les approuvoit: on voit par ces statuts qu'elle avoit la liberté de déclarer la guerre, d'ordonner des représailles & de lever des impôts (1);

---

(1) Ces statuts sont rapportés dans le Gall. Christiana. Parmi plusieurs articles que nous en pourrions extraire, on y lit les suivans, qui sont remarquables.
Facimus in civitate Arelatensi, & Burgii, Consulatum bonum, legalem &

T. 1. Instr. p. 99.

le Comte de Provence ne chercha point à la dépouiller de ces droits, parce qu'il les regardoit comme une propriété, & qu'il les respectoit, comme il respectoit les droits des Seigneurs depuis qu'à l'exemple de ses prédécesseurs, ils avoient rendu leurs fiefs héréditaires. Les droits des principales villes avoient la même origine que ceux des Seigneurs ; ils étoient une suite de cette liberté, qu'aucune Puissance n'avoit jamais détruite dans notre Province, & qui reprit toutes ses prérogatives, lorsque les Comtes secouant le joug de l'Empire, rendirent leur Gouvernement héréditaire & perpétuel dans leur maison. Les ménagemens dont il leur fallut user pendant longtemps pour s'affermir contre ces mêmes Empereurs, qui tentoient sans cesse de rétablir leur autorité en Provence, donnerent aux Villes & aux Seigneurs le loisir de jetter les fondemens de cette indépendance, à laquelle ils aspiroient. Ils étoient maîtres de faire des loix pour leurs vassaux, de déclarer la guerre à leurs voisins, ou de s'allier avec eux, pourvu qu'ils n'attaquassent point les intérêts du Comte, dont ils dépendoient toujours comme Souverain : nos principales Villes avoient les mêmes prérogatives ; elles pouvoient se donner des loix & faire la guerre pour leur propre défense. Enfin, en parcourant notre Histoire, on voit dans leurs droits & leurs prétentions, & dans les droits & les prétentions des grands vas-

---

convenientem...... Unusquisque in hoc Consulatu jus suum habebit justitiamque consequetur par manus Consulum...... Salvis statutis & bonis consuetudinibus, quæ jam in aliis Consularibus receptæ & juratæ fuerint. In hoc Consulatu erunt duodecim Consules, quatuor Milites, quatuor de Burgo, duo de Mercatoribus, & duo de Boriano (*) ; per quos illi qui fuerint in Consulatu, habebunt potestatem judicandi, & quod judicatum fuerit exequendi, tam de hominibus, quam de injuriis & omnibus aliis maleficiis.

Si quæ vero publica consilia in Consulatu super habenda ; si quæ immutationes Consulatûs, vel consuetudinum meliorationes & diminutiones ; vel pro communi utilitate guerræ vel vindictæ, vel pecuniarum collectiones, &c.

(*) On a voulu désigner par ce mot les Consuls tirés d'un quartier d'Arles, appellé *Borianum*, parce qu'il étoit habité par les gens de la campagne ; car *boria* signifie *chose rustique* : il étoit tout naturel que dans une Ville où les Consuls jugeoient, il y en eût de toutes les classes de citoyens.

faux, un air de reſſemblance qui annonce une même origine. Les premiers efforts de la liberté ſont de la fin du onzième ſiècle, lorſque les Comtes & les Empereurs étoient trop foibles pour opprimer; les Comtes parce qu'ils avoient trop peu d'autorité ſur les Seigneurs; les Empereurs, parce qu'ils avoient à ſe défendre ou contre des rivaux redoutables ou contre des Pontifes entreprenans.

Cependant ce fut à l'ombre de l'autorité impériale, toute foible qu'elle étoit, que les grands vaſſaux & les principales Villes établirent leur liberté. La ville d'Arles dût à cette cauſe ſon adminiſtration municipale: mais l'obtint-elle par une conceſſion expreſſe de l'Archevêque ou de l'Empereur; ou bien la reprit-elle d'elle-même, comme un droit inſéparable de la liberté des habitans? A prendre les chartes à la rigueur, la ſolution eſt en faveur de l'Archevêque agiſſant au nom, & par l'autorité de l'Empereur: car il avoit dans l'élection des Conſuls un droit inconteſtable. Ceux qui ſortoient de charge en 1207, n'étant point d'accord ſur le choix de leurs ſucceſſeurs, l'Archevêque fit l'élection de ſa propre autorité. *Archiepiſcopus Arelatenſis poteſtate & autoritate archiepiſcopali elegit & creavit novos Conſules in civitate Arelatenſi.*

Il la fit encore en 1211, & unit le Conſulat du bourg à celui de la Ville pour cinquante ans. *Idem Dominus ſine omni alio electore, elegit ad ſuum libitum & creavit Conſules tam in Civitate, quam in burgo Arelatenſi, & univit conſulatum Civitatis & Burgi ad quinquaginta annos.*

Enfin les Conſuls de l'an 1236, ayant donné leur démiſſion, alléguèrent parmi les différentes nullités de leur élection, qu'ils avoient été élus malgré l'Archevêque, au mépris de ſes droits.

Le Podeſtat & les Conſuls lui prêtoient ſerment de fidélité. S'il ſurvenoit, dit l'Auteur dont on vient de parler, quelque difficulté touchant l'interprétation de la charte du Conſulat,

MUNICIPES.
Ibid.

VIII.
LA VILLE D'ARLES DOIT-ELLE ÊTRE MISE AU RANG DES COMMUNES OU DES MUNICIPES?

Archev. Liv. Verd. fol. 40. v°.

Ib. Autogr. B. fol. 63.

& des autres loix municipales, c'étoit à l'Archevêque à en connoître, & à donner les déclarations & explications nécessaires: les loix & les coutumes écrites de la République, devoient être revêtues de son approbation & confirmation. Il n'y avoit pas jusqu'à la perception des impôts nouvellement établis, pour laquelle on n'exigeât la même formalité ; il confirmoit aussi le tarif des péages, les droits sur les marchandises, & la gabelle du sel.

Voilà donc l'Archevêque devenu l'ame & le chef de l'administration municipale. Nous demandons à présent d'où lui venoient ces singulières prérogatives ? étoient-ce les habitans qui les lui avoient données, quand ils formèrent leur confédération ? Mais des concessions de cette nature, qui choquoient si visiblement leur liberté, & qui mettoient des bornes aux priviléges, qu'une société naissante est si jalouse de se procurer, ne peut pas se présumer, il faut en avoir des preuves : or non-seulement il n'en existe aucune ; mais encore tous les monumens du temps nous portent à croire le contraire. Ce ne font donc pas les habitans qui établirent le Consulat d'eux-mêmes, & de leur propre mouvement, ils l'auroient rendu indépendant Ce fut l'Archevêque qui en posa les fondemens, comme l'a reconnu un moderne : ou si malgré ce qu'on vient de lire, on trouve que ce soit trop lui accorder, que de le regarder comme seul fondateur de cette magistrature, nous dirons qu'il concourut seulement à l'établir, soit en qualité de Seigneur d'une partie de la Ville, soit comme lieutenant de l'Empereur, & en vertu de l'autorité impériale ; & qu'il se réserva les prérogatives dont nous venons de parler, comme une des conditions auxquelles il concourut à ce nouvel établissement.

Aussi lorsque l'Empereur Frédéric Barberousse, les lui confirma en 1164 (1), désigne-t-il expressément le pouvoir que le

---

(1) Nos Arelatensis Ecclesie dignitatem digne considerantes, & eam tanquam caput Provinciæ & principalem sedem imperii honorare volentes, secundum

Prélat avoit d'élire les Consuls, *plenam Juridictionem in creandis Consulibus*: il dit que ces priviléges étoient une ancienne concession de ses prédecesseurs; *secundum antiquam predecessorum nostrorum concessionem*. On lit la même chose dans d'autres diplômes postérieurs à celui-là: l'Archevêque & les habitans d'Arles les reçurent comme des loix; ils en firent la base & la règle de leurs priviléges; ils convenoient donc qu'ils portoient sur des faits certains. Observons d'un autre côté, que les habitans ayant demandé aux Empereurs la confirmation du Consulat, ils avouoient du moins par cette démarche, & reconnoissoient que cette magistrature n'avoit d'existence légale qu'autant qu'elle avoit la sanction du Souverain. Ainsi de quelque maniere qu'on envisage cette question, il s'ensuivra que la ville d'Arles, à la rigueur, devroit être mise au rang des simples Communes. Cependant quand on fait attention aux alliances & aux traités de paix & de commerce qu'elle faisoit avec les Républiques d'Italie; aux Consuls qu'elle y envoyoit pour faire respecter ses droits; aux statuts de 1150, dont l'objet étoit de régler, quoiqu'imparfaitement, la Justice civile & criminelle; la levée & la perception des impôts, les fonctions & les devoirs des Magistrats &c; quand on fait attention, disons-nous, à tous ces faits, & à plusieurs autres, on est persuadé que les habitans d'Arles, quoique dépendans dans l'ordre politique, avoient des droits inséparables de la liberté; & qu'ils ne reçurent pas le Consulat en hommes qui languissoient dans les entraves de la servitude; mais qu'ils contribuèrent à l'établir, quand le concours de la puissance souveraine & de l'autorité de l'Archevêque, co-Seigneur de la

MUNICIPES.

Hist. de Prov. t. 2. Pr. p. 39, 55 & alibi.

---

antiquam & rationabilem predecessorum nostrorum Regum & Imperatorum concessionem, confirmamus tibi Raymunde venerabilis Archiepiscope, prote & tuis successoribus regalia totius Diocesis; & ipsam civitatem pro indiviso, & plenam jurisdictionem in civitate in creandis Consulibus, & retinenda civitate ad servitium, Domini Imperatoris & imperii, &c. *Archevêch. d'Arles, liv. verd. fol.* 4.

Ville, eut laissé à leur liberté toute l'activité dont elle avoit besoin pour agir. Ainsi la municipalité d'Arles étoit une puissance mixte, qui portoit à la fois le caractère de la liberté, & celui de la soumission à la puissance de l'Empereur ; puissance respectable dans les mains de l'Archevêque, sur-tout, qui s'en servoit pour appuyer les droits qu'il avoit comme Seigneur temporel.

Voilà pourquoi si nous ne devons pas laisser cette Ville au nombre des Communes, nous devons encore moins la mettre au rang des Républiques, parce qu'en 1238, époque de sa plus grande liberté, elle avoit un Vicaire de l'Empire, qui non content de mettre des bornes aux prétentions des habitans, attaquoit les droits de l'Archevêque. D'ailleurs ce Prélat étant une espece de Vice-Roi toujours agissant en vertu de l'autorité impériale, ôtoit à cette Ville, lors même qu'elle avoit un Podestat, cette indépendance, qui fait le caractère distinctif des Républiques, dont-elle n'eut jamais qu'une fausse apparence. On s'en convaincra davantage en lisant ce qui nous reste à dire sur une matiere aussi intéressante.

Au reste ce n'étoit pas seulement aux concessions des Empereurs, à leur qualité de Seigneurs temporels d'une partie de la Ville, à la vénération & au respect que les vertus de leurs prédecesseurs avoient conciliées à leur siége, que les Archevêques d'Arles étoient redevables de cette autorité prépondérante, qu'ils avoient dans cette Ville aux douzième & treizième siècles ; ils la durent aussi en partie à la protection des Papes Célestin III & Innocent III. Le premier leur confirma en 1191, & l'autre en 1201, les droits que ces Prélats avoient sur le Consulat & dans le Gouvernement de la Ville (1) : de cet accord

Municipes.

Archev. d'Arles, liv. noir, fol. 122.
Collect. vet. script. t. 2. p. 1185.

---

(1) Et quidquid juris, est-il dit dans ces Bulles, in Consulibus eligendis, & in Consulatu & in regenda civitate tota, & in appellationibus à Consulibus ad vos factis, & in omnibus aliis dominationibus, quas in civitate Arelatensi, & in Burgo habere debetis. Bull. de l'Archevêch.

Plusieurs autres Papes confirmèrent ensuite les mêmes privilèges. Ces droits
des

des deux puissances, il résulta un pouvoir que le Comte de Provence fut obligé de respecter. Tous les autres pouvoirs paroissent en quelque maniere avoir été subordonnés à celui-là. Une chose qu'on ne doit jamais perdre de vue, c'est la conduite de cette Ville, qui semble avoir pris pour modeles les principales villes d'Italie. Les opérations des habitans, y sont à-peu-près les mêmes de part & d'autre dans l'administration. C'est de ces Villes que celle d'Arles emprunta l'usage d'avoir un Podestat; aussi pour donner une juste idée de ce Magistrat, croyons-nous devoir lui attribuer à-peu-près tout ce que nous savons de ceux qui remplissoient la même place en Italie.

MUNICIPES.

Cette dignité fut établie pour arrêter, ou pour prévenir les divisions intestines dans ces Républiques naissantes, où il étoit difficile de maintenir une parfaite subordination. Comme le passage de la soumission à une sorte d'indépendance, occasionne ordinairement une espece de vertige qui trouble l'ordre & l'harmonie, les Consuls n'étoient pas assez puissants où assez fermes pour réprimer l'audace de leurs concitoyens. Mille raisons les en empêchoient : tantôt c'étoient des ménagemens à garder envers des parens, des amis ou des alliés qui se trouvoient à la tête des factions : tantôt c'étoient des considérations d'une autre nature, & telles qu'il s'en présente à l'esprit des per-

IX.
ÉTABLISSE-
MENT D'UN PO-
DESTAT.

---

que les Souverains Pontifes s'arrogeoient sur les Villes, comme sur l'autorité temporelle des Souverains, se sont dissipés avec les préjugés qui les avoient fait naître; & l'on n'y fait attention aujourd'hui, que parce qu'ils servent à l'histoire de l'esprit humain.

Les concessions des Empereurs avoient un fondement plus solide; elles émanoient des droits que ces Princes exerçoient depuis plus de deux siècles sur la Provence. Mais on ne peut voir sans étonnement les petits artifices dont ils usoient pour affermir une autorité chancelante, ou du moins pour sauver l'honneur du trône; car voyant que les Villes se formoient sans leur consentement une administration municipale dans toutes les regles, ils cédèrent leur pouvoir aux Évêques, sachant bien que l'usage qu'ils en feroient tourneroit au profit de l'autorité impériale, ne fut-ce qu'en lui conciliant le respect du peuple.

Tome III.   S s s

MUNICIPES.

sonnes, qui n'étant en place que pour un an, ne veulent pas se perdre, par un acte de sévérité, souvent inutile, en ce que les coupables ont des moyens de l'éluder. Dans cet embarras on imagina de supprimer les Consuls, & de mettre toute l'autorité dans les mains d'un Podestat, de même qu'à Rome, on créoit un Dictateur, lorsque l'Etat étoit menacé de quelque danger pressant. Pour empêcher que le Podestat ne tombât dans les inconvéniens où des raisons de parenté & d'amitié pouvoient entraîner les Consuls, on avoit soin de le prendre dans les Villes voisines, & le plus souvent dans quelque République d'Italie. Peut-être nos Villes se décidèrent-elles d'abord pour un Italien, afin qu'il leur donnât la même forme de Gouvernement, qu'avoient les Republiques d'Italie, sur le modele desquelles on vouloit se gouverner. Quand on le prenoit dans une Ville de Provence, on choisissoit quelqu'un qui n'eut ni parens ni alliés dans la Ville dont il devenoit le premier Magistrat. Le choix tomboit toujours sur un homme distingué par sa naissance & sa probité, & qui joignît à la valeur, la sagesse & l'expérience. Il n'étoit ordinairement nommé qu'après avoir été reçu Chevalier : l'élection se faisoit, du moins à Arles, la troisieme fête de Pâques; & l'on datoit les actes, de son avénement au Podestariat. Si l'on se conformoit à ce qui s'observoit en quelques Villes d'Italie, sa maison devoit être composée de deux Chevaliers, huit Pages, six Damoiseaux, huit Cavaliers, dont trois armés. Cependant je doute qu'il se pratiquât dans nos Villes de Provence exactement la même chose que dans les Républiques ultramontaines. Nous exposerons ici ce qui nous paroît de plus vraisemblable sur cette matiere d'après la lecture des Chartes.

Je viens de dire que le Consulat cessoit, quand on nommoit un Podestat. On en voit la raison dans la nature même de la charge, & dans les motifs qui la firent établir. On voulut réunir tous les pouvoirs dans un seul pour faire cesser tous les partis, & pour écraser sous le poids de l'autorité l'homme puissant, qui auroit envie de remuer : laisser subsister la puissance consulaire en même temps que celle du Podestat, c'eût été entretenir dans les Villes des semences de division, qui tôt ou tard auroient produit des effets funestes. Voilà pourquoi depuis l'établissement du Gouvernement Républiquain à Arles, on ne trouve les noms des Consuls dans les actes, qu'aux années où il n'y avoit point de Podestat (1).

Quelque précaution qu'on prit pour rendre l'autorité du Podestat vraiment utile, il arrivoit quelquefois, ou que ce Magistrat abusoit de sa charge, ou que par défaut de capacité il ne remplissoit point les vœux des citoyens. Alors ils s'en dégoûtoient, & se remettoient sous la jurisdiction des Consuls, comme on le verra bientôt. Mais ceux-ci échouoient-ils à leur tour? car il étoit difficile de contenter un peuple inconstant, leger, exigeant; alors on revenoit au Podestat, sans pouvoir prendre une assiette fixe, au milieu des flots de la liberté. On s'imagina dans certaines Villes, qu'en ne l'élisant que pour six mois, l'incapacité de ce Magistrat seroit moins dangereuse, s'il n'avoit pas les talens pour gouverner; ou son despotisme moins funeste, s'il étoit d'un caractère dur & impérieux : c'est par-là que nous pouvons expliquer comment le même homme pouvoit être Podestat, la même année, dans deux Villes différentes; car Spinus de Surrexina se disoit Podestat de Marseille & d'Avignon, le 23 Janvier 1226, & Barral de Baux exerça la même charge dans Arles & dans Avignon en 1250, c'est-àdire qu'après en avoir fait les fonctions pendant six mois dans

MUNICIPES.

---

(1) Muratori prétend que le Consulat cessoit toutes les fois qu'on élisoit un Podestat. Cependant il cite lui-même un passage qui semble prouver que les Consuls & le Podestat pouvoient exister en même temps. Le voici : *Dominus Manfredus Picus, Dei gratia Mutinensis Potestas, unà cùm Consulibus & advocatis suis, &c. voluntate & parabole consilii grossi Mutinæ*, &c.

Antiq. Med. Ævi. t. 4. p. 70.

MUNICIPES.

une Ville, il alloit les faire les six autres mois dans l'autre. Peut-être aussi ne se qualifioit-il Podestat de deux Villes, que parce qu'il en avoit fait les fonctions dans l'une, & qu'il les remplissoit actuellement dans l'autre. Quoi qu'il en soit, le Podestat étoit ordinairement annuel. On trouve aussi des exemples qui prouvent qu'il pouvoit être en charge plusieurs années de suite ; ce qui paroît avoir été particulier à la Provence.

Les précautions qu'on avoit prises pour empêcher ce Magistrat de s'écarter de ses devoirs étoient extrêmes : on ne lui permettoit d'avoir avec lui ni sa femme, ni ses enfans, ni ses frères; de peur que si quelqu'un d'eux venoit à se laisser gagner par des présens, il ne le corrompit bientôt lui-même. En outre il étoit obligé, quand son temps étoit fini, de rester environ quinze jours dans la Ville, pour rendre compte de sa conduite, & pour répondre aux plaintes que les particuliers avoient à porter contre lui, soit pour dettes, soit pour malversation. A Marseille on appelloit cela *faire sindicat ;* on l'appelloit de même en Italie.

X.
SON AUTORITÉ.

T. 2. Pr. p. 82.

Il est plus difficile de donner une juste idée de son autorité ; on ne trouve dans nos Villes aucun monument qui y ait rapport. Nous lisons seulement dans une charte de l'an 1249, que le Podestat d'Arles étoit assisté de trois Conseillers, de deux Syndics, ou Commissaires députés de la Communauté, & de six autres Conseillers qu'on leur avoit donnés pour Adjoints (1). Il n'est pas facile de savoir quelles étoient les fonctions des trois Conseillers : nous présumons qu'ils aidoient le Podestat de leurs conseils, dans le Gouvernement & dans les affaires

---

(1) D'un autre côté nous avons une charte de l'an 1221, par laquelle on voit que cette année-là il y avoit un Podestat & des Consuls à Arles. *Nos Isnardus de Antravenis*, est-il dit, *Dei gratiâ Potestas Arelatensis.... Promittimus pro nobis & supradicto Archep. & pro Rectoribus & Consulibus præsentibus & futuris*, &c. Je suis persuadé qu'on entendoit par Consuls les Conseillers du Podestat, sans aucune autorité ; ainsi l'on pouvoit dire que le Consulat étoit supprimé, parce qu'ils n'avoient aucune jurisdiction.

importantes qui étoient portées à son tribunal ; & que c'est à eux que l'on donne le titre de Consuls dans la charte que nous avons citée à la note précédente. Comme c'étoit une loi généralement reçue dans les Républiques d'Italie, que le Podestat amenât avec lui deux ou trois Juges, pour rendre la Justice sous ses ordres, & que chacun d'eux eût son département à part, l'un étant pour la police, l'autre pour les affaires contentieuses, & le troisieme pour les affaires criminelles ; nous avions d'abord cru, que les trois Conseillers avoient les mêmes fonctions à Arles : mais nous avons trouvé dans une charte de l'an 1230, qu'il y avoit un Juge de la Communauté, *Judex Communis Arelatis*, & un Juge du Podestat, *Judex Domini Potestatis*, & nous avons renoncé à notre conjecture. Le Juge du Podestat, cette année-là, étoit étranger (1), & peut-être l'étoit-il toujours ; il s'appelloit *Vice-Dominis*. C'étoit sans doute le Podestat lui-même qui l'avoit amené. Ces deux Juges connoissoient-ils ensemble des mêmes affaires, afin qu'ils temperassent l'un par l'autre la rigueur ou la condescendance qu'ils pouvoient mettre dans leurs jugemens ; l'un comme étranger & l'autre comme citoyen d'Arles ? ou bien avoient-ils chacun leur district ? Cette derniere opinion me paroît plus probable : les particuliers pouvoient appeller de leur jugement au Podestat.

MUNICIPES.

(1) A Avignon le Podestat avoit un Lieutenant ou Viguier, & un Juge qu'il entretenoit à ses dépens. La Communauté avoit aussi son Juge, auquel elle donnoit des honoraires, comme il paroît par le statut suivant.

Si sit Potestas hujus linguæ & non sit civis, constituatur ei salarium per consilium generale & habeat unum judicem, & unum Vicarium ad omnes expensas suas, & faciat omnes expensas suas, de suo veniendo in potestariam, & à potestariâ redeundo, & commune habeat ei unum judicem expensis communis. Arch. d'Aix, arm. 6. regist. S.

Par cette façon de parler : *Potestas hujus linguæ*, on veut designer un Provençal ; quand on ajoute, *& non sit civis*, il semble qu'on a voulu dire qu'il pouvoit être natif d'Avignon, ce qui est particulier à cette Ville ; car par-tout ailleurs il étoit étranger. A Marseille le Podestat de l'an 1246 avoit pour ses appointemens 1800 liv. royales couronnées, qui valoient 23400 liv. de notre monnoie ; pour le loyer de sa maison & pour le chauffage 37 liv. royales couronnées, ou 471 liv. des nôtres.

Hist. de Mars. t. 2. p. 236.

Il est démontré par-tout ce que nous venons de dire que ce Magistrat étoit non-seulement à la tête du militaire en qualité de Commandant ; mais encore à la tête de la Justice en qualité de premier Juge, & qu'il avoit même une sorte de pouvoir législatif, puisqu'il défendit le 16 d'Avril 1229 de donner des immeubles par testament ou autrement aux Communautés Religieuses. Ainsi il réunissoit les deux pouvoirs qui constituoient alors l'autorité républicaine dans Arles.

Au reste il tenoit cette autorité autant de l'Archevêque que des habitans. Le Prélat en lui cédant l'exercice des droits qu'il avoit sur le Gouvernement Municipal, s'étoit réservé l'évocation des affaires jugées au tribunal du Podestat ; la création des Notaires, la publication des testamens & des codiciles, & la Jurisdiction sur les Juifs : voilà pourquoi le Podestat en entrant en charge lui prêtoit serment de fidélité, & lui promettoit la conservation des droits, des priviléges & des franchises, dont lui & son Eglise étoient en possession : ils jugeoient ensemble les hérétiques (1, & se partageoient leurs biens, quand la confiscation avoit lieu. Ils se partageoient aussi le produit du péage, de la gabelle du sel, de la monnoie, &c. Ainsi quoique le Podestat, par sa qualité de premier Magistrat & de Commandant, fut le chef de la République, on peut dire qu'à certains

---

MUNICIPES.
Arch. de l'Hôt. de Vil. reg. egl. t. 1. titr. 2.

(1) C'est d'après une requête présentée par l'Archevêque d'Arles au Roi Robert, vers l'an 1312, que nous tâchons de déterminer les droits de ce Prélat & ceux du Podestat. Voici ce que nous en avons extrait.

Et primo petit (Archiepiscopus) Judæos civitatis Arelatensis, Dominium jurisdictionem & totalem coertionem & punitionem in eis. Item, Notariorum creationem in ipsa civitate, & ejus districtu in spiritualibus & temporalibus ; quorum creatio ad Dominum Archiepiscopum pertinet & pertinere debet. Item petit appellationes civitatis Arelatensis in criminalibus sibi restitui, quæ pertinent ad ipsum Archiepiscopum ex speciali & expressâ donatione & concessione, & confirmatione Imperatoris, quæ & omnes alias appellationes sibi semper retinuit Arelatensis Archiepiscopus, cum traderet executionem Jurisdictionis Potestatibus annualibus, & etiam Domino Raymundo Berengario. Quas appellationes in criminalibus Officiales prefate curiæ Domini Regis civitatis Arelatensis impedirent, à multis annis citra. *Arch. de l'Archev. d'Arles.*

égards, l'Archevêque, comme Lieutenant de l'Empereur, en étoit le Souverain ; mais comme on l'est dans un Gouvernement mixte, où il ne peut rien faire de sa seule autorité. Dans un siècle moins ignorant on auroit limité les droits régaliens qu'il avoit obtenus de l'Empereur, comme on les limita dans les Républiques d'Italie, où les Evêques avoient les mêmes concessions : mais on ne trouvoit point parmi les habitans d'Arles de ces particuliers, qui par leurs richesses, leur crédit & leur illustration fussent en état de contre-balancer l'autorité épiscopale, devenue puissante par le mérite & la naissance d'un grand nombre d'Archevêques, & par le rang considérable qu'ils tenoient depuis tant de siècles dans l'Eglise. Le Podestat avoit donc moins de pouvoir dans cette Ville que dans les autres ; mais cela n'empêcha pas que des personnes d'un nom illustre ne brigassent l'honneur de le devenir. Voici la liste de ceux qui ont successivement rempli cette charge. Elle a été faite d'après des actes authentiques, tirés des minutes des anciens Notaires ou des archives de l'Archevêché d'Arles. On élisoit ordinairement le Podestat le lendemain du jour de Pâques ; mais cette règle ne fut pas si bien observée, qu'on ne se trouvât quelquefois dans le cas de s'en écarter.

SUITE CHRONOLOGIQUE
DES PODESTATS D'ARLES,

Pendant que cette Ville se gouverna en République sous l'autorité des Archevêques, depuis l'an 1220 jusqu'en 1251 qu'elle se soumit à Charles d'Anjou.

Connus depuis	Jusqu'an	
le 17 Août 1220.	15 Février 1222.	ISNARD D'ENTREVENES, de la Maison d'Agout (1).

(1) Quoique ces Podestats ne nous soient pas connus au-delà du terme que

MUNICIPES.

Connus depuis	Jusqu'au	
le 10 Mai 1222.	2 Avril 1224.	TAUREL DE STRATA.
14 Mai 1224.	30 Déc. 1227.	DRAGONET, Seigneur de Mondragon.
24 Août 1228.	25 Nov. 1229.	ROLAND GEORGE, de Pavie.
1229.	1230. *ancien style.*	GUILLAUME AUGER D'OZA.
11 Avril 1231.	27 Déc. 1231.	PERCEVAL DORIA, de Gênes.
20 Mai 1232.	19 Déc. *même ann.*	RUBEUS DE TURCHA.
24 Mai 1233.	5 Décemb. *même ann.*	SUPRAMONTE LOUP.
12 Juin 1234.	5 Janvier 1236.	BERNARD ROLLAND LE ROUGE, *Rubeus.*
30 Sept. 1235.	29 Mars 1236.	BURGUNDION DE TRETZ.

XI.
VARIATIONS DANS LE GOUVERNEMENT DE LA VILLE JUSQU'A CE QU'ELLE PASSA SOUS LA DOMINATION DE CHARLES D'ANJOU.

Au mois d'Avril 1236, il se forma dans la Ville d'Arles une faction puissante qui s'empara de l'administration; les factieux élurent de leur propre autorité des Consuls, sans avoir égard aux usages ni aux loix reçues, ni aux droits de l'Archevêque, contre lequel il paroît que la faction étoit formée. Leur parti prévalut jusqu'à la fin de Juillet; alors les Consuls qui étoient en charge, reconnoissant que leur élection étoit irréguliere, donnèrent leur démission en plein Conseil entre les mains de l'Archevêque. Ce Prélat procéda ensuite à l'élection avec trois

---

nous marquons, il est pourtant vrai de dire que si l'on en excepte quelques cas particuliers, ils étoient en place toute l'année, c'est-à-dire, d'une Pâque à l'autre, & quelquefois plusieurs années de suite, après une nouvelle élection.

Députés

Députés de la Ville & nomma les mêmes, qui lui prêtèrent ferment de fidélité. Ainſi il n'y eut point de Podeſtat cette année-là.

MUNICIPES.

Guillaume EBRIAC LE NOIR, *Niger*, nous eſt connu depuis le trois Avril 1237, juſqu'au 24 Décembre de la même année. Alors Henri de Ravel, Sénéchal de l'Empire en Provence, faiſoit ſentir dans Arles le poids de ſon autorité; ou du moins il le faiſoit ſentir à l'Archevêque. En 1238, Supramonte Loup vint dans cette Ville en qualité de Vicaire de l'Empire dans les Royaumes d'Arles & de Vienne; Berard, Comte de Laurette, qui lui ſuccéda, & qui étoit déja en place le 4 Novembre de la même année, remplit les mêmes fonctions.

Ce Vicaire étoit une eſpece de Vice-Roi, qui exerçoit l'autorité de l'Empereur dans l'ordre civil, comme dans l'ordre politique & judiciaire. Tous les pouvoirs, élevés d'après les conceſſions du Monarque, ceſſerent, du moins quant à l'exercice; la Ville reprit l'adminiſtration ordinaire aux autres Villes; l'autorité de l'Archevêque fut réduite aux droits Seigneuriaux, & aux prérogatives de ſon ſiége, & le Podeſtariat s'évanouit. Car pendant tout le temps que ce Vicaire fut à Arles, on ne trouve le nom d'aucun Podeſtat à la tête des actes; preuve certaine qu'il n'en exiſtoit plus; Supramonte Loup eſt ſeulement qualifié de ce titre dans l'acte du ferment que les habitans prêtèrent au Vicaire de l'Empire le 4 Décembre 1238; mais c'eſt parmi les témoins qu'il eſt nommé: quelle apparence que dans une circonſtance auſſi intéreſſante, le premier Magiſtrat ne jouât pas un autre rôle? On lui donna, en le nommant avec les autres témoins, la qualité de Podeſtat, parce qu'il l'avoit été cinq ans auparavant.

Archev. d'Arl. l. noir. fol. 122.

Le Vicaire ayant fait aſſembler le Conſeil le 4 Décembre 1238, voulut exiger au nom de l'Empereur le ferment de fidélité des habitans. On ne conteſta point le droit; mais l'Archevêque,

V. les Pr. ch. IV.

qui se regardoit toujours comme Lieutenant du Monarque dans Arles, s'éleva contre ces entreprises, sous prétexte qu'il avoit déja prêté ce serment à l'Empereur lui-même, en son propre nom & au nom de la Ville. Il ajoutoit qu'il tenoit de ce Prince la jurisdiction temporelle sur la ville d'Arles; qu'il étoit une puissance intermédiaire entre lui & les habitans, & que pour ces raisons, ils n'étoient point obligés de lui prêter, à lui Vicaire de l'Empire, le serment qu'il exigeoit; que cependant ils vouloient bien s'y soumettre par considération & par respect, sans y être nullement tenus, & sans que cet acte pût porter aucun préjudice aux droits de l'Eglise, à la liberté, & aux franchises de la Noblesse & de la Bourgeoisie.

Cependant cet Officier faisoit ombrage. C'étoit un Agent puissant, qui à la longue pouvoit faire plier tous les droits sous l'autorité de l'Empire; on travailla donc à s'en défaire: si l'on ne pouvoit éviter d'avoir un maître, on aimoit mieux dépendre de celui qui ayant moins de pouvoir, seroit forcé d'user de l'autorité avec plus de modération. On appella Raymond Bérenger Comte de Provence. L'Archevêque lui donna du consentement des habitans le 25 Juillet 1239 la jurisdiction d'Arles, & tout ce que la Communauté possédoit, avec les droits utiles & honorifiques pour un certain temps, dont le terme fut fixé par un acte du 19 Septembre suivant, à la vie de ce Prince. (1) Le serment

---

(1) Comme l'acte par lequel on fixe à la vie de ce Prince la donation qu'on lui fait de la ville d'Arles, n'est point rapporté à la suite de l'autre dans le Gall. Christ. nous allons le mettre ici.

Posteà verò anno quo supra XIV Kal. Septembris; consilio Arelatis more solito congregato, nos prænominatus Archiepiscopus presente & volente, & expressim emologante consilio supra dicto, in hunc modum tempus ordinamus & statuimus supradictum, videlicet quod vos dictus comes habeatis & teneatis & pacificè regatis omnia supradicta, & ad ea pertinentia toto tempore vitæ vestræ, salvis nobis & vobis, atque retentis juribus nostris & Ecclesiæ Arelatensis, & vestris & possessionibus, & in omnibus aliis ad nos & ad vos expectantibus, & Ecclesiam Arelatensem prout superius est expressum. Actum fuit hoc in sala Domini Archiepiscopi memorati presentibus testibus infra scriptis videlicet, &c. *Arch. d'Arles, liv. noir. fol. 98. v°.*

qu'il prêta est au fond le même que celui des Podestats. Il promet à l'Archevêque de lui conserver, & à son Eglise la Seigneurie & la jurisdiction, de lui conserver aussi de même qu'aux habitans, soit Nobles soit Bourgeois, les libertés & franchises dont ils jouissoient dans la Ville & son territoire. Les droits que ce Prince acquit étoient tels qu'aucun Podestat n'en avoit eu de pareils ; mais ce n'étoit point encore la souveraineté proprement dite ; & en confirmant aux habitans leurs statuts & leurs droits, il montroit qu'il ne les regardoit pas comme une usurpation, mais comme une véritable propriété. Après la mort de ce Prince, ou à la fin de l'année 1245, on se remit sous la jurisdiction des Consuls, & sous celle des Recteurs en 1246 & 1247.

Ces Recteurs étoient au nombre de cinq. C'étoient des espèces de Gouverneurs supérieurs aux Consuls. Comme il est difficile de faire adopter à des hommes enivrés de leur liberté une forme d'administration quelconque, dans un siècle sur-tout où les loix de la politique sont peu connues, on revint au Podestat en 1248.

Albert de LAVAGNE, *de Lavania*, de la Maison de Fiesque, prêta serment en qualité de Podestat entre les mains de l'Archevêque, le 4 Mars de cette année-là ; il remplit cette charge deux ans. Son Podestariat fut fort orageux : les dissentions entre l'Archevêque & les habitans recommencerent : il paroît même que l'Archevêque conçut alors le projet de mettre la Ville sous la domination de Charles d'Anjou. Toujours en butte aux différens partis qui se formoient, il voyoit avec peine les atteintes qu'on portoit à son autorité, & peut-être faisoit-il au desir de la conserver plus de sacrifices, qu'il ne convenoit à son ministere ; enfin le mécontentement des habitans fut tel, qu'ils s'engagèrent par délibération publique le 28 Août 1248, à n'avoir plus de communication avec lui ni avec les siens. Cet abandon général & la crainte des excès où le peuple pouvoit se porter le forcèrent de sortir de la Ville. Il demanda un sauf conduit à la fin de Septembre

MUNICIPES.

An. 1248.

V. Pr. Ch. V.

MUNICIPES.

1249. La réponse que firent les Magistrats, quelque modérée qu'elle soit, fait assez comprendre jusqu'à quel point les esprits étoient aigris. Il paroît que ce Prélat se retira à Nimes.

Le Pape instruit de ces divisions envoya le Cardinal, Evêque d'Albano, pour rétablir la paix. L'Archevêque à cette occasion écrivit à son Chapitre le 14 Décembre 1249 une longue lettre, par laquelle il se plaint des persécutions qu'il essuyoit, & ordonne aux Chanoines, en vertu de l'obéissance, *virtute obedientiæ* d'engager le Podestat, le Viguier, & les autres Magistrats, qui lui avoient prêté serment de fidélité, d'entrer dans les vues pacifiques du Légat. Les esprits étoient fort aigris. On menaçoit de lui défendre l'entrée de la Ville, de lui faire même quelque affront plus sanglant encore, s'il se montroit: c'est du moins ce qu'on voit par une seconde lettre, qu'il écrivit au chapitre le 18 du même mois, pour lui annoncer que son intention étoit d'aller célébrer la Fête de Noël dans son Eglise. Barral de Baux étoit alors Podestat.

1249 en Décembre, BARRAL DE BAUX, *Podestat.*

Il paroît que c'étoit lui qui suscitoit ces affaires. On ne sait si c'étoit par vengeance ou par rivalité; s'il cherchoit à l'éloigner comme un surveillant incommode, pour exécuter plus facilement le projet qu'il avoit de mettre la Ville sous la domination de Charles d'Anjou; ou bien si regardant l'Archevêque comme un Despote, il vouloit en délivrer la Ville. Quoi qu'il en soit des motifs qui le faisoient agir, le Prélat s'en vengea par une excommunication lancée au mois de Janvier 1250. Cet acte de sévérité acheva d'indisposer les esprits. Barral de Baux ne voyant plus de reméde aux maux, s'engagea par serment le premier Mars 1250 envers Blanche de Castille, Reine de France, à faire rentrer la ville d'Arles sous la domination de Charles son fils, au moins pour la vie de ce Prince, & celle d'Avignon sous l'obéissance d'Alphonse

Comte de Touloufe, promettant, s'il ne pouvoit remplir fes enga- gemens, d'abandonner ces deux Villes & leur Gouvernement.

MUNICIPES.

Il étoit impoſſible que celui d'Arles ſubſiſtât plus longtemps, tel qu'il étoit, flottant fans ceſſe entre les écueils de l'oppreſſion & de l'anarchie. Barral de Baux en étoit bien perſuadé, quand il fit à la Reine, mere de S. Louis, la promeſſe dont je viens de parler. Quel qu'en fut le motif, qui feroit moins fufpect fi la promeſſe n'avoit été faite fecrétement, il eſt certain qu'en l'effectuant, il rendoit ſervice à cette Ville. L'Archevêque voyant qu'il ne pouvoit empêcher la révolution, fe fit un mérite d'y contribuer: il céda à Charles d'Anjou, au mois de Novembre 1250, le Domaine, la Seigneurie & même les revenus d'Arles, ayant eu foin d'exiger pour condition, la confirmation des droits & des privilèges attachés à ſon ſiége. Ce Prince en effet promit de les lui conſerver, ainſi que ſes biens & ceux de ſon Egliſe, quand il feroit maître de la Ville. Il le fut le trente Avril 1251. Les habitans convaincus par une trifte expérience, qu'ils ne verroient jamais la tranquillité renaître parmi eux, tant qu'ils ne dépendroient pas d'un Prince capable de faire ceſſer les diviſions inteſtines dont ils avoient été les jouets, fe donnèrent au Comte de Provence à condition 1°., qu'il nommeroit tous les ans pour Viguier un étranger, qui feroit obligé de réſider, & deux Juges annuels, & qu'ils s'engageroient tous les trois par ferment à ne recevoir aucun préſent. 2°. Que le Viguier ni les Juges ne pourroient donner à ferme les amendes & les droits de Juſtice. 3°. Que le Viguier en entrant en charge choiſiroit dans la Nobleſſe & la Bourgeoiſie un égal nombre de perſonnes pour être fes Conſeillers. 4°. Que les Notaires, les Officiers de la Police & ceux qui devoient avoir inſpection ſur les chauſſées, feroient choiſis parmi les habitans. 5°. Que ces mêmes habitans auroient la liberté de vendre leur blé à l'étranger, excepté aux ennemis du Comte. 6°. Que ni lui ni ſon Viguier ne pourroient mettre

Hiſt. de Prov. t. 2. Pr. p. 83.

Arch. liv. noir. fol. 142. v°.

aucun impôt sur la Ville, ni établir de nouveaux droits, &c. Ces conditions & quelques autres furent le prix de la soumission, que les habitans d'Arles firent à Charles d'Anjou, après avoir éprouvé qu'il est plus aisé d'augmenter sa liberté, que d'en faire un usage légitime : leur Ville eut pendant trente ans une apparence de République, sans l'avoir jamais été réellement.

MARSEILLE.

Le Consulat étoit établi à Marseille avant l'an 1128, car nous lisons dans une charte de cette année-là, que le Vicomte Geoffroi s'obligea à défendre les intérêts de l'Evêque Raymond II, contre toutes sortes de personnes, excepté contre la *puissance consulaire* à moins que par ses Conseils, ou par des démarches d'amitié, il ne put lui rendre service auprès des Magistrats. *Cæterum solam consularem potestatem prætermisit, nisi quod consilio aut amicitiâ prodesse possit* : mais l'établissement en est sûrement plus ancien, & doit remonter aux dernieres années du onzieme siècle, ou aux premieres du douzieme, c'est-à-dire, vers le temps de la premiere Croisade.

Ceux qui connoissent l'Histoire doivent savoir que cette expédition d'outre-mer fut pour les villes maritimes d'Italie, la premiere cause de leur richesse & de leur liberté; il en est de même de la ville de Marseille : nous pouvons dire que si elle n'avoit point encore repris son administration municipale, elle en dut jetter alors les fondemens; des serfs qui auroient dépendu des caprices d'un Vicomte, n'auroient pas formé le projet de fournir aux Croisés des troupes, des vaisseaux & des provisions pour étendre & assurer leur commerce dans le Levant. Ce n'est point ici un fait supposé; il est attesté par les priviléges, que les Marseillois demanderent à Foulques IV, Roi de Jérusalem : ce Prince les déclara exempts de tous droits, de toutes impositions dans fes Etats en 1136, & leur donna la permiffion d'avoir à S. Jean d'Acre, à Jérufalem, & en d'autres Villes de fa dépendance une Eglife, & une rue, qui appartiendroient à la Communauté de Marfeille. Baudouin III fucceffeur de Foulques confirmant les mêmes priviléges en 1152, & y en ajoutant de nouveaux, déclara que c'étoit en reconnoiffance des fervices que les Marfeillois avoient rendus par mer & par terre aux Rois fes Prédeceffeurs. Or puifque ces priviléges étoient accordés à la Commune de Marfeille, *Communi Marcelie*, c'étoient donc les membres de cette Commune qui avoient rendu les fervices aux premieres Croifés. Il n'y avoit en effet qu'une fociété d'hommes libres qui fût en état de les rendre ; Marfeille fuivit dans cette occafion le même plan que les principales villes d'Italie, telles que Pife & Gênes ; ce fut de part & d'autre le même genre de fecours ; elles fournirent des vaiffaux, des troupes, des provifions ; elles avoient le même but, qui étoit d'étendre leur commerce dans le Levant, & de s'y procurer des franchifes, des priviléges, & des établiffemens pour le protéger. Cette conformité de vues & d'opérations n'annonce-t-elle pas que ces Villes avoient une conftitution politique à-peu-près femblable, & que leur liberté étoit fondée fur des loix indépendantes de la volonté du Souverain ? Si cette indépendance n'avoit pas eu une autre fource que les conceffions des Vicomtes, croit-on que ces Seigneurs l'auroient refpectée, lorfque les Marfeillois faifoient, fans leur participation, des traités d'alliance avec les puiffances voifines ? Jamais aucun Seigneur n'a fouffert qu'une Communauté qu'il avoit lui-même affranchie, ofât faire fous fes propres yeux des actes qui tiennent de la fouveraineté. Si les Vicomtes ne s'oppoferent point aux entreprifes des Marfeillois, c'eft donc parce qu'ils favoient que les droits de ce peuple avoient la même origine que l'hérédité de leur fief, comme nous l'avons dit ailleurs.

MUNICIPES.

Ibid. p. 17.

MUNICIPES.

Ces Seigneurs étoient originairement Gouverneurs de Marseille; mais ils ne gouvernoient pas un peuple de serfs. La servitude n'a jamais eu lieu dans cette Ville, pour les natifs, si l'on peut se servir de ce terme; tous les faits consignés dans l'Histoire, nous portent à le croire, il n'y avoit d'esclaves que quelques malheureux étrangers, qui après avoir été enlevés à leur patrie par un ennemi barbare, étoient vendus dans une Ville de commerce, où les maîtres les faisoient servir à ce qui leur paroissoit le plus utile. Les Vicomtes, établis pour défendre la Ville en qualité de Gouverneurs, y maintenir la Police & percevoir les droits du souverain, n'attaquèrent ni la propriété, ni la liberté des habitans. En vertu de quoi auroient-ils détruit l'une & l'autre, puisqu'ils ne soumirent point cette Ville par la force des armes? Toutes les chartes qui nous restent du dixieme, du onzieme & du douzieme siècles, prouvent que des particuliers possédoient des biens fonds sous la protection de la loi Romaine; que par leurs concessions ils enrichirent l'Eglise de Marseille & l'Abbaye de S. Victor. Les Vicomtes gouvernoient donc un peuple libre de toute ancienneté, soumis aux taxes & aux impôts qu'ils avoient soin d'exiger pour le Souverain, & qu'ils s'attribuerent lorsqu'ils rendirent leur Gouvernement héréditaire. Il peut se faire qu'ils ayent mis quelques charges de plus, quand ils furent maîtres; mais comme dès le milieu du douzieme siècle leur pouvoir étoit déja considérablement affoibli, par le partage de leurs droits entre les différentes branches de leur Maison; comme ils étoient tout occupés à se rendre indépendans des Empereurs & des Comtes dont jusqu'à lors ils n'avoient été pour ainsi dire que les Lieutenans; les Marseillois, que leur commerce avec les principales Villes d'Italie avoit éclairés sur leurs propres intérêts, & rendus plus entreprenants, profitèrent de ces circonstances pour se donner des loix municipales. Aussi voyons-nous qu'avant l'an 1128, ils avoient déja leurs Consuls;

comme

DE PROVENCE.

comme les plus célebres Villes d'Italie, ainsi que nous l'avons dit ci-dessus : & ce qui prouve qu'ils ne tenoient ce droit d'aucune puissance souveraine ; c'est que l'Empereur qui ne vouloit pas reconnoître une municipalité que les Villes s'étoient données elles-mêmes, fit offrir aux Marseillois le 8 Novembre 1226, de leur accorder le droit d'avoir des Consuls, & une jurisdiction entiere dans toute l'étendue de leur ressort ; jurisdiction qu'ils exerçoient déja : supposé que la concession eût lieu, les Marseillois durent la regarder comme une surabondance de droit, & non pas comme un acte d'autorité nécessaire pour valider le Consulat dont ils étoient en possession depuis cent ans ; & qu'ils regardoient avec raison, comme inséparable de cette liberté civile dont l'origine remontoit au temps des Romains.

MUNICIPES.
Hist. de Sav.
t. 3. p. 54.

Nous ne suivrons pas les progrès de la jurisdiction consulaire dans le douzieme siécle ; on présume aisément que les Marseillois furent toujours occupés à l'affermir & à l'étendre. Ils faisoient des alliances, déclaroient la guerre, & signoient des traités de paix tantôt de concert avec les Vicomtes, tantôt en leur propre nom. Les Pisans & les Génois furent tour-à-tour leurs ennemis & leurs alliés, vers l'an 1211 ; ensuite les habitans d'Arles, ceux de Nice, les Comtes de Toulouse & d'Empurias traitèrent avec eux, comme avec un peuple indépendant ; & l'on peut dire qu'ils l'étoient, sur-tout depuis qu'ils avoient acquis presque tous les droits Seigneuriaux que les Vicomtes avoient sur Marseille (1). Dès lors rien ne les empêcha de donner

Hist. de Marf.
t. 1. p. 100 &
suiv.

Ibid. 99 & suiv.

---

(1) Avant l'an 1230, les Marseillois avoient acquis tous les droits seigneuriaux alors possédés par la Maison de Baux, & en 1257, ils terminèrent avec Barral de Baux, au sujet de quelques prétentions qu'il éleva. Le traité fut confirmé le 17 Décembre, en présence de Boniface de Castellane ; d'Imbert d'Oraison, Chevalier ; de Jean Blanc, Docteur ; d'André du Port, Docteur ; de Raymond Candole, Viguier ; de Girard Amalric, de Marquesi Angles, de Jacques Davin,

au Gouvernement municipal la forme qu'ils voulurent. Ils furent si jaloux de la maintenir, qu'ils exclurent les Vicomtes des charges publiques, de peur d'irriter leur ambition. Ainsi l'on peut dire qu'exempts de toutes charges féodales, délivrés du joug des Seigneurs, maîtres chez eux, ils érigèrent véritablement en République, la partie de la Ville soumise à la jurisdiction du Consulat, & que personne n'y eut d'autre autorité que celle qu'ils confioient, se réservant toujours la souveraineté, qui résidoit essentiellement dans le Conseil public.

On ne sait pas en quelle année ils commencèrent d'avoir un Podestat. Il est certain qu'ils en avoient un en 1222; le Pape Honorius III en fait mention dans une Bulle de cette année-là ; mais on ne connoît pas le nom de ce Magistrat; on est surpris que Ruffi, qui dans son histoire de Marseille entre dans des détails si souvent inutiles, ne nous ait pas donné une liste des Podestats, qui seroit curieuse, si on l'avoit complette. Nous n'avons trouvé que les noms des suivans dans les chartes qui nous ont passé par les mains. La moisson sera plus abondante quand on pourra pénétrer aux archives de S. Victor, les seules dont on nous ait refusé la communication.

En 1223. REFORÇAT.

1224. JACQUES CARLAVARIUS DE ORZANO.

1226. { SPINUS DE SUREXINA se disoit Podestat de Marseille & d'Avignon le 24 Janvier 1225 (1226) : il le fut un an.

En Juil. 1227. { HUGOLIN, Seigneur de Dame, Boulonnois.

1228. ROBERT : ce n'est peut-être là que le nom de baptême.

1229. MARRAT DE SAINT-MARTIN, de Pavie.

Le Gouvernement des Podestats eut ses vicissitudes, comme

MUNICIPES.
Ibid. 105 & suiv.

Notaires; de Raymond de Saint-Marcel, de Raymond de Soliers, Chevaliers; de Guillaume Gauthier, de Jacques Imbert, & de Jean de Berre, étant de semaine au Conseil de Ville. Hist. de Marf. t. 1. p. 143.

DE PROVENCE. 523

celui des Consuls. On passoit de l'un à l'autre suivant l'intérêt des factions, qui dans une République naissante sont toujours plus hardies & plus puissantes que par-tout ailleurs. Mais ces vicissitudes n'étoient que dans la forme de l'administration. La jurisdiction & l'autorité des Magistrats furent toujours les mêmes, jusqu'au tems où les Marseillois se soumirent à Charles d'Anjou, Comte de Provence : & même les conditions auxquelles ils se donnèrent, en assurant leur liberté, leur retraçoient encore l'image du Gouvernement Républicain : ces conditions étoient 1°. que toutes les affaires criminelles, de quelque nature qu'elles fussent, seroient jugées à Marseille en dernier ressort par les Magistrats municipaux, à moins que le crime n'eut été commis hors de leur district. 2°. Que le Juge du Prince pourroit connoître par appel des affaires civiles ; mais il devoit résider dans la ville : il étoit annuel ; & en entrant en charge, il s'obligeoit à observer les conditions du traité, & à défendre les droits des habitans. 3° Qu'il lui seroit défendu, ainsi qu'au Bailli du Comte, de s'ingérer dans le Gouvernement de la Ville & du Territoire, attendu que le Gouvernement appartenoit tout entier aux Officiers municipaux, ainsi que le pouvoir de créer les Notaires, les Châtelains & le Magistrat. 4°. Que la monnoie de Marseille continueroit d'avoir cours dans la ville comme auparavant. 5°. Que le Comte ne pourroit imposer aucune taille, aucun subside, ni aucun droit sur les natifs, non plus que sur les autres habitans, de quelque nation & religion qu'ils fussent, soit Juifs, soit Sarrazins : on n'exceptoit de cette regle que les habitans qui avoient des biens fonds hors du territoire de Marseille. Dans ce cas-là leurs biens étoient sujets aux mêmes charges, que ceux des autres Provençaux. 6°. Que le Comte ni ses successeurs ne pourroient faire bâtir aucune Citadelle dans la ville inférieure ou supérieure, ni faire démolir les murailles, ou combler les fossés. Ces conditions & quelques autres moins importantes, fu-

MUNICIPES.

An. 1252.

Arch. de l'Hôtel de Ville.
Hist. de Marf. p. 133 & suiv.

rent jurées de part & d'autre, en présence de Barral de Baux, de Boniface de Galbert, de Roſtan d'Agout, de Bertrand d'Allamanon, de Guillaume d'Eſparron, de Raymond Candole, d'André du Port, de PhilippeAncelme, de Guillaume Dieudé, d'Hugon Ricau, d'Hugon Roſtan, Chevalier, &c. Il paroît cependant que le Comte n'en fut pas ſatisfait, puiſque cinq ans après, c'eſt-à-dire en 1257, il y eut un nouveau traité qui donnoit plus d'autorité à ce Prince dans la ville, ſans diminuer les franchiſes & les libertés des Marſeillois.

Il fut convenu entr'autres choſes, qu'il y auroit à Marſeille un Viguier, qui ſeroit en même-temps Gouverneur de la ville, & qui éliroit tous les ans ſix perſonnes par l'avis deſquelles il procéderoit à l'élection des Conſeillers & des Officiers municipaux; 2° qu'il nommeroit les Juges du Palais & les deux Juges des Apellations, qui ſeroient étrangers, ainſi que le Viguier; 3° qu'il auroit également la nomination des autres Juges, des Notaires, & des autres Officiers de Juſtice, à condition qu'il les prendroit parmi les Marſeillois; 4° que les cent Chefs de Métier, qui auparavant étoient admis au Conſeil de Ville, en ſeroient exclus à perpétuité. On ne toucha point aux articles du traité précédent, qui aſſuroient la liberté des biens & des perſonnes, & leurs immunités. On ajouta même que le Comte ni ſes ſucceſſeurs, non plus que leurs Officiers ne permettroient pas que le vin & les raiſins étrangers entraſſent en aucun tems dans la ville; à moins que ce ne fût pour leur proviſion, & celle de leur maiſon. Les Marſeillois ont été de tout tems ſi jaloux du privilege excluſif de vendre leur vin à Marſeille, qu'ils recommandoient à leurs Conſuls dans les différens ports, ſoit d'Afrique, ſoit du Levant, de tenir la main à ce qu'on ne vendît point d'autre vin que celui de Marſeille, dans les quartiers habités par les Marſeillois. C'eſt un fait que nous avons lu dans pluſieurs chartes conſervées à l'Hôtel de Ville.

Quand nous parlons du traité passé entre Charles d'Anjou & les Marseillois, il ne faut pas entendre par ce dernier mot tous les habitans de Marseille en général. Cette ville quoique renfermée dans une même enceinte, étoit divisée en ville inférieure ou vice comitale, & en ville supérieure ou épiscopale. L'inférieure dépendoit des Vicomtes, & étoit habitée par cette portion d'hommes généreux, qui eurent le courage de secourir les Croisés, & de former une confédération établie sur des loix municipales. En un mot, de former une société, à laquelle les Rois de Jérusalem accordèrent, dans le Levant, les libertés & les franchises, dont nous avons parlé ci-dessus.

Les autres habitans, c'est-à-dire, ceux de la ville Épiscopale, asservis sous l'autorité de l'Évêque, n'avoient pas même la liberté de se donner des Magistrats; ils dépendoient du Clergé & de ses Officiers. On conçoit comment l'Évêque avoit pu avoir sur cette partie des habitans, les mêmes droits que les Seigneurs Laïques avoient sur leurs vassaux, droits respectables puisqu'ils étoient fondés sur les principes du droit féodal.

On est surpris de voir dans la même ville des habitans gouvernés différemment. On peut, ce me semble, en donner une raison plausible. Nous avons fait voir ci-dessus, quelle étoit la source & la nature des droits que les Vicomtes avoient sur la partie de la ville dont ils étoient seigneurs. Ceux de l'Évêque émanoient d'un autre principe. C'étoient les droits régaliens, qu'il avoit obtenus des Empereurs, & qu'il fit valoir avec cette exactitude, & j'oserois presque dire avec cette rigueur, dont la puissance ecclésiastique étoit alors si jalouse, quand il s'agissoit de ses prérogatives. Or ces droits régaliens lui donnoient la jurisdiction temporelle de la partie de la ville, qui ne dépendoit point des Vicomtes; il nommoit les Officiers qui devoient la gouverner & y rendre la justice. Ainsi cette partie étoit sans municipalité; tandis que l'autre plus heureuse se gouvernoit en république. Mais le voisinage de celle-ci étoit dangereux pour l'autre. Les Vassaux de l'Evêque excités ou par le desir d'avoir une liberté entiere, ou par les sollicitations de leurs voisins, se donnèrent un Podestat & des Consuls en 1219. L'Evêque indigné de leurs entreprises assembla aussi-tôt les habitans, & prononça un Arrêt qui contenoit en substance ce qui suit.

MUNICIPES.

Arch. de la Cathedrale de Marf. & Hist. des Ev. t. 2. p. 91 & suiv.

« Nous Pierre, par la grace de Dieu, Evêque de Marseille, à
» qui appartient la pleine & entiere jurisdiction temporelle,
» de quelque espece qu'elle soit dans la ville Episcopale... Nous
» prononçons en dernier ressort, & nous condamnons, cas-
» sons entierement, annullons & abolissons toutes les sentences
» que nos infideles Vassaux, ou leurs Juges, ou leurs Assef-
» seurs, ont prononcées sous le nom de Consuls ou de Podestat,
» dans le tems qu'ils avoient créé ces charges. Nous annullons
» également tout ce qu'ils ont statué en matiere de tutelle, de
» curatelle & de contrats, ou en toute autre affaire que ce soit,
» & tous les actes où ils ont influé comme personnes publi-
» ques, &c ».

Les habitans obéirent, reconnurent que la Jurisdiction temporelle de la ville Episcopale appartenoit à l'Evêque & à son Eglise, & que c'étoit injustement & mal à propos qu'ils l'avoient envahie, en entreprenant de se donner des Consuls & un Podestat, promettant de ne jamais tenter d'établir le Consulat, ni de former aucune association ou confrérie, avec les habitans de la ville Comitale; car il y avoit entre-elle, & la ville Episcopale la même distinction qu'entre deux villes éloignées & dépendantes de deux Seigneurs différens. Mais quelle barriere pouvoit-on mettre entre ces deux classes d'habitans, qui pût résister aux efforts de la liberté ?

Arch. de l'E-vêch. lib. verd.

L'Evêque fatigué de lutter contre elle, & voyant ses Vassaux courir d'eux-mêmes sous le joug des loix municipales, dont ils voyoient les salutaires effets, céda la Jurisdiction à Charles d'Anjou au mois d'Août 1257; dès-lors le Gouvernement fut uniforme dans toute la ville, le Comte étoit obligé de nommer tous les ans un Viguier, qui devoit être étranger. Les fonctions de cet Officier n'ont pas été les mêmes dans tous les temps : mais ce n'est pas ici le lieu de marquer ces différences : ses anciennes prérogatives ressemblent aux débris d'un vieux édifice, qu'il est impossible de relever avec des matériaux déformés.

MUNICIPES.

L'objet le plus essentiel, dont cette ville s'occupa pendant le temps qu'elle se gouverna en République, fut de prévenir, par des loix sages, les abus qui pouvoient détruire son Gouvernement. Arles & Avignon travaillèrent aussi pour le même but; mais les statuts de ces trois villes ne sont pas venus jusqu'à nous avec toute la simplicité qu'ils avoient dans ces premiers temps. Ceux d'Arles sont ceux qui ont souffert le moins de changement & d'altération. On prétend que nous les avons tels qu'ils furent rédigés à la fin de l'année 1245, ou au commencement de 1246. Mais s'ils avoient été rédigés alors, est-il à présumer que cette ville, qui se gouvernoit en République, n'eût pas fait, comme Marseille, quelque loi touchant les Consuls qu'elle envoyoit dans les villes commerçantes d'Italie telles que Gênes ? Qu'on n'eût rien dit des Podestats, de leur élection, & de leurs fonctions, tandis qu'il y a un article qui regarde les Juges, les Clavaires, les Souclavaires ? Ce silence sur deux objets aussi importans, c'est-à-dire sur le Podestariat & sur le Consulat maritime, vient sans doute de ce que les statuts, tels que nous les avons, furent rédigés, après que cette ville eut perdu ces deux charges, c'est-à-dire, après qu'elle eut passé sous la domination de la Maison d'Anjou. Ce qui nous porte à le croire, c'est qu'il est parlé du Roi, Comte de Provence, dans le préambule de quelques manuscrits, *ad honorem nostri Regis* : il est vrai que dans d'autres il est fait mention de l'Empereur, *ad honorem nostri Imperatoris ;* mais dans une Ville où l'on étoit si affectionné à ce

STATUTS DES VILLES D'ARLES, DE MARSEILLE ET D'AVIGNON.

Monarque, il n'est pas surprenant qu'on ait quelquefois substitué son nom à celui du Prince légitime (1). Quoi qu'il en soit de cette question assez peu importante au fonds, il est certain que les statuts d'Arles sont parvenus jusqu'à nous avec moins de mélange que ceux de Marseille & d'Avignon.

MUNICIPES.

Ils portent le caractère d'une administration sage & vigilante, qui ne s'étend que sur un petit district, où les passions & les richesses n'ont point encore exercé leur empire; on y voit l'ordre & la propreté d'un petit ménage, la paix n'y regne pas toujours, mais le luxe n'y a point encore fait de ravages, quoique la corruption commence à s'y glisser.

OBJET DE CES STATUTS.

Le libertinage, le jeu, les blasphêmes, l'hérésie, l'indévotion y sont proscrits avec sévérité; les statuts sur ce sujet sont les mêmes dans les trois villes; avec la différence qu'à Arles, lorsque ce réglement fut fait, il paroît qu'il y avoit plus de mœurs; au lieu que dans les deux autres villes, le mal déja invétéré demandoit plus d'indulgence. Dans toutes les trois on poussoit la vigilance jusqu'à taxer la façon des habits; les poids, les mesures, la propreté des rues, la tranquillité publique, l'ignorance où la fraude des Médecins, Chirurgiens, Apoticaires; les fraudes des Marchands, celles des Bouchers, des Fourniers, des Boulangers, des Vendeurs de fruits & de poissons, tout cela étoit sous l'inspection de la loi; les abus en étoient prévus ou corrigés, à Arles avec une prudence qui ne connoissoit que le délit; à Marseille & à Avignon, avec cette vigilance, que l'expérience rend plus attentive sur les artifices de la cupidité : c'est que le

POLICE.

---

(1) Les statuts de Marseille ont été rédigés, ainsi qu'on le lit dans le préambule, sous Louis II d'Anjou, qui commença de régner sous la tutelle de sa mere le 22 Septembre 1384, & qui mourut le 29 Avril 1417. Cette rédaction nous paroît être de l'an 1395. La rédaction des statuts d'Avignon est à-peu-près du même temps; nous en avons une édition de Lyon de l'an 1612 : elle contient très-peu d'anciens statuts, & encore ne peut-on les distinguer que par la conformité qu'ils ont avec ceux des deux autres Villes.

code

Code de ces deux villes, tel que nous l'avons, a été redigé, après celui d'Arles, ainsi que nous venons de le prouver. **MUNICIPES.**

Le fond des Loix civiles étoit le même dans les trois Villes. On y regle ce qui regarde les pupilles, les mineurs, les tuteurs, les curateurs, les ventes, les loyers des maisons, les dettes, les actes ou billets faits pour être produits en justice. Mais les Statuts d'Arles bien moins complets que ceux des autres Villes, ne contiennent rien sur les testaments, les mariages, les dots, les substitutions, les restitutions, l'intérêt de l'argent, les biens des personnes mortes *intestat*, & de celles qui entrent en Religion. On n'y trouve non plus aucun réglement sur les successions ni sur les droits des enfans nés après la mort du pere ; objets importants, qui n'échappèrent point aux Magistrats de Marseille, ni à ceux d'Avignon. **LOIX CIVILES.**

Les loix criminelles, & les loix féodales, étoient à peu près les mêmes dans les trois Villes : il y avoit également peu de différence dans l'ordre judiciaire. Les Statuts d'Arles & d'Avignon contiennent sur ces objets plus de détails, ainsi que sur ce qui regarde les Officiers Municipaux & les Officiers de Justice. Ce qui distingue réellement les trois Codes, ce sont les Loix que j'appellerai économiques, parcequ'elles ont pour objet l'augmentation des fortunes. Dans les Statuts de Marseille, par exemple, il y en a beaucoup qui ont rapport à la navigation ; on voit en les lisant que cette ville faisoit un grand commerce dans toute la Méditerranée. Celui que faisoit la ville d'Arles au contraire se bornoit presqu'entierement au cabotage ; c'est du moins l'idée que nous en donnent ces statuts. Le soin de préserver la Camargue des inondations, de conserver & d'augmenter les troupeaux, de tirer le meilleur parti possible de la fertilité du terroir, fixa l'attention de cette ville, & lui inspira des réglemens sages ; tandis qu'Avignon parut tourner plus particulierement ses vues du côté de l'économie intérieure, n'ayant ni les ressources d'un grand commerce, ni celles **LOIX CRIMINELLES ET FÉODALES.** **LOIX ÉCONOMIQUES.**

Tome III. X x x

d'un vaste terroir, abondant en excellens pâturages, & en toutes sortes de denrées.

MUNICIPES.

NICE.

Nice a tenu dans tous les tems un rang distingué parmi les principales villes de Provence. Sa Commune existoit dans un état très-florissant au milieu du douzième siécle, & loin de croire qu'elle en devoit la concession aux Comtes de Provence, elle ne vouloit pas même reconnoître leur souveraineté.

Cette Ville étoit trop éloignée du lieu où ils faisoient leur résidence ordinaire, & trop voisine des principales villes d'Italie, pour ne pas être tentée de les imiter, quant à leur administration : sa situation & son commerce l'avoient d'ailleurs maintenue dans cette liberté dont les Villes Maritimes se montrèrent si jalouses : aucun Seigneur particulier n'avoit des droits sur elle ; & les Comtes y avoient bien peu d'autorité, à la fin du XIe siécle, lorsque leur pouvoir devenu héréditaire étoit en butte aux efforts des Empereurs qui vouloient le leur enlever, & méconnu par les grands Vassaux, qui vouloient se rendre indépendants : ainsi nous n'avons point de peine à croire ce que dit Joffredi, dans ses recherches sur Nice, quand il assure avoir lu dans un ancien manuscrit les noms des Consuls aux années 1108 & 1135 : j'avoue qu'il n'est pas fait mention de ces Magistrats dans une lettre écrite par les Pisans aux habitans de Nice vers l'an 1115. Mais on peut en inférer qu'il y avoit alors une Commune dans cette Ville : la distinction des Citoyens en *Majores* & *Minores*, n'est peut-être fondée que sur la différence qu'il y avoit entre les Magistrats & les Conseillers (1). D'ailleurs cette lettre annonce

Alp. marit. inss. t. 1. p. 132 & 137.

T. 2. Pr. p. ix.

---

(1) On peut voir cette lettre parmi les Preuves. Il nous suffira de rapporter la formule conçue dans les termes que voici.

Omnipotentis Dei gratia Venerabili Episcopo de Nicha atque omnibus bonis

une alliance entre les Niceois, & les Pifans. Comment ces deux peuples fe feroient-ils alliés, fi les uns avoient eu une Commune & des Loix, & que les autres dépendans des caprices d'un Souverain abfolu, n'euffent eu que des franchifes plus propres à leur donner des entraves, qu'à les autorifer à prendre des engagements avec les étrangers ? Cette fuppofition eft fi abfurde, qu'on ne peut la faire fans choquer toutes les regles de la vraifemblance.

 Nous n'avons point affez de monumens pour fuivre les progrès de l'adminiftration Municipale de Nice. Mais nous favons que les Confuls en 1153 prétendoient qu'en leur qualité de Juges en matiere civile & criminelle, ils avoient droit de juger les procès des Eccléfiaftiques. Ce n'eft pas dans les premieres années du Gouvernement Municipal qu'on a de pareilles prétentions. Il falloit que les Magiftrats euffent déja lutté pendant long-temps contre les préjugés publics, fi favorables au Clergé, & contre la puiffance épifcopale, pour ofer entreprendre de lui donner des bornes. Raymond Berenger, qui étoit alors à Nice, ayant pris l'Evêque fous fa protection, décida que c'étoit au tribunal de ce Prélat qu'on devoit porter les procès des Eccléfiaftiques; les Confuls croyant que c'étoit attaquer leur conftitution Municipale, fondée fur la liberté civile des habitans, & fur la franchife de leurs biens, refuferent de déférer aux ordres du Prince : peut-être avoient-ils obtenu de l'Empereur, à l'exemple de plufieurs grand Vaffaux de Provence, quelque conceffion en vertu de laquelle, ils ne croyoient dépendre que de lui : car lorfque Raymond

Municipes.

Nic. monum. illuft. art. des Evêq.

hominibus & fapientibus civitatis ejufdem, majoribus five minoribus p. divinâ clementiâ Pifanorum Archiepifc. Confules & Vice-comites cum univerfo populo Pifano falutem, &c.

 Muratori dit que dans les villes d'Italie, il y avoit les Confuls majeurs qui étoient chargés du gouvernement & de la haute police, & les Confuls mineurs, *Confules minores* qui décidoient des affaires journalieres, & des differends des particuliers. Nous ne prétendons pas que ces deux claffes de Magiftrats exiftaffent à Nice en 1115 : mais la diftinction des citoyens en *majores* & *minores* ne peut être fondée que fur l'établiffement d'une Municipalité.

Antiq. Med. Ævi. t. 4. p. 58.

MUNICIPES.

Noſtrad. p. 138. Bouch. t. 2. p. 136.

Berenger III voulut exiger en 1165, le ferment de fidélité de toutes les Villes de ſes Etats, ils refuſerent de le prêter, fous prétexte que ce n'étoit pas de lui qu'ils relevoient : réponſe qui obligea ce Prince d'aller l'année d'après aſſiéger cette Ville, devant laquelle il fut tué d'un coup de fléche. S'il étoit vrai que les habitans de Nice euſſent obtenu quarante ou cinquante ans auparavant leurs droits municipaux de la munificence de ſes prédéceſſeurs, auroient-ils refuſé de reconnoître ſon autorité ?

Alphonſe I, Roi d'Arragon, ſucceſſeur de Raymond Berenger, laiſſa jouir pendant dix ans les habitans de Nice de leur prétendue indépendance ; & ce ne fut qu'en 1176, qu'il penſa à venger la mort de ſon prédéceſſeur. On ne connoît les actes d'hoſtilité que par le traité qui y mit fin. C'eſt une des chartes les plus importantes pour connoître l'hiſtoire du droit public du douzieme ſiècle. Alphonſe y ſtipule avec ſes deux frères, Raymond Berenger & Sanche, de l'avis & de l'autorité des grands de ſa Cour, *Concilio & autoritate procerum Curiæ noſtræ.* Il tient quittes les Conſuls & les habitans de Nice de toutes les demandes tant civiles que criminelles, qu'il avoit formées contr'eux ; ou qu'il pourroit former à l'avenir ; leur accorde une paix pleine & entiere, confirme le Conſulat avec le droit de juger toutes ſortes de cauſes, tant civiles que criminelles, & leur permet de ſe choiſir à perpétuité des Conſuls : enfin il confirme la Commune & les particuliers qui la compoſent dans la poſſeſſion des biens qui peuvent dépendre de lui.

Vid. les Pr. t. 2. chart. 21.

De leur côté les habitans de Nice donnent à ce Prince 25000 ſols melgoriens, & s'obligent en outre à lui en payer chaque année 2000 pour le droit d'Albergue ; ils promettent auſſi de fournir, quand ils en ſeront requis, cent hommes pour les Cavalcades, lorſqu'il y aura une expédition à faire depuis le Var juſqu'à la riviere de Ciagne, & cinquante hommes depuis la Ciagne juſqu'au Rhône; cette obligation ne devoit avoir lieu qu'après le traité. Alphonſe

& ses frères confirmèrent cette convention par le baiser qu'ils donnèrent aux Consuls de Nice.

MUNICIPES.

On voit par ce recit, que le Comte de Provence traite avec les habitans, comme avec un peuple libre à certains égards, sur lequel il a des droits de souveraineté, mais qui se gouverne par ses loix Municipales & par ses Magistrats. Ce ne sont pas des rebelles à qui il fait grace; ce sont des citoyens qu'il maintient dans des priviléges confirmés par une longue possession, & fondés sur les droits de propriété, & non pas sur les concessions de ses prédécesseurs.

Aussi voyons-nous les Consuls de cette ville, R. Rainaldi, R. Chabaud, P. Badat, & Bertrand Ricardi conclure avec les Pisans le 29 Mars 1178, un traité de paix & d'union, comme auroient pu faire deux Cités libres. Les Pisans promettent que si quelqu'un de leurs citoyens ou de leur district portoit préjudice à un habitant de Nice, ou à un homme de son territoire, ils l'obligeroient à l'indemniser, ou bien ils le chasseroient du pays.

Arch. de Flor. t. 23. Pisa. n°. 3.

Nous sommes fondés à croire que la ville de Nice se gouvernant sur les mêmes principes que celles d'Arles & de Marseille, eut aussi des Podestats : ce Magistrat existoit encore à Nice le 3 Décembre 1303, quoiqu'il n'eût sans doute plus aucune de ses anciennes prérogatives; mais son existence prouve que la dignité avoit été connue dans cette Ville.

Tour du Trespi. cot. Pallion.

AVIGNON.

La Commune d'Avignon existoit dès le commencement du douzieme siècle, & les Consuls avoient sur les habitans, & sur tout le territoire la jurisdiction la plus étendue (1). Guillaume IV,

(1) Ego Guillelmus, &c. cognosco vobis Consulibus Avenionensibus, &c. vos. & omnes antecessores vestros in toto populo Aven. Et in toto territorio ejusdem civitatis plenum Potestativum, plenam dominationem, plenam etiam jurisdic-

MUNICIPES.

V. la Généal. des Comtes.

Comte de Forcalquier, la leur ayant confirmée le 4 des Nones de Juillet 1205, reconnut qu'ils en étoient en possession depuis soixante & dix ans, c'est à-dire, depuis l'an 1136, & *je crois*, ajoutoit-il, *que c'est mon aïeul Guillaume, qui l'a accordée à vos Prédécesseurs*. Cette expression *je crois* est remarquable, & fait voir qu'il n'y avoit aucune preuve de cette prétendue concession. Il seroit en effet bien étonnant qu'une charte qui contenoit les priviléges d'une Ville, & qu'on avoit le plus grand intérêt de conserver, se fût perdue dans l'espace de soixante & dix ans, si elle eut réellement existé. Comment d'ailleurs concilier cette concession de Guillaume III, avec l'époque de soixante & dix ans dont parle le Prince, puisqu'il y en avoit soixante & seize que son aïeul Guillaume étoit mort. Ce fut donc pour sauver les apparences de son autorité, & pour protester en quelque maniere contre le pouvoir consulaire, établi à Avignon de la propre autorité des habitans, que Guillaume IV, disoit qu'il leur avoit été accordé par son aïeul. Les habitans de leur côté, quoiqu'ils n'eussent pas besoin de la confirmation du Comte pour jouir des priviléges dont ils s'étoient mis en possession par le droit commun, ne firent pas difficulté de la lui demander, puisqu'ils n'avoient besoin que de cette formalité, pour éviter toute contestation : quelle apparence d'ailleurs que les Comtes de Forcalquier eussent accordé aux Consuls d'Avignon, une pleine & entiere jurisdiction sur les habitans & sur tout le territoire ? Ils n'avoient que la moitié de la Ville & de son district, & encore la tenoient-ils de la libéralité des Comtes de Provence : l'autre moitié appartenoit aux Comtes de Toulouse.

---

tionem & omnimodam dominandi libertatem, quam quilibet Magistratus habere seu exercere debent vel possunt per septuaginta annos, & eos amplius habuisse, tenuisse & exercuisse. Hanc autem dominandi potestatem, jurisdictionem & plenissimam libertatem vobis credo & vobis confiteor bonæ memoriæ avum meum Dominum Guill. Comit. Forcalq. Episcopo tunc temporis existenti, & antecessoribus vestris donasse & concessisse, &c. *Hist. des Comtes de Prov.* p. 142.

Au reste, il est à présumer que le Comte de Forcalquier n'attacha point à cette confirmation plus d'importance qu'elle n'en méritoit : il n'en fit qu'un pur objet de trafic. Dans ce siècle les Princes les plus puissans comme les moindres Seigneurs s'empressoient de faire acheter à leurs sujets les priviléges les plus étendus. C'étoit presque le seul moyen qu'ils eussent d'en tirer de l'argent, les cas où ils pouvoient leur demander des subsides, étant fort rares. Mais il faut bien distinguer les concessions faites à des serfs qu'on affranchissoit, de celles qu'on faisoit à une société d'hommes libres, qui ayant toujours conservé quelques restes de leurs anciens droits, se donnoient d'eux-mêmes des Magistrats. L'acte par lequel ils acquéroient de nouveaux priviléges étoit moins de la part du Seigneur une concession, qu'une vente de cette partie de la jurisdiction, enlevée par la force à des hommes dont ses prédécesseurs avoient été obligés de respecter la liberté & la propriété. Les habitans d'Avignon sentirent si bien qu'ils avoient des droits & une liberté antérieure à l'autorité des Comtes, que suivant eux, ce n'étoit qu'à Dieu & à leur zèle qu'ils devoient l'état florissant de leur Ville. C'est du moins ce qu'ils disoient dans un traité d'alliance, qu'ils firent avec les habitans de S. Gilles au mois de Mai 1208, deux ans après que Guillaume IV leur eut accordé la confirmation de leurs priviléges. En effet ce n'étoient ni les Comtes de Forcalquier, ni ceux de Provence qui leur avoient donné le pouvoir législatif : cependant en 1154, ils firent des statuts bien importans, puisqu'ils avoient pour objet de régler les devoirs & les fonctions des Consuls, & leur autorité en matiere civile & criminelle ; car ils étoient Juges nés de leurs concitoyens : quant à l'ordre politique, ils n'étoient pas indépendans ; ils étoient toujours sous l'obéissance des Comtes de Provence, de Forcalquier & de Toulouse ; il n'y a qu'à lire l'histoire, & les chartes du temps pour s'en convaincre. La charte du Consulat accordée

MUNICIPES.

T. 2. Pr. ch. 33.

Fant. hist. aven. part. 2. p. 64. & 307.

MUNICIPES.

par Guillaume IV en 1206 en eft d'ailleurs une preuve convaincante. Mais les guerres de Religion, que les Comtes de Toulouse eurent à foutenir dans leurs Etats; l'affoibliffement où étoit tombée l'autorité fouveraine en Provence, favorisèrent l'amour, que les Avignonois montrèrent pour l'indépendance; & enfin ils établirent un Gouvernement Républicain femblable à celui d'Arles & de Marfeille, & fe donnèrent des Podeftats.

Lifte de ces Magiftrats, faite d'après les titres originaux, par feu M. l'Abbé de Sade, qui nous l'avoit communiquée. (Il faut fe rappeller que le Podeftat étoit ordinairement élu à Pâques.) (1)

En 1223. PERCEVAL DORIA.

---

(1) M. le Marquis de Cambys a fait imprimer, dans le catalogue raifonné de fes manufcrits, une lifte des Podeftats d'Avignon, fort différente de celle qu'on vient de voir : elle eft de M. de Maffillian, Prévôt de S. Agricole. Nous allons la rapporter ici, afin qu'on puiffe les comparer.

Le 9 des kal. de Février 1225, (nouveau ftyle 1226.) SPINUS DE SURREXINA.
Aux nones de Février 1226, (1227) le même.
Le 15 des kal. de Juillet 1227, GUILLELMUS DE LAUDUNO.
Aux nones de Septembre 1230, GUILLAUME DE RAYMOND, d'Avignon, & RAYMOND RIALL.
Décembre 1232, PERCEVAL DORIA.
Le 2 des kal. d'Octobre 1233, le même.
Aux kal. d'Avril 1234, le même.
☞ Comme on élifoit ordinairement le Podeftat le lendemain du jour de Pâques, il s'enfuit que Perceval Doria le fut depuis le mois d'Avril 1232 jufqu'au même mois 1234.
Le 11 des nones de Juin 1234, HENRI DE SPINGO.
Aux kal. de Janvier 1238, (1239) NICOLINUS SPINOLA.
Aux kal. de Février 1239, (1240) le même.
☞ Il fut vraifemblablement en place jufqu'au lendemain de Pâques de cette année là.
Depuis le 3 des nones de Juin 1241 jufqu'au 2 Avril 1242, ISNARDUS AUDEGARIUS.
La différence qui fe trouve entre ces deux liftes, vient en partie de ce que

En

DE PROVENCE.

MUNICIPES.

En 1224 & 1225.} Spinus de Surrexina.

La plupart des habitans d'Avignon avoient envie, en 1225, qu'on nommât un Podeftat pour dix ans : les Nobles s'y oppoferent ; comme leur avis ne l'emporta pas fur celui des autres habitans, ils fortirent de la Ville, & firent des actes d'hoftilité, qui cefferent par un accommodement fait chez l'Evêque le 5 des nones de Février 1225 (1226).

En 1226. { Guillaume de Raymond, & Raymond de Riali.

1227. De Raymond.
1229. Henri de Spingo.
1232. Perceval Doria.
1233. Le même.
1234. Henri de Spingo.
1235. Bertrand Raymundi ou de Raymond.
1236. Guillaume de Raymond, & Urtica.
1237. { Taurel de Ferrata, (vraifemblablement Taurel de Strata).
1238. Perceval Doria.
1239. Henri Spingo, & le jeune Spinola.
1240. Le Comte Bertrand, élu Podeftat par les Avignonois, s'en rendit indigne, & l'on élut à fa place Raymond VII,

M. l'Abbé de Sade a négligé de marquer les dates. S'il les avoit rapportées, nous verrions peut-être qu'il n'a pas fait attention qu'alors on commençoit ordinairement l'année au 25 Mars ; ainfi les perfonnes qui auront accès aux archives d'Avignon, pourront encore rectifier cette lifte.

On fait qu'après les Comtes de Forcalquier, les Comtes de Provence poffédèrent cette Ville par indivis avec les Comtes de Touloufe. Ces Princes étant morts fans enfans mâles, Charles d'Anjou & Alphonfe, Comte de Poitiers, époufèrent leurs héritières, & recueillirent leur fucceffion. Charles eut la Provence & tout ce qui en dependoit ; Alphonfe eut le Languedoc & les autres terres qui avoient appertenu à Raymond VII, parmi lefquelles étoit la moitié de la ville d'Avignon, & le Marquifat de Provence.

Tome III.   Y y y

MUNICIPES.

Comte de Toulouse ; ce Prince renonça au Podeſtariat en faveur du Comte GAUTHIER, qui le nomma de la part de l'Empereur Vicaire Général de l'Empire, dans les Royaumes d'Arles & de Vienne. Cela ſe paſſa à l'Ile le 3 des ides d'Août.

En 1241. GUILLAUME OGIER.

.1242. ISNARD AUDIGUIER.

1243.)
& ſuiv.} BARRAL DE BAUX, Comte d'Orange.

1246. AMALET DE PEDAGE.

1247. NICOLAS DE SPINO & SPINOLA.

1248. GERARD DE BELLEPERCHE.

1249.)
& ſuiv.} BARRAL DE BAUX.

Ces deux Princes étoient puiſſants & jaloux de leur autorité. Toutes les Villes qui juſqu'alors avoient conſervé leur indépendance, ſe ſoumirent : celle d'Avignon leur députa neuf citoyens (1), dont les premiers étoient tirés du corps de la Nobleſſe, pour traiter avec eux des conditions auxquelles il ſe ſoumettroient. Le traité fut paſſé au commencement de Mai 1251; il contenoit les articles ſuivants : ſavoir 1°. qu'Alphonſe & Charles auroient la haute & moyenne Juſtice, ſauf les privileges & les coutumes des habitans. 2°. Qu'ils établiroient un Viguier commun dans cette Ville, pour y rendre la Juſtice en leur nom, avec deux Juges ou Aſſeſſeurs qu'ils changeroient tous les ans, & que ces Officiers ſeroient étrangers. 3°. Que les Avignonois ſeroient exempts de tailles & de péages. 4°. Que les affaires ſeroient jugées dans Avignon, & qu'on ne pourroit appeller que de celles où il s'agiroit d'une ſomme au-deſſus de cinquante ſols. 5°. Que les habitans d'Avignon pourroient ſervir leurs amis à la guerre, excepté contre leurs Princes, leurs Sei-

Hiſt. de Lang. t. 3. p. 471. & ſuiv.

(1) Ces Députés étoient *Berengarius Raymundi*, *Guillelmus Cavalerii*, *Bermundus Mille-Solidos*, *Guillelmus Arnuldus*, *Bertrandus Berengarius*, &c.

gneurs. Ces priviléges étoient fondés sur d'anciens droits, que la Ville n'avoit point obtenus des Comtes. Les coutumes des habitans, par exemple, avoient pour base les statuts municipaux, & il n'y avoit que des habitans libres qui eussent droit de faire des statuts. Je dis la même chose du droit de faire la guerre pour la défense des alliés. Les deux Comtes le respectèrent, parce qu'ils le trouvèrent fondé sur l'usage où avoient toujours été en Provence les Villes libres de défendre par la force des armes leurs prérogatives, qu'elles ne tenoient point de la concession des Souverains.

BRIGNOLLE.

La ville de Brignolle offre une singularité remarquable. Elle avoit une municipalité dans toutes les regles; un Consulat avec une jurisdiction pour regler les affaires civiles & criminelles; mais cette municipalité étoit toute entiere dans les mains des Nobles (1). Comme leurs biens & leurs personnes étoient libres, & que d'ailleurs ils étoient en assez grand nombre pour former une association, ils établirent des loix municipales à l'exemple des Villes libres, dont nous venons de parler; & en confièrent l'exercice à des Magistrats annuels, nommés Consuls, qu'ils choisissoient dans leur corps. C'étoit une usurpation sans doute; car les autres citoyens possédant aussi des biens en franc-aleu avoient droit d'entrer dans une confédération où l'on se proposoit pour objet de régler les intérêts de tous les habitans libres de la même Ville. Ce droit singulier de posséder seuls

---

(1) Parmi ces Nobles, on trouve *Raymundus Gantelmi*, *Bertrandus de Tugeto*, *Raymundus Augerius*, *Guillelmus Rocaful*, *Guillelmus Bertrandus*, *Raym. Carbonnellus*, *Bert. Gaufridus*, *Berengarius Guido*, *Berengarius Cailla*, *Fulco Olivarius*, *Gaufridus Guiraudus*, &c. Il y en a plusieurs du nom de Brignolle, famille très-ancienne, qui s'est éteinte de nos jours à Brignolle, dans l'obscurité.

le Consulat, prouve qu'ils ne l'avoient point obtenu des Comtes de Provence; ces Princes n'auroient pas exclu les bourgeois de la municipalité, puisqu'il étoit de leur intérêt d'y admettre indistinctement toutes les classes des citoyens. Non-seulement on ne trouve pas la moindre preuve de cette concession, mais au contraire tout nous porte à croire qu'elle n'exista jamais, puisque les Nobles vendirent le Consulat à Raymond Bérenger au mois de Septembre 1222, comme un droit qui leur étoit propre. *Nos verò milites supradicti Consules & alii (milites) solvimus & desemparamus in perpetuum vobis Domino Raymundo Berenganio, Comiti & vobis Dominæ Lombardæ* (1) *per nos & successores nostros Consulatum de Brinonia totum cum omnibus pertinentiis suis ... de justitiis & de omnibus aliis ad dictum Consulatum spectantibus. Ita scilicet quod posse nostrum vobis relinquimus totum, & nos nostrosque pariter inde devestimus, & vos ac vestros pariter investimus, &c.*

Je dis que les Nobles le vendirent au Comte, parce qu'il leur donna en échange l'exemption des droits qu'ils lui devoient en qualité de sujets : il n'y eut dans cette acte que des Nobles qui contractèrent : nouvelle preuve qu'ils étoient censés former seuls le corps municipal. Les roturiers y furent ensuite admis pendant longtemps sous les Comtes, & même ils formèrent seuls le Conseil de Ville jusqu'en 1341. Lorsque le Roi Robert eut fixé à douze le nombre des Conseillers en 1321, il voulut leur

---

(1) Cette dénomination est remarquable. Il paroît qu'on a voulu désigner Beatrix de Savoie, femme du Comte, qui étoit née dans la Lombardie; car c'est ainsi qu'on appelloit non-seulement le Piémont, & la Lombardie proprement dite, mais encore la partie de la Provence, renfermée dans le Comté de Nice. Cette maniere de désigner la Comtesse Beatrix me rendroit la charte suspecte, si je n'avois des raisons d'en croire l'authenticité.

On trouve en 1373 une charte portant établissement de deux Syndics ou Consuls annuels à Brignolle : mais cette charte ne doit être considérée que comme un réglement qui fixe le nombre de ces Officiers Municipaux, & le temps où ils devoient être en charge, puisqu'il est évident par la charte de 1222 que le Consulat existoit à Brignolle long-temps avant le regne de Jeanne. I.

faire partager les avantages dont on ne peut raisonnablement priver les personnes libres de la même Communauté. La Reine Marie de Blois, pour récompenser la fidélité de la ville de Brignolle, lui accorda plusieurs priviléges le 10 Mai 1386, entre autres celui de posséder les biens de son terroir en franc-aleu, & de pouvoir les donner en emphithéose. La même Reine, la Reine Jeanne II, le Roi René, lui accordèrent le privilége, de ne pouvoir être aliénée du Domaine. Aussi quand elle eut été donnée au Comte d'Armargnac au milieu du quatorzième siècle, & ensuite à Benoît Doria en 1453, les habitans réclamèrent-ils avec succès en faveur de leur privilége (1). Au reste beaucoup de Villes & de Bourgs, ont obtenu des anciens Comtes ce droit d'inaliénabilité : celui du franc-aleu est une suite nécessaire de la liberté originelle de la Province : les Comtes qui ont expédié en faveur de certaines Villes quelques actes pour les en faire jouir, ont moins prétendu leur accorder un nouveau droit, que leur en confirmer la jouissance ; c'est ainsi que le Roi René en usa en faveur de la ville d'Aix.

MUNICIPES.

GRASSE.

Nous ne manquons pas de lumières sur la municipalité de Grasse, quoique nous n'ayons pas assez de monumens pour remonter à son origine. Nous voyons par une lettre du Pape Adrien IV, adressée aux Consuls de Grasse en 1154, *dilectis filiis Consulibus & universo populo in castro Grasse*, que le Consulat existoit déjà dans cette Ville. Nous savons d'ailleurs que les Consuls qui étoient à la tête de la municipalité en 1179, prenoient le titre *par la grace de Dieu*, comme s'ils avoient voulu faire entendre qu'ils ne devoient qu'à eux-mêmes leur autorité,

Cart. de Lerins.

---

(1) La même Ville ayant été assignée pour douaire à la Reine Yoland, les Etats supplierent le Roi Louis de révoquer la donation par la même raison. Regist. pot. fol. 486.

MUNICIPES.

quoique cette expression ne servit pas toujours à marquer l'indépendance, ainsi que nous l'avons observé ailleurs. Mais ce qui semble prouver que les habitans de Grasse avoient repris d'eux-mêmes la jouissance du droit de Commune, c'est qu'en 1179, ils firent une alliance avec la République de Pise, comme auroit pu la faire un peuple indépendant (1). Ils promirent de défendre dans tout leur district les biens des Pisans & leurs personnes, & dans le cas où le Comte de Provence, ou ses Juges inquiéteroient ces étrangers, ils s'engageoient à s'intéresser pour eux ou à les dédommager. Il étoit encore stipulé, qu'il n'y auroit que la Communauté de Grasse qui pût lever un droit sur les marchandises des Pisans. Des privilèges de cette nature supposent qu'on ne les a pas reçus du Souverain, dans un temps sur-tout où il n'y a point d'exemple qu'il en eût accordé de semblables à d'autres Communautés. Les habitans de cette Ville doivent donc être mis au nombre de ceux qui ont anciennement joui du droit de Commune, sans l'avoir obtenu de la concession du Prince.

Cependant les Comtes avoient accordé des franchises & des immunités aux Consuls de Grasse; mais la charte d'où nous tirons ce fait, nous apprend aussi que le Consulat existoit avant ces concessions; que les Consuls avoient une jurisdiction indépendante

Antiq. Med. Ævi. t. 4. p. 345.

(1) In nomine Sanctæ & individuæ Trinitatis. Amen..... Nos *Dei gratia*, Consules Grassæ, facimus Consulibus Pisanis & civitati Pisanæ & omnibus Pisanis firmam pacem, & convenimus pro nobis & omnibus hominibus nostri districtus tenere firmam pacem, & omnes sanos & naufragos in personis & rebus per totam nostram fortiam salvare & defendere..... Promittimus etiam quod si persenserimus Regem Arragonum vel comitem Provinciæ, vel ejus Bajulum vel nuncium velle offendere Pisanos, citius quam poterimus, significabimus Pisanis Consulibus, & eos si potuerimus defendemus, & adjuvabimus precibus & querendo mercedem, & si havere Pisanorum, qui tempore pacis Grassæ, vel in eorum districtu fuerit, ipse vel alius pro eo abstulerit vel damnificaverit reddemus de nostro communi & populo, & emendabimus passis & eis quibus ablatum fuerit..... De havere Pisanorum, quod Grassæ adductum fuerit, Grassenses solitam directuram faciant & nemo aliam. Prædicta vero pax debeat observari ab hodie usque in vigenti sex annos, abincarn. Domini MCLXVIIII. indict. XII.

de ces immunités ; qu'on avoit même fait des statuts pour arrêter les entreprises des Comtes. *Statuta Consulatus contra Dominum comitem.* Enfin les priviléges que ce Prince accorde aux habitans de Grasse, ne doivent être regardés que comme des conditions auxquelles ils se donnent. Parmi ces priviléges, il y a l'exemption de taille & d'impôt, excepté dans les cas suivans ; savoir un voyage à la Cour de l'Empereur, le mariage d'une fille ou d'une sœur du Comte, sa réception, ou celle de son fils dans l'ordre de Chevalier, & l'achat d'une terre du prix de plus de soixante mille sols raymondins.

Dans l'un ou l'autre de ces cas, il ne pouvoit exiger des habitans que quarante marcs d'argent, c'est-à-dire, environ 2080 livres de notre monnoie ; ajoutons enfin qu'il confirma les traités que cette Ville avoit faits avec les Génois, & qu'il lui permit de s'y conformer à l'avenir. On ne se persuadera sans doute pas que Raymond Bérenger eût reçu à ces conditions la jurisdiction municipale de Grasse, si elle eût été accordée aux habitans par ses prédécesseurs. Cette Ville, durant les guerres civiles qui désolérent la Provence sous la seconde Maison d'Anjou, fut tantôt du parti de Charles de Duras, & de Jeanne seconde, tantôt dans les intérêts de Louis II. Elle obtint, comme beaucoup d'autres Villes, le privilége de se maintenir sous l'obéissance du Comte à main armée.

TARASCON.

La ville de Tarascon doit être encore mise au rang de celles qui avoient une municipalité, en vertu du droit commun. Les nobles prétendoient, sur la fin du douzieme siècle, qu'ils ne devoient point être élevés au Consulat de la même maniere que les roturiers, & qu'ils devoient avoir plus d'autorité dans l'administration. Ces contestations auroient-elles eu lieu, si tous les habitans n'avoient pas concouru à se donner un Gouvernement

Municipes. T. 2. Pr. p. XLIV.

Arch. d'Aix, arm. Q. 9. quar. liaf, y. y.

MUNICIPES.

municipal, & si les nobles ne s'étoient pas imaginés qu'eux ou leurs ancêtres y avoient plus contribué que les autres, par les prérogatives de leur état? Dans une Ville où le sort des citoyens est égal, on ne dispute pas sur la préférence, quand les concessions du Souverain n'en admettent aucune par leur nature : telles sont celles qui ont pour objet la municipalité. Si elle eut été accordée par le Comte, & que dans l'acte il eût marqué quelque distinction pour les nobles, cet acte eût été rappellé, & il ne le fut pas : le Comte eût été lui-même interpellé ; il ne le fut pas non plus. Les habitans terminèrent leurs différends au mois de Novembre 1199 sans l'intervention d'aucune autorité.

Trois ans après, Alphonse II leur ayant confirmé les priviléges, franchises, & coutumes inséparablement unies au Consulat, depuis son établissement qu'il faisoit remonter au temps de son aïeul Raymond Bérenger IV, Comte de Barcelone, c'est-à-dire, à l'an 1150 ou environ, reconnut que cette magistrature & la jurisdiction qui en dépendoit n'étoit point un don qu'il faisoit aux habitans, une concession qu'ils eussent obtenue de ses ancêtres mais un droit fondé sur un ancien usage. *Hæc autem non ex donatione nova, sed ex veteri usu obtenta, & à me confirmata volo in perpetuum valere* (1).

---

(1) Ego Ildefonsus, &c. Vobis universis in communi majoribus & minoribus, de Consulatu vestro dono, concedo & in perpetuum confirmo omnes libertates, & antiquas consuetudines vestras, quascumque habetis in Consulatu vestro, & franchisias & omnes omnino immunitates quas habuistis tam in aquis quam in terris, per totum comitatum meum tempore Domini avi mei, illustris comitis Barcinon. & Domini patris mei Regis Aragon. quare volo, præcipio, & firmiter statuo, quod nec ego nec aliquis successorum meorum, nec Bajuli mei contra veteres libertates, & immunitates & communes consuetudines Consulatus vestri presumamus vos aut vestros in perpetuum novis inquietationibus aut quibuslibet usaticis gravare vel inquietare...... Hæc autem non ex donatione nova, sed ex veteri usu obtenta, & à me confirmata volo in perpetuum valere. Acta. ap. Tarasc. in publ. concione III. Kal. Jan. ann. Domini MCCIII. *Arch. de Tarasc. sac.* 3.

Voilà

DE PROVENCE.

Voilà pourquoi lorſque Raymond Bérenger IV, Comte de Provence, fils d'Alphonſe, voulut avoir dans la ville de Taraſcon une autorité plus étendue, que n'avoit été celle de ſes prédéceſſeurs, il ſe fit céder le 7 des ides de Septembre 1226 le Conſulat & la juriſdiction qui en dépendoit : & ce qui démontre que ſes prédéceſſeurs n'avoient eu aucune part à l'établiſſement de cette magiſtrature, c'eſt qu'ils lui cédèrent, par une clauſe particuliere, le droit de punir les criminels. Les nobles furent les principaux contractans dans cette affaire : mais ils déclarèrent qu'ils agiſſoient au nom & du conſentement de tout le corps municipal, qui approuva & ratifia cette ceſſion. Le Comte ſentoit ſi bien que le Conſulat, à Taraſcon, étoit un établiſſement que les habitans avoient fait de leur propre mouvement, ſans l'intervention de l'autorité ſouveraine, & en vertu des droits inſéparables de cette liberté, dont ils avoient joui dans tous les temps, que pour dédommager en quelque ſorte les Nobles du ſacrifice qu'ils venoient de faire, il leur accorda, en forme d'échange, l'exemption des frais de juſtice, quand ils plaideroient devant ſa Cour, & promit de les défrayer à la guerre, quand ils ſerviroient hors du territoire de Taraſcon. Il ne pouvoit les forcer, ſuivant la même charte, à marcher ; & dans le cas où quelqu'un d'eux viendroit à être pris, il s'obligeoit à l'échanger contre un de ſes priſonniers. Leurs biens, tant ceux qu'ils poſſédoient que ceux qu'ils pourroient acquérir par la ſuite, furent déclarés libres : enfin ils ſe réſervèrent la liberté de faire la guerre pour venger leurs injures, pourvu que le Comte n'y fût point intéreſſé.

Cette ceſſion fut confirmée l'année d'après, le 22 Avril 1227, & ce Prince reconnut qu'il avoit reçu des habitans le Conſulat de Taraſcon, & la juriſdiction qui y étoit attachée. Auroit-il parlé & tranſigé de la ſorte avec eux, ſi cette magiſtrature leur avoit été accordée par quelqu'un de ſes prédéceſſeurs ? s'ils en avoient été redevables à d'autres qu'à eux-mêmes ? ſi elle n'avoit été une

MUNICIPES.

Mſſ. de M. de Nicol.

T. 2. Pr. ch. XLV.

MUNICIPES.
Arch. de Taraſc.

de ces prérogatives dont jouirent en Provence les Villes qui n'avoient point été dans la ſervitude, ni dans la dépendance d'un Seigneur particulier? Cela eſt ſi vrai que la majeure partie des habitans ayant eu enſuite du regret de cette ceſſion, dont les avantages retomboient preſque tous ſur les Nobles, voulurent en revenir. Les eſprits s'échauffèrent; on prit les armes, & il fallut avoir recours à l'Envoyé de l'Empereur, pour aſſoupir les diviſions. Celui-ci accompagné de l'Evêque d'Avignon, & de Perceval Doria, Podeſtat de cette Ville, décida le 28 Juin 1233 (1) que le Comte de Provence rentreroit dans tous les droits de ſouveraineté qu'il avoit ſur Taraſcon, & que la Communauté ſe remettroit en poſſeſſion du Conſulat & de la juriſdiction conſulaire ſans aucune reſtriction; preuve certaine qu'on diſtinguoit alors cette prérogative de celles de l'autorité ſouveraine; & qu'une Ville pouvoit être très-dépendante d'un Prince pour ce qui regardoit la guerre, la haute-Juſtice & les ſubſides, & en être en même temps indépendante dans l'exercice de ſa municipalité, qui étoit un droit de franc-aleu, droit inhérent à la liberté civile des habitans, à cette liberté qu'ils faiſoient remonter au temps des Romains. Voilà pourquoi auſſi elle pouvoit avoir un Podeſtat ſans être République: Marſeille en avoit un en 1262, lorſqu'elle eut paſſé ſous la domination de Charles I; Nice en 1303, lorſqu'elle

(1) Mandamus & pronunciamus quod dictus Dominus comes reſtituatur à dictis Syndicis nomine univerſitatis Taraſconis in omni ſuâ dominatione & ſeignoria, cavalcatâ, pedagiis, poſſeſſionibus, &c. Et in omni jure ſuo, & ſpecialiter in XII denariis quos de ſuo pedagio dederat pro pretio conſulatûs predicti; & generaliter in omnibus quecumque Dominus comes vel alius nomine ipſius tenebat in caſtro Taraſconis & territorio, à tempore quo ipſe cepit habere conſulatum... Excepto & ſalvo eo quod nec dictus comes vel alius pro eo in dicto conſulatû caſtri Taraſconis nihil habeat nec ipſe nec ejus ſucceſſores... Ad preſens nec in futurum. Imò & pronunciamus quod dicti Syndici nomine univerſitatis, & ipſa univerſitas caſtri Taraſconis dictum conſulatum cum omni pleno jure ſuo & pleniſſimam juriſdictionem habeat, teneat, & poſſideat, & quidquid ad ipſum pertinet conſulatum; & ad plenam juriſdictionem dicti caſtri actum Taraſc. die XXVIII. Jun. ann. Dom. MCCXXXIII. *Arch. de Taraſc.*

obéissoit à Charles II ; Tarascon eut les siens : nous savons que Guillaume Amic de la Maison de Sabran, l'étoit le 25 Octobre 1233 ; il fut pris pour arbitre d'un différent entre les Nobles & les Bourgeois. Tous ces faits ne portent-ils pas le caractère d'une municipalité bien différente des Communes, & que nous avons raison de ranger dans une classe à part.

A P T.

Nous en disons autant de la ville d'Apt. La création du Consulat est l'ouvrage des habitans ; ils n'eurent besoin ni du concours des Seigneurs, ni de la concession du Souverain pour l'établir. Ce qui le prouve, quant aux Seigneurs, c'est la transaction que les Consuls passèrent avec eux le 18 Juin 1252. Suivant cet acte ils recevoient des habitans le serment de fidélité pour tout ce qui avoit rapport au Consulat, & punissoient les réfractaires suivant leurs loix. L'élection des Conseillers, la punition des voleurs de fruits & de marchandises, & celle des marchands frauduleux ; l'inspection sur le comestible, sur les poids & les mesures ; les contestations sur les loyers ; la nomination d'un Juge & d'un Notaire pour la partie de la jurisdiction dépendante du Consulat, sont tout autant de droits qu'ils se réservèrent, ainsi que le droit de chasse ; celui de donner des lettres de Bourgeoisie, & de fixer le prix de la journée tant pour les hommes que pour les bestiaux pendant les vendanges, &c.

Les Seigneurs qui étoient Bertrand Raymond, Guirand & Raybaud fils de Guidet de Simiane, eurent par la même transaction, la haute Police, le droit de vie & de mort sur les criminels ; la jurisdiction contentieuse, la nomination des Tuteurs & Curateurs ; celle du contrôleur des actes, des Juges & des Notaires pour la partie de leur jurisdiction ; la punition des voleurs, excepté dans les cas réservés aux Consuls ; & celle des malfaiteurs qui coupoient les arbres pendant la nuit ; la con-

MUNICIPES.

Arch. d'Aix, arm. O. X. quar. L. CCC. p. 15. & Arch. d'Apt, liv. rouge.

noissance de ce crime lorsqu'il étoit commis pendant le jour, étant dévolue à la Jurisdiction consulaire : enfin ils avoient le droit de faire marcher les habitans, quand ils avoient une guerre à soutenir pour leurs propres intérêts ; avec cette clause pourtant, ainsi que nous l'avons remarqué ailleurs, que les Bourgeois servoient à cheval comme les Nobles, & aux dépens des Seigneurs (1). Enfin il fut réglé que les Consuls ne pourroient être poursuivis en Justice durant leur Consulat, à moins qu'ils n'y consentissent expressément, en renonçant aux prérogatives de leur charge.

On ne reconnoît assurément point à ces priviléges les caractères d'une Commune, qui ait été achetée des Seigneurs à prix d'argent : on y voit au contraire une Municipalité établie par des citoyens libres, qui luttoient sans cesse contre l'autorité des Seigneurs : ceux-ci par la transaction ne pouvoient exiger ni lods ni trezain, tant à la ville qu'à la campagne.

On dira peut-être que la ville d'Apt fut redevable de sa municipalité à l'Evêque; parce qu'on lit dans une charte du *Gallia Christiana* du 2 Août 1257, que le Prélat confirmoit tous les ans l'élection des Consuls, & que le Consulat étoit sous son domaine. *Quod consulatus civitatis sub Dominio Aptensis Episcopi tenebatur.* Mais ce fait étoit avancé sans preuve sur la foi de quelques témoins, qui assuroient avoir vu présenter les nouveaux Consuls au Prélat, & qu'ils n'entroient en charge qu'après son approbation. S'il étoit vrai que l'Evêque eut accordé le Consulat

---

(1) Les Seigneurs de Simiane & de Reillane, qui étoient originairement de la même Maison, avoient transigé avec le Comte de Forcalquier au mois de Novembre 1202, au sujet de l'Albergue. Voici les noms des témoins.
Ildefonsus Comes Provincie ; Comes Sancius ; Hugo Regensis Episcopus ; Raymundus de Medullione ; Villemus de Baucio ; Rostagnus de Sabrano Constabularius ; Raymundus de Agolto ; Geraudetus Amici ; Villelmus Arnulphi de Sigoierio, Falco de Vedenero ; Petrus de Arbanesio ; Bertrandus de Balmâ ; Villelmus de Vaumilio ;... Vill. de Barrassio, &c. Actum apud Manuascam juxta portam palatii. Ann. MCCII. mense Novembris.

sous la réserve de confirmer l'élection des nouveaux Magistrats, est-il probable qu'on ne trouvât l'acte de cette cession ni dans ses archives, ni dans celles de la Communauté ? Pourquoi auroit-il souffert que les Consuls & les Seigneurs transigeassent sans lui sur les droits du Consulat, s'il l'avoit établi ? Mais comment l'auroit-il établi dans une Ville dont il n'avoit pas la Seigneurie ? car on sait qu'elle appartenoit à la Maison de Simiane : il n'avoit que celle du Bourg, & celle du Median, qui étoit vraisemblablement un quartier de la Ville. Croit-on que cette Maison auroit souffert qu'il se fût arrogé un privilége, dont tous les Seigneurs étoient excessivement jaloux, parce qu'ils le regardoient comme la prérogative la plus flateuse de leur jurisdiction ?

<small>MUNICIPES.</small>

D'un autre côté il est certain que la Reine Jeanne I, ayant acheté le 15 Mai 1354 les droits Seigneuriaux que l'Evêque avoit, soit dans le Bourg soit dans le Median, acheta aussi ceux qu'il avoit au Consulat. Mais la maniere dont elle s'exprime annonce que c'étoit moins, de la part de l'Evêque, un droit réel qu'une prétention. Elle n'a point d'autre preuve de ce droit que l'usage & le témoignage du Prélat. *Nec non super consulatu consueto esse in Aptâ, quem Consules recognoscere consueverunt ab ipso, & ecclesiâ suâ prædictâ, prestando fidelitatis debitæ juramentum, prout ipse episcopus asserebat.*

<small>Evêch. d'Apt.</small>

L'Evêque fondoit sans doute ses prétentions sur les droits régaliens que Guirand de Viens de la Maison de Simiane, avoit obtenu des Empereurs Frédéric I & Henri VI, & sur la qualité de Prince (1) que Frédéric lui donna : muni de ces priviléges, il acquit sur l'esprit des peuples une autorité qu'il ne pouvoit tenir de sa seule

---

(1) Le titre de Prince fut donné à l'Évêque Guirand en 1190 par l'Empereur Frédéric I, & à un de ses successeurs par l'Empereur Charles IV en 1355. C'étoit un titre d'honneur qui n'emportoit avec lui aucune marque d'autorité sur la Ville. *Aptensis Ecclesie Episcopus & princeps.* C'est d'après ces Bulles que le premier Pasteur de cette Église, se qualifie encore *Évêque d'Apt & Prince.*

puissance. Il est vraisemblable que les Consuls se mirent alors sous sa protection, *sub Dominio*, comme il est dit dans la charte déja citée, pour donner des bornes aux entreprises des Seigneurs: de là vinrent les droits qu'il voulut s'arroger ensuite dans le Consulat, & pour lesquels il n'avoit d'autre titre que la possession. Peut-être aussi se fondoit-il sur une donation que la Maison de Viens fit à l'Evêque Guirand d'une partie de la Seigneurie? Quoi qu'il en soit de ses prétentions, elles prouvent qu'on étoit bien loin de croire alors que le Consulat eut été établi par le Seigneur Laïque: mais ce qui montre clairement qu'au fond on les regardoit comme illusoires, c'est que le Prélat n'intervint point dans la transaction de 1252. Il n'est pas non plus fait mention de son consentement dans l'acte par lequel les Consuls cédèrent le Consulat à Charles I & à Beatrix sa femme le 26 Août 1257: ils traitent comme propriétaires d'un bien auquel personne n'a rien à prétendre. Ils cédent au Prince le serment de fidélité qu'ils exigeoient des habitans en vertu de leur charge: les Cavalcades, & une redevance de 12 deniers par feu: on excepte de cet impôt les Nobles, les Avocats & quelques familles nommées dans l'acte. Enfin il est dit que le Prince ne pourroit mettre aucune imposition que du consentement des habitans, excepté pour les cas impériaux, & que leurs biens seroient exempts du traizein. Le Prince leur confirme leurs anciennes coutumes, c'est-à-dire, leurs statuts, dont l'origine remontoit à un temps fort reculé, *longis retroactis temporibus observatas*. Ces statuts dressés par les habitans étoient un monument honorable de leur liberté, & de l'indépendance de leur municipalité.

On dira peut-être qu'ils l'avoient obtenue des Empereurs comme l'assure Frédéric II dans sa charte du 9 Juin 1213, par laquelle il confirme leurs privileges. *Quod consulatus dignitatem immediate à solo imperio & à nobis habeant, & ab eo tempore cujus non extat memoria*. Mais qui ne sait pas que ce sont-là des expressions usitées pour fauver l'honneur du trône ? Par quelle fatalité cette conceffion de l'Empire ne fe trouveroit-elle nulle part ? La ville d'Apt, à en juger par la maniere dont Frédéric parloit de l'ancienneté du Confulat en 1213, paroît avoir établi cette magiftrature avant le milieu du XIIe fiécle : eft-il vraifemblable qu'elle l'eût reçue des Empereurs dont l'autorité étoit alors méprifée en Provence à caufe de leur foibleffe ? N'eft-il pas à préfumer qu'à l'exemple des autres Villes principales de la Province, elle ne confulta pour cet établiffement que fes droits & fa liberté ? Si les habitans avoient cru que la fanction de l'Empereur donnoit plus de poids aux prérogatives de leur municipalité, ils n'auroient pas manqué de dire qu'ils la tenoient de lui, foit dans la tranfaction de l'an 1252, foit dans la ceffion faite à Charles d'Anjou en 1257. Leur filence prouve affez qu'ils regardoient le Confulat comme une des prérogatives de leur liberté; & que la prétendue conceffion des Empereurs étoit une chimere, puifqu'il n'en eft fait mention dans aucun acte, excepté dans celui où Frédéric II étoit intéreffé à l'imaginer, pour cacher le mépris dans lequel l'autorité impériale avoit été pendant long-temps en-deçà des Alpes. Au refte nous parlons de cette charte d'après un fimple extrait que nous avons entre les mains. L'indiction & l'année de l'incarnation ne s'accordent point; & en l'examinant de près nous trouverions peut-être d'autres raifons de la fufpecter.

 Nous dirons en finiffant cet article, que les droits Seigneuriaux de la ville d'Apt fe trouvant partagés entre trois fœurs de la Maifon de Simiane fous le règne du Roi Robert, ce Prince en fit l'acquifition. Il y eut deux actes de vente, l'un paffé par Raymbaude & Roffie le 5 Juin 1313, & l'autre par Mabile, veuve de N. de Pontevés le 25 Octobre 1319, pour le prix de 2000 livres réforciats, qui vaudroient environ vingt-fix mille livres de notre monnoie.

Municipes.

Regiftr. pergam. fol. 22.

REILLANE.

La Communauté de Reillane a les mêmes titres en faveur de son ancienne municipalité. Ses Seigneurs prétendoient que la justice & l'administration municipale leur appartenoient, qu'ils pouvoient abroger le Consulat, & établir de leur propre autorité, un Juge & un Bailli à la place des Consuls. C'étoit vouloir réduire la Communauté de Reillane à la condition des Bourgeoisies, c'est-à-dire, à la condition des Communautés, qui après avoir été longtemps dans une espèce de servitude, obtenoient, à prix d'argent, quelques franchises sans avoir la liberté de se donner des Magistrats ; étant soumises au Juge royal ou au Juge du Seigneur, qui avoit la jurisdiction contentieuse & la Police. Les Nobles & le reste des habitans de Reillane s'opposèrent vivement à ces prétentions, comme étant injustes & injurieuses : enfin on prit pour arbitre de ces différends, la Comtesse Béatrix, qui nomma quelques particuliers pour lui en faire le rapport, le 6 des ides de Novembre 1255. La décision prouve que si les Seigneurs de Réillane avoient quelque droit sur le Consulat, l'administration municipale n'en étoit pas moins indépendante de leur jurisdiction, & qu'on la regardoit comme une suite du droit commun. Aussi lorsqu'au mois de Février 1259, on céda à Charles d'Anjou le Consulat & la jurisdiction, qui y étoit attachée, la cession fut faite, au nom de la Communauté, sauf les droits que les Seigneurs pouvoient prétendre sur ledit Consulat.

SAIGNON.

Je ne parlerai pas de celui de Saignon, bourg du diocèse d'Apt; il en est mention dans une charte de l'an 1247, comme d'un établissement

bliſſement qui exiſtoit depuis très-longtemps. Il fut cédé à Béatrix, Comteſſe de Provence en 1248 par les Nobles en leur propre nom, & au nom de la Communauté.

MUNICIPES.

Les villes de Siſteron & de Gap avoient auſſi leurs Conſuls en 1209, & celle d'Embrun avoit les ſiens en 1127. Guillaume, Comte de Forcalquier, ayant cédé à l'Egliſe de cette Ville la moitié du lieu d'Orres, en Dauphiné, dit dans l'acte que l'autre moitié appartenoit aux Conſuls d'Embrun.

Bouch. t. 2. p. 111.

Nous ne pouſſerons pas plus loin nos recherches ſur l'origine des Municipes : on vient de voir tout ce que nous avons pu découvrir ſur une matiere ſi importante ; & nous ſommes perſuadés que ſi les Villes de Provence avoient pu conſerver ceux de leurs titres qui ſont antérieurs au treizième ſiècle, nous aurions découvert des choſes d'autant plus intéreſſantes, que cette queſtion n'a point encore été traitée : mais nous croyons avoir mis notre ſyſtême dans un aſſez grand jour, pour que les perſonnes qui trouveront quelque nouvelle charte concernant la municipalité, puiſſent en faire l'application à nos principes.

DES COMMUNES.

D'APRÈS ces mêmes principes, il ne ſera pas difficile de connoître les Villes qui n'étoient que ſimples Communes. Nous avons dit ci-deſſus qu'on entendoit par ce mot, les Villes dont les habitans formoient un corps municipal en vertu d'une conceſſion expreſſe du Souverain, qui leur accordoit le droit d'élire des Magiſtrats.

AIX.

Telle a été la ville d'Aix ſous la premiere Maiſon d'Anjou. L'atttachement qu'elle conſerva toujours pour ſes maîtres, qui en firent la capitale de leurs états ; d'autres raiſons que nous découvririons peut-être, ſi ſes archives n'étoient pas dépourvues

COMMUNES.

d'anciens titres, l'empêchèrent de reprendre d'elle-même cette municipalité qu'elle avoit eue comme colonie romaine, & dont elle n'avoit perdu la jouissance, que par une suite des révolutions qui avoient fait périr sous ses ruines jusques aux monumens de sa premiere splendeur. Se trouvant ensuite réduite à un nombre d'habitans peu considérable ; étant divisée en trois parties, qui formoient tout autant de corps séparés, elle n'eut point cette unité d'intérêts & de vues, qui sont nécessaires pour les opérations les moins importantes. Elle étoit encore dans cet état de langueur & d'inertie, lorsque les derniers Comtes de la Maison de Barcelone en firent leur capitale ; & malgré le soin qu'ils prirent de lui rendre une partie de son ancien éclat, ils n'eurent ni le loisir, ni peut-être les moyens d'en faire une Ville considérable.

Hôt. de Ville d'Aix, reg. cat. fol. 16. v°.

Ibid. fol. 1. Pr. ch. XXII. & XXXVII.

Avant Charles II elle n'avoit point encore le droit de Commune. Ce fut ce Prince qui lui accorda la faculté d'avoir un Conseil de Ville & des Syndics, en 1290. Le Roi Robert, par lettres-patentes du 13 Juin 1320, fixa à trente le nombre des Conseillers qui devoient conduire les affaires de la Ville : ils devoient être choisis parmi les Nobles & les Bourgeois. Avant l'Édit de Charles II, les habitans traitoient de leurs intérêts communs dans des assemblées générales convoquées, avec la permission de l'Officier royal, ainsi que nous l'avons dit ci-dessus ; & par un ou deux députés qu'on appelloit Syndics, & qu'il ne faut point confondre avec les Consuls, comme a fait Pithon dans son histoire. D'après ces titres formels, il est aisé de voir que la ville d'Aix ne peut être rangée que dans la classe des Communes.

Hist. d'Aix, p. 141.

TOULON.

Nous disons la même chose de Toulon, qui nous présente dans le treizième siècle l'état des Villes tel qu'il étoit, avant qu'elles reprissent d'elles-mêmes leur administration municipale, ou qu'elles l'eussent obtenue du Souverain.

Cette Ville avant que Charles d'Anjou en eut acquis toute la Seigneurie, n'avoit vis-à-vis des Seigneurs, que cette dépendance féodale, qui peut très-bien s'allier avec la liberté des personnes. Cependant il n'exiſtoit point encore de Conseil public, point d'Officiers municipaux, en un mot point d'administration, ni de juriſdiction municipale. Les intérêts publics ſe diſcutoient dans une aſſemblée générale tenue avec l'agrément de l'Officier royal (1), & c'étoit dans cette même aſſemblée qu'on prenoit des moyens pour les aſſurer & les défendre : on y faiſoit comme dans les Municipes, des ſtatuts relatifs à cet objet important, avec cette différence, que dans les Municipes les ſtatuts, pour avoir force de loi, n'avoient beſoin que du conſentement des habitans; au lieu que dans les autres Villes, il falloit qu'ils fuſſent revêtus de l'approbation du Juge. C'eſt un fait dont la Ville de Toulon nous fournit un exemple, lorſqu'en 1289 les habitans chargèrent dans une aſſemblée générale, *in publico parlamento*, quinze de leurs concitoyens, parmi leſquels il y avoit trois Nobles, de faire des réglemens pour mettre les fruits de la terre à couvert des dévaſtations.

Ce ne fut que le 9 du mois de Juillet 1314, que le Roi Robert accorda aux habitans de Toulon la faculté d'avoir un Conseil de Ville, pour conduire les affaires de la Communauté : ce Conseil devoit être compoſé de quatre Nobles, quatre Bourgeois, & quatre Artiſans, ou Plébéiens. Il paroît qu'il n'y avoit alors à Toulon que ſept cents feux ; c'eſt-à-dire, ſept cents familles, que le Roi ſoumit à la taxe annuelle d'un ſol tournois chacune. On n'eut la liberté d'élire des Syndics annuels que le premier Septembre 1367 ; mais le droit de Commune date de la conceſſion du Roi Robert ; avant cette époque, les fonctions qui

COMMUNES.

Pr. ch. XIX.

Pr. ch. XXXV.

---

(1) Cet Officier Royal à Toulon, avoit ordinairement le titre de Bailli. P. de Ricard d'Aix, étoit Bailli de cette Ville en 1387, ainſi qu'on le lit dans le journal de J. le Fevre, ſous cette année-là.

furent ensuite attachées à l'administration municipale, faisoient partie des fonctions du Juge ou du Bailli : il n'y avoit que les grandes discussions sur l'intérêt commun, qui fussent renvoyées à une assemblée générale.

MANOSQUE.

La ville de Manosque doit être encore rangée dans la même classe que celle de Toulon. Guillaume IV, Comte de Forcalquier lui accorda le 5 Février 1206, le droit d'avoir une Commune & un Conseil composé de soixante habitans, qui auroient la liberté de s'assembler quand ils le jugeroient utile, pour les affaires de la Communauté. Il leur permit par le même acte d'élire douze Consuls pour maintenir & défendre leurs priviléges, & pour attaquer en cas de malversation, le Bailli, le Juge, & les autres Officiers du Prince (1). Cette charte contient des priviléges qui sont une preuve de la prédilection du Comte pour la ville de Manosque, & justifie la définition que nous avons donnée des Communes. Nous avons dit que par ce mot, nous entendions les Villes qui avoient obtenu par une concession expresse & authentique du Souverain leurs franchises, leur jurisdiction & le droit d'élire leurs Magistrats.

FORCALQUIER.

Nous ne parlerons pas de la Municipalité de Forcalquier;

Columb. opusc. p. 469.

(1) Item quod annis singulis, & in quolibet mense & in qualibet septimana & omnes simul, aut tot quot voluerint totiescumque & ubicumque voluerint, se valeant & possint insimul congregare... Et omnia & singula negotia. Tam ad agendum quam defendendum... Libere & impune, & licentia Domini, bajulli, judicis & prætoris non requisita & non obtenta.

Item & quod sexaginta homines de melioribus & sapientioribus, quadraginta de Burgo, & viginti de dicto castro, duodecim Consules, octo de dicto Burgo, & quatuor de dicto castro, quandocumque eis videbitur & placuerit illi sexaginta valeant & possint eligere, facere, ordinare dictos duodecim Consules qui habeant omnes... Plenam & liberam potestatem Dominum sive rectorem, bajulum & judicem... De eorum male gestis arguere & homines dictorum locorum, in bonis operibus & consuetudinibus regere & gubernare, & jura, actiones, libertates, consuetudines, privilegia dictorum locorum defendere, exigere, & recuperare, & contra quascumque Personas Ecclesiasticas & seculares in judicio stare & litigare, &c.

parce que nous n'avons rien trouvé fur fon origine. S'il étoit permis de fe décider par des probabilités, nous n'héfiterions pas à mettre cette Ville au rang des Communes. Nos conjectures feroient fondées fur les priviléges que le Comte Guillaume IV accorda aux habitans par fes lettres-patentes du 7 Juin 1206 : il les déclara eux & leurs biens exempts de toute efpèce de droit dans toute l'étendue de fon Comté. Il eft affez ordinaire qu'on affranchiffe les habitants d'une Ville des charges onéreufes de la fervitude ; mais qu'un Souverain les exempte des droits auxquels font foumis tous fes autres fujets, c'eft une prérogative qui fuppofe des fervices que des hommes nouvellemnt fortis de la fervitude n'auroient pas eu le temps de rendre. Il n'y a guere qu'une Commune depuis longtemps établie qui puiffe obtenir de ces fortes de priviléges. A l'exemple de Guillaume IV, Garfende de Sabran, Comteffe de Provence, & fon fils Raymond Bérenger accordèrent à la ville de Forcalquier, au mois de Février 1217, une exemption de péage & de tous droits dans leur Comté, non compris les droits de juftice & de fervice militaire.

Pendant la révolution qui fit paffer la Provence fous la domination de la feconde Maifon d'Anjou, les habitans de Forcalquier firent éclater d'une maniere particuliere leur attachement pour la Reine Jeanne. Le 23 Juin 1383 ils préfentèrent une Requête à la Reine Marie de Blois, par laquelle ils la fupplièrent de pourfuivre la vengeance que Louis I avoit commencé à tirer de la mort de cette infortunée Souveraine ; de faire promettre à fon fils Louis II de confommer cette vengeance lorfqu'il feroit en état de porter les armes ; de ne faire ni paix ni alliance avec Charles de Duras ; de confirmer les libertés & priviléges du pays, entr'autres celui de ne pouvoir être traduits à aucun tribunal étranger dans les affaires contentieufes ; de ne donner qu'à des Provençaux la charge de Sénéchal & les premiers Offices de judicature ; enfin de ne jamais aliéner en tout ni en partie les

COMMUNES.
Archiv. de Forcalq.

COMMUNES.

Comtés de Provence & de Forcalquier, sous peine de perdre l'obéissance & la fidélité de ses sujets, qui dans ce cas-là pourroient se donner un Souverain à leur choix. La Reine leur accorda toutes ces demandes en considération de la fidélité qu'ils avoient montrée à Louis I, & de leur attachement à ses intérêts pendant que l'armée de Charles de Duras étoit en Provence : en effet cette armée tint la Ville bloquée pendant plus d'un an, & entreprit plusieurs fois de l'emporter d'emblée ; mais elle éprouva toujours une vigoureuse résistance de la part des habitans, qui, plutôt que de se rendre aimèrent mieux souffrir toutes les horreurs d'un long siége. Cette époque fut celle de la décadence de cette Ville, qui devoit être fort considérable dans ce temps-là, si l'on en juge par l'expression dont se sert le Roi René dans un titre du 13 Décembre 1466. *Quia Villa Forcalquerii*, dit-il, *que amplissima esse solebat, nunc valde imminuta sit*. Elle essuya de plus grandes pertes encore sous le règne de Charles III, dernier Comte de Provence, lorsque les partisans du Duc de Lorraine s'en furent emparés : les troupes que Louis XI envoya au secours de Charles, les ayant chassés de cette Ville, pillèrent l'Eglise, mirent le feu aux maisons, & firent main-basse sur un grand nombre d'habitans.

S. LAURENS DU VAR.

Ordonn. des Rois de France, t. I. p. 41.

Une autre Commune bien caractérisée, est celle que l'Evêque de Vence accorda en 1468, lorsque donnant le terroir d'Aigremont alors inhabité, il permit à ses Amphithéotes de tenir des assemblées, & d'élire des Syndics, pour veiller aux affaires de la Communauté : *item fuit de pacto, quod ipsi Amphitheota & habitatores possint se simul congregare & inter se eligere Syndicos*. C'est aujourd'hui le village de S. Laurens, situé sur le Var.

SEYNE.

La Commune de la ville de Seyne, paroît être une concession de Raymond Bérenger IV, confirmée par les Comtes ses successeurs, jusqu'à la Reine Marie de Blois, qui ayant aussi confirmé les priviléges de cette Ville, rappelle ces différentes concessions. Mais en faisant attention aux différens droits dont

DE PROVENCE.

elle parle, & qui étoient attachés au Consulat, nous serions portés à croire que la ville de Seyne doit être mise au rang des Municipes dont nous avons parlé ci-dessus, & que les concessions des Souverains ne firent qu'ajouter de nouveaux droits à ceux dont on jouissoit déja par la nature même du Municipe (1). Mais ce n'est-là qu'une conjecture, & comme nous n'avons pas trouvé le titre primordial, nous sommes obligés de nous en rapporter aux lettres de Marie de Blois, suivant lesquelles la ville de Seyne doit la Commune aux concessions des Souverains, & n'a jamais été Municipe.

COMMUNES.

Nous rangerons encore la ville de S. Remy dans la classe des Communes. Cette Ville n'avoit point eu de Seigneur particulier avant l'année 1353. Elle fut donnée alors par la Reine Jeanne à Guillaume Roger, Comte de Beaufort, frère de Clément VI. Cependant, quoiqu'elle eut toujours été sous la jurisdiction immédiate du Roi, elle fut pendant plusieurs siècles sans Magistrats municipaux, & n'avoit pas même un Juge royal; celui de Tarascon, & le Viguier de la même Ville, étant chargés d'y aller tenir des assises tous les trois mois pour rendre la justice.

S. REMY.

Arch. de S. Remy.

On auroit tort de conclure de là que les habitans de S. Remi, n'étoient gouvernés dans tout ce qui regardoit l'administration intérieure, que par le caprice des Officiers Royaux; ils avoient, comme les habitans des autres Villes dont nous venons de parler, le droit de s'assembler & de faire des réglemens pour maintenir parmi eux le bon ordre & la sûreté. On trouve encore dans

---

(1) Maria Dei gratia... Nobis fuit expositum per Berengarium, Carolum primogenitum tunc Regis Siciliæ, Regem Carolum Secundum, Regem Robertum, Ludovicum & Joannam, olim Regem & Reginam, concessas fuisse Consulatus franchesias & libertates eidem universitati retentis, eisdem principibus tantummodo denariis duodecim, &c. Nec non jurisdictionem in homines quam dicti Consules exercere consueverunt, cum eorum Notario per eos electo, & omnibus subditis suis justitiam ministrare, curas, tutelas dando & concedendo, processus prioritatis & posterioritatis faciendo, eorum cognitiones & sententias, in his & aliis adipsam curiam spectantibus in scriptis promulgando. *Arch. du Roi à Aix.*

les archives de cette Ville ceux qui furent faits le 3 Mars 1356. Ce fut la Reine Marie de Blois, qui leur accorda par lettres du 25 Juillet 1393, le droit d'élire annuellement trois Syndics, savoir un noble & deux roturiers, auxquels elle attribua le même pouvoir qu'avoient les Consuls de Tarascon. La Reine venoit alors de confisquer la ville de S. Remy, sur Raymond de Turenne, & de la réunir au Domaine, avec promesse de ne jamais l'en détacher: ce qui n'a point été exécuté à la rigueur, puisque cette Ville fut cédée avec ses dépendances à Jean d'Anjou, fils naturel du Roi René, le 22 Juillet 1474; & ensuite par Louis XIII le 14 Septembre 1641, au Prince de Monaco, avec le Duché de Valentinois & le Marquisat des Baux. Louis XIII voulut dédommager ce Prince des pertes qu'il avoit faites, quand il chassa les Espagnols de ses Etats pour y introduire les François : mais cette double cession n'a pas entiérement éteint le droit qu'avoit la ville de S. Remy, d'être terre du Domaine.

[margin: Communes. Arch. de S. Remy.]

Je ne dois pas oublier la Commune suivante, remarquable par la qualité des habitans dont elle étoit composée. C'est celle que l'Archevêque d'Arles accorda le 24 Août 1215 aux Juifs de cette Ville. Il leur permet en vertu des droits que les Empereurs lui avoient donnés sur eux, d'élire tous les ans trois Recteurs qui auroient la même autorité que les Consuls dans les Villes. Il leur donna sur-tout le droit de punir les contrevenans à la loi de Moïse, & aux usages reçus parmi eux ; de juger leurs différends, & de mettre une taxe, soit pour payer les redevances qu'ils devoient à l'Eglise, soit pour fournir aux dépenses de la Communauté : mais il se réserva les appels comme d'abus dans les affaires contentieuses.

[margin: Juifs d'Arles. V. les Pr. t. 2. ch. XXXIX.]

La ville de Barcelonette étant moderne, & ayant été fondée par un Comte de Provence, ne peut être comprise ni parmi les Municipes, ni parmi les Bourgeoisies. Son droit de Commune est aussi ancien qu'elle. Le Prince pour y attirer des habitans, leur

[margin: Barcelonette.]

DE PROVENCE.

leur accorda des franchises & le droit d'avoir cinq Consuls, dont un étoit Bailli. Celui-ci jugeoit avec eux en matiere civile & criminelle dans la ville & dans le territoire. Les cas dont ils pouvoient prendre connoissance sont énoncés dans la charte portant confirmation des priviléges de cette Ville : on doit en inférer que leur jurisdiction étoit fort étendue. Cette confirmation fut expédiée à Naples par Charles II le 8 Septembre 1308, à la réquisition des Députés, qui étoient Jaques Bonnefoi, Pierre Grani, Pierre Giramand, ou peut-être Guiramand, & Bertrand Gastinelli.

COMMUNES.

Arch. de Napl. Reg. 1309. D. fol. 287.

La Chieza dans son histoire de la Maison de Savoie, prétend qu'au même endroit où est bâtie cette Ville, il en avoit existé une, dont on avoit jetté les fondemens sous le règne d'Alphonse I, mort en 1196 : mais qu'ayant été détruite dans les temps de trouble, avant qu'elle eût eu le temps de se peupler, Etienne Gran, Rostan de Faucon, & Guillaume Eyssautier, demandèrent à Raymond Bérenger IV la permission de la rebâtir ; ce que ce Prince leur accorda en 1231. Il voulut qu'on la nommât Barcelonette pour conserver le nom de Barcelone en Catalogne, qui avoit été le berceau de ses aïeux, & dans laquelle il avoit été élevé.

DES BOURGEOISIES.

Nous donnons le nom de Bourgeoisies aux villages & bourgs qui ayant obtenu du Roi ou du Seigneur direct des privileges & des exemptions, qui rendoient leur condition meilleure, n'avoient pourtant pas le droit de se nommer des Magistrats ; mais étoient régis par un Officier du Prince ou du Seigneur, suivant les coutumes & les loix qu'on leur avoit prescrites.

CASTELLANE.

Nous avons dit ci-dessus, que les Bourgeoisies prises dans ce sens ont dû être extrêmement rares en Provence, où la servitude de la Glebe a été peu connue. Cependant elle a existé, & même nous avons des preuves que l'autre servitude, qui est tout à la fois réelle & personnelle, & qui ressemble à celle des Nègres de l'Amérique, a été aussi en usage dans quelques endroits (1) ; mais elle ne regardoit que peu de particuliers, vraisemblablement étrangers. C'est principalement sur la servitude de la Glebe qu'étoient fondées les Bourgeoisies : pour traiter cette question nous tirerons notre premier exemple de la ville de Castellane.

Boniface de Castellane annullant au mois de Juillet 1252 les anciennes coutumes établies par ses prédécesseurs, donna aux habitans de nouveaux statuts pour leur servir de loix à perpétuité. Ces statuts, fort curieux pour l'histoire de ce temps-là, contiennent l'exemption de certains droits onéreux & la fixation de ceux qu'on devoit lui payer, & quelques réglemens touchant la Justice. Il permet, par exemple, aux habitans d'emporter avec eux tout ce qui leur appartient, s'ils veulent s'expatrier, & de vendre leurs biens sans sa permission en payant le trezein ; au lieu qu'auparavant ils n'avoient pas cette liberté. Il valide les testamens, & si quelqu'un meurt *intestat*, il déclare que ses biens passeront à ses plus proches héritiers. Ses vassaux, en vertu du même acte, ne pouvoient se dispenser de le suivre à la guerre, que pour de bonnes raisons, sous peine d'être punis. Quant aux étrangers qui viendront s'établir à Castellane, il veut

---

(1) On distingue en effet deux sortes de Serfs dans une Charte, où sont mentionnées les donations que la Comtesse Berthe, niece du Roi Hugues & femme de Raymond, Comte de Rouergue, & Marquis de Gothie, fit à l'Abbaye de Montmajour en 960. Les uns y sont désignés par les mots *servi* & *ancillæ*; & les autres par celui de *mancipia*. Je présume que ceux-ci étoient du nombre de ces malheureux étrangers que les Espagnols ou d'autres Peuples venoient quelquefois vendre sur les côtes de Provence, ou bien un reste de ces Sarrazins, qui s'étoient emparés d'une partie de la Provence, & qui ayant été subjugués, furent réduits en esclavage. Leurs descendants restèrent long-temps dans la même condition: il y en avoit encore dans le quinzième siècle.

qu'ils se conforment à ses Statuts, & ne les assujettit qu'à un sol de capitation. Au reste il déclare ses Vassaux exempts de tout autre impôt, excepté dans le cas où lui, ou ses héritiers, acheteroient une terre, ou seroient faits prisonniers en combattant contre le Comte ou contre le Roi.

Une chose qui mérite d'être remarquée, c'est que dans la ville de Castellane, il y avoit alors des Nobles & des Bourgeois que ces Statuts ne regardoient pas. Ils étoient probablement en petit nombre & descendoient de ces familles anciennes, qui n'avoient jamais perdu leur liberté. Ils devoient par conséquent être gouvernés par des loix différentes fondées sur la propriété, c'est-à-dire, par le droit Romain, qui, comme nous l'avons dit plusieurs fois, a toujours été suivi en Provence. Mais il n'y a aucune apparence qu'ils eussent des Magistrats. Le Seigneur de Castellane, dont ils relevoient, ne leur avoit point accordé de Commune, ou du moins n'en avons-nous aucune preuve (1). Je dis qu'ils relevoient de lui, puisque par un de ses Statuts, il les maintient dans les droits qu'ils avoient sur *leurs hommes*, sur lesquels il promet de ne mettre aucune taxe, excepté dans le cas où il se réserve d'en mettre sur les siens : il semble même par la maniere dont il s'exprime, que les anciennes coutumes lui donnoient beaucoup de droits sur les hommes des Nobles & des Bourgeois.

---

(1) On voit par cet exemple, que le droit de faire des Statuts, & de faire la guerre comme nous l'avons déja remarqué plus haut, n'étoit point une preuve d'indépendance, ni de souveraineté; car depuis l'an 1189, les Seigneurs de Castellanne, se reconnurent toujours Sujets & Vassaux des Comtes de Provence; & l'un d'eux fit hommage de cette Baronie & de beaucoup d'autres terres à Raymond Bérenger IV, le 29 Janvier 1227. Boniface, l'Auteur de ces Statuts, tout grand Seigneur qu'il étoit en 1227, étoit encore moins indépendant que ses prédécesseurs. Il en étoit de même des villes Municipes, qui quoique très-dépendantes, avoient droit de faire des Statuts pour leur administration intérieure, & même de faire la guerre pour la conservation de leurs biens; c'étoit un privilege fondé sur les Loix féodales, qui n'étoient véritablement onéreuses que pour les Serfs.

Bbbb 2

BOURGEOISIES.

MANOSQUE.
12 Févr. 1206.

Columbi.
Opufc. p. 465.

S. VINCENT.
An. 1205.

Arch. & mff.
de M. le Préf. de
Saint-Vinc.

On peut dire encore que la ville de Manofque fut élevée au rang des Bourgeoifies, quelques jours avant d'avoir obtenu fa Commune, lorfque le Comte de Forcalquier, Guillaume IV, affranchit les habitans des charges & des coutumes onéreufes, que lui, fes Prédéceffeurs & fes Officiers leur avoient impofées. Peu content de les avoir affranchis de ces fortes de fervitudes, il leur donna des Statuts qui régloient les fucceffions & les donations, & qui ôtoient tout droit de retrait après une poffeffion de trente ans. Cependant par cette charte, il n'accordoit point encore de Magiftrats ni de jurifdiction aux habitans, & par conféquent la ville de Manofque n'avoit point encore de Commune; mais les affranchiffemens & les réglemens qu'elle venoit d'obtenir, en améliorant fon fort, la mettoient au rang des Bourgeoifies. On peut voir dans l'article des Communes en quel temps elle le devint.

La Communauté de S. Vincent, diocèfe de Sifteron, nous fournit un autre exemple de Bourgeoifies. Guillaume de Mévoillon, Seigneur du lieu, affranchit fes hommes fous certaines conditions qu'il leur impofa. La charte d'affranchiffement contient tous les droits auxquels il les foumit, qui font fort onéreux. Il ne leur donna pas le droit d'avoir une Commune ni des Syndics; ils ont été près d'un fiècle & demi, fans fe créer des repréfentans. Lorfqu'ils paffoient des actes avec leurs Seigneurs, tous les chefs de famille y intervenoient; & ce fut vers le milieu du quatorzième fiècle qu'ils élurent des Syndics, fans avoir obtenu aucune nouvelle conceffion à ce fujet. Les Seigneurs ne voyoient rien en cela, qui pût les inquiéter : ils y trouverent même plus de commodité pour traiter avec leurs hommes; auffi n'y mirent-ils aucun obftacle.

On peut juger du peu d'intérêt que les Seigneurs prenoient à l'établiffement des Communes, par ce qui eft dit dans la charte d'affranchissement (1) des habitans de S. George d'Espéranche en Dauphiné, de l'an 1291. Amédée Comte de Savoie, Seigneur de ce lieu, en affranchissant ses hommes leur laisse la liberté d'établir une Commune, lorsqu'ils le jugeront à propos; ajoutant que dans ce cas ils doivent prendre toutes leurs précautions pour y trouver les plus grands avantages.

BOURGEOISIES.

C'est peut-être de cette maniere que le lieu de Sault a obtenu sa Commune. Ce lieu, ainsi que la Vallée du même nom, a dépendu anciennement de la Maison d'Anjou. On a cru que l'Empereur Henri II en avoit donné l'inféodation en 1004 à d'Agout de Loup, Maréchal de l'Empire, & l'on se fonde sur une charte rapportée par Bouche, tome 1. p. 905. Mais il suffit de la lire pour en reconnoître la fausseté; le style seul la rend suspecte; & d'ailleurs en 1004, la Provence dépendoit de Rodolfe le Fainéant, Roi d'Arles, & non pas d'Henri II. Ce qu'il y a de certain, c'est que dès le commencement du douzieme siècle la Maison d'Agout possédoit le lieu de Sault, & ses Dépendances, avec une autorité presque souveraine; mais cet avantage lui étoit commun avec tous les grands Vassaux de Provence qui étoient assez puissans pour disputer l'hommage au Suzerain. Nous savons que Raymond & Isnard d'Agout, Seigneurs de Sault, le rendirent à Raymond Bérenger le 20 Juin 1224; que ce Prince en le recevant leur confirma & leur accorda de nouveau les priviléges, les usages & la haute & basse Justice que ses ancêtres avoient accordés à leurs Prédécesseurs. De plus il leur donna & à leurs successeurs la Justice en dernier ressort, sauf appel à la Cour du Comte; l'exemption des droits dans les Comtés de Provence & de Forcalquier, avec le port d'armes

SAULT.

Arch. du Roi à Aix, arm. A. scal. rect. fol. 83.

---

(1) Si universitas habitantium voluerit facere commune, quod commune non debent facere nec tenentur, nisi ad utilitatem ipsorum Burgensium; quod cum fiat fieri debet rationabiliter per quatuor vel plures probos homines de villâ ad hoc electos, qui jurent fideliter & legaliter dictum commune facere.

Hist. du Dauph. t. 1. p. 28.

BOURGEOISIES.

& la faculté d'aller dans ces deux Comtés, accompagnés de trente Cavaliers, fans payer de péage ni de paſſage de riviere, ſoit qu'il paſſaſſent ſur un pont ou dans une barque. Cet hommage & ces conceſſions qui en rappellent de plus anciennes, ſont une preuve que du moment où les Comtes de Provence rétablirent leur autorité, les Seigneurs de Sault rentrèrent comme les autres ſous la loi de la vaſſalité, avec cette différence qu'étant plus puiſſans que la plupart d'entr'eux, ils avoient auſſi beaucoup plus de pouvoir dans leurs terres.

En effet (1), nous voyons qu'en 1182 Imbert d'Agout, Bérenger, & Raymond Bérenger ſes frères, rendirent hommage au Comte de Forcalquier pour le Château de Menerbe, pour Agout & ſes dépendances, pour Rouſſillon & la Mure; en un mot pour tout ce qu'ils poſſédoient dans le Comté de Forcalquier. Quoique dans cet acte il ne ſoit point parlé de la Vallée de Sault, on ſent bien qu'elle ſe trouve compriſe ſous la dénomination générale de terres renfermées dans le Comté de Forcalquier.

Pr. ch. XXIV.

Ainſi la maniere dont Iſnard d'Entrevénes, Seigneur d'Agout, rendit hommage à Charles II en 1290, doit être plutôt regardée comme une formule d'honneur, qu'on lui paſſoit par conſidération pour ſon rang, que comme un titre d'indépendance. Elle eſt d'ailleurs une preuve de l'ignorance où étoient les Officiers du Prince touchant les droits des Seigneurs, puiſqu'ils ignoroient l'hommage

---

(1) Imbertus de Agouto, Berengarius Raymundi frater ejus, & Bermundi Bertrandus frater ejus recognoverunt omnem terram, & quidquid habebant in Caſtro de Agout vel in territorio ejuſdem Caſtri & in Caſtro de Roſſillono, & in ejus territorio.... Et in ſumma quidquid habebant uſque ad montem Alvernicum vel à monte Alvernico ſurſum in toto Forcalquerio comiti eſſe de feudo, & jure ſuo, & comitatu ſuo, & anteceſſorum ſuorum, & de Donatione : & facta hâc recognitione, acceperunt in feudum à prædicto comite, quidquid habebant intra terram prædictam, & comes laudavit eis ad francum feudum, ſicut anteceſſoros eorum habuerunt. Ann. incarn. Dom.ᵉ 1182. menſ. Janu. J'ai copié cette Charte ſur un manuſcrit de la Bibliotheque du Roi, dont je n'ai pas pris le numéro, parce que l'Auteur cite le regiſtre griff. f. 160 de la Chambre des Comptes de Provence.

de 1182, & celui de 1224. Isnard déclara donc que la Vallée de Sault avoit toujours été indépendante ; que cependant en reconnoissance des bienfaits, que lui & ses Prédécesseurs avoient reçu du Roi lui-même, & de son Pere, il reconnoissoit tenir sous sa mouvance la Seigneurie de Sault en fief libre, franc & noble, comme il l'avoit toujours été, promettant de servir Charles à la guerre, mais se réservant aussi la liberté de la faire, pourvu que ce ne fût ni au Comte son Seigneur, ni au Roi de France & à leurs alliés : de plus, il s'obligeoit à ne point faire de nouvelle acquisition, sous peine de nullité : le Comte de son côté, s'engagea à ne mettre sur les habitans de Sault, ni tailles, ni autres impositions sous quelque dénomination qu'elles fussent; à ne point nommer les Officiers de Justice ni les autres ; ce droit étant réservé au Seigneur direct, qui ne laissa à la Cour du Comte de Provence la connoissance des causes tant civiles que criminelles, que dans le cas, où lui, Seigneur de Sault, auroit quelque procès, & où ses propres Officiers refuseroient de rendre justice.

BOURGEOISIES.

Arch. du Roi à Aix, reg. crucis, fol. 56.
V. les Pr. ch.

Ces priviléges ont ensuite été confirmés par les Comtes de Provence successeurs de Charles II, même depuis la réunion de cette Province à la Couronne ; & l'on peut les regarder comme le fondement des franchises dont jouit cette Vallée, qui n'est point comprise dans l'administration, ni dans les impositions de la Province. L'origine de ces priviléges annonce de la part des prédécesseurs immédiats d'Isnard d'Entrevénes, une autorité que nous ne pouvons concilier avec la liberté nécessaire aux habitans, pour établir d'eux-mêmes une administration municipale ; & nous sommes persuadés que le lieu de Sault, n'obtint des Seigneurs que des franchises, & que la jurisdiction étoit entre les mains de leurs Officiers. Quoique nous n'ayons pas connoissance de ces concessions, tout nous porte à croire que cette Communauté fut anciennement au rang des Bourgeoisies.

Arch. d'Aix, regist. crucis, fin. nov. fol. 32 & alibi.

Nous terminerons le Mémoire par l'article de Tende, dont

TENDE.

BOURGEOISIES.

l'administration municipale nous fournira dans son origine quelques particularités remarquables. Ce bourg situé dans le Comté de Nice, faisoit autrefois partie du Comté de Vintimille, que les Seigneurs de ce nom possédoient au commencement du XIe siècle, sinon en toute souveraineté, du moins avec une autorité, qui en approchoit beaucoup : car nous n'avons aucune preuve qu'avant le milieu du XIIIe siècle, ils aient rendu hommage à aucun Suzerain, excepté peut-être à l'Empereur. Leurs sujets étoient des especes de Serfs, & il étoit difficile qu'ils fussent autre chose sous des maîtres puissants, & dans un pays où l'ignorance favorisoit le despotisme. Othon, fils de feu Obert, donna le 9 Juillet 1156, aux habitans de Tende quelques coutumes, en se réservant la faculté de mettre un droit de cinq sols sur le parjure, l'homicide, l'adultère & la trahison : &, ce qui est une preuve de leur condition servile, il leur permit de vendre & d'acheter librement.

Arch. de M. le Pr. de Condé, l. cotée *Lascaris*.

Lorsque le Comté de Vintimille eut été réuni à la Provence par la soumission de ceux qui le possédoient, le sort des habitans s'améliora. Les Seigneurs, instruits par l'exemple des autres villes de Provence, virent que leurs intérêts pouvoient se concilier avec une plus grande liberté de leurs Vassaux : en conséquence les Comtes Guillaume Pierre, & Pierre Balbs, accordèrent le 30 Septembre 1274 aux habitans de Tende, le droit de se choisir parmi eux des Consuls pour les gouverner & les juger, avec appel aux Officiers du Comte. Cette nouvelle administration eut à Tende tous les inconvéniens que les affinités, les liaisons, d'intérêt & de parenté, peuvent faire naître entre des hommes, qui sont jugés par leurs égaux, sur-tout lorsque l'office de Juge est annuel. La Communauté, frappée de ces abus, & voyant une sorte d'impossibilité à y remédier, tant que la Jurisdiction consulaire subsisteroit, renonça au Consulat, & remit le Gouvernement Municipal à Jean Lascaris, Comte de Vintimille, fils de Guillaume Pierre, nommé ci-dessus. Ce qui semble prouver,

Ibid.

que

BOURGEOISIES.

que si le droit de Commune amélioroit presque toujours le sort des habitans, il y avoit des cas où ils étoient plus heureux dans la condition même des Bourgeoisies : c'étoit, par exemple, lorsqu'ils avoient des Seigneurs équitables & modérés.

Il seroit aisé d'entrer dans un plus grand détail sur cette matiere : mais qu'apprendrions-nous de plus au lecteur, en lui faisant parcourir successivement la municipalité des Bourgs & Villages de Provence ? Il n'en seroit pas plus instruit sur les différences essentielles qui constituent les Municipes, les Communes & les Bourgeoisies : ce que nous avons dit suffit pour fixer les idées sur cette partie importante du droit public, qui tient essentiellement à l'état des personnes ; & c'est de l'état des personnes que tout dépend, mœurs, usages, commerce, sciences & arts.

Fin du Mémoire sur les Municipes, les Communes & les Bourgeoisies.

SUITE DU MÉMOIRE

SUR LES MONNOIES DE PROVENCE.

MONNOIES DE CHARLES II.

CHARLES II, dit le Boiteux, étoit retenu prisonnier par le Roi d'Arragon, lorsque Charles I son pere mourut. Il ne revint dans ses Etats qu'en 1289, & finit ses jours le 5 Mai 1309, âgé de 63 ans, après 25 ans de regne.

Hist. de Napl. par Gianone, tom. 3. p. 132.

Pendant que ce Prince étoit encore prisonnier en Arragon, le Pape Honorius IV donna une bulle célebre, en qualité de Seigneur Suzerain du Royaume de Naples, pour régler la maniere dont ce Royaume devoit être administré : il y entre dans tous les détails, & donne des regles pour la fabrication des especes; il veut que chaque Roi ne change sa monnoie qu'une seule fois pendant toute la durée de son regne. *Simili prohibitione subjicimus mutationem monetæ frequentem, apertius providentes quod cuilibet regi Siciliæ liceat semel tantum in vita sua, novam facere cudi Monetam legalem.... Aptam manere toto tempore vitæ regis, cujus mandato cudetur.* Il veut encore qu'on ne charge le peuple d'aucune imposition à l'occasion de la fabrication des especes, & qu'elles soient fournies de gré à gré aux Marchands & Changeurs qui voudront s'en charger.

Quelques ménagements que Charles fût obligé d'avoir pour la Cour de Rome, il ne reconnut jamais directement l'autorité de cette Bulle, & la regarda comme contraire aux droits de sa souveraineté ; cependant il fit des réglements qui y étoient assez conformes, & on peut dire qu'il en suivit l'esprit au sujet de la fabrication des especes. Il n'imita par les excès monstrueux auxquels se portèrent à ce sujet Philippe-le-Bel Roi de France, &

DE PROVENCE.

Edouard I Roi d'Angleterre, qui vivoient en même-temps que lui. Sous son regne les monnoies souffrirent peu d'altération soit à Naples soit en Provence, c'est un éloge qu'il partage avec tous les autres Comtes de Provence; dans quelques besoins urgents qu'ils se soient trouvés à l'occasion des guerres malheureuses de Naples, ils n'ont jamais eu recours à l'altération des monnoies, pour se procurer des ressources passageres qui tournent toujours au grand dommage des peuples.

<small>Monnoies.</small>

Il nous reste plusieurs monuments du regne de Charles II sur les monnoies. Il fit une Ordonnance à Marseille le 9 Juin 1298 pour faire fabriquer à Aix des sols, des doubles deniers, des deniers, des oboles, & des pittes. Ces especes sont distinguées en monnoie noire & monnoie blanche. *Nova Moneta minuta, scilicet Nigra & Grossa alba Argentea.* Les sols devoient être à onze deniers, douze grains de loi (1), à la taille de 84 $\frac{1}{3}$ au marc de Marseille. Ils devoient valoir 12 couronats ou 12 deniers de ceux qu'on alloit faire. Le remede de poids étoit d'un grain par sol. Le marc d'argent fin valoit alors 72 de ces sols, ce qui prouve que le droit de Monnoyage que le Prince percevoit étoit de 12 sols par marc, c'est-à-dire, de la septieme partie du marc. Les deniers ou couronnats devoient être à deux deniers de loi, & 22 sols de ces deniers devoient peser un marc de Marseille, c'est-à-dire qu'il devoit entrer deux cents soixante-quatre de ces deniers au marc de Marseille. Le remede de poids étoit de seize grains par marc. On donna au Garde de la Monnoie 1083 livres de petits Viennois, valants 866 livres 8 sols couronnats, pour acheter le billon nécessaire à cette fabrication.

<small>Extrait des Manipules, au sac coté XXI des archives du Roi à Aix.</small>

Il y a une autre Ordonnance de ce Prince faite à Naples le 30 Juillet 1302, par laquelle il défendit la fabrication des

---

(1) En 1298, les Tournois étoient en France au même titre que les sols de Charles II, c'est-à-dire, à onze deniers douze grains. Le marc d'argent y valoit trois livres quinze sols.

MONNOIES.

couronnats qu'on avoit faits jusqu'alors en Provence, dont il falloit 28 sols pour faire un florin; & il ordonna la fabrication d'une autre Monnoie appellée Provençal réforciat, au titre de deux deniers, onze grains, moins un tiers, & dont il devoit entrer 212 au marc. Il diminua en même-temps de moitié la valeur des doubles couronnats, & les réduisit à la valeur d'un denier. Il diminua dans la même proportion le denier couronnat, l'obole & la pitte. Cette Ordonnance statue ensuite sur des objets plus importans, & elle peut être regardée comme une preuve du dérangement des finances de ce Prince. Il y suspend le paiement des assignations données sur ses revenus du Comté de Provence, à l'exception des sommes indiquées à Jacques, Roi d'Arragon, son gendre, & aux Eglises de Saint-Maximin & de Notre-Dame de Nazareth (1) de la ville d'Aix. Il ordonne encore la rétention du tiers des gages de tous ses Officiers, prenant pour prétexte le mauvais état de ses affaires, & la nécessité où il est de soutenir la guerre. Il y a à ce sujet cette phrase singuliere. *Nullus fidelis excusare se valeat quin in tantis fluctuationibus suas nobis porrigat manus adjutrices, si est zelator fervidus nostræ fidei & honoris.*

Il paroît par deux chartes de l'an 1301 que sous ce regne on se servoit des florins d'or, dont cinq pesoient une once, *ponderis generalis*. Chaque florin valoit douze carlins ou seize sols couronnats. Le sol couronnat étoit composé de neuf deniers. Ces deux chartes sont à la Bibliotheque du Roi; la premiere est une lettre du Roi Charles II du 16 Août 1301, pour le paiement des gages du Sénéchal de Provence. Elle porte encore qu'on lui payera huit onces d'or pour le prix de deux chevaux, qu'il a perdus dans un voyage fait pour le service du Roi (2).

---

(1) Qui est aujourd'hui l'Abbaye de Saint Barthélemi.

(2) *Item pro Emenda duorum Equorum suorum, mortuorum in servitio nostro iter suum prosequendo, uncias auri octo prædicti ponderis, qualibet unciâ computatâ pro Florenis auri quinque.*

DE PROVENCE. 573

La seconde charte est un Mandement du 3 Septembre de la même année, délivré à l'Evêque de Neufchatel, Ambassadeur du Roi, pour le paiement des frais de son voyage. Il porte qu'on lui donnera soixante-quatre livres ou seize onces d'or (1) *ad rationem de sexaginta carolensibus argenteis pro unciâ qualibet*; il veut qu'on lui donne encore vingt-six livres pour argent prêté à la Cour *de pecuniâ curiæ mutuandâ*; ces deux sommes faisoient celle de quatre-vingt-dix livres de provençaux couronnés.

MONNOIES.

Je ne connois qu'une seule monnoie d'or qu'on puisse attribuer à Charles II; c'est un salut sur lequel on voit d'un côté l'écu partagé des armes de France & de Jérusalem, avec la légende KARO. IERL. ET SICIL. REX. Il y a au revers l'Annonciation de la Vierge, avec la légende ordinaire AVE GRATIA PLENA DOMINUS TECUM.

Planche 8. n° 1.

Je ne connois aucun florin frappé sous le regne de ce Prince, quoiqu'il soit souvent fait mention de cette monnoie dans l'Histoire & dans les chartes, comme ayant cours en Provence sous ce regne.

Depuis le milieu du treizieme siècle, on frappoit à Florence des florins qui étoient célébres dans toute l'Europe; & c'est vraisemblablement de ceux-là qu'il est fait mention dans les chartes de Charles II (2).

---

(1) Seize onces d'or valoient soixante quatre livres couronnées, en comptant l'once à cinq florins, le florin à seize sols, & le sol à neuf deniers couronnats.

(2) On fixe à l'année 1252 l'époque où l'on a commencé à frapper des florins à Florence. Ils étoient cependant connus depuis plusieurs années en Provence, comme il paroit par une charte de l'an 1241, qui etoit dans le cabinet de feu M. de Mazaugues. Il y étoit parlé de florins. Cette monnoie etoit appellée *florenus parvus & justus*. Elle étoit évaluée 12 sols Marseillois ou 13 sols Royaux. Le Blanc, dans son Traité des monnoies de France page 154, en rapporte un absolument semblable à ceux de Florence, qu'il attribue au Roi Louis VI, mort en 1137.

On frappa sous le regne de Charles VII une médaille avec la légende suivante, *regna patris possidens, in pace lilia tenens, hostibus fugatis, vivas Rex septime; regnas Karole, ferox rebellibus, subditis æquus, &c.*

MONNOIES.
N° 2.

La seconde monnoie est un salut d'argent qui pese 52 grains; il est semblable en tout au salut d'or; il n'y a qu'une légere différence à la légende, où on lit KAROL. SEC. IERL. ET SICIL. REX. *Carolus Secundus*, &c. C'est la premiere monnoie que je connoisse parmi les antiques & les modernes, où, pour distinguer un Prince de tous ceux qui ont porté le même nom que lui, on ait ajouté un nombre à son nom. Les Papes avoient déja adopté cet usage, tant dans leurs chartes que sur leurs sceaux. Ils le suivirent à-peu-près dans ce temps-là sur leurs monnoies. Il n'a été connu en France que sous Henri II, qui, par son Ordonnance du 31 Janvier 1548, voulut que la légende de ses monnoies fût *Henricus II*, & qu'on y ajoutât l'année de sa fabrication (1).

N° 3.

La troisieme est un carlin. Les Italiens appellerent ces monnoies *Gigliati*, à cause des fleurs-de-lis qui sont au revers. Elles ont été très-célèbres, & ont eu cours pendant près de deux siècles, tant en Provence que dans les autres Etats de Charles. Elles étoient très-bien monnoyées, & on peut les regarder comme un des premiers monumens du retour des arts. En effet Charles, dont toutes les inclinations étoient pacifiques, protégea tout le temps de son règne les gens de lettres & artistes célèbres. Il embellit la ville de Naples de bâtimens superbes qui existent encore, & fit en Provence des établissemens pieux, qui respirent encore cet air de grandeur & de magnificence, qui annonce un grand Prince.

On voit sur cette monnoie Charles, assis sur un trône, soutenu par deux lions; il tient de la main droite un sceptre, & de la gauche un globe surmonté d'une croix: on lit autour KAROL.

---

(1) La ville de Lyon fit frapper en 1499 une grande médaille avec la légende, FELICE. LUDOVICO. REGNANTE. DUODECIMO. CESARE. ALTERO. GAUDET. OMNIS. NATIO. François I fit ajouter sur ses sceaux le mot *primus* à son nom FRANCISCUS. DEI. GRATIA. FRANCORUM. REX. PRIMUS. Il est le premier de nos Rois qui ait introduit cet usage sur ses sceaux. Il avoit été suivi auparavant par plusieurs Princes en Italie, en Allemagne, & en Angleterre. Ficoroni en rapporte un exemple dans ses *Piombi antichi* Pl. 14. n° 1.

SED. DEI. GRA. IHRL. ET. SICIL. REX. Il y a au revers une croix dont les extrémités font chargées d'ornemens, & qui a quatre fleurs-de-lys dans les angles. La légende est tirée du pseaume 98. HONOR. REGIS IUDICIU. DILIGIT. On a voulu faire entendre par-là l'exactitude avec laquelle ce Prince faisoit rendre la justice dans ses Etats. Il y apportoit tous ses soins; & il gouverna ses sujets pendant tout le temps de son règne avec beaucoup de justice & d'humanité. Il leur donna des loix très-sages qui temperoient la dureté de celles de son pere. Il les fit rédiger par Barthélemi de Capoue, Logothete, & protonotaire du Royaume, l'un des plus grands Jurisconsultes de son siècle. Ses constitutions font encore en vigueur à Naples, & font partie des capitulaires du Royaume. Enfin jamais Prince ne put se vanter à plus juste titre de mettre son honneur à aimer la justice.

Le carlin pesoit 70 grains; sa valeur n'a jamais varié. Un carlin valoit 12 deniers couronnats, & 60 carlins valoient une once d'or. Il paroît par le testament de Guillaume de Sabran, du 8 Octobre 1353, que, dans ce temps-là, leur valeur étoit encore la même, *in carolis argenteis sexaginta pro unciâ computatis*. Suivant une charte de Pierre d'Acigné, Seigneur de Meyrargues, Sénéchal de Provence, de l'an 1405, dix carlins valoient un ducat: Il est souvent parlé de carlins, ou *Gigliati*, dans les constitutions de l'ordre de S. Jean de Jérusalem tit. 3. ff. 14. & tit. 19. ff. 31. En 1331 le Roi Robert fit un capitulaire pour défendre de sortir les carlins du Royaume de Naples. *De prohibita extractione carolenorum argenti de regno*. Le carlin a encore cours dans le Royaume de Naples & dans les Isles de Sicile & de Malthe. Le carlin de Naples vaut 8 sols 2 deniers monnoie de France. Celui de Sicile 4 sols 2 deniers, & celui de Malthe 4 deniers. La quatrieme est d'argent; on y voit la figure de Charles qui paroît assez jeune; il a la couronne sur sa tête; son manteau est aux armes de la Maison d'Anjou, qui sont le lambel & des

MONNOIES.

N° 4.

MONNOIES.

fleurs-de-lys fans nombre; la légende eft KS : IHR. SICIL. REX. Il y a au revers une croix chargée d'ornements avec ces mots : COMES. PROVINCIE ; cette monnoie pefe environ 52 grains; à fon poids & à fon titre, on ne peut pas méconnoître un des fols fabriqués en vertu de l'Ordonnance du 9 Juin 1298; leur titre devoit être à 11 deniers 12 grains de fin, & il en devoit entrer $84\frac{1}{3}$ au marc ; leur valeur étoit de 12 deniers couronnats.

N° 5. Le cinquieme eft un double denier de fa fabrication de 1298; il pefe 26 grains, & eft femblable en tout à la monnoie précédente, excepté en ce que la croix du revers eft fans ornement, & dans un de fes angles la lettre initiale du nom de Charles.

N° 6. La fixieme eft un denier couronnat, qui pefe environ 17 grains, ce qui eft le poids fixé par l'Ordonnance de 1298, qui portoit que 22 fols de ces deniers peferoient un marc, & que leur titre feroit à 3 deniers de fin. Il y a d'un côté la tête de Charles, avec la légende K. IHR. SICILE. REX. Il y a au revers une croix avec les mots COMES. PRINCIE.

N° 7. La feptieme eft une obole femblable en tout au denier que nous venons de rapporter; elle pefe 12 grains.

N° 8. La huitieme eft un denier royal abfolument femblable à ceux frappés fous le règne de Charles I, excepté en ce que la tête eft beaucoup plus groffe, & le menton avancé. On ne doit pas attribuer cette différence aux divers âges auxquels on a repréfenté Charles I. Dans ce temps-là les monétaires obfervoient peu ces nuances, & loin qu'ils marquaffent fur les différentes monnoies du même Prince les changemens que l'âge avoit pu mettre dans fa figure, à peine caractérifoient-ils les vifages des différens Princes par quelques traits groffiers, de forte que ne je n'héfite pas d'attribuer ces deniers à Charles II, qui étoit beaucoup plus gros que fon pere (1), & avoit une groffe tête, comme il nous eft repréfenté fur tous les monumens qui nous reftent de lui.

(1) On ne fçait par quel événement le corps de Charles II n'a pas été inhumé;

DE PROVENCE.

La neuvieme a été frappée à Naples; elle est rapportée par Vergara, p. 36. Elle est d'argent bas, & porte la tête de Charles II, avec ces mots KAROL. SED. REX. Il y a au revers quatre fleurs-de-lis en croix, IERL. ET. SICIL.

Monnoies.
N°. 9.

La dixieme est plus petite que la précédente, & a la même empreinte.

N°. 10.

Sous ce règne on commença à connoître en Provence les sols & deniers réforciats. On entendoit par là, la monnoie forte, & qui étoit à un plus haut titre. *Libræ reforciatorum*, *solidi reforciatorum*: selon Nostradamus, Charles II donnoit annuellement à François de Lecto, Sénéchal de Provence, mille livres réforciates monnoie de Provence en 1307. Il divisa la Provence en deux Sénéchaussées, & nomma Sénéchal du Comté de Forcalquier Gérard de Sancto Elpidio; *lui donnant 500 livres réforciates pour ses Etats*; c'est comme si cet Historien avoit dit 500 livres couronnats monnoie forte.

Gloss. de du Cange, in v°. reforciata, t. 5. p. 1335.
Hist. de Prov. p. 319 & 322.

Ce Prince par son testament du 16 Mars 1308, légua aux Frères Mineurs de la ville de Marseille, la somme de deux mille livres de petits tournois, à condition qu'ils feroient faire un tombeau pour y mettre le corps de S. Louis, Evêque de Toulouse, son fils. Il est rare de trouver des monumens de ce règne, où il soit fait mention de la monnoie tournois. On s'en étoit beaucoup plus servi en Provence sous le règne de Charles I: elle étoit alors la monnoie courante du pays, comme nous l'avons observé sous Charles II; les marchés les plus considérables se faisoient en florins & en sols couronnats. En 1239, l'Abbé de Cruis acheta de Bertrand de Baux la moitié des

Hist. de Mars. part. 2. p. 102.

Hist. de Prov. par Bouch. t. 2. p. 338.

On le voit dans l'Église de l'Abbaye de Saint-Barthélemy d'Aix. Il est enfermé dans une caisse de bois, qu'on ouvre pour le montrer aux curieux. Sa tête est assez grosse. C'est peut-être l'idée qu'on avoit de la sainteté de ce Prince, qui a empêché qu'on le mît dans un tombeau. On a cru long-temps qu'il faisoit des miracles.

terres de Saint-Vincent (1), Genciac, Malcor, & Aigremont, situées dans le diocèse de Sisteron, pour le prix de trente-un mille sols Provençaux couronnés, le 3 Février 1307 : la terre de Séranon, située dans le diocèse de Fréjus, fut vendue six mille florins d'or.

La monnoie qu'on frappoit à S. Remi fut fameuse sous ce règne, & avoit cours dans tous les Etats voisins. Philippe-le-Bel, Roi de France, voulant proscrire la monnoie étrangère qu'on introduisoit dans ses Etats, ordonna au Sénéchal de Beaucaire, par ses lettres du Mercredi après la Magdeleine, de l'an 1301,

MONNOIES.

Arch. du Roi à Aix.

Hist. de Nism. t. 1. p. 421.

---

(1) Nous observerons à l'occasion de cette acquisition, que dès ce temps-là les gens de Main-morte étoient soumis à payer un droit d'indemnité pour les biens fonds qu'ils acqueroient. Le 6 Mai 1299, l'Abbé de Cruis prêta hommage pour raison de cette acquisition entre les mains de Raymond de Lecto, Sénéchal de Provence, & de Guy de Tibia, Procureur & Avocat du Roi, dans le cloître du Monastere de Notre-Dame de Nazareth de la ville d'Aix. Il se soumit à renouveller cet hommage tous les trente ans, & à payer au même terme le lods & trezain de la somme de trente-un mille sols. *Dominus Senescallus & Procurator ante laudationem prædictam retinuerunt nomine curiæ jura infra scripta, scilicet quod ipse Dominus Abbas...... Singulis annis trigenta ab inde in antea secuturis, recognitionem faciet de terrâ prædictâ, curiæ regiæ, & homagium & fidelitatem & in qualibet recognitione laudimium sive trezenum dictæ curiæ de dicto prætio 31 millium solidorum provincialium, coronatorum.*

Il paroît encore par cette charte, que le droit d'amortissement étoit connu en Provence, & que les gens de Main-morte ne pouvoient y posséder des bien fonds, & sur-tout des fiefs, que par la permission du Seigneur majeur. *Item ex eo etiam, quod per Ecclesiam & manum mortuam rerum immobilium acquisitio vel maxime feudalium castrorum vel villarum sine scientiâ & expresso consensu, licentiâ, & voluntate majoris Domini fieri non potest in Provinciâ, nec habere effectum.* En France ce droit étoit connu depuis le commencement du douzieme siècle. La plus ancienne Ordonnance de nos Rois qui en fasse mention est celle de Philippe le Hardi de l'an 1275. Les grands Vassaux de la Couronne jouissoient de ce droit dans les douzieme & treizieme siècles. *Usages de fiefs par Brussel*, tom. 1. p. 257. Il paroît par la façon dont s'exprime la charte, dont il est question, que ce droit n'étoit pas réservé au Comte de Provence; mais que tous les Seigneurs en jouissoient dans l'étendue de leurs fiefs, *per Ecclesiam & manum mortuam rerum immobilium acquisitio..... Sine licentiâ & voluntate majoris domini fieri non potest in Provinciâ.*

de faire saisir par trois Commissaires à ce députés, toutes les monnoies fabriquées à S. Remi en Provence, qu'on avoit introduites dans les Sénéchaussées de Nîmes & de Beaucaire. On fabriquoit à S. Remi des couronnés & des tournois, qu'on appelloit tournois de S. Remi; ils valoient treize deniers.

<small>Monnoies.</small>

<small>Mss. de Mazaugues.</small>

Le revenu modique dont jouissoient les Comtes de Provence, qui ne consistoit que dans le produit de leur Domaine & des droits régaliens qu'ils n'avoient pas aliénés, n'avoit pu suffire pour les guerres qu'ils avoient été obligés de soutenir, soit pour conquérir le Royaume de Naples, soit pour le conserver; ils avoient été obligés, à cette occasion, de contracter des dettes fort considérables, & qu'ils étoient hors d'état d'acquitter : c'étoient des Papes qu'ils avoient reçu les plus grands secours : on lit dans Baluse que le Pape Clément V rémit en différens temps à Charles (1) II, &

<small>Vitæ papar. Avenion. tom. 1 p. 606.</small>

---

(1) Baluse tom. 2. pag. 158, rapporte une bulle du Pape Clément V, de l'an 1306, par laquelle il remit au Roi Charles II, le tiers de la somme de trois cents soixante six mille florins d'or que ce Prince devoit à l'Église Romaine, & pour les deux tiers restans de cette somme, Charles s'obligea d'aller en personne, au premier passage général qui se feroit pour le recouvrement de la Terre-Sainte, ou d'y envoyer un de ses enfans avec 300 Chevaliers qui auroient chacun avec eux trois hommes à cheval. Il s'obligea, outre cela, d'entretenir vingt galeres armées pour cette expédition. Il n'est jamais rien sorti de la datterie d'aussi extraordinaire que cette Bulle, soit pour le style, soit pour le ton que le Pape y prend avec ce Prince; c'est celui d'un riche orgueilleux vis-à-vis d'un suppliant fort obéré; en voici un échantillon. Le Pape, après avoir parlé des mauvais succès que Charles avoit eus dans la guerre de Sicile, ajoute. *Hæc tui habendam miserationem. Hæc nostra commovent viscera pietatis. His adversis mutua quærere, his infaillibiter coactus es suffragia postulare, quis divus pater non misereatur tui, fili carissime, quis crudelis Dominus tibi opem, inelite vassalle, non ferat; aut quis pastor sævus, ovis præclara, in uberibus pascuis non locabit ? Absit quod à Principe recedas vaccuus, à Romano Pontifice frustra postularis auxilium, & in tempore placito non fueris exauditus..... Habet nempe aurum Ecclesia non ut servet sed eroget & necessitatibus subveniat oppressorum..... Numquid contra decus Regium immobilia regni insolutum dabis Ecclesiæ ut relinquaris pauper & efficiaris egenus? Et tui, ne egeas non habeamus crudeliter rationem. Certe id humanitatis quæ requiritur in nobis quod egenis non esset, nec sacerdotis hoc fore modestiæ probaretur, qui manum suam aperit inopi & extendit ad pauperes palmas suas.*

MONNOIES.

à Robert son fils Rois de Sicile la somme de trois cens soixante six mille onces d'or, que ces Princes lui devoient pour les emprunts qu'ils avoient faits de ses prédécesseurs. Dans ce siècle où l'argent étoit si rare, la Cour de Rome attiroit à elle des sommes immenses de toutes les parties de la Chrétienté; on en peut juger par ce seul trait. Au Concile de Lyon, assemblé en 1245, le Roi & la Noblesse d'Angleterre envoyèrent des Agens porter des plaintes contre la cupidité de l'Eglise de Rome; & parmi les autres griefs de la nation, ils représentèrent que les bénéfices dont le Clergé Italien jouissoit en Angleterre, avoient été estimés, & se montoient à soixante mille marcs d'argent par an, somme plus forte que celle des revenus de la Couronne. Le Pape Jean XXII, qui mourut à Avignon en 1334, laissa, suivant Villani, Auteur contemporain, dix-huit millions de livres en espèces, & sept millions en bijoux, pierreries & vases d'Eglise. Son récit mérite toute croyance, il tenoit ce qu'il avance de son frère, marchand suivant la Cour Romaine, à qui les trésoriers du Pape l'avoient dit. Il semble qu'on doit lui donner la préférence sur Albert de Strasbourg, autre Auteur contemporain, qui réduit le trésor de ce Pape à dix-sept cens mille florins, *moriens reliquit sedi decies septies centum millia florenorum.* Il paroît par différens actes, faits à Avignon dans ce siècle & rapportés par Baluse, qu'il circuloit dans cette Cour des sommes immenses, qui étoient entre les mains des Prélats, dont la plupart avoient passé la plus grande partie de leur vie dans la pauvreté du cloître : nous aurons occasion de parler dans la suite avec plus de détail de l'inventaire qui fut dressé à la mort du Cardinal Hugues Roger, Religieux Bénédictin, frère du Pape Clément IV, qui laissa en mourant plus de deux cens mille florins d'or dans ses coffres. On peut voir dans Pétrarque & dans les autres Auteurs de ce siècle l'influence que ces trésors immenses eurent sur les mœurs de cette Cour.

Hist. de la Maison Plantagenet, par Hume, t. 2. p. 26.

Villani, lib. 11. cap. 20.

Baluse, vit. Pap. t. 2. p. 762.

ROBERT fils de Charles II, lui succéda le 5 Mai 1309, & mourut au mois de Janvier 1343, âgé de 64 ans : ce Prince fut regardé comme le plus sage de son siècle. Les monnoies qui nous restent de lui sont assez bien gravées pour qu'on distingue sur son visage, cet air grave & réfléchi qui faisoit son caractère.

MONNOIES DE ROBERT.

Nous avons deux baux de la monnoie d'Avignon faits par ce Prince, l'un en 1330, l'autre en 1339.

Par le premier il ordonna la fabrication de deux sortes de monnoies, des monnoies noires *moneta minuta seu nigra*, & des monnoies blanches, *grossa seu alba* ; les monnoies noires étoient des deniers couronnats réforciats, des oboles, & des pittes ou pougeoises. Les deniers étoient à trois deniers de titre, & il en entroit 201 au marc. Les oboles, dont deux valoient un denier, étoient à un denier douze grains, & 284 pesoient un marc.

Arch. du Roi à Aix, registr. pergamenorum.

Les monnoies blanches étoient les lis *gillati* ; les demi-lis ou oboles d'argent, *medii gillati* ; & les doubles lis, *duplices gillati seu tareni*. Les lis étoient à onze deniers cinq grains de fin, & $59 \& \frac{1}{15}$ pesoient un marc, leur valeur étoit de douze deniers couronnats réforciats & une obole. Le demi-lis étoit au même titre, & deux pesoient un lis, ils valoient six deniers & une pitte. Les doubles lis pesoient 2 lis, & valoient deux sols & un denier. Les monnétaires s'obligèrent de fabriquer quarante mille marcs de ces monnoies, dans l'espace de deux ans, & de donner au fisc vingt mille lis de bénéfice. Il y a une clause dans ce bail par laquelle le Roi prohibe le cours de toutes les monnoies étrangères à l'exception de celle du Pape & du Roi de France.

Par le bail fait en 1339, il ordonne la fabrication des provençaux d'argent, & des provençaux doubles noirs. Les premiers étoient à 10 deniers 5 grains $\frac{1}{32}$ de fin. Leur poids étoit de sept sols huit deniers au marc, c'est-à-dire, qu'on en tailloit quatre-vingt-douze au marc. Ils pesoient par conséquent 50 grains. Les provençaux doubles noirs étoient à 3 deniers 20 grains de fin,

MONNOIES.

à la taille de 14 fols, 1 obole, c'est-à-dire, que 172 $\frac{1}{2}$ de ces pièces pefoient un marc. Un provençal d'argent valoit cinq provençaux doubles noirs.

Ce n'est pas la premiere fois qu'on a fabriqué des provençaux fous ce règne, puifqu'en 1337 Philippe de Sanguinetto, Sénéchal de Provence, avoit ordonné un rapport juridique fur l'évaluation de ces monnoies, dont il étoit réfulté, que quatre fols couronnats valoient cinq fols provençaux : en conféquence le Sénéchal rendit une ordonnance par laquelle il enjoignit à tous les clavaires péagers & autres receveurs des droits Royaux, de recevoir fans aucune difficulté en provençaux noirs, les fommes qui avoient été ftipulées en couronnats, en prenant cinq provençaux pour quatre couronnats. On peut obferver par-là combien étoit défectueufe la police qu'on obfervoit en Provence fur les monnoies, puifque le rapport qu'elles avoient entr'elles n'étoit point établi ; ce qui étoit très-gênant dans le commerce, & devoit donner lieu à des conteftations continuelles.

Il eft vraifemblable que Robert pendant un règne auffi long & auffi floriffant a fait frapper des monnoies d'or, quoique jufqu'à préfent je n'en aie vu aucune frappée à fon coin. La feule qu'on puiffe lui attribuer, avec quelque apparence, eft un florin qui eft à Vienne dans le cabinet de l'Empereur. On lit autour de la fleur-de-lis ROBERTUS DUX, & à côté de la tête de S. Jean-Baptifte, il y a une couronne femblable à celle qu'on voit fur un florin de Jeanne fa petite-fille : cette monnoie a été vraifemblablement frappée du vivant de Charles II, pendant que Robert étoit Duc de Calabre, & qu'il gouvernoit le Royaume de Naples en l'abfence de fon pere, & dans l'intervalle des voyages qu'il faifoit en Provence. Sous ce règne les florins continuèrent d'être en ufage ; il en entroit cinq à une once d'or. Noftradamus rapporte que Hugues de Baux, Sénéchal de Sicile, c'eft-à-dire, du Royaume

Planche 9. n° 1.

Hift. de Prov. p. 337.

de Naples sous Charles II & sous Robert, avoit 200 onces d'or d'état, l'once valant 5 florins d'or.

On continua aussi sous ce règne de frapper des carlins. Ils conservèrent ce nom, quoiqu'ils ne portassent plus la figure ni le nom de Charles II. On les appelloit aussi lis d'argent à cause des fleurs-de-lis qui étoient au revers, *gillati argenti*, *liliati argenti*. Il y avoit deux sortes de carlins ; les premiers sont semblales en tout à ceux de Charles II ; à cela près qu'ils portent le nom de Robert. ROBERTUS DEI. GRA. IERL. ET. SICIL. REX. Les autres, qui semblent avoir été frappés principalement pour la Provence, sont beaucoup mieux que les premiers. On peut juger par-là des progrès que les arts avoient faits dans cette Province. Ils portent la même empreinte que les premiers : il n'y a de différence qu'à la légende du revers, où on lit COMES. PROVINCIE. ET. FORCALQURII. Ces derniers carlins pesent 3. deniers ; les autres pesent 3 grains de plus.

La quatrieme monnoie est un demi-lis, qui pese 20 grains : il est conforme en tout à la précédente monnoie.

La cinquieme est un autre demi-lis de même poids. Il ne differe du précédent que dans la légende du revers ; où on lit COMES. PEDEMONTIS. Il y a apparence qu'elle avoit été frappée pour le Piémont, dont les Comtes de Provence possédoient une partie. Ces deux dernieres monnoies sont au même titre que les carlins.

La sixieme est un carlin rapporté par Vergara, p. 40 ; il est de la même grandeur, & porte la même empreinte que les précédents ; il n'y a de différence qu'au revers, où il y a une croix qui n'est chargée d'aucuns ornemens, avec la légende HONOR. REGIS. JVDICIVM. DILIGIT.

Le septieme pese de 50 à 52 grains. Robert y est représenté en buste avec la couronne sur la tête. On voit sur son manteau un lambel & des fleurs-de-lis sans nombre. C'est la monnoie sur

MONNOIES.

laquelle on diſtingue le mieux les traits de ce Roi & ſon caractère grave. La légende eſt ŔO. SICIL. REX. Il y a au revers une croix chargée d'ornemens avec ces mots COMES. PROVINCIE. ; au poids & au titre de cette monnoie, on la reconnoît pour un provençal d'argent, dont il eſt fait mention dans le bail de la monnoie de l'année 1339. Il y a d'autres provençaux frappés ſous le règne de Robert, qui ne peſent que 40 grains, & qui ſont à un titre moins haut.

N° 8.   La huitieme eſt un ſol couronnat, que j'attribue à Robert, parce qu'il porte la lettre initiale de ſon nom. J'en ai vu ſur leſquelles il ſembloit y avoir un K, lettre initiale du nom de Charles, ce qui pourroit faire croire qu'on avoit commencé d'en frapper ſous le règne de Charles II ; mais cette lettre ne ſe diſtingue pas aſſez, pour qu'on puiſſe rien affirmer à cet égard. Il y a d'un côté une couronne avec la légende R. IHR. ET SICIL. REX. & au revers une croix avec quatre fleurs-de-lis dans les angles, & ces mots COMES. PVINCIE. : le ſol couronnat eſt la monnoie qui a eu le plus long-temps cours en Provence ; on a continué d'en frapper ſous les règnes de Jeanne, de Louis I, de Louis II, & de Louis III.

N° 9.   La neuvieme, ainſi que toutes celles qui ſuivent eſt à un titre fort bas ; elle peſe 18 grains. Je la prendrois pour un provençal double noir, ſi elle avoit le poids fixé par le bail de 1339 : mais elle eſt beaucoup au-deſſous. Il y a au revers une croix ſans ornemens, avec la lettre initiale du nom de Robert, & la légende ordinaire, COMES PROVINCIE.

N° 10.   La dixieme, qui eſt fort commune en Provence, peſe un denier. Il y a lieu de croire que c'eſt un provençal double noir, quoiqu'elle n'en ait pas abſolument le poids : elle ne porte pas la marque diſtinctive des monnoies de Robert, qui eſt d'avoir dans la légende les deux lettres initiales de ſon nom : malgré cela je n'héſite pas à la lui attribuer. Elle a d'un côté une croix terminée

DE PROVENCE. 585

terminée par des fleurs-de-lis, avec la légende R. IHR. ET. SLE. REX. Il y a au revers une couronne fous laquelle font ces 4 lettres P. V. I. E. qui font l'abréviation du mot *Provincie*, & autour DEN. DVPLEX.

La onzieme eft un denier couronnat, qui pefe 16 grains. On y voit d'un côté une fleur-de-lis fous une couronne, avec ces mots, RO. IER. ET. SICIL. REX., & au revers une croix avec une fleur-de-lis, dans l'angle COMES. PROVINCIE. N° 11.

La douzieme eft un denier couronnat, femblable en tout à ceux qui avoient été frappés fous les règnes de Charles I, & de Charles II. Il n'y a de différence qu'en ce que celui-ci, eft mieux monnoyé, & qu'on y voit les deux lettres initiales du nom de Robert. N° 12.

La treizieme eft une autre efpèce de denier couronnat qui pefe 20 grains. Il y a au milieu le nom de Robert en abréviation ROB.T. fous une couronne, & au revers une croix avec une fleur-de-lis, & la légende COMES PROVINCIE. N° 13.

La quatorzieme eft une obole qui pefe 10 grains : elle eft femblable en tout au denier du n° 13. N° 14.

La quinzieme eft une monnoie de cuivre, & c'eft peut-être la feule que les Comtes de Provence ayent fait frapper en cuivre pur ; il y a une croix autour de laquelle on lit, ROBERTUS. REX. IHER. La légende du revers eft abfolument effacée ; on voit feulement au milieu le monograme de Robert. On ne peut attribuer cette monnoie qu'à Robert Roi de Sicile, quoique la forme des lettres ne reffemble point à celles qui font fur les autres monumens de ce Prince. N° 15.

Sous ce règne la monnoie réforciat valoit un quint de plus que la monnoie provençale. La preuve en eft dans une charte de l'an 1320, confervée dans les archives du chapitre de S. Victor de Marfeille, qui dit que 64 livres réforciates avoient la même valeur que 80 livres provençales.

MONNOIES.

L'Ordonnance du Sénéchal de Provence de 1337, dont nous avons déja parlé, contient la même évaluation. Les couronnats qu'elle compare aux provençaux, & qu'elle évalue un quint de plus, étoient les couronnats réforciats fabriqués en 1330.

La monnoie tournois de France valoit environ un sixieme de plus que la monnoie réforciat ; de sorte que le gros tournois à l'O, rond, qui valoit en France en 1325 quatorze & ensuite quinze deniers tournois, valoit en Provence la même année 16 deniers réforciats : cette évaluation est dans plusieurs chartes, & entr'autres dans l'acte de vente d'une partie de la terre de Signe, faite en 1325, par Bertrand de Porcelet, à l'Evêque de Marseille, moyennant la somme de 700 livres couronnats.

Les gros tournois qu'on fabriquoit à S. Remi valoient 14 deniers, & ils sont passés sur ce pied dans le compte du clavaire d'Avignon, de l'an 1315.

Les sols & les deniers guillelmins étoient encore en usage sous ce règne, & sur-tout dans le Comté de Forcalquier.

Il y a un hommage prêté à Hugues Evêque d'Apt en 1310, où la moitié d'un bœuf est estimée 25 sols guillelmins : *medietatem unius casti bovis valentis 25 solidos guillelmensium vel æquivalentis monetæ*. On peut juger par-là de la différence qu'il y avoit entre le prix des bêtes de labour, & celui des chevaux propres pour la guerre ; un bœuf valoit en 1310, cinquante sols guillelmins qui pesoient moins d'un marc d'argent, & en 1312, Raymond de Quiqueran, citoyen d'Arles, donna tant en son nom qu'au nom de la Communauté d'Arles, à Bertrand de Montolieu, la somme de 750 livres, qui faisoient plus de deux cens dix marcs d'argent, pour le prix de dix chevaux, ce qui revenoit à plus de vingt marcs par cheval, prix excessif, & qui me fait soupçonner qu'il y a quelque erreur dans le registre d'où cela est tiré (1).

---

(1) Ce qui pourroit justifier cela, c'est que Papire Masson, dans la Vie de

---

MONNOIES.

Le Blanc, p. 205.

Hist. de l'Eglise de Mars.

Gall. Christ. tome 1.

Arch. de l'Hôt. de Ville d'Arles.

Il paroît par une charte conservée dans les archives du Roi à Aix qu'en 1332, le marc d'argent valoit en Provence trois livres neuf deniers couronnats. *Marcha quælibet argenti à tribus mensibus proxime transactis citra valuit communiter, atque valet hodie coronatorum nunc currentium, libras tres & denarios novem.* Dans ce même temps l'argent valoit en France deux livres dix-sept sols six deniers le marc. En 1333, l'once d'or valoit en Provence 3 livres 12 sols couronnats. En France elle valoit 5 livres, & bientôt elle monta à un prix beaucoup plus haut.

MONNOIES.
Cott. 32. parva regestra armoir. C. fol. 6.

En l'année 1323, Robert fit lever en Provence un fouage, c'est-à-dire un impôt sur chaque feu; celui qui fut levé sur la ville de Castellane rendit la somme de quatre cent soixante-six livres six sols de petits réforciats.

Archives du Roi à Aix, premier compte de Bernard de Rosceli.

Cette même année, Jacques de Grasse, Syndic des Juifs des Comtés de Provence & de Forcalquier, fit un don gratuit au Roi de mille florins d'or, dont cinq pesoient une once.

Ibid.

JEANNE fille de Charles, Duc de Calabre, fils unique de Robert, succéda à son aïeul; elle eut quatre maris, dont les deux premiers, André de Hongrie, & Louis de Tarente eurent le titre de Roi. En 1380, c'est-à-dire, deux ans avant sa mort, elle adopta Louis Duc d'Anjou frère de Charles V, Roi de France, à condition qu'il lui succéderoit après sa mort dans tous ses Etats, & que pendant sa vie il prendroit seulement le titre de Duc de Calabre, qui étoit le titre que portoit l'héritier désigné du Royaume de Naples. Jeanne mourut le 21 Mai 1382.

MONNOIES DE JEANNE I.

Il nous reste un grand nombre de monnoies qui portent le nom de cette Princesse; mais nous n'avons d'elle que deux Edits sur la fabrication des espèces.

Le premier est du 23 Septembre 1347. Jeanne y ordonne la

Archives de Roi à Aix.

Louis III, Duc de Bourbon, ch. 22. p. 71. rapporte que le Duc d'Anjou fit présent à un Chevalier de la suite du Duc de Bourbon, d'un coursier qui valoit deux mille écus.

MONNOIES.

fabrication de petits deniers, dont 42 fols devoient peser une livre. *Moneta denariorum parvorum esse debet ponderis solidorum 42 per libram.*

Ibid.

Le second qui est du 15 Septembre 1350, porte le nom de Jeanne & de Louis de Tarente son second mari : il contient beaucoup de détails sur la fabrication des espèces d'or & d'argent. Il ordonne que les maîtres rationnaux y président : *magister sicle & alii ad sicle ministeria deputati sunt de foro magistrorum rationalium.*

On trouve plusieurs monnoies sur lesquelles on voit le nom de Louis & de Jeanne ; je n'hésite pas de les attribuer à Louis Prince de Tarente, second mari de Jeanne, dont nous venons de voir le nom à la tête de cet Édit. Ce Prince étoit fils de Philippe frère du Roi Robert. L'amour que cette Princesse avoit pour lui, fit qu'elle ne se contenta pas de lui faire porter le titre de Roi, comme avoit fait André de Hongrie, son premier mari ; elle partagea encore avec lui toute l'autorité, & voulut que son nom fut mis à la tête des actes émanés de l'autorité royale. Il y a apparence qu'elle voulut aussi qu'il fût mis sur les monnoies ; & sur ce que les Historiens nous disent de l'ascendant que Louis avoit pris sur cette Princesse, qui en essuyoit sans se plaindre les plus indignes traitemens, il est vraisemblable qu'elle consentit sans peine de partager avec lui toutes les prérogatives du trône.

Math. Villani, liv. 10. ch. 100.

Nous connoissons cinq différentes monnoies d'or de la Reine Jeanne.

Pl. 10. n° 1.

Les deux premieres sont des florins.

Le premier florin a d'un côté les armes de Jérusalem avec celles d'Anjou ; on lit autour IOHANA. DEI. GR. IHR. SICIL. REG. Il y a le revers ordinaire des florins, qui est la figure & le nom de S. Jean-Baptiste ; on voit à côté de la tête du Saint une fleur-de-lis surmontée d'un lambel, ce florin pese 2 deniers 8 grains.

N° 2.

Le second florin a une grande fleur-de-lis dans le champ ;

Avant la légende il y avoit une petite fleur-de-lis, & ensuite ces deux mots abrégés COITS. PRICIE. qui signifient *Comitissa Provinciæ*, & qui font que j'attribue cette monnoie à la Reine Jeanne : il y a au revers la figure & le nom de S. Jean-Baptiste avec une couronne sur la tête ; ce second florin pese 2 deniers 14 grains. Il conste par un rapport fait de l'autorité du Parlement en 1658, que les florins de la Reine Jeanne pesent 2 deniers 4 grains, & sont à 22 karats ¼ de fin : il y a apparence que les florins qui furent représentés lors du rapport de 1658, étoient usés pour avoir été long-temps dans le commerce.

MONNOIES.

La troisieme & la quatrieme monnoie sont semblables à des espèces d'or que Charles V fit frapper en France en 1365, qu'on nomma fleurs-de-lis d'or, ou florins d'or aux fleurs-de-lis ; elles valoient 20 sols, ce qui fut cause que dans la suite on leur donna le nom de francs d'or, parce que la maniere de comprendre par livres, composées de vingt sols, doit son origine aux François. Pour les distinguer des francs à cheval on les nomma francs à pied, parce que le Roi y est représenté à pied. La figure de Jeanne a la couronne sur la tête ; elle tient l'épée d'une main, & de l'autre la main de Justice. Sa cotte est semée de fleurs-de-lis. Ces deux monnoies sont absolument semblables ; il n'y a de différence que dans leurs légendes. On lit sur la troisieme IOHANA. DEI. G. IR. ET. SICIL. RE. & au revers COMETISSA PROVINCIE. ET. FORCACERII.

N° 3.
Le Blanc, p. 233.

Sur la quatrieme, on lit d'un côté IOHAN. REG. PRO. FOLC. ET. SICIL. Et au revers la légende ordinaire des monnoies d'or de France XPS. VINCIT. XPS. REGNAT. XPS. IMPERAT.

N° 4.

La cinquieme monnoie a d'un côté le buste de Jeanne, avec la couronne sur la tête, & le manteau royal sur les épaules. La légende est IOHAN. IHR. & SIC. REG. Le revers est mi-parti des armes de France & de Jérusalem ; on y lit, COMITSA. PVICE. ET. FORCAQE.

N° 5.

Les cinq monnoies suivantes sont d'argent.

MONNOIES.
N° 6. La sixieme est un sol couronnat, il pese 50 grains & ressemble en tout à ceux qui avoient été frappés sous le règne de Robert. On y lit I. IHR. ET. SICIL. REG. au revers COITISSA. PVIE.

N° 7. La septieme est un petit sol couronnat, qui porte la même empreinte & la même légende que le précédent. Il ne pese que 35 grains.

N° 8. La huitieme a la même empreinte que les deux précédentes. La légende est différente. Il y a d'un côté IOVA. D. G. SICIL. REG. & au revers COMISA. PRV.

N° 9. La neuvieme est un sol couronnat d'une autre forme que les précédents. Il pese 54 grains, & est beaucoup mieux monnoyé. Il y a d'un côté une grande couronne, qui caractérise la monnoie couronnée, & au-dessous deux fleurs-de-lis surmonteés d'un lambel. La légende est IOHAN. IHR. ET. SICIL. REG. Au revers il y a les armes d'Anjou avec celles de Jérusalem, & autour COMITSA. PVICE. ET. RORCAL.

Les deux suivantes n'ont été frappées que pour le Royaume de Naples. Elles sont rapportées par Vergara, p. 44.

N° 10. La dixieme a un aigle dans le champ, autour duquel on lit IVHANNA. REGINA. Il y a au revers la figure d'un Pape donnant la bénédiction S. PETRVS. PP.

N° 11. La onzieme a 4 lettres dans le champ G. V. A. N. que je crois être les lettres initiales du nom de Jeanne. On lit autour IVHA. REGINA. Il y a au revers la figure d'un Pape, & pour légende S. LEO. PAPA.

Quoiqu'en pense Vergara, il est très-possible que ces deux monnoies appartiennent à Jeanne seconde.

Les deux dernieres monnoies sont en cuivre, & ont été aussi frappées à Naples.

N° 12. La douzieme a d'un côté le buste de Jeanne avec la couronne sur la tête, & pour légendre IVH. REGINA. Il y a au revers une croix & une étoile IER. SICILIE.

La treizieme est attribuée à Jeanne par Vergara, quoiqu'elle ne porte pas son nom. Il dit qu'elle fut frappée la premiere année de son règne, à l'occasion de la construction d'un couvent de Religieuses à Naples, où se renferma la Reine Sanche, seconde femme du Roi Robert, après la mort de ce Prince. Cette monnoie, qu'on pourroit prendre pour un jetton, porte d'un côté une couronne, & pour légende AVE. MARIA. GRATIA. PL. Il y a au revers la même croix qui est sur les fleurs-de-lis d'or, & autour AVE. M.

Les carlins furent fort en usage en Provence sous le règne de Jeanne. Dans le testament de Guillaume de Sabran, du 8 Octobre 1353, soixante carlins sont évalués à une once d'or, & par lettres-patentes de Jeanne du 12 Juin 1379, elle constitua en faveur du couvent des Frères Mineurs de la ville de Marseille, une pension annuelle & perpétuelle de 30 onces d'or, valant chacune once 6 carlins, de bon poids, à prendre tous les ans sur les rentes & revenus du lieu d'Orgon ; au moyen de cette évaluation on voit que les florins n'avoient pas changé de valeur depuis le règne de Charles II, qu'ils valoient 12 carlins, & que 5 pesoient une once.

Dans un acte de vente du 16 Novembre 1348, fait par la même Reine, à Bertrand de Lubieres, du revenu annuel de 23 onces d'or, à prendre sur le poids & les censives des villes de Tarascon & d'Arles, l'once est évaluée à trois livres.

Sous ce règne le provençal valoit dix deniers. On trouve la note suivante dans le livre rouge du chapitre d'Aix, p. 270, *die 26 Mart.* 1348, *Bertrandus Bottini, draperius de aquis, legat ecclesiæ sancti Salvatoris Aquensi, pro gadio suo spirituali decem solidos monete tunc currentis, cujus provincialis argenti valebat decem denarios.* On sait que *gadium* ou *vadium* signifie testament : une charte de l'année 1346, rapportée dans le même livre, contient la même évaluation. Dans une translation passée en 1367, entre

MONNOIES.

Raymond des Baux & les habitans d'Aiguilles; il est dit *computato uno albo cum coronâ, pro decem denariis*. Cette monnoie qu'on nomme *albus cum coronâ*, est le provençal sur lequel il y avoit une couronne.

Il paroît par une charte de l'an 1367 qui étoit conservée dans le cabinet de feu M. le Président de Mazaugues, qu'on avoit fixé à Marseille à 34 sols, le prix auquel devoient passer dans le commerce les florins de Florence, & ceux du Pape appellés *de Camera*. Il fut en même temps statué que toutes les autres monnoies d'or seroient évaluées de gré à gré, & qu'on ne pourroit contraindre personne à les recevoir en paiement. *Alias vero pecunias auri nullus cogatur eas recipere nisi suâ liberâ voluntate.*

Sous le règne de Jeanne, on continua de battre monnoie dans la ville de S. Remi. Nostradamus l'atteste dans son histoire, p. 427; cette Princesse maintint la ville de Marseille dans le droit où elle étoit par ses chapitres de paix de faire battre monnoie; &

Hist. de Mars. t. 1. p. 324.

elle ordonna à Nicolas *de Filiis Ursi* de ne la point troubler dans ce privilége. Les Marseillois s'y maintinrent, jusqu'après la réunion de la Provence à la Couronne. Il paroît par les archives de l'Hôtel-de-Ville de Marseille, qu'en 1491, les Consuls donnèrent des lettres de maîtrise à un Marseillois pour fabriquer de la monnoie; & le Roi Charles VIII par ses lettres-patentes de l'an 1492, confirma la ville de Marseille dans le privilége de battre monnoie. Il est inutile de dire que la monnoie qu'on fabriquoit à Marseille étoit au coin du Prince.

Baluse, Vitæ Papar. Aven. t. 2. p. 762.

Pour connoître les différentes monnoies qui avoient cours en Provence sous ce règne, il faut recourir à l'inventaire fait à Avignon le 26 Mai 1366, après la mort du Cardinal Hugues Rogier, à l'occasion des espèces d'or & d'argent qu'on avoit trouvées dans ses coffres.

Il y avoit d'abord cent cinq mille deux cens soixante-sept florins de Florence, d'or fin, du poids de la Chambre, *boni & fini*

DE PROVENCE.

fini auri & ponderis Cameræ. Les florins de Florence étoient les espèces d'or les plus répandues dans ce siècle ; ils avoient cours dans toute l'Europe, & étoient recherchés à cause de la pureté de l'or qu'on y employoit, dont le titre étoit à 24 karats ; cinq florins pesoient une once. On y voyoit d'un côté une grande fleur-de-lis avec le mot, FLORENTIA. Il y avoit au revers la figure & le nom de S. Jean-Baptiste. Ils valoient 12 sols Tournois ou 16 sols Provençaux. Tous les Princes qui, dans le quatorzième & quinzième siècle, firent frapper des florins, leur donnèrent le même titre & le même poids qu'avoient ceux de Florence. Le Blanc rapporte qu'au commencement du règne de Charles V, on fit frapper en France des florins, semblables en tout à ceux de Florence, & que cela dura jusqu'à ce que Philippe, Duc de Bourgogne, dit dans l'assemblée des Etats Généraux du Royaume, convoqués à Paris, qu'il n'étoit pas de la dignité de la Couronne d'imiter les monnoies étrangères, & qu'il falloit cesser la fabrication de ces florins.

MONNOIES.

Tr. des Monnoies de France, p. 234.

Les autres espèces d'or étoient cinq mille florins de Piémont, & deux mille florins d'Arragon. Ceux-ci étoient frappés au coin de Pierre Roi d'Arragon, & avoient une épée à côté de la tête de S. Jean-Baptiste.

Cent florins du poids de la Chambre. Ces florins qu'on appelloit *de Camera*, parce que la Chambre Apostolique les faisoit frapper, étoient célébres dans ce siècle ; & comme ils étoient la monnoie courante du pays où vivoit le Cardinal Rogier, il est étonnant qu'on en ait trouvé une si petite quantité dans ses coffres. Villani dit que le Pape Jean XXII fut le premier qui en fit frapper en 1322. Ils étoient de même poids, au même titre & de la même forme que les florins de Florence. Autour de la fleur-de-lis on lisoit SANCTUS. PETRUS. SANCTUS. PAULUS. au lieu du mot FLORENTIA. & à côté de la tête de S. Jean-Baptiste étoit une mitre. Ce même Pape défendit sous peine d'excommunication aux Marquis de Monferrat & à quelques autres Princes d'Italie

Lib. 9. cap. 170.

Villani, lib. 9. cap. 279.

Tome III.   F f f f

MONNOIES

de faire frapper des florins d'or, semblables à ceux de Florence. Il y avoit d'autres florins de la Chambre qui étoient semblables en tout à ceux de Florence, excepté qu'ils avoient deux clefs en sautoir à côté de la tête de S. Jean-Baptiste. Ces florins étoient fort répandus en Provence en 1374. Marguerite Reine d'Ecosse donna mille florins de la Chambre pour la construction de l'Eglise de S. Victor de Marseille en 1378. La Reine Jeanne vendit Mison & la Bastide des Jourdans moyennant le prix de huit mille florins de la Chambre.

Cinq cens onze florins de la Reine de Sicile. Ce sont les florins frappés au coin de la Reine Jeanne.

Nonaginta Floreni auri del Graylhe : ces florins étoient connus en Provence. Il y a une charte de l'an 1362 conservée dans les archives de S. Victor de Marseille, qui dit, *recognoit se recepisse à cellerario S. Victoris 400 florenos auri de Grailha.* Le mot provençal *Grailha* signifie une corneille. Il y a apparence que la figure de cet oiseau étoit sur ces florins à côté de la tête de S. Jean-Baptiste, & que de là venoit leur nom. Je n'ai pas pu découvrir de quel Prince ils étoient.

Vingt-deux mille sept cent soixante-six écus d'or anciens, *scutatorum antiquorum auri.* Les premiers écus d'or ont été frappés en France sous le règne de Philippe de Valois en 1336. Ils étoient d'or fin, & 54 pesoient un marc, qui valoit alors 50 livres. Le Roi Jean en fit frapper en 1350 du même poids, mais seulement à 21 karats de titre. Il y a apparence que ceux que laissa le Cardinal Rogier étoient de Philippe de Valois.

Cinq mille royaux d'or anciens, *regalium antiquorum auri.* Les premiers royaux d'or ont été frappés sous Philippe-le-Bel en 1295. Charles-le-Bel & Philippe de Valois en firent aussi frapper. Il est difficile de savoir de quel Prince étoient ceux-ci.

Huit cens cinquante-cinq francs d'or. Le franc d'or fut frappé sous le règne de Jean en 1361 : il étoit d'or fin, & 63 pesoient un marc qui valoit 60 livres.

Cinq cens pavillons d'or, *pavilhioneles auri*. Philippe de Valois fit frapper des pavillons d'or en 1339. Ils étoient d'or fin, & on en tailloit 48 au marc : le Roi y étoit représenté assis sous un pavillon.

Cinq cens agnels d'or, *agni auri*. S. Louis fit frapper en 1226, des monnoies d'or qu'on appella agnels, à cause de l'agneau pascal, qui y étoit représenté : on en tailloit 59 au marc : tous les successeurs de S. Louis en firent frapper, excepté Philippe de Valois. Le Roi Jean les fit plus forts : il n'en entroit que 52 au marc. On les appella moutons d'or sous son règne, & sous celui de ses successeurs, qui en firent tous frapper jusqu'à Charles VII inclusivement.

Quatre-vingt-dix-sept ducats d'or, *ducati auri*. Les ducats ont été ainsi appellés parce qu'ils étoient la monnoie du Duché de Pouille. Rogier, Roi de Sicile, fut le premier qui en fit frapper vers l'an 1140. Les ducats de Venise furent fort célèbres ; on en frappa dans cette Ville dès le treizieme siècle.

Gloss. de du Cange, in v°. Ducatus.

Les monnoies d'argent qu'on trouva dans les coffres du Cardinal Rogier consistoient en gros du Pape, gros tournois, gros crossés, sterlings, pavillons d'argent, & douzains. Il y avoit aussi de petits tournois qu'on appelloit monnoie noire.

Il y avoit 292 gros d'argent du Pape, *grossi argenti Papales*, qui valoient chacun 2 sols, monnoie d'Avignon. Douze de ces gros valoient un florin ; ils faisoient en tout la valeur de 24 florins 3 gros.

Il y avoit encore 1120 gros du Pape qui valoient chacun 2 sols 4 deniers, monnoie d'Avignon : il ne falloit que 10 de ces gros pour faire un florin : ils valoient en tout 112 florins. Ces derniers gros étoient vraisemblablement du Pape Clément VI, qui en fit fabriquer de plus forts qu'aucun de ses Prédécesseurs.

Plus, 5693 gros tournois d'argent du Roi Philippe, *in grossis turonensibus argenti Regis Philippi*. Dix de ces gros valoient un

MONNOIES.

florin ; ils faifoient la valeur de 569 florins. Il y a apparence que ces gros étoient des monnoies de Philippe de Valois : on en tailloit 60 au marc. Leur valeur varia beaucoup fous fon règne. En 1329 ils valoient 12 deniers : en 1343 ils furent portés jufqu'à 3 fols 9 deniers.

Plus, 1099 gros d'argent croffés. *Groffi argenti, vocati croffati :* 12 gros croffés valoient un florin. Ils faifoient en tout 91 florins 7 gros. Il y avoit dans ce temps-là plufieurs Évêques & plufieurs Abbés qui avoient droit de battre monnoie. Quelques-uns mettoient fur leurs monnoies l'empreinte d'une croffe : il y a un denier d'un Archevêque d'Arles où l'on voit d'un côté une croix, & de l'autre une croffe. Ceux des Evêques de Viviers, de Cahors & de Meaux font de même. Il y a des gros d'argent des Evêques de Metz, où ils font repréfentés croffés & mitrés. Les monnoies des Abbés de Souvigni, de S. Médard de Soiffons & de Corbie, ont auffi une croffe.

Plus, 19 livres 15 fols fterlings, qui valoient 66 florins ; chaque fterling étant pris pour 4 deniers. Les fterlings étoient, comme nous l'avons déja dit, une monnoie d'argent des Rois d'Angleterre. Un denier fterling valoit 4 deniers tournois ; & treize fols quatre deniers fterlings pefoient un marc d'argent.

Plus, en pavillons d'argent, *in pavilhionibus argenti,* la valeur de 824 florins, 7 gros, en prenant 24 douzains pour un florin. Les feuls douzains qu'on connut dans ce fiècle avoient été frappés par le Dauphin Humbert II en 1340. Ils valoient 12 deniers.

Enfin en monnoie noire du Roi de France ; favoir en petits tournois la valeur de 30 florins, en comptant 20 fols de monnoie noire par florin.

MONNOIES DE JEANNE ET DE LOUIS DE TARENTE SON SECOND MARI.

Il y a cinq monnoies fur lefquelles on voit les lettres initiales de Louis & de Jeanne : j'ai déja dit que je les attribuois à Jeanne & à Louis Prince de Tarente fon fecond mari.

DE PROVENCE.

La premiere eſt un florin dont la légende du côté de la fleur-de-lis eſt L. ET. I. REX. REG.

La ſeconde eſt le ſol couronnat ordinaire. La légende eſt L. ET. IHR. ET. SICIL. REX. & au revers COMES. ET. COMTSA. PVICE. Il peſe 35 grains.

La troiſieme eſt un autre ſol couronnat dont la légende eſt ſemblable à celle du précédent, il n'y a de différence qu'en ce que le mot REX. eſt ſous la couronne. Cette monnoie n'eſt pas d'argent pur, & peſe 26 grains.

La quatrieme eſt encore un couronnat qui ne reſſemble aux deux précédens que par la légende. La couronne eſt dans un champ ſemé de fleurs-de-lis ſans nombre au haut duquel il y a un lambel. On voit au revers les armes de Jéruſalem. Cette monnoie eſt d'argent pur & peſe 33 grains.

La cinquieme eſt une monnoie de billon qui peſe 16 grains. Il y a une fleur-de-lis ſous un lambel, & elle reſſemble à la précédente pour le revers & pour la légende.

Louis d'Anjou, fils de Jean Roi de France & de Bonne de Luxembourg, naquit le 23 Juillet 1339. Le Roi ſon pere érigea le Comté d'Anjou en Duché, & le lui donna avec le Comté du Maine par lettres-patentes du mois de Décembre 1360. La même année il épouſa Marie de Bretagne, fille de Charles de Blois Duc de Bretagne. Jeanne Reine de Naples & Comteſſe de Provence, l'adopta par ſes lettres-patentes du 29 Juin 1380, & le déclara héritier du Royaume de Naples & des Comtés de Provence & de Forcalquier; en cette qualité elle le nomma Duc de Calabre, & après la mort de Jeanne il paſſa dans le Royaume de Naples à la tête d'une armée. Il y mourut le 21 Septembre 1384.

Les monnoies qu'ont fait frapper en Provence & à Naples les Rois Louis I, Louis II & Louis III, portent toutes la même légende LVDOVICVS. IHALM. & SICILIE. REX. COMES. PVICIE.

Monnoies.
Planche 4. n° 2.
N° 2.

N° 3.

N° 4.

N° 5.

Monnoies de Louis I.

MONNOIES.

& il n'eſt pas aiſé de diſtinguer celles qui appartiennent à chacun de ces trois Princes ; il eſt pourtant vraiſemblable que le plus grand nombre de ces monnoies a été frappé ſous le règne de Louis I, quoiqu'il ait été beaucoup plus court que ceux de ſon fils & de ſon petit-fils ; mais il étoit bien plus riche qu'ils ne le furent jamais.

A la mort du Roi Charles V ſon frère, il s'empara de tous les tréſors que la ſageſſe & l'économie de ce Prince avoit amaſſés. Les Hiſtoriens nous ont conſervé là-deſſus des détails qui ſont intéreſſans. Il trouva d'abord dans une ſalle voûtée du Palais, une quantité conſidérable d'or & d'argent réduite en lingots: ayant appris enſuite des Officiers de la garde qu'il y avoit une partie du tréſor cachée dans le Château de Melun, il employa les plus grandes violences auprès de Philippe de Savoiſy, un des Chambellans du Roi, pour ſavoir le lieu du dépôt; celui-ci ne dit ſon ſecret que quand le Duc d'Anjou eut fait appeller le Bourreau, & lui eut ordonné de couper la tête à Savoiſy. On trouva dans l'épaiſſeur d'un mur à l'endroit que Savoiſy indiqua, beaucoup de lingots d'or & d'argent que le Duc fit enlever. Il y a des Hiſtoriens contemporains qui ont évalué à dix ſept millions de livres les tréſors que Charles V laiſſa à ſa mort, ſomme énorme eu égard au prix du marc d'argent qui ne valoit dans ce temps-là que 5 livres 16 ſols ; de ſorte qu'il falloit le poids de près de trois millions de marcs pour faire la valeur de 17 millions de livres.

Le Duc d'Anjou joignit à ces tréſors des ſommes immenſes qu'il extorqua aux peuples pendant qu'il étoit Régent du Royaume ſous la minorité du Roi Charles VI ſon neveu ; il les employa à lever une armée à la tête de laquelle il devoit aller venger la Reine Jeanne que Charles de Duras tenoit priſonniere à Naples, & qu'il fit mourir le 22 Mai 1382. Louis ſe propoſoit en même temps de recueillir la ſucceſſion de cette Princeſſe ;

DE PROVENCE.

il employa deux ans à faire les préparatifs de son expédition : pendant ce temps il fit frapper à son coin une grande quantité de monnoies d'or & d'argent : on voit dans les regiſtres de la Cour des monnoies de Paris, que les ouvriers de la monnoie furent long-temps occupés par ſes ordres ; & Froiſſard atteſte que pendant ſon expédition d'Italie ſon armée étoit payée en eſpèces frappées à ſon coin. Voici le paſſage de cet Auteur. *Allant en Italie avec une puiſſante armée, tenoit par tout tel état comme Roi, & avoit ſes ouvriers de monnoie, qui forgeoient florins & blanche monnoie, dont il faiſoit ſes paiemens, & faiſoit ainſi par toute la Lombardie & la Toſcane.*

MONNOIES.
Reg. E. fol. 23. 25. 29.
Froiſſard, vol. 2. cap. 88. p. 161.

Le Laboureur en ſon Hiſtoire de Charles VI, dit que le Duc d'Anjou étant arrivé à Avignon, y fit battre monnoie d'or avec la qualité & les marques de la Royauté. Selon Froiſſard, le bruit public étoit que le tréſor que ce Prince avoit dans le Château de Roquemaure près d'Avignon, montoit à deux millions de florins.

Liv. 2. ch. 8.
Vol. 2. ch. 88. p. 160.

La premiere monnoie de Louis I que nous rapporterons eſt un florin d'or aux fleurs-de-lis. Il eſt conſervé dans le cabinet du Roi. Louis y prend le titre de Duc de Calabre : la légende eſt LVDOVICS. DVX. KALABRI. AND. & au revers XPC. VINCIT. XPC. REGNAT. XPC. IMPERAT. Quoique l'acte d'adoption de ce Prince portât la condition expreſſe qu'il ne prendroit le titre de Roi de Sicile qu'après la mort de Jeanne, & que juſqu'alors il ſe contenteroit de celui de Duc de Calabre, il n'obſerva pas exactement cette condition. Un Auteur comtemporain obſerve que les Provençaux furent fort choqués de ce qu'il prenoit le titre de Roi de Sicile & de Jéruſalem du vivant de Jeanne, & pour ménager leur délicateſſe il le quitta, ſe contentant de celui de Duc de Calabre. Il y a apparence que cette monnoie a été frappée, lorſque Louis, voulant plaire aux Provençaux, quitta le titre de Roi pour s'en tenir aux termes de ſon adoption.

Planche II. n° 1.

Journal de Jean Lefevre, rapporté par le Laboureur, dans l'Hiſt. de Charles VI.

MONNOIES.

Les monnoies suivantes peuvent également appartenir à Louis I, Louis II ou Louis III. Elles portent toutes le nom de Louis, & il n'y a rien qui puisse faire connoître celui de ces trois Princes sous lequel elles ont été frappées.

N° 7. La seconde monnoie est un florin qui ressemble en tout à ceux de la Reine Jeanne : il n'y a de différence qu'à la légende qui est LVDOV. D. GRA. IHR. ET. REX. Ces florins sont fort communs en Provence : les Orfèvres en fondent une grande quantité. Ils pesent deux deniers & six grains.

N° 8. La troisieme est un sol couronnat qui est semblable à ceux de Jeanne ; la légende est LVDOV. IHR. ET. SICIL. REX. au revers COMES. PVICIE. ET. FORCA. Il conste par un rapport juridique fait de l'autorité du Parlement en 1658, que le sol couronnat du Roi Louis I, pesoit en 1395, un denier & demi, & étoit à 10 deniers 22 grains de fin. J'ai vu des sols couronnats qui pesoient jusqu'à un denier & 20 grains.

N° 9. La quatrieme est un sol couronnat, différent du précédent & beaucoup plus petit. Il pese 18 grains ; il y a le mot REX. sous la couronne ; la légende est semblable à celle du précédent ; il y a une croix au revers.

N° 10. La cinquieme est une petite monnoie d'argent rapportée par Vergara. Elle a été frappée à Naples. Il y a d'un côté quatre lettres dans le champ & autour LVDOVICVS. REX. On voit au revers la figure de S. Pierre avec la mître sur la tête S. PETRVS. P. P. E. S.

Louis I ne fut jamais paisible possesseur de la Provence ; Charles de Duras y avoit un parti fort considérable ; & jusqu'à sa mort qui arriva en 1386, il fut reconnu par la plus grande partie de la Province. La ville de Nice reconnut après lui son fils Ladislas, & se donna enfin à Amédée VII, Comte de Savoie, plutôt que de reconnoître le Roi Louis II qui avoit succédé à son Pere. Les Partisans de Charles de Duras ne firent jamais frapper en Provence de monnoie à son coin, parce que les principales Villes de de la Province, à l'exception d'Aix, tenoient le parti de Louis, & que les chefs de celui de Charles étoient des brigands, qui cherchoient bien plus à dévaster la Province, pour s'enrichir de ses dépouilles, qu'à y former un établissement solide.

MONNOIES.

Louis II, fils de Louis I, naquit le 7 Octobre 1377. Il étoit fort jeune quand son pere mourut ; il le laissa sous la tutelle de Marie de Blois sa mere. Louis fut couronné Roi de Naples à Avignon au mois d'Octobre 1387 par le Pape Clément VII. Il épousa le 2 Décembre 1400 Iolande d'Arragon, fille de Jean I Roi d'Arragon, & mourut à Angers le 29 Avril 1417.

MONNOIES DE LOUIS II.

Il y a dans les archives de la Province deux pièces sur les monnoies de Louis II. La premiere est le procès-verbal d'ouverture des boëtes de la monnoie de Tarascon, faite le 10 Septembre 1411, par Jean Drogoli, Maître Rational : il trouva sept florins & deux demi, *septem florenos duos medios tailhatos in auro de cugno Domini nostri regis*. Il n'est pas aisé d'entendre ce que signifie *duos medios*. Il n'y a jamais eu de demi-florin d'or. Seroit-ce les deux moitiés d'un florin partagé par le milieu ? Il y avoit encore 104 gros d'argent & un demi *tailhatos de cugno regio*, un carlin au coin du Roi Robert *carlenum argenti cum imagine Regis Roberti*. 248 patacs noirs, *patacos nigros* : sur l'examen qui fut fait par l'essayeur, il trouva que les 7 florins & deux demi pesoient 20 deniers, ce qui revient à 2 deniers douze grains par florin, & 1 denier 6 grains par demi-florin. Leur titre étoit à 22 karats & 5 huitiemes ; le poids des gros d'argent étoit de 82 par marc ; leur titre étoit de dix deniers 22 grains. Le titre du carlin étoit à onze deniers 4 grains & trois quarts. Le poids des patacs étoit de 183 au marc ; leur titre de 2 deniers 12 grains & demi.

Le second titre est une convention passée en 1412, avec le Maître de la Monnoie de Tarascon, au sujet des espèces d'or & d'argent, qu'il devoit fabriquer. Il y est parlé de florins, de gros

Tome III. Gggg

MONNOIES.

d'argent, de quatrins, de patacs, de doubles, de deniers Provençaux ou Robertins, & de petits deniers.

Les florins doivent être à 22 karats, il en doit entrer 81 au marc. Le titre de ces florins est un peu au-dessous de celui des florins, qui l'année d'auparavant avoient été trouvés dans les boëtes de la Monnoie de Tarascon : le poids est à-peu-près le même. Le remede de loi sera d'un huitieme de karat. Le remede de poids d'un quart de florin. Le profit sur chaque marc sera d'un florin 3 gros, dont 9 gros pour le droit de Seigneuriage, & 6 gros pour le Maître de la monnoie.

Les gros doivent être à 11 deniers de titre. Cent peseront un marc. Le remede de loi sera de 2 grains, le remede de poids 3 gros. Les Marchands qui porteront l'argent à la Monnoie recevront pour chaque marc d'argent 7 florins 10 gros. Il restera six gros de profit, dont 3 pour le Maître & 3 pour le droit du Roi.

Les quatrins vaudront 4 deniers Provençaux, ou 6 petits deniers. 4 quatrins voudront un gros, la loi sera de 5 deniers, 12 grains, 17 sols, & peseront un marc ; le remede de loi sera 2 grains, le remede de poids quatre quatrins. Le billon sera payé aux Marchands sur le pied de 3 florins 11 gros par marc ; le profit sera de 3 gros pour le Maître & d'un gros pour le Roi.

Les patacs vaudront 2 deniers Provençaux, ou 3 petits deniers, 2 patacs vaudront 1 quatrin ; leur titre sera à 2 deniers 6 grains ; il en entrera 16 sols 6 deniers au marc. Le remede de loi 2 grains, le remede de poids 4 patacs ; la matiere dont on fera les patacs sera payée 1 florin 8 gros. Il restera 4 gros & 4 deniers de profit, qui sera pour le Maître de la Monnoie.

Les doubles deniers vaudront chacun 2 petits deniers. 3 Doubles vaudront un quatrin ou deux patacs. Leur titre sera à un denier 18 grains, leur poids de 20 sols par marc ; remede de loi 2 grains ; remede de poids 6 doubles. Le prix de la matiere sera payée aux Marchands 1 florin 7 sols 6 deniers par marc.

DE PROVENCE.

Les deniers Provençaux ou *Robertoni Provinciales vel Robertoni* seront du poids de 260 au marc, & au titre d'un denier 3 grains, le remede de loi sera de 2 grains, & le remede de poids de 6 robertons. Le profit du Maître de la Monnoie sera de 4 grains 3 deniers.

On fera de petits deniers dont 24 vaudront un gros. Ils seront à 22 grains de loi ; leur poids sera de 26 sols par marc *pro marco curiæ*. Le remede de loi sera de 2 grains, le remede de poids de 6 deniers ; le marc de cette matiere sera payé aux Marchands 17 sols 7 deniers : le profit du Maître de la Monnoie sera de 8 sols 6 deniers par marc, *pro suo labore & calamento*.

Comme nous venons de le voir, on frappa sous le règne de ce Prince des florins semblables à ceux de Louis I. Ce ne furent pas les seules espèces d'or qu'il fit frapper, il y a dans le cabinet du Roi trois écus d'or à la couronne, que je crois pouvoir lui attribuer. Ils sont semblables à ceux que Charles VI fit frapper en France au mois de Mars 1384. Et précisément dans ce temps Louis I étoit engagé dans sa malheureuse expédition de Naples, & n'avoit gueres le moyen de faire imiter les monnoies qu'on frappoit en France. Il faut par conséquent les attribuer à Louis II son successeur. Ces écus sont de même poids & au même titre que ceux de Charles VI, dont 60 pesoient un marc, & avoient cours pour 22 sols 6 deniers.

Le premier a d'un côté l'écu du Duc d'Anjou surmonté d'une couronne, & pour légende LVDOVICVS. DEI. GRA. IHA!M. ET. SICIL. REX. Au revers il y a une croix ornée de fleurs-de-lys & autour POSVI. DEVM. ADJVTOREM. MEVM.

Le second est en tout semblable au premier, il n'y a de différence qu'à la légende du revers, où on lit en caractères à demi-effacés XPS. REX. VEIT. IN. PACE. DEVS. HO. FAC. EST. ; c'est-à-dire, *Christus Rex venit in pace, Deus homo factus est.*

MONNOIES.

Planche 12. n° 1.

N° 2.

Monnoies. N° 3.

Le troisieme est semblable au second : il n'y a de différence qu'à l'écu d'Anjou qui n'a que trois fleurs-de-lys.

On frappa sous ce règne des sols couronnats : on voit par le bail de la Monnoie de Tarascon qu'on les appelloit gros ; ils étoient de même poids & au même titre que ceux de Louis I.

Je n'ai jamais rencontré de quatrins, de patacs, de doubles deniers, ni de deniers qui portassent le nom de Louis.

Par l'article 26 de la convention que le Roi Louis II passa en 1385 avec la ville d'Arles, il s'obligea de faire battre de la monnoie d'or & d'argent dans cette Ville ; mais il ne paroît pas que cela ait eu lieu.

Monnoies de Louis III.

Louis III, fils de Louis II, naquit le 24 Décembre 1403. Il épousa en 1431 Marguerite de Savoye, fille d'Amé I Duc de Savoye, dont il n'eut point d'enfans. En 1423 il fut adopté par Jeanne seconde, Reine de Naples, & mourut à Cozence en Calabre le 14 Novembre 1434. M. de Boze, dans des notes manuscrites sur les monnoies de Provence, attribue à Louis III, & à Jeanne II, Reine de Naples, les monnoies qui portent le nom de Louis & de Jeanne & que nous croyons appartenir à Jeanne I & à Louis de Tarente son second mari ; il se fonde sur ce que pendant tout le temps que Louis III survécut à son adoption, qui fut de onze ans, il vécut dans la plus parfaite intelligence avec Jeanne. Mais il faut observer que si ce Prince avoit fait mettre le nom de sa bienfaitrice sur les monnoies qu'il faisoit frapper en Provence, il n'auroit pas manqué de le faire mettre sur tous les actes émanés de lui, parce qu'il est d'usage que quand les noms de deux Princes sont réunis sur les monnoies, ils le sont aussi dans tous les actes qui portent le nom du souverain ; & nous avons un nombre infini de chartes de ce Prince, faites depuis son adoption, où il n'y a que son nom sans celui de la Reine de Naples.

On peut encore ajouter que l'adoption que cette Princesse fit de Louis, étoit une raison de plus pour qu'elle fît mettre le nom de ce Prince sur les monnoies qu'elle faisoit frapper à Naples, ce qu'elle n'a cependant jamais fait, comme on peut s'en convaincre par toutes les monnoies que Vergara nous en a conservé. Dans l'intention où elle étoit de lui donner tous ses Etats, il n'y avoit aucun inconvénient pour elle de faire cette démarche, au lieu qu'il y en avoit beaucoup pour Louis de réaliser de quelque maniere que ce fût les prétentions de la Reine de Naples sur la Provence ; l'inconstance & les variations qu'il y eut toujours dans la conduite de cette Princesse devoient lui faire craindre qu'elle ne persistât pas dans les dispositions favorables où elle étoit en sa faveur ; & alors ses héritiers, quels qu'ils fussent, auroient pu abuser des marques de déférence que Louis lui auroit données, & s'en feroient fait un titre pour réclamer des droits pour lesquels Charles de Duras son pere avoit combattu si long-temps, & que Ladislas son frère & Jeanne elle-même n'avoient jamais abandonné.

Je ne connois aucune monnoie qu'on puisse attribuer à ce Prince plutôt qu'à son pere & à son aïeul. Sous son règne on continua de fabriquer des florins & des couronnats ou gros d'argent, entiérement semblables à ceux fabriqués sous les deux règnes précédens.

Les monnoies de France furent très-communes dans cette Province depuis le règne de Louis I. Les paiements étoient souvent stipulés en francs & en écus d'or du Roi de France. Il y en a même des exemples dans les actes passés au nom du Souverain. Le 13 Septembre 1389, la Reine Marie, veuve de Louis I, vendit à la ville d'Arles le Château d'Aureille (1) pour le prix

MONNOIES.

―――――――――

(1) Ce même Château d'Aureille avoit été vendu à la ville d'Arles par Bernard Sibilionis en 1224, pour le prix de trente-six mille sols raymondins.

MONNOIES.

Hist. des Evêques de Marf.
t. 2. p. 549.

Archiv. de la
ville d'Arles.

de mille francs d'or (1) par une quittance du 10 Mars 1400. L'Evêque & le Chapitre de Marseille reconnurent avoir reçu du Tréforier de la Gabelle du sel de Berre 180 francs d'or de bon poids, que la Reine Marie & ses deux fils le Roi Louis & Charles Prince de Tarente, avoient donnés pour réparer la châsse de S. Lazare. Cette charte évalue le marc d'argent à six francs d'or : on voit par-là que le marc d'argent étoit en Provence à-peu près au même taux qu'en France où il valoit six livres huit sols ; en 1396, la Reine Marie approuva le traité par lequel la Communauté d'Arles avoit promis de donner aux Gens d'armes de Raymond Roger, quinze saumées de bled & cinquante écus d'or (2) par mois. On voit dans les registres de la Chambre des Comptes qu'en 1428 les appointemens de Marguerite de Castillon, Dame d'honneur (3) de la Reine, femme de Louis III, étoient de cent vingt écus d'or, chaque écu valant dix-huit gros.

Les florins d'or étoient les monnoies la plus répandues dans ce siècle ; leur valeur ne varia pas en Provence. Les Officiers de la Chambre des Comptes d'Aix donnèrent un certificat juridique le 14 Août 1604, par lequel ils attestèrent, d'après les recherches qu'ils en avoient fait dans les archives du Roi, que depuis l'année 1406, jusqu'en 1434, les florins d'or valoient seize

---

(1) Dans le contrat de mariage du 17 Juin 1408 entre Sparroti de Castellane, Seigneur d'Andon, & Ontrange Carbonel, fille de Laugier Carbonel, Seigneur du Canet, les francs d'or font évalués vingt sols provençaux, *franco quolibet pro solidis provincialibus viginti computato.*

(2) Dans un acte de 1413, qui est aux archives du Chapitre d'Aix, trois florins valant 24 sols chacun, monnoie d'Avignon, sont évalués deux écus d'or du Roi de France.

(3) *Nobili mulieri Margaritæ de Castillione, in comitiva dilectissimæ consortis.* Les Reines de France n'avoient que des filles dans leur Maison ; on les appelloit les filles de la Reine. Anne de Bretagne a commencé à attirer des femmes à la Cour, & ce ne fut que sous François I qu'elles y parurent avec éclat. Brantome. Abrégé chron. du Pr. Hainault.

sols Provençaux ou 12 sols tournois ; le sol Provençal étoit composé de douze deniers dont il falloit seize pour faire le sol tournois. Ils attestent encore que la livre couronnée étoit de 20 sols couronnats, & le sol couronnat de 13 deniers, & que 300 livres couronnées réduites en florins font quatre cent soixante huit florins & neuf sols.

MONNOIES.

Tous les monumens de ce siècle attestent l'exactitude de cette évaluation : l'article 32 de la convention passée en 1385 entre le Roi Louis II & la ville d'Arles confirme les priviléges des Juifs qui sont réputés citoyens d'Arles moyennant la somme de 200 florins d'or du coin de la Reine, valant seize sols chacun. *Ducentos florenos auri currentes cugni Dominæ nostræ reginæ valoris uniuscujusque sexdecim solidorum monetæ curribilis.*

En 1390 Jacques Ardici, Bénéficier de l'Eglise d'Aix, fonda une Chapelle au grand autel de l'Eglise de Notre-Dame de Beauveset, & la dotta de 40 émines de bled payables anuellement, ou de vingt florins d'or de la valeur de seize sols Provençaux, *valoris 16 solidorum provincialium sive communiter currentium in civitate Aquensi.*

MSS. de Mazaugues.

En 1406 François de Pontevés passa une transaction avec la Communauté de Bargeme pour les droits Seigneuriaux, où les florins sont évalués 16 sols, les blancs y sont évalués 10 deniers ; c'est le premier acte passé en Provence, où il soit parlé de blancs.

Ibid.

En 1431 le Roi Louis III, à l'occasion du mariage de sa sœur Iolande avec François I, Duc de Bretagne, imposa 200 florins sur la Communauté de Berre & 150 sur celle d'Istres, qu'il évalua 16 sols pièce.

Il est inutile de rapporter plus de preuves de l'évaluation des florins, ils ont été constamment fixés à 16 sols Provençaux. Si dans quelques actes de ce siècle, on leur donne un prix différent, c'est que l'évaluation en est faite en monnoie foible ; par exemple, dans un acte que nous avons déja cité, qui est dans les archives du Chapitre d'Aix, le florin est estimé 24 sols monnoie d'Avignon ; & comme nous l'avons déja observé, le gros d'Avignon valoit 2 sols. Dans un dénombrement de la Prévôté de Sisteron du 19 Décembre 1425, les florins sont évalués à 12 gros du Pape, & la livre à 15 gros.

<small>Monnoies. Mss. de Mazaugues.</small>

Le poids des florins n'a pas plus varié que leur valeur. 5 florins pesoient une once d'or ; je n'en cite qu'un seul exemple sur un grand nombre que je pourrois rapporter.

<small>Arch. des Dominicains d'Aix.</small>

En 1410 Louis II céda aux Dominicains d'Aix, en échange de certains droits que ses prédécesseurs leur avoient donné, une rente annuelle de 3 onces d'or valant 15 florins, *uncias auri tres valentes florenos auri curribiles quindecim.* Depuis le règne de Charles II, où les florins ont commencé d'avoir cours en Provence, il est dit dans toutes les chartes que cinq florins pesent une once d'or; leur poids n'a jamais varié (1).

Dans une charte de l'an 1393, il est parlé de la redevance d'une obole d'or.

<small>Arch. d'Arles.</small>

Ad eandem legem quâ erit argentum de Montispessulano. L'Ordonnance de Guill. Estendardus, Sénéchal de Provence, de l'an 1267 *de facto billoni emendi,* parle du marc de Montpellier comme du poids auquel on pesoit les matieres qu'on recevoit aux Hôtels des Monnoies, *Magistri Monetæ dent pro marca Montispessulani de Provincialibus veteribus. 19 sol 2 deniers Provincialium coronnatorum novorum.*

---

(1) Il reste à savoir ce que pesoit l'once dont on se servoit dans ce siecle, en la réduisant au poids actuel; les florins qui portent le nom de Louis pesent 2 deniers 5 grains. Suivant le procès-verbal d'ouverture des boëtes de la Monnoie de Tarascon, de l'an 1411, & le bail de la même Monnoie de 1412, ces florins devoient peser 2 deniers 12 grains ; en multipliant ce poids par 5, il nous donne l'once dont on se servoit, qui étoit de 4 gros 12 grains, au lieu qu'elle est maintenant de 8 gros. Cette once pesoit 300 grains, & le marc 2400. Le marc actuel pese 4608 grains. Le marc de Montpellier a été longtemps en usage en Provence ; il paroît par le statut de Marseille qu'on suivoit le poids & l'alloi de Montpellier pour les especes qu'on fabriquoit dans cette Ville, *non debeat exire argentum de dicto Esmero nisi esset judicatum.*

<small>Stat. Massil. lib. 2. cap. 57. p. 172.</small>

Une

DE PROVENCE.

Une charte de Jacques, Roi d'Arragon, de l'an 1309, fait connoître le poids du marc de Montpellier, *confitemur nos debere... Jacobo Regi Majoricæ, patruo nostro, 160 millia Turonensium argenti S. Ludovici Regis Franciæ de Lege. II denar. & oboli quorum Turonensium 57 minus tertia parte unius ponderant unam marcham ad pensum Montispessulani.* On voit par-là que le poids du marc de Montpellier étoit moindre que celui dont on se servoit pour la monnoie du Roi de France. Il entroit au marc 58 tournois de S. Louis, de 3 deniers 7 grains chacun, ce qui faisoit en tout 4549 grains ; par conséquent le marc de Montpellier qui ne pesoit que 56 tournois & 2 tiers, étoit de 4444 grains. Il pesoit 105 grains moins que le marc de S. Louis ; & celui-ci avoit 59 grains moins que le marc dont on se sert aujourd'hui, qui est de 4608 grains.

Au milieu du treizieme siecle on se servoit dans les États du Comte de Toulouse, qui comprenoient une partie de la Provence, du marc de Troyes. La preuve en est dans les comptes des Domaines d'Alphonse, dernier Comte de Toulouse. On y voit qu'on lui envoya pendant la premiere Croisade de S. Louis au passage de Mai 1250, douze livres douze sols sterlings qui pesoient dix marcs & cinq onces ; on sait que le marc de Troyes pesoit 14 sols 2 deniers sterlings, en comptant 10 marcs 5 onces sur le pied de 14 sols 2 deniers le marc, on trouve 12 livres 12 sols. Le marc de Troyes n'étoit pas seulement connu en France, mais encore dans une partie de l'Europe, à cause des Foires de Champagne où il se faisoit un commerce fort considérable.

Dans une autre charte du 26 Janvier 1395 on voit que les sols melgoriens étoient encore en usage en Provence ; il y est dit qu'ils sont de la même valeur que les sols tournois.

Les patacs commencerent à avoir cours en Provence les premieres années du quinzieme siecle ; ils valoient deux deniers provençaux ou trois petits deniers. On leur donnoit différens

Monnoies. Gloss. de du Cange, in v°. Turonenses.

Le Blanc, p. 171.

Hist. de Lang. tom. 3. prem. vol. 483.

Dict. du Commerce, in v°. Marc.

MONNOIES.

Hist. de Dauphiné, t. 2. p. 516.

Archives de l'Hôtel de Ville d'Arles.

noms, *patacus, patarus, patagus, patacius*; ils avoient commencé à être connus en Dauphiné dès le siècle précédent; il y a une charte d'Humbert II de l'an 1343 qui les évalue à 3 deniers, *patacius niger pro tribus denariis.* Le premier acte passé en Provence, qui fait mention des patacs, est une Ordonnance du Roi Louis II de l'an 1413, qui exempte les habitans d'Arles du droit de sceau, & qui veut qu'ils ne payent qu'un patac pour le prix de la cire dont on se sert pour sceller, *nisi unum patacum aut præcium ceræ quæ expenditur pro sigillando litteras:* ils avoient encore cours en Provence dans le seizieme siècle. Louis XII & François I en firent frapper. Il en est souvent fait mention dans les Statuts que le Cardinal Trivulce donna au Monastere de S. Victor (1) de Marseille. *Item pitansiarius tenetur dare tempore adventus & quadragesimæ, singulis diebus, pataros tres pro pitancia cuilibet religioso.* Les Papes en ont fait frapper à Avignon jusqu'au dix-septieme siècle, & ils y sont encore d'un grand usage parmi le bas peuple.

On connoissoit depuis long-temps en Provence les oboles & les pites ou pougeoises; on sait que l'obole valoit la moitié du denier. Dès la seconde race des Rois de France il y avoit des monnoies qui pesoient la moitié d'un denier; on les trouve désignées pour la premiere fois sous le nom d'oboles dans une Ordonnance du Roi Louis VIII de l'an 1225.

La pite ou pougeoise qui valoit la moitié d'une obole ou le quart d'un denier étoit connue dès le règne de S. Louis. Le prix de ces monnoies n'avoit jamais varié, cependant j'ai trouvé dans une charte de l'an 1432, que la pite & l'obole étoient de même valeur, & qu'on les prenoit l'une pour l'autre. Cette charte

---

(1) Le Cardinal Augustin Trivulce fut Abbé de S. Victor depuis l'an 1517 jusqu'en 1548. Il donna des Statuts à ses Religieux qui contiennent des détails très-curieux, & qui font connoître quelles étoient les mœurs du Clergé au commencement du seizieme siecle.

est au sujet du partage du premier esturgeon qu'on pêchoit à Arles, dont une moitié étoit pour L'Archevêque d'Arles, & l'autre pour le chef de la famille de Porcelet. Le Clavaire de l'Archevêque d'Arles étoit obligé d'y assister & de leur présenter une bourse de cuir rouge avec 3 oboles. Voici comment s'énonce cette charte : *Confessus fuit recepisse juxta dictam laudabilem consuetudinem a Domino Clavario unum bursonum corii rubei cum tribus obolis ; cum juxta d. consuetudinem divisio piscis fiat in Palatio Archiepiscopali, & in domo nobilis Elzeari Porcelleti, alternativis annis quæ hoc anno fit in dicto Archiepiscopali Palatio ; & ideo solutio dicti bursoni & trium pictarum est fienda per d. Dominum Clavarium.* On voit que dans cet acte on emploit la dénomination d'obole & de pite pour exprimer la même monnoie. Depuis l'affoiblissement des espèces, ces petites monnoies n'étoient plus d'aucun usage, il y a apparence que c'étoit l'obole qu'on désignoit indistinctement par les noms d'obole & de pite, & qu'il n'y avoit plus de monnoie dont la valeur ne fût que du quart d'un denier.

Dans ce siècle où l'argent étoit fort rare, le prix des denrées de premiere nécessité étoit à-peu-près le même qu'il est aujourd'hui ; en voici quelques exemples : l'acte de fondation fait en 1390 par Jacques Ardici, Bénéficier de l'Eglise d'Aix, contient une évaluation du bled qu'il fixe à huit sols provençaux l'émine, mesure qui pese environ 50 livres poids de marc, & est la cinquieme partie de la charge, qui suivant ce calcul valoit alors quarante sols provençaux, ou deux florins & demi, qui, évalués en monnoie courante, valent aujourd'hui 20 liv. 6 sols 3 den. en comptant l'or sur le pied de 78 liv. l'once ; c'est le prix du bled de médiocre qualité dans les années d'abondance, & il est certain que l'évaluation contenue dans cet acte est pour les années ordinaires & pour une qualité de bled médiocre.

Dans le dénombrement des revenus de la Prévôté de l'Eglise

MONNOIES.

Archiv. de la Maison des Porcelets.

MONNOIES.

Mſſ. de Mazaugues.

de Siſteron fait le 19 Décembre 1425, quarante émines de bled provenant de la dixme dont une moitié étoit de froment, & l'autre moitié de gros grains, *quadraginta eminas de decimis medietatem annonæ & aliam groſſi bladi*, ſont évaluées année commune à ſept florins & huit ſols, ce qui fait un florin moins un ſol la charge ou 8 livres, monnoie courante, prix au-deſſous de la valeur actuelle; le bled de dixme de cette qualité eſt évalué maintenant dans les baux à ferme paſſés à Siſteron environ douze francs.

Dans ce même dénombrement la coupe de vin, meſure de Siſteron, qui peſe environ trente-deux livres poids de marc, eſt appréciée trois gros du Pape, ce qui fait le quart du florin & revient à quarante ſols monnoie d'aujourd'hui; c'eſt le prix actuel du vin à Siſteron dans les années ordinaires. Il paroît par cette charte qu'on recueilloit, dans ce temps-là, plus de vin dans le terroir de Siſteron qu'on n'y en recueille aujourd'hui, puiſque le Prévôt ſeul avoit 600 coupes de vin pour ſa part de la dixme.

Hiſt. de Marſ. part. 2. p. 105.

Dans le quatorzieme ſiècle le prix de la viande étoit à-peu-près comme il eſt aujourd'hui. La ville de Marſeille étoit dans l'uſage de faire l'aumône tous les ans le jour de S. Louis, Evêque de Toulouſe, à la maiſon des Frères mineurs, & d'y envoyer la viande qui étoit néceſſaire ce jour-là pour le repas des Religieux; en 1386 elle coûta quatre florins d'or, ce qui fait trente-deux livres & quelques ſols de notre monnoie; pour cette ſomme on auroit aujourd'hui à Marſeille plus d'un quintal de viande: cette quantité devoit ſuffire pour nourrir la Communauté la plus nombreuſe, ſur-tout dans ce ſiècle où les Ordres Religieux qui avoient encore leur premiere ferveur, vivoient avec beaucoup de frugalité & d'économie.

Vit. Papar. Aven. tom. 2. col. 1048.

Deux gros, monnoie d'Avignon, qui font une livre ſept ſols monnoie courante, ſuffiſoient pour la nourriture d'un jour de l'homme de l'état le plus honnête: le Cardinal Ange Grimoard par son testament du 24 Octobre 1397, ordonna qu'on distribueroit à chaque Prêtre qui assisteroit à ses funérailles, deux gros ou telle somme que ses exécuteurs testamentaires jugeroient nécessaire pour la nourriture d'un honnête Prêtre pendant un jour. *Quantum arbitrabuntur sufficere uni honesto Præsbitero ad victum unius diei.*

Monnoies.

Lors de la translation du corps de S. Louis en 1319, la Communauté de Marseille fit acheter de la cire pour faire cent flambeaux du poids de six livres chacun, qui coûterent 120 livres royales, l'argent valoit alors en Provence trois livres neuf deniers le marc. Au moyen de cela, six quintaux de cire coûterent près de quarante marcs d'argent, ce qui revient à plus de six marcs & demi le quintal: la cire ouvrée & réduite en flambeaux ne vaut dans ce moment que trois marcs le quintal.

Hist. de Mars. part. 2. p. 103.

En 1394 Marie de Blois, veuve du Roi Louis I, donna aux Frères mineurs de la ville de Marseille la rente annuelle de 25 livres royales, payables le jour de S. Louis, pour faire brûler une lampe devant la châsse de ce Saint.

Ibid.

Louis II par son testament de l'an 1417 ordonna qu'on diroit pour le repos de son ame 15000 Messes à deux sols & demi chacune. Dans l'histoire de Paris, tome 3, p. 405, il est fait mention d'une Messe fondée en 1381, moyennant deux sols. Dans le Journal de Paris sous Charles VI & Charles VII, p. 49, il est dit qu'au mois de Septembre 1418, *en moins de cinq semaines trépassa en la ville de Paris plus de cinquante mille personnes, & tant trépassa de gens qu'on enterroit 4, 6 ou 8 chefs d'hôtel à une Messe à note, & bien souvent on convenoit payer 16 ou 18 sols, & d'une Messe basse 4 sols.* A la fin du quatorzieme siècle la rétribution ordinaire qu'on donnoit aux Prêtres à Paris, pour chaque Messe, étoit d'un sol; elle étoit plus forte à Avignon. Il paroît par plusieurs actes rapportés dans Baluze, qu'aux années 1376 & 1381 la rétribution due pour les Messes de mort

Hist. de Prov. par Nostradamus, p. 558.

Essai sur les Monnoies, part. 2. p. 76. & suiv.

étoit à la Cour du Pape Clément VII d'un gros valant deux sols d'Avignon.

En 1432, Elzéar d'Aix donna quatre cent florins d'or à l'Eglise Cathédrale de Marseille, à la charge de faire célébrer une Messe tous les jours ouvriers à l'ouverture de la porte de la Ville.

En 1359 la somme qu'on donnoit en forme d'aumône pour la réception d'une Béguine dans le Couvent de Marseille, fut fixée à vingt-six livres royales; jusqu'alors on n'avoit donné que seize livres.

RENÉ, fils de Louis II & d'Yolande d'Arragon, naquit le 15 Janvier 1407. Il épousa vers l'an 420 Isabeau de Lorraine, fille & héritiere de Charles I Duc de Lorraine. Après la mort de son beau-pere voulant se mettre en possession de la Lorraine, il fut fait prisonnier par le Comte de Vaudemont à la bataille de Bulainville près de Neuf-Châtel en 1432. Il ne fut délivré que cinq ans après, & lorsque Louis III son frere mourut, il étoit encore prisonnier. La Reine Jeanne II l'adopta après la mort de Louis, & lui donna le Royaume de Naples pour en jouir après sa mort qui arriva en 1435. Ayant été mis en liberté, il passa en Italie & arriva à Naples le 29 Mai 1438. Il ne garda ce Royaume que 4 ans, & en fut chassé par Alphonse Roi d'Arragon. René mourut à Aix le 10 Juillet 1480, ne laissant que des filles de sa premiere femme Isabeau de Lorraine. En 1455 il épousa Jeanne de Laval qui lui survécut & dont il n'eut point d'enfans.

Il nous reste plusieurs monnoies de René. Les trois premieres sont d'or & sont conservées dans le Cabinet du Roi.

La premiere a l'écu de France avec un lambel au-dessus des fleurs-de-lis; on lit autour RENATVS. D. G. IHRL. I. SICIL. RE. Il y a au revers la croix de Jérusalem, avec ces mots COMES. PVICE. ET. FOCAQVERI.

La seconde a d'un côté la figure de René avec la couronne sur la tête. Dans la légende il prend le titre de Duc de Lorraine.

RENATVS. D. G. REX. SICILIE. LOT. DVX. Il y a au revers un écu chargé des armes de Hongrie, de Sicile, de Jérufalem, d'Arragon, d'Anjou & de Bar, ayant dans le milieu les armes de Lorraine. La légende eſt ADIVVA. NOS DEVS. SALVTARIS. NOSTER.

La troiſieme eſt d'or fin & peſe 70 grains; elle fut frappée pendant l'expédition que Jean, Duc de Calabre, fils de René, fit en Catalogne. Cette monnoie donne à René le titre de Roi d'Arragon. Ses droits fur ce Royaume lui venoient du chef d'Yolande d'Arragon ſa mere. Les Catalans s'étant revoltés contre Jean II Roi d'Arragon appellèrent René, qui leur envoya ſon fils qui mourut à Barcelone en 1470 au milieu des plus brillans ſuccès. On voit fur cette monnoie, qui eſt frappée aſſez groſſièrement, la figure de René, ayant la couronne ſur la tête & un ſceptre fait en trident à la main. La légende eſt RENATVS. PRIMS. DEI. GRA. REX. ARAGO. Il y a au revers l'écu d'Arragon ſurmonté d'une croix avec ces mots DEVS. IN. ADIVTOR. MEVM. INTENDE.

Les monnoies fuivantes ſont d'argent.

La quatrieme eſt d'argent pur & peſe un denier neuf grains. On y voit d'un côté un écu chargé des armes de Lorraine & de Bar. La légende eſt RENATVS. DEI. GRA. LOTHO. DVX. Il y a au revers un bras armé d'une épée qui fort d'un nuage, avec ces mots ADIVVA. NOS. DEVS. SALVTA. NR. Il eſt peut-être plus naturel d'attribuer cette monnoie à René Duc de Lorraine, petit-fils du Roi René par Yolande d'Anjou ſa mere. Après la mort de fon aïeul ce Prince prétendit lui ſuccéder au Comté de Provence, au préjudice de Charles III héritier de René, & prit les titres de Roi de Sicile & de Comte de Provence.

La cinquieme eſt ſûrement du Roi René. Il y a un écu chargé des armes de Hongrie, de Jéruſalem, de Sicile, d'Anjou & de Bar, ayant dans le milieu les armes de Lorraine. On lit autour. RENATVS. D. G. REX. SI. IE. LOTHO. Le revers eſt le

même que celui de la précédente, la légende est FECIT. POTEN-
TIAM. IN. BRACHIO. SVO.

MONNOIES.

Nº 6. La sixieme est une petite monnoie d'argent pur qui pese 14 grains. Il y a d'un côté l'écu de Lorraine avec ces mots RENATVS. D. G. REX. SICLE. Il y a au revers la croix de Lorraine avec une légende qui est effacée.

Nº 7. La septieme pese 50 grains. L'argent en est d'un titre assez bas. On y voit d'un côté les armes de Hongrie, de Sicile, de Jérusalem, d'Anjou & de Bar avec l'écu d'Arragon au milieu. La légende est RENATVS. EX. LILIIS. SICILIE. CORONATVS. Il y a au revers la croix de Lorraine entre deux R. avec les mots O. CRVX. AVE. SPES. VNICA.

Nº 8. La huitieme ressemble à la précédente. Il n'y a de différence qu'à la légende où on lit RENATVS. REX. ARRAG. ET. SICILIE. CORONATVS.

Nº 9. La neuvieme est un blanc à la couronne qui ressemble beaucoup à ceux que Charles VII & Louis XI firent frapper en France : il est d'argent pur & pese deux deniers six grains. On y voit d'un côté l'écu d'Anjou, c'est-à-dire trois fleurs-de-lis surmontées d'un lambel. Il y a une petite couronne au-dessus & deux à côté. La légende est RENATVS. IHRLM. ET. SICILIE. REX. Il a le revers ordinaire des blancs à la couronne ; savoir, la croix avec deux couronnes & deux fleurs-de-lis dans les angles, avec ces mots COMES. PVINCI. ET. FORCALQUERII.

Nº 10. La dixieme est encore un blanc à la couronne, dont l'argent n'est pas aussi pur que celui du précédent. Il pese seulement 44 grains ; il a la même légende, à cela près qu'on y lit RENATVS. DEI. GRA.

Nº 11. La onzieme est un denier de billon qui pese 19 grains. Il y a d'un côté la lettre initiale du nom de René avec la légende RENATVS. REX. SICILIE. Au revers on voit la croix de Lorraine avec ces mots. O. CRVX. AVE. SPES. VNICA.

Les

Les monnoies suivantes sont rapportées dans le traité des monnoies de Naples par Vergara, p. 63 & 65. Elles ont été frappées pendant le court espace de temps que René fut en possession de ce Royaume. Elles sont toutes d'argent.

MONNOIES.

La douzieme ressemble en tout aux carlins frappés sous les règnes de Charles II. & de Robert. René y est assis sur un trône soutenu par deux lions. Il y a une petite aigle à côté de lui, avec les aîles déployées. La légende est RENATVS. DEI. GRA. IRVLE. SIC. R. Le revers est le même que celui des carlins. On y lit HONOR. REGIS. IVDICIV. DILIGIT.

N° 12.

La treizieme a une aigle avec les aîles déployées. On lit autour RENATVS. REX. DEI. G. Il y a au revers la figure d'un Pape assis qui donne la bénédiction. S. PETRVS. P. P.

N° 13.

La quatorzieme est moins grande que la précédente. L'aigle est couronnée. La légende est REX. RENATVS. le revers est le même.

N° 14.

La quinzieme est encore plus petite que les deux précédentes, & ressemble en tout à la treizieme.

N° 15.

Vergara attribue à René un sol couronnat où il n'y a que la lettre initiale de son nom; mais il est évident qu'il est de Robert, on n'en frappa point sous le règne de René.

Nous venons de rapporter les différentes monnoies qu'on frappa sous le long règne de René. Il y a apparence qu'on ne fit qu'une petite quantité de chacune, parce qu'elles sont assez rares. Je ne connois de monnoies d'or de ce Prince que celles qui sont dans le cabinet du Roi. René fut toujours peu pécunieux. En montant sur le trône, il fut obligé de payer une rançon très-considérable au Duc de Bourgogne. Les guerres qu'il soutint pendant plusieurs années dans le Royaume de Naples & en Catalogne achevèrent de l'épuiser. Pendant ce règne on se servoit beaucoup en Provence des monnoies de France. J'ai vu le procès-verbal d'un Chapitre Provincial de l'Ordre de S. Jean de Jérusalem tenu à Arles en 1474, où il s'agissoit de fixer en quelles

Tome III. Iiii

MONNOIES.

espèces les Chevaliers devoient payer ce qu'ils devoient à l'Ordre. Le Receveur du Grand-Prieuré de S. Gilles vouloit les obliger à payer en écus d'or & autres monnoies de France, & ils prétendoient pouvoir payer en florins qu'ils appelloient *de capitulo*. Il est fait mention, dans le dire des parties, de différentes espèces des Etats voisins, comme de Savoie, de Bourgogne & d'Avignon, sans qu'il y soit dit un seul mot des monnoies de Provence; ce qui prouve qu'elles n'étoient pas bien communes, & qu'il n'y en avoit pas une grande quantité dans le commerce.

Les paiemens que le Roi faisoit ou recevoit lui-même, étoient souvent en monnoie de France. En 1472 il envoya un de ses Secrétaires à Arles pour emprunter de trois particuliers 1500 florins & 500 écus neufs du coin du Roi de France.

Quoique René n'ait jamais fait frapper de florins à son coin, cependant cette monnoie fut fort en usage sous son règne. C'étoient vraisemblablement ceux qui avoient été frappés sous ses Prédécesseurs qui étoient restés dans le commerce, ou même ceux des Etats voisins. Ils sont toujours évalués seize sols Provençaux, vingt-quatre sols monnoie d'Avignon, douze gros ou douze sols tournois, ce qui revient au même.

Dans plusieurs actes faits sous ce règne & sous les précédens, il est fait mention de florins évalués 32 sols. Il n'y a aucune apparence que ces florins fussent différents de ceux dont nous avons parlé jusqu'à présent. Tous les florins que j'ai vu sont du même poids à quelques grains près. Les plus forts ne vont qu'à 2 deniers & 20 grains, & les plus foibles à 2 deniers & 4 grains : il est par conséquent vraisemblable que ces florins étoient du même poids & de la même valeur que les précédens ; mais que l'évaluation en étoit faite en petits sols qui valoient la moitié des sols ordinaires. Il paroît par un acte du 10 Juin 1481, dont le précis est dans Sanleger, Résolut. civil. ch. 4. que le gros valoit un sol, dont 64 pesoient un marc, & que les petits sols étoient de 128 au marc. Ces petits sols s'appelloient aussi demi-gros. Il est fait mention des gros & demi-gros frappés en Provence, dans une proclamation faite en 1486 pour fixer les monnoies qui devoient avoir cours dans la Province. Mais ce qui confirme ce que je viens de dire & lui donne le dernier degré de certitude est un acte d'obligation passé au mois d'Octobre 1481, par Antoine de Villeneuve en faveur de Delphine & Silene de Villeneuve ses sœurs, pour la somme de 300 florins monnoie courante, valant chacun 32 petits sols.

En 1405 un Juif nommé Crésut Salves vendit à Urbain Jean une chaîne d'or du poids de 8 onces pour le prix de 60 florins d'or de la Reine valant 32 sols royaux pièce : si on supposoit ces florins plus forts de moitié que les florins ordinaires évalués 16 sols dont 5 pesoient une once, il se trouveroit que 60 florins auroient pesé 24 onces d'or. Et il est absurde de supposer qu'on ait donné 24 onces d'or en paiement d'une chaîne qui n'en pesoit que huit. La façon de ces sortes d'ouvrages est ordinairement peu chere. Outre cela nous connoissons les florins de la Reine Jeanne, ils sont tous à-peu-près du même poids, & je n'en ai jamais vu qui pesassent plus de 2 deniers 18 grains. Il est parlé encore des florins valant 32 sols dans l'acte de vente du Comté de Nice fait le 25 Juillet 1419 par le Roi Louis III & la Reine Yolande à Amédée Duc de Savoie moyennant 164 mille florins d'or monnoie de Florence valant chacun 32 sols. Mais les anciens florins de Florence sont assez connus, on n'en trouve point qui pesent plus de 2 deniers vingt grains.

Les écus d'or de France furent fort en usage sous ce règne comme nous l'avons observé. Le 2 Janvier 1472 René vendit une partie de la terre d'Esparron de Pallieres moyennant cent écus d'or de la valeur de 25 gros monnoie de Provence. Les 500 écus qu'il emprunta à Arles cette même année, furent évalués 28 sols 4 deniers tournois chacun. Par conséquent le gros de Provence valoit 2 sols un denier & une obole tournois.

Monnoies.

Arrêts de Bonif. t. 4. p. 55.

Archiv. de la Chambre des Comptes d'Aix, registr. pavon. fol. 16.

MONNOIES.

Il est parlé très-souvent de ducats d'or sous ce règne. Ces monnoies étoient connues depuis le douzieme siècle. Roger I, Roi de Sicile, en avoit fait frapper pour la premiere fois. Elles tiroient leur nom du Duché de Pouille. Pendant la vie de René on en frappoit dans différents Etats, à Naples, à Milan, dans les Etats du Pape & en Arragon. Dans une proclamation faite en 1486 pour fixer le prix des monnoies étrangères, les ducats furent estimés 36 gros de Provence.

MONNOIES DE CHARLES III.

CHARLES III, fils de Charles d'Anjou, troisieme fils du Roi Louis II, succéda à René son oncle. Aucun Historien n'a rapporté précisément l'année de sa naissance. Il épousa en 1473 Jeanne de Lorraine, fille de Ferry de Lorraine Comte de Vaudemont & petite-fille du Roi René par sa mere Yolande d'Anjou. Ce Prince ne régna que 17 mois ; étant mort à Marseille le 11 Décembre 1481, après avoir institué pour son héritier universel Louis XI, Roi de France, son cousin.

D'abord après la mort de René, son successeur fit assembler les Etats de la Province à Aix. Ils lui présentèrent leur cahier le 8 Novembre 1480 : par l'article 3, ils demandèrent la suppression de tous les Offices créés de nouveau, & entr'autres celui de Général des monnoies. Le Roi répondit que quant à l'Office de Général des monnoies, il donneroit ordre pour que tous les abus en fussent réformés. *Quoad Generalem monetarum, rex dabit ordinem quod omnes abusus precludentur.* Par l'article 14 ils supplièrent le Roi de permettre que toutes les monnoies d'or est d'argent eussent cours en Provence, comme elles avoient cours dans les Provinces voisines ; savoir à Avignon, dans le Comtat Venaissin, en Languedoc, en Dauphiné, en Savoie & dans le Comté de Piémont ; & que les proclamations qui avoient été faites au sujet des monnoies fussent révoquées : le Roi accorda cet article *placet regi & concedit ut petitur, donec aliud per regiam majestatem aut deputandos ab eâ fuerit ordinatum.* Cette demande des Etats ne regardoit que les monnoies étrangères, & non pas celles de

France, qui, comme nous l'avons vu, avoient cours en Provence depuis le règne de Louis I, & y étoient beaucoup plus communes que celles des Souverains du pays.

Dans le peu de temps que Charles régna, il fit frapper une monnoie d'or & deux monnoies d'argent.

La monnoie d'or s'appelloit magdalon ou magdalin, & en latin *florenus magdaleneus, magdalenus aureus* : elle pese 1 denier & 6 grains : on y voit d'un côté l'image de S. Magdelaine tenant un vase à la main : on lit autour KAROLVS. ANDEGAVIE. IHRLM. SICILIE. REX. Il y a au revers la croix de Lorraine, avec un K couronné, à la droite est une fleur-de-lis surmontée d'un lambel à la gauche. La légende est IN. HOC. SIGNO. VINCES. Au-dessus de la croix il y a une espèce de dragon aîlé qu'on trouve sur plusieurs monnoies du Roi René : il est vraisemblable que c'est la marque de la monnoie de Tarascon. Les Comtes de Provence, & après eux les Rois de France, firent battre monnoie dans cette Ville. Ce dragon aîlé est peut-être ce monstre appellé Tarasque, lequel, suivant une tradition populaire, fut chassé par S. Marthe du terroir de Tarascon, & qui est dépeint sous cette forme : le sieur d'Aithze, qui a tant écrit sur l'histoire de Provence, qui est si peu lu, & qui mérite si peu de l'être, a fait une dissertation sur les Magdalins : il suit l'opinion de Bouche & de Ruffi, qui les attribuent à Charles I, sans faire attention que la gravure de cette monnoie & la forme des lettres ne sont pas du siècle de Charles I, & que cette monnoie ressemble en beaucoup de choses à celles de René ; d'ailleurs il n'est fait mention des Magdalins dans aucune charte des treizieme & quatorzieme siècles. Il en est parlé pour la première fois sous le règne de Charles III. Ils eurent cours en Provence, jusqu'à la fin du quinzieme siècle. Il en est encore fait mention dans un acte passé le 5 Juillet 1498, entre la Communauté du Biot & le Commandeur de Nice.

MONNOIES.

Planche 13, n° 1.

Mss. de la Bibliotheque des Peres Minimes d'Aix.

MONNOIES.
N° 3.

La premiere monnoie d'argent est un gros à la couronne, où l'on voit d'un côté l'écu chargé des armes de Hongrie, de Sicile, de Jérusalem, d'Anjou & de Bar, surmonté d'une petite couronne. La légende est KAROL. ANDEG. IRM. ET. SICIL. REX. Il y a le revers ordinaire des gros à la couronne, & autour SIT. NOMEN. DNI. BENEDICTVM.

N° 2.

La seconde est à un titre assez bas & pese 1 denier & 3 grains. Il y a d'un côté les armes de Hongrie, de Sicile, de Jérusalem, d'Anjou & de Bar avec l'écu d'Arragon au milieu, le tout est surmonté d'une petite couronne. On lit autour KAROLVS. ANDE. GAVIE. IHRLM. SICILIE. REX. On voit au revers la croix de Lorraine surmontée d'un petit dragon aîlé : la légende est IN. HOC. SIGNO. VINCES.

On trouve dans les registres de la Chambre des Comptes que Charles III ne laissa en mourant que cent quarante marcs de vaisselle d'argent, dont cent vingt-cinq marcs furent estimés 18 florins. Cela nous doit faire juger de la médiocrité des richesses & de la puissance de ce Prince. On doit se souvenir que plusieurs Historiens rapportent que, dans ce même temps, la plupart des Nobles Vénitiens ne se servoient que de vaisselle d'argent.

Voici quelques faits que j'ai rassemblés sur les gages & les pensions que les Princes de la Maison d'Anjou donnoient à leurs Officiers.

Arch. du Roi, 2.ᵉ compte de Chard.

En l'année 1429 il n'y avoit qu'un seul Maître Rational, dont les gages montoient à 108 onces valant 607 florins 6 gros, à raison de 72 sols couronnats par once. Lorsqu'on établit plusieurs Maîtres Rationaux, leurs gages furent réduits à 60 onces valant 337 florins, suivant la note qu'on trouve dans les archives de la Chambre des Comptes. *Indè dum plures statuti fuerint, gagia fuerunt reducta pro quolibet ad uncias 60 valentes ad taxam florenos 337*. Les gages furent ensuite réduits à 50 onces, valant 281 florins.

Il paroît par des lettres-patentes du 21 Mai 1421, que Martin, Avocat & Procureur fiscal, avoit 125 florins de gages par an, valant 100 francs d'or.

On voit dans le neuvieme compte de Trougnon, Trésorier du Roi René, qu'en 1445 Jean Huet, Secrétaire du Roi, & Cotignon, Valet-de-chambre & Secrétaire du Roi, avoient chacun 175 florins de pension.

En 1477 Jean le Maingre de Boussicaud, Chambellan de René, avoit 1500 florins de pension valant 1200 livres tournois.

En 1482, c'est-à-dire, un an après la réunion de la Provence à la couronne, magnifique & puissant Seigneur Guillaume Briçonnet avoit pour les gages de son office de Général des Finances, 4410 florins monnoie de Provence.

En 1442 René donna à la femme de son Trésorier un collier de son Ordre de la valeur de 104 écus d'or, évalués à raison de 21 gros la pièce.

Après la réunion de la Provence à la Couronne on fut pendant plusieurs années sans fabriquer d'espèces au coin du Roi de France. Il est certain qu'on n'en fabriqua point pendant le reste de la vie de Louis XI, qui ne survécut que deux ans à Charles III.

Quant à Charles VIII successeur de Louis, voici ce qui se passa en Provence sous son règne au sujet des monnoies. On fit en 1486 une proclamation qui se trouve dans le registre de la Chambre des Comptes. Elle contient l'énumération des monnoies qui devoient avoir cours en Provence, & leur évaluation. Le titre de cette proclamation est en latin : le reste est en françois, & mêlé de quelques mots provençaux. On n'y donne point à Charles VIII le titre de Roi de France ; mais seulement celui de très-chrétien Comte de Provence. Les écus du Roi y sont mis à 34 gros : les écus au soleil à 36 gros : les florins de Provence à 13 gros. Voici ce qui est dit des gros de Provence. *Los gros & demi gros & autres monnoies fâche en Provence, per lou près qu'elle à esta fâche en Provence.*

MONNOIES.

MONNOIES.
Reg. du Parl.
reg. 1. f. 3. v°.

Le 29 Janvier 1487 Charles VIII adreſſa au grand Sénéchal & au Conſeil de Provence des lettres clauſes, qui furent enré‑giſtrées le 5 de Février 1488, par leſquelles il prohiboit de mettre les monnoies de France & celles des pays étrangers, à un plus haut prix que celui qui étoit porté par le tarif joint auxdites lettres, enjoignant de punir les contrevenans de telle punition que les autres en priſſent exemple.

Ibid. fol. 9.

Le 19 Mars 1488 ce Prince adreſſa de nouvelles lettres au Sénéchal & au Conſeil, portant ordre à toutes les bonnes Villes de la Province, de fournir 400 marcs d'argent pour la fabrique des monnoies.

Ibid. fol. 17.

Il y a des lettres clauſes du 14 Août 1488 adreſſées au Sénéchal & au Conſeil, qui eſt qualifié grand Conſeil de Provence, par leſquelles le Roi dit qu'il n'entend point qu'on force les habitans de Provence à garder l'Ordonnance ſur le fait des monnoies, du 29 Janvier 1481, attendu que les Provinces voiſines ne l'ob‑ſervoient point; le Roi ne voulant défendre les monnoies étran‑gères audit pays de Provence, qu'après qu'il en aura été forgé au coin de ſa Majeſté une quantité ſuffiſante; ce que le Roi enjoint de faire en la ville d'Aix, & en celle de Taraſcon, où il y a des monnoies établies.

Ibid. fol. 26. v°.

Enfin les lettres clauſes du 29 Janvier 1489 portant réglement pour la fabrication des nouvelles eſpèces, ordonnèrent qu'on fît aux monnoies d'Aix & de Taraſcon des eſpèces d'or & d'argent au coin du Roi; mais ſur-tout des dixains, parce que, y eſt-il dit, c'eſt la monnoie la plus propre à notre pays de Provence. Ces dixains étoient des grands blancs au K. couronné, dont le Roi avoit déja ordonné la fabrication par d'autres lettres du 11 Novembre précédent.

Fol. 22.

Le Blanc, Traité des Mon. de Franc. p. 257.

Il eſt vraiſemblable que cette fabrication d'eſpèces, après avoir été ſi ſouvent annoncée, fut à la fin exécutée. Il y a dans le cabinet du Roi deux pieds forts, qui paroiſſoient avoir été faits

lors

lors du mariage de Charles VIII avec Anne de Bretagne, comme la lettre A. qui eſt ſur ces deux pièces ſemble l'inſinuer. En effet le compte de la Chambre de l'an 1491 fait mention de pieds-forts, pour nouveaux pieds de monnoie fabriqués en Provence.

La premiere de ces pièces a d'un côté les armes de France ſurmontées d'un heaume couronné ; la légende eſt KAROLVS. DEI. GRATIA. FRANCORVM. REX. Il y a au revers une croix qui a dans les angles deux couronnes, & deux A. On lit autour COMES. PROVINCIE. ET. FORCALQVERII.

La ſeconde eſt de moitié moins grande que la premiere, il n'y a de différence qu'au revers, où il y a un K. couronné entre deux A.

Il eſt bien étonnant après cela qu'on n'ait jamais trouvé aucune monnoie qui ſoit conforme à ces pieds-forts, & ſur laquelle on donne à Charles VIII le titre de Comte de Provence. Je puis atteſter que ſur le nombre infini des monnoies de ce Prince qui me ſont tombées dans les mains, je n'en ai vu aucune où il ait pris ce titre ; ce qui ſembleroit jetter des doutes ſur la réalité de la fabrication d'eſpèces ordonnée par les lettres du 14 Août & 11 Novembre 1488 & 28 Janvier 1489, malgré l'exiſtence des pieds-forts.

En 1492 la Communauté de Marſeille délibéra de demander au grand Sénéchal de Provence la permiſſion de faire battre à Marſeille des quarts d'écus, & des demi-gros ; qu'aux quarts d'écus on mettroit la légende KAROLVS. REX. FRANCORVM, & au revers DOMINUS MASSILIÆ, avec une croix & quatre fleurs-de-lis. Le motif de cette délibération fut qu'on ne voyoit dans le commerce que des petites monnoies comme patacs & deniers, & que les groſſes eſpèces manquoient. Cette fonte de monnoie n'eut pas lieu. *Regiſtre de L. Gilli, Secrétaire. Ruffi, hiſt. de Marſ. tome 2, p. 327.*

Les ſeules monnoies que nous connoiſſions, où les Rois de

MONNOIES.

France ayent pris le titre de Comtes de Provence & de Forcalquier, sont celles de Louis XII & de François I. Il y a un écu d'or de Louis XII où on voit l'écu de France au milieu de deux L. couronnés, & pour légende LVDOVI. D. G. FRAN. REX. COMES. PVECIE. Il y a au revers les armes de Jérusalem avec la légende ordinaire XPS. VINCIT. &c. Les grands blancs où ce Prince prend la qualité de Comte de Provence sont communs. Le Blanc p. 258 n° 2. en rapporte un où on voit la croix de Jérusalem avec deux couronnes & deux fleurs-de-lis dans les angles. On fit encore sous ce règne des hardis, petite monnoie de billon, où on voit d'un côté la figure du Roi tenant d'une main le sceptre, & de l'autre l'épée : la légende est LVDOVICVS. F. REX. PROVINCIE. COMES. Il y a au revers la croix de Jérusalem, avec la légende ordinaire. SIT. NOMEN. &c.

Registres du Parlem. reg. 1. fol. 115.

On ne sait pas précisément en quelle année ces espèces furent frappées en Provence. On connoît seulement une espèce en tarif que les Etats firent publier en 1503, de l'autorité du Parlement, par où il paroît qu'on battoit monnoie dans ce temps-là. Il est intitulé *copia advisamenti, sive ordinis tenendi super monetis noviter dati per commissos & Deputatos per patriam Provinciæ, hic infra ordinati mandate supremæ curiæ Parlamenti Provinciæ*; il commence en ces termes: *Respectables Seigneurs les Commis des Etats de ce pays de Provence referent à vos respectables Seigneurs l'ordre que leur semble de donner au cours des monnoies d'or & d'argent dudit pays de Provence*. Il y a ensuite un tarif de la valeur des différentes monnoies, & il est dit *qu'il se battra la monnoie à l'équipollent de l'écu du soleil, & pour façon que ladite monnoie aura cours en Languedoc & à Lyon & par toute la terre du Roi*, à raison de onze francs le marc d'argent, qui valent 18 florins 4 gros monnoie du Roi, & le Maître de la Monnoie sera tenu de prendre l'argent & billon des Marchands, & autres personnes qui lui en porteront à raison de 18 florins 4 gros par marc.

François I fit fabriquer en Provence des blancs semblables à ceux de Louis XII avec la légende FRANCISCVS. FRANCORVM. REX. P. C. Ces deux dernieres lettres signifient *Comes Provinciæ*. Il fit aussi fabriquer des deniers couronnats avec la même légende. On ne fabriqua vraisemblablement qu'un petit nombre de ces monnoies, qu'on ne connoît que parce que leurs coins sont aux archives de la Chambre des Comptes.

Monnoies.

Depuis le règne de François I les monnoies de nos Rois frappées en Provence n'ont plus eu aucune marque distinctive.

A la fin du quinzieme siècle les sols & les deniers couronnats cessèrent d'être en usage en Provence. On en voit la preuve dans une transaction passée le 24 Août 1493, entre le Seigneur & la Communauté d'Auraison, par laquelle ce Seigneur réduisit douze deniers couronnats, que chaque chef de famille lui devoit, à douze deniers courants, ou six patacs de la monnoie qui avoit alors cours en Provence. *Supradictos duodecim denarios coronatorum antiquitus ex causa prædicta per dicta capita domus dari consuetos reduxit ad 12 denarios currentes sive patacos sex dictæ monetæ in Provincia currentis.* Et dans une autre transaction entre le Seigneur & la Communauté Dozie, aujourd'hui Chantercier, diocèse de Digne, du 28 Mai 1497, il fut convenu que la somme de quarante livres couronnées, que la Communauté devoit annuellement au Seigneur, seroit payée en florins & en gros, & les quarante livres couronnées furent évaluées 42 florins & 6 gros, ce qui fixoit la valeur de la livre couronnée à 18 sols 9 deniers. *Recognoverunt servire teneri annis singulis dictis dominis de Ozeda 40 libras coronatorum solvendorum per hunc qui sequitur modum, videlicet florenos 22 grossos 6 in festo sancti Michaelis & florenos 20 in festo nativitatis.*

Remarq. de M. de Mazaugues.

Depuis qu'on ne compta plus en livres couronnées, tous les paiements furent stipulés en florins, lors même qu'ils devoient être faits en autre monnoie. En voici un exemple tiré des

Monnoies.

archives de la ville d'Arles, par acte du 2 Octobre 1489, Cette Communauté acheta une maison pour servir de Collége, au prix de 160 florins de 16 sols pièce, monnoie ayant cours à Arles, & il est dit tout de suite que cette somme a été comptée par le Trésorier de la Communauté en 50 florins d'Utrecht ou d'Allemagne, de la valeur de 26 gros pièce; le reste en monnoie de Milan & autres monnoies de cours. Sous les règnes de Louis XII & de François I, on frappa une si grande quantité d'écus d'or que bientôt les florins cessèrent d'être dans le commerce. D'ailleurs Louis XII par une Ordonnance rendue en 1499 avoit ordonné que toutes les anciennes monnoies des Comtes de Provence seroient décriées & mises au billon, & qu'il n'y auroit que les monnoies du Roi qui auroient cours en Provence. Malgré cela les florins continuèrent toujours à être monnoie de compte.

Archives du Roi à Aix, reg. grifonts, fol. 56.

Remarq. de Mazaugues.

Par acte du 25 Février 1512, un champ fut vendu dans le terroir de S. Marc au prix de 6 florins. *Quos florinos venditor habuisse confessus est in uno scuto solis, tribus testonis & residuum in solidis nunc currentibus.*

Le 3 Juillet 1559 le sieur de Villeneuve Seigneur de Mons, & la Communauté de Mons passèrent une transaction avec la Demoiselle de Grasse, Dame d'Escragnoles, par laquelle la Communauté de Mons s'obligea de payer à la Dame d'Escragnoles mille florins dont elle reconnut avoir reçu 500 en 125 écus d'or au coin d'Italie valant chacun 4 florins.

Cette façon de compter par florins a été pendant fort long-temps en usage en Provence, & il n'y a pas 50 ans que le peuple ne connoissoit pas d'autre façon de compter. Ces florins, dont on se servoit pour monnoie de compte, étoient toujours de la valeur de 16 sols provençaux valant neuf deniers tournois chacun, ou de 12 sols tournois, ce qui revient au même.

En 1517 les Etats de Provence voulant obvier à plusieurs procès qui s'élevoient journellement, prièrent le Roi François I de permettre que *l'ancienne forme & coutume de forger monnoie fut gardée audit pays mêmement touchant la monnoie noire*; c'est à savoir *des deniers dits couronnats, dont les 4 valent un liard, & aussi patacs valant les 2 un liard, & chacun patac 2 deniers dits couronnats, & 8 patacs valant 16 deniers couronnats, lesdits 16 couronnats valant un gros provençal qui est un sol tournois, laquelle petite monnoie est necessaire afin que l'on puisse toujours payer les cens & services; les changemens de laquelle monnoie, si les redevables n'en pouvoient fixer la valeur, leur tourneroient à grands frais.* Les Etats demandoient encore que les Maîtres des Monnoies de Provence ne fussent tenus de porter les boëtes de leurs monnoies hors de la Province, mais seulement de les remettre à la Chambre des Comptes d'Aix, ainsi qu'il a été toujours observé. Le Roi par sa réponse permit la fabrique des couronnats & patacs conformément à la demande des Etats, & quant à l'apport des boëtes il renvoya à y statuer (1) après qu'il auroit pris des instructions sur l'usage ancien. Il adressa en conséquence des lettres-patentes aux Etats datées du 19 Mai 1517. Depuis on frabriqua en Provence sous ce règne une grande quantité de patacs & de couronnats; ils ont une F. couronnée avec le nom du Roi & la légende ordinaire. Sous le règne de Louis XII on avoit aussi frappé des couronnats qui étoient comme ceux de François I des petites monnoies d'un billon fort bas. Ils avoient le nom de Louis avec une L. couronnée.

Il faut observer que ces nouveaux couronnats étoient bien plus foibles que ceux qui avoient été frappés sous les Comtes de Provence : ils étoient de très-bon alloi ; depuis la réunion de la

MONNOIES.
Archives du Roi, reg. Magdalena, fol. 206, v°.

---

(1) Il y a apparence que ce Prince eut égard aux représentations des Etats au sujet de l'apport des boëtes de monnoie. On a trouvé en 1767, dans un appartement obscur qui tient aux archives de la Chambre des Comptes d'Aix, cinquante-quatre coins de monnoies frappées sous François I. Il y en a trois d'écus d'or, dix de blancs & quarante-un de couronnats.

Provence à la Couronne la valeur de l'argent avoit augmenté d'un tiers en France. En 1465 il étoit encore à 8 livres 10 sols le marc. En 1513 il fut porté à 12 liv. 10 sols, & depuis sa valeur a toujours augmenté. Par conséquent les vues que les États avoient en demandant qu'on fabriquât des deniers couronnats de même valeur que ceux qui avoient eu cours sous les Comtes de Provence, ne furent pas remplies.

Pendant les guerres de la Ligue le désordre des monnoies fut porté en Provence au dernier période. Ils occasionnèrent la ruine d'une infinité de particuliers & de Communautés ; & tous les Tribunaux de la Province ont été occupés pendant une partie du siècle dernier à juger les procès que ce désordre des monnoies avoit causé dans l'espace de 4 ans.

Henri III par son Ordonnance du mois de Septembre 1577, fixa à 60 sols la valeur de l'écu d'or qui ne varia pas jusqu'au mois de Janvier 1590, où on le porta à 66 sols ; sa valeur augmenta journellement jusqu'au mois d'Avril 1593, où elle quadrupla, & il valut 240 sols ; la cause de ce débordement fut l'altération qu'on fit aux pièces de six blancs ou doubles sols qu'on appelloit en Provence pignatelles. On avoit commencé de les altérer dès l'an 1588. On continua dans une fonte qu'on fit en 1590 à l'arrivée du Duc de Savoie (1) ; on en fabriquoit dans plusieurs Villes de la Province. Le Seigneur de la Valette en avoit fait fabriquer d'abord à Sisteron, & puis à Toulon pour payer son armée, & il avoit permis aux Monnoyeurs d'en altérer le taux pour augmenter le profit qui lui en revenoit. Les Consuls d'Arles avoient établi un hôtel des monnoies, & ils en obtinrent la confirmation par lettres-patentes du Duc de Mayenne du

---

(1) Le Duc de Savoie, pendant son séjour en Provence, avoit voulu établir une fabrique de monnoies à son coin au Martigues. Mais le Parlement ligueur s'y opposa, ne voulant pas qu'il portât préjudice jusqu'à ce point à l'autorité royale. Hist. de Prov. par Gaufridy, p. 705.

22 Décembre 1591. Les choses en vinrent au point que plusieurs Gentilshommes de la Province faisoient fabriquer publiment de la monnoie chez eux.

MONNOIES.

Au mois d'Avril 1593, les doubles sols ou pignatelles n'avoient plus que 6 deniers de valeur réelle au lieu de 24 qu'elles en devoient avoir ; de sorte qu'il falloit 120 de ces doubles sols altérés pour faire la valeur d'un écu d'or, au lieu que 30 suffisoient avant l'altération, & lorsqu'elles valoient réellement 24 deniers. Ce fut cette altération de la petite monnoie qui fit monter l'écu d'or au quadruple de sa valeur.

Il résultoit de cette augmentation le plus grand inconvénient pour le commerce. Les denrées les plus nécessaires étoient devenues les plus rares & les plus cheres. La charge de bled fut vendue jusqu'à 14 écus d'or, la livre de mouton se vendoit 12 sols, celle de bœuf 6 sols, celle de cochon 18 sols, le quintal d'huile 32 écus, le quintal de bois 48 sols, le pot de vin 15 sols, la journée de maçon valoit 7 florins, celle des femmes qui cueilloient les olives 25 sols. Cela détermina les Procureurs du pays à présenter une Requête au Parlement au mois d'Octobre 1593, dans laquelle après avoir représenté les inconvéniens qui résultoient de l'affoiblissement des monnoies, ils demandoient que l'Ordonnance de 1577, sur la valeur des monnoies fût observée, & qu'il fût défendu d'exposer de la monnoie à plus haut prix que celui qui étoit fixé par cette Ordonnance. Ils demandoient encore qu'à l'avenir on ne fabriquât de la monnoie qu'à Aix, & que les fabriques qui étoient dans les autres Villes de la Province fussent fermées ; qu'en conséquence la monnoie de cette Ville fut donnée incessamment à ferme pardevant les Commissaires du Parlement à celui qui en feroit la condition meilleure ; lequel, pour la commodité du public & nécessité du négoce, sera tenu de fabriquer 50 marcs d'or en écus & demi-écus ; 400 marcs d'argent en tiers d'écus, quarts & demi-quarts, pièces de dix &

Hist. de Prov. par Bouche, t. 2. p. 781 & additions.

MONNOIES.

cinq fols; 2000 marcs de billon en douzains; 3000 marcs en liards & autant en doubles & simples tournois de cuivre fin; le tout au poids loi & forme de ladite Ordonnance fans qu'il puisse excéder ladite quantité : que toute espèce de monnoie qui aura été fabriquée non conforme à ladite Ordonnance, demeurera décriée & fans aucune mise, & que pour le bien public les pièces de fix blancs ou pignatelles, encore qu'elles soient bonnes & aux termes de l'Ordonnance seront décriées & mises au billon, que leur qualité, nom & légence seront entiérement éteints.

Ensuite de cette Requête, le Parlement, Chambres assemblées; rendit un Arrêt le 12 Octobre 1593, par lequel il adopta en entier les conclusions des Procureurs du pays, en y ajoutant seulement que les pignatelles forgées depuis l'an 1588, auroient cours jusqu'à la fin de Décembre de cette année, & qu'elles seroient réduites à un carolus ou dix deniers tournois, & les fols à 4 deniers tournois; passé lequel temps elles seroient décriées & mise au billon, avec inhibitions de les exposer, à peine de faux.

Histoire des troubl. de Prov. t. 2. p. 435.

Cet Arrêt fut rendu par le Parlement ligueur qui tenoit ses séances à Aix, & dont l'autorité n'étoit reconnue que dans une partie de la Province. A-peu-près dans le même temps le Duc d'Epernon, qui étoit à la tête du parti Royaliste, prit le même arrangement dans la partie de la Province qui lui obéissoit. Il s'y détermina sur les plaintes des Officiers de son armée, qui lui représentèrent que l'augmentation des espèces mettoit leurs soldats hors d'état de pouvoir vivre avec leur paye; en conséquence il fit faire des fols & autres monnoies conformes pour le poids & l'alloi à celles fabriquées sous le règne d'Henri III, & cependant il ordonna que les pignatelles ne passeroient que pour un carolus, & pour dédommager le peuple de la perte qu'il faisoit à cette diminution, il le soulagea d'un

demi-

demi-quartier des contributions imposées, & fixa un terme pendant lequel les Capitaines seroient tenus de payer leurs soldats de leurs propres deniers.

MONNOIES.

Le retour à la monnoie forte occasionna dans la Province une infinité de contestations. Tous ceux qui avoient emprunté des sommes d'argent pendant que la monnoie foible avoit cours, demandoient à leurs créanciers une réduction de leurs créances au prorata de la valeur réelle des espèces qu'ils avoient reçues ; ceux qui avoient vendu des effets, & qui en avoient reçu le prix en monnoie foible, demandoient un supplément aux acheteurs : les plus petites ventes donnèrent lieu à des procès, & bientôt tous les Tribunaux ne furent occupés que d'affaires de cette nature : ce qui obligea le Roi Henri IV à donner une déclaration au mois de Février 1597, qui fut enregistrée au Parlement le 3 Mars de la même année, portant que comme la monnoie foible avoit eu cours pendant long-temps en Provence, il se trouvoit qu'il n'y avoit personne qui ne fût exposé à avoir autant de procès qu'il avoit fait de marchés pendant le temps où la monnoie foible avoit eu cours, ce qui occasionneroit la ruine d'une infinité de familles ; à quoi Sa Majesté voulant obvier, Elle ordonnoit qu'à l'avenir nul de ses sujets en ladite Province ne seroit tenu à faire demande d'aucun supplément du prix des choses mobiliaires qui ont été vendues en monnoie foible & de bas alloi, défendant à tous Juges d'en recevoir aucunes demandes & actions, n'y d'en faire aucune adjudication.

Cette déclaration ne prononça pas sur la question, s'il étoit dû un supplément de prix pour la vente des immeubles, elle laissa encore subsister les contestations qui avoient été élevées au sujet des sommes prêtées en monnoie foible.

Comme le Comté Venaissin n'avoit pas pris part aux guerres civiles, & que les familles les plus opulentes de Provence,

MONNOIES.

du Languedoc & du Dauphiné y étoient allées chercher un asyle, & y avoient transporté leurs effets les plus précieux, cet heureux pays étoit dans l'abondance au milieu de la dévastation des Provinces voisines. Les Communautés & les particuliers de Provence y avoient fait des emprunts fort considérables, de sorte que la demande en réduction de dettes intéressoit tous les habitans du Comtat. Ils firent évoquer au Conseil du Roi les procès intentés par les Provençaux à ce sujet, & après beaucoup de contestations, il fut passé une transaction le 7 Décembre

Reg. du Parl. 1598, entre les Procureurs des trois Etats de Provence, & les Procureurs fondés des habitans du Comtat, par laquelle il fut convenu que les contracts passés dans les six premiers mois de l'année 1592, souffriroient le retranchement de vingt pour cent; ceux passés dans les six derniers mois de cette année perdoient le trente pour cent, ceux passés depuis le premier Janvier 1593, jusqu'au 9 Avril suivant, perdoient le quarante pour cent; & enfin ceux faits depuis le 9 d'Avril jusqu'au 17 Juillet suivant, étoient retranchés de moitié. Cette transaction fut revêtue de toutes les formes les plus solemnelles. Elle fut confirmée à l'assemblée tenue la même année à Aubagne, & enregistrée au Parlement le 12 Décembre 1598.

Dès l'année 1596, un Procureur au siége d'Aix, nommé Bernard Zerbin avoit dressé un tableau du surhaussement des monnoies depuis le mois de Janvier 1590 jour par jour jusqu'au 12 Octobre 1593. Les Arrêts, qui ordonnèrent la réduction des dettes, suivirent ce tarif, qui acquit par-là beaucoup d'autorité. Comme nous l'avons déja observé, ces contestations occupèrent les Tribunaux de la Province, pendant la plus grande partie du siècle suivant, de sorte qu'on fut obligé de réimprimer le tarif de Zerbin en 1658.

Il n'est pas aisé de savoir quelles monnoies on a fabriqué en Provence pendant la ligue, parce qu'il n'y a aucune marque sur le plus grand nombre des espèces de ce temps-là qui nous sont restées. Les fabriques qui avoient été établies en différens lieux de la Province, n'avoient aucune marque distinctive. Il y a pourtant apparence que ces pinatelles, dont il est si souvent parlé, étoient des doubles sols frappés au coin d'Henri III. Il en est resté une quantité prodigieuse dans le pays. Il y a eu aussi quelques doubles sols frappés au coin de Charles X, quoique le Blanc n'en fasse pas mention. Ils sont très-rares ; ce qui suppose qu'il en fut frappé une petite quantité. Je n'ai jamais vu de doubles sols au coin d'Henri IV. Il résulte de là que ces pinatelles qui furent si fort altérées, étoient les pièces de six blancs ou doubles sols d'Henri III ; quoiqu'elles ayent été frappées dans les années qui ont suivi la mort de ce Prince, on leur a donné la date de 1589, qui est l'année de sa mort.

On trouve encore en Provence quelques quarts d'écus de Charles X, avec un assez grand nombre de douzains & de liards qui portent son nom. Les douzains frappés au coin d'Henri IV y sont encore très-communs, ainsi que les liards. Ces dernieres espèces avoient été fort altérées pendant les troubles, de sorte que les Etats tenus à Aix le 26 Décembre 1595, ayant égard aux représentations des députés des Vigueries de Sisteron & de Forcalquier qui se plaignoient de la mauvaise matiere qui avoit été employée à la fabrique de ces liards, arrêtèrent qu'elles seroient mises au billon, & que par autorité de Justice il seroit fait défense de les exposer. Voilà quelles furent les espèces que les différens partis firent frapper en Provence pendant tout le temps que les troubles durèrent.

On a trouvé depuis quelques années à Marseille une pièce fort singuliere, qui est conservée dans mon cabinet ; c'est un douzain assez usé & qui paroît avoir été long-temps dans le commerce. Il porte d'un côté l'écu de France avec le nom d'Henri IV,

Monnoies.

Cahier des Etats de 1595.

HENRICVS. IV. D. G. FR. ET. NAV. REX. Il a le revers ordinaire des douzains avec le nom de Charles X. KAROLVS. X. D. G. FR. REX. Le millésime est à demi effacé; il semble pourtant qu'on voit 1597. Il est difficile de trouver la solution de cette énigme; peut-être n'est-ce que l'effet du caprice d'un ouvrier de la monnoie.

L'Empereur Fréderic I étant venu se faire couronner Roi d'Arles en 1178, érigea la ville d'Orange en Principauté en faveur de Bertrand des Baux qui en étoit Seigneur. Il lui donna aussi le droit d'y faire battre monnoie.

En 1203 il s'éleva des contestations entre Guillaume des Baux, fils de Bertrand, qui étoit Seigneur de la moitié de la ville d'Orange, & Rambaud Seigneur d'un quart pour la propriété de la monnoie d'Orange. Guillaume prétendoit qu'elle devoit lui appartenir en entier, comme ayant été accordée à Bertrand son pere. Ces deux Seigneurs passèrent une transaction au mois de Mars 1203, par la médiation d'Hugues Florens, Prévôt de l'Eglise de Vaison, & d'Isnard Barriere, Sacristain de l'Eglise de S. Paul-Trois-Châteaux, par laquelle ils convinrent que la monnoie seroit commune entr'eux, & mirent fin à toutes les contestations qui les divisoient.

Rambaud ayant donné aux Hospitaliers ce qu'il possédoit à Orange, Tiburge sa tante, Dame d'Orange aussi pour un quart, leur donna en même temps sa portion. Ensuite de ces donations le 26 Septembre 1215, Frère Martin Dandos, Prieur de S. Gilles, agissant pour l'Hôpital de S. Jean de Jérusalem, en qualité d'héritier de Tiburge d'Orange & de Rambaud son neveu, ratifia la transaction passée en 1203, entre Rambaud & Guillaume de Baux (1).

---

(1) Pendant que les Hospitaliers avoient la souveraineté d'une partie de la ville d'Orange, on datoit les contrats publics du regne des Princes & de celui des

Le 22 Octobre 1307 Frère Fouques de Villaret, Maître de la Maison de l'Hôpital de Jérusalem, céda au nom de son Ordre à Charles II, Roi de Sicile & Comte de Provence, tout ce qu'il possédoit à Orange, & en reçut en échange les lieux d'Orgon, de S. Andiol, de S. Julien le Montanier, d'Amirat, des Greoulx, de Rousset & de Volx.

MONNOIES.

Le 22 Mars 1308, Bertrand des Baux, Prince d'Orange, se soumit pour lui & ses successeurs, à prêter à chaque mutation hommage lige à Charles II, Roi de Sicile & Comte de Provence, pour la Ville & Principauté d'Orange; & en reconnoissance le Roi lui céda tout ce qu'il avoit acquis des Hospitaliers à Orange. Il fut encore convenu que les priviléges accordés au Prince d'Orange & à ses prédécesseurs sur le droit de battre monnoie, seront conservés en entier; qu'il dépendra cependant du bon (1) plaisir du Roi & de ses successeurs de donner cours dans ses Comtés de Provence & de Forcalquier, aux monnoies frappées de l'autorité dudit Prince d'Orange; mais que le Roi ni ses successeurs n'empêcheront pas que lesdites monnoies ayent

Arch. du Roi à Aix, reg. pergamenorum, f. 84.

Commandeurs. En voici un exemple rapporté par le dernier Historien d'Orange, p. 377, *in nomine Domini anno incarnationis 1242 & 12 kalend. Junii regnante Frederico, Romanorum Imperatore; Domino Raymundo de Baucio, Aurasicæ Principe; Domino Gerardo Amico, præceptore tenente domum Hospitalis in Aurasiça.* M. de Thou, dans son Hist. liv. 31, atteste qu'il y avoit des monnoies sur lesquelles on voyoit d'un côté les armes des Princes d'Orange, & sur le revers la croix des Hospitaliers.

(1) Erit tamen in Domini Regis ac hæredum & successorum suorum prædictorum bene placito, an moneta per ipsum dominum Principem seu sub ejus autoritate cudenda, cursum habeat in terra dicti nostri Regis in comitatibus Provinciæ & Forcalquerii; sed in ejus terris & in illa etiam quam D. Rex in recompensationem, præd. subjectionis ac recognitionis daturus est illi. Nec idem D. Rex neque hæredes aut successores ejus in dictis comitatibus, aut officiales eorum impedient cursum præd. monetæ per ipsum Principem aut ejus autoritate cudendæ.

MONNOIES.

cours dans les terres que le Prince d'Orange posséde actuellement & dans celles qui lui feront données en récompense de ce qu'il s'est soumis à l'hommage.

Sous le règne de Jeanne, Comtesse de Provence, les Officiers de cette Princesse ayant voulu empêcher que ces monnoies d'Orange eussent cours en Provence, Raymond des Baux, Prince d'Orange, lui représenta que les Princes d'Orange avoient le droit de faire à leur coin de la monnoie d'or, d'argent & de cuivre, tant par les concessions des Empereurs que par un usage immémorial ; que ces monnoies avoient toujours eu cours, tant dans la Principauté d'Orange que dans le Comté Venaissin, la ville d'Avignon, les Comtés de Provence, de Forcalquier & de Piémont, le Dauphiné & les autres parties du monde *& aliis mundi partibus*. Au moyen de quoi il la supplioit d'arrêter à cet égard les entreprises de ses Officiers. Sur ces représentations Jeanne donna des lettres-patentes le 13 Septembre 1370, adressées à ses Sénéchaux & à ses autres Officiers des Comtés de Provence & de Forcalquier, par lesquelles elle leur déclara que son intention étoit qu'il ne fût fait aucune innovation sur le cours des monnoies d'Orange, & qu'elle désiroit qu'elles continuassent d'avoir cours dans ses Etats comme aux temps des Rois Charles II son bisaïeul & Robert son aïeul, annullant toute prohibition qui auroit pu être faite au contraire. Elle leur enjoignit de maintenir le Prince d'Orange dans la possession où il étoit de donner cours à ses monnoies, pourvu qu'il n'en abusât pas, *manuteneatis & deffendatis in possessione currus honesti & liciti monetarum prædictarum, sicut præterito tempore dictorum dominorum regum & nostro fuit & extitit observatum, ita tamen quod dictus Princeps non abutatur privilegio prælibato*.

Arch. du Roi reg. rubei, f. 63.

Il est assez naturel de conjecturer de ces dernieres paroles *ita tamen quod non abutatur privilegio* que la monnoie des Princes d'Orange étoit soumise à l'inspection des Officiers des Comtes de Provence, & qu'il n'en pouvoient faire frapper qu'au même titre & au même poids.

MONNOIES.

En 1436 René, Comte de Provence, emprunta de Louis de Châlons, Prince d'Orange, la somme de quinze mille livres pour payer sa rançon au Duc de Bourgogne dont il étoit prisonnier; il promit au Prince d'Orange de lui rendre cette somme, & en cas de défaut de paiement au jour assigné, il le déchargea de l'hommage qu'il lui faisoit de la Principauté d'Orange jusqu'à l'entier paiement. Guillaume fils de Louis de Châlons ayant été fait prisonnier par le Roi Louis XI en 1475, lui prêta hommage de la Principauté d'Orange pour obtenir son élargissement, & reconnut la tenir en fief de lui comme Dauphin de Viennois, supposant que René en avoit aliéné la suzéraineté à son pere en 1436. En même temps le Roi lui permit de continuer de se qualifier Prince d'Orange, & de faire battre de la monnoie d'or & d'argent, du même poids & de même alloi que celle qui avoit cours en Dauphiné.

Hist. d'Orange p. 385.

Les Princes d'Orange ont joui du droit de battre monnoie jusqu'à la réunion de cette Principauté à la Couronne, qui a été faite par un Arrêt du Parlement de Paris de l'année 1700.

La plus ancienne monnoie que nous ayions du Prince d'Orange porte le nom D'ALATELINA. On trouve dans l'Histoire une Princesse nommée Alatays dont le nom du mari est inconnu : elle règna 20 ans à Orange, & mourut vers l'an 900. Il est impossible de lui attribuer cette monnoie : les figures & la forme des lettres ne sont pas de ce siècle; elles sont d'un temps bien postérieur. On y voit une fleur-de-lis assez bien dessinée, ornement qu'on ne connoissoit pas au siècle où vivoit Alatays; d'ailleurs à la fin du neuvieme siècle il n'y avoit aucun Seigneur particulier qui fit battre monnoie à son coin. Cette monnoie est dans le cabinet du Roi. On voit d'un côté la tête d'une femme couronnée, avec une fleur-de-lis au-deſſous. On lit autour ALATELINA. Au revers il y a une croix qui a quelque reſſemblance avec celles qui ſont ſur les monnoies de Charles II & de Robert ; la légende eſt PRC. AVRARICE.

La ſeconde a une croix de chaque côté. La légende eſt PRINCIPES. & au revers AVRASICENS. On l'attribue à Guillaume & à Raymond qui régnoient en même temps à Orange au commencement du treizieme ſiècle, & y faiſoient battre monnoie en commun.

La troiſieme a une croix avec le mot PRINCEPS. Il y a au revers le cornet que les Princes d'Orange ont pris pour leurs armes & qu'on trouve ſur tous leurs monumens. On lit autour AVRASICI.

La quatrieme eſt de Bertrand des Baux, qui régna depuis l'an 1289, juſqu'en 1335. Elle eſt d'argent pur & peſe 34 grains. On y voit d'un côté Bertrand à cheval armé de toutes pièces, portant un écu ſur lequel eſt le cornet. La légende eſt BT. DI. GRA. PRCPS. AVRA. Il y a au revers une croix & autour SIGNVM. CRVCIS. MONETA. CIVITATIS. AVRASICE.

La cinquieme qui eſt d'or eſt de Raymond des Baux troiſieme du nom, petit-fils de Bertrand, qui commença à régner en 1340 & mourut en 1393. Je l'attribue plutôt à Raymond III qu'à Raymond II, parce que comme elle a été faite ſur le modele des fleurs-de-lis d'or que Charles V fit frapper en France en 1365, elle ne peut pas être de Raymond II qui mourut en 1340 plus de vingt ans avant que Charles V monta ſur le trône. Nous avons vu que la Reine Jeanne & Louis I ſon ſucceſſeur firent frapper des eſpèces toutes ſemblables. La légende eſt RAMVNDVS. DEI. GRA. PRIC. AVRA. Au revers XPIS, VINCIT. XPIS. IMPERAT.

La

DE PROVENCE. 641

La sixieme monnoie est un autre lis d'or du même Prince semblable au précédent, il y a seulement une légère différence dans le revers. Ces deux dernieres monnoies sont conservées dans le cabinet du Roi. C'est à leur occasion que le Roi Charles V écrivit à Raymond pour se plaindre de ce qu'il faisoit contrefaire ses monnoies, & pour lui demander d'en faire cesser la fabrication.

MONNOIES.

Le Blanc, p. 236.

La septieme est un florin d'or du même Raymond. Il ressemble en tout aux autres florins. Il y a un cor à côté de la fleur-de-lis. La légende est R. DI. G. P. AVRA.

La huitieme est un autre florin semblable au précédent qui a la lettre R. à la place du cor.

La neuvieme est encore un florin de Raymond où il y a une espèce de bonnet à la place du cor.

La dixieme qui est du même Prince est d'argent pur & pese 30 grains. On y voit d'un côté la figure de Raymond assis sur un trône soutenu par deux animaux qui ressemblent à des chiens. Il a la couronne sur la tête, tient d'une main un sceptre, & de l'autre quelque chose qui ressemble à la main de Justice. La légende est R. PRNCEPS. AVRA. Il y a au revers une croix avec quatre cors dans les angles. On lit autour MONET. CIVITS. AVRA.

La onzieme est de Marie des Baux, fille de Raymond III & épouse de Jean de Châlons, Seigneur d'Arlay. Elle succéda à son pere, & mourut en 1421. Cette monnoie a des deux côtés un ornement qui ressemble à une fleur. La légende est BEATE. MARIE. & au revers PRINSEPS. AR.

La douzieme est de Jean de Châlons, mari de Marie des Baux, qui régna avec elle. Il mourut en 1418. Il est représenté sur cette monnoie à demi-corps avec une épée à la main. On y lit IOHANES. DE. CABILONE. Il y a au revers une croix, & autour DEI. GRACIA. PRINCEPS.

La treizieme est un florin d'or semblable en tout à ceux qu'on

Tome III. M m m m

frappoit à Florence depuis le milieu du treizieme siècle. Il y a un cor à côté de la tête de S. Jean-Baptiste; c'est ce qui fait que je l'attribue aux Princes d'Orange, sans savoir précisément celui à qui il appartient.

Fin du Mémoire sur les Monnoies.

AVIS AU RELIEUR.

Le Relieur placera les Planches entre les pages 642 & 643.

Monoyes de Charles II

Salut d'Or

Salut d'Argent

Sol Provençal

Double Denier

Denier Couronnat

Obole

Autre Denier

Monoyes frappées à Naples

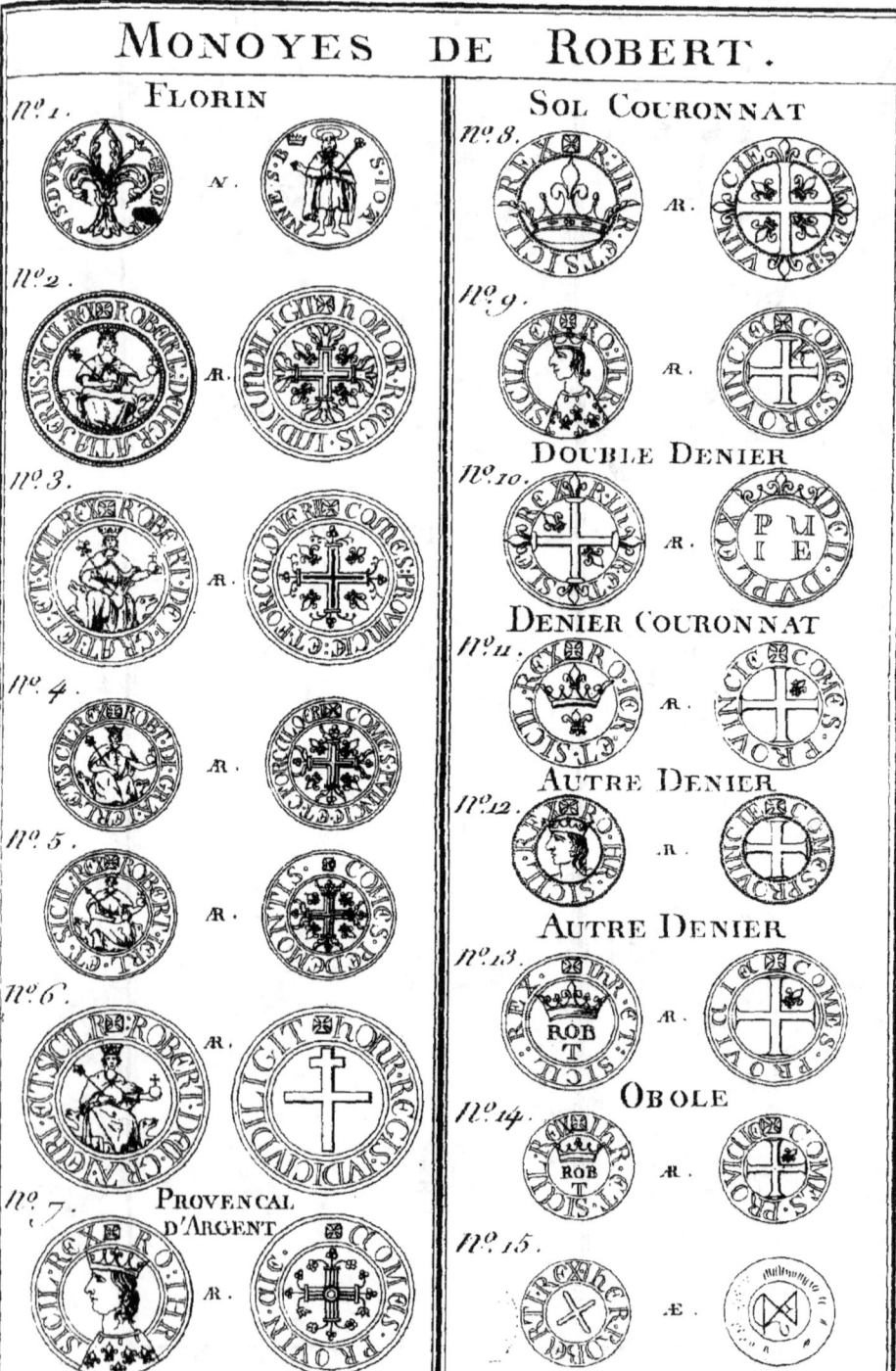

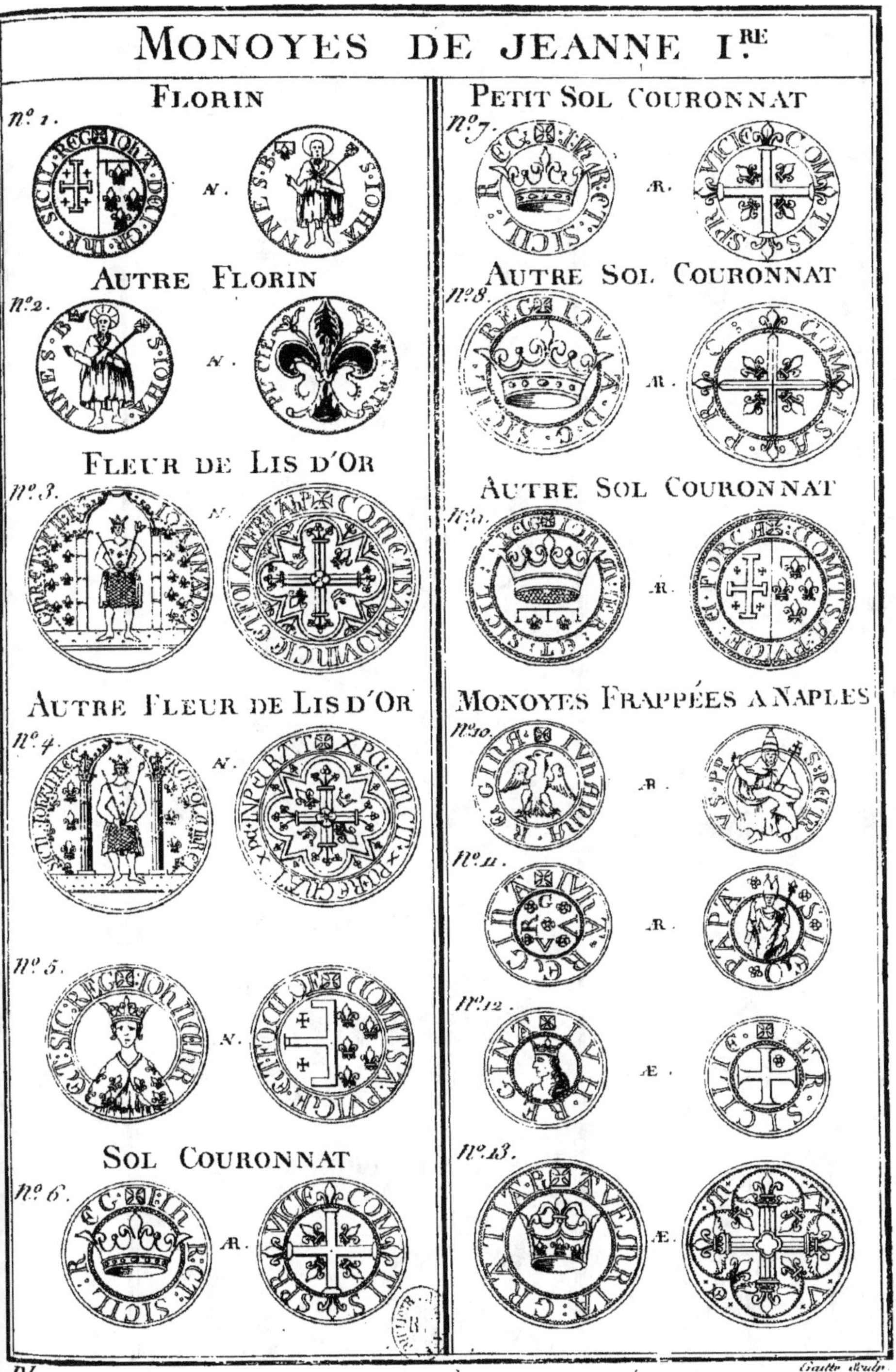
MONOYES DE JEANNE Ire
FLORIN
No. 1.
AV.
AUTRE FLORIN
No. 2.
AV.
FLEUR DE LIS D'OR
No. 3.
AV.
AUTRE FLEUR DE LIS D'OR
No. 4.
AV.
No. 5.
AV.
SOL COURONNAT
No. 6.
AR.
PETIT SOL COURONNAT
No. 7.
AR.
AUTRE SOL COURONNAT
No. 8.
AR.
AUTRE SOL COURONNAT
No. 9.
AR.
MONOYES FRAPPÉES A NAPLES
No. 10.
AR.
No. 11.
AR.
No. 12.
Æ.
No. 13.
Æ.

Pl. 10.

Gautte sculp.

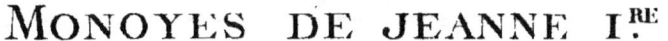

MONOYES DE LOUIS I.ᴱᴿ

MONOYES DE LOUIS Iᴇʀ FRAPPÉES AVANT LA MORT DE JEANNE

FLEUR DE LIS D'OR
n.° 1.

FLORIN
n.° 2.

SOL COURONNAT
n.° 3.

AUTRE SOL COURONNAT
n.° 4.

AUTRE SOL COURONNAT
n.° 5.

BIL
n.° 6.

MONOYES DE LOUIS Iᴇʀ FRAPPÉES APRÈS LA MORT DE JEANNE

FLORIN
n.° 7.

SOL COURONNAT
n.° 8.

AUTRE SOL COURONNAT
n.° 9.

MONOYES FRAPPÉE A NAPLES
n.° 10.

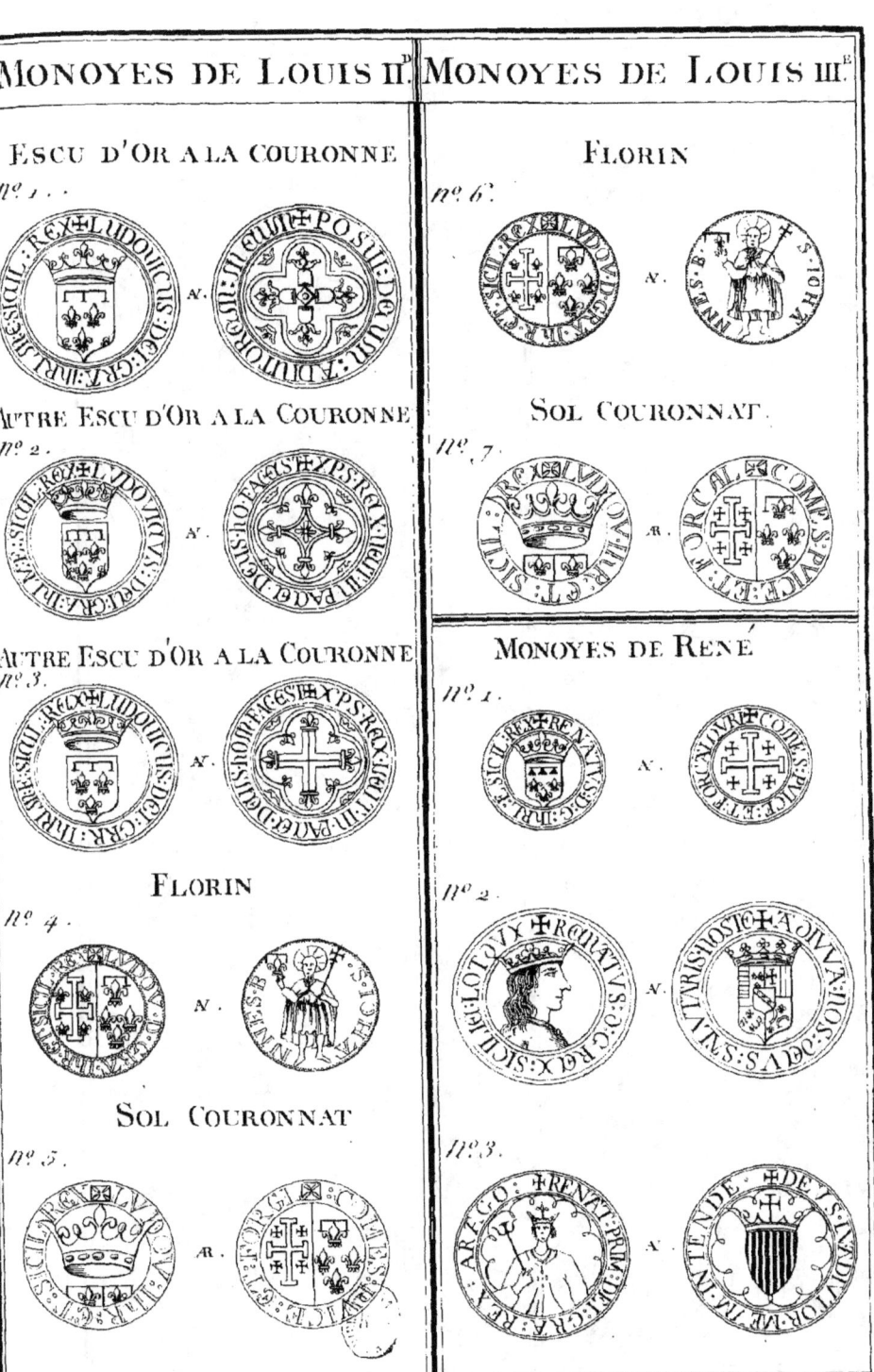

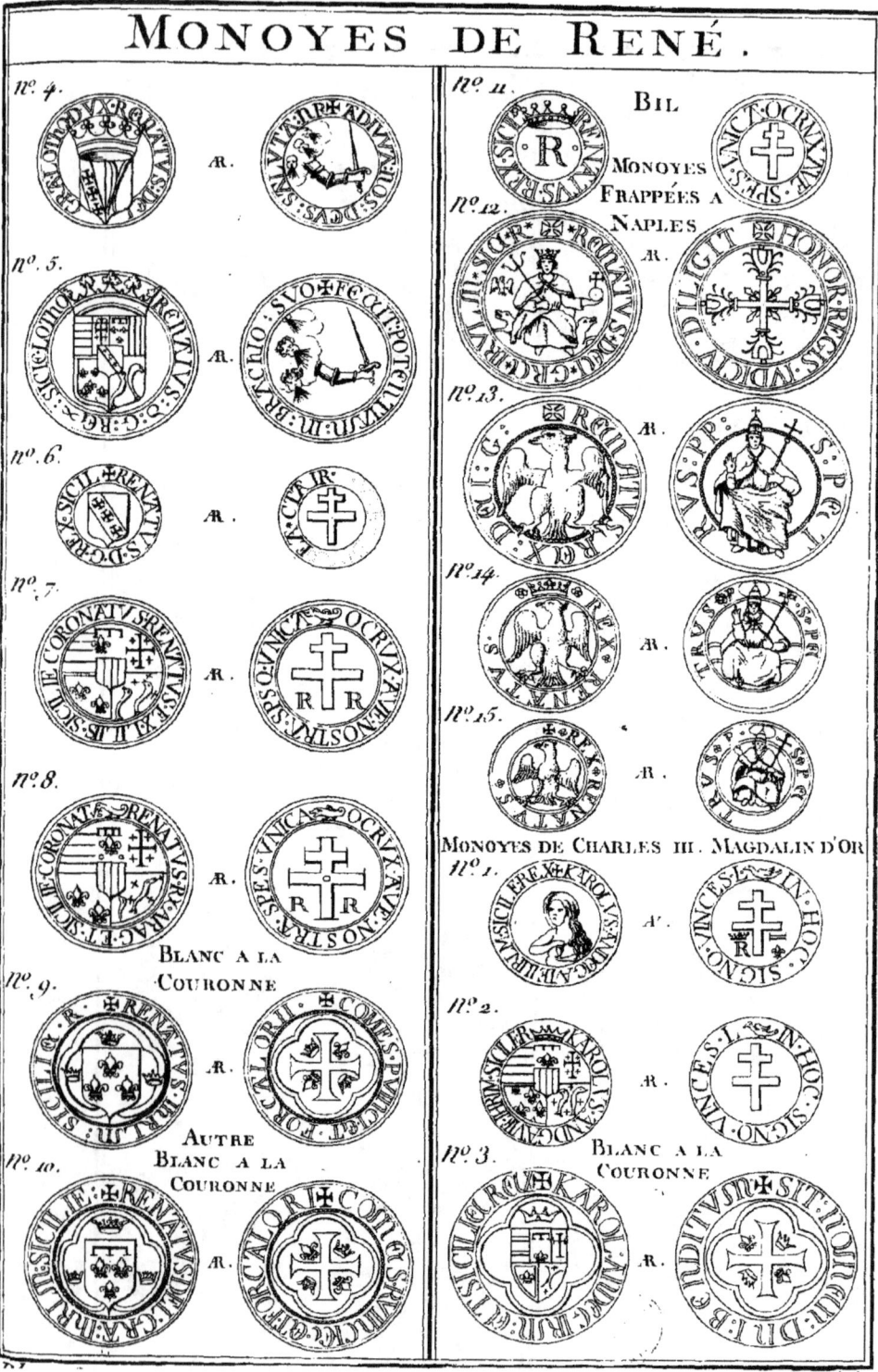

DE PROVENCE. 643

Noms des Princes.	Noms des Monnoies.	An.	Titre.	Poids & Taille.	Valeur relative.	Valeur actuelle.
CHARLES II, Roi de Sicile & Comte de Provence, commença de régner en 1285, mourut en 1309.	Saluts d'or. Sols couronnats. Den. couronnats. Double denier couronnat. Saluts d'argent. Carlins. Doubles den. Oboles. Pites. Den. Provenç. reforciat.	1298 1298 1298 1298 1298 1302	à 11 den. 12 gr. à 3 den. à 3 den. $\frac{11}{16}$	84 $\frac{1}{7}$ au marc. 264 au marc. Peſ. 2 d. 4 gr. Peſ. 1 d. 2 gr.	12 den. cour. 1 den. couron. 12 den. cour. 2 den. couron.	11 ſols 10 den. 11 den. $\frac{1}{4}$
ROBERT, Roi de Sicile & Comte de Provence, commença de régner en 1309, mourut en 1343. La monnoie reforciat valoit un cinquieme de plus que la monnoie provençale.	Sols couronn. Provençaux. d'argent. Prov. doubles noirs. Doubles lis. Carlins ou lis d'argent. Petits carlins d'argent. Den. cour. ap. robertons. Autr. den. cou. Oboles.	1339 1339 1330 1325 1330 1330	à 10 d. 15 g. $\frac{1}{7}$ à 3 den. 20 gr. à 11 den. 3 gr. à 11 d. 4 gr. $\frac{3}{4}$ à 11 den. 5 gr.	Peſ. 1 d. 21 gr. Peſ. 2 d. 2 gr. 92 au marc. 172 au marc. 59 $\frac{1}{16}$ au marc. Peſent 20 gr. Peſent 16 gr. Peſent 10 gr.	12 den. cour. 2 ſols 1 den. 14 den. réforc. & une obole. 1 d. une obol. 6 den. 1 pitte.	11 ſols 1 den. 1 ſol 11 den. 15 ſ. 10 den.
		1333 1337 1332	L'once d'or valoit 3 livres 12 ſols couronnats. L'once d'or valoit 3 livres 11 ſols 6 deniers couronnats. Le marc d'argent valoit 5 livres 9 deniers couronnats.			
JEANNE, Reine de Sicile & Comteſſe de Provence, commença de régner en 1343, mourut en 1382.	Monnoies d'or. Florins. Autres florins. Flor. d'or aux fleurs-de-lis. Monn. d'arg. Sols provenç. couronnats. Sols couronn. aux armes d'Anjou & de Jéruſalem. Petits ſols couronnats.	1366 1365 1348	à 22 karats $\frac{1}{4}$	Peſ. 2 d. 8 gr. 5 à l'once. Peſ. 2 d. 14 gr. Peſ. 2 d. 2 gr. Peſ. 2 d. 6 gr. Peſ. 1 d. 11 gr.	Val. 12 carlins ou 12 ſ. tourn. ou 16 ſ. prov. Val. 20 ſ. tour. 10 den. cour.	8 liv. 3 ſols.

Noms des Princes.	Noms des Monnoies.	An.	Titre.	Poids & Taille.	Valeur relative.	Valeur actuelle.
Louis I, Roi de Sicile & Comte de Provence, commença de régner en 1382, mourut en 1384.	Monnoies d'or. Flor. de Louis & de Jeanne.	1381			12 f. tourn. ou 16 f. provenç.	
	Fl. de Louis I.	1382		Pef. 2 d. 6 gr.	Idem.	
	Flor. d'or aux fleurs-de-lis de Louis I.	1382			20 fols tourn.	
	Mon. d'argent. Sols couronn. de Louis I & de Jeanne.	1381		Pef. 1 d. 9 gr.		
	Autres f. cour. des mêmes.			Pef. 1 d. 2 gr.		
	Sols cour. de Louis I.	1382	à 10 d. 22 gr.	Pef. 1 d. 20 gr.		7 fols 7 den.
	Petits f. cour.			Pefent 18 gr.		
Louis II, Roi de Sicile & Comte de Provence, commença de régner en 1384, mourut en 1417.	Monnoies d'or. Florins.	1411	à 22 karats.	Pef. 2 d. 12 gr.	12 f. tourn. ou 16 f. provenç.	8 l. 5 f. 1 d.
		1412	à 22 karats ½.	81 au marc.		8 l. 16 f. 10 d.
	Ecus à la couronne.			60 au marc.	22 f. 6 d. tour.	
	Mon. d'argent. Sols cour. ou gros.	1395	à 10 d. 22 gr.	Pef. 1 d. 10 gr. 82 au marc.		6 f. 2 d. ⅔
		1411		Idem.		
	Quatrins.	1412	à 11 den.	100 au marc.	16 d. provenç.	9 f. 6 d.
	Patacs.	1412	à 5 den. 12 gr.		4 den. prov. ou 6 petits den.	
		1412	à 2 d. 12 gr. ⅓	183 au marc.	2 den. provenç. ou 3 petits deniers.	
	Doubles den. Den. prov. ou Robertons.	1412	à 1 d. 18 gr.		2 petits den.	
		1412	à 1 den. 3 gr.	260 au marc.		4 d. ½
	Petits deniers.	1412	à 22 grains.		24 petits den. valoient 1 g.	
Louis III, Roi de Sicile & Comte de Provence, commença de régner en 1417, mourut en 1434.	Monnoies d'or. Florins.				12 fols tourn. ou 16 fols provençaux.	
	Mon. d'argent. Sols couronn.		à 10 d. 22 gr.	Pef. 1 d. 20 gr.	12 den. tourn. ou 16 den. provençaux.	7 f. 7 d.
	Pites ou oboles.	1432			La moitié d'un denier.	

DE PROVENCE.

Noms des Princes.	Noms des Monnoies.	An.	Titre.	Poids & Taille.	Valeur relative.	Valeur actuelle.
René, Roi de Sicile & Comte de Provence, commença de régner en 1434, mourut en 1480.	Ecus d'or. Blancs à la couronne. Autres blancs à la couronne. Autres blancs. Deniers. Parpajolles.	1470 1463 1435 1459 1477 1479		Pef. 2 d. 16 gr. Pef. 2 d. 6 gr. Pef. 1 d. 20 gr. Pef. 2 d. 2 gr. Pefent 16 gr.	26 f. 8 d. tour. 4 val. 3 gos. Le marc d'or valoit 120 florins. Le marc d'argent 10 florins. Le marc d'argent d'Avignon 9 florins 6 gros. Le marc d'argent valoit 12 florins 6 gros. Le marc d'argent valoit 15 florins. Le marc d'or valoit 180 florins.	
Charles III, Roi de Sicile & Comte de Provence, commença de régner en 1480, mourut en 1481.	Magdalins d'or. Gros à la couronne. Deniers.	1480 1481		Pef. 1 d. 6 gr. Pef. 1 d. 3 gr. Le marc d'argent valoit 16 florins. Le marc d'argent valoit 15 florins 8 gros.	4 l. 1 f.	
Monnoies * des Dauphins. Jean II commença de régner en 1319, mourut en 1330.	Gros delphinaux.			Pef. 1 d. 10 gr.		
Guigues VIII commença de régner en 1319, mourut en 1330.	Florins. Gros delphinaux. Grosses oboles delphinales.	1327	Ortin à 24 kar.	65 au marc.		11 l. 16 f. 3 d.
Humbert II a régné depuis 1330 jusqu'en 1349.	Florins. Gros delphinaux. Grosses oboles delphinales. Deniers noirs delphinaux. Doubles delphinales. Oboles noires delphinales. Douzains blancs.	1340	Ortin à 24 kar. à 11 den. à 8 den. à 3 den. à 4 den. à 2 den. à 2 den. 21 gr.	65 au marc. 60 au marc. 88 au marc. 288 au marc. 190 au marc. 400 au marc. 100 au marc.	17 den. 8 den. 1 den. 2 den. 12 den.	11 l. 16 f. 3 d. 15 f. 10 d. $\frac{2}{3}$ 7 f. 10 den. 10 den. 1 f. 10 d.

* Quoique nous n'ayons pas fait imprimer le Mémoire sur les Monnoies des Dauphins, nous avons cru cependant qu'on seroit bien aise d'en voir ici l'évaluation.

Noms des	Noms des Monnoies.	An.	Titre.	Poids & Taille.	Valeur relative.	Valeur actuelle.
Monnoie des Archevêques de Vienne, appellée monnoie viennoise.	Quaternaux blancs. Redotati nigri. Den. viennois.		à 1 d. 16 gr. à 16 gr. de fin.	183 au marc. 192 au marc. Pesent 22 gr.	4 den. 2 den.	

Pendant le quatorzieme siecle la monnoie Viennoise étoit plus foible d'un quart que la monnoie de Tours, de sorte que 20 sols viennois ne valoient que 15 sols tournois.

La monnoie Viennoise a été fort en usage en Provence pendant les treizieme & quatorzieme siecles.

Fin du Tome troisieme.

TABLE DES MATIERES

Contenues dans ce Volume.

Acciaioli, 172.
Acigné, (d') 307, 419.
Adhemar, 89, 124. n. 194, 196, 237, 264, 283. Pr. p. XXIX, LXII.
Adorno, Doge de Génes, 299.
Agout, (d') 75, 87, 89, 175, 189, 199, 218, 220. n. 237, 244, 254, 258, 263, 264, 267, 268, 282, 291, 292. n. 293, 295, 299, n. 318, 320, 354, n. 369, 390, n. 398, 404, 416, 511, 523, 548, 565. & Supplément, p. 9.
Agriculture (état de l') en Provence, 106, & 111.
Aguillon, pr. 1.
Aimini, pr. 1.
Aix, la Reine Jeanne y est arrêtée prisonnière, 171. Les États s'y assemblent, 189. Cette ville députe à Naples touchant l'aliénation du Domaine, 212. Se ligue avec Marseille, 218. Refuse de reconnoître Louis I d'Anjou, 237. Est assiégée & privée des Cours Souveraines, 238. Désire de passer sous la puissance de Charles VI, 258. Réflexions à ce sujet, *ibid*. Renouvelle ses offres auprès de ce Prince, 265. Demeure fidelle à Charles de Duras, *ibid*. Suites fâcheuses qui en résultent, 275. Fait demander des secours à la Reine Marguerite, *ibid*. Se soumet à Louis d'Anjou, *ibid*. Recouvre ses prérogatives, *ibid*. Envoie des secours aux Marseillois, 334. Est privée des Cours de Justice par le Roi René, 379. Devient la Capitale de la Provence, 553. Priviléges qu'elle obtient, 554. Son administration, *ibid*. Fabrique de monnoies, 571.
Alardeau, 396. n. 401. n.
Albe ou Aube, 264, 268, 292. n. & *suiv*.
Alberti ou Albert, pr. 1.
Albinie, fille de Tancrede, & son époux, 5.
Alexandre IV offre le Royaume de Sicile au Roi d'Angleterre, 10.
Alexandre V, élu Pape au Concile de Pise, 304. Son zèle pour les intérets de Louis II, *ibid*.
Alamanon, (Pierre d') Dominicain; somme qu'il reçoit de Charles I, pour acheter les ouvrages de S. Thomas d'Aquin, 59. not.
— Le Troubadour, ses amours, 438. Son goût pour la gloire, 439. Son animosité contre Raymond-Berenger, *ibid*. Contre l'Archevêque d'Arles & Innocent IV, 440 & *suiv*. Ses chagrins domestiques, 442. Son caractère, 443.
Allegre, (Yvon d') 406.
Alleman, (Pierre d') pr. 1.
Alope, Favori de Jeanne II. Sa fin tragique, 322.
Alphonse d'Arragon, conclut avec

le Roi d'Angleterre un traité pour la délivrance de Charles II, 88. Conditions dures qu'il impose, *ibid.* Fait un autre traité sur cette affaire, & meurt, 91 & 92.

Alphonse, Roi d'Arragon, est adopté par Jeanne II, 326. Envoie du secours à cette Princesse, *ibid.* Se brouille avec elle, 329. Est battu par Sforze, *ibid. & suiv.* Reçoit du secours de Catalogne, 331. Est forcé de repasser dans ses Etats, 332. Livre Marseille au pillage, *ibid. & suiv.* Est de nouveau adopté par Jeanne II, 340. Réflexions sur cette adoption, *ibid.* & not. Fait une tréve avec ses ennemis, 341. Est pris dans un combat contre les Gênois, 347. Sort de prison, 348. Est sur le point de tomber au pouvoir du Roi René, 356. Traité avec ce Prince, 358. S'empare de Naples, 360. *& suiv.* Se déclare contre les Florentins, 372. Fait la paix avec eux, 373. Sa mort, 374. Avis qu'il donne à son fils, *ibid.*

Amalric, 269, 521.

Amic, (Giraud d') de la maison de Sabran, Seigneur du Tor, 90. n.

Amirat, pr. p. I. & LIV.

Ancelme, (Philippe) 523.

André de Hongrie, fiancé avec Jeanne de Naples, 138. Est élevé par Robert, Religieux Dominicain, 139. Ses manières, son caractère & son esprit opposés à ceux de Jeanne, 145. Inimitié secrette entre ces deux époux, *ibid. & suiv.* Est éloigné des affaires par la Reine, 154. Demande à être couronné ; difficultés qu'il éprouve, 155 *& suiv.* est sur le point de l'être, 157. Mouvements que cette nouvelle cause à la Cour, *ibid.* Sa mort tragique, *ibid.* Réflexions à ce sujet, 158. Son caractère, *ibid.* Auteurs de cette mort, *ibid. & suiv.*

Angers, revenu de la Gabelle de cette ville & de celle du Mans, sous Charles I, 59.

Anglure, (maison d') 370, 396, 398, 406.

Anjou, (Comté d') cédé à Charles de Valois, 91.

Annoblissement réservé au Souverain, 95, n. 422 *& suiv.* Charte de Philippe-le-Long à ce sujet. pr. p. LI.

Antibes. Sa fidélité à Charles du Maine, 404.

Antiboul. (Pierre) Ses ouvrages, 478.

Antonello. (le frere) Son attachement au Roi René, 355. Marques d'amitié qu'il en reçoit, 356. Sa réponse à ce Prince, *ibid.*

Apt. Les Evêques y tiennent une assemblée, 215. Les Etats aussi, 263. Spectacles qu'on y représente, 387. n. Envoie des députés à Tarascon, 391. Somme qu'elle leur donne pour le voyage, *ibid.* Recette de cette ville en 1375, 408. Etablit des Consuls, 547. Autorité de l'Evêque, 549. Origine de sa qualité de Prince, *ibid.* Prétentions des Empereurs sur cette ville, 550. Le Roi Robert en acquiert la Seigneurie, 551.

Aquaviva, 308.

Aquin, (maison) 22, 80, 131.

Arbaud, (Barthelemi) pr. I.

Architecture

DES MATIERES.

Architecture connue en Provence dans le XIII siècle, 410. Monuments qu'on y élève, ibid.

Arcucia, 244, 292, n. 472.

Argent, rare en Provence, 103. 408. Quel en étoit l'intérêt dans le XIII siècle, ibid. Comment il passe chez l'Etranger, 409.

Arlatan, 350, pr. II.

Arles. Plaintes de l'Archevêque sur la perte de ses droits, 61. Traite l'échange des prisonniers, 98. Chancelier & Vicaire du Royaume de Naples, 103. Obtient des priviléges de l'Empereur Henri VII, 120. n. Cette ville est ravagée par la peste, 178. Circonstance remarquable à ce sujet, ibid. Refuse de se liguer avec Marseille, 189. Les droits de l'Empire sur le Royaume de ce nom éteints, 196. Charles IV se fait couronner à Arles, 211. On y célèbre la fête des foux, 212 & suiv. Résiste aux armes de Duguesclin, 218. Est ravagée par les Tuchins, 255. Trahie par quelques-uns de ses Habitants, 256. Demeure fidelle à la maison d'Anjou, ibid. Maux qu'elle éprouve de la part de Raymond de Turenne, 291. Famine & dépopulation, 292. Fait un traité de paix avec Raymond, ibid. Joie de ses Habitants au mariage de Louis II, 300. Concours de Pélerins, 305. Sa satisfaction à l'arrivée du Roi René, 349. Dépense à cette occasion, 391. Confirmation des priviléges, 403. Députation aux obséques de René, 406. Réponse à une dissertation au sujet de cette ville, 489. En quel temps Arles a été République, 491. Epoque de sa liberté & de l'institution du Consulat, 498. Pouvoir de l'Archevêque & origine de ce pouvoir, 501. Cette ville doit être mise au rang des Municipes, 502. Conformité de son Gouvernement avec celui des principales villes d'Italie, 505. Etablit un Podestat, ibid. Pouvoir & fonctions de ce Magistrat, 508. Sa subordination à l'Archevêque, 510. Liste des Podestats, 511. Divisions qui regnent dans la ville, 512. Changements dans son Administration, 513. Elle se soumet à Charles d'Anjou, 517. Conditions de cette soumission, ibid. Statuts de cette ville, 527 & suiv.

Armagnac, (Jean d') 201.

Arménie, (le Roi d') à Paris, 259, not.

Arragon, Provinces soumises à cette Couronne à la mort de Pierre IV, 311. Prétendants à cette succession, ibid. & suiv.

Arragonois (les) font une descente en Provence, 338. Ravagent le Terroir d'Arles, & sont repoussés devant Marseille, ibid.

Artois, (Mathilde, pr. II.

— Robert, 82, 221, 233, 243.

Arts, peu cultivés en Provence, 406. Quelle en étoit la cause, ibid.

Attendolo, (Jacques) pourquoi surnommé Sforze, 324. Sa naissance, ibid. Anecdote sur ce guerrier, 325. Dignités que lui donne Louis III, ibid. Ranime dans Naples le parti Angevin, ibid. Soulève par ses rigueurs les troupes du Pape, 328. Est appelé au secours de Jeanne seconde, 329.

Tome III.

Bat les troupes d'Alphonse, *ibid.* & *suiv.*

Attendolo (Michel) se déclare pour le Roi René, 350.

Aubigny, (Pierre d') 406.

Aucud, (Jean) Chef d'Avanturiers, 239 & *suiv.* Exerce des cruautés à Faënza, 240. Soudoyé par Urbain VI, se joint à Charles de Duras, 250.

Audibert, (Raymond) 269, n.

Audiguier, (Isnard) 538.

Augustare, monnoie, sa valeur, 81. not.

Autric, (Elzear d') 295.

Autriche (Frédéric d') accompagne Conradin dans son expédition de Naples, 35. Corps qu'il commande à la Bataille de Tailliacozzo, *ibid.* Son déguisement & sa fuite, 39. Comment il est reconnu & arrêté, *ibid.* & *suiv.* Par qui livré à Charles, 40. Sa triste fin, 42.

Auvergne, (la Tour d') 195. n.

— Pierre, Auteur, temps où il écrivoit, 468, n.

Avignon (la ville d') Philippe-le-Hardi s'en réserve la moitié, 54. La cède à Charles II, 95 & pr. p. xxxii. Clément V y transporte le Saint Siége, 102. Corruption de cette ville, 122. Deux sortes de sortiléges auxquels on croit & dont on abuse, 129. Cour d'Avignon, centre de la politique de l'Europe, 145. Concours d'Etrangers qu'elle attire, *ibid.* Jeanne & Louis s'y rendent, 175. Affligée de la peste, 177. Tableau de ce fléau, *ibid.* Lieu de débauche dans cette ville, 181. Vendue au Pape, 182. Réflexions sur cette vente, *ibid.* Le prix de la vente reçu par la Reine, *ibid.* Cette ville est entourée de murailles, 199. Mondanité de la Cour, 195. Ses richesses, 202. Ravages de la peste, *ibid.* Statuts, 527. Pouvoir des Consuls, 533. Origine & ancienneté de la Commune, 534. La ville se forme en République & se donne des Podestats, 536. Liste de ces Magistrats, *ibid.* & *suiv.* Origine des droits des Comtes de Provence & de Toulouse sur cette ville, 537. Elle députe à ces deux Princes, 538. Conditions auxquelles elle se soumet, *ibid.*

Avoir, (Pierre d') 295.

Azini, Chef de la faction gibelline, 25. Sa mort, *ibid.*

B

BADAT, 533.

Baille, (Bertrand) 292, n.

Balbs, (Pierre) Comte de Vintimille, &c. Prend les armes contre Charles I, 56 & n. v. Vintimille.

Balbs, 265, 299, 454, 568.

Bâle (le Concile de) demande l'élargissement du Roi René, 348.

Banquiers. De quelle nation ils étoient, 104 & 408 & *suiv.* Leur avidité, *ibid.* Plusieurs sont obligés d'avoir recours à eux, 409.

Barbiano, Chef d'Aventuriers, 239 & *suiv.* 488.

Barcelonette se donne à la maison de Savoie, 275 & 278. Origine de cette ville & son Administration, 560, 561.

Barras, 89, 133, 237, 265, 292, n. 325, n. 414, 426, 548, n. pr. II.

Baschi, (Guichard de) 254.
Baud, (Jean) 416.
Baux, (maison de) 28, 30, 49, n. 105, 113, 115, 165, 184, 185, 187, 197, 201, 215, 221, 264, 265, 267, 269, n. 292, n. 318. &c. &c.
Baux (Château des) assiégé, 196.
Bavière (Elisabeth de) veuve de Conrad, & épouse du Comte de Tirol, cherche à détourner son fils Conradin de l'expédition d'Italie, 33. Elle part pour racheter sa liberté, 44. Sa douleur en apprenant sa mort, *ibid.* Elle continue sa route, *ibid.* Charles lui refuse la liberté d'ériger à son fils un tombeau de marbre, *ibid.* Grace qu'elle en obtient, *ibid.* & *suiv.*
Béatrix, (la Comtesse) femme de Charles d'Anjou, part pour l'Italie, 17. Elle est sacrée à Viterbe, *ibid.* Fait son entrée à Naples, 29. Sa mort, 46. Ses enfans, *ibid.*
Beatrix, fille de Mainfroi, sa prison, 43. Sa délivrance, 80.
Beatrix de Hongrie, femme de Jean, Dauphin. pr. p. XLIII.
Beatrix, fille de Charles II, déclare qu'elle ne veut point être religieuse. pr. p. XLVI.
Beaudouin III, Roi de Jérusalem; priviléges qu'il accorde aux Marseillois, 319.
Beaufort, (Rogier de) 194 & 195, n. Richesses du Cardinal Hugues, Son inventaire & les différentes sortes des monnoies qu'il avoit amassées, 592 & *suiv.* Le Comte de, 253, 264. pr. p. LXII, LXIV, LXV.
Beaujeu, (maison de) 286 & n.

Beaumont, pr. p. II & XIII. 23, 45.
Beauvau, 239, 254, 307, 336, 341, 342, 343, 364, 368, 370, 394, 400, n. 419, 420, 421. Pr. p. II & LXXII. Et au supplément p. I & *passim.*
Beauvoir, Thomas & Simon, pr. p. II.
Bellai, (Jean de), 370.
Bellecour, (le Maréchal de) 239.
Bellevuë, (Armand de), ses ouvrages & sa mort, 473.
Jacques, sa patrie, 474, tems où il vivoit. Ses ouvrages, *ibid.*
Belloi, (Nicolas) pr. II.
Benault, (Jean de) 406.
Benoit XIII. Succede à Clément VII, 290. Refuse d'abdiquer 301, est assiégé dans Avignon, qui ouvre ses portes, 302. Se retire dans le Palais où il est forcé de se rendre, *ib.* Échappe à ses ennemis, 303. Réponse qu'il fait à son Barbier, *ib.* Son opiniâtreté, *ib.* S'embarque pour l'Italie, 304. Est déposé par le Concile de Pise, *ib.* Se réfugie en Catalogne, 312.
Bernardi, 320, 406, n.
Beuil, 239 & 253, pr. II.
Bizantin, Monnoie, sa valeur, 81, n.
Blaccas, 89, 110, 133, 189, 426, pr. II, VIII, LV.
Blanc, (Jean) 521.
Boccace, tems où il vivoit, 467, n.
Boches, 350, n.
Bombardes, ce que c'est, 284.
Bonnefoi, (Jacque) 561.
Boniface IX, envoie du secours à Ladislas, 288. Son peu de sincérité, 304.
Boniface, 189, n. 267, 259, 398.
Bonnor, sa patrie, ses ouvrages, 479.
Boquin, (Louis) 406, n.

Bordeaux, cette ville eſt choiſie pour le duel entre Charles I. & Pierre, Roi d'Arragon, 76. Ce qui s'y paſſa, 77 & ſuiv.

Boſchet, (Raoul du) 400, n.

Botaric, (Antoine) 292, n. & 293.

Bouchage, (le Sire du) 307.

Boucicaut, (le Maréchal de) épouſe la fille de Raymond de Turenne, 290. Pacifie la Provence, 294. Don qu'il reçoit de la Reine Marie, 295. n. s'empare d'Avignon & du Palais Pontifical, 301 & 302. Pr. 70.

Boulliers, (François de) maniere ſinguliere dont il prête hommage à Louis II, & à la Reine ſa Mere, 265. Louis, 420.

Bourbon, (Jacques de) époux de Jeanne II, ſes imprudences, ibid. Eſt obligé de prendre la fuite, 323.

Bourbon, (Gérard de) 419.

Bourgeoiſies, ce que c'étoit, 488, 561. Cauſes qui les rendirent rares en Provence, 562. Villes qui eurent cette adminiſtration, ibid.

Bourgogne (le Duc de) Epouſe la cauſe de Charles d'Anjou, contre Mainfroi, 16.

Bouſſaie, (Gui de la) 325, 343, n.

Boyer, (Guillaume) Troubadour, ſa patrie, 464. Ses actions & ſes ouvrages, ibid. & ſuiv. Mérite de ſes poëſies, 465.

Bozon, Comte de Provence, laiſſe leur adminiſtration aux villes de cette province, 483. Motifs qui l'y déterminent, ibid.

Bournan, (Louis de) 369.

Braccio de Montone, joint ſes armes celles de Louis II, 308. Bat un parti de Ladiſlas, 309. Ses talens, ſes ravages en Italie, 327.

Brancas, 51, 101, n. 243, 244, 300, 308.

Braquemont, (Robert de) 303.

Brezé, 354, 370.

Brienne, (Hugues de) 72, 80, 131. Pr. 11.

Brignolle. Traité définitif ſur la délivrance de Charles II, paſſé dans cette ville, 90. Les roturiers armés Chevaliers, ſoumis à la taille, 90. Patrie de S. Louis, Ev. de Touloufe, 90, n. 267, n. 228, n. Réglements du conſeil de ville, 430. Pouvoir de la nobleſſe, 539. Etabliſſement du Conſulat, ibid. & ſuiv. Privileges, 541.

Brunet, 292, 350.

Brunſvic, (Othon de) épouſe la Reine Jeanne, 224. Sa naiſſance & ſes avantures, ibid. Ses qualités, ſes défauts, & conditions de ſon mariage, 225. Humilié en cour de Rome, 228. Retenu à Averſe, Quand la Reine aſſiégée a beſoin de ſon ſecours, 232. Il fait un effort pour aller la délivrer; mais il eſt battu & pris, 232. Enfermé dans le château d'Altamura, 235. En eſt retiré pour être conſulté par Charles de Duras à qui il donne un conſeil qui ſauve l'armée, 252. Eſt renvoyé ſur ſa parole, ibid. Eſt pris par les troupes du Pape, qui l'envoient en Provence, 273. Témoigne des regrets ſur cette enlevement qu'il avoit facilité, 274. Conſulte à ce ſujet les Barons Napolitains, leur réponſe, ibid. Eſt mis à la tête des troupes de Louis II, & paſſe dans le Royaume de Naples, ibid. Ses conquêtes. Prend le parti de Ladiſlas, 287. Motifs de ſon changement, ibid. Eſt fait

prisonnier en combattant contre Louis II, p. 288.
Bruyeres, (Adam de) preuve ij.
Buc, (de) Pr. III.
Burlatz, (Jean de) 414.

C

CABANES, (Raymond de) gentilhomme Provençal, p. 151.
— (Raymond de) est affranchi & adopté par le précédent. Sa naissance & sa fortune, *ibid.*
Cabassolle, 146, 163, 477, 478.
Caille, 298, 539, n.
Caldora, (Jacques) fameux Capitaine, prend le parti du Roi René, 350. Son attachement à ce Prince, 353.
— (Antoine) fils du précédent, est fait Connétable, 353. Sa conduite envers le Roi René, 356.
Calixte III, défend à Ferdinand de prendre le titre du Roi de Naples, 374. Son caractere & sa mort, 375.
Campofregozo, (Thomas) ses liaisons avec le Roi René, 351. Lettre qu'il lui écrit, *ibid. & suiv.*
Campofregozo, (Pierre de) Doge de Gênes, met cette ville sous la protection de la France, 374.
Can de l'Escale, 221.
Candole, 89 & n. 521; n. 523.
Canillac, 194, n. 196, n. 286. n, Pr. p. LXIV, LXVI.
Canons, en quel tems connus en Provence, 262.
Capecce, les freres, servent dans l'armée de Mainfroi, 22. Leurs intrigues en Allemagne, en Lombardie, en Affrique, 33.
Caraccioli, 124, n. 137, n. 170; 171, 230, 244, 249, 308, 356, 361, 329, 337, 339.
Carraffa, 22, 230, 326.
Cardinaux, de quelle maniere ils procedent à l'Election Clément V, 101. Esprit des Cardinaux Italiens, *ibid.* & 102. Cardinaux François & Italiens, divisés sur l'élection d'un Pape, 122. Risquent d'être brûlés par le peuple, qui met le feu au Conclave, 122. Ils élifent Jean XXII. divisés sur une autre élection, 226. Menacés par les Romains, s'ils ne nomment un Pape Italien, *ibid.* Y consentent en protestant, 227. Plusieurs assemblés à Fondi, élifent un autre Pape, 229. Création d'Urbain VI, *Voyez* Cour de Rome.
Caritat, 216.
Carobert, petit fils de Charles II, 116. Est fait Roi de Hongrie, *ibid.* Veut réunir ce Royaume avec celui de Naples, *ibid.* Débouté de ses prétentions, 117. Il vient à Naples pour les fiançailles de son fils André, 139.
Carpentras. Les Cardinaux y tiennent le Conclave, 122.
Carrara, 308.
Cartel de Pierre de Arragon, & de Charles I, 75. *Voyez* Charles de Duras & de Louis I, 246 *& suiv.*
Cartes en quel tems connues en Provence, 262. n.
Castellane, (maison) 49, n. 51, 60, 75, 98, 105 & 106, 133, 175, 189, 263, 264, 265, 267, 292. n. 320, 404, 406, 417, 426, 521, 562. pr. p. III, VIII, XLIX.
Castellane, ville, 411. Statuts que les Habitants reçoivent de leur

Seigneur, 561, 562. Priviléges des Nobles & Bourgeois de cette ville, *ibid.*

Castille (Frédéric de) 32. Pourquoi passe en Sicile, 33. Il s'y forme un parti puissant, 39. Se déclare pour Conrad, Prince d'Antioche, 45. Il se sauve à Tunis, *ibid. & suiv.*

— (Henri de) Son caractère, 32. Source de sa haine contre Charles I. Accompagne Conradin, 35. Se trouve à la bataille de Tailliacozzo, 35. Il est entraîné dans la déroute générale & arrêté, 39. Condamné à une prison perpétuelle, 41. Recouvre sa liberté, *ibid.*

Castillon, 244, 343, 406, n. 506.

Catanoise, (Philipine la) sa naissance, son caractère, sa fortune, 150 *& suiv.* Son ascendant sur l'esprit de la Reine Jeanne, 152. Ses intrigues pour détruire le crédit des Hongrois à la Cour, & celui du Roi André, 154 & 156. Sa faveur étonnante, 155. Fortune de ses enfants, *ibid.* Raisons qu'ils ont de se défaire du Roi André, 158. Ils se ménagent l'impunité de leur crime, *ibid.* Elle est prise avec eux dans le Château de Naples, où elle s'étoit enfermée avec la Reine, 166. Expire dans les tourments, 167. Sort funeste de ses enfants, 168.

Catherine de Valois, principal Auteur de la mort du Roi André. 159.

Cavaillon, (Guillaume de) 267, n.

Cays, 268, n. 295, 317, n. 350, n. 426.

Celano, (maison) 308.

Celestin III. accorde sa protection à l'Archevêque d'Arles, 504.

Chabanes, (Jacques de) 395. n.

Chabaud, 533.

Châlons. (Louis de) prêt qu'il fait au Roi René, 348.

Champagne, (Pierre de) 325, 369.

Charlemagne laisse aux villes de Provence leur Administration, 482.

Charles I, d'Anjou. Pourquoi appellé en Italie par la Cour de Rome, 1. Portrait de ce Prince, 10. Il obtient le consentement de Louis IX pour l'expédition de Naples, *ibid.* Est élu Sénateur de Rome, 11. Ses différents avec la Reine de France, 12. Bulle en sa faveur, *ibid.* Dures conditions qui lui sont imposées, *ibid. & suiv.* Part pour l'Italie, 14. *& suiv.* Son entrée à Rome, *ibid.* Son embarras, *ibid.* Refuse le combat que lui présente Mainfroi. Est joint par son armée ; est sacré Roi de Sicile à Rome, 17. Sa situation embarrassante, *ibid.* Sa réponse aux Députés de Mainfroi, 19. Entre en Campagne, *ibid.* La ville de Ceperano se rend, 20. Prend San Germano d'emblée, *ibid.* Ses autres conquêtes, *ibid.* Poursuit Mainfroi sous les murs de Bénévent, 21. Rappelle les exilés, *ibid.* Range son armée en bataille, l'anime par ses discours, 22. Bat Mainfroi, 25, & s'empare du Royaume de Naples, 28. Cause de la rapidité de ses succès, *ibid.* Son entrée à Naples, 29. Ce qu'elle eût de remarquable, *ibid. & suiv.* Comment partage le butin fait sur Mainfroi, 30. Sa conduite dans le Royaume, *ibid.*

Sa protection recherchée par les Guelphes, 31. Son ambition, *ibid.* Villes qui lui envoient des Députés, 31 *& suiv.* Devient Podestat de Florence, 32. Nommé Vicaire de l'Empire en Toscane, *ibid.* Mécontentement que ce nouveau titre occasionne, *ibid.* La plupart des villes de Toscane & de Sicile se révolte contre lui, 33 *& suiv.* Il livre bataille à Conradin, 35. Guerrier auquel il confie le commandement de son armée, *ibid. & suiv.* Manière cruelle dont il traite les principaux prisonniers, 41 *& suiv.* Réflexions à ce sujet, 43. Effets que produit sa sévérité, 45. Il soumet les rébelles de Sicile, *ibid. & suiv.* Vengeance qu'il en tire, & sa tyrannie, 46. Il perd sa femme, *ibid.* Il épouse Marguerite de Nevers, 47. Se fait donner la Seigneurie de Florence, *ibid.* Sa puissance, *ibid.* Il prend Lucera, *ibid.* Comment il traite cette malheureuse ville, *ibid.* Changements qu'il opère dans le Royaume de Naples, 51. Prétexte dont il les colore, *ibid. & suiv.* Il entreprend la conquête du Royaume de Tunis, 52. Fait conclure une trêve, *ibid.* Emprunte de l'argent à Philippe-le-Hardi sur ses bijoux, *ibid.* Dispute à ce Prince la succession d'Alphonse de Poitiers, 53. Ses prétentions sur le Hainaut terminées, pr. p. xv. Pourquoi il néglige de faire valoir ses droits sur le Comtat Venaissin, 54. S'empare des effets naufragés d'une flotte Génoise, *ibid.* Il médite la conquête de Gênes, 55. Ses vues ambitieuses, *ibid.* Mesures qu'il prend, *ibid.* Il fait arrêter les vaisseaux Génois dans ses ports, *ibid.* Il attaque les Etats de Gênes, 56. Cette guerre ne décide rien, 57. Secours qu'il tire de la Provence, *ibid.* Il met sa couronne & ses joyaux en gage, 59. Don qu'il fait à un religieux Dominicain, *ibid.* not. Anecdotes curieuses sur les revenus & le commerce de ses sujets, *ibid.* Il fait rechercher les droits du Domaine en Provence, 60. Plaintes que cela occasionne, *ibid. & suiv.* Il fait quelques Réglements en faveur des Juifs, 61. Et sur la Police des grands chemins, 62. Sa puissance & son ambition, *ibid.* Il achette la couronne de Jérusalem, *ibid.* Il médite de nouveaux projets, *ibid. & suiv.* Se fait des ennemis dans toute l'Italie, & sur-tout en Cour de Rome, 63. Indispose le Pape par sa hauteur, & sur-tout par une réponse fière, *ibid.* Le Pontife traverse ses projets, & l'oblige de faire avec l'Empereur un traité peu avantageux, 65. Il renonce au Vicariat de l'Empire & au Sénatoriat de Rome, *ibid.* Mot du Pape à ce sujet, *ibid.* Charles est irrité des obstacles qu'on oppose à ses desseins, *ibid.* Entre en négociation avec sa belle-sœur la Reine de France, au sujet des droits qu'elle avoit sur la Provence, 66. Ses ennemis se liguent secrétement contre lui, 67. Ses fautes en cette occasion, 69. Sa colère quand il apprit la nouvelle des Vêpres Siciliennes, 72. Ses préparatifs pour punir les rebelles, *ibid.* Fait une invasion en Sicile, *ibid. & suiv.* Echoue par sa faute, *ibid.* Est battu & perd tous ses vaisseaux, 74. Plusieurs Seigneurs se détachent de son parti, *ibid.* Reçoit des secours de France, *ibid. & suiv.* Les rend inutiles en acceptant le duel que lui présente le Roi d'Arragon, 77. Son adversaire ne s'y étant point rendu il reconnoit qu'il est trompé, *ibid.* Se rend à Marseille & envoie une flotte en Sicile, 79. Il s'embarque & en arrivant dans ses Etats, il apprend la défaite de son fils, 81. Sa douleur, *ibid. & suiv.* Sa sévérité envers les Napolitains, 82. Ses forces de terre & de mer que le Roi d'Arragon rend inutiles par ses négociacions, *ibid.* Sa mort, *ibid.* Ses femmes & ses enfants, 83. Erreur des Historiens françois, *ibid.* n. Portrait de ce Prince, *ibid. & suiv.*

Charles II, Prince de Salerne, est Gouverneur de Provence, 63. Prétend avoir découvert le corps de Sainte-Magdeleine, *ibid.* Ce qu'il faut penser de cette découverte, 64. Va demander des secours à la Cour de France, 72 *& suiv.* En conduit à son pere en Italie, 74. Se laisse engager dans un combat & est fait prisonnier, 80. Méprise singulière à son égard, 81. Les Siciliens demandent sa mort, 86. Il doit sa vie à la politique sage de la Reine Constance qui l'envoie en Arragon, *ibid.* On traite de sa rançon, 87. Est remis en liberté par la générosité du Roi d'Angleterre, 89. Arrive en Provence & fait partir des Otages, *ibid.* Va à Paris & de-là à Rome, sans pouvoir faire approuver les traités par ces deux Cours, 90. Se rend aux Pirénées pour se constituer prisonnier, *ibid.* Personne ne se présentant pour le recevoir, il va à Paris, *ibid.* Décide la Cour de France à approuver ses traités, 91. Devient maître de toute la ville d'Avignon, *ibid.* Marie sa fille Marguerite avec Charles de Valois, & lui cède le Maine & l'Anjou, 91. Conclut avec le Roi d'Arragon un traité définitif, *ibid.* Il va plusieurs fois en Provence, 92. Oblige les Roturiers de vendre les fiefs, 93. Défend de les armer Chevaliers, *ibid.* Réprime les scandales, 94. Fait fabriquer de la vaisselle, 95. Met de l'ordre dans la Comptabilité, *ibid.* Fait des Réglements pour les Notaires & les Médecins, 96. Règle la succession à la Couronne, 97. Est dégouté de la guerre, 100. Unit le Piémont à la Provence, 102. Reçoit la cession du Montferrat, 103. Vient en Provence, *ibid.* S'y fait adorer par son zèle pour la Religion, & pour le bonheur du Peuple, *ibid.* Accorde aux Juifs une protection éclairée, *ibid.* Permet aux écoliers d'Avignon d'emprunter à usure d'un Banquier, *ibid.* Sommes qu'il doit au Pape, 104. Etat de ses finances, 104 & 572. Bulle du Pape à ce sujet, *ibid.* Il abolit les Templiers, 107. Lettre remarquable qu'il écrit à ses Officiers, 109. Il fait son testament, 111. Legs qu'il distribue, *ibid.* Ses défauts & ses vertus, 112 *& suiv.* Donne

à

à Bertrand de Baux la moitié de la ville d'Orange, 113, Reçoit l'hommage de cette Principauté, *ibid*. Retourne à Naples & y meurt, 114. Ses enfants, *ibid*. Ses monnoies, 570.

Charles, Duc de Calabre, perd sa femme, 130. Epouse en secondes nôces Marie de Valois, *ibid*. Est sur le point d'être assassiné, 131. Ravage la Sicile, *ibid*. Reçoit la Seigneurie de Florence & s'y rend, *ibid*. Sa mort, ses enfants, 134. Traits remarquables de sa vie, *ibid*. & *suiv*.

Charles IV, Empereur, confirme la vente d'Avignon, 182. Vient en Provence, 195. Se fait couronner à Arles, 211. Donne le Vicariat de l'Empire dans le Royaume d'Arles, *ibid*. Confirme les priviléges de l'Archevêque, *ibid*. Fait cesser la célébration de la fête des foux, 213. Cède le Royaume d'Arles à Louis, Duc d'Anjou, 217.

Charles de Duras. V. Duras.

Charles V, Roi de France, arrête les armes de Louis son frere en Provence, 218. Entre en négociation avec le Roi de Hongrie, pour s'emparer de la Provence, 224. Ses florins d'or, 589.

Charles VI, Roi de France, a des prétentions sur la Provence, 265. Prend sous sa protection les partisants de Charles de Duras. *ibid*. Assiste au couronnement de Louis II, 280. Tâche inutilement d'éteindre le schisme, 290. Se soustrait à l'obédience de Benoît XIII, 300. Fait assiéger ce Pontife dans Avignon, *ibid*. & *suiv*.

Charles du Maine, est armé Chevalier avec son frere Louis II, 259. Lui amène du secours à Naples & revient en Provence, 289. Fait un voyage à Paris, 300. Sa mort, *ibid*.

Charles du Maine, frere du Roi René, ses mariages, ses enfants, 353 & 354, à la note.

Charles du Maine, neveu du Roi René, institué héritier par ce Prince, 395. Prend possession du Comté de Provence, 402. Réglements qu'il fait à l'assemblée des Etats, *ibid*. Subside qu'il en reçoit, 403. Demande l'investiture du Royaume de Naples. *ibid*. Est attaqué par le Duc de Lorraine, 404. Appelle Louis XI à la succession, 405. Autres articles de son testament, 406. Sa mort. *ibid*.

Charles de Valois. Le Pape lui donne l'Arragon & le comté de Barcelone, 86. Epouse Marguerite, fille de Charles II, qui lui porte en dot le Maine & l'Anjou, 91. Est appellé par le Pape en Italie, 98. Aspire à l'Empire de Constantinople, 99. Echoue dans son expédition contre la Sicile, *ibid*. Fait la paix, & à quelles conditions, *ibid*.

Chastelus, (Aimeric de) légat à Naples, 156.

Chevaliers, (François) consultés sur un point d'honneur, 20. Leur entrée à Naples, 30. Noms de ceux qui suivirent Charles en Italie. Pr. j. Leur sort, 49. Chevaliers nommés pour le duel entre Charles I, & le Roi d'Arragon, 75. Deux cents sont massacrés à Messine, 86. Les Chevaliers roturiers imposés à la

Tome III.   Oooo

taille, 93. Et n. 422 & *suiv.* Chevaliers Franç. & Prov. en Toscane, 131. Leur habillement remarquable, 132.

Chevreuse, (Pierre de) 253.

Cibo, Manuel & Antoine, nobles Génois, obtiennent de Charles I, la liberté de commercer dans ses Etats, 60. Not.

Clapiers, 275, 350.

Clavaires, ce que c'étoit, 411.

Clément IV, part pour l'Italie, après son élection, 12. Echappe aux recherches de Mainfroi, *ibid.* Confirme ce qu'avoient fait ses prédécesseurs en faveur de Charles d'Anjou, *ibid.* Bulle à cet effet, & dures conditions qu'il lui impose, *ibid. & suiv.* Ses larmes en voyant passer Conradin, 34. Médaille qu'on l'accuse d'avoir envoyée à Charles, 44. Réflexions à ce sujet, *ibid. & suiv.* Eloge de ce Pontife, 45.

Clément V, Motifs & circonstances de son élection, 101. Transporte le S. Siége à Avignon, 102. Mot du Cardinal des Ursins, à ce sujet, *ibid.* Craint les desseins de l'Empereur Henri VII, 118. Se ligue avec le Roi Robert, *ibid.* Sa mort, 121. Accident à ce sujet, 122.

Clément VI, achette Avignon, 182. Cherche à pacifier les troubles des Etats de Jeanne, 190. Sa mort, ses qualités & ses défauts, 194. Et not. *Voyez* cour de Rome.

Clément VII, élu à Fondi, 229. Mot d'un député de Jeanne, au sujet de son élection, *ibid.* Ratifie l'adoption de Louis d'Anjou, 231. Presse ce Prince d'aller secourir la Reine, ou de renoncer au trône, 235.

Réception qu'il lui fait, 237. Son zele pour Louis II, 261. Ses motifs, 262. A une entrevue avec ce Prince, 268. Lui en ménage une avec le Comte de Savoie, 280. S'efforce de l'armer contre Raymond de Turenne, 281. Fait sa paix avec Raymond, 283. Ses regrets, ses dernieres paroles, sa mort, 289.

Clérembault, (Antoine de) 370.

Clergé, (le) son relâchement, 48. Son luxe scandaleux, *ibid.* & 215. Il se réforme, *ibid.* Revenus immenses que le Clergé Italien possédoit en Angleterre, 580.

Clermont, Maison, 50, 74, 78, 131, 349, n. 369.

Clermont, (Isabelle de) Epouse de Ferdinand, Roi de Naples; secours qu'elle lui procure, 378. Son courage & sa magnanimité, 381.

Coligni, (Guillaume de) Pr. iij.

Coesmes, (Léonel de) 253, 268. n.

Cœur, (Jacques) ses aventures, 373. n.

Cols, (Pierre de) Troubadour; sa patrie, 463. Nouveauté de ses comparaisons, *ibid.*

Commerce, livré aux étrangers, 59 & 60. n. Son état sous Charles II, 105. Peu étendu sous le regne des Angevins, 408. En quoi il consistoit, *ibid.* Ne dérogeoit point, 425.

Cominge, (Maison) 194, n. 195, n. Pr. p. lxx. Communautés déclarées inaliénables, 193.

Communes, ce que c'étoit, 487 & 553. Villes de Provence qui eurent cette administration, *ibid. & suiv.*

Conrad, fils de l'Empereur Frédéric II, succede à son pere dans tous ses Etats, 7. Il passe les Alpes & emporte Naples qui s'étoit révoltée, 8. Ses rigueurs & la dureté de son Gouvernement alienent tous les esprits, *ib.* Soupçonné d'avoir empoisonné son frere, *ibid.* Sa conduite envers Mainfroi, *ibid.* Sa mort, sa postérité, *ibid.*

Conrad, Prince d'Antioche, 21. Sa naissance, 39. Puissant parti qu'il se forme en Sicile, *ibid.* Ses prétentions à la Couronne de ce pays, 45. Il est pris, 46. Genre de sa mort, *ibid.*

Conradin, fils de Conrad, son âge à la mort de son pere, 8. Part pour l'Italie, 33. Ses troupes l'abandonnent, *ibid.* Est frappé d'anathêmes, *ibid.* Réception que lui font les Romains, 43. *& suiv.* Il les institue ses héritiers, 35. Livre bataille à Charles I, *ibid.* Sa fuite & son déguisement, 39. Comment reconnu, & par qui arrêté & livré à Charles, *ibid. & suiv.* On lui fait son procès ; il est condamné, 40 *& suiv.* Assertion hazardée par quelques Historiens à son sujet, 41. Sa mort, 42. Ses dernieres paroles, *ibid.* En lui finit la Maison de Suabe, *ibid.* Lieu où il est inhumé, 44. Anecdote à ce sujet, *ibid.* not.

Constance, dernier rejetton des Princes Normands, épouse Henri VI, 4. Lui porte des droits sur le Royaume des deux Siciles, 4. Sa mort, 5. Sagesse de ses dernieres dispositions, 6.

Constance de Suabe, fille de Mainfroi, épouse de Pierre d'Arragon, 42. Avoit-elle des droits au Royaume de Naples, 68. Sauve la vie à Charles II par sa sagesse, 86.

Cornuti, Général des Galères de Provence, 79. Son mérite, sa bravoure, & sa défaite, *ibid. & suiv.*

Corsaires, infestent les côtes de Provence, 283 *& alibi.*

Cossa, (Balthazar) Son ambition, ses succès & ses intrigues, 305. Est couronné Pape sous le nom de Jean XXIII, 307. Se lie avec Louis II contre Ladislas, *ibid.* Fait la paix avec ce dernier, 314. Conditions, *ibid. & suiv.* Reprend les armes contre ce Prince, 315. Presse Louis de repasser en Italie, 316. Est déposé par le Concile de Constance, 317.

Cossa, (Gaspard) 369, Supplém. 8.

Cossa (Jean) suit le Roi René en Provence, 361. Est élu Sénateur de l'Ordre du Croissant, 368. Conduit une flotte contre la ville de Gênes, 378. Accompagne le Roi René à Lyon, 398. Sa franchise auprès de Louis XI, 399. Est nommé Grand-Sénéchal de Provence, 421. Ce qu'il dit au Duc de Lorraine, *ibid.* Son testament, sa mort, son tombeau, 422, & Supplém. 8.

Cotignac, (Arnaud de) Troubadour, &c. 457.

Couci, (Enguerand de) 251. Thomas, Pr. iij.

Cour des Comptes. Son origine, 95. n. Réglement sur la Comptabilité, *ibid. & suiv.*

Cour de Rome. Son but en attirant Charles d'Anjou en Italie, 1. Son droit de Suzeraineté, comment établi sur le Royaume des deux

Siciles, 3. Pourquoi elle porte Frédéric II sur le trône impérial, 6. A quelle condition, *ibid.* Cherche à dépouiller la Maison de Suabe de ses Etats d'Italie, 7. Différens moyens qu'elle emploie pour y réussir, *ibid. & suiv.* Est dupe de la politique de Mainfroi, 9. Différents Princes auxquels elle offre le Royaume de Naples, *ibid. & suiv.* Elle engage Charles d'Anjou à l'accepter, 10. Lui fait donner le Sénatoriat de Rome, 11. Son Traité avec Charles, & dures conditions qu'elle lui impose, 12 *& suiv.* Le nomme Vicaire de l'Empire en Toscane, 32. Frappe d'anathêmes Conradin, 53. Puissance de cette Cour, 61. Elle projette l'abaissement de Charles I, 65. Entre secrétement dans la ligue qui se forme contre lui, 68. Change de dispositions à l'égard de ce Prince, 70. Veut empêcher qu'il n'accepte le défi du Roi d'Arragon, 76. Désapprouve le traité d'Oleron pour la délivrance de Charles II, 88. Relève ce Prince & le Roi d'Angleterre de leurs sermens, 90. Exige la soumission d'Alphonse d'Arragon &. le relève des censures, 91. Corruption de celle d'Avignon, 121. Cette Cour adjuge la couronne au Roi Robert, 117. Lui remet les dettes de son père, 118. V. Pape.

Couronne, (Pierre de la) 239.

Courtenai, (Maison de) 17. Forme une branche dans le Royaume de Naples, *ibid.* Elle y devient puissante, Pr. iij.

Coufances, (Henri & Eustache de) 36. & not.

Craon, (Pierre de) 251, n. Guill. 253, n. & Supplém. p. 6.

D

Damas, Pr. iij.

Davin, (Jacques) 521. n.

Delphine. (Sainte) Sa famille, ses vertus & sa mort, 472.

Demandols, (Cellion de) 427.

Denrées. Quel en étoit le prix dans le quatorzieme siecle, 428 *& suiv.*

Dépopulation extrême en Provence, 427. Réglements qu'elle occasionne, 428 *& suiv.*

Dieudé, 150, 523.

Digne, (le Bailliage de) 411.

Doria, Conrad, 98. Perceval, 512. 537, 541.

Draguignan, (Viguerie de) 404. 411.

Dreux, (Robert de) 253, 254, 268, n.

Drogoul, 299, n. 320.

Dubreuil, (Denis) 253.

Duguesclin se rend maitre de Tarascon, 217. Echoue devant Arles, 218. Fait plusieurs prisonniers de marque, *ibid.*

Duplessis, (Jean) 370, 395, n.

Duport, (André) 521.

Durand de Carpentras, (Troubadour) 461.

Durandi, (Olivier) 320.

Duranti, (Louis) 382. Bertrand, 406. n.

Duras. (Charles de) Sert en Hongrie, 221. Devient suspect à la Reine Jeanne qui cherche à le gagner, *ibid.* Epouse Marguerite de Sicile, & est déclaré héritier du Trône, *ibid.* Ses inquiétudes après le mariage de Jeanne avec Othon de Brunsvic, 225. *& suiv.*

DES MATIÈRES.

Choisi par le Pape pour servir ses desseins, s'y refuse, 228 & *suiv.* Cependant il se détermine à faire la guerre à Jeanne, 230. Couronné à Rome, 231. Assiége la Reine dans le Château Neuf, 231. Lui accorde une trève de cinq jours, 232. Bat le Prince Othon, 233. Se rend maître de la personne de Jeanne, *ibid.* Lui témoigne beaucoup d'égards, & veut s'en faire nommer héritier, *ibid.* Trompé dans ses espérances il la fait enfermer, 235. Consulte le Roi de Hongrie sur le sort qu'il doit faire subir à cette Princesse, 241. Réponse qu'il en reçoit, *ibid.* Fait mourir cette Princesse, 242. Investit l'armée de Louis I, & la laisse ensuite se frayer un passage, 245. Amuse ce Prince par ses défis, 24. Cartel qu'il lui envoie, *ibid. & suiv.* Le trompe par ses stratagèmes, 249. Fait semblant d'accepter la bataille, 251. La refuse sur l'avis du Prince Othon, 252. Jette par ses lenteurs le découragement dans l'armée Françoise qui se débande, 254 & *suiv.* A un parti en Provence, 256 & 258. Son animosité contre Urbain VI, 269. Il est appellé en Hongrie pour occuper le Trône, 270. Y est assassiné, 271. Ses vertus, ses défauts, sa femme & ses enfans, *ibid. & suiv.*

Duras. (Louis de) Sa révolte, 196. Sa mort, 220.

— (Robert de) Son frere fait la guerre en Provence, 196.

E

Ecuyers (les) n'étoient pas toujours nobles, 112, n.

Edmon, fils d'Henri III, Roi d'Angleterre, est choisi par le Pape, pour être Roi de Sicile, 10. Il y renonce, 12.

Edouard III, désaprouve le duel entre Charles & le Roi d'Arragon, 76. Négocie la délivrance de Charles II, 87. Il conclut le traité d'Oleron, 88. L'exécute provisoirement en prenant les ôtages parmi ses sujets, & fait rendre la liberté à Charles II, 89.

Elizabeth de Hongrie, vient à Naples & tâche de réconcilier Jeanne avec son mari, 155.

Elzéar, (Saint) 471. *Voyez* Sabran.

Empereur. Origine de leurs droits sur le Royaume de Sicile, 4. Ne devoient point le réunir à leurs autres Etats, 6. & 13. Leurs droits sur la Provence éteints, 45.

Emprunts, comment ils se faisoient en Provence, 409.

Erard de Valery. Qui il étoit, 35. Accompagne Charles I, contre Conradin, reconnoît le Camp ennemi, *ibid.* Conseil qu'il donne à Charles, *ibid. & suiv.* Est chargé du commandement de l'armée, 36. Sa sage conduite, *ibid. & suiv.* Stratagèmes qui lui procurent la victoire, *ibid & suiv.*

Etats, origine de ceux de Provence. 87. n. Epoques de ceux qui s'y sont tenus depuis l'an 418, jusqu'en 1286. Assemblés à Aix pour prévenir les divisions intestines, 189. S'opposent à l'aliénation du Domaine, 193. Se délivrent des brigans à prix d'argent, 204. Ordonnent de fortifier les villes, 209. Font des représentations à la Reine

Jeanne, fur des abus, 215. n. Font abandonner & détruire les lieux non fortifiés, 215. Délibèrent des fecours pour délivrer la Reine Jeanne, qui étoit affiégée, 231 & 232. Refufent de reconnoître Louis d'Anjou, 237. Confultent fur le choix d'un Souverain, pendant la minorité de Louis II, 258. Réponfe qu'ils reçoivent, *ibid*. Se décident pour Charles de Duras, *ibid*. Envoient des députés à la Reine Marie, 263. Se mettent fous fa puiffance, *ibid*. Conditions de leur foumiffion, *ibid. & fuiv*. Ordonnent la levée des Milices, 282. Demandes qu'ils font à la Reine, *ibid*. Font affiéger les places occupées par Raymond de Turenne, 284. Concluent une trève avec ce Seigneur, 285. Levent des Gens-d'armes, 290. Font de nouveaux préparatifs contre Raymond, 291. Places qu'ils font affiéger, 294. Paix avec Raymond; articles de cette paix, 295. Demandes qu'ils font à la Reine Yolande, 320. Réglemens dont ils s'occupent pendant le féjour du Roi René en Provence, 349.

Etrange Pierre & Roux de l') 406.

Eugène IV, prétend à la poffeffion du Royaume de Naples, 347. Se déclare pour la Maifon d'Anjou, 348. Ses démêlés avec le Concile de Bâle, 350. Se joint aux Napolitains & aux Génois, contre les Arragonois, 358. Envoie un Légat à Naples, *ibid*. Donne l'inveftiture de ce Royaume, au Roi René, 361. Devient médiateur de la paix entre la France & l'Angleterre, *ibid*.

Eyfforier, (Guillaume) 561.

F

Fabri, 320, 350.
Fay, (Robert du) Supplém. p. 9.
Félix, 137, n.
Ferdinand, fils naturel d'Alphonfe, lui fuccéde dans le Royaume de Naples, 374. Difficultés qu'il éprouve de la part du Pape Calixte, *ibid*. Pie II, lui eft plus favorable, 375. Plufieurs Seigneurs Napolitains fe révoltent contre lui, 378. Eft battu par le Duc de Calabre, 379. Reprend la fupériorité fur fes ennemis, 381.
Ferrieres (Pierre de) Archevêque d'Arles, Vicaire-Général du Royaume de Naples. xlix.
Fiefs du Royaume de Naples, comment Charles I en difpofe, 30. Défenfe aux roturiers d'en pofféder en Provence, 93.
Fiefque, 31, 55, 98, 359, 404, 414.
Filangiéri, 50. n.
Flameng, 269, n. 298.
Florence, (la ville de) Députe à Charles I, 28. Lui demande du fecours, 31 *& fuiv*. Lui défere le Podeftariat, 32.
Florins, époque où ils ont commencé d'être connus, 573. n. Ceux de Florence recherchés, 593. Florins de la Chambre, *ibid*. Valeur des Florins Italiens, 143. n. Je ne crois pas qu'il faille porter à 11 livres, la valeur du florin Italien, comme je le dis dans la note. Valeur du florin fous le Roi René, 610 *& fuiv*.
Flotte, 193, 237, 267, 292, 427, 456. Pr. p. liv.
Fontaine, (des) Pr. iij, 413.

Forbin, François de, 401. Palamedes de, contribue à faire passer la Provence sous la domination de Louis XI, 407. Son mérite & sa récompense, *ibid.*

Forcalquier, 404, 411. Ses priviléges, 557. Son attachement à la Reine Jeanne, & à Louis I, *ibid.* Révolutions qu'elle éprouve, 558.

Fortune, exemples singuliers de ses caprices, 167.

Frangipani, Jacques noble Romain, sa lâcheté, 40. Généreusement récompensée, *ibid.*

Fraternité conclue entre deux particuliers, Pr. p. lxxiv.

Fratricelles, (les) ce que c'étoit, & leurs erreurs, 127 & 128. Leur corruption, 129.

Frédéric II, à quel âge il succede à son pere, 5. La Cour de Rome le porte sur le Trône Impérial, 6. Dures conditions qu'elle lui impose, *ibid.* Combien elle redoutoit le génie de ce Prince, *ibid.* Ses brillantes qualités, *ibid.* Il met tout en œuvre pour secouer le joug de Rome, 7. Déclaré déchu du trône par un Concile de Lyon, *ibid.* Ressorts que font mouvoir les Papes pour le détrôner, *ibid.* Sa mort, *ibid.* Ses enfans, *ibid.*

Frédéric d'Arragon, soutient la guerre contre son frere en Sicile, & contre Charles de Valois, 98. Fait un traité par lequel cette Isle lui reste, 99.

Froid rigoureux, 120, 200, 210.

Foux, fête des célébrée à Arles, 212. Scandale de cette cérémonie, *ibid.*

G

Galéas de Mantoue se déclare Chevalier de la Reine Jeanne, 140. Parcourt différents Etats de l'Europe pour rompre une lance à son honneur, *ibid.* Lui amene deux Chevaliers, *ibid.*

Galeoti (Louis) 343, n.

Gallard, 80. Pr. iij.

Gantelmi, 378, 396, n. 415, 417, 437, 539, n.

Gantés, 474.

Garnier, 269, n. 406, n.

Gazmar, Troubadour, 464.

Gassin, 406. n.

Gaubert, Pr. iij.

Gauthier, 254, 327. n.

Génois, (les) fournissent des vaisseaux à Mainfroi, 15. Leur flotte fait naufrage sur les côtes de Sicile, 54. Ce malheur occasionne une guerre entre eux & Charles I, *ibid.* & *suiv.* Leur conduite envers les sujets de ce Prince, 55. Secourent Frédéric d'Arragon, 98. Seigneurie de leur ville donnée au Roi Robert, 124. Ils soutiennent un siege de cinq ans, *ibid.* Les Gibelins qui le faisoient sont excommuniés, 125. Il est levé, 126. Prolongent pour dix ans la seigneurie de leur ville à Robert, 131. Leur perfidie envers la Reine Jeanne, 184. Se mettent sous la protection de la France, 374. Se révoltent contre le Duc de Calabre, 377. Sont assiégés par le Roi René qui est repoussé avec perte, 380.

Gertrude, mere de Frédéric d'Autriche, 42.

Gesualdo, (Barthelemi) 22. Prisonnier, 26. Mis à mort, 42 & suiv.
Gibelins, (les) arment en faveur de Mainfroi, 17. Sujet de mécontentement que leur donne le Pape, 32. Epousent le parti de Conrad, Prince d'Antioche, 45. Conçoivent de nouvelles espérances par l'arrivée d'Henri VII, 118. Assiégent Gênes, 124. Sont excommuniés, 125. Conspirent contre la vie du Roi Robert & de son fils, 131.
Glandevès, 115, 199, 218, 237, 238, n. 264, 279, 282, 291, 292, n. 369, 401, 406, 426, 427, Pr. p. lxx.
Glebe, (servitude de la) rare en Provence, 488. Son origine, ib.
Granet, Troubadour. Portrait qu'il fait de Charles I, 460. Son goût pour la satyre, ibid. En veut à Bertrand d'Allamanon, ib. & 461.
Gras, 292, n. 293.
Grasse, (Maison de) 133, 292, n. 293, 298, n. 320, 426, 628. Pr. p. iij, viij, l.
Grasse, (ville de) Genre de vexation qu'exercent les Officiers de Justice, 181. Cette ville prend les armes contre Charles du Maine, 404. Vexation que la Reine Jeanne y réprime, 436. Confie son administration à des Consuls, 541. Fait alliance avec les Pisans, 542. Conditions auxquelles elle se soumet à Raymond Berenger, ibid.
Grégoire X, Pape, reclame le Comtat Venaissin, 53. Ses raisons & ses droits sur ce pays, ibid & suiv. Il en obtient la restitution, 54.

Grégoire XI cimente la paix entre la Reine Jeanne & Charles V, 220. Transporte le S. Siege à Rome, & meurt, 225.
Grégoire XII, refuse d'abdiquer le Pontificat, 304. Est cité au Concile de Pise où il est déposé, ibid.
Grimaldi, 41, 49, 98, 182, 188, 210, n. 218, 275, 279, 296, 297, 298.
Grolai (Rodolphe & Pierre) Pr. iij.
Guccio (Jean) se dit Roi de France, ravage la Provence, est pris & envoyé à Naples, 203.
Guelfes (les) arment en faveur du Pape contre Mainfroi, 9. Ils sont défaits à Foggia, ibid. Se mettent sous la protection du Roi Robert, 118. Dominants dans Gênes, défèrent la Seigneurie de la ville au Roi Robert, 124. Sont assiégés par Visconti, Chef des Gibelins, 124. Secourus par le Roi de Naples & par le Pape, 126.
Guichenon. Erreur dans laquelle il est tombé, 176.
Guillaume d'Hyeres, Troubadour, 462.
Guiramand, (Antoine & Pierre) 403, 561.
Guiscard. (Robert) Sa valeur, 4. Extinction de sa postérité, ibid.

H

Haie, (Bertrand, Jean & Louis de la) 369.
Hainaut. (Comté de) Droits de Charles sur cet Etat, Pr. p. xv.
Haraucourt, (Girard de) 370.
Harcourt, (Guillaume d') 396.

Henri,

Henri, fils de Frédéric II. Précautions d'Innocent III, pour lui faire céder la Pouille & la Sicile, 6. Eſt ſubſtitué à ſon frere Conrad, 7. Sa mort, 8. A qui attribuée, *ibid.*

Henri III, Roi d'Angleterre, 10. Renonce au Royaume de Sicile, 12.

Henri VI, Empereur. D'où il tiroit ſes droits ſur la Sicile, 4. Il s'en empare, *ibid.* Dureté de ſon Gouvernement, 5. Il meurt abhorré de ſes ſujets, *ibid.* Son teſtament, ſa politique envers le Saint-Siége, *ibid.*

Henri VII, Empereur, paſſe en Italie, 118. Se laiſſe amuſer par les feintes négociations du Roi Robert, 119. Se ligue contre lui avec Frédéric, Roi de Sicile, 120. Et meurt, *ibid.*

Heredia. (Ferdinand) Fournit à la dépenſe des murailles d'Avignon, 199.

Hermentaire. Son goût pour la Botanique, 478. Ses ouvrages, *ibid.*

I

Imbert, (Jacques) 522. n.

Innocent III, chargé de la tutelle de Frédéric II, 5. L'élève à l'Empire, à quelles conditions, 6. Redoute le génie de ce Prince, *ibid.* Favoriſe le pouvoir de l'Archevêque d'Arles, 504.

Innocent IV. Veut dépouiller Conradin des Royaumes de Naples & de Sicile, 8 *& ſuiv.* S'avance avec une armée formidable, 9. A quelles conditions il fait la paix avec Mainfroi, *ibid.* Eſt dupe de la politique de ce Prince, qui bat ſes troupes à Foggia, *ibid.* Moyen qu'il emploie pour l'abattre, *ibid.* Sa mort, *ibid.*

Innocent VI. Son élection, 195. Sa mort, ſes qualités & ſes défauts, 205.

Innocent VII. Ses ruſes pour garder le Souverain Pontificat, 304.

Inveſtiture du Royaume de Naples, ſon origine, 3. Maux qu'elle cauſe, 4. Sert de prétexte aux Normands pour étendre leurs conquêtes, *ibid.* Donnée à Charles d'Anjou, 12. V. Charles I. Différentes ſortes d'inveſtitures, 115. n. Inveſtiture du Royaume de Naples donnée à Robert, 117. A Louis II, 261. A Louis III, 323. Le Roi René la demande au Pape, 375.

Iſabelle, épouſe du Roi René, ſon caractère, 348. Succès de ſes négociations, *ibid.* Se déclare pour les privilèges des Provençaux, 348. Se rend à Naples, *ibid.* Sa mort, 371.

Iſnardi, (Antoine) 299, n.

J

Jacques d'Arragon épouſe la Reine Jeanne, 207. Ce que c'étoit que ce Prince, *ibid.* Dures conditions auxquelles il conſent à ce mariage, 208. S'en repent, & quitte Naples, *ibid.* Ses avantures & ſa mort, *ibid. & ſuiv.*

Jaille, (Triſtan de la) 307, 371, 419. Pierre, 422. Philibert; Supplément, p. 6.

Jarente, 215, n. 237, 258, 264, 269, n. 295, 320, 350, 383, 398, 408.

Jean XXII. Son élection, sa famille & sa patrie, 123. Son zèle pour la Maison d'Anjou, *ibid*. Et surtout pour le Roi Robert, qu'il nomme Vicaire de l'Empire, 125 & *suiv*. Canonise Saint Louis Evêque de Toulouse, 127. Sa mort, ses richesses immenses, ses moyens de les acquérir, 143 & *suiv*.

Jean, Roi de France, visite Urbain V à Avignon, 207. Voudroit que son fils, par la médiation de ce Pape, épousât la Reine Jeanne, *ibid*.

Jean, Duc de Normandie, a des vues sur la Provence, 217.

Jean, Duc de Lancastre, forme des prétentions sur cette Province, 117. Leur effet, *ibid*.

Jean, Duc de Calabre, fils du Roi René, est élu Sénateur de l'Ordre du Croissant, 368. Se rend aux vœux des Napolitains qui désirent de l'avoir pour chef, 372. Est forcé de retourner en France, 373. Est nommé Gouverneur de Gênes, 374. Soulève les Habitants contre lui, 377. Retourne dans le Royaume de Naples, 378. Défait l'armée de Ferdinand, 379. Est obligé d'évacuer ce Royaume, 381. Ses succès en Catalogne, 382. Sa mort, sa femme, ses enfans, *ibid*. & *suiv*.

Jeanne I est nommée héritière du Roi Robert, 137. Son éducation brillante, 138. Ses fiançailles avec André de Hongrie son cousin, *ibid*. & *suiv*. Ses qualités, 140. Victoires que son Chevalier remporte à son honneur, *ibid*. Sa loyauté envers les deux Chevaliers vain-cus, *ibid*. Son antipathie pour son mari, fondée sur la différence des talents & du caractère, 145. Succède au Roi Robert, 149. Reçoit le serment des Provençaux, 150. Ne peut point compatir avec son mari, 154. Se laisse subjuguer par la Catanoise, *ibid*. Veut avoir seule l'autorité, *ibid*. Paroît vouloir se raccommoder avec son époux, 155. Laisse au Pape le soin de la réconciliation, *ibid*. Ses Ambassadeurs à Rome & ceux de Hongrie ne s'accordent pas, *ibid*. Le Pape lui défend de se mêler du gouvernement, 156. Sa politique pour le garder, *ibid*. Devient grosse, *ibid*. Mouvements à la Cour où ses partisants craignent le couronnement du Roi André, 157. Ils se défont de ce Prince, *ibid*. Jeanne est soupçonnée d'être du complot; qu'en doit-on penser? 160. Ecrit aux Florentins la mort de son mari, 169. Accorde un amnistie à ceux qui avoient voulu la venger, Pr. p. lvij. Accouche d'un fils, 163. Est déférée au Pape comme complice de l'assassinat, *ibid*. Guerres étrangères qu'on lui suscite, 165. Epouse Louis de Tarente, 169. Ecrit au Roi de Hongrie; réponse qu'elle en reçoit, *ibid*. Forme le projet de passer en Provence, 170. Assemble les Habitants de Naples & les harangue, *ibid*. Est arrêtée prisonnière en Provence par les Barons du pays, 171. Est remise en liberté, 175. Se rend à Avignon, *ibid*. Plaide sa cause en plein Consistoire, 176. Renferme les personnes proftituées en un même lieu, 181. Des Députés de Naples lui font espérer de la remettre sur le trône, *ibid.* Vend au Pape la ville d'Avignon, 182. En reçoit le prix, Pr. p. lix. Repasse en Italie, 183. Attaquée par le Roi de Hongrie, 184. Trompée par les Génois, *ibid.* Investie dans Naples, éprouve une cruelle perfidie de la part de Reinaud de Baux, 185. S'embarque pour Gayette, *ibid.* Fait une treve avec le Roi de Hongrie; à quelles conditions, 187 *& suiv.* Envoie en Provence un Sénéchal qu'on refuse de reconnoître, 188. Obligée de le révoquer, 189. Jugée & justifiée à la Cour d'Avignon, 190. Couronnée avec son mari, veut aliéner le domaine en Provence, & en est empêchée par les Etats, 193. Laisse ravager cette province par les brigands, 201. Le Roi Jean la recherche en mariage pour son fils Philippe, 207. Elle épouse Jacques d'Arragon, *ibid.* Conditions qu'elle lui impose, 208. Le retire de prison, *ibid.* Et le perd, 209. Se plaint du couronnement de l'Empereur à Arles, 213. Voit son Royaume envahi par les brigands, & les détruit, *ibid.* Révoque en Provence les aliénations du domaine, & fait des réglements à ce sujet, 214. En fait sur la justice, 215. Arrête les prétentions que Jean, Duc de Lancastre, formoit sur la Provence, 217. Désarme le Duc d'Anjou par ses négociations, 217. Annulle la ligue faite entre Aix & Marseille, 219. Reçoit à Rome la rose d'or; mot du Pape à ce sujet, 219. Sa politique pour s'attacher Charles de Duras, 221. Arrête la révolte de Jacques de Baux, Prince de Tarente, 222. Epouse Othon de Brunsvic: prophétie sur ses quatre mariages, 224. Sa joie en apprenant l'élection d'Urbain VI, 227. Elle devient l'objet de sa haine, *ibid. & suiv.* Veut s'en venger, 229. Fomente le schisme, *ibid.* Charles de Duras se prépare à lui faire la guerre, elle laisse partir sa femme & ses enfants, 230. Adopte Louis d'Anjou, *ibid.* Et par là elle indispose les Napolitains, 231. Est assiégée dans le Château neuf, *ibid.* Envoye demander du secours en Provence, *ibid.* Obtient une treve de cinq jours, 232. Voit battre l'armée qui venoit à son secours, 233. Se met au pouvoir de Charles, 233. Son discours touchant aux Capitaines des galeres provençales, 234. Est enfermée, 235. Sa fin tragique, 242. Son portrait, *ibid.* Sa mort demeure cachée pendant quelque temps, 243. Ses monnoies, 587. Ses Edits à ce sujet, *ibid. & suiv.*

Jeanne II, succede à Ladislas son frere, 316. Est sur le point de perdre la Couronne, *ibid.* Sa foiblesse pour ses favoris, 322. Epouse Jacques de Bourbon, *ibid.* Adopte le Duc de Bedfort, qui ne peut profiter de cette adoption, 323. Est sacrée par le Légat du Pape, *ibid.* Adopte Alphonse d'Arragon, 326. Est menacée de perdre la liberté, 329. Révoque l'adoption d'Alphonse, & nomme à sa place Louis III, 330. Conditions de cette adoption, *ibid.* Sa complaifance pour le grand Sénéchal, 337. Réponfe qu'elle fait aux ennemis de ce Gentilhomme, 338. Témoigne des regrets à la mort de Louis, 343. Son teftament, fa maladie, fa mort, fon portrait, 343.

Jeu, (fureur du) en Provence, 256. n. Trait d'un Juif à ce fujet, *ibid.*

Juge Mage, qu'elles étoient fes fonctions, 411.

Jugie, (Jacques de la) 194, n.

Juifs, injuftement perfécutés, 61. Protégés par Charles I, *ibid.* Par Charles II, 103. Par le Roi Robert, 118 & *fuiv.* Accufés d'avoir donné la pefte, & punis, 180. Leur maniere de fe gouverner à Arles, 560. Leur dépendance de l'Archevêque, *ibid.*

Jumeliere, (Guillaume de la) 370.

Jurifprudence. Goût des Provençaux pour cette fcience, 410. Leur eftime pour ceux qui la cultivoient, *ibid.*

Juftice, comment rendue en Provence, 411. Variations dans fon adminiftration, 412.

L

Ladiflas, fuccede à Charles de Duras fon pere, 272. Eft fur le point de perdre la Couronne, 273. Ses droits fur la Provence, 279. Fait la guerre à Louis II, dans le Royaume de Naples, 288. Ses fuccès, *ibid.* Force fon compétiteur à fortir du Royaume, 289. Ses ennemis, 305. Défie Louis d'Anjou, 308. Eft battu par ce Prince, 309. Reprend la fupériorité, 310. Ce qu'il dit à ce fujet, *ibid.* Voit rechercher fon alliance par le Pape & les Florentins, 314. Reprend les armes contre le Pontife, 315. Sa maladie, fa mort, fes qualités, fes vices, *ibid.* & *fuiv.*

Landricour, Geoffroy Pr. IV.

Lara, (Diego de) *ibid.*

Lafcaris, 193, 219, 277, 359, 568. *Voyez* Vintimille.

La Tour, (Raymond de) Troubadour, 451 & *fuiv.*

Laval, (Maifon) 307, 368, 396, 400. Et Supplém. 9. Jeanne de, époufe du Roi René, 396.

Laugier, (Etienne de) 260.

Lauria, fes talens pour la marine, 73. Bat la flotte de Charles I, 74. En détruit une autre, 79. Fait prifonnier le Prince de Salerne, 80.

Lecuyer, (Troubadour, fon article, 462.

Lénoncour, 370, & Supplém. *paffim.*

Leon IX, Pape, fes démêlés avec les Normans, 3. Deviennent l'origine des droits du S. Siége, fur les deux Siciles, *ibid.* & *fuiv.*

Lerins, les corfaires ravagent cette Ifle, 298. Noms des Gentilshommes qui les en chafferent, *ibid.* A la note & *fuiv.*

Lettres fort négligées, 436. Preuves qu'on en cite, *ibid.* Contrées de l'Europe, où elles étoient en honneur, 453.

Levis, 370, *Voyez* Mirepoix.

Leyncel, 264.

Loigni, 307.

Lombards, quand ils ont commencé de faire la banque en France, 59.

Lorraine, droits du Roi René fur cette Province, 346.

Lorraine, (Ferri de) eft élu Sénateur de l'Ordre du Croissant, 368. Enleve la fille du Roi René, 355. Ses enfans, *ibid.* & Supplém. p. 8.

Louis IX, Roi de France, refuse le Royaume de Naples pour son fils, 10. Aide son frere à le conquérir, 11. Evénement qui l'y détermine, *ibid.* Il entreprend la conquête du Royaume de Tunis, 52.

Louis, Saint fils de Charles II, embrasse l'état Religieux, 96. & n. Son extrême retenue, *ibid.* Est nommé Evêque de Toulouse, 97. Sa mort, *ibid.* Son exaltation, 127. Ses reliques visitées par des Princes étrangers, 145.

Louis, Duc d'Anjou, se fait céder le Royaume d'Arles, 217. Fait une tentative sur la Provence, & retire ses Troupes, *ibid. & suiv.* Fait la paix avec la Reine Jeanne, espérances qu'il en reçoit, 220. Richesses qu'il trouve dans les épargnes de son pere, 598. Est adopté par la Reine Jeanne, 230. Se montre peu empressé de la secourir, 235. Est pressé par le Pape, d'expliquer ses résolutions, *ibid.* Consulte le Conseil de Charles VI, 236. Se décide à partir pour l'Italie, *ibid.* Arrive à Avignon, & reçoit l'hommage des villes d'Arles & de Marseille, & de plusieurs Gentilshommes Provençaux, 237. La plus grande partie de la Provence refuse de le reconnoître, *ibid.* Assiége la ville d'Aix, *ibid.* Ne peut la réduire, 238. Passe en Italie, *ibid.* Princes & Seigneurs qui l'accompagnent, *ibid.* Fait battre monnoie durant son voyage, 599. Reçoit du Pape le Royaume de l'Adriatique, 241. Etendue de cet état, *ibid.* Ses troupes grossissent au delà des Alpes, 243. Seigneurs étrangers qu'on y distingue, *ibid.* Disposition des Romains à son égard, 244. Ses succès dans le Royaume de Naples, *ibid.* Il est excommunié avec les chefs de son armée, *ibid.* Divise ses forces, & est pressé par l'ennemi, 245. Accepte le cartel de Charles de Duras, 246. Réponse qu'il fait, 248. Se laisse amuser par des défis, 249. Son armée se consume par la faim & les maladies, 250. Fait saisir en Provence les marchandises des Florentins, *ibid.* Prend à Foggia le titre de Roi, 251. Ne peut attirer l'ennemi au combat, 252. Sa mort, son testament, sa femme & ses enfans. *ibid. & suiv.* Lieu de sa sépulture, 253. Ses monnoies, 577. *& suiv.*

Louis II, fils du précédent, 259. Est armé Chevalier, 259. Arrive à Avignon, 261. Fait hommage à Clément VII, *ibid.* Il est couronné Roi de Naples, 264. Fait son entrée à Marseille, 266. Va joindre le Pape au pont de Sorgues, & font ensemble leur entrée à Avignon, 268. Se rend à Arles, 269. Fait la guerre à Raym. de Turenne & la termine par une trève, 285. Passe à Naples, 288. Bat Ladislas, sans en tirer aucun avantage, *ibid.* S'enfuit à Tarente, d'où il repasse en Provence, 289. Epouse Yolande d'Arragon, 299. Réflexions sur ce mariage, *ibid.* Fait un voyage à Paris, 300. Confirme les priviléges des Provençaux, 301. Forme de nouveaux projets sur le Royaume de Naples, 305. Se rend en Italie, & a quelques succès, 306. Revient chercher des secours en Provence, *ibid*. Retourne en Italie, 307. Fait son entrée dans Rome avec le Pape, *ibid*. Remporte une victoire dont il ne profite pas, 309. Demande inutilement du secours au Pape, 311. Reprend la route de Provence, *ibid*. Va combattre pour la France, 314. Fait des réglemens pour les Provençaux, 317. Sa mort, ses enfans, 319.

Louis III, succede à Louis II, son pere, 319. Reçoit du Pape l'investiture du Royaume de Naples, 323. Arrive devant cette ville, 326. Son peu de succès, 327. Est adopté par la Reine Jeanne II, 330. Conditions de cette adoption, *ibid*. A une entrevue avec cette Princesse, 332. Secours qu'il tire de la Provence, 336. Désapprouve la conduite de la Reine, 337. Fait un voyage à la Cour de France, *ib*. Repasse dans le Royaume de Naples, 338. Députe au Concile de Bâle, 341. Fait la guerre aux partisans d'Alphonse, *ibid*. Accorde des lettres de grace aux Marseillois, Pr. p. lxxj. Sa mort, son éloge, *ibid*. Son testament, 343. Ordonnance donnée sous son régne.

Louis XI, fait un voyage en Provence, 362. Promet sa fille en mariage à Nicolas d'Anjou, LXXIII, Ses démélés avec le Roi René, 397. Consulte à ce sujet le Parlement de Paris, *ibid*. Réponse qu'il en reçoit, *ibid*. Termine ses différens dans une entrevue avec ce Prince, 398. Appuie les démarches de Charles du Maine, auprès du Pape, 403. Hérite du Comté de Provence, à la mort de ce Prince, 407.

Louis de Baviere, Empereur, arrive en Italie, 132. Se fait couronner à Milan, *ibid*. Ensuite à Rome, 133. Fait le procès au Pape, *ibid*. Perd l'affection du peuple par sa conduite, 134. Et fuit honteusement de Rome, *ibid*.

Louis d'Evreux, Mari de Jeanne de Sicile, 221.

Louis de Hongrie, promis en mariage à Marie de Sicile, 138. Envoie des Ambassadeurs à Rome, pour terminer les différens de Jeanne & d'André, 155. Veut venger la mort de celui-ci, 163. Sa lettre au Pape, & ses demandes, 164. Sa réponse à la Reine Jeanne, 169. S'avance vers le Royaume de Naples, *ibid*. & *suiv*. Arrive à Averse, y reçoit les Princes, 173. Sa dissimulation à leur égard, *ib*. Sa vengeance, 174. Réflexions à ce sujet, *ibid*. Il tâche de justifier sa conduite auprès du Pape, & veut que la Reine soit jugée, *ib*. & 176. Repasse en Hongrie, 181. Revient en Italie avec des troupes, ses progrès, 184. Entre dans Naples, 387. En est chassé par le peuple, *ibid*. Fait une trève avec la Reine Jeanne, 188. Retourne dans ses Etats, *ibid*. Cherche à soulever le Roi de France contre Jeanne, 224. Sa mort, 225, n.

Louis de Tarente, ses liaisons avec Jeanne I, 159. Soupçonné dans la mort du Roi André, *ibid*. Passe en Provence pour éviter la vengeance de Louis de Hongrie, 172. Apprend aux Florentins son arrivée & ses projets, Pr. p. lvj. Reçoit du Pape la Rose d'or, 175. Repasse à Naples, 183. Investi dans cette ville, de quelle maniere il en sort, 185. Vengeance qu'il exerce contre Reyn. de Baux, 186. Est couronné à Naples, à quelles conditions, 191. Veut envoyer du secours en Provence, 199. Son caractere, sa mort, ses enfans, 204 & 205.

Lucera, place des Sarrasins dans la Pouille, 19. Est assiégée plusieurs fois, 29, 34, 47. Charles I, s'en étant rendu maître, en chasse les Habitans, & y met des familles Provençales, 58.

Luxembourg, (Maison) 239. Réputation de sainteté du Cardinal de ce nom, 290.

M

MAGDELEINE. (Sainte) Prétendue découverte de son corps, 63. Examen de l'inscription trouvée dans le tombeau, 64.

Maillé, (Maison de) 323, n. 369.

Mailli, (Jacques de) 323, n.

Maine (Comté du) cédé à Charles de Valois, 91.

Mainfroi, fils naturel de l'Empereur Frédéric II, est substitué aux enfans légitimes, 7. Nommé Régent des Etats de son père en Italie, ibid. Sagesse de sa conduite, ibid. Il fait rentrer dans le devoir quelques Provinces révoltées, 8. Ses belles qualités, ibid. Tour à tour caressé & dépouillé par Conrad, ibid. Sa profonde dissimulation, ibid. Il recouvre son autorité, ibid. Est de nouveau nommé Régent de Naples & de Sicile, ibid. Son adroite politique, ibid. Il fait la paix avec Innocent IV, 9. But & conditions de cette paix, ibid. Introduit les troupes du Pape dans le Royaume, ibid. Les bat à Foggia, ibid. La Cour de Rome désespère de pouvoir le vaincre, ibid. Moyens qu'elle emploie pour y parvenir, ibid. & suiv. Il se fait couronner Roi de Sicile, 10. Sa flotte dispersée par une tempête, 15. Il va chercher Charles & lui présente le combat, 16. Princes qui épousent la cause de son ennemi, ibid. Ses alliés, ibid. Les Gibelins arment en sa faveur, 17. Il envoie une députation à Charles, 19. Raisons qui l'y déterminent, ibid. Par qui trahi, & pourquoi, 20. Il s'enfuit sous les murs de Bénévent, 21. Imprudence que l'Histoire lui reproche à tort, ibid. Raisons qui lui font livrer bataille, ibid. & suiv. Son ordre de bataille, 22. Il exhorte ses troupes au combat, ibid. & suiv. Ses parens l'abandonnent, 25. Sa mort, regrets qu'elle occasionne parmi les siens & ses ennemis, 27. Eloge de ce Prince, ibid. & suiv. Sa sépulture, 28. Sa fille Constance, 42. Sa veuve & son fils mis à mort, 43. Sa fille Béatrix, ibid.

Main-morte (Gens de) soumis à un droit d'indemnité, 578, n. Ne peuvent posséder des fonds qu'avec la permission du Seigneur, ibid.

Manosque, 411, 444. Administration de cette ville, 556.

Priviléges que lui accorde Guillaume IV avant qu'elle eût sa commune. 564.

Marc de Montpellier, 508 & *suiv*. De Troyes, 509.

Marcel, noble Venitien, 369, 385, 386.

Marchands Florentins afferment les Gabelles du Mans & d'Angers, & trafiquent dans les Etats de Charles en France, 59 & 60, n.

Marguerite de Nevers ou de Bourgogne, seconde femme de Charles I, 47. Devient enceinte, & fait son testament, 83, & Pr. p. xvj. Partage de la succession de sa mère, Pr. p. xx.

Marguerite de Provence, femme de Louis IX, forme des demandes contre Charles I son beau-frere, 12 & 66.

Marguerite d'Anjou, fille de Charles II, épouse le Comte de Valois, 91.

Marguerite, fille de Robert, Comte de Clermont, promise en mariage à Raymond Bérenger, fils de Charles II, 104 & note.

Marguerite, veuve de Ladiflas. Son caractère, 273. Se retire à Gayette aux approches de l'ennemi, 274. Agit puissamment en Cour de Rome, 288.

Marguerite, fille du Roi René, épouse le Roi d'Angleterre, 361. Ses malheurs, 397. Cession qu'elle fait à Louis XI qui l'avoit tirée des fers, *ibid*.

Marie d'Antioche vend à Charles I la couronne de Jérusalem, 52.

Marie de Blois reçue avec magnificence par Charles VI, 259. En obtient du secours pour passer en Italie, 261. Arrive à Avignon où elle négocie avec le Pape, 253. Lève des troupes, *ibid*. Reçoit les Députés de Provence & l'hommage de la plupart des Barons, 264. Arrive avec son fils à Marseille, 265. Essaie d'y transférer les Cours de Justice, 267. En part pour aller négocier avec le Pontife, 268. Conclut une trêve avec ses ennemis, *ibid*. Se rend à Arles, & confirme les priviléges de cette ville, *ibid*. Ne profite point des mouvements que la mort de Charles de Duras occasionne dans le Royaume de Naples, 273. Tâche inutilement de ramener les Habitants du Comté de Nice, 280. Fait déclarer Raymond de Turenne criminel de lèze-majesté, 291. Part pour la Cour de France, 300. Sa mort, son portrait, *ibid. & suiv*.

Marie de Hongrie, femme de Charles II, 114. Ses droits sur ce Royaume, 116.

Marie de Hongrie, fille de Louis d'Anjou, succede à son pere sous la tutelle de sa mere Elisabeth de Bosnie. Caractere artificieux d'Elisabeth, 271. Elle fait assassiner Charles de Duras, *ibid*.

Marie de Sicile, sœur de Jeanne, lui est substituée, 137. Est promise à Louis de Hongrie, 138. Si elle ne l'épouse point, elle est obligée d'épouser le fils aîné du Duc de Normandie, 146. Est enlevée par Charles de Duras, 154. Echappe à la vengeance de Louis de Hongrie, 174. Epouse par violence, après la mort de son mari, Robert de Baux, & le

fait

fait assassiner, 186. Ses trois filles, 221.
Marles, (de) 235, 236, 239, 284, 292, n. 418.
Marseille. (la ville de) Charles s'y embarque, 15. Ses loix somptuaires, 48. Elle fait croiser des galères contre les Génois, 56. En envoie à Naples, 74. Fournit une autre flotte, 79. La fête de Saint Louis, Evêque de Toulouse, célébrée dans cette ville, 127. Le Roi & la Reine y assistent, ibid. Réception qu'on leur fait, ibid. Autre réception à des Princes étrangers, 145. Envoie des députés à Naples, 150. Porte ses plaintes à la Cour d'Avignon sur la mort du Roi André, 163. Est attaquée de la peste, 180. Ses privileges confirmés par la Reine Jeanne, 183. Se brouille avec le reste de la Province, 188. Députe à la Reine, 189. Soutient ses franchises, 211. note. Son zèle pour la délivrance de la Reine Jeanne, 231. Voit transporter chez elle les Cours Souveraines, 238. Députe à Louis II, 258. Son zèle pour les intérêts de ce Prince, 262. Fait la guerre aux partisans de Charles de Duras, ibid. Précautions qu'elle prend en se soumettant à Louis, 255. Est assiégée par Alphonse d'Arragon, 332. Description du siege, ibid. Est livrée au pillage, 334. Se munit contre une nouvelle attaque, 335. Obtient de Charles du Maine la confirmation de ses privileges, 403. Ses revenus en 1382, 408. n. Époque de son consulat & de son administration municipale, 518. Ses privileges dans le Levant, ibid. Services qu'elle rend aux Croisés, 519. Autorité de ses Vicomtes, 520. Ses alliances sans leur intervention, 521. Ses Podestats, 522. Variations dans son administration, 523. Se soumet à Charles I, ibid. Ce que c'étoit que la ville épiscopale, 525. Pouvoir de l'Evêque, ibid. Il cede sa jurisdiction à Charles I, 526. Statuts de cette ville, 527. Époque de leur rédaction, 528. Confirmation du privilege de faire battre monnoie, 592.

Martigues, (ville de) députe à la Reine Marie, 269. n. Prend parti pour Charles de Duras, 273. Est prise par les Marseillois, ibid.

Martin IV, donne le Royaume d'Arragon à Charles de Valois, qui ne peut le conquérir, 86.

Martin V, offre la couronne de Naples à Louis III, 323.

Marzan, 131, 288, 378, 415.

Mas, (René du) 371.

Mazaugues, (le Président de) 592 & alibi.

Messe, (prix des rétributions de) 613.

Meun, (le Seigneur de) 23.

Mévoillon, 89, 369, 548. n. 564.

Meyronis. (François de) *Voyez son article*, 22.

Mirepoix, (le Maréchal de) 17, 22. Pr. iv. *Voyez* Lévis.

Mœurs. Ce qu'elles étoient en Provence, 433. Traits singuliers qui les caractérisent, ibid. & suiv.

Monberon, 370.

Monboissier, 286. n.

Monbrun, 406.

Monfort, (Maison de) 16, 29, 38, 45, 50. n.

Monjoye, 287.
Monnoies de Charles II. Réglement d'Honorius IV, sur les monnoies pour le Royaume de Naples, 570. Charles II s'y conforme, *ibid*. Lui & ses successeurs ont peu altéré les monnoies, 571. Différens en cela des Rois de France & d'Angleterre, *ibid*. Ordonnance de Charles, datée de Marseille, *ibid*. De Naples, *ibid*. Epuisement de ses finances, 572. Monnoies frappées à son coin, 575. & *suiv*. Monnoie tournois peu en usage sous son regne, 577.
Monnoies de Robert, 581. & *suiv*. On ne connoît qu'une monnoie de cuivre pur, frappée sous les Comtes de Provence, 585.
Monnoies de Jeanne I, 587. & *suiv*. De Jeanne & de Louis de Tarente, 596 & *suiv*. De Louis II, 601 & *suiv*. De Louis III, 604. & *suiv*. Réflexions sur ses Monnoies, *ibid*. Du Roi René, 614 & *suiv*. De Charles III, du Maine, 620. & *suiv*. Précis historique des monnoies frappées en Provence sous les Rois de France, 623. & *suiv*. Monnoies des Princes d'Orange, 636. & *suiv*.
Montagnagut. (Troubadour) Son article, 443 & *suiv*.
Montalais, 253.
Monteil, (Adhémar) 50, not. *Voy*. Achémar.
Montmorenci, (Maison) 49, n. 51, 406.
Montolieu, 89, 133, 150, 189, 237, 586.
Municipalité. Ce qu'elle étoit en Provence du temps des Romains, 480. Respectée par les Ostrogots, & les Rois de France de la première & seconde race, 481. Raison de leur conduite à cet égard, *ibid*. Les premiers comtes de Provence n'y font aucun changement, 483. Dans quel temps elle tombe en désuétude, *ibid*. & 485. Causes & époque de son rétablissement dans la plupart des villes, *ibid*. Les souverains n'y ont aucune part, 486. Différence des Municipes d'avec les Communes & les Bourgeoisies, 487. Villes qui se donnèrent cette Administration, 502 & *suiv*.
Musique peu cultivée en Provence avant le Roi René, 410.

N

NARBONNE, (maison) 17, 90, n. Pr. iv. xxix.
Nassau, (Jean, Comte de) 370.
Neêsle, (Jean de) 17, 23.
Nice (la ville & Comté de) refusent de se soumettre à Louis II, 275. Demandent des secours à la Reine Marguerite, *ibid*. Réponse qu'ils en reçoivent, 276. Se donnent à la Maison de Savoie, *ibid*. Conditions & raisons de leur soumission, *ibid*. & 278. Soulevement qu'y causent les Grimaldi, 296. Les Habitants députent à la Cour de Savoie, 297. Etat florissant de cette ville, 530. Fait alliance avec les Pisans, *ibid*. Son Administration, 531. Sa révolte contre Raymond-Bérenger, 532. Traité qu'elle fait avec son successeur Alphonse, *ibid*.
Noblesse de Provence. Va servir à Naples, 17 & Pr. p. j. Sa pro-

DES MATIERES. 675

digalité & son zèle, 18. Sa récompense en Italie, 30. Une partie repasse en France, 49. Se ruine au service du Prince, 92 & Pr. xxxix. Rangée en plusieurs classes, 422. Pourquoi si nombreuse dans le XV siècle? 423. Réglements à ce sujet, *ibid.* Prodiguée par les Souverains, 424. De quelle manière on la communiquoit, *ibid.* Profession ordinaire de la Noblesse, 426. Ses prétentions injustes, 434 *& suiv.*

Nogaret, 195. n.

Normans. Victoire des premiers Normans en Italie, 2. Il en passe d'autres sous les enfans de Tancrede, *ibid.* Leur conduite, leur politique & leurs exploits, *ibid. & suiv.* Demandent l'investiture de la Pouille à Henri III, 3. Leurs démêlés avec le Pape Léon IX, *ibid.* Se reconnoissent Vassaux de l'Eglise, *ibid.* But de cette politique, *ibid.* Envahissent la Sicile, 4. Extinction de la postérité masculine de leurs Princes, *ibid.* Pourquoi on ne trouve point de familles Normandes en Sicile, 50, not.

Notaires. Qualités qu'ils devoient avoir, 96.

O

OBOLE, sa valeur, 610.

Oleron (traité d') pour la délivrance de Charles II, 88.

Olive, (J. P.) Chef des Fratricelles, occasionne un schisme dans l'Ordre de Saint-François, 128. v. *Fratricelles.*

Oraison, (Maison) 264, 268, 327.

Orange. (le Prince d') S'attire les armes de la Reine Jeanne, 215. Se voit enlever sa capitale, 216. Est rétabli dans tous ses droits, *ibid.* Monnoies des Princes de cette ville, 636 *& suiv.*

Ordre du Saint-Esprit, son institution, 191 & 192. not. Son objet, *ibid.* Différent de celui de France, *ibid.* & not.

Ordre du croissant, 362. Ses Statuts, 363 *& suiv.* Liste des Sénateurs & des Chevaliers de cet Ordre, 368. Sa suppression, 379.

P

PALU, (Gui de la) 299, n.

Pape, (le) choisi médiateur entre la Reine Jeanne & son mari, 155. Veut avoir le Royaume de Naples, 156. Y envoie un Légat à cet effet, *ibid.* Veut faire couronner le Roi André, 157. Excommunie les auteurs de la mort de ce Prince, 162. Sa conduite envers le Roi de Hongrie, 164. Fait informer sur l'assassinat d'André, 165. Commence la procédure contre la Reine Jeanne, 175. Répond aux demandes du Roi de Hongrie, *ibid.* Désapprouve sa conduite, 176. Achete Avignon & s'en fait assurer la possession par l'Empereur, 182 *& suiv.* Ménage une trève entre Jeanne & Louis de Hongrie, 187 *& suiv.* Ses soins pour maintenir la tranquillité dans les Etats de Jeanne, 189. Ses embarras pour juger cette Princesse, 190. Se débarrasse

Qqqq 2

des troupes de l'Archiprêtre, 199. Fait entourer la ville d'Avignon de murailles, *ibid.* Compose avec Arnaud de Servole, 200. Prévient une guerre civile, *ibid.* Se délivre des Tardvenus à prix d'argent, 203. Pouvoir des Papes fur l'opinion, 207. Richeffes de leur Cour, 580. *Voy.* les noms des différents Papes.

Paulet, (Troubadour) 454.

Pazzi, (Jacques de) 370.

Pertuis afliégé & pris, 294.

Pefte, (la) fes ravages affreux à Avignon, à Arles & dans toute la Provence, 177. Idée finguliere des Médecins fur fes caufes, 179. Remedes qu'ils prefcrivent, *ibid. & fuiv.* Le peuple l'attribue aux Juifs & fait main-bafe fur eux, 180. Elle recommence, 200 & 202. Ses ravages à Avignon, 203. Dans toute la Provence, 223, 283, 399.

Pétrarque, fa naiffance & fa patrie, 141. Eft mené tout jeune encore à Avignon, *ibid.* Ses amours pour Laure de Noves, *ibid.* Se retire à Vauclufe, 142.

Philippe-le-Bel, défapprouve les conditions auxquelles Charles II avoit acquis fa liberté, 90. Il y confent & cede à Charles la moitié de la ville d'Avignon, qui lui appartenoit, 91.

Philippe-le-Bon, Duc de Bourgogne, retient prifonnier le Roi René, 346. Conditions auxquelles il l'élargit, 348.

Philippe-le-Hardi, fait un traité avec Charles I, & le Roi de Tunis, 52. Somme qu'il prête à Charles fur fes bijoux, *ibid.* Il s'empare de la fucceffion d'Alphonfe de Poitiers, 53. De celle de Jeanne de Touloufe & du Comtat Venaiffin, *ibid.* Il le cede au Pape, 54. Et garde la moitié d'Avignon, *ibid.* Jure de venger les Vêpres Siciliennes, 72. Envoie du fecours à Charles I, Eft nommé Adminiftrateur des Comtés de Provence, du Maine & d'Anjou, 82. Entreprend la conquête de l'Arragon, pour Charles de Valois, fon fils, & y meurt, 86.

Philippe de Tarente, Gouverneur de Provence, 197.

Pie II, Se montre favorable à Ferdinand, 375. Motifs de fa haine contre la France, *ibid.* Affemble un Concile à Mantoue, *ibid.* Sa Réponfe aux députés du Roi René, 376 *& fuiv.*

Piémont, (le) réuni à la Provence, 102. Villes de cette Province, comment foumifes à la Maifon d'Anjou, *ibid.* &c.

Pierre, Roi d'Arragon, époufe Conftance de Suabe, 42. Nommé héritier de Conradin, *ibid.* Avoit-il des droits du chef de fa femme fur le Royaume de Naples, 68. Devient le principal auteur de la ligue contre Charles I, *ibid.* Le Roi de France jure de l'en punir, 72. Arrive au fecours des Siciliens, 73. Fait dire à Charles de fortir de l'Ifle. *ibid.* Il l'y force, 74. Le trompe en lui propofant un duel, qu'il ne remplit pas, 75 *& fuiv.* Réflexions fur cette conduite, 78. Amufe encore Charles par fes négociations, 82. Se fait envoyer en Arragon, Charles II, fon prifonnier, 86. Sa mort, *ibid.*

Pignatelli, (Barthélemi) 10.

Pingon, (Bermond de) 320, Pr. p. lx.

Pife, (Concile de) 304.

Poitiers, (Alphonfe de) 53. Charles I, reclame fa fucceffion, *ibid.*

Poitiers, (Aimar de) 195. n. 211.

Pontevès, 61, 89, 133, 175. n. 265, 268. n. 291, 292. n. 320, 398, 404, 456, 550. Supplém. 7 & 9. Pr. xix, xxj, xxix.

Porcellet, 50, n. 51, 58, 72, 89, 90, 133, 350, n. 586. Pr. xxix.

Poulchre, (Pierre de la) 371.

Prignano, (Barthélemi) *Voyez* Urbain VI.

Princes, (les) de la Maifon d'Anjou, mécontens du gouvernement Hongrois, 153. Soupçonnés d'avoir trempé dans la mort d'André, 159. Cherchent à le venger pour fe juftifier. Enlevent la Catanoife & fes complices du chateau de Naples, 166. Craignent la vengeance de Louis de Hongrie, 169, Cependant ils vont le voir à Averfe, 172. Comment ils font reçus & traités. *ibid. & fuiv.*

Procida, (Jean de) eft l'ame de la ligue tramée contre Charles, 68. Ses talens, 69. Ses motifs de haine contre ce Prince, *ibid.*

Proceffion de la Fête-Dieu, à Aix, 386 *& fuiv.*

Prohane, (Arnaud de) 292.

Provence, droit des Empereurs fur ce pays, 45. Combien la conquête de la Sicile lui eft funefte, 48. La plupart des Gentilshommes Provençaux fe fixent en Sicile, 49. Armée que Charles tire de cette Province, 56. Population de cette Province, 57. Colonie de Provençaux établie à Lucera, 58. La Provence reconnue fief de l'Empire par Charles I, 65. Marguerite de France & les héritiers de fes fœurs répètent leurs droits fur cette province, 66. Elle envoie des fecours à Naples, 74 & 79. Bravoure des Provençaux, 80. Leur zèle pour la délivrance de Charles II; foixante Barons demandés en ôtage par Alphonfe d'Arragon, 88. Noms de ceux qui furent envoyés, 89. Les roturiers ne peuvent être armés Chevaliers, 95 & 422. Revenus que le Roi tire de la Provence, 105. Défenfe d'en exporter le bled, *ibid.* État de l'agriculture, 106. Chevaliers Provençaux en Tofcane, 131 & 133. Les Provençaux prêtent hommage à la Reine Jeanne, 149. L'arrêtent prifonniere, 171. Craignent de paffer fous la domination françaife, 172. Refufent de reconnoître un Sénéchal étranger, 188. Plufieurs Barons fe révoltent, 196. Amniftie, 197. Autre révolte, *ibid.* S'oppofent aux ravages de l'Archiprêtre, 199. Éprouvent différens fléaux, 200. Attaqués de nouveau par des brigands, ils appellent J. d'Armagnac à leur fecours, 201. D'autres brigands ravagent le pays, 209. Les habitants fortifient les villes & dévaftent la campagne pour les faire mourir de faim, *ibid.* Le Duc de Lancaftre forme des prétentions fur la Provence, 217. Louis, Duc d'Anjou, l'envahit, *ibid.* Dépeuplée par la guerre & la pefte, 223. Mouvements qui y règnent après la mort de Louis I, 252. Ligue en faveur de Charles de Duras, 256. Ravages de ses troupes, 262. Des brigands, 281 & suiv. De la peste, 283. Des pirates, 299. Abus, 317. Mortalité, 318. Réunion à la monarchie, 407.

Prunelé, 23.

Puget, (Maison) 256. n. 427, 454, 539. n. Pr. p. ix.

Puysegur, 90. note.

Q

Quiqueran, 350, n. 362, 387, 586.

R

Raynaldi, 533.
Rambaud, Troubadour, 462.
Raphaël. Ses ouvrages, 479.
Raymond, (d'Arles) Troubadour, 462.
Raymond, (de) 124, 133, 217, n. 244, n. 413, 426, 536, n.
Raynaud, 268, n. 299, n. 320.
Reforsat, Troubadour. Son article, 461.
Reillane. Prétentions des Seigneurs, & Administration de ce bourg, 552.
Remerville, 389.
René d'Anjou, fils de Louis II, est institué héritier par la Reine Jeanne II, 344. Acquiert les Duchés de Lorraine & de Bar, 346. Est fait prisonnier à Bulgneville, ibid. Reçoit la nouvelle de son adoption, & déclare sa femme Vice-Gérente, ibid. Sort de sa prison, 348. Joie que son arrivée cause en Provence, 349. Fait des Réglements pour cette Province, ibid. Subsides qu'il en reçoit, ibid. Se rend à Naples, 350. Défend cette ville contre Alphonse, 351. Lettre qu'il reçoit du Doge de Gênes, ibid. Harangue les Seigneurs Napolitains, 354. Part pour joindre Caldora, 356. Sa bonté & son intrépidité, 355. Est trahi par Caldora, 356. Discours qu'il lui tient, 357. Consent de sortir du Royaume, 358. Va joindre le Pape à Florence, 361. Revient en Provence & se rend à la Cour de Charles VII, ibid. Ses actions, ibid. Institue l'Ordre du Croissant, 362. Cède la Lorraine à son fils, 371. Retourne en Italie, 372. Ses succès & son retour en Provence, ibid. Demande l'investiture du Royaume de Naples, 375. Réponse du Pape, 376. Appelle au futur Concile, ibid. Ses négociations, 377. Ses tentatives inutiles sur Gênes, 380. Sur le Comté de Nice, 382. Encourage les arts & l'industrie, 383 & suiv. Fait un traité avec le Roi de Bonne, 384. Son goût pour l'agriculture & pour les lettres, 385. Il établit à Aix la procession de la Fête-Dieu, 386. Son goût pour les spectacles & pour l'astrologie, 388. Sa libéralité, 389. Sa conduite envers un Juif blasphémateur, 390. Son peu de faste & de dépense, ibid. Son caractère, 391. Son amour pour la justice, 392. Sa condescendance pour les criminels, 393. Son zèle pour la religion, ibid. Sa foiblesse pour le Sèxe, ibid. Destinée de sa réputation, 394 & suiv. à la not. Son

teſtament, 395. Son entrevue & ſon traité avec Louis XI, 398, Son retour en Provence, 399. Sa mort, ſes femmes, ſes enfans, 400 & ſuiv. Complainte ſur ſa mort, Pr. p. lxxv. Les eſpèces rares ſous ſon règne, 657.

Requiſton, (Raymond de) 426.

Ricard, 427, 555, n.

Ricardi, 533.

Ricaut, 189.

Rieux, (Jean de) 406.

Richard, Comte de Cornouaille, Propoſé pour être Roi de Sicile, 9.

Riquerii, 215, n.

Robert, reconnu Roi de Naples, 116. Raiſons qui devoient lui faire déférer la couronne, 117. Il la reçoit à Avignon, ibid. Se ligue avec le Pape contre Henri VII, 118. Reçoit l'hommage des Provençaux, ibid. Paſſe en Italie, 119. Sa politique envers l'Empereur, ibid. Eſt nommé Vicaire Général en Toſcane, 120. Entreprend la conquête de la Sicile, ibid. Il échoue, ibid. Pouſſe la guerre avec une nouvelle ardeur, 123. Et force Frédéric Roi de Sicile à une trêve, ibid. Progrès de ſa puiſſance, 123. Reçoit la Seigneurie de Gênes, 124. Eſt aſſiégé dans cette ville, ibid. Paſſe en Provence, ibid. Reçoit l'hommage des Dauphins pour les Diocèſes de Gap & d'Embrun, ibid. n. Sa politique, 125. Eſt nommé Vicaire de l'Empire, 126. Unit ſes vaiſſeaux à ceux du Pape & fait lever le ſiége de Gênes, ibid. Il fait ſon entrée à Marſeille avec la Reine & ſa sœur, 127. Reçoit encore pour dix ans la Seigneurie de Gênes. 131. Eſt ſur le point d'être aſſaſſiné, ibid. Se met en défenſe contre Louis de Bavière, Empereur, 133. Sa douleur à la mort de ſon fils, 134. Se dégoûte de la guerre, 136. Déroge au teſtament de ſon père, & nomme Jeanne ſa petite fille héritière de tous ſes Etats, 137. Il la marie, 138. Réforme pluſieurs abus en Provence, 144 & ſuiv. Ses chagrins domeſtiques, 145. Son teſtament, ſa mort, ſes enfants, 146 Son éloge, 147 & ſuiv. Ses monnoies, 581 & ſuiv. Défend les monnoies étrangères, ibid.

Robert, Archevêque d'Aix. Ses talents, 224. Ses erreurs, ſes fautes, ſes vices, & ſon procès, 125.

Robert, le Frere, Précepteur d'André de Hongrie, 139. Son caractère, 152. Ses deſſeins, 153. Veut faire prendre de l'autorité au Roi André, & indiſpoſe les eſprits contre lui, 157.

Robin, 396, n. 406, n.

Rolland, 512.

Rollandi, 189, 417.

Roſſoline. (Sainte) Son article, 474.

Roſtang, 525, n.

Roſtagni, 268, n.

Roturiers obligés de vendre les Fiefs, 93, & Pr. p. xxx. Ne peuvent recevoir la ceinture militaire, 93. & Pr. xxxiij.

Roux, (Louis) 237. Ponſet, 292. note.

Ruffo, 22, 131, 311, 323, n.

Ruffo, Covella, Ducheſſe de Seſſa, Sa méchanceté, 339.

S

Sabran, 30. n. 49. n. 51, 87, 89, 90, 113, 130, & n. 131, 150, 233, 264, 292. n. 308, 320, 325, n. 426 & 27, 471 & 72, 474, 547, 575. Pr. p. ix. xxix. lij.

Sade, 263, 317, n. 477, 536, 476 & 77.

Saignon. Administration de ce bourg, 552.

Saint Amand, Pr. v.

Saint Jacques, 189, 211.

Saint Laurent. Origine de ce village, & son administration, 558.

Saint Maximin, 267 note.

Saint Pons, Abbaye. Ignorance des Religieux dans le quatorzieme siecle, 436.

Saint Remi. Administration de cette ville, 559. Fabrique de monnoie, 578 & *suiv.*

Saint Severin, 131, 150, 229, 230, 233, 287, 288, 308, 350, 370, 404, 417.

Saint Vincent. Franchises accordées aux habitants, 564.

Sangro, 22, 230.

Sarrasins. (les) Battus par les Normans, 2. Prennent les armes en faveur de Mainfroi, 9. Battent les troupes du Pape, *ibid.* Par qui & pourquoi réunis dans Lucera, 19. Leur nombre & leurs armes à la bataille de Bénévent, 22. Leur bravoure, 25. Siege qu'ils soutiennent, 28 & *suiv.* Leur attachement à la Maison de Suabe, 34. Prennent les armes en faveur de Conradin, *ibid.*

Sault. (la vallée de) Passe à la Maison d'Agout, 565. Concessions aux Seigneurs par les Comtes de Provence, *ibid.* & *suiv.* Origine des privileges dont elle jouit, 567.

Saurel, (Pons) Troubadour, 449.

Sauterelles. (les) Dévastent la Provence, 209 & *suiv.*

Savoie. (Maison de) Louis accompagne Charles d'Anjou à Naples, 15. Boniface s'allie avec ce Souverain, 16. Philippe & Amédée attirent l'Empereur Henri VII en Italie, 119. Progrès que cette Maison fait en Piémont, 198. Amédée VI assiste au couronnement de l'Empereur Charles IV à Arles, 211. Offre de secourir la Reine Jeanne, 232. Accompagne Louis d'Anjou à la conquête de Naples ; à quelles conditions, 238 & *suiv.* Est Marquis d'Italie, 249. Ses dépenses & sa mort, 250. Amédée VII traite avec les députés du Comté de Nice, 276. Paroît devant cette ville, & en fait lever le siege, 277. Confirme le traité fait avec les habitants, 279. Conclut une trève avec Louis II, 280. Amédée VII. Sagesse de son gouvernement, 297. Renouvelle la trève avec Louis II, 298. Et dissipe les troubles du Comté de Nice, *ibid.*

Scanderberg. (George Castriot) Va au secours de Ferdinand, 381. Origine de son surnom, *ib.* à la n.

Seguiran, (Louis) 317, note.

Seine, 411. Administration de cette ville, 559 & *suiv.*

Sénéchal. (le Grand) Ses fonctions & son pouvoir, 411. Liste des Grands Sénéchaux, 413 & *suiv.*

Sénatoriat de Rome. Puissance qu'il donnoit,

donnoit, 11. Qualité des personnes qui le remplissoient, *ibid.* Est donné à Charles d'Anjou, *ibid.* A quelles conditions, 14 & 15. Combien de temps il l'exerça, 16.

Servitude. En quel temps abolie en Provence, 427.

Servole, (Arnaud de) surnommé l'Archiprêtre, entre en Provence, 198. La ravage, *ibid.* Reçoit une somme du Pape & se retire, 199. Revient encore, *ibid.* Eprouve de la résistance, *ibid.* Fait une visite au Pape, dont il est bien reçu, 200. Sort de Provence ; sommes qu'il en emporte, *ibid.* Troisieme incursion qu'il y fait, 201.

Sforze, Chevalier du Croissant, 369. S'empare de Milan, 371. Il se forme une ligue contre lui, *ibid.* Sa paix avec le Roi René, 372.

Siffren, Troubadour, 438, n.

Sigismond, Empereur, est favorable à Louis III, 341. Pense à chasser Alphonse de l'Italie, *ibid.* Offre sa médiation au Roi René, 346.

Signe, (Ebles de) Troubadour, 463.

Simeonis, (Gauthier) Pr. v.

Simiane, (Maison) 90, n. 189, 218, 237, 292, n. 418, 456, 547. Pr. p. v. & xxix.

Soliers, (Maison) 415, 422, n.

Sordel, Troubadour, 438.

Sortileges, pratiqués à Avignon, 129.

Soie. Dans quel temps on a commencé à la travailler en Provence, 409.

Spinola, 31, 98, 124, n. 243, 262, 268, 418, 536, 538.

Strata, (Taurel de) 512, 537.

Suabe ou Stouffens. (la Maison de) Combien de temps posséda l'Empire, 42. Et le Royaume de Naples, *ibid.* En qui elle finit, *ibid.*

Sulli, 23, & Pr. v.

Tome III.

T

Taffetas. En quel temps connu en Provence, 409.

Talard, (Vicomte de) 258, 264.

Taleyrand, (le Cardinal de) 154.

Tallamer, (Geoffroi) 406, n.

Tancrede d'Hauteville. (les enfants de) Leurs conquêtes en Italie, 2 & *suiv.*

Tancrede, fils naturel de Roger III, parvient au trône de Sicile, 4. Sa mort, *ibid.* Sort de sa femme & de ses enfants, *ibid.* & *suiv.*

Tannegui du Châtel, 306, 369, 421 ; & Supplément 7 & 8.

Tarascon. Traité passé dans cette ville, 91. Elle se rend à Duguesclin, 217. Ravagée par Raymond de Turenne, 291, 295. Sa noblesse nombreuse au commencement du quatorzieme siecle, 424. Débats entre cette noblesse & le reste des habitans, 544. Déclaration d'Alphonse II au sujet de ses privileges, *ibid.* Transaction avec Raymond Bérenger, 545. Emeute parmi les habitants à ce sujet, 546. Comment assoupie, *ibid.* Podestats, 547. Tournois célèbre, *Supplément* à l'Histoire. Fabrique de Monnoies, 621.

Tard-venus. (les) Ce que c'étoit, 202. S'avancent vers Avignon, & font d'affreux ravages, *ibid.* & *suiv.* Reçoivent une somme du Pape, & suivent en Italie le Marquis de Monferrat, 203. Leurs brigandages en Italie, 240.

Tartaille, Capitaine, battu par Braccio, 309. Commande les troupes du Pape, 328. Est mis à mort.

Templiers. Crimes qu'on leur re-

R r r r

proche, 107. Ce qu'il en faut penser, 108. Plusieurs d'entr'eux se marièrent après la destruction de l'Ordre, ibid. De quelle manière ils son détruits en Provence, 109. Etoient-ils tous nobles, 110. Leur mobilier, ibid. & suiv.

Tende. Situation de ce bourg, 568. Autorité des Seigneurs, ibid.

Tenque, (Jean) 269, n.

Théodoric écrit aux Habitants d'Arles, & à ceux de Marseille, 481, n. Laisse subsister en Provence l'Administration Municipale, ibid.

Thomas, (Bernard) Pr. p. lx.

Toucy, (Anselme de) Pr. v.

Toulon. Dépopulation de cette ville, 126. On y massacre les Juifs, 180. Punition qu'exerce la Reine Marie de Blois, 267. Etat de cette ville sous Charles d'Anjou, 484. Réglements de Police faits par les Habitants, Pr. p. xxvj. A quelle époque ils reçoivent le droit de Commune, 553. Pr. l, & lxij. Quelle étoit alors sa population, 553.

Toulouse, (Jeanne de) dernier rejetton de sa Maison, meurt sans postérité, 53. Philippe-le-Hardi s'empare de ses Etats, ibid. Elle teste en faveur de Charles I & des enfants de Béatrix, ibid.

Trabuc. Ce que c'étoit, 284.

Transtamare, Chef de Brigands, 204.

Tressemanes, (Jean) 275.

Troubadours. Leur goût pour la musique, 408. Liberté qui règne dans leurs ouvrages, 440. Allient la profession des armes à la poésie, 455. Caractère & mérite de leurs ouvrages, 456. Sont les inventeurs de la poésie moderne, 467, & à la note. Supérieurs aux Trouveres, 468. Cause de leur décadence, ibid. & suiv.

Tunis. (le Roi de) Tribut qu'il paye à la Sicile, par qui imposé, 33. Arme contre Charles I, ibid.

Turenne, (Raymond de) se déclare contre la Maison d'Anjou & contre le Pape, 256. Sujet de ses plaintes contre le Souverain Pontife, 257. Ravage le terroir d'Arles, & se rend maître de plusieurs places, ibid. Prend encore les armes, 280. Férocité de ses troupes, 281. Réponse qu'il fait aux menaces de Clément VII, ibid. Fait la paix avec les Etats. 294. Sa mort, son tombeau, 296. Voyez Beaufort.

U

Urbain IV, favorise le Comte de Provence, 11. Sa mort, ibid.

Urbain V, sa patrie & sa naissance, 205, n. Circonstances de son élection, 206. Lettre de Pétrarque à ce sujet, 207. Est visité par trois Souverains, ibid. Part pour Rome, 216. Sert la Reine Jeanne auprès du Roi d'Angleterre & du Roi de France, 217 & 218. Donne à cette Princesse la rose d'Or, 219. Revient à Avignon & y meurt, ibid & suiv.

Urbain VI. Circonstances de son élection, 227. Sa conduite hautaine envers les Députés de Jeanne I, ibid. Cause de sa haine envers cette Princesse, 229. Il l'excommunie, 230. Se prépare à la guerre & vend les ornemens d'Eglise, ibid.

Ursins, (Maison des) 308, 342, 378.

Usuriers. Leurs exactions réprimées, 103. Pr. p. xxxix. Nom qu'on leur donnoit, 104. note.

V

Vaison, 481.
Valbelle, 201, n. 218, 267, n.
Valori, Gabriel de) 343, n. 371.
Varadier, 350.
Vaucluse, Pétrarque s'y retire; description qu'il en fait, 142.
Vaudemont, de la Maison de Lorraine, 62, 75, 396, Pr. v.
Vegne, Honorat de) 398.
Venaissin. (le Comtat) Philippe-le-Hardi s'en empare sans titre légitime, 53. A qui il appartenoit, *ibid.* Grégoire X, le reclame, *ibid.* Philippe-le-Hardi le lui cede, & garde la moitié d'Avignon, 54.
Vendôme, (Bochard Comte de) 17, 49, & Pr. v.
Ventadour, 195, n.
Vento, (Guillaume de) noble Génois. cherche à faire une révolution dans sa patrie, 56 & *suiv.* Ses succès & ses revers, 57. Se retire à Nice, *ib.*
Vêpres Siciliennes: c'est le nom qu'on donne au massacre des François en Sicile, 70. Dans quel lieu & quel jour le massacre commença-t-il, *ib.* Par quels crimes les François se l'attirerent-ils, *ibid.* Avec quelles cruautés fut-il exécuté? 72.

Verriers, en quel tems connus en Provence, 384, n.
Vicaire de l'Empire. Pouvoir de cet Officier en Provence, 513. Ses démêlés avec l'Archev. d'Arles, *ibid. & suiv.*
Vidal, (Pierre) Troubadour, 468.
Vignolles, (Jean de) 396.
Villaret, Historien, son erreur au sujet du Roi René, 380, n.
Villars, 283, 296, 352, n.
Villeneuve, 50, 133, 218, 282, 284, 291 & 92, n. 299, n. 303, 320, 325, n. 398, 404, 413, 434. Hélion de, 476.
Villeneuve, (Arnaud) Philosophe, 469 & *suiv.*
Vinai, (le Sire de) 263, 268.
Vintimille, (Maison) 21, 22, 49, 50, 56, 123, 133, 173, 189, 193, 219, 238, n. 264, 265, 299, n. 382, n. 426, 568.
Yolande d'Arragon, épouse de Louis II, demande la succession de son pere, 312. Elle n'est point écoutée, 313. Devient régente, 319. Fait un traité avec le Duc de Savoie, 321 & *suiv.* N'ose punir les brigandages commis à Marseille, 335 Est nommée parmi les exécuteurs testamentaires de son fils, 343. Sa mort, 361.

Fin de la Table des Matieres.

APPROBATION.

J'AI lu par ordre de Monseigneur le Garde des Sceaux, *le troisieme Volume de l'Histoire Générale de Provence;* je n'y ai rien trouvé qui m'ait paru devoir en empêcher l'impression. A Paris, ce 20 Février 1783.   AMEILHON.

ERRATA

Du Tome Troisieme.

Page 26. ligne 23. le Roi ordonna &c. *lisez* le Roi les fit mettre dans une prison plus étroite, d'où ils furent ensuite tirés pour périr sur l'échaffaut, comme nous le dirons ailleurs.
P. 46. *lig.* 15. trois garçons, *lisez* quatre garçons.
P. 59. *lig.* 17. auroient pu faire fleurir, *lis.* auroient pu le faire fleurir.
P. 79. *lig.* 22. décida de la bataille, *lis.* décida de la victoire.
P. 81. *lig.* 2. Augustaves, *lis.* Augustares.
P. 105. *lig. pénultième*, *à la note*, du Roi René, *effacez* René.
P. 137. *lig.* 17. la conduisit, *lis.* la réduisit.
P. 168. *lig.* 6. *à la note.* du Tribunal, *lis.* du Tribunat.
P. 176. *lig.* 22. à ses graces, *lis.* à ces graces.
P. 192. *lig.* 14. du pre de l'obscure grothe, *lis.* du pié de l'obscure grotte.
P. 193. *lig.* 2. *à la note.* π, *lis.* φ.
P. 225. *lig.* 18. & les autres, *lis.* & les autres terres.
P. 227. *lig.* 31. celle qu'il me plaira, *lis.* celle qui me plaira.
P. 229. *lig.* 27. maxime politique, *lis.* de politique.
P. 239. *lig.* 8. de quinze livres francs, *lis.* de quinze francs.
P. 247. *lig.* 12. dans Lunigaglia, *lis.* dans Lunig.
P. 263. *lig.* 8. & 18. Etats Généraux, *effacez* Généraux.
P. 265. *lig.* 30. qui lui restât, *lis.* qu'il lui restât.
P. 342. *lig.* 3. des Seigneurs de Lone, *lis.* de Loué.
P. 367. *lig.* 17. de l'oppression, *lis.* & l'oppression.
P. 371. *lig.* 3. Hardouin de la Jaille, *lis.* Tristan de la Jaille.
P. 384. *lig. dernière.* qu'il y ait, *lis.* qu'il y ait eu.
P. 405. *lig. pénultième*, *à la note.* pour la Reine, *lis.* par la Reine.
P. 418. *lig.* 25. le Comte de Nice, *lis.* le Comté de Nice.
P. 420. *lig.* 10. des pouvoirs, *lis.* de pouvoirs.
P. 450. *lig.* 21. lui en rendent, *lis.* lui en rend.
P. 565. *lig.* 9. Maison d'Anjou, *lis.* Maison d'Agout.
P. iv *des Preuves*, *lig.* 23. le Château de l'Œuf, *lis.* au Château de l'Œuf.
P. xx. *lig.* 11. c'eut été, *lis.* il eut été.
P. lx. *à la marge.* 1348, *lis.* 1349.

Fautes à corriger dans le second Volume.

Page 182. ligne 15. fils & successeur, &c. *lisez* fils & successeurs.
P. 188. *lig.* 23. de Comte de Forcalquier, *lis.* de Comté de Forcalquier.
P. 189. *lig.* 17. à son frère Geoffroi I, *lis.* à son père Geoffroi.
P. 207. *lig.* 14. quand Geoffroi II, *lis.* quand Geoffroi I.
P. 266. *lig.* 5, *à la note.* Gabrielle, *lis.* Alix.
P. 286. *à la note.* MCC. VI. idus, &c. *lis* MCCVIII. VI. idus, &c.
P. 308. *lig.* 26. au mois d'Avril 1223, *lis.* 1229.
P. 353. *lig.* 1. Guillaume de Tilburi, *lis.* Gervais de Tilburi.
P. 512. *lig.* 2. 556, *lig.* 5. 562, *lig.* 1. je dis que Guillaume IV, Comte de Forcalquier, mourut en 1209. *lis.* en 1208, comme je l'ai prouvé dans la Préface, p. xij.
P. 521. *lig.* 6, *première colonne.* Comte de Forcalquier, *lis.* de Provence.
P. 522. *lig.* 20. Alphonse I, *lis.* Alphonse II.
P. 524. *lig.* 9. Alphonse II mourut au mois de Novembre 1209, *lis.* au mois de Février 1209.

NOMS DES CHEVALIERS FRANÇOIS

Qui eurent part à la Conquête de Naples sous Charles I. (1)

Agout d'Agout, Agout Pontevez, & Amiel d'Agout, Seigneur de Curbans, obtinrent, en récompense de leurs services, des terres en Sicile & dans le Royaume de Naples ; mais ils n'y laisserent point de postérité.

Aimini, Bertrand D'- d'Avignon.

Alleman, *Allemanus* Pierre d'.

Aguillon, *Agulloni* (Raymond d') d'Avignon, étoit Bailli de Toulon en 1310.

Alberti ou Albert d'Aix. N. Alberti *miles & thesaurarius comitatus Provincie & Forcalquerii*, il exerçoit encore cette charge en 1310. Je n'ai pas de preuve qu'il ait été à Naples, quoiqu'il soit nommé dans les archives de cette ville

Alnet (Jean d'), Justicier & Maréchal du Royaume.

Alverne, Louis d', *de Alvernia*, Maréchal en Toscane,

Amirat, *dñus Amiratus*, & ensuite en 1310, Hugues d'Amirat, natif de St. Maximin, avec la qualification de Gendarme, *armiger*.

Arangur, Michel, d'.

Arbaud, Barthelemi, il en est parlé dans une charte de 1331, dans laquelle il est fait mention de quelques personnes d'Aix, sans qualification.

Ardicourt, Eustache d'.

Archis, Boëmond d', je trouve aussi Jean d'Anchis en 1250 (2).

---

(1) Ces noms sont tous tirés des Archives de Naples, à l'exception d'un très-petit nombre que nous ferons remarquer ; nous remarquerons aussi ceux qui ne sont point accompagnés de la qualification de *Miles* ou de Chevalier.

(2) Je ne connois point de Famille de ce nom ; mais je crois devoir rapporter la Charte suivante, qui répandra peut-être des lumieres sur la Noblesse du pays où sont situés les Fiefs, dont il est parlé dans cet acte que j'ai copié à Naples sur les registres de Charles II, Reg. 1303, fol. 207.

Carolus, &c. manifestum facimus, &c. quod Druetus de Anchis, filius quondam Joannis de Anchis, militis, fidelis noster, presente Raynaldo de Cligneto, milite, confessus fuit sibi competere jus in infra scriptis bonis, sitis in diversis terris, in regno Francie, videlicet jus quod habet in feudo Vallisuneni, quod feudum tenet in homagio à Simoneto de Mani,

NOMS

Arlatan, Jean d', natif d'Arles en 1335.

Artois, Mathilde, fille du Comte Robert, prenoit la qualité de Dame de Salins & de Palatine de Bourgogne.

Barras de Barras. Je trouve auffi Raymond de Barras, Maréchal de Provence en 1327.

Baume, Bertrand de la.

Baumont, Geoffroi de. Charles I l'envoya en France en qualité d'Ambaffadeur pour demander du fecours à fon frere Louis IX, & le fit enfuite fon grand Chancelier. Je trouve auffi en 1267, Gilles de Beaumont, Vicaire-général & Amiral de Sicile.

Bauteville, Arnaud de. *De Bautavillâ.*

Baux, Bertrand (de). Cette maifon qui s'allia aux Rois de Naples, & dont nous avons fouvent occafion de parler dans l'hiftoire, occupa les premieres charges du Royaume, & poffeda les plus grands fiefs.

Bellbi, Nicolas, Châtelain de Coufance.

Bellovedere, peut-être Beauvoir Thomas & Simon de.

Beauvau, René de. Ste Marthe & plufieurs Hiftoriens françois le nomment parmi les principaux Capitaines, qui accompagnerent Charles d'Anjou. C'eft peut être le même qu'Angelo di Coftanzo appellé *de Belve.*

Beuïl, Jean de. Maifon d'Anjou, il en eft parlé dans le t. 5. du recueil de Duchêne.

Blacas d'Aups, Pierre, Commandant de Salerne fous Charles II.

Bordeil, *Droco de.*

Boulogne (le Comte de), vraifemblablement Gui, frere du Comte d'Artois.

Briene, Hugues de.

Bruyeres, Adam de. Il repaffa en France, abandonnant les fiefs que le Roi lui avoit donnés dans fes Etats.

Beauvilliers, Jean, *de Bodivillerio,* Maître d'Hôtel de la Reine de Naples, fous le Roi Robert.

Buc (de). *Goffridus de Bucco, de aquis apothecarius, cumbellanus, & fami-*

---

armigero; item jus quod habet in terrâ de Vernay, pro quâ tenet à dominâ de Saroylâ & a dño Taupino de Devernay: item jus quod habet in medietate ruge de monte Molini, pro quo tenet ab Hugone de Merlay, milite; item jus quod habet in terrâ de Anchis, pro quâ tenet a Joanne de Vofall. Item jus quod habet in terrâ de Gamboris, & in tertia parte nemoris de Cormerii. Item jus quod habet in nemore quod eft prope Vallebrunâ pro quâ tenet à dño de Caprosâ. Datum Neap. die penultimo Junii 11 Indict. die XXX. anni dñi Mccciv.

liaris Regis Roberti, habet a Rege, titulo donationis, duas notarias in Provinciâ en 1332.

Cabanes, (Raymond de) de Cavaillon : son nom devint fameux par la catastrophe de la Catanoise, comme on peut le voir dans l'histoire sous le regne de Jeanne I.

Candole, Raymond, de Marseille.

Castellane, (Reforsiat de) Commandant de la Basilicate & de la Bruzze.

Clairac, Jean, *de Clariaco*, fut envoyé en France par Charles I, pour lever des troupes avec la permission du Roi.

Clignet, François & Raynaud de. Celui-ci fut Sénéchal du Palais sous Charles II.

Champlin, *Guillelmus dictus Champlinus Gallicus scutifer*. Il vendit à Guillaume de Bosc, étant tous deux à Naples, la terre de St Farian, située dans la Châtellenie de Gallardon, au Comté de Chartres, sous le regne de Charles II.

Coligni, Guillaume de.

Couci, Thomas, suivant Guill. de Nangis.

Courtenai. La branche de cette maison qui s'établit à Naples, y devint très-puissante. Philippe de Flandre, épousa Mathilde de Courtenai, Comtesse de Chietti.

Damas, *pardus Dalmatius, miles*. Il y a toute apparence qu'il alla servir à Naples après le mariage de Marguerite de Bourgogne avec Charles I.

Etienne, Pierre, armé Chevalier à Aix en 1307, étoit de Lambesc.

Feraud de Torames (Gilbert de), de la maison de Glandevès, Gentilhomme d'honneur de Charles II en 1303.

Flotte, Raymond, Commandant d'Agnani en 1333.

Fontaines (des), *Cornutus de Fontanis*, chargé par le Roi de France & le Comte de Valois, d'accompagner à Naples la Duchesse de Calabre.

Gaubert, Boniface de.

Gallard de Piez, Jean & Hugues. On trouve aussi Raynaud de Gallard, Chevalier François, qui fut pris avec le Prince de Salerne en 1284.

Grasse, Raymbaud de, commandant une compagnie.

Grimaldi, Gabriel, Jacques & Raynier. Celui-ci, natif de Gênes, étoit Amiral de France sous Charles II. *Miles de Januâ regni Franciæ ammiratus*.

Grolai, Rodolfe & Pierre. Ce dernier commandoit au château de Melfi.

Guines, Henri, Ambaſſadeur de Charles I à Veniſe.

Guido Guidonis, miles. De Cavaillon. *Seneſcallus hoſpitii ſancie conſortis Roberti Regis en* 1341.

Laïa (de), Jean & Philippe, du diocèſe de Tournai.

Landricour, Geoffroi.

Larat, Diego de, grand Chambellan du Roi Robert.

Laval, Gui de.

Ligni, Geoffroi, Seigneur de Ligni en Anjou.

Marqueſan, Daniel, de Nice. *Miles, & feudatarius Roberti Regis.*

Mirepoix, Jean de Levis de, Commandant d'une place en Calabre. Ce Jean étoit différent du Maréchal dont nous parlons dans l'hiſtoire.

Montmorenci, Maïan; on peut voir ce que nous en diſons dans l'hiſtoire.

Mondoville, Nicolas, il commandoit le château de l'Œuf en 1350.

Monteil, Bertrand de. *De Montiliis,* vraiſemblablement de la maiſon d'Adhémar.

Montolieu, de Montolieu de Marſeille, Chambellan de Charles II.

Motte, Simonet de la, *miles Gallicus.*

Neëlle, Jean de, fils du Comte de Soiſſons.

Noyels, Jean, envoyé en Albanie pour prendre poſſeſſion du Royaume, que les trois Ordres avoient déféré à Charles I en 1270.

Narbonne, Bertrand. On trouve enſuite, mais plus tard, Aymeric de Narbonne, Capitaine-Général des Guelphes en Toſcane, homme d'un mérite rare, dit Villani.

Orléans, Henri & Erbert, qui étoit Vice-commandant en Sicile en 1272.

Pontevès, Hugues & Fouques de.

Prunelé, Guillaume, nommé dans les Hiſtoriens françois.

Puget, Bertrand du.

Raymond, *Bertrandus, Raymondus, eques.*

Raymond (de), Bernard, *Bernardus, Raymundi valliĉtus & familiaris Regis Caroli ſecundi.*

Raymond (de), Gilles, Docteur en Droit, Ambaſſadeur de Charles II auprès du Pape Clément V. *Juriſperitus, nuncius, & procurator Regis Caroli II ad Clementem Papam V.*

Roque, *Mangia de Roccâ,* d'Angers.

Riquerii, de Nice.

Sabran, Elzear, le premier de ſa

maison qui passa à Naples, avec Ermengaud son fils. Cette maison y posséda de grandes charges & de grandes terres.

St-Amand de Marseille, Berenger & Alfant de, sans qualification.

St-Aignan Luc de., Vice-justicier du Royaume de Sicile.

Saucey, Jean de, *de Sauceyo*.

Saltay, Gilbert de.

Severac (de), Gui, *de Severiaco*.

Sulli, Odon & Guillaume de.

Simeonis, Gauthier, *inter armigeros Provinciales & Nobiles*.

Simiane, Bertrand Raymbaud de. Charles I lui fit payer en 1272, encore près de huit mille francs pour reste de ses appointemens.

Til (de), *de Tilio*, Robert.

Toucy (de), Odon & Anselme. Odon est qualifié cousin du Roi, & Grand-Justicier du Royaume. Adam son fils fut Grand-Chan-celier. Le nom en latin est de *Tuzziaco*.

Tremblai (le Vicomte de), Jean.

Tremecour, Guillaume de.

Vaulx (de), Drogon & Guillaume, *Gallicus*.

Vaudemont, Henri de, député de Charles I, aux Etats-Généraux, assemblés à Paris en 1276, étoit d'une branche cadette de la maison de Lorraine.

Vendôme, Bouchard de, Comte de Lavardin & de Montoir.

Villeneuve, Raynaud de, prend la qualité de Chapelain de Charles I, & de Chancelier de l'Empire Romain.

Villeneuve, Pons, Commandant d'Aquila en 1469.

== Hugon, Commandant de Brindes en 1278.

Vintimille, Henri & Simon: on peut voir ce que nous en disons dans l'histoire.

Le Voyer, Pierre, Seigneur de Paulmy; les Historiens françois font mention de lui, en parlant des Gentilshommes qui accompagnerent Charles I à la conquête de Naples.

J'ai supprimé les noms d'un grand nombre de Familles, qui de l'aveu des personnes les plus versées dans la connoissance de la Noblesse, sont éteintes. J'en ai vraisemblablement oublié beaucoup d'autres, que j'aurois pris, si j'avois connu plus particuliérement la Noblesse des différentes provinces qui fournirent des secours aux Comtes de Provence, Rois de Naples. D'ailleurs les noms sont quelquefois si défigurés qu'il est difficile de les reconnoître. Le fuivant, par exemple, appartient à quelque Maifon, qui, quand même elle feroit éteinte, devroit être connue. Cependant les perfonnes qui s'occupent le plus de Généalogies, n'en ont aucune connoiffance. Elle s'appelloit en latin *Miliaco*. Une preuve qu'elle devoit être confidérable, au milieu du XIIIe fiécle, c'eft que Geoffroi de *Miliaco* avoit époufé Marguerite de Courtenai. Il femble qu'il étoit d'Angers; car Hugues de *Miliac*, Seigneur d'Airole, *Airolæ*, étoit Commandant de cette ville, & mourut fans enfans en 1274, ou environ; j'ai trouvé auffi Philippine de *Miliac*, femme de Philippe de Flandres. Les perfonnes qui font une étude particuliere de l'ancienne Nobleffe, auroient fait dans les archives de Naples, plus de découvertes que moi, qui ne me fuis attaché qu'aux faits, & à remarquer les anciennes Maifons de Provence, dont il eft parlé dans les Chartes.

PREUVES
DE L'HISTOIRE DE PROVENCE.

CHARTES.
I.

Hommage rendu à Alphonse, Roi d'Arragon, Comte de Provence, par Boniface de Castellane.

In Dei nomine. Pateat omnibus presentibus atque futuris quod Bonifacius de Castellanâ, prehabitis cum Dño Ildefonso Rege Aragonie, diversis controversis & inimicitiis; dum Dñus esset in Grassâ, veniens ante sui presentiam, multis baronibus ibi astantibus, misit se ipsum in posse Dñi Regis, & suum tactis sacrosanctis evangeliis corporaliter juravit mandamentum. Postea fecit hominium, & sacramentum fidelitatis Dño Ildefonso Regi Aragonie & filio suo Amfosio comiti Provincie, sicuti alii Barones Dño suo facere tenentur, & concessit ei omne Dominium, quod ipse & antecessores sui super ipsum & super suos habent & habere debent, & unquam habuerunt. Itaque Dñus Rex per se per suos finivit atque dimisit predicto Bonifacio & suis omnes querelas, quas ipse vel homines sui de illo vel de hominibus suis occasione guerre habebant vel habere poterant usque in hunc diem. Preterea concedit & laudat in perpetuum Dñus Rex Ildefonsus Aragonie, comes Barchinonie & Marchio-Provincie, & filius suus Amfosius comes Provincie predicto Bonifacio & suis hec omnia, que Bonifacius habebat & possidebat vel homines sui per eum, eâ die quâ Dominus Rex Rodanum transivit & venit in obsidione Castellane, sive essent paterna vel materna bona; sive etiam aliunde essent aquisita: etiam reddit ei castrum de Salernis ipse & filius suus comes Provincie cum omnibus pertinentiis suis, salvo dominio, quod ibi habet vel habere debet, & laudat ac finit ei quidquid juris ullomodo ibi habet, & etiam

Octobre 1189. Tour du Trés. 8. quarré, 28 liass. 1. piece.

si Blacacius vel sui, jure pignoris vel alio ibi poterat demandare. Ita quod nec Blacacius nec alter pro eo de facto de Salernis audiretur in curiâ. Preterea promittit illi Dñus Rex, quod faciat ei dari & reddi totum jus quod ipse & sui debent habere in toto honore de Mosteriis, & faciat dividi secundum rationem, & partem suam servari sicuti bonus Dominus debet facere bono Baroni & fideli suo. Adhuc etiam laudat & concedit ei ipse & comes Provincie castrum de Coms cum omnibus pertinentiis suis sicuti eum habet vel habere debet salvo jure & dominio domini Regis. Verumtamen si fratres hospitalis Jerusalem, frater solum terre *de Coms, ullam movent contra Bonifacium questionem, vel ipse contra eos,* alter alteri respondeat in manu Archiepiscopi Ebredunensis vel episcopi de Senes, vel R. de Agolt, vel in manu Bertrandi de Baucio. Hec omnia prescripta laudat & concedit Dñus Rex, salvo in omnibus jure suo & fidelitate.

Actum hoc mense Octobris anno Dñi M. C. LXXXVIIII. Signum † Ildefonsi Regis Aragonie, comitis Barchinon. & Marchio Provinc. (1) Signum A. folii comitis Provincie, Signum Petri Ebredun. archiep. Signum A. RR. Antp. epis. Raimundi de Agolt. Poncii de Cervaria. Bertrandi de Baucio. Teste Olivario. prepofito de Barjols. episc. Maurelio de Senes. Cædelio Salvang denot. Einardo de Flayosc. Riambaldo de Grafsâ. R. de Celans. B. de Celans. Bonifacio d'Asperel. Vigo de Coms. R. Gralon. G. Gralon. G. Dalmas. Salvang Carnala. Einard Carnala. Julan. Rostangno de Flayosc. Ugone, Raimundo, Aigabela. B. D. Feron. commendatore de Ruà.

II.

Exemptions & Franchises accordées par Raymond Berenger, Comte de Provence, aux Familles nobles de Brignole, qui pour prix de ces Franchises lui cédent le Consulat de la Ville.

Septemb. 1222.
Archiv. de Brignol.

In nomine Dñi. Anno incarnationis ejusdem MCCXXII die... 7bris certum sit presentibus & futuris, quod nos Raymundus Berengarius Dei gratiâ comes & Marchio Provincie & Forcalcherii, donamus & concedimus franchisiam & libertatem vobis militibus de Brinoniâ universis & singulis, & omnibus successoribus vestris in perpetuum; ita quod de Albergâ de

---

(1) Tous les témoins nommés dans cette Charte, excepté les Evêques, mirent comme le Roi, une croix pour signature, ce qui prouve, que ni eux ni ce Prince ne savoient écrire.

sancto

sancto Michaele, de parte scilicet quæ vobis pertinet & pertinere debet, estote liberi in perpetuum & soluti, & de omnibus quistis, adempris, talliis, & omnibus omnino exactionibus sitis similiter liberi & soluti ; cum autem cavalcatas universitas villæ faciat, volumus & concedimus vobis, quod vos milites ipsas ad expensas hominum faciatis, & de redemptionibus quæ pro cavalcatis darentur nobis, vos immunes & liberos facimus, tali conditione quod pretium redemptionis totum quantumcumque sit, homines de Brinoniâ, non requisitâ à vobis aliquâ parte nobis solvant.

Nos vero milites supradicti, consules, & alii solvimus & desanparamus in perpetuum vobis Dño Raymundo Berengario comiti & Marchioni Provinciæ, & vestris & vobis Dñæ Lombardæ, per nos & successores nostros consulatum de Brinoniâ totum, cum omnibus pertinentiis suis ad consulatum pertinentibus, ut est in bannis sic modo St, & de justitiis & de omnibus aliis ad dictum consulatum spectantibus, ita scilicet, quod posse nostrum vobis relinquimus totum, & nos nostrosque pariter inde divestimus ; & vos & vestros pariter investimus, & numquam nisi de voluntate vestrâ fuerit, qui consulatum in villâ de Brinoniâ habere possit & debent, &c.

Ut autem omnia prædicta fideliter attendantur, nos R. Berengarius, comes Provincie, hoc juramus, & per nos & mandato nostro Dña Lombarda, Raymundus Gaucelini, Bertrandus de Pugeto, Albeta & Guillelmus de Coriniaco. Item juraverunt hoc idem attendere ex parte militum Raymundus Augerius, Hugo de Brinoniâ ; Guillelmus Rocaful, Guillelmus Bertrandus ; Raymundus Carbonelli ; Bertrandus Gaufridus ; Berengarius Guido ; Berengarius Cailla ; J. de Brinoniâ ; Fulco Olivarius ; Hugo Ranols ; Cavallonus, Guillelmus de Tollon ; Gaufridus Guiraudus ; Bertrandus de Roseto ; Puci Meianus. Actum est hoc apud Brinoniam ante Altare beatæ Mariæ, &c.

III.

Hommage rendu à Raymon-Berenger, Comte de Provence, par Guillaume de Sabran, Comte de Forcalquier ; & promesse entr'eux de se secourir mutuellement.

In nomine Domini nostri Jesu Christi. Anno ejusdem secundum carnem MCCXXVIII. VII Kal. Febr. Nos Guill. comes Forcalquerii non vi, non metu, nec in aliquo circumventi &c protestantes in jure coram vobis

26 Janv. 1229.
Tour du Trés.
8. quar. 28. liaf.
3ᵉ piece.

Dño Raym. Bereng. comite & Marchione Provincie & comite Forcalcherii, sicuti coram judice nostro ordinario & Dño ad hoc nos teneri, facimus vobis homagium pro totâ terrâ nostrâ, quam habemus vel possidemus, vel habituri vel possessuri sumus, vel quasi vel alius nomine nostro infrà comitatûs Forcalcherii terminos in civitatibus, castris, villis & municipiis, & pro omnibus supradictis, que à vobis habemus vel possidemus vel quasi vel habituri sumus vel possessuri &c promittimus corporaliter, prestito Sacramento, quod homagium & fidelitatem ad nostros... exinde volumus in perpetuum.... Ita scilicet ut omnes successores nostri teneantur vobis & successoribus vestris, sub formâ subscriptâ homagium prestare & fidem observare, promittendo bonâ fide, per stipulationem vobis predicto Dño comiti Provincie & Forcalcherii, quod nos in pace & in guerrâ personam vestram &c contra omnes homines fideliter custodiemus. Quod si, quod absit condemnimus vel negligimus, absolvimus hic ab omni homagio & fidelitate nobis promissâ omnes homines de Pertusio, & P. & Guill. Jordanum fratres, & Guill. & Raïbaud. de Villamuris hic presentes, & B. fratrem eorum, volentes & mandantes ut omnes homines de Pertusio à XIV annis superius, vobis predicto Dño comiti Provincie & Forcalcherii, jurent & homagium faciant tali pacto, ut si nos vel nostri, aliquo tempore, contra vos vel vestros, in aliquo de predictis, essemus rebelles, vel contrà veniremus, nisi supradictum est, illud emendaremus, sicut expressum est superius, vobis & vestris successoribus predicti milites & homines ex fidelitate promissâ, à nobis absoluti, vobis sæpe dicto Dño R. Berengario comiti & Marchioni Provincie & comiti Forcalcherii & vestris successoribus in perpetuum de fidelitate & homagio sicut Dño teneantur. Et nos Raib. & Guill. de Villamuris, fratres presentes, à vobis Dño Guill. comite Forcalcherii, dictam absolutionem recipientes, vobis Dñe R. Bereng. comes & Marchio Provincie & comes Forcalcherii, manutactis sacrosanctis Dei evangeliis, jurantes nos omnia supradicta perpetuo tenere & inviolabiliter observare, homagium & fidelitatem vobis facimus, per nos & nostros vobis per stipulationem promittimus, quod si dictus Dñus Guill. comes Forcalcherii vobis rebellis esset vel sui, vel contra vos veniret in aliquo vel vestros & de cetero modo infrà quadraginta dies illud non emendaret, nos & nostri, vobis & vestris, sicut Dño perpetuo, tenebimur in omni fidelitate, sicut melius & plenius à vobis potest intelligi vel excogitari, ad vestrum commodum & utilitatem. Et nos R. Bereng.

comes Prov. &c. vobis sæpè dicto Guill. comiti Forcalcher. promittimus bonâ fide, quod nos perſonam veſtram, & terram & homines, & res, & omnia jura, veſtra que habetis & tenetis, & tenere & habere debetis, vel habituri eſtis, ſemper contra ôem hominem, qui vos injuſte inquietaret in pace & in guerrâ, ſicut noſtrum fidelem, ſalvabimus & defendemus. Sciendum tamen quod nos ſæpedicti Provincie & Forcalcherii comites diviſionem commitatûs Forcalcher. inter nos factam prius per bone memorie B. Aquenſem quondam archiepiſcopum, & R. de Baucio, & Juſtacium W de Cotiniaco & R. de Dalphinoi, Gaufridetum de Tritis &c. in ſuâ volumus firmitate perpetuò permanere. Actum Aquis in caſtello Dñi comitis. Teſtes vocati & rogati Dñus R. Aquenſis archiep. Dñus Roſtagnus Regienſis epiſcopus... & ego Magiſter Gualterius prefati Dñi comitis Prov. & Forcalq. notarius, qui mandato utriuſque partis preſens inſtrumentum confeci & ſcripſi, & ſigillo dicti Dñi comitis ſigillavi.

IV.

Serment de fidélité prêté par les Habitans d'Arles, au Vicaire de l'Empire.

Noverint univerſi quod anno Dñi MCCXXXVIII pridie non. xbris. Nobilis Vir Berardus comes Laureti, & Vicarius Dñi imperatoris in regno Arelatenſi & Viennenſi, convocato ad ſonum campane & preconis more ſolito, parlamento, propoſuit in ipſo parlamento & requiſivit ab univerſis & ſingulis civibus Arelatenſibus fidelitatis juramentum pro Dño imperatore ſibi preſtari. Adque Dnus J. Dei gratiâ ste Arelatenſis eccleſie Archiep. reſpondit dicens, quod cum ipſe ſit medium inter Dnum imperatorem & ipſos, quia tenet Arelatem à Dno imperatore, quod ipſi Arelatenſes ad hoc non tenebantur. Verumtamen ſalvo & retento jure Arelatenſis eccleſie, nunc & in poſterum, & libertate ſeu franquiſiâ militum & proborum hominum Arelatenſium, voluit & conceſſit eiſdem Arelatenſibus, ut de gratiâ & honore ac reverentiâ preſtarent dicto vicario juramentum; & ad hoc populus qui erat in parlamento reſpondit ita fiat. Quibus dictis & peractis ipſe populus preſtitit juramentum ut predictum eſt.

Actum eſt hoc in curiâ dicti Dñi Archiepiſcopi Are'atenſis ubi tenetur parlamentum. Teſtes interfuerunt Dñi B. Avenionenſis. B. Maſſilienſis & G. Aptenſis epiſcopi; B. Archidiaconus, & Nicolaus canonicus Arela-

4 Déc. 1238. Archev. d'Arles, Livr. noir, fol. 122.

tenfis. Bertrandus Abrivatus, Guill. Raymundus de Avinione, G. Bonus filius ; P. Fulco, Poncius Gallardus, & Guill. Miramars Arelatenfes & multi alii ; & ego Raymundus Simeon Dni Imperatoris notarius in regno Arelatenfi & Viennenfi interfui.

V.

Serment de fidélité prêté à l'Archevêque d'Arles, par le Podeftat de la Ville.

5 Mars 1248.
Archev. d'Arles.
L. noir, fol. 104.
v°.

Anno ab incarnatione Domini MCCXLVII tertio nonas marcii, ego Albertus de Lavaniâ, electus Poteftas Arelatis, juro vobis Dno Dei grâa ste Arelatenfis ecclefie Archiepifcopo, quod vobis ero fidelis toto tempore mei regiminis, ab hâc die ufque ad primum diem martis, poft proximum feftum Pafche, & à die martis prædictâ in annum continuum & completum, falvabo & defendam perfonam veftram, & perfonam canonicorum vobis obedientium ; & res & poffeffiones, & jura & privilegia, immunitates, franchifias, libertates & immunitates militum, & proborum hominum de Arelate ; domos religiofas, clericos & perfonas ecclefiafticas, & eorum franchifias, libertates, immunitates, predicta omnia vobis ferva- turum fub virtute preftiti Sacramenti promitto. Hereticos Valdenfes, & alios contra fidem catholicam & apoftolicam infultantes, quocumque nomine cenfeantur, & eorum credentes, receptatores, benefactores, confiliarios, defenfores, ad mandatum veftrum & ecclefie Arelatenfis fideliter exterminabo.

Venditiones factas de bonis hereticorum à vobis & communi Arelatenfi, ratas atque firmas tenebo. Cartam confulatus, & quod continetur in eâ, bonâ fide fervabo. Capita mifteriorum, & capitula ipforum capitum, & alia à vobis eifdem conceffa & concedenda, quandiù ipfa capita erunt, vobis fideles & obedientes bonâ fide rata & incommota fervabo. Socie- tatem factam inter Arelatenfes, Maffilienfes & Avinionenfes, & Dnum Bertrandum de Baucio, & omnia capitula, que in inftrumentis ipfius focietatis continentur, fervabo rata & incommota bonâ fide. Jus & juftitiam cuilibet reddam fine perfonarum acceptione. Predicta omnia & fingula ad veftrum bonum intellectum fervabo & tenebo. Sic me Deus adjuvet, & hec fancta Dei evangelia à me corporaliter manu tacta. Acta fuerunt hec in palatio Dni Archiepifcopi ubi confuetum eft parlamentum congregari &c.

V I.

Charles I d'Anjou, Comte de Provence, reçoit de Raymond de Baux, Prince d'Orange, la cession du Royaume d'Arles, que l'Empereur Frédéric II avoit donné à Guillaume de Baux, pere de Raymond, le 2 Janvier 1215.

In nomine ste & individue Trinitatis, amen. Noverint universi presentes pariter & futuri, cartam publicam inspecturi, quod ann. Dni MCCLVII IX kal. 7bris nos Raymundus de Baucio, Princeps Auraïce, filius quondam Dni Guillelmi de Baucio, Principis Auraïce & dne Ermengarde uxoris ejusdem Guillelmi, attendentes & cognoscentes in veritate, quod jura regni Vienne & Arelatis melius possunt tueri & defendi per vos Dnum Carolum filium Regis Francorum Andegav. Provincie & Forcalq. comitem, & Marchionem Provincie, attendentes etiam quod per vos pax & justitia in dicto regno servari potest prae ceteris ad honorem Dei & catholice fidei exaltationem... Donamus predicto dno Carolo presenti & recipienti, & vestris heredibus quidquid juris habemus vel habere debemus in regno predicto Vienne & Arelatis ex donatione, collatione seu concessione olim factâ predicto Dno Guillelmo quondam Patri nostro à serenissimo Dno Frederico quondam Romanorum Rege & Sicilie &c.

Actum Auraïce in castro predicti Dni Raymundi de Baucio in camerâ superiori in quâ est fornellus ; presentibus testibus ad hoc vocatis, Nobilibus viris Dno Barralo de Baucio Dno Baucii; Dno Guillelmo de Bellomonte, militibus &c.

24 Août 1257.
Arch. d'Aix, reg. 23, parv. reg. arm. c. cap. 8, f. 97.

V I I.

Noms de plusieurs Gentilshommes François, possédans des Fiefs dans la terre d'Otrante, en Pouille.

Eodem ibidem scriptum est eidem Justiciario, &c. Noverit devotio vestra quod nos recepimus litteras vestras que mittebantur domino patri nostro, continentes, quod auctoritate mandati ejusdem domini patris nostri, vobis inde directi subscriptis baronibus & pheudatariis, in decreta vobis provincia, terram ex dono tenentibus Regie Majestati, sub ammissione omnium bonorum, que tenent ex parte Culminis Regii expresse mandastis, & per certos Commissarios vestros mandari fecistis, ut omni mora, &

Septemb. 1269.
Arch. de Napl. reg. 1268, o. fol. 58.

impedimento fublatis, fic facerent, & procurarent, quod Quarto decimo die Menfis Januarii proximo preterito, cum omnibus que ad Militarem pertinent apparatum, juxta tenorem predicti Mandati Regii in fancto Germano vel Aquino fe infallibiliter prefentarent, facturos & exequturos totaliter, juffa predicti domini patris noftri, quorum baronum & pheodatariorum nomina funt hec. Platella miles, Aymericus Alamanus miles, Ifardo Galardus miles, Ifardo de Semarro miles, Drogo de Vallibus miles, Nicolaus Bodloctus miles; Staynus miles, Nafo miles, Theodifcus miles, Ifardo Garfias miles, Garfias miles, dominus Ammiratus, Ifardo Bedloctus miles, Thomafius de Belvedere miles, Goffridus de Syon miles, Goffridus Boveth, Bomers per miles, Petrus de Breteno miles, Johannes de Tillio miles, Americus de Montedracone, Raullus de Bellere miles, Guillelmus Brunellus miles, Symon Belvedere mile, Ginardus miles, Giloctus frater ejus, comes Breynne & Licii, comes Vallimonte, Guido de Sellis miles, Petrus de Bugoth miles, Caftellanus Caftri Melfie, dominus Thomafius de Brueriis, dominus Oddo de Suliaco, & dominus Marefcallus: de quarum licterarum receptione, & fignificatione predicta vobis remictimus litteras refponfales. Datum Melfie ann. Dni MCCLXVIIII &c.

VIII.

Charles I révoque toutes les conceffions faites par l'Empereur Frédéric, après fa dépofition au Concile de Lyon, & par fes deux fils, Conrad & Mainfroi, dans le Royaume de Naples.

13 Juin 1270.
Archiv. de Napl.
reg. 1371. c. ac.
fol. 41.

Scriptum eft eidem fecreto. Cum volumus, ut omnes donationes conceffiones factas per quondam Fredericum olim Romanorum Imperatorem, poftquam in Lugdunenfi concilio fententiam depofitionis excepit, Conradum, Manfridum & natos ejus, & officiales eorum, vel non factas per te feu per quofcumque officiales noftros, ad manus noftre Curie revocari, fidelitati tue precipimus, quatenus de hiis diligenter inquiras; quafcunque donationes, conceffiones, & locationes factas inveneris per predictum Fredericum poft depofitionem fuam, Conradum, & Manfridum natos ejus, & officiales eorum, nec per te feu per quofcunque alios officiales noftros, illas ad jus & proprietatem noftre curie, protinus revocare procures, nifi forte fint per noftram excellentiam confirmate. De illis vero, quas te revocare contigerit, facias exinde fieri tria publica confimilia inſtrumenta, continentia annuum redditum, & valorem, nomina & cognomina illorum à quibus ipſa revocaveris, quorum uno penes te retento, alium ad magiſtros rationales magne noſtre curie, & tertium ad noſtram curiam tranſmittatur. Datum Neapoli decimo tertio Junii XIII Indictionis.

IX.

Charles I ayant gardé le Comté de Hainaut, pour prix des services qu'il avoit rendus à la Comteſſe de Flandres, quand il entreprit la délivrance de ſes deux fils prisonniers en Hollande, lui céda enſuite ce Comté pour le prix de cent ſoixante mille livres tournois, dont cette Charte porte quittance. (1)

Scriptum eſt univerſis. Univerſitati veſtre volumus eſſe notum, quod cum illuſtris domina Margarita Flandrenſis & Hayonenſis comitiſſa, conſanguinea noſtra cariſſima, pro redemptione comitatûs Hayonenſis, quem in manus noſtras habuimus, & pro permutatione quam eidem comitiſſe de predicto fecimus comitatu, nobis olim in octies viginti milibus libris turonenſium, certis terminis ad ſolutionem dicte pecunie ſtatutis, extiterit obligata dicta comitiſſa, de totali ſummâ pecunie predictâ, ſtatutis ad hoc terminis, nobis ſatisfieret ad plenum; noſque de totali ſummâ pecunie ſupradictâ recognoſcentes, & profitentes expreſsè nobis ab eâdem comitiſsâ eſſe in bonâ & legali pecuniâ integraliter ſatisfactum; eamdem comitiſſam ac heredes & ſucceſſores ſuos & terras eorum, nec non fidejuſſores eorumdem, aut debitores pro eis conſtitutos, de predictâ pecunie ſummâ & omnibus aliis, que occaſione dicte pecunie poſſemus

22 Mai 1271.
Archiv. de Napl.
reg. 1271. B. fol. 109.

---

(1) Marguerite, Comteſſe de Flandres, avoit eu de ſon mariage avec Guillaume de Dampierre trois fils, dont les deux aînés, Gui & Jean, furent faits prisonniers par le Comte de Hollande, au mois de Juillet 1253. Charles qui ſaiſiſſoit, avec ardeur, les occaſions de ſe ſignaler & d'agrandir ſes Etats, étoit allé à leur ſecours ſur la promeſſe que leur mere lui avoit faite de lui céder le Hainaut, s'il procuroit leur délivrance. Ayant rempli ſes engagemens, il ſe mit en poſſeſſion du Comté; mais il éprouva de la part de Marguerite & de ſes enfans des difficultés, qui auroient pu allumer, entr'eux & lui, une guerre dangereuſe. Heureuſement Louis IX termina ce différend au mois de Septembre 1256, en réglant que ſon frere Charles, au lieu du Hainaut, recevroit cent ſoixante mille livres tournois, qui vaudroient environ deux millions huit cent quatre-vingt mille livres de notre monnoie. C'eſt le dernier paiement de cette ſomme que Charles reçut par cette quittance.

petere, quietamus & quietos clamamus pro nobis & heredibus noftris, & quietos effe ac liberos erga nos ac heredes noftros in perpetuum nunciamus, volentes & concedentes, ut fi que littere de predictâ obligatione facientes aliquatenus mentionem deinceps invente fuerint, nullius fint de cetero roboris nec etiam firmitatis. In cujus rei teftimonium prefentes litteras figillo regie majeftatis noftre fecimus communiri. Datum ap. ftum Gervafium XXII Maii. XIV Indict. regni noftri anno VII.

X.

Marguerite de Bourgogne, feconde femme de Charles I, étant enceinte, ce Prince lui permet de difpofer, par teftament, d'une certaine fomme, &c.

4 Janv. 1272.
Archiv. de Napl.
reg. 1269. B.

Karolus &c. Margaritæ Reginæ Sicilie cariffimæ conforti fue vota gaudii & falutis. Dignum fore dignofcitur & confentaneum rationi ut omnes catholicam fidem fervantes, & quod de ipforum fine certitudo non habetur aliqua, de animabus ipforum falubriter cogitent, ut in pofterum de debitis eorum remedium apud altiffimum valeant obtinere. Cum igitur noftra cupiat celfitudo, quod vos que tempora partus expectatis in proximo, de veftræ falute anime follicite cogitetis : Ecce ad petitionem veftram prefentium vobis tenore concedimus ac plenam tribuimus & liberam poteftatem, quod teftamentum condere de quantitate infrafcripta pecunie pro falute anime veftre ac delictorum veftrorum remedio ad veftram voluntatem difponere valeatis ; ac liceat vobis quibufcunque perfonis volueritis, mille & quingentas libras turonenfium percipiendas, & habendas de camerâ noftrâ, legare juxta noftre beneplacitum voluntatis. Volumus infuper & excellentie noftre placet, quod capellam, cameram & jocalia veftra, fimiliter & cui, & quibus volueritis, legare poffitis pro pretio videlicet aliarum quingentarum librarum turonenfium ; ita tamen quod liceat nobis & heredibus noftris, illa redimere, fi nobis & eifdem placuerit heredibus pro pretio fupradicto. Damus etiam & vobis plenam concedimus poteftatem, quod de terrâ in quâ jure hereditario tam paterno quam materno, in partibus ultramontanis fuccediftis, monafterio Cifterciensi in quo anteceffores veftri fepelliri funt foliti ad valorem viginti librarum turonenfium, & monafterio Ponteneacenfi ad valorem decem librarum, & monafterio Monialium de loco Dei ad valorem aliarum decem librarum

monete

DE PROVENCE.

monete predicte annuatim, pro anima veſtrâ legare libere valeatis. Datum Neapoli IIII Januarii. Indict. XV.

XI.

Prétentions de Charles I ſur le Poitou, après la mort d'Alphonſe ſon frere, arrivée à Savone le 21 Août 1271.

Petitio Procuratorum Dni Regis Sicilie eſt quod poſſeſſio bonorum omnium que fuerunt quondam Alphonſi comitis Pictavienſis, & que poſſedit tempore mortis ſue, aſſignentur procuratori Dni Regis & inducantur in poſſeſſionem ipſorum nomine ejuſdem Regis Sicilie, eo quod ipſe eſt proximior, cum attinuerit eidem Alphonſo comiti in ſecundo gradu, qui gradus eſt primus inter tranſverſales, nec invenitur alius ante eum. Nepotes enim attinent patruo & avunculo in tertio gradu.... Predicta autem petitio ſumit vires per leges ſive agatur interdicto, quorum bonorum ex teſtamento vel ab inteſtato, ſive agatur ex beneficio ultime legis de edicto divi Adriani tollendo, ſive etiam ageretur petitorio judicio petitionis hereditatis ad ipſas res, & iſta etiam petitio adjuvatur per conſuetudinem Francie, quando agitur ab aliquo, qui habet jus ad poſſeſſionem rerum poſſeſſarum à defuncto. Contra quam petitionem ex parte Regis Francie poſſeſſoris dictorum bonorum obicitur, quod cum felicis memorie Ludovicus Rex Francie, pater Dni Regis Sicilie donaverit comitatum Pictavienſem Alfunſo quondam comiti Pictavienſi fratri quondam dicti Dni Regis, & idem comes deceſſerit, nullis ex corpore ſuo heredibus legitime deſcendentibus derelictis, comitatus ipſe rediit & redire debuit ad Regem Francie, qui nunc eſt, ex conſuetudine Francie, que eſt quod ſi Rex donat alicui comitatum, Baroniam, caſtrum, vel feudum aliquod, mortuo donatario, nullis legitimis liberis ex ſe deſcendentibus derelictis, res donata revertitur ad Regem donatorem, vel ad ejus heredem. Hec autem objectio multis conſiderationibus habitis non obſtat; primò quia agenti poſſeſſorio non poteſt obici exceptio petitorii, que retardat miſſionem, &c.

Année 1272. Archiv. de Napl. reg. 1274. B. fol. 68.

Cette queſtion eſt diſcutée aſſez au long, ſuivant les regles du Droit, avec beaucoup de citations & de raiſons qu'il eſt inutile de rapporter. Cependant la Charte, quoique longue, n'eſt point entiere; le dernier feuillet eſt déchiré. Elle eſt de l'an 1272.

XII.

Etablissement d'une Colonie provençale à Lucera ou Nocera, dans la Pouille, & avantages que le Roi Charles I faisoit aux Colons; avec les noms des Vigueries de Provence où ils devoient être pris.

10 Octob. 1273.
Archiv. de Napl.
1274. B. fol. 78.

Scriptum est episcopo Sisturicensi, Gaucherio de Roccâ, Philippo de Valenciâ, & Raynaldo de Curtoloco militibus, &c. Cum locum Luceriæ, in quo castrum nostrum positum est, velimus novis habitatoribus habitari, & illis precipue quos scimus nostri honoris & nominis zelatores, &c. &c. Fidelitati vestre precipimus, quatenus in comitatu Forcalquerii & balivâ Dignensi, focularia triginta eligere & invenire curetis; inducentes & hortantes eosdem ex parte culminis nostri, ut cum omnibus familiis eorum ad incolatum dicti loci debeant se transferre; inter quos sint aliqui boni fabri, carpentatores, magistri lapidum, boni laboratores & ingematores. Nos eis, ut volumus promptiores ad conferendum se ad incolatum dicti loci se prebeant, immunitates concedimus, prout de singulis inferius continetur; videlicet quod dabuntur venientibus de Provinciâ cum uxoribus & familiis eorum de terris, eminate Massilienses pro seminando frumento & ordeo, quadraginta quinque ad mensuram Massilie; de quibus quadraginta quinque eminatis seminabuntur anno quolibet triginta, & relique quindecim remanebunt pro seminando anno sequenti. Item dabuntur eisdem similiter pro faciendis vineis & ortis, alie eminate tres; due videlicet ipsarum pro vineis faciendis, & reliqua una pro orto: que due eminate vinearum reddent per annum vini miliarolas sexaginta ad mensuram Massilie: item aliis venientibus sine uxoribus & familiis dabuntur eminate triginta, de quibus seminabuntur anno quolibet viginti, & relique decem remanebunt pro sequenti anno: item dabuntur eisdem venientibus sine uxoribus & familiis alie eminate due pro faciendis vineis & hortis, & postquam uxores & familias habuerint, addentur eis pro seminando usque ad eminatas quadraginta quinque, & pro faciendis vineis & ortis usque ad eminatas tres, computatis aliis quas primò habuerunt; item omnes habebunt ligna sicca pro usibus eorum, & ligna viridia pro domibus construendis de nemore Alberono, quod est de longo per duas leucas: item habebunt pascua & aquam pro animalibus eorum liberè & securè: item habebunt intra terram, bonam aquam de puteis, & extra ipsam terram, bonam aquam de fluvio & fontibus : item locus ipfe eft tutus, fortis, pulcher, & fani aeris ; & quelibet eminata terre in eodem confuevit reddere de frumento minas decem , & de ordeo minas decem generaliter : item omnes eximentur & erunt liberi à colle&is & exa&ionibus perpetuo ; hoc falvo quod tranfa&is decem annis quodlibet caput domûs folvet nobis in recognitionem hujus noftre gratie tarenum unum ; & ipfa libertas durabit eis quandiù morabuntur ibidem , & erunt liberi de rebus quas ipfi poffidebunt, de aliis vero rebus quas alibi poffident folvent ficut alii folvere tenentur. Item quod omnibus ipfis venientibus ad habitationem di&i loci, faciemus edificare domos ad expenfas curie noftre ; quarum domorum quelibet erit longitudinis cannarum fex , & amplitudinis in facie cannarum trium , & erunt coperte bonis tegulis : item faciemus donari cuilibet ipforum pro faciendo campo feu Maffariis, boves duos cum aratro , & toto apparatu ad arandum. Item faciemus ipfos duci & portari per mare à Provinciâ in regnum fub naulo per curiam noftram folvendo , & faciemus eis dari vitam fuper mare , ficut datur aliis marinariis : Item faciemus eis dari ex dono in primo anno frumentum neceffarium pro vi&u eorum , videlicet pro quâlibet perfonâ eminas duodecim per ipfum annum. Item faciemus eis mutuari frumentum & ordeum pro femine pro eodem primo anno : item faciemus exhiberi cuilibet familie pro neceffariis fuis quinquaginta folidos turonenfes , primo anno tantùm.

Tra&etis predi&a cum eis & faciatis quod deferant arma eorum que habent in Provinciâ... & quibus elegeritis promittatis, quod predi&a omnia, ficut fuperius funt expreffa , fervabimus , & faciemus inviolabiliter obfervari.

Nos ergo Ifnardo de Ponteves & Thoando militibus, de eligendis & mittendis triginta focularibus in ballivâ Draguignani..... & Arearum... Gregorio vicario Graffe & Guillelmo Oliverii militibus, de eligendis focularibus viginti in vicariâ Nicie & Graffe. In ballivâ de Teniers Petro Comeftori militi & Raymundo Scriptori, de eligendis & mittendis aliis focularibus triginta. In ballivâ Aquenfi & Vicecomitatûs Maffilie Petro sti Remigii, Alfanto de Tarafcone & Ricardo Ugolini de sto Remigio militibus de eligendis & mittendis aliis focularibus triginta in vicariâ Avinionenfi, Tarafconenfi, & Arelatenfi, fimiliter petentes noftras Litteras deftinamus, & quia beneplaciti noftri eft, quod tam per nos quam per alios predi&os fideles noftros, ufque ad focularia centum & quadraginta pro habitatione di&i loci lucerie eligantur & mittantur ficut fuperius eft diftin&um, ecce fenescallo fideli noftro noftris damus Litteras in mandatis, ut illos quos tam vos, quàm predicti fideles nostri elegeritis, usque ad predictum numerum centum & quadraginta focularium cum familiis eorum à Provinciâ in regnum per mare duci faciat & portari. Nomina vero & cognomina omnium quos de predictis comitatu Forcalquerii & ballivâ Dignensi elegeritis & miseritis, cum numero personarum quas quilibet ipsorum in familiâ suâ habuerit distincte per Litteras vestras nostre celsitudini mandetis. Volumus preterea, quod omnes illi non sint senes, & sint fideles & de genere fidelium orti. Datum Fogie die XX 8bris III indict. ann. Dni MCCLXXIII.

On trouve dans le même registre les noms des Colons, parmi lesquels il y avoit des Gentilshommes; c'eût été trop long de les rapporter.

XIII.

Partage des terres de Mahaut, Comtesse de Nevers, femme d'Eudes de Bourgogne, entre ses trois gendres, dont l'un étoit Charles I d'Anjou, Roi de Naples.

15 Mai 1274.
Archiv. de Napl.
reg. B. fol. 46.

Carolus Dei gratiâ, &c. Romani imperii in Tusciâ per sanctam Romanam Ecclesiam Vicarius Generalis, universis, &c. venerabiles & discreti Viri Magistri, Petrus Subdecanus Aurelianensis &c. in Franciâ procuratores nostri, nuper nobis, per suas Litteras, intimarunt, quod nobiles Viri R. Comes Nivernensis (1) Joannes de Cabilone ac dicti procuratores nostri, circa medietatem quadragesime proximo preterite, apud caritatem suprà ligerim... personaliter convenerunt, ubi memorato Joanne Baronias, terras & quedam alia bona, que fuerunt bone memorie Odonis comitis Nivernensis patris nostri, ac eorumdem Nobilium consortum, preter Nivernensem, Antisiodorensem & Tonoderensem (Tonerre) comitatus, qui jam divisi

---

(1) Mahaut de Nevers avoit eu trois filles d'Eudes, fils aîné de Hugues IV, Duc de Bourgogne : l'aînée, nommée Yolande, avoit épousé Robert III, Comte de Flandres; Marguerite, la cadette, étoit femme de Charles I, Comte de Provence & Roi de Naples; Alix, la troisieme, fut mariée à Jean de Châlon, fils de Hugues & d'Alix de Méranie, héritiere du Comté de Bourgogne : c'est donc par mégarde, que quelques Auteurs ont prétendu que Jean de Châlon avoit épousé Marguerite, Comtesse de Ferrete, à moins qu'il n'ait été marié deux fois. Nous avons plusieurs Chartes relatives au même partage, toutes tirées des Archives de la *Zecca* à Naples.

fuerant, dividente, ficut dicti procuratores & nobiles condixerant in tres partes, dictus R. comes Nivernenfis primo unam de ipfis partibus videlicet Baroniam de Danzy & Dantreyn, dicti vero procuratores, prefente Balivo de Tonodoro & quam pluribus aliis amicis noftris, aliam in quâ de monte mirabili in ptito de Aluye, de Toregneyo in Normaniâ, ac etiam de Brungereyo, quam Guido de Dampierâ, dum vixerit, debet tenere, & poft modum ad nos pleno jure devolvi... terre confiftentes noftro & ipfius confortis nomine, diligenti fuper hoc deliberatione prehabitâ, elegerunt, ceperunt ac etiam acceptarunt. Reliquâ tertiâ parte eidem Joanni de Cabilone confortis fue nomine remanente. Nos quidquid fuper hoc per eofdem noftros procuratores factum eft ratum habentes & gratum, tenore prefentium aprobamus. Datum Fogie &c. an. Dni. MCCLXXIV. die XV. Maii. II Indict. regn. noftr. ann. nono.

XIV.

Réglemens fur la procédure criminelle, relativement aux Droits de la Cour Royale & des Seigneurs.

Scriptum eft nobili viro Gualterio de Alneto militi Senescallo Provincie &c. ex infinuatione multorum noftrorum fidelium, noftra ferenitas intellexit, quod ecclefiarum Prelati, Comites, Barones & alii per Provinciam conftituti multipliciter conqueruntur, quod curia noftra in ftratis puplicis & aliis viis, infra eorum territoria exiftentibus, nec non contra officiales noftros & perfonas ecclefiafticas in eorum territoriis delinquentes puniunt pro fue arbitrio voluntatis, in eorum prejudicium manifeftum; afferentes jurifdictionem & juftitiam hujufmodi ad ipfos pertinere debere. Adjecerunt infuper in querelâ Ifnardus de Pontevis & Ifnardus de Soleriis milites, fideles noftri, quod officiales noftri illarum partium in caftris eorum quiftas exigunt manifefte. Nos igitur qui ftatum pacificum noftrorum fidelium affectamus, fuper his providere volentes, habito cum fapientibus noftre Curie confilio diligenti, providimus quod omnes qui offendent perfonas extraneas in viis puplicis vel e converfo, curia noftra puniat prout de jure fuerint puniendi : fi autem homines unius domini caftrum & territorium ipfius, delinquant inter fe in viis puplicis hoc pertineat ad dominum ipfius caftri, nifi mendicate effent pofite infidie alicui eunti per viam puplicam. Item fi erunt diverforum dominorum delinquentes, curia faciat ficut

15 Mars 1276, Archiv. de Napl. reg. 1274, E. fol. 59.

consuevit de offensis factis, vel que fierent in futurum. Clericis vel personis Religiosis vel ecclesiasticis sit in electione offensi ire ad quam Curiam voluerit majorem vel minorem, in cujus dominio delictum factum esset, vel ecclesiasticam, & facere inde querimoniam, & petere inde justitiam fieri; & si vadat ad curiam nostram primo curia nostra inquirat & puniat; & si ad curiam alicujus domini, qui non sit in stabilimento, in cujus territorio delictum sit commissum, ille possit inquirere & punire; & curia nostra se non intromictat nisi in defectu justitie; salvo quod quandocumque predicta vel aliquid eorum eis erunt facta, & in dominio curie nostre, que sola curia nostra inquirat & puniat de offensis factis, vel que fierent officialibus curie nostre, curia nostra ubicumque fuerit, inquirat & puniat: super questis vero predictis inquiratis, quesitis scriptis antiquis & consulto Raymundo scriptore, que castra solverunt, & que non; & que de his inveneritis nobis fideliter rescribatis, quare volumus & mandamus quatenus Prelatis, Baronibus & aliis decretæ vobis Provincie convocatis, provisionem nostram predictam explicetis eisdem, & si concordant ad illam recepto ab eis super hoc propterea juramento, ipsam observetis & faciatis ab hominibus aliis observari; alioquin si concordare noluerint in hac parte in statum in quo sunt dimictatis omnia supradicta, & rescribatis nobis quidquid feceritis de predictis. Datum Rome XXV Martii IIII Indict.

XV.

Protection accordée aux Juifs par Charles I, contre les Inquisiteurs de Provence.

26 Mars 1276. Ibid. fol. 86. v°.

Scriptum est nobili viro Gualterio de Alneto Senescallo Provincie &c. ac ceteris aliis Senescallis & officialibus Provincie & Forcalcherii tam presentibus quam futuris &c. ex relaône quamplurium fide dignorum intellexit nostra serenitas, quod frater Bertrandus Rocca & socius, inquisitores in Provinciâ constituti plura gravamina indebite & injuste judeis nostris Provincie intulerunt, auferendo illis magnam pecunie summam, que nostra erat, & ad nostram curiam pertinebat; imponendo quoque aliquibus ex eisdem magna signa & insolita, & quosdam ponendo in carcere, & alia plura mala & gravia fecerunt eisdem, & cotidie facere moliuntur, super quibus tractante venerabili Patre Dno M. Dei grãa ste Marie in Portu diacono cardinali amico nostro carissimo, aliisque probis viris, tum viris nobilibus Roberto de Lavanâ juris civilis professore, & Joanne de Mafleto dilectis confiliariis, familiaribus & fidelibus nostris ad infra scriptam concordiam devenerunt: quod dicti inquifitores de cetero a judeis Massilie, Provincie & Forcalcherii nullam quomodolibet pecuniam exigant; & si contingat eos condempnationem pecuniarum super judeos ipsos vel alios aliquam facere, illam non exigant nec exigi faciant ab eisdem, sed condempnationem eamdem & condempnationis causam in scriptis curie nostre tradant, & post modum eadem pecunia per nostram curiam exigatur; quodque inquifitores ipsi in judeis prefatis jurisdictionem vel coercionem non exerceant aliquam nisi in tribus casibus nominatis & expressis in Litteris apostolicis aliqua ratione, quod si contingat eos in predictis tribus casibus condempnationem aliquam facere, ipsius executio per curiam nostram fiat. Incarcerati quoque, qui apud Avinionem, vel alibi occasione discordie inter inquifitores & judeos exorte, tenentur in carcere per inquifitores ipsos, a carcere liberentur: signa insuper judeis imposita que portari non consueverunt, auferantur eisdem, & de cetero non ponantur illis aliqua signa nova: sed ea signa portent que portabant, cum de Provincie partibus discessimus; quam compositionem dicti inquifitores, prout asseritur minime servaverunt; imo quod deterius est quemdam judeum fecerunt postmodum graviter tormentari; de quibus nostra serenitas non modicum admiratur. Quare volumus & vobis firmiter & expresse precipimus, quatenus inquifitores ipsos curialiter & bene moneatis, & inducatis ut compositionem eamdem observent integrè, quod preterito tempore & futuro, quibus, si eam observaverint, in personis & aliis ipsis ad inquifitionem faciendam necessariis provideatis, in expensis competentibus curialiter & benignè. Si autem judeos ipsos, vel ex eisdem aliquos contra compositionem ipsam aggravare tentaverint, id nullomodo sustinere velitis, sed defendatis eosdem & fiat apellatio ad Dnum Papam, cum consilio sapientum; & quidquid cum eis inveneritis in predictis, nobis vestris litteris rescribatis. Datum Rome XXVI Marcii IV Indict.

XVI.

Paix entre Charles I & les Génois; & liberté de commerce rétablie entre leurs Sujets respectifs.

Scriptum est Senescallo, vicariis Comitatum & coeteris officialibus Provincie fidelibus suis &c. Cum inter nos ex parte una & ambassatores potestatis

18 Juin 1276. Ibid. fol. 50. v°.

Capitaneorum confilii & communis Januæ, pro eodem communi ex alterâ, die Jovis 'octavo decimo præfentis menfis Junii, poft vefperas, juxtà beneplacitum & voluntatem fanctiffimi patris & domini noftri domini Innocentii papæ quinti pax fit & concordia finaliter & folemniter celebrata, volumus & fidelitati veftræ firmiter præcipiendo mandamus, quatenùs Januenfes quoflibet tam de civitate quam ejus diftrictu, per mare & per terram in comitatu noftro Provinciæ venire, intrare, morari, mercari, & exire ut alios amicos fecurè fine moleftiâ permittentes. Nullam eis in perfonis vel rebus eorum ex nunc inferatis injuriam vel offenfam, nec ab aliis permittatis inferri ; fed ficut amicos noftros tractetis eofdem, & faciatis ab aliis pertractari. Cunctis noftris fidelibus per decretas vobis Provincias veftris litteris intimantes, quod ipfi Januam & ad ejus diftrictum, cum eorum mercibus fecurè fe conferant, tranfeant, & morentur, ficut ad terras cæteras noftrorum fidelium amicorum ; volumus infuper, & mandamus ut omnes captivos Januenfes, fi qui capti in noftris carceribus in decretis vobis Provinciis detinentur, nifi pro malefactis, non occafione guerre commiffis, vel debitis fint detenti, vifis præfentibus, faciatis & mandetis reftitui priftinæ libertati ; fi verò à præfenti die & hora hujus celebratæ pacis in anteà, Januenfes aliquos propter ignorantiam pacis hujufmodi per fideles noftros capi, vel in aliquo damnificari contigerit, reftitutis ipfis omnibus bonis fuis eos faciatis abfque morâ qualibet liberari. Datum Romæ die Jovis prædicto XVIII°. Junii IIII° indictionis.

XVII.

Charte fervant à faire connoître la valeur de quelques monnoies ayant cours fous Charles I.

An. 1278. Ibid. reg. 1278.

Charles, &c. fefons favoir que meftre Martin de Dourdan, & Jean Trouffevache, fe préfenterent pardevant les meftres rationaux de notre grand court, à metre refon par devant eux pour la partie de la pecune de notre court reçue & mife par iceux du 8me jour du mois de Mars prochenement trefpaffé, de cette fixieme indiction &c. à favoir pour huit onces d'or & vingt quatre tarins, à la refon de cinq florins d'or pour once, quarante quatre florins d'or : de rechef pour onze onces & vingt fix tarins & cinq gros, à la refon de quatre auguftares pour once, quarante fept auguftares & demi ; de rechef pour trente fix onces un gros tournois, à la refon de cinquante

cinquante gros tournois d'argent pour once, mil & huit cent gros tournois d'argent : de rechef pour cinq onces de venitians à la reson de cent venitians pour unce, cinq cent venitians. De rechef pour une unce & douze tarins de petits tournois à la reson de cinquante fols pour unce, fexante & dix fols tournois en gros tournois d'argent à la reson de douze grains pour chacun tournois, &c.

XVIII.

Lettre par laquelle Charles I rend compte au Pape de la défaite & de la prife de fon fils, Duc de Calabre ; des fuites de cet événement, & de l'état de fes affaires.

Noverit Sanctitas veftra quod pridem fexto prefentis menfis Junii oram Tufci & Campani Littoris cum vaffallorum meorum ftolo pretergreffus in Gayetanam maritimam, nuntium habui follicitudinis & angoris, quòd cum vaffella rebellium Sicilie in Napolitanam maritimam navigaffent, Carolus primogenitus meus &c. tunc regni vicarius, actus impatientiæ ftimulis, & vefanis quorumdam confiliis inftigatus &c. confcenfis galeis novis cum plurium nobilium comitivâ, hoftes predictos, qui quantitatis & armationis prerogativâ gaudebant, die Lune quinto predicti menfis invaferat, & quamvis ibi cefa fuiffet impugnantium multitudo, demum in hoftium venerat poteftatem. Quo fic rapto, reliquarum galearum pugnâ fuccisâ, hoftes predicti difcefferant, & in infulam fuccederant Capritanam. Cujus rumoris gavitate perculfus, verfus partes difcriminis toto poffe contendi, & comperto quod hoftes adventu noftro prefcito, ficulas partes petiverant ; die Jovis octavo menfis ejufdem ad Neapolim aplicui, ubi licet nonnulli leves & viles, poft predicti principis captionem, contumaci graffantiâ exceffiffent à Nobilibus, tamen a reliquis probis viris civitatis ejufdem fatis fum letanter exceptus ; & quamvis ad predicti rumoris ftrepitum in adjacenti Provinciâ quamplures terre fuerint quâdam concuffione turbate ; ftatim tamen poft adventum meum turbata conquievit... Attendens etiam quòd in Neapolitano portu de partibus Provincie galee munitiffime triginta quatuor, galeoni quatuor, & de conftructis in eodem portu galee decem & novem, tenda una, & galeoni tres, Brundufii vero multa plura vaffella verbum mee juffionis expectant, quodque militum & nautarum per Dei gratiam copie mihi fuppetunt, felicem fperare poffum eventum... verumtamen cum tanto apparatui nihil preter pecuniam deeffe nofcatur, ad

9 Juin 1284.
Archiv. de Napl.
reg. 1285. A.
Indict. XII. fol. 150.

paternitatis veſtre ſubſidium cum omni humilitate recurro, ſupliciter orans, ut meditantes, quam devote ſemper me pro eccleſie libertate quibuslibet diſcriminibus oppoſuerim & opponam. Circà id ſi placet liberaliter & celeriter providere dignemini. Datum Neapoli die IX Jun. XII. indict.

X I X.

Charte rongée & effacée en pluſieurs endroits.

Réglemens de Police, faits par les Habitans de Toulon, ſous le bon plaiſir du Juge royal (1).

11 Octobre 1189. Archiv. de Toulon. Sac. A.

In nomine Dni noſtri Jeſu Chriſti. Anno incarnat. ejuſdem MCCLXXXIX die XI menſis Octobris fuit congregatum conſilium infra ſcriptum, cum capitulis ſeu ſtatutis in ipſo conſilio intercluſis in publico parlamento, in palatio Toloni, per diſcretum virum Dnum Jacob de Vaſcalla judicem vicarie Arearum, qui lecto & expoſito per dictum Dnum judicem, conſiderans dictum conſilium fore conſentaneum rationi, ea, que infrà ſcripto conſilio continentur, ratificavit, omologavit, ac etiam confirmavit, & etiam ea que infra ſcriptis capitulis continentur, juxta formam & tenorem conſilii prelibati, precipiens pelegrino ſenequerio, bajulo Toloni ibidem preſenti & audienti, ut precipiat ſub certis penis, hominibus civitatis Toloni tam militibus quam probis hominibus, ut infra ſcripta capitula obſervent juxta tenorem conſilii antedicti : tenor cujus conſilii & ſtatutorum incluſorum in ipſo conſilio talis eſt. Magne diſcretionis & ſapientie viro Dno Jacobo de Vaſcalla judici vicarie Arearum, P. Berengarius judex Avenionis ſalutem, & quidquid poſſet ſervitii & honoris. Cum ad requiſitionem multorum civium de Tolono, nos conſulere debeamus ſuper ſtatutis factis in civitate predictâ per aliquos ad hoc ſtatutos per univerſitatem civium de Tolono, an dicta ſtatuta ſint conſonantia rationi, & an ſtare debeant prout jacent, vel diminui vel augeri, vel aliter reformari, & ſpecialiter ſuper ſtatuto loquente, ne quis venetur cum ancipitre albariſtâ in vineis ſeu ortis &c. & ſtatuto loquente de talâ.... Damnum paſſis & banneriis, quibus ſtatutis per aliquos contradicebatur, eſt conſilium noſtri pelegrini antedicti. Viſis his omnibus ſtatutis, & diligenter conſideratis & intellectis, quod ſtatutum quod loquitur de venatione cum

---

(1) Cette Charte eſt rongée dans tous les endroits où nous avons mis des points.

ancipitre, ita reformetur, quod nullus faciat ea que prohibentur in statuto predicto, a festo Pascalis usque ad festum sti Michaelis, & si fecerit emendet damnum & talam, damnum passo... non ingrediantur vineas vel hortos alienos per predictum tempus : Quod si fecerint, juxta damnum quod dederint, arbitrio curie puniantur, à banno vero sint quiti, & in eodem statu in quo erant ante statutum factum... mittimus vobis statuta omnia presentibus interclusa. Datum sti Maximini ann. MCCLXXXIX die vigesimâ secundâ Julii, indict. II. Tenor vero statutorum talis est.

Hæc sunt statuta edicta & facta per Dnum Girardum Baucium & Dnum G. Helenam, Dnum Maiorgam milites, Bertrandum de Malavalle, P. de Valentiâ; Raym. Laugerii ; G. Colrani ; G. Christiani; Raym. Calafati ; G. Tassili; Joan. Jacobi ; G. Fabri; G. Gaynaudi; Hugonem Gavoti; Aycardum Pavès ; Amillanum Juvenem ; G. Boquerii ; P. Tassili, probos homines electos & constitutos generali parlamento convocato more solito in palatio regio civitatis Toloni; presentibus Dno Petro Aurellâ milite, vicevicario Arearum ; Hugone de Avinione, Bajulo; Raybaudo Jausserando, notario curie Toloni; in primis habita diligenti deliberatione & evidenti utilitate communis civitatis Toloni, & ad bonum statum terre, statuerunt & ordinaverunt officio potestatis in hâc parte sibi commisse, quod homines infra scripti creentur & constituantur in bannevios & custodes civitatis & territorii Toloni, videlicet G. Maurelli &c. qui inquam bannerii de talis quas reperierint fore factas medietatem habeant labore suo, & quod per quinque annos tantum teneantur exigere talas, & eas manifestare illis quibus facte fuerint dicte tale. Item quod ôis persona committens bannum quod solvat illud & talam; quod & quam si solvere non poterit, ponatur in castello nudus, & ibi stet per unam diem; qui si aliàs repertus fuerit in banno, postquam positus fuerit in costello, sustigetur per villam, & sit bannitus de civitate per annum : item quod si aliquis porcus repertus fuerit in clausurâ vineæ seu horti vel arborum, solvat bannum & talam consuetum & consuetam; item quod nullus logaderius seu mercenarius audeat ducere aliquod animal ad vineas seu hortos vel terras alicujus, nec ad opus ipsius ligna aliqua aportare ; quod si fecerit solvat bannum & talam. Item quod omnis persona que reperta fuerit de nocte bannum committendo, solvat quinque solidos de banno & quinque solidos de tala. Item quod si reperiatur aliqua persona suspecta portans garbas seu fructus quoscunque ad vendendum vel aliter, inquiratur ad solvendum bannum consuetum, nisi oſtenderit unde habuerit. Item nullus logaderius ſeu alius audeat colligere maillols in vineis alicujus, ſine licentiâ Dni ; quod ſi fecerit ſolvat bannum & talam.... Item quod nemo à tempore paſcatis uſque ad feſtum ōum Sanctorum audeat venari.... cum accipitre vel breſo ſeu quocumque alio modo in vineis alterius, quod ſi fecerit &c. De quibus quidem ōibus Petrus de Valentiâ, Amillamus Juvenis, & Raymundus Calafat, nomine proprio & aliorum proborum hominum Toloni, petierunt eis fieri publicum inſtrumentum. A quo quidem precepto facto per dictum Dnum judicem, & aliis ōibus fuit per G. de Riantz Domicellum, & Dnum Roſtagnum de sto Petro milite, nomine ipſorum & aliorum militum, ad Dnum majorem judicem Provincie & Forcalquerii apellatum. Actum in palatio Toloni in preſentiâ Dni P. Aurelle militis, & Antelmi de Petrocaſtro teſtium rogatorum &c.

X X.

Acte de proteſtation, par lequel il conſte que Charles II ſe rendit au jour marqué au col de Paniſſar, conformément aux conventions, pour ſe conſtituer priſonnier entre les mains du Roi d'Arragon.

1 Nov. 1289.
Archives d'Aix,
arm. Q. 2e quarré.
liaſ. 1. 1re piece.

Anno Dni MCCLXXXIX die primâ menſis Novembris, tertiæ indictionis, coram vobis venerabilibus patribus Prelatis, religioſis perſonis annotatis inferius, & Notariis, auctoritate apoſtolicâ & aliis infra ſcriptis teſtibus perſonaliter hic exiſtentibus, nos Carolus II Dei gratiâ Rex Jeruſalem & Siciliæ, proteſtamur & oſtendimus evidenter coram vobis, quod prædictâ die 1ª 9bris perſonaliter venimus inter collem Panizariis & Junqueriam, juxta formam conventionum juratarum inter nos & Dnum Alphonſum Regem Aragonum, & parati ſumus & ad hoc nos offerimus in præſenti, intrare carcerem ejuſdem regis Aragonum juxta modum & formam in ipſis conventionibus comprehenſos, cum præmiſsà per nos in conventionibus ipſis eidem Regi Aragonum, juxta velle noſtrum in ſtatuto, in conventionibus eiſdem termino nequiverimus adimplere, petentes à vobis & requirentes expreſsè, quòd de hujuſmodi noſtrâ proteſtatione & oblatione, ac diei ſpatio, quod hodiernâ die Martis præſentes hic fuimus, in predictis proteſtatione & oblatione durantes, ſcriptum faciatis nobis conveniens ad cautelam ; quam quidem proteſtationem & oblationem idem dominus Rex Jeruſalem & Siciliæ immediate fecit etiam oraculo vivæ vocis. Nos itaque, qui ſuprà Roſtagnus divinâ permiſſione Archiepiſcopus Arelatenſis, frater

Guill. de Villareto prior hospitalis sancti Egidii Jerusalem, in Provinciâ præsentis scripti tenore certum & veridicum testimonium perhibemus, quod prædictus Dnus Rex Jerusalem & Siciliæ firmâ notitiâ nobis notus, prædictâ die primâ Novembris ad dictum locum, qui dicitur inter collem de Panezariis & jonqueriam, antè horam tertiam venit inermis, & cum modicâ gente suâ inermi similiter, & in dicto loco usque ad solis occasum commorans, prædictam protestationem & oblationem coram vobis fecit in scriptis, & subsequenter immediatè oraculo vivæ vocis; per præfatum verò ejusdem diei spatium prædictus Dnus Alphonsus ad prænominatum locum non venit, nec nuntium aut procuratorem transmisit, qui per nos visi fuerint vel auditi, maximè cum per diversas partes loci prædicti discursum sepiùs faceremus; undè ad futuram memoriam & ejusdem Dni Regis Jerusalem & Siciliæ cautelam præsens scriptum fecimus, appositione sigillorum nostrorum pendentium roboratum. Actum in prædicto loco, inter collem de Panizariis & junqueriam, anno, mense, die, indictione & tempore suprà dictis; præsentibus fratre Arnaudo de Tenucellâ, præceptore domûs Mansi Dei, ordinis militiæ templi; fratre Gauserando de Tons, Monacho Monasterii starum Crucum ordinis Cistarciensis; Dno Alberto, Archediacono Arelatensi; magistro G. Sacrista Regensi; Dno Amelio, Sacristâ Aquensi; Magistro Guillelmo de viridi Campo, Canonico Eboracensi, Nuncio illustris Regis Anglorum; Dno Raymundo Dno Podii Ricardi; Dno Elziario de Sabrano, Dno Ansoici; Dno Raymundo Porcelleti, Dno Serracii; Dno Joanne de Bullacio Seniore; Dno Guillelmo Feraudi; Dno Philippo de Laveno, Dno Corene; Dno Burgundiono de Podio Oliverii; Dno Bertrando de Montiliis; Dno Isnardo de Ponteves juniore; Dno Raymundo d'Urgi; Dno Guilleberto de Barbarons; Dno Pontio de Fenoilleto; Dno Arnaudo de Saga; Dno Arnaudo Bajuli, jurisperito; Dno Raymundo de Burbono; fratre Bernardo de Ripis altis, ordinis militiæ templi; fratre Bartholomeo Monacho, de Populeto; Dno Aymerico de Narbonâ, seniore; Dno Berengario de Podio Sorguerio; Dno Berengario de Ulonis, Dno Guillelmo de Sona; Dno Guillermo de Alamanno; Dno Raymundo de Vivario; Dno Arnaudo de Petrâ Pertusâ; Giraudo Amici, Dno Tori; Guirano de Simiana; Dno Casenovo; Giraudo Ademari, Dno de Montiliis; Girardo de Baccusiis, Cive & Mercatore Lucano; & pluribus aliis clericis & laicis ad hoc vocatis & rogatis testibus, qui præsenti scripto sigilla sua pendentia posuerunt.

XXI.

Charles II enjoint au Sénéchal de Provence, d'obliger les Roturiers & Marchands qui ont acquis des Fiefs, de les vendre aux personnes Nobles dans l'espace d'un an.

3 Févr. 1290.
Archives d'Aix,
arm. c. parv. reg.
compul. gener.
fol. 55, v°.

Carolus 2dus. &c. Senescallo Provincie presenti & futuris : cum nonnulli mercatores & certe persone non generose, castra, villas & jurisdictiones diversas diversis titulis aquisierint in Comitatibus Provincie & Forcalquerii, hinc retrò à personis Nobilibus seu etiam generosis ; & inde nostra Curia servitiis debitis, quæ nobiles & militares persone tenentur & debent facere, defraudatur : fidelitati tue districtè precipimus, quatenus castra illa & jurisdictiones per dictos mercatores, & personas ceteras non militares, aquisitas, quocumque titulo, jubeas in annum, à tempore precepti per te faciendi cursurum, in personas generosas seu militares, fraude cessante quâlibet, distrahi sive vendi : transacto vero anno predicto, si preceptum per te faciendum per dictos mercatores aut non militares personas, vel ex eis aliquem observatum non fuerit, castra, villas & jurisdictiones ad manus nostre curie volumus per te capi. Hujus igitur autoritate precepti vobis & vestrûm cuilibet districtè precipiendo mandamus, quatenus vocato consilio cujuslibet loci predictorum, more solito, predicta publicari quantociùs procuretis, & ea juxta tenorem rescripti regii predicti, effectui mancipetis. Cetera statuta de novo per regiam celsitudinem Ordinata, & Litteras de bonis per personas religiosas & ecclesiasticas occupatis, juxta formam Litterarum regiarum vobis observare precipimus, & jubemus observari facere inconcusse. Datum Pugeti Thenearum die tertio Februarii (1) tertie Indict. ann. Dni MCCLXXXIX.

---

(1) La troisieme indiction convenant à l'an 1290, c'est une preuve que dans cette Charte on datoit le commencement de l'année du jour de Pâques ou de l'Annonciation. Cette date est remarquable dans des Lettres données par un Roi de Naples.

XXII.

Ordonnance de Charles II, qui enjoint au Sénéchal de Provence de différer encore de quelque temps l'établissement du Consulat à Aix.

Carolus secundus Dei graâ Rex Jerusalem, &c. Nobili viro Berengario Gantelmi, Militi, Senescallo Provincie & Forcalquerii, &c. Syndicatum olim per te concessum universitati civitatis Aquensis, autoritate cujus contra milites, militaresque personas civitatis ejusdem, ac homines burgi Sti Salvatoris & turrium, agere intendebant, quia tempus & causam non continebat, te didicimus recordasse; cumque cupiamus quòd nobis presentibus in Provinciâ questiones hujusmodi ventilentur, fidelitati tuæ precipiendo mandamus, quatenus de concedendo universitati dictæ civitatis Aquensis sindicatu prædicto, ac procedendo in questionibus ipsius, ad festum Pentecostem primò venturum, infra quod, in partibus ipsis adesse personaliter credimus, supersedens; nec prius sindicatum ipsum eis concedere debeas, nec in ipsis questionibus procedere. Quoquomodo. Elapso vero prædicto festo, si forte adventus noster ad partes ipsas prorogaretur, ulterius, dictæ universitati civitatis Aquensis sindicatum concedere debeas, usque ad certum tempus de agendo tam contra homines dicti burgi sancti Salvatoris & turrium, qui non sunt de nostro demanio, & in eâ questione procedas postmodum, justitiâ mediante; & si forte in eâdem civitate Aquensi sint aliqui milites qui non sint de genere militari, sed ante receptum per eos militare cingulum cum aliis hominibus civitatis ejusdem contribuerint in talliis, focagiis & collectis aliis quibuscumque, ipsos ad conferendum cum aliis popularibus dictæ terræ, pro ut tenentur & debent, nonobstante, quod militare cingulum assumpserunt, debitâ coercione compellas. Data Perpiniani anno Dni MCCXC. Die XIX aprilis, tertiæ indictionis, regnorum nostrorum anno sexto.

19 Avril 1290. Hot. de Vill. d'Aix, reg. cat. fol. 16. v°.

XXIII.

Donation faite par Philippe-le-Bel, Roi de France, à Charles II, Roi de Sicile & Comte de Provence, de tout ce qu'il avoit à Avignon; en considération du mariage de Charles de Valois son frere, avec Marguerite fille de Charles II.

Septemb. 1290.
Archives d'Aix,
arm. 2. 4ᵉ quarré.
liaſ. 5. com. prov.
piece 23.

Philippus Dei gratiâ Francorum Rex, seneſcallo Bellicadri ſalutem. Cum in tractatu matrimonii celebrati inter Carolum Germanum noſtrum, & Margaritam, natam illuſtris Regis Jeruſalem & Siciliæ, eidem Regi Siciliæ ac ejus hærcdibus in Comitatibus Provinciæ & Forcalquerii, quidquid jus habebamus vel habere poteramus in civitate Avenione & ejus pertinentiis ac diſtrictu liberaliter dederimus, & quitaverimus, omnino illud ſibi in perpetuum dimittentes, mandamus vobis quatenus illud quod habebamus vel habere poteramus in ipſâ civitate ac ejus pertinentiis ac diſtrictu, eidem Regi Siciliæ vel ejus nuntio præſentes litteras deferenti deliberetis, præcipientes civibus & habitantibus de aliis prædictæ civitatis ejus pertinentiis & diſtrictu, ut eidem Regi in omnibus quæ ad nos pertinebant ibidem pareant & intendant. Datum Pariſiis in octavis nativitatis Beatæ Mariæ Virginis, anno Domini MCCXC.

XXIV.

Hommage rendu par Iſnard d'Entrevenes, Seigneur d'Agoût, à Charles II, pour la terre de Sault : conditions auxquelles il le rend.

Année 1291.
Archives d'Aix,
Regiſt. *crucis.* fol.
25.

Anno incarnationis ejuſdem milleſimo ducenteſſimo nonageſimo primo, indictione quintâ, noverint univerſi præſentes, pariterque futuri, quòd nobilis Vir Isnardus de Antravenis dominus de Agouto & Vallis Saltûs, gratis & ſponteneâ voluntatis, non dolo vel vi ad hoc inductus, nec errans in facto vel in jure, confeſſus fuit & recognovit in præſentiâ mei notarii & teſtium infrà ſcriptorum, terram Vallis Saltûs pro nullo domino temporali tenere nec recognitionem pro prædictâ terrâ alicui feciſſe, & volens juriſdictionem & dominium illuſtriſſimi domini Caroli ſecundi Jeruſalem & Siciliæ regis comitiſque comitatuum Provinciæ & Folcalquerii augmentare, & creſcere propter multa & grata beneficia ſibi & ſuis, per prædictum

prædictum regem dominum Siciliæ impensa, & propter bona & dona quæ in futurum sperant sibi fieri & donari per prædictum dominum regem & suos, idcircò confessus fuit & recognovit idem dominus IsNARDUS prædicto domino regi præsenti & recipienti, se tenere & tenere velle terram Vallis Saltûs infrà scriptam & designatam sub dominio & sennoriâ dicti domini regis ad alodium francum, liberum nobile & antiquum, sub pactis & conditionibus infrà scriptis & eidem domino regi pro prædictâ terrâ hommagium & sacramentum fidelitatis fecit & præstitit sub pactis & conditionibus infrà scriptis dicto domino IsNARDO & suis in omnibus semper salvis imprimis, siquidem fuit dictum & conventum inter prædictum dominum regem nomine suo & hæredum suorum in comitatibus Provinciæ & Forcalquerii, & succedentium ex unâ parte & dictum dominum IsNARDUM & suos ex alterâ.

Quod si idem Dominus rex vel ejus hæredes vel successores, haberet in prædictis comitatibus vel aliquo prædictorum, guerram, quod tunc idem dominus IsNARDUS & sui teneantur dicto domino regi & suis successoribus in dictis comitatibus tanquam dominis valere de quinque equis armatis ad expensam dicti domini regis & suorum, addentes partes prædictæ de communi consensu. 1°.

Quod si prædictus dominus rex vel sui successores vellet vel vellent facere exercitum generalem in prædictis comitatibus vel aliquod castrum, civitatem, vel terram obsidere in prædictis comitatibus, vel aliquo prædictorum, quod tunc idem dominus IsNARDUS & sui teneantur valere & juvare curiam regiam, cum prædictis quinque equis armatis, ad expensam tamen dictæ curiæ, & cum centum servientibus peditibus per unum mensem tamen infrà prædictos comitatus, vel aliquem prædictorum ad expensam terræ dicti nobilis, sive expressam aliquibus præstandis per dictam regiam curiam servientibus & hominibus ante dictis. 2°.

Si verò idem dominus rex vel sui successores eidem succedentes, in comitatibus suprà dictis bellum campestre mandaret vel habere speraret infra comitatus prædictos, tunc idem dominus IsNARDUS vel sui teneantur venire juvare prædictum dominum regem & suos hæredes cum omnibus hominibus tam equitibus quam peditibus, quos ex totâ terrâ suâ habere posset, ad expensam tamen curiæ regiæ hominum qui equis venirent; pedibus verò venientibus ad expensam dicti nobilis, & modo & formâ in prædicto capitulo contentis, tantum idem dominus IsNARDUS & sui 3°.

teneantur valere & juvare curiam regiam, & non aliter compelli poſſit quàm ſuperiùs eſt expreſſum.

2°. Verum ſi idem dominus rex vel ſui ſucceſſores in comitatibus prædictis vellet valere vel ſubvenire alicui fideli vel alicui amico de guerrâ vel guerris extrà comitatus Provinciæ & Forcalquerii, quod tunc idem dominus IsNARDUs & ſui non teneantur nec compelli poſſint ad valendum pro terrâ prædictâ curiæ regiæ in guerrâ prædictâ, nec etiam in aliquo ſubvenire.

Ne verò terram ſuam prædictam idem dominus IsNARDUs, quam ipſe & ſui ſucceſſores à tempore cujus non extat memoria LIBERE ET HONORIFICE TENUERUNT OMNINO VIDEATUR EVELLERE A PRISTINA LIBERTATE, retinet idem dominus IsNARDUs ſibi & ſuis ſucceſſoribus quod ipſe & ſui poſſint impunè propriâ autoritate, tanquam valitores de guerrâ vel guerris, in Provinciâ & extrà de terrâ prædictâ ſubvenire & juvare ad ejus & eorum omnimodam voluntatem quibuſcumque perſonis voluerint, nec per prædictum dominum regem vel ejus ſucceſſores in dictis comitatibus poſſit prohiberi vel interdici dicto domino IsNARDO & ſuis, quominùs juvare poſſint, prout ſuperiùs eſt expreſſum, niſi ille vel illi, quibus idem dominus IsNARDUs vellet & vellent de terrâ predictâ, eſſent manifeſti inimici dicti domini regis vel ſuorum, vel niſi illa guerrâ de quâ idem dominus IsNARDUs juvare volet, fieret contrà dominum regem Franciæ vel ejus fratrem generum dicti domini noſtri regis, quibus caſibus tunc idem dominus rex vel ejus curia poſſit liberè prohibere, ne idem dominus IsNARDUs vel ſui valeant de guerrâ prædictâ.

3°. Si verò idem dominus IsNARDUs vel ſui de terrâ prædictâ, tanquam principales, vellent guerram facere contrà aliquam perſonam vel univerſitatem, tunc minimè facere poſſit niſi de licentiâ expreſsâ curiæ regiæ, niſi guerram facientem ad deffenſionem ſui & terræ prædictæ, ſi guerra ſibi mota fuiſſet, ſalvo ſemper ſibi & ſuis, quod ipſe poſſit per terram ſuam prædictam, impunè & ſine licentiâ curiæ, arma portare, & etiam homines terræ prædictæ cum authoritate dicti domini IsNARDI & ſuorum, ita quod portatio dictorum armorum per dictam regiam curiam non poſſit interdici, nec pro portatione dictorum armorum poſſit curia regia inquirere vel ſe intromittere de prædictis.

Item retinuit idem dominus IsNARDUs quod prædictus dominus noſter rex & ejus hæredes & ſucceſſores promittant bonâ fide, quod nullam aquiſitionem facient nec emptionem facient in terrâ prædictâ, nec donationem recipient in terrâ vel de terrâ prædictâ, nec per aliquem modum vel titulum crescet se seu ampliabit in terrâ prædictâ, per se vel per interpositam personam, nec in aliquo loco ejusdem terræ contra voluntatem dicti domini Isnardi & suorum, & si fortè modo aliquo de facto fieret contra prædicta per prædictum dominum regem vel suos aut eorum officiales, ex nunc prout ex tunc, & ex tunc prout ex nunc, pro infecto habeatur & nullius valoris censeatur acquisitio superdicta.

5°.

Porrò quia sæpè contingit quod curia regia domini nostri regis in aliquibus terris baronum de jure vel de facto in hominibus dictorum nobilium exigit tallias vel focagium, fuit expressè dictum & in pactum deductum quod idem dominus rex & successores sui nullam talliam questam vel collectam vel vingtenum vel focagium, nec aliquod aliud nimis ordinarium, vel extraordinarium facere vel exigere possit in hominibus vel ab hominibus terræ prædictæ, sive pro ratione militiæ filiorum & hæredum suorum, sive ratione filii vel filiarum maritandarum, sive pro redemptione suæ personæ aut hæredum suorum, sive pro transfretatione maris vel oppressionis terræ seu terrarum, sive pro eundo ad imperatorem vel pro aliquâ aliâ ratione, seu causâ quæ dici vel excogitari possit, hoc addito quod dictus dominus rex vel sui aut eorum officiales non possunt aliquem vel aliquos de terrâ prædictâ recipere in salvatariâ, nec aliquid ab eis vel aliquid ipsorum percipere pro salvatariâ, nec bajulum vel aliquem alium officialem instituere in terrâ prædictâ, occasione majoris dominii vel aliâ de causâ.

6°.

Item retinuit dictus nobilis dominus Isnardus per se & suos successores in terrâ prædictâ quod ipse possit & possint propriâ authoritate in castro de Saltu & in totâ ejus terrâ prædictâ, sine requisitione & consensu curiæ, alienationes facere, contractus emphiteosos, & possessiones dare ad acceptum, notarios creare tutores & curatores dare, publicationes testamentorum audire, bona eorum tam in hæresi quam in aliis criminibus, quibus bona consistant, & confiscari debent sibi applicare & appropriare, & etiam omnem jurisdictionem in causis ordinariis, & appellationum sibi & suis retinuit in terrâ prædictâ.

7°.

Et demum omnia & singula alia quæ sunt vel esse possunt seu debent de mero & mixto imperio seu ad merum & mixtum imperium pertinere noscuntur tam ordinariè quàm ex officio, & omnia prædicta & singula cum omni jurifdictione fine diminutione aliquâ SIBI ET SUIS RETINET ET RETINERE INTENDIT ET VULT, SALVIS ILLIS CASIBUS EXCEPTIS TANTUM QUÆ DOMINO REGI CONCEDIT.

8°. Idem dominus IsNARDUS in terrâ fuâ prædictâ & generaliter & fpecialiter fibi & fuis retinet quod de omnibus maleficiis & injuriis, rapinis & violentiis in ecclefiis ecclefiarum & cimæteriis, viis publicis, perfonis relligiofis aut contrà perfonas relligiofas commiffis, feu committendis per quafcumque perfonas privatas vel extraneas in valle & terrâ prædictis, poffit inquirere & punire & inquiri & puniri facere, & omnes fuos officiales præfentes & futuros, per ipfum & fuos conftitutos & conftituendos, & etiam fuam familiam & dictorum officialium fuorum, & familiares de dictis omnibus in quibus accufarent, etiam culpabiles reperirentur. Itaque curia regia de prædictis nullatenùs fe intromittere poffit vel debeat, nec aliquod impedimentum facere quominùs idem nobiles vel fui liberi uti poffint omnibus fupradictis fine aliquo impedimento & obftaculo curiæ prædictæ.

9°. Retinendo infuper nobilis fibi & fuis, quod fi contingeret ipfum habere aliquam quæftionem vel quæftiones, lites vel controverfias, cum aliquo homine vel hominibus fuis, vel cum univerfitate alicujus loci dictæ terræ Vallis Saltûs, vel cum hofpitali sti Joannis Jerofolimitani, occafione caftri de Aurelo vel territorii ejufdem, feu jurifdictionis dicti caftri, quod tenetur fub dominio dicti domini IsNARDI, vel ipfi homines feu univerfitas aut dictum hofpitale quæftionem haberent contra eum vel fuos, quod ipfe & fui non poffint compelli per curiam regiam, nec teneantur in curia domini regis prædicti de quæftionibus prædictis, vel aliqua eorum modo aliquo litigare, vel etiam refpondere, fed quæftiones prædictæ per curiam prædicti domini IsNARDI & fuorum debeant examinari, & definiri, & de hoc curia regia de prædictis non fe poffit intromittere, quamdiù curia dicti nobilis domini IsNARDI.... fuerit, facere juftitiæ complementum.

10°. Si verò in defectu juftitiæ fuerit curia dicti domini IsNARDI, effe intelligatur, cum idem dominus IsNARDUS vel fui vel fua curia, per tria intervalla, fuerit requifita de juftitia facienda, non minus quam per quemlibet eorum decem dierum fpatium continentia, & tunc poft dicta intervalla, fi fuerit in defectu curia dicti domini IsNARDI juftitiæ faciendæ, poffit inquirere, audire, examinare, definire quæftiones prædictas & quamlibet earumdem; fed quia aliquando contingit dominos & filios dominorum delinquere, fuit dictum per dictum nobilem dominum Isnardum, quod ratione majoris dominii possit curia regia contrà dictum dominum Isnardum & ejus filios vel successores in dominio dictæ curiæ pro delictis per ipsos committendis, vel aliquem eorumdem inquirere, & punire eos juxta qualitatem delicti, & prout justitia sua debet.

Item fuit dictum & retentum per prædictum dominum Isnardum quod idem dominus noster rex per dictum dominum, quod pro ipso domino rege recognoscit de terrâ prædictâ sibi & hæredibus suis in dictis comitatibus succedentibus retinebit, & quod nullo alienationis titulo in aliquam personam collegium vel universitatem transferret, nec à se abdicabit, & in summâ dictus dominus Isnardus retinet & retinere intendit terram suam prædictam seu inscriptam in illâ libertate & honore & plenitudine protestationis, in quibus ipse & antecessores sui hactenùs retinuerunt, salvis & exceptis tamen pactis, conventionibus, & conditionibus curiæ regiæ per prædictum dominum Isnardum concessis, retinendo sibi & suis etiam omnes usus & consuetudines quibus usus est ipse & antecessores sui, temporibus retroactis in suis hominibus tam Christianis quam Judæis, itaque ea debeant sibi & suis inviolabiliter observari sine novitate vel immunitate aliquâ.

Præfatus dominus verò rex præfatam fidelitatem, recognitionem & homagium de terrâ prædictâ sub formâ & conditionibus super scriptis recipiens prædictas omnes conditiones, & retentiones factas per dictum dominum Isnardum, in recognitione prædictâ approbans promisit, bonâ fide, & ut bonus dominus prædicto domino Isnardo præsenti & recipienti ipsum dominum Isnardum & successores suos & totam terram suam prædictam ab omni personâ & personis collegiis & universitate, ab omnibus injuriis & violentiis si per aliquem fieret in terrâ prædictâ vel occasione terræ prædictæ pro posse suo deffendere, salvare manutenere & ab omnibus deffensare, & demùm omnes conventiones pacta & conditiones & retentiones factas, expressas & declaratas per dictum dominum Isnardum, ut superiùs continetur, attendere, servare & attendi & servari facere per se & suos hæredes, & officiales, & contrà in aliquo non venire, de jure vel de facto, & etiam pro prædictis donavit eidem domino Isnardo duo millia librarum Provinciæ coronatarum, salvo & retento tamen dicto domino nostro regi & dicto domino Isnardo, quod si contingeret vel reperiretur in futurum, pro Romano Imperio prædictam terram recognitam fuisse, vel recognosci debere, & ipsum dominum Isnardum & suos de jure teneantur, tunc dictus dominus Isnardus & sui teneantur prædicto domino regi & suis successoribus ad restitutionem dictarum duarum millium librarum in pecuniâ numeratâ, & nihilominùs idem dominus Isnardus post prædicta & post restitutionem pecuniæ, dictus dominus Isnardus & sui sint liberi & absoluti ab homagio & sacramento fidelitatis præscriptæ per eos dicto domino regi. Ita quod prædictum homagium & fidelitatis sacramentum per eumdem habeatur ac si factum vel præstitum aliquo tempore non fuisset, renuntiantes tam idem dominus rex quam idem dominus Isnardus omnibus juribus quibus contra prædicta venire possent.

Fuit etiam dictum & expressè in pactum deductum inter partes prædictas quod dictus dominus rex & ejus curia quotiens idem dominus Isnardus sui officiales in defectu de non reddendâ seu faciendâ justitiâ, in necessitate fuerint post primam requisitionem dictæ curiæ faciendam de decem in decem diebus ad minus, ut dictum est, quod ex tunc deffectus dicti domini Isnardi seu ejus curiæ, possit curia regia in quocunque casu punire, cognoscere & facere quod justitia sua debet.

Actum Aquis in palatio regio, in præsentiâ dominorum Joannis Stoti, Bertholomi de Grossis majoris judicis Provinciæ, Matthæi de Adria regni Siciliæ thesaurarii, testium rogatorum, & mei Bertrandi Miraolæ notarii publici in comitatibus Provinciæ & Forcalquerii, qui prædictis interfui, & rogatus hanc cartam scripsi & meo consueto signo signavi.

XXV.

Défense à ceux qui n'étoient pas Nobles de recevoir la ceinture militaire; & aux Gentilshommes de la donner aux Roturiers sans sa permission.

24 Janv. 1176.
Archives d'Aix,
reg. n° 3. arm. C.

Carolus 2dus Dei gratiâ Rex Jerusalem, Siciliæ, ducatus Apuliæ & principatus Capuæ, Provinciæ & Forcalquerii Comes, senescello Provinciæ, &c. Cum innobiles nobilitare viros, magnificare pusillos, & insignire plebeos honoribus, quibus à naturâ caruerant, potestatibus principum principaliter sit annexum, non incongruè agitur, si ne quis proprium deserens ortum, honores absque principis licentiâ gradiatur indebitos, principalis potestas sub condignâ limitatione constituat, ac ad servandam deditam sibi prerogativam à principe principum, temerarios ausus talium debito modo compescat. Hâc itaquè ratione commoti volumus & fidelitati veſtræ præſentium tenore præcipimus, ut tàm tu ſeneſcelle præſens, quàm vos alii officiarii in anteà ſucceſſivè uſque ad terras Comitatuum noſtrorum Provinciæ & Forcalquerii, faciatis, auctoritate præſentium ex parte noſtri culminis expreſsè inhiberi, quod nullus, niſi ex parte patris ſaltem militaris ſit gradûs, militari cingulo, abſque noſtrâ ſpeciali licentiâ, decorentur, ſub pænâ ſcilicet centum marcharum argenti, tam in recipientem, quam in tradentem militiam; ac etiam ſub pænâ ex auctorationis ejus, qui ſic militari præſumpſerit per noſtram Curiam infligendis. Pænas ipſas in eos qui in illas inciderint, nullo alio proindè expectato mandato & irremiſſibiliter illaturi, præſentes autem litteras cuilibet veſtrum ſucceſſori ſuo aſſignet per eum ſui tempore officii efficaciter obſervandas : data Aquis anno Dni MCCXCIV di XXIV Januarii, Sept. indict. regnorum noſtrorum anno decimo.

XXVI.

Réglements du même touchant les dettes dont ſes ſujets étoient accablés.

Carolus 2dus, &c. ad nos pervenit quod in Comitatibus noſtris Provinciæ & Forcalquerii, quam plures fideles noſtri de Comitatibus ipſis exiſtunt, adeo æris alieni mole gravati; quod ſi ſuis creditoribus in præſentiarum integraliter ſatisfacere cogerentur, opporteret ipſos omnibus eorum bonis exutos infeliciter mendicare; ex quo eorum ſtatus læderetur enormiter, exterminatis eorumdem facultatibus, ipſis que per conſequens inhabilibus ad ſerviendum effectis, magna curiæ noſtræ incommoditas proveniret; ſolitâ igitur ac innatâ nobis humanitate commoti, opem feſſis ac manum porrigere ſubſidiariam oneratis deliberatione conſultâ providemus; tibi que præſentium tenore præcipimus, ut prædictis noſtris fidelibus, tam ſcilicet nobilibus quàm plebeiis, debitis oneratis, quorum quidem magna pars occaſione ſervitiorum per eos nobis liberaliter præſtitorum, hujuſmodi importabilis onere fænoris, dicitur obligata, conſideratis facultatibus debitorum ſuorum, & quantitatibus quæ debentur ad ſatisfaciendum ſuis creditoribus, de his in quibus tenentur eiſdem competentes dilationes præſentium auctoritate concedatis... Datum Aquis anno Dni MCCXCIII die IVâ Februarii, VII indict. regnorum noſtrorum anno decimo.

XXVII.

Ordonnance de Charles II, pour faire fabriquer de la vaisselle d'argent pour son usage.

21 Juin 1295, ibid. fol. 50.

Carolus 2dus, &c. Magistro de Venarcio præposito Forcalquerii salutem, &c. Cum pro apparatu Blanchæ filiæ nostræ vasa argentea subscripta instanter habere velimus, fidelitati vestræ præcipiendo mandamus, quatenus statim receptis præsentibus, scutellas argenti viginti quatuor, quarum quælibet sit marchæ unius, & mediæ in pondere; nappos argenti planos sine pede duodecim, quorum quilibet sit marchæ unius in pondere; justas argenti quatuor ponderis marcharum decem & octo vel circa; & coclearia de argento 24 de quâcumque pecuniâ curiæ nostræ, quæ est vel erit per manus vestras sicut nostram gratiam coram habetis, fieri celeriter & cum diligentiâ faciatis. Ita quod in adventu nostro qui erit in brevi, concedente Dno, præscripta vasa argentea infallibiliter habeamus parata; canti existentes quod in habendis vasis prædictis nullam committatis negligentiam seu moram... Datum Anagniæ sub parvo sigillo nostro anno Dni MCCXCV die XXI Junii regnorum nostrorum undecimo ibid. fol. 50, v°.

XXVIII.

Edit du Roi Charles II, portant réglement sur la comptabilité, & sur quelques autres points essenciels.

12 Juin 1296.
Archiv. de Napl.
reg. 1295. B. fol.
305.

Carolus Dei grââ Rex, &c. Volumus & hujus constitutionis edicto sancimus, ut de omnibus causis & litibus quas inter curiam & fideles nostros Comitatuum Provinciæ & Forcalquerii oriri contingent, senescallus & major judex eorumdem Comitatuum per modum ordinarium seu extraordinarium, presente procuratore nostro cognoscant, ne sub diversis tribunalibus, quod contingebat actenus, curia nostra subeundo diversa judicia, vexetur, & ipsius indempnitatibus per delegationem certi & determinati judicis consulatur. Cognitiones autem predictarum litium & causarum, coram aliis judicibus habitas, pro jure nullas esse jubemus, ut coram ipsis incompetentibus judicibus actitatas; in ordinario judicio vel arbitrali notione ad aliquam probationis vel presumptionis speciem adduci non possit; consuetudine obtentâ in contrarium hactenus, super hujusmodi presentis

sanctionis

sanctionis vigore, sublatâ, quam in futuris negotiis tamen vim volumus obtinere.

Placet rationabilis consilii tenore perpenso, presente nostrâ inviolabili ordinatione prescribere, ut de singulis nostris possessionibus, redditibus, proventibus, obventionibus & juribus aliis quibuscumque dictorum comitatuum, indago diligens & solers inquisitio per viros probate fidei & opinionis electe celebretur instanter, que in tribus inventariis seu quaternis per partes & membra particulariter & distincte per res & personas sigillatim & lucide describantur, quorum unum sit semper in camerâ, aliud penes senescallum Provincie, tertium penes procuratorem & officiales nostros super computis ordinatos. Senescallus vero, finito sue administrationis officio, inventarium ipsum cum augmento vel diminutione factis per eum, sui officii tempore, assignare teneatur in camerâ, & aliud conforme per omnia successori suo: idemque successor thesaurarius vel etiam statutus super camerâ ipsâ Provincie, de dictis augmento & diminutione, ubicumque fuerimus, conscientiam nostre Majestatis informent, ut benefacta probemus, & delictum aut negligentiam poenâ debitâ feriamus.

Presentis nostre ordinationis edicto precipimus ut in qualibet Vicariâ habeat viguerius quaternum unum, & clavarius alium in quibus res omnes & pecunie ad clavariam pervenientes eamdem, tam de condempnationibus latis, trezenis, penis quantumcumque minutis, bannis, quàm aliis quibuscumque redditibus seu proventibus, quocumque nomine nuncupentur, & ex quibus causis perveniantur, particulariter & distincte, cùm declarationibus denotentur, habeantque similiter dictus viguerius & clavarius duos quaternos consimiles, in quibus totalis exitus expense pecunie, per ipsum clavarium cum distinctione causarum & personarum descriptione, quibus solute fuerint, contineantur aperte, ita ut nomen pecunie, & generaliter res omnes & species comprehendat, ut tempore ratiocinii seu computi ab ipso clavario faciendi de introitu & exitu, quaternus dicti viguerii ad concordantiam cum quaterno clavarii in computo producatur; vigilentque follicitè solventes vel reddentes ipsi clavario, ut omnia que solvent aut reddent, ex quibuscumque sint causis, per manum alterius notariorum consistorii, ubi est facienda solutio, scribi procurent solutionem seu redditionem, quam facient, pretacto modo particulariter & distincte tam in quaterno viguerii quàm clavarii, & post solutionem in singulis quaternis ejusdem tabularii per ordinem subscriptionem apponi, que scriptio &

subscriptio per curiarum nostrarum notarios gratis fient. Nisi autem per clavarium tam in introitu, quàm in exitu predicta cautela servetur. De omni eo quod non invenitur in introitu per utrumque quaternum, nisi per culpam aut negligentiam viguerii hoc forte processerit, idem claverius tamquam de subtracto nostre curie teneatur in duplum, & in exitu alia quam predicta probatio clavarium non absolvat.

Solventes vero aut reddentes ipsi clavario contra formam predictam ab eo quod debent per sic solutum, in nullo penitus liberentur. Sed si per viguerium aut tabularium steterit quominus predicti solventes curie juxta per distinctam formam solutionem aut redditionem faciant, idem viguerius & tabularius ad omne dampnum & interesse ipsis solventibus teneantur.

Par le Ve Article, le Roi veut que les personnes préposées au maniement de ses Finances, aient des cautions en état de satisfaire la Cour, en cas de déprédation ou de mauvaise gestion de la part des susdits Officiers; & le Sénéchal de Provence responsable de leurs fautes, s'il n'a pas tenu la main à l'exécution de cet Article de l'Ordonnance.

Par le VIe, il réprime la trop grande facilité avec laquelle ont créoit les Notaires, exigeant qu'ils aient des certificats de naissance légitime, de probité, de capacité & de Religion: voulant que leurs écritures ne fassent point foi en public ni en particulier, s'ils ont été reçus sans les conditions préalables: le certificat sera signé de deux Notaires ou de six personnes notables de l'endroit où doit être reçu le postulant. Il exclut également du notariat tout Clerc; & ordonne de prendre à cet égard les précautions les plus grandes. Voulant que l'Evêque certifie, que le postulant n'est point dans l'état ecclésiastique.

Par le VIIe, il étend sa vigilance sur les Médecins & les Chirurgiens, ne voulant pas non plus qu'ils soient admis sans un examen qui constate leur capacité & leur probité, &c.

Datum Neapoli ann. Dñi MCCXCVI die XII Jun. XI indict. regn. nostr. an. XII.

XXIX.

Ratification faite par Anne Dauphine, Comtesse de Viennois, des conventions arrêtées le 3e Mars 1296, entre Béatrix, petite-fille de Charles II, Comte de Provence, & Jean Dauphin, son mari, fils d'Humbert & de ladite Anne, pour l'assignation de la Dot de Béatrix (1).

In nomine Domini nostri Jesu Christi amen. Anno incarnationis ejusdem millesimo ducentesimo nonagesimo septimo, die Martis in crastino festi Annunciationis beate Marie Virginis videlicet vicesimo sexto die mensis Martii, decime indictionis, tempore Domini Bonifacii pape octavi, pontificatûs sui anno tertio, hoc presenti instrumento ad eternam memoriam facto, cunctis tam presentibus quam futuris pateat evidenter, quòd clarissima domina Anna, Dalphina Viennensis, Comitissa Albonensis, Dominaque de Turre, ex suâ certa scientiâ certificata per me notarium publicum infrascriptum, ejusdem cautele actorem, in jure & in facto, de contentis in publico instrumento scripto manu Martini Monerii, notarii publici, super inhitis & conventis, super matrimonio contrahendo inter illustrem Dominam Beatricem, neptem incliti Domini Karoli Jerusalem & Sicilie regis, Provincie & Forcalquerii comitis, & Joannem filium *spectabilis* viri Domini Humberti Dalphini Viennensis & Albonensis Comitis, Dominique de Turre, ac Domine Anne prescripte, inter prescriptos Dominum nostrum regem, dalphinum, Joannem, & Martinum notarium, quorum contentorum in ipso instrumento per dictum Martinum confecto, tenore talis est,

In nomine Domini nostri Jesu Christi, amen. Anno incarnationis ejusdem millesimo ducentesimo nonagesimo sexto, die decimâ tertiâ mensis Martii, decime indictionis, noverint universi &c. quod preeuntibus multis tractatibus, super matrimonio contrahendo inter illustrem Dominam Beatricem neptem incliti Domini Karoli secundi, &c. & Joannem natum viri *spectabilis* domini Humberti Dalphini Viennensis, Albonis Comitis, Dominique de Turre, ac Domine Anne conjugum, & super doario constituendo trium millium librarum provincialium coronatorum reddituum annuarum Domine

26 Mars 1297.
Tour du Trés. 1^r.
quarré, 2de liasf.
piece 81.

---
(1) Quoique cette Charte regarde Béatrix de Hongrie, fille de Charles Martel & petite-fille de Charles II; elle nous a paru assez intéressante pour mériter d'être rapportée.

Beatrici prefcripte, ac convenientibus in unum memoratis dominis rege, dalphino, Joanne, & me notario infrafcripto, convenerunt dictus dominus Dalphinus & Joannes ejus filius, & quilibet eorum in folidum nomine fuo & domine Anne prefcripte, ac folemniter promiferunt prefato domino noftro regi & mihi notario &c. conftituerunt & affignarunt omni & quo poterunt meliori modo, &c. pro doario ipfo tria millia librarum coronatorum annualium percipienda per ipfam dominam Beatricem annis fingulis in terra Vapicenfi, Ebredunenfi & de Brianfonezio &c. Actum Aquis in palatio, in camera dicti domini regis, in prefentia & teftimonio domini G. Dei gratia Epifcopi Vapicenfis; domini Hermengavi de Sabrano comitis Ariani ac magiftri juftisiarii regni Sicilie; domini Hugonis Devicinis, militis, dicti loci domini, Provincie & Forcalquerii Senefcalli; Domini Joannis Pipini, militis, magne regie curie magiftri rationalis; domini Pauli Fabri, majoris judicis Provincie & Forcalquerii; domini Petri de Ferrariis, Annicienfis Decani, & regni Sicilie cancellarii; & domini Raymundi Ruffi, de Comis, militis, Aquenfis vicarii; & domini Srephani de Popia, militis; & domini Benevenudi de Campella, juris civilis profefforis, & plurium aliorum, & ego prefatus Martinus Monerius notarius publicus conftitutus hanc cartam fcripfi &c.

XXX.

L'Edit que Charles II avoit donné contre les Ufuriers ayant refferré le crédit, & les Ecoliers d'Avignon n'ayant pas fouvent de quoi fournir à leurs befoins les plus urgens, faute de trouver quelqu'un qui voulût leur prêter de l'argent; ce Prince leur permet de choifir, de concert avec les Docteurs, un Marchand qui leur prêtât comme ci-devant, & fufpend à fon égard l'exécution de l'Edit contre les Ufuriers.

21 Octob. 1301.
Archives d'Aix, arm. c. parv. reg. n° 3. fol. 151.

Carolus 2dus &c. univerfitas hominum civitatis Avenionis, cætufque doctorum ftudii venerabilis ibidem, noftri fideles atque devoti per fuas nobis litteras quas miferunt, oftenfoque doctoribus & fcholaribus, ipfis præfertim exteris & remotis ibi ftudentibus, propter neceffitates varias que incumbunt graves, inedia & defectus frequenter emergunt, dum deficiente ipfis pecuniâ propriâ, non habent præ manibus mutuantem, fuppliciter poftulaverunt, ut qui ex tali defectu, dum non eft qui à propinquo fubveniat, vel qui in eorum inftanti neceffitatis articulo præfto fit, prout ipfa neceffitas exigit & remotis

accurat, gravis studentibus ipsis incommoditas advenit, & totius ferè generalitati studii, si diutius ia durat, dissolutio futura speratur, concedere ipsis mercatorem qui mutuet & succurrat eisdem benignius dignaremur : Nos ergò, qui studium ipsum proficere cupimus, & provehi successivis jugiter incrementis, ut potè quod nutrit filios scientiæ brachiis alumnos, qui & in remotum & proximum ad totius patriæ sunt decorem & fructum, volentes in hoc humaniùs nos habere, de certâ scientiâ nostrâ gratiosè concedimus, usque ad nostræ beneplacitum majestatis, ut mercator unus, quem ipsi doctores & scholares elegerint, in prædictâ civitate sit mutuans, & in necessitatum articulo succurrens eisdem, constitutionem nostram contrà usurarios edictam hactenus in civitate duntaxat eadem, quoad mercatorem eumdem, sub conditione subscriptâ, tenore præsentium usque ad nostrum beneplacitum relaxantes, videlicet quod si quandò circà hoc beneplacitum ipsum nostrum nobis revocare placuerit, is vestrum ad quem de revocatione ipsâ mandatum nostrum pervenerit, mercatori hujusmodi tribus antè mensibus revocationem pronunciari faciat memoratum, infrà quas & ei sarcinulas suas colligere, & ab hujusmodi mutuatione cessare, & doctoribus ac scholaribus ipsis sua sit licibile luere pignora, prout decet. Vestræ itaque fidelitati præcipimus & mandamus, ut prædictam nostræ concessionis gratiam doctoribus & scholaribus Avenionensis studii, modo prædicto servantes, novitatem aliquam contrà ipsum dicto durante nostro beneplacito, non tenteris ; præsentes autem litteras penes præsentantem volumus remanere, modo quo suprà in anteà valituras. Datum Neapoli per Bartholomeum de Capuâ Militem Logothetam & protonotarium regni Siciliæ, anno Dñi MCCCII die XXI Octobris, 1æ indictionis, regnorum nostrorum anno 18.

XXXI.

Déclaration de Béatrix, fille du Roi Charles II, portant qu'elle ne vouloit point être Religieuse.

In nomine Domini amen. Anno incarnationis ejusdem Domini millesimo tricentesimo secundo & vicesima tertia die Januarii pontificatus sanctissimi in Christo patris Domini Bonifacii papæ octavi, anno nono. Noverint universi præsentes pariter & futuri, quod in præsentiâ mei notarii & testium infrascriptorum, pro parte reverendorum in Christo patrum dominorum Dei gratiâ Duranti Massiliensis, & Jacobi Foro Juliensis Episcoporum,

23 Janv. 1303. Tour du Tré. 3.e liaf. piece cottée Q.

ac nobilis & potentis viri domini Ricardi de Gambatefa militis, regii magiftri hoftiarii, commitatuum Provincie & Forcalquerii Senefcalli, exiftentium perfonaliter in præfentiâ illuftris domine Beatricis, nate fereniffimi principis, domini Karoli Dei gratia regis Jerufalem & Sicilie illuftris, eidem Domine fuit expofitum in vulgari, quod inclitus Dominus rex predictus, in confiderationem adductus quod monachum vel monacham facit profeffio propria vel paterna devotio, quodque fponfus ille fpiritualis Jefus Chriftus mentem fanctam fpontaneam exhiberi fibi defiderat, ipfam dominam Beatricem, aliquandiu in monafterio monialium beate Marie de Nazaret Aquenfi, in habita monachali educatam, fancte religionis propofitum & refumendum in ipfo monafterio Chrifti jugum proprio arbitrio deliberaverat commitendam; quo circa per fuas litteras ipfis dominis Epifcopis & Senefcallo duxerit injungendum ut ipfius domine Beatricis prefentiam adeuntes, votum ejus circa id exquirerent diligenter; & fi ad obfervantiam religionis & fanctimonie, redeundumque ad monafterium memoratum voluntaria exifteret, placebat domino regi prefato; ut ad id reduceretur in fpiritu libertatis domino fervitura, & quod in ignorante ufus liberi arbitrii proprie non habetur, certis tam prefati fpiritualis fponfi Jefu Chrifti quàm alterius temporalis conditionibus expofitis eidem domine Beatrici, quodque conditiones ipfe videlicet eloquentia, divitiarum affluentia, fapientia, decoris elegantia, potentia, eternitas feu immortalitas, que à fponfis in fponfo inter alia diliguntur, excellent in ipfo fponfo Chrifto Jefu, quem in quovis alio cujufcumque ftatus vel conditionis poterat reperiri, fuafoque eidem cum apud eos exifteret dubium, propter multa que poffunt conjungere, quid eidem expediat, potius habitum religionis refumere vel in feculo remanere, quod ad illius fponfi Chrifti Jefu confilium deberet recurrere, qui fperantibus in eo affiftit, & eos in agendis dirigere confuevit, & eidem humiliter fuplicare ut velle fuum & arbitrium dirigetur in hac parte diligenter, curaverunt ipfam requirere ut fuper premiffis, videlicet circa religionis propofitum & refumendum in ipfo monafterio Chrifti jugum, eifdem fuam voluntatem & propofitum refervaret. Prefata vero domina Beatrix premiffis diligenter auditis, ipfa à parte refpondit, quòd nolebat redire ad monafterium antedictum, quod non decebat ut afferuit regis filiam monachari. Et licet vita illa religiofa bona exifteret, fecularis tamen fibi amplius complacebat: cumque adhuc diceretur eidem, ut fuper hiis deliberaret amplius, &

ipsis ad eam in craftinum redeuntibus responderet, dixit quod nolebat quod super hiis ad ipsam redirent amplius, nec ipsis aliud respondetur. Actum Aquis in palatio regio in camera in qua conservantur baliste; presentibus testibus reverendo in Christo patre domino Rostagno, Dei gratia sancte Aquensi Ecclesie archiepiscopo &c. Joanne de Balma milite vicario Aquensi, Egidio Raymundi, judice Aquensi; Petro Boyre juris civilis professore; Petro Gamelli juris perito; Ricardo de Castro Pagani, milite; Alquerio Canola juris civilis professore; Joanne Cabassole juris civilis professore, judiceque majore comitatuum Provincie & Forcalquerii; Jacobo Ardoyno; Petro Gomberti in dictis comitatibus procuratoribus regiis; Alferio de Isfernia in dictis comitatibus primarum appellationum judice; Bertrando de Rochavaria juris civilis professore; Bernardo Noguerii domicello, familiari domini Episcopi Massiliensis predicti, Martino Monerio, Bernardo de Lauzela notariis, & me Raymundo Stephano notario publico constituto ab illustrissimo domino Karolo bone memorie rege Jerusalem & Sicilie, Andegavie, Provincie & Forcalquerii comite, qui premissis unâ cum dictis testibus interfui, & ea rogatus scripsi, publicavi, & meo consueto signo & solito signavi.

XXXII.

Acte par lequel Charles II & Raymond-Berenger son fils, autorisent leurs députés à acheter en France des terres du prix de vingt mille livres, pour y établir le Douaire de Marguerite de Bourbon, fille de Robert, Comte de Clermont, qui devoit épouser (1) *ledit Raymond-Berenger.*

Carolus secundus Dei gratiâ Rex Jerusalem & Sicilie &c. & Raymundus Berengarius natus ipsius comes Pedimontis, & honoris montis st Angeli Dñus ac magnus regni Sicilie Senescallus, Catellino Infanti, Gerardo Baroncelli, Joanni de Villano, & Donato Burneti mercatoribus de societate Perussiorum de Florentiâ, devotis suis salutem & dilectionem sinceram.

Quia inter alia quæ, in tractatu de matrimonio contrahendo inter nos

14 Janv. 1305. Archiv. de Napl. reg. 1304-1305, A. fol. 204.

---

(1) Il y a toute apparence que le mariage eut lieu; mais nous n'en avons aucune preuve positive. Raymond-Bererger mourut le 3 Octobre de la même année. Robert, Comte de Clermont, dont il est ici parlé, est le sixieme fils de St Louis, & la tige de la Branche de Bourbon actuellement régnante.

Raymundum, & egregiam Domicellam Margaritam filiam viri magnifici Dñi Roberti comitis Claimontis, jam habito, devenerunt, per Guillelmum de Plancâ juris civilis professorem, consiliarium & Raynaldum Clignetum militem familiares & fideles nostros ac speciales procuratores & nuncios nostros constitutos ad hoc, concordatum est, & pro nostrâ parte promissum, quod in partibus ultramontaneis emi debeant terra seu bona stabilia, usque ad valorem viginti millium librarum, in quibus prefate Domicelle constituatur dodarium, juxta usum & consuetudinem, que inter magnates & nobiles, in hujusmodi constitutione dodarii observatur ; nos intendentes ut ea, que in tractatu intervenerunt prefato, ex parte nostrâ efficaciter impleantur, vo'umus & presentium nos tenore requirimus, ut secundum quod dicti procuratores vel eorum alter ordinabunt, tractabunt & exinde concordabunt, ad requisitionem ipsorum vel alterius eorumdem de solvendis, pro parte nostri Raymundi, decem millibus librarum vel circa, in ultramontaneis partibus supradictis, de illâ quidem pecuniâ de quâ, dos nobis Raymundo, pro dictâ Domicellâ, tradenda, prefati contemplatione matrimonii, fuerit persoluta, pro predictâ terrâ seu bonis in partibus ipsis emendis, in quibus eidem Domicelle constituatur dodarium, ut est dictum, juxta scilicet dispositionem & ordinationem incliti principis Dñi Philippi Francorum Regis illustris, & inclite Principisse Dñe M. Regine Francorum consortis ipsius, ac magnifici viri domini Caroli illustris Regis Francorum filii, Valesii, Alanzonis, Carnoti & Andegavie comitis, & Dñe Catherine Imperatricis Constantinopolitane consortis sue, carissimorum consanguineorum nostrorum, vel duorum ex eis prefate Domicelle vel ali seu aliis pro eâdem, vos dictamque societatem nostram obligare principaliter vel accessorie nomine nostri Raymundi, secundum quòd melius visum fuerit, debeatis ; cum de reliquis decem millibus libris vel circa solvendis propterea sit per mercatores de societate Perussiorum de Florentiâ, prout jam ordinavimus, modo simili, obligatio in eisdem partibus facienda. In cujus rei testimonium presentes litteras fieri, & pendentibus sigillis nostris jussimus communiri. Datum Neapoli ann. Dñi MCCCV, die XIV Jan. III indict. regni nostri ann. XXI.

DE PROVENCE.

XXXIII.

Commission de Vicaire-Général du Royaume de Naples, donnée par Charles II, à Pierre de Terrieres, Archevêque d'Arles. (1)

Scriptum est Ecclesiarum Prelatis, Magistro justitiario Regni Sicilie, justitiariis capitaneis, secretis & officialibus aliis, nec non comitibus, baronibus &c. &c. attendentes ne propter absentiam nostram de regno Sicilie, nec non Roberti primogeniti nostri Calabrie Ducis, ac in eodem regno vicarii generalis, qui nunc est in itinere positus, accedendi extra regnum ipsum, prout de deliberato processit, partes ipsius regni sine rectore remaneant, possitque propterea in eisdem defectus administrande justitie resultare, venerabilem in Xto Patrem Dñum Petrum Archiepiscopum Arelatensem & prædicti regni Sicilie cancellarium, de cujus fide, constanciâ ac circonspectione probatâ plene confidimus, generalem vicarium nostrum in predicto regno nostro Sicilie usque ad nostrum redditum in eâdem ac nostrum beneplacitum per alias litteras nostras duximus statuendum. Quocirca fidelitati vestræ precipiendo mandamus quatenus eidem cancellario, in omnibus que ad dicti vicariatûs officium pertinere noscuntur, ad horem & fidelitatem nostram tanquam generali nostro vicario devote pareatis, & efficanter intendatis, ut coram nobis valeatis exinde commendari... Datum Perusii.. anno Dñi MCCCV. XXVI° Martii. III indict.

26 Mars 1305. Archiv. de Naples. reg. 1304-1305, tit. D. fol. 133.

XXXIV.

Don fait, dans le Royaume de Naples, à Reforciat de Castellane, en récompense des services qu'il avoit rendus à Charles I & Charles II.

Carolus &c. sane attendentes grata & accepta servitia, que Reforciatus de Castellanâ miles &c. bone memorie patri nostro Jerusalem & Sicilie Regi prestitit, hactenus nobis prestat assidue & prestare poterit in futurum, olim ei usque ad beneplacitum de redditu annuo unciarum auri octuoginta

1308. Archiv. de Naples. reg. 1308-1309. c. fol. 63.

---

(1) Cet Archevêque, homme de mérite, fut chargé par le même Charles II, le 15 Septembre de la même année, de faire la paix entre ce Prince & Mainfroi, Marquis de Saluces; & le 15 Février 1308, de terminer les différends qui s'étoient élevés, entre la Cour de Naples & la République de Gènes, au sujet de quelques représailles; nous en avons les Chartes.

percipiendarum per eum super juribus, redditibus, proventibus terre Guasti Aymonis gratiosè providimus, prout in patentibus nostris litteris ostendit... Donec ei aliqua terra assignaretur &c. Nos ipsius Reforciati grata merita recensentes, ac insuper volentes in eo similiter Ameline de Belino filie quondam Abelii militis, Domini Aresunii, uxori sue gratiam facere specialem... Duas partes pro indiviso castri Cursii de Justitia ratu Basilicate, cum hominibus, Vassallis, Casalibus, Foreteliciis &c. pro annuo valore unciarum auri centum, damus, donamus, tradimus &c. Datum &c. ann. Dñi 1308 &c.

XXXV.

Permission à la Ville de Toulon d'avoir un Conseil qui traitât des affaires de la Communauté.

9 Mars 1315.

In nomine Dñi &c. Anno incarnationis ejusdem millesimo CCCXIIII die nono mensis Marcii decimæ tertiæ indictionis &c. &c. &c.

De mandato & assensu virorum nobilium & sapientum Dominorum Guillelmi de Soleillars judicis & Petri Bonifacii, Bajuli ibidem..... Raymundus de Thorono, civis Toloni, quasdam patentes regias Litteras... præsentavit & exhibuit..... quarum Litterarum tenor per omnia talis est : Robertus &c. Universitatis hominum Toloni de comitatu nostro Provinciæ... supplicationibus annuentes eidem universitati... duximus concedendum quod licet universitas ipsa *focagium, consuetum sex solidorum pro qualibet foca* in illis sex casibus, qui sunt à jure statuti, quandocumque aliquem ipsorum casuum contingi accidere, Curiæ nostræ solvere teneatur... Deinceps non dictos sex solidos, sed turonensem argenti unum tantummodo anno quolibet eidem Curiæ pro singulis ipsius terræ focis exhibeat & exsolvat, ito tamen quod sicut fuit nobis pro parte ipsius universitatis oblatum, eadem universitas se prius per sindicum legitimè ac solemniter obligabit in Curiâ, coram senescallo, majore judice & thesaurario comitatuum Provinciæ & Forcalquerii, solvere de cætero septingentos turonenses argenti *pro septingentis focis* eidem Curiæ annuatim ; & si forsan hujusmodi focorum ejusdem terræ numerus major esset, seu in posterum augeretur pro singulis focis, qui ultrà cumdem septingentorum numerum reperirentur ibidem, turonensis unus argenteus annuatim similiter per universitatem eamdem ipsi Curiæ persolvatur.... Ampliorem insuper eidem universitati gratiam facientes de certâ scientiâ nostrâ concessimus eis, ad supplicem

petitionem ipforum, licentiam habendi Confilium ufque ad noftræ beneplacitum Majeftatis : Ita quidem quod Confiliarii ejufdem Confilii fint
dumtaxat duodecim numero ; quatuor eorum videlicet de nobilibus,
quatuor de mediocribus, & alii quatuor de minoribus feu plebeis qui
poffe habeant tractandi, procurandi, & ordinandi quæ ad utilitatem &
bonum ftatum ejufdem terræ viderint expedire , dummodo de his in
quibus ipfa noftra Curia tangitur fe nullatenus immifcere prefumant....
In cujus rei teftimonium & prædictorum hominum cautelam præfentes
litteras exinde fieri juffimus &c. Datum Neapoli anno Domini milleſimo
trecentefimo decimo quarto, die nono menfis Julii duodecimæ indictionis,
regnorum noftrorum anno fexto. 9 Juillet 1314.

XXXVI.

*Lettres de Nobleffe en faveur de Jacques de Non, données par Philippe-le-Long;
Roi de France, fervant d'éclairciffement à la Déclaration de Charles II,
fur les annobliffemens.*

Philipus Dei grâ̂ Francorum Rex. Notum facimus univerfis tam pre- Janvier 1317.
fentibus quàm futuris, quod nos attendentes grata fervitia per dilectum
noftrum Jacobum, dictum de Non, nobis & predeceſſoribus Francie
Regibus multipliciter exhibita, & que ipfum nobis in pofterum exhibi-
turum fperamus, horum obtentu, nec non confideratione dilecti & fidelis
noftri Dni de Joinvillâ, & de Rivello fenefcalli Campanie, militis, pro
dicto Jacobo, nobis, in hâc parte, fuplicantis, ipfi Jacobo cupienti militari
cingulo decorari, de fpeciali gratiâ & ex plenitudine regie poteftatis
concedimus per prefentes, quod ipfe, quamquam de nobilibus non tra-
xerit originem, quem & ejus pofteritatem prefentem & futuram nobili-
tamus, & tanquam nobiles de cetero volumus haberi, ac ad omnes
actus admitti, gaudereque, & uti in omnibus & per omnia, quâlibet
Nobilium libertate, cingulum militare, quandocumque & à quocumque
fibi placuerit libere recipere valeat, ac fi fuiffet de Nobilibus procreatus,
nonobftantibus ftatuto, confuetudine vel lege contrariis, aut aliis quibufcumque. Quod ut perpetue robur obtineat firmitatis, prefentibus literis
noftrum fecimus aponi figillum, noftro in aliis, & alieno in omnibus, jure
falvo. Actum apud fanctum Germanum in Layâ ann. Dni M.CCC.XVII.

Regift. des Chartes, cotte 56, ann. 1317, 1318, acte 69. Recueil de M. le Nain, t. 7,
c'eft ainfi qu'elle eft citée dans l'Hiftoire mff. d'Anjou.

XXXVII.

Permission accordée aux Habitans d'Aix, par le Roi Robert, de choisir trente Citoyens, tant Nobles que Bourgeois, pour conduire les affaires de la Communauté.

13 Juin 1320.
Hôtel de Ville d'Aix, reg. cat. fol. 1.

Robertus Dei grãa &c. Petitiones fuplices noftrorum fidelium gratanter admittimus, illafque præfertim quas Reipublicæ commodum, fubjectifque compendium afferre confpicimus, benigni more principis liberaliter exaudimus. Ad fuplicis igitur petitionis inftantiam, pro parte univerfitatis hominum civitatis Aquenfis noftrorum fidelium noviter nobis factam eifdem hominibus, quod ipfi triginta inter nobiles & burgenfes de civitate prædictâ fufficientes quidem & idoneos, qui civitatis ejufdem agenda pertractent, unâ cum vicario noftro civitatis ipfius feu ejus locum tenente qui pro tempore fuerit inter fe ordinare feu ftatuere abfque præjudicio noftræ curiæ poffint & valeant, plenam concedimus ufque ad majeftatis noftræ beneplacitum harum ferie facultatem. Volentes atque firmantes quod quidquid per præfatos homines ordinandos, feu majorem partem ipforum factum fuerit, tractatum vel ordinatum, ratum habeatur & firmum. Nihilominus ordinatos homines per univerfitatem prædictam, qui ad præfens funt in civitate prædictâ, totaliter confirmantes, non obftante quod ante præfentis gratiæ conceffionem fuerint ordinati... Data Avinione per Magiftrum Matthæum Filimarinum de Neapoli.... anno Dni MCCCXX die XIIIâ Junii, III indictionis, regnorum noftrorum anno XII°.

XXXVIII.

Lettres de Chambellan accordées par Charles, Duc de Calabre, à Guillaume de Sabran, en reconnoiffance des fervices, que lui & fes ancêtres avoient rendus aux Comtes de Provence, Rois de Sicile.

15 Nov. 1327.
Archiv. de Napl reg. cat. Duc. 1327. A. fol. 71.

Carolus &c. univerfis prefentes Litteras infpecturis &c. nobiles viros virtute confpicuos, ad honores & gratias libenti animo promovemus, & eos in virtutis teftimonium noftre converfationis domeftice participio confovemus. Hujus itaque confiderationis inftinctu nobilem virum Dnum Guillelmum de Sabrano Turris Ayguefii dominum, fidelem paternum, & noftrum, hiis & aliis dotatum virtutibus, quem ejus & progenitorum suorum laudabilium merita paternæ nostreque gratie fecerunt participem, in consiliarium Cambellanum, & familiarem nostrum duximus tenore presentium, de certâ nostrâ scientiâ & speciali gratiâ retinendum &c. Datum Florentie ann. Dni MCCCXVII. die XVâ 9bris XI indict. regnor. nostr. XVI.

Cette Charte prouve, que Charles, Duc de Calabre, avoit été associé au Gouvernement du Royaume, par son pere Robert en 1311, lorsque l'arrivée de l'Empereur Henri VII en Italie, & les ennemis que le Monarque lui suscita, le mirent en danger de perdre la Couronne de Naples.

XXXIX.

Noms des Provençaux servants dans la Campanie sous Charles, surnommé l'Illustre, Duc de Calabre, fils du Roi Robert.

Carolus Notario Nicolao Calendre de Neapoli &c. pro faciendâ pagâ genti armigeræ paternæ & nostræ in fronteriis Campaniæ militanti de Gagiis suis... in præsentiâ dûrum Bertrandi de Baucio & Angelutii de Simiâ cambellanorum &c. Raymundo de Barrassio, dñis Petro Carbonelli, Alguetto de Castellanâ, Medullono de sto Saturnino pro se ipsis & scutiferis &c. dñis Amico de bono amico, Goffrido de Brignoniâ, Petro de Lambisco, Petro de sto Maximo, Philippo de Viens, de Rillanâ, Pontio de Allamagnono, Francisco de Sparrono, Berengario Raymundo, pro se ipsis & scutiferis &c. dñis Jacobo de Albe, Hugoni Stefani, loco dñi Bertrandi Stephani, Joberto de Baucio, Rostanio de Boveto, dño Audiberto Cantelmi, Misoldo Misoldi, Petro de Clareto, Audiberto de Roccamaurâ, Bertrando Alberici de Tarasconô, Siguerio de Riciâ, Alquerio Camule, Ugoni de Ruperiis, Ugoni de Vacqueriis, Pontio de Calianâ, Ugoni de Asinello, Pontio de Alamagnono; Bertrando de Bulbono, Guillelmo Carbonelli, Alfanteno de Soleriis; Joanni Barrignaris, Belterando de Buceto, Raymundo Aquiloni, Imberto de Benevento, Regnato Guarquagno, Rogerio de Baucio, Guillaulmo Vivaldi, Petro Baldi & eorum scutiferis &c. Thomasio Luncasuy, dñis Gerardo de Cadeneto, Bertrando Liquerii, Americo Blanguerii, Goffrido de Salvellâ, Rostaino Arnaldi, Bertrando de Rillanâ, Petro Alquerii, Petro Raignerii, Raymundo de Clariaco, Hugoni Porcelleto, Guastarino de Tarascono; Berengario de sto Amantio,

31 Juill. 1328.
Archiv. de Napl.
reg. car. illust.
1327-28, c. fol. 83.

Imberto de Vingtimigliis, Sollano de Quoardo, Raymundo de Bulbonâ Montolivo Montolivi, Andræâ Rimbaldi, Francifco de Jocis, Joanni Cavallerio, Petro Roccavaire, Porreviis Ugoni de Roccaforti, Gull. de Cabannis, Raymundo de Rompacis, Goffrido Raynerii, Riccavo de Roccâ, Bertrando Elioni, Goffrido de Villâ Siccâ, Caprofito de Tritis, Befiano Langalii; Jacobo de Ilonziâ, Petro de Oriolo, Berengario de Farâ, Alberto Griffoni, Berengario Beroardi, Ifnardo Roni de Sifterono, Raymundo Militi, Bertrando Aymini, Gull. de Sallâ, Gull. de Montepefato, Jacobo de Podioluperio, Hugoni de Falcone, Gull. Petri de sto Michaele, Goffrido de Vidos, Pontio de Tropffo, Gull. Columbo, Caftello de Miens, Petro Cofte de Vermellis, Pontio de Montanerio, Bernardi de sto Paulo, Mathæo Ortice de Aquis, Pontio Garfimi de Antravenis, Petro Natalis de Antravenis.

Jacobo de Cabannis, Gull. de Baldolis, Jacobo de Affilerio, Pontio de Monilio, Jacobo de Barles, Petro Romei de Villâ novâ, Raymundo Langely, Bertrando de Sifterono, Cantelmo Acquerii, Berbmundo de Caftrofoco, Bertrando Beroardi, Ifnardo Goffridi, Petro Bermundi, Hugoni de Admirato, Gull. Bofconi de Turribus, Bertrando Berengarii, Bertrando Duranti, Lamberto Bulgarello, Joanni Antonio de Bonafcâ, Bertrando de Ulmeto, Petro Sancii de Podiopino, Bertrando de Forcalquerio, Gull. Stephani, Gull. Pafcalis de Tritis.

Raynaldo Yterii, Gantelmo Simeonis, Ferrando Gerardi, Joanni Gerardi, Bertrando Lombardi, Hugoni Falcolis de Oliolis, Roberto Porcello, & Bertrando de Podio ste Reparete, Ugoni de Brachiol, & Imberto de Agoto, Matheo Ilarii, Bertrando de Curcinetim, Petro de Monte Albano, Ugoni Andrioli de Comitivâ ipfius Petri, Gull. Arnaldi, de Belloaffare, Bertrando Cervello, Hugoni Orielli, Gandino de Valle, Joanni Lanzetto, Petro Agothi, Ifnardo Feraldi, Guidoni de sto Paulo, Americo Urtice, Geraldo de Barfilonâ, Raymundo de Sparlono, Gabrieli Bonodenario, Petro Staccie, Francifco Galiberto Flotta, Lamberto Laoncello-Jacobo de Orefono Orcono, Bertrando de Monteolivo, Philippo de Reggio, Joanne & Hugone Garfini fratribus, Philippo de Regio & Rimbaldo de Grottâ, Guill. Robulli, Petro de Ponte, Petro de Mirâ, Petro Ricarii, Petro de Motta, Raymundo Rimbaldi.

Ugoni Ifnardi, Hugoni Barreries; Roftaino Forreriis, Guill. de Rametto de Altoilno, Letino Gagiardo, Francifco de Heris, Bertrando de Ventaurenâ, Joanni Papagule, Roberto de Cucurrono, Bertrando Ingrello, Gull.

Beltrandi, Roistanno Gazoli, Ugoni de Ferreriis, Bertrando Lartil, Jordano de Precinâ, Amelio Artaldi, Raynaldo de Montaurello, Joanni de Maneriis, Pontio Formiæ, Gull. Dulcene, Hugoni de Erboneriis, Nicolao Baldono, Tasino Ladre, Lanzelloto de Nara, Raymundo Frotte, Hugoni Augueriæ, Hugoni Lamberti, Artaldo de Aspello, Bertrando de Rosseto, Petro Augerii, Hugoni de Thaliaâ, Guillelmo Raymundi, Guill. Martinis, Jacobo de Angeraimo, Ricario de Fodio, Bertrando de Cayro, Gull. de Fossie, Raymundus Malli Sanguinis, Francisco de Tedono, Antonio Gisoldi, Zono de Gazatellis, Francisco de Tolomeis, Garsie de Lunâ Joanne de Brulliolo.

Inceraime de Laspat, Rimbaldo de Grasâ, Leoni de Villânovâ, Audiberto de sto Michaele, Raimundo de sto Juliano, Raymundo de Motâ, Elie Pelleti, Raymundo Scarpono, Raymundo de Milliens, Ernelleto de Cymeriis, Hugoni Alfanti, Angelutio de Liberti, Beltrando Fulconis, Bertrando Columbe, Raymundo Ferratii, Raymundo de Curtisono, Annibaldo de Mosteriis, tribus scutiferis dñi Blacassii de Alpibus, Petro de Sus, Stphano Filidecano, Petro Trincetta. Data Aquis in nostre Chambre, anno Dñi MCCCXXVIII, die ultimo Julii X Indictionis, regnorum dicti dñi patris nostri anno XX.

XL.

Lettre par laquelle la Reine Jeanne donne avis aux Florentins ses Alliés, de la mort du Roi André son mari, & de la maniere dont il avoit été assassiné.

Joanna Dei gratia Jerusalem & Sicilie Regina salutem, & sinceritatis affectum. Infandum scelus, sceleste nefas, piaculare flagitium, Deo abominabile mundoque horrendum in personam quendam Dñi viri nostri per impiorum dextras, innoxii sanguinis effusione cruentas, immani severitate commissum, ad notitiam vestram gementes ac flentes, ac doloribus vehementibus saucie vidimus perferendum.... Dum quidem octodecimo hujus mensis, ipse condam dominus vir noster tarde, horâ intrandi cubiculum, descendisset ad quendam parcum contiguum Gayso aule nostri hospitii in Aversâ, imprudenter & incautè imò juveniliter sicut frequenter ibi & alibi suspectâ horâ abire consueverat, nullius in hoc acquiescens consilio, sed tantum sequens motus precipites juventutis, non admittens socium, sed ostium post se firmans, nosque expectassemus eum-

22 Sept. 1345. Archiv. de Flor. t. 16. Dei capit. nº 113.

dem, jamque in ipso cubiculo capte fuissemus à somno, ex morâ nimiâ quam trahebat, nutrix sua bona & honesta Domina ipsum cum candelâ cepit anxiè querere, & tandem propè murum dicti parci eum reperit jugulatum. De quo quantum nobis lugendum occurrat nos cogitare non possumus, neque in cor posset ascendere alicujus; & licet de illo nequam inauditi hujus sceleris patratore fuerit, quantum exquiri & considerari potuit, crudelis facta justitia, tamen respectu malignitatis presumpte omnis rigiditas debet facilitas reputari.

Ad causam namque instigationis sue nequam ipse patrator adduxit, quod verens inferendum sibi mortis supplicium ex provocatione ipsius quondam dñi viri nostri, propter sua demerita contra eum, cogitavit sicut aliter Judas, desperationis ausum, quem tantummodo cum uno famulo non adhuc reperto, peregrinâ iniquitate perfecit. Cum igitur in tanti casûs eventu, sint undique nobis angustie, nihilominus in Deo ac sanctâ matre ecclesiâ Dominâ nostrâ, aliisque amicis devotis & fidelibus nostris fiduciâ sincera speramus, quod nobis in tantâ nostre afflictionis tristitiâ, divine miserationis consilium & sue pietatis gratia non deerunt.

Datum Averse sub annulo nostro secreto die 22a 7bris XIIII indict.

XLI.

Lettre de Louis de Tarente, second mari de la Reine Jeanne, par laquelle il apprend aux Florentins la maniere dont il a été reçu à Avignon, & la résolution où il est de repasser bientôt en Italie.

22 Avril 1348.
Ibid. n° 119.

Viri magnifici & amici carissimi &c. Ecce amicitie vestre libenter intimamus presentibus, nos Avinione nunc feliciter mansionem trahentes, ibi à Domino nostro summo pontifice ac cardinalium toto collegio, tamquam Romanâ Curiâ, & nihilominus universis personis, & singulis regionis hujus Provincie satis magnifice satisque placite, nec non letâ facie fuisse susceptos, tractatos etiam, & tractari jugiter cum honore : ex quo speramus nobis obtentum realem in proximo tam omnis gratie ab contestatâ Curiâ, quàm oblati sponte & placite grandis auxilii subditorum; inde sperantes propterea in virtute dominicâ accessum nostrum felicem & celerem ad partes italie personalem; rursus nobilitati vestre pandentes, quòd comites & barones ac magnates singuli, nec non universi homines istarum partium subditi nostri, nos unâ cum illustri Jerusalem & Sicilie Reginâ consorte

nostrâ

nostrâ carissimâ, cum omni reverentiâ & fidelitate amabiliter honorant & tractant : unde nobilitati & amicitie vestre prefatis, hec omnia ad preconiale gaudium particulariter & studiose decrevimus nuntianda; interim nos vobis offerentes & nostra ac posse nostrum-totale, ad omnia vestra beneplacita & honores, illustrium progenitorum vestigiis inherentes. Verùm credimus ad vestram jam pervenisse, vel instanter perventurum notitiam, per apostolicas Litteras, qualiter dñus noster summus Pontifex in se facta & negocia regni nostri Sicilie intendit assumere, & qualiter disponi debeant negocia dicti regni ; Quapropter amicitiam vestram precamur attenti, quatenus ad dilectionis effectum, semper ostensum laudabiliter erga vos per illustres predecessores de domo nostrâ regiâ, presertim conversatos in partibus Italie, dirigentes intuitum, non minus ostendentes voluntatem ac firmam constantiam amicitie vestre, sic & taliter velitis vos gerere, & cum reverentiâ ste matris ecclesie, ipsius domûs regie auxilium, quod proprium reputare potestis procurare.... Datum Avinione die XXIIâ Aprilis, primâ indictione.

XLII.

Lettres de grace accordées par la Reine Jeanne, à ceux qui, pour punir les auteurs de la mort du Roi André, avoient excité un soulevement dans Naples, & forcé le château où elle étoit enfermée, &c.

Universis presentis indulti seriem inspecturis, tam presentibus quàm futuris. Ad nostram noviter perducto notitiam, quòd dùm pervenisset ad notitiam spectabilium virorum Roberti Dei gratiâ Romanie despotis, Achaie & Tarenti Principis; nec non Caroli Ducis Duratii Regni Albanie & Honorismontis sancti Angeli, Domini, comitisque Gravine; Ludovici & Roberti fratrum eorum carissimorum, fratrum nostrorum, quòd de nece clare memorie Domini Andree de Ungariâ, Jerusalem & Sicilie Regis illustris, viri nostri carissimi & Dñi Reverendi, alique persone erant publice diffamate notabiliter & suspecte ; prefati fratres nostri tùm ex aviditate vindicte quam cupiebant, & cupiunt de nece predictâ, vinculo sanguinis faciente, quo eidem dño viro nostro & nobis certo ordine jungebantur, præter juris ordinem in Raymundum de Cataniâ (1) militem, nostri hospitii

14 Mars 1346.
Archiv. de Napl.
1345. L. B. indict.
14, p. 89.

---

(1) Il semble que ce Raymond de Catane, est le mari de la Catanoise, qui étoit en effet Sénéchal du Palais; mais outre que dans tous les titres il est surnommé de *Cabanes*,

fenefcallum, qui certis conjecturis precedentibus, ficut afferitur, contra eum fufpectus exinde per eos verifimiliter credebatur, manus injecere, ipfumque tormentis & queftionibus exponere curaverunt; dictoque Raymundo confeffante fe præfcium necis ejufdem, ad idque dediffe opus & operam unâ cum certis aliis, ficut fertur; prefati fratres noftri Neapolitanum populum convocari fecerunt, ipfumque Raymundum ftatuerunt publice coram eis; quodque prefato Raymundo prefatam confeffionem fuam coram dicto Neapolitano populo publice iterante, & nominate inter alios ipfius necis preícios feu fufpectos, virum nobilem Gaffum de Dynifiaco, Terlitii comitem, ac regni Sicilie Marefcallum ; illos de Leonefsâ, quos nominaliter expreffit ; Nicolaum de Milaffano hoftiarium, Philippam de Cataniâ, Magiftram, & Mulierem nobilem Sanciam de Cabanis, comitiffam Morconis, fociam & familiarem noftram, qui nobiscum in caftro novo Neapolis morabantur..... Fuit adeo graviter ex hoc dictus Neapolitanus populus, nec immerito concitatus, quod manu armatâ cum feditione & tumultu, unâ cum certis aliis familiaribus & armigeris dictorum fratrum noftrorum, usque ad oftium dicti caftri noftri novi, iteratis vicibus venientes, expetentes nominatos eofdem fibi dari, veluti proditores : cum illos fic facile dare nequiremus eifdem, in dictum caftrum acerbiffime infultarunt, projicientes contra caftrum ipfum & homines exiftentes ibidem, lapides, lanceas, & quadrellos cum diverfis generibus baliftarum, ac oftium primum pontis caftri ejufdem ignis incendio concremantes; & tandiù prædictis infultibus inftiterunt, quoufque prefati comites Terlitii & Ebuli (1), Joannes & Roftagnus de Leoneffa ; Nicolaus de Milazzano & comitiffa fuerunt dictis fratribus noftris feu ftatutis eorum, dictoque Neapolitano populo affignati, captivi poft modum, ficut accepimus ; quod dum prefati

---

on voit par l'Infcription mife fur fon tombeau & rapportée par Summonte, t. 2, p. 424, qu'il étoit mort le 21 Octobre 1334. Ce Raymond devoit donc être ou un Gentilhomme de Catane, ou un fils de la Catanoife qui n'a pas été connu.

(1) La Charte, en rappellant en cet endroit les mêmes perfonnes qui ont déja été nommées ci-deffus, dit les *Comtes de Terlitz* & d'*Evoli*. Le Comte d'Evoli étoit Robert de Cabanes, fils de la Catanoife. Il faut donc que le copifte, qui a porté les Actes originaux fur les Regiftres de la Zecca, ait omis ces mots, *Robertum de Cabanis Evoli Comitem*, &c. Ce qui prouve que ce Raymond de Catane nommé ci-deffus, eft un perfonnage différent de *Robert*, avec lequel je croyois d'abord qu'on l'avoit confondu, à caufe de la lettre initiale R, qui eft peut-être la feule qu'on ait mife dans l'Acte original.

captivi per eos in carcere tenerentur ad indagandum de nece prediâ
certius veritatem, fuerunt per ipfos ex diêtis captivis aliqui diris expofiti
queftionibus & tormentis, concurrentibus ad premiffa cum eifdem principe
& duce & fratribus, ficut fubauditur, viris nobilibus Hugone de Baucio,
Avellini comite, religiofo viro fratre Marzeali de Hybernio ordinis facræ
Domûs hofpitalis fanêti Joannis Jerofolimitani patre, fratribus & confan-
guineis fuis, &c. &c. & quamplurimis aliis dantibus ad id eifdem Principi
& Duci & fratribus, tam infra civitatem eandem, quàm in aliis locis
prediêtis, opem, operam, auxilium, confilium, & favorem. Nos igitur
advertentes, quod, licet impertinenter, quoad tribunalis & judicii ordinem, prediêta aêta & commiffa fuerint per eofdem fratres noftros,
eorumque miniftros de mandato ipforum, & prefatum Neapolitanum
populum & alios fupra diêtos, &c. &c. &c. ab omni culpâ & penâ vel
notâ &c. de certâ noftrâ fcientiâ & fpeciali gratiâ liberamus, abfolvimus,
& perpetuo quietamus; ita quòd nullo unquam tempore de prediêtis, vel
aliquo prediêtorum vel dependentium ex eifdem, inquietari, vel impeti,
vexari, notari, aut moleftari valeant per quofcumque Magiftratus aut
officiales tam Regni Sicilie, quàm còmmitatuum noftrorum Provincie &
Forcalquerii, quocumque titulo vel nomine cenfeantur; quibus ex certâ
noftrâ fcientiâ prefentis tituli ferie exprefsè injungimus, quod de prediêtis
vel aliquo prediêtorum contra eos aut bona ipforum... ex officio vel
ordinariè aliqualiter non procedant; ita quod nullo unquam tempore publice
vel occulte moleftentur, &c. &c. &c. Datum Neapoli per manus venerabilis Patris Rogerii Archiepifcopi Barenfis &c. anno Domini MCCCXLVI
die XIV Martii, XIV indiêt. regnor. noftr. anno quarto.

XLIII.

Promeffe de la Reine Jeanne à la Nobleffe & aux Communautés de Provence;
de ne mettre en place que des gens du pays.

In nomine Domini amen. Ann. incarnat. ejufdem MCCCXLVIII die
XVIIâ menf. Febr. Ime indiêt. Conftituti infra fcripti Barones, Nobiles,
& fyndici Aquenfes, in prefentiâ illuftr. dñe noftre, dñe Johanne Regine
Jerus : & fic. &c. in palatio reginali civitatis Aquenfis, fcilicet in camerâ
ipfius dñe noftre Regine &c. videlicet viri egregii dñus Raymundus de
Agouto, dñus Vallium Saltus; Bonifacius de Caftellanâ, dñus de Foffis;

17 Févr. 1348.
Archiv. de Taraf-
con, fac 3.

Isnardus de Pontevez, dñus dicti loci ; Rayñs de Vintimilio, dñus de Verderiâ, nobilis Jayserius de Alamaniâ ; Bermundus de Voutâ ; dñus Bonifacius de Relania, miles de Massiliâ ; venerabilis vir dñus Guill. Fulcueys Grass. præpos. dñus Jacobus Berengarii, miles de Aquis ; Raybaud de sto Paulo, & venerabilis vir Agoutus de Forcalquerio, de Lucemarino, canonicus Aptensis ; Manuelus de Massiliâ ; Monetus de Cabriis ; Bartholinus de Grossis, de Aquis ; Mitrius Berengarius, Syndicus Aquensis ; Bernardus Thomatii, Syndicus Aquensis ; dñus Joann. de Cario, jurisperitus, civis Aquensis ; Blaccacius de Pigono, de Aquis, suplicaverunt eidem dne nostre Regine qd de cetero non faciat vel teneat officiales aliquos in comitatibus suis Provincie & Forcalquerii, nisi dumtaxat homines Provincie, vel habitantes in dictis comitatibus Provincie & Forc. Cui quidem suplicaõni Baronum & nobilium, & aliorum supra nominatorum dicta dña nostra Regina annuens predicta superius suplicata eisdem suplicantibus l beraliter concessit & promisit cum juramento per eam prestito, super sancta Dei Evangelia, ambabus manibus sponte tactu, ipsis suplicantibus, quod de cetero non faciet, nec tenebit officiales aliquos in dictis comitatibus, nisi homines Provincie vel habitantes in dictis comitatibus. De quibus óbus supradictis, predicti Barones, nobiles & alii supradicti tam nominibus eorum propriis, quam nomine aliorum Baronum, nobilium, & universitatum, comitatuum predictorum, sibi petierunt fieri unum vel plura publica instrumentum & instrumenta, tam per me Martinum Raynaudi notarium de Aquis, quam per Petrum Guiramandi notarium

Archiv. de Tarasc. ibid. presentem. Actum Aquis &c.
sac 3.

XLIV.

Extrait d'une Charte, portant reçu & emploi des quatre-vingt mille florins donnés par le Pape pour le prix de la ville d'Avignon.

10 Juill. 1348.
Archiv. de Napl.
reg. 1348. 2de
indict. let. A. fol.
104.

Ludovicus & Joanna Dei gratiâ Rex & Regina Jerusalem & Sicilie, ducatus Apulie & principatus Capue, Provincie & Forcalquerii ac Pedemontis comites. Tenore presentis finalis quietancie apodixe notum facimus universis tam presentibus quàm futuris, quòd olim infrà annum proximo preterite prime indictionis, nos in Romanâ curiâ pro nostris agendis personaliter existentes, non modicâ pecunie quantitate nobis plurimùm necessariâ opus habentes, mandavimus ore tenus viro nobili Nicolao de Aczarolis, comiti Terlitii, & magno regni nostri Sicilie Senescallo dilecto consiliario, familiari & fideli nostro ut requiri & recipi faceret nomine & pro parte nostrâ in eâdem Romanâ curiâ de camerâ sanctissimi in Christo Patris & Domini, Domini Clementis divinâ Providentiâ sacrosancte Romane ac universali Ecclesie summi Pontificis de pecuniâ nobis debitâ per cameram ipsam, pro pretio civitatis nostre Avinionis, certo modo alienate, per nos, eidem Dno summo Pontifici, florenorum de auro octoginta millia, per certos ad hoc deputatos, prout de intentione ac plenariâ conscientiâ & voluntate nostrâ processit ; fecit ad opus & pro parte nostrâ de dictâ curiâ recipi & haberi, de quibus Nicolaus ipse ad diversa mandata nostra per nos ei ore tenus suis vicibus inde facta solvi fecit atque converti per eosdem, qui pecuniam presatam, ut presertur receperant (*suit l'emploi de l'argent & le nom des personnes auxquelles il a été compté pour prix de leurs services.*) Datum Neapoli per Magistros rationales anno Dñi MCCCXLVIIII die decimo mensis Julii II indict. temporum nostri Regis anno Imo (*il faut II.lo*) nostre vero Regine anno VII.

XLV.

Lettre de la Reine Jeanne au Pape Innocent VI, pour le prier d'engager les Marseillois à recevoir le Sénéchal qu'elle leur envoyoit.

Sanctissime Pater & Reverendissime Domine post devota pedum oscula Beatorum sanctitati vestre humiliter referamus, quòd propter Livoris contagium, qui inter nonnullos nobiles & plebeios nostrorum comitatuum Provincie & Forcalquerii diversos rancores & scandala multipliciter modernis temporibus excitavit, de queis instructam esse credimus apostolicam sanctitatem, mature providimus senescallum predictorum comitatuum nobilem Virum Aymericum Rollandi, militem, Dominum Valloni, de quo licet non habeamus notitiam, tamen strenuitatem, sollicitudinem atque prudentiam publica fama refert, per alias nostras Litteras fiducialiter statuendum ; & quia nobis est cordi, quod nullus idem penitus nostro fungatur officio, possetque ut credimus per nobiles & alios populares subditos nostros dictorum comitatuum ad id aliqualis repugnantia pervenire, maxime vigore cujusdam privilegii invite & quodammodo violenter eis concessi de non creandis officialibus in dictis comitatibus, nisi sint exinde oriundi ; sanctitati vestre devotissime suplicamus, ut dignemini per

23 Octob. 1350.
Arch. d'Aix.

vestras sacras Litteras scribere dictis nobilibus, & universitatibus predictorum nostrorum comitatuum, inducendo ipsos atque monendo, prout sanctitati vestre videbitur, ut pro ipsorum commoditate & statu, predictum Aymericum ad ipsum officium recipiant & admittant, ipsumque tractent amabiliter in eodem.

Datum Gayete sub annulis nostris secretis, die 23 8bris quartæ indictionis ann. MCCCL.

XLVI.

Mariage de Guillaume, Comte de Beaufort & d'Alès, avec Dlle Catherine d'Adhemar, des Seigneurs de Monteil & de la Garde.

9 Nov. 1363.
arm. c. parv. reg.
n° 3.

Anno incarnationis 1363 die 9ᵃ 9bris tractatus de Matrimonio contrahendo inter magnificum & potentem virum Dominum Guillelmum Comitem Bellifortis & Alesti, Vice-comitemque Moræ ex parte unâ, & egregiam domicellam dominam Catharinam de Gardâ, sororem germanam magnifici & potentis viri domini Hugonis Adhemarii militis, Montilii & Gardæ Domini, & Valentiæ, ex alterâ, dictus Hugo Adhemarii assignat in dotem dictæ dominæ Catharinæ, videlicet quinque millia florenorum auri de Florentiâ; & dictus Dominus Comes Bellifortis in osculum dictique matrimonii contemplationem, dedit dictæ dominæ Catharinæ videlicet castrum & Castellaniam sti Stephani de Valle Francifcâ, Mimatensis Diocesis ipsius domini comitis cum omnibus suis juribus. Notario Joanne Fabri de Loco Alesti.

XLVII.

Permission aux Habitans de Toulon, d'élire tous les ans des Syndics ayant Jurisdiction contentieuse.

1ᵉʳ Sept. 1367.
Archives de Toulon, liv. roug.
fol. 23, v°.

Johanna Dei gratiâ Regina, &c. Cum sæpe tumultuosa collectio produxit obturitatis involucrum, & contradictionis objectum; dum enim communis res agitur, discordia frequenter inducitur & scandali materia concitatur, vitandaque est causa mali, ut contradictionis succendatur occasio, & civilis belli dissidium præcidatur; sanè pro parte Consilii universitatis hominum Civitatis Tholoni, de dicto Comitatu Provinciæ... fuit majestati nostræ nuper expositum, ut cum pro negotiis dictæ Civitatis fideliter peragendis, expediat eligere, quibus agere specialiter illa incumbunt, eoque in plurimis, in quibus est animorum varietas, nil derectè profuerit; propterea pro ipforum exponentium parte fuit Majeftati noftræ humiliter fupplicatum, ut concedere eidem univerfitati & hominibus, ut fingulis annis poffint facere & ordinare findicos, qui eorum voluntatis arbitrio, ad omnia & fingula judiciaria & extrajudiciaria dictæ univerfitatis negotia peragenda cum plenâ & omnimodâ poteftate, etiam cum relevationibus & aliis juribus, claufulis & renunciationibus opportunis de benignitate Dominicâ dignaremur. Nos autem.... hujufmodi fupplicationibus inclinatæ, eidem univerfitati & hominibus de certâ noftrâ fcientiâ concedimus, ut autoritate præfentium fingulis annis poffint facere & ordinare findicos pro eorum voluntatis arbitrio, ad omnia & fingula judiciaria & extrajudiciaria dictæ civitatis negotia peragenda, cum plenariâ & omnimodâ poteftate....... dum tamen talis conceffio non fit contra jura noftræ Curiæ approbata, Capitula antiqua Provinciæ & ordinationes noftras noviffimè factas, in quibus cafibus dicti fupplicantes prædictos findicos facere non poffint. In cujus rei teftimonium prefens fcriptum exinde fieri & pendente..... Datum Neapoli..... Anno Domini millefimo trecentefimo fexagefimo feptimo die primo Septembris VIIIe indictionis, regnorum noftrorum anno XXV.

XLVIII.

Lettres de la Reine Jeanne, qui révoque & annulle la ligue faite entre les Habitans d'Aix & ceux de Marfeille.

Joanna Dei gratiâ Jerufalem & Siciliæ, &c. licet pridiè certis caufis rationibus, confiderationibus, & motivis certam ligam inter civitatem Maffiliæ ex parte unâ & civitatem Aquenfem ex alterâ feu homines civitatum ipfarum initam duxerimus ufque ad noftrum beneplacitum confirmandum. Quia tamen fecundum varias difpofitiones temporum oportet variari Confilia, & immutari præterita, quæ præfentia tempora non requirunt manfura, ecce primâ deliberatione noftri Confilii præfatum beneplacitum noftrum confirmationis dicte lige de certâ noftrâ fcientiâ harum ferie expiratum decernimus ; illudque ac præfatam ligam ac omnia & fingula quæ prætextu dicte lige facta effent vel forfitan ordinata annullamus & revocamus, ac nullius effe decernimus roboris feu vigoris ita quod ex nunc in anteà inter civitates eafdem feu illarum homines nulla liga habeatur feu haberi valeat in futurum, litteris de hujufmodi confirmatione conceffis nulla tenus obftituris, & ecce damus earumdem vigore præfentium expreffius

2 Octob. 1369.
Archiv. d'Aix, arm. Q.

in mandatis fenefcallo eorumdem comitatuum noftrorum Provinciæ & Forcalquerii quod præfentes noftras revocatrices litteras legi & publicari faciat in præfentiâ noftri Confilii civitatis Aquenfis, quibus lectis & publicatis regiftrari in regiftris noftri Archivi Aquenfis. Data in caftro noftro Nucerie, anno Dni millefimo trecentefimo fexagefimo nono, die fecundo Octobris, octavæ indictionis.

XLIX.

Dons faits par Guillaume de Beaufort, à Raymond son fils en l'émancipant.

23 Août 1379. arm. c. parv. reg. n° 3, fol. 151, &c.

Anno 1379 die 23â Augufti, Nobilis Raymundus de Bellofortis, filius magnifici & potentis viri Domini Guillelmi Comitis Bellifortis emancipatur. Et ipfi Raymundo Bellifortis fic emancipato Guillelmus pater dat videlicet medietatem villæ de Valernâ, medietatem de Vaumilio, de Motâ, de Bayonis, de bello Affari, de Gigortio, de Laufeto, de Modis, de Mefello, de Antravenis, & de Caftelleto cum medietate omnimodâ valoris & enolumentorum redditurum, cenfuum & homagiorum ad prædicta caftra pertinentium; item villam, caftrum & locum sti Remigii, totum cum omnibus fuis pertinentiis. Item locum & affarium de Turre, propè ftum Remigium : item caftrum de sto Exuperio Lemovicenfis Diocefis; item Caftrum de Margaridis; item caftrum Cornillionis. Diocefis Uticenfis; item jardina, hofpitium & viridaria fua de Villâ novâ propè Avenionem; item debitum 18900 francorum auri per Rogerium de Bellefortis militem ipfi Guillelmo debitorum; item 19000 librarum, ratione penfionis per ipfum Dominum Guillelmum expreffe retentæ & debitæ partim à Rogerio Bellifortis filio fuo, partim à Nicolao Bellifortis domino de Hermenco, & de Limolio filio fuo; partim à domino Marquefio de Bellifortis, dno de Canilliaco, filio fuo, & partim à Guidone de Neboleris, de manfo Seveno, Lemovicenfis Diocefis, item Donat eidem Raymundo de Belloforti prædicto omnia jocalia & pecunias fuas, quæ remanebunt poft obitum fuum, perfolutis tamen priùs quinque millibus florenis quos folvere tenetur ipfe Guillelmus pater dnæ Catherinæ conforti fuæ, matrique ipfius nobilis Raymundi... Item ipfe dat *Sermia* caxias, arcas, coffinas, vougias, culcitras, pulvinaria, matalaftia, linteamina, banolias albas, coopertoria de firico, banquaria, mappas, longerias, & manutergia & totam vaxellam fuam argenteam, exceptâ vaxellâ Rogerio de Belloforti fratri dicti. Raymundi, per dictum
Guillelmum

DE PROVENCE.

Guillelmum fratrem donata in suo testamento ; ut dixit ; item tonellos quoscumque & bottas vinarias, & tinas & omnia alia universa & singula utensilia infrà castrum & locum prædictum Cornilionis, & mansos de sto Mabilio & de Verunâ Diocesis Uticensis.

Acta fuerunt hæc in Cornilione.

L.

Inventaire curieux des effets appartenant à Guillaume Roger, Comte de Beaufort, & laissés à Raymond de Beaufort son fils pupille ; fait par Guillaume de Beaufort, Vicomte de Turenne, frere & tuteur de Raymond.

1°. Castrum Cornilionis cum omnimodâ jurisdictione altâ & bassâ &c. item hospitium infra quod dnus comes quondan morabatur & decessit, infrà quod erant res & bona que sequuntur. 1°. In capellâ sti Martialis, infra turrim dicti hospitii erant due botgie nigre, ferrate, in quarum primâ erant quinque picherie sive pincte argenti deaurate, & alique emailhate & aptate cum coopertoriis. Item septem aiguerie argenti deaurate, & alique aimailhate & aptate cum coopertoriis. Item tres cobeleti argenti deaurati, ad modum rose cum coopertoriis & pedibus aimailhatis & aptatis ; item tres alii cobeleti deaurati alterius forme, cum pedibus & coopertoriis, apthatis & aimailhatis. Item una aigueria ad modum rose cum brocherio argenti deaurati & aimailhati ; item unus alius cobeletus argenti deaurati cum pede & coopertorio aimailhatus & aptatus, & sunt circuli in circumferentiâ, & in coopertorio est figura cervi. Item una cupa de opere anglie deaurata, cum pede & coopertorio coronato apthato & eimailhato. Item sex tacee argenti mediocres deaurate cum pede ; item duodecim tacee argenti magne, & late, deaurate ; item due alie tacee deaurate, una magna cum pede sine email, & alia sine pede emailhata in medio. Item sex candelabra de cupro deaurata, de opere sti Marchialis cum armis Domini, & plurium aliorum.

4 Mars 1380. Archives d'Aix, arm. E. n° 18. Arles, fol. 79, v°.

Item in aliâ secundâ botgiâ fuerunt repertâ ea que sequuntur. Una magna cuppa argenti deaurata, de opere anglie cum coopertorio esmailhato & apthato. Item tres alii gobeleti deaurati cum pede & coopertorio apthati. Item sex aiguerie argenti deaurate cum brocheriis esmailhatis & apthatis. Item quatuor plati lavatorum argenti deaurati & esmailathi & apthati ; & ibidem in dicta capellâ fuerunt reperte due alie botgie, infrà quas erant, primò in unâ sex tacee argenti deaurate sine pede. Item duodecim tacee argenti albi. Item unum dragerium argenti deauratum cum pede, & cocleari albo pro fpeciebus (les épices). Item duo candelabra de cupro deaurata cum armis domini. Item duodecim platelli argenti albi pro coquinâ; item tres plati lavatorii, deaurati à circumferenciis. Item viginti quinque fcutelle argenti albi pro coquinâ.

Item in aliâ logeâ fuerunt reperte duodecim tacee argenti albi. Item quatuor alia tacee albe, cum bulhonis in medio. Item fex alie tacee argenti plane daurate. Item tres plati argenti albi deaurati in circumferentiâ. Item duodecim plati argenti albi pro coquinâ. Item viginti quinque fcutelle argenti pro coquinâ. Item duodecim coclearia argenti albi.

Item in prefatâ capellâ sti Marcialis fuit reperta quedam arca antiqua de fuftâ cum duobus criniis ab infra quam erant. Primo unus pelvis argenti ad barbigandum deauratus in circumferenciis. Item unus annulus epifcopalis. Item quedam fcripture. Item unus rotulus magnus fignatus de pergameno de pronoftificatione fummorum pontificum. Item una pixis civate fine (le mufc fin) & eft in parvo ftuvo. Item duo paria calcarium cupri deaurati. Item duo oifrolati pro cafublio bene brodati & deaurati. Item duo manipuli & una ftola.

Item due gibecerie fine charneriâ cum perlis & lapidibus vitri brodate de imaginibus. Item unum oifro viride cum perlis. Item quinque annuli cum quinque lapidibus magnis dictis *balais*, & duo annuli auri cum lapidibus mediocribus dictis faphiris. Item unus alius annulus magnus in quo eft unus magnus faphirus oblongus. Item unus alius annulus cum lapide rubeo cum armis Domini. Item duo alii annuli aurei, unus fine lapide & alius cum uno faphiro albo.

Item unum pomum de granâ mufqueti circumdatum de circulis aureis, & inferius eft unus faphirus; & in circulis aureis funt perle & alii lapides, & ibidem deficit unus parvus lapis, & in circulo in quo poma pendet funt duo noduli de perlis finis. Item unum pelvim pro barbitonfore pulchrum & bene operatum. Item unum altare portatile de lapide jafpidis. Item duo miftatoria; item excacorum & alearum....

Item duo capita argenti deaurata, undecim millium Virginum, cum coronis, perlis & pluribus aliis lapidibus pretiofis, & ibi funt arma Domini comitis, & Dne de Canilhaco quondam; & unum repofitorium chori predictis coronis. Item una Crux argenti deaurata, perlata cum pluribus pretiofis lapidibus; eft in duabus pecis, in prima eft Crucifixus cum perlis

DE PROVENCE.

& lapidibus; in pede funt imagines, prima beate Marie, beati Joannis & inferius beatorum Petri & Pauli. Duo candelabra argenti alba cum parvis pedibus. Item unum miſſale pulchrum, quod incipit Dominicâ primâ in Adventu. Item una tabularia pro aleis & ſcachis magna. Item duo candelabra argenti alba, eſmailhata & apthata cum armis Domini. Item turibulum argenti cum nave pro encenſario eſmailhatum, & unum coclear argenti. Item viginti tres botones argenti deaurati pro capuciis dominarum, & ſex alii argenti eſmailhati. Item octo nodi panni in quibus ſunt fere quadraginta pecie argenti & eſmailhi pro zona. Item quatuor magne mape paramenti operate pro dominis Cardinalibus & aliis magnis Dominis.

Item bacculus, paſtoralis, vocatus croſſa, argenti, deaurata & eſmailhata, & eſt de quatuor pecis. Item unum altare portatile de marmore. Item unus gobeletus deauratus cum coopertorio. Item unum ſcutum argenti pro nuncio cum armis Domini. Unus gobeletus argenti deauratus. Item duodecim coclearia alba de argento: item quatuor picherie argenti albe cum coopertoriis. Item una aigueria alba cum coopertorio. Item coopertorium aiguerie argenti albi.

Item ſex plati argenti albi pro coquinâ. Item 38 ſcutelle argenti albe. Item quatuor parve phiole de balſamo. Item duodecim indumenta garnita & completa de panno aureo, de campo rubeo, & fodrata de indio. Item unum vas argenti deauratum ad reponendum corpus Chriſti. Item una patena argenti ad dandam pacem deaurata, cum armis Domini & Domine prime.

Item due picherie argenti parvule ad dandum vinum, & aquam in Miſſa. Item duo tabularia depicta pro altari; in uno ſunt arma Dni Clementis pape ſexti, & eſt duplex, & in alio ab intra ſunt imagines beate Marie & trinum regnum. Item urſeolus, id eſt benedictorium argenti albi, cum yſopo etiam de argento. Item unus calix argenti deauratus & eſmailhatus cum patenâ ſuâ & ſuo repoſitori corii. Item una chaſubla panni damacii cum orfreſiis de angliâ. Item duo plati lavatorii auri & eſmailhati cum armis Dni in medio.

Item duo chaupinete parve pro vino & aquâ in miſsâ. Item una mitra pulchrerrima cum perlis & lapidibus pretioſis & duobus ſaphiris in ſummitate. Item una modica campana argenti. Item unum paramentum pro equis cum armis Domini, & radiis ſolis & pluribus roſis... Item unum tabularium pro aleis & eſchaquis, bordatum de argento deaurato cum armis Dni Regis Francorum, & Dni Comitis, & est una pars tabularii de lapide jaspidis, & alia pars de christallo, cum imaginibus, & est pulcherrimum, & garnitum de eschaquis & tribulis de christallo & jaspide cum suo repositorio corii. Item unum magnum pulcherrimum cornu pro venando.

Item una quedam rosa aurea que datur per sapum in die medio quadragesime. Item quatuor candelabra de ferro deaurata & esmaillata. Unum reliquarium argenti deauratum in quo est modicum de Cruce sancti Andree. Item aliud reliquarium argenti majus cum lapidibus pretiosis, & in medio pendet lapis in catenâ argenti, & in summitate est Crux, & in dicto reliquario est de pollice beati Thome.... Item una tabula parva de auro cum lapidibus pretiosis & perlis pluribus, in cujus medio est figura Crucifixi, & quatuor Evangelistarum cum repositorio corii.

Item in dicta turri fuerunt inventi in diversis locis in pecuniâ auri & argenti undecim millia ducentorum florenorum auri; Item mille & tercentum viginti duo floreni auri Regine. Item mille & quadraginta oboli aurei aragonenses. Item plus mille floreni auri Regine. Item sex millia sexseni, ordinati pro elemosinis fiendis in ecclesiis de Casâ Dei & Alesti.... Item sex plati lavatorii argenti. Item triginta sex plati argenti albi pro coquinâ. Item septuaginta quatuor scutelle argenti; due tacee deaurate cum pede: item duodecim cochlearia argenti albi. Item una parva elemosinaria argenti alba. Item octo picheri argenti albi... Item tres florini auri... Una tacea argenti aurata & esmailhata cum coopertorio & pede.

Item unum cobeletum de christallo cum coopertorio de argento deaurato. Item unus cultellus cum manubrio eburneo optime operato, & vagina garnita de argento deaurato... Item unus cobeletus argenti deauratus cum coopertorio... Item due zonæ argenti, una magis grossa alterâ. Item unus cultellus, cujus manubrium est in modum hominis armati... Item duo cutelli cum manubrio de jaspide.

Item mille franchi; item quingenti floreni. Item unus gobeletus magnus & quinque alii infra de argento. Item una tinea ad balneandum. In dicto castro Cornilionis est unum horologium garnitum pro pulsando horas.

Item sunt reperti equi sequentes. Primo unus palafredus griseus pomelatus. Item una acarreria nigra; item unus palafredus rubeus magnus, qui ambulabat; item una acarreria grisa monocula; item due mule; Item quatuor faumerii; item unus equus baiardus, & pro prefatis equis & mulis funt celle & bride pro quolibet. Item una batifta cum baudrerio; item decem & octo cuirelli five viratoni (vraifemblablement des frondes); item unus mallus ferreus; item duo cuni ferrei ad frangendum ligna, & ponderant ifta de ferro triginta duas libras.

Item duodecim tacee argenti; item due picherie magne argenti. Item fex aiguerie argenti. Item una elemofinaria argenti aliquantulum deaurata in circumferenciis. Item quatuor cochlearia argenti de madrid cum manibus argenti deaurati. Item duo magni plati lavatorii, unus cum brochono & alius fine brochono, argenti albi, & funt aliquantulum deaurati in circumferenciis & in medio. Item una cupa lata in modum rofæ argenti deaurati & efmailhati. Item una alia cupa lata argenti cum coopertorio & pedibus.

Item una alia cupa lata cum tribus pedibus parvis argenti deaurati, cum coopertorio efmailhato. Item unus gobeletus in modum rofe, argenti deaurati, cum coopertorio coronato & gallo in fummitate coopertorii. Item unus araquiminus argenti deaurati cum coopertorio aliquantulum efmailhato, & in fundo eft figura cervi. Item unus gobeletus cum coopertorio in modum quatuor turrium argenti deaurati efmailhati in medio, cum armis in medio de Navarrâ & de Flandriâ. Item quatuor gobeleti argenti deaurati cum coopertoriis coronatis cum pede & figurâ leonis. Item duo alii gobeleti cum coopertoriis coronatis in modum leonis argenti deaurati. Item tres pinctole feu aiguerie argenti deaurati cum coopertorio efmailhato aliquantulum in fummitate coopertorii.

Cet inventaire contient huit pages & demie. J'ai fupprimé les ornements facerdotaux, les vafes facrés, & autres chofes fervant au fervice divin. Quoiqu'il foit fait dans le plus grand détail, je remarque qu'il n'eft parlé d'aucun livre, excepté de miffels & de livres de prieres; il n'eft non plus mention que d'une chaife & de plufieurs efcabaux, qui paroiffent avoir été avec les bancs, les feuls fiéges, alors en ufage.

L I.

Louis II permet qu'on mette entre les mains du Maréchal de Bouſſicaud, Eléonor de Cominge, détenue priſonniere à Aix, à condition qu'elle cedera à ce Seigneur le Château de Meyrargues.

2 Avril 1401.
Archives d'Aix, arm. Q.

Ludovicus 2dus Raymundo Bernardo Flamingi militi, judici majori Comitatuum Provinciæ & Forcalquerii, ſalutem; ſcire vos facimus, quod adiens noviter præſentiam majeſtatis noſtræ Magnificus Joannes le Maingre, dictus Bouſſicaud, miles, Mareſcallus Franciæ, nobis ſuppliciter poſtulavit, ut cum alias tractaverit cum ſpectabili & Magnificâ Aleonor de Cominge, vice-comitiſſa Turenne, de habendo ad manus ſuas caſtrum Meiranicarum, quod eſt vice-comitiſſæ, & ſperet tractatum ipſum ducere ad effectum, dummodo vice-comitiſſa liberetur ab arreſto, quo in palatio noſtro Aquenſi præſentialiter detinetur, ſibique tradatur purè & liberè; cujus ſupplicationi præbuimus aſſenſum, ut ſubſequitur; videlicet quod vice-comitiſſa ipſa liberetur, & dicto Mareſcallo tradatur purè & liberè, & eo caſu quo caſtrum prædictum Meiranicarum habere non poſſet idem Mareſcallus, teneatur dictam Comitiſſam reſtituere in loco & ſtatu in quo nunc eſt, in palatio noſtro Aquenſi infra dicitum feſtum omnium Sanctorum; & hoc ſub obligatione pæna francorum auri quadraginta millium nobis applicandorum, ſi ſecus fieret per eumdem. Die 2da aprilis anno 1401.

L II.

Louis III déſirant de récompenſer les ſervices qu'Hélion de Glandevès lui avoit rendus pour la conquête de Naples, lui donne la haute juſtice dans ſes terres, & les mêmes droits que le Prince & ſes Officiers de juſtice y exerçoient avant cette conceſſion.

21 Juin 1423.
Archiv. du Roi à Aix, & titr. de la Maiſ. de Glandev.

Ludovicus tertius, Dei gratiâ Rex Jeruſ. &c. Conſiderantes interne ſervitia nobis perſonaliter exhibita per magnificum militem cambellanum & conſiliarium noſtrum Helionum de Glandevès, Dnum de Falione, in hâc potiſſimè regni noſtri Siciliæ recuperatione, circà quàm præſentialiter indefeſsè pervagamus, qui, continuatis diebus à primordio noſtri ad hoc regnum adventûs, ſuis propriis & non parum profluviis ſumptibus, nobis ſervire multifarie non expavit, & in eiſdem perſeverare.... Promptus fuit; quamobrem arbitramur & merito præfatum militem, cui laborum assiduitas & stipendiorum prolixitas sufragata sunt, amore reciproco, aliquibus licet non equis pollentibus gratiis premiare, donec largiendi ampliori munere nobis apta fuerit facultas... Heliono de Glandevès & suis in posterum heredibus, in aliquale rependium premissorum, in castris de Gardiâ Bajulie Tholoni, Pugeto temnesi vicarie Arearum, Rogono, castronovo prope Rogonum Bajulie Mosteriarum, & quibuscumque hominibus utriusque sexûs, cujusvis status & conditionis existant, habitantibus, venientibus & transeuntibus per dicta loca sive ipsorum territoria in quibus partem habet aut in totum sua sunt, in quorum aliquâ parte, ut asseruit majorum & minorum habet imperium & simplicem jurisdictionem; serie presentium de nostrâ certâ scientiâ habitâ super hoc nostri nobis assistentis consilii deliberatione maturâ, merum & mixtum imperium, altam & bassam jurisdictionem, & gladii portatum, nec non regalias altas & bassas & jus quodcumque illarum nobis & curie nostre competens ad causam delictorum committendorum activè vel passivè in viis & stratis publicis, seu privatis mœniis, ecclesiis, mari, aquis sive aquarum decursibus, & aliis locis quibuscumque. Que hic haberi volumus pro expressis & sufficienter declaratis, ac officialium suorum quorumcumque punitionem damus, donamus, & concedimus per presentes. Ita quidem quod dicto Eliono, & suis heredibus & successoribus dictorum meri & mixti imperii, alte & basse jurisdictionis, gladii portatus ac regaliarum jura per suos officiales & ministros in dictis castris eorumque territoriis & districtibus, totiens quotiens casus emergerit exercere, delinquentes quoscumque punire, condemnare & absolvere ab inde in antea licitum sit pariter & permissum, prout & quemadmodum nobis & curie nostre licitum & permissum erat ante donationem, concessionem & translationem presentes..... Datum Rome per manus mei præfati Ludovici Regis, die 21 mens. Jun. prim. indict. ann. Dni MCCCCXXIII. regnor. vero nostr. ann. VII.

LIII.

Lettres de grace accordées par Louis III, à ceux des Habitans de Marseille, qui, après la retraite des Arragonois, s'étoient livrés à toutes sortes d'excès dans la ville.

16 Oct. 1425.
Archiv. de Mars.
caiss. 15. sac. B,
nº 2.

Ludovicus tertius, Dei grââ Rex, &c. sane attendentes ad damna, pressuras, incommoda, disrobationes, & incendia universitati & hominibus noftre civitatis Maffilie illatas & illata per illum tyrannum Alphonfum, fe regem Arragonum intitulantem... Cum quilibet civis bonorum fuorum, que remanferant, recuperationem avidiùs & ex apetitu naturali ad propria remeandi & fua recuperandi, famefcens, in introitu dicte civitatis, cum à gentis Catalane manibus per fideles noftros recuperata extitit, & inimicis diffipatis, relicta, de bonnis commiffis invicem certantes, unus de alterius bonis, & alter alterius bona & res ceperunt & tenuerunt; ob quod ex fimilibus inter ipfos multa jurgia, difcordie, vulnerationes & neces fupervenerunt, ipfaque civitas paffa eft dolores & contumelias, & hinc ad longum tempus patietur, dirigentes noftre compaffionis afpectum, intendentes nec minus omnes & quofcumque fideles noftros ad pacis unionem & concordiam inter fe reducere, & modos & vias quafcumque exquirere, per quos ipfa cremata civitas edificiis & pulcherrimo apparatu difrupta reparetur; primùm & ante omnia pacem & tranquillitatem civium avifavimus faciendas, ut quilibet, fuo contentus fit, & inter contendentes juftitia media prebeatur: quidquid autem pretextu criminum civibus illis impofitorum penuriâ & defolatione oppreffis, quantum noftra curia tangitur, ad ipforum aliquale refrigerium, indulgentias facere generales ; & quia prefatorum civium aliqui & habitatores in introitu dicti tyranni afferuntur & dicuntur, in fui confpectu & prefentiâ pavidi, imo tremebundi degentes, aliqua egiffe, & loquendo commififfe, que forfan crimen fapiunt... Maffilienfes predictos de noftrâ liberali munificentiâ & gratiâ, quam affatim in illos effundere prefto fumus, ut noftre lenitatis medicamina fentiant... eifdem univerfitati, civibus, incolis, habitatoribus, ac fingularibus perfonis civitatis ejufdem, omnia & quecumque crimina vel delicta per ipfos & quemlibet ipforum commiffa in genere vel fpecie, five fint facta domeftica vel privata, latrocinia famofa, incendia, difruptiones domorum, adulteria, inceftus, ftupra, agreffiones itinerum, depopulaones arborum, mortes, & homicidia, violationes monafteriorum, & bonorum depredationes, monialium invafiones, agreffiones & difrobationes, conjurationes, conventualia, monopolia, & rafle cum inimicis noftris Catalanis facte, collocutiones nec non omnia alia crimina & delicta & majora, & minora, etiam fi talia funt que crimen fapiant, in primo & aliis capitibus lefe Majeftatis, & que in toto titulo ad legem juliam majeftatis continentur, in quantùm curia noftra tangitur feu quomodolibet tangi poteft, fine tamen prejudicio juris civilis, omnes penas, banna ac condemnationes, &c. aboleri

&

DE PROVENCE.

& penitus cancellari, & per quofcumque officiales, &c. abolemus & pariter cancellamus, &c. an. Dni 1425, 16 mens. 8bris 4te indict. &c.

L I V.

Pouvoir donné par le Roi René d'Anjou, pour faire le mariage de fon petit-fils Nicolas, Marquis de Pontamouffon, &c. avec Anne de France, fille de Louis XI.

René, par la grace de Dieu, Roi de Jérufalem & de Sicile, Duc d'Anjou & de Bar, Comte de Provence, &c. à nos très-chers & amés frere & fils, Charles d'Anjou, Comte du Maine, de Guife, de Mortain, & Ferri de Lorraine, Comte de Vaudemont; à Meffire Louis de Beauvau, Chevalier, Grand Sénéchal de notre pays de Provence, & notre premier Chambellan; & à Révérend Pere en Dieu, nos très-chers & féaux Confeillers, l'Evêque de Marfeille, & Meffire Bertrand de Beauvau, Seigneur de Preffigni, Chambellan & Grand-Maître d'Hôtel, & à deux des cinq en l'abfence des autres, dont l'un des deux foit notre dit frere ou fils; falut & dilection.

27 Nov. 1461.
Reg. de la Ch. des
Comp. de Par.
Bibliot. de Saint
Germ. t. v. fol.
250.

Comme depuis nagueres certaine ouverture de mariage ait été faite d'entre Mme Anne de France, fille aînée de Mgñeur le Roi, qui à préfent eft, & de notre très-cher & très-amé fils Jean (1), Duc de Calabre & de Lorraine; laquelle ouverture, au plaifir de Dieu, efpérons fortir bon effet : favoir vous faifons, que nous connoiffons le grand honneur que Mgñeur le Roi nous fait entendant audit mariage, defirant de tout notre cœur l'accompliffement d'icelui, pour les grands biens qui en peuvent venir à nous & à toute la Maifon d'Anjou, confiant à plain de vos grands fens, loyauté, prud'hommie & bonne difcrétion; vous avons commis & députés, commettons & députons par ces préfentes; & donné & donnons, & à deux d'entre vous en l'abfence des autres, & dont l'un des deux,

---

(1) C'eft une faute du copifte; car il doit y avoir dans le texte *petit-fils*, *Nicolas*, *fils de Jean*, *Duc de Calabre*, &c. En effet, dans la procuration que le Roi René donna le 12 Janvier 1462, à l'Evêque de Marfeille & à Louis de Beauvau, pour toucher une partie de la dot; il eft dit que l'époux, deftiné à Anne de France, étoit *Monfeigneur le Marquis du Pont*, *fils de Monfeigneur le Duc de Calabre*. Ce Marquis du Pont étoit Nicolas d'Anjou.

Tome III.

comme dit est, soit nos frere ou fils, plaine puissance & pouvoir especial sur ladite ouverture de mariage, parler & communiquer avec mondit Seigneur le Roi, & se vous trouvez que de sa part son bon plaisir soit d'entendre & poursuivre ledit fait de mariage, de procéder à l'accomplissement & confirmation d'icelui, tant par parole de futur que de présent, & autrement, ainsi que trouverez les matieres disposées, & que verrez & connoîtrez être à faire, en faisant au surplus touchant la dot & douaire dudit mariage, les circonstances & dépendances, tout ce qui vous semblera, & que adviserez pour le meilleur, & pour le bien de la matiere, &c... Ce faire duement vous donnons & à chacun d'entre vous en la forme & maniere que dessus, plain pouvoir, puissance & autorité, & mandement special par ces dites présentes, auxquelles en témoin de ce nous avons fait mettre notre scel.

Donné en notre Cité d'Aix le 27° de 9bre, l'an de grace 1461. Ainsi *signé* RENÉ, par le Roi en son Conseil, ALADEAU.

L V.

Fraternité contractée entre Claude Trothe, natif de la paroisse de Ste Julie, diocese de Lyon, & Pierre Maygetti, natif d'Hauteville diocese de Geneve.

10 Août 1464.
Prot. de bern.
ping. not. d'Arles,
fol. 85. v°.

Anno 1464, & hâc decimâ mensis Augusti, noverint universi, &c. quòd Glaudius Trothe, parochia de Stâ Juliâ, diocesis Lugdunensis, & Petrus Maygieti de Autavillâ, diocesis Gebennensis, ambo insimul, gratis & sponte eorum, bonâ fide, se ad laudem Dei, sueque pie genitricis, & eorum utilitatem, ut dixerunt, affrayaverunt, & ab inde eorum vitâ perdurante, tamquam fratres haberi & reputari voluerunt, & promiserunt, ac si essent fratres carnales, & ab uno utero & parentibus procreati fuissent, his pactis, mutuâ & solemni stipulatione interveniente inter eos, habitis & conventis: & primò fuit inter eos de pacto, quòd ab inde se ab invicem diligere, amare debeant, veluti veri fratres carnales; moramque & habitationem continuam insimul facere, quandiù vivent, in unâ & eâdem domo, unam mensam, & unum larem facere, & omnia bona mobilia & immobilia, rustica & urbana, frodium, aysinas & utensilia, aurum & argentum amonetatum & non amonetatum, & alio quocumque per eos conjunctim vel divisim adquisita, usque nunc & in futurum adquirenda, sint inter eos communia & indivisa, & pariter bona eorum paterna & materna; & quod omnes expenfe fiende, tam in fanitate quàm in infirmitatibus, & in quibufcumque eorum negotiis, folvantur de communi, five fit in blado, vino, companegio, lignis & in aliis rebus quibufcumque; & fi fe maritarent, etiam communibus expenfis omnia neceffaria fiant & folvantur. Item fuit de pacto, quod quia dictus Petrus Maygieti eft in patris poteftate conftitutus, quòd ipfe teneatur & debeat contractum prefentem facere, ratificare per Stephanum Maygieti ejus patrem, quàm primùm ad hoc fuerit requifitus per dictum Glaudium. Hoc autem Affraymentum promiferunt dictus Glaudius & Petrus fibi invicem & pacta predicta tenere, fervare, attendere, complere, & obfervare, ratumque, gratum & firmum perpetuò habere, contraque nullomodo venire. Pro quibus omnibus attendendis obligaverunt omnia eorum bona prefentia & futura viribus curiarum regie & fpiritualis Arelatis, camere rationum Aquenfis, & omnium aliarum curiarum ubilibet conftitutarum, &c. Actum Arelate in hofpitio mei notarii infra fcripti in operatorio, teftibus prefentibus, &c.

LVI.

COMPLAINTE

Sur la mort du Roi René, faite en 1480.

Provence tu as prou perdu:
Mais encore ne le cognois:
Plus malvais tron (1) pour toi ne fut;
Bien certes dire tu le dois.
Juillet ce fut un malvais mois,
Et la Lune qui le mena:
Treftout faut morir, qui viura.

Quant le bon Seigneur s'alita,
Ce fut pour nous un grand domage.
Neuf jours durant l'on ne ceffa
De prier pour lui; cela fai-je:
La Roine au devant de l'imaige
De Nôtre Dame alloit prier.
A la mort ne fault reculer.

Parmi les mff. de Mr de Signoret d'Apt.

---

(1) Tonnerre.

L'ung des Nobles que jamais fut,
Mourut dedans la ville d'Aix,
De la fleur de lys defcendu ;
Sa mort nous fut piteux regrès,
Sur fon lit dedans fon Palais
Rendit l'ame bénignement,
Il eft fol qui la mort n'attend.

Pleurés petits & grands, pleurés ;
Car perdu avez le bon Sire :
Jamais ne le recouvrerez :
Cela vous aufé-je bien dire.
Sa mort nous fera grief martyre ;
A ce jour devoit par droiture,
Payer le dete de nature.

En paix nous a tous tems tenu ;
Et gouverné bien doulcement.
Faulfe mort tu nous a deçu,
Et mis en très-grand pantfement.
Tout foulas & esbatement
Etoient en lui, fans faire tort.
Il faut tous penfer à la mort.

Gens de meftier font esbahis ;
Et plufieurs autres fur ma foi :
Affez y perdent, je le dis :
Car ils gaignoient avecques foi.
La mort leur a levé dequoi
Ils fouloient vivre abundamment.
Contre mort ne fault parlement.

Dames furtout étoient amées,
De fa perfonne fans mentir :
Bien les tenoit en point parées :
En elles étoit fon plaifir ;
D'avarice n'avoit defir :
Ainfins avoit vécu tous tems :
Morir convient petits & grands.

Large étoit comme un Alexandre ;
Car il n'avoit rien qui fut fien.
Je penfe que d'ici en Flandre
N'y avoit tel, comme je tien.
Il donnoit tout ; il n'avoit rien.
Autant avoit hier comme hui ;
Tout fut d'autre, & fera d'autrui.

Tout le monde pour lui priera.
Je le fai bien en vérité.
Tant quant le monde durera :
Car d'un chacun étoit aimé.
Et fi la mort l'a emmené
Vieux ainfins comme jouvens,
Nous devons eftre tous contens.

Dieu lui avoit conftituy
Le terme ne devoit paffer.
Ugne chofe que Dieu a di,
En peine fe peult reculer.
Au grand Roi nous faut tous aller
Rendre compte & reliqua.
Bien & mal tout fe trouvera.....

Dueil angoyffeux, adverfité
Lui ont donné tous temps affaire :
En patience a tout pourté ;
Gardant fon ame de mal faire,
Pour ne charger fon populaire,
Ne lui donnez tribulation.
Tout a paffé le bon pardon.

Jamais mort ne fift tant de mal
Qu'il a faict de ce bon Seigneur,
Je les mets tous en général,
Quel qu'il foit, Roy ou Empereur.
Il prenoit joye, layffoit doleur ;
Chaffoit défefpération :
Dieu lui avoit donné ce don....

Galien & vous Ypocras
Que n'eftiez vous très tous en vie :
Mort pour vray le Roy ne fut pas
Je le fcey bien ; en ce me fie
De le guerir euffiés envie ;
Quar il n'eftoyd pas vieulx fort.
Garanti l'euffiés de la mort.

Auicene, Guidon, Gardon
Ne deviés vous treftous venir,
Et alunphan le bon prudom,
Garder le bon Roy de morir.
Vous nous heuffiés faict grand pleyfir.
Ja ne fuft pas mort fi fouldain :
Perfonne n'a point de demain.

La quinte effance en vérité
Se devoit bien pour vray trover
Et offi *aurum potabile*
Pour lui grand fubftance donner :
Vous l'avés laiffé trefpaffer
Pour l'abfance de vous très tous ;
A la fin y pafferons tous.

On ne peult favoir la mort :
Semel mori dict l'efcripture
Elle prent tout ; foible & fort :
Elle n'efpargne créature.
A bienfaire metons cure
Il n'en efchapera neffun :
Mort eft commune à un chafcun.

Sainct Cofme & Sainct Damian
Pourquoy moreuftes vous jamais :
Si vefcu euffiez ceftuy an
Point ne fuft mort je vous prometz.
De fi beaulx miracles avez faictz
Pour le voulloir du Roy divin ;
Il convient morir en la fin.

Si Dieu nous euſt faict ung miracle,
Si comme fiſt du **Lazaron**,
Montré nous euſt ung beau ſignacle :
Fuſt eſté pour nous ung beau don.
Noſtres péchés le méritont :
A cella ne faut plus pancer.
Après lui nous fault tous aller.

En ceci remede n'y a :
Que de prier Dieu pour lui.
Nous irons tous quant Dieu plaira :
Il eſtoyt noſtre & nous à luy.
Noſtre Seigneur & bon amy :
Il l'a eſté bien quarante ans.
Prions pour lui petits & grans.......

Catholique eſtoyt grandement.
A l'ame luy ſoyt mérite :
Et le garder de dampnement,
Affin que d'enfer il ſoyt quitte.
Qui bien faict devers Dieu s'aquite
Et conqueſte gloire éternelle :
Quant tout eſt dict, il n'y a telle....

Grand ſigne d'amour nous monſtra
Il y a cinq ans juſtement.
Ung de ſon ſang il nous laiſſa.
Qui nous régira doulcement.
Il eſt d'Anjou pareillement,
Si comme, eſtoit le Roy Loys,
Dieu lur donne à tous paradis.

Le quart Charles avons, pour Maiſtre
Qui nous fera beaucoup de biens,
Auſſi ce nous va il promettre
Quand nous promiſmes eſtre ſiens.
Si fera il comme je tiens,
Et ſon ame en vauldra mieulx.
Et nous très-tous joynes & vieulx,

Dieu luy donne tel bruit & renom
Qu'en bonne paix nous puisse tenir ;
Car deppuis le Conte Raymon
Provence n'a heu de plaisir.
Guerre ne pourroit souftenir ;
Car tantoft tout feroyt perdu :
Jamès fi pouvre ne feroyt veu.

Je prie Dieu qu'il aye tel confeil
Que nous en puissions mieulx valoir.
Je crois que deffouls le Soleil
Ne pourrons meilleur avoir.
Mieulx vault honneur que tout l'avoir ;
Et ce fera pour vray tourner
En bien nous peut il gouverner.
  Amen.

Fin des Preuves de l'Hiftoire de Provence.

SUPPLÉMENT
A L'HISTOIRE GÉNÉRALE
DE PROVENCE.

Tournois célébré à Tarascon le 2, le 4 & le 6 du mois de Juin 1449, en présence du Roi René, de la Reine son Épouse, & de toute la Cour.

Le volume étoit imprimé, quand la description de ce Tournois nous est tombée entre les mains. Le sujet, & la maniere dont il est décrit, nous ont paru mériter un article particulier, pour faire connoître ces sortes d'exercices militaires, auxquels la Noblesse aimoit tant à se livrer. On jugera par les vers que nous rapportons, que parmi ces Chevaliers, qu'on regarde pour l'ordinaire comme uniquement adonnés aux armes & à la galanterie, il s'en trouvoit, qui allioient les talents militaires avec ceux de la poésie ; lorsque dans leur enfance ils avoient été dirigés par des exemples domestiques, & par un goût naturel pour les beaux arts.

L'Auteur de la description est Louis de Beauvau, Sénéchal d'Anjou, le même qui fut Grand Sénéchal de Provence. Il adresse son ouvrage à Louis de Luxembourg, son ami, auquel il raconte tout ce qui s'étoit passé de plus intéressant au Tournois de Tarascon, dans lequel il avoit figuré comme témoin & comme acteur. Ces sortes de jeux militaires n'étoient pas rares dans ce temps-là : il y en avoit eu plusieurs au mois de Mai de la même année ; & comme les Chevaliers sentoient leur courage & leur ardeur

TOURNOIS.

s'enflammer par le succès, il s'en trouva deux qui offrirent de se battre contre quiconque voudroit se mesurer avec eux. Ces deux braves étoient Philippe de Lenoncourt, & Philibert de Laigue: ils firent publier à plus de vingt lieues à la ronde, que tous les Chevaliers qui voudroient rompre une lance, n'avoient qu'à se rendre à Tarascon le premier jour du mois de Juin, & que là, en présence d'une Bergère & du Roi René,

<blockquote>
Qui entremettre
Bien se voulut de joutes regarder,
Et de chacun les droits faire garder,
</blockquote>

ils feroient preuve de valeur. L'Auteur décrit ainsi la maniere dont le Tournois fut annoncé.

<blockquote>
On fait savoir à tous généraument,
Tant Chevaliers comme Ecuyers gentils,
Qu'au premier jour de Juin prouchainement,
De tant qu'ils sont en joustes ententis,
A Tarascon en un lieu moult faitis
On trouvera pour jouster unes lices,
Et à ung lieu (chacun bien le verra)
Une gente Pastourelle Sarra
Sous un arbre gardant ses brebiettes,
Laquelle arra (car bien lui afferra)
Ses chosettes propres & joliettes.
</blockquote>

Cette Bergère, qui avoit un ajustement si *propre* & si *joli*, étoit une Dame de qualité, ou une Demoiselle que l'Auteur ne nomme pas. Mobile & ressort du courage des braves champions, elle devoit récompenser les vainqueurs par un baiser, & par un bouquet de fleurs attaché à une verge d'or; mais outre ce prix il y en avoit un autre plus considérable, dont nous parlerons ailleurs.

<blockquote>
Et si la chose est telle
Que celui de dehors gaigne le prix,
Là même peut baiser la Pastourelle,
S'il a de soi deshéaumer empris:
Celui honneur d'elle ara-il de fait
Devant chacun. Puis ara d'elle encor
Un beau bouquet de fleurs gent & bien fait
Passé par une gente verge d'or.
</blockquote>

DE PROVENCE.

Lorsque le Tournois eut été annoncé, & que les Chevaliers, les Dames & les Demoiselles que la fête attiroit, se furent rendus à Tarascon, la Bergère, ses deux *Pastouraux*, Philippe de Lenoncourt & Philibert de Laigue, suivis de leurs Ecuyers, du Roi & du Juge d'armes, tous montés sur des chevaux équipés & armés de toutes pieces, se mirent en marche pour se rendre au lieu du combat, accompagnés des Chevaliers qui devoient entrer dans la lice, & précédés des Hérauts d'armes, de ménétriers & de trompettes. Les champions étoient habillés en Bergers, & l'on conduisoit même un troupeau de brebis, pour rendre plus ressemblant le personnage de la Bergère, qui, suivant l'Auteur,

> Chevauchoit haquenée
> Moult noblement de harnois aornée,
> D'un fin drap dor, figure cramoisy;
> Et à cheval étoit menée ainsi,
> Par la bride, de deux gens jouvençaux,
> Allans à pied; Gentilshommes aussi
> Bien déguisés en habits pastouraux.
> Après furent les deux Pasteurs jousteurs
> Sur deux destriers de houssure couverts,
> Qui à grand peine à Bergiers ne Pasteurs
> Eussent semblé, pour leurs habits, divers.
> Des heaumes ils étoient découverts,
> Et leurs écus leur portoit-on, sans doute;
> Mais de harnois ne d'armure de joute,
> Ne leur failloit une petite piece.

Ce brillant cortege arriva au lieu où devoit se célébrer le Tournois. Parmi les objets qui méritoient le plus d'attention, on distinguoit l'échaffaut du Roi, où ce Prince étoit assis avec la Reine & sa suite, & l'échaffaut des Juges d'armes. La cabane de la Bergère, artistement construite, & couverte de fleurs & de verdure, étoit au bout du champ clos, en un lieu apparent, d'où cette arbitre de la valeur voyoit les champions, jugeoit de leur courage & de leur adresse, & les animoit par ses regards.

> Et pour eux mieulx ordonner & attrait
> La Bergière son propre lieu avoit,
> Si gracieux qu'homme faire savoit;
> D'arbres, de fleurs & de gente verdure
> Si hautement pare qu'être devoit;
> Et là se mit attendant l'aventure.

A côté de la cabane s'élevoit un arbre auquel on suspendit les écus des deux Chevaliers, & tout auprès une tour de laquelle le Poursuivant d'armes voyoit entrer les champions dans la lice, & les annonçoit aux deux *Pastouraux*, afin qu'ils se préparassent à les recevoir.

> Le poursuivant les deux écus pendit,
> A un arbre près de la Pastourelle ;
> Et là toujours en ce point attendit,
> Sans soi mouvoir de luis de sa tourelle,
> Pour referir aux Pastours la nouvelle
> Des survenans qui là venir devoient.

La Bergère avoit un habit de damas, couleur grise, doublé de vair, un chapeau couvert de roses, & une houlette garnie en argent; un petit baril pendoit à un de ses côtés, & à l'autre une pannetiere, qui, bien qu'élégante, n'avoit pourtant rien d'extraordinaire.

> La Bergère portoit un vêtement
> Qui bien étoit à son corps de mesure,
> Et au côté lacié moult gentement,
> Et si étoit de damas figuré,
> Un très-beau gris, mais non pas trop obscure,
> Très-bien fourré & bordé à l'entour
> De menu vair; mais point n'avoit d'atour,
> Fors un gentil chaperon de bourgeoise,
> De rosée...
> Et sa houlette environ d'une toise,
> Dont la ferrure étoit de fin argent.
> Son barillet d'argent avoit aussi,
> A son côté pour mouiller sa bouchette,
> Sa pannetiere elle portoit ainsi
> Que les autres, qui moult étoit doucette.
> Moult bien sembloit une gente toisette,
> A regarder sa maniere & son port ;
> Dont puis on fit maint gracieux rapport.

Les deux Chevaliers Paſtouraux étoient habillés à l'avenant de la Bergère ; c'étoient les pacifiques inſtrumens du Dieu Pan, la houlette, la muſette, la flûte, le briquet, la pannetiere & les barrils ſuſpendus à la redoutable armure du Dieu Mars. Car ſous ces emblêmes de la Paix, ils avoient leur cuiraſſe & les autres pièces néceſſaires dans ces ſortes de combats.

TOURNOIS.

> La houſſure des Paſtours deſſus dits
> N'étoit autre fors ſeulement de gris,
> Brodée d'or ; barrilles & holettes
> Y furent bien doucettement compris,
> Pannetieres, fuſils, fluttes, muſettes.

Leur couvre-chef étoit ſurmonté de plumes d'autruche, couleur de pourpre, & ſous cet habillement ils préſentoient un ſpectacle tout à fait attachant, ou comme dit l'auteur,

> Et ſans doutance ils étoient moult baux.

Le Tournois étoit aſſigné au premier de Juin, jour de la Pentecôte, & devoit durer trois jours ; mais le mauvais temps le fit renvoyer au mardi ſuivant. Il commençoit à midi & ne finiſſoit qu'à ſix heures du ſoir, ce qui devoit être extrêmement incommode dans un pays où les chaleurs du mois de Juin ſont en général ſi accablantes. Mais nos preux Chevaliers, endurcis de bonne heure aux pénibles travaux de la guerre, & animés, dans cette occaſion, par la préſence du Roi, par l'amour des Dames, & par le deſir de ſe ſignaler dans une aſſemblée, la plus propre à échauffer leur courage, ſe faiſoient un jeu, de ce qui effraieroit notre moleſſe.

Les deux écus, ſuſpendus à l'arbre dont nous avons parlé ci-deſſus, étoient, l'un blanc, & l'autre noir. Le blanc repréſentoit la joie qu'avoit un Chevalier bien venu auprès de ſa Dame ; l'autre la triſteſſe d'un amant malheureux. Le Chevalier qu'*amour rendoit content*, tâchoit d'abattre l'écu noir, figure d'un malheur qu'il n'avoit point éprouvé ; celui dont les hommages étoient reçus avec indifférence, viſoit à l'écu blanc, comme s'il haïssoit jusqu'au symbole d'un bonheur, qu'il n'avoit point goûté.

>Quiconque veuille aux Pastouraux jouster,
>S'il est content d'amours & de sa dame,
>A l'écu noir puet aller sans douter,
>Comme celui qui vrai servant se clame,
>Et d'un haston le touchier sans nul blâme.
>Le mal content doit l'écu blanc touchier;
>Loisir ara de sa lance encochier.
>Mais il n'ara plutôt faite sa montre,
>Qu'un Pastoureau ne lui vienne à l'encontre.

Ce Pastoureau étoit un des deux Ecuyers de la Bergère. Le premier Chevalier qui se présenta dans la lice, fut Pierre de Craon, dont l'auteur décrit l'armure & les couleurs, comme il fait en parlant des autres Chevaliers. Ensuite on vit paroître Louis de Monberon & Philibert de la Jaille. Ces trois champions occupèrent seuls le champ de bataille ce jour-là, depuis midi jusqu'à six heures du soir. Philippe de Lenoncourt soutint le choc contre Pierre de Craon & Philibert de la Jaille, qui combattirent près de deux heures chacun; ce qui suppose dans leur adversaire une force prodigieuse, pour avoir soutenu deux combats aussi longs, livrés avec toute l'ardeur de la Chevalerie: ce fait paroîtra encore plus extraordinaire, si l'on fait attention à la pesante armure dont les combattans étoient couverts.

Entre les deux jours de combat il y avoit un jour de repos. Ce fut donc le jeudi suivant que l'on recommença cet exercice militaire. Guillaume Dynve, autrement dit Villemart, entra le premier en champ clos, ayant en tête Philibert de Laigue. Il fut relevé par Louis de Beauvau, qui en vouloit à l'écu noir, & qui y alloit, pour me servir de ses termes, de *grant affection*. Il avoit un plumet rouge: la plupart des pièces de son armure, le harnois de son cheval, la banderolle de sa lance, étoient de la même couleur. Sa devise étoit les *plus rouges y sont pris*. Le combat fut long, opiniâtre, long-temps douteux; mais enfin

Louis de Beauvau ayant fait voler en éclats la lance de son adverfaire, gagna le prix; comme il le raconte lui-même d'une manière fort naïve.

> Et puis au quint la fis fi bien branler
> Que je la fis en deux pieces voler;
> Et la fienne croifa fans moi touchier.
> Verge & bouquet gagnai, à brief parler,
> Et un baillier, lequel je tiens moult chier.

Cependant comme s'il craignoit d'être accufé de vanité, pour avoir parlé de lui-même; il s'en excufe, en difant que cela eft permis, quand on ne dit que la vérité : qu'au refte fon défaut n'eft pas de fe louer, puifqu'il n'a pas de plus grand plaifir que de fe dérober aux louanges, & de fe cacher, comme fait la taupe qui s'enfevelit dans la terre.

> S'aucun de foi ne fe doit nullement,
> Ne de fes faits grand loange donner,
> Et je parle de moi trop hautement,
> Il m'eft avis qu'il m'eft de pardoner.
> La vérité ne doit s'abandonner...
> Ici n'a rien (je n'en fais point de doute)
> De celui pas (1) que la vérité toute.
> Quelque chofe que de moi je refiere,
> Vous favez bien que partout je me boute
> Comme une toupe en une cheneviere.

Après Beauvau, vint Taneguy du Chatel, Ecuyer, dit l'auteur, d'un *gentil efperit*. Ce qu'il y eut de remarquable dans le combat de ce gentilhomme, c'eft qu'il entra en champ-clos portant en croupe la dame de Pontevés, dame de Cabanes.

> Une gente demoifelle nommée
> La dame de Cabanes vraifement,
> Derriere lui portoit moult gayement.

Cette Dame, fâchée fans doute, que la foibleffe de fon fexe ne lui permît pas d'aller fur un courfier fougueux, couverte d'acier, & une lourde lance à la main, défier un adverfaire

---

(1) *Pas* pour *combat*.

TOURNOIS.

exercé à ces redoutables combats, voulut du moins avoir le mérite de l'adreſſe; car il y en avoit beaucoup à ſe tenir à cheval, derriere un cavalier, ſouvent ébranlé ſur la ſelle par les coups qu'il recevoit, & obligé d'être dans un mouvement continuel pour attaquer ou pour ſe défendre : mais il faut convenir auſſi qu'il n'y avoit que les mœurs de la Chevalerie, qui fiſſent excuſer cette familiarité guerriere.

Le fier Lenoncourt fut le champion qui s'avança contre Tanegui du Chatel. Ils ſe heurtèrent avec une telle violence que leurs lances ſe briſèrent : Lenoncourt lui en fit enſuite voler deux autres en éclats, & le força de ſe retirer emportant avec lui ſa Dame, qui ne devoit pas être l'objet le moins intéreſſant pour les ſpectateurs, par le danger qu'elle avoit couru d'être renverſée de cheval dans cette terrible joute. Après du Chatel on vit paroître un Chevalier que la beauté de ſon armure, & le riche équipage de ſon cheval firent remarquer : c'étoit Ferri de Lorraine, gendre du Roi René. Il pouſſa droit à l'écu blanc. Lenoncourt vint à ſa rencontre, & tous deux, la lance en arrêt, commencèrent un combat fort opiniâtre, dans lequel ils ſe diſputèrent long-temps la victoire : mais enfin elle ſe déclara pour le Prince Lorrain, qui au ſixieme coup

      Aſſaillit
  Ledit Paſtour, & frappa ſi très-fort,
  Que ſà lance lors en pieces ſaillit ;
  L'une après l'autre en rompit quatre au fort.

Il reçut de la Bergère le prix deſtiné au vainqueur ; & lui donna en échange la houſſe de ſon cheval, qui étoit fort riche. Gaſpard Coſſa entra enſuite dans la lice, & ſe fit beaucoup d'honneur, ainſi que

    Philibert de Stainville
  Qui ſe porta gentement entre mille.

Philibert viſoit à l'écu blanc, pour témoigner qu'il avoit à ſe plaindre de ſa Dame. Robert du Fay termina la journée en
          combattant

combattant vaillamment contre Philippe de Lenoncourt. Il eut son écu percé d'un coup de lance. Ils se firent l'un & l'autre admirer par leur adresse & leur bravoure.

TOURNOIS.

Antoine de Pontevés, Seigneur de Cabanes, ouvrit la scène le Dimanche, & après avoir glorieusement combattu, il céda la place à Jean Cossa : celui-ci la céda à son tour à Guerrier de Charno, qui fut remplacé par Fouques d'Agout, Seigneur de Mison.

En tous états un gentil Chevalier,
Et en joustes assez expert & beau.

Honoré de Baux, Seigneur de Berre, vint ensuite. Etant peu exercé dans les Tournois, il ne se fit aucun honneur dans celui-ci. Il n'en fut pas de même de Gui de Laval, Seigneur de Loué,

Il ot l'honneur aussi sans contredit,
Qu'il devoit lors de la Bergiere avoir.

Cet honneur, remporté de préférence à tant de braves Chevaliers, dans une assemblée brillante, sous les yeux d'un Roi adoré, & bon Juge en fait de bravoure, étoit bien capable de flatter une ame sensible. Jean Bezelin, surnommé Jarret, qui disputa le prix après Gui de Laval, ne paroît pas avoir excité le même intérêt. L'auteur ne le distingue point des autres champions dont nous avons parlé ci-dessus. Il remarque seulement que dans les intervalles entre ces combats militaires, on servoit aux Dames & aux Écuyers des collations qu'on assaisonnoit de tout ce que la galanterie du siècle, & la liberté ordinaire dans ces sortes d'assemblées pouvoient inspirer de joie & d'agrément.

Cela durant maint gracieux repas
Furent là pris sans grand' merancolie :
Car aussi bien n'appartenoit-il pas
Etre en tel lieu sans faire chiere lie.

Quand les joûtes furent finies, le Poursuivant d'armes s'en alla devant l'échaffaut des Juges, leur dire de la part de la Bergère, qu'ils eussent à se rendre auprès d'elle : ils s'y rendirent

Tome III.   b

TOURNOIS.

à cheval, & de-là ils allèrent avec elle aux pieds du Roi; la Bergère s'étant mise à genoux, ils demandèrent à ce Prince la permiſſion de prononcer le jugement; ce qui fut accordé. Alors elle ordonna au Pourſuivant d'armes d'aller prendre les deux écus ſuſpendus à l'arbre, & les rendit aux Paſtouraux, au bruit des clairons, des trompettes & des acclamations qui partoient de l'aſſemblée: elle leur fit défendre par le Héraut d'armes de continuer les joûtes, leur diſant qu'ils devoient être ſatisfaits, puiſque les ſpectateurs l'étoient infiniment:

> Très-honorés Ecuyers & faitis,
> Qui maintenez la plaiſante querelle,
> De cette très-gentille Paſtourelle,
> Il m'a été ordonné de par elle,
> A qui (ja Dieu ne veuille que j'offende)
> Que deſormais la joûte vous defende,
> Tenez-vous-en, & je vous en ſupli;
> Car elle tient ſon pas pour accompli
> Selon tous les chapitres ſur ce faits,
> Si vaillamment, que jamais en oubli
> Ne vous mettra, ne vos gracieux faits.

Reconnoiſſante de leur zèle, & charmée de leurs exploits, elle leur devoit cette récompenſe innocente, ſi ambitionnée dans ces ſiècles de galanterie, ſur-tout quand elle étoit le prix de la valeur, & décernée dans l'aſſemblée la plus brillante de la nation. La Bergère leur fit donc ordonner d'ôter leur heaume, parce qu'elle vous veut, leur dit le Pourſuivant d'armes,

> Elle vous veut ici remercier,
> De la peine que pour elle avez priſe,
> Et vous baiſer (de cela vous aviſe)
> Comme ſes bons ſerviteurs & loyaulx.

Renaud n'obéit pas plus promptement à la voix d'Armide, que les *gentils Paſtouraux* n'obéirent aux ordres de la Bergère. Ils reçurent leur récompenſe en préſence de toute la Cour, qui l'approuva par ſes applaudiſſements. Le Hérault d'armes annonça ensuite par trois fois, en faisant le tour de la lice, que le Tournois étoit fini.

> A tous nobles & gentils Chevaliers,
> Et Ecuyers qui pour plaisance avoir,
> En armes tous les beaux faits tiennent chiers,
> Ou s'en mettent à faire leur devoir,
> On fait ici maintenant à savoir,
> Que le pas de la noble Pastourelle,
> Notifié, n'a gueres de par elle,
> Qui se devoit par trois jours maintenir...
> De deux Pastours à tout homme venant
> L'un après l'autre on doit ici finir.

Ce spectacle guerrier n'auroit pas rempli le but qu'on se proposoit en le donnant, si l'on n'y avoit pas ajouté des plaisirs plus faits pour toucher l'ame, & capables d'adoucir l'impression qu'avoit laissée l'image des combats. Le Poursuivant d'armes eut donc ordre d'annoncer qu'après souper il y auroit bal chez le Roi. L'annonce faite, la Bergère monte à cheval, & fait deux fois le tour de la lice au son des instrumens, marchant au milieu des deux Pastouraux, ayant devant elle les Héraults & les Juges d'armes, qui crioient

Lenoncourt & Laigue à haute voix.

Elle arriva dans cet ordre chez Louis de Beauvau, où elle soupa, comme l'Auteur nous le fait entendre par ces deux vers:

> Après souper la dame Pastourelle,
> De ma chambre joyeusement partit
> En son habit.

C'étoit pour se rendre au Château. Elle fit le trajet à pied, précédée des Ménétriers, des Trompettes & du Hérault d'armes qui portoit d'une main une verge blanche, & de l'autre le grand prix: il consistoit en une verge d'or & en un diamant de la valeur de cent écus; mais pour le gagner, il falloit avoir rompu trois lances.

TOURNOIS.

> A celui qui ſes trois lances rompues
> Dehors venu ara plus gentement…
> Ladite Paſtourelle envoiera
> Juſques à vingt lieues où il ſera
> Un diamant du prix de cent écus.

Quand ils furent arrivés à la Cour, le Pourſuivant d'armes demanda au Roi de la part de la Paſtourelle, quel étoit le Chevalier qu'il jugeoit digne du prix. On a vu ci-deſſus qu'il y en avoit trois qui avoient mérité cet honneur; Louis de Beauvau, Ferri de Lorraine, & Gui de Laval. On ne ſait pas quel fut le jugement du Roi : peut-être n'oſa-t-il s'expliquer, de peur d'être accuſé de partialité, s'il ſe déclaroit pour le Prince Lorrain. Ce fut pourtant à lui que le prix fut adjugé : & il paroît qu'il eut le vœu de toute la Cour. Il faut bien que la partialité n'eût aucune part à ce jugement; puiſque Louis de Beauvau, qui étoit un des Compétiteurs, convient que Ferri avoit rompu quatre lances, au lieu de trois qu'on en demandoit,

> L'une après l'autre en rompit quatre au fort.

& il ajoute que ce jugement fut reçu avec un applaudiſſement général. La Paſtourelle, enchantée d'avoir à couronner un vainqueur, qui réuniſſoit le mérite de la valeur à celui de la plus haute naiſſance, s'avance pour lui donner le prix. Le Prince ne le reçut que pour lui en faire préſent; car, ſuivant les loix de la Chevalerie & des Tournois, le prix, quand c'étoit un bijou, devoit orner la tête de la dame ou de la demoiſelle, dont le vainqueur s'étoit déclaré le ſervant. A ce motif de galanterie, il s'en joignoit un de politeſſe dans la circonſtance préſente. Toute l'aſſemblée retentit de ces cris de joie, *Lorraine Pregny*, Lorraine a le prix. Il danſa avec la Bergère, qui dès ce moment fut regardée comme ſa dame, quoique vraiſemblablement il eut déjà la ſienne; car on ſait qu'il étoit de l'eſſence de la Chevalerie d'aimer & de ſervir Dieu, & ſa dame. Après le bal, la Bergère s'en retourna avec ſes deux Paſtouraux & tout ſon cortége à l'appartement de Louis de Beauvau, où l'on servit une collation qui consistoit presque toute en vin & en viande; car ces robustes Chevaliers qui passoient leur vie dans les combats, à la chasse, aux tournois, n'avoient point encore imaginé ces brillantes collations qui échauffent sans nourrir.

TOURNOIS.

  Puis menerent les serviteurs loyaulx,
  En ma chambre leur maitresse; me semble
  Que vin y ot & viande à monceaux,
  Dont ils firent très-bonne chiere ensemble.

Le Roi envoya du vin & des épices, qui ne contribuèrent pas peu à entretenir la gaieté des convives. Le jour les surprit dans cette yvresse de joie que tant de causes avoient excitée: mais en venant éclairer leurs plaisirs, il fut comme le signal de leur séparation. Le tournois, la danse, la collation étant finis, il fallut se résoudre à partir. Alors les dames & les demoiselles que la pompe du spectacle avoit attirées de toutes parts, firent éclater les regrets les plus vifs, car comme dit l'Auteur dans son style naïf,

    De toute la confine
 Dames y ot & asies demoiselles
 Jeunes, gentes, gracieuses & belles
 A qui grévoit bien au cuer le depart,
 Pensez s'aucuns devoient être rebelles
 A les accompagner de toutes parts?
 En Avignon, en Arle, à Carpentras
 Le lendemain entr'elles s'en alloient,
 Les uns disans de gracieux fatras,
 Et les autres d'autre part se galoient.
 Aucuns aussi d'amourettes parloient;
 Tant de Sallon, que d'Aix, que de Marseille
 Il en y ot, que ce fut grand merveille;
 Et de Venisse (1) une grand quantité,
 De Languedoc que pas n'ai récité,
 De Monpellier tout le plus; & de Nimes,
 Dont puis vinrent, si court en vérité,
 Des dits bien faits, rimes & léonines.

---

(1) *Venisse* pour *Comtat Venaissin*.

En effet rien n'étoit plus propre à fournir matière à des bons mots, à des chansons, que ces brillantes cohuës, animées par le spectacle d'un Tournois, par le vin, la joie, la danse, la liberté, & par l'esprit de Chevalerie. Aussi se séparoit-on avec des regrets que l'Auteur peindra bien plus agréablement que nous, dans son style suranné.

> Maint doux regret, & gracieux soupir
> Là veïssiez de ces doux cueurs faillir,
> Quant il falloit telle joye guerpir,
> Et délaisser; dont je vis cuer faillir,
> Au dire adieu, de grand doleur & d'ire.

Ici finit le poëme : quoiqu'il soit traité avec tout le talent & le goût, que l'art encore naissant de la poésie permettoit de montrer dans ce siècle ignorant, Louis de Beauvau termine son ouvrage en franc & loyal Chevalier, qui ne met pas à ses productions plus d'importance qu'elles n'en méritent, & qui connoît mieux la véritable gloire que les prétentions de la vanité.

> Pardonnez-moi s'il y a que redire
> En ce livret, lequel je vous envoie;
> Meilleur l'avriez se meilleur je l'avoie.

FIN.

Mss. de la Bibliotheque du Roi, parmi celle de M. de Colbert.

www.ingramcontent.com/pod-product-compliance
Lightning Source LLC
Chambersburg PA
CBHW061730300426
44115CB00009B/1165